D1986771

Leicher

Tragwerkslehre
in Beispielen und Zeichnungen

Leicher

Tragwerkslehre

in Beispielen und Zeichnungen

WERNER VERLAG

Die Deutsche Bibliothek – CIP-Einheitsaufnahme

Leicher, Gottfried W.:
Tragwerkslehre in Beispielen und Zeichnungen
Leicher – 1. Auflage 2002
Düsseldorf: Werner, 2002
ISBN 3-8041-4749-6

www.werner-verlag.de

Druck und Verarbeitung: Betz-Druck GmbH, Darmstadt
Umschlag: Ute Weber GrafikDesign, Geretsried
Archiv-Nr.: 1150-04.02
Bestell-Nr.: 3-8041-4749-6
Printed in Germany, August 2002

♾ Gedruckt auf säurefreiem, alterungsbeständigem und chlorfreiem Papier

Inhaltsverzeichnis

1 Die Tragkonstruktion im Bauwerk, die 4 Grundaufgaben des Tragwerks

Um ein Bauwerk des Hochbaus zu realisieren, sind aus der Sicht der Tragwerksplanung vier Grundaufgaben zu lösen.

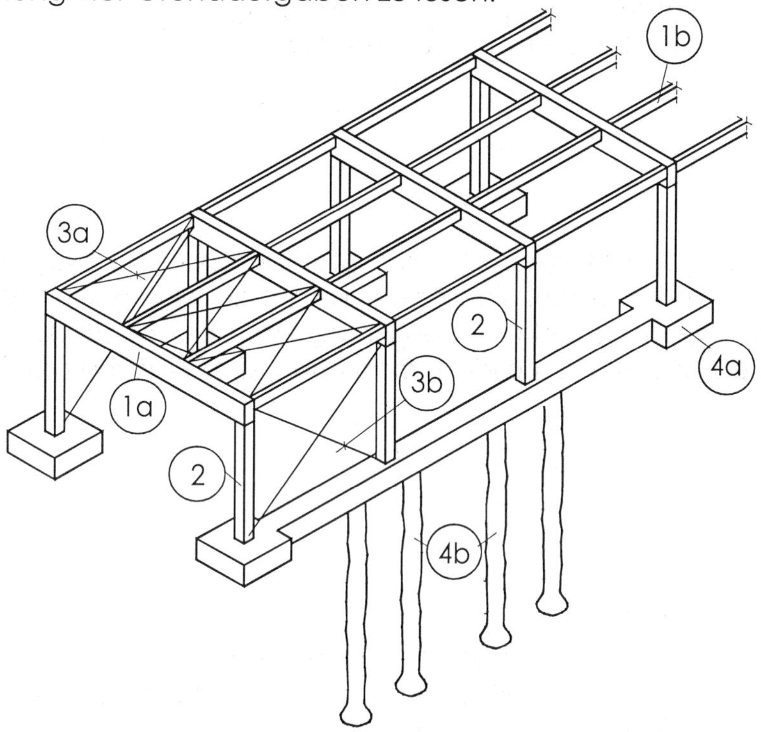

1	Überspannen
1a	Hauptträger
1b	Nebenträger
2	Stützen
3	Aussteifen
3a	Dachverband
3b	Wandverband
4	Gründen
4a	Einzelfundament
4b	Pfahlgründung

1.1 Überspannen

Durch das "Überspannen" wird der obere Raumabschluss - horizontal, geneigt oder gekrümmt - hergestellt. Für die Aufgabe "Überspannen" sind grundsätzlich vier Möglichkeiten gegeben.

1.1.1 Balken und Platten

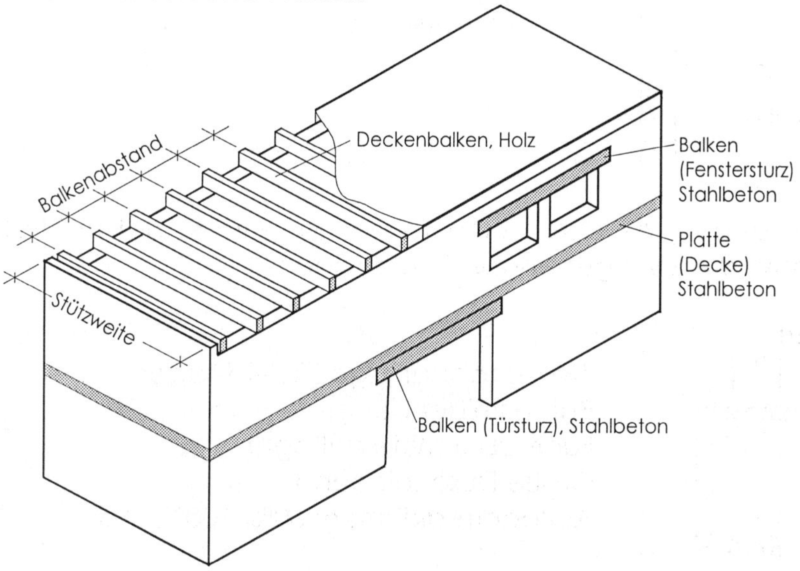

Balken und Platten sind biegebeanspruchte Bauteile.

Balken können in Holz, Stahl, Stahlbeton und Spannbeton ausgeführt werden, für Platten kommt vor allem Stahlbeton in Frage.

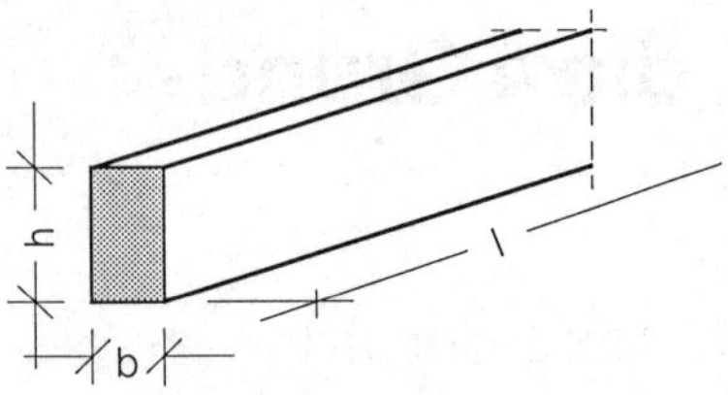

Balken stabförmig, eine Ausdehnung zu den beiden anderen groß.

$l >> h; \quad l >> b; \quad h \approx b$

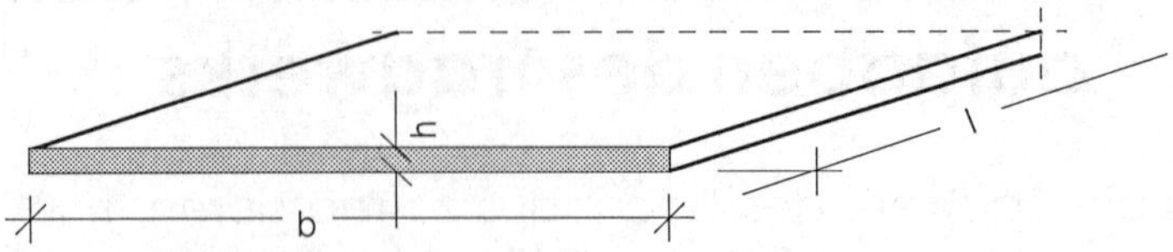

Platte flächig, eine Ausdehnung zu den beiden anderen klein.

$h << b; \quad h << l; \quad l \approx b$

Balken, z.B. eine Holzbalkendecke und Platten, z.B. eine Stahlbetondecke biegen sich unter den auf sie wirkenden Lasten durch. Sie tragen die auf sie wirkenden Lasten "über Biegung" zu ihren Unterstützungspunkten, den Auflagern, ab. Das statische Verhalten von Balken und Platten ist im Prinzip gleich, man kann eine Platte einfach als breiten Balken auffassen.

Das Tragverhalten eines Balkens

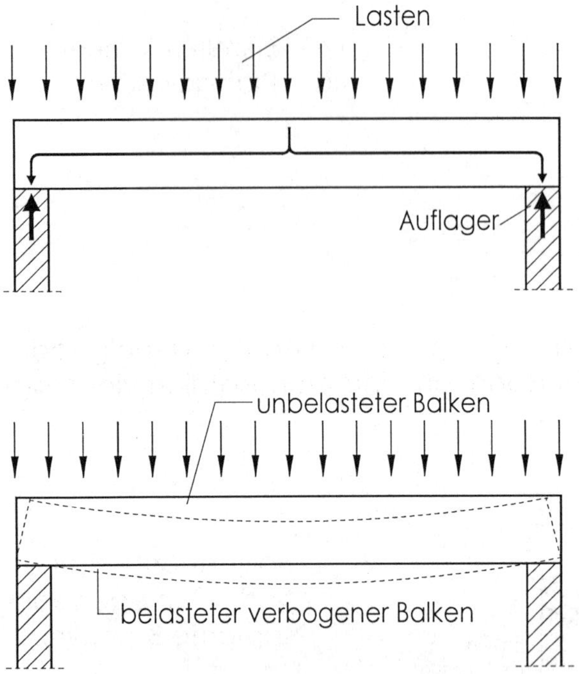

Die Lasten werden vom Balken gesammelt und durch Umleitung zu den Auflagern hin abgeleitet.

Durch die Lasteinwirkung wird der Balken verbogen, er biegt sich durch, er trägt die Lasten über (Ver-)biegung ab.

Für die Lastabtragung benötigt ein Balken mindestens zwei Auflagerpunkte. Er spannt sich dann über ein Feld und heißt: Einfeldträger.

Liegen zwei Räume nebeneinander, die durch eine Wand getrennt sind, benötigt man für das Überspannen entweder zwei getrennte Einfeldträger:

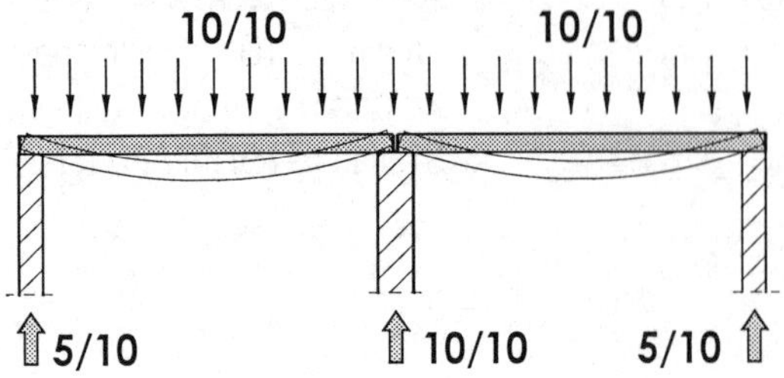

Zwei unabhängige Einfeldträger.
Beide Felder belastet.
Fuge über Mittelauflager.
Große Durchbiegung.
Auflagerreaktionen: 50%, 100%, 50%.

oder einen über zwei Felder durchlaufenden Zweifeldträger aus einem Stück - einen Durchlaufträger über zwei Felder:

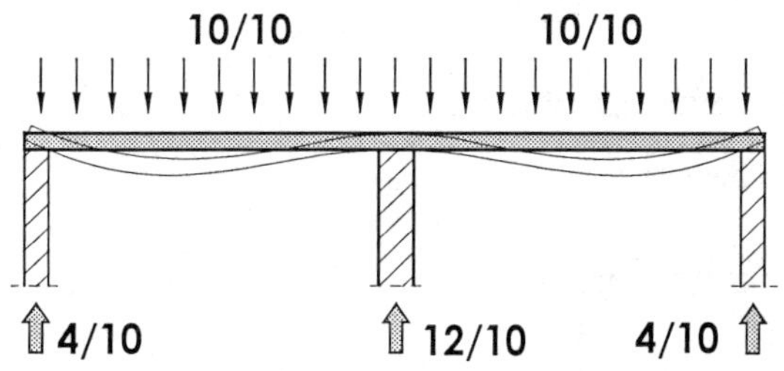

Durchlaufender Zweifeldträger.
Beide Felder belastet.
Keine Fuge über Mittelauflager.
Geringere Durchbiegung.
Auflagerreaktionen: ≈40%, ≈120%, ≈40%.

Bei den beiden Einfeldträgern bildet sich über dem gemeinsamen Mittelauflager infolge der Durchbiegung ein offener Spalt. Beim Durchlaufträger bleibt der Balken über dem Mittelauflager bei gleichen Feldern aus Symmetriegründen waagrecht. Das führt bei sonst gleichen Verhältnissen (Feldweite und Belastung) zu kleineren Durchbiegungen als beim System aus zwei Einfeldträgern. Die mittlere Stütze erhält mehr Last als bei zwei Einfeldträgern.

Ein weiterer wesentlicher Unterschied zwischen zwei unabhängigen Einfeldträgern und einem über zwei Felder durchlaufendem Träger aus einem Stück besteht darin: tritt in nur einem Feld Belastung auf, so bleibt das Nachbarfeld davon unberührt.

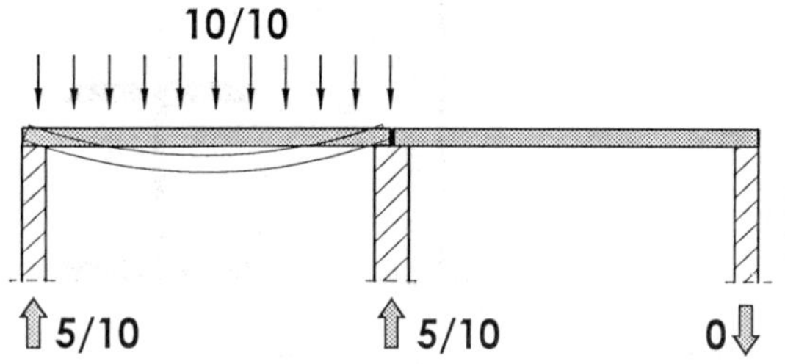

Zwei unabhängige Einfeldträger.
Linkes Feld belastet.
Fuge über Mittelauflager.
Große Durchbiegung.
Auflagerreaktionen: 50%, 50%, 0%.

Beim Durchlaufträger überträgt sich die Verbiegung auch auf das Nachbarfeld, das sich also an der Lastabtragung beteiligt.

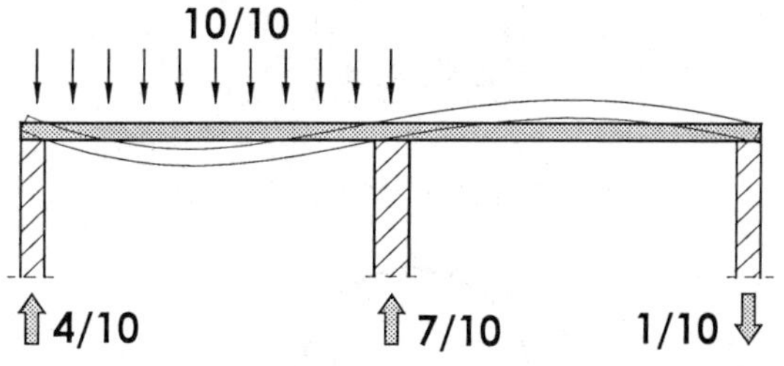

Durchlaufender Zweifeldträger.
Linkes Feld belastet.
Keine Fuge über Mittelauflager.
Geringere Durchbiegung.
Auflagerreaktionen: ≈40%, ≈70%, ≈ -10%.

In allen Fällen ist, weil keine Last verschwinden kann, die Summe der von außen wirkenden Lasten gleich der Summe der von ihnen verursachten Auflagerreaktionen. Die Auflagerreaktion am rechten Endauflager ist abhebend und daher negativ.

Die wichtigsten Querschnittsformen von Balken sind (eine kleine Auswahl):

Rechteck - Querschnitte

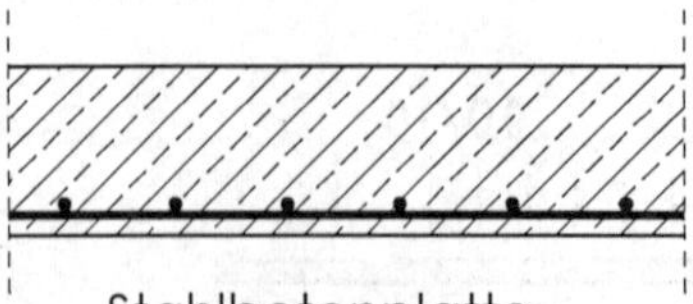

Stahlbetonplatte

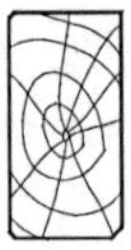

Vollholz

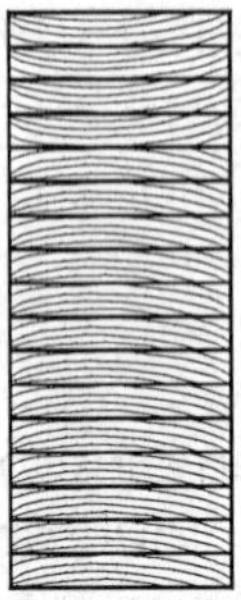

Brettschichtholz

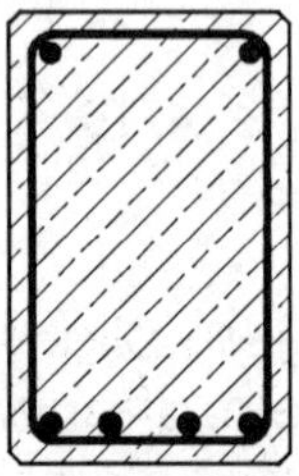

Stahlbeton

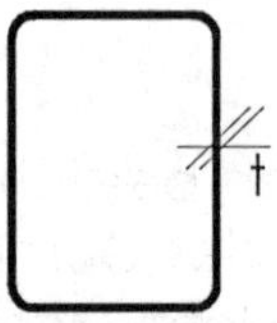

Stahl - Hohlprofil

Doppel - T - Querschnitte

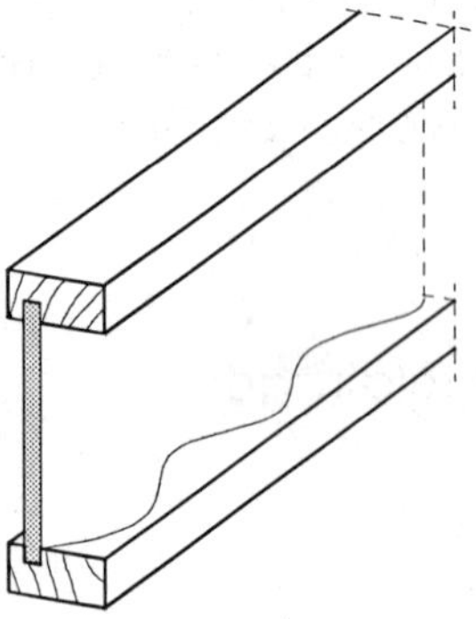

Wellsteg - Träger (Holz)
Gurte aus Vollholz, Steg
aus Furniersperrholzplatte

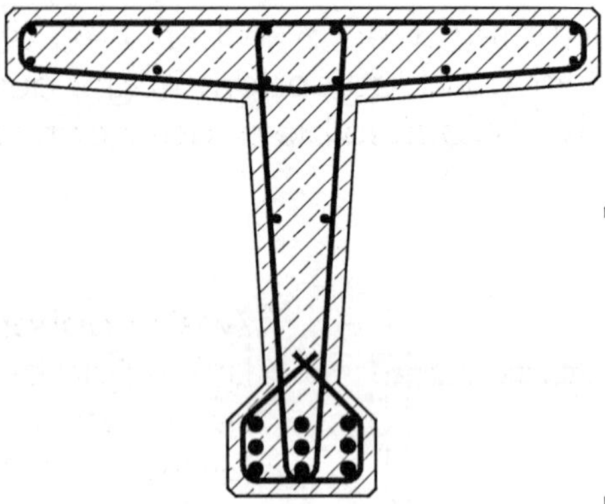

Stahlbeton - Fertigteil

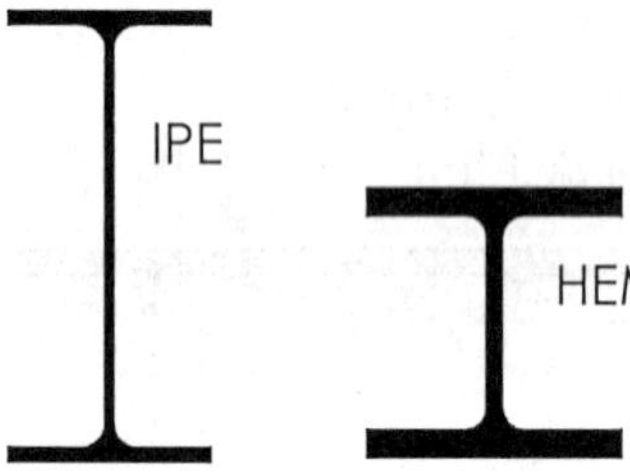

Stahlwalzprofile

T - Querschnitte

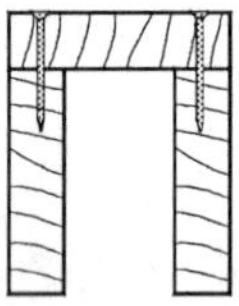

Holzprofil aus drei
Bohlen genagelt

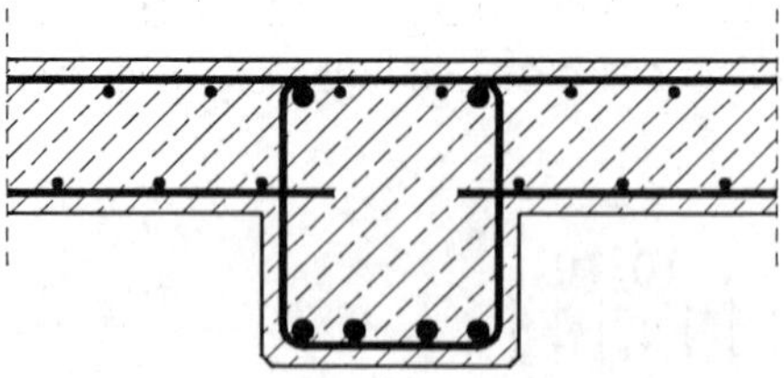

Stahlbeton - Plattenbalken

Kreis - Querschnitte

Rundholz (Vollholz)

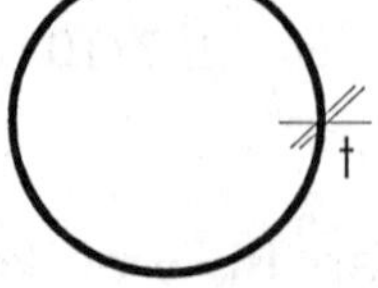

Stahlrohr

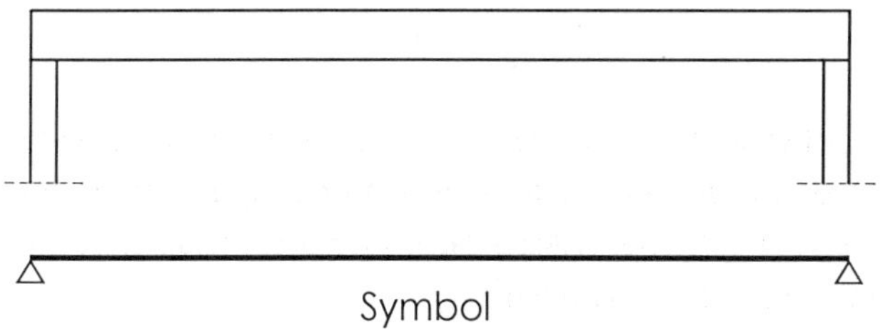

In der Längsansicht ist die Grundform der sogenannte Vollwandträger mit Rechteck-, Doppel-T-oder T-Querschnitt.

Baustoffe: Holz, Stahl, Stahlbeton.

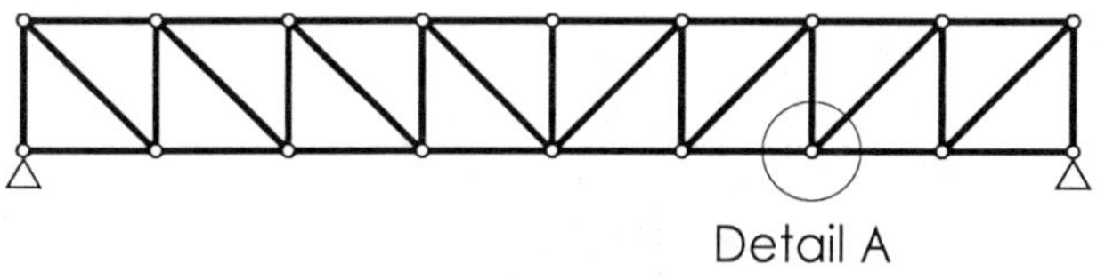

Aufgelöste Formen werden als Fachwerke bezeichnet, wenn alle Stäbe an den Knotenpunkten gelenkig angeschlossen sind. Jeder Strich symbolisiert einen Stab mit Rechteck -, Doppel - T -, T - oder Kreisquerschnitt.

Baustoffe: Stahl, Holz, selten Stahlbeton.

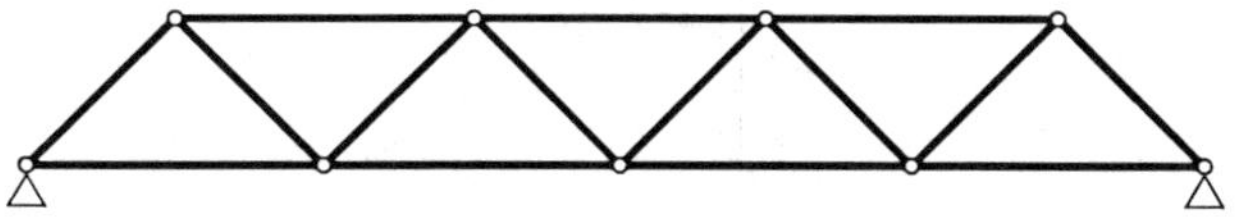

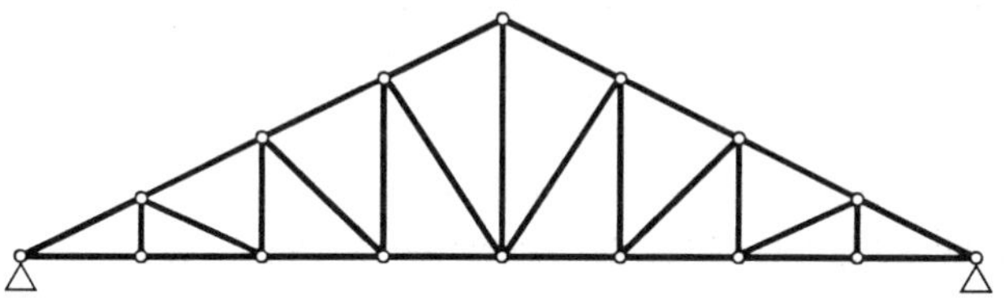

Das Fachwerk ist bezüglich der Stabanordnung und der äußeren Form frei ausbildbar, wenn gewisse Regeln beachtet werden.

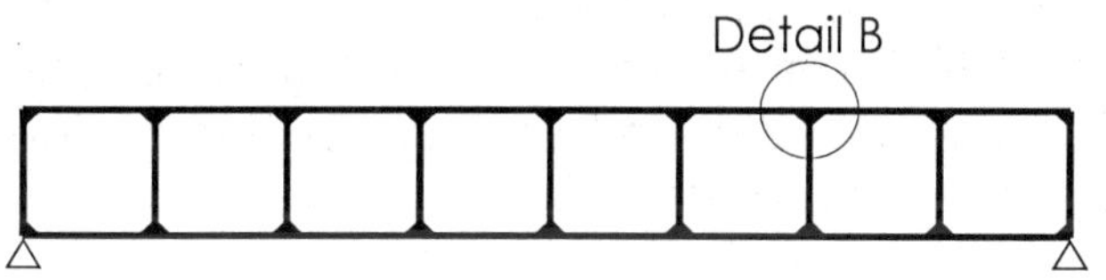

Aufgelöste Formen mit biegesteifen statt gelenkigen Knotenpunkten heißen Rahmenträger. Jeder Strich ist ein Stab mit Rechteck - oder Doppel - T - Querschnitt.

Baustoffe: Stahl, Stahlbeton, selten Holz.

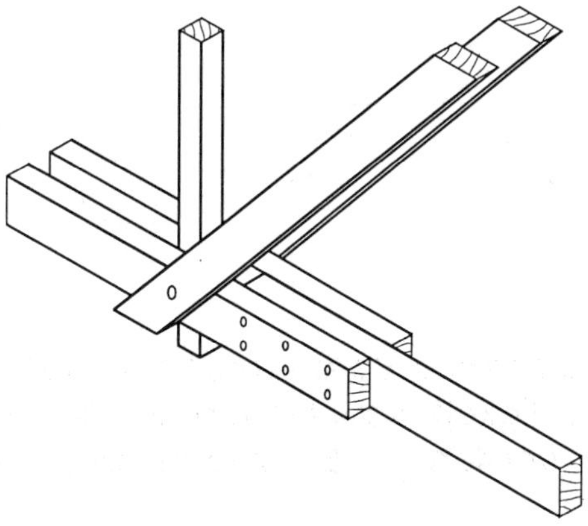

Detail A

Gelenkiger Knotenpunkt im Holzbau

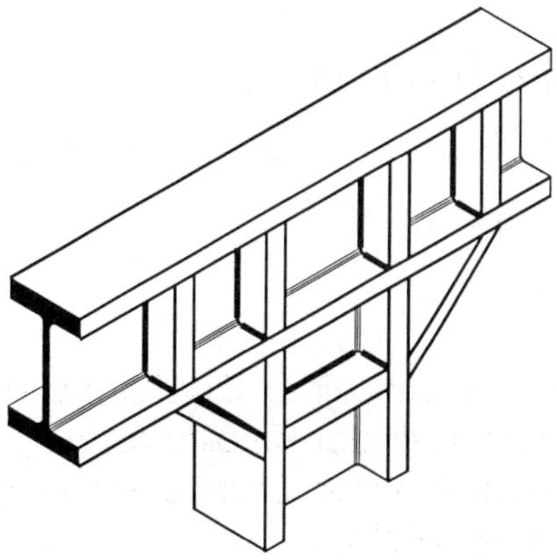

Detail B

Biegesteifer Knotenpunkt im Stahlbau

1.1.2 Hängewerke

Hängewerke sind zugbeanspruchte Konstruktionen, sie tragen die auf sie wirkenden Lasten über Zug ab. Der Raumabschluss eines Bauwerks nach oben kann auch durch ein Hängewerk erfolgen. Im einfachsten Fall tritt an die Stelle des Deckenbalkens ein durchhängendes Seil aus Stahl, Spannbeton oder Brettschichtholz.

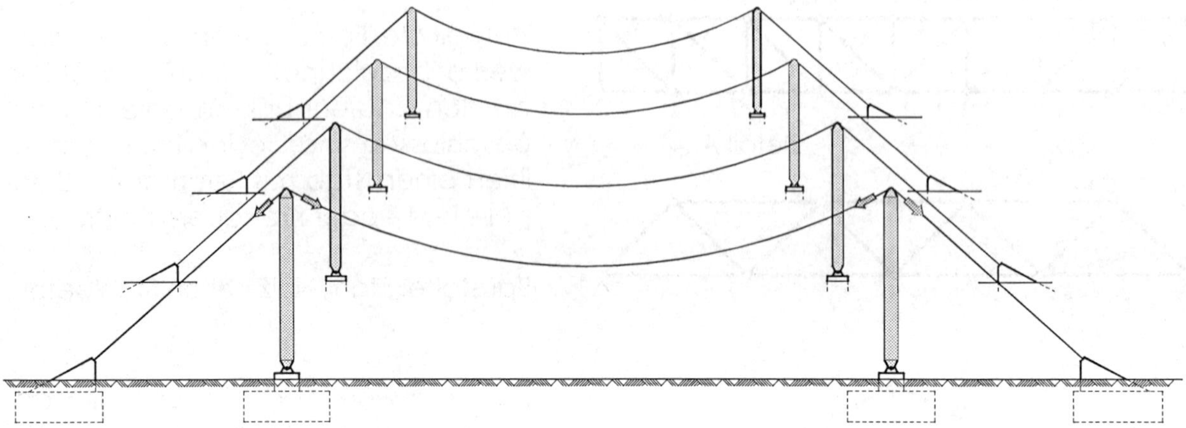

Zwischen einem Seil und einem Balken als überspannendem Element bestehen zwei wesentliche Unterschiede:

Am Balken erzeugt die Belastung zwar eine geringe Durchbiegung - sie beträgt im allgemeinen weniger als 1/300 der Spannweite l, bei einem 6 m weit gespannten Balken also 600/300 = 2 cm - aber der Balken setzt der Verformungstendenz seine Formstabilität entgegen. Seine Verformungen sind kaum sichtbar.

Seile besitzen dagegen praktisch keine Formstabilität, sie geben den angreifenden Lasten so lange nach, bis sie mangels Biegewiderstand die Lasten allein durch Zugbeanspruchung abtragen. Die Seilfigur, die sich einstellt, ist von der Form der Belastung abhängig.

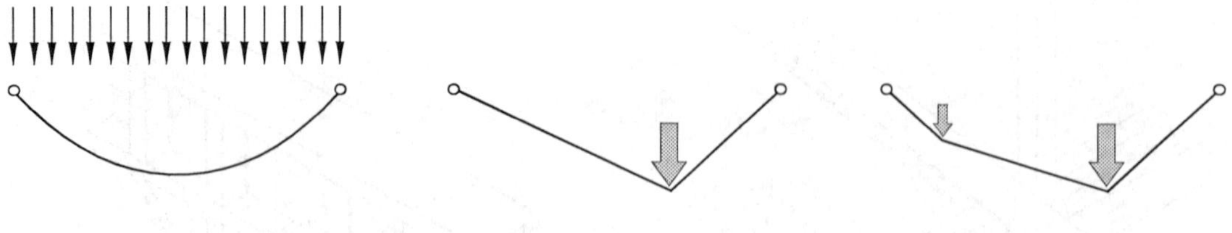

Weil man z. B. bei einer Dachkonstruktion derart starke Veränderungen der Dachform bei wechselnder Belastung wegen der Dichtigkeit nicht hinnehmen kann, müssen Maßnahmen zur Stabilisierung getroffen werden (z. B. Querabspannungen, hohes Eigengewicht).

Der zweite Unterschied besteht darin, dass beim Balken vertikale Belastungen nur vertikale Auflagerreaktionen, beim Seil jedoch vertikale und gleichzeitig horizontale Auflagerreaktionen erzeugen.

Das Seil, das die Lasten nur über Zugkräfte in Seilrichtung abtragen kann, erzeugt auch bei vertikaler Belastung immer auch horizontale Auflagerreaktionen. Dabei sind die Seilkräfte S und die horizontalen Auflagerreaktionen H umso größer, je geringer der Durchhang h des Seils ist. Diese Horizontalkräfte machen weitere Zusatzmaßnahmen erforderlich, z. B. Abspannseile, schwere Fundamente.

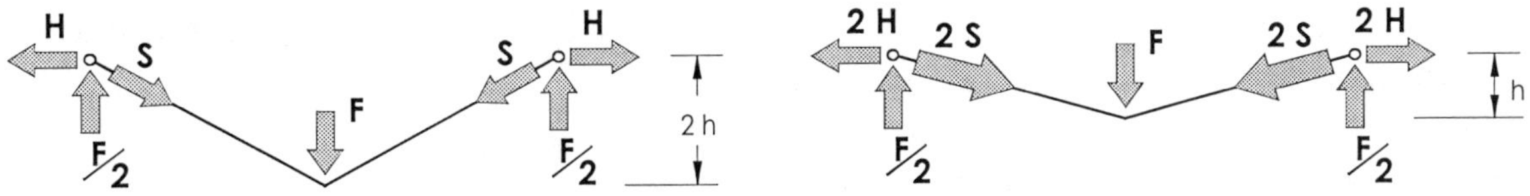

1.1.3 Bogen und Gewölbe

Die 3. Möglichkeit des Überspannens bieten die Bögen. Sie sind bei einer bestimmten Formgebung nur auf Druck beansprucht. Als Baustoffe kommen alle druckfesten Materialien in Frage, Stahl, Holz, Beton, Stahlbeton, Mauerwerk, Naturstein. Geometrisch kann man einen Bogen dadurch erzeugen, indem man ein Seil an einer horizontalen Achse spiegelt.

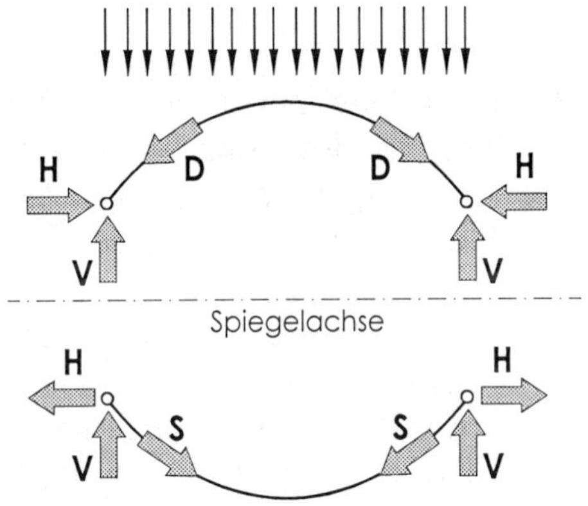

Bei der Spiegelung wird aus dem durchhängenden Seil ein nach oben gewölbter Bogen, aus den Seilzugkräften werden Bogendruckkräfte.

Auch am Bogen treten wegen der Bogendruckkräfte in Achsrichtung des Bogens bei vertikaler Belastung horizontale Auflagerkräfte auf. Das Seil zieht nach innen, der Bogen drückt nach außen.

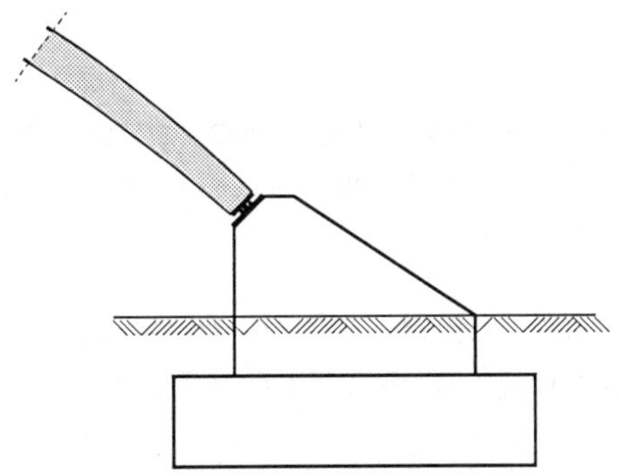

Dieser horizontale Bogenschub muss von entsprechend ausgebildeten schweren Fundamenten oder durch ein in der Bodenplatte oder darunterliegendem Zugband aufgenommen werden. Dieses Zugband darf natürlich während der gesamten Standzeit des Bauwerks nicht unterbrochen werden.

Wie beim Seil gilt auch beim Bogen:

Je flacher der Bogen (Bogenstich), desto größer sind die Bogendruckkräfte und die nach außen drückenden horizontalen Auflagerreaktionen.

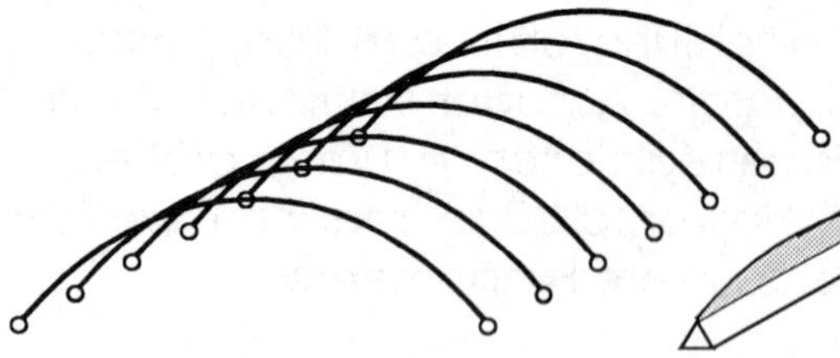

Bogen

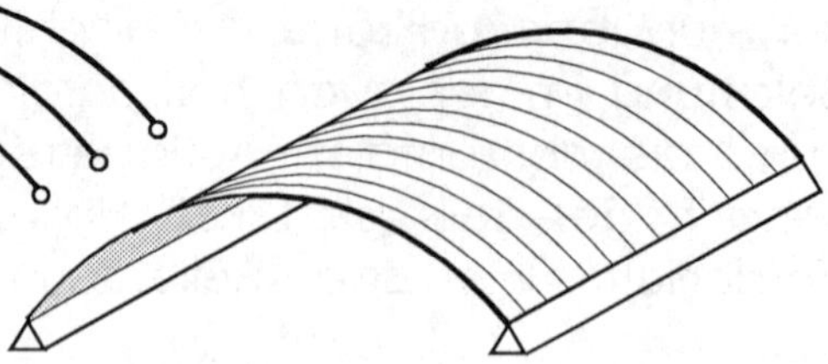

Gewölbe

Bei großer Breite wird der Bogen zum Gewölbe analog Balken - Platte. Die Unterstützung des Gewölbes muss kontinuierlich erfolgen.

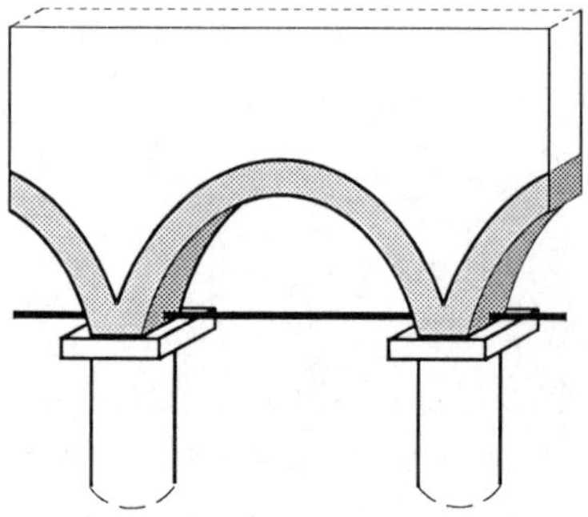

Bogen mit Zugband

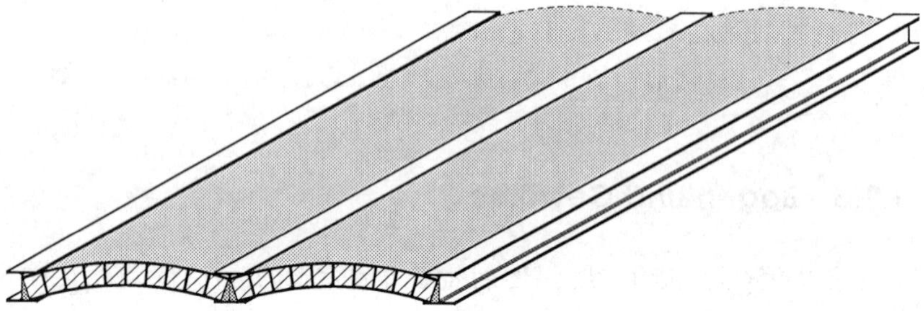

Flaches Tonnengewölbe aus Ziegel zwischen Stahlträgern (Kappengewölbe)

1.1.4 Faltwerke und Schalen

Faltwerke sind räumliche Konstruktionen aus ebenen Einzelflächen, die zueinander geneigt sind und längs ihrer gemeinsamen Kante miteinander verbunden sind. Sie sind, abhängig von ihrer Form, auf Biegung, Druck und Zug beansprucht. Als Baustoffe kommen Stahlbeton, in aufgelöster Form auch Stahl und Holz in Frage.

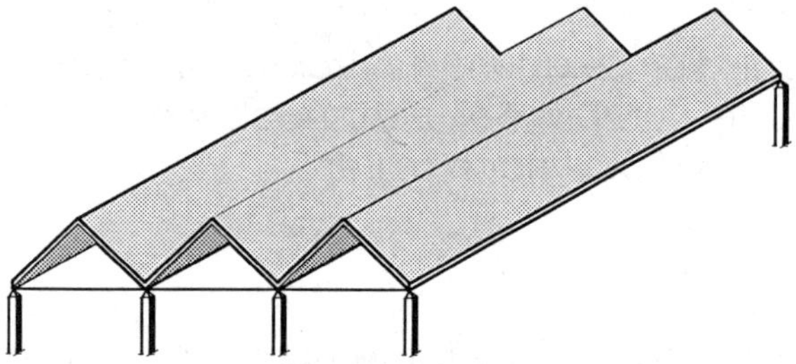

Das einfachste Faltwerk ist das Zickzack-Faltwerk. Es ist längsorientiert und kann als geneigter dünner Träger aufgefasst werden. Faltwerke brauchen nur an den Endpunkten unterstützt werden. Es wird auch prismatisches Faltwerk genannt.

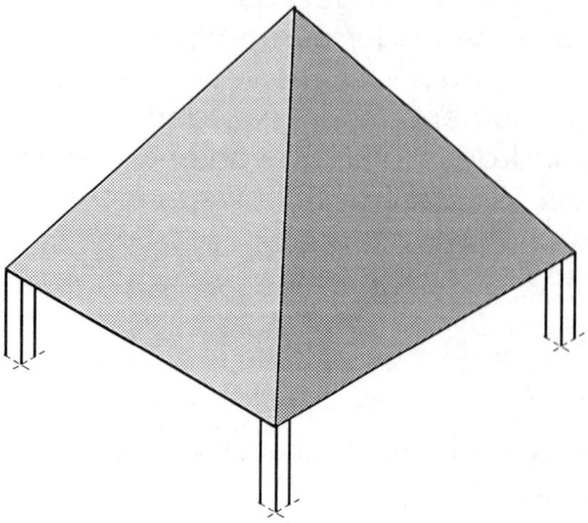

Auch dieses zentralsymmetrische Faltwerk braucht nur an den Eckpunkten unterstützt werden.

Das beim Zickzack-Faltwerk erforderliche Zugband ist hier nicht erforderlich.

Schalen sind einfach oder doppelt gekrümmte räumliche Flächen von geringer Dicke. Das Tragverhalten dieser Raumtragwerke ist kompliziert, die Formenvielfalt nahezu unbegrenzt. Es sind mathematisch definierte und freie Formen möglich. Schalen lassen sich aus Stahlbeton, Holz, Stahl und Kunststoffen herstellen. Auch Schalen werden je nach Form auf Biegung, Druck und Zug beansprucht.

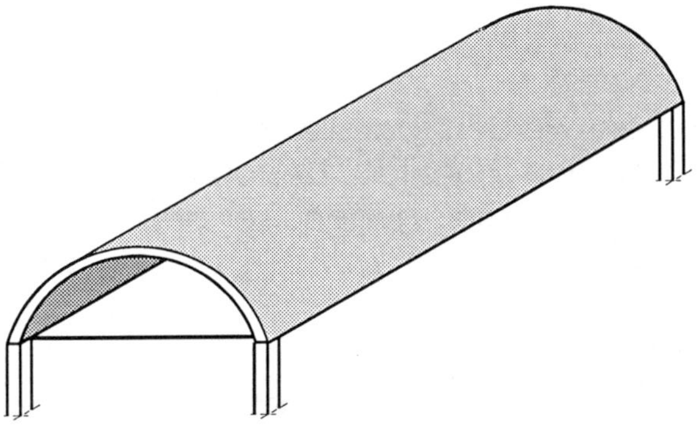

Die Tonnenschale ist die einfachste Schalenform. Sie ist einfach gekrümmt und längsorientiert. Sie wird auch als prismatische Schale bezeichnet.

Im Gegensatz zum Gewölbe muss die Tonnenschale nur an den Endpunkten unterstützt werden.

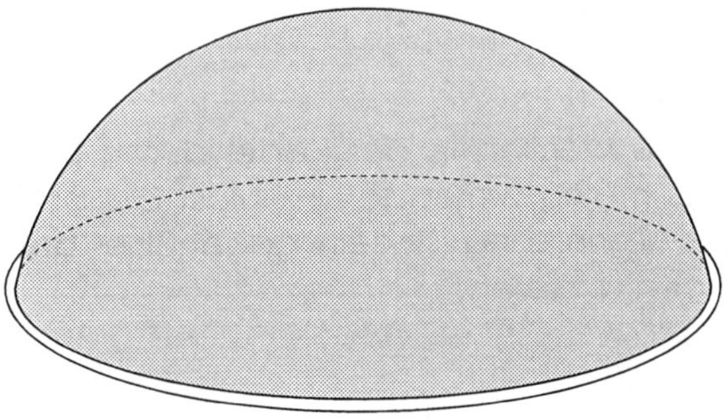

Die Kugelschale ist die einfachste Form einer doppelt gekrümmten Schale.

Die Auflagerung am Rand muss kontinuierlich erfolgen, d.h. die möglichen Stützenabstände sind gering.

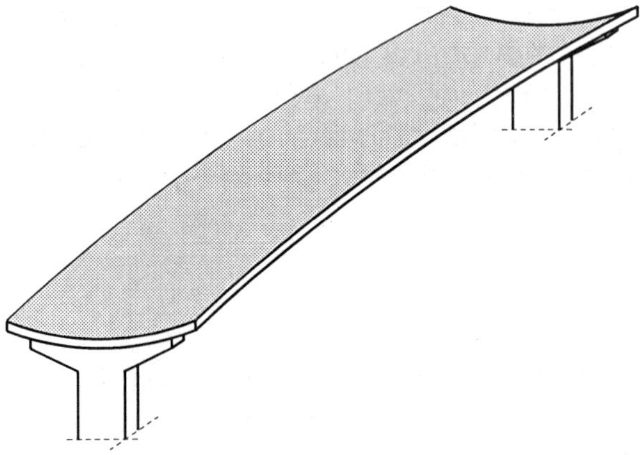

Die Hyperboloid - Schale ist eine doppelt gekrümmte Schale. Sie wird von Geraden erzeugt und ist deshalb sehr wirtschaftlich herzustellen.

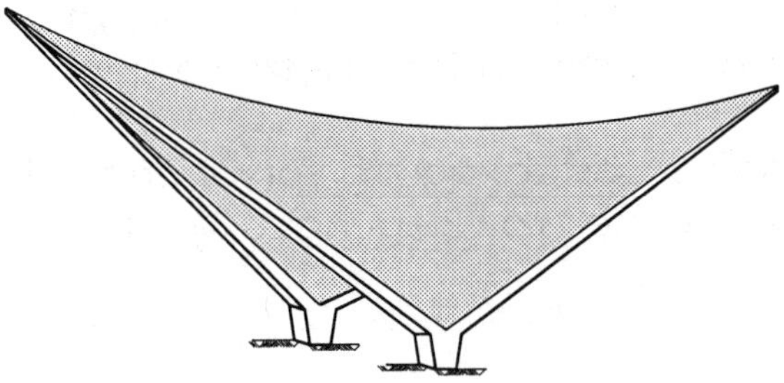

Hyperbolische Paraboloidschale

Schalen erlangen ihre Tragfähigkeit nur, wenn sie an den Rändern so gelagert sind, dass sie ihre Form nicht verändern können.

1.2 Stützen

Bauteile, die im Tragwerk die Aufgabe "Stützen" übernehmen, werden im allgemeinen auf Druck beansprucht. Hierfür kommen als Baustoffe alle druckfesten Materialien in Frage, also Beton, Stahlbeton, Stahl, Holz, Mauerwerk und Naturstein.

1.2.1 Stütze und Wand

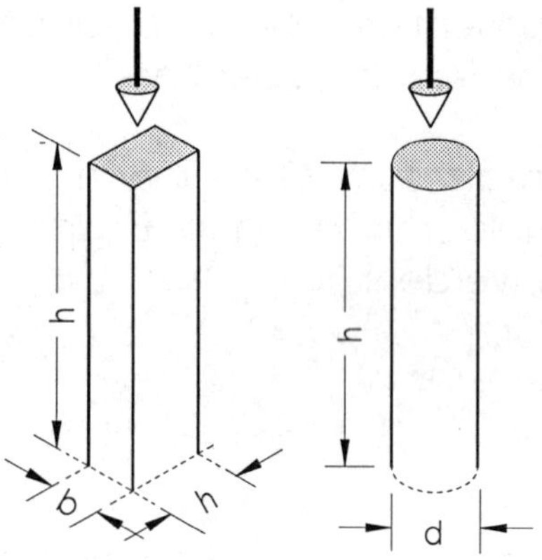

Stützen werden parallel zu ihrer Achse durch eine Einzellast belastet. Eine Abmessung ist groß gegenüber den beiden anderen.

$d \approx b$
$d << h$ Stütze: $b \leq 4d$
$b << h$

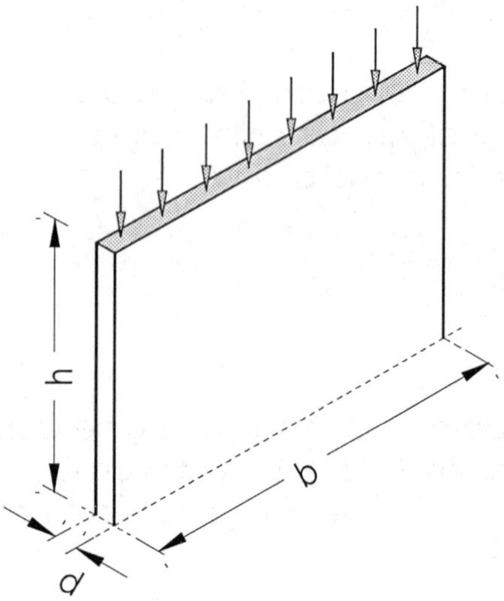

Wände werden in der Regel durch eine gleichmäßig wirkende Linienlast belastet. Eine Abmessung ist klein gegenüber den beiden anderen.

$d << b$
$d << h$ Wand: $b > 4d$

Wände werden auch als Scheibe oder, falls gemauert, als Mauer bezeichnet. Die Unterscheidung von Stütze und Wand ist wegen unterschiedlicher Bemessungs- und Brandschutzvorschriften erforderlich.

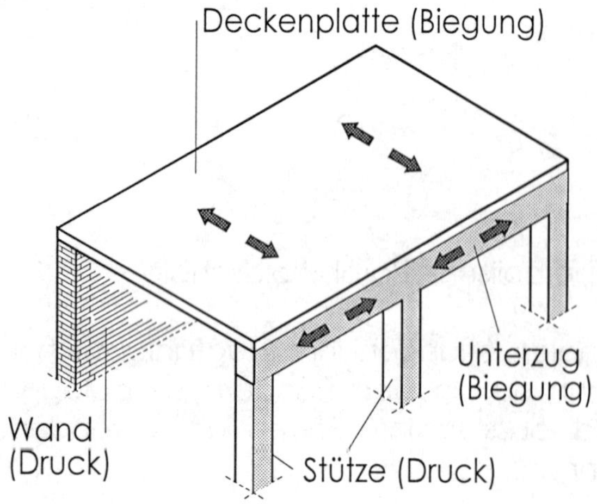

Erfordert das überspannende System, z.B. eine Stahlbetonplatte, eine Linienauflagerung, lässt die Nutzung aber keine Wand zu, kann diese durch einen Unterzug und einzelne Stützen für die Abtragung der Vertikallasten ersetzt werden.

Die Art der Lastabtragung von oben nach unten wechselt von Biegung zu Druck.

Die wichtigsten Querschnittsformen von Stützen sind (eine kleine Auswahl):

Holz	**Stahl**	**Stahlbeton**

Rechteckstütze (Vollholz)

Doppel - T - Profil

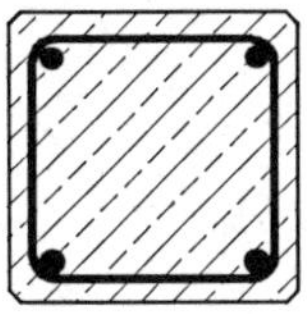

Rechteckstütze

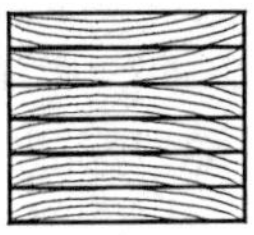

Rechteckstütze (Brettschichtholz)

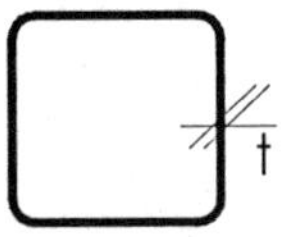

quadratisches Stahl - Hohlprofil

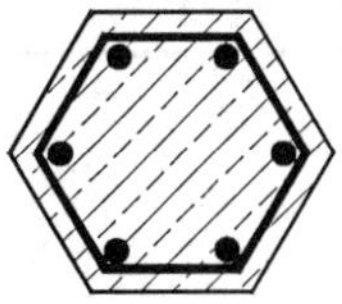

Sechseck - Stütze

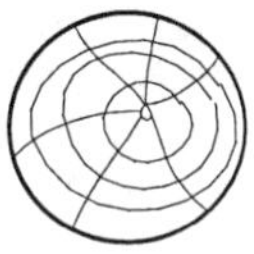

Rundstütze (Vollholz)

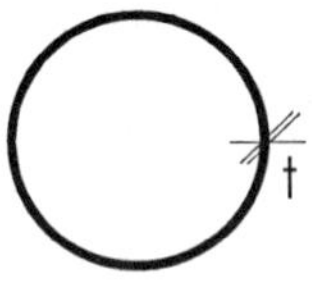

Stahlrohr

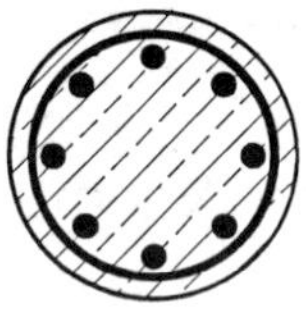

Rundstütze

1.2.2 Rahmen

Werden der überspannende Balken und Stützen zu einer Einheit zusammengefasst, ergibt sich ein Rahmen.

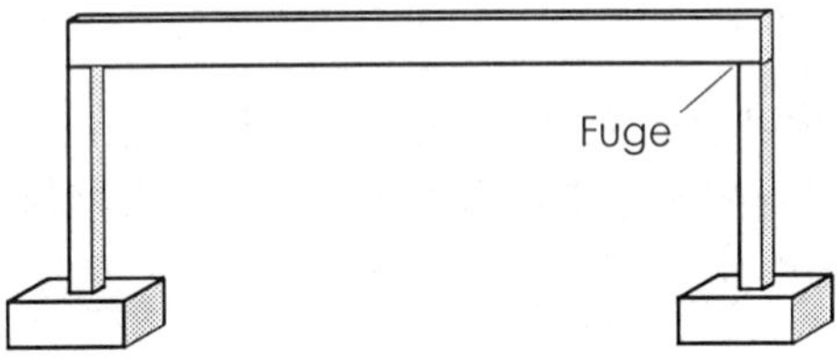

Der Balken liegt als selbständiges Element auf den Stützen. Der Balken ist am Auflager frei drehbar. Man spricht von einem Balken - Stützen - System.

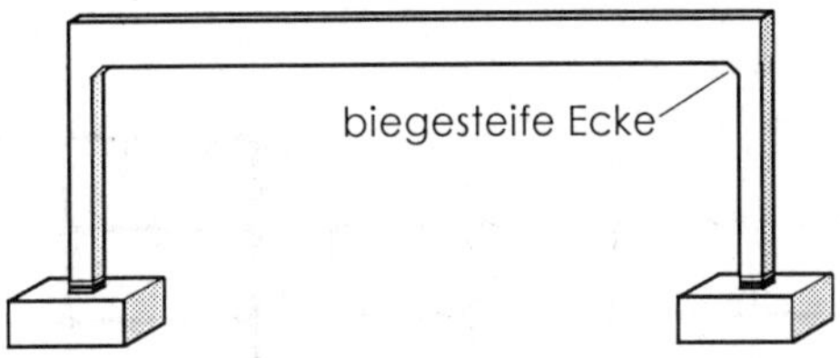

Balken und Stützen werden in einem Stück hergestellt (Stahlbeton, Stahl, Holz). Es entsteht ein Rahmen, dabei sind die Fußpunkte horizontal unverschieblich.

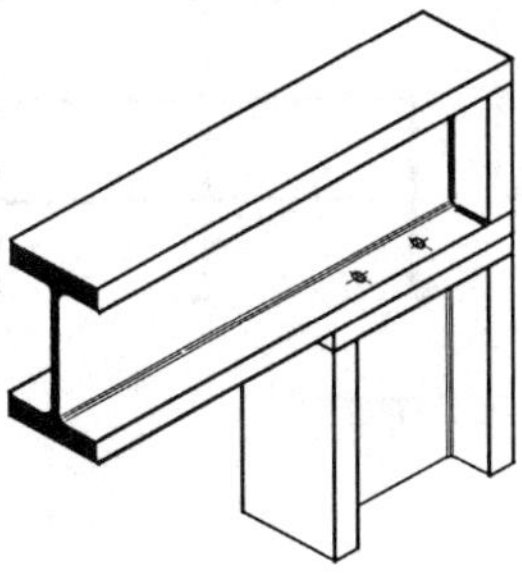

gelenkige Ecke (Stahlbau)

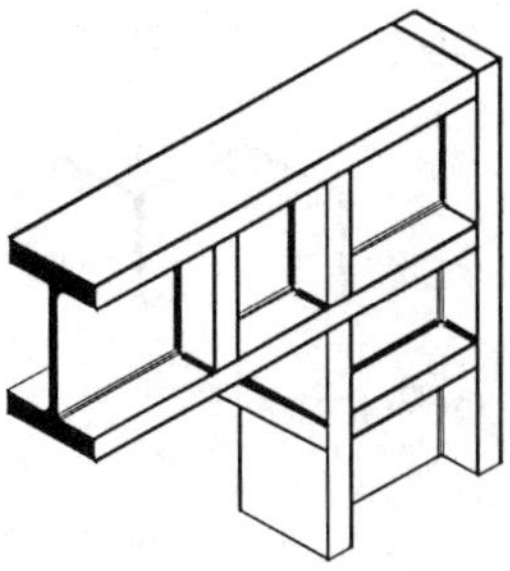

biegesteife Ecke (Stahlbau)

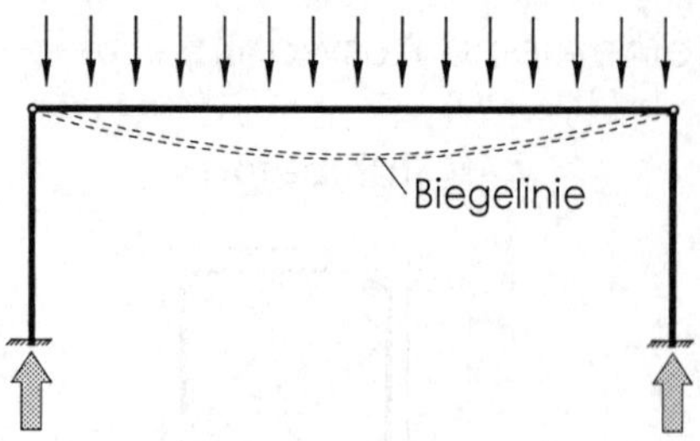

Die zugehörigen Verformungsfiguren zeigen, dass beim Balken - Stützen - System der Balken nur auf Biegung, die Stützen nur auf Druck beansprucht werden.

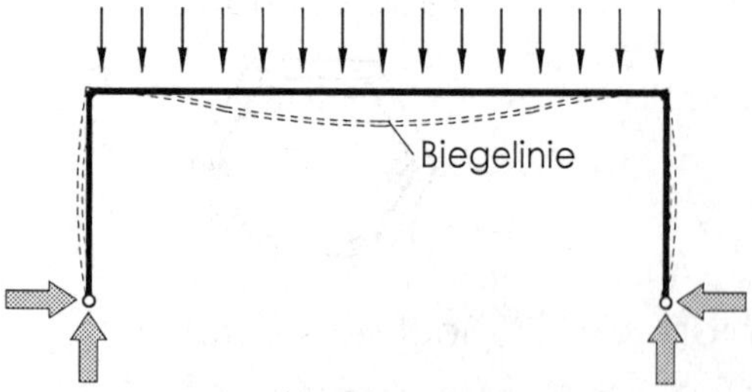

Beim Rahmen werden sowohl der Balken als auch die Stützen verbogen, d.h. auf Biegung beansprucht. Gleichzeitig werden der Balken und die Stützen auf Druck beansprucht.

Vorteile des Rahmens:

- geringere Durchbiegung
- bessere Ausnutzung des Baustoffes
- keine Fuge am Auflager
- Balken wird durch Stützen entlastet

Nachteile des Rahmens:

- auch die Stützen werden verbogen
- wie beim Bogen treten auch bei nur vertikaler Belastung horizontale Auflagerkräfte auf

Rahmen können nebeneinander und/oder übereinander angeordnet werden. Bei Stahlbeton in einem "Guss" (wenn auch abschnittsweise), bei Stahl und Holz mit Montagestößen.

Beispiele:

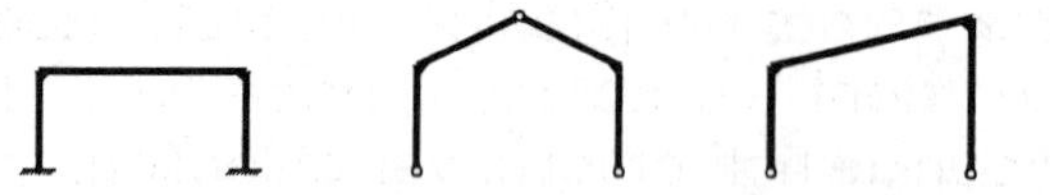

eingespannter Rahmen
Dreigelenkrahmen
Zweigelenkrahmen

mehrstielige Rahmen

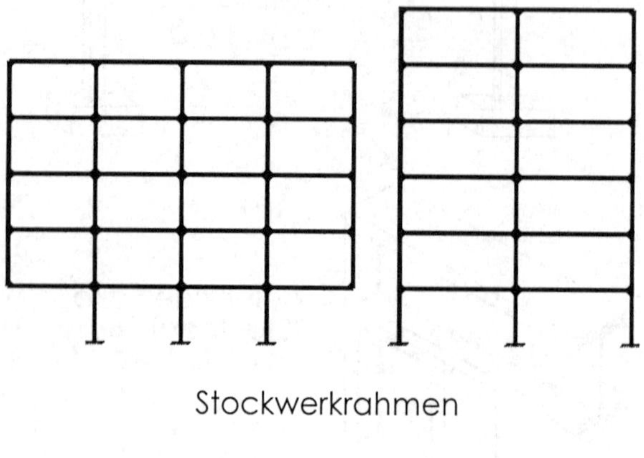

Stockwerkrahmen

1.3 Aussteifen

Die Aussteifung der Bauwerke ist erforderlich, um die sichere Abteilung der auf das Gebäude einwirkenden horizontalen Lasten zu gewährleisten. Horizontale Lasten entstehen u.a. aus:

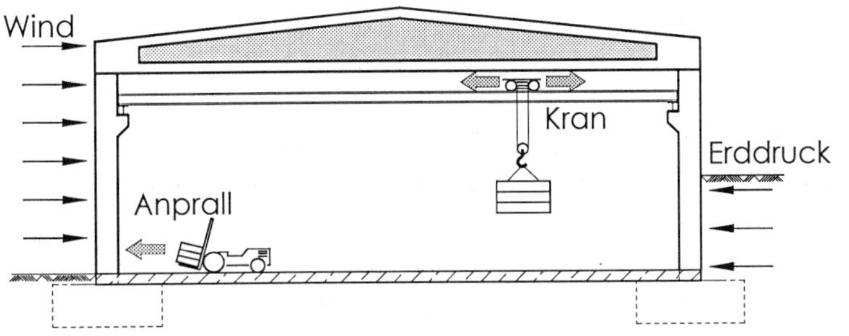

- Wind
- Erddruck bei Hanglage
- Schiefstellung von Stützen
- Anpralllasten von Fahrzeugen
- Brems- und Beschleunigungskräfte aus Kranbahnen
- Erdbeben

Aussteifungselemente sind Scheiben, Fachwerke, Rahmen, eingespannte Stützen, manchmal Abspannungen.

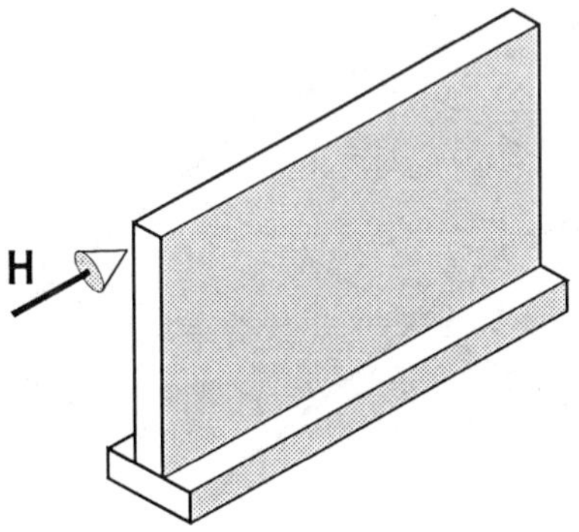

Scheiben sind flächige Elemente aus Beton, Stahlbeton, Mauerwerk oder Holztafeln. Die Horizontallasten werden durch Umlenkung nach unten geleitet, dazu ist eine Last von oben erforderlich.

Die Verformungen sind sehr gering.

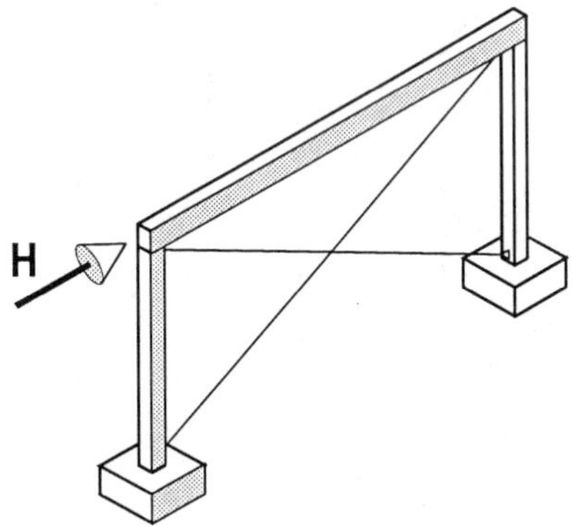

Fachwerke können auch die Funktion der Aussteifung übernehmen. Als Baustoffe kommen Stahl und Holz zur Anwendung. Beim dargestellten Kreuzverband erhält je nach Windrichtung eine Diagonale Zugkräfte, die andere ist unbelastet.

Die Verformungen sind gering.

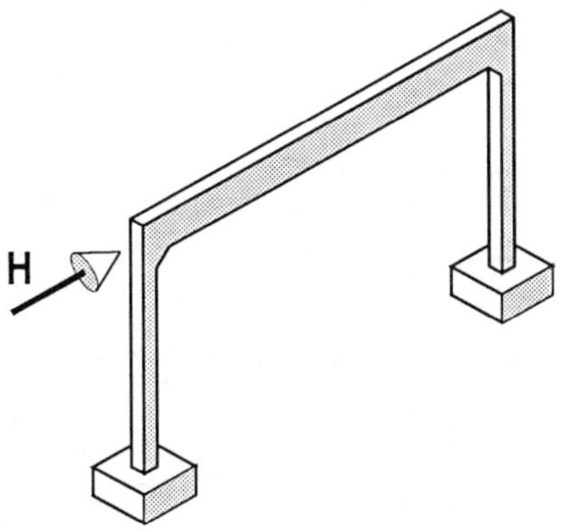

Mit Rahmen aus Stahlbeton, Stahl oder Holz können ebenfalls Bauwerke ausgesteift werden. Die horizontalen Lasten werden über Biegung abgeleitet.

Die Verformungen sind relativ groß, so dass eine Aussteifung mit Rahmen nur für niedrige Gebäude (maximal 3 Geschosse) in Frage kommt.

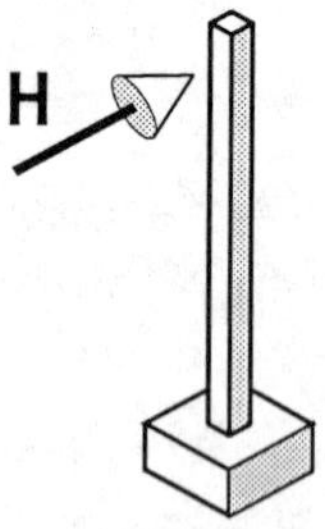

Auch mit eingespannten Stützen aus Stahlbeton, Stahl oder Holz werden die Horizontallasten über Biegung abgetragen. Wegen der sehr großen Verformungen sind eingespannte Stützen nur für eingeschossige Gebäude (Hallen) geeignet.

Scheiben, Fachwerke und Rahmen haben nur in ihrer Ebene eine aussteifende Wirkung. Bei Horizontalbeanspruchung senkrecht zu ihrer Ebene sind sie unwirksam.

Die aussteifenden Elemente können auch kombiniert werden. Die Halle ist z.B. in Querrichtung durch Zweigelenkrahmen ausgesteift, in Längsrichtung durch einen horizontalen Verband in der Dachebene und durch vertikale Verbände in der Wandebene.

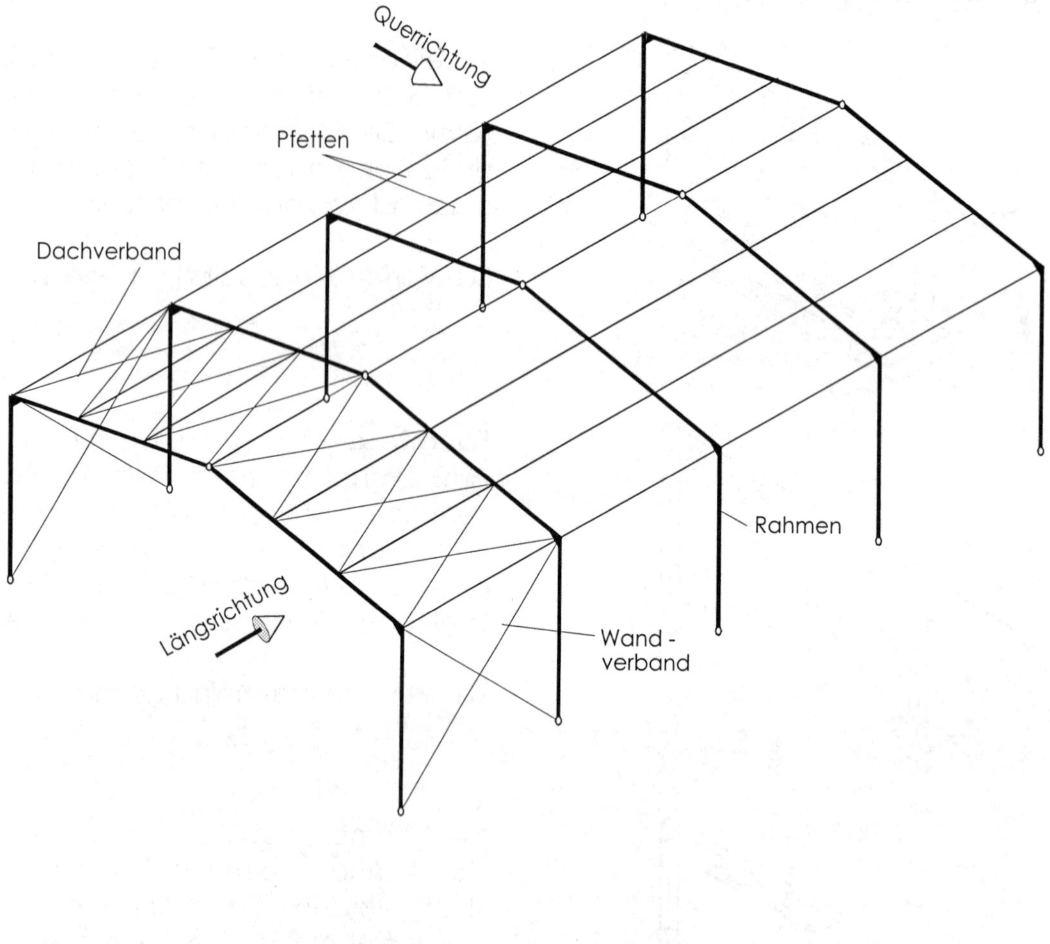

1.4 Gründen

Die Gründung hat die aus dem Bauwerk kommenden Lasten in den Baugrund überzuleiten. Die Bauwerkslasten F kommen wegen der hohen Tragfähigkeit der Baustoffe (Beton, Stahl, Holz, Mauerwerk) sehr konzentriert an. Der Baugrund, der Baustoff mit der niedrigsten Tragfähigkeit, kann diese konzentrierten Lasten nicht aufnehmen. Sie müssen durch Gründungskörper auf eine größere Fläche verteilt werden.

1.4.1 Flachgründungen

Dies geschieht am einfachsten und wirtschaftlichsten durch Verbreiterung der Stützung. Bei Stützen und Pfeilern mit der Fläche A_{St} wird die Last auf die Fundamentfläche A_F verteilt, in zwei Richtungen bei Stützen, in einer Richtung bei Wänden; man bezeichnet dies als Einzelfundament bzw. Streifenfundament.

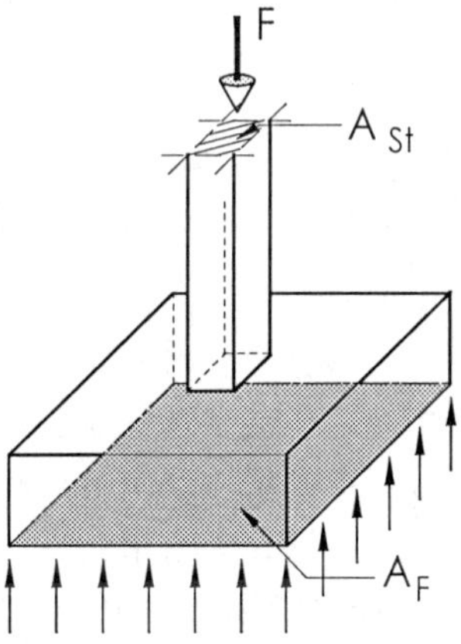

Einzelfundament

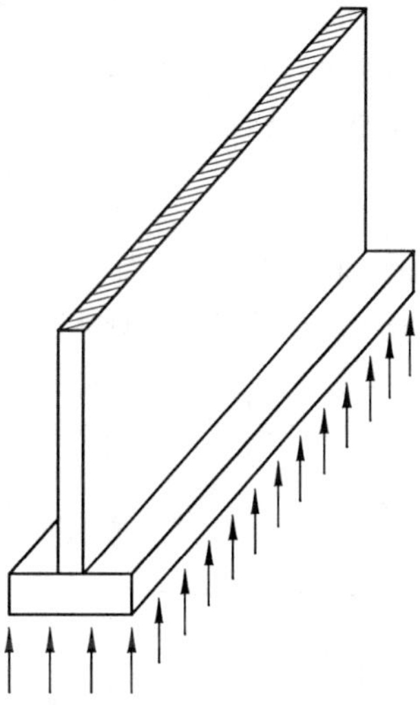
Streifenfundament

Stahlbeton und unbewehrter Beton sind wegen ihrer Beständigkeit und Wirtschaftlichkeit die gebräuchlichsten Baustoffe für Fundamente, früher wurden Fundamente auch gemauert.

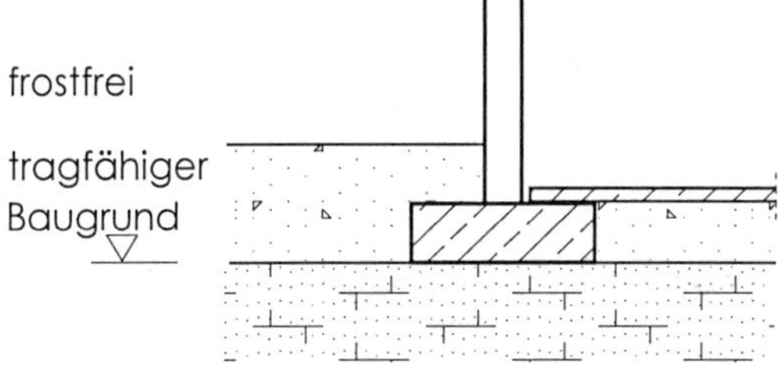

Flachgründungen setzen in geplanter Gründungstiefe tragfähigen Boden voraus. In DIN 1054 - Zulässige Belastung des Baugrunds - ist deshalb immer eine Gründung auf tragfähigem Boden gefordert. Darüberhinaus muss die Gründungssohle frostfrei liegen. Die in DIN 1054 geforderten 0,8 m unter Geländeoberkante haben sich als nicht ausreichend erwiesen, zu empfehlen sind mindestens 1,2 m.

Eine Mindestbreite der Fundamente von 50 cm sollte eingehalten werden, nur in Ausnahmefällen bei untergeordneten Bauwerken wie z.B. Garagen oder vorübergehenden Bauten dürfen geringere Fundamentbreiten ausgeführt werden.

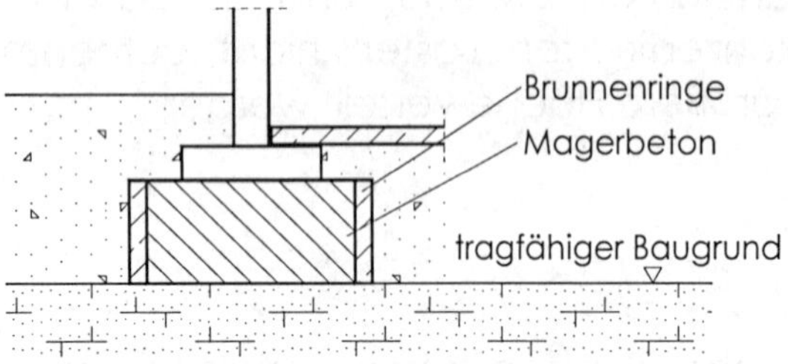

Steht der tragfähige Boden nicht in zu großer Tiefe an, kann die Höhendifferenz durch einen Magerbetonsockel oder eine Brunnengründung (Stahlbetonringe mit Magerbetonfüllung oder verdichtetem Boden) überwunden werden.

1.4.2 Tiefgründungen

Steht der tragfähige Grund erst in größerer Tiefe an, wird die Lastkonzentration nicht horizontal, sondern vertikal verteilt: es wird eine Pfahlgründung erforderlich.

Bei einer Pfahlgründung werden die Bauwerkslasten also zunächst in Pfähle eingeleitet und von diesen an die tragfähigen Schichten des Baugrundes abgegeben. Man unterscheidet zwischen stehender und schwimmender Gründung (schwebende Gründung).

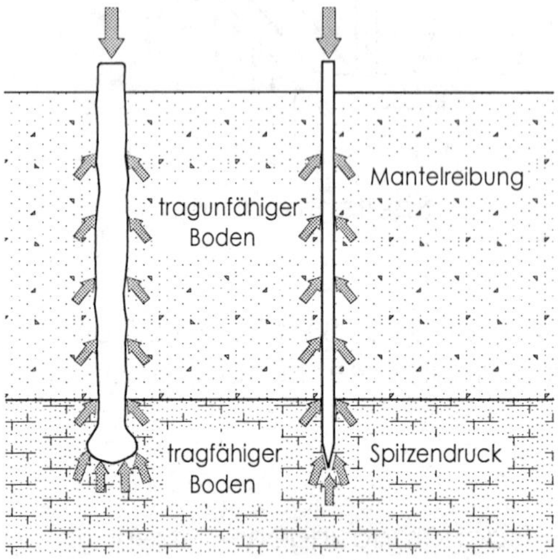

Stehende Gründung

Bei einer stehenden Gründung stecken die Pfahlspitzen oder der verbreiterte Fuß in einer tragfähigen Bodenschicht, unter der keine weiteren nachgiebigen Schichten mehr folgen. Diese Art der Gründung ist von allen Pfahlgründungen die beste und sicherste. Die von oben wirkenden Kräfte werden hauptsächlich durch den Spitzendruck (Spitzendruckpfähle), weniger durch die sog. Mantelreibung aufgenommen.

Pfähle können nach verschiedenen Kriterien unterschieden werden:

- nach Herstellungstechnik: Fertigpfähle, Ortpfähle
- nach Lastübertragung: Spitzendruck- und Reibungspfähle
- nach Baustoff: Beton-, Stahlbeton-, Spannbeton-, Stahl- und Holzpfähle

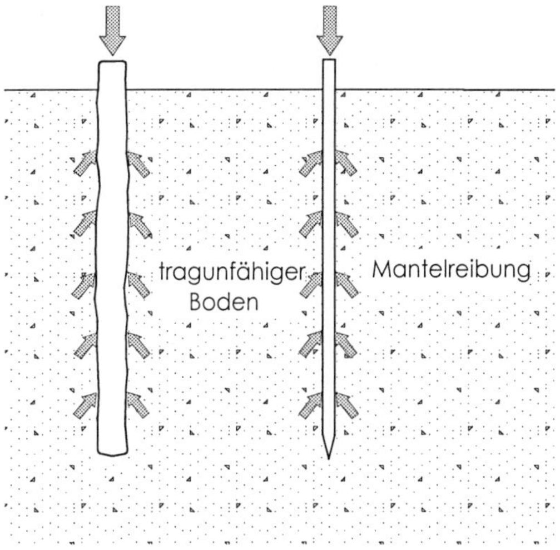

Schwebende Gründung

Von einer schwimmenden (schwebenden) Pfahlgründung spricht man, wenn die Pfähle keinen tragfähigen Baugrund erreichen, sondern in stark zusammendrückbaren Schichten allein durch Mantelreibung tragen. Bei solchen Pfahlgründungen ist stets mit langzeitigen Setzungen zu rechnen. Die Pfähle müssen darum möglichst tief in den nachgiebigen Baugrund eingreifen. Pfahllängen kürzer als die Bauwerksbreite genügen erfahrungsgemäß nicht.

Schwebende Pfahlgründungen sind nach Möglichkeit zu vermeiden. Sie werden nur angewendet, wenn die nachgiebigen Schichten mit zunehmender Tiefe fester und tragfähiger werden, so dass geringere Setzungen zu erwarten sind als bei einer Flächengründung.

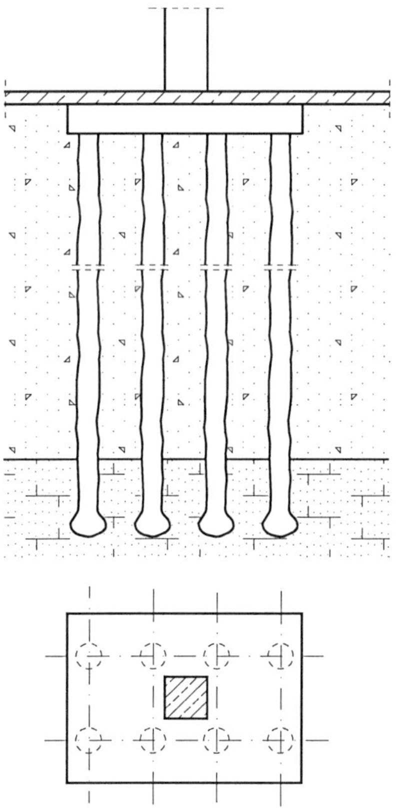

Bei allen Pfahlgründungen werden die Pfahlköpfe durch einen Pfahlkopfbalken (Streifenfundament) oder durch eine Pfahlkopfplatte (Fundamentplatte) verbunden. Diese Konstruktionsteile dienen der Verteilung der Wand- und Stützenlasten auf die Pfähle. Im übrigen muss man beim Bohren und erst recht beim Rammen mit gewissen Abweichungen von der planmäßigen Lage rechnen, so dass ein ausgleichendes Bauteil zwischen der aufgehenden Konstruktion und den Pfahlköpfen einzuschalten ist.

2 Die Lasten am Bauwerk

Ein Gebäude ist vielen Einwirkungen ausgesetzt. Dies sind neben den Lasten aus z.B. Eigengewicht der Konstruktionen und Nutzlasten aus Personen und Fahrzeugen auch Einwirkungen aus Wind, Schnee, Wärme und Kälte, Brand. Als Lasten werden all diese Einwirkungen bezeichnet, welche die Konstruktionsglieder mechanisch beanspruchen, also Kräfte, Spannungen und Verformungen des Materials verursachen.

2.1 Last und Kraft

2.1.1 Definition

Eine Kraft oder Last ist durch verschiedene Kriterien bestimmt:

- Größe = Maßzahl · Maßeinheit, z.B. 27 kN

  Daneben werden als Maßeinheiten benutzt: 1 N = $\frac{1}{1000}$ kN, 1 MN = 1000 kN

  Symbol und zeichnerische Darstellung:

  Pfeil mit Maßstabangabe, z.B. 1 cm = 20 kN

- Wirkungslinie

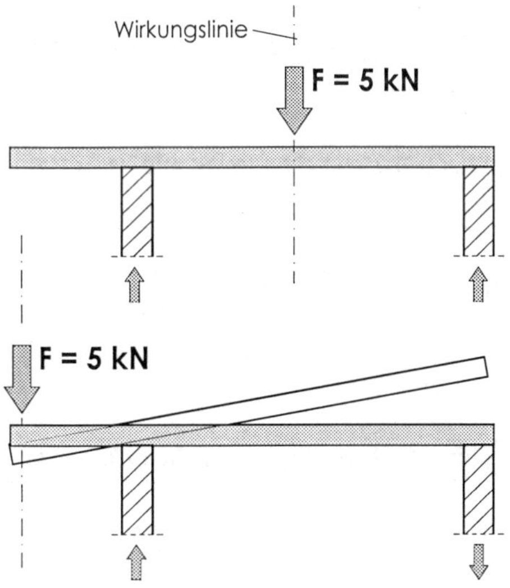

Bei gleicher Lastgröße (F = 5 kN) , jedoch verschiedener Wirkungslinie der Kraft sind die Auswirkungen auf den Balken verschieden.

Im oberen Fall liegt der Balken stabil auf den unterstützenden Wänden, im unteren Fall kippt der Balken um das linke Auflager. Am rechten Auflager entsteht eine abhebende Auflagerkraft.

- Richtung

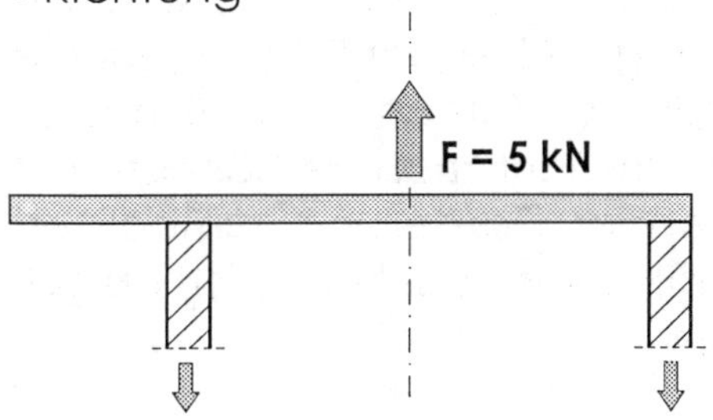

Bei gleicher Lastgröße, gleicher Wirkungslinie, jedoch geänderter Richtung der Kraft ändern auch die Auflagerkräfte ihre Richtung. Die Größe der Auflagerkräfte bleibt dem Betrag nach gleich.

- Angriffspunkt

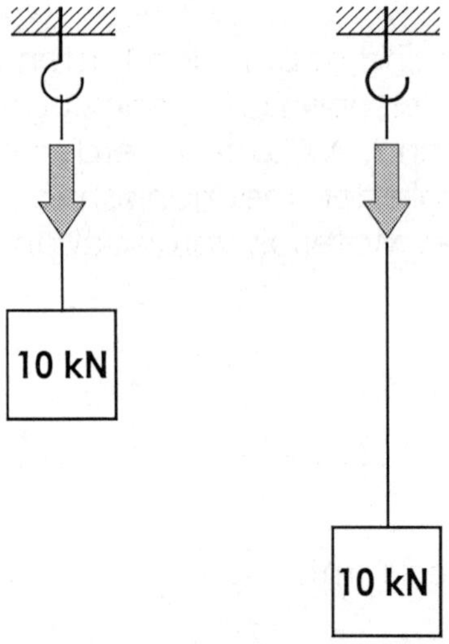

Der Lastangriffspunkt spielt im allgemeinen keine Rolle. Die Zugkraft am Haken bleibt bei gleicher Lastgröße gleich, unabhängig davon, wie hoch die Last aufgehängt ist.

Lasten dürfen entlang ihrer Wirkungslinie verschoben werden, ohne dass sich ihre Auswirkungen ändern.

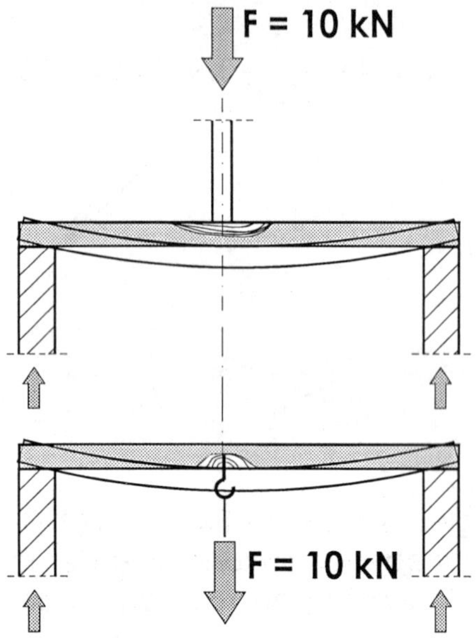

Die Durchbiegung, die Biegebeanspruchung und die Auflagerkräfte des Balkens sind in beiden Fällen gleich, wenn die Wirkungslinie und die Lastgröße identisch sind.

Nur für die örtliche Beanspruchung im Lasteinleitungsbereich spielt der Lastangriffspunkt eine Rolle.

oben: Querdruck durch auf dem Balken stehende Stütze

unten: Querzug durch angehängte Last

2.1.2 Einzellast, Flächenlast, Linienlast, Resultierende

Eine Einzellast ist streng genommen eine punktförmige Last, wie sie baupraktisch eigentlich nicht vorkommt.

Die Dimension der Einzellast ist [kN].

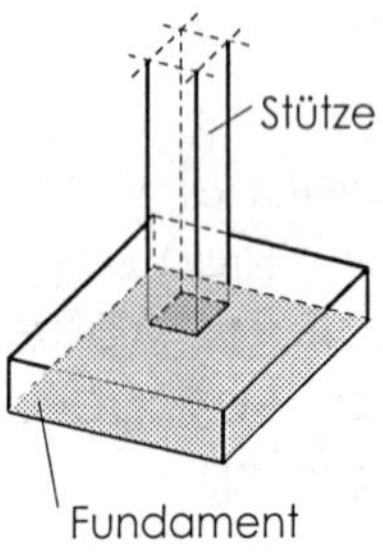

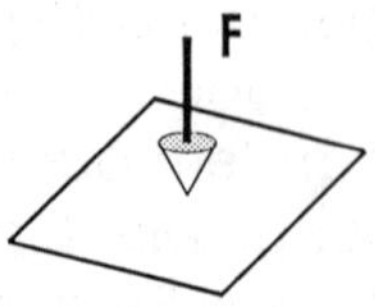

Ist die Lastangriffsfläche klein (z.B. Stütze 20/20 cm) gegenüber der Fläche, auf die sie wirkt (z.B. Fundament 1,5/1,5 m), so können die tatsächlichen Verhältnisse mit nebenstehender Darstellung symbolisiert und die Stützenlast als Einzellast aufgefasst werden.

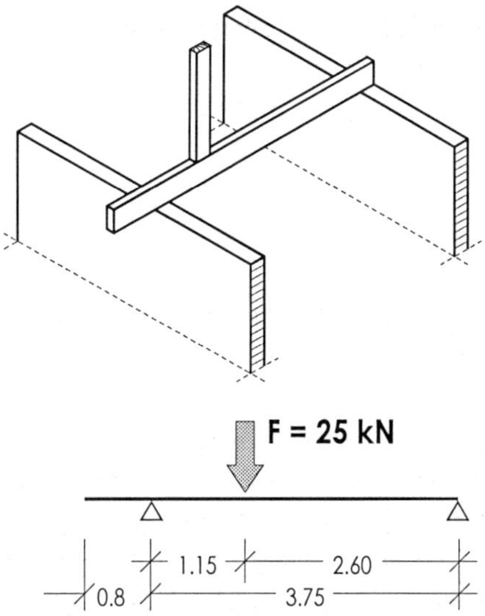

statisches System

Auch ein Balken, der auf Wänden gelagert ist, wird durch eine auf ihm stehende Stütze punktförmig belastet. Er erzeugt auch punktförmige Auflagerkräfte auf den Wänden. Man vernachlässigt die geringe Fläche des Auflagers.

Vereinfachungen dieser Art sind notwendig, um Tragsysteme mit einem vertretbaren Aufwand untersuchen zu können. Diese Vereinfachungen dürfen aber nicht zu unsicheren Tragwerken führen.

Dagegen ist das Eigengewicht einer Stahlbetondecke für die Platte eine Flächenlast. Die Dimension einer Flächenlast ist [kN/m²].

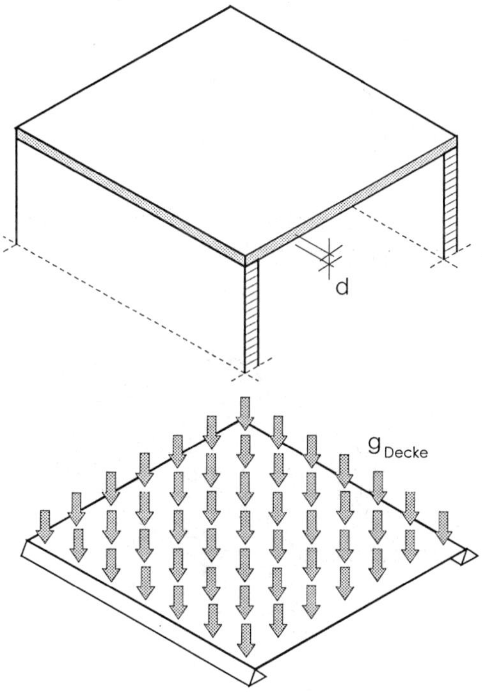

Die Stahlbetondecke mit z.B. einer Dicke d = 18 cm wird durch ihr Eigengewicht flächenförmig belastet (spezifisches Gewicht von Stahlbeton: $\gamma = 25$ kN/m³).

Daraus ergibt sich:

$g_{Decke} = d \cdot \gamma = 0{,}18 \cdot 25 = 4{,}5$ kN/m².

Der dritte Lasttyp unter dem Aspekt der Ausdehnung ist die Linienlast oder Gleichlast. Ihre Dimension ist [kN/m].

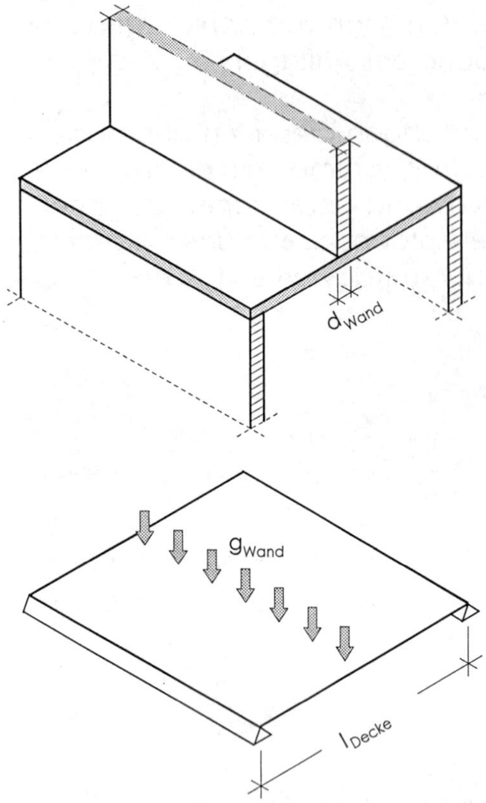

Eine Wand steht auf einer Stahlbetondecke.

Obwohl es sich hier eigentlich um eine (Teil)flächenbelastung handelt (Lastfläche = Wanddicke d · Wandlänge), ist die Dicke d der Wand im Vergleich zur Deckenspannweite l_{Decke} so klein, dass man die Wandlast vereinfachend in einer Linie zusammenfassen kann.

Auf dem Weg durch das Bauwerk werden die Lasten bezüglich ihrer Ausdehnung häufig umgewandelt, ohne dass jedoch eine Last verloren geht.

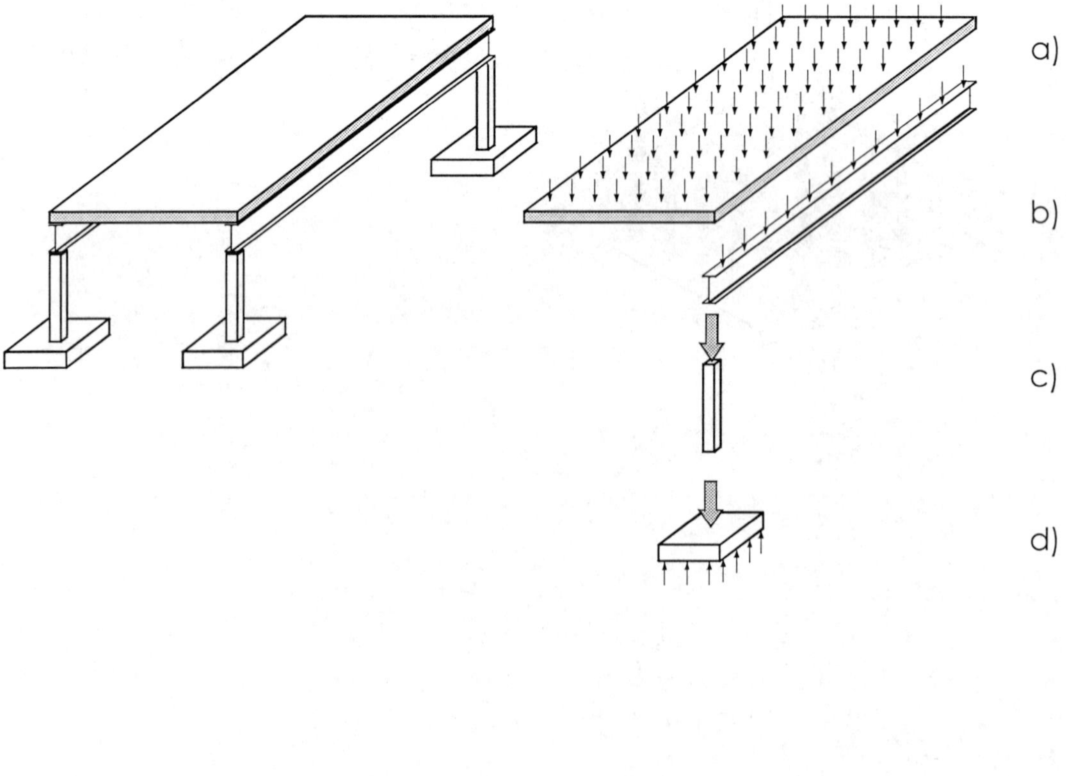

a) Stahlbetonplatte, flächenbelastet [kN/m²] durch Eigengewicht und Schnee

b) Stahlträger, linienbelastet [kN/m] aus Auflager der Stahlbetonplatte

c) Stahlbetonstütze, punktbelastet [kN] aus Auflager des Stahlträgers

d) Stahlbetonfundament, verteilt punktförmige Stützenlast [kN] flächenförmig [kN/m²] auf den Baugrund

Für Linien- und Flächenlasten werden üblicherweise Kleinbuchstaben verwendet, und zwar

- ständige Lasten mit	g
- Nutzlasten mit	p
- Gesamtlast g + p mit	q
- Schneelast mit	s
- Windlast mit	w
- Erddruck mit	e

Einzellasten werden mit Großbuchstaben gekennzeichnet, G für ständige Last, P für Nutzlast, allgemein F (force).

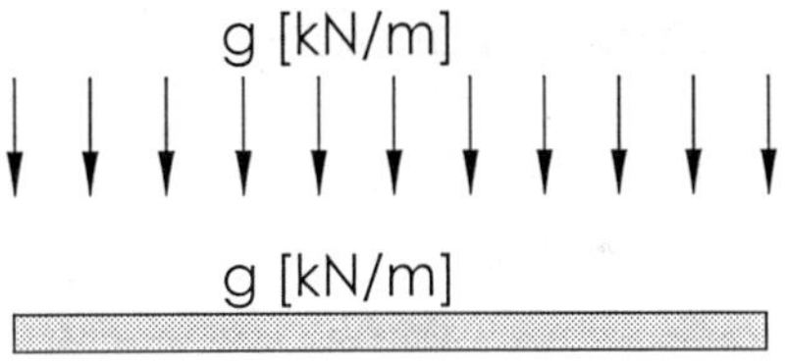

Die symbolische Darstellung von Linienlasten erfolgt nicht durch gerichtete Pfeile, sondern vereinfacht durch eine Darstellung des Lastverlaufs mit Hilfe eines Rechtecks.

Flächen- und Linienlasten sind meist konstant, können aber auch linear oder beliebig veränderlich sein.

Die häufigsten Grundformen der Balkenbelastung sind die konstante oder linear veränderliche Linien- oder Streckenlast, die nicht über die gesamte Länge gehen muss.

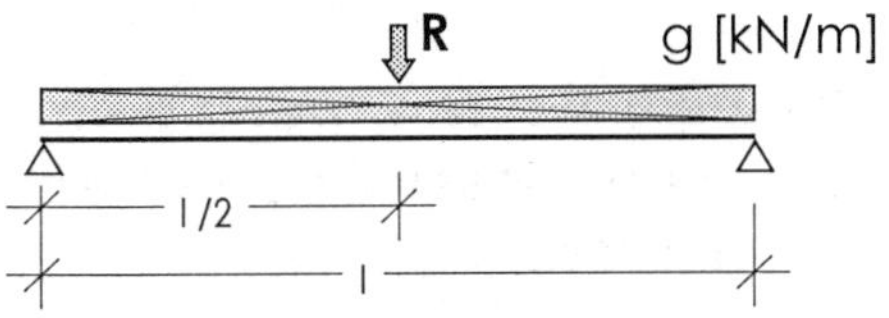

Linienlast g auf gesamte Balkenlänge l
Resultierende R = g · l
Angriffspunkt der Resultierenden bei l/2

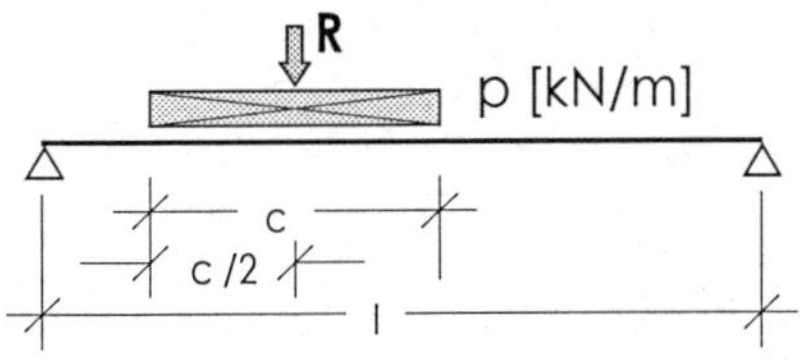

Blocklast p auf Länge c
Resultierende R = p · c
Angriffspunkt der Resultierenden bei c/2

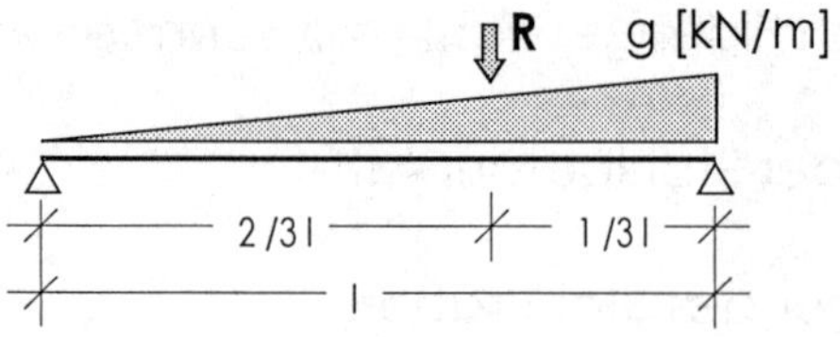

Dreieckslast g auf gesamte Balkenlänge l
Resultierende R = g · l/2
Angriffspunkt der Resultierenden vom linken Auflager bei 2/3 l

2.1.3 Ständige Lasten und nichtständige Lasten

Nach der Dauer der Einwirkung einer Last wird in ständige (ständige Einwirkungen) und nichtständige (veränderliche Einwirkungen) Lasten unterschieden.

Zu den ständigen Lasten (ständige Einwirkungen) gehören:

- Konstruktionseigengewicht
- Estrich
- Belag
- Putz
- untergehängte Decke
- teilweise Erddruck

Zu den nichtständigen Lasten (veränderliche Einwirkungen) gehören:

- Verkehrslasten (Personen, Einrichtung, Lagerstoffe, Fahrzeuge)
- Schnee
- Wind
- leichte Trennwände
- teilweise Erddruck
- Temperaturänderung

Eine wichtige Gruppe der nichtständigen Lasten sind dynamische Lasten. Dazu gehören:

- Brems- und Beschleunigungskräfte (aus Fahrzeugen und Krananlagen)
- Anpralllasten (aus Fahrzeugen)
- Schwingungen (aus Fahrzeugen, Maschinen, Glocken, Wind)
- Erdbeben

Schwingungen können zu einer ernsten Gefahr für ein Bauwerk werden, wenn sie mit der Eigenschwingung des Bauwerks oder einem Mehrfachen dieser Eigenschwingung übereinstimmen, d.h. wenn Resonanzerscheinungen auftreten.

Die Unterscheidung in ständige und nichtständige Lasten ist wichtig, weil ständige Lasten immer, nichtständige Lasten jedoch nur dann anzusetzen sind, wenn sie ungünstig wirken.

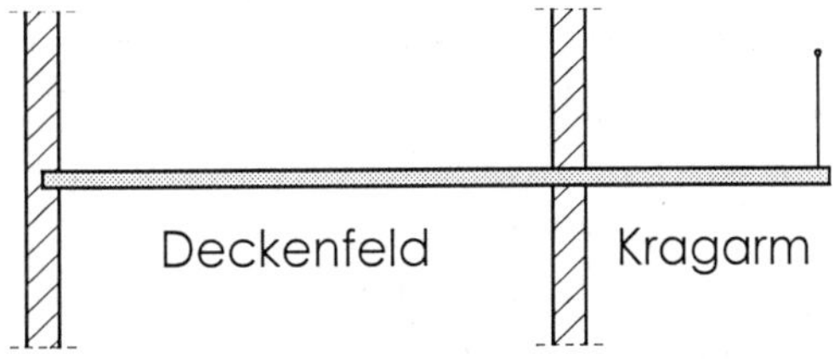

Beispiel:

Ein Deckenbalken, der als Balkonträger auskragt

g: ständige Last
p: Verkehrslast

statisches System

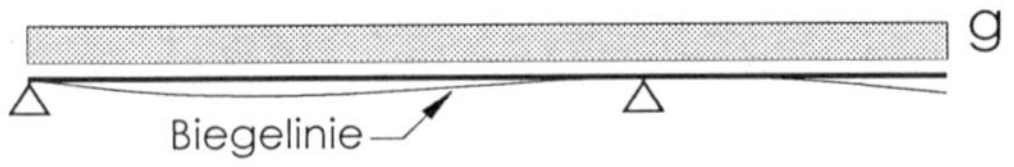

Auf dem Deckenfeld und auf dem Kragarm wirkt nur die ständige Last. Hieraus ergeben sich keine Größtwerte der Biegebeanspruchung, Verformung und der Auflagerkräfte.

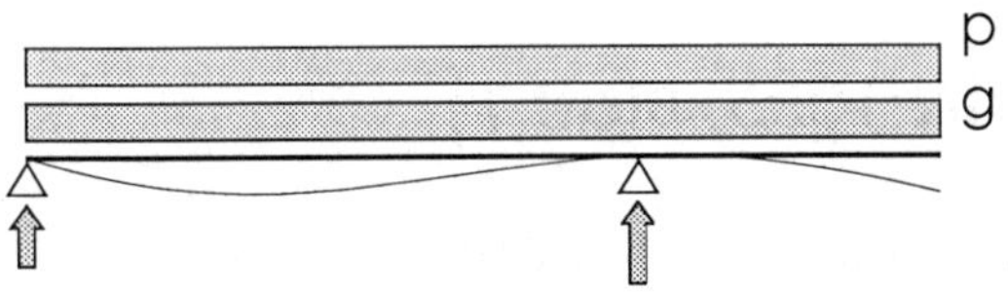

Lastfall Volllast, ständige Last und Verkehrslast wirken auf der gesamten Trägerlänge. Hieraus ergibt sich die größte Auflagerkraft am rechten Auflager.

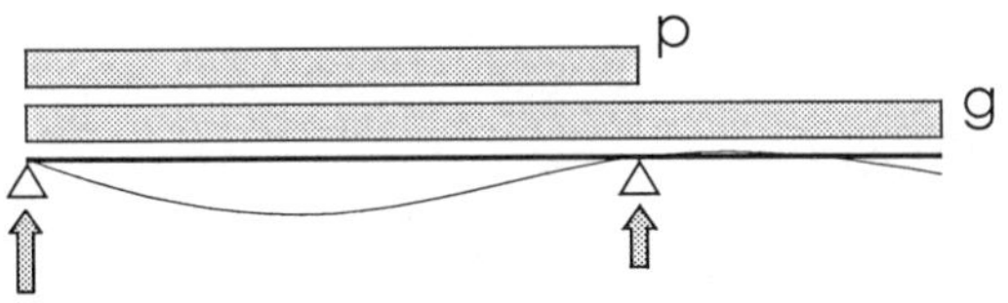

Lastfall ständige Last, Verkehrslast nur auf dem Deckenfeld. Dieser Lastfall ergibt die größte Durchbiegung und damit Biegebeanspruchung des Deckenfeldes. Außerdem ist die Auflagerkraft des linken Auflagers bei diesem Lastfall am größten.

Lastfall ständige Last, Verkehrslast nur auf dem Kragarm. Dieser Lastfall ergibt die größte Durchbiegung am Kragarmende. Die Biegebeanspruchung des Kragarms ist gleich der des Lastfalls Volllast.

Die auf Bauwerke wirkenden Lasten sind überwiegend Flächenlasten: Deckeneigengewichte, Lagerstoffe, Schnee, Wind. Auch Gruppen von Einzellasten wie Menschen, Einrichtungsgegenstände, Fahrzeuge werden zur Vereinfachung als gleichmäßig verteilte Flächenlasten definiert. Die idealisierten bzw. vereinfachten rechnerisch anzusetzenden Lasten sind in Normen verbindlich geregelt.

Es kann nicht im Ermessen eines Planers oder Bauherrn liegen, welche Lasten er für zutreffend und ausreichend hält. Deshalb sind die auf ein Bauwerk anzusetzenden Lasten in Normen geregelt.

Für die Lastannahmen im Hochbau ist die wichtigste Norm DIN 1055 - Lastannahmen für Bauten - , unterteilt in die "Blätter 1 bis 6". Zukünftig wird an die Stelle der DIN-Norm die europäische Norm EC 1 - Einwirkungen auf Tragwerke - treten.

DIN-Normen werden gemeinsam von Bauindustrie, Handwerk, Baustofferzeugern, Bauherren (Bauverwaltungen und Fachverbände), Wissenschaft und Behörden erarbeitet, zur Diskussion gestellt und dann verbindlich eingeführt.

Normen entsprechen dem Stand der Technik am Ausgabedatum.

Die Blätter der DIN 1055 behandeln folgende Themen:

- Blatt 1: Lagerstoffe, Baustoffe und Bauteile, Eigenlasten
- Blatt 2: Bodenwerte
- Blatt 3: Verkehrslasten
- Blatt 4: Windlasten
- Blatt 5: Schneelasten und Eislasten
- Blatt 6: Lasten in Silozellen

2.2 Eigenlasten von Konstruktionen (DIN 1055, Blatt 1)

Die Eigenlast der Tragwerke ist eine ständige Last, die immer lotrecht von oben nach unten wirkt. Bei plattenförmigen Elementen, z.B. Geschossdecken wirken sie als Flächenlast [kN/m²], bei Balken und Wänden als Linienlast [kN/m].

Die Größe der ständigen Last ergibt sich aus dem Produkt:

$$\text{Volumen} \cdot \text{spezifisches Gewicht}$$

Die wichtigsten spezifischen Gewichte (z.T. Mittelwerte):

Nadelholz	$\gamma = 6{,}0$ kN/m³
Mauerwerk	$\gamma = 18{,}0$ kN/m³
Beton	$\gamma = 23{,}0$ kN/m³
Stahlbeton	$\gamma = 25{,}0$ kN/m³
Aluminium	$\gamma = 27{,}0$ kN/m³
Stahl	$\gamma = 78{,}5$ kN/m³
Kies - Sand	$\gamma = 19{,}0$ kN/m³

Weitere Angaben, z.T. auch für Bauteile sind in DIN 1055, Blatt 1 bzw. in den Bautabellen aufgeführt.

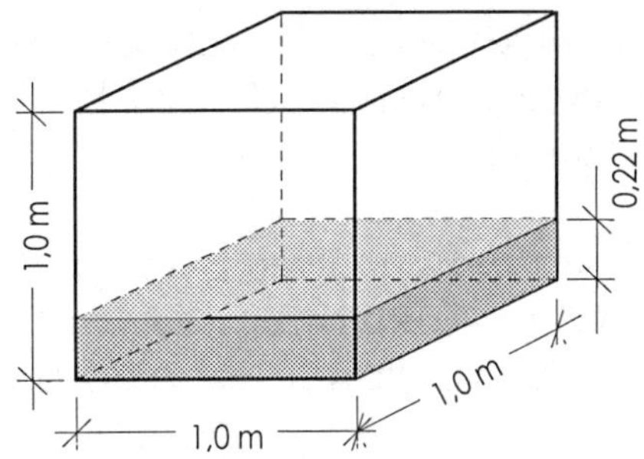

Beispiel:

Stahlbetonplatte, d = 22 cm

$g = 0{,}22 \cdot 25{,}0 = 5{,}5\ \text{kN/m}^2$

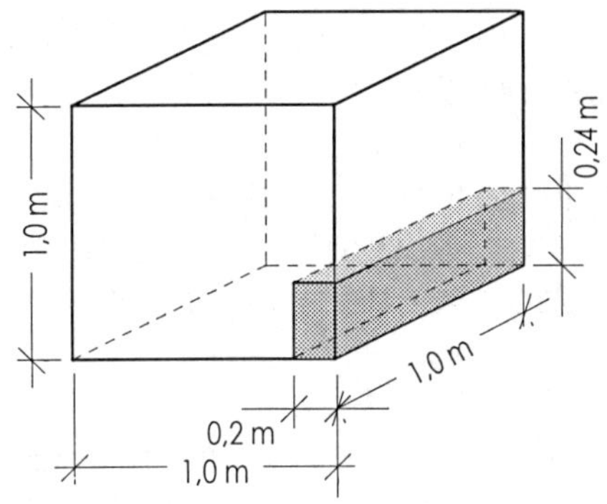

Beispiel:

Balken aus Nadelholz 20/24 cm

$g = 0{,}2 \cdot 0{,}24 \cdot 6{,}0 = 0{,}288\ \text{kN/m}$

2.3 Verkehrslasten im Hochbau (DIN 1055, Blatt 3)

2.3.1 Lotrechte Verkehrslasten

Die lotrechten Verkehrslasten des Hochbaus werden in der statischen Erfassung als gleichmäßig verteilte Flächenlasten von 1,0 kN/m² bis 5,0 kN/m² simuliert. Nur für Gabelstapler gibt es eine Sonderregelung.

Die Größe der Verkehrslast richtet sich nach:

- Nutzung, z.B. Wohnraum, Büro, Hörsaal, Flur, Parkhaus usw.
- Bauteil, z.B. Geschossdecke, Dach, Treppe
- Größe, z.B. Balkone < oder > 10 m², Verkaufsräume < oder > 50 m²

Die wichtigsten Verkehrslasten [kN/m²] im Hochbau:

	Räume	Flure	Treppen	Balkone > 10 m²	Balkone < 10 m²
Wohnhaus	1.5 (2,0)	2,0	3,5 (1,5↓)		
Bürohaus	2,0	2,0	5,0 (2,0↓)	3,5	5,0
Krankenhaus	2,0	3,5	5,0 (2,0↓)		
Schulen	3,5	5,0	5,0 (2,0↓)		

Die für Treppen angegebenen Verkehrslasten in [kN/m²] genügen für die Bemessung der einzelnen Stufen nur, wenn die konstruktive Gestaltung der Treppe eine ausreichende Lastverteilung gewährleistet. Ist dies nicht der Fall, so ist bei Treppenstufen eine Einzellast von 1,5 kN bzw. 2,0 kN in ungünstigster Laststellung anzunehmen.

Die für Büronutzung in DIN 1055 angegebene Verkehrslast von 2,0 kN/m² ist bei modernen Bürogebäuden heute oft nicht mehr ausreichend, so dass besser eine Verkehrslast von 3,5 kN/m² oder 5,0 kN/m² angesetzt wird.

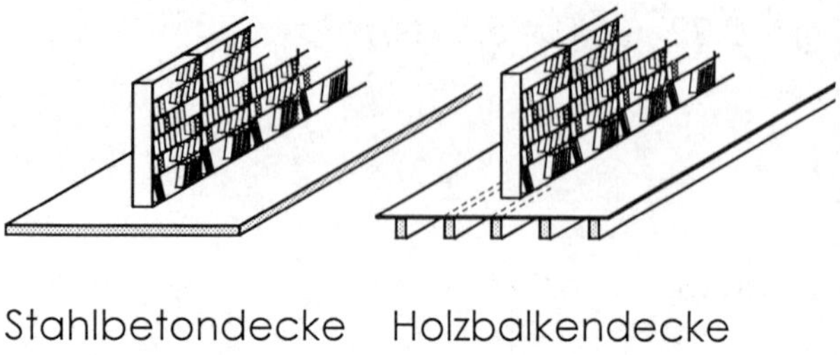

Bei Wohnräumen über Decken mit ausreichender Querverteilung der Lasten (z.B. Stahlbetonplatten) ist eine geringere Verkehrslast (1,5 kN/m²) anzusetzen als für Decken ohne ausreichende Querverteilung der Lasten (z.B. Holzbalkendecken) mit 2,0 kN/m².

Der Grund: auch in Wohnräumen können hohe Einzellasten auftreten (z.B. Bücherschrank, Klavier, Aquarium). Bei einer Stahlbetondecke werden diese Lasten auf eine größere mittragende Breite verteilt, bei einer Holzbalkendecke dagegen nur von einem oder zwei Balken aufgenommen.

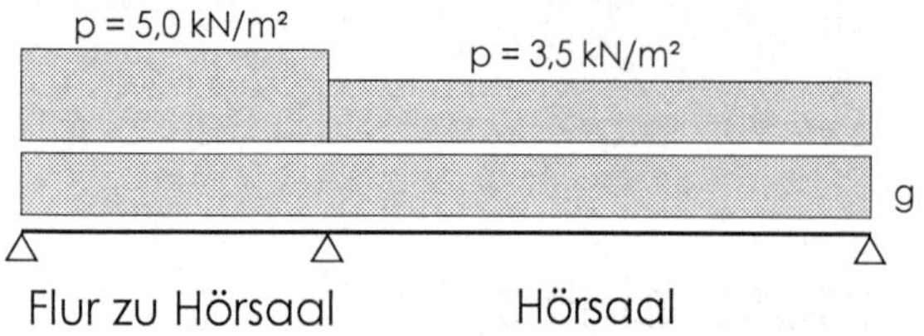

Ein Bauteil, z.B. eine über zwei Felder durchlaufende Stahlbetonplatte, kann, bedingt durch unterschiedliche Nutzung der auf ihr liegenden Räume, abschnittsweise mit unterschiedlichen Verkehrslasten belastet sein.

Verkehrslast auf Dächer:

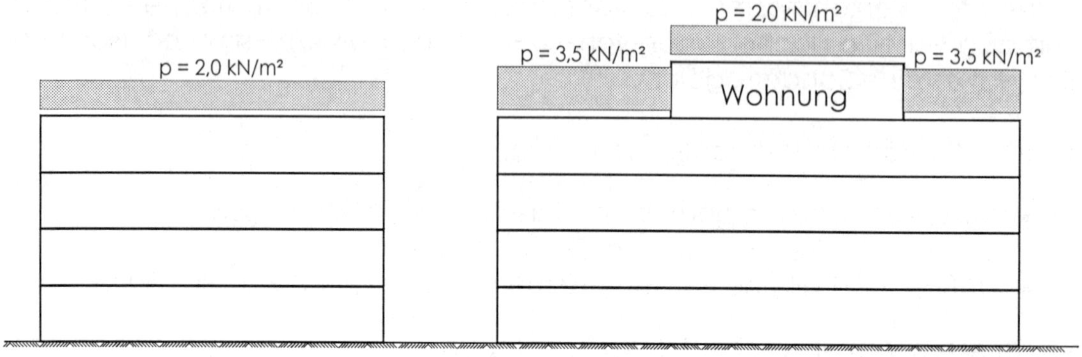

Zugängliche Dächer von Terrassenhäusern und Dachgärten sind, wenn keine höheren Lasten in Frage kommen, mit einer Verkehrslast p = 3,5 kN/m² zu berechnen, andere Flachdächer mit p = 2,0 kN/m². Eine Berücksichtigung von Schneelasten ist nicht erforderlich.

Zur Verkehrslast zählt auch ein Lastanteil aus unbelasteten leichten Trennwänden. Die Anzahl und Stellung der leichten Trennwände ist beliebig. Vereinfachend ist ein Zuschlag Δp zusätzlich zur normalen Verkehrslast anzusetzen. Maßgebend ist das Gewicht der Wände einschließlich Putz je m² Wandfläche.

Δp = 0,75 kN/m² für Wände mit $g \leq 100$ kg/m²
Δp = 1,25 kN/m² für Wände mit $g \leq 150$ kg/m²

Bei Verkehrslasten $p \geq 5{,}0$ kN/m² ist ein Zuschlag für Trennwände nicht erforderlich. Wände mit einem Gewicht $g > 150$ kg/m² müssen als Linienlast auf der Decke berücksichtigt werden.

2.3.2 Waagrechte Verkehrslasten

An Brüstungen und Geländern von Treppen, Balkonen und Laubengängen in Wohngebäuden ist in Holmhöhe eine Horizontallast H = 0,5 kN/m anzusetzen. Bei anderen Gebäuden, Kirchen, Schulen, Tribünen usw. beträgt die anzusetzende Horizontallast H = 1,0 kN/m.

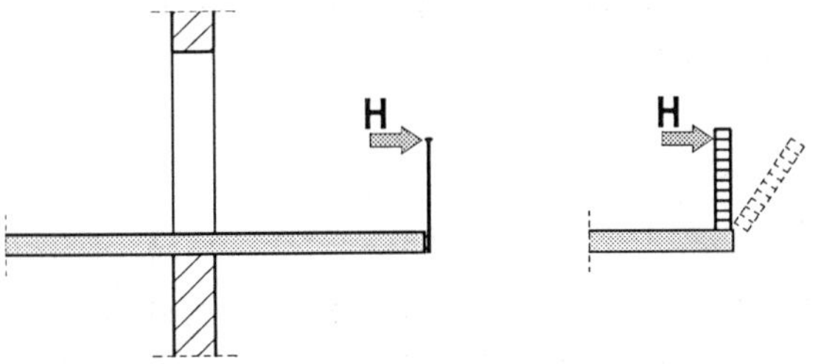

Die Konstruktion des Balkongeländers muss so beschaffen sein, dass die Horizontalkraft H und die sich daraus ergebenden Beanspruchungen sicher aufgenommen werden können. Eine dünne gemauerte Brüstung ist dazu nicht in der Lage.

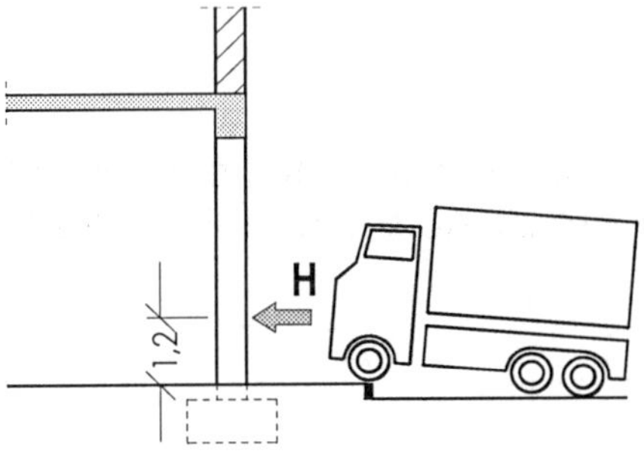

Bei tragenden Stützen und Wänden von Bauwerken, die weniger als 1,0 m von der Bordsteinkante stehen, ist in 1,2 m Höhe über dem Boden in Längs- und Querrichtung je eine Horizontalkraft H anzusetzen.

An der Gebäudeecke: H = 500 kN
Bei anderen Stützen: H = 250 kN

Die Anpralllasten können unberücksichtigt bleiben, wenn ausreichende Schutzvorrichtungen das stützende Bauteil vor dem Anprall schützen oder wenn nachgewiesen wird, dass beim Ausfall einer Stütze die verbleibenden Bauteile in der Lage sind, die Lasten über andere Stützen und Bauteile in den Baugrund zu leiten und somit die Standsicherheit des Gebäudes nicht gefährdet ist.

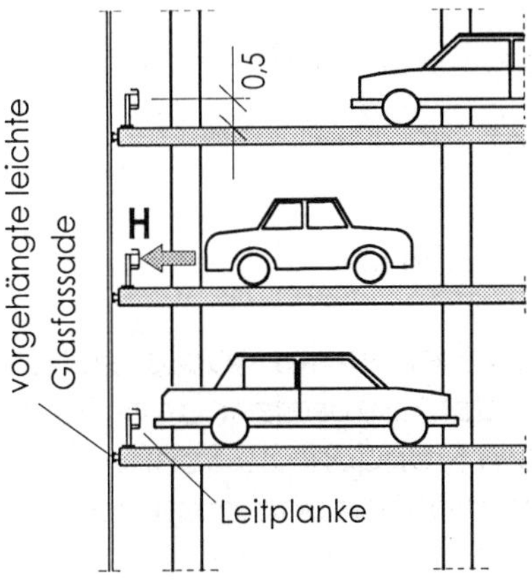

Bei Geschossgaragen ist zur Berücksichtigung des Anpralls von Personenkraftfahrzeugen gegen Außenwände und gegen Wände, die Lichtschächte u. ä. abschließen, in 0,5 m Höhe über dem Fußboden eine horizontale Streckenlast von H = 2,0 kN/m nach außen wirkend anzunehmen.

Ist mit Lastkraftfahrzeugen zu rechnen, ändern sich die Werte auf 1,2 m Höhe und 5,0 kN/m.

2.4 Schneelasten (DIN 1055, Blatt 5)

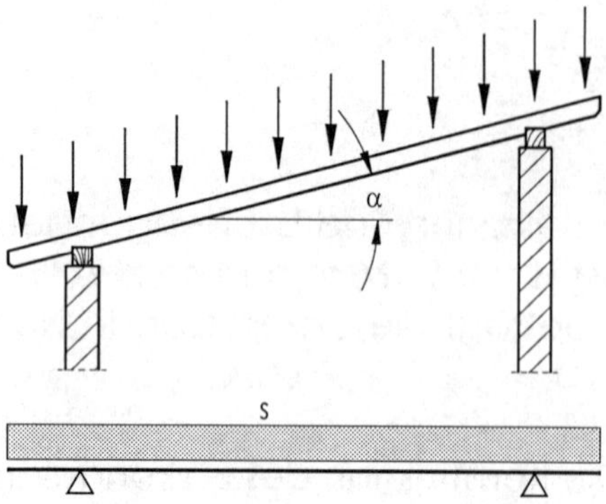

statisches Symbol und Bezugsfläche der Schneelast

Schnee ist - wie Eigengewichte und lotrechte Verkehrslasten - der Erdanziehung unterworfen, wirkt also lotrecht von oben nach unten, auch bei geneigten Dächern. Von der Vorstellung ausgehend, dass der Schnee lotrecht nach unten fällt, beziehen sich die Angaben über die Größe der anzusetzenden Schneelast auf die Grundrissprojektion der belasteten Dachfläche.

Die zu erwartende Schneemenge und damit die auf ein Bauwerk anzusetzende Schneelast ist je nach geografischer Lage verschieden. Sie hängt von zwei Faktoren ab:

- Schneelastzone

DIN 1055 unterscheidet vier Schneelastzonen, Zone I (geringste Schneelast) bis IV (höchste Schneelast). Eine Karte in DIN 1055 ergibt Aufschluss über die Schneelastzonen und ihre Grenzen.

- Geländehöhe des Bauwerkstandortes in m über NN

DIN 1055 gibt Werte für die sog. Regelschneelast s_0 in [kN/m²]an, abhängig von der Schneelastzone und der Geländehöhe über NN des Bauorts. Die Werte liegen in einem Bereich zwischen 0,75 kN/m² und 5,5 kN/m².

Beispiele:

München 540 m über NN
Schneelastzone II
$\Rightarrow$ Regelschneelast $s_0 = 1{,}00$ kN/m²

Garmisch 710 m über NN
Schneelastzone III
$\Rightarrow$ Regelschneelast $s_0 = 2{,}06$ kN/m²

Aus diesen Werten der jeweiligen Schneelast ist zu erkennen, dass der Standort des Gebäudes wesentlichen Einfluss auf die Größe der anzusetzenden Schneelast hat. Eine einheitliche Konstruktion, die unabhängig vom Standort die Schneelasten sicher in den Baugrund ableiten soll, kann daher nicht wirtschaftlich und materialsparend sein.

Die in Abhängigkeit von Schneelastzone und Geländehöhe über NN gefundene Regelschneelast s_0 kann in Abhängigkeit von der Dachneigung α auf den Rechenwert der Schneelast s abgemindert werden, weil bei steileren Dächern zumindest ein Teil des Schnees abgleiten kann.

$\alpha \leq 30°$	keine Abminderung	$s = s_0$	
$30° < \alpha < 70°$	Abminderung	$s = k_s \cdot s_0$	mit $k_s = 1 - \dfrac{\alpha - 30°}{40°}$
$\alpha \geq 70°$	keine Schneelast	$s = 0$	

Beispiel:

Garmisch Dachneigung $\alpha = 42°$
Regelschneelast $s_0 = 2{,}06\ \text{kN/m}^2$

Abminderung $k_s = 1 - \dfrac{42° - 30°}{40°} = 0{,}7$

$\Rightarrow$ Rechenwert der Schneelast $s = 0{,}7 \cdot 2{,}06 = 1{,}44\ \text{kN/m}^2$

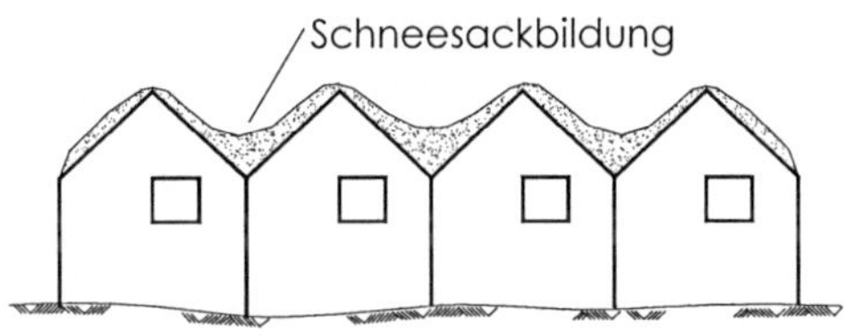

Schneeanhäufungen in Form von Schneeverwehungen und Schneesackbildungen sind besonders zu berücksichtigen. Bei außergewöhnlichen Dachformen können Versuche erforderlich werden.

2.5 Windlasten (DIN 1055, Blatt 4)

Rechnerisch wird die Windbelastung angesetzt als Flächenlast [kN/m²], die senkrecht auf die getroffene Fläche wirkt, als Druck oder/und Sog.

Die Größe der Windlast w ist abhängig von:

- Gebäudehöhe

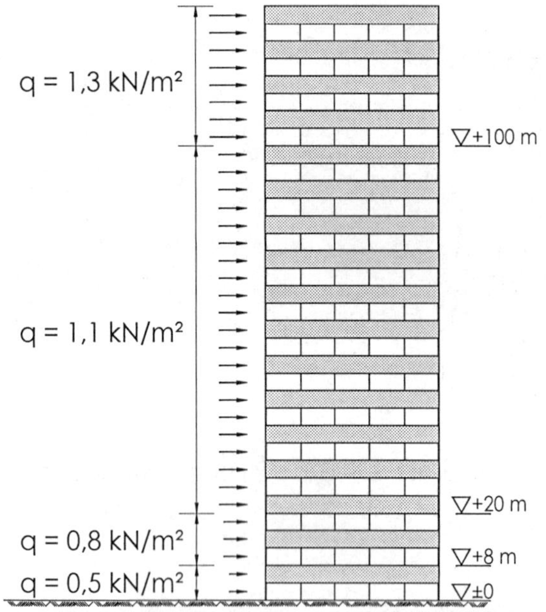

Die Windlasten nehmen mit der Höhe über dem Erdboden zu. Der sogenannte Staudruck q [kN/m²] ist deshalb abhängig von der Gebäudehöhe und wird in DIN 1055 in vier Höhenabschnitte unterteilt.

Daraus ist ersichtlich, dass bei hohen Gebäuden nicht nur die Gesamtbeanspruchung des Bauwerks zunimmt, sondern auch bei Detailproblemen wie z.B. Fassadenbefestigung oder Fensterausbildung höhere Ansprüche gestellt werden.

- Grundrissform des Bauwerks
- Dachneigung bei schrägen Dächern

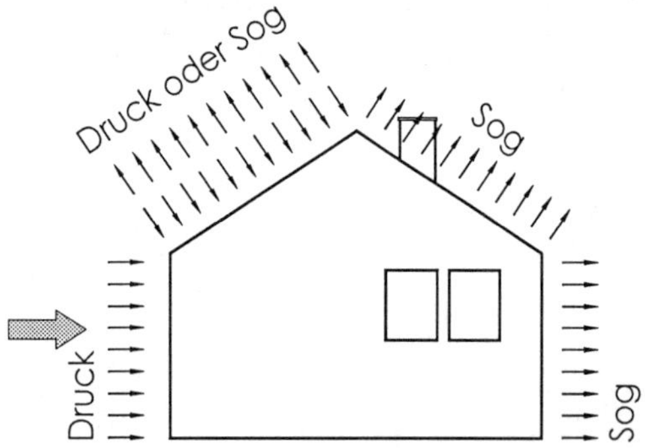

Wind wirkt nicht nur als Druck auf der dem Wind zugewendeten Seite, sondern auch als Sog auf der dem Wind abgewendeten Seite.

Auch auf geneigten Dächern verursacht der Wind, abhängig von der Dachneigung Druck und Sogkräfte.

Die Windbelastung in [kN/m²] ergibt sich aus dem Produkt

$$\text{Staudruck } q \cdot \text{Druckbeiwert } c_p$$

$$w = c_p \cdot q \quad [\text{kN/m}^2]$$

Bei vertikalen Flächen (Hauswand) ist der Staudruck auf der dem Wind zugewendeten Seite mit dem Druckbeiwert $c_p = 0{,}8$ zu multiplizieren, auf der dem Wind abgewendeten Seite mit dem Sogbeiwert $c_p = 0{,}5$. Für das gesamte Gebäude ergibt die Summe aus Druck und Sog den Beiwert $c_p = 1{,}3$.

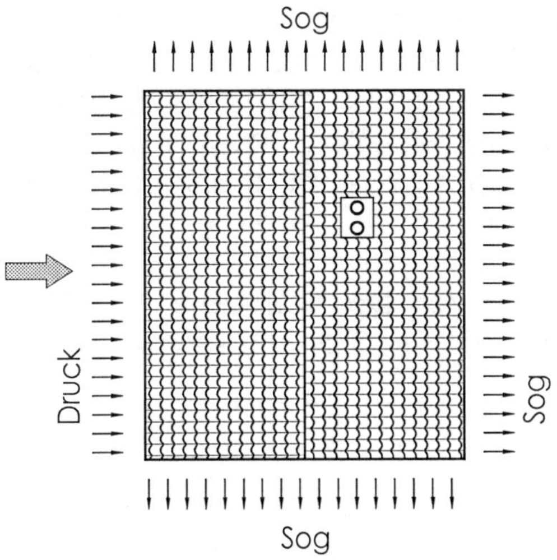

Auch an Wänden parallel zur Windrichtung entstehen Sogkräfte. Die Größe der Sogkraft (Beiwert c_p) ist abhängig vom Verhältnis der Gebäudehöhe bis zur Traufe und der Gebäudetiefe in Windrichtung.

Angaben über die Druck- bzw. Sogbeiwerte c_p sind in DIN 1055 bzw. Bautabellen enthalten.

Die Windlast auf Dächern ist abhängig von der Dachneigung.

Beispiele:

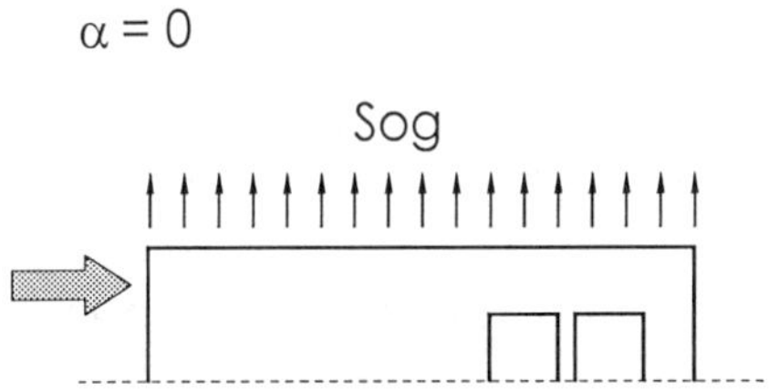

Bei Flachdächern und bei leicht geneigten Dächern bis 25° entstehen abhebende Windsogkräfte.

Sogbeiwert $c_p = 0{,}6$

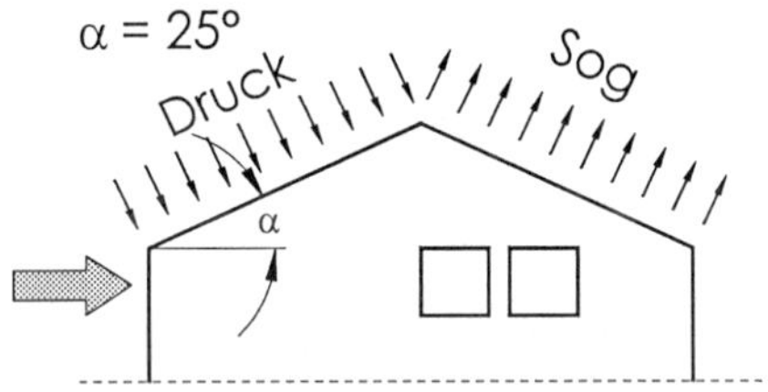

Bei Dachneigungen zwischen 25° und 40° wirkt auf der windabgewendeten Seite immer eine Sogkraft mit einem Sogbeiwert $c_p = 0{,}6$, auf der windzugewendeten Seite eine Druckkraft mit einem Beiwert $c_p = 0{,}3$ für 25° bis $c_p = 0{,}6$ für 40°.

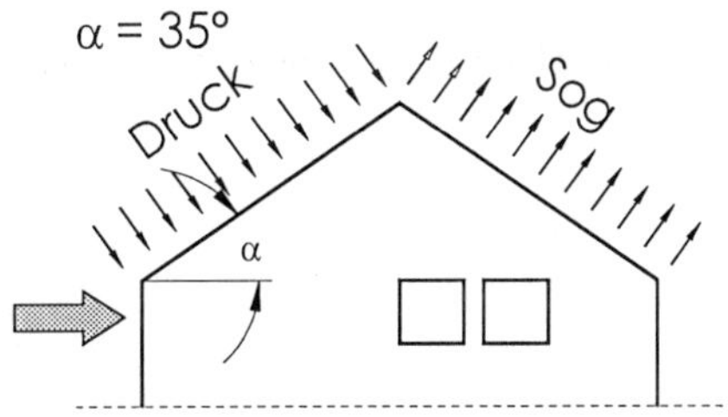

Da die Windrichtung wechselt, werden beide Dachhälften auf Druck oder Sog beansprucht. Das jeweils ungünstigste ist für die Dimensionierung der Bauteile maßgebend.

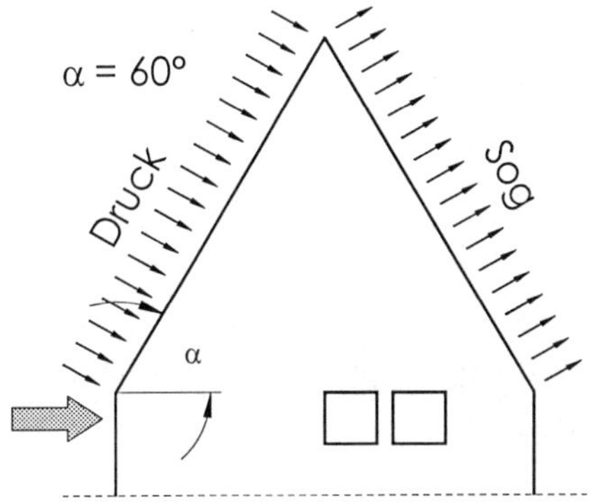

Bei Dachneigungen über 40° entsteht auf der windzugewendeten Seite immer Druck, auf der windabgewendeten Seite immer Sog.

Für 60° betragen die Beiwerte z.B.

$c_p = 0{,}8$ für Druck
$c_p = 0{,}6$ für Sog

Auf die Sicherung gegen Sog ist besonders bei leichten Dächern zu achten. Die Befestigung der Dachflächen wie z.B. Schalbretter, Faserzementplatten oder Verblechungen ist mit ausreichenden Verbindungsmitteln auszuführen. Bei hölzernen Dachkonstruktionen sind sämtliche Teile wie Sparren, Pfetten, Pfosten usw. zugfest miteinander zu verbinden. Die Dachkonstruktion insgesamt ist mit Stahlankern mit der Unterkonstruktion zu verbinden.

An den Rändern und insbesonders an den Ecken von Dächern können erheblich höhere Soglasten auftreten mit einem Beiwert bis zu $c_p = 3,2$. Eine sorgsame Verankerung der Dächer ist hier besonders notwendig.

Beispiel:

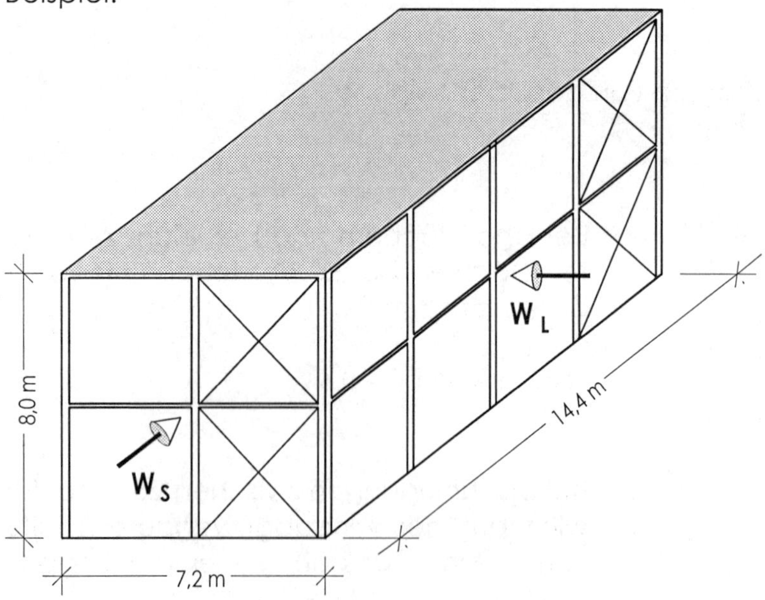

Holzskelettbau

Grundrissfläche 7,2 · 14,4 m
Höhe 8,0 m

⇒ Staudruck $q = 0,5$ kN/m²

Druckbeiwert für Druck und Sog $c_p = 0,8 + 0,5 = 1,3$

Windbelastung $w = c_p \cdot q$

⇒ $w = 1,3 \cdot 0,5 = 0,65$ kN/m²

Die Windbelastung wird zu einer Resultierenden W zusammengefasst und getrennt für die Schmal- und Längsseite des Gebäudes ermittelt.

Die Resultierende W ergibt sich aus dem Produkt Fassadenfläche · Windbelastung.

$$W = A \cdot w \text{ [kN]}$$

- Schmalseite:

$A_S = 7,2 \cdot 8,0 = 57,6$ m²
⇒ $W_S = 57,6 \cdot 0,65 = 37,4$ kN

- Längsseite:

$A_L = 14,4 \cdot 8,0 = 115,2$ m²
⇒ $W_L = 115,2 \cdot 0,65 = 74,9$ kN

Gegen diese horizontalen Windkräfte muss der Holzskelettbau ausgesteift werden, z.B. durch Kreuzverbände aus Rundstahl in der Fassade.

2.6 Weitere Lasten (Einwirkungen)

2.6.1 Erddruck, Wasserdruck

Erd- und Wasserdruck können teils als ständige, teils als veränderliche Einwirkung das Bauwerk beanspruchen. Beide verursachen horizontale auf die Wände wirkende Lasten e bzw. w. Sie nehmen dreieckförmig mit der Tiefe zu. Der Wasserdruck verursacht zusätzlich an der horizontalen Gründungsfläche einen Auftrieb a, der das Gebäude nach oben drückt.

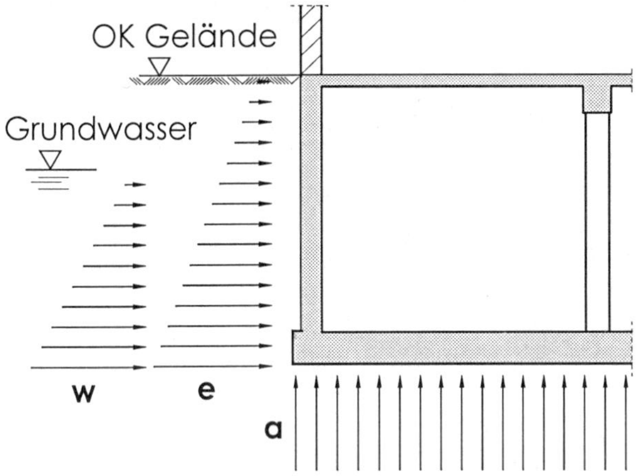

Größe des Auftriebs

Grundwasserstand z.B. t = 3,0 m über Unterkante Bodenplatte

Spezif. Gewicht des Wassers $\gamma = 10\ \text{kN/m}^3$

Auftrieb $a = t \cdot \gamma$

$\Rightarrow a = 3{,}0 \cdot 10 = 30\ \text{kN/m}^2$

Das Gebäude ist nur bei genügender Auflast aus den darüberliegenden Geschossen auftriebsicher. Probleme treten z.B. bei nicht überbauten Tiefgaragen auf. Die Auftriebsicherheit kann erreicht werden durch eine Vergrößerung des Eigengewichts mittels einer dicken Stahlbeton-Bodenplatte, durch eine Verankerung nach unten oder eine permanente Grundwasserabsenkung. Für die Untersuchung der Auftriebsicherheit ist immer der höchst mögliche Grundwasserstand zu berücksichtigen. Ein Blick in eine eventuell trockene Baugrube kann keine Aussage erbringen, da der Grundwasserstand sehr starken Schwankungen unterliegt.

2.6.2 Temperaturauswirkungen

Auswirkungen aus Temperatur auf ein Tragwerk oder Tragwerkselement gehören zur Gruppe der veränderlichen Einwirkungen. Wird ein Körper erwärmt, so dehnt er sich aus, wird er abgekühlt, verkürzt er sich. Beides wird als Dehnung bezeichnet. Die Dehnung von Baustoffen kann zu erheblichen Verformungen und Beanspruchungen führen.

Wird ein Gebäude bei einer Durchschnittstemperatur von 10°C errichtet, so betragen die zu erwartenden möglichen Temperaturunterschiede im Außenbereich mindestens ca. ± 30°C. Man kann von einer Spanne zwischen - 20°C und + 40°C ausgehen. Von der Sonne direkt beschienene Bauteile können auch noch wesentlich heißer werden als + 40°C.

Aber auch für den Innenbereich dürfen keine gleichmäßigen Temperaturen erwartet werden. Es kann z.B. die Heizung versagen oder über einen längeren Zeitraum bei Nichtnutzung des Gebäudes gedrosselt werden.

• Gleichmäßige Erwärmung bzw. Abkühlung

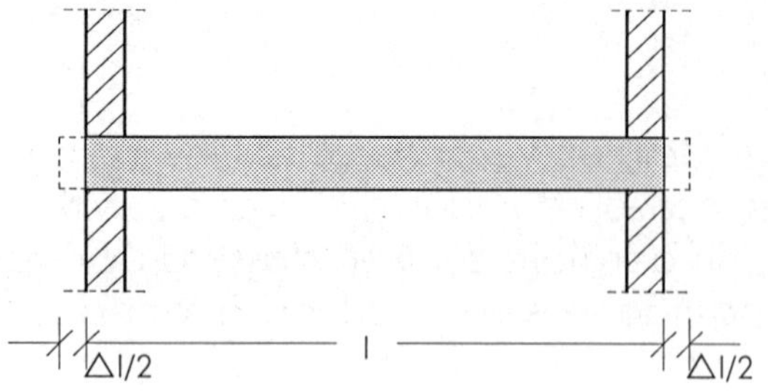

Ein Balken mit der Ausgangslänge l dehnt sich infolge einer Temperaturänderung Δt [°C] um das Maß Δl.

Die Dehnung ist proportional
- der Ausgangslänge l [cm]
- der Temperaturänderung Δt [°C]
- der Wärmedehnzahl α_t [1/°C]

Die Längenänderung infolge Temperaturänderung beträgt:

$$\Delta l = \alpha_t \cdot l \cdot \Delta t$$

Einige Werte der Wärmedehnzahl α_t

Stahl	$\alpha_t = 1{,}2 \cdot 10^{-5}$ [1/°C]
Aluminium	$\alpha_t = 2{,}3 \cdot 10^{-5}$ [1/°C]
Beton	$\alpha_t = 1{,}0 \cdot 10^{-5}$ [1/°C]
Ziegel	$\alpha_t = 0{,}5 \cdot 10^{-5}$ [1/°C]
Kalksandstein	$\alpha_t = 0{,}8 \cdot 10^{-5}$ [1/°C]

• Ungleichmäßige Erwärmung bzw. Abkühlung

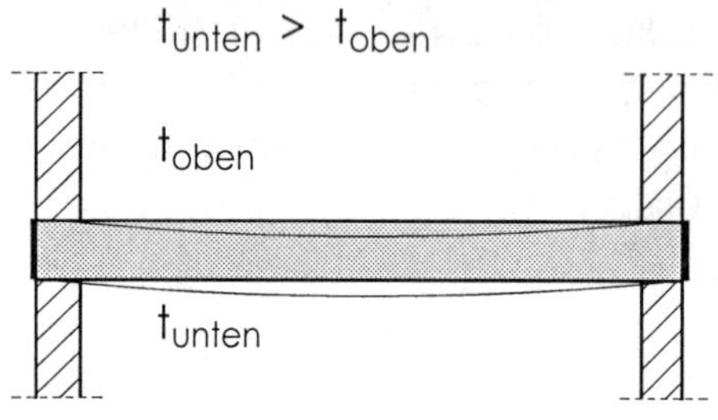

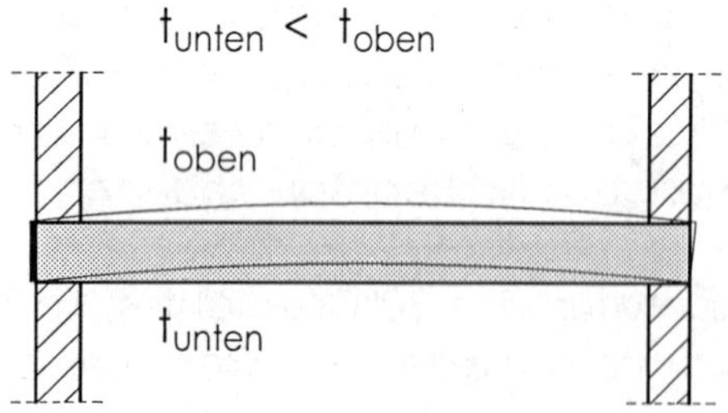

Wird ein Balken oder eine Deckenplatte über den Querschnitt unterschiedlichen Temperaturen ausgesetzt, so verbiegt er sich.

Ist die Temperatur t_{oben} kleiner als die Temperatur t_{unten}, wird er oben kürzer und unten länger, es ergibt sich eine nach unten gerichtete Verbiegung.

Ist die Temperatur t_{oben} größer als die Temperatur t_{unten}, wird er oben länger und unten kürzer, es ergibt sich eine nach oben gerichtete Verbiegung.

Diese Durchbiegungen und die Klaffung am Auflager müssen bei größeren Bauteilabmessungen und großen Temperaturdifferenzen zwischen Ober- und Unterseite konstruktiv berücksichtigt werden.

Besser ist es, durch konstruktive Maßnahmen, z.B. eine außenliegende Wärmedämmung, die Temperaturdifferenz zu reduzieren.

- Unterschiedliches Temperaturverhalten verschiedener Baustoffe

An den Berührungsstellen verschiedener Baustoffe können bei Temperaturänderungen infolge der verschiedenen Wärmedehnzahlen α_t Zwängungen entstehen, die zu Rissen führen.

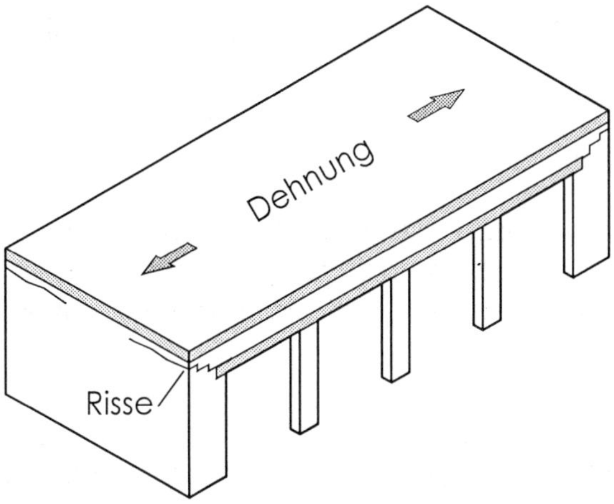

Eine wenig oder nicht wärmegedämmte Stahlbetondecke auf Wänden aus Mauerwerk erfährt bei Temperaturänderung eine doppelt so große Dehnung wie das Mauerwerk.
Stahlbetondecke: $\alpha_t = 1{,}0 \cdot 10^{-5}$ [1/°C]
Ziegelmauerwerk: $\alpha_t = 0{,}5 \cdot 10^{-5}$ [1/°C]

Durch eine gleitende Lagerung in den Endbereichen der Stahlbetondecke können die Risse vermieden werden.

Werden verschiedene Mauerwerksarten in einem Bauwerk kombiniert, z.B. Ziegelmauerwerk für die Außenwände aus Gründen des Wärmeschutzes und Kalksandsteinmauerwerk für die Innenwände aus Gründen des Schallschutzes, können wegen der verschiedenen Wärmedehnzahlen und damit verschiedenen Dehnungen der beiden Baustoffe besonders bei hohen Gebäuden Risse auftreten (Ziegelmauerwerk: $\alpha_t = 0{,}5 \cdot 10^{-5}$ [1/°C], Kalksandsteinmauerwerk: $\alpha_t = 0{,}8 \cdot 10^{-5}$ [1/°C]). Bei gleicher Temperaturänderung ist die Dehnung von Kalksandsteinmauerwerk um 60% größer als von Ziegelmauerwerk.

Bei Verwendung von Aluminium (z.B. Fassaden, Fensterelemente usw.) ist die im Vergleich mit anderen Baustoffen sehr hohe Wärmedehnzahl $\alpha_t = 2{,}3 \cdot 10^{-5}$ [1/°C] und die sehr große Dehnung zu beachten.

Andererseits ermöglichen die fast gleichen Wärmedehnzahlen von Stahl und Beton, dass diese beiden Baustoffkomponenten zusammen den Verbundbaustoff Stahlbeton bilden.

2.6.3 Schwinden und Kriechen

Schwinden ist eine Verringerung des Volumens infolge Abgabe von Feuchtigkeit an die umgebende Luft und tritt bei Holz, Beton und Mauerwerk auf.

Besonders das Schwinden von großflächigen Stahlbetonbauteilen (Geschossdecken, Bodenplatten, Wände) führt zu erheblichen Verkürzungen dieser Bauteile, die zu den Verkürzungen aus Abkühlung zu addieren sind. Das Schwindmaß hängt ab von der Feuchtigkeit der umgebenden Luft, der Zusammensetzung des Betons und den Bauteilabmessungen. Der Vorgang des Schwindens von Beton erstreckt sich über mehrere Jahre, verläuft jedoch in den ersten Wochen am schnellsten und nimmt dann ab.

Das Schwinden ist in trockener Luft am größten, in sehr feuchter Luft am geringsten. Näherungsweise können für das Schwindmaß folgende Werte angenommen werden:

Beton im Freien	0,25 mm/m Bauteillänge
Beton in geschlossenenen Räumen	0,40 mm/m Bauteillänge

Beispiel: eine 40,0 m lange Stahlbeton-Geschossdecke verkürzt sich infolge Schwinden um:

$$\Delta l = 40{,}0 \cdot 0{,}4 = 16 \text{ mm}$$

Bei großen Baukörpern ist es daher erforderlich, durch die Anordnung von Fugen kleinere Bauwerksabschnitte mit nicht zu großen Schwindverformungen auszubilden. Die Anordnung der notwendigen Fugen sollte möglichst frühzeitig im Entwurfsprozess berücksichtigt werden.

Wird ein Stahlbetonbalken belastet, biegt er sich durch. Bleibt die Belastung über einen langen Zeitraum bestehen, wird die Durchbiegung größer. Diese allmähliche Verformung unter langandauernder Belastung wird als Kriechen bezeichnet.

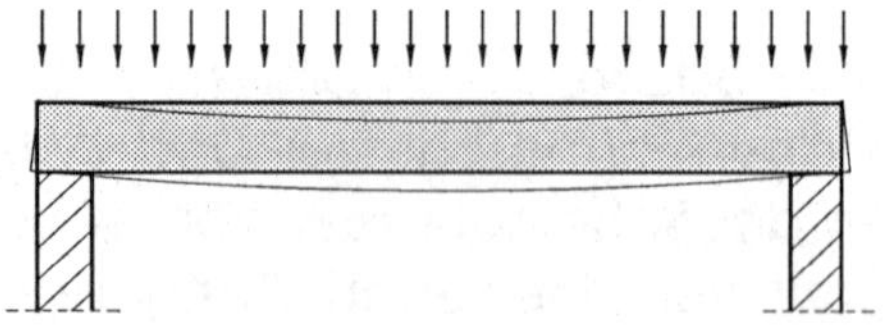

Auch nach Entlastung des Balkens bleibt ein Teil der Durchbiegung bestehen.

Wie das Schwinden ist auch das Kriechen des Betons abhängig von der Feuchtigkeit der umgebenden Luft, der Zusammensetzung des Betons und von den äußeren Abmessungen des Bauteils. Durch Schwinden und Kriechen können Zwängungen und damit Risse entstehen.

2.6.4 Setzungen

Ungleiche Belastungen des Bodens durch verschiedene Gebäudeteile oder ungleiche Bodenarten unter einem Gebäude können zu ungleichen Setzungen und damit zu Schäden führen.

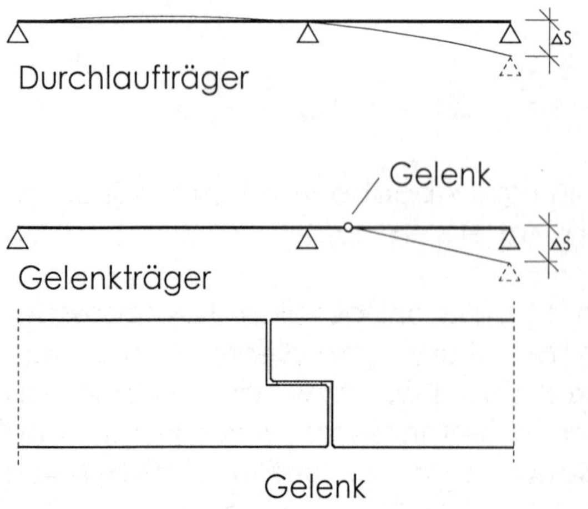

Der über zwei Felder durchlaufende Balken verbiegt sich, wenn das rechte Auflager sich um den Betrag Δs setzt. Diese Biegebeanspruchung addiert sich zur Biegebeanspruchung aus den ständigen Lasten und Verkehrslasten.

Der Gelenkträger kann der Setzung des Auflagers folgen, ohne dass eine Verbiegung eintritt. Solche Tragwerke sind bei zu erwartenden Setzungsdifferenzen (z.B. schlechter Baugrund) zu bevorzugen.

3 Gleichgewicht, Hebelgesetz, Drehmoment

3.1 Die drei Gleichgewichtsbedingungen für die Ebene

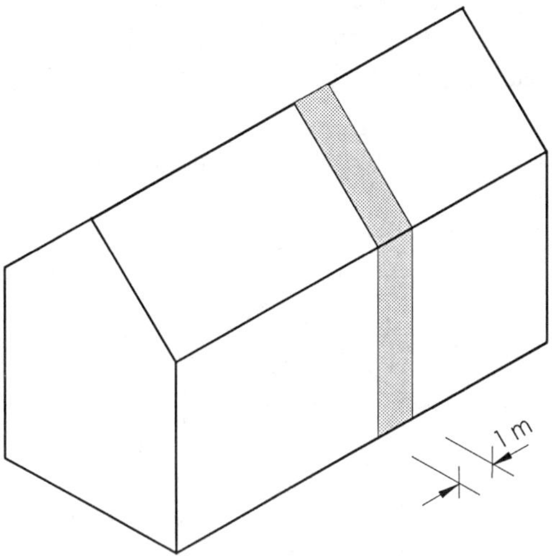

Ein Gebäude oder auch ein Bauteil ist ein dreidimensionales Gebilde. Vereinfachend kann man gedanklich aus dem dreidimensionalen Gebäude eine 1 m dünne Scheibe herausschneiden und so das räumliche in ein ebenes Problem umwandeln.

Das ist zulässig, solange die einzelnen Scheiben in Gebäudelängsrichtung gleich sind. Sonst müssen mehrere Scheiben und ihr gegenseitiger Einfluss untersucht werden.

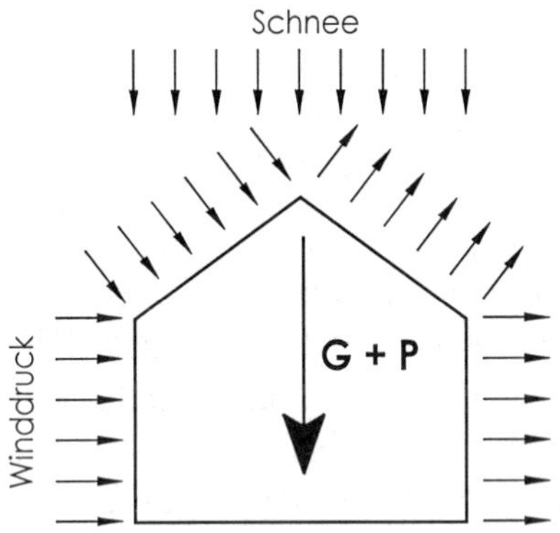

Auf diese gedanklich herausgeschnittene 1 m dünne Scheibe wirken der Wind als Druck bzw. Sog auf Wände und Dach, der Schnee auf das Dach sowie die Eigengewichte aller Konstruktionsteile und die Verkehrslasten auf den Geschossdecken.

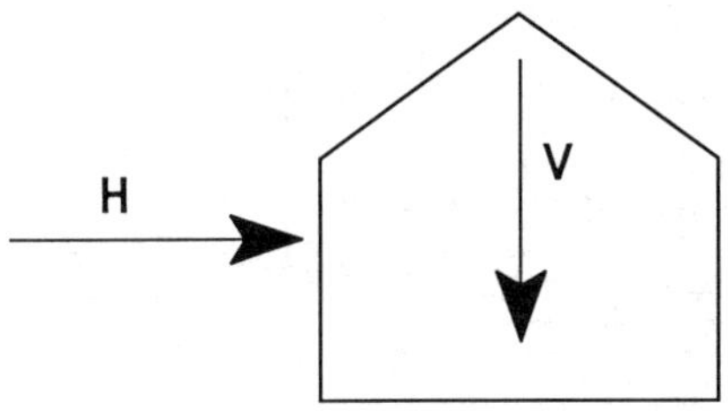

Die schräg gerichteten Windkräfte auf das Dach werden in eine horizontale und eine vertikale Komponente zerlegt und mit den vertikalen Eigengewichten, Verkehrs- und Schneelasten zu einer vertikalen Gesamtresultierenden V bzw. mit den horizontalen Windkräften zu einer horizontalen Gesamtresultierenden H zusammengefasst.

Die betrachtete Scheibe wird jetzt durch die Lasten V und H belastet. Damit die Scheibe und damit das ganze Gebäude in Ruhe bzw. im Gleichgewicht bleibt, müssen Gegenkräfte entwickelt werden. Es gilt das bekannte physikalische Gesetz:

Aktion = Reaktion

Unter der Last V_a (Aktionskraft) wird der Baugrund unter der Gründung solange zusammengedrückt, bis der Baugrund eine Reaktionskraft V_r entwickelt, die genauso groß wie V_a und entgegengesetzt gerichtet ist. Es herrscht dann Gleichgewicht in vertikaler Richtung.

Nachdem durch die Bodenzusammendrückung die Reaktionskraft V_r entwickelt wurde, befindet sich das Bauwerk in Ruhe. Die vertikal wirkenden Kräfte heben sich in ihrer verschiebenden Wirkung auf - es herrscht Gleichgewicht in vertikaler Richtung.

Ist der Baugrund nicht in der Lage, eine entsprechend große Reaktionskraft zu entwickeln, würde das Bauwerk allmählich versinken.

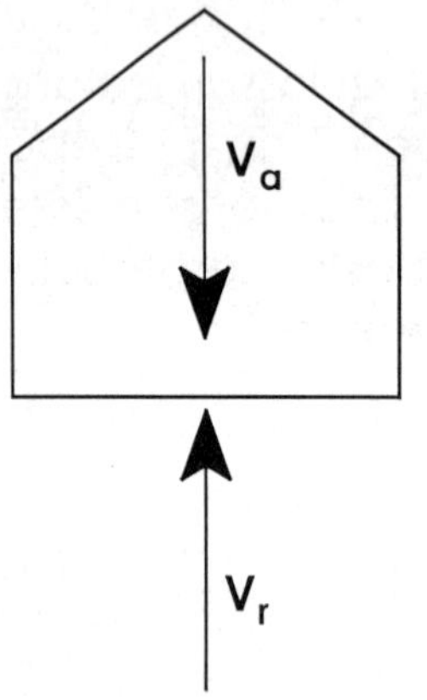

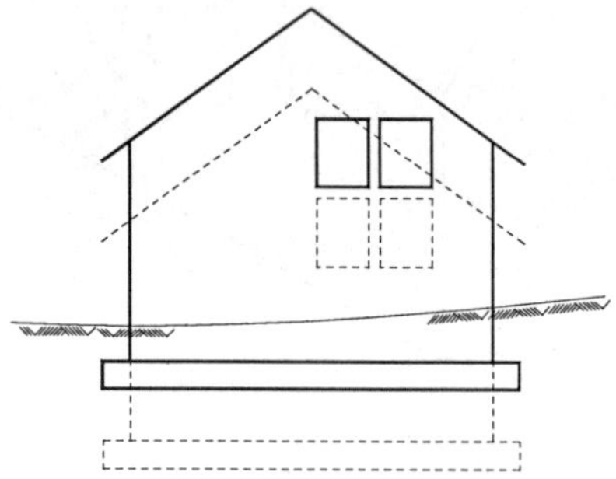

Die horizontale Last H_a für sich allein betrachtet, versucht das Bauwerk seitlich zu verschieben, wenn in der Gründungsfuge der Baugrund nicht Reibungskräfte H_r entwickeln würde, die H_a entgegenwirken und gleich groß sind. Ist die Bodenreibung zu klein, d.h. ist H_r kleiner als H_a, würde sich das Bauwerk horizontal verschieben. Soll das Gebäude in Ruhe bleiben, muss wieder ein Gleichgewicht bestehen zwischen Aktion und Reaktion, diesmal in horizontaler Richtung.

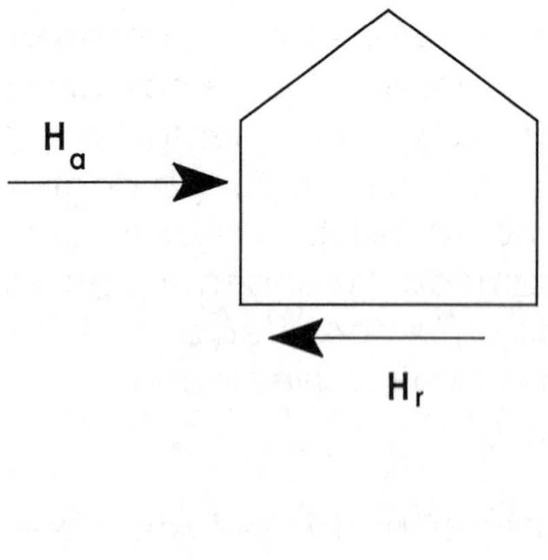

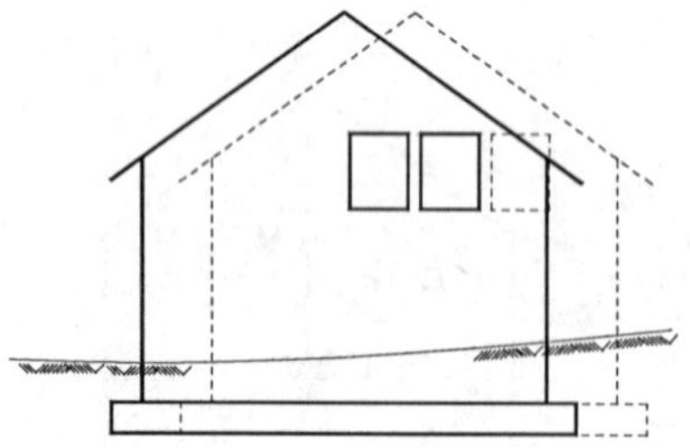

Die Horizontalkraft H_a verursacht aber noch einen weiteren Effekt. Sie versucht, das Gebäude um den Eckpunkt rechts unten zu kippen. Diesem Dreheffekt $M_a = H_a \cdot h$ wirkt die vertikale Resultierende V_a entgegen, die das Gebäude um den Kipppunkt entgegen dem Uhrzeigersinn mit dem Dreheffekt $M_r = V_a \cdot a$ zurückdreht.

Für diesen Dreheffekt, den V_a und H_a neben ihrer verschiebenden Wirkung ausüben, wird die Bezeichnung Drehmoment oder kurz Moment M gebraucht.

Damit das Gebäude in Ruhe bleibt, muss auch ein Gleichgewicht bezüglich eines Dreheffekts vorhanden sein, d.h. dem Moment M_a aus H_a als Aktion muss ein gleich großes entgegengesetztes Reaktionsmoment aus V_a gegenwirken.

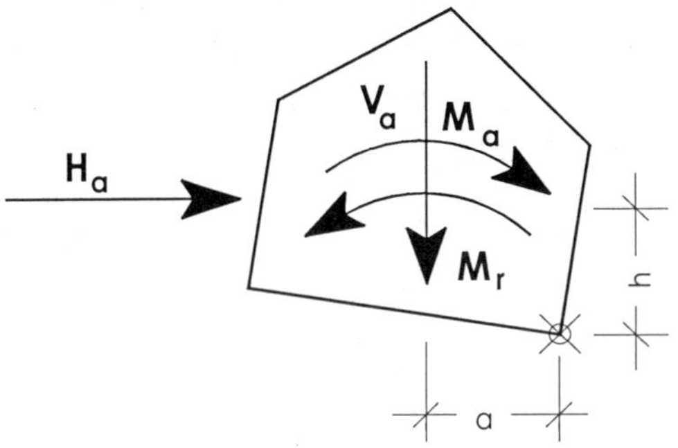

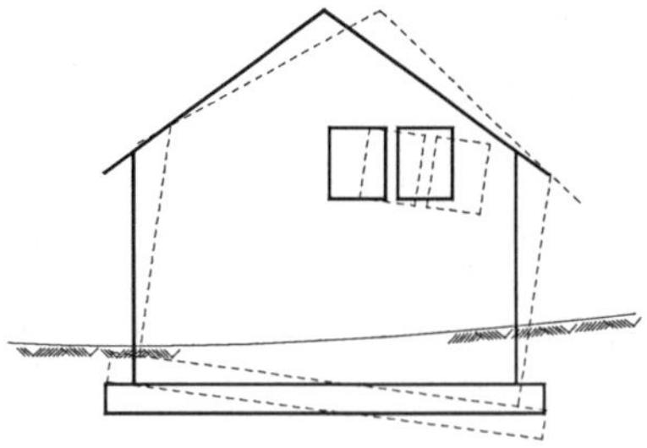

Aus diesen Überlegungen ergeben sich die sogenannten "3 Gleichgewichtsbedingungen für die Ebene".

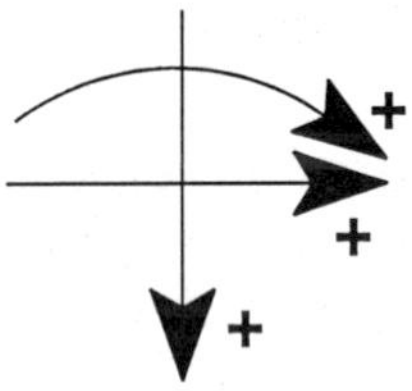

Mit einer willkürlichen Vorzeichenregelung, die aber innerhalb einer Aufgabe konsequent einzuhalten ist, kann man die 3 Gleichgewichtsbedingungen anschreiben:

entweder	oder	oder
$\downarrow V_a = \uparrow V_r$	$\downarrow V_a + \uparrow V_r = 0$	$\downarrow \Sigma V = 0$
$\overrightarrow{H_a} = \overleftarrow{H_r}$	$\overrightarrow{H_a} + \overleftarrow{H_r} = 0$	$\overrightarrow{\Sigma H} = 0$
$\overset{\curvearrowright}{M_a} = \overset{\curvearrowleft}{M_r}$	$\overset{\curvearrowright}{M_a} + \overset{\curvearrowleft}{M_r} = 0$	$\overset{\curvearrowright}{\Sigma M} = 0$

Man setzt die Kräfte in der Richtung positiv an, in der sie wahrscheinlich wirken und berücksichtigt diese Richtung durch das Vorzeichen. Wurde die Richtung richtig gewählt, ergibt sich im Ergebnis die Kraft oder das Moment positiv, erhält man im Ergebnis ein negatives Vorzeichen, ist die Kraftrichtung oder der Momentendrehsinn umzukehren.

Diese Bedingungen $\Sigma V = 0$, $\Sigma H = 0$ und $\Sigma M = 0$ sind die drei Gleichgewichtsbedingungen für die Ebene. Ist auch nur eine dieser drei Bedingungen nicht erfüllt, befindet sich das Bauteil oder das Gebäude nicht im Gleichgewicht und damit nicht in Ruhe.

Die drei Gleichgewichtsbedingungen gelten für das gesamte Bauwerk und für jeden herausgeschnittenen Teilbereich. Mit ihnen kann man Kräfte ermitteln, die ein Bauteil auf andere Bauteile weitergibt, aber auch Kräfte, die im Inneren eines Bauteils wirken und aus denen sich dann die erforderlichen Abmessungen des Bauteils ergeben.

3.2 Hebelgesetz

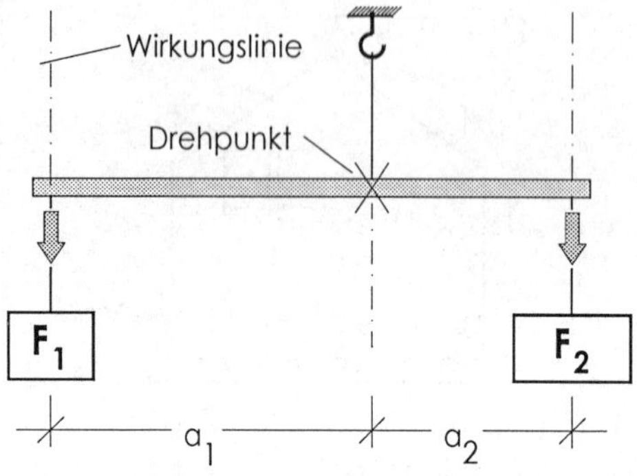

Kräfte verursachen Drehwirkungen um einen Drehpunkt. Damit der Balken in Ruhe bleibt, gilt das bereits bekannte Hebelgesetz:

$$(\text{Kraft} \cdot \text{Hebel})_{\text{links}} = (\text{Kraft} \cdot \text{Hebel})_{\text{rechts}}$$

$$\overset{\curvearrowleft}{F_1 \cdot a_1} = \overset{\curvearrowright}{F_2 \cdot a_2}$$

Als Hebelarm gilt dabei immer das Lot auf die Wirkungslinie der Kraft vom Drehpunkt aus gemessen.

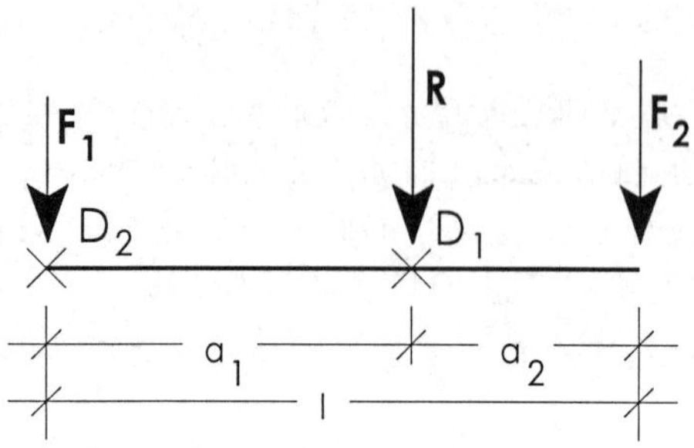

Die beiden Kräfte F_1 und F_2 lassen sich durch ihre Resultierende $R = F_1 + F_2$ ersetzen.

Mit Hilfe des Hebelgesetzes lässt sich die Lage der Resultierenden ermitteln, wenn man davon ausgeht, dass die Resultierende R die gleiche Wirkung hat wie die Einzelkräfte F_1 und F_2.

Drehpunkt D_1:

$$F_1 \cdot a_1 = F_2 \cdot a_2$$

mit $R = F_1 + F_2$
und $a_2 = l - a_1$

$$F_1 \cdot a_1 = F_2 \cdot (l - a_1)$$
$$F_1 \cdot a_1 = F_2 \cdot l - F_2 \cdot a_1$$
$$F_1 \cdot a_1 + F_2 \cdot a_1 = F_2 \cdot l$$
$$(F_1 + F_2) \cdot a_1 = F_2 \cdot l$$
$$R \cdot a_1 = F_2 \cdot l$$

$$\Rightarrow a_1 = F_2 \cdot \frac{l}{R}$$

Der Drehpunkt kann beliebig gewählt werden, das Gleichgewicht ist vom Drehpunkt unabhängig. Wird der Drehpunkt D_2 unter der Kraft F_1 gewählt, liegt der Drehpunkt auf der Wirkungslinie dieser Kraft und hat somit keinen Hebelarm, der drehende Anteil von F_1 wird zu Null.

Drehpunkt D_2:

$$F_2 \cdot l = R \cdot a_1$$

$$\Rightarrow a_1 = F_2 \cdot \frac{l}{R}$$

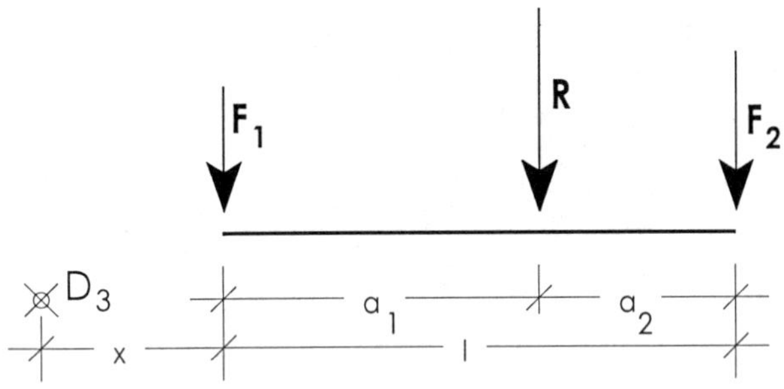

Ebenso ist jeder andere Drehpunkt möglich, auch außerhalb des Systems, da immer nur das Lot vom Drehpunkt auf die Wirkungslinie der Kraft als Hebelarm zählt.

Drehpunkt D_3:

$$F_1 \cdot x + F_2 \cdot (x + l) = R \cdot (x + a_1)$$
$$F_1 \cdot x + F_2 \cdot x + F_2 \cdot l = R \cdot x + R \cdot a_1$$
$$(F_1 + F_2) \cdot x + F_2 \cdot l = R \cdot x + R \cdot a_1$$
$$R \cdot x + F_2 \cdot l = R \cdot x + R \cdot a_1$$
$$F_2 \cdot l = R \cdot a_1$$

$$\Rightarrow a_1 = F_2 \cdot \frac{l}{R}$$

Das bedeutet, dass für jeden beliebigen Drehpunkt die Summe der Drehanteile aus den Einzelkräften gleich ist dem Drehanteil der diese Einzelkräfte ersetzenden Resultierenden:

$$\Sigma M_{Fi} = M_R$$

Beispiel:

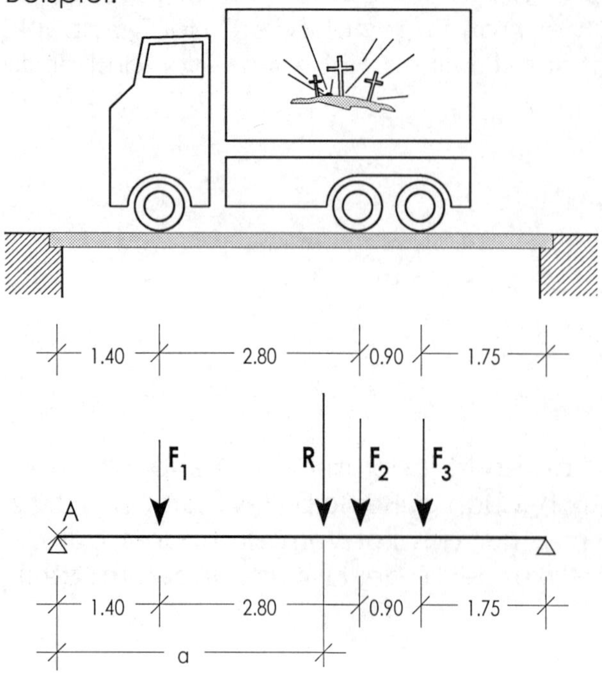

Es soll die Lage der Resultierenden R aus den drei Einzellasten F_1, F_2 und F_3 vom linken Auflager gemessen, berechnet werden.

$F_1 = 30$ kN
$F_2 = 35$ kN
$F_3 = 35$ kN

Resultierende:

$R = 30 + 35 + 35 = 100$ kN

Lage der Resultierenden:

$$\Rightarrow a = \frac{30 \cdot 1{,}4 + 35 \cdot 4{,}2 + 35 \cdot 5{,}1}{100} = 3{,}675 \text{ m}$$

3.3 Drehmoment

Als Drehmoment oder kurz Moment wird das Produkt aus Kraft und Hebelarm bezeichnet. Der Hebelarm ist der kürzeste Abstand zwischen der Wirkungslinie einer Kraft und dem Drehpunkt.

Beispiel: Schraubenschlüssel

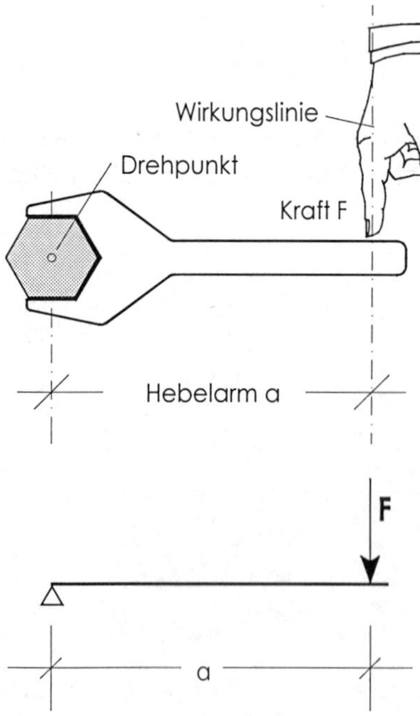

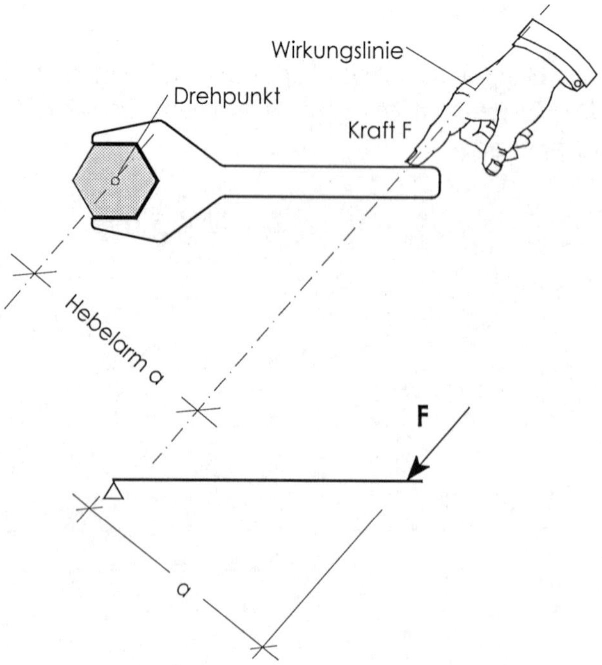

F	Kraft [kN]
a	Hebelarm [m]
M	Moment [kNm]

Das Moment hat also die Dimension [kNm]:

$$M\ [kNm] = F\ [kN] \cdot a\ [m]$$

Beispiel: Flügelschraube

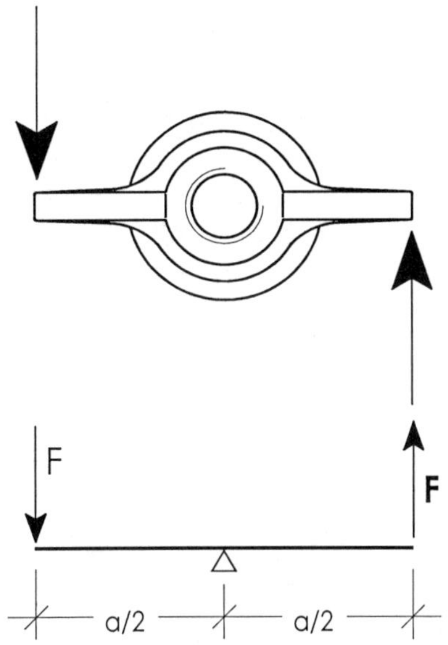

Zwei entgegengesetzt gerichtete gleich große Kräfte (Kräftepaar) haben keine resultierende Kraft.

Resultierende:

$$R = F - F = 0$$

Moment:

$$M = F \cdot \frac{a}{2} + F \cdot \frac{a}{2} = F \cdot a$$

Ein Kräftepaar verursacht keinen Verschiebeeffekt, sondern nur einen Dreheffekt.

4 Der Einfeldbalken, Auflagerkräfte, Schnittgrößen, Bemessung

Der Balken ist das baupraktisch wichtigste Element für die 1. Grundaufgabe des Tragwerks, das "Überspannen". Balken sind stabförmige Elemente, die im wesentlichen senkrecht zur Stabachse und damit auf Biegung beansprucht werden.

Beispiel: Stahlbeton-Fertigteilbau

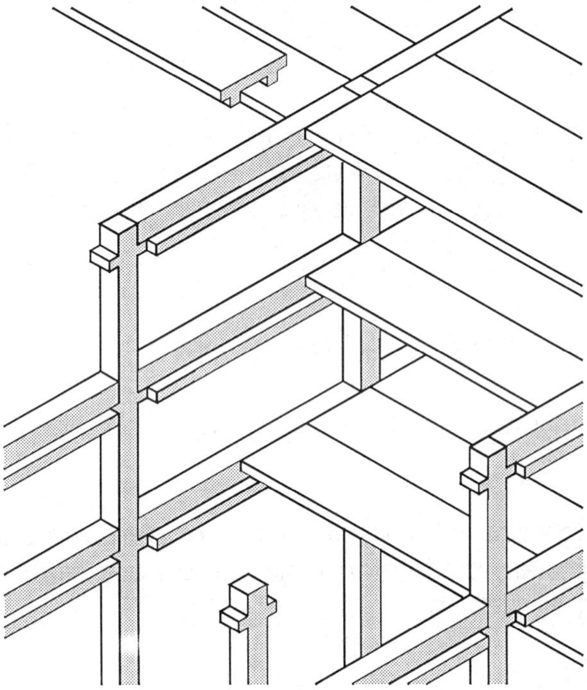

Querschnitt Stütze

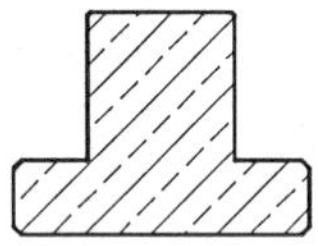

Querschnitt Unterzug

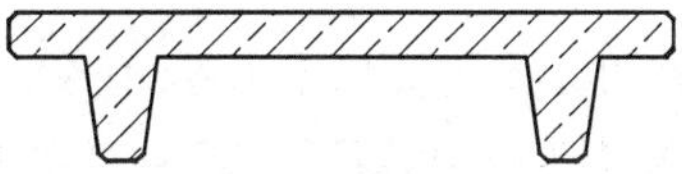

Querschnitt Deckenplatte
π - Platte

Beispiel: Stahlträgerdecke

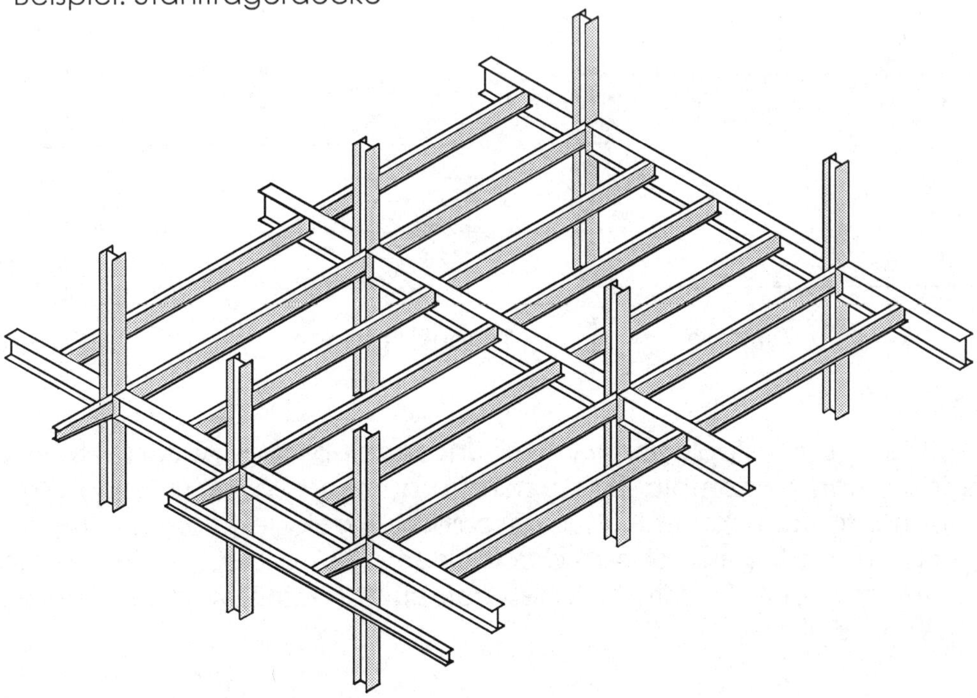

4.1 Ausbildung der Auflager

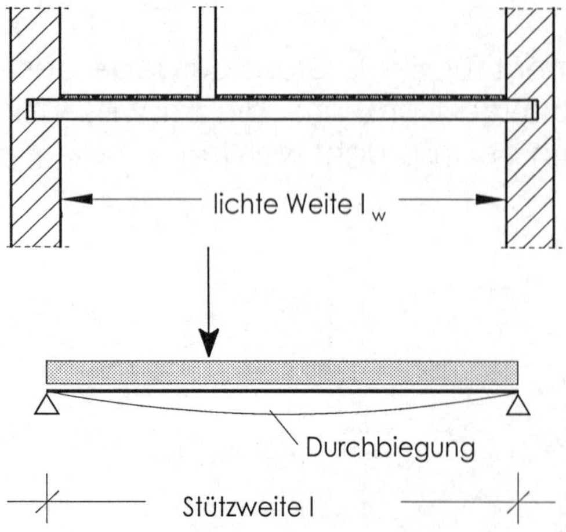

Der Balken auf zwei Unterstützungen (z.B. Wänden) wird als Einfeldbalken bezeichnet. Die Auflagerung des Balkens auf der Wand benötigt eine gewisse Auflagerlänge. Die aus dem Entwurf gegebene lichte Weite l_w muss daher vergrößert werden, vereinfacht um 5%.

Stützweite $l = 1{,}05 \cdot$ lichte Weite l_w

Bei der Umsetzung des tatsächlichen Systems in ein statisches System wird nur die Balkenachse symbolisch dargestellt.

Zur Ausbildung der Auflager werden zwei Forderungen gestellt:

- Jedes Auflager soll die Verdrehung aus der Durchbiegung des Balkens möglichst wenig behindern.
- Ein Auflager soll den Balken in Längsrichtung festhalten, das andere Auflager soll Horizontalverschiebungen ermöglichen, die infolge Dehnungen aus Temperaturänderung und aus Durchbiegung entstehen.

Diese beiden Forderungen werden von folgender Lagerung voll erfüllt:

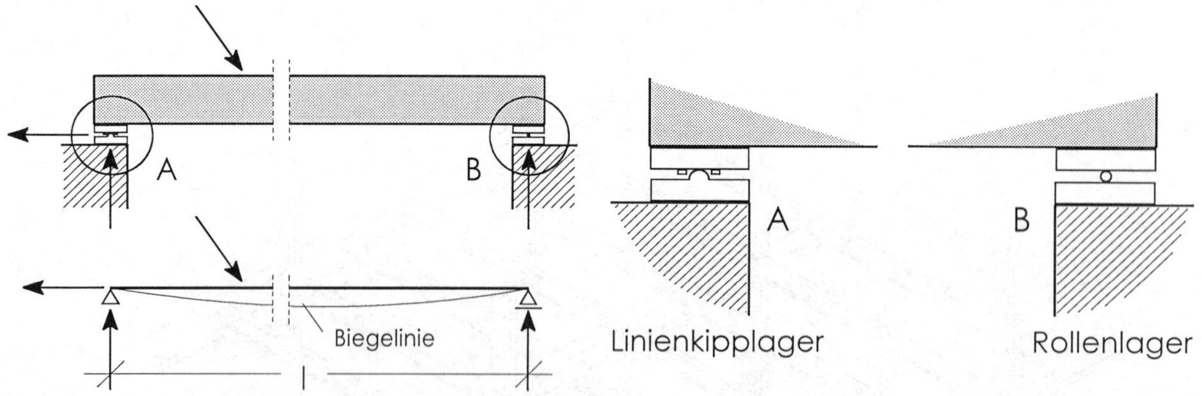

Das linke Auflager (Linienkipplager) wird als unverschiebliches Auflager bezeichnet. Es kann vertikale und horizontale Auflagerkräfte aufnehmen, aber keine Momente. Der Balken ist horizontal und vertikal unverschieblich gelagert, jedoch frei drehbar. Das Auflager bildet ein Gelenk, es wird durch einen Kreis oder ein Dreieck symbolisch dargestellt. Weil es zwei Auflagerreaktionen aufnehmen kann, wird es auch als zweiwertiges Lager bezeichnet.

Andere Beispiele für zweiwertige Auflager:

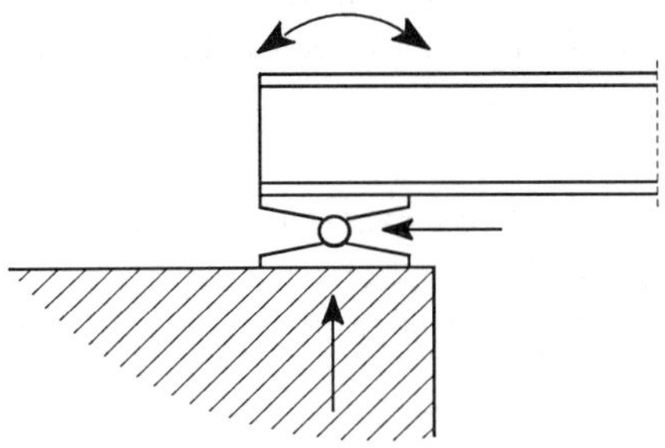

Der Stahlträger ist auf einem zweiwertigen Lager aufgelagert. Zwischen zwei Stahlplatten liegt eine Zentrierwalze. Es können vertikale und horizontale Auflagerkräfte übertragen werden, der Träger ist aber frei verdrehbar, d.h. die Durchbiegung ist nicht behindert.

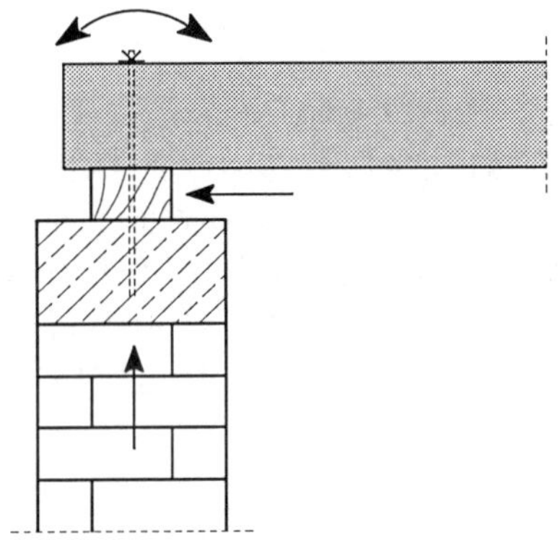

Für übliche Hochbauverhältnisse ist eine echt drehbare Lagerung jedoch zu aufwändig. Für kleinere und mittlere Stützweiten ($l \approx 6$ m bis 8 m) werden Holzbalken, Stahlträger und Stahlbetondecken flächig aufgelagert. Die freie Verdrehbarkeit ist trotzdem gegeben.

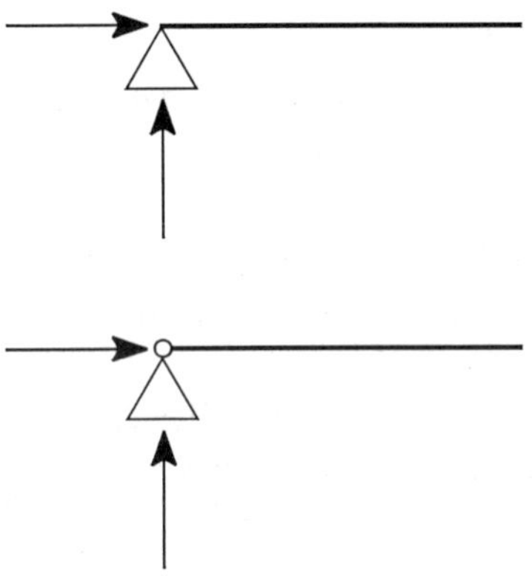

statisches Symbol

Das statische Symbol für ein festes oder zweiwertiges Lager wird durch ein Dreieck oder ein Dreieck mit Gelenk an der Spitze dargestellt.

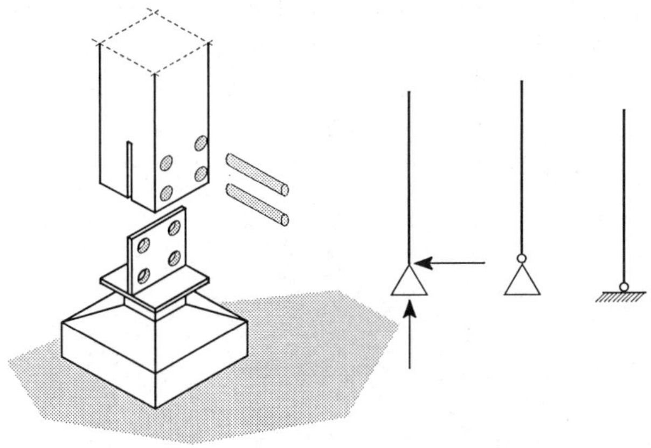

statisches Symbol

Auch diese Lagerung einer Holzstütze auf einem in das Fundament einbetoniertem Anschlussteil aus Stahlblechen gilt als zweiwertiges Auflager. Es können wieder vertikale und horizontale Auflagerkräfte aufgenommen werden, die Verdrehbarkeit ist wegen der Nachgiebigkeit der Verbindungsmittel gegeben.

Das rechte Auflager (Rollenlager) wird als verschiebliches Auflager bezeichnet. Ändert sich die Temperatur des Bauteils, tritt wie bei jedem anderen Körper eine Volumenänderung ein, in diesem Fall im wesentlichen eine Längenänderung. Wären diese Längenänderungen behindert, würden Zwängungen im Bauteil selbst und in der unterstützenden Konstruktion entstehen.

Verschiebliche Auflager können nur Auflagerkräfte in einer Richtung aufnehmen, in der Regel vertikale Kräfte. In horizontaler Richtung ist das Auflager frei verschieblich und die freie Verdrehbarkeit ist gewährleistet. Verschiebliche Auflager werden auch als einwertige Lager bezeichnet.

Andere Beispiele für einwertige Auflager:

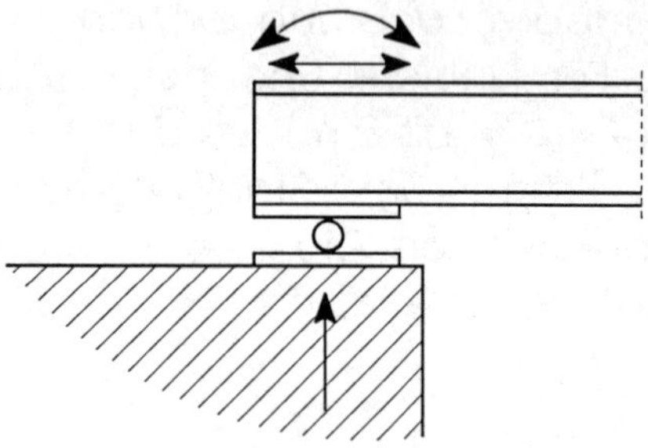

Echte Rollenlager kommen hauptsächlich im Brückenbau vor, weil dort große Stützweiten mit großen Verformungen und Längenänderungen vorliegen. Aber auch im Hochbau sind bei großen Stützweiten verschiebliche Lager erforderlich.

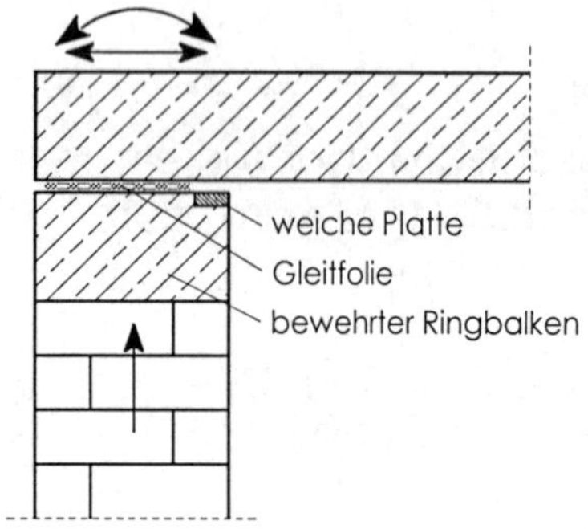

Bei kleineren Stützweiten genügen oft einfachere Konstruktionen.

Das Flachdach aus Stahlbeton kann mittels einer Gleitfolie horizontal verschieblich gelagert werden. So können Schäden an den Berührungsstellen von Stahlbeton und Mauerwerk vermieden werden.

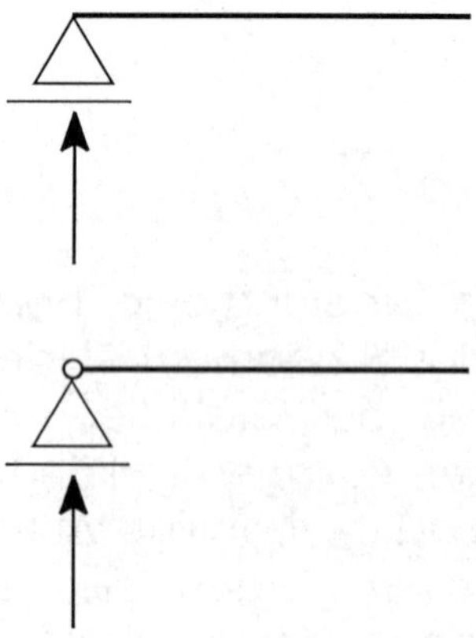

statisches Symbol

Das statische Symbol für ein verschiebliches bzw. einwertiges Lager wird durch ein Dreieck oder ein Dreieck mit Gelenk an der Spitze und einem darunterliegendem horizontalen Strich dargestellt.

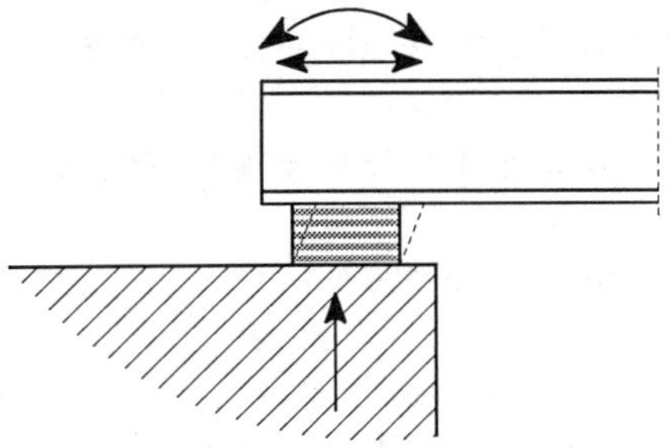

Neoprene - Lager liegen in ihrer Wirkungsweise je nach ihrem Aufbau zwischen einem ideal festen und einem ideal verschieblichen Auflager.

Die dritte Lagerungsart wird als eingespanntes Auflager oder kurz Einspannung bezeichnet. Am eingespannten Auflager können vertikale und horizontale Auflagerkräfte aufgenommen werden, außerdem Momente, die zur Standsicherheit erforderlich sind. Das eingespannte Auflager wird auch als dreiwertiges Lager bezeichnet.

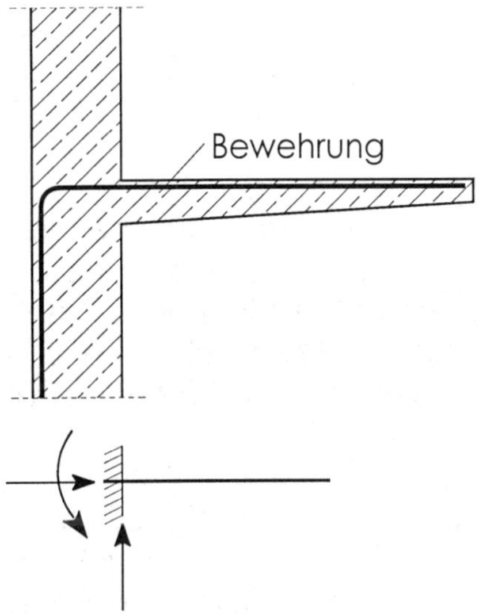

statisches Symbol

Eine aus einer Stahlbetonwand auskragende Balkonplatte oder Treppenstufe ist standsicher, weil das eingespannte Auflager vertikale und horizontale Auflagerkräfte aufnehmen kann und als dritte Auflagerreaktion das sogenannte Einspannmoment ein Verdrehen des Trägers verhindert.

Zum Funktionieren dieser auskragenden Platte sind obenliegende Bewehrungsstäbe erforderlich.

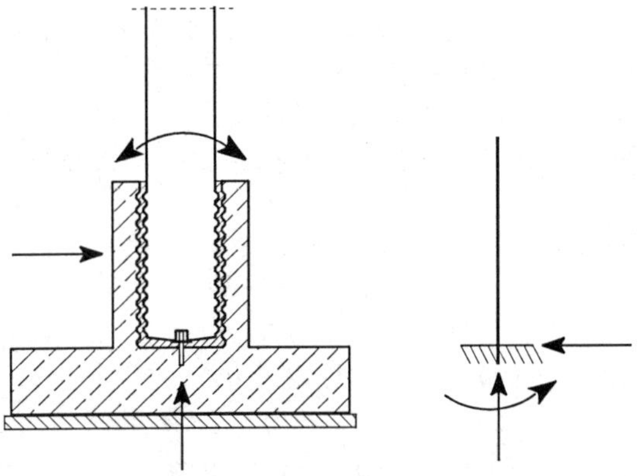

statisches Symbol

Die Stahlbeton - Fertigteilstütze ist in ein Köcherfundament eingespannt.

Auch hier ermöglichen die drei Auflagerreaktionen die Standsicherheit.

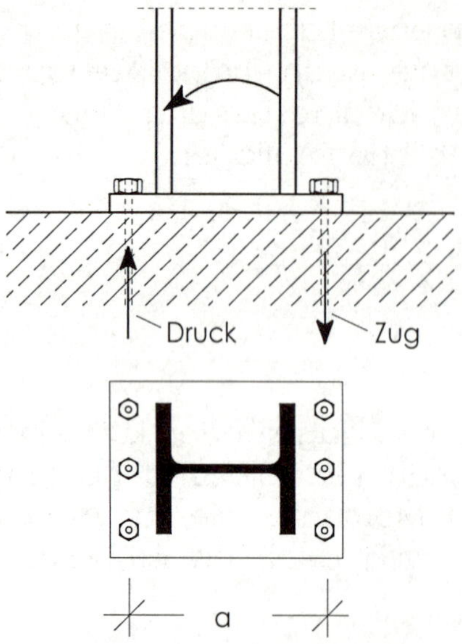

Das Einspannmoment wird immer durch ein Kräftepaar ersetzt. Die Kräfte sind entgegengesetzt gerichtet und gleich groß.

Es gilt das Hebelgesetz:

$$M = F \cdot a$$

wobei a der Abstand der Kräfte ist.

oder: $F = \frac{M}{a}$

D.h. je weiter die Kräfte gespreizt sind, desto geringer sind sie.

4.2 Ermittlung der Auflagerreaktionen

4.2.1 Einzellast

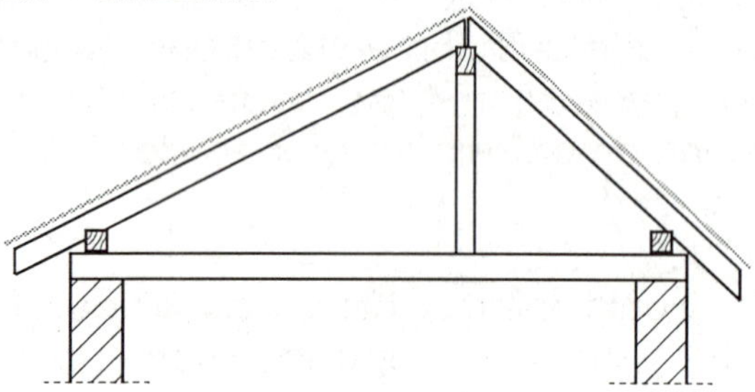

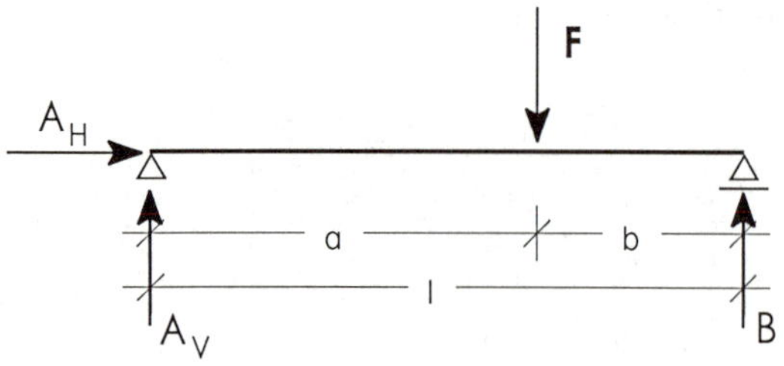

Gegeben ist ein Holzbalken, der auf zwei Wänden aufliegt. Er wird durch einen Dachpfosten mit der Einzellast F belastet. Das Eigengewicht des Balkens und andere Lasten sollen zunächst nicht betrachtet werden.

Zuerst wird das tatsächliche System in ein idealisiertes statisches Symbol umgewandelt. Für die sichere Lagerung des Einfeldbalkens ist immer ein festes und ein verschiebliches Auflager erforderlich, d.h. drei mögliche Auflagerreaktionen.

Gesucht sind diese drei möglichen Auflagerreaktionen A_H, A_V und B.

Zur Lösung dieser Aufgabe mit insgesamt drei Unbekannten stehen uns die drei Gleichgewichtsbedingungen in der Ebene zur Verfügung. Außerdem ist das Hebelgesetz bekannt.

$$\downarrow \Sigma V = 0$$

$$\overrightarrow{\Sigma H} = 0$$

$$\overset{\curvearrowright}{\Sigma M} = 0$$

Die Annahme, dass die beiden Auflagerreaktionen A_V und B von unten nach oben wirken, ist nur eine Vermutung. War die Vermutung richtig, ergibt die Berechnung ein positives Ergebnis (+) für die gesuchte Auflagerkraft, war die Vermutung falsch, ein negatives Ergebnis (-). Hier ist zu erwarten, dass A_V und B der äußeren Last F entgegenwirken, also von unten nach oben.

Grundsätzlich ist die Wahl der Richtung der Auflagerreaktionen beliebig, nur muss sie innerhalb einer Aufgabe konsequent eingehalten werden. Auch die Richtung der eventuell vorhandenen horizontalen Auflagerreaktion A_H ist beliebig.

Die erste Bedingung $\Sigma V = 0$, das Gleichgewicht in vertikaler Richtung, ergibt, wenn als positive Richtung von oben nach unten angesetzt wird:

$$\Sigma V = 0: \qquad F - A_V - B = 0$$

In dieser Gleichung sind zwei Unbekannte, A_V und B. Die zweite Bestimmungsgleichung zum Lösen dieser zwei Unbekannten gibt uns die Bedingung $\Sigma M = 0$, das Gleichgewicht der Drehmomente.

Diese Bedingung muss um jeden Drehpunkt gelten. Wenn das System im Gleichgewicht ist, darf es sich um keinen Punkt verdrehen, d.h. um jeden beliebigen Drehpunkt gilt: $\Sigma M = 0$.

Die einfachste Methode ist, den Drehpunkt in einem Auflager anzunehmen, weil dann die Wirkungslinie dieser Auflagerkraft durch den Drehpunkt läuft und der Hebelarm zu Null wird, die entsprechende Auflagerkraft kann somit aus der Bestimmungsgleichung eliminiert werden.

Wird z.B. das Auflager A gewählt, dann wirken um den Drehpunkt A folgende Drehmomente:

$F \cdot a$	im Uhrzeigersinn, rechtsdrehend
$B \cdot l$	gegen Uhrzeigersinn, linksdrehend
$A_V \cdot 0$	keine Drehung
$A_H \cdot 0$	keine Drehung

Um die Gleichung anzuschreiben, muss eine beliebige Richtung als positiv eingeführt werden, üblicherweise der Uhrzeigersinn:

$$\Sigma M_A = 0: \qquad F \cdot a - B \cdot l = 0$$

Daraus ergibt sich B: $\Rightarrow B = F \cdot \frac{a}{l}$

Aus dem vertikalen Gleichgewicht ergibt sich

$$F - A_V - B = 0$$

$$A_V = F - B = F - F \cdot \frac{a}{l} = F \cdot \frac{l-a}{l}$$

$$\Rightarrow A_V = F \cdot \frac{b}{l}$$

Das gleiche Ergebnis ergibt sich auch, wenn man als Drehpunkt das Auflager B wählt:

$$\Sigma M_B = 0: \quad -F \cdot b + A_V \cdot l = 0$$

$$\Rightarrow A_V = F \cdot \frac{b}{l}$$

Die dritte Bestimmungsgleichung $\Sigma H = 0$, das horizontale Gleichgewicht, ergibt, falls vorhanden, die horizontale Auflagerkraft A_H. Positiv soll die Richtung von links nach rechts sein. Hier treten jedoch keine äußeren Horizontallasten auf, also ist auch die horizontale Auflagerkraft A_H gleich Null.

$$\Sigma H = 0: \quad \Rightarrow A_H = 0$$

Sonderfall: Einzellast in Feldmitte

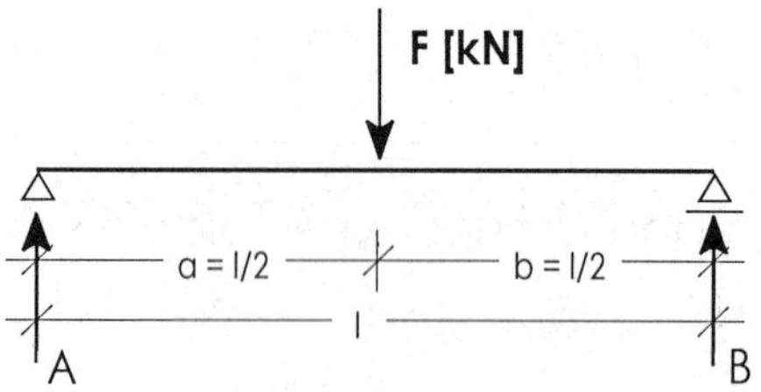

Mit a = b = l/2 ergibt sich:

$$A = F \cdot \frac{b}{l} = F \cdot \frac{l}{2 \cdot l} \quad \Rightarrow A = F/2$$

$$\Rightarrow B = F/2$$

4.2.2 Gleichlast

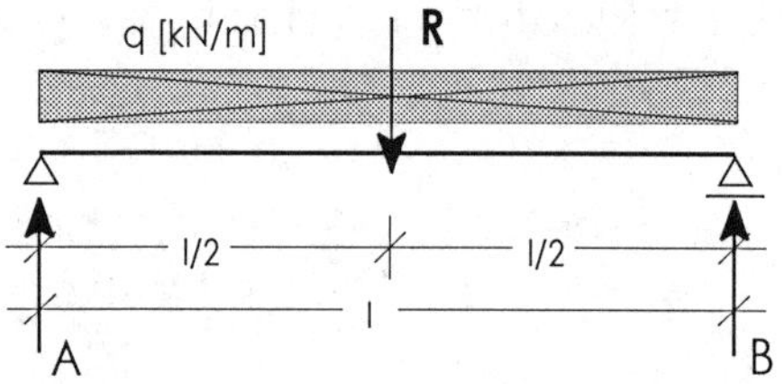

Dieser Träger ist mit einer gleichmäßig verteilten Last q über die gesamte Länge l belastet. Zur Ermittlung der Auflagerreaktionen wird die Gleichlast zu ihrer Resultierenden R zusammengefasst:

Resultierende: $R = q \cdot l$

Die Wirkungslinie der Resultierenden R läuft durch den Schwerpunkt der Gleichlast, d.h. bei l/2. Die Resultierende kann dann wie die Einzellast F behandelt werden.

$$\Sigma V = 0: \quad q \cdot l - A - B = 0$$

$$\Sigma M_A = 0: \quad q \cdot l \cdot l/2 - B \cdot l = 0$$

$$\Rightarrow B = q \cdot \frac{l}{2}$$

aus ΣV: $A = q \cdot l - B = q \cdot l - q \cdot \frac{l}{2}$

$$\Rightarrow A = q \cdot \frac{l}{2}$$

Es war zu erwarten, dass bei einer gleichmäßig über die gesamte Balkenlänge verteilten Belastung die Auflagerkräfte gleich groß sind.

4.2.3 **Blocklast** (Zahlenbeispiel)

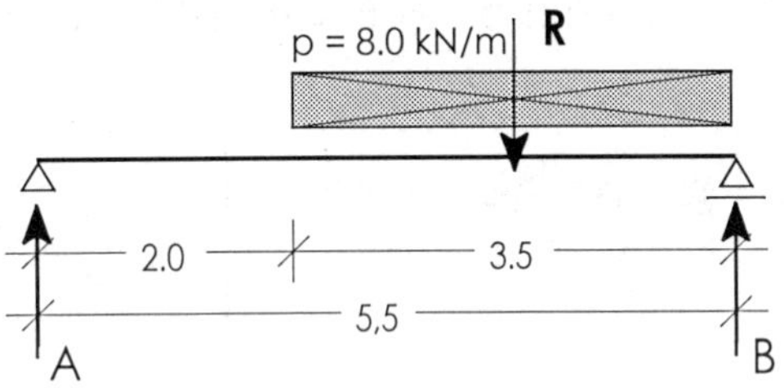

Auch die Blocklast p wird zur Resultierenden R = p · Wirkungslänge zusammengefasst.

Die Wirkungslinie der Resultierenden läuft durch den Schwerpunkt der Blocklast.

Die Wirkungslinie von R liegt bei 2,0 + 3,5/2 = 3,75 m vom linken Auflager A gemessen und 3,5/2 = 1,75 m vom rechten Auflager B gemessen entfernt.

$\Sigma V = 0$: $p \cdot 3{,}5 - A - B = 0$

$$A = 8{,}0 \cdot 3{,}5 - B = 28 - B$$

$\Sigma M_A = 0$: $p \cdot 3{,}5 \cdot 3{,}75 - B \cdot 5{,}5 = 0$

$$8{,}0 \cdot 3{,}5 \cdot 3{,}75 - B \cdot 5{,}5 = 0$$

$$\Rightarrow B = \frac{105}{5{,}5} = 19{,}1 \text{ kN}$$

aus ΣV: $A = 28 - 19{,}1$

$$\Rightarrow A = 8{,}9 \text{ kN}$$

Zur Kontrolle kann noch die Momentengleichung um das Auflager B angeschrieben werden:

$\Sigma M_B = 0$: $-p \cdot 3{,}5 \cdot 1{,}75 + A \cdot 5{,}5 = 0$

$$-8{,}0 \cdot 3{,}5 \cdot 1{,}75 + A \cdot 5{,}5 = 0$$

$$\Rightarrow A = \frac{49}{5{,}5} = 8{,}9 \text{ kN}$$

4.2.4 **Kombinierte Lasten** (Zahlenbeispiel)

Die Grundlastfälle Einzellast, Gleichlast und Blocklast können an einem Bauteil natürlich gleichzeitig in beliebiger Kombination auftreten.

Nebenstehend ist ein Deckenträger gezeigt, der durch das Eigengewicht mit einer Gleichlast g = 6,0 kN/m und durch eine Verkehrslast im rechten Bereich mit einer Blocklast p = 9,5 kN/m belastet wird. Darüberhinaus belastet ein Dachpfosten den Balken mit einer Einzellast F = 34 kN.

Das statische System mit Belastungen und Abmessungen in [m] ist nebenstehend dargestellt.

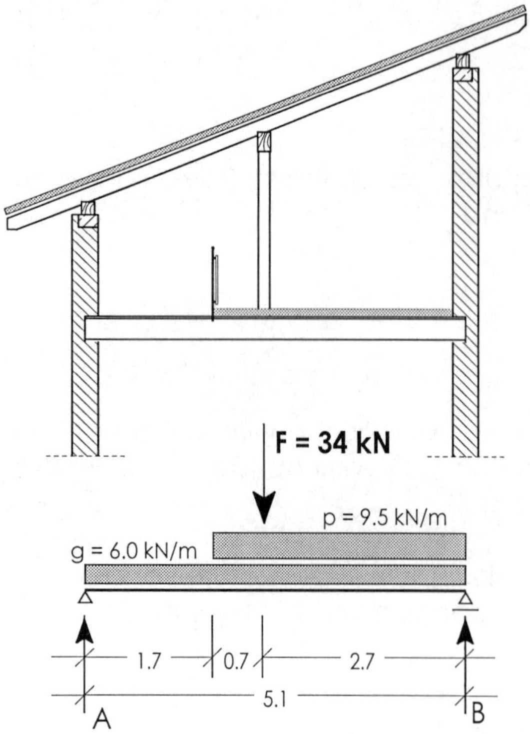

statisches System Maße in Meter

$\Sigma V = 0$: $g \cdot 5{,}1 + p \cdot 3{,}4 + F - A - B = 0$

$6{,}0 \cdot 5{,}1 + 9{,}5 \cdot 3{,}4 + 34 - A - B = 0$

$A = 96{,}9 - B$

$\Sigma M_A = 0$: $g \cdot 5{,}1 \cdot 5{,}1/2 + p \cdot 3{,}4 \cdot (1{,}7 + 3{,}4/2) + F \cdot 2{,}4 - B \cdot 5{,}1 = 0$

$6{,}0 \cdot 5{,}1 \cdot 5{,}1/2 + 9{,}5 \cdot 3{,}4 \cdot (1{,}7 + 3{,}4/2) + 34 \cdot 2{,}4 - B \cdot 5{,}1 = 0$

$$\Rightarrow B = \frac{269{,}45}{5{,}1} = 52{,}83 \text{ kN}$$

aus ΣV: $A = 96{,}9 - 52{,}83$

$\Rightarrow A = 44{,}07$ kN

Zur Kontrolle $\Sigma M_B = 0$: $-g \cdot 5{,}1 \cdot 5{,}1/2 - p \cdot 3{,}4 \cdot 3{,}4/2 - F \cdot 2{,}7 - A \cdot 5{,}1 = 0$

$-6{,}0 \cdot 5{,}1 \cdot 5{,}1/2 - 9{,}5 \cdot 3{,}4 \cdot 3{,}4/2 - 34 \cdot 2{,}7 - A \cdot 5{,}1 = 0$

$$\Rightarrow A = \frac{224{,}74}{5{,}1} = 44{,}07 \text{ kN}$$

4.2.5 Äußere horizontale Lasten

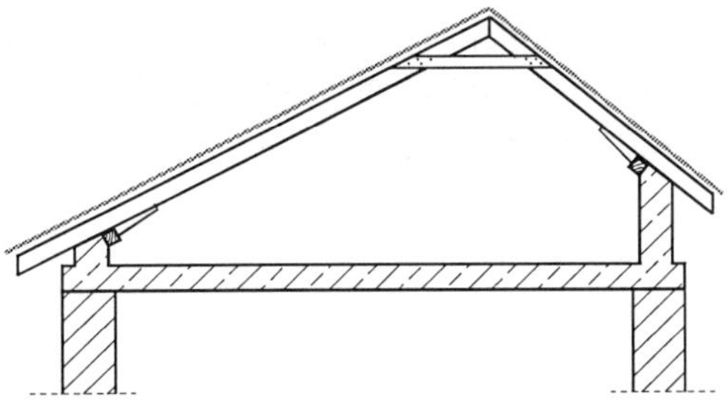

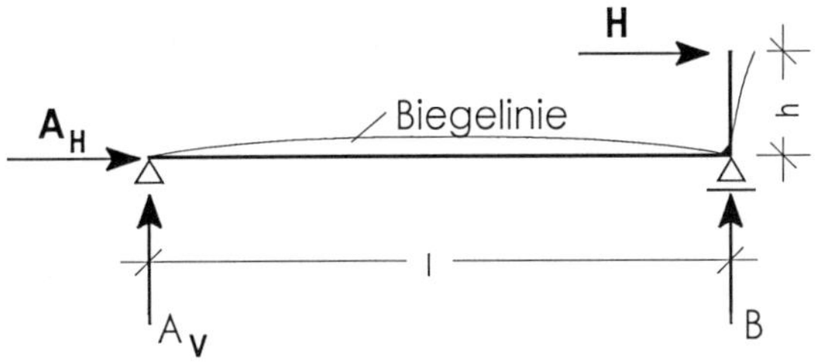

Das unsymmetrische Sparrendach lagert am rechten Auflager B auf einem Stahlbeton-Kniestock auf und erzeugt dort eine horizontale Auflagerkraft H.

Die horizontale Auflagerkraft A_H kann nur im festen Auflager A aufgenommen werden.

Die vertikalen Auflagerkräfte aus dem Dach werden direkt nach unten in das unterstützende Mauerwerk weitergeleitet und müssen bei der Berechnung der Auflagerkräfte aus der Decke nicht berücksichtigt werden.

$\Sigma H = 0$: $\quad A_H + H = 0$

$$\Rightarrow A_H = -H$$

Das negative Vorzeichen von A_H bedeutet, dass die angenommene Richtung der Auflagerkraft nicht zutreffend ist. A_H ist tatsächlich von rechts nach links gerichtet.

$\Sigma V = 0$: $\quad -A_V - B = 0$

$$A_V = -B$$

Daraus folgt, dass A_V und B entgegengesetzt gerichtet, aber gleich groß sind (Kräftepaar).

$\Sigma M_A = 0$: $\quad H \cdot h - B \cdot l = 0$

$$\Rightarrow B = H \cdot \frac{h}{l}$$

aus ΣV: $\quad A_V = -B$

$$\Rightarrow A_V = -H \cdot \frac{h}{l}$$

Auch hier bedeutet das negative Vorzeichen von A_V, dass die für die Berechnung angenommene Richtung von unten nach oben nicht zutreffend war und tatsächlich anders gerichtet ist. Auch aus der Biegelinie kann man erkennen, dass das linke Auflager A_V nach oben zieht, also eine abhebende Kraft verursacht.

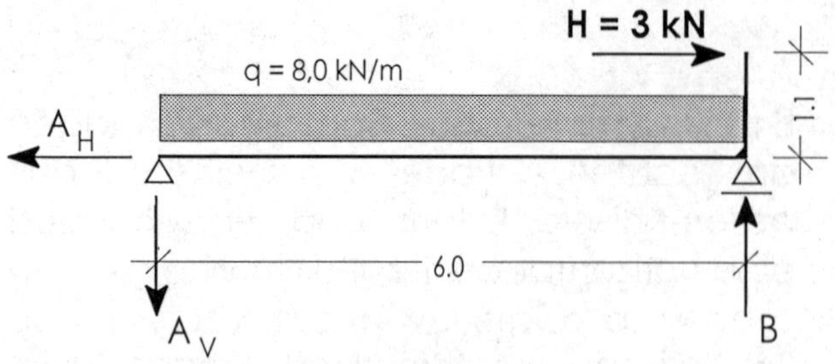

Zahlenbeispiel:

Die Auflagerreaktionen A_V und A_H werden in der vermutlich richtigen Richtung angetragen.

$\Sigma H = 0$: $\quad -A_H + H = 0$

$\Rightarrow A_H = 3$ kN

$\Sigma V = 0$: $\quad q \cdot 6{,}0 + A_V - B = 0$

$8{,}0 \cdot 6{,}0 + A_V - B = 0$

$A_V = B - 48$

$\Sigma M_A = 0$: $\quad q \cdot 6{,}0 \cdot 3{,}0 + H \cdot 1{,}1 - B \cdot 6{,}0 = 0$

$8{,}0 \cdot 6{,}0 \cdot 3{,}0 + 3 \cdot 1{,}1 - B \cdot 6{,}0 = 0$

$$\Rightarrow B = \frac{147{,}3}{6{,}0} = 24{,}55 \text{ kN}$$

aus ΣV: $\quad A_V = 24{,}55 - 48$

$\Rightarrow A_V = -23{,}45$ kN

Für A_V ergibt sich wieder ein negatives Vorzeichen, was bedeutet, dass die tatsächliche Richtung entgegen der angenommenen Richtung verläuft. Dies kommt daher, weil die abhebende Kraft aus der äußeren horizontalen Last H durch die Auflagerkraft aus der Gleichlast q überdrückt wird.

4.3 Schnittgrößen oder innere Kräfte

4.3.1 Der Begriff "Schnittgrößen"

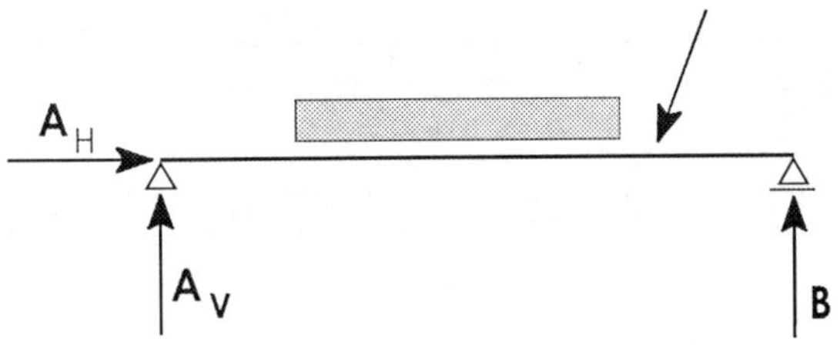

Bisher wurden die Kräfte untersucht, die als Lasten oder Auflagerreaktion an einem Tragwerksteil angreifen, also äußere Kräfte.

Diese äußeren Kräfte müssen im Gleichgewicht stehen. Bekannt sind die äußeren Belastungen, unbekannt sind die Auflagerkräfte. Mit den drei Gleichgewichtsbedingungen in der Ebene $\Sigma V = 0$, $\Sigma H = 0$ und $\Sigma M = 0$ können sie ermittelt werden.

An diesem Tragwerksteil wirken jedoch nicht nur äußere Kräfte, sondern im Inneren des Bauteils wirken auch innere Kräfte und Momente, die man daran erkennt, dass sich das Bauteil bei Belastung verformt oder zu Bruch geht. Diese inneren Kräfte halten das Tragteil zusammen, verformen es oder können es auch zerstören. Mit den Durchbiegungen sind Biegebeanspruchungen verbunden. Diese Biegebeanspruchungen müssen in zulässigen Grenzen gehalten werden. Außerdem dürfen die Durchbiegungen gewisse Werte nicht überschreiten. Für ein biegebeanspruchtes Bauteil sind also immer zwei Nachweise zu führen:

- Beschränkung der Biegebeanspruchung (Spannung)
  ⇓
  Standsicherheitsnachweis

- Beschränkung der Verformung (Durchbiegung)
  ⇓
  Gebrauchsfähigkeitsnachweis

Zum Führen dieser zwei Nachweise ist die Kenntnis über die Größe und den Verlauf der inneren Kräfte, der Schnittgrößen erforderlich.

Die inneren Kräfte und Momente an einer beliebigen Stelle des Tragteils, z.B. Balken lassen sich mit folgendem Gedankenmodell bestimmen:

Wir führen quer durch den Balken einen Schnitt. Damit ist der innere Kräftefluss an der Schnittstelle unterbrochen.

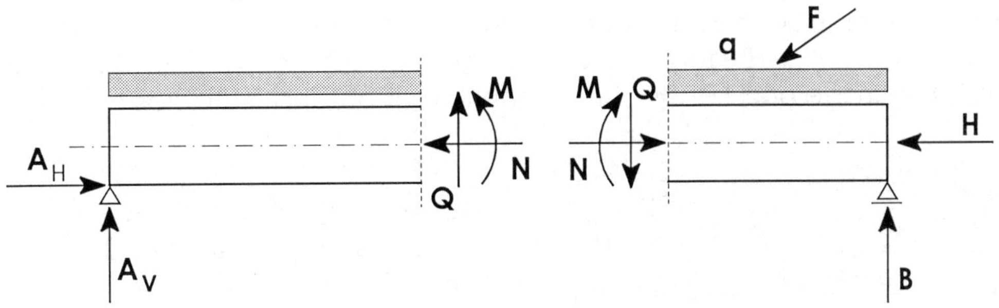

Aus dem Balken werden zwei Teilstücke, die ohne zusätzliche Unterstützungsmaßnahmen von den Auflagern herunterfallen würden. Damit die Teilstücke wieder ins Gleichgewicht kommen, führt man gedanklich am Schnitt Kräfte und ein Moment ein, die wie äußere Kräfte so angreifen, wie vor dem Schneiden des Balkens die inneren Kräfte gewirkt haben. An der Schnittstelle müssen die inneren Kräfte im Gleichgewicht stehen, sie sind also entgegengesetzt gerichtet und gleich groß.

Wegen dieses Gedankenmodells des "Aufschneidens des Balkens" spricht man von Schnittkräften oder Schnittgrößen.

Man unterscheidet drei Schnittgrößen:

- Die Längskraft N wirkt in Richtung der Stabachse. Sie wird auch als Normalkraft bezeichnet, weil sie normal, d.h. senkrecht zum Querschnitt wirkt.
- Die Querkraft Q wirkt quer zur Stabachse.
- Das Biegemoment M.

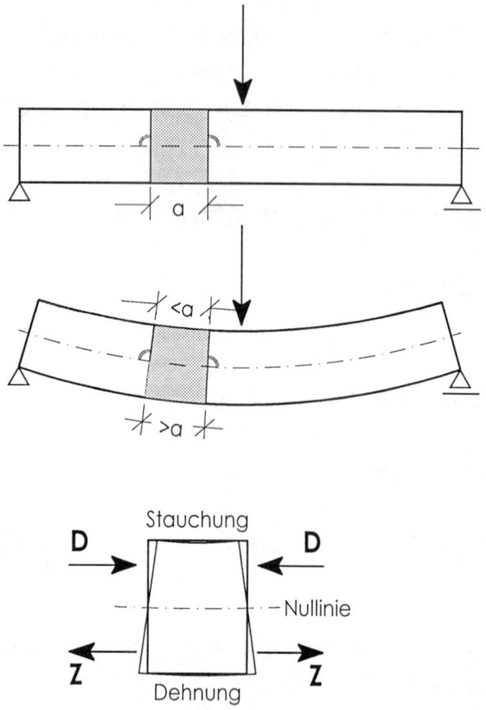

Betrachtet man einen Balken im verformten Zustand, erkennt man, dass die obere Balkenzone infolge der Durchbiegung in Balkenlängsrichtung zusammengedrückt wird, die untere Balkenzone in Balkenlängsrichtung gedehnt wird. Dazwischen gibt es eine Linie, auf der die Dehnung zu Null wird, die neutrale Faser oder die Nulllinie.

Im oberen Balkenbereich muss daher eine Druckbeanspruchung oder Druckspannung wirken, im unteren Balkenbereich eine Zugbeanspruchung oder Zugspannung, jeweils in Balkenlängsrichtung.

Um das Vorzeichen des Biegemoments festlegen zu können, muss erst eine Seite des Balkens (oben oder unten) als gezogener Rand definiert werden. Die Wahl ist beliebig, üblicherweise wird jedoch bei horizontalen Balken der untere Rand als gezogener Rand angenommen. In Bezug auf diesen gezogenen Rand sind dann die Biegemomente, Querkräfte und Längskräfte nach ihrer Richtung festgelegt.

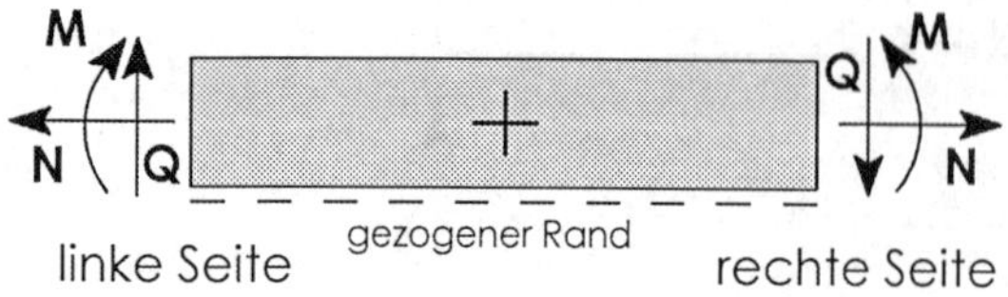

Positive Vorzeichenregelung der Schnittgrößen, dargestellt an einem Balkenelement.

Ein Biegemoment ist dann positiv, wenn die als gezogener Rand angenommene Querschnittsseite tatsächlich gedehnt wird, wird diese Querschnittsseite gedrückt, ergibt die Berechnung ein negatives Biegemoment.

Die Querkraft ist positiv definiert, wenn sie an der linken Seite eines Schnittes nach oben wirkt und an der rechten Seite nach unten.

Die Längskraft ist immer als Zugkraft positiv, als Druckkraft negativ definiert.

Die Vorzeichen der inneren Schnittgrößen sind deshalb von Bedeutung, weil es für die Bemessung des Bauteils wichtig ist, ob es durch Zug- oder Druckkräfte beansprucht wird.

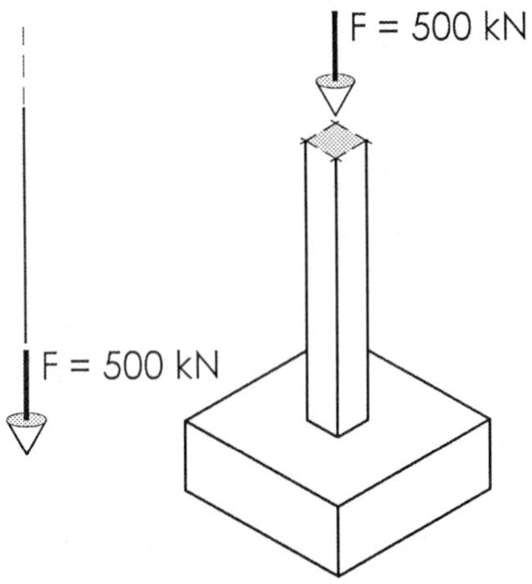

Es gibt nur zugfeste, aber auch zug- und druckfeste Materialien.

Eine Zugkraft kann z.B. durch ein dünnes Stahlseil aufgenommen werden, für eine Druckkraft von gleicher Größe ist dagegen eine Stütze aus Mauerwerk, Holz, Beton oder Stahl erforderlich.

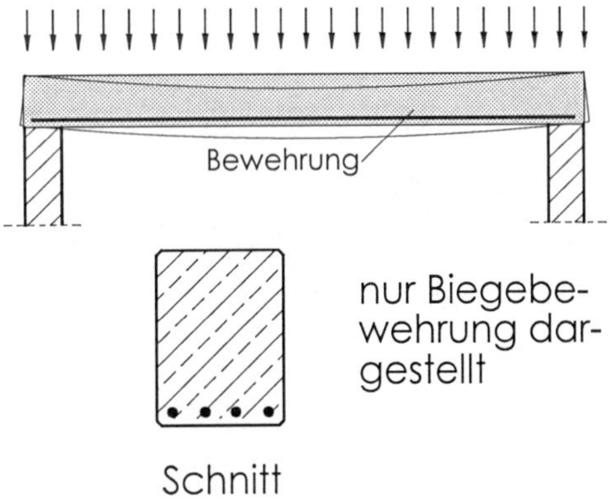

Bei Stahlbetonbauteilen entscheidet das Vorzeichen des Biegemoments, wo die Bewehrung liegt.

Sie liegt immer auf der gezogenen Seite, beim Einfeldträger also unten.

Die Ermittlung der Schnittgrößen in einem Biegebalken erfolgt in folgenden Schritten:

- Bestimmung der Auflagerreaktionen mit Hilfe der Gleichgewichtsbedingungen in der Ebene.

- Für jede maßgebende Stelle ist der Balken zu schneiden und das Gleichgewicht zwischen äußeren Lasten und inneren Schnittgrößen herzustellen.

4.3.2 Einzellast

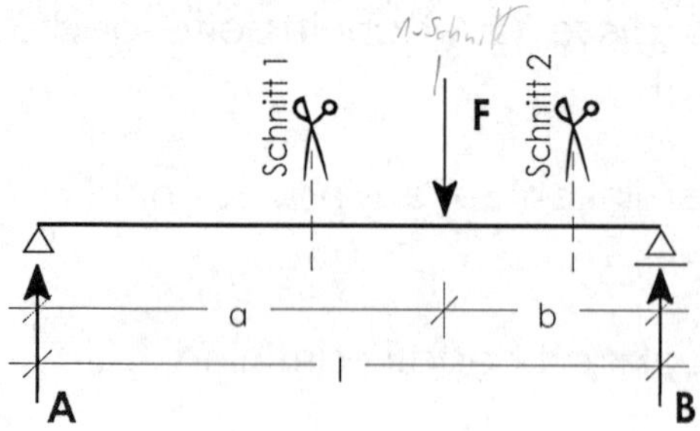

Die Auflagerreaktionen sind bereits bekannt (1. Arbeitsschritt):

$$\Rightarrow A = F \cdot \frac{b}{l}$$

$$\Rightarrow B = F \cdot \frac{a}{l}$$

Als zweiter Schritt wird der Träger geschnitten, z.B. im Bereich rechts vom Auflager A und der Einzellast F. Mit diesem Schnitt kann entweder der linke oder der rechte Teil des Trägers untersucht werden. Die weniger arbeitsaufwändige Variante ergibt die Untersuchung des linken Trägerteils.

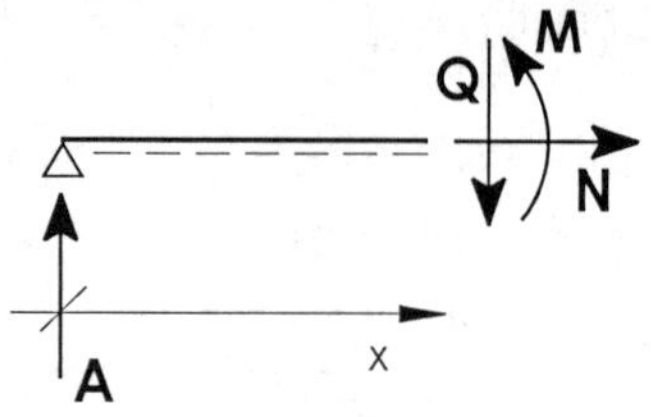

An diesem abgeschnittenen linken Teilstück des Trägers werden die äußeren Kräfte (Lasten und Auflagerreaktionen) und die inneren Schnittgrößen in der positiv definierten Richtung angetragen.

Schnitt 1 $\quad 0 \leq x \leq a$

Da dieses Teilsystem im Gleichgewicht stehen muss, können mit Hilfe der drei Gleichgewichtsbedingungen in der Ebene ΣV, ΣH, ΣM die drei unbekannten Schnittgrößen N, Q und M ermittelt werden.

$\Sigma V = 0$: $\quad Q - A = 0$

$$\Rightarrow Q = A = F \cdot \frac{b}{l} \text{ (konstant, unabhängig von x)}$$

$\Sigma H = 0$: $\quad \Rightarrow N = 0$

$\Sigma M = 0$: $\quad A \cdot x - M = 0$

$$\Rightarrow M = A \cdot x = F \cdot \frac{b}{l} \cdot x \text{ (veränderlich mit x)}$$

Drehpunkt ist immer die Schnittstelle. Um ihn dreht die Auflagerkraft A positiv mit dem Hebelarm x.

Die Gleichung des Moments ist eine Geradengleichung, das Biegemoment nimmt mit größer werdendem Abstand vom Auflager zu.

Die Querkraft ist im untersuchten Bereich konstant, unabhängig von x.

Die Auswertung der Momentengleichung ergibt:

für x = 0 (Auflager A): $M = F \cdot \frac{b}{l} \cdot 0 = 0$ (gelenkige Lagerung)

für x = a (unter Einzellast F): $M = F \cdot \frac{b}{l} \cdot a = F \cdot \frac{a \cdot b}{l}$

Am Lastangriffspunkt der Einzellast F ist eine Unstetigkeitsstelle im Verlauf der Schnittgrößen. Deshalb ist ein zweiter Schnitt zu führen, und zwar rechts von der Einzellast.

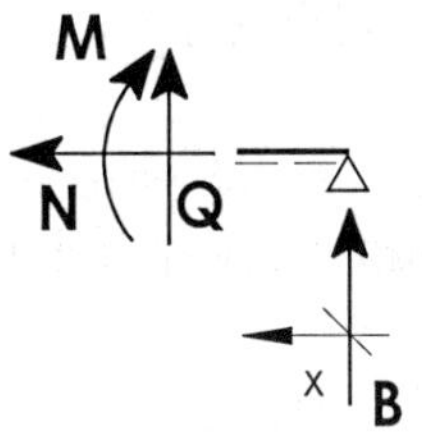

Schnitt 2 $0 \leq x \leq b$

Auch an diesem Teilstück des Trägers werden die in diesem Bereich wirkenden äußeren Lasten und die positiv definierten Schnittgrößen angetragen.

Die Veränderliche x läuft vom Auflager B bis zur Einzellast.

$\Sigma V = 0$: $-Q - B = 0$

$\Rightarrow Q = -B = -F \cdot \frac{a}{l}$ (konstant)

$\Sigma H = 0$: $\Rightarrow N = 0$

$\Sigma M = 0$: $-B \cdot x + M = 0$

$\Rightarrow M = B \cdot x = F \cdot \frac{a}{l} \cdot x$ (veränderlich mit x)

Die Auswertung der Momentengleichung ergibt:

für x = 0 (Auflager B): $M = F \cdot \frac{a}{l} \cdot 0 = 0$ (gelenkige Lagerung)

für x = b (unter Einzellast F): $M = F \cdot \frac{a}{l} \cdot b = F \cdot \frac{a \cdot b}{l}$

Das Biegemoment unter der Einzellast, im Schnitt 2 für x = b berechnet, muss aus Gleichgewichtsgründen gleich sein dem Biegemoment im Schnitt 1 für x = a.

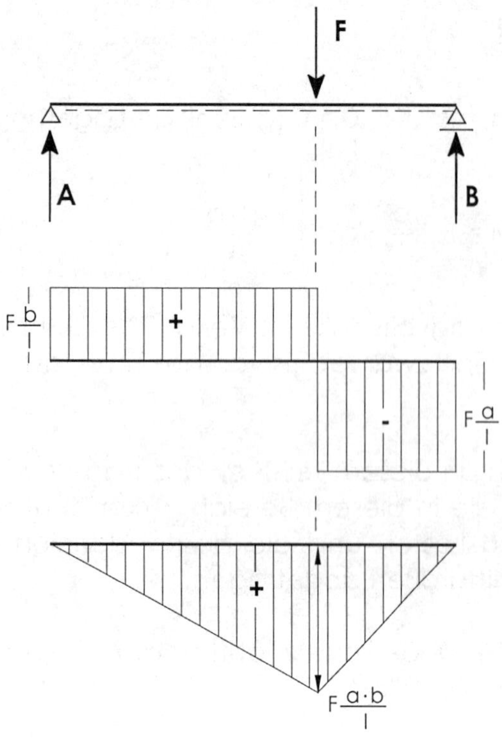

Der Verlauf von Querkraft und Biegemoment wird in einem Diagramm über die Balkenlänge aufgetragen.

Regel: positive Querkräfte werden auf der Biegedruckseite, also oben aufgetragen, negative auf der Biegezugseite, also unten. Mit dieser Darstellung verschiebt sich die Querkraft in Richtung der von außen wirkenden Lasten.

Q - Verlauf

Regel: positive Momente werden auf der Biegezugseite, also nach unten aufgetragen.

M - Verlauf

Sonderfall: Einzellast in Feldmitte

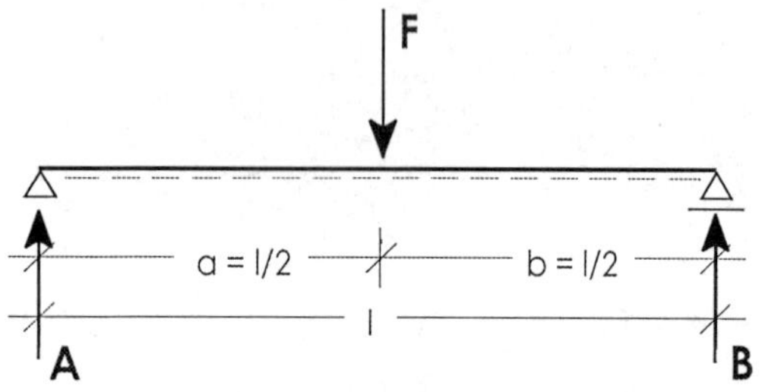

Mit a = b = l/2 ergibt sich das maximale Biegemoment in Feldmitte zu:

$$M = F \cdot \frac{a \cdot b}{l} = F \cdot \frac{l^2}{4 \cdot l} = F \cdot \frac{l}{4}$$

$$\Rightarrow M_{max} = F \cdot \frac{l}{4}$$

Zahlenbeispiel:

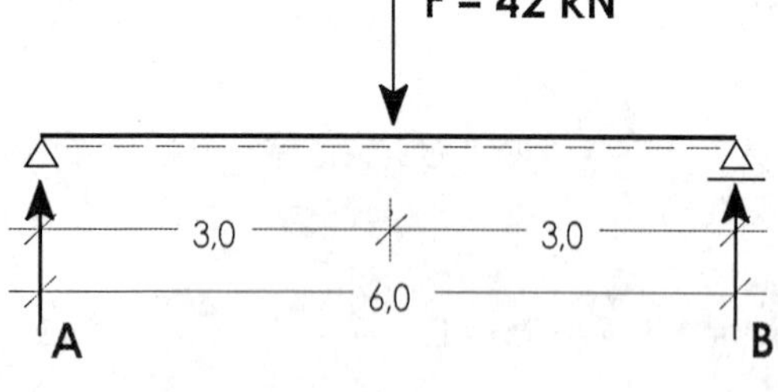

Auflagerreaktionen:

aus Gleichgewichtsgründen:

$\Rightarrow A = B = F/2 = 42/2 = 21$ kN

Querkraft links von der Einzellast:

$\Rightarrow Q = A = 21$ kN

Querkraft rechts der Einzellast:

$\Rightarrow Q = - B = - 21$ kN

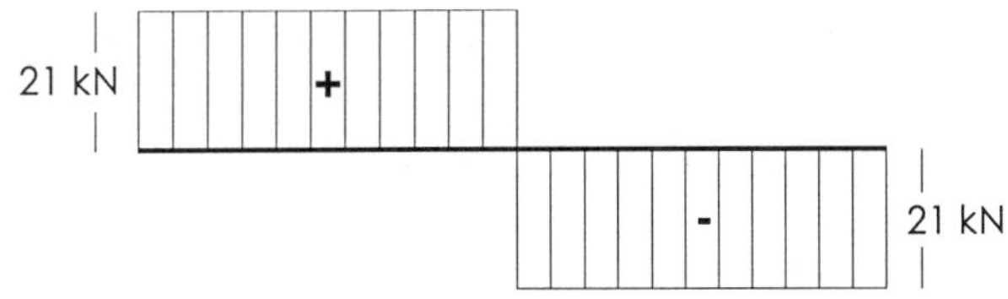

Q - Verlauf
(1 cm = 20 kN)

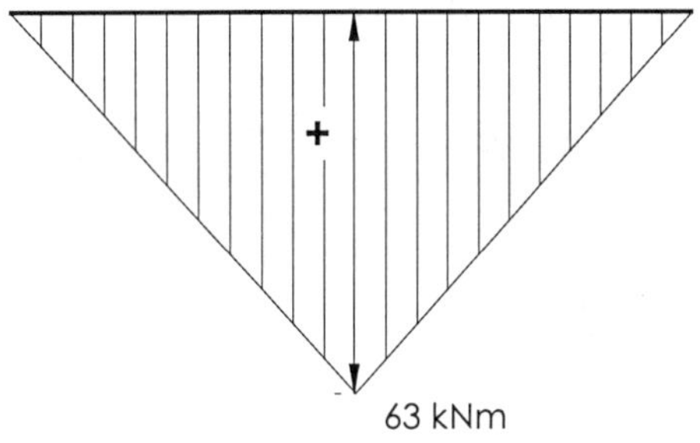

$$\Rightarrow M_{max} = F \cdot \frac{l}{4} = 42 \cdot \frac{6{,}0}{4} = 63{,}0 \text{ kNm}$$

M - Verlauf
(1 cm = 20 kNm)

4.3.3 Gleichlast

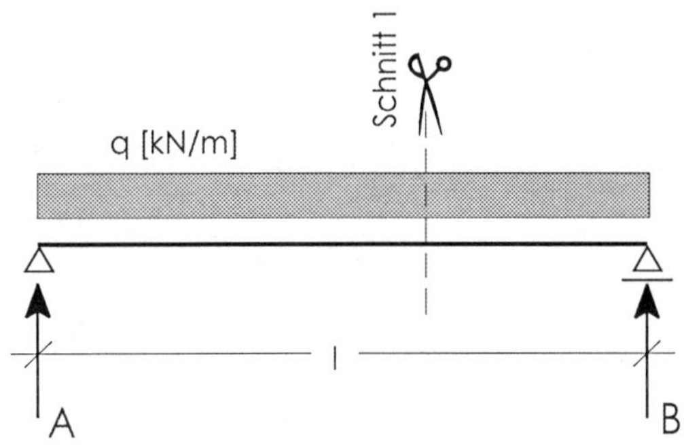

Die Auflagerreaktionen sind bereits bekannt (1. Arbeitsschritt, vgl. Abschnitt 4.2.2)

$$\Rightarrow A = q \cdot \frac{l}{2}$$

$$\Rightarrow B = q \cdot \frac{l}{2}$$

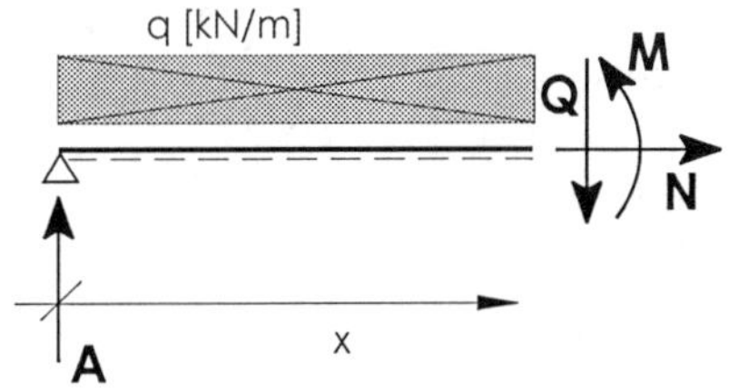

Schnitt $0 \leq x \leq l$

Mit einem einzigen Schnitt kann die gesamte Trägerlänge untersucht werden.

Es tritt keine Unstetigkeitsstelle im Verlauf der Schnittgrößen auf.

Die Resultierende der Gleichlast greift im Schwerpunkt bei x/2 an.

$\Sigma V = 0$: $Q + q \cdot x - A = 0$

$$Q = A - q \cdot x = q \cdot \frac{l}{2} - q \cdot x$$

Die Gleichung der Querkraft ist eine Geradengleichung, die mit x veränderlich ist.

für x = 0 (Auflager A): $Q = A = q \cdot \frac{l}{2}$

für x = l/2 (Feldmitte): $Q = q \cdot \frac{l}{2} - q \cdot \frac{l}{2} = 0$

für x = l (Auflager B): $Q = q \cdot \frac{l}{2} - q \cdot l = - q \cdot \frac{l}{2}$

Das horizontale Gleichgewicht bringt nur das Ergebnis, dass die Normalkraft N gleich Null ist.

$\Sigma M = 0$: $A \cdot x - q \cdot x \cdot \frac{x}{2} - M = 0$

$$M = q \cdot \frac{l}{2} \cdot x - q \cdot \frac{x^2}{2}$$

Die Gleichung des Biegemoments ist eine quadratische Parabel. Die Auswertung ergibt:

für x = 0 (Auflager A): M = 0 (gelenkige Lagerung)

für x = l/2 (Feldmitte): $M = q \cdot \frac{l}{2} \cdot \frac{l}{2} - q \cdot \frac{l^2}{8} = q \cdot \frac{l^2}{8}$

für x = l (Auflager B): $M = q \cdot \frac{l}{2} \cdot l - q \cdot \frac{l^2}{2} = 0$ (gelenkige Lagerung)

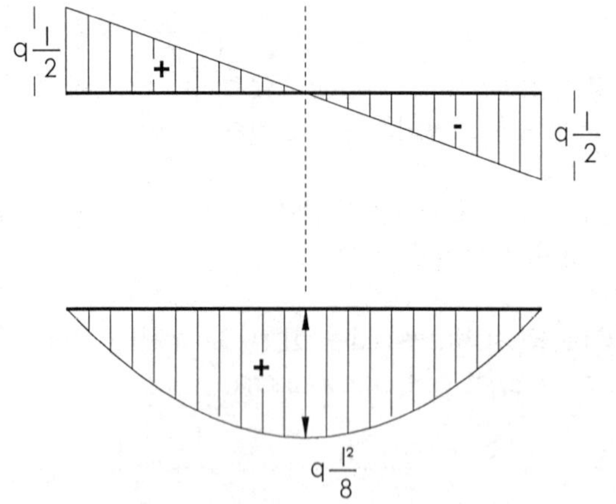

Q - Verlauf

M - Verlauf

Das maximale Biegemoment des Einfeldträgers unter Gleichlast liegt in Feldmitte und hat den Wert:

$$\Rightarrow M_{max} = q \cdot \frac{l^2}{8}$$

Die Stützweite l geht im Quadrat in diese Gleichung ein, d. h. doppelte Stützweite ergibt ein vierfaches Biegemoment, halbe Stützweite 1/4 des Biegemoments. Dies ist beim Entwurf zu beachten. Es lohnt sich in jedem Fall, beim Entwurf zu überlegen, ob große Stützweiten wirklich zwingend nötig sind. Durch kleinere Stützweiten kann die Größe des Biegemoments entscheidend beeinflusst werden. Die Größe des Biegemoments ist dann von direktem Einfluss auf die Querschnitte der Konstruktionen. Will man mit kleinen Querschnitten bauen, dann muss, wo immer es möglich ist, an der Stützweite gespart werden.

Weiterhin erkennt man, dass das Biegemoment an der Stelle seinen Maximalwert erreicht, an der die Querkraft gleich Null ist.

4.3.4 **Blocklast** (Zahlenbeispiel)

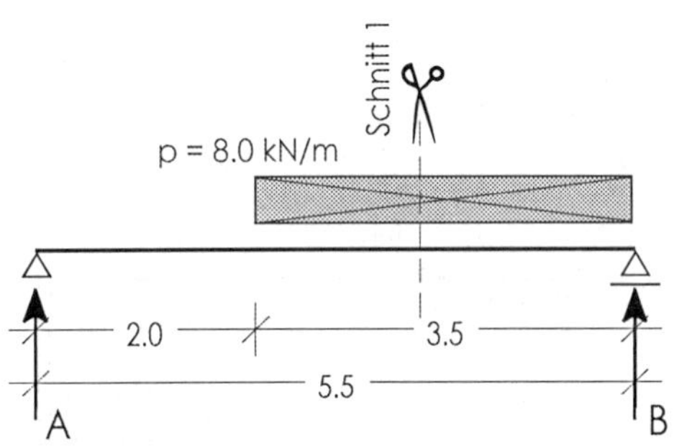

Die Auflagerreaktionen sind bereits bekannt (1. Arbeitsschritt, vgl. Abschnitt 4.2.3)

$\Rightarrow A = 8{,}9$ kN

$\Rightarrow B = 19{,}1$ kN

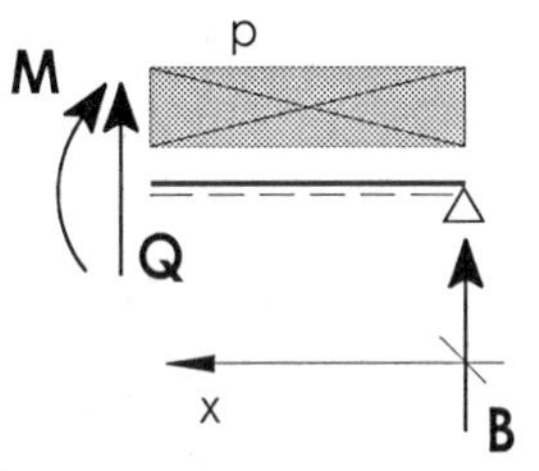

Schnitt $0 \leq x \leq 3{,}5$ m

Mit einem Schnitt kann der Verlauf der Schnittgrößen im Bereich der Blocklast ermittelt werden.

Der Verlauf zwischen dem Auflager A und dem Beginn der Blocklast kann mit dem bereits Bekannten vervollständigt werden.

$\Sigma V = 0$: $\quad -Q + p \cdot x - B = 0$

$Q = p \cdot x - B = 8{,}0 \cdot x - 19{,}1$

für $x = 0$ (Auflager B): $\quad Q = -19{,}1$ kN

für $x = 3{,}5$ m: $\quad Q = 8{,}0 \cdot 3{,}5 - 19{,}1 = 8{,}9$ kN

Die Querkraft hat in diesem Bereich eine Nullstelle. An dieser Stelle erreicht das Biegemoment seinen Maximalwert.

Nullstelle der Querkraft:

$$p \cdot x - B = 0$$

$$x = \frac{B}{p} = \frac{19{,}1}{8{,}0} = 2{,}39 \text{ m}$$

Dieser Wert wird in die Momentengleichung zur Ermittlung des Maximalmomentes eingesetzt.

$\Sigma M = 0$: $\quad M + p \cdot x \cdot \frac{x}{2} - B \cdot x = 0$

$$M = 19{,}1 \cdot x - 8{,}0 \cdot \frac{x^2}{2}$$

für x = 0 (Auflager B): $M = 0$

für x = 3,5 m: $M = 19{,}1 \cdot 3{,}5 - 4{,}0 \cdot 3{,}5^2 = 17{,}85$ kNm

für x = 2,39 m: $M_{max} = 19{,}1 \cdot 2{,}39 - 4{,}0 \cdot 2{,}39^2 = 22{,}80$ kNm

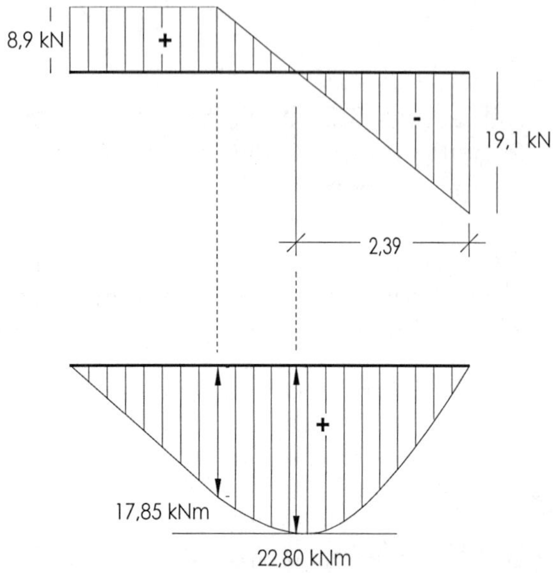

Q - Verlauf
(1 cm = 10 kN)

M - Verlauf
(1 cm = 10 kNm)

4.3.5 Zusammenhang zwischen Belastung, Querkraft - und Momentenverlauf

Aus den drei Grundlastfällen Einzellast, Gleichlast und Blocklast können allgemein gültige Regeln für den Verlauf der Querkraft und des Biegemoments abgeleitet werden.

Einzellast

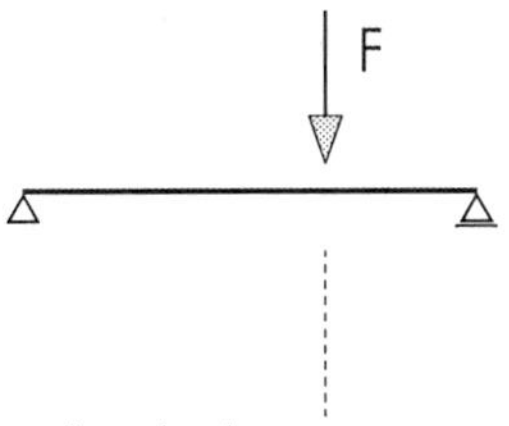

Belastung

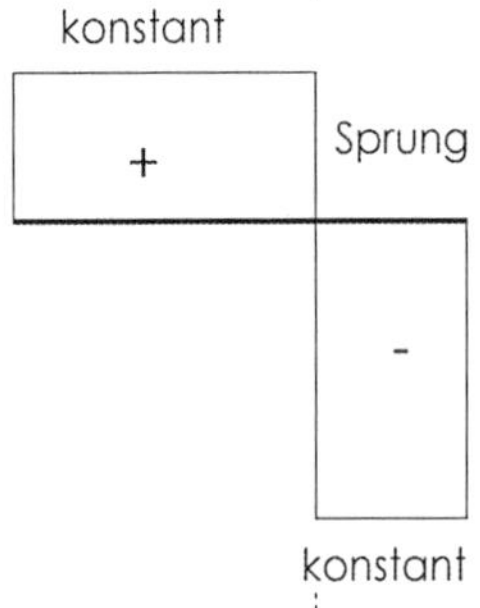

Q - Verlauf

Bei Einzellasten weist die Querkraftlinie eine "Unstetigkeitsstelle" auf. Sie springt um die Größe der Einzellast F. Vor und hinter der Einzellast ist die Querkraft konstant.

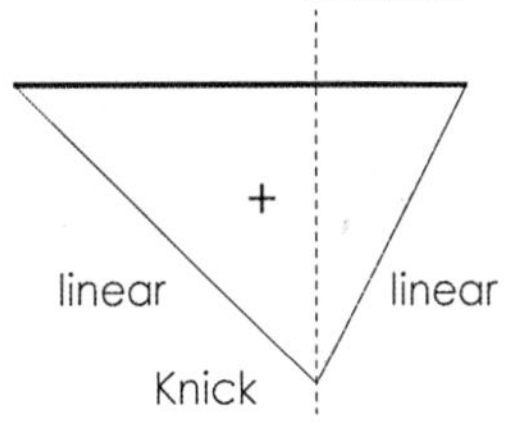

M - Verlauf

Die Momentenlinie ist eine geneigte Gerade und hat an dieser Stelle einen Knick.

Gleichlast

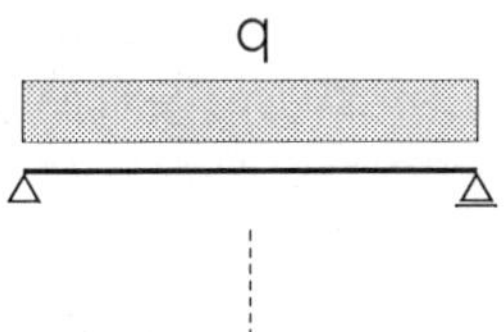

Belastung

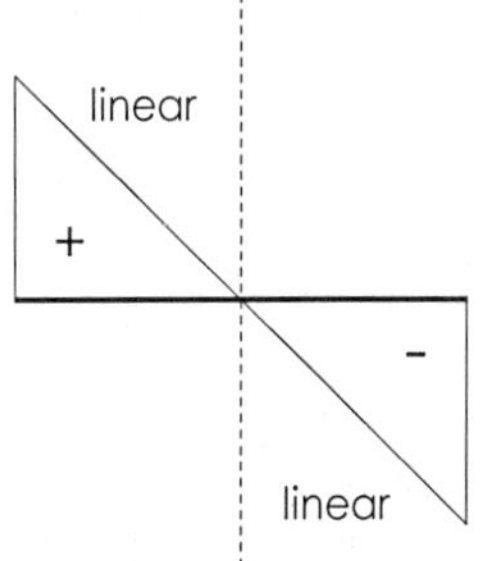

Q - Verlauf

Bei einer konstanten Gleichlast hat die Querkraftlinie eine konstante Neigung gegenüber der Trägerachse.

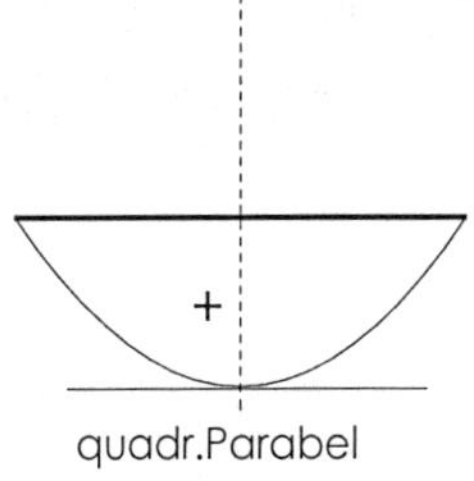

M - Verlauf

Die Momentenlinie verläuft parabelförmig und erreicht den Maximalwert an der Querkraftnullstelle in Feldmitte.

wechselnde Gleichlast

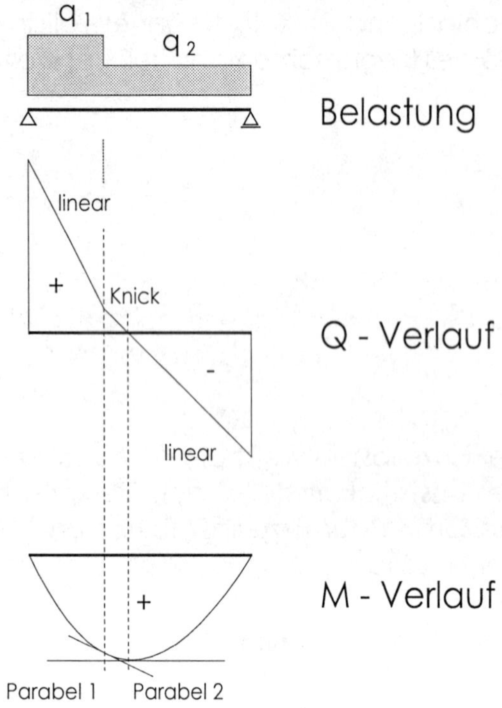

Verändert sich die Belastung, ändert sich auch die Neigung der Querkraftlinie. Je größer die Belastung ist, desto steiler ist die Querkraftlinie.

Der Momentenverlauf ist wieder parabelförmig, an der Stelle des Lastwechsels geht eine Parabel in eine andere Parabel mit einer gemeinsamen Tangente über.

Gleichlast und Einzellast

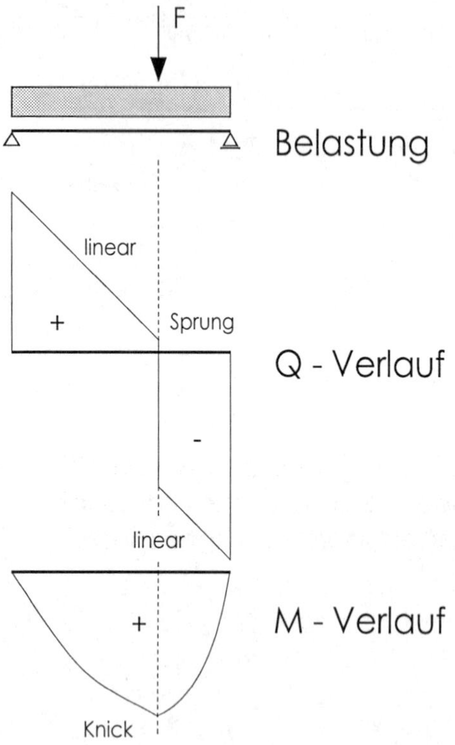

Treten verschiedene Lasten (z.B. Gleichlast und Einzellast gleichzeitig auf, kann der Verlauf der Querkraft und der Momentenlinie für jede Belastung einzeln bestimmt und dann überlagert werden.

Es gelten die für Gleichlast und Einzellast aufgeführten Regeln:

- geneigte Querkraftlinie aus Gleichlast
- Sprung um F unter Einzellast
- parabelförmiges Moment aus Gleichlast
- Knick der Momentenlinie unter Einzellast

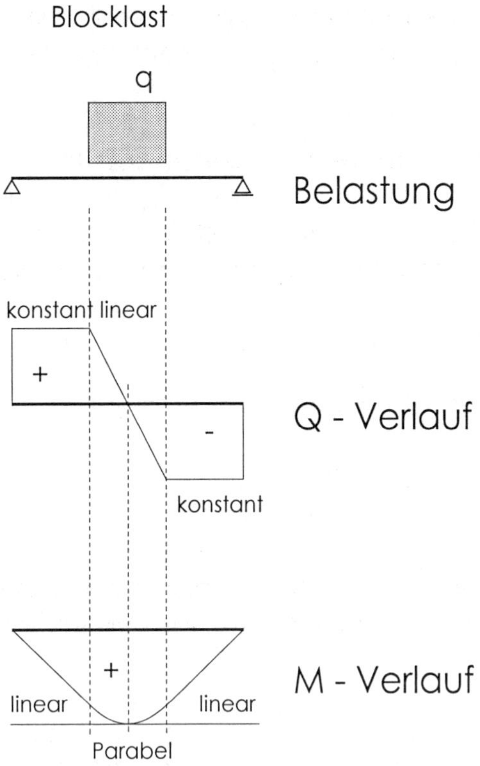

Ist die äußere Belastung gleich Null (vor und nach der Blocklast), ist auch die Steigung der Querkraft gleich Null.

Die Steigung der Momentenlinie ist in diesen Bereichen konstant.

Weiterhin gilt:

- ist die Querkraft positiv, nimmt das Biegemoment zu (wird größer). Ist die Querkraft negativ, nimmt das Biegemoment ab (wird kleiner). Das Maximalmoment ist also immer an der Stelle, an der die Querkraft das Vorzeichen wechselt, d.h. an der Nullstelle der Querkraft.

- das Biegemoment an der Stelle x ist gleich dem Inhalt der Querkraft links von x.

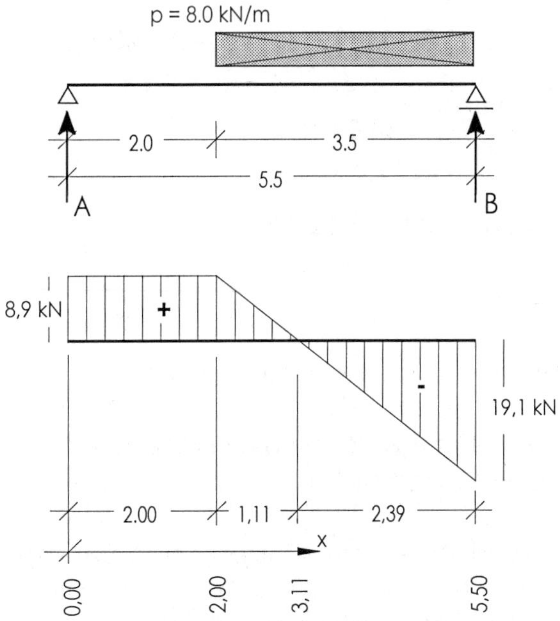

Am Beispiel des Einfeldträgers mit Blocklast wird dies erläutert. Die Auflagerkräfte ergaben sich zu (vgl. Abschnitt 4.2.3):

A = 8,9 kN
B = 19,1 kN

Der Verlauf der Querkraft ist ebenfalls bereits bekannt (vgl. Abschnitt 4.3.4).

x = 2,00 m (Rechteck):
$\Rightarrow M = 8{,}9 \cdot 2{,}0 = 17{,}8$ kNm

x = 3,11 m (vorheriger Wert + Dreieck):
$\Rightarrow M_{max} = 17{,}8 + 8{,}9 \cdot 1{,}11 \cdot \frac{1}{2} = 22{,}74$ kNm

x = 5,50 m (vorheriger Wert - Dreieck):
$\Rightarrow M = 22{,}74 - 19{,}1 \cdot 2{,}39 \cdot \frac{1}{2} \approx 0$

Bei einem gelenkigen Endauflager muss das Biegemoment gleich Null sein. Die Ungenauigkeit bei x = 5,5 m ergibt sich aus Rundung der Zahlenwerte der Auflagerkräfte und der Nullstelle der Querkraft.

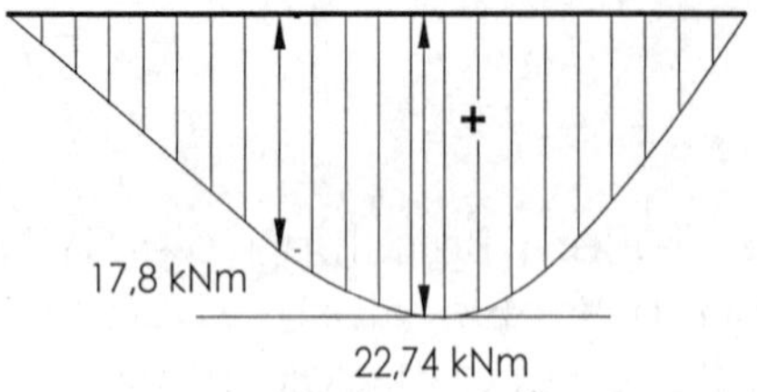

Mit den ermittelten Werten des Biegemoments für x = 2,0 m und x = 3,11 m lässt sich bei Kenntnis der grundsätzlichen Regeln der Verlauf des Biegemoments darstellen.

Was hier hergeleitet wurde, hat ganz einfache mathematische Grundlagen:

die Querkraft ist die 1. Ableitung des Biegemoments $Q = \frac{dM}{dx}$.

Wenn die Querkraft die Ableitung des Biegemoments ist, ist das Biegemoment das Integral über die Querkraft, also der Inhalt der Querkraftfläche bis zu dem untersuchten Querschnitt.

Weiterhin kann auch der Verlauf der Querkraft aus den gleichen mathematischen Zusammenhängen aus den äußeren Kräften (Lasten und Auflagerreaktionen) konstruiert werden. Es sind entlang der Trägerachse die von außen wirkenden Kräfte in der Richtung aufzutragen, in der sie tatsächlich wirken.

Beispiel:

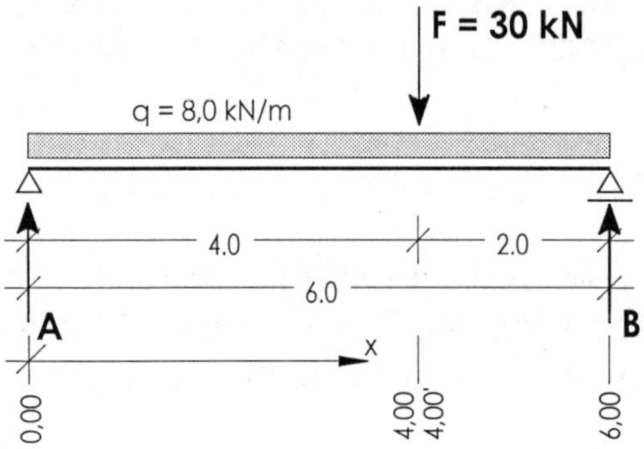

Ermittlung der Auflagerreaktionen:

$\Sigma V: \quad 8{,}0 \cdot 6{,}0 + 30 - A - B = 0$

$A = 78{,}0 - B$

$\Sigma M_A: \; 8{,}0 \cdot 6{,}0 \cdot 6{,}0/2 + 30 \cdot 4{,}0 - B \cdot 6{,}0 = 0$

$\Rightarrow B = \frac{264{,}0}{6{,}0} = 44{,}0 \text{ kN}$

$\Rightarrow A = 78{,}0 - 44{,}0 = 34{,}0 \text{ kN}$

Ermittlung der Querkraft aus den äußeren Kräften:

x = 0,0 m:	$Q = \uparrow A = 34{,}0$ kN	(A wirkt von unten nach oben)
x = 4,0 m:	$Q = 34{,}0 - \downarrow 8{,}0 \cdot 4{,}0 = 2{,}0$ kN	(Gleichlast wirkt mit 8,0 kN/m von oben nach unten)
x = 4,0´m:	$Q = 2{,}0 - \downarrow 30 = -28{,}0$ kN	(Einzellast wirkt von oben nach unten)
x = 6,0 m:	$Q = -28{,}0 - \downarrow 8{,}0 \cdot 2{,}0 = -44{,}0$ kN	(Gleichlast wirkt mit 8,0 kN/m von oben nach unten)

Die Querkraft für x = 6,0 m muss dem Betrag nach der Auflagerkraft B entsprechen.

Ermittlung der Biegemomente aus dem Querkraftinhalt:

x = 0,0 m: $M = 0$

x = 4,0 m: $M = \frac{34{,}0 + 2{,}0}{2} \cdot 4{,}0 = 72{,}0 \text{ kNm}$ (Trapezfläche)

x = 6,0m: $M = 72{,}0 - \frac{28{,}0 + 44{,}0}{2} \cdot 2{,}0 = 0$ (vorheriger Wert - Trapezfläche)

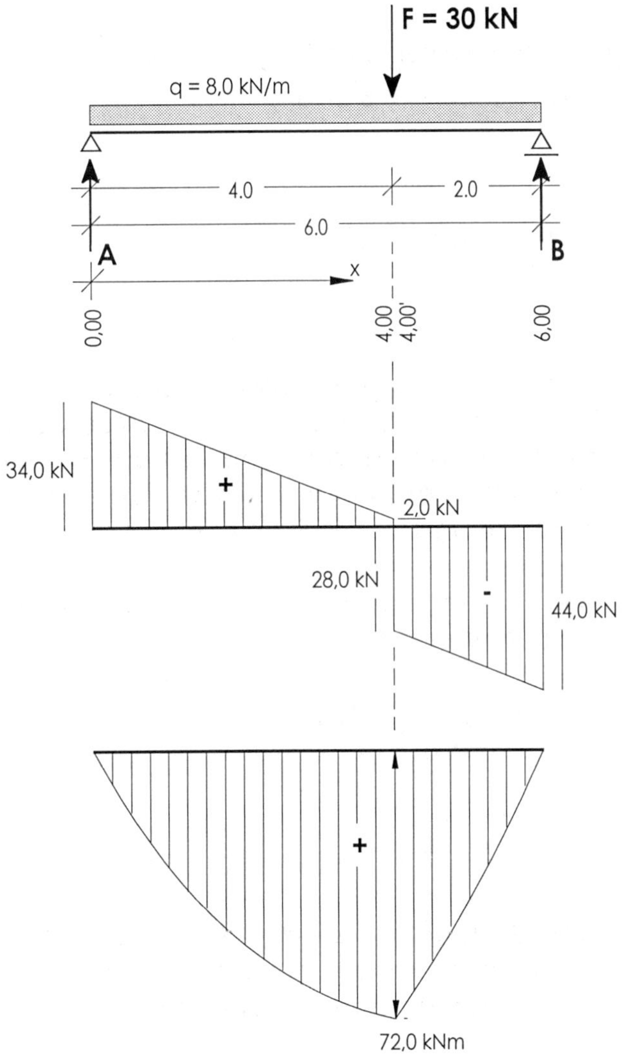

Auf diese Weise kann der Verlauf von Querkraft und Biegemoment dargestellt werden, ohne dass Schnitte geführt werden müssen.

Aus der punktweisen Ermittlung kann der Verlauf der Querkraft gezeichnet werden.

Q - Verlauf
(1 cm = 20 kN)

Auch der Verlauf des Biegemoments kann dargestellt werden. Der Maximalwert M_{max} = 72,0 kNm liegt an der Stelle des Vorzeichenwechsels der Querkraft.

M - Verlauf
(1 cm = 20 kNm)

4.4 Biegebemessung von Balken aus Holz und Stahl

In einem auf Biegung beanspruchten Balken treten die inneren Schnittgrößen Biegemoment und Querkraft auf. Das Biegemoment setzt sich in ein inneres Kräftepaar um, in zwei entgegengesetzte Kräfte D (Druck) und Z (Zug) im Abstand z_i, dem inneren Hebelarm.

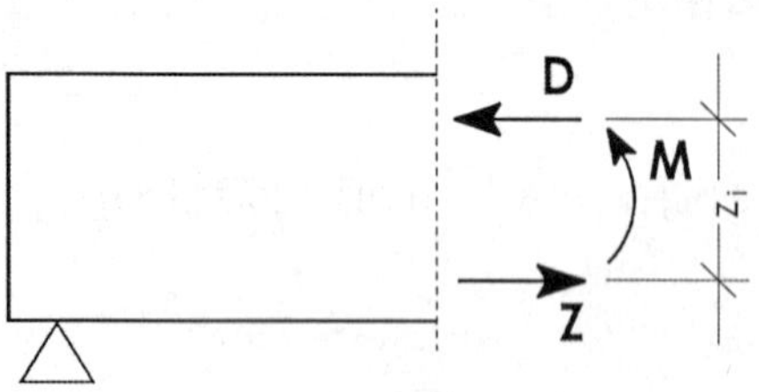

$$M = D \cdot z_i = Z \cdot z_i$$

oder

$$D = Z = \frac{M}{z_i}$$

Das Moment ist durch die äußere Belastung und das Balkensystem (Stützweite) definiert. Zu ermitteln sind die voneinander abhängigen Größen D = Z und z_i.

4.4.1 Verteilung der Biegespannungen über den Querschnitt

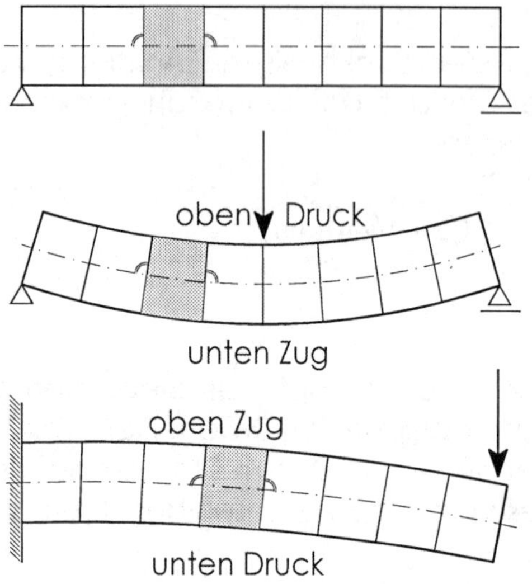

Wird ein Balken verbogen, bleiben die Querschnitte eben. Das kann man sichtbar machen, indem man auf einen Balken aus Schaumgummi gerade Querlinien zeichnet und den Balken dann verbiegt.

Die Linien bleiben gerade, d.h. die Querschnitte bleiben eben.

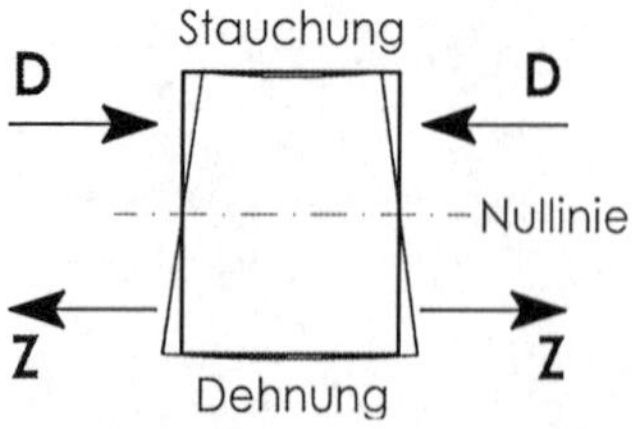

Daraus folgt, dass die Stauchung des Querschnitts nach oben und die Dehnung nach unten linear zunimmt.

Um die Beanspruchungen in einem Bauteil ermitteln und beurteilen zu können, ist eine weitere physikalische Naturgesetzlichkeit zu berücksichtigen, das Hooke'sche Gesetz. Es besagt, dass im elastischen Bereich die Dehnungen den Spannungen proportional sind.

Unter einer Belastung verformt sich ein Bauteil, ein Balken biegt sich durch, ein Seil dehnt sich, eine druckbeanspruchte Stütze oder Wand wird gestaucht. Im Seil herrschen Zugspannungen, in der Stütze Druckspannungen. Spannungen, die ein Maß für die Beanspruchung eines Bauteils sind, haben immer die Dimension [kN/cm²]. Die Spannungen im Seil oder in der Stütze werden als Normalspannung bezeichnet, weil sie normal (senkrecht) zum Querschnitt wirken.

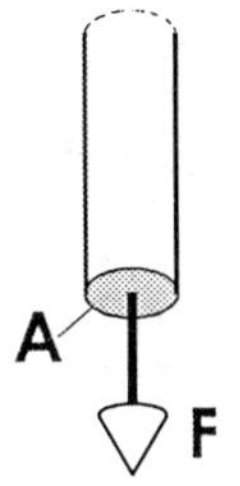

Mit der Querschnittsfläche A ergibt sich:

Normalspannung $\sigma = \frac{F}{A}$ [kN/cm²]

Zugkräfte positiv +
Druckkräfte negativ -

Biegung erzeugt in Teilen eines Querschnitts Zugkräfte, in anderen Teilen Druckkräfte. Die sich daraus ergebenden Zug - und Druckspannungen wirken ebenfalls normal zum Querschnitt und werden auch mit σ bezeichnet.

Die Verformungen, die infolge Zug - oder Druckspannungen entstehen, heißen Dehnungen.

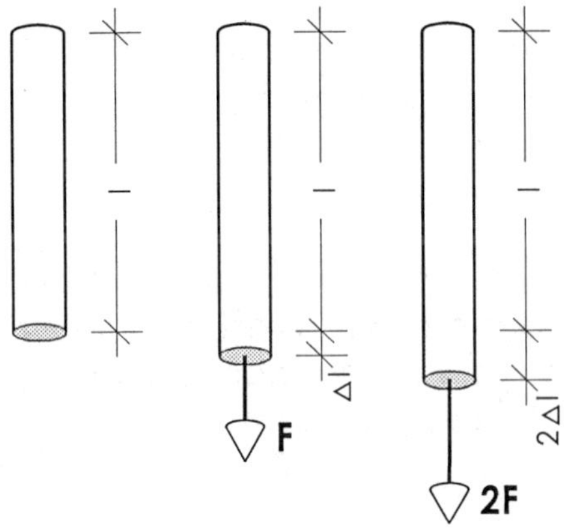

Ein Stab von der ursprünglichen Länge l dehnt sich unter einer Last F um den Betrag Δl. Wird der Stab durch die zweifache Last 2F beansprucht, beträgt die Längenänderung 2 · Δl.

Bei Entlastung des Stabes gehen die Dehnungen vollständig zurück, der Baustoff befindet sich im "elastischen Bereich".

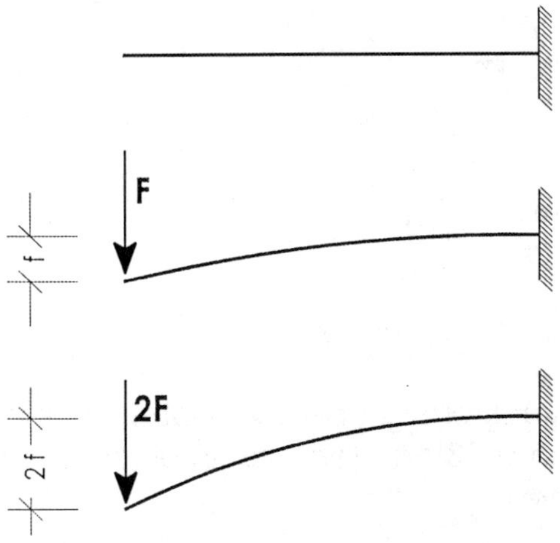

Das gleiche gilt auch für biegebeanspruchte Bauteile. Bei einer Verdoppelung der Belastung ergibt sich auch eine Verdoppelung der Durchbiegung.

Wird die Belastung zu groß, gehen die Dehnungen oder Durchbiegungen nicht vollständig zurück, der Baustoff befindet sich dann im "plastischen Bereich".

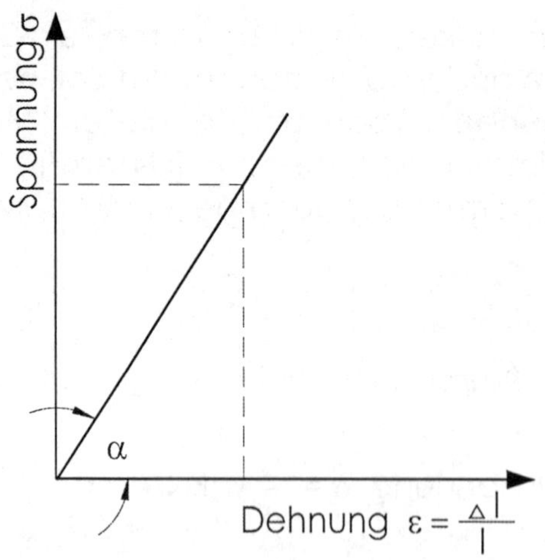

Das Verhältnis Δl/l wird als Dehnungskoeffizient ε (epsilon) bezeichnet.

$$\varepsilon = \frac{\Delta l}{l} \text{ [dimensionslos]}$$

Sind die Spannungen und Dehnungen zueinander proportional, so ist das Verhältnis σ/ε konstant. Dieses Verhältnis wird als Elastizitätsmodul E bezeichnet.

$$E = \frac{\sigma}{\varepsilon} \text{ [kN/cm}^2\text{]}$$

Der Elastizitätsmodul E ist eine Materialkonstante, die in Versuchen ermittelt wird. Er gibt Auskunft über die Verformbarkeit eines Baustoffs. Ein kleiner Elastizitätsmodul bedeutet große Verformungen, ein großer Elastizitätsmodul bedeutet kleine Verformungen.

Beispiele:

- Holz E = 1000 bis 1400 kN/cm²
- Beton E = 2600 bis 3700 kN/cm²
- Mauerwerk E = 200 bis 1000 kN/cm²
- Stahl E = 21000 kN/cm²
- Aluminium E = 7000 kN/cm²

Wenn die Querschnitte bei Verbiegung eben bleiben, verlaufen auch die Dehnungen geradlinig über die Querschnittshöhe. Wenn andererseits die Dehnungen den Spannungen proportional sind, dann müssen auch die Spannungen geradlinig über die Querschnittshöhe verlaufen.

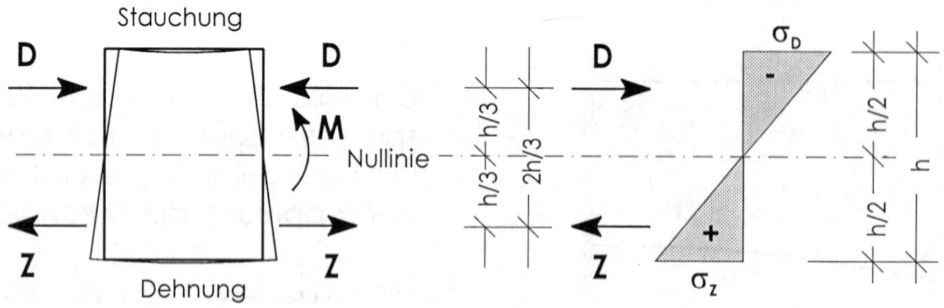

Die Zug - und Druckspannungen sind also jeweils dreieckförmig über die Höhe verteilt. Sie nehmen am Querschnittsrand oben und unten den größten Wert an, an einer Stelle beträgt die Spannung σ = 0, der sogenannten Nulllinie.

4.4.2 Das Widerstandsmoment W, die Biegespannung σ

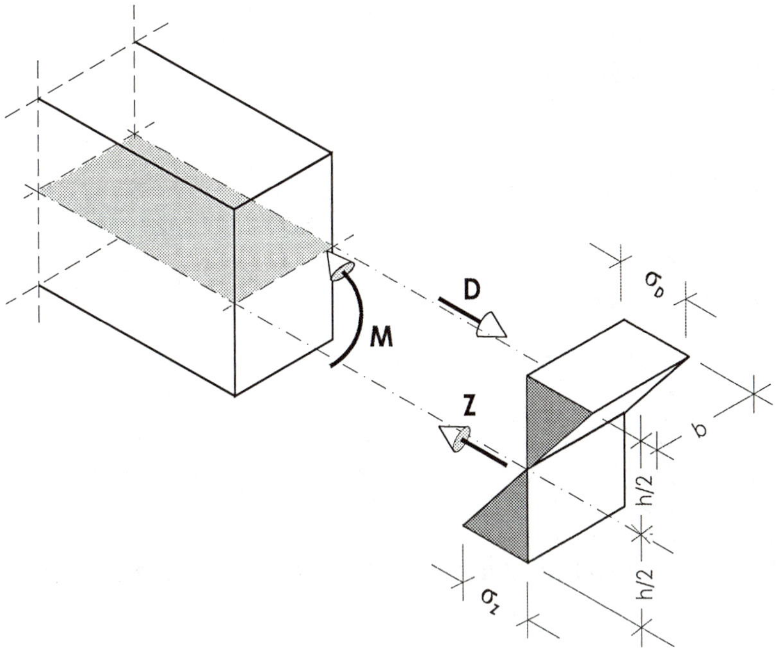

Der Spannungskeil der Zug - und Druckspannungen lässt sich zu je einer Resultierenden zusammenfassen:

Druckresultierende $D = \sigma_D \cdot \frac{h}{2} \cdot b \cdot \frac{1}{2} = \sigma_D \cdot \frac{b \cdot h}{4}$

Zugresultierende $Z = \sigma_Z \cdot \frac{h}{2} \cdot b \cdot \frac{1}{2} = \sigma_Z \cdot \frac{b \cdot h}{4}$

Da die Summe der Horizontalkräfte wieder gleich Null sein muss, gilt:

$$\Sigma H = 0: \quad D = Z$$

daraus folgt: $\sigma_D = \sigma_Z = \sigma$

Die resultierende Druck - und Zugkraft ist im Schwerpunkt des jeweiligen Spannungsdreiecks konzentriert.

Der Schwerpunkt des Dreiecks liegt bei: $\frac{2}{3} \cdot \frac{h}{2} = \frac{h}{3}$

Der Abstand des Kräftepaares D und Z, der innere Hebelarm beträgt also:

$$z_i = \frac{2}{3} \cdot h$$

Das Kräftepaar bildet ein inneres Moment und muss mit dem äußeren Biegemoment im Gleichgewicht stehen. Bildet man das Gleichgewicht der Drehmomente um den Angriffspunkt der resultierenden Zugkraft, ergibt sich:

$$\Sigma M_Z = 0: \quad D \cdot \frac{2}{3} \cdot h - M = 0$$

$$\sigma \cdot \frac{b \cdot h}{4} \cdot \frac{2}{3} \cdot h = M$$

$$\sigma \cdot \frac{b \cdot h^2}{6} = M$$

$$\sigma = \frac{M}{\frac{b \cdot h^2}{6}}$$

Der Ausdruck $\frac{b \cdot h^2}{6}$ wird als Widerstandsmoment W bezeichnet.

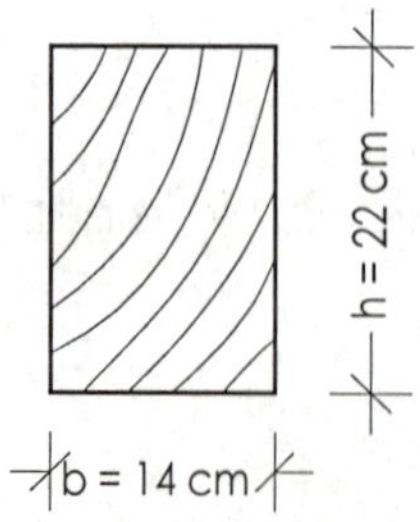

Widerstandsmoment des Rechteckquerschnitts:

$$\Rightarrow W = \frac{b \cdot h^2}{6} \quad [cm^3]$$

$$\text{z.B. } W = \frac{14 \cdot 22^2}{6} = 1129 \text{ cm}^3$$

Das Widerstandsmoment ist ein sogenanntes Flächenmoment. Es beschreibt die Größe des Widerstands, den ein Querschnitt der Verbiegung entgegensetzt.

Damit ergibt sich der Biegespannungsnachweis zu:

$$\text{Spannung [kN/cm}^2] = \frac{\text{Biegemoment [kNcm]}}{\text{Widerstandsmoment [cm}^3]}$$

$$\Rightarrow \sigma = \frac{M}{W} \quad [kN/cm^2]$$

Die mit dieser Beziehung ermittelten Spannungen sind die Randspannungen. Infolge der dreieckigen Spannungsverteilung sind die Spannungen am Querschnittsrand am größten und daher für den Biegespannungsnachweis maßgebend.

Die ermittelten Randspannungen müssen dann kleiner oder gleich sein den zulässigen Grenzspannungen, deren Größe abhängig vom gewählten Baustoff ist.

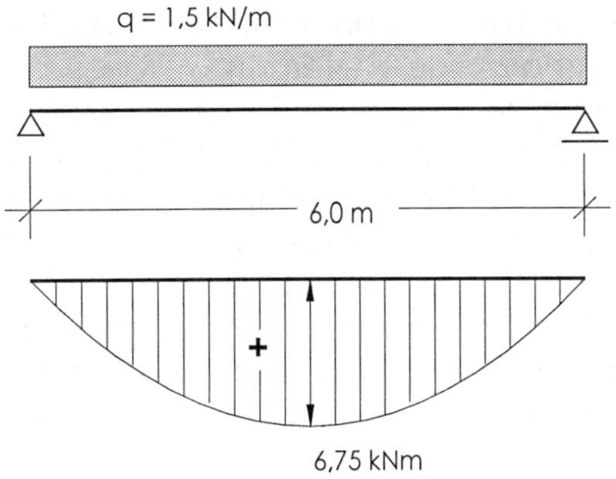

Beispiel:

Gegeben ist ein Holzbalken 12/20 cm, der durch eine Gleichlast q = 1,5 kN/m belastet wird. Die Stützweite beträgt l = 6,0 m.

Das Biegemoment ergibt sich zu:

$$\Rightarrow M_{max} = q \cdot \frac{l^2}{8} = 1{,}5 \cdot \frac{6{,}0^2}{8} = 6{,}75 \text{ kNm}$$

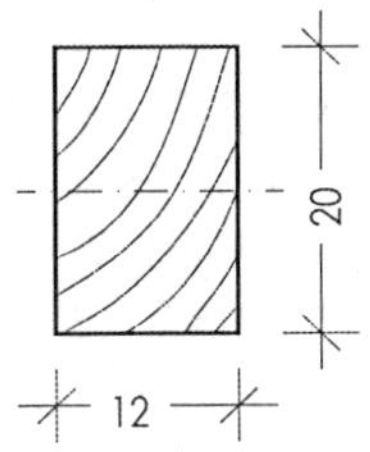

Wird der Balken hochkant eingebaut, besitzt er ein Widerstandsmoment von

$$W = \frac{b \cdot h^2}{6} = \frac{12 \cdot 20^2}{6} = 800 \text{ cm}^3$$

Die Biegespannung ergibt sich zu

$$\Rightarrow \sigma = \frac{M}{W} = \frac{6{,}75 \cdot 100}{800} = 0{,}84 \text{ kN/cm}^2$$

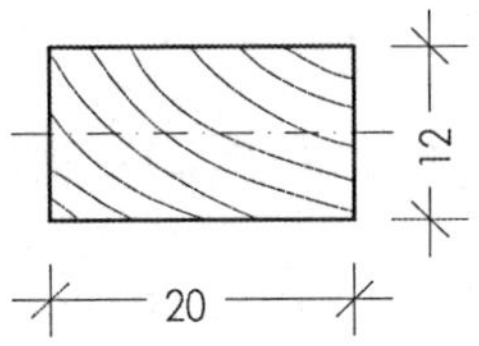

Wird der Balken querliegend eingebaut, ergibt sich:

$$W = \frac{20 \cdot 12^2}{6} = 480 \text{ cm}^3$$

$$\Rightarrow \sigma = \frac{6{,}75 \cdot 100}{480} = 1{,}41 \text{ kN/cm}^2$$

Für die Biegespannungen sind also nicht die in beiden Fällen gleichen Querschnittsflächen maßgebend, sondern die je nach Lage des Balkens unterschiedlichen Widerstandsmomente. Ein hochkant gestellter Querschnitt führt bei gleichem Biegemoment zu kleineren Biegespannungen als ein querliegender Querschnitt, obwohl sich die Querschnittsfläche und damit der Materialverbrauch nicht ändert.

Im Gegensatz dazu geht bei der Ermittlung der Normalspannungen $\sigma = F/A$ die Querschnittsfläche ein, die Form oder Lage des Querschnitts spielt keine Rolle.

Man weiß gefühlsmäßig, dass ein Balken mehr trägt, wenn die hohe Seite seines Querschnitts senkrecht steht. Die Formel für das Widerstandsmoment $W = b \cdot h^2/6$ gibt die Erklärung. Die Querschnittshöhe h geht quadratisch in die Beziehung ein, die Querschnittsbreite b nur linear, d.h.

doppelte Querschnittshöhe:	4 faches Widerstandsmoment
doppelte Querschnittsbreite:	2 faches Widerstandsmoment

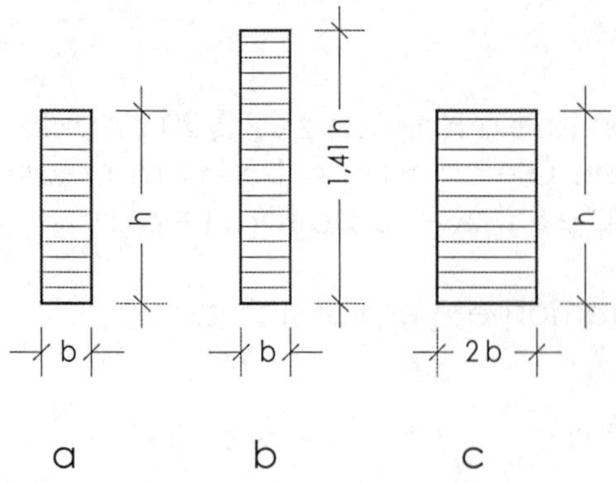

Will man die Tragfähigkeit z.B. eines Brettschichtholzträgers steigern, ist es wirtschaftlicher, den Querschnitt zu erhöhen statt ihn zu verbreitern. Die beiden Querschnitte b und c besitzen jeweils das zweifache Widerstandsmoment des Querschnitts a. Die Querschnittsfläche und damit der Materialverbrauch sind im Fall b um 41%, im Fall c jedoch um 100% größer als im Fall a.

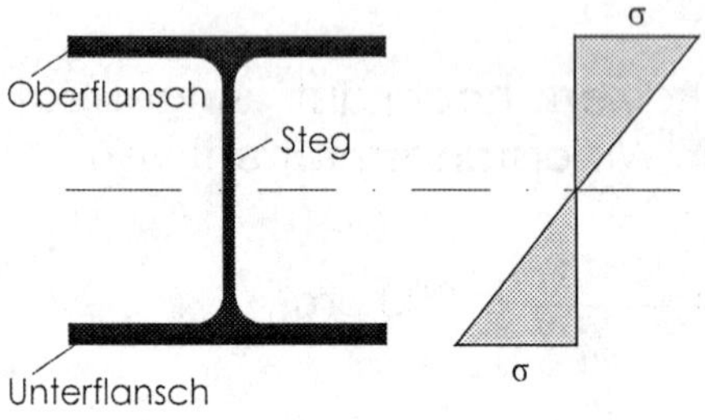

Im Stahlbau kommen rechteckige Querschnitte praktisch nicht zur Anwendung. Hier wird das Material an den wirkungsvollsten Stellen, also am Rand mit den größten Biegespannungen konzentriert. Dies führt zu sogenannten Doppel-T-Trägern, deren Widerstandsmomente in Bautabellen aufgeführt sind.

Folgende Walzreihen werden bevorzugt verwendet und sind im Handel (Lieferlängen maximal 18 m):

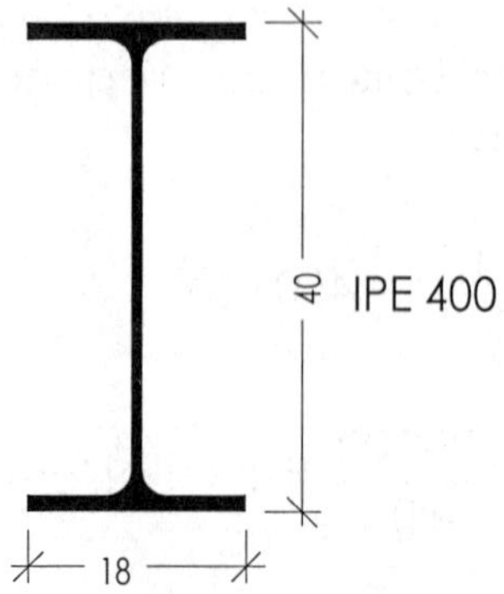

IPE - Reihe

nach DIN 1025 und EURONORM 19 - 57

mittelbreite Träger mit parallelen Flanschflächen, von 80 bis 600 mm Höhe lieferbar.

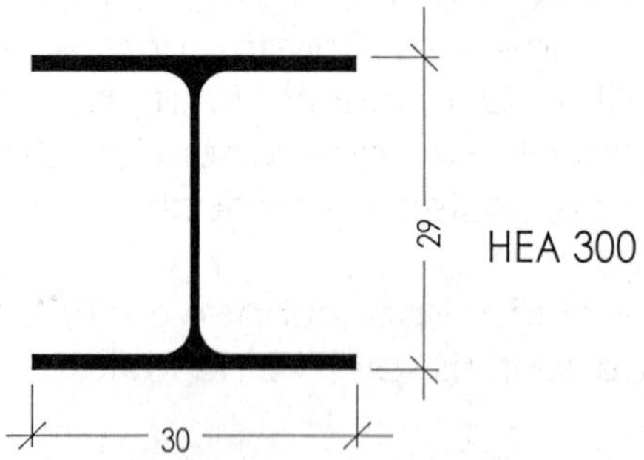

HEA - Reihe (früher IPBl - Reihe)

nach DIN 1025 und EURONORM 53 - 62

Breitflanschträger mit parallelen Flanschflächen in leichter Ausführung, von 100 bis 1000 mm Höhe lieferbar.

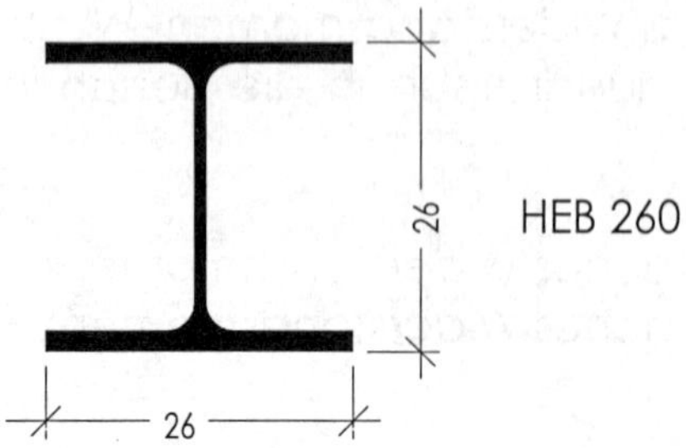

HEB - Reihe (früher IPB - Reihe)

nach DIN 1025 und EURONORM 53 - 62

Breitflanschträger mit parallelen Flanschflächen in normaler Ausführung, von 100 bis 1000 mm Höhe lieferbar

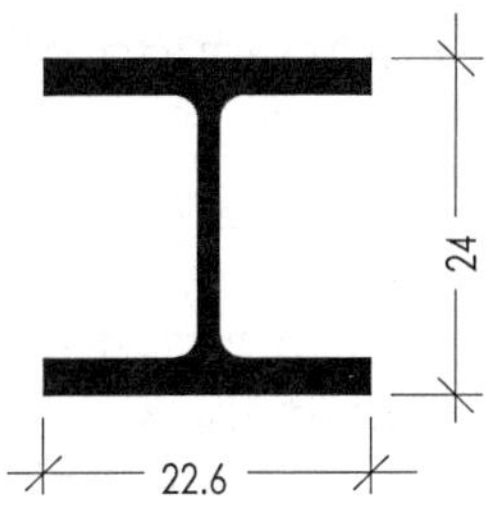

HEM 220

HEM - Reihe (früher IPBv - Reihe)

nach DIN 1025 und EURONORM 53 - 62

Breitflanschträger mit parallelen Flanschflächen in verstärkter Ausführung, von 100 bis 1000 mm Höhe lieferbar.

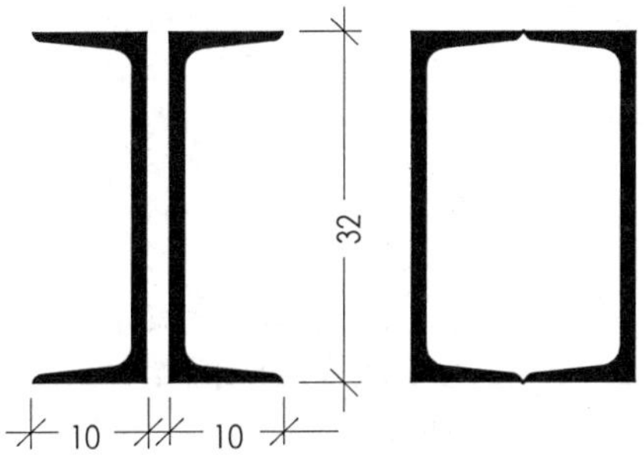

2xU 320

U - Reihe

nach DIN 1026

Rundkantiger U-Stahl, innere Flanschflächen geneigt. Von 30 bis 400 mm Höhe lieferbar. Wird oft als Zangenquerschnitt verwendet.

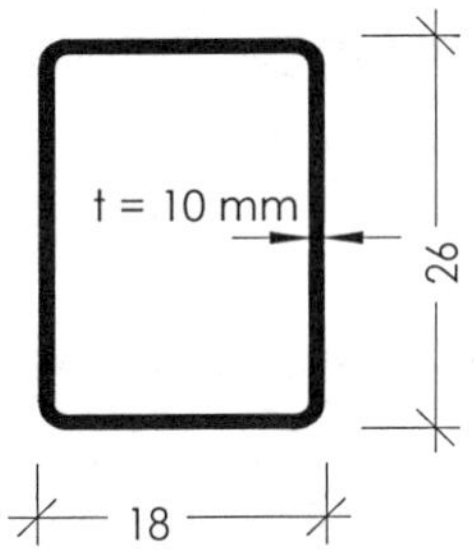

rechteckiges Stahl - Hohlprofil 260x180

Rechteckige Stahl-Hohlprofile

nach DIN EN 10210-2

Von 50 x 25 mm bis 500 x 300 mm lieferbar. Bei gleichen Außenabmessungen sind verschiedene Wandstärken möglich.

4.4.3 Die Grenzspannungen $\sigma_{R,d}$, die Teilsicherheitsbeiwerte γ_F und γ_M

Das Hooke'sche Gesetz mit der Aussage, dass die Dehnungen den Spannungen proportional sind, gilt nur im elastischen Bereich. Ein Baustoff kann bei Laststeigerung aber den elastischen Bereich verlassen, er geht in den plastischen Bereich über.

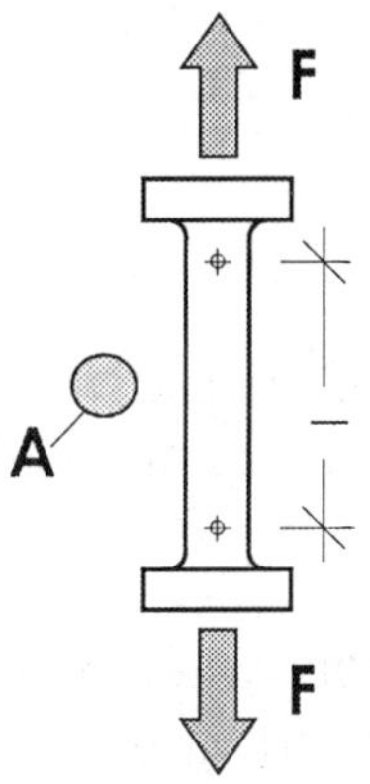

Ein Stahlstab mit 20 mm Durchmesser und zwei aufgebrachten Messmarken wird in eine Prüfmaschine eingespannt und einer gleichmäßig anwachsenden Zugbeanspruchung bis zum Bruch ausgesetzt. Die dadurch entstehenden Zugspannungen $\sigma = F/A$ lassen sich berechnen, die Dehnungen $\varepsilon = \Delta l/l$ des Stahlstabs werden gemessen.

Trägt man die Messwerte in ein Diagramm ein, entsteht die Spannungsdehnungslinie oder "Arbeitslinie".

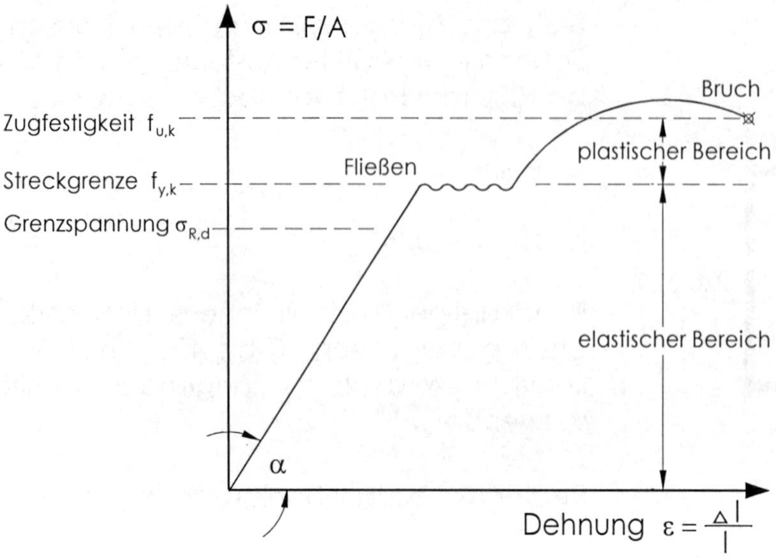

Spannungsdehnungslinie von Stahl

Indizes:

u Bruch (ultimate)
k charakteristisch
y Stahl
R Widerstand (resistance)
d Bemessungswert (design)

Charakteristisch für den Verlauf der Spannungsdehnungslinie von Stahl sind drei Bereiche:

- Elastischer Bereich:

  Bis zu einer bestimmten Spannung, der Streckgrenze $f_{y,k}$ verhält sich der Stahl elastisch. Die Spannungsdehnungslinie ist eine Gerade, im elastischen Bereich gilt das Hooke'sche Gesetz, für diesen Bereich kann ein Elastizitätsmodul bestimmt werden.

- Fließbereich:

  Wird die Spannung bis zur Streckgrenze $f_{y,k}$ erhöht, dehnt sich der Stahl, ohne dass die Spannung weiter gesteigert werden kann. Diesen Vorgang nennt man Fließen. Die dabei entstehende Dehnung geht bei einer Entlastung nicht mehr zurück, es ist keine elastische, sondern eine plastische Dehnung.

- Verfestigungsbereich

  Wird die Spannung weiter erhöht, erreicht man nach großen plastischen Verformungen eine Verfestigung des Stahls, bis bei Erreichen der Zugfestigkeit $f_{u,k}$ der Bruch eintritt.

Für baupraktische Zwecke sind große plastische Verformungen, wie sie bei Erreichen der Streckgrenze einsetzen, nicht akzeptabel. Die Grenzspannung $\sigma_{R,d}$ muss also im elastischen Bereich und mit Sicherheitsbeiwerten γ (gamma) versehen unterhalb der Streckgrenze liegen.

Durch die Sicherheitsbeiwerte werden verschiedene Faktoren berücksichtigt wie Güte des Baustoffs (Holz - Stahl), Alterungsbeständigkeit des Baustoffs (Dauerfestigkeit - Kurzzeitfestigkeit), Art und Wichtigkeit des Bauwerks oder Bauteils (Hochhaus - Gewächshaus), Genauigkeit und zuverlässige Erfassung sämtlicher Lasteinwirkungen auf das Bauteil, Belastungsart (ständig, häufig, selten).

Die Sicherheitsbeiwerte sind in den entsprechenden DIN-Normen bzw. Eurocodes für die einzelnen Baustoffe geregelt. Dabei wird zwischen Unsicherheiten bei den Lastannahmen und Unsicherheiten des Baustoffs (Material) unterschieden. Die auf ein Bauteil anzusetzenden Lasten und die einer Berechnung zugrundegelegten Materialfestigkeiten sind wahrscheinliche Werte, die über- oder unterschritten werden können.

Es sind daher zwei Teilsicherheitsbeiwerte eingeführt:

- Teilsicherheitsbeiwert γ_F für die Lasten (Einwirkungen)
- Teilsicherheitsbeiwert γ_M für den Baustoff (Material)

Die Teilsicherheitsbeiwerte γ_F für die Lasten sind unabhängig vom Baustoff, jedoch abhängig von der Art und Dauer der Belastung:

- $\gamma_F = 1{,}35$ für ständige Lasten (ständige Einwirkungen)
- $\gamma_F = 1{,}50$ für nichtständige Lasten (veränderliche Einwirkungen)

Der Teilsicherheitsbeiwert γ_M für den Baustoff ist anzusetzen mit:

- $\gamma_M = 1{,}1$ für Stahl
- $\gamma_M = 1{,}3$ für Holz

Zum Vergleich: $\gamma_M = 1{,}5$ für Beton, $\gamma_M = 1{,}7$ für Mauerwerk.

Die Grenzspannungen, mit denen bei der Bemessung eines Bauteils gearbeitet wird, ergeben sich aus der charakteristischen Festigkeit geteilt durch den Teilsicherheitsbeiwert für das Material.

$$\sigma_{R,d} = \frac{f_k}{\gamma_M}$$

Im wesentlichen sind zwei Sorten Baustahl im Handel, St 37 und St 52. Die Grenzspannungen $\sigma_{R,d}$ sind auf die Streckgrenze $f_{y,k}$ bezogen.

Materialkennwerte für Stahlbauteile [kN/cm²]

	Baustahl St 37	Baustahl St 52
Streckgrenze $f_{y,k}$	24	36
Zugfestigkeit $f_{u,k}$	36	51
Grenzspannung $\sigma_{R,d}$ (für Biegung, Druck und Zug)	21,8	32,7

Holzbauteile werden aus Vollholz und Brettschichtholz, beides Nadelholz, hergestellt. Vollholz ist in fünf Sortierklassen S7 bis MS17 unterteilt (MS bedeutet maschinensortiertes Holz), Brettschichtholz in Abhängigkeit von der Sortierklasse der einzelnen Brettlamellen in vier Gruppen BS11 bis BS18. Die Grenzspannungen $\sigma_{R,d}$ werden nochmals mit einem Modifikationsfaktor k_{mod} = 0,8 abgemindert, durch den die Holzfeuchte und die Lasteinwirkungsdauer berücksichtigt wird.

Anders als bei Stahl sind für verschiedene Beanspruchungsarten verschiedene Spannungswerte angegeben, für Biegung, für Zug, für Druck parallel und senkrecht zur Faserrichtung, da Holz ein anisotroper Baustoff ist.

Materialkennwerte für Holzbauteile [kN/cm²]

		Vollholz Nadelholz					Brettschichtholz			
		S7 MS7	S10 MS10	S13	MS13	MS17	BS11	BS14	BS16	BS18
f_k	Biegung $f_{m,k}$	1,6	2,4	3,0	3,5	4,0	2,4	2,8	3,2	3,6
	Zug $f_{t,0,k}$	0	1,4	1,8	2,1	2,4	1,7	2,05	2,3	2,5
	Druck II $f_{c,0,k}$	1,7	2,1	2,3	2,5	2,6	2,4	2,9	3,1	3,2
	Druck⊥ $f_{c,90,k}$	0,4	0,5	0,5	0,5	0,6	0,55	0,55	0,55	0,6
$\sigma_{R,d}$	Biegung σ_m	1,0	1,5	1,8	2,1	2,4	1,5	1,7	2,0	2,2
	Zug σ_t	0	0,9	1,1	1,3	1,5	1,0	1,3	1,4	1,5
	Druck II σ_{cII}	1,0	1,3	1,4	1,5	1,6	1,5	1,8	1,9	2,0
	Druck ⊥ $\sigma_{c\perp}$	0,25	0,31	0,31	0,31	0,37	0,34	0,34	0,34	0,4

4.4.4 Der Biegespannungsnachweis

Da im üblichen Hochbau das Verhältnis von ständigen Lasten zu nichtständigen Lasten immer in einem Bereich zwischen 2 : 1 und 1 : 1 liegt, können die Teilsicherheitsbeiwerte γ_F für die beiden Lastarten näherungsweise zu einem Wert γ_F = 1,4 für die Gesamtlast zusammengefasst werden, was die statische Berechnung wesentlich vereinfacht und genügend genaue Ergebnisse liefert.

Es werden mit den in Kapitel 2 aufgeführten Lasten (Einwirkungen) nach DIN 1055 die Auflagerkräfte und Biegemomente ermittelt. Diese Werte werden als Basiswerte oder charakteristische Werte der Auflagerkräfte und Schnittgrößen bezeichnet. Für die Bemessung eines Bauteils bzw. für den Spannungsnachweis werden diese Basiswerte mit dem Teilsicherheitsbeiwert γ_F = 1,4 multipliziert. Die sich daraus ergebenden Werte sind die Bemessungswerte, die mit dem Index d (design) gekennzeichnet werden.

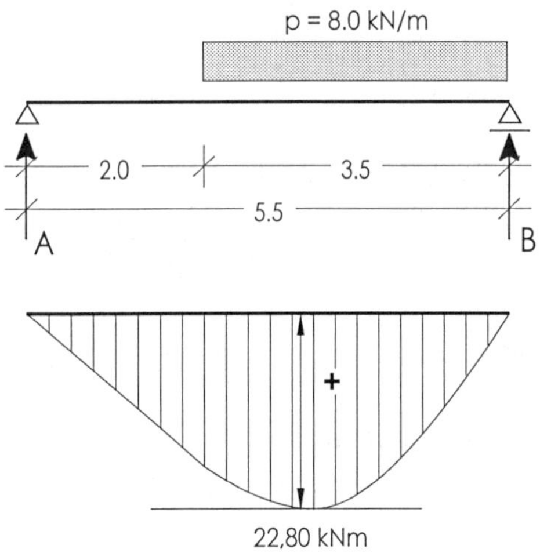

Beispiel:

Bemessungsmoment $M_d = \gamma_F \cdot M_{max}$

$\Rightarrow M_d = 1{,}4 \cdot 22{,}80 = 31{,}92$ kNm

Mit diesem Bemessungsmoment M_d wird der Biegespannungsnachweis geführt:

$$\Rightarrow \sigma = \frac{M_d}{W} \leq \sigma_{R,d}$$

Das Widerstandsmoment W wird für Rechteckquerschnitte aus Holz berechnet oder den Bautabellen entnommen, für Walzprofile aus Stahl entsprechend der gewählten Profilreihe ebenfalls den Bautabellen entnommen.

Die Grenzspannungen $\sigma_{R,d}$ sind abhängig vom Baustoff (Holz oder Stahl) und der Sortierklasse bzw. Baustahlgüte den Tabellen für die Materialkennwerte zu entnehmen.

Hierzu muss zuerst ein Querschnitt geschätzt und dann der Biegespannungsnachweis geführt werden. Ist die ermittelte Spannung sehr viel kleiner als die zulässige Grenzspannung $\sigma_{R,d}$, ist der gewählte Balken zwar ausreichend standsicher, aber stark überdimensioniert und damit unwirtschaftlich. In diesem Fall ist ein neuer, kleinerer Querschnitt zu schätzen und der Biegespannungsnachweis erneut zu führen.

Da es oft mehrerer Schritte bedarf, um zu einem statisch ausreichenden und wirtschaftlichen Querschnitt zu kommen, kann die Formel für den Biegespannungsnachweis auch so abgeändert werden, dass ein erforderliches Widerstandsmoment ermittelt wird.

$$\Rightarrow W_{erf} = \frac{M_d}{\sigma_{R,d}} \quad [cm^3]$$

Dann kann aus den Bautabellen ein entsprechender Querschnitt gewählt werden, wobei das Widerstandsmoment des gewählten Querschnitts größer oder gleich dem erforderlichen Widerstandsmoment sein muss.

Beispiel: Abfangeträger unter einem Dachpfosten

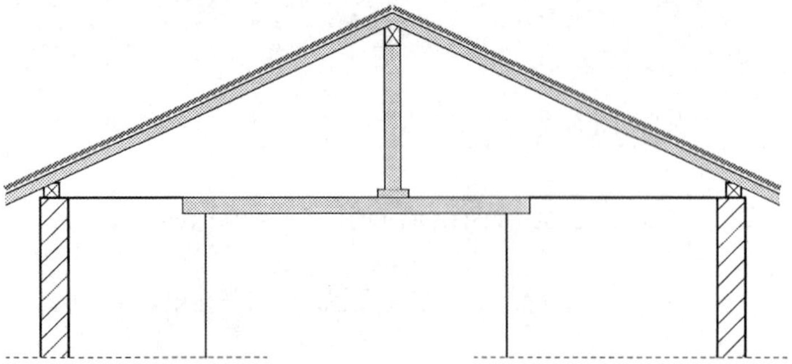

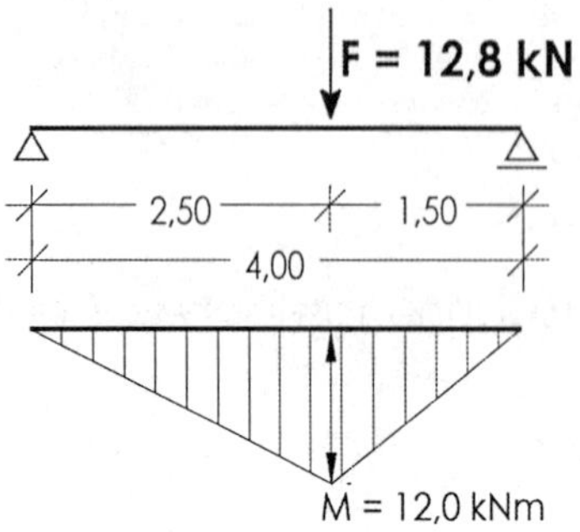

Baustoffe:

Vollholz Nadelholz
Sortierklasse S10

$\Rightarrow \sigma_{R,d} = 1{,}5$ kN/cm²

alternativ

Baustahl St 37

$\Rightarrow \sigma_{R,d} = 21{,}8$ kN/cm²

Basiswert des Biegemoments:

$$M_{max} = 12{,}8 \cdot \frac{2{,}5 \cdot 1{,}5}{4{,}0} = 12{,}0 \text{ kNm}$$

Hieraus ergibt sich das Bemessungsmoment M_d:

$$\Rightarrow M_d = \gamma_F \cdot M_{max} = 1{,}4 \cdot 12{,}0 = 16{,}8 \text{ kNm}$$

1. Ausführung in Holz

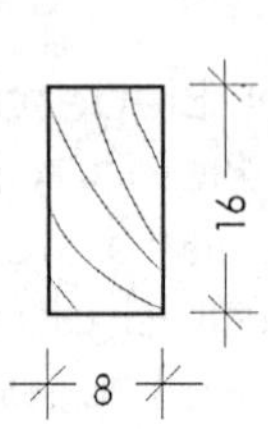

geschätzter Querschnitt: 8/16 cm

$$\text{Widerstandsmoment } W = \frac{8 \cdot 16^2}{6} = 341 \text{ cm}^3$$

Biegespannungsnachweis: $\sigma = \dfrac{M_d}{W} \leq \sigma_{R,d}$

$$\Rightarrow \sigma = \frac{16{,}8 \cdot 100}{341} = 4{,}93 \text{ kN/cm}^2 > \sigma_{R,d} = 1{,}5 \text{ kN/cm}^2$$

Der gewählte Querschnitt 8/16 cm ist also bei weitem nicht ausreichend, es muss daher ein neuer, größerer Querschnitt gewählt werden.

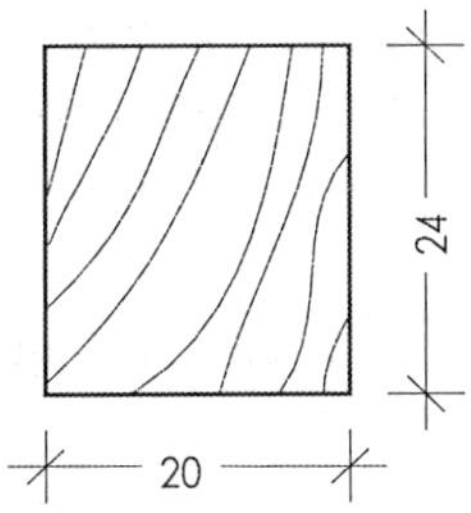

neu geschätzter Querschnitt: 20/24 cm

$$W = \frac{20 \cdot 24^2}{6} = 1920 \text{ cm}^3$$

$$\Rightarrow \sigma = \frac{16{,}8 \cdot 100}{1920} = 0{,}88 \text{ kN/cm}^2 < \sigma_{R,d} = 1{,}5 \text{ kN/cm}^2$$

Mit dem neu gewählten Querschnitt 20/24 cm werden zwar die zulässigen Grenzspannungen nicht überschritten, aber auch nur zu ca. 60% ausgenutzt. Dieser Querschnitt ist daher unwirtschaftlich. Es wäre mit einer weiteren Querschnittschätzung ein erneuter Rechengang erforderlich.

Der andere Weg, ein erforderliches Widerstandsmoment zu ermitteln, führt daher schneller zum Ziel: $W_{erf} = \dfrac{M_d}{\sigma_{R,d}}$ [cm³]

$$\Rightarrow W_{erf} = \frac{16{,}8 \cdot 100}{1{,}5} = 1120 \text{ cm}^3$$

Mit Hilfe der Kantholzliste in den Bautabellen kann dann schnell ein geeigneter Querschnitt gefunden werden. Folgende Kantholzquerschnitte sind möglich:

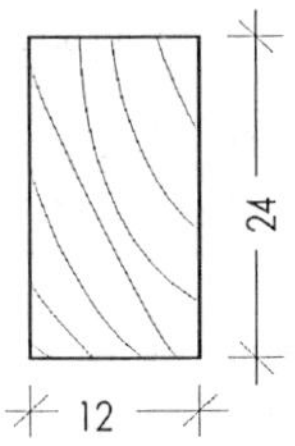

$W = 1152 \text{ cm}^3 > W_{erf}$
$A = 288 \text{ cm}^2$

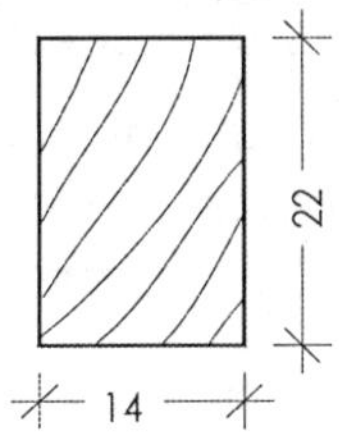

$W = 1129 \text{ cm}^3 > W_{erf}$
$A = 308 \text{ cm}^2$

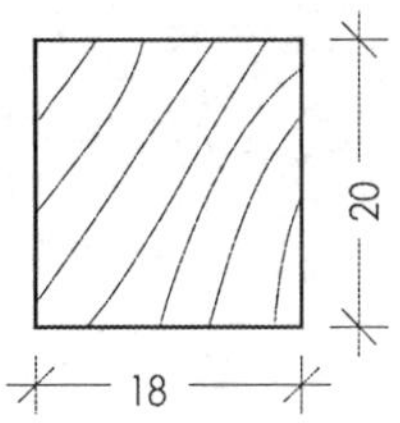

$W = 1200 \text{ cm}^3 > W_{erf}$
$A = 360 \text{ cm}^2$

Die Querschnittsfläche zeigt, dass mit abnehmender Querschnittshöhe der Holzverbrauch zunimmt.

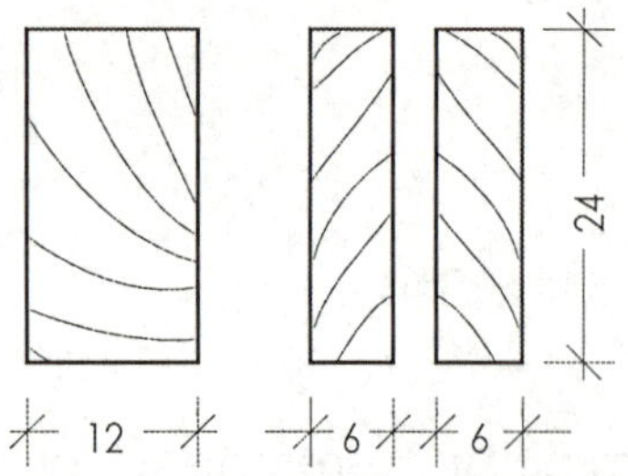

Ein Querschnitt kann in der Breite geteilt und als Zange ausgeführt werden. Die Tragfähigkeit bleibt unverändert.

$$W = 2 \cdot \frac{b \cdot h^2}{6} = 2 \cdot \frac{6 \cdot 24^2}{6} = 2 \cdot 576 = 1152 \text{ cm}^3$$

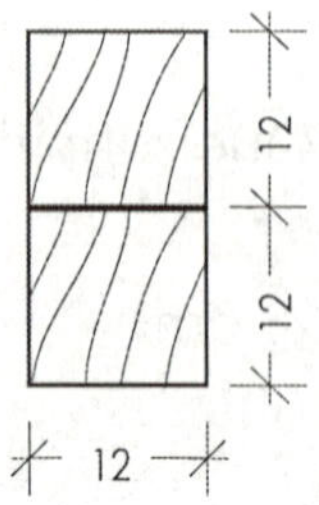

Dagegen vermindert sich das Widerstandsmoment und damit die Tragfähigkeit, wenn der Balken in der Höhe geteilt wird.

$$W = 2 \cdot \frac{b \cdot h^2}{6} = 2 \cdot \frac{12 \cdot 12^2}{6} = 2 \cdot 288 = 576 \text{ cm}^3$$

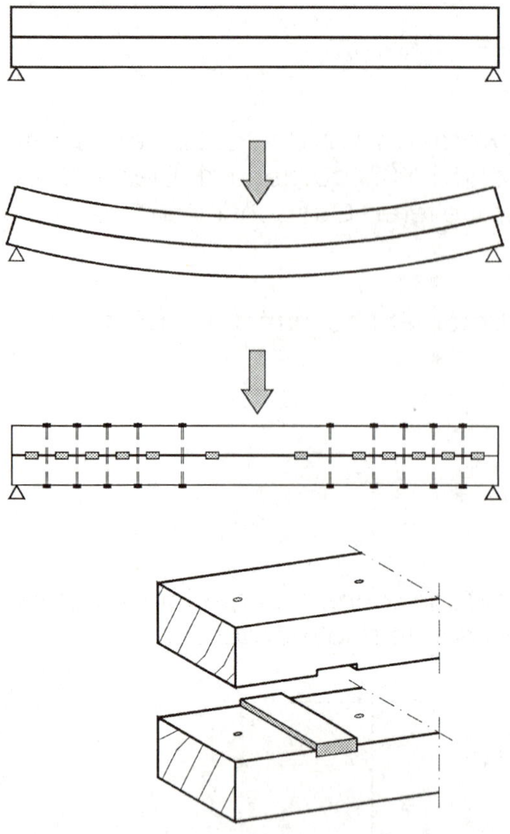

Werden die beiden Balkenhälften ohne Verbindung übereinandergelegt, verschieben sich die Balken gegenseitig an den Berührungsflächen.

Wird zwischen den Balkenhälften ein Verbund hergestellt, wird diese gegenseitige Verschiebung vermindert oder völlig verhindert. Dieser Verbund kann z.B. durch eingelassene Hartholzdübel oder durch Verleimung erfolgen.

Eine Verleimung ist eine starre Verbindung, die beiden Balkenhälften wirken dann wie ein Querschnitt mit der vollen Konstruktionshöhe h. Werden die Balkenhälften mit mechanischen Verbindungsmitteln verbunden, bleibt je nach Steifigkeit der Verbindungsmittel eine gewisse Verschieblichkeit erhalten. Das Widerstandsmoment dieses "verdübelten Balkens" liegt zwischen dem der nicht verbundenen Balkenhälften und dem der starr verleimten Balkenhälften.

2. Ausführung in Stahl

$$\Rightarrow W_{erf} = \frac{M_d}{\sigma_{R,d}} = \frac{16{,}8 \cdot 100}{21{,}8} = 77\ cm^3$$

In den Bautabellen kann dann aus einer Profilreihe ein geeignetes Profil entnommen werden, z.B.:

- IPE 140 mit $W = 77{,}3\ cm^3 > W_{erf}$
- HEB 100 mit $W = 89{,}9\ cm^3 > W_{erf}$
- U 140 mit $W = 86{,}4\ cm^3 > W_{erf}$
- Rechteckiges Stahl-Hohlprofil 160 x 80, t = 4 mm mit $W = 76{,}5\ cm^3 \approx W_{erf}$

Mit der Wahl eines Querschnitts mit einem Widerstandsmoment W größer W_{erf} ist gesichert, dass der Querschnitt ausreichend tragfähig ist. Um jedoch Kenntnis über die tatsächlich vorhandenen Spannungen und über eventuelle Tragreserven zu erhalten, ist noch der Biegespannungsnachweis mit dem Widerstandsmoment des gewählten Querschnitts zu führen.

z.B. HEB 100 mit $W = 89{,}9\ cm^3$

$$\Rightarrow \sigma = \frac{M_d}{W} = \frac{16{,}8 \cdot 100}{89{,}9} = 18{,}69\ kN/cm^2 < \sigma_{R,d} = 21{,}8\ kN/cm^2$$

Das Verhältnis der vorhandenen Spannung σ zur zulässigen Grenzspannung $\sigma_{R,d}$ gibt Auskunft über die Tragreserven:

$$\Rightarrow \frac{\sigma}{\sigma_{R,d}} = \frac{18{,}69}{21{,}8} = 0{,}86$$

Das Profil HEB 100 ist also nur zu 86% ausgenutzt, oder hat noch 14% Tragreserven.

Würde ein rechteckiges Stahl-Hohlprofil 160 x 80, t = 4 mm mit $W = 76{,}5\ cm^3$ gewählt werden, ist das Widerstandsmoment etwas kleiner als das erforderliche Widerstandsmoment. Der Biegespannungsnachweis zeigt aber, dass die Überschreitung der zulässigen Grenzspannung sehr gering ist.

$$\Rightarrow \sigma = \frac{M_d}{W} = \frac{16{,}8 \cdot 100}{76{,}5} = 21{,}96\ kN/cm^2 > \sigma_{R,d} = 21{,}8\ kN/cm^2$$

$$\Rightarrow \frac{\sigma}{\sigma_{R,d}} = \frac{21{,}96}{21{,}8} = 1{,}007$$

Bei der Wahl dieses rechteckigen Stahl-Hohlprofils wären die zulässigen Grenzspannungen nur um 0,7% überschritten. Tolerierbar ist eine Spannungsüberschreitung bis zu 3%.

4.4.5 Widerstandsmomente nicht genormter Querschnitte

In Holz und Stahl werden Doppel-T-Querschnitte und Kastenquerschnitte ausgeführt, deren Widerstandsmomente nicht tabelliert sind.

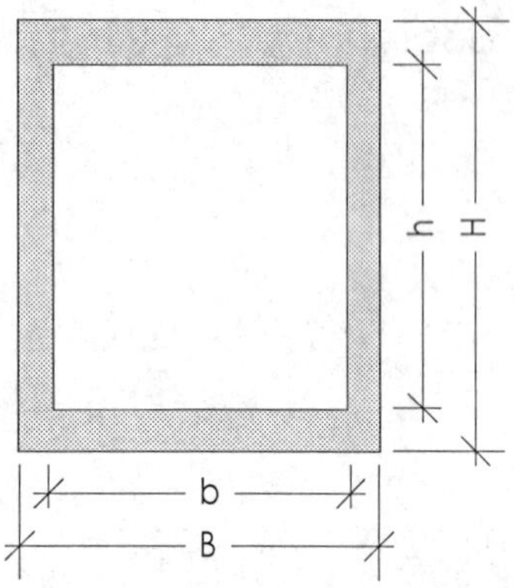

Das Widerstandsmoment W ergibt sich zu:

$$\Rightarrow W = \frac{1}{6 \cdot H} \cdot (B \cdot H^3 - b \cdot h^3)$$

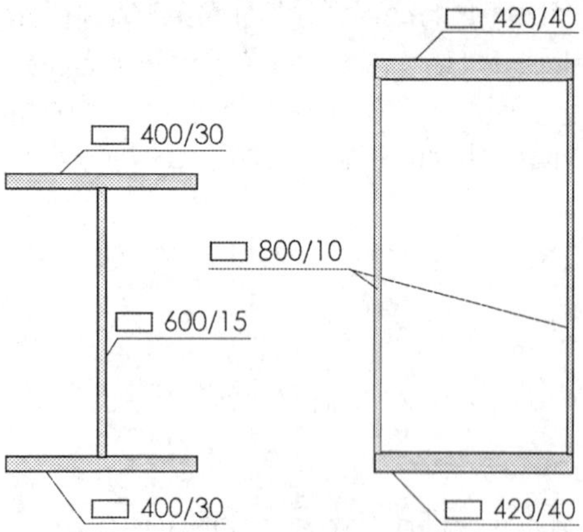

Aus Stahlblechen geschweißter Doppel-T-Träger und Hohlkastenträger.

Solche Querschnitte sind erforderlich, wenn die genormten Walzreihen nicht mehr ausreichend sind oder aus gestalterischen Gründen kein genormter Querschnitt gewünscht wird.

(Maße im Stahlbau in mm)

Doppel - T - Träger

H = 60 + 2 · 3 = 66 cm
B = 40 cm
h = 60 cm
b = 40 - 1,5 = 38,5 cm

$$W = \frac{1}{6 \cdot 66} \cdot (40 \cdot 66^3 - 38{,}5 \cdot 60^3) = 8040 \text{ cm}^3$$

Hohlkastenträger

H = 80 + 2 · 4 = 88 cm
B = 42 cm
h = 80 cm
b = 42 - 2 · 1 = 40 cm

$$W = \frac{1}{6 \cdot 88} \cdot (42 \cdot 88^3 - 40 \cdot 80^3) = 15420 \text{ cm}^3$$

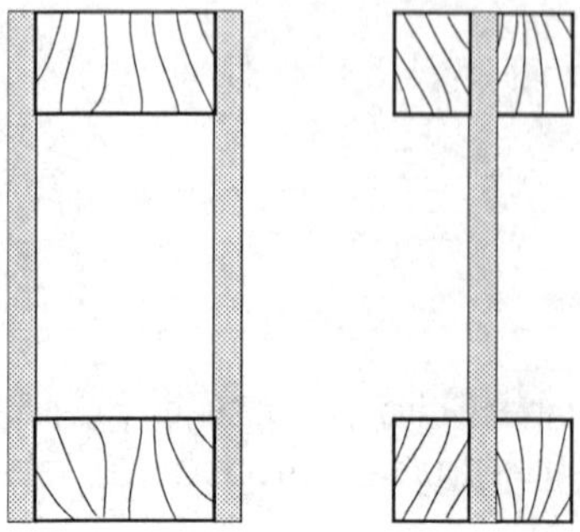

Hohlkastenquerschnitt und Doppel-T-Querschnitt aus Kanthölzern und Furniersperrholzplatten, verleimt oder genagelt.

5 Andere biegebeanspruchte Tragsysteme

5.1 Der Kragbalken

Wie in Kapitel 4.1 aufgeführt, gibt es neben verschieblichen Auflagern (einwertig) und festen Auflagern (zweiwertig) auch eingespannte Auflager (dreiwertig).

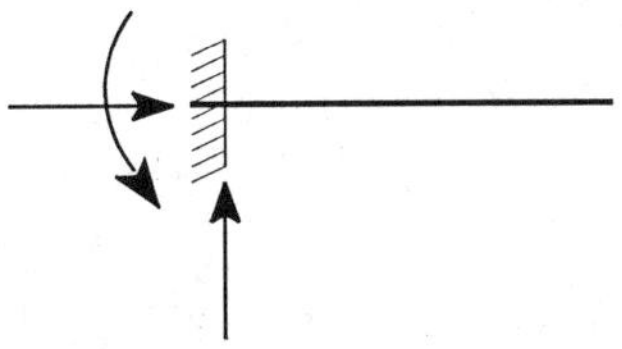

Es kann drei Auflagerreaktionen aufnehmen, die wieder mit den drei Gleichgewichtsbedingungen in der Ebene ermittelt werden können.

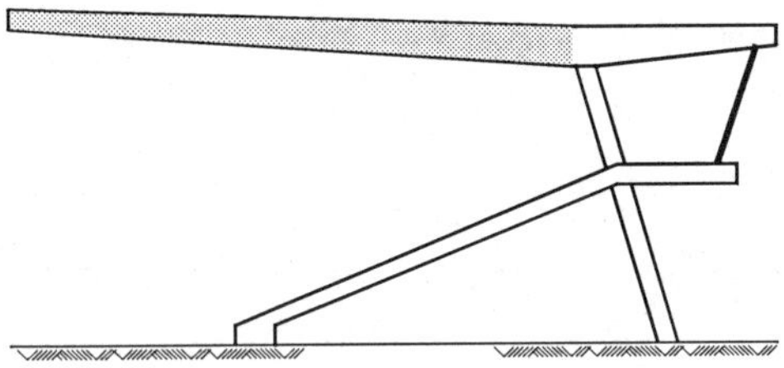

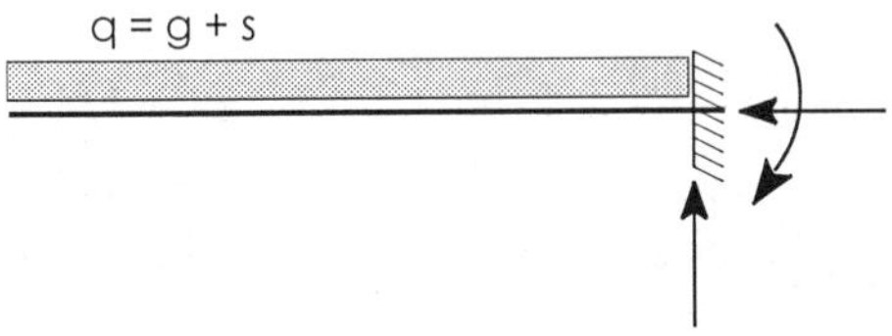

Der auskragende Tribünenträger wird durch sein Eigengewicht, das Eigengewicht der Dachhaut und durch Schnee belastet.

Der Kragbalken wird auf Biegung beansprucht, an der Einspannstelle werden drei Auflagerreaktionen aufgenommen, die für die Standsicherheit notwendig sind.

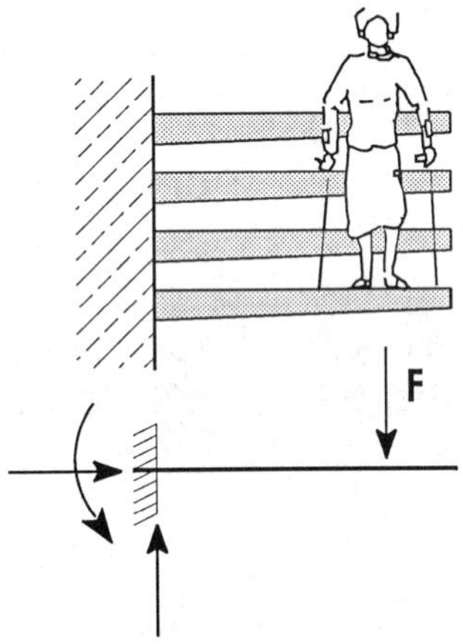

Die in eine Stahlbetonwand eingespannten Treppenstufen werden durch eine Einzellast aus Personen bzw. durch eine idealisierte Flächenlast belastet.

Für die Standsicherheit ist es wieder erforderlich, dass drei Auflagerreaktionen aufgenommen werden können.

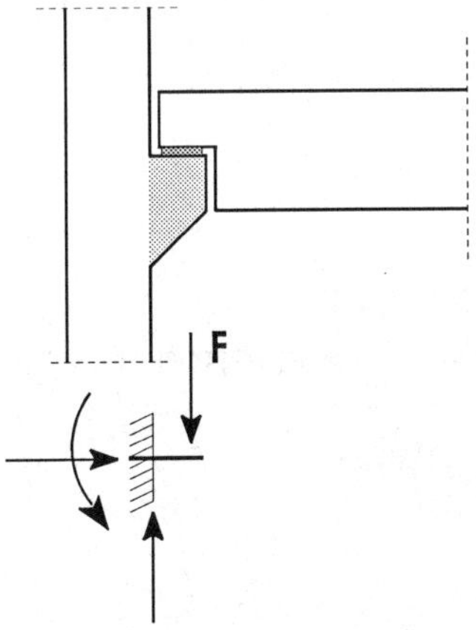

In einem Stahlbeton-Fertigteilbau ist ein Unterzug auf einer Stützenkonsole aufgelagert.

Die Konsole wird aus der Auflagerkraft des Unterzugs durch eine Einzellast beansprucht.

Sie wirkt wie ein kurzer Kragbalken.

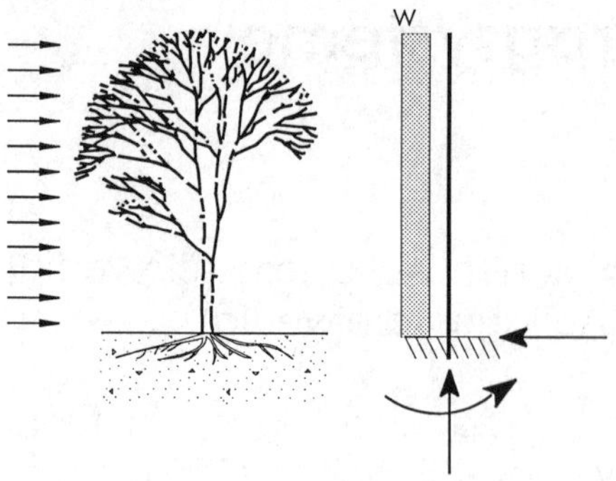

Das Beispiel eines Kragbalkens aus der Natur zeigt, dass der in horizontaler Richtung durch Wind und in vertikaler Richtung durch sein Eigengewicht belastete Baum nur dann standsicher ist, wenn auch das Einspannmoment neben der vertikalen und horizontalen Beanspruchung aufgenommen werden kann.

Aus der Form eines Baums kann man auch erkennen, wie der Verlauf der Biegemomente am Kragbalken ist: die Biegemomente nehmen zur Einspannstelle hin zu, daher ist der Querschnitt eines Baumstamms zur Wurzel hin größer.

5.1.1 Einzellast

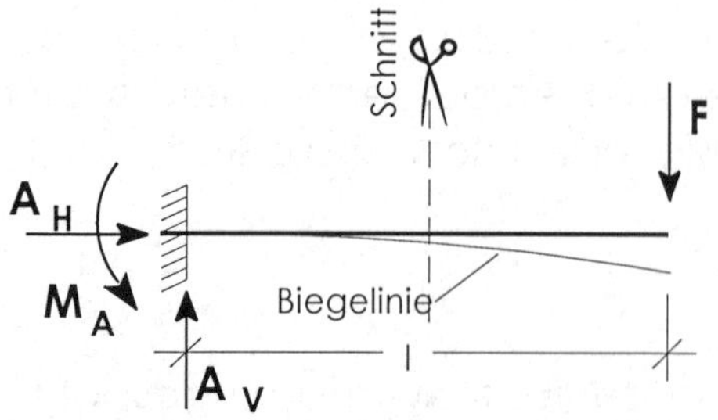

Auflagerreaktionen:

$\Sigma V = 0$: $F - A_V = 0$
$\Rightarrow A_V = F$

$\Sigma H = 0$: $\Rightarrow A_H = 0$

$\Sigma M_A = 0$: $F \cdot l - M_A = 0$
$\Rightarrow M_A = F \cdot l$ (Einspannmoment)

Am einfachsten ist es, den rechten Teil des geschnittenen Balkens zu untersuchen, an dem wieder die äußeren Lasten und die inneren Schnittgrößen im Gleichgewicht stehen müssen.

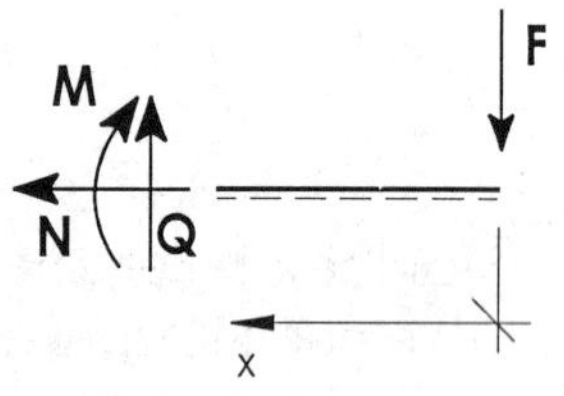

Schnitt $0 \leq x \leq l$

Schnittgrößen:

$\Sigma V = 0$: $F - Q = 0$
$\Rightarrow Q = F$ (konstant)

$\Sigma H = 0$: $\Rightarrow N = 0$

$\Sigma M = 0$: $M + F \cdot x = 0$
$\Rightarrow M = - F \cdot x$ (Geradengleichung)

$x = l$ (Einspannstelle):
$\Rightarrow M = - F \cdot l$

Wenn der linke abgeschnittene Trägerteil betrachtet wird, muss das Ergebnis identisch sein. Beim Aufstellen der Gleichungen sind die Auflagerreaktionen zu berücksichtigen.

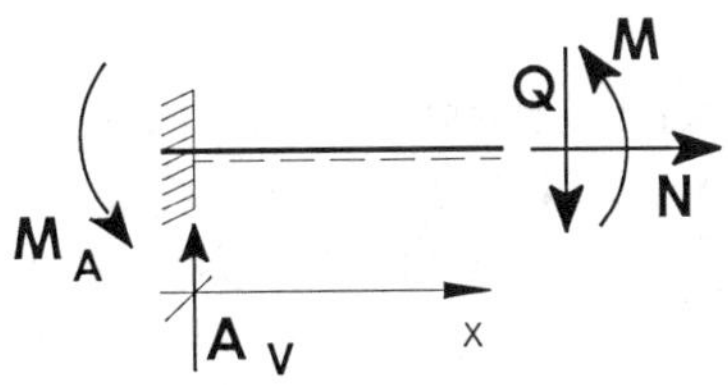

Schnitt $0 \leq x \leq l$

$\Sigma V = 0$: $Q - A_V = 0$
$\Rightarrow Q = A_V = F$

$\Sigma M = 0$: $A_V \cdot x - M_A - M = 0$
$\Rightarrow M = A_V \cdot x - M_A$

$x = 0$ (Einspannstelle): $\Rightarrow M = -M_A = -F \cdot l$
$x = l$ (Spitze): $\Rightarrow M = F \cdot l - F \cdot l = 0$

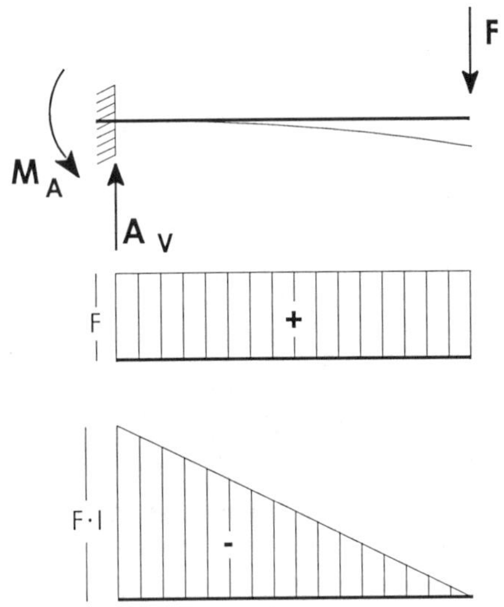

Positive Querkräfte werden wieder nach oben aufgetragen. Das in diesem Fall jetzt negative Biegemoment ebenfalls nach oben, weil die Biegezugseite oben liegt, wie aus der Biegelinie zu erkennen ist.

Q - Verlauf

M - Verlauf

Es gelten hier die gleichen Grundregeln wie beim Einfeldbalken:

- bei Einzellasten konstanter Querkraftverlauf und geradliniger veränderlicher Verlauf des Biegemoments.
- wird das Biegemoment größer, ist die Querkraft positiv. Das Moment geht vom negativen Wert $-F \cdot l$ gegen den Wert 0, nimmt also zu.

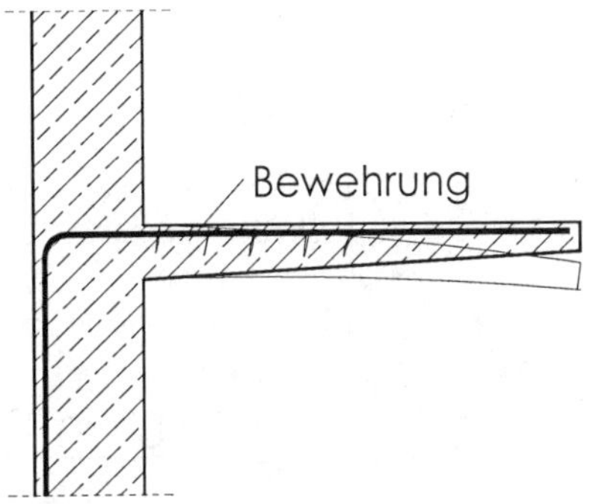

Das negative Biegemoment bedeutet, dass die Annahme des gezogenen Randes an der unteren Querschnittsseite nicht richtig war. Der gezogene Rand ist tatsächlich oben. Bei einer auskragenden Stahlbetonplatte ist daher die Bewehrung oben einzulegen, da Beton keine Zugfestigkeit aufweist und reißen würde.

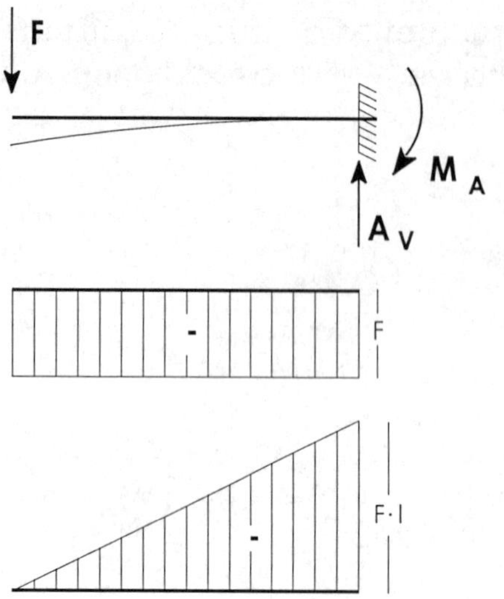

Wenn ein Kragbalken nach links auskragt, beträgt die Größe des Biegemoments ebenfalls $M = - F \cdot l$.

Das Moment wird in diesem Fall jedoch kleiner, es geht von Null auf den negativen Wert $M = - F \cdot l$, also ist die Querkraft negativ.

5.1.2 Gleichlast

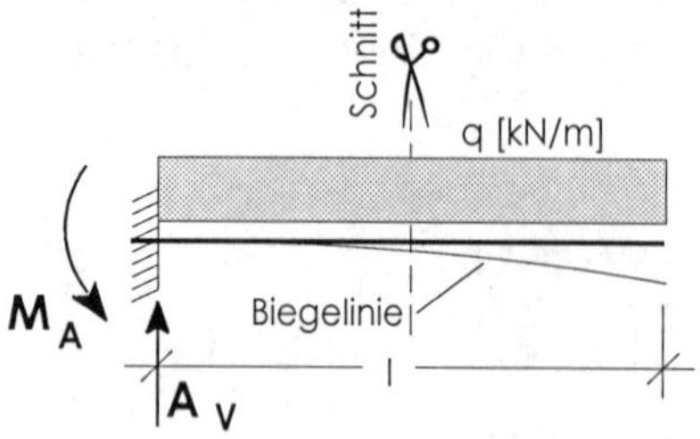

Auflagerreaktionen:

$$\Sigma V = 0: \quad q \cdot l - A_V = 0$$
$$\Rightarrow A_V = q \cdot l$$

$$\Sigma M_A = 0: \quad q \cdot l \cdot \frac{l}{2} - M_A = 0$$
$$\Rightarrow M_A = \frac{q \cdot l^2}{2} \text{ (Einspannmoment)}$$

Es wird wieder der rechte abgeschnittene Trägerteil untersucht und an ihm die äußeren und inneren Kräfte ins Gleichgewicht gebracht.

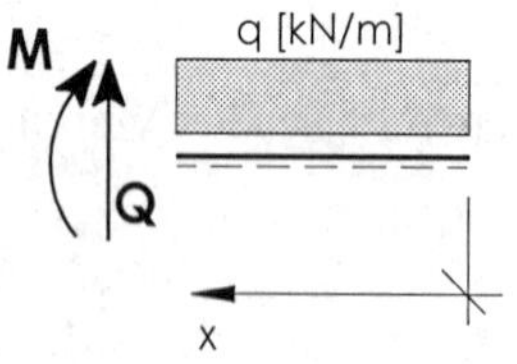

Schnitt $0 \leq x \leq l$

Schnittgrößen:

$$\Sigma V = 0: \quad q \cdot x - Q = 0$$
$$\Rightarrow Q = q \cdot x \text{ (Geradengleichung)}$$

$x = 0$ (Spitze): $\Rightarrow Q = 0$
$x = l$ (Einspannstelle): $\Rightarrow Q = q \cdot l$

$$\Sigma M = 0: \quad M + q \cdot x \cdot \frac{x}{2} = 0$$
$$M = - \frac{q \cdot x^2}{2} \text{ (Parabelgleichung)}$$

$x = 0$ (Spitze): $\Rightarrow M = 0$
$x = l$ (Einspannstelle): $\Rightarrow M = - \frac{q \cdot l^2}{2}$

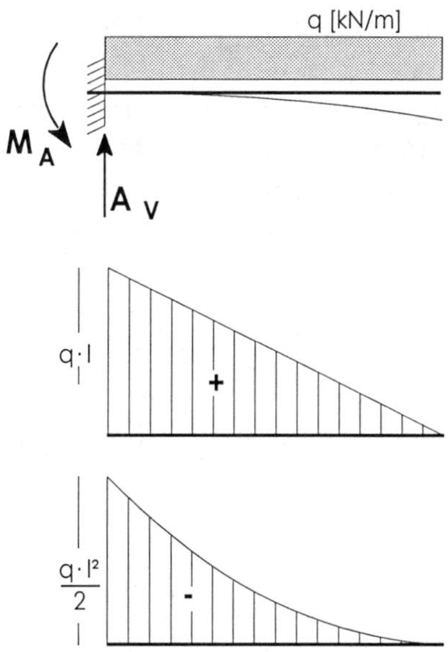

Auch hier gilt bei Gleichlast:

- parabelförmiger Momentenverlauf
- geradliniger veränderlicher Querkraftverlauf

Q - Verlauf

M - Verlauf

Mit diesen Schnittgrößen kann der Kragarm mit den gleichen Beziehungen, die vom Einfeldträger bekannt sind, bemessen werden.

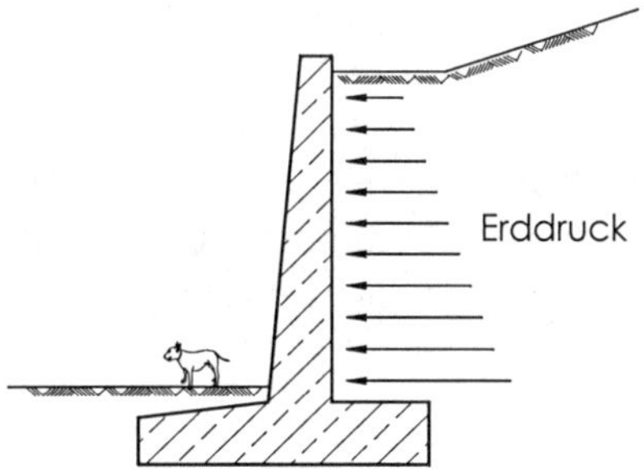

Eine Stützwand wird durch Erddruck belastet. Das Biegemoment nimmt zur Einspannstelle hin zu, deshalb ist es sinnvoll, die Wanddicke nach unten hin ebenfalls zunehmen zu lassen.

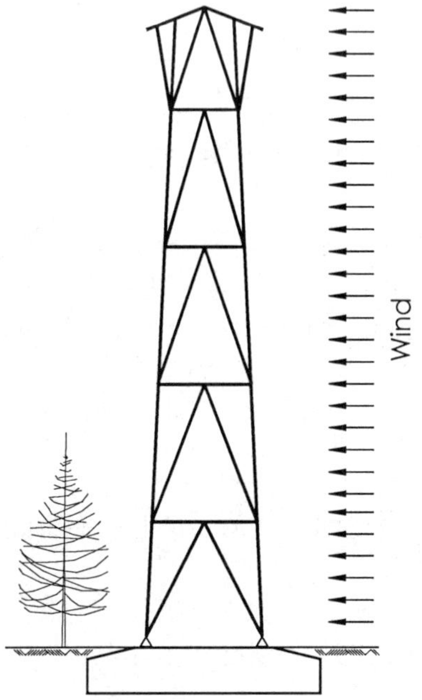

Auch bei diesem Aussichtsturm in Holzbauweise folgt der Querschnitt dem Verlauf des Biegemoments.

Analog zum natürlichen Baumwuchs nimmt der Querschnitt zur Einspannstelle hin zu.

Theoretisch könnte der Querschnitt zur Kragarmspitze hin gegen Null gehen, da das Biegemoment dort den Wert Null hat.

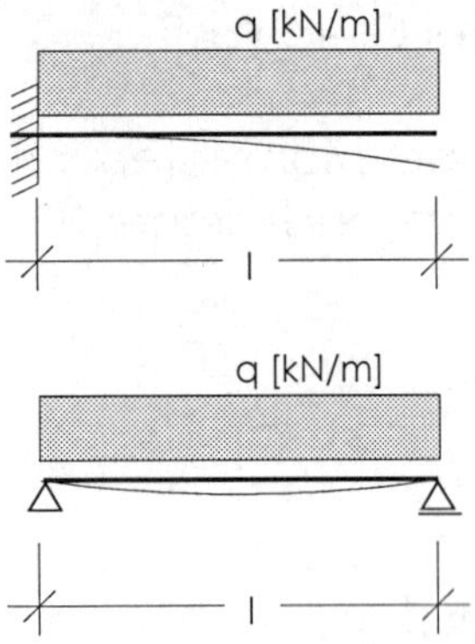

$$M = -\frac{q \cdot l^2}{2}$$

$$M = \frac{q \cdot l^2}{8}$$

Wichtig:

Ein Kragbalken der Kraglänge l wird durch ein Biegemoment M beansprucht, das den 4-fachen Wert des Biegemoments M eines Einfeldbalkens der Stützweite l annimmt.

Bei der Bemessung des Kragbalkens ergibt sich daher ein wesentlich größerer Querschnitt. Dies ist beim Entwurf zu beachten.

5.2 Der Einfeldträger mit Kragarmen

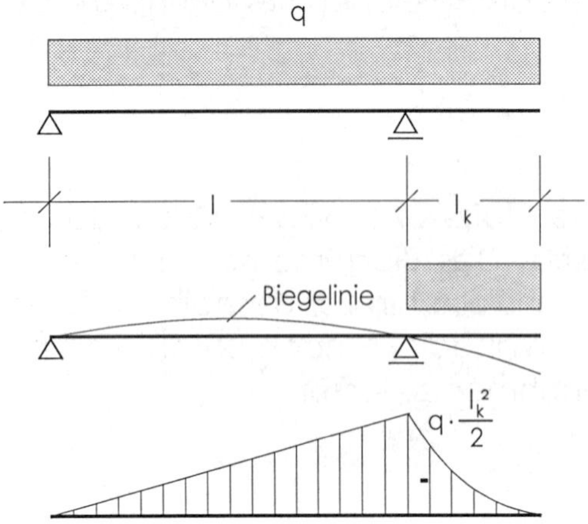

Einfeldträger mit einseitigem Kragarm:

Die auf der Gesamtlänge des Trägers wirkende Gleichlast q kann in eine nur auf dem Kragarm und in eine nur auf dem Feld wirkende Teillast aufgeteilt werden. Die sich aus den jeweiligen Teillasten ergebenden Momenten- und Biegelinien können dann addiert werden.

M - Verlauf (nur Kragarm belastet)

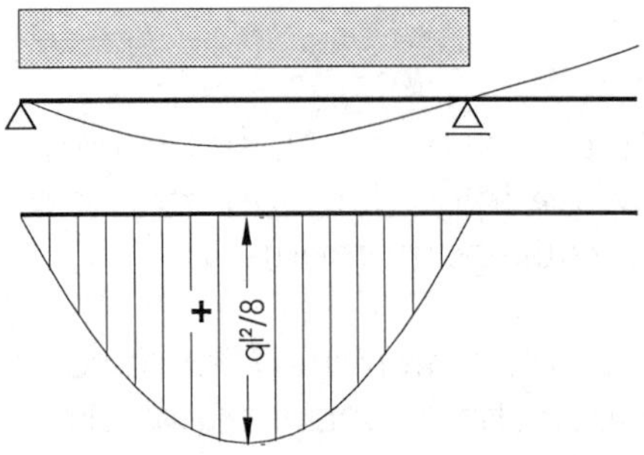

M - Verlauf (nur Feld belastet)

Die Last auf dem Kragarm vermindert die Durchbiegung im Feld. Die addierte Biegelinie hat im Feld einen Wendepunkt, d.h. die Krümmung ändert sich. Der gezogene Rand liegt einmal oben und einmal unten, das Biegemoment geht vom negativen in den positiven Bereich und hat am Wendepunkt der Biegelinie einen Nullpunkt.

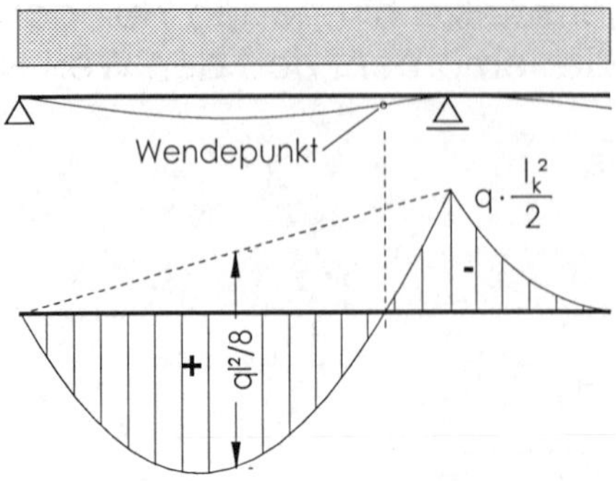

M - Verlauf (gesamter Träger belastet)

Einfeldträger mit beidseitigem Kragarm:

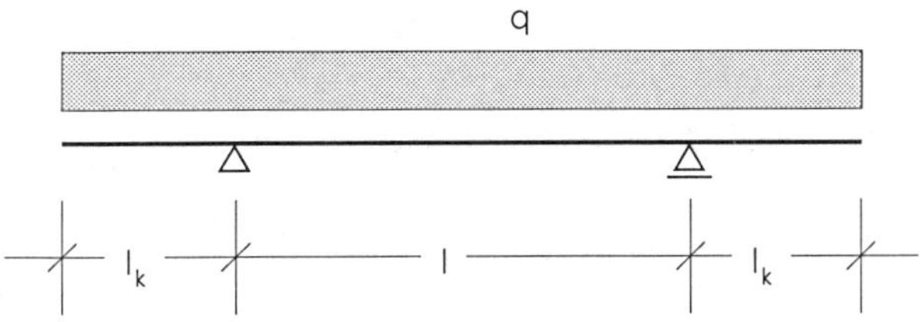

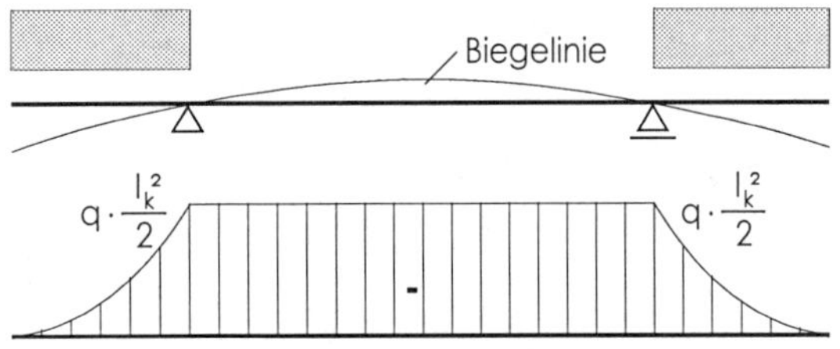

M - Verlauf (nur Kragarme belastet)

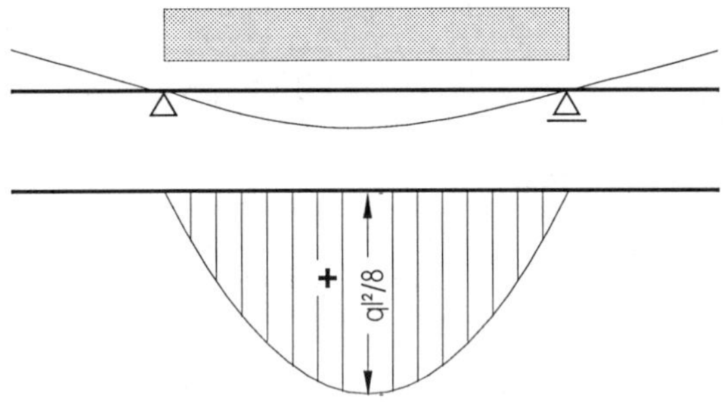

M - Verlauf (nur Feld belastet)

Auch hier vermindert die Last auf den Kragarmen die Durchbiegung im Feld. Die addierte Biegelinie hat im Feld jetzt zwei Wendepunkte, d.h. das Biegemoment wechselt zweimal das Vorzeichen.

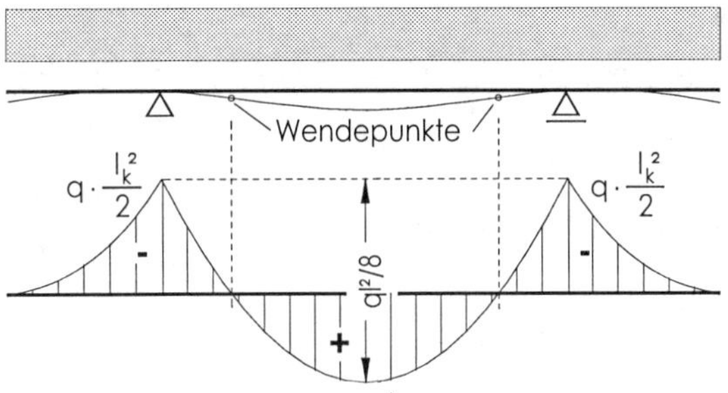

M - Verlauf (gesamter Träger belastet)

Man erkennt, dass sowohl beim Träger mit einseitigem Kragarm als auch beim Träger mit beidseitigem Kragarm das Feldmoment durch das Kragmoment verringert wird. Die $q \cdot l^2/8$ - Parabel "rutscht nach oben", die Verbindungslinie der Kragmomente wird zur Bezugslinie.

Beispiel:

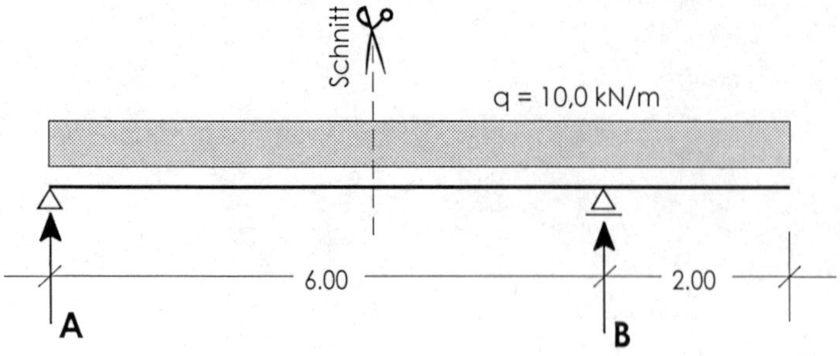

Auflagerreaktionen:

$$\Sigma V: \quad 10{,}0 \cdot 8{,}0 - A - B = 0$$

$$A = 80{,}0 - B$$

$$\Sigma M_A: \quad \frac{10{,}0 \cdot 8{,}0 \cdot 8{,}0}{2} - B \cdot 6{,}0 = 0$$

$$\Rightarrow B = \frac{320{,}0}{6{,}0} = 53{,}33 \text{ kN}$$

$$\Rightarrow A = 80{,}0 - 53{,}33 = 26{,}67 \text{ kN}$$

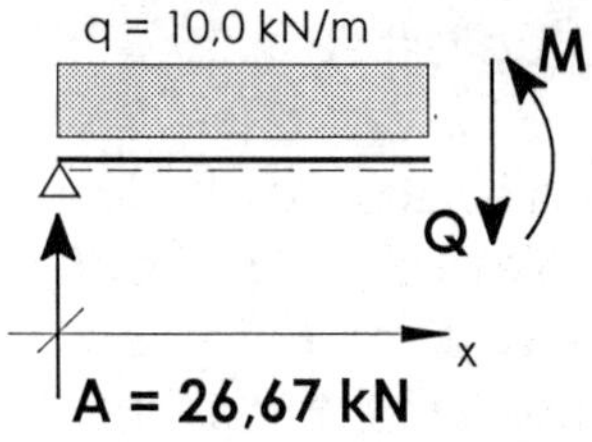

Schnitt $0 \leq x \leq 6{,}0$ m

Schnittgrößen:

$$\Sigma V: \quad 10{,}0 \cdot x - 26{,}67 + Q = 0$$

$$Q = 26{,}67 - 10{,}0 \cdot x$$

$x = 0$: $\quad Q = 26{,}67$ kN

$x = 6{,}0$ m: $Q = 26{,}67 - 10{,}0 \cdot 6{,}0 = -33{,}33$ kN

Die Nullstelle der Querkraft ergibt wieder das maximale Biegemoment:

$$26{,}67 - 10{,}0 \cdot x = 0 \qquad \Rightarrow x = \frac{26{,}67}{10{,}0} = 2{,}67 \text{ m}$$

$$\Sigma M: \quad 26{,}67 \cdot x - 10{,}0 \cdot x \cdot \frac{x}{2} - M = 0$$

$$M = 26{,}67 \cdot x - 5 \cdot x^2$$

$x = 2{,}67$ m: $\quad M_{max} = 26{,}67 \cdot 2{,}67 - 5 \cdot 2{,}67^2 = 35{,}56$ kNm

$x = 6{,}0$ m: $\quad M = 26{,}67 \cdot 6{,}0 - 5 \cdot 6{,}0^2 = -20{,}0$ kNm

Damit kann bereits der gesamte Verlauf der Querkraft und des Biegemoments gezeichnet werden, da die Schnittgrößen am rechten Kragarm bereits bekannt sind.

$$\Rightarrow Q = q \cdot l = 10{,}0 \cdot 2{,}0 = 20{,}0 \text{ kN}$$

$$\Rightarrow M = -\frac{q \cdot l^2}{2} = -\frac{10{,}0 \cdot 2{,}0^2}{2} = -20{,}0 \text{ kNm}$$

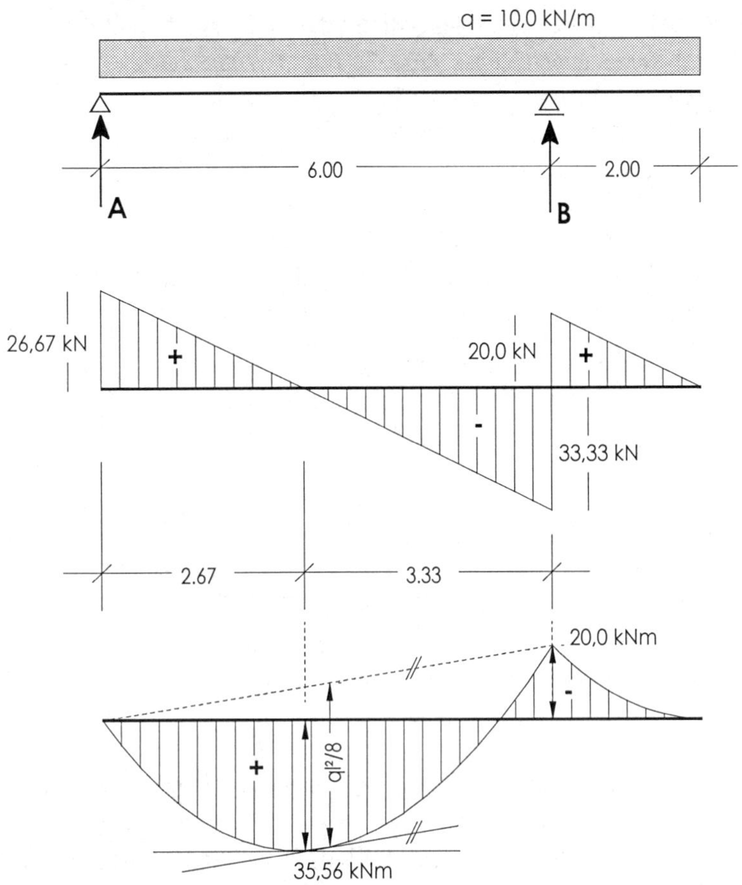

Q - Verlauf
(1 cm = 20 kN)

M - Verlauf
(1 cm = 20 kNm)

Das Biegemoment des Einfeldträgers $M = q \cdot l^2/8 = 10{,}0 \cdot 6{,}0^2 8 = 45{,}0$ kNm wird durch das Kragmoment auf 35,56 kNm vermindert. Für die Dimensionierung des Trägers ergibt sich daher gegenüber dem Einfeldträger ohne Kragarm ein geringeres Bemessungsmoment, der Querschnitt kann also bei gleicher Stützweite des Feldes und gleicher Belastung kleiner ausgeführt werden.

Die Parabel des Momentenverlaufs hat an der Stelle von M_{max} eine horizontale Tangente, in Feldmitte eine zur Bezugslinie der Parabel parallele Tangente.

Ein negatives Biegemoment bedeutet, dass an der Querschnittsoberseite Zugspannungen entstehen, ein positives Biegemoment zeigt Zugspannungen an der Unterseite an.

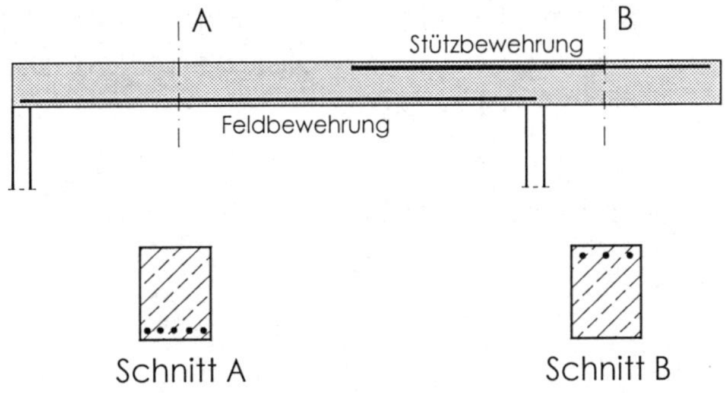

In einem Stahlbetonträger müssen die negativen Kragmomente durch eine obenliegende Stützbewehrung, die positiven Feldmomente durch eine untenliegende Feldbewehrung aufgenommen werden.

Durch eine geeignete Stützenstellung bzw. durch ein bestimmtes Verhältnis von Kragarmlänge zur Feldlänge kann erreicht werden, dass das Stützmoment und das Feldmoment dem Betrag nach gleich groß werden.

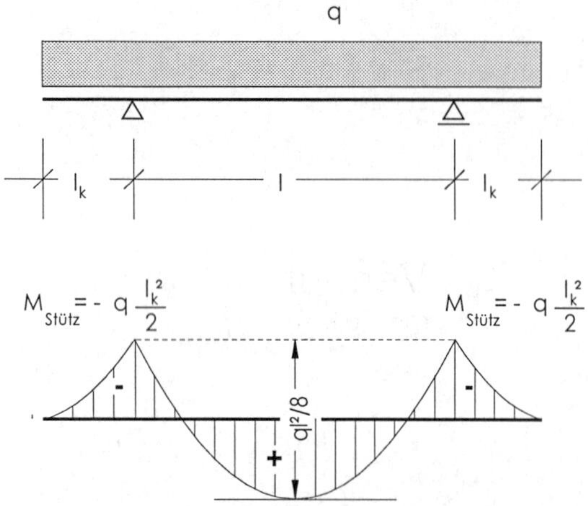

$$M_{Stütz} = -\frac{q \cdot l_k^2}{2}$$

$$M_{Feld} = \frac{q \cdot l^2}{8} - \frac{q \cdot l_k^2}{2} = M_{Stütz} + \frac{q \cdot l^2}{8}$$

mit $|M_{Stütz}| = |M_{Feld}|$:

$$\frac{q \cdot l_k^2}{2} = \frac{q \cdot l^2}{8} - \frac{q \cdot l_k^2}{2}$$

$$l_k^2 = \frac{l^2}{8}$$

$$l_k = \frac{1}{\sqrt{8}} \cdot l \qquad \Rightarrow l_k = 0{,}354 \cdot l$$

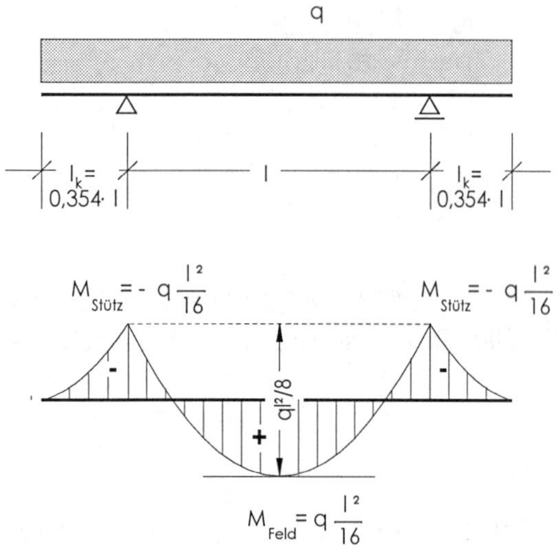

Die $q \cdot l^2/8$ - Parabel wird so weit nach oben gehoben, dass sie sich je zur Hälfte auf das Feld- und Stützmoment aufteilt. Der Träger muss dann nur noch für ein Biegemoment

$$M = \frac{q \cdot l^2}{16}$$

bemessen werden.

Dies ist ein wirtschaftliches Tragwerk, weil der Träger an drei Stellen optimal ausgenützt ist.

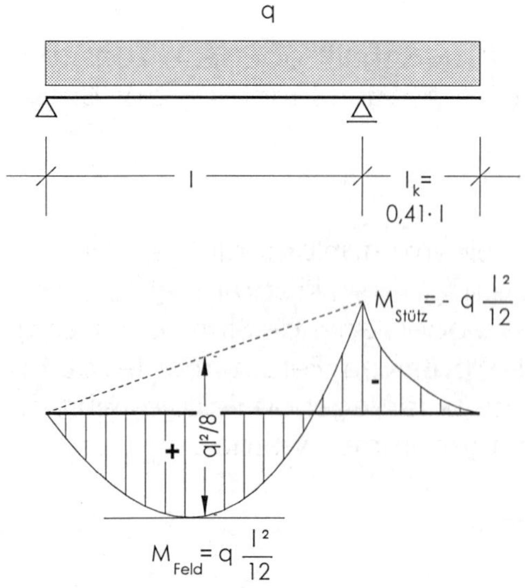

Für den Balken mit einseitigem Kragarm führen ähnliche Überlegungen dazu, dass bei einer Kragarmlänge $l_k = 0{,}41 \cdot l$ das Stützmoment und das Feldmoment dem Betrag nach den gleichen Wert annehmen, und zwar:

$$\Rightarrow |M_{Stütz}| = |M_{Feld}| \approx \frac{q \cdot l^2}{12}$$

Durch die Wahl des statischen Systems eines Tragwerks lässt sich die Größe der Biegemomente und damit die erforderliche Konstruktionshöhe beeinflussen. Es ist also sinnvoll, sich über mögliche Stützenstellungen Gedanken zu machen. Dies soll am Beispiel einer Halle mit 20,5 m Breite erläutert werden.

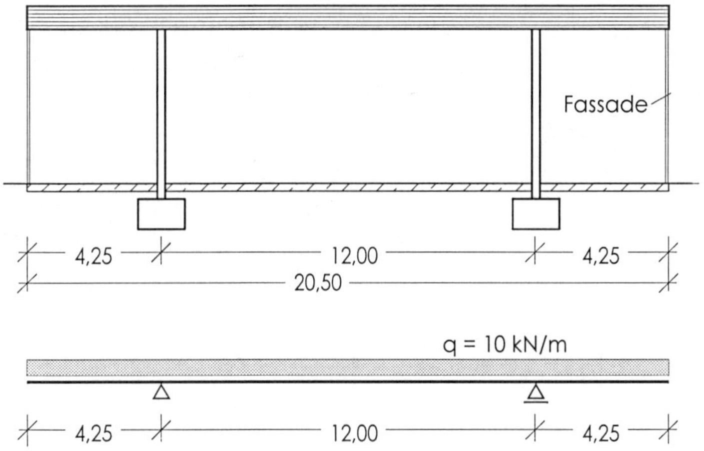

- Variante 1:

optimales Verhältnis von Kragarmlänge und Feldlänge

$l + 2 \cdot l_k = 20{,}50$ m

mit $l_k = 0{,}354 \cdot l$

$l + 2 \cdot 0{,}354 \cdot l = 20{,}50$ m

$$l = \frac{20{,}50}{1{,}708} = 12{,}00 \text{ m}$$

$$l_k = \frac{20{,}50 - 12{,}00}{2} = 4{,}25 \text{ m}$$

Biegemoment:

$$\Rightarrow |M_{Stütz}| = |M_{Feld}| = \frac{q \cdot l^2}{16} = \frac{10{,}0 \cdot 12{,}0^2}{16} = 90 \text{ kNm}$$

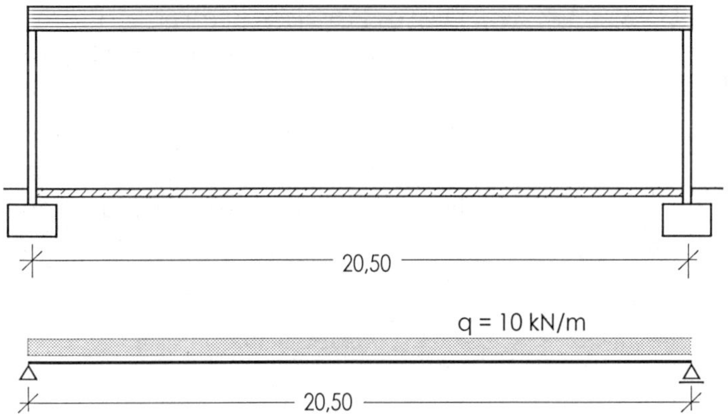

- Variante 2:

Einfeldträger über gesamte Hallenbreite.

Gleiche Stützen und Fundamentlasten wie bei Variante 1.

Die gesamte Hallenbreite ist frei verfügbar, was aber eventuell von der vorgesehenen Nutzung her gar nicht nötig ist.

Biegemoment:

$$\Rightarrow M_{Feld} = \frac{q \cdot l^2}{8} = \frac{10{,}0 \cdot 20{,}5^2}{8} = 525 \text{ kNm}$$

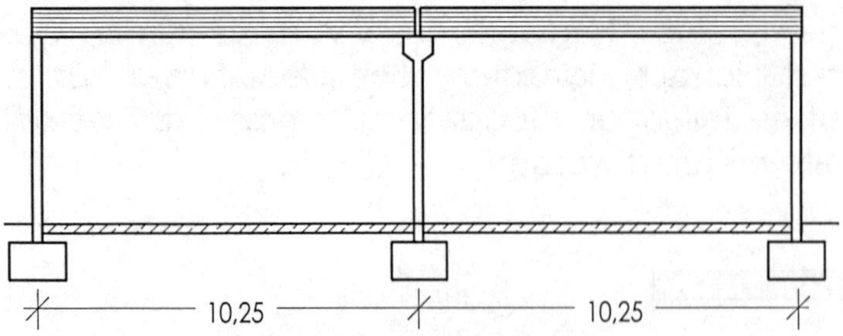

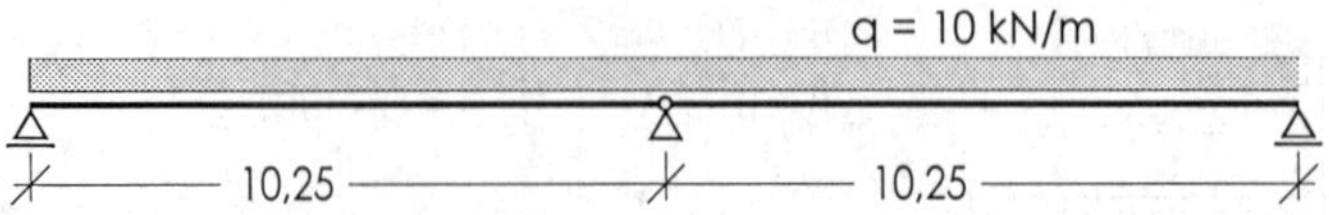

• Variante 3:

Zwei Einfeldträger mit jeweils 10,5 m Stützweite.

Durch die dritte Stützenreihe wird die freie Verfügbarkeit der Hallenbreite ebenfalls eingeschränkt.

Der Aufwand für Stützen und Fundamente steigt gegenüber den Varianten 1 und 2 um ca. 50%.

Biegemoment:

$$\Rightarrow M_{Feld} = \frac{q \cdot l^2}{8} = \frac{10{,}0 \cdot 10{,}25^2}{8} = 131 \text{ kNm}$$

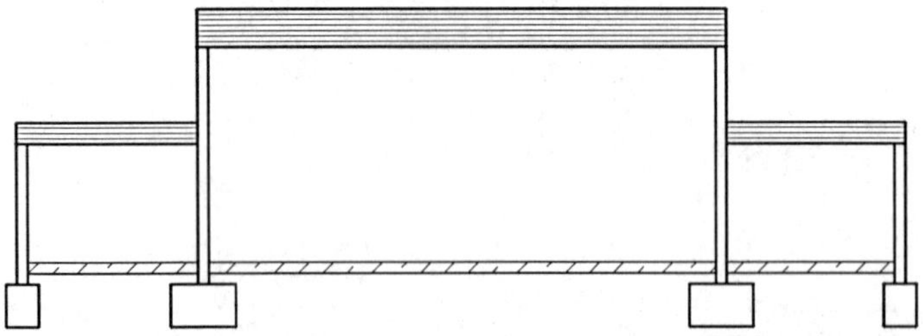

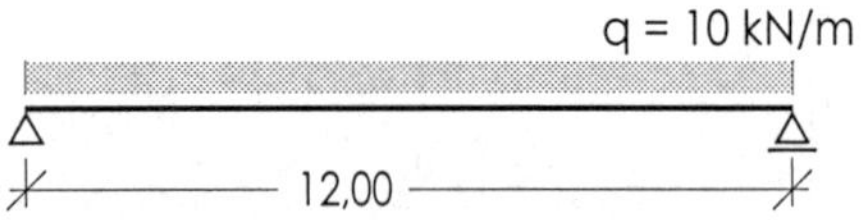

• Variante 4:

Einfeldträger mit 12,0 m Stützweite und zwei kurzen Einfeldträgern.

Diese Lösung kann sich ergeben, wenn für seitliche Nebenräume eine geringere Höhe ausreicht. Allerdings sind jetzt insgesamt vier Stützen- und Fundamentreihen erforderlich.

Biegemoment:

$$\Rightarrow M_{Feld} = \frac{q \cdot l^2}{8} = \frac{10{,}0 \cdot 12{,}0^2}{8} = 180 \text{ kNm}$$

Eine Möglichkeit, die Verteilung der Biegemomente bei beliebiger Stützenstellung zu beeinflussen, ist dadurch gegeben, die Kragarme durch Einzellasten zu belasten bzw. nach unten zu verankern. Ist z. B. aus zwingenden Nutzungsanforderungen ein Stützenabstand von 15,0 m erforderlich, ergibt sich bei gleichbleibender Hallenbreite von 20,5 m folgendes statische System:

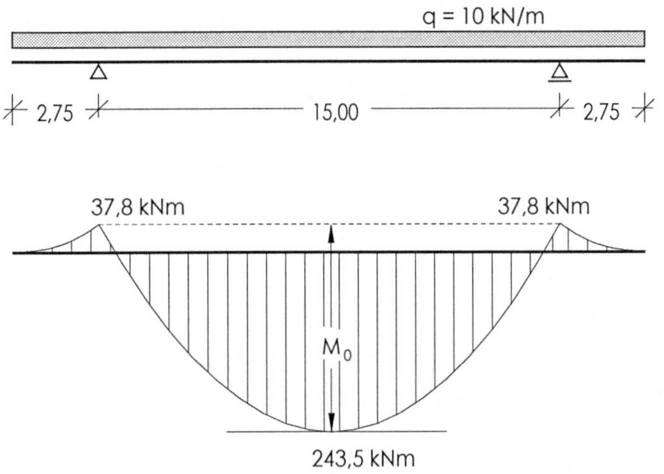

Das Stützmoment ergibt sich zu:

$$M_{Stütz} = -\frac{10{,}0 \cdot 2{,}75^2}{2} = -37{,}8 \text{ kNm}$$

Die $M_0 = q \cdot l^2/8$ - Parabel "hängt" zwischen den beiden Stützmomenten:

$$M_0 = \frac{10{,}0 \cdot 15{,}0^2}{8} = 281{,}3 \text{ kNm}$$

Das Feldmoment ergibt sich zu:

$$M_{Feld} = M_{Stütz} + M_0$$

$$M_{Feld} = -37{,}8 + 281{,}3 = 243{,}5 \text{ kNm}$$

Durch eine zusätzliche Last an den Kragarmspitzen lässt sich das Feldmoment beliebig verringern, theoretisch auf den Wert Null. Letzteres ist jedoch nicht sinnvoll, da dann das Stützmoment entsprechend groß wird.

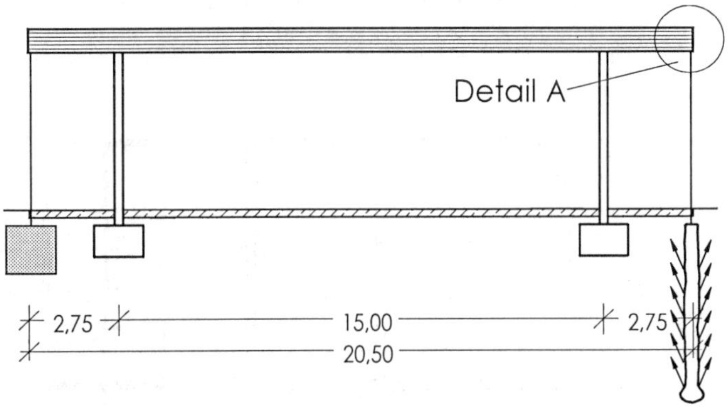

Die Einzellast an der Kragarmspitze kann durch ein Schwergewichtfundament (linke Seite) oder durch einen Zugpfahl (rechte Seite) entwickelt werden. Der Pfahl gibt die Kraft über die sogenannte Mantelreibung, die über den Pfahlumfang verteilt ist, an den Baugrund ab.

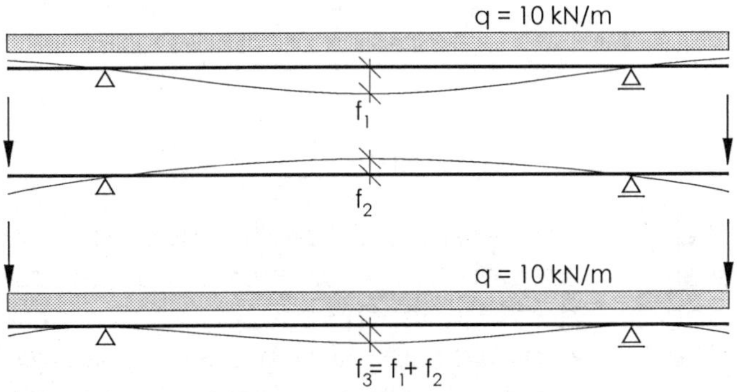

Die positive (nach unten gerichtete) Durchbiegung f_1 im Feld aus der Gleichlast q wird durch die negative (nach oben gerichtete) Durchbiegung f_2 aus den Einzellasten verringert. Eine geringere Durchbiegung bedeutet auch ein geringeres Biegemoment.

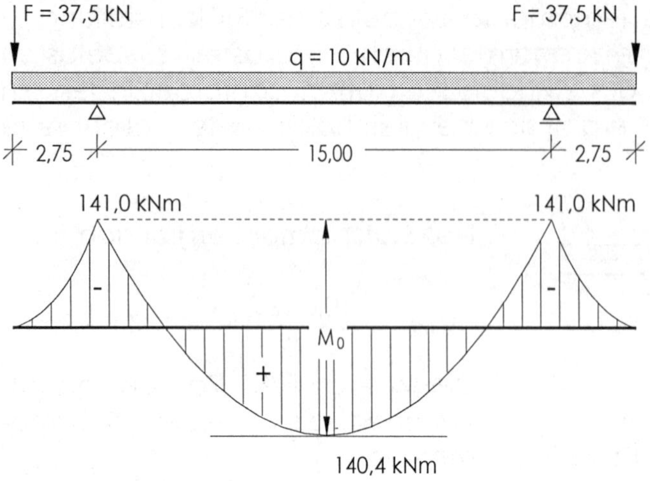

Werden die Kragarmspitzen mit Einzellasten F = 37,5 kN belastet, ergibt sich ein Stützmoment:

$$M_{Stütz} = -\frac{10{,}0 \cdot 2{,}75^2}{2} - 37{,}5 \cdot 2{,}75 =$$
$$= -37{,}8 - 103{,}2 = -141{,}0 \text{ kNm}$$

Damit ergibt sich ein Feldmoment

$$M_{Feld} = M_{Stütz} + M_0$$

$$M_{Feld} = -141{,}0 + 281{,}3 = 140{,}4 \text{ kNm}$$

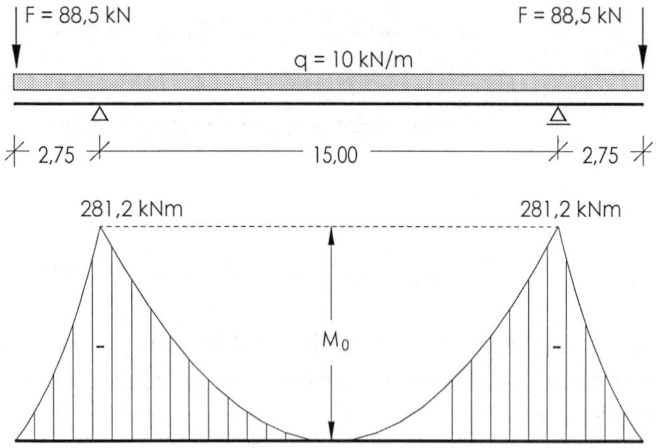

Werden die Kragarmspitzen mit Einzellasten F = 88,5 kN belastet, ergibt sich ein Stützmoment:

$$M_{Stütz} = -\frac{10{,}0 \cdot 2{,}75^2}{2} - 88{,}5 \cdot 2{,}75 =$$
$$= -37{,}8 - 243{,}4 = -281{,}2 \text{ kNm}$$

Damit ergibt sich ein Feldmoment:

$$M_{Feld} = M_{Stütz} + M_0$$

$$M_{Feld} = -281{,}2 + 281{,}3 \approx 0$$

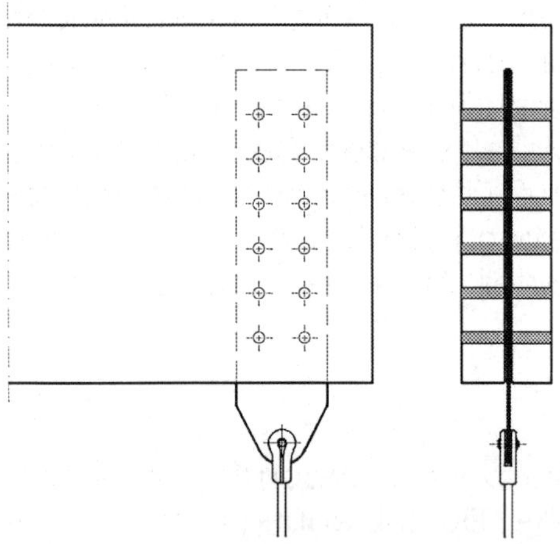

Detailpunkt A Holzbau

Die nach unten wirkende Zugkraft des Zugstabes wird über einen Anker aus Gusseisen in eine Blechlasche geleitet, die in den Brettschichtholzträger eingeschlitzt ist. Die Lastübertragung in das Holz erfolgt über Stabdübel.

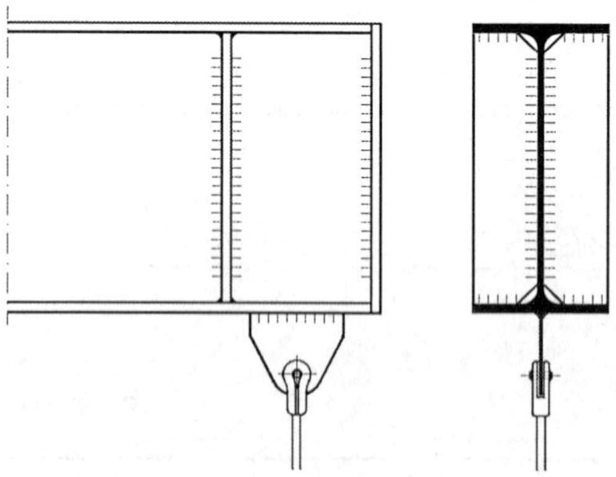

Detailpunkt A Stahlbau

Das Anschlusstück aus Flachstahl ist an den Untergurt des Doppel-T-Trägers angeschweißt. Die gesamte Zugkraft muss durch die nachzuweisenden Schweißnähte aufgenommen werden.

5.3 Der Gelenkträger

5.3.1 Grundlagen

Wird die Stützweite für einen Einfeldbalken oder eine Einfeldplatte zu groß, sollten Zwischenunterstützungen in Form von Unterzügen, Stützen oder Wänden vorgesehen werden. Bieten sich aus der Grundrisskonzeption Zwischenunterstützungen an, sollten diese aus wirtschaftlichen Gründen und um die erforderliche Konstruktionshöhe gering zu halten, genutzt werden.

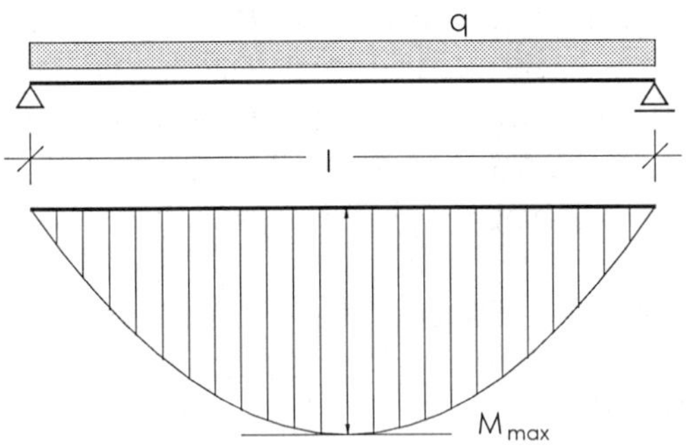

Ein Einfeldbalken, Stützweite l, wird durch ein Biegemoment beansprucht:

$$\Rightarrow M_{max} = q \cdot \frac{l^2}{8}$$

Er kann durch Zwischenunterstützungen z.B. in zwei oder drei Felder unterteilt werden.

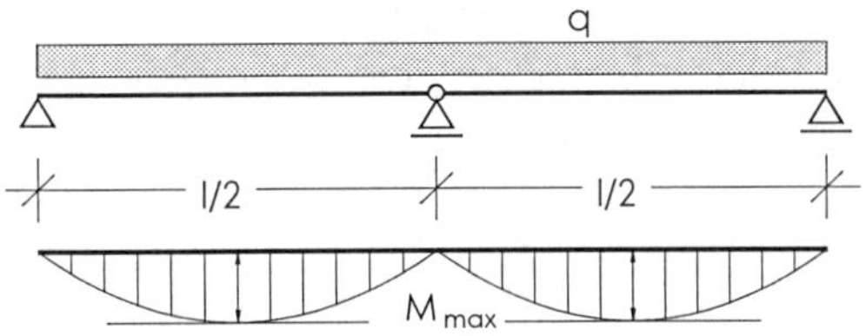

Unterteilung in zwei Felder mit l/2:

$$\Rightarrow M_{max} = q \cdot \frac{(l/2)^2}{8} = q \cdot \frac{l^2}{32}$$

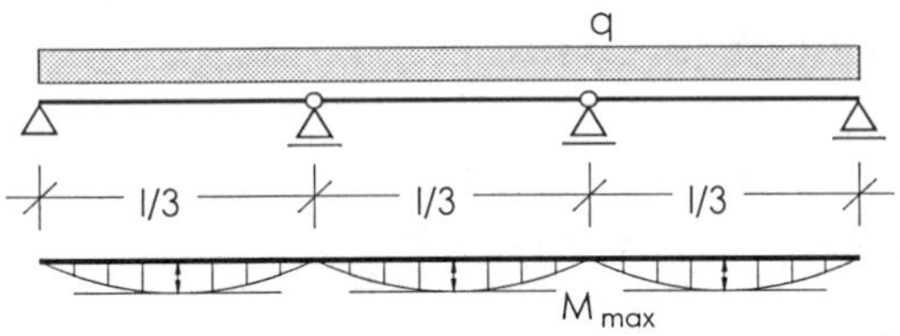

Unterteilung in drei Felder mit l/3:

$$\Rightarrow M_{max} = q \cdot \frac{(l/3)^2}{8} = q \cdot \frac{l^2}{72}$$

Durch die Verkürzung der Stützweite kann die Biegebeanspruchung auf 8/32 = 1/4 bzw. auf 8/72 = 1/9 des Ausgangswertes reduziert werden. Entsprechend reduziert sich auch die erforderliche Konstruktionshöhe. Beim Rechteckbalken (und ähnlich auch bei anderen Querschnittsformen), gilt:

- Stützweite halbiert → 1/2 Querschnittshöhe
- Stützweite gedrittelt → 1/3 Querschnittshöhe

Dieser Zusammenhang ist beim Entwurf auf jeden Fall zu berücksichtigen. Es sollten unnötig große Stützweiten vermieden werden. Auch eine Verkürzung der Stützweite um 10% oder 20% führt schon zu einer Verringerung der erforderlichen Konstruktionshöhe.

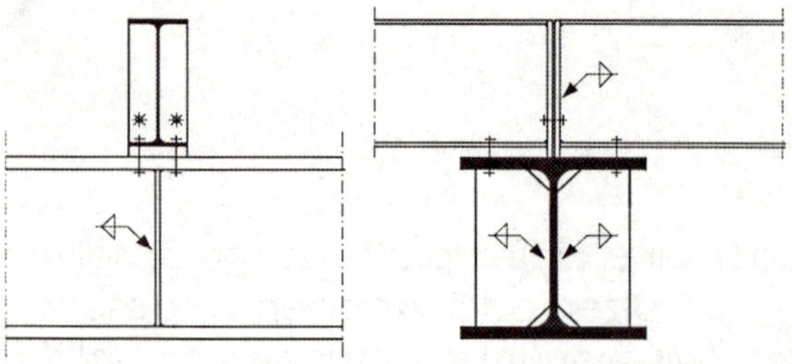

Stahlbau:

Gelenkiger Anschluss von zwei Einfeldträgern auf einem querlaufenden Unterzug. Die Drehbarkeit ist durch angeschweißte Kopfplatten gegeben, eine horizontale Sicherung muss gewährleistet sein.

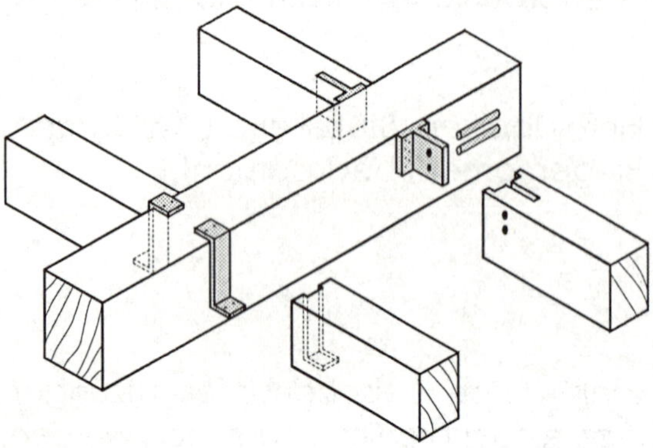

Holzbau:

Die Deckenbalken können an den Unterzug z.B. mit T-förmigen Blechteilen, die am Unterzug angenagelt sind, angeschlossen werden. Die eingeschlitzten Deckenbalken werden mit Stabdübeln angeschlossen.

Auch ein Einhängen der Deckenträger mit Stahl-Z-Profilen ist möglich (nur für Brettschicht- und Konstruktionsvollholz).

Eine weitere Reduzierung der Biegemomente und damit der Querschnittshöhe kann erreicht werden, wenn die Gelenke nicht über den Auflagern angeordnet werden, sondern von den Auflagern in die benachbarten Felder verschoben werden. Dies führt zum sogenannten Gelenkträger.

5.3.2 Bildungsprinzip

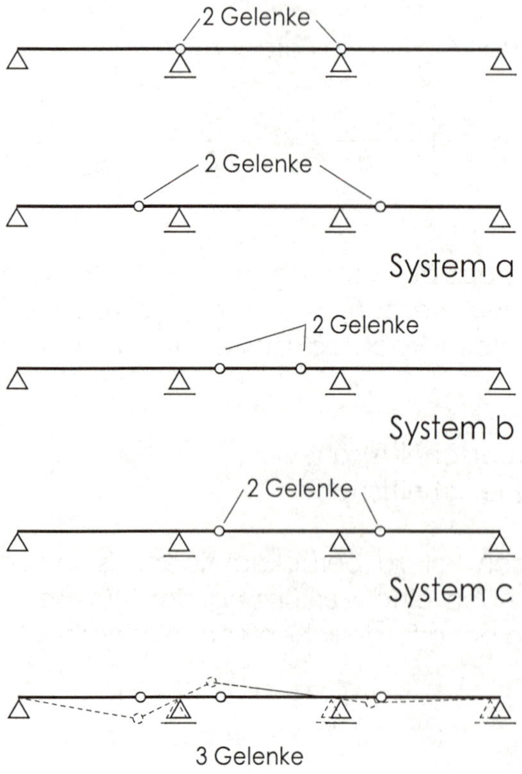

Aus der Kette von Einfeldträgern über drei Felder ist zu erkennen:

2 Innenstützen $\rightarrow$ 2 Gelenke
m Innenstützen $\rightarrow$ m Gelenke

3 Felder $\rightarrow$ 2 Gelenke
n Felder $\rightarrow$ (n - 1) Gelenke

- Die erforderliche Anzahl der Gelenke entspricht der Anzahl der Innenstützen oder der Anzahl der Felder verringert um eins.
- In den Endfeldern ist nur ein Gelenk zulässig.
- Ein Auflager muss horizontal fest, alle anderen horizontal verschieblich sein.

Durch Einführen eines überzähligen Gelenks würde das System instabil werden.

Die beiden verbundenen Träger können sich im Gelenk frei verdrehen. Weil die Träger sich im Gelenk widerstandslos verdrehen können, kann im Gelenk nie ein Biegemoment (Biegebeanspruchung) auftreten. Nur wenn ein Biegewiderstand (Widerstandsmoment) von der Konstruktion erzeugt werden kann, ist die Entwicklung eines Biegemoments möglich.

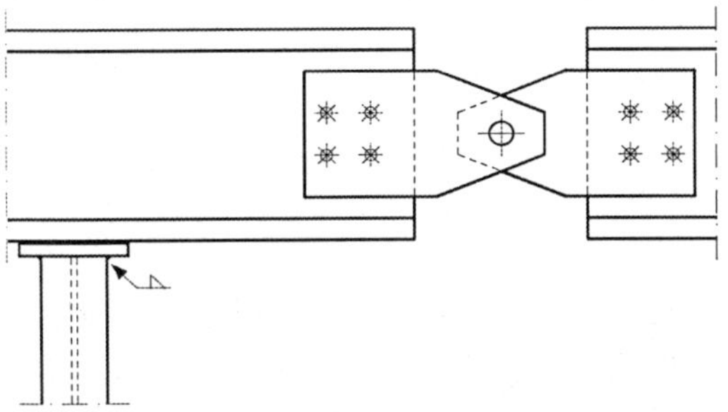

Stahlbau:

Die beiden Doppel-T-Träger werden mit zwei aufgeschraubten Stahllaschen und einen durchgesteckten Bolzen verbunden. Die Träger können sich frei verdrehen, die Verbindung wirkt wie ein "echtes" Gelenk.

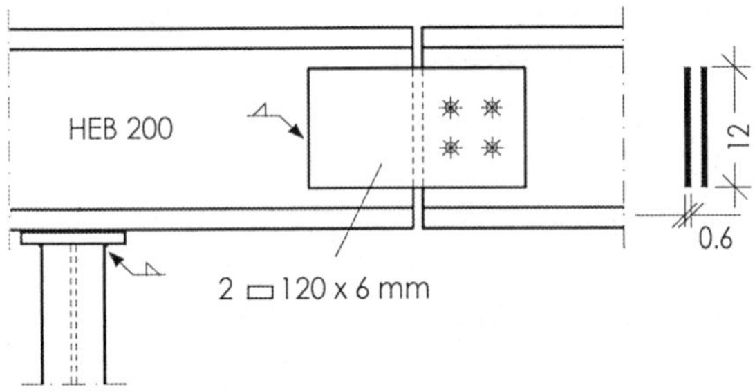

Baupraktisch werden aus wirtschaftlichen Gründen oft keine "echten" Gelenke hergestellt. Verbindet man z.B. zwei Träger HEB 200 mit Laschen 120 x 6 mm, die am linken Träger angeschweißt und mit dem rechten verschraubt sind, ist die freie Verdrehbarkeit eigentlich nicht gegeben.

Das Widerstandsmoment des Trägers HEB 200 : $W_{HEB} = 570\ cm^3$

Das Widerstandsmoment der Laschen: $W_{II} = 2 \cdot \dfrac{0{,}6 \cdot 12^2}{6} = 28{,}8\ cm^3$

Das sind W_{II}/W_{HEB} = 28,8/570 = 5% der Trägersteifigkeit. Diese "Schwachstelle" im Träger wirkt wie ein Gelenk.

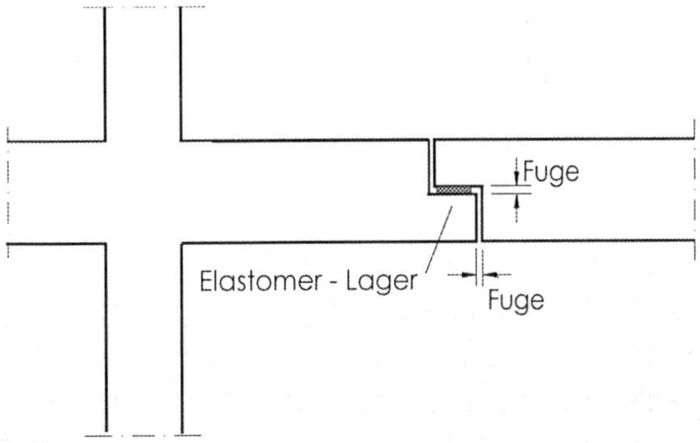

Auch im Stahlbetonbau, insbesonders in der Fertigteilbauweise werden Gelenke ausgeführt. Dazu werden die Träger ausgeklinkt.

Die horizontale und vertikale Fuge muss die Verdrehung der Träger ohne Berührung ermöglichen. Die Breite der Fugen hängt von den Stützweiten ab. In der Fuge muss ein verformbares Lager liegen.

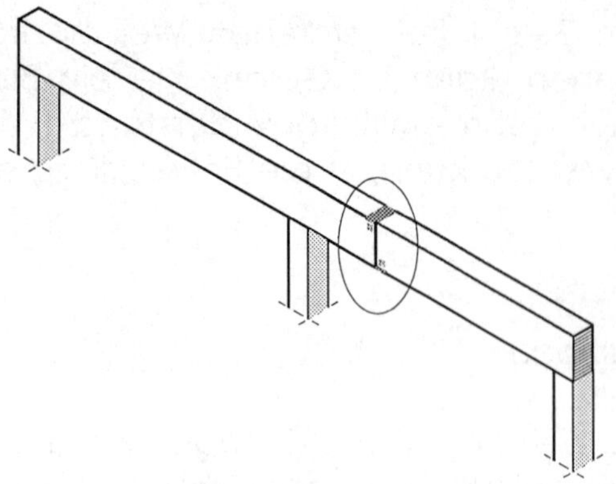

Der Gelenkträger über zwei Felder aus Brettschichtholz besteht aus einem Einfeldträger mit Kragarm und einem sogenannten Einhängeträger. Zuerst muss der Kragträger montiert werden, dann kann der Einhängeträger aufgelagert werden.

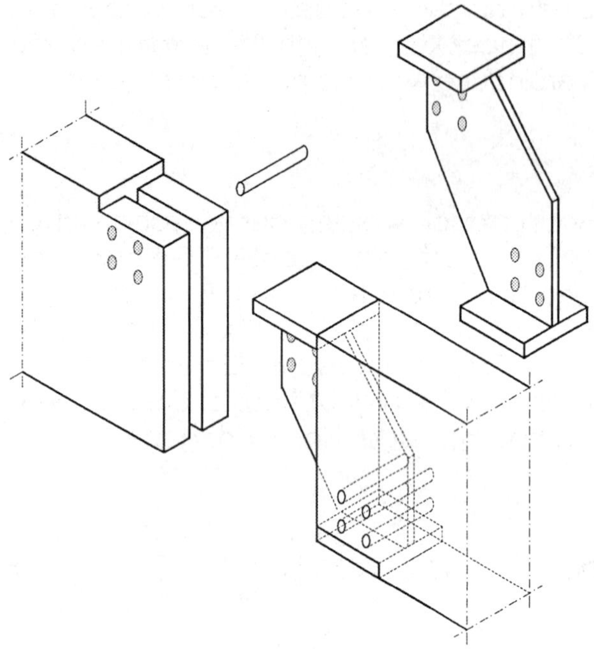

Für die Ausbildung der Gelenke im Brettschichtholzbau gibt es sehr viele Lösungen. Meist sind es schräg verlaufende, in die zu verbindenden Holzteile eingeschlitzte Stahlbleche, die mit Stabdübeln angeschlossen werden.

Das aus Blechen verschweißte Einbauteil kann bereits im Werk entweder an den Einfeldträger mit Kragarm oder an den Einhängeträger montiert werden.

Auf der Baustelle müssen dann nur noch die Stabdübel in die vorgebohrten Löcher eingeschlagen werden.

Wird mit Vollholz gebaut, ergibt sich im Gegensatz zum Brettschichtholz allein aus den begrenzten Lieferlängen die Notwendigkeit von Stößen. Es ist dann statisch sinnvoller, statt einer Einfeldträgerkette einen Gelenkträger auszubilden.

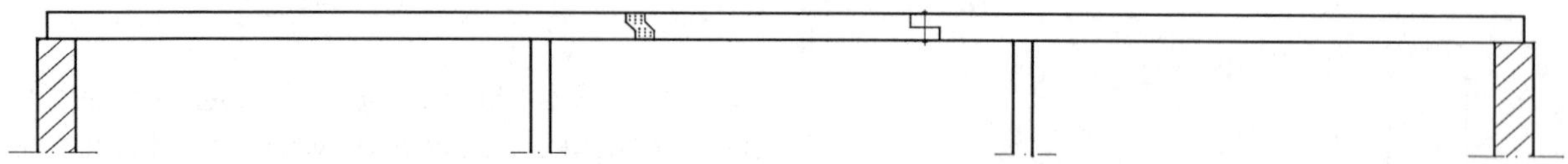

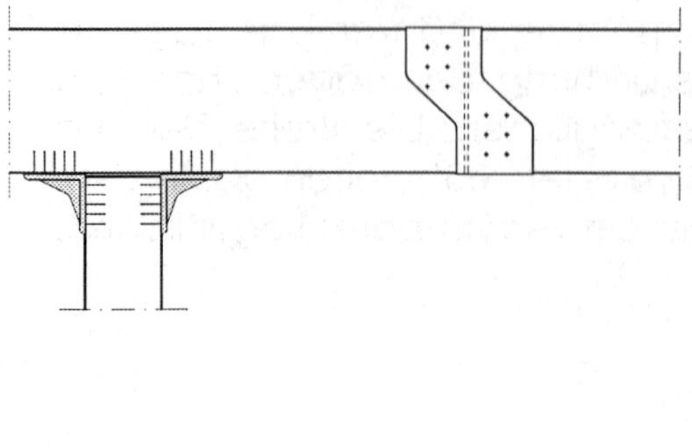

Gebräuchlich sind bauaufsichtlich zugelassene Gelenkverbinder verschiedener Hersteller aus 2 bis 3 mm dicken feuerverzinkten Stahlblechen, die beidseits mit Sondernägeln befestigt werden. Sie sind in verschiedenen Größen auf dem Markt.

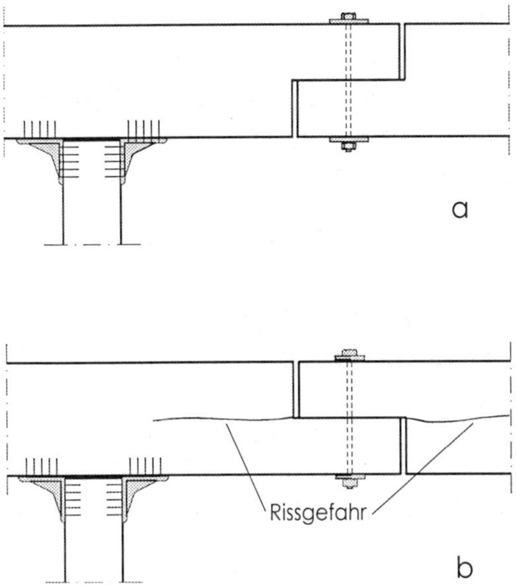

Eine andere Art des Gelenks ist die Ausklinkung. Nach Montage des Kragträgers wird der Einhängeträger eingebaut. Fall a ist schwieriger zu montieren, da der Einhängeträger unten angehängt wird. Der Bolzen ist durch die Auflagerkraft des Einhängeträgers auf Zug beansprucht. Zur Lastverteilung sind Unterlegscheiben erforderlich.

Fall b ist einfach zu montieren, da der Einhängeträger auf die Kragarmspitze aufgelegt werden kann. Der Bolzen ist nur konstruktiv zur Lagesicherung und zur Übertragung eventueller Längskräfte in der Pfette erforderlich. Es besteht jedoch die Gefahr des Aufreißens, Deshalb ist Lösung a die konstruktiv bessere Lösung.

5.3.3 Berechnung

Ein Gelenkträger setzt sich immer aus den bekannten Systemen Einfeldträger und Einfeldträger mit einseitigem oder beidseitigem Kragarm zusammen. Er ist deshalb mit den bereits bekannten Zusammenhängen einfach berechenbar. Dazu muss der Gelenkträger in Einzelsysteme zerlegt werden.

Zuerst wird immer der Träger berechnet, der den nächsten Träger belastet. Am Beispiel eines Gelenkträgers über drei Felder wird dies erläutert.

- System a (2 Gelenke in den Randfeldern)

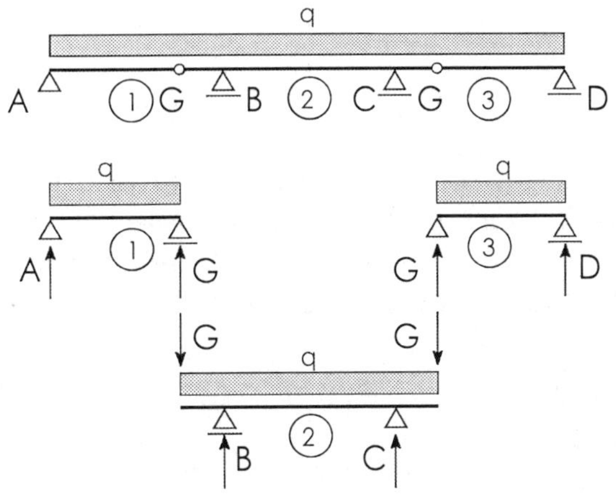

1. Träger 1 (Einfeldträger) liegt auf A und über das Gelenk G auf Träger 2 auf, belastet durch Gleichlast q.

2. Träger 3 (Einfeldträger) liegt auf D und über das Gelenk G auf Träger 2 auf, belastet durch Gleichlast q.

3. Träger 2 (Einfeldträger mit beidseitigem Kragarm) liegt auf B und C auf, belastet durch Gleichlast q und Einzellasten G auf der Kragarmspitze.

   Träger 1 und 3 werden auch als Einhängeträger bezeichnet.

- System b (2 Gelenke im Innenfeld)

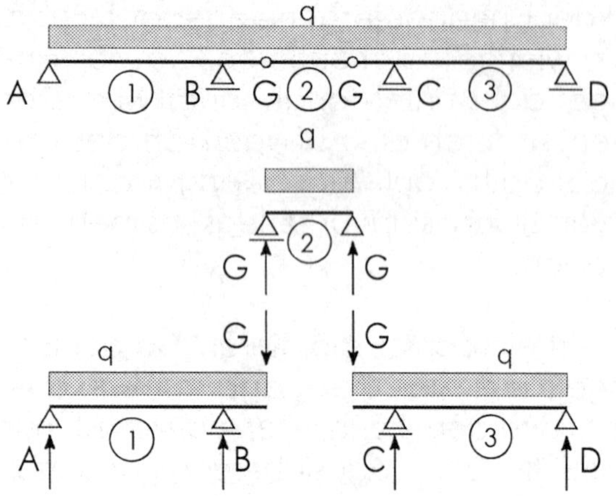

1. Träger 2 (Einfeldträger) liegt über die Gelenke G auf Träger 1 und 3 auf, belastet durch Gleichlast q.
2. Träger 1 (Einfeldträger mit einseitigem Kragarm) liegt auf A und B auf, belastet durch Gleichlast q und Einzellast G auf der Kragarmspitze.
3. Träger 3 (Einfeldträger mit einseitigem Kragarm) liegt auf C und D auf, belastet durch Gleichlast q und Einzellast G auf der Kragarmspitze.

- System c (1 Gelenk im Innenfeld, 1 Gelenk im Randfeld)

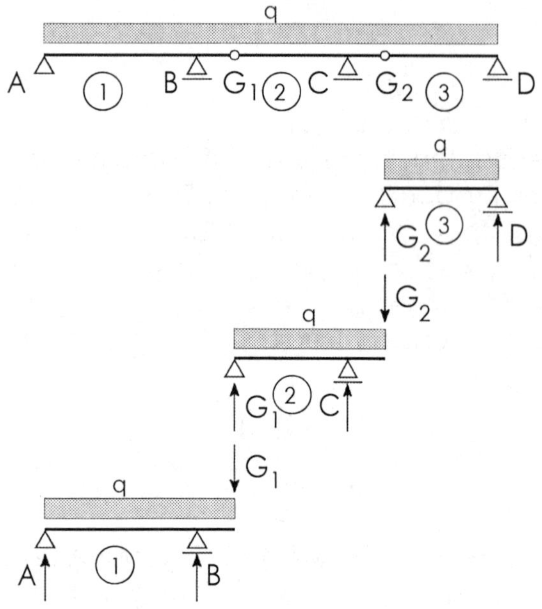

1. Träger 3 (Einfeldträger) liegt auf D und über das Gelenk G_2 auf Träger 2 auf, belastet durch Gleichlast q.
2. Träger 2 (Einfeldträger mit einseitigem Kragarm) liegt auf C und über das Gelenk G_1 auf Träger 1 auf, belastet durch Gleichlast q und Einzellast G_2 auf der Kragarmspitze. Träger 2 wird auch als Koppelträger bezeichnet.
3. Träger 3 (Einfeldträger mit einseitigem Kragarm) liegt auf A und B auf, belastet durch Gleichlast q und Einzellast G_1 auf der Kragarmspitze.

In dieser Reihenfolge ist das jeweilige Gesamtsystem schrittweise zu berechnen. In allen drei Fällen sind bei gleicher Belastung q und gleichen Feldweiten l die Grundmomente $M_0 = q \cdot l^2/8$ gleich, sie werden durch die Gelenkverschiebung aus den Auflagern heraus durch die Erzeugung von Kragmomenten nur angehoben.

Mit Hilfe der Zusammenhänge zwischen Biegelinie, Belastung und Biegemoment kann man die Schnittgrößen Q und M qualitativ ermitteln, beispielhaft am System a.

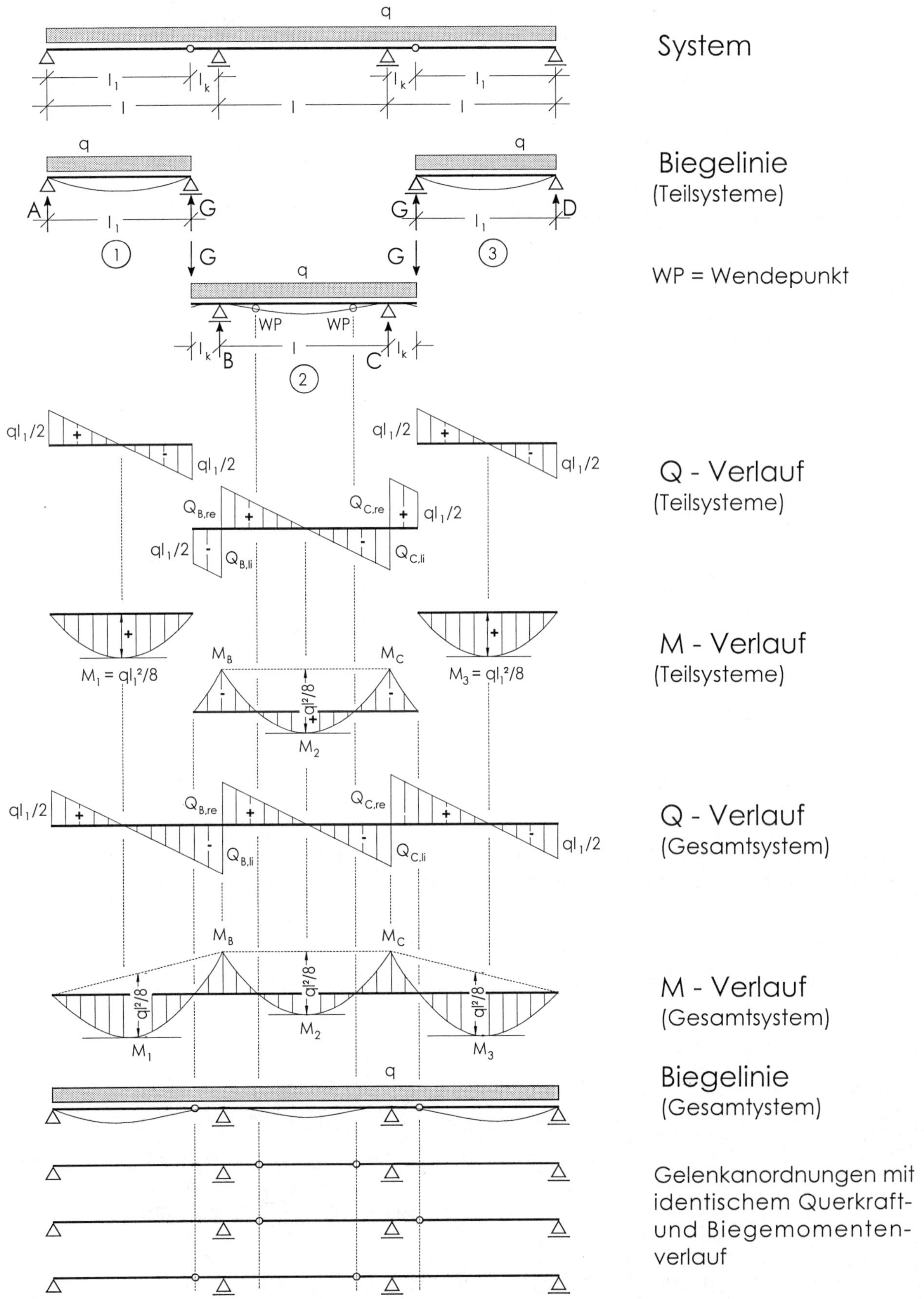

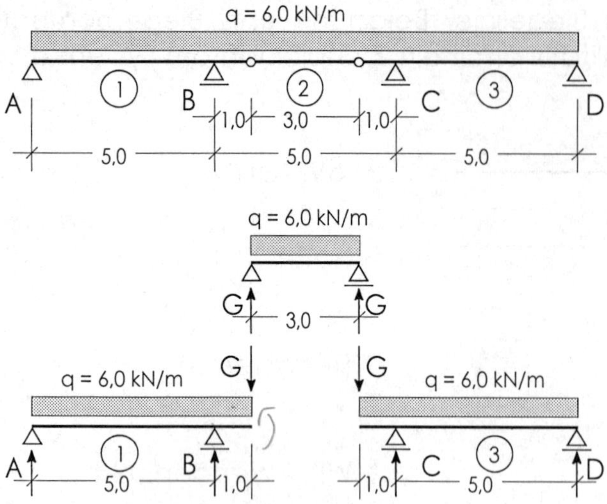

Beispiel (System b):

- Einhängeträger 2:

$$\Rightarrow G = q \cdot \frac{l}{2} = 6{,}0 \cdot \frac{3{,}0}{2} = 9{,}0 \text{ kN}$$

$$\Rightarrow M_2 = q \cdot \frac{l^2}{8} = 6{,}0 \cdot \frac{3{,}0^2}{8} = 6{,}75 \text{ kNm}$$

- Kragträger 1:

$$\Sigma V: \; q \cdot 6{,}0 + G - A - B = 0$$

$$A = 6{,}0 \cdot 6{,}0 + 9{,}0 - B = 45{,}0 - B$$

$$\Sigma M_A: \; q \cdot 6{,}0 \cdot \frac{6{,}0}{2} + G \cdot 6{,}0 - B \cdot 5{,}0 = 0$$

$$\Rightarrow B = \frac{1}{5{,}0} \left(6{,}0 \cdot 6{,}0 \cdot 3{,}0 + 9{,}0 \cdot 6{,}0\right) = 32{,}4 \text{ kN}$$

$$\Rightarrow A = 45{,}0 - 32{,}4 = 12{,}6 \text{ kN}$$

- Stützmoment M_B:

$$\Rightarrow M_B = -q \cdot \frac{l_k^{\,2}}{2} - G \cdot l_k = -6{,}0 \cdot \frac{1{,}0^2}{2} - 9{,}0 \cdot 1{,}0 = -12{,}0 \text{ kNm}$$

- Das maximale Feldmoment in Feld 1 wird über den Inhalt der Querkraftfläche ermittelt. Dazu muss die Nullstelle des Q - Verlaufs ermittelt werden.

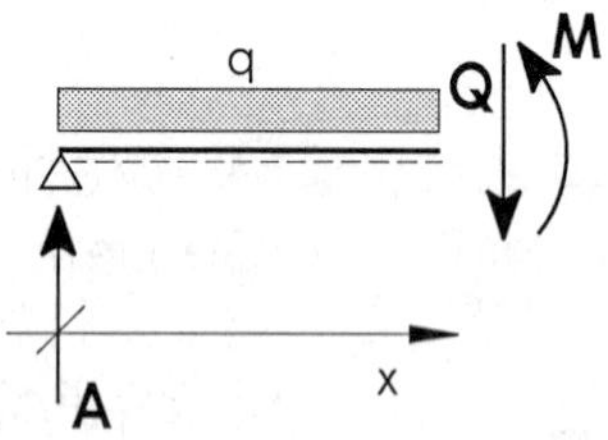

Allgemein gilt:

$$\Sigma V: \; q \cdot x + Q - A = 0$$

$$\text{Nullstelle: } x = \frac{A}{q}$$

$$x = \frac{12{,}6}{6{,}0} = 2{,}1 \text{ m}$$

$$\Rightarrow M_{max} = 12{,}6 \cdot \frac{2{,}1}{2} = 13{,}23 \text{ kNm}$$

- Kragträger 3: analog zu Kragträger 1

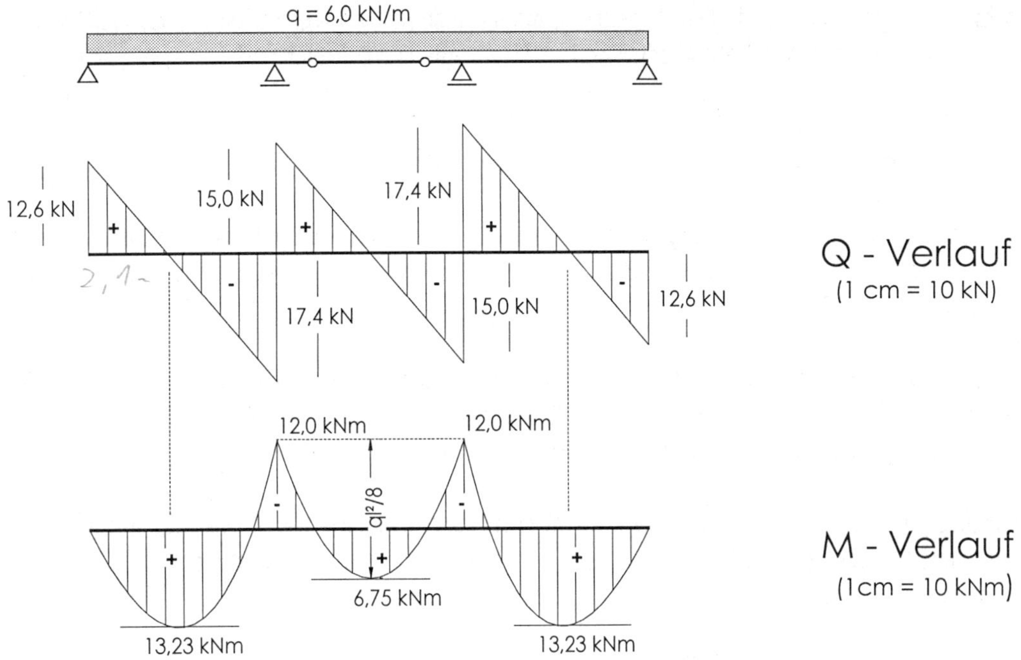

Zum Vergleich der Unterschiede im Tragverhalten von Einfeldträgerkette und Gelenkträger werden drei Felder mit ebenfalls 5,0 m Stützweite und der gleichen Belastung q = 6,0 kN/m untersucht.

$$\Rightarrow A = q \cdot \frac{l}{2} = 6{,}0 \cdot \frac{5{,}0}{2} = 15{,}0 \text{ kN}$$

$$\Rightarrow B = 2 \cdot 15{,}0 = 30{,}0 \text{ kN}$$

$$\Rightarrow M_1 = M_2 = M_3 = q \cdot \frac{l^2}{8} = 6{,}0 \cdot \frac{5{,}0^2}{8} = 18{,}75 \text{ kNm}$$

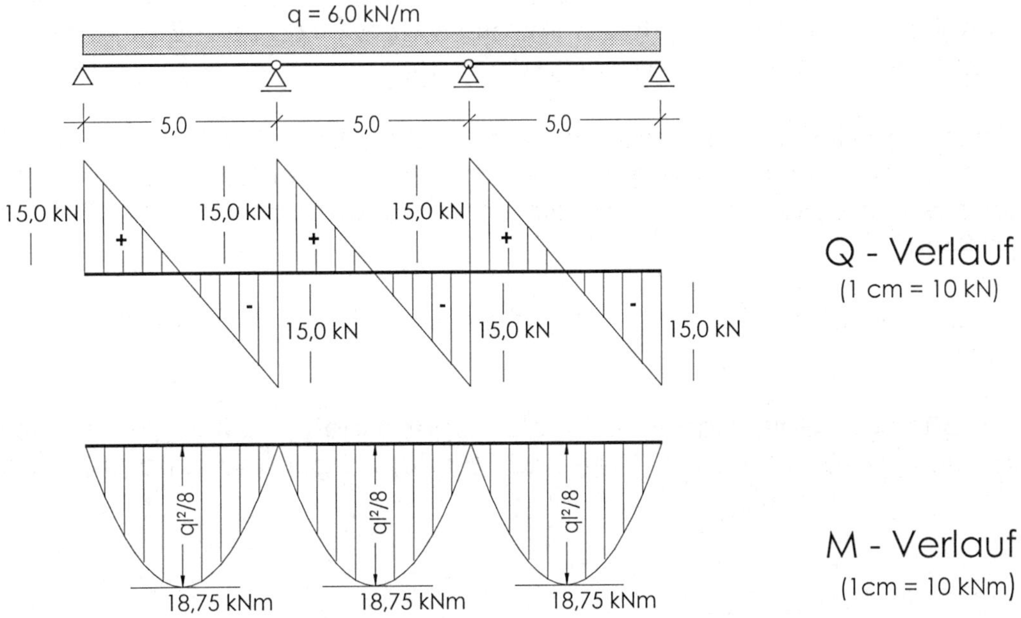

Der Größtwert des Biegemoments liegt beim Gelenkträger im Randfeld 1 bzw. 3 mit $M_1 = M_3 = 13{,}23$ kNm, bei der Einfeldträgerkette dagegen im Feld mit $M_1 = M_2 = M_3 =$ $= 18{,}75$ kNm.

Ergebnis (Unterschiede Gelenkträger - Einfeldträgerkette):

- Die Feldmomente des Gelenkträgers sind geringer als die der Einfeldträgerkette, Verringerung von 18,75 kNm auf 13,23 kNm (- 30%). Dies führt zu geringeren Durchbiegungen.

- Der Größtwert des Biegemoments als Bemessungsmoment für die Dimensionierung ist beim Gelenkträger damit um 30% kleiner als bei der Einfeldträgerkette, dies führt zu einer geringeren Querschnittshöhe.

- Die Außenauflager des Gelenkträgers sind mit 12,6 kN um 16% weniger belastet als die Außenauflager der Einfeldträgerkette mit 15 kN. Es können schlankere Stützen ausgeführt werden.

- Die Innenauflager des Gelenkträgers sind dagegen mit 32,4 kN gegenüber der Einfeldträgerkette mit 30 kN nur um 8% mehr belastet.

5.3.4 Ausgleich der Biegemomente

Im vorher untersuchten Beispiel eines Gelenkträgers schwanken die Werte der Biegemomente zwischen 6,75 kNm im Innenfeld und 13,23 kNm in den Randfeldern. Die Stützmomente liegen mit 12,0 kNm dazwischen.

Die Verteilung der Biegemomente ist natürlich von der Lage der Gelenke abhängig. Im Beispiel liegen die Gelenke 1,0 m von den Stützen B und C entfernt im Innenfeld, damit ergibt sich für die Träger 1 und 3 eine Kragarmlänge von 1,0 m. Wenn z.B. erreicht werden soll, dass sich das Biegemoment in den Randfeldern und über den Innenstützen ausgleicht, müssen die Stützmomente M_B bzw. M_C dem Betrag nach größer werden, d.h. der Kragarm muss verlängert werden.

Es kann durch die Lage der Gelenke erreicht werden, dass (beim Dreifeldträger) bei gleichen Stützweiten entweder das Biegemoment in den Randfeldern und die Stützmomente oder das Biegemoment im Innenfeld und die Stützmomente dem Betrag nach gleich groß sind.

Bei gleichen Stützweiten ist es allerdings nicht möglich, alle Feld - und Stützmomente gleich groß zu machen.

Angaben über günstige Gelenklagen und die zugehörigen Größen der Biegemomente und Auflagerkräfte für Zwei-, Drei- und Mehrfeldträger sind in Bautabellen aufgeführt.

z.B. Dreifeldträger mit Gelenken im Innenfeld:

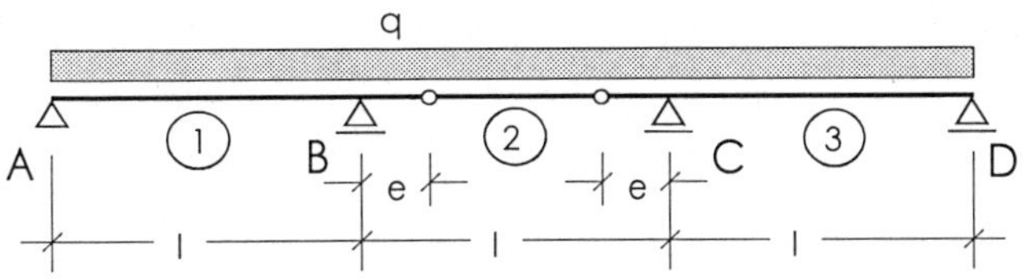

Gelenklage:

$e = 0{,}22 \cdot l$

$A = D = 0{,}414 \cdot q \cdot l$

$B = C = 1{,}086 \cdot q \cdot l$

$M_1 = M_3 = 0{,}0858 \cdot q \cdot l^2$

$M_2 = 0{,}0392 \cdot q \cdot l^2$

$M_B = M_C = -\ 0{,}0858 \cdot q \cdot l^2$

Beispiel:

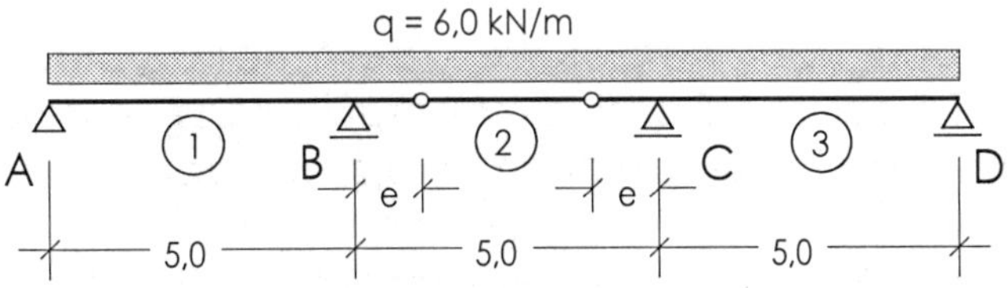

Gleiche Stützweiten l und gleiche Belastung q wie vorhergehendes Beispiel:

- Gelenklage:

$\Rightarrow e = 0{,}22 \cdot l = 0{,}22 \cdot 5{,}0 = 1{,}1$ m

- Auflagerkräfte:

$\Rightarrow A = D = 0{,}414 \cdot q \cdot l = 0{,}414 \cdot 6{,}0 \cdot 5{,}0 = 12{,}42$ kN

$\Rightarrow B = C = 1{,}086 \cdot q \cdot l = 1{,}086 \cdot 6{,}0 \cdot 5{,}0 = 32{,}58$ kN

- Biegemomente:

$\Rightarrow M_1 = M_3 = 0{,}0858 \cdot q \cdot l^2 = 0{,}0858 \cdot 6{,}0 \cdot 5{,}0^2 = 12{,}87$ kNm

$\Rightarrow M_2 = 0{,}0392 \cdot q \cdot l^2 = 0{,}0392 \cdot 6{,}0 \cdot 5{,}0^2 = 5{,}88$ kNm

$\Rightarrow M_B = M_C = -\ 0{,}0858 \cdot q \cdot l^2 = -0{,}0858 \cdot 6{,}0 \cdot 5{,}0^2 = -\ 12{,}87$ kNm

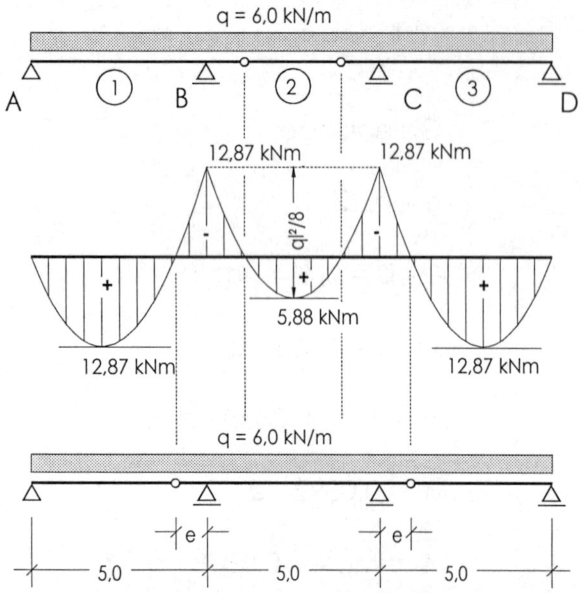

M - Verlauf
(1cm = 10 kNm)

Für eine Gelenklage in den Randfeldern $e = 0{,}1716 \cdot l = 0{,}1716 \cdot 5{,}0 = 0{,}86$ m ergibt sich der gleiche Biegemomentenverlauf.

Der Größtwert des Biegemoments hat sich gegenüber dem Gelenkträger mit willkürlich gewählter Gelenklage e = 1,0 m von 13,23 kNm auf 12,87 kNm verringert.

Um alle Biegemomente in den Feldern und über den Stützen dem Betrag nach gleich groß zu machen und damit den Träger möglichst gleichmäßig auszulasten, müssen die Randfelder auf etwa 85% der normalen Stützweite verkürzt werden.

Die Gelenke sind im Abstand $e = 0{,}146 \cdot l \approx 0{,}15 \cdot l$ von den Innenstützen entfernt anzuordnen.

- Auflagerkräfte:

⇒ Außenstützen $A = 0{,}35 \cdot q \cdot l$

⇒ Innenstützen $I = 1{,}0 \cdot q \cdot l$

- Biegemomente

$$\Rightarrow M_{Feld} = -M_{Stütz} = q \cdot \frac{l^2}{16} = 0{,}0625 \cdot q \cdot l^2$$

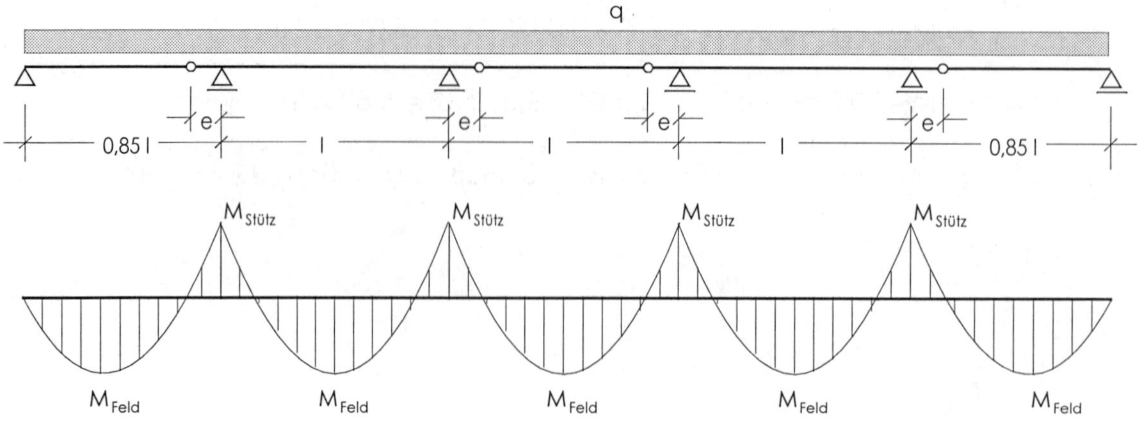

Ein ähnlicher Effekt lässt sich durch das Anfügen einer Auskragung an den Endfeldern mit ungefähr 1/3 der Stützweite erzielen. Alle Felder können hierbei gleich sein.

- Auflagerkräfte:

$\Rightarrow$ Außenstützen $A = 0{,}8 \cdot q \cdot l$

$\Rightarrow$ Innenstützen $I = 1{,}0 \cdot q \cdot l$

- Biegemomente

$$\Rightarrow M_{Feld} = -M_{Stütz} = q \cdot \frac{l^2}{16} = 0{,}0625 \cdot q \cdot l^2$$

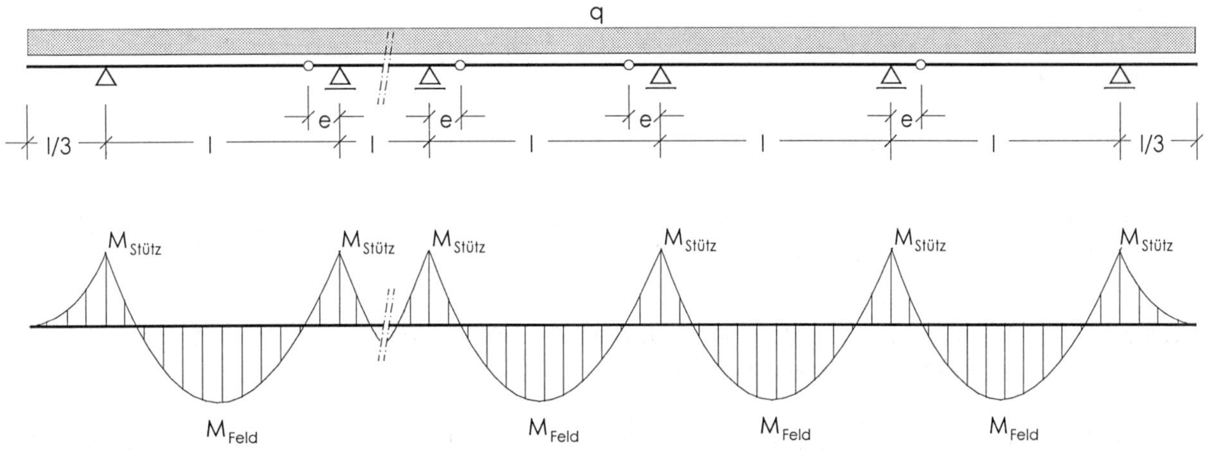

Größter Wert des Biegemoments des Gelenkträgers mit verkürzten Endfeldern oder Auskragung:

$$M = q \cdot \frac{l^2}{16}$$

Größter Wert des Biegemoments der Einfeldträgerkette:

$$M = q \cdot \frac{l^2}{8}$$

Das Bemessungsmoment ist damit auf die Hälfte reduziert. Die erforderliche Konstruktionshöhe ist wegen der bereits bekannten Zusammenhänge zwischen Biegemoment und Querschnittshöhe nur noch $\sqrt{1/2} = 0{,}71$ fach so groß.

5.3.5 Hinweise zur Gelenkanordnung

Bei n Feldern mit m = n - 1 Innenstützen sind immer m = n - 1 Gelenke erforderlich. Mehr Gelenke bilden ein instabiles System. Weniger Gelenke liefern zwar ein stabiles System, das aber statisch unbestimmt ist und nicht allein mit den Gleichgewichtsbedingungen in der Ebene berechnet werden kann.

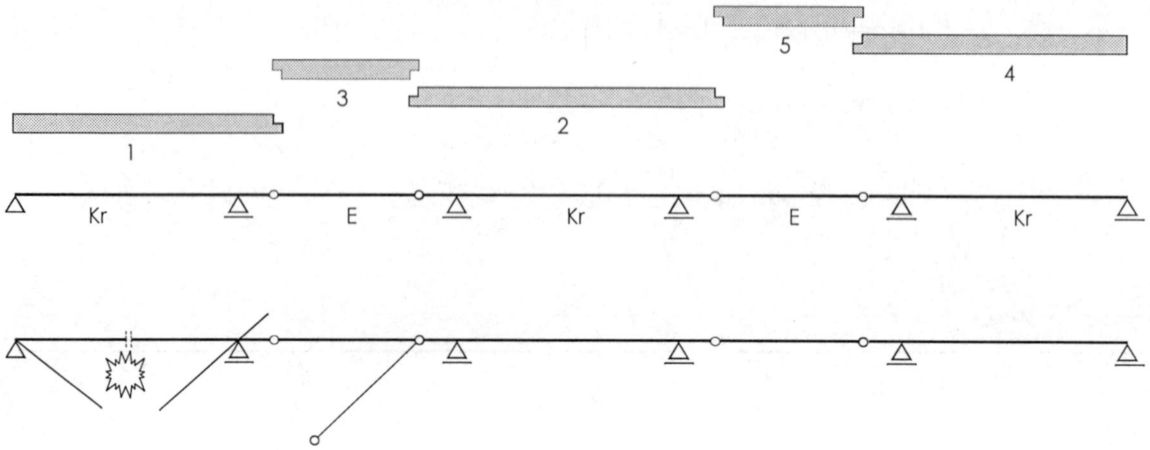

Das oben dargestellte System weist immer einen Kragträger (Kr) und einen Einhängeträger (E) in wechselnder Reihenfolge auf.

Vorteil: Versagt ein Kragträger oder ein Einhängeträger z.B. durch Brand, bleibt das übrige System unberührt.

Nachteil: Es müssen zuerst die Kragträger montiert werden, dann können die Einhängeträger eingebaut werden. Es ist keine fortlaufende Montage möglich.

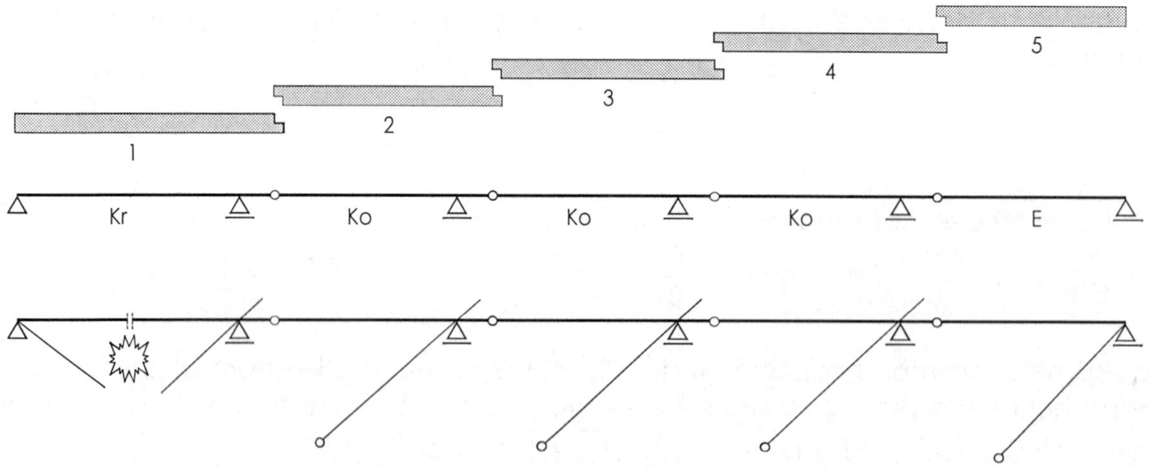

Das oben dargestellte System wird aus einem Kragträger (Kr), einer beliebigen Anzahl von Koppelträgern (Ko) und einem abschließenden Einhängeträger (E) gebildet.

Vorteil: Die Montage kann fortlaufend von links nach rechts erfolgen.

Nachteil: Versagt ein Krag- oder Koppelträger, dann versagt das gesamte System rechts von der Ursache.

5.3.6 Anwendung von Gelenkträgern

Als Baustoffe kommen wegen der begrenzten Abmessungen vor allem Holz und Stahl zur Anwendung. In der Ortbetonbauweise bringt die Ausführung von Gelenkträgern keine Vorteile, das Bewehren und Betonieren der Gelenke wäre zu aufwändig. In Ortbeton werden wirtschaftlicher Durchlaufträger ohne Gelenke ausgeführt. In der Stahlbetonfertigteilbauweise werden jedoch Gelenkträger verwendet.

Bei großen Hallen sind Gelenkträger für Pfetten und Unterzüge eine wirtschaftliche Lösung. Gelenkträger sind einfach zu transportieren und zu montieren.

Bei schlechtem Baugrund mit der Gefahr ungleicher Setzungen (z.B. Bergsenkungsgebiet) hat der Gelenkträger den Vorteil, dass er Auflagerverschiebungen ohne Zusatzbeanspruchung folgen kann. Der Gelenkträger verbiegt sich nicht, also wirken keine Biegemomente.

Ein Durchlaufträger ohne Gelenke kann der Auflagerverschiebung nur mit Verbiegung folgen, also wirken zusätzliche Biegemomente.

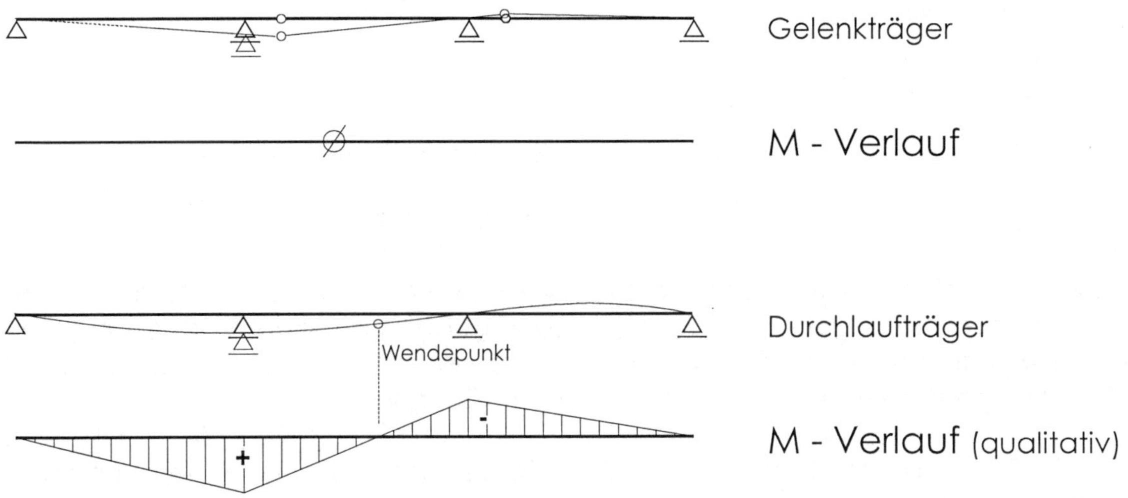

5.4 Der Durchlaufträger

Alle bisher behandelten Tragsysteme, Einfeldträger, Einfeldträger mit einseitigem oder beidseitigem Kragarm und der Gelenkträger können mit den drei Gleichgewichtsbedingungen in der Ebene $\Sigma V = 0$, $\Sigma H = 0$ und $\Sigma M = 0$ berechnet werden, z.B. der Kragbalken:

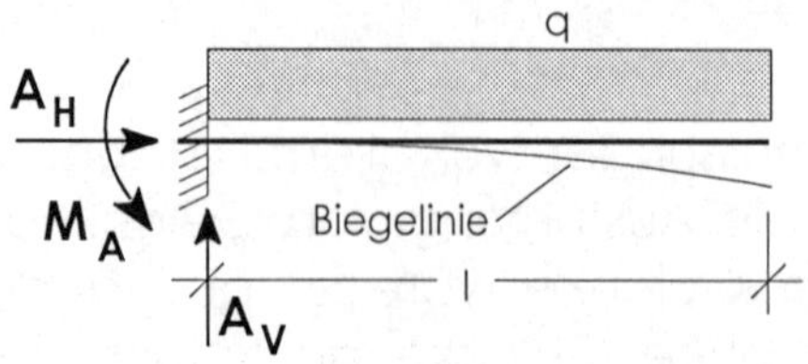

3 unbekannte Auflagerkräfte:

$\Rightarrow A_V, A_H, M_A$

3 Gleichgewichtsbedingungen:

$\Rightarrow \Sigma V = 0, \Sigma H = 0, \Sigma M = 0$

Die Auflagerkräfte und die inneren Schnittgrößen lassen sich damit berechnen, das System wird als "statisch bestimmt" bezeichnet.

5.4.1 Der eingespannte Einfeldträger

Ordnet man am Kragarmende ein weiteres Auflager an, bleibt das System offensichtlich stabil. Aber den jetzt vier unbekannten Auflagerkräften stehen weiterhin nur die drei Gleichgewichtsbedingungen in der Ebene gegenüber.

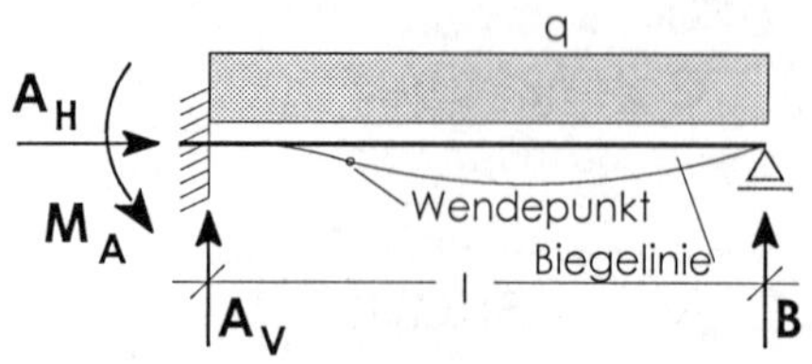

4 unbekannte Auflagerkräfte:

$\Rightarrow A_V, A_H, M_A, B$

3 Gleichgewichtsbedingungen:

$\Rightarrow \Sigma V = 0, \Sigma H = 0, \Sigma M = 0$

Dieses System wird als "statisch unbestimmt" bezeichnet. Bei diesen Systemen findet man die über drei hinausgehenden Auflagerbedingungen aus dem Verformungsverhalten. Zur Ermittlung der Auflagerreaktionen und der inneren Schnittgrößen Querkraft Q und Biegemoment M geht man folgendermaßen vor:

Das für die Standsicherheit prinzipiell nicht erforderliche Auflager B wird entfernt. Dieses "Grundsystem" ist dann wieder statisch bestimmt. Folge: der Träger biegt sich bei B um den Betrag f_0 durch:

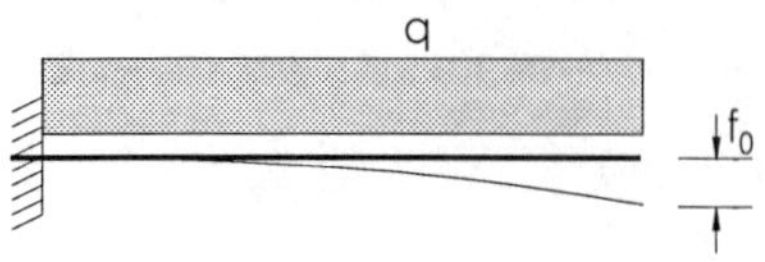

$$f_0 = \frac{1}{8} \cdot \frac{q \cdot l^4}{E \cdot I}$$

E: Elastizitätsmodul [kN/cm²]

I: Trägheitsmoment [cm⁴]

Die Werte der Durchbiegungen sind in Bautabellen, abhängig vom System und Belastung aufgeführt.

Als weiterer Schritt wird nun die Kraft B gesucht, die die Durchbiegung f_0 rückgängig macht. Am vorgegebenen statischen System kann der Träger beim Auflager B keine Durchbiegung haben, da das Auflager B einen vertikalen Festpunkt bildet.

$$f_B = \frac{1}{3} \cdot \frac{B \cdot l^3}{E \cdot I} \quad \text{(aus Bautabellen)}$$

E: Elastizitätsmodul [kN/cm²]

I: Trägheitsmoment [cm⁴]

Es ist die Forderung gestellt, dass das Kragarmende sich nicht durchbiegen darf. Daraus ergibt sich die vierte Bestimmungsgleichung:

$$\Rightarrow f_{Kragarmende} = 0$$

$$\downarrow f_0 = \uparrow f_B$$

$$\frac{1}{8} \cdot \frac{q \cdot l^4}{E \cdot I} = \frac{1}{3} \cdot \frac{B \cdot l^3}{E \cdot I}$$

$$\Rightarrow B = \frac{3}{8} \cdot q \cdot l$$

Die Kraft B stellt die tatsächlichen Verhältnisse am gegebenen System wieder her (keine Verschiebung am Auflager B). Die Kraft B wirkt wie eine zusätzliche Last am "Grundsystem", das nun vollständig mit Hilfe der drei Gleichgewichtsbedingungen in der Ebene $\Sigma V = 0$, $\Sigma H = 0$ und $\Sigma M = 0$ berechnet werden kann.

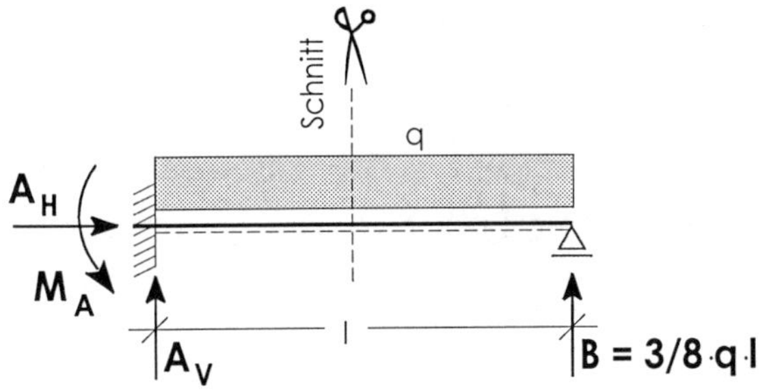

Auflagerreaktionen:

$$\Sigma V = 0: \quad q \cdot l - A_V - B = 0$$

$$\Rightarrow A_V = q \cdot l - \frac{3}{8} \cdot q \cdot l = \frac{5}{8} \cdot q \cdot l$$

$$\Sigma H = 0: \quad \Rightarrow A_H = 0$$

$$\Sigma M_A = 0: \quad q \cdot l \cdot \frac{l}{2} - M_A - B \cdot l = 0$$

$$\Rightarrow M_A = \frac{q \cdot l^2}{2} - \frac{3}{8} \cdot q \cdot l^2 = \frac{q \cdot l^2}{8}$$

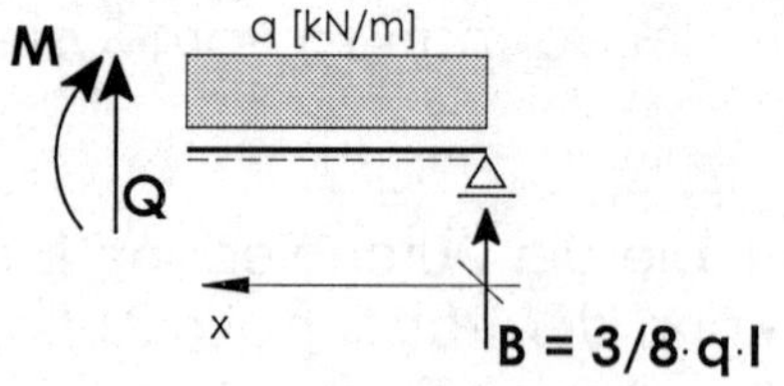

Schnitt $0 \leq x \leq l$

Schnittgrößen:

$\Sigma V = 0$: $q \cdot x - Q - B = 0$

$$\Rightarrow Q = q \cdot x - \frac{3}{8} \cdot q \cdot l$$

$x = 0$ (Auflager B): $\Rightarrow Q = -\frac{3}{8} \cdot q \cdot l$

$x = l$ (Auflager A): $\Rightarrow Q = \frac{5}{8} \cdot q \cdot l$

Nullstelle der Querkraft:

$q \cdot x = \frac{3}{8} \cdot q \cdot l \qquad \Rightarrow x = \frac{3}{8} \cdot l$

$\Sigma M = 0$: $M + q \cdot x \cdot \frac{x}{2} - B \cdot x = 0$

$$M = \frac{3}{8} \cdot q \cdot l \cdot x - \frac{q \cdot x^2}{2} \text{ (Parabelgleichung)}$$

$x = 0$ (Auflager B): $\Rightarrow M = 0$

$x = l$ (Auflager A): $\Rightarrow M = -\frac{q \cdot l^2}{8}$

$x = \frac{3}{8} \cdot l$ (Maximalmoment): $M_{max} = \frac{3}{8} \cdot q \cdot l \cdot \frac{3}{8} \cdot l - \frac{q}{2} \cdot (\frac{3}{8} \cdot l)^2 =$

$$= \frac{9}{64} \cdot q \cdot l^2 - \frac{9}{128} \cdot q \cdot l^2$$

$$\Rightarrow M_{max} = \frac{9}{128} \cdot q \cdot l^2 = \frac{1}{14{,}2} \cdot q \cdot l^2 = 0{,}07 \cdot q \cdot l^2$$

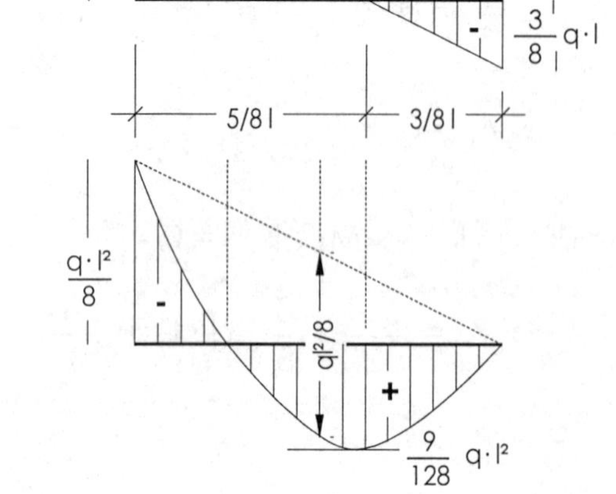

Q - Verlauf

M - Verlauf

Allgemein gilt:

Ein statisch unbestimmtes System weist mehr Auflagerbedingungen auf als Gleichgewichtsbedingungen zu ihrer Berechnung zur Verfügung stehen. Die "überschüssigen" Auflagerreaktionen lassen sich über das Verformungsverhalten des Systems bestimmen. Umgekehrt gilt: bei statisch unbestimmten Systemen beeinflusst das Verformungsverhalten die Auflagerreaktionen und damit auch die Momentenverteilung.

Vergleich von Einfeldträger, einseitig eingespanntem Träger und Kragträger

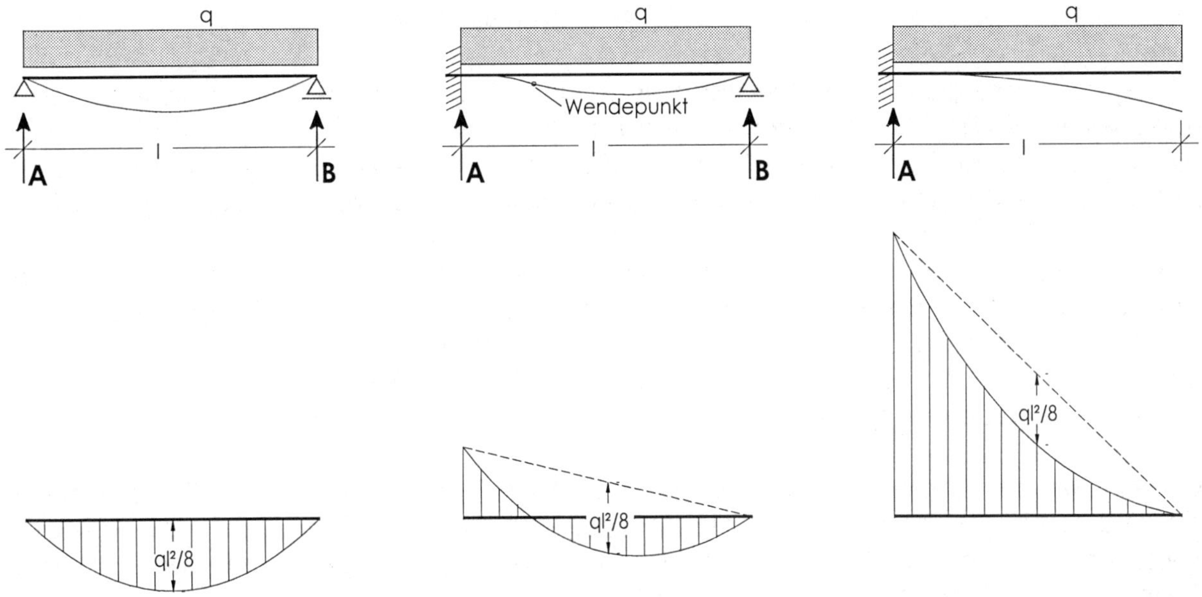

$$A = \frac{q \cdot l}{2}$$

$$B = \frac{q \cdot l}{2}$$

$$M_{Feld} = \frac{q \cdot l^2}{8}$$

$$A = \frac{5}{8} \cdot q \cdot l$$

$$B = \frac{3}{8} \cdot q \cdot l$$

$$M_{Feld} = \frac{1}{14{,}2} \cdot q \cdot l^2$$

$$M_A = -\frac{q \cdot l^2}{8}$$

$$A = q \cdot l$$

$$M_A = -\frac{q \cdot l^2}{2}$$

Das für die Bemessung maßgebende Biegemoment ist beim Einfeldträger und beim einseitig eingespannten Träger gleich groß. Der Träger erhält bei beiden Systemen die gleichen Abmessungen, wobei der Maximalwert des Biegemoments beim Einfeldträger im Feld, beim eingespannten Träger an der Einspannstelle auftritt. Das Feldmoment des eingespannten Trägers ist kleiner als das des Einfeldträgers, die Konstruktionshöhe des eingespannten Trägers im Feld kann also geringer sein. Das Einspannmoment des Kragträgers mit dem vierfachen Wert der Maximalmomente der anderen Systeme ist besonders ungünstig.

Das Auflager B des eingespannten Trägers wird gegenüber dem Einfeldträger um 25% entlastet, die Stütze unter dem Auflager B kann also schlanker ausgebildet werden. Weiterhin ist die Durchbiegung des eingespannten Trägers wegen des kleineren Feldmomentes geringer als die des Einfeldträgers.

Für den beidseitig eingespannten Träger führen ähnliche Rechenschritte zum Ergebnis. Auch dieses System ist offensichtlich stabil. Es sind aber ebenfalls mehr Auflagerreaktionen als Gleichgewichtsbedingungen vorhanden.

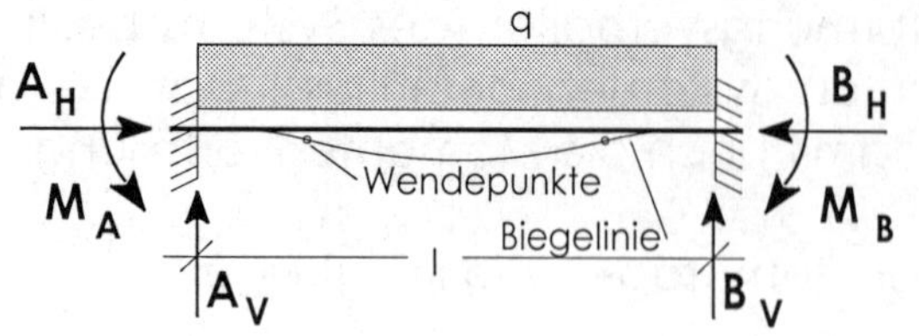

6 unbekannte Auflagerkräfte:

$\Rightarrow A_V, A_H, M_A, B_V, B_H, M_B$

3 Gleichgewichtsbedingungen:

$\Rightarrow \Sigma V = 0, \Sigma H = 0, \Sigma M = 0$

Das System wird als "dreifach statisch unbestimmt" bezeichnet. Die genaue Berechnung wird aufwändiger als beim einseitig eingespannten Träger. Es muss für jede für die Standsicherheit nicht notwendige Auflagerreaktion eine Ersatzkraft am "Grundsystem" angebracht werden, die die entsprechende Verformung rückgängig macht.

Man kann den Momentenverlauf auch qualitativ aus der Biegelinie ableiten. Die Biegelinie beginnt an der Einspannstelle A horizontal und ist wie ein Kragbalken nach unten gekrümmt bis zum 1. Wendepunkt. Von dort aus bis zum 2. Wendepunkt mit positiver Krümmung wie beim frei aufliegenden Einfeldträger. Bis zur Einspannstelle B verläuft die Biegelinie dann analog wie zwischen A und 1. Wendepunkt.

Da ein Wendepunkt der Biegelinie die Stelle bezeichnet, an der das Biegemoment das Vorzeichen wechselt, sind die Momentennullpunkte festgelegt. Die genaue Verteilung der Feld- und Einspannmomente sowie der Auflagerreaktionen ist in Bautabellen aufgeführt:

Auflager: $\Rightarrow A = B = \dfrac{q \cdot l}{2}$

Biegemomente: $\Rightarrow M_A = M_B = -\dfrac{q \cdot l^2}{12}$

$\Rightarrow M_{Feld} = \dfrac{q \cdot l^2}{24}$

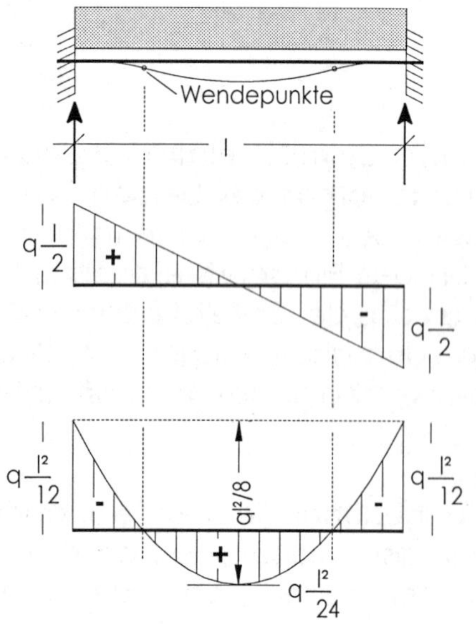

Q - Verlauf

M - Verlauf

Vergleich von Einfeldträger, einseitig und beidseitig eingespanntem Träger

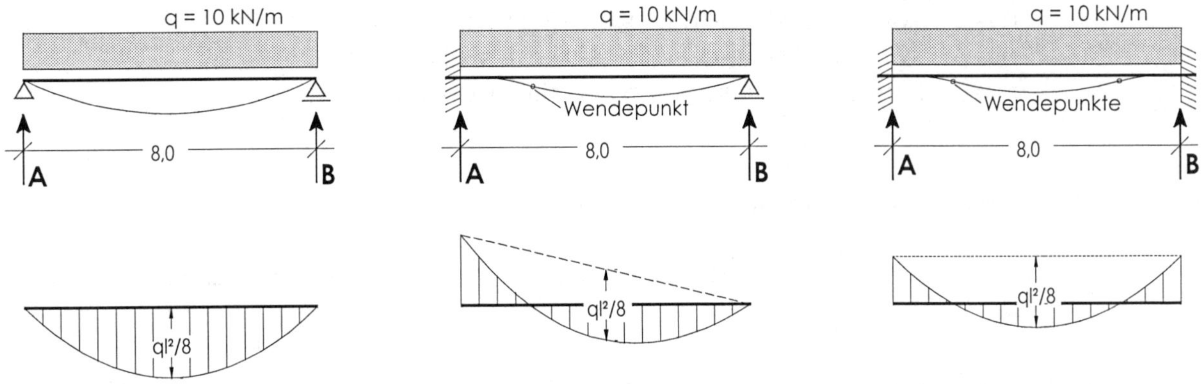

$$A = \frac{10 \cdot 8}{2} = 40\ \text{kN}$$
$$B = \frac{10 \cdot 8}{2} = 40\ \text{kN}$$
$$M_{Feld} = \frac{10 \cdot 8^2}{8} = 80\ \text{kNm}$$

$$A = \frac{5}{8} \cdot 10 \cdot 8 = 50\ \text{kN}$$
$$B = \frac{3}{8} \cdot 10 \cdot 8 = 30\ \text{kN}$$
$$M_{Feld} = \frac{10 \cdot 8^2}{14{,}2} = 45\ \text{kNm}$$
$$M_A = -\frac{10 \cdot 8^2}{8} = -80\ \text{kNm}$$

$$A = \frac{10 \cdot 8}{2} = 40\ \text{kN}$$
$$B = \frac{10 \cdot 8}{2} = 40\ \text{kN}$$
$$M_{Feld} = \frac{10 \cdot 8^2}{24} = 26{,}7\ \text{kNm}$$
$$M_A = -\frac{10 \cdot 8^2}{12} = -53{,}3\ \text{kNm}$$
$$M_B = -\frac{10 \cdot 8^2}{12} = -53{,}3\ \text{kNm}$$

5.4.2 Feststellen des Grades der statischen Unbestimmtheit

Beim einseitig eingespannten Träger ist zusätzlich zu den drei Gleichgewichtsbedingungen in der Ebene eine weitere Gleichung erforderlich, das System ist 1-fach statisch unbestimmt.

Beim beidseits eingespannten Träger sind drei zusätzliche Gleichungen erforderlich, das System ist 3-fach statisch unbestimmt. Um den Grad der statischen Unbestimmtheit eines Systems festzustellen, wird das sogenannte "Abzählkriterium" verwendet.

$$\Rightarrow n = a + s + z - 2 \cdot k$$

Es bedeutet:

- n Grad der statischen (Un)bestimmtheit $n = 0, 1, 2, 3...$
- a Anzahl der möglichen Auflagerreaktionen
- s Anzahl der Stäbe
- k Anzahl der Knotenpunkte
- z Anzahl der Zusatzstäbe bei biegesteifen Verbindungen von Stäben

- n Grad der statischen (Un)bestimmtheit

  $n = 0$ System ist statisch bestimmt, stabil
  $n > 0$ System ist statisch unbestimmt, stabil
  $n < 0$ System ist statisch unterbestimmt, labil

- a Anzahl der möglichen Auflagerreaktionen

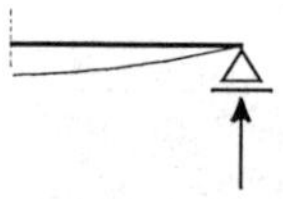

1-wertiges Auflager

horizontal frei
frei drehbar
vertikal fest

$\Rightarrow a = 1$

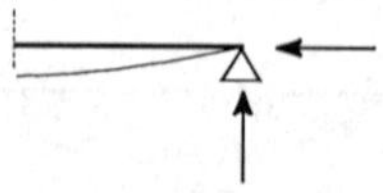

2-wertiges Auflager

frei drehbar
horizontal fest
vertikal fest

$\Rightarrow a = 2$

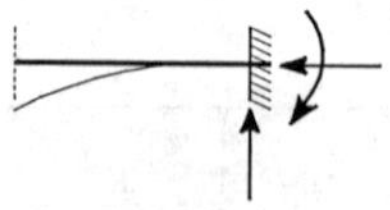

3-wertiges Auflager

horizontal fest
vertikal fest
Verdrehung behindert

$\Rightarrow a = 3$

- k, s Anzahl der Knotenpunkte, Anzahl der Stäbe

Als Knoten zählen:	Auflagerpunkte Verzweigung von Stäben biegesteife Ecken Gelenke Kragarmspitze
Als Stab zählt:	jede Verbindung zwischen zwei Knoten

Beispiele:

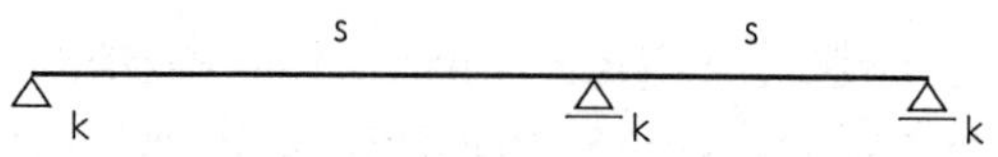

Durchlaufträger

3 Auflager $k = 3$

2 Stäbe $s = 2$

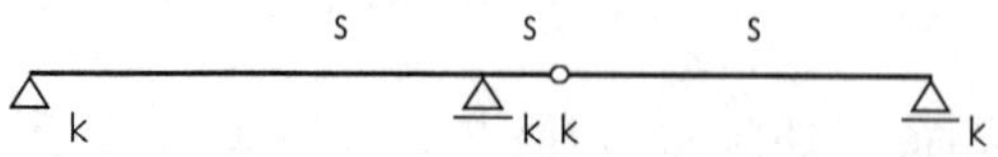

Gelenkträger

3 Auflager $k = 3$
1 Gelenk $\underline{k = 1}$
$\Sigma k = 4$

3 Stäbe $s = 3$

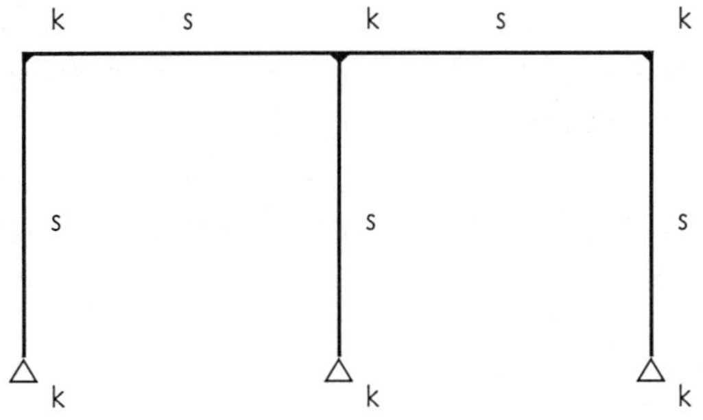

zweischiffiger Rahmen

3 Auflager	k = 3
2 biegesteife Ecken	k = 2
1 Verzweigung	k = 1
	Σk = 6
5 Stäbe	s = 5

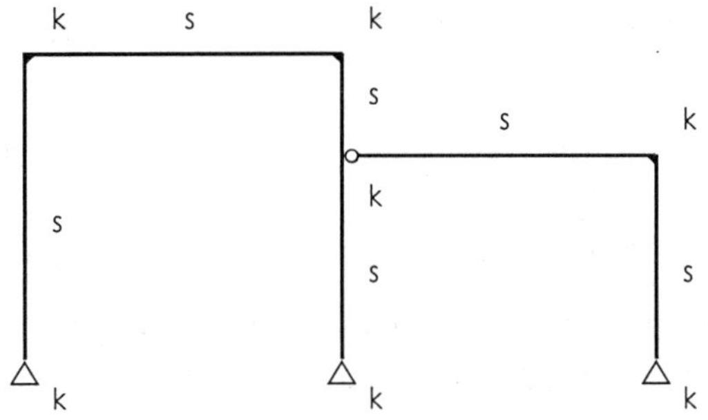

Rahmen mit gelenkig angeschlossenem Halbrahmen

3 Auflager	k = 3
3 biegesteife Ecken	k = 3
1 Gelenk	k = 1
	Σk = 7
6 Stäbe	s = 6

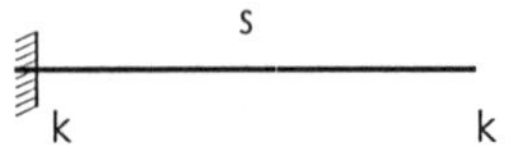

Kragträger

1 Auflager	k = 1
1 Kragarmspitze	k = 1
	Σk = 2
1 Stab	s = 1

• z Anzahl der Zusatzstäbe bei biegesteifen Verbindungen von Stäben

Gedanklich wird in jedem Knoten, an dem zwei oder mehrere Stäbe biegesteif angeschlossen sind, ein Gelenk eingebaut. Die Anzahl der Zusatzstäbe gibt dann die Zahl der Stäbe an, die erforderlich sind, um die jetzt gedanklich gelenkig angeschlossenen Stäbe wieder wie ursprünglich biegesteif anzuschließen.

Beispiele:

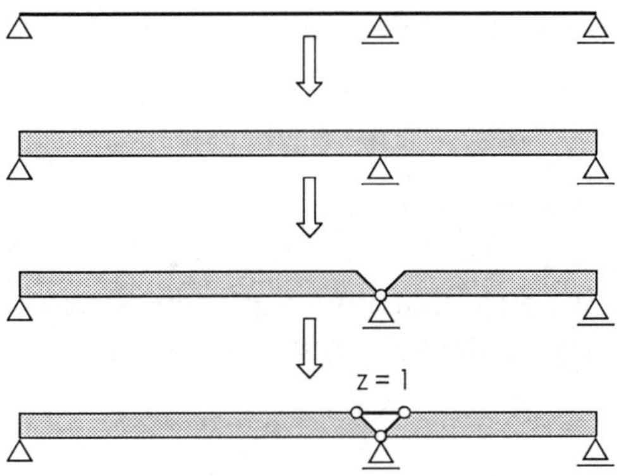

Durchlaufträger mit 2 biegesteif verbundenen Stäben über dem Innenauflager

Zur Wiederherstellung des ursprünglichen Zustands ist ein Zusatzstab erforderlich:

$z = 1$

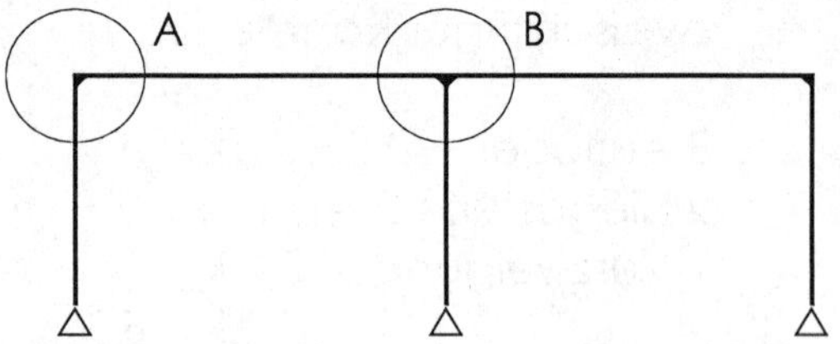

Rahmen mit 2 biegesteif verbundenen Stäben an der Ecke A und

3 biegesteif verbundenen Stäben an der Verzweigung B.

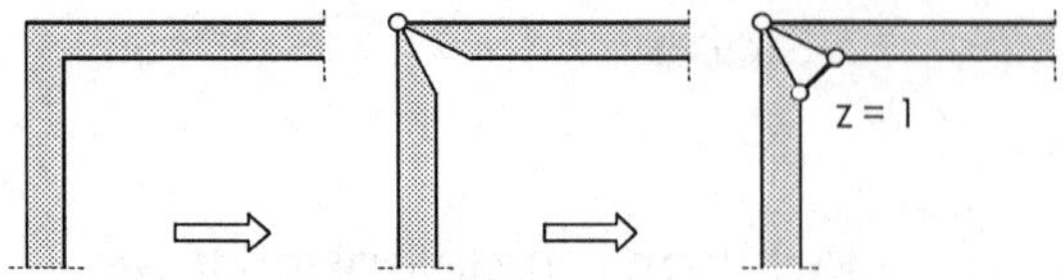

biegesteife Ecke A

Zur Wiederherstellung des ursprünglichen Zustands ist ein Zusatzstab erforderlich:

$$z = 1$$

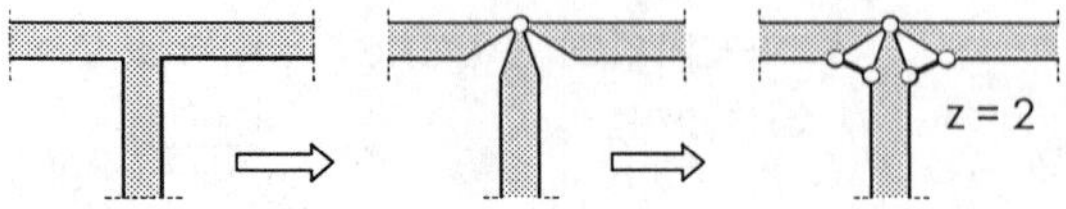

Verzweigung B

Zur Wiederherstellung des ursprünglichen Zustands sind zwei Zusatzstäbe erforderlich:

$$z = 2$$

Bei zwei biegesteif verbundenen Stäben ist ein Zusatzstab, bei drei biegesteif verbundenen Stäben sind zwei Zusatzstäbe erforderlich, um den ursprünglichen Zustand wieder herzustellen. Kurz: die Anzahl der erforderlichen Zusatzstäbe ist immer die Anzahl der an einem Knoten biegesteif angeschlossenen Stäbe minus eins.

Beispiele:

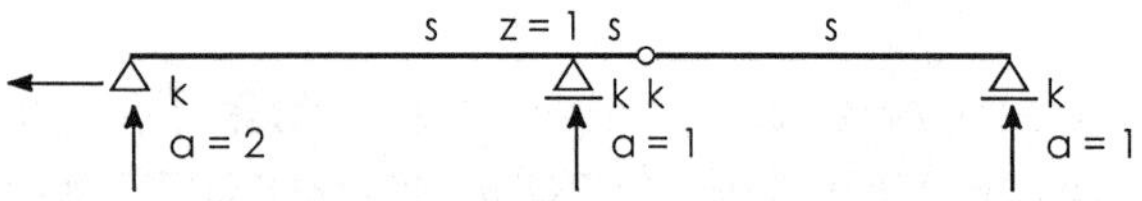

- Gelenkträger

$a = 4$
$s = 3$
$z = 1$
$k = 4$

$n = 4 + 3 + 1 - 2 \cdot 4 = 0$

$\Rightarrow$ das System ist statisch bestimmt.

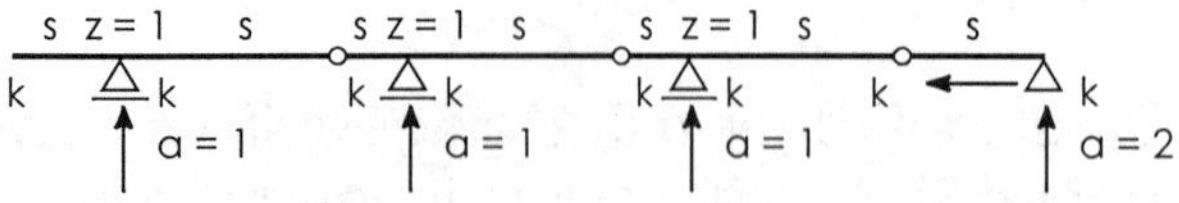

- Gelenkträger mit Kragarm

$a = 5$
$s = 7$
$z = 3$
$k = 8$

$n = 5 + 7 + 3 - 2 \cdot 8 = -1$

$\Rightarrow$ das System ist statisch unterbestimmt, d.h. nicht standsicher.

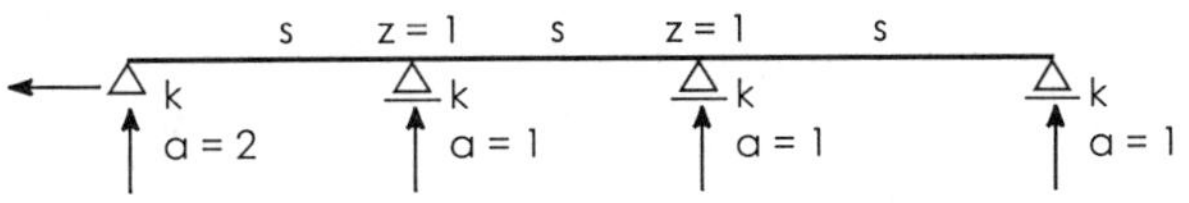

a = 5
s = 3
z = 2
k = 4

• Durchlaufträger über drei Felder

n = 5 + 3 + 2 - 2 · 4 = 2

⇒ das System ist 2-fach statisch unbestimmt, aber standsicher. Es ist äußerlich statisch unbestimmt.

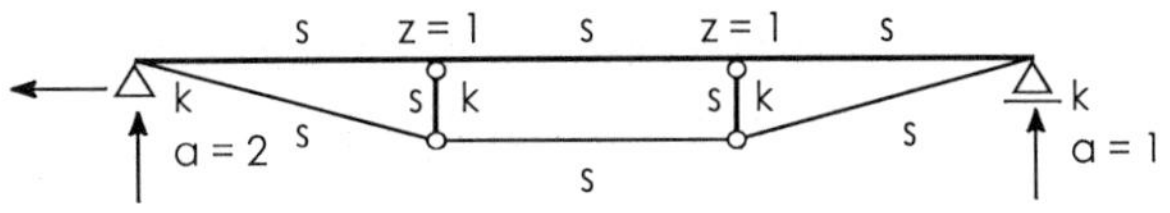

a = 3
s = 8
z = 2
k = 6

• zweifach unterspannter Träger

n = 3 + 8 + 2 - 2 · 6 = 1

⇒ das System ist 1-fach statisch unbestimmt, aber standsicher. Es ist innerlich statisch unbestimmt.

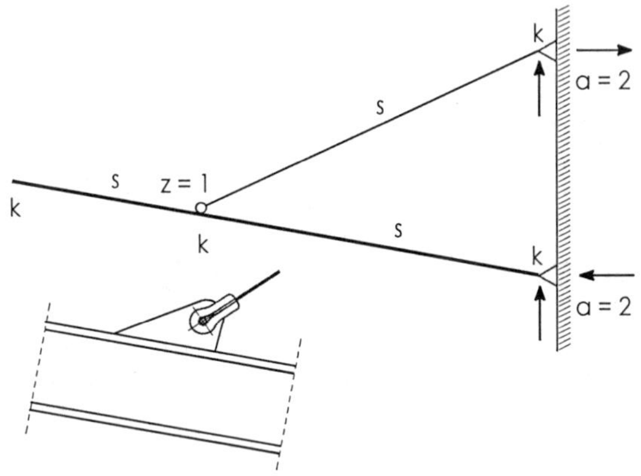

a = 4
s = 3
z = 1
k = 4

• abgehängtes Vordach

n = 4 + 3 + 1 - 2 · 4 = 0

⇒ das System ist statisch bestimmt.

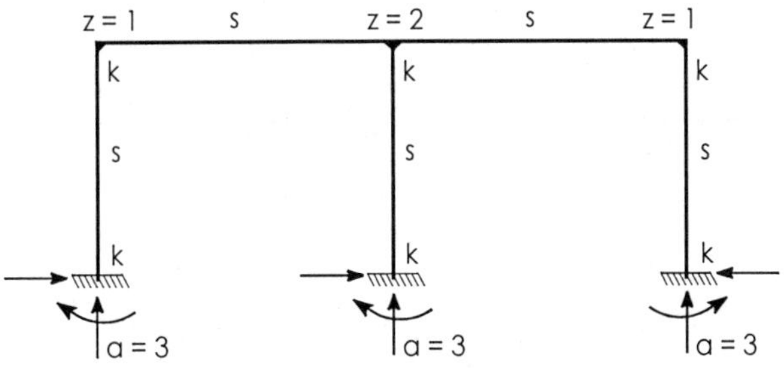

a = 9
s = 5
z = 4
k = 6

• eingespannter Rahmen

n = 9 + 5 + 4 - 2 · 6 = 6

⇒ das System ist 6-fach statisch unbestimmt, aber standsicher.

5.4.3 Der Zweifeldträger

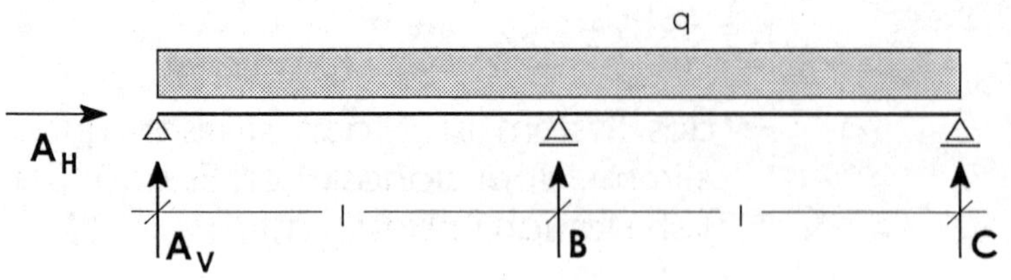

a = 4
s = 2
z = 1
k = 3

n = 4 + 2 + 1 - 2 · 3 = 1

⇒ das System ist 1-fach statisch unbestimmt

Der Zweifeldträger ist also ein statisch unbestimmtes System. Man kann die zu erwartende Biegelinie zeichnen. Die Biegelinie darf über dem Mittelauflager keinen Knick haben, sie muss stetig darüber hinweglaufen. Eine an die Biegelinie von links an das Mittelauflager gezeichnete Tangente muss die gleiche Neigung haben wie eine von rechts an das Mittelauflager gezeichnete Tangente. In diesem Sonderfall

- gleiche Stützweiten der Felder
- gleiche Belastung der Felder

muss die Tangente horizontal verlaufen. Diese Biegelinie erinnert an die Biegelinie des einseitig eingespannten Einfeldträgers.

Beim Zweifeldträger ist das linke Feld über dem Mittelauflager in das rechte Feld eingespannt (und umgekehrt).

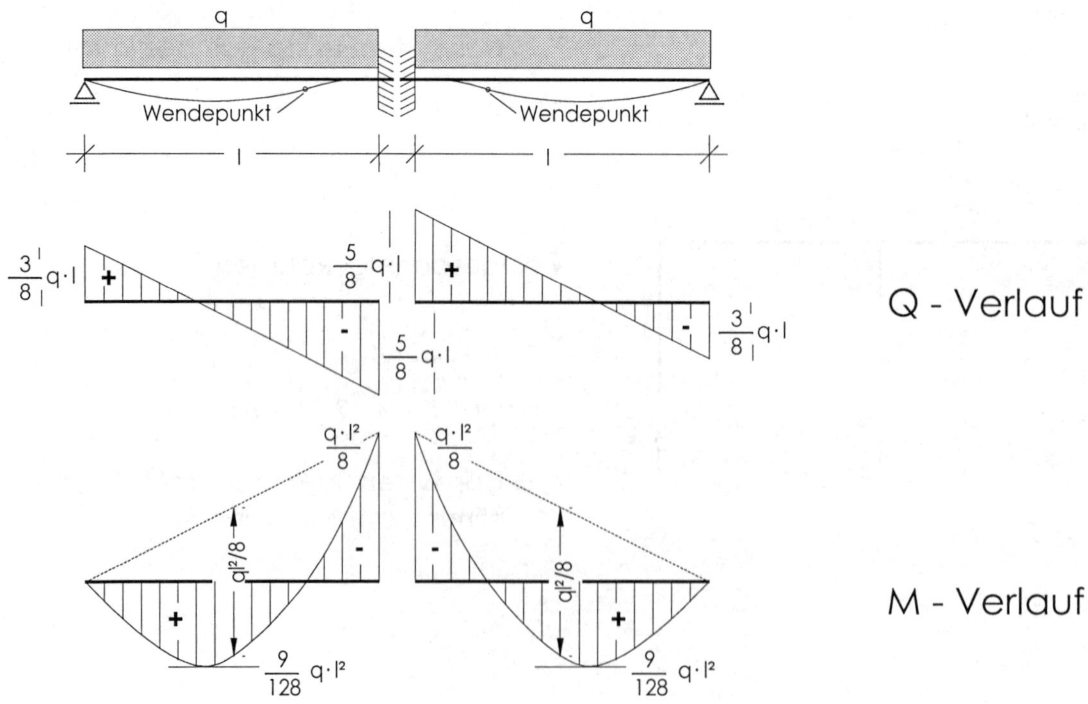

Das Tragsystem des Zweifeldträgers wird auf das bereits bekannte Tragsystem des einseitig eingespannten Einfeldträgers zurückgeführt. Somit können für diesen Sonderfall die Auflagerreaktionen und die Schnittgrößen gefunden werden:

$$\Rightarrow A = C = \frac{3}{8} \cdot q \cdot l = 0{,}375 \cdot q \cdot l$$

$$\Rightarrow B = 2 \cdot \frac{5}{8} \cdot q \cdot l = \frac{10}{8} \cdot q \cdot l = 1{,}25 \cdot q \cdot l$$

$$\Rightarrow M_{Feld} = \frac{9}{128} \cdot q \cdot l^2 = \frac{1}{14{,}2} \cdot q \cdot l^2 = 0{,}07 \cdot q \cdot l^2$$

$$\Rightarrow M_B = -\frac{q \cdot l^2}{8} = -0{,}125 \cdot q \cdot l^2$$

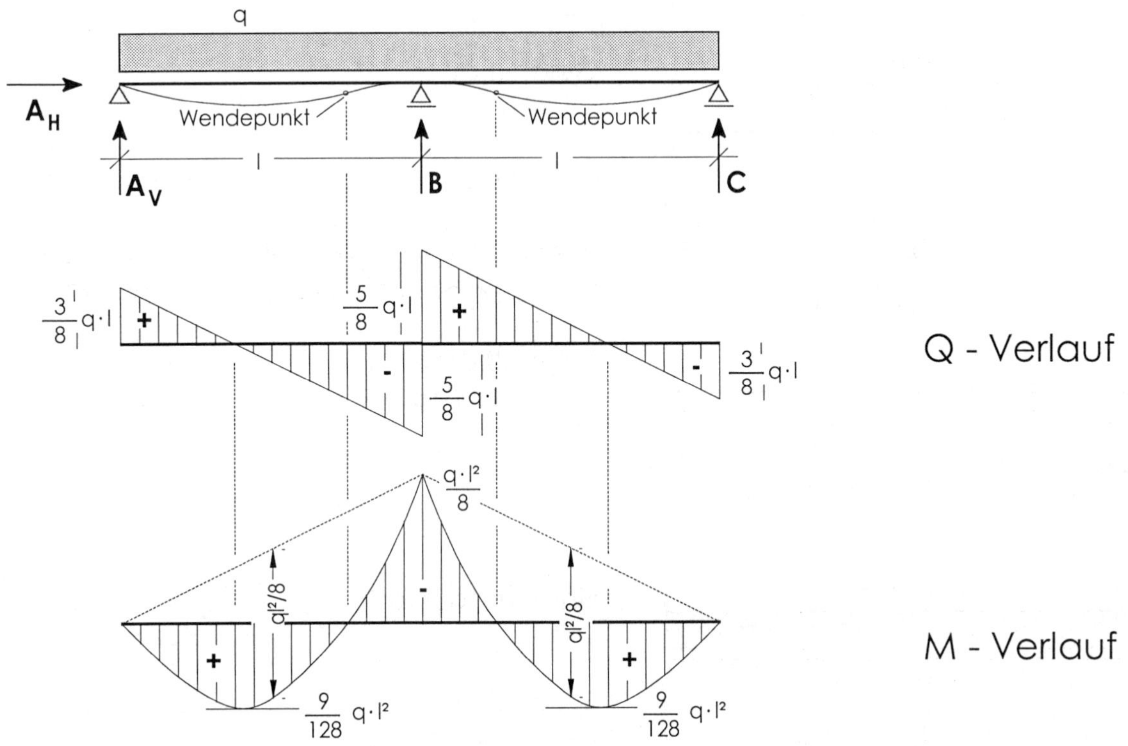

Ergebnis:

Das Mittelauflager zieht also wegen der gegenseitigen Einspannung von Feld 1 in Feld 2 Biegemomente an. Es tritt ein Stützmoment auf, das auch Auflagerkräfte anzieht.

Vergleich der Auflagerreaktionen und Momentenlinien von Durchlaufträger, Gelenkträger und Einfeldträgerkette:

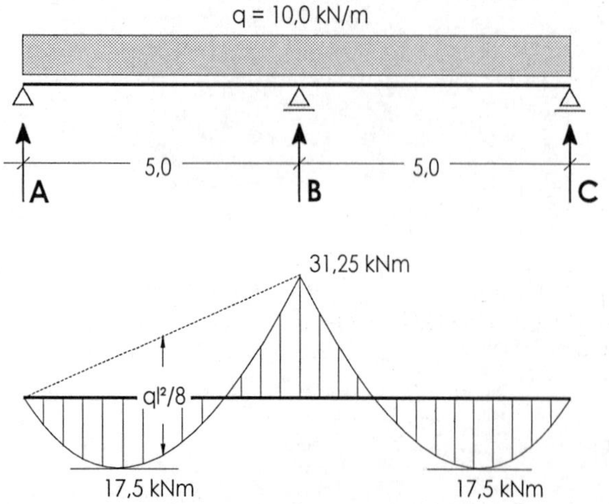

Durchlaufträger

$A = C = 0{,}375 \cdot q \cdot l = 0{,}375 \cdot 10 \cdot 5 = 18{,}75$ kN
$B = 1{,}25 \cdot q \cdot l = 1{,}25 \cdot 10 \cdot 5 = 62{,}5$ kN

$M_{Feld} = 0{,}07 \cdot q \cdot l^2 = 0{,}07 \cdot 10 \cdot 5^2 = 17{,}5$ kNm
$M_B = -0{,}125 \cdot q \cdot l^2 =$
$= -0{,}125 \cdot 10 \cdot 5^2 = -31{,}25$ kNm

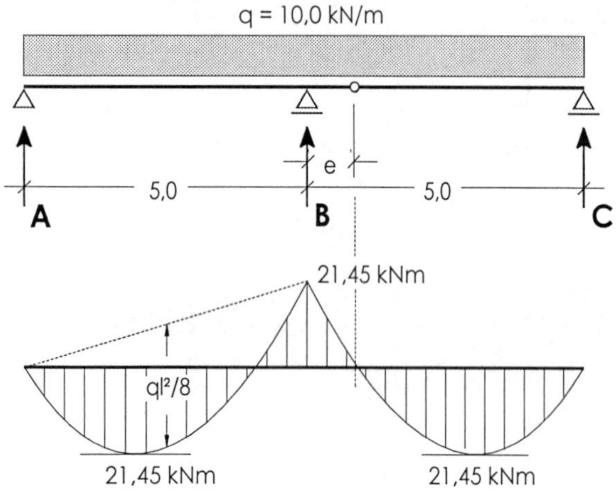

Gelenkträger

$e = 0{,}1716 \cdot l = 0{,}1716 \cdot 5 = 0{,}858$ m

$A = C = 0{,}414 \cdot q \cdot l = 0{,}414 \cdot 10 \cdot 5 = 20{,}7$ kN
$B = 1{,}172 \cdot q \cdot l = 1{,}172 \cdot 10 \cdot 5 = 58{,}6$ kN

$M_{Feld} = 0{,}0858 \cdot q \cdot l^2 =$
$= 0{,}0858 \cdot 10 \cdot 5^2 = 21{,}45$ kNm
$M_B = -0{,}0858 \cdot 10 \cdot 5^2 = -21{,}45$ kNm

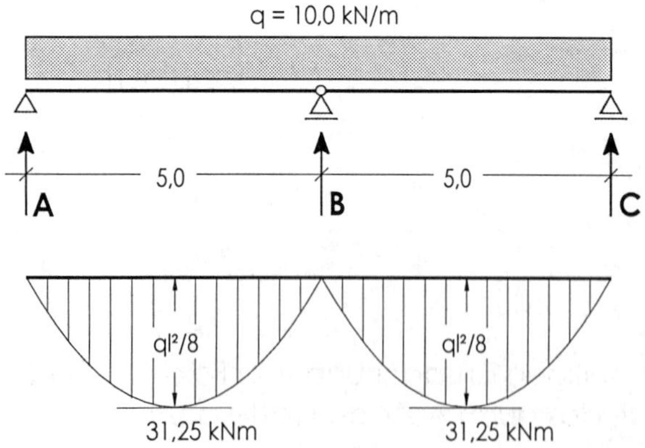

Einfeldträgerkette

$A = C = 0{,}5 \cdot q \cdot l = 0{,}5 \cdot 10 \cdot 5 = 25$ kN
$B = 2 \cdot 25 = 50$ kN

$$M_{Feld} = \frac{q \cdot l^2}{8} = \frac{10 \cdot 5^2}{8} = 31{,}25 \text{ kNm}$$
$M_B = 0$

Wieso ist das Stützmoment M_B eines Gelenkträgers kleiner als das eines Durchlaufträgers? Weil beim Gelenkträger die Lage des Gelenks und damit der Momentennullpunkt frei gewählt werden kann. Beim Durchlaufträger dagegen stellen sich die Momentennullpunkte von selbst ein, an weniger günstigen Stellen.

Welchen Vorteil bietet der Durchlaufträger gegenüber der Einfeldträgerkette?

Obwohl der Größtwert des Biegemoments in beiden Fällen mit $M = \pm q \cdot l^2/8$ gleich ist, sind die Durchbiegungen des Durchlaufträgers weitaus geringer als die des Einfeldträgers. Nur der positive Momentenanteil verursacht Durchbiegungen, das Stützmoment verringert sie durch seine einspannende Wirkung.

Weiterhin gilt wieder, dass durch die gegenseitige Einspannung der Felder über der Mittelstütze die Außenstützen entlastet werden (- 25%), die Innenstütze erhält mehr Last.

Der zusätzliche Aufwand für die Ausbildung eines Gelenkes entfällt.

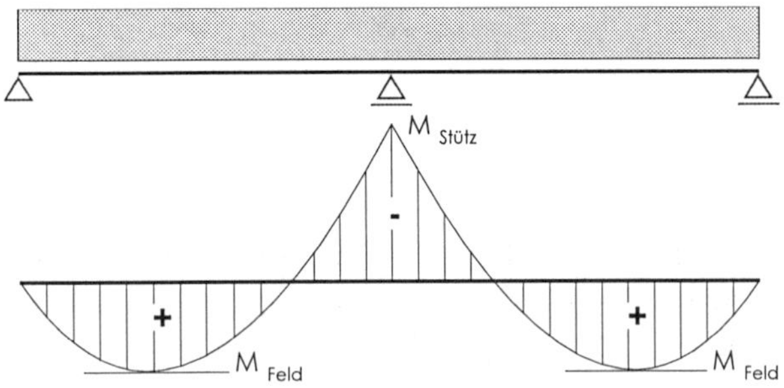

In der Stahlbeton-Ortbetonbauweise ist es kein Problem, Durchlaufträger auch mit größeren Abmessungen auszuführen.

Die Bewehrungsstäbe sind immer an den Stellen anzuordnen, an denen das Biegemoment im Querschnitt Zugkräfte verursacht.

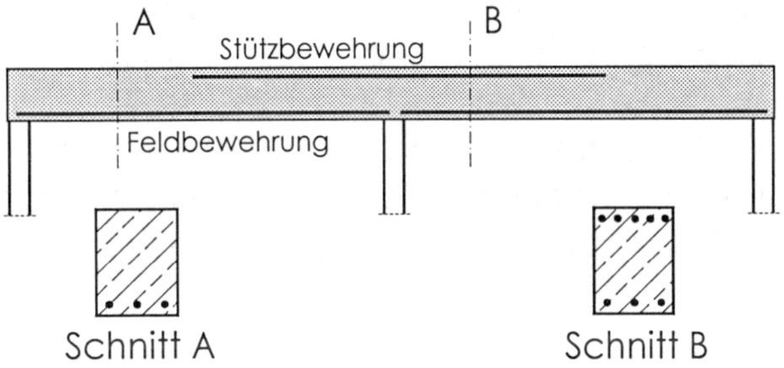

Die positiven, unten Zug erzeugenden Feldmomente müssen durch eine untenliegende Feldbewehrung, die negativen, oben Zug erzeugenden Stützmomente durch eine obenliegende Stützbewehrung aufgenommen werden. Sowohl die Feld- als auch die Stützbewehrung können dem Momentenverlauf entsprechend abgestuft werden.

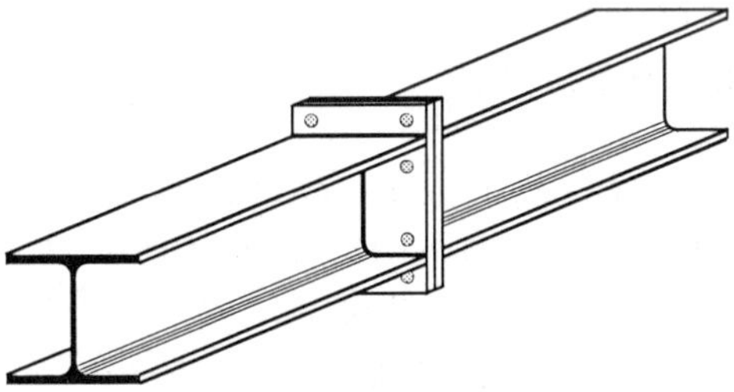

Im Stahlbau ist es oft erforderlich, wegen der begrenzten Lieferlängen der Walzprofile biegesteife Stöße auszubilden. Nebenstehendes Detail zeigt eine Stoßausbildung mit Schrauben. Zwei auf die Stirnflächen der Doppel-T-Träger aufgeschweißte Stirnplatten werden auf der Baustelle verschraubt.

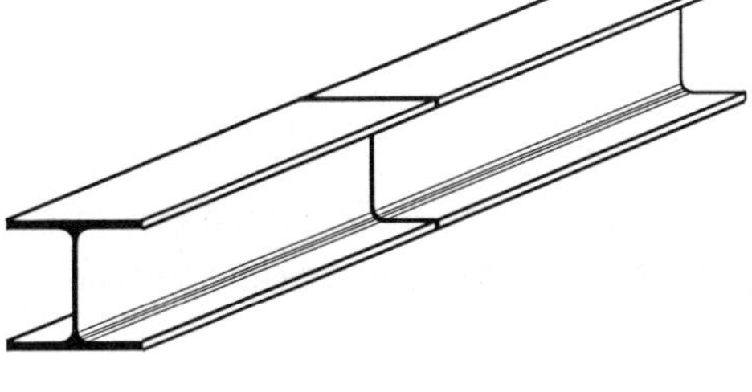

Bei dieser Stoßausbildung werden die Träger stumpf gestoßen und vollflächig miteinander verschweißt. Grundsätzlich sollen biegesteife Stöße an den Stellen angeordnet werden, an denen das Biegemoment klein ist, d.h. im Bereich der Momentennullpunkte.

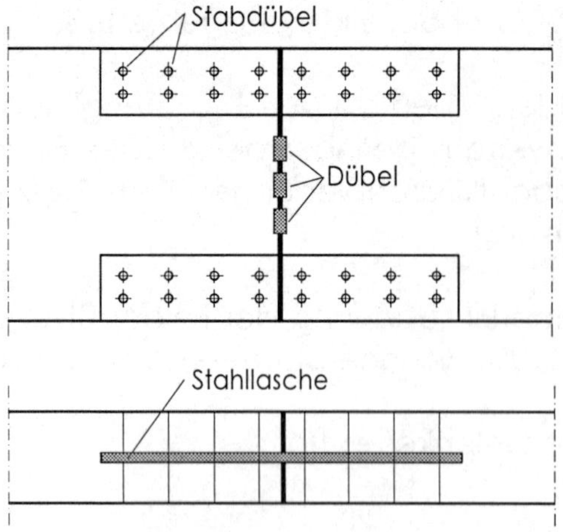

Auch im Brettschichtholzbau können biegesteife Stöße ausgeführt werden.

Die durch die Biegemomente im Querschnitt verursachten Zug- und Druckkräfte werden durch eingeschlitzte Stahllaschen und Stabdübel aufgenommen. Zur Übertragung der Querkraft sind Dübel besonderer Bauart erforderlich.

Ungleiche Belastung (Wechsellast)

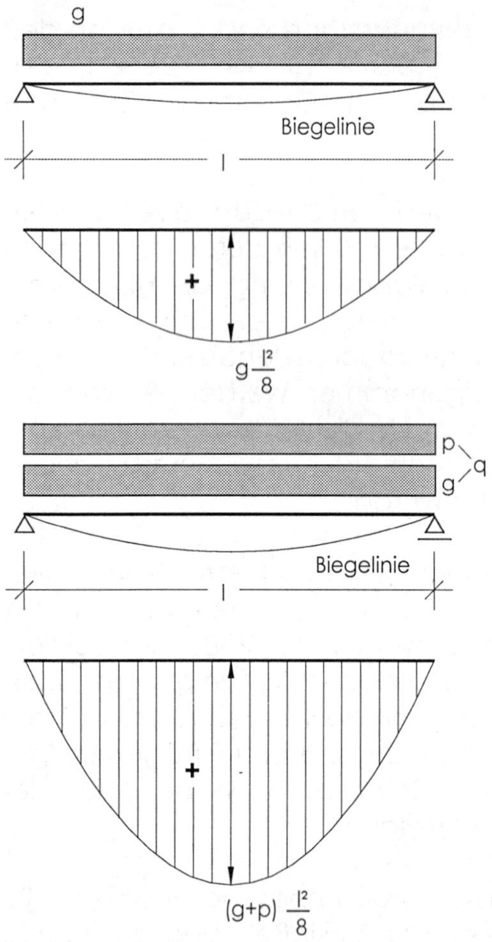

Bei einem Einfeldträger erhält man die maximale Beanspruchung aus Biegemoment und Querkraft immer dann, wenn die größtmögliche Gesamtlast den Träger belastet. Dies ergibt dann aus der Bemessung den erforderlichen Querschnitt.

Wie bekannt, setzt sich die Gesamtlast q aus der ständigen Last g (Eigengewicht und Ausbau) und aus der Nutzlast p (Personen, Einrichtung usw.) zusammen.

Beim Einfeldträger, ob frei aufliegend, einseitig oder beidseitig eingespannt, ergibt immer die Gesamtlast q = g + p die maximalen Schnittgrößen.

Der Lastfall ständige Last g allein ist bei Einfeldträgern im Grunde uninteressant, weil er für die Bemessung keine maßgebenden Werte ergibt. Auch die Durchbiegungen sind natürlich unter der Gesamtlast q größer als unter ständiger Last g allein.

Beim Zweifeldträger sind die Verhältnisse anders. Unter Volllast, d.h. Gesamtlast q ergeben sich nicht wie beim Einfeldträger für alle Schnittgrößen, Auflagerreaktionen und Verformungen die maximalen Werte.

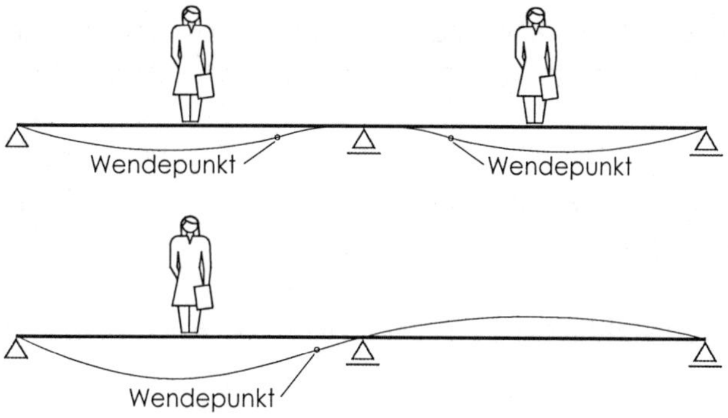

Wechsellasten entstehen durch die Verkehrslasten. Wird eines der Felder entlastet, wird die Durchbiegung im belasteten Feld und damit das Biegemoment größer.

Dieser Lastfall ist für die Bemessung des linken Feldes dann maßgebend.

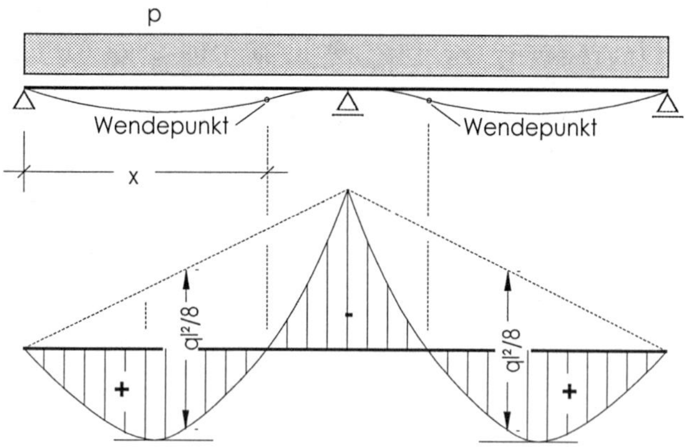

Bei Belastung auf beiden Feldern des Zweifeldträgers verläuft die Tangente an die Biegelinie über dem Mittelauflager horizontal. Bei einseitiger Belastung neigt sie sich in das belastete Feld.

Wenn sich die Tangente in das belastete Feld neigt, bedeutet das für den Wendepunkt der Biegelinie, dass er näher zum Mittelauflager wandert.

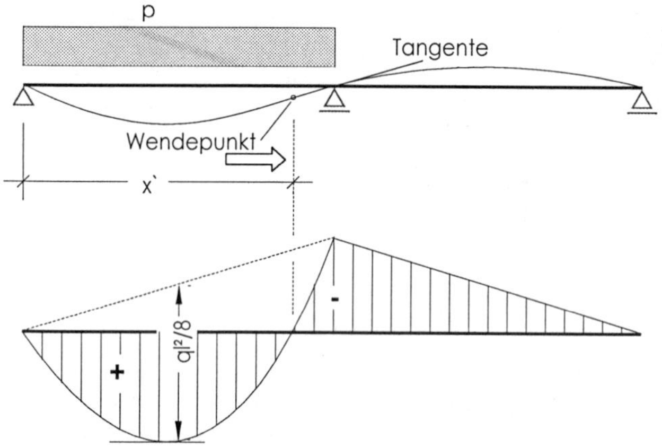

Übertragen auf den Gelenkträger heißt dies, dass die Feldweite des Einhängeträgers größer wird. Damit wird das Feldmoment größer, das Stützmoment wird kleiner.

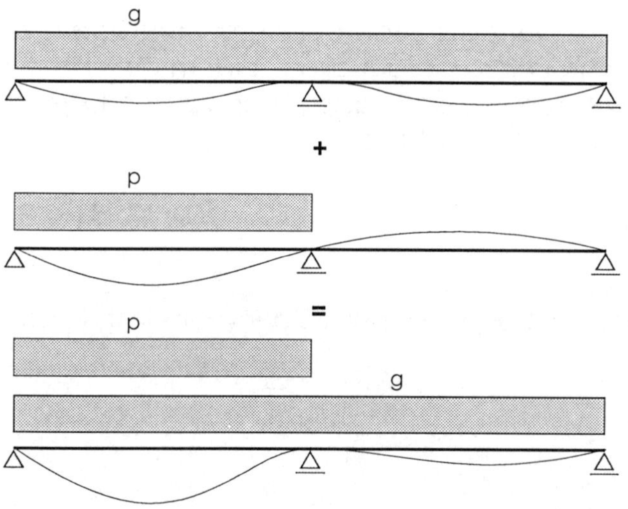

$M_{Feld\,1}{}^{(g)}$

+

$M_{Feld\,1}{}^{(p)}$

=

max $M_{Feld\,1}$

$M_{Feld\,1}^{(g)}$ und $M_{Feld\,1}^{(p)}$ treten wegen der Wendepunktverschiebung nicht an genau der gleichen Stelle auf. Die Lagedifferenz ist aber so gering, dass die Maximalwerte einfach addiert werden können.

Es ist ersichtlich, dass bei dieser Laststellung die größte Auflagerkraft A, die kleinste Auflagerkraft C und das minimalste Feldmoment in Feld 2 entsteht.

Für die übrigen Schnittgrößen und Auflagerreaktionen sind jeweils andere ungünstigste Laststellungen möglich.

Mögliche Laststellungen und zugehörige Extremwerte der Biegemomente und Auflagerreaktionen:

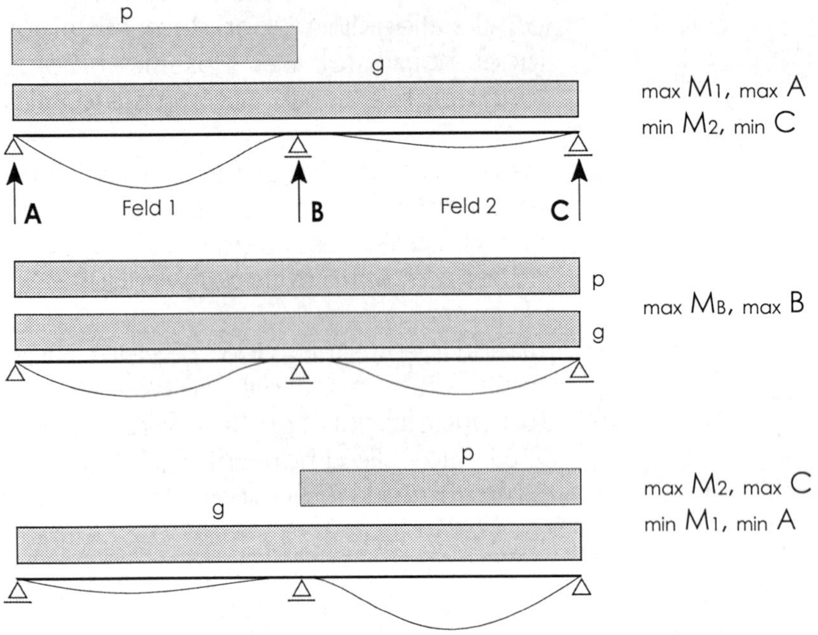

Ergebnis:

- um die maximalen Schnittgrößen und Auflagerreaktionen bei Durchlaufträgern zu erhalten, genügt es nicht, die größtmögliche Belastung auf allen Feldern gleichzeitig anzuordnen, sondern es muss überlegt werden, welche Laststellung zu den Extremwerten führt, die dann für die Bemessung maßgebend sind.

- die größten Feldmomente ergeben sich, wenn das gesuchte Feld voll belastet, das Nachbarfeld frei von Verkehrslast ist.

- das größte Stützmoment ergibt sich, wenn beide benachbarten Felder voll belastet sind.

Die Berechnung von Zweifeldträgern, die feldweise mit Verkehrslast belastet sind, erfolgt mit Hilfe von Bautabellen. Für verschiedene Lastarten wie Gleichlast, Einzellasten in Feldmitte, Einzellasten in den Drittelspunkten usw. können mit Tafelwerten die Extremwerte der Auflagerreaktionen und der Biegemomente ermittelt werden.

Bei Gleichlast gilt z.B.:

$\Rightarrow$ Momente = Tafelwert · Belastung · l^2

$\Rightarrow$ Kräfte = Tafelwert · Belastung · l

Die Belastung kann hierbei entweder die ständige Last g, die Verkehrslast p oder die Gesamtlast q sein. Es ist noch zu überprüfen, ob das Verhältnis $l_{min}/l_{max} \geq 0{,}8$ ist, wenn nicht, dürfen die Tabellen nicht angewendet werden.

Beispiel: einachsig gespannte Stahlbetondecke (d = 16 cm) in einem Kaufhaus

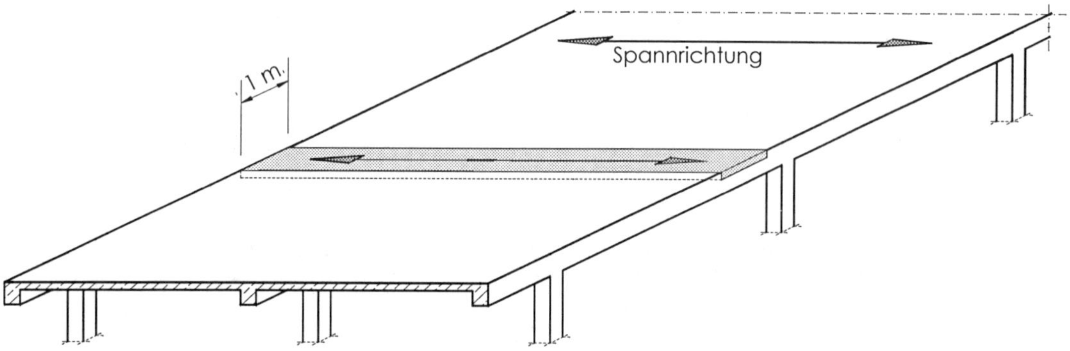

Lastermittlung:

Eigengewicht der Decke	0,16 · 25 =	4,0 kN/m²
Putz und Belag		1,5 kN/m²
ständige Last		g = 5,5 kN/m²
Verkehrslast		p = 5,0 kN/m²
Gesamtlast		q = 10,5 kN/m²

Es wird ein 1,0 m breiter Streifen der Stahlbetondecke untersucht. Für diesen Deckenstreifen mit 1,0 m Einflußbreite wird die Flächenlast [kN/m²] zur Linienlast [kN/m].

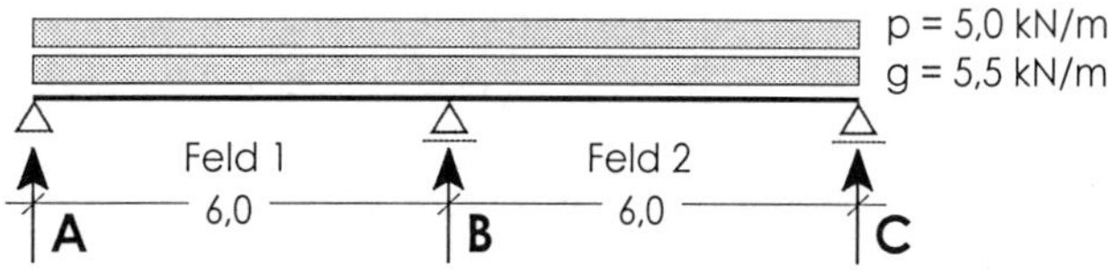

statisches System der Stahlbetondecke

Maße in [m]

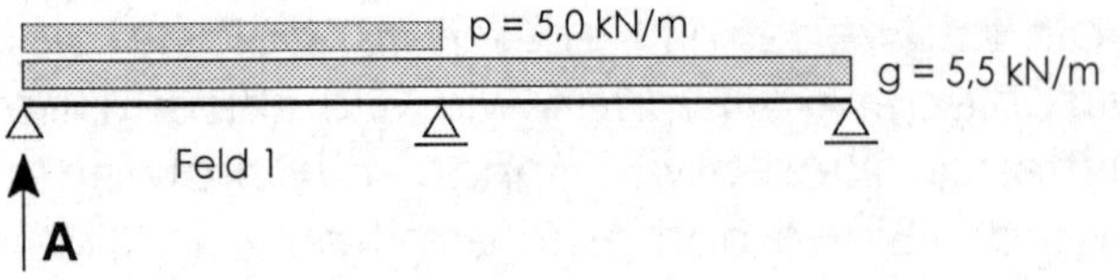

Laststellung 1,
Verkehrslast nur auf Feld 1

$\Rightarrow$ max M_1, max A

$$\max M_1 = 0{,}07 \cdot g \cdot l^2 + 0{,}096 \cdot p \cdot l^2 =$$
$$= 0{,}07 \cdot 5{,}5 \cdot 6{,}0^2 + 0{,}096 \cdot 5{,}0 \cdot 6{,}0^2 = 13{,}86 + 17{,}28 = 31{,}14 \text{ kNm}$$

$$\max A = 0{,}375 \cdot g \cdot l + 0{,}438 \cdot p \cdot l =$$
$$= 0{,}375 \cdot 5{,}5 \cdot 6{,}0 + 0{,}438 \cdot 5{,}0 \cdot 6{,}0 = 12{,}38 + 13{,}14 = 25{,}52 \text{ kN}$$

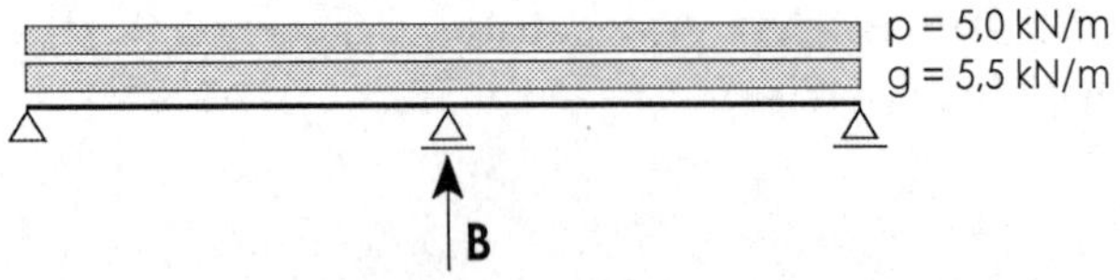

Laststellung 2,
Verkehrslast auf beiden Feldern

$\Rightarrow$ max M_B, max B

$$\max M_B = -\,0{,}125 \cdot g \cdot l^2 - 0{,}125 \cdot p \cdot l^2 =$$
$$= -\,0{,}125 \cdot 5{,}5 \cdot 6{,}0^2 - 0{,}125 \cdot 5{,}0 \cdot 6{,}0^2 = -\,24{,}75 - 22{,}5 = -\,47{,}25 \text{ kNm}$$

$$\max B = 1{,}25 \cdot g \cdot l + 1{,}25 \cdot p \cdot l =$$
$$= 1{,}25 \cdot 5{,}5 \cdot 6{,}0 + 1{,}25 \cdot 5{,}0 \cdot 6{,}0 = 41{,}25 + 37{,}5 = 78{,}75 \text{ kN}$$

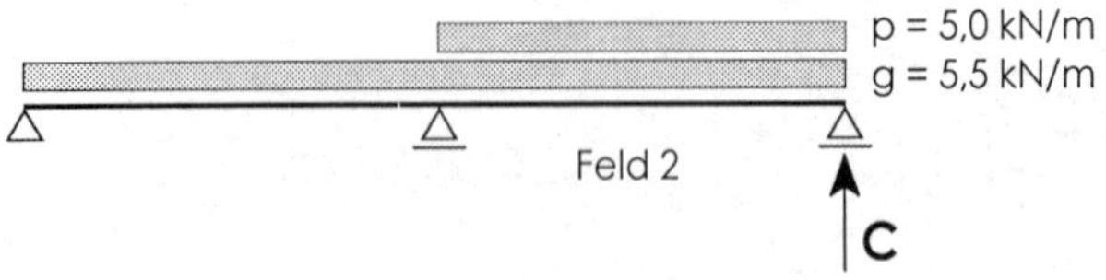

Laststellung 3,
Verkehrslast nur auf Feld 2

$\Rightarrow$ max M_2, max C

spiegelbildlich zu Laststellung 1

$\max M_2 = 31{,}14$ kNm
$\max C = 25{,}42$ kN

Eine weitere mögliche Laststellung, die aber keine Größtwerte der Auflagerreaktionen und Schnittgrößen liefert, ist wenn nur die ständige Last g und auf beiden Feldern keine Verkehrslast p wirkt.

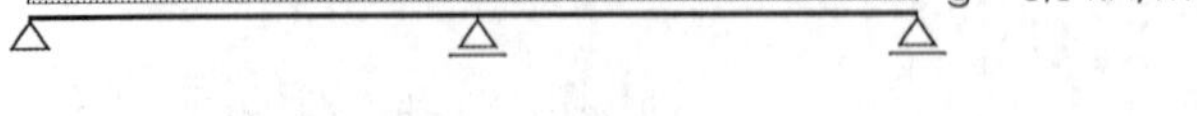

Laststellung 4,
keine Verkehrslast

$$\max M_1 = 0{,}07 \cdot g \cdot l^2 =$$
$$= 0{,}07 \cdot 5{,}5 \cdot 6{,}0^2 = 13{,}86 \text{ kNm}$$

$$\max A = 0{,}375 \cdot g \cdot l =$$
$$= 0{,}375 \cdot 5{,}5 \cdot 6{,}0 = 12{,}38 \text{ kN}$$

Die aus den möglichen Laststellungen sich ergebenden Momentenlinien werden überlagert und ergeben die sogenannte Momentengrenzlinie. Für die Bemessung des Bauteils ist dann jeweils der Größtwert des Biegemoments im Feld bzw. über der Stütze maßgebend.

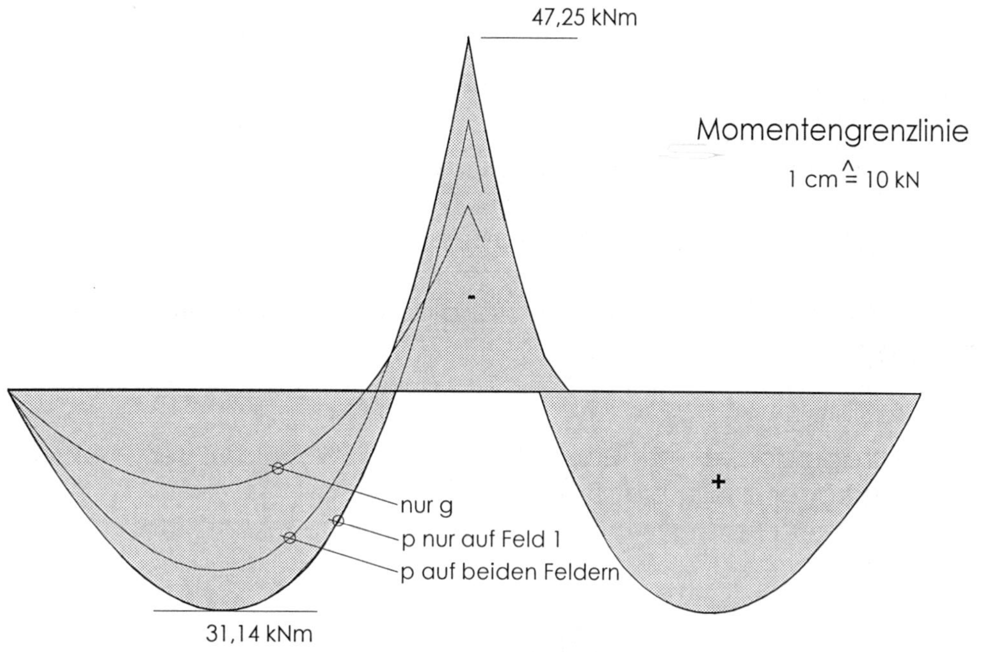

Ungleiche Stützweiten

Die Bautabellen können für die Ermittlung der Auflagerreaktionen und Schnittgrößen auch dann angewendet werden, wenn das Verhältnis der kürzeren Feldweite zur längeren Feldweite größer als 0,8 ist.

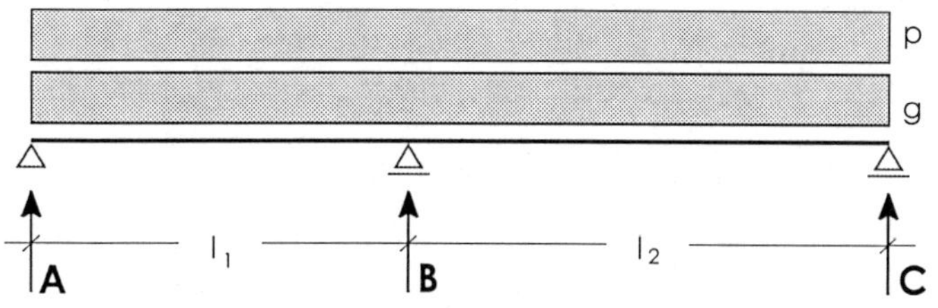

$$\frac{\min l}{\max l} \geq 0{,}8 \quad \text{oder} \quad \frac{l_1}{l_2} \geq 0{,}8$$

Zur Ermittlung der Auflagerkräfte A und C der Außenstützen sowie der Biegemomente M_1 und M_2 der Felder werden jeweils die Stützweiten l_1 bzw. l_2 in die Gleichungen eingesetzt, für die Ermittlung der Auflagerkraft B der Innenstütze und des Stützmoments M_B der Mittelwert der beiden benachbarten Stützweiten l_1 und l_2.

Andere Belastungen

Mit Hilfe der in den Bautabellen angegebenen Berechnungstafeln lassen sich auch für andere Belastungsarten, z.B. Einzellasten, die Auflagerreaktionen und Schnittgrößen ermitteln.

Bei Einzellasten gilt:

$\Rightarrow$ Momente = Tafelwert · Belastung · l

$\Rightarrow$ Kräfte = Tafelwert · Belastung

Die Belastung kann hierbei entweder die ständige Last G, die Verkehrslast P oder die Gesamtlast Q sein.

Beispiel: Stahlträgerdecke mit Hauptträgern als Zweifeldträger, belastet durch Nebenträger als Einfeldträger

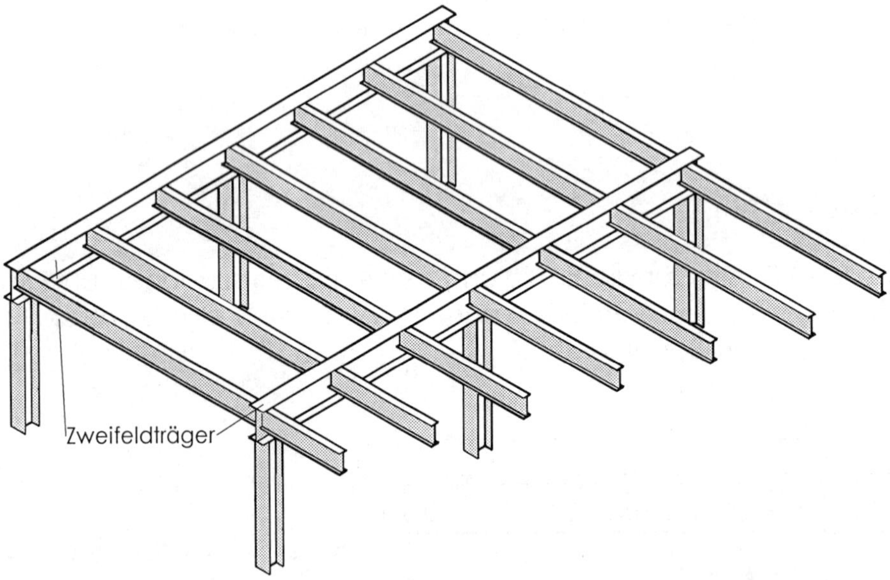

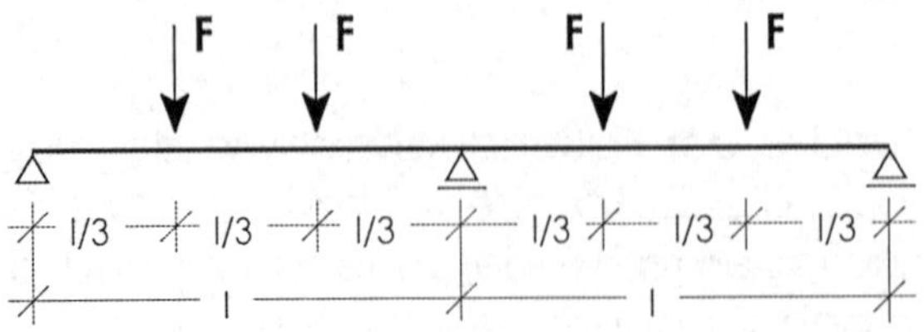

statisches System der Hauptträger

5.4.4 Drei- und Mehrfeldträger

Drei- und Mehrfeldträger sind - wie der Zweifeldträger - statisch unbestimmte Systeme, die nicht allein mit den drei Gleichgewichtsbedingungen in der Ebene berechnet werden können.

z.B. Vierfeldträger:

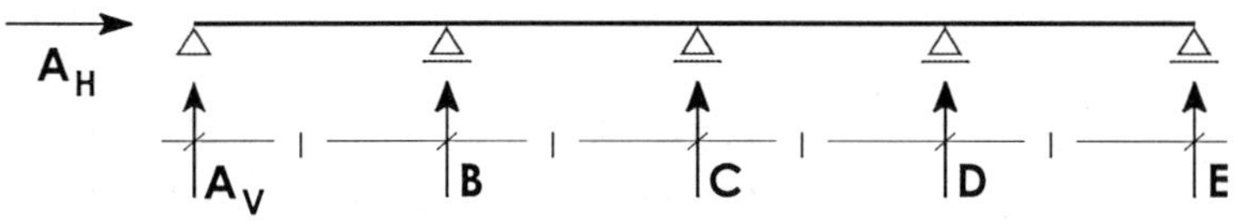

$a = 6$
$s = 4$
$z = 3$
$k = 5$

$n = 6 + 4 + 3 - 2 \cdot 5 = 3$

⇒ das System ist 3-fach statisch unbestimmt

Folgerung:

Zweifeldträger	→	1 Innenstütze	→	1-fach statisch unbestimmt
Vierfeldträger	→	3 Innenstützen	→	3-fach statisch unbestimmt
n - Feldträger	→	(n-1) Innenstützen	→	(n-1)-fach statisch unbestimmt
z.B. Achtfeldträger	→	7 Innenstützen	→	7-fach statisch unbestimmt

Die Berechnung erfolgt ebenfalls mit Hilfe von Tafelwerten aus den Bautabellen. Wie beim Zweifeldträger ergeben sich die Größtwerte der Auflagerreaktionen und der Schnittgrößen bei verschiedenen Laststellungen.

Grundlastfall ist immer die ständige Last g auf allen Feldern, die sich aus der jeweiligen Stellung der Verkehrslast ergebenden Werte müssen wieder addiert werden.

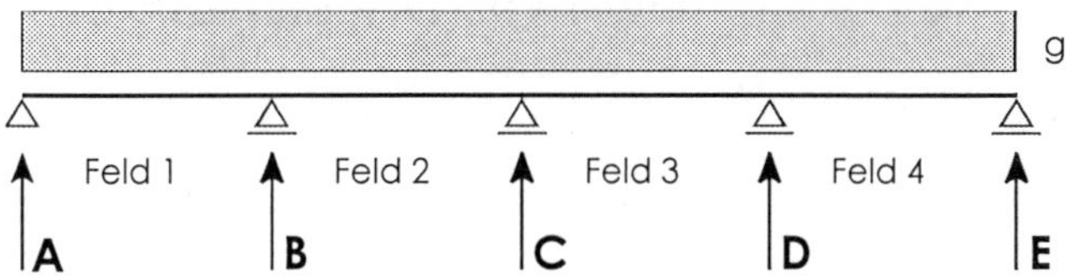

Grundlastfall,
ständige Last auf allen Feldern

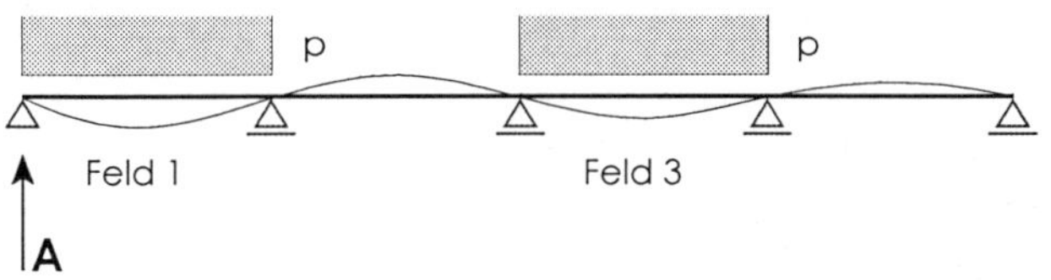

Laststellung 1,
Verkehrslast auf Felder 1 und 3

⇒ $\max M_1$, $\max M_3$, $\max A$

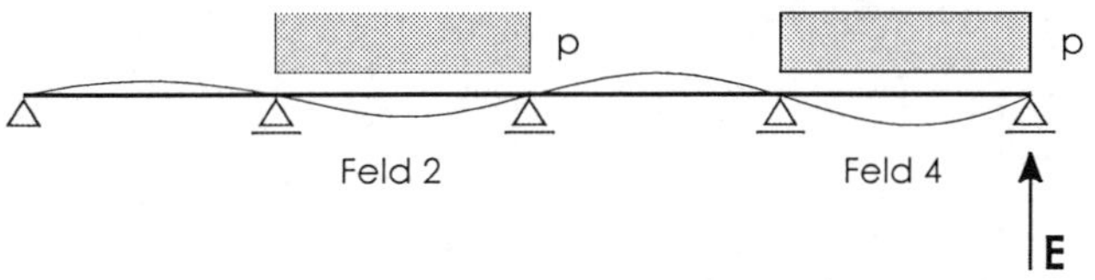

Laststellung 2,
Verkehrslast auf Feld 2 und 4

⇒ $\max M_2$, $\max M_4$, $\max E$

Um die maximalen Feldmomente zu finden, ist das untersuchte Feld mit Verkehrslast zu belasten, die benachbarten Felder bleiben unbelastet, die übernächsten Felder sind wieder belastet. Ist ein Endfeld belastet, ergibt sich aus dieser Laststellung auch die maximale Auflagerkraft der Außenstütze.

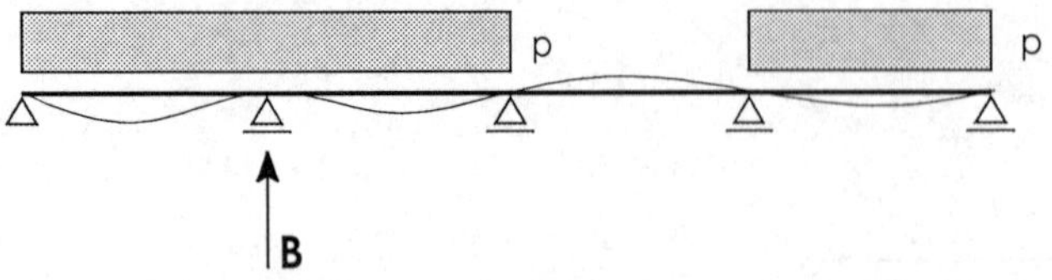

Laststellung 3,
Verkehrslast auf Feld 1, 2 und 4

$\Rightarrow$ max M_B, max B

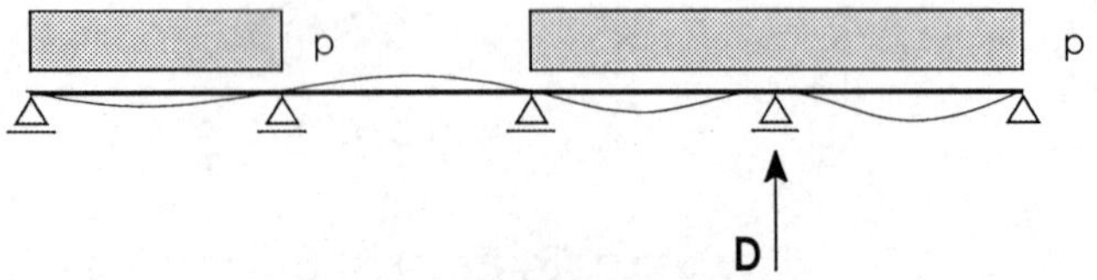

Laststellung 4,
Verkehrslast auf Feld 1, 3 und 4

$\Rightarrow$ max M_D, max D

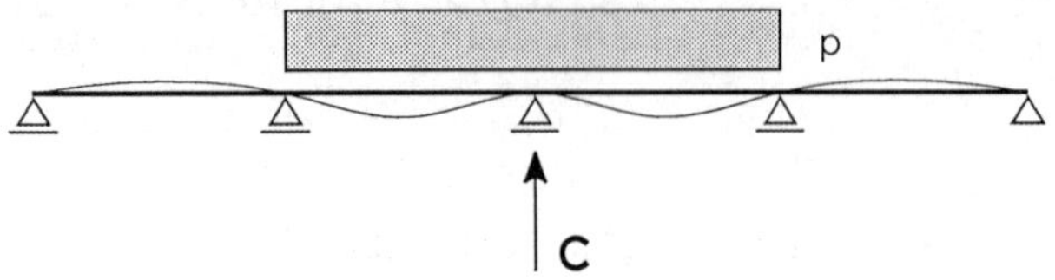

Laststellung 5,
Verkehrslast auf Feld 2 und 3

$\Rightarrow$ max M_C, max C

Um die Größtwerte der Stützmomente zu finden, sind die der untersuchten Stützung benachbarten Felder mit Verkehrslast zu belasten, die nächsten Felder sind unbelastet, die übernächsten wieder belastet. Aus dieser Laststellung ergibt sich auch die größte Auflagerkraft der untersuchten Stützung.

Aus diesen Laststellungen lässt sich die Momentengrenzlinie mit den Größtwerten aller Feld- und Stützmomente zeichnen.

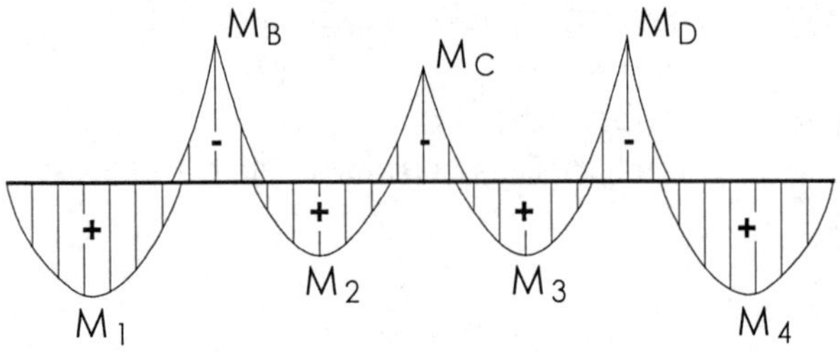

Momentengrenzlinie

Als Näherung für die Vordimensionierung genügt es, unter Volllast q die Biegemomente mit folgender Beziehung zu ermitteln:

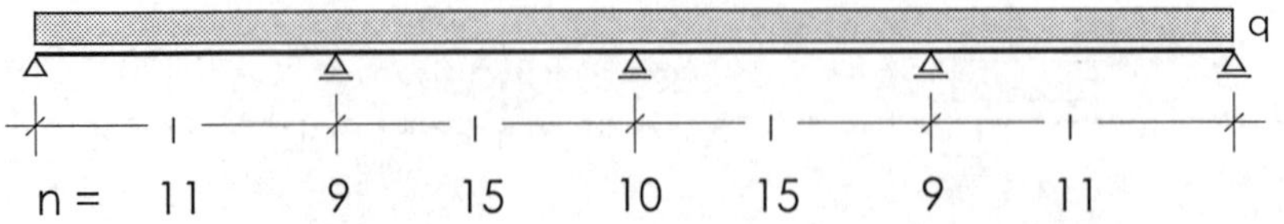

$$M = \frac{1}{n} \cdot q \cdot l^2$$

Diese Näherung ist für Dreifeld-, Vierfeld- und Mehrfeldträger anwendbar.

5.4.5 Der Einfluss von Vouten

Als Vouten bezeichnet man die Vergrößerung der Balkenhöhe eines Mehrfeldträgers über den Innenstützen, d.h. an den Stellen der größten Biegemomente. Diese Anvoutung kann geradlinig oder gekrümmt verlaufen und sich auf den Auflagerbereich beschränken oder bis zur Feldmitte reichen.

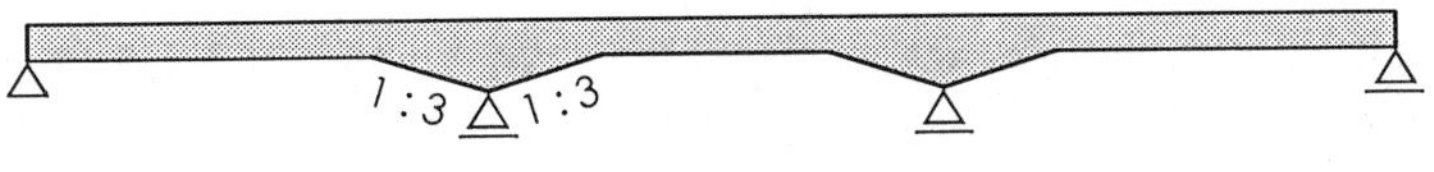

gerade Vouten

gekrümmte Vouten

Anhand der Biegelinie lässt sich der Einfluss von Vouten qualitativ darstellen:

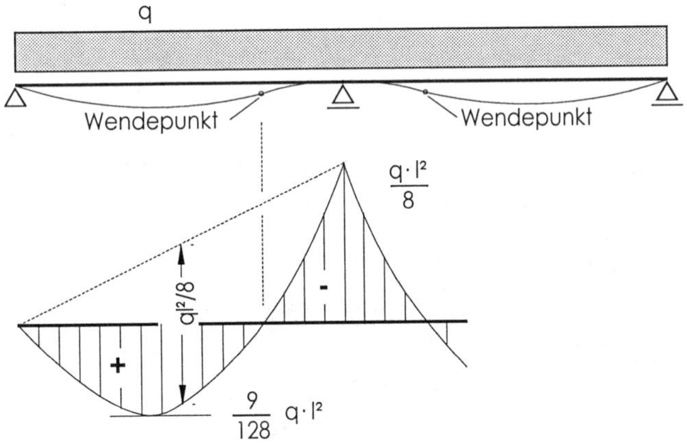

Biegelinie mit Wendepunkten bei konstantem Trägerquerschnitt unter Volllast q.

M - Verlauf
(ohne Vouten)

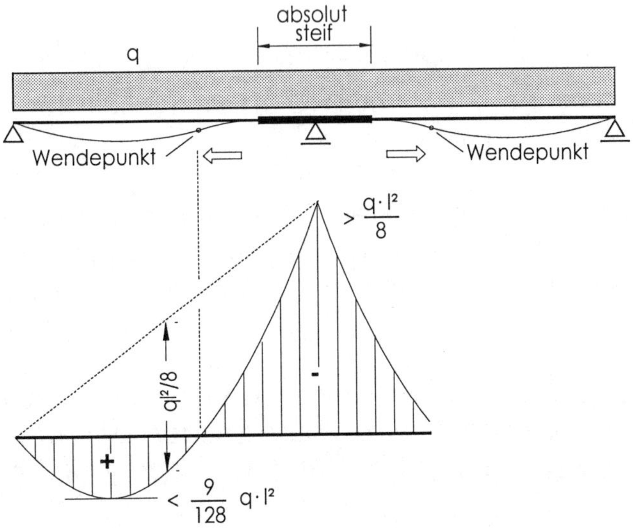

Biegelinie mit Wendepunkten bei Träger mit unendlich steifem Querschnitt im Bereich der Innenstütze, der Träger kann sich nicht verformen.

Die Wendepunkte wandern vom Innenauflager weiter in das Feld, in den Wendepunkten gilt M = 0.

M - Verlauf
(mit Vouten)

Die $q \cdot l^2/8$ - Parabel "rutscht nach oben", d.h. die Feldmomente werden kleiner, das Stützmoment wird größer.

Vouten beeinflussen also den Momentenverlauf. Sie ziehen Momente aus den Feldern zu den Stützen hin. Je größer die Voutensteifigkeit, umso größer ist dieser Effekt.

Vouten sind nur da sinnvoll, wo Momente auftreten, d.h. an frei drehbaren Endauflagern sind sie sinnlos.

Beispiel:

ein Dreifeldträger aus Brettschichtholz BS11 wird durch eine ständige Last g = 13,5 kN/m und eine Verkehrslast p = 4,5 kN/m belastet.

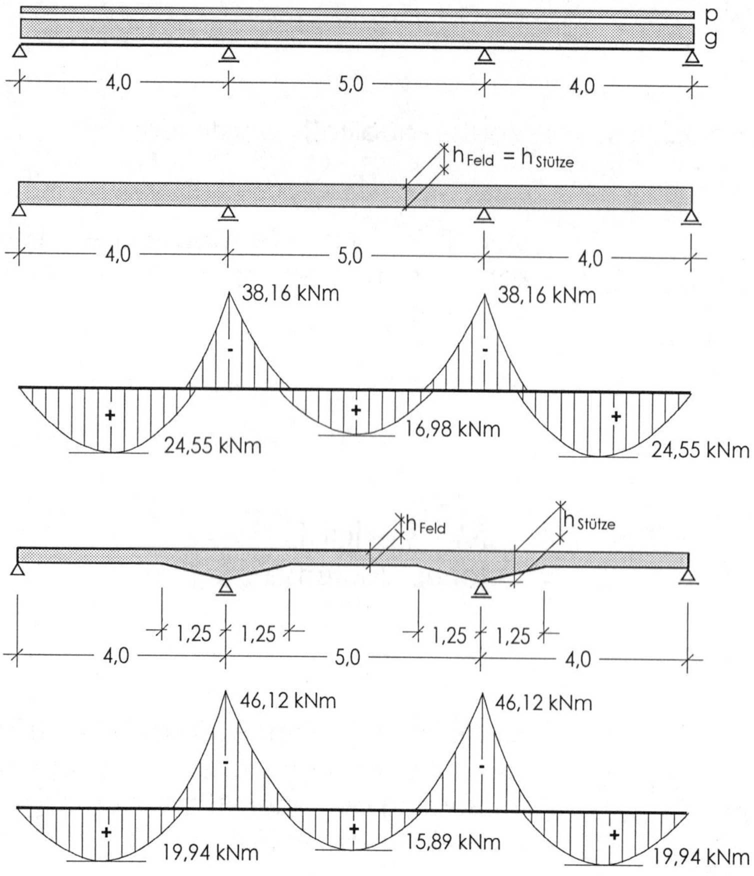

statisches System

Maße in [m]

Träger mit gleichbleibendem Querschnitt

Momentengrenzlinie

Voutenträger

b = 12 cm
h_{Feld} = 30 cm
$h_{Stütze}$ = 60 cm

Momentengrenzlinie

Das Beispiel zeigt, dass beim Voutenträger mit der gewählten Geometrie gegenüber dem Träger mit gleichbleibendem Querschnitt die Stützmomente um ca. 20% anwachsen, die Feldmomente in den Endfeldern dagegen um ca. 20%, im Innenfeld um ca. 10% abnehmen.

Ohne Vouten wäre bei einem Brettschichtholzbinder BS11 ein Rechteckquerschnitt mit 12 cm Breite und 42 cm Höhe erforderlich. Beim Voutenträger genügen dagegen im Feld 30 cm Höhe bei einer Vergrößerung der Höhe im Stützenbereich auf 60 cm.

Man gewinnt also in diesem Fall 12 cm Freiraum für Leitungsunterbringung. Bei größeren Spannweiten und anderen Belastungen kann dieser Effekt wesentlich stärker sein.

- Vorteil von Vouten:

  Die große Konstruktionshöhe im Innenstützenbereich passt sich den dort auch großen Biegemomenten an, die kleineren Feldmomente werden mit der kleineren Konstruktionshöhe im Feld bewältigt. Man kann die Verteilung von Feld- und Stützmomenten mittels der Vouten steuern.

- Nachteil von Vouten:

  Erhöhter Herstellungsaufwand, formal nicht immer erwünscht.

Die vorstehenden Überlegungen und Folgerungen gelten für jede Felderzahl von Durchlaufträgern.

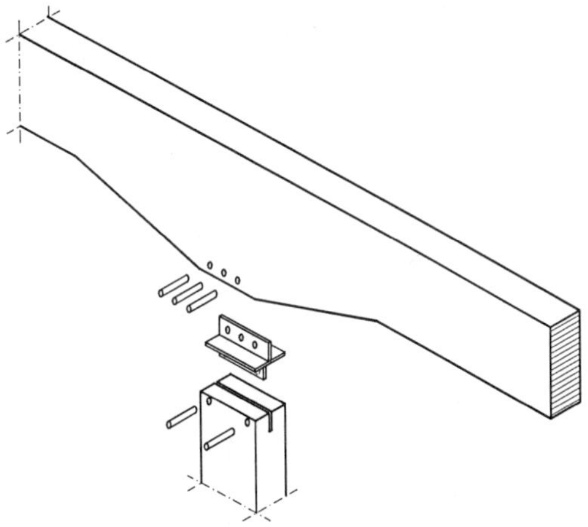

Holzbau

Die Auflagerkraft des Voutentägers aus Brettschichtholz wird über eine Auflagerverstärkung aus einem geschweißten Stahlteil und Stabdübel in die Stütze eingeleitet.

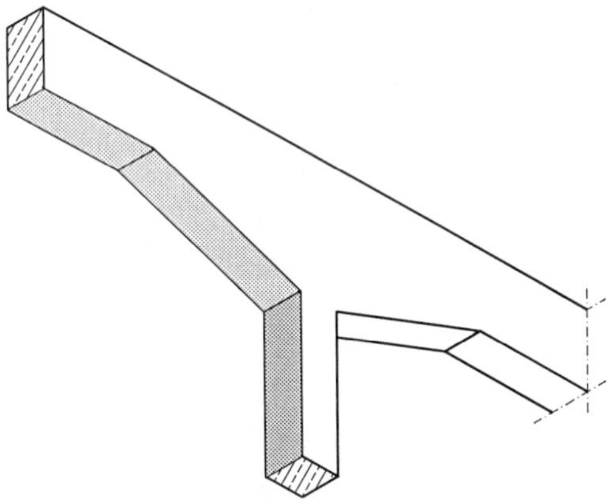

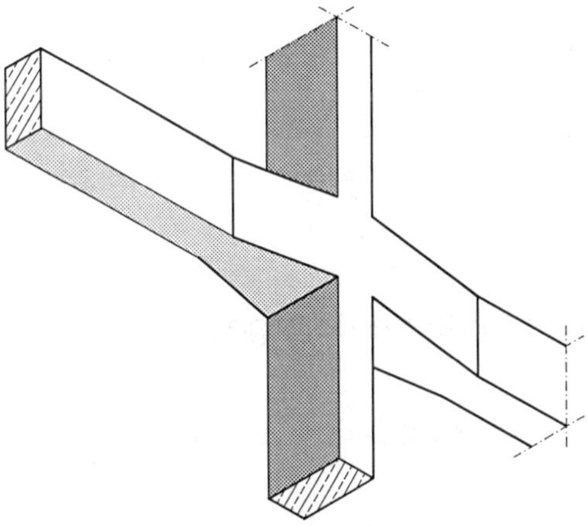

Stahlbetonbau

Üblicherweise ist bei Durchlaufträgern aus Kostengründen ein Träger mit gleichbleibendem Querschnitt zu bevorzugen. Veränderungen der Querschnittshöhe bzw. -breite durch lotrechte oder waagrechte Vouten sind schalungs- und bewehrungstechnisch teuer.

Es ist jedoch manchmal nicht zu vermeiden, z.B. um in Tiefgaragen die Gründungstiefe gering zu halten (Grundwasserspiegel), Voutenträger auszubilden.

5.4.6 Der Koppelträger

Koppelträger sind ein Tragsystem, das hauptsächlich im Holzbau zur Anwendung kommt. Im Hallenbau wird insbesonders bei über den Hallenbindern laufenden Pfetten die günstige Tragwirkung eines Durchlaufträgers dadurch erreicht, indem man Einfeldträger über den Binderauflagern wechselseitig um eine Balkenbreite versetzt. Die erforderlichen biegesteifen Stöße entstehen durch Nagelung oder Verdübelung der in bestimmten Überkopplungslängen nebeneinanderliegenden Kanthölzer.

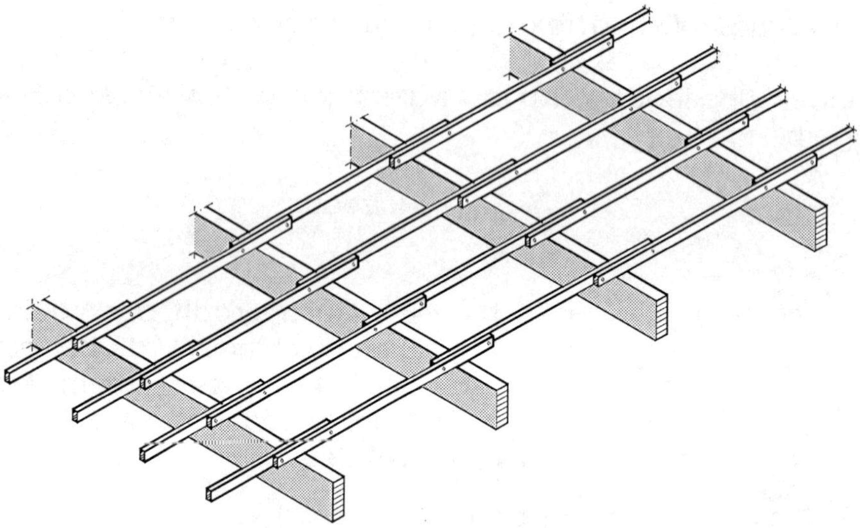

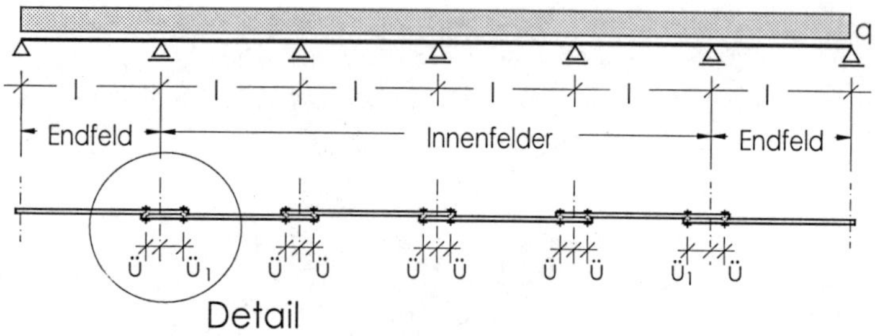

Überkopplungslängen:

$ü = 0{,}1 \cdot l$

$ü_1 = 0{,}17 \cdot l$

Die Feldmomente ergeben sich zu:

$$\text{Endfelder} \quad \Rightarrow M_{Feld} = \frac{q \cdot l^2}{12}$$

$$\text{Innenfelder} \quad \Rightarrow M_{Feld} = \frac{q \cdot l^2}{22}$$

Die Stützmomente brauchen nicht nachgewiesen zu werden, da die nebeneinanderliegenden Querschnitte eine ausreichende Tragfähigkeit besitzen.

In der Praxis ist es üblich, für die Innenfelder einen Querschnitt zu bestimmen und für die Endfelder mit dem größeren Biegemoment einen Querschnitt mit gleicher Höhe, aber größerer Breite zu wählen.

Bei einer Feldweite von z.B. l = 5,0 m ergeben sich folgende Überkopplungslängen:

$\Rightarrow$ Ü $= 0{,}1 \cdot 5{,}0 = 0{,}5$ m

$\Rightarrow$ $Ü_1 = 0{,}17 \cdot 5{,}0 = 0{,}85$ m

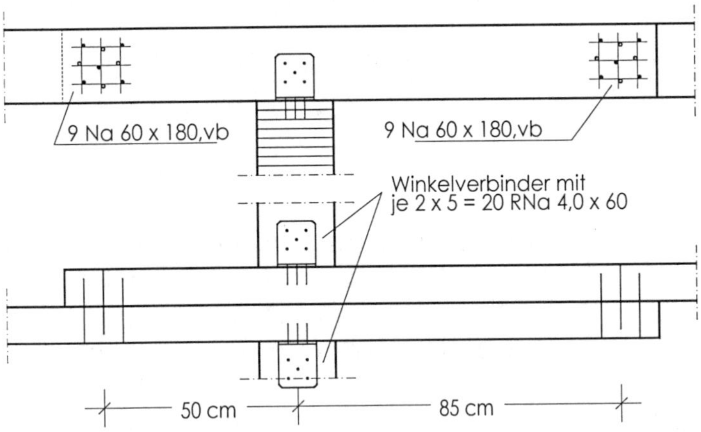

Beispiel für die Ausbildung des biegesteifen Stoßes mit Nägeln. Für die Nägel ist ein statischer Nachweis zu führen (Anzahl, Durchmesser, Länge).

Zur Lagesicherung werden die Koppelpfetten mit beidseitigen Winkelverbindern und Rillennägeln auf dem Brettschichtholzbinder befestigt.

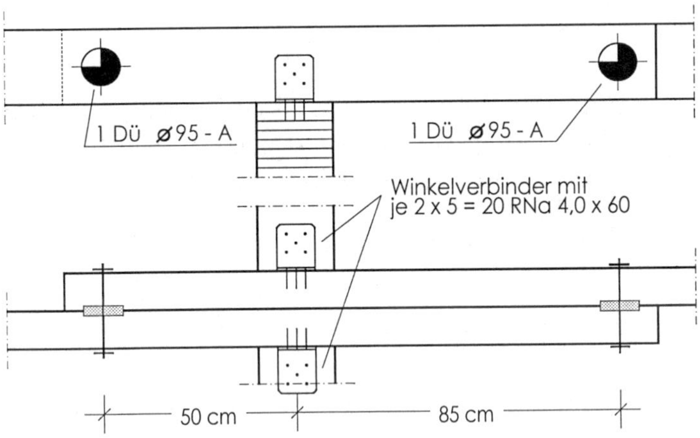

Beispiel für die Ausbildung des biegesteifen Stoßes mit Dübeln besonderer Bauart. Für die Dübel ist ebenfalls ein statischer Nachweis zu führen (Anzahl, Durchmesser).

Zur Sicherung der Dübel sind zusätzlich Schraubenbolzen erforderlich.

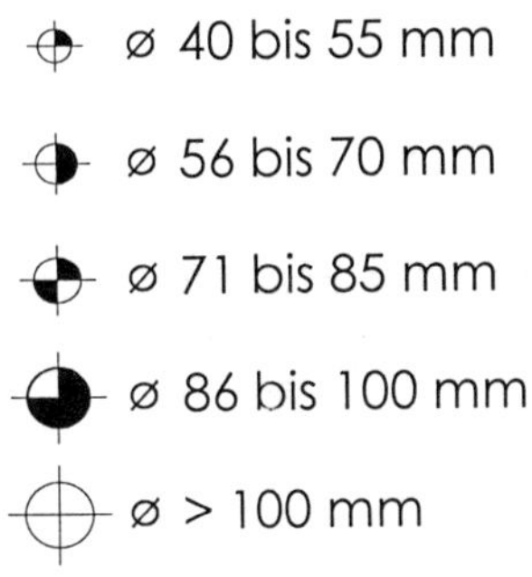

Darstellung von Dübeln

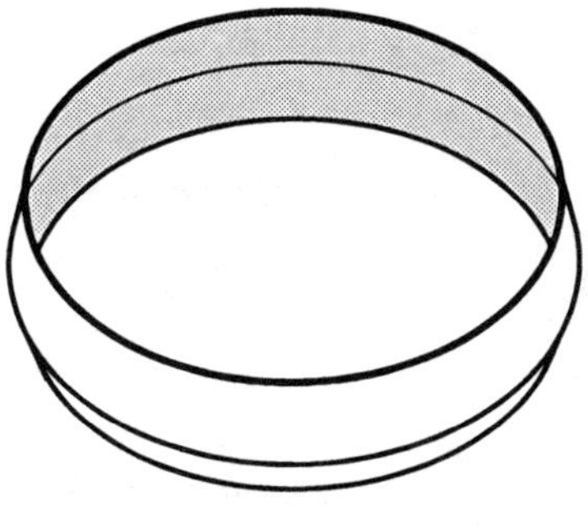

Dübel besonderer Bauart (Einlassdübel)

Typ A, sogenannter Ringkeildübel aus Guss. Lieferbar von 65 bis 190 mm Durchmesser, wovon die Tragfähigkeit abhängig ist. Der Dübel wird in ausgefräste kreisförmige Vertiefungen im Holz eingelassen.

5.4.7 Der unterspannte Träger

Beim unterspannten Träger werden anstelle von festen Zwischenunterstützungen wie Wände oder Stützen, die die Lasten weiterleiten, Spreizen eingebaut und die Vertikallast dieser Zwischenunterstützungen über Zugbänder in die Auflagerpunkte geleitet. Die Spreize, in die eine Auflagerkraft aus dem darüberliegenden Balken eingeleitet wird, wirkt wie ein elastisches, nachgiebiges Auflager.

Der unterspannte Träger ist äußerlich statisch bestimmt und innerlich (auch bei mehreren Spreizen) 1-fach statisch unbestimmt.

Tragwirkung eines unterspannten Trägers

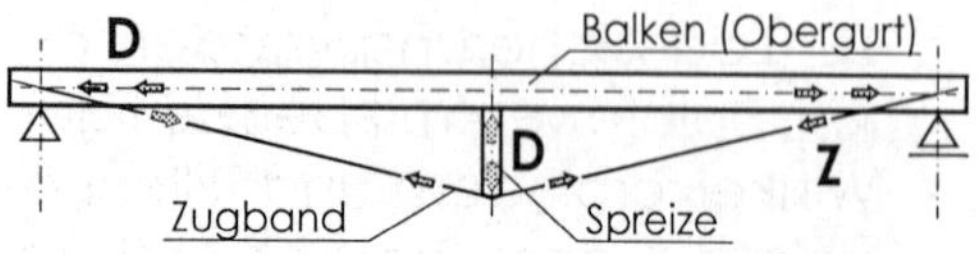

Die Spreize wird durch Druckkräfte D, das Zugband durch Zugkräfte Z beansprucht. Der Obergurt erhält Biegung und eine Druckkraft D aus der Unterspannung.

Die Tragfähigkeit eines biegebeanspruchten Trägers kann durch eine Unterspannung erheblich gesteigert werden. Der Biegebalken erhält durch die Unterspannung ein oder mehrere elastische Zwischenauflager, die eine Reduzierung der Biegemomente bewirken. Dies führt zu geringeren Querschnitten.

Die Verteilung der Biegemomente eines unterspannten Trägers ist abhängig von der Steifigkeit des Zugbandes und der Steifigkeit des Obergurts. Für ein vernünftig gewähltes Verhältnis der Steifigkeiten erhält man folgende Verteilung der Momente:

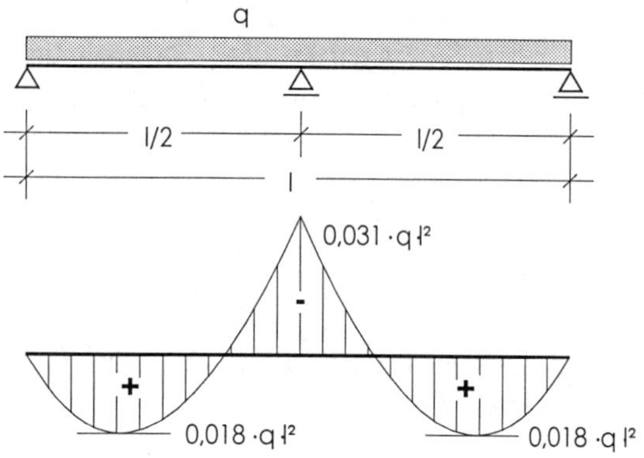

Durchlaufträger mit starrer Unterstützung

$M_{Feld} = 0{,}07 \cdot q \cdot (l/2)^2 = 0{,}018 \cdot q \cdot l^2$

$M_{Stütz} = -0{,}125 \cdot q \cdot (l/2)^2 = -0{,}031 \cdot q \cdot l^2$

M - Verlauf

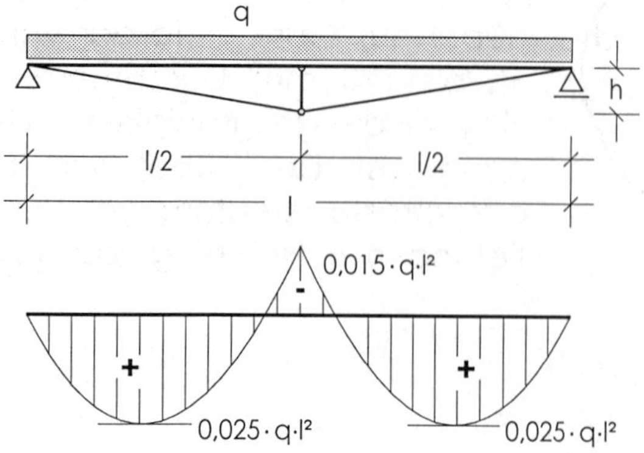

Unterspannter Träger mit einer Spreize (einfach unterspannter Träger)

$M_{Feld} = = 0{,}025 \cdot q \cdot l^2$

$M_{Stütz} = -0{,}015 \cdot q \cdot l^2$

M - Verlauf

Das Feldmoment wird um ca. 30% größer, das Stützmoment um ca. 50% geringer. Bei einem Zugband mit sehr hoher Dehnsteifigkeit (große Querschnittsfläche) ist die Abminderung des Stützmoments kleiner, bei einem Zugband mit geringer Dehnsteifigkeit (kleine Querschnittsfläche) größer.

Die Systemhöhe h (Abstand Schwerachse Obergurt - Schwerachse Zugband) sollte nicht kleiner als 1/12 der Spannweite l gewählt werden, da sonst unwirtschaftlich große Zugkräfte entstehen.

Unterspannungen finden Anwendung z.B. bei weitgespannten Dachkonstruktionen, aber auch bei Umbauten, wenn bestehende Träger durch eine Unterspannung nachträglich verstärkt werden sollen.

Zweifach unterspannter Träger

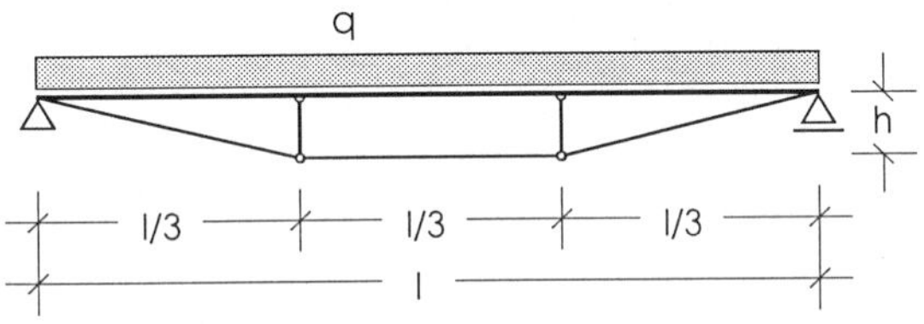

Durch die zweifache Unterspannung werden die Biegemomente im Obergurt nochmals reduziert. Die Spreizen können auch an anderen Stellen, z.B. passend zur Fassadenaufteilung angeordnet werden.

Dreifach unterspannter Träger

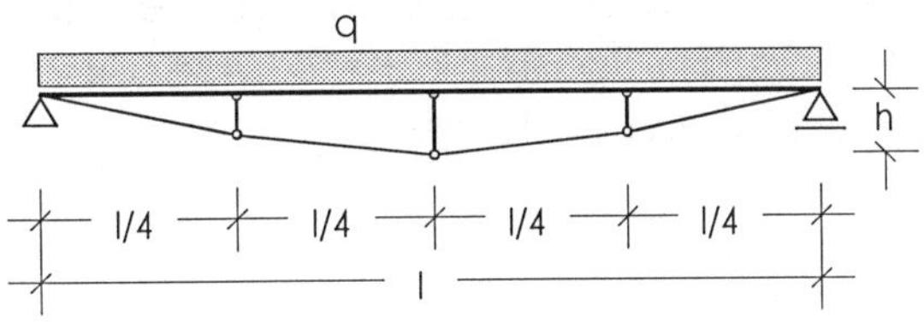

Die Biegemomente werden weiter verringert. Die Länge der Spreizen sollte proportional dem Momentenverlauf angepasst werden. Bei Gleichlast ist das eine Parabel.

Vierfach unterspannter Träger

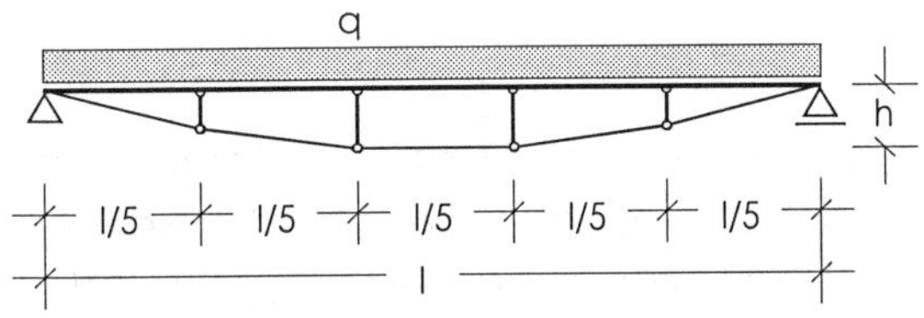

Weitere Reduzierung der Biegemomente. Die kleinen Umlenkwinkel des Zugbands an den Spreizen haben größere Zugkräfte und damit größere Verformungen zur Folge, dadurch stellen sich keine negativen Stützmomente mehr ein.

Überlagerung von zwei unterspannten Trägern

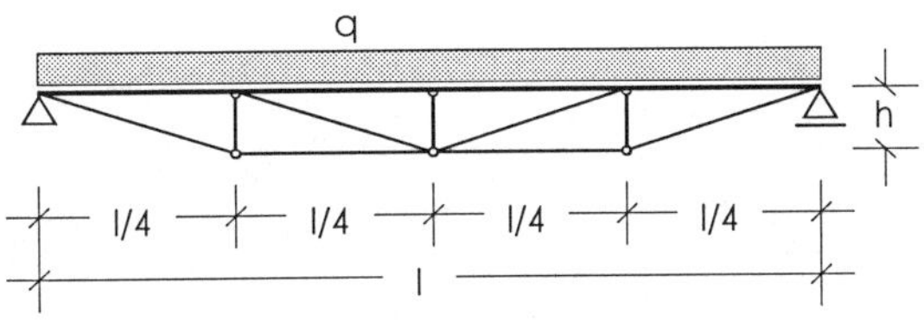

Ist man in der Konstruktionshöhe beschränkt, kann man durch die Überlagerung von zwei unterspannten Trägern geringere Verformungen erzielen. Die Ursache liegt im größeren Umlenkwinkel des Zugbands an den Spreizen als beim dreifach unterspannten Träger.

Einfach unterspannter Träger mit zwei Spreizen

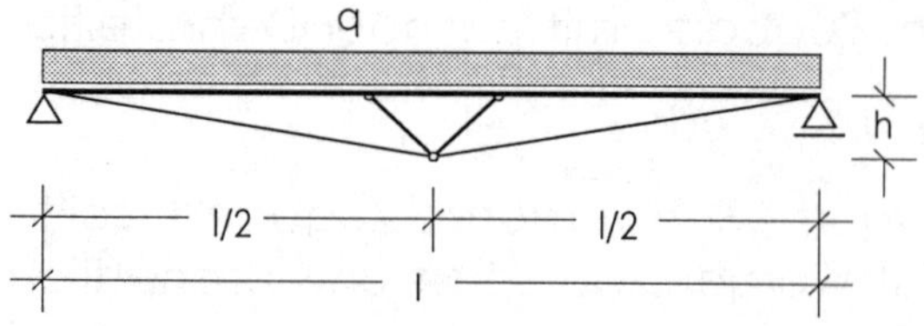

Durch die V-förmige Anordnung von zwei Spreizen kann die Stützweite des Biegebalkens und damit das Biegemoment gegenüber dem einfach unterspannten Träger mit einer Spreize reduziert werden.

Mehrfach unterspannter bogenförmiger Träger

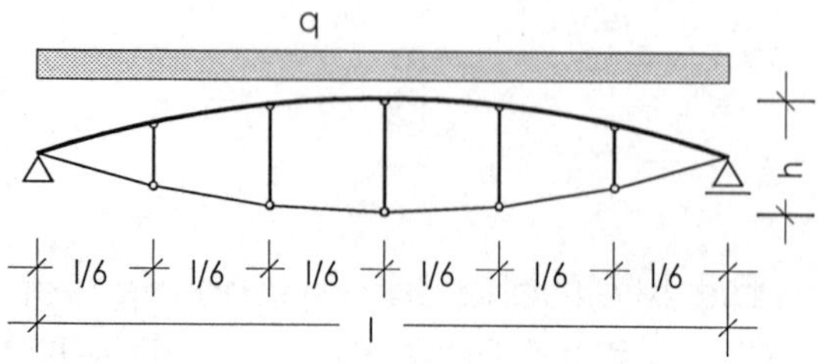

Ein biegesteifer bogenförmiger Biegebalken kann mit einer mehrfachen Unterspannung zu einem sogenannten "Fischbauchträger" ausgebildet werden.

Unterspannter Träger mit geneigtem Obergurt

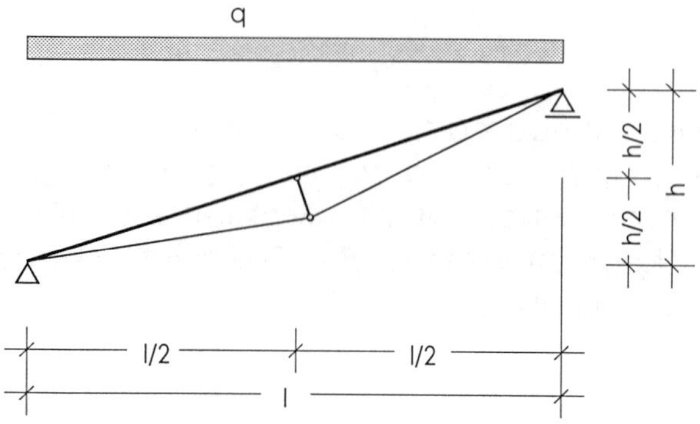

Unterspannte Träger können auch mit geneigtem Obergurt eingebaut werden. Die Anordnung der Spreize kann senkrecht zur Obergurtneigung erfolgen.

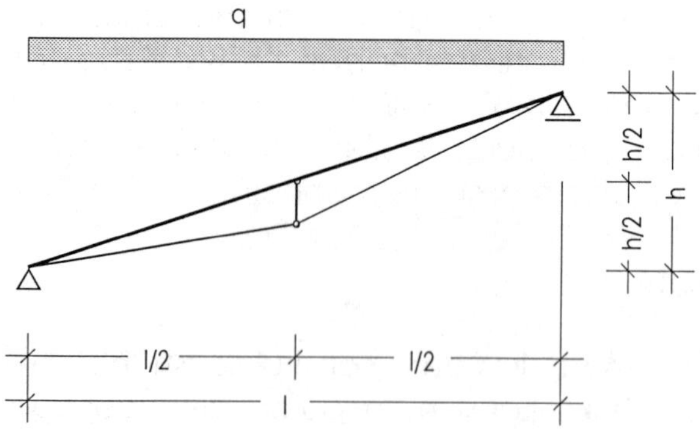

Die Spreize kann auch senkrecht zur horizontalen Ebene erfolgen, die Schnittkräfte weichen von der zuvor dargestellten Spreizenanordnung kaum ab.

Unterspannter Träger als Polonceau-Binder

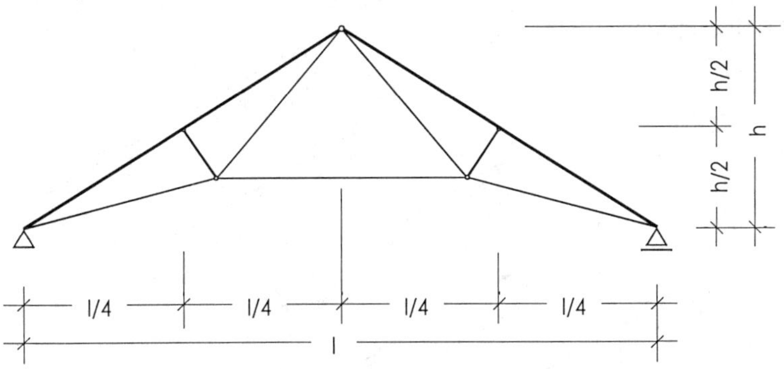

Zwei geneigte einfach unterspannte Träger lassen sich durch Hinzufügen eines weiteren Zugbandes zu einem sogenannten "Polonceau-Binder" zusammenfügen. Der Firstpunkt ist gelenkig.

Dreifach unterspannter Träger in Satteldachform

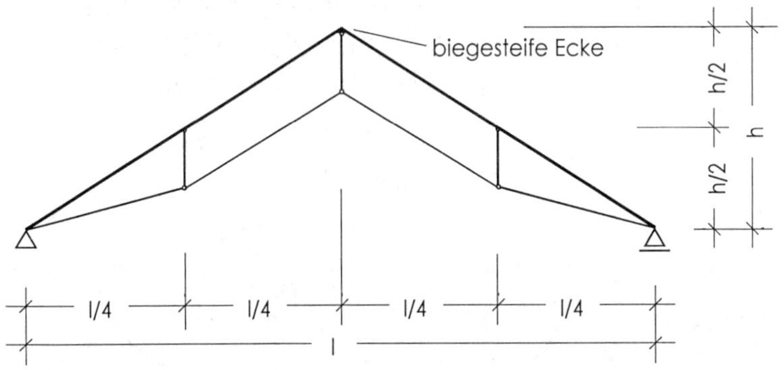

Der unterspannte Satteldachträger kann als geknickter unterspannter Träger betrachtet werden. Für die Standsicherheit dieses Systems ist im Firstpunkt eine biegesteife Ecke erforderlich.

Konstruktiv sind folgende Punkte zu beachten:

- Unterspannte Träger sind grundsätzlich mit einer Überhöhung von l/200 bis l/300 herzustellen.
- Bei unterspannten Holzträgern sind die Zugbänder aus Stahl mit Spannschlössern zum Nachspannen zu versehen. Durch das Nachspannen können Einflüße aus Schwinden und Schlupf weitgehend ausgeschaltet werden, außerdem kann die Überhöhung durch Anspannen eingestellt werden.
- Die Systemlinien von Zugband, Biegebalken und Auflager sollen sich in einem Punkt schneiden.
- Der Obergurt und die unterstützenden Streben sind gegen seitliches Ausweichen zu sichern.

Auf verschiedene Grundrissformen kann man mit orthogonal oder radial gerichteten Trägeranordnungen reagieren. Für großflächige Grundrisse können räumlich unterspannte Konstruktionen zur Anwendung kommen.

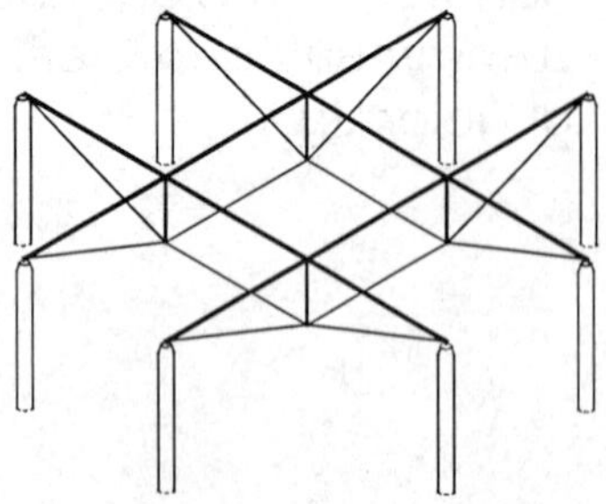

zweifach unterspannte Träger über quadratischem Grundriss in orthogonaler Anordnung

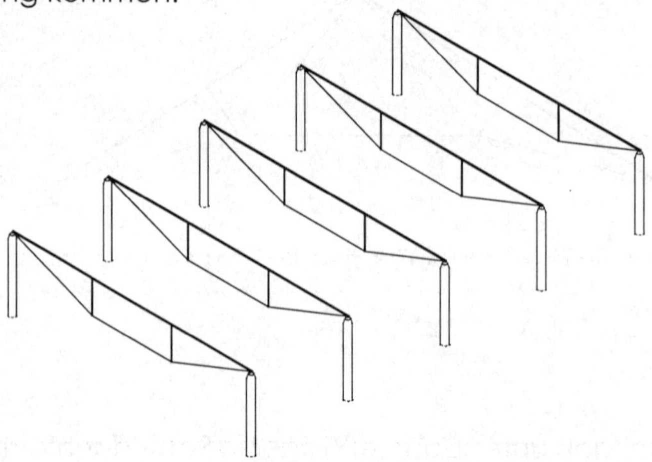

zweifach unterspannte Träger über rechteckigem Grundriss in Reihung angeordnet

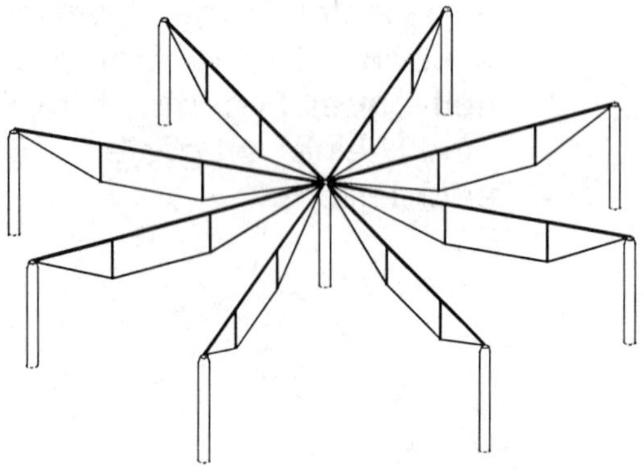

zweifach unterspannte Träger über kreisförmigem Grundriss in radialer Anordnung

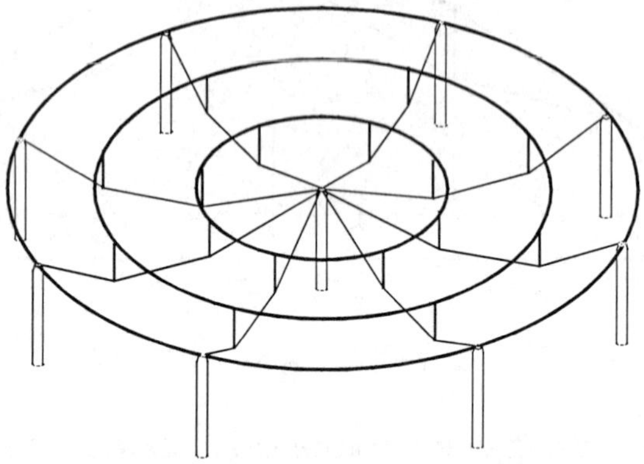

zweifach unterspannte Träger über kreisförmigem Grundriss in radialer Anordnung mit kreisförmigen Obergurten

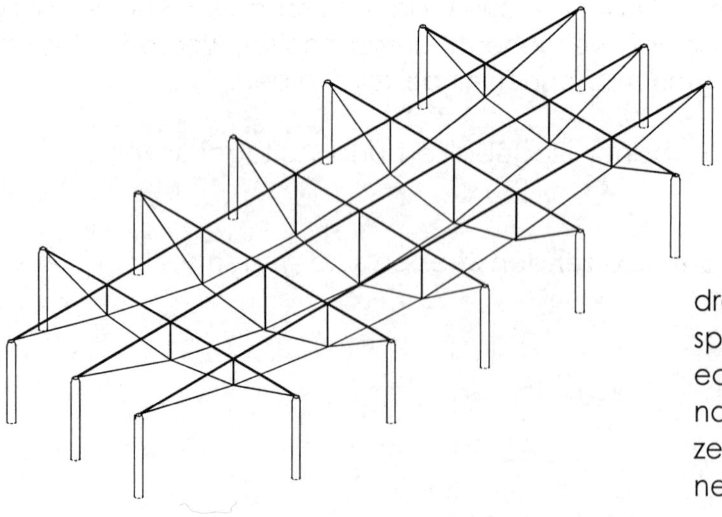

dreifach und fünffach unterspannte Träger über rechteckigem Grundriss in orthogonaler Anordnung. Für die kürzeren Träger sind verschiedene Systemhöhen erforderlich

Konstruktionsdetails aus dem Holzbau

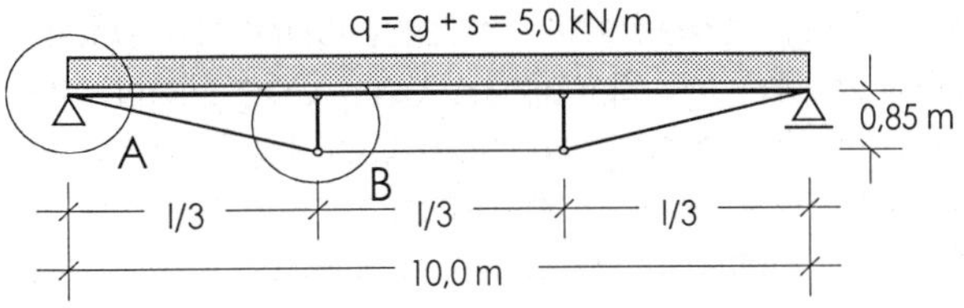

Für einen zweifach unterspannten Träger mit Obergurt und Spreizen aus Nadelholz Sortierklasse S10 und einem Zugglied aus Stahl St 37 ergeben sich bei 10,0 m Stützweite und einer Belastung q = 5,0 kN/m die im folgenden angegebenen Abmessungen:

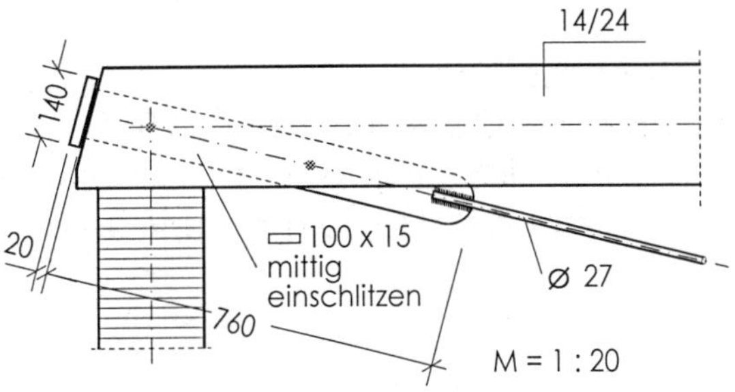

Detail A, Anschluss Obergurt - Zugband

Die Zugkraft wird über eine an ein eingeschlitztes Blech angeschweißte Stirnplatte in den Obergurt geleitet. In eine Aussparung des Anschlussblechs ist das einteilige Zugband Ø 27 mm eingeschweißt.

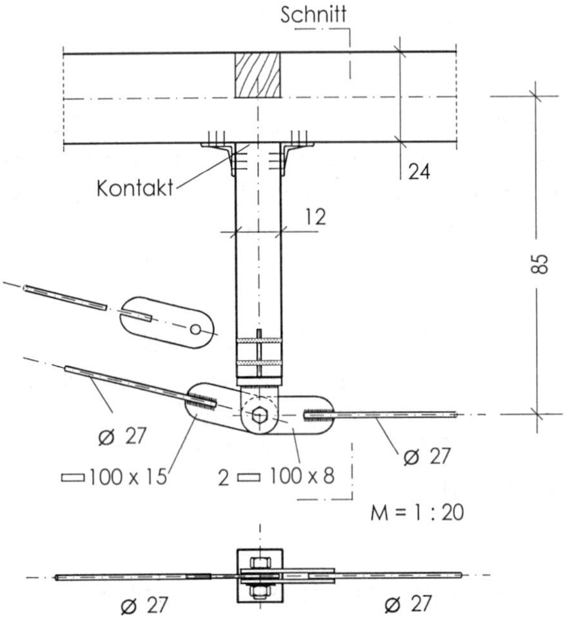

Detail B, Anschluss Obergurt - Spreize und Anschluss Spreize - Zugband

Die Auflagerkraft aus dem Obergurt wird über Kontaktpressung in die Spreize eingeleitet. Die seitlichen Winkel dienen nur zur konstruktiven Lagesicherung.

Das Zugband Ø 27 mm wird durch ein Anschlussblech 100 x 15 mm bzw. zwei Anschlussbleche 100 x 8 mm und einen Gelenkbolzen M 27 über ein geschweißtes Anschlussteil mit der Spreize verbunden.

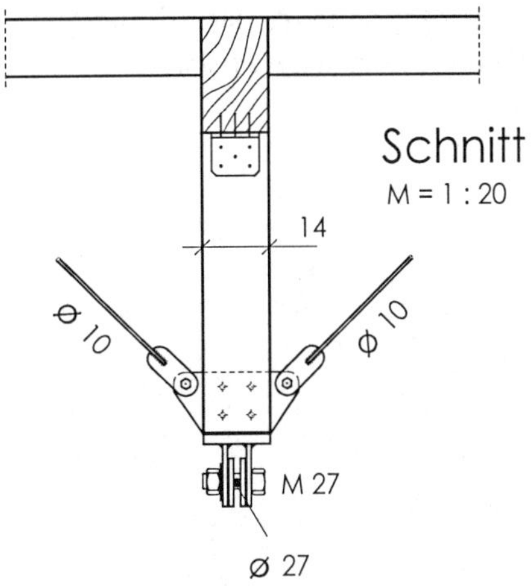

Die Spreize 12/14 cm ist durch Kopfbänder aus Stahl Ø 10 mm gegen seitliches Ausweichen gesichert.

Konstruktionsdetails aus dem Stahlbau

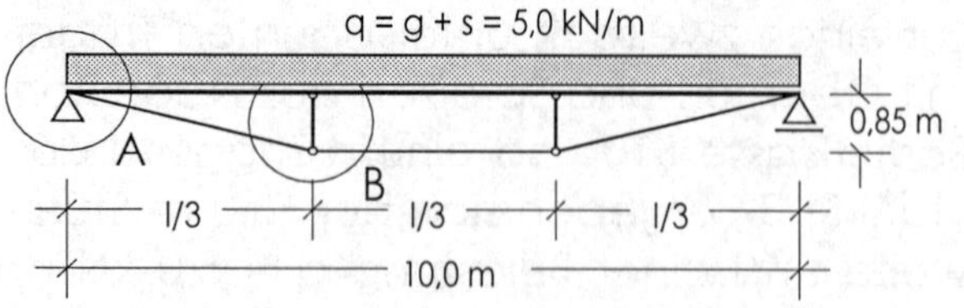

Für einen zweifach unterspannten Träger mit Obergurt, Spreizen und Zugglied aus Stahl St 37 ergeben sich bei 10,0 m Stützweite und einer Belastung q = 5,0 kN/m die im folgenden angegebenen Abmessungen:

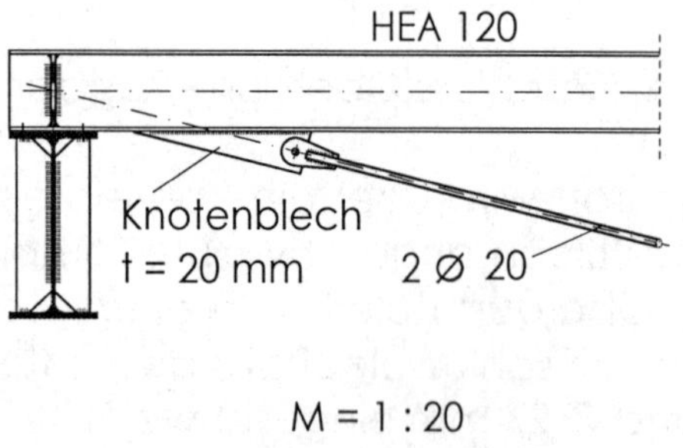

Detail A, Anschluss Obergurt - Zugband

Das Anschlussblech t = 20 mm ist in der Stegebene des Obergurts HEA 120 angeschweißt. Für das Zugband ist ein zweiteiliger Querschnitt 2 Ø 20 mm gewählt.

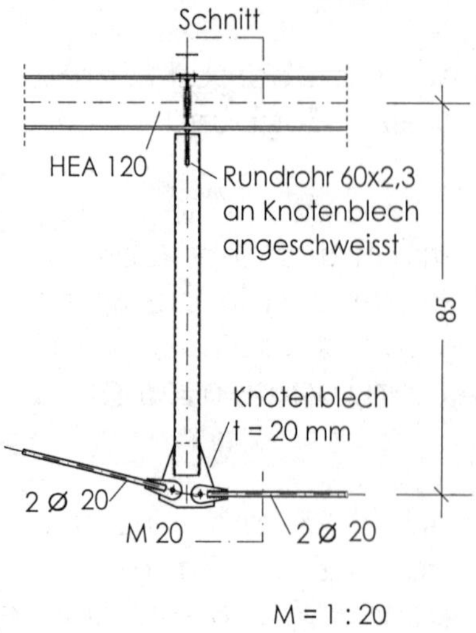

Detail B, Anschluss Obergurt - Spreize und Anschluss Spreize - Zugband

Die Auflagerkraft aus dem Obergurt wird über ein angeschweißtes Knotenblech in die Spreize aus Rundrohr 60 x 2,3 mm eingeleitet.

Das Zugband 2 Ø 20 mm wird durch je ein Anschlussblech und einen Gelenkbolzen M 20 über ein geschweißtes Knotenblech t = 20 mm mit der Rundrohrspreize verbunden.

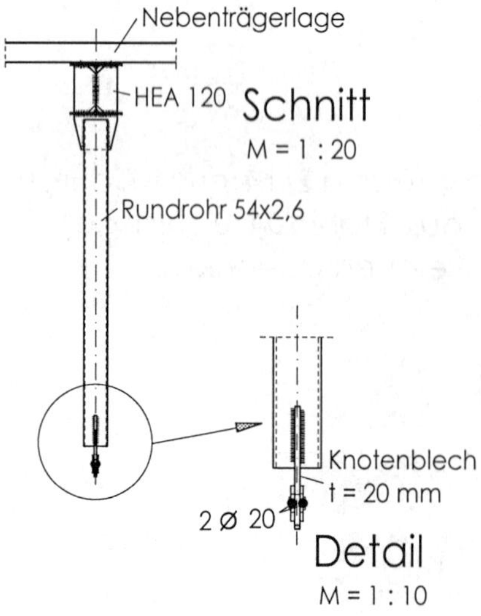

Sowohl bei der Holzbau- als auch bei der Stahlbau-Variante sind für sämtliche Verbindungsmittel wie z.B. Gelenkbolzen und Schweißnähte, sofern sie tragend sind, statische Nachweise zu führen.

Hängewerke

Ein Hängewerk entsteht durch Spiegelung eines unterspannten Trägers an einer horizontalen Achse. Die Biegemomente im Träger, der jetzt statt Obergurt als Untergurt bezeichnet wird, bleiben unverändert, er wird allerdings im Gegensatz zum unterspannten Träger zusätzlich auf Zug statt Druck beansprucht. Die auf Druck beanspruchten Spreizen werden zu zugbeanspruchten Hängesäulen, das beim unterspannten Träger zugbeanspruchte Zugband heißt jetzt Strebe und wird durch Druckkräfte belastet.

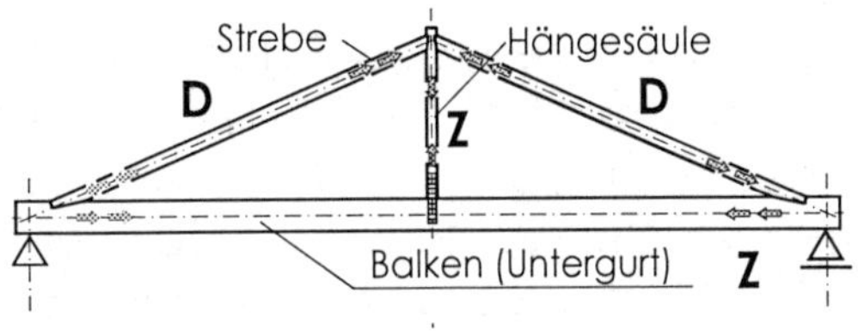

Die Streben sind mit dem Untergurt und der Hängesäule auf Druck, die Hängesäule ist zugfest am Untergurt anzuschließen.

Die Systemhöhe h sollte nicht kleiner als 1/6 bis 1/8 der Spannweite l gewählt werden, die Streben sollten mit einem Winkel $\alpha \geq 30°$ am Untergurt angeschlossen werden.

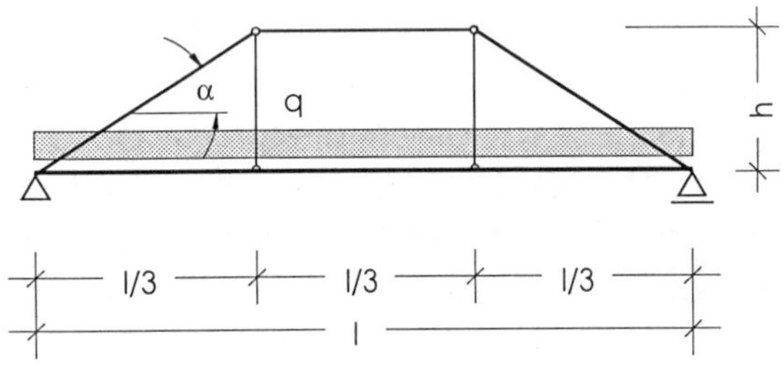

Zweifaches Hängewerk (Trapezhängewerk)

Der horizontale Druckstab wird als Spannriegel bezeichnet. Der Untergurt heißt auch Streckbalken.

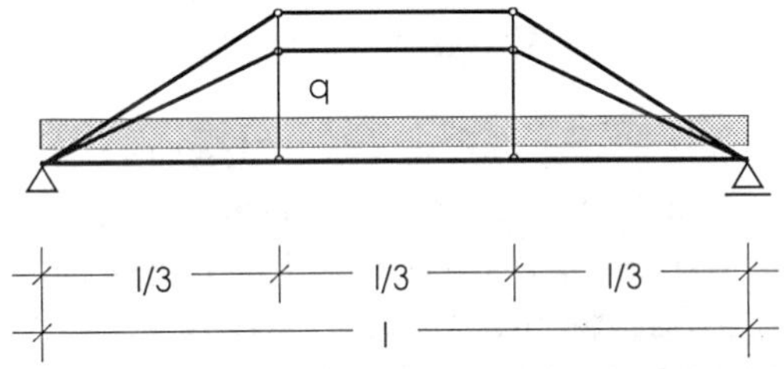

Zweifaches Hängewerk mit doppelten Streben und zwei Spannriegeln.

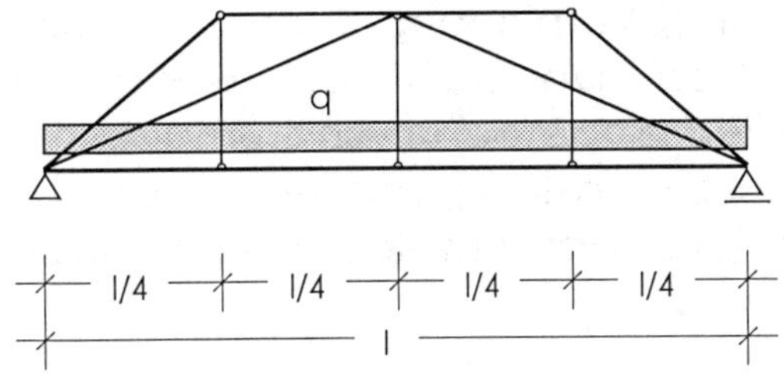

Dreifaches Hängewerk mit doppelten Streben.

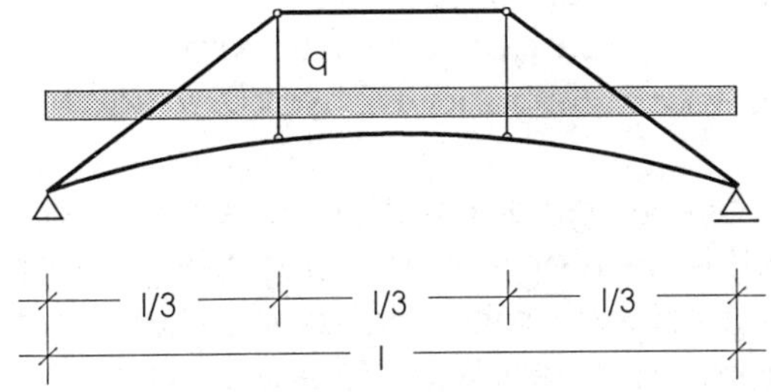

Zweifaches Hängewerk mit gekrümmtem Streckbalken.

5.5 Der Rahmen

5.5.1 Grundlagen

Ein sehr einfaches, stabiles System für das Tragwerk eines Raumes besteht aus zwei eingespannten Stützen als seitlichem und einem darüberliegendem Einfeldbalken als oberem Raumabschluss. Stützen und Balken liegen jeweils in einer Ebene. Dieses System wird hauptsächlich im Hallenbau verwendet.

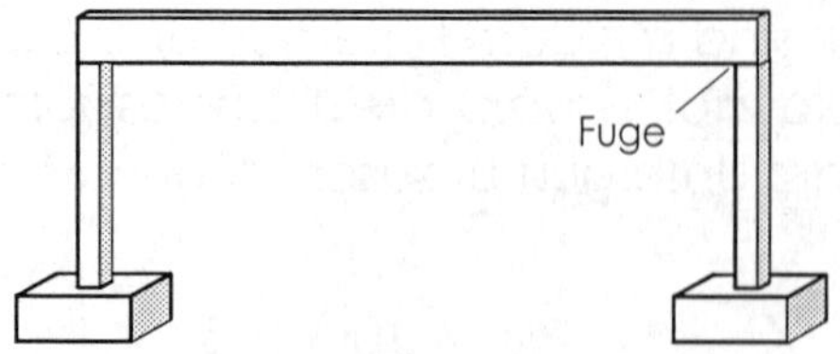

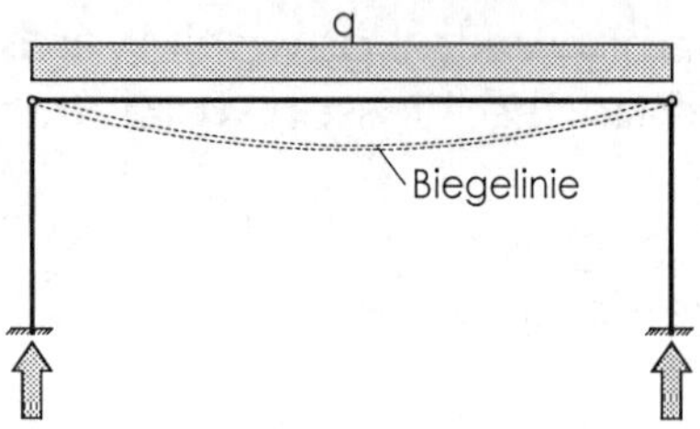

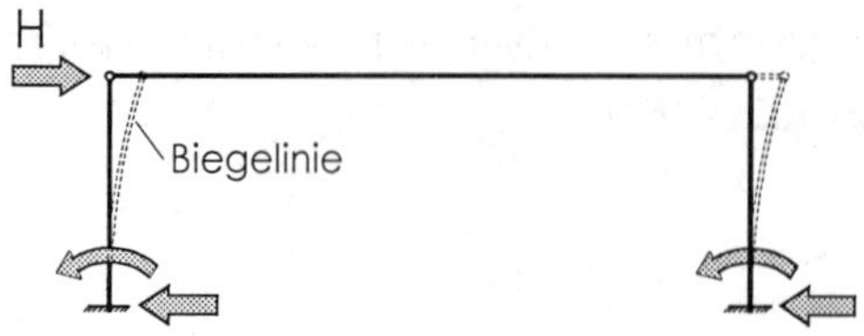

Die vertikalen Lasten aus Eigengewicht der Dachkonstruktion, des Balkens und aus Schnee verbiegen den Balken, der die Lasten zu den Auflagerpunkten weiterleitet. Die Stützen übernehmen die Auflagerlasten und werden dabei auf Druck beansprucht.

Vertikallasten: Balken ⇒ Biegung
Stützen ⇒ Druckkraft

Horizontale Lasten, z.B. aus Wind werden von den Stützen über Biegung aufgenommen. Der Balken verteilt die Horizontallast auf die beiden Stützen und wird dabei auf Druck beansprucht.

Horizontallasten: Balken ⇒ Druckkraft
Stützen ⇒ Biegung

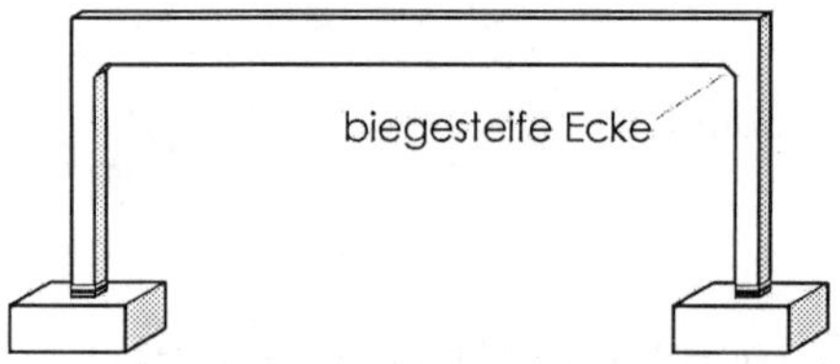

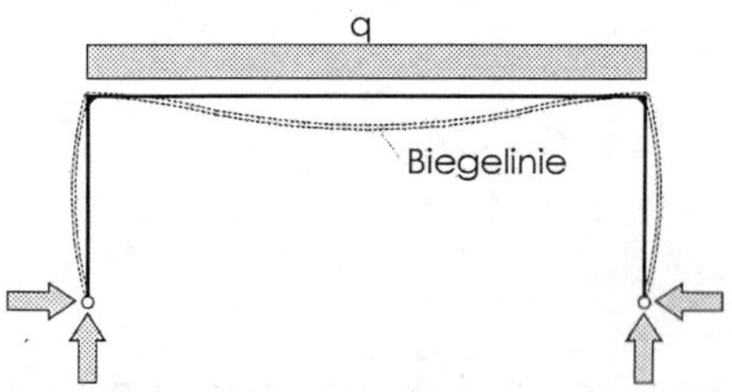

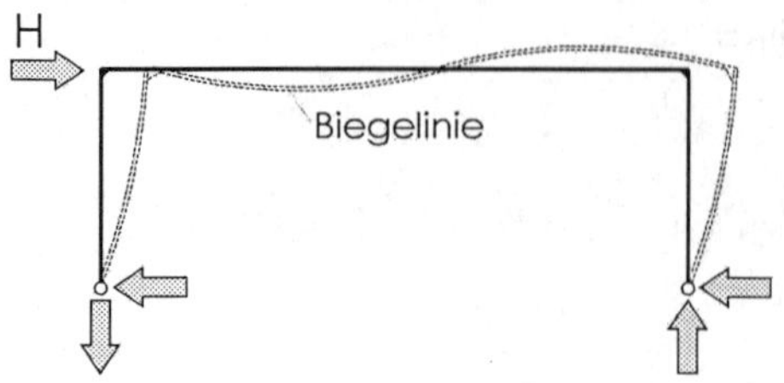

Stellt man dieses Balken-Stützensystem auf den Kopf, erhält man einen Zweigelenkrahmen. Es werden die Kopfgelenke (oben) zu Fußgelenken (unten), die Stützenfußeinspannung (unten) wird zu einer biegesteifen Verbindung zwischen Stütze und Balken. Damit ist der Balken in die Stützen eingespannt und umgekehrt. Die Vertikalbelastung verbiegt auch die Stützen, die Horizontalbelastung auch den Balken.

Vertikal - und Horizontallasten:
Balken ⇒ Biegung + Druckkraft
Stützen ⇒ Biegung + Druck(Zug)kraft

Durch diese gegenseitige Biegemitwirkung tritt eine Biegeentlastung des primär verbogenen Systembereichs ein. Dies führt zu kleineren notwendigen Querschnitten.

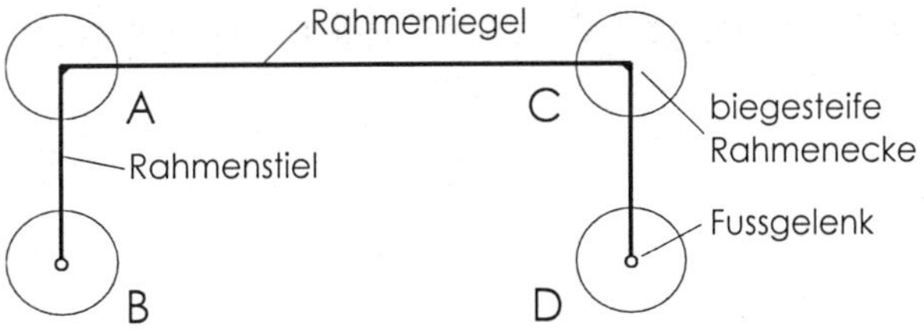

Begriffsdefinition:

Bei Rahmensystemen wird nicht von Balken und Stütze gesprochen, sondern von "Rahmenriegel" und "Rahmenstiel".

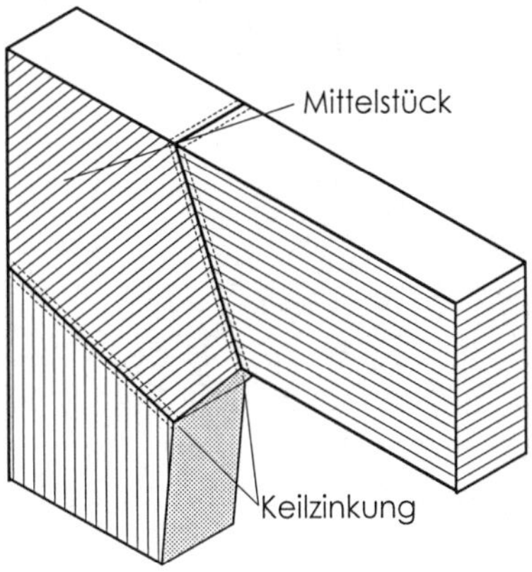

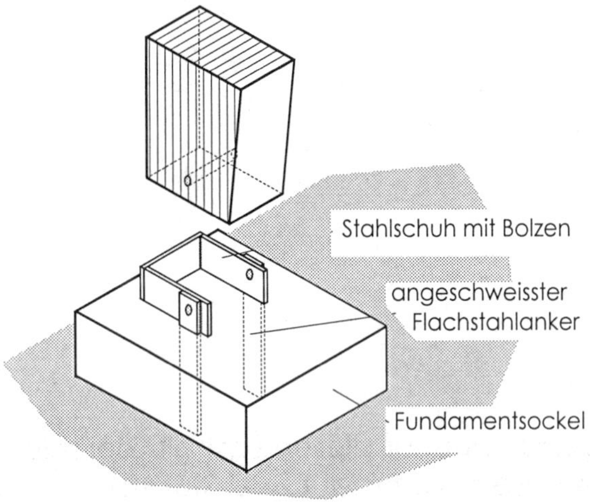

Detail A und B (Holzbau)

Der Riegel und die Stiele aus Brettschichtholz werden über ein Mittelstück biegesteif durch Keilzinkung verbunden.

Die horizontale Auflagerkraft wird über einen Stahlschuh und angeschweißte Flachstahlanker in das Fundament eingeleitet.

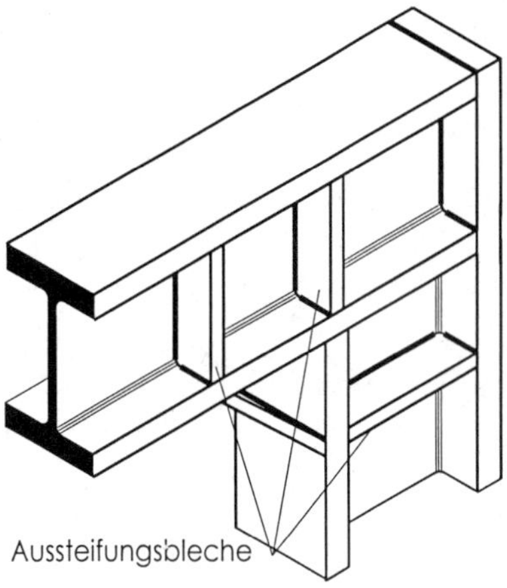

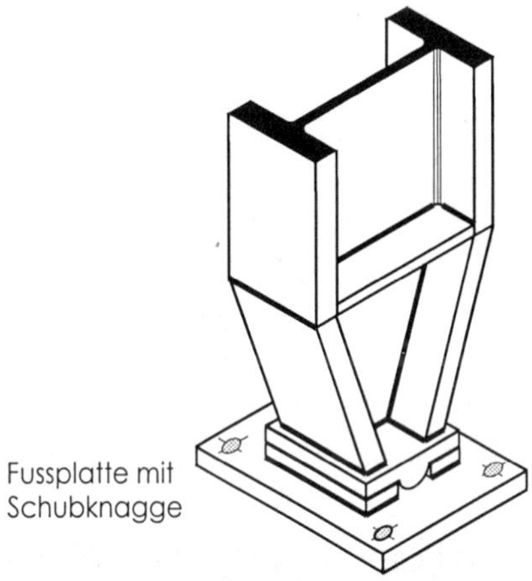

Detail C und D (Stahlbau)

Der Riegel und die Stiele aus Doppel-T-Trägern sind an der Rahmenecke verschweißt.

Die horizontale Auflagerkraft wird über eine Schubknagge in die Fußplatte eingeleitet, die im Fundament verankert ist.

Versucht man, die Auflagerreaktionen zu ermitteln, ergibt sich für Gleichlast auf dem Riegel folgendes Ergebnis:

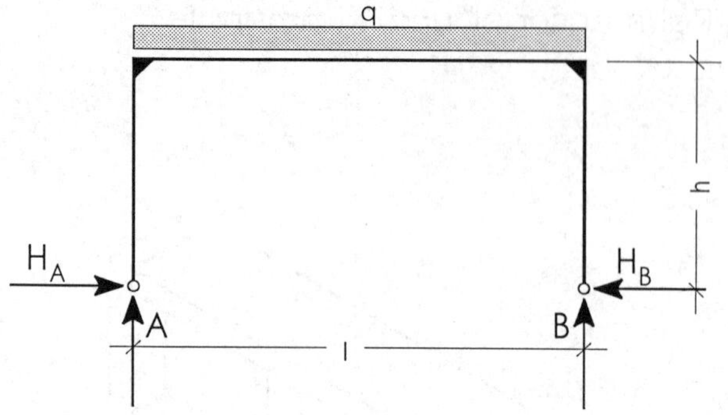

4 Unbekannte:
A, B, H_A, H_B

3 Gleichgewichtsbedingungen:
$\Sigma V = 0, \Sigma H = 0, \Sigma M = 0$

$\Sigma V = 0$: $q \cdot l - A - B = 0$

$A = q \cdot l - B$

$\Sigma M_A = 0$: $q \cdot l \cdot l/2 - B \cdot l = 0$

$\Rightarrow B = q \cdot \frac{l}{2}$

$\Rightarrow A = q \cdot l - q \cdot \frac{l}{2} = q \cdot \frac{l}{2}$

$\Sigma H = 0$: $H_A - H_B = 0$

$\Rightarrow H_A = H_B$

Die vertikalen Auflagerreaktionen A und B ergeben sich für diesen Lastfall Gleichlast auf dem Riegel gleich den Auflagerkräften des Einfeldträgers auf zwei Stützen.

Wie groß die horizontalen Auflagerkräfte H_A und H_B sind, kann mit den drei Gleichgewichtsbedingungen in der Ebene allein nicht ermittelt werden, weil vier Unbekannte nicht mit drei Bestimmungsgleichungen gefunden werden können. Das Ergebnis zeigt nur, dass die horizontalen Auflagerkräfte entgegengesetzt gerichtet und gleich groß sind. Dass horizontale Auflagerreaktionen H_A und H_B vorhanden sind, ist aus der Biegefigur zu erkennen.

Das System des Zweigelenkrahmens ist also statisch unbestimmt, und zwar 1-fach statisch unbestimmt.

Man kann das Rahmensystem dadurch statisch bestimmt und einfach berechenbar machen, indem man analog zum Durchlaufträger - Gelenkträger ein weiteres zusätzliches Gelenk einbaut. Das Ergebnis ist der Dreigelenkrahmen.

Eine Auswahl von Rahmenformen

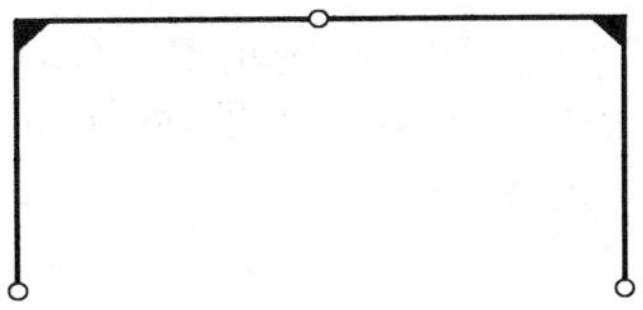

Dreigelenkrahmen

statisch bestimmt

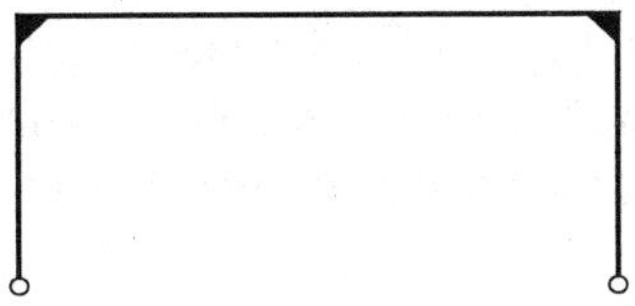

Zweigelenkrahmen

1-fach stat. unbestimmt

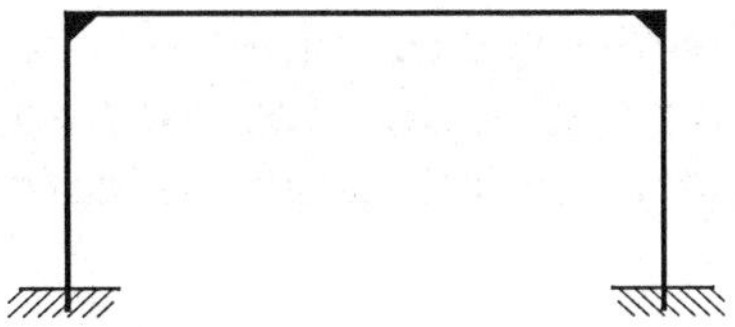

eingespannter Rahmen

3-fach stat. unbestimmt

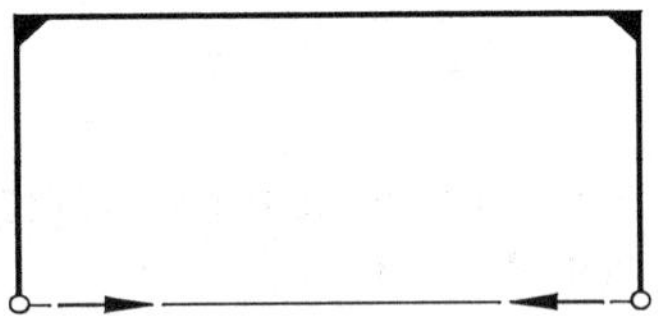

Zweigelenkrahmen mit untenliegendem Zugband

statisch unbestimmt

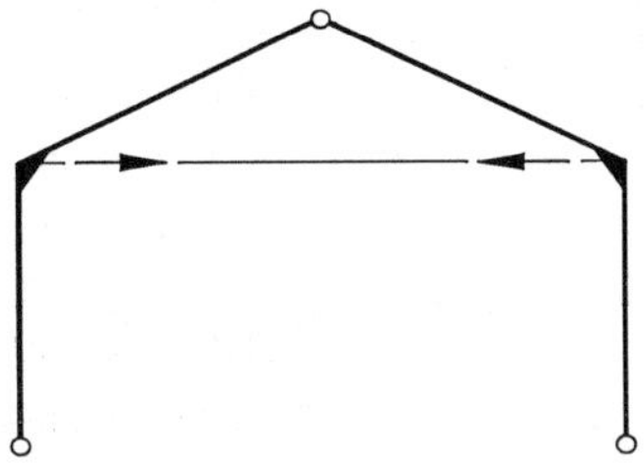

Dreigelenkrahmen mit obenliegendem Zugband

statisch unbestimmt

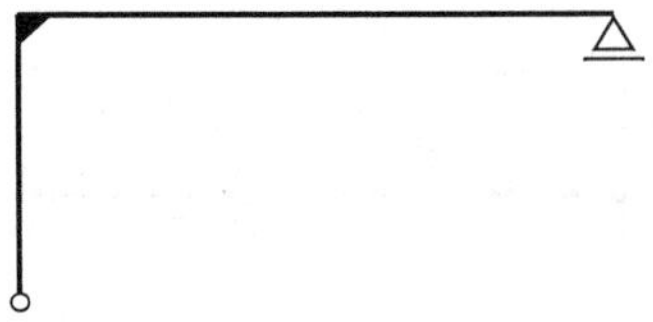

einhüftiger Rahmen oder Halbrahmen

statisch bestimmt

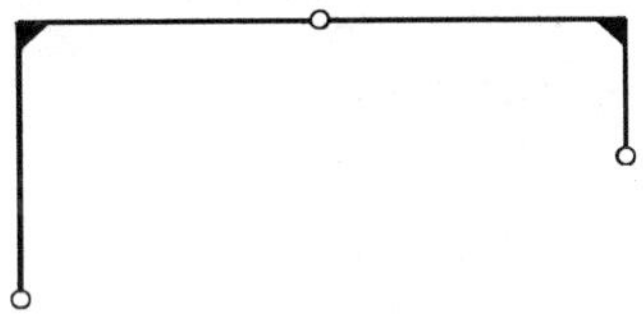

Dreigelenkrahmen mit unterschiedlichen Stiellängen

statisch bestimmt

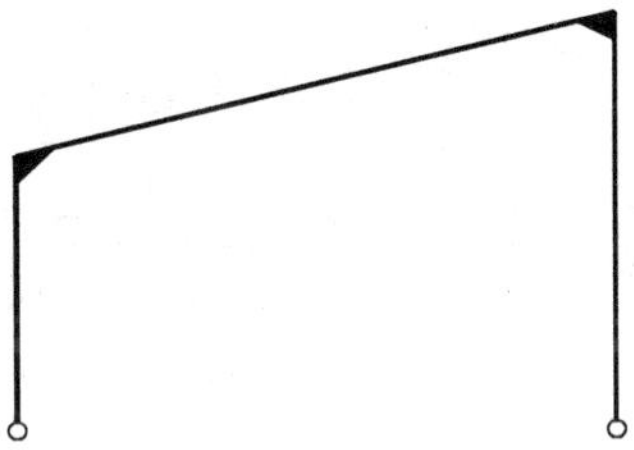

Zweigelenkrahmen mit unterschiedlichen Stielen und geneigtem Riegel

statisch unbestimmt

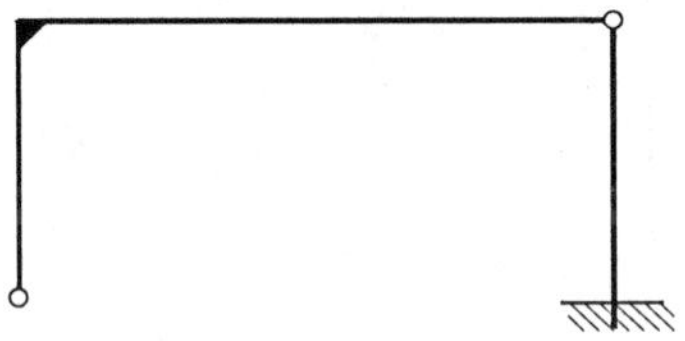

einhüftiger Rahmen auf eingespanntem Stiel

statisch unbestimmt

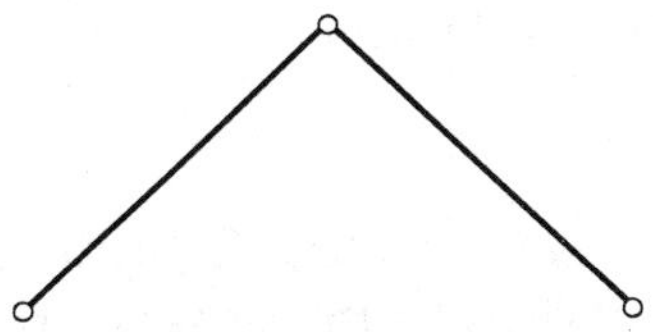

Dreigelenkrahmen (Sparrendach)

statisch bestimmt

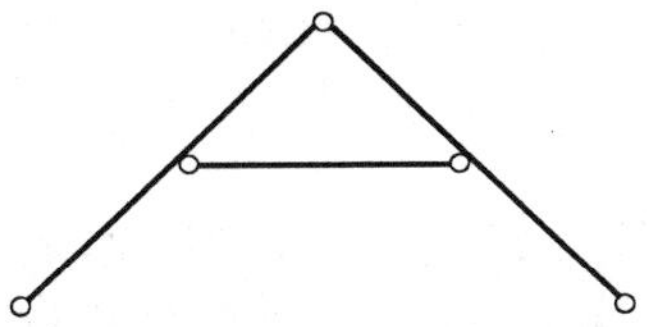

Dreigelenkrahmen mit zusätzlichem Druckstab (Kehlbalkendach)

statisch unbestimmt

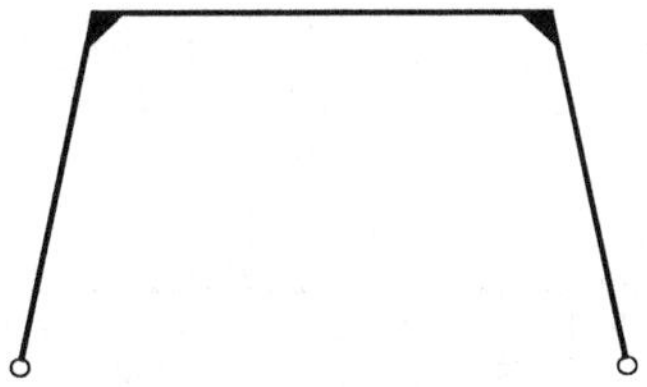

Zweigelenkrahmen mit geneigten Stielen

statisch unbestimmt

5.5.2 Der Dreigelenkrahmen

Das dritte Gelenk (neben den beiden Fußgelenken) kann in der Riegelmitte, am Rahmeneck oder dazwischen angeordnet werden. Auf jeden Fall ist der Dreigelenkrahmen stabil für jede beliebige Belastung in der Rahmenebene.

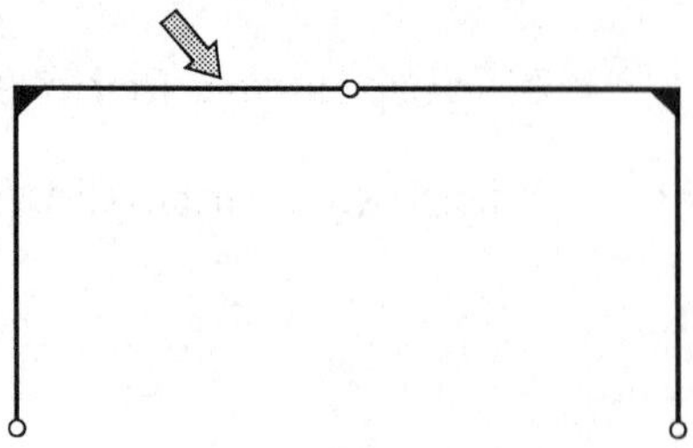

Dreigelenkrahmen mit mittigem Gelenk

Zwei gleiche Rahmenhälften
statisch günstig

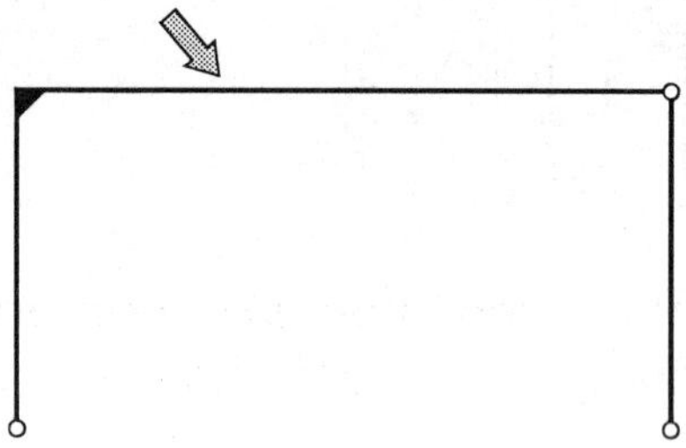

Dreigelenkrahmen mit Eckgelenk, sogenannter einhüftiger Rahmen

Ungleiche Rahmenhälften
statisch ungünstig

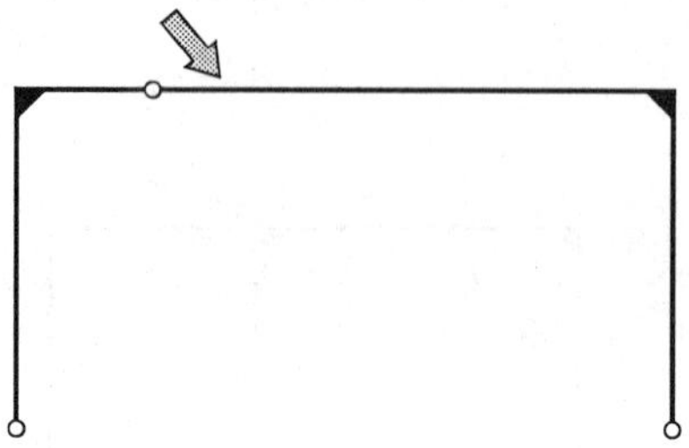

Dreigelenkrahmen mit ausmittigem Gelenk

Ungleiche Rahmenhälften
statisch sehr günstig

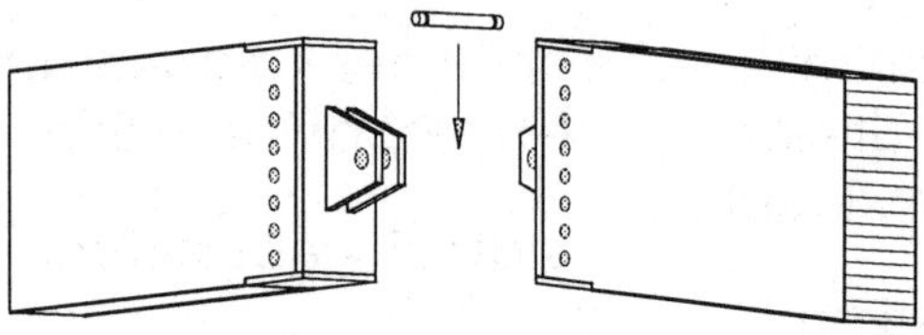

Gelenkausbildung (Brettschichtholz)

Die beiden Rahmenhälften werden durch einen Stahlschuh, der durch ein in den Binder eingeschlitztes Blech mit angeschweißten Querplatten gebildet wird, verbunden. Die Sicherung des Gelenkbolzens erfolgt durch Splinte.

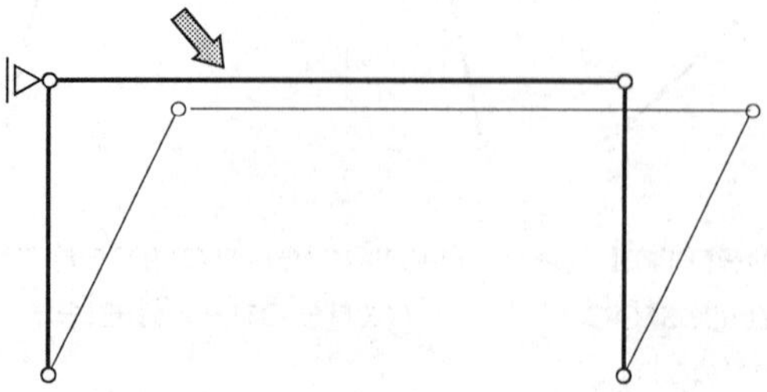

Führt man noch ein viertes Gelenk ein, wird aus dem stabilen Rahmensystem ein instabiles Pendelstützensystem, das nur durch eine zusätzliche Horizontalabstützung gesichert werden kann.

Berechnung des Dreigelenkrahmens

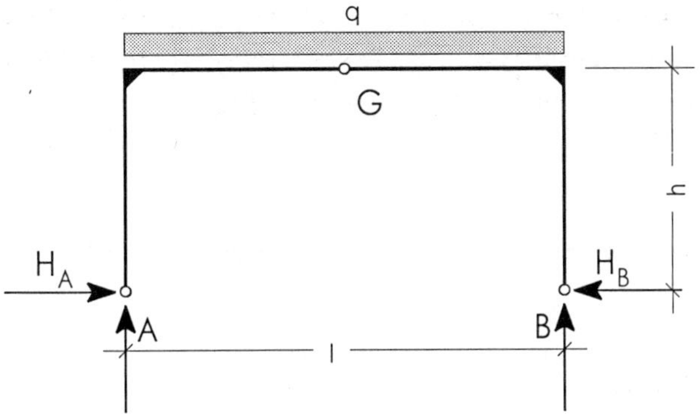

Die vertikalen Auflagerreaktionen sind aus dem vorhergehenden bereits bekannt:

$$\Rightarrow A = q \cdot \frac{l}{2}$$

$$\Rightarrow B = q \cdot \frac{l}{2}$$

Weiterhin ist bekannt:

$$\Rightarrow H_A = H_B$$

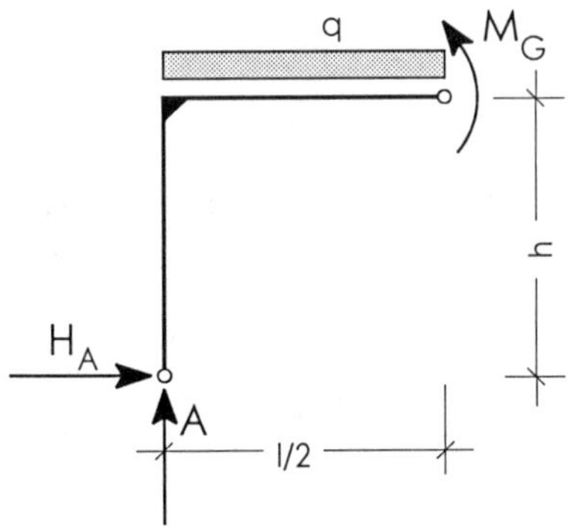

Die vierte, fehlende Bestimmungsgleichung liefert das Riegelgelenk. Da ein Gelenk definitionsgemäß frei verdrehbar ist, ist dort das Biegemoment gleich Null. Der Rahmen wird im Gelenk geschnitten, es muss dann die Summe aller Drehmomente in Bezug auf das Gelenk der rechten oder linken Rahmenhälfte Null sein, d.h. $\Sigma M_G = 0$.

$$\Sigma M_G = 0: \qquad A \cdot \frac{l}{2} - H_A \cdot h - q \cdot \frac{l}{2} \cdot \frac{l}{4} = 0$$

$$H_A \cdot h = q \cdot \frac{l}{2} \cdot \frac{l}{2} - \frac{q \cdot l^2}{8}$$

$$H_A \cdot h = \frac{q \cdot l^2}{4} - \frac{q \cdot l^2}{8}$$

$$\Rightarrow H_A = \frac{q \cdot l^2}{8 \cdot h}$$

$$\Rightarrow H_B = \frac{q \cdot l^2}{8 \cdot h}$$

Es ergibt sich, dass auch bei vertikaler äußerer Belastung horizontale Auflagerkräfte entstehen. Diese horizontalen Auflagerkräfte müssen durch die Fundamente in den Baugrund eingeleitet werden. Diese Horizontalkräfte kann auch ein Zugband zwischen den Rahmenfußpunkten ins Gleichgewicht bringen.

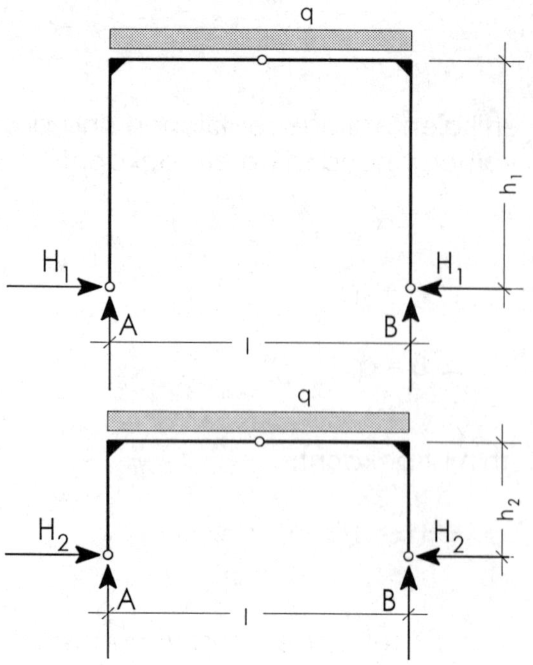

Die Größe der horizontalen Auflagerkräfte ist abhängig von der Rahmenhöhe h.

Je niedriger der Rahmen bei gleicher Stützweite und gleicher Belastung, desto größer werden die horizontalen Auflagerkräfte.

wenn: $h_2 = \frac{1}{2} \cdot h_1$

ergibt sich mit: $H = \frac{q \cdot l^2}{8} \cdot \frac{1}{h}$

$\Rightarrow H_2 = 2 \cdot H_1$

Bei doppelter Rahmenhöhe entstehen also nur halbe Horizontalkräfte. Beim Entwurf ist darauf zu achten, dass die Rahmenhöhe nicht zu niedrig gewählt wird, da sonst sehr große, teure Fundamente erforderlich sind.

Ermittlung der Schnittgrößen:

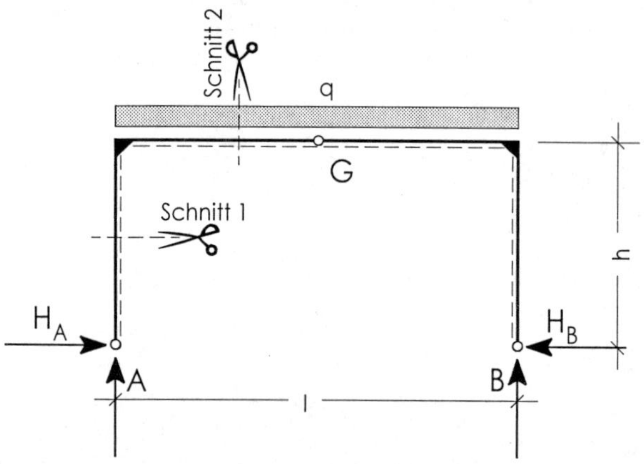

Zur Ermittlung der Schnittgrößen wird das System wieder geschnitten. Um die gesuchten Schnittgrößen in der positiv definierten Richtung am abgeschnittenen Tragwerksteil antragen zu können, muss erst der gezogene Querschnittsrand festgelegt werden.

Beim Riegel ist dies üblicherweise wie beim Einfeldbalken die Querschnittsunterseite, bei den Rahmenstielen die Querschnittsinnenseite.

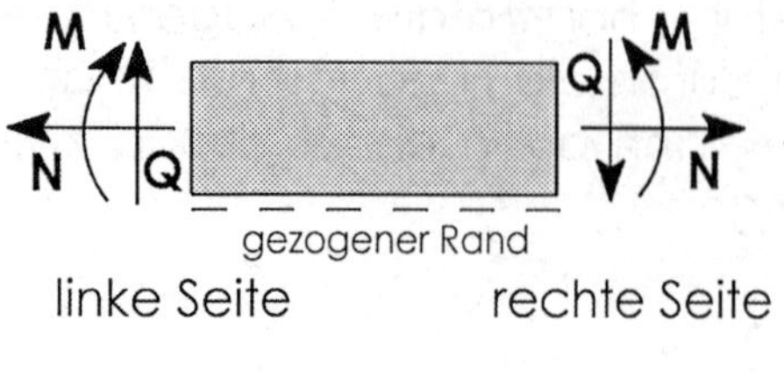

Positive Vorzeichenregelung der Schnittgrößen.

Bei den Rahmenstielen ist das Element seiner tatsächlichen Lage entsprechend zu drehen.

Der erste Schnitt wird im linken Stiel geführt. An diesem abgeschnittenen Teilstück des Rahmens werden die äußeren Kräfte (Auflagerreaktionen) und die inneren Schnittgrößen in der positiv definierten Richtung angetragen.

Schnitt 1 $\quad 0 \le x \le h$

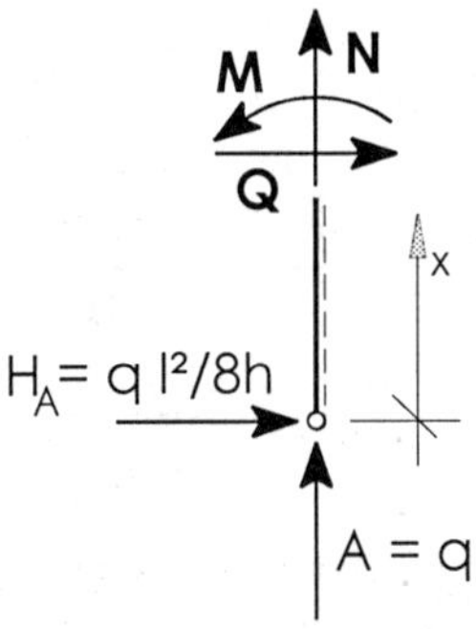

$\Sigma V = 0$: $\quad N + A = 0$

$$\Rightarrow N = -A = -q \cdot \frac{l}{2} \text{ (konstant)}$$

$\Sigma H = 0$: $\quad Q + H_A = 0$

$$\Rightarrow Q = -H_A = -\frac{q \cdot l^2}{8 \cdot h} \text{ (konstant)}$$

$\Sigma M = 0$: $\quad -H_A \cdot x - M = 0$

$$\Rightarrow M = -\frac{q \cdot l^2}{8 \cdot h} \cdot x \text{ (veränderlich)}$$

für $x = h$ (Rahmenecke):

$$\Rightarrow M = -\frac{q \cdot l^2}{8 \cdot h} \cdot h = -\frac{q \cdot l^2}{8}$$

Der Größtwert des Biegemoments beträgt also wieder $M = q \cdot l^2/8$ wie beim Einfeldträger, nur ist die Stelle des größten Biegemoments bei letzterem in Feldmitte, beim Rahmen an der Ecke.

Schnitt 2 $\quad 0 \le x \le l$

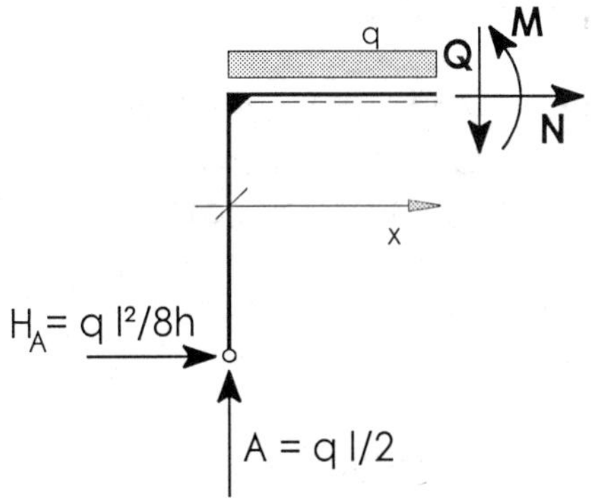

In einem zweiten Schnitt wird der Rahmenriegel geschnitten.

Auch an diesem abgeschnittenen Teilstück des Rahmens werden die äußeren Kräfte (Auflagerreaktionen und Lasten) und die inneren Schnittgrößen in der positiv definierten Richtung angetragen.

Die Variable x läuft dabei vom linken bis zum rechten Rahmenstiel.

$\Sigma V = 0$: $\quad Q - A + q \cdot x = 0$

$$\Rightarrow Q = q \cdot \frac{l}{2} - q \cdot x \text{ (veränderlich)}$$

für $x = 0$ (linke Rahmenecke): $\quad Q = q \cdot \frac{l}{2}$

für $x = l/2$ (Riegelgelenk): $\quad Q = q \cdot \frac{l}{2} - q \cdot \frac{l}{2} = 0 \quad \rightarrow M_{max}$

für $x = l$ (rechte Rahmenecke): $\quad Q = q \cdot \frac{l}{2} - q \cdot l = -q \cdot \frac{l}{2}$

$\Sigma H = 0$: $\quad N + H_A = 0$

$$\Rightarrow N = -H_A = -\frac{q \cdot l^2}{8 \cdot h} \quad \text{(konstant)}$$

$\Sigma M = 0$: $\quad A \cdot x - H_A \cdot h - q \cdot \frac{x}{2} \cdot \frac{x}{2} - M = 0$

$$\Rightarrow M = q \cdot \frac{l}{2} \cdot x - \frac{q \cdot l^2}{8} - \frac{q \cdot x^2}{2} \quad \text{(Parabel)}$$

für $x = 0$ (linke Rahmenecke): $\quad M = -\frac{q \cdot l^2}{8}$

für $x = l/2$ (Riegelgelenk): $\quad M_{max} = \frac{q \cdot l^2}{4} - \frac{q \cdot l^2}{8} - \frac{q \cdot l^2}{8} = 0$

für $x = l$ (rechte Rahmenecke): $\quad M = \frac{q \cdot l^2}{2} - \frac{q \cdot l^2}{8} - \frac{q \cdot l^2}{2} = -\frac{q \cdot l^2}{8}$

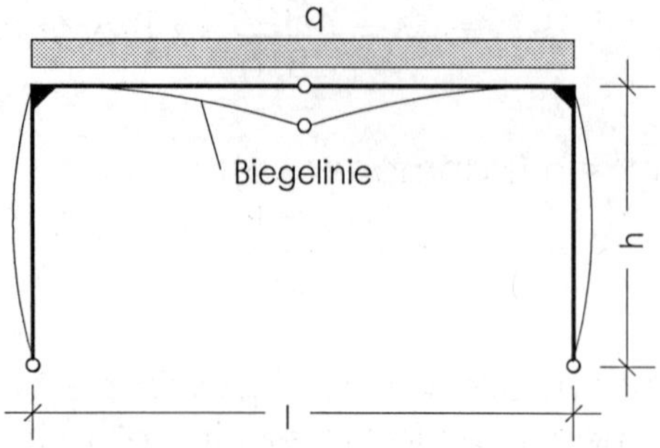

Mit diesen Ergebnissen werden wieder mit den vom Einfeldbalken bekannten Regeln der Verlauf der Schnittgrößen M, Q und N auf den Systemlinien angetragen.

Aus dem negativen Vorzeichen des Biegemoments ergibt sich die Biegelinie.

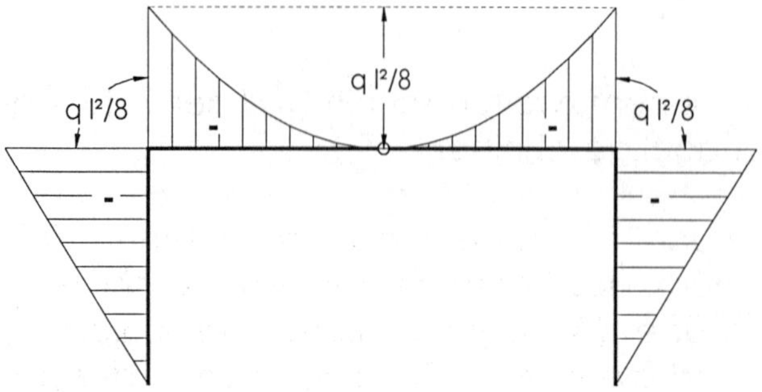

M - Verlauf

Positive Momente werden am gezogenen Querschnittsrand, negative entgegengesetzt angetragen.

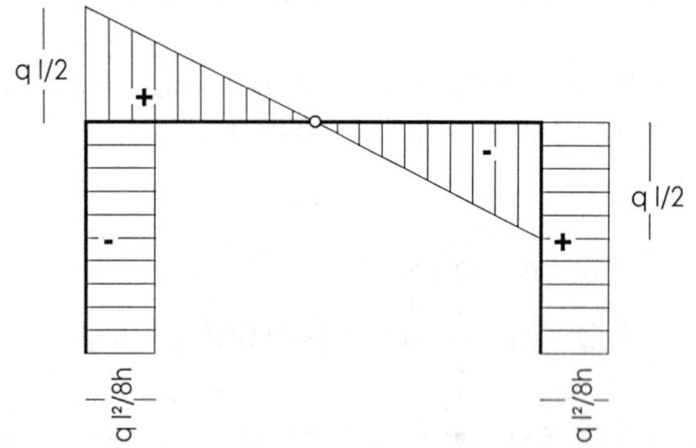

Q - Verlauf

Positive Querkräfte werden auf der Biegedruckseite, negative auf der Biegezugseite angetragen.

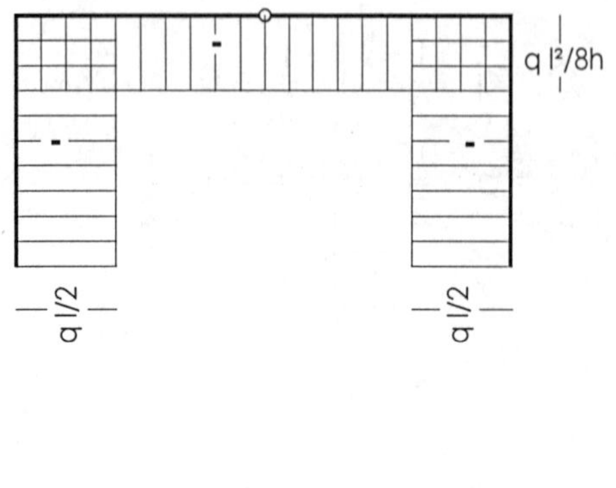

N - Verlauf

Normalkräfte werden wie Querkräfte angetragen.

Einhüftiger Rahmen

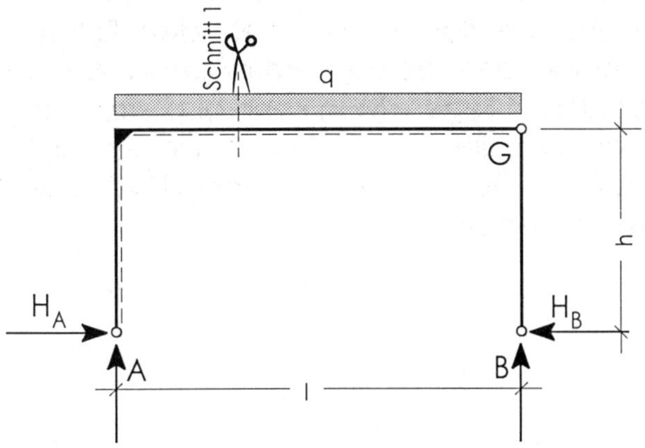

Die vertikalen Auflagerreaktionen sind aus den drei Gleichgewichtsbedingungen bekannt:

$$\Rightarrow A = q \cdot \frac{l}{2}$$

$$\Rightarrow B = q \cdot \frac{l}{2}$$

Weiterhin ist bekannt:

$$\Rightarrow H_A = H_B$$

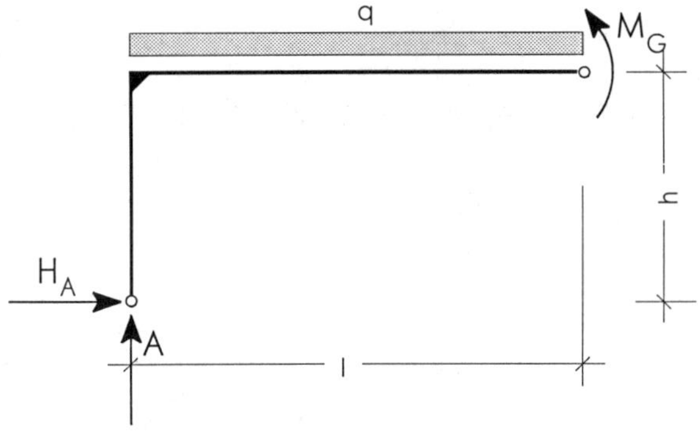

$\Sigma M_G = 0$: $\quad A \cdot l - H_A \cdot h - q \cdot l \cdot \frac{l}{2} = 0$

$$H_A \cdot h = q \cdot \frac{l}{2} \cdot l - \frac{q \cdot l^2}{2}$$

$$\Rightarrow H_A = 0$$

$$\Rightarrow H_B = 0$$

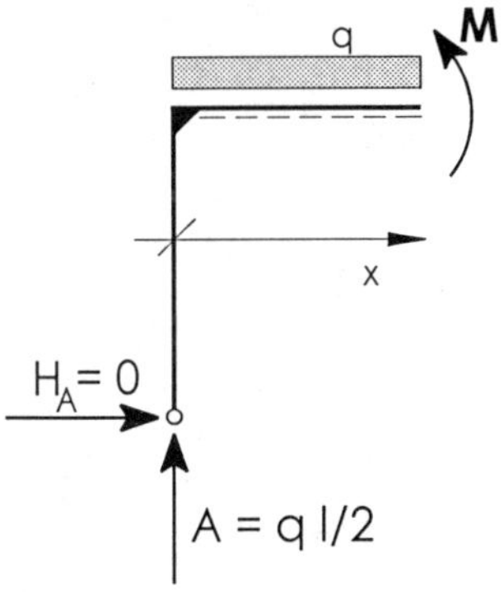

Schnitt 1 $\quad 0 \leq x \leq l$

$\Sigma M = 0$: $\quad A \cdot x - q \cdot \frac{x}{2} \cdot \frac{x}{2} - M = 0$

$$\Rightarrow M = q \cdot \frac{l}{2} \cdot x - \frac{q \cdot x^2}{2}$$

für $x = l/2$: $\quad M_{max} = \frac{q \cdot l^2}{4} - \frac{q \cdot l^2}{8} = \frac{q \cdot l^2}{8}$

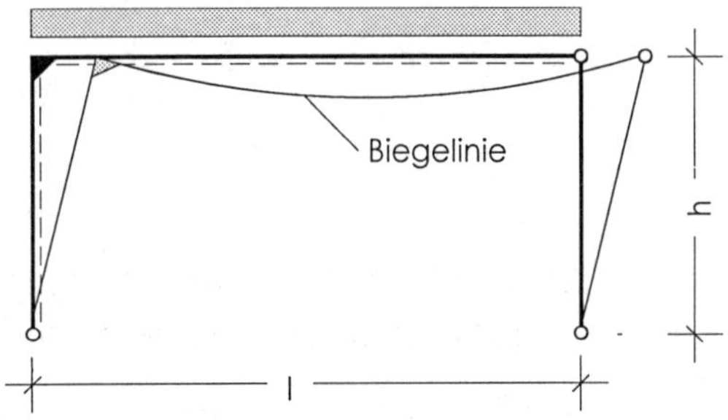

Da die horizontalen Auflagerkräfte Null sind, ist auch das Eckmoment Null. Die Stiele erhalten keine Biegung und bleiben gerade. Die $q \cdot l^2/8$ - Parabel rutscht gegenüber der Lösung mit mittigem Riegelgelenk voll nach unten durch. Der Momentenverlauf entspricht dem des Einfeldträger auf zwei Stützen.

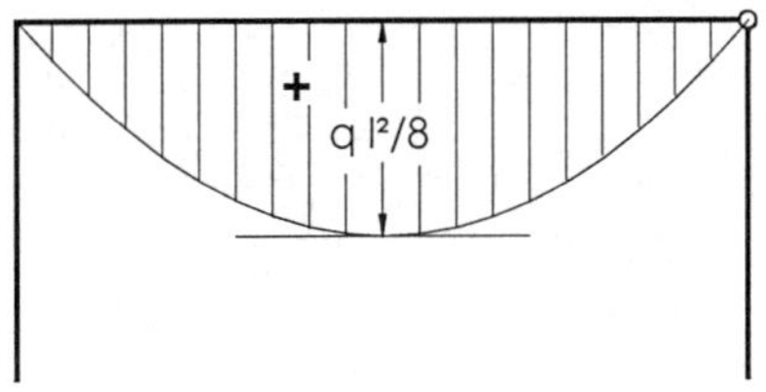

M - Verlauf

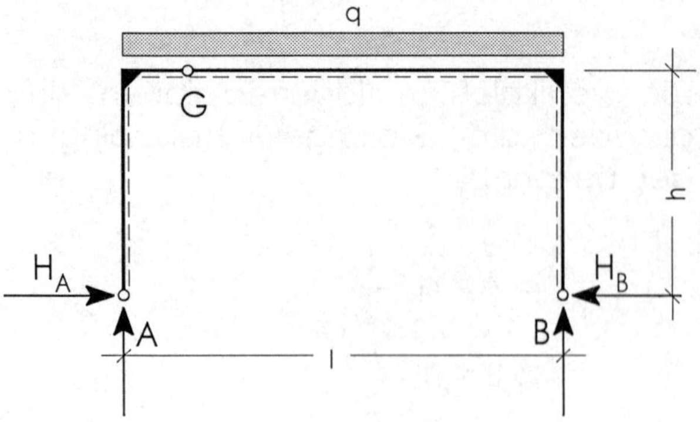

Ordnet man das Gelenk zwischen Riegelmitte und Rahmenecke an, muss die Momentenfläche zwischen den Extremwerten der beiden vorangegangenen Lösungen liegen. Man kann also erreichen, dass sich die $q \cdot l^2/8$ - Parabel je zur Hälfte auf die Rahmenecken und die Riegelmitte verteilt.

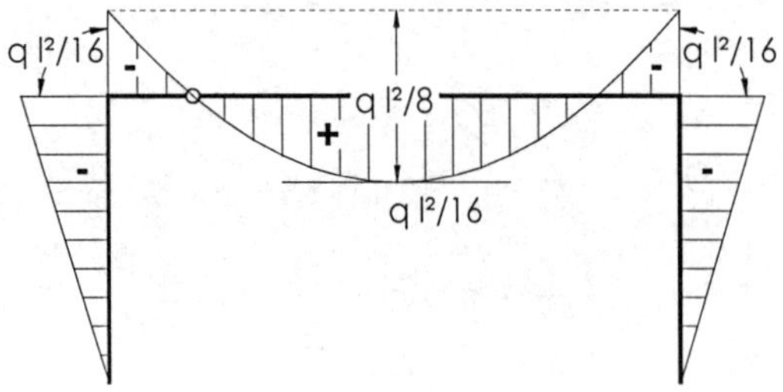

Optimierungsforderung:

$$M_{Ecke} = -\frac{q \cdot l^2}{16}$$

mit $M_{Ecke} = -H_A \cdot h$ ergibt sich:

$$\Rightarrow H_A = \frac{q \cdot l^2}{16 \cdot h}$$

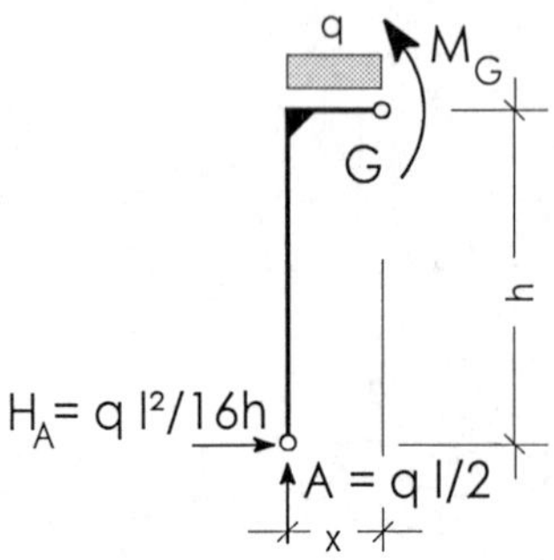

$$\Sigma M_G = 0: \quad A \cdot x - H_A \cdot h - q \cdot x \cdot \frac{x}{2} = 0$$

$$q \cdot \frac{l}{2} \cdot x - \frac{q \cdot l^2}{16} - \frac{q \cdot x^2}{2} = 0$$

$$\Rightarrow l \cdot x - \frac{l^2}{8} - x^2 = 0$$

Die Lösung dieser quadratischen Gleichung bringt zwei Ergebnisse:

$$x_1 = 0{,}146 \cdot l \approx 0{,}15 \cdot l$$
$$x_2 = 0{,}854 \cdot l \approx 0{,}85 \cdot l$$

Mit der Lage des Riegelgelenks ist es also möglich, wie beim Gelenkträger die Verteilung der Biegemomente und damit die notwendigen Querschnittsabmessungen zu steuern.

Dreigelenkrahmen werden trotzdem meist mit Mittelgelenk ausgebildet.

Vorteil:

Das Gelenk im Riegel ist dann gleichzeitig Montagestoß, bei nicht zu großen Abmessungen können je zwei symmetrische Rahmenhälften im Werk vorgefertigt werden und ohne weitere Montagestöße angeliefert werden. Dreigelenkrahmen werden vorwiegend im Hallenbau verwendet.

Nachteil:

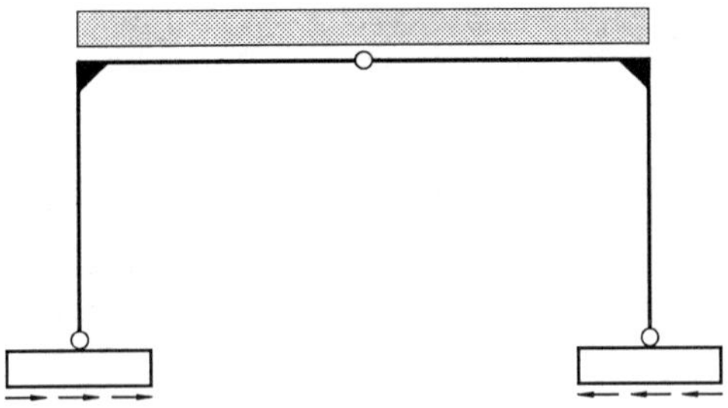

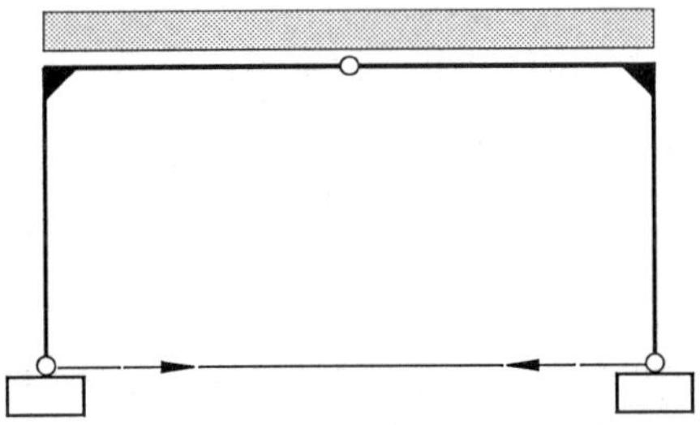

Der Dreigelenkrahmen mit Mittelgelenk erzeugt die größten horizontalen Auflagerkräfte

$$H = \frac{q \cdot l^2}{8 \cdot h} \text{ gegenüber } H = \frac{q \cdot l^2}{16 \cdot h}$$

beim Rahmen mit optimierter Gelenklage und H = 0 beim einhüftigen Rahmen). Diese Horizontalkräfte an den Fußpunkten müssen entweder durch Bodenreibung in der Fundamentfuge oder bei nicht ausreichender Reibung durch ein Zugband in oder unter der Bodenplatte aufgenommen werden.

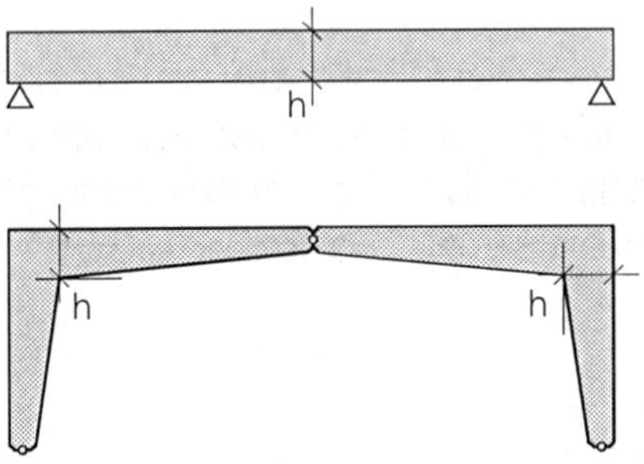

Aus der Vertikalbelastung wird das "Balkenmoment" $M = q \cdot l^2/8$ nicht abgemindert, d.h. die Rahmenecken müssen den gleichen Querschnitt aufweisen wie ihn ein Einfeldbalken erfordern würde.

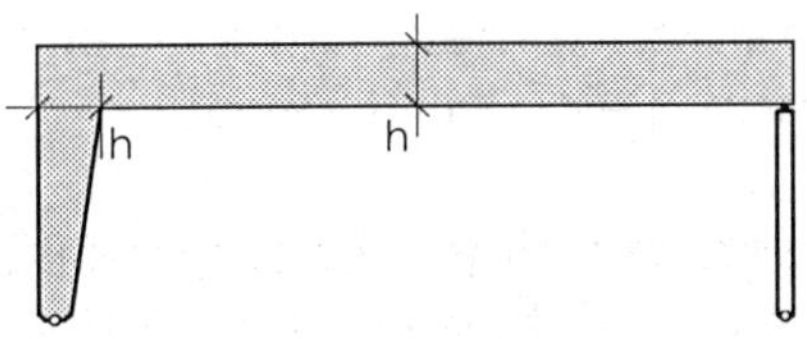

Auch der einhüftige Rahmen erfordert die gleiche Querschnittshöhe wie der Einfeldbalken. Die biegesteife Ecke ist für die Aufnahme des Eckmomentes aus Horizontallasten erforderlich.

Dies wird wesentlich günstiger, wenn der Riegel geneigt ausgeführt wird. Vernachlässigt man die für den Vergleich geringen Änderungen der Gleichlast q, dann erhält man:

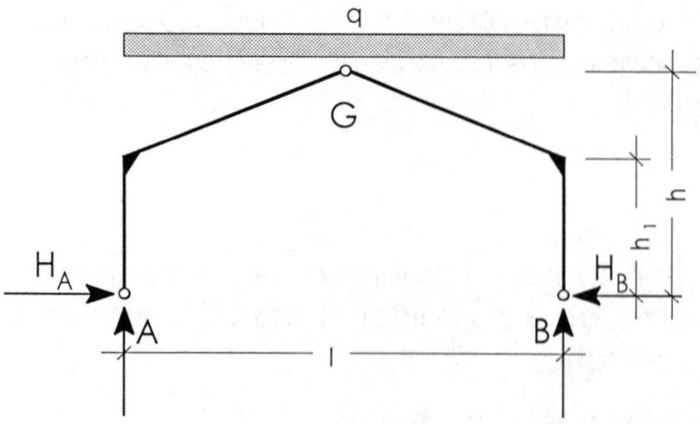

Unverändert:

$$\Rightarrow A = B = q \cdot \frac{l}{2}$$

$$\Rightarrow H_A = H_B = \frac{q \cdot l^2}{8 \cdot h}$$

Schnitt $0 \leq x \leq h_1$

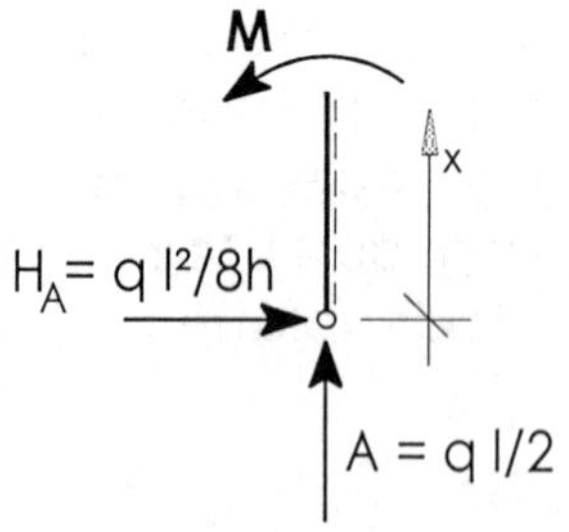

$\Sigma M = 0$: $\quad -H_A \cdot x - M = 0$

$$\Rightarrow M = -\frac{q \cdot l^2}{8 \cdot h} \cdot x$$

für $x = h_1$ (Rahmenecke):

$$\Rightarrow M = -\frac{q \cdot l^2}{8 \cdot h} \cdot h_1$$

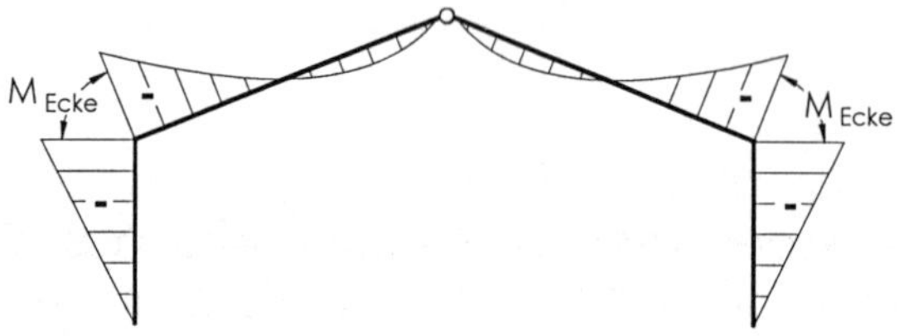

Es ergibt sich also ein geringeres Eckmoment als bei einem Rahmen mit horizontalem Riegel.

Zwischen dem Eckmoment und dem Gelenk hängt die Momentenparabel über der halben Rahmenstützweite, die in den positiven Bereich durchschlägt.

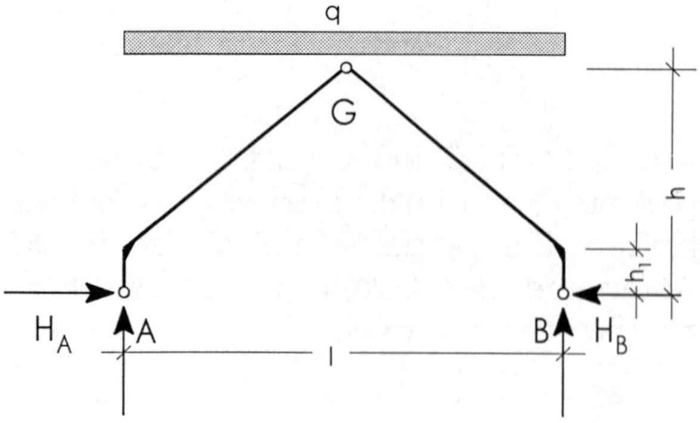

Die Geometrie des Rahmens kann so optimiert werden, dass das Eckmoment und das positive Moment am Riegel dem Betrag nach gleich groß werden.

Dieser sehr günstige Verlauf des Biegemoments ergibt sich, wenn $h_1 = 0{,}172 \cdot h$ ist.

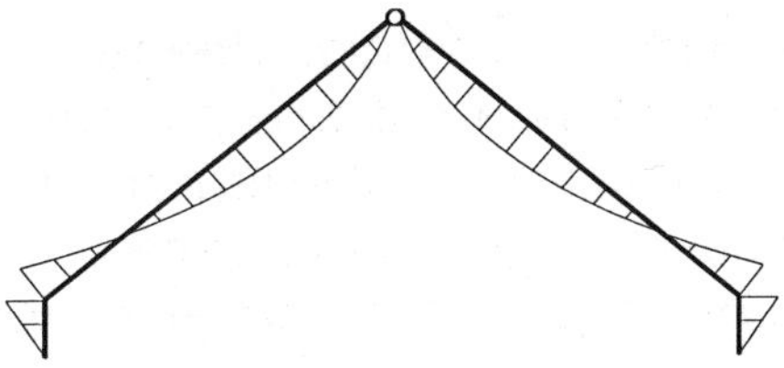

Das negative Eck- und das positive Riegelmoment betragen in diesem Fall nur noch das 0,172-fache oder ca. 17% des größten Momentenwertes des Rahmens mit horizontalem Riegel bzw. des einhüftigen Rahmens.

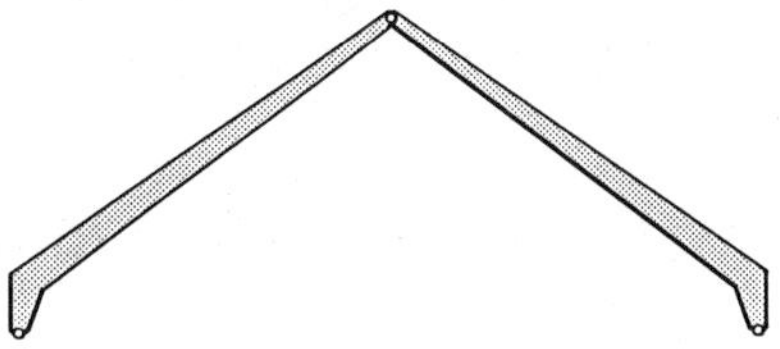

Entsprechend kleiner können die Querschnittsabmessungen dieses optimierten Rahmens gewählt werden.

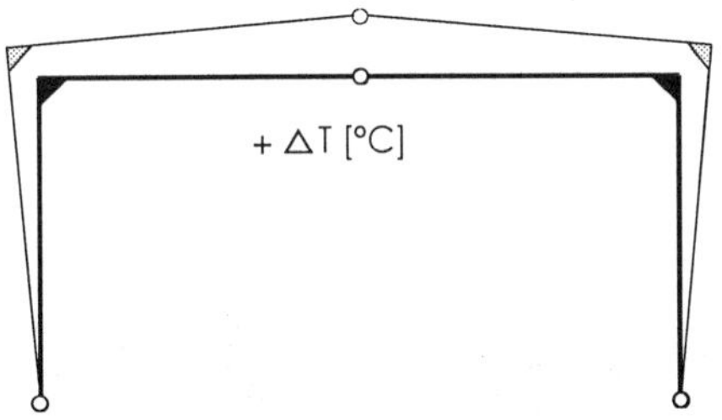

Ein weiterer Vorteil des statisch bestimmten Dreigelenkrahmens besteht darin, dass ihm infolge Einwirkungen von Temperatur und Auflagerverschiebung bzw. Auflagersenkung keine Schnittgrößen aufgezwungen werden, die zusätzlich zu den Schnittgrößen aus Belastung wirken.

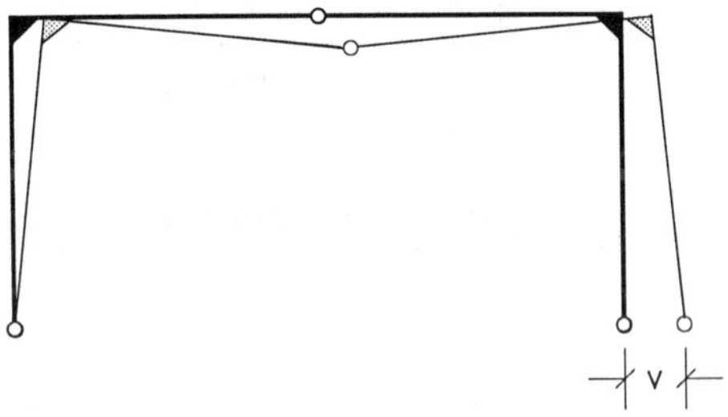

Der Dreigelenkrahmen kann allen Verformungen folgen, ohne dass die Stiele oder der Riegel verbogen werden.

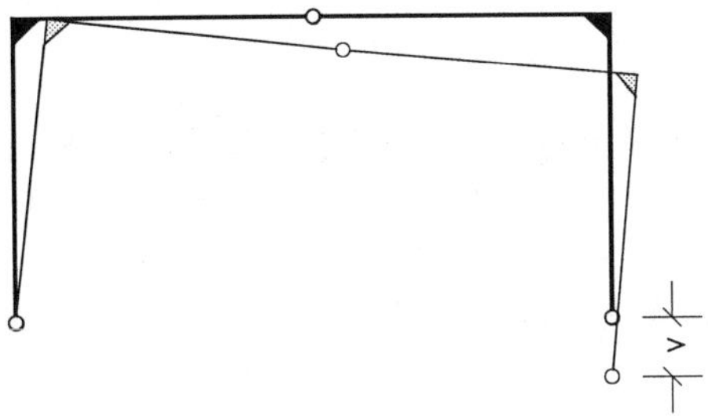

Deshalb ist es bei der Wahl des Tragwerks empfehlenswert, bei schlechtem Baugrund und daher zu erwartenden Setzungsdifferenzen (Baugrundgutachten!) einen statisch bestimmten Dreigelenkrahmen zu wählen und nicht einen statisch unbestimmten Zweigelenkrahmen oder einen eingespannten Rahmen.

Zum Vergleich von Einfeldträger, Dreigelenkrahmen mit horizontalem Riegel und mittigem Gelenk, einhüftigem Rahmen und Dreigelenkrahmen mit exzentrischem Gelenk, sowie Dreigelenkrahmen mit geneigtem Riegel werden die Biegemomente und Auflagerreaktionen für den konkreten Fall einer Halle mit 15,0 m Stützweite und 6,0 m Höhe untersucht. Die Rahmen werden in ihrer Ebene jeweils durch eine vertikale Gleichlast q = 10,0 kN/m belastet.

Die angegebenen Querschnittsabmessungen b/d für die jeweiligen Systeme ergeben sich für Brettschichtholz BS14 an der maßgebenden Bemessungsstelle.

- Einfeldträger

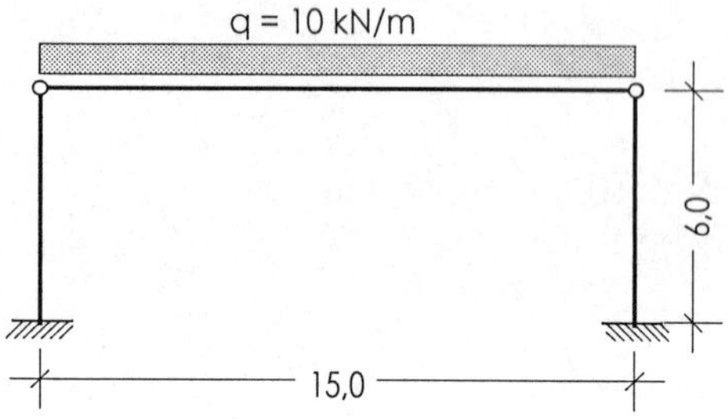

$$\Rightarrow A = B = q \cdot \frac{l}{2} = 10{,}0 \cdot \frac{15{,}0}{2} = 75 \text{ kN}$$

$$\Rightarrow H_A = H_B = 0$$

$$\Rightarrow M_{Riegel} = \frac{q \cdot l^2}{8} = \frac{10{,}0 \cdot 15{,}0^2}{8} = 281 \text{ kNm}$$

Querschnitt: b/d = 20/80 cm

- Dreigelenkrahmen, mittiges Gelenk

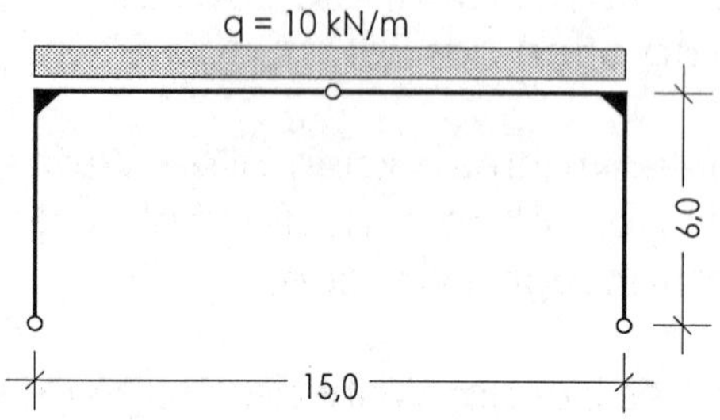

$$\Rightarrow A = B = q \cdot \frac{l}{2} = 10{,}0 \cdot \frac{15{,}0}{2} = 75 \text{ kN}$$

$$\Rightarrow H_A = H_B = \frac{q \cdot l^2}{8 \cdot h} = \frac{10{,}0 \cdot 15{,}0^2}{8 \cdot 6{,}0} = 46{,}9 \text{ kN}$$

$$\Rightarrow M_{Ecke} = -\frac{q \cdot l^2}{8} = -\frac{10{,}0 \cdot 15{,}0^2}{8} = -281 \text{ kNm}$$

Querschnitt: b/d = 20/80 cm

- Dreigelenkrahmen, Eckgelenk

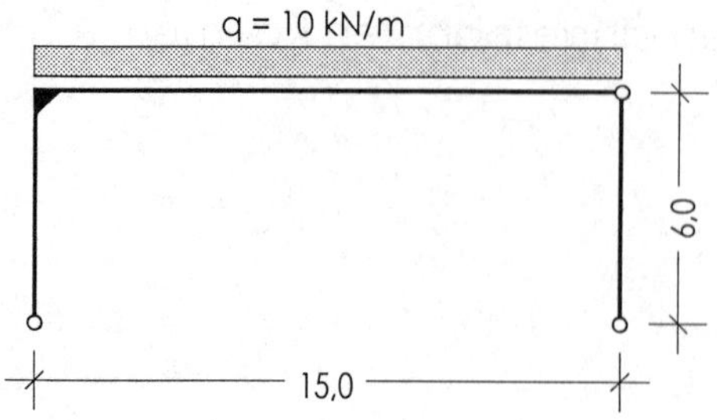

$$\Rightarrow A = B = q \cdot \frac{l}{2} = 10{,}0 \cdot \frac{15{,}0}{2} = 75 \text{ kN}$$

$$\Rightarrow H_A = H_B = 0$$

$$\Rightarrow M_{Ecke} = 0$$

$$\Rightarrow M_{Riegel} = \frac{q \cdot l^2}{8} = \frac{10{,}0 \cdot 15{,}0^2}{8} = 281 \text{ kNm}$$

Querschnitt: b/d = 20/80 cm

- Dreigelenkrahmen, exzentrisches Gelenk

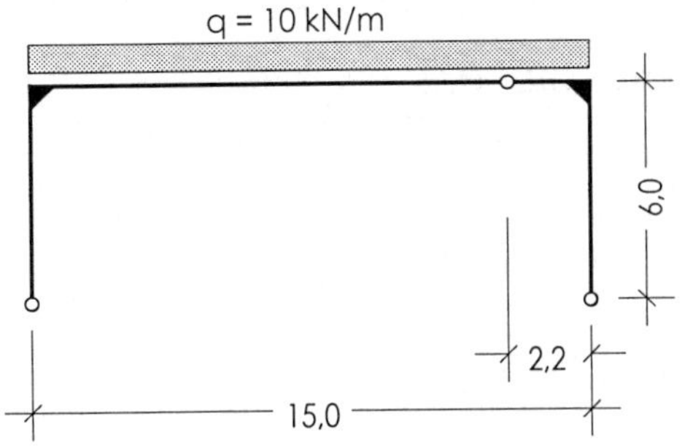

Querschnitt: b/d = 20/55 cm

Gelenklage: $x = 0{,}146 \cdot 15{,}0 = 2{,}20$ m

$$\Rightarrow A = B = q \cdot \frac{l}{2} = 10{,}0 \cdot \frac{15{,}0}{2} = 75 \text{ kN}$$

$$\Rightarrow H_A = H_B = \frac{q \cdot l^2}{16 \cdot h} = \frac{10{,}0 \cdot 15{,}0^2}{16 \cdot 6{,}0} = 23{,}4 \text{ kN}$$

$$\Rightarrow M_{Ecke} = -\frac{q \cdot l^2}{16} = -\frac{10{,}0 \cdot 15{,}0^2}{16} = -140{,}5 \text{ kNm}$$

$$\Rightarrow M_{Riegel} = \frac{q \cdot l^2}{16} = \frac{10{,}0 \cdot 15{,}0^2}{16} = 140{,}5 \text{ kNm}$$

- Dreigelenkrahmen, mittiges Gelenk geneigter Riegel, $h_1/h = 0{,}5$

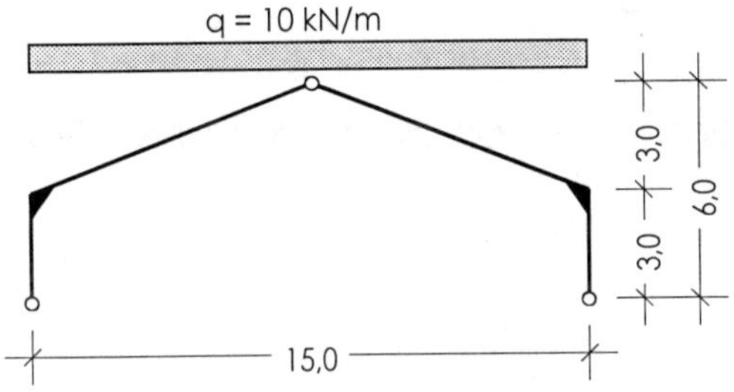

Querschnitt: b/d = 20/55 cm

$$\Rightarrow A = B = q \cdot \frac{l}{2} = 10{,}0 \cdot \frac{15{,}0}{2} = 75 \text{ kN}$$

$$\Rightarrow H_A = H_B = \frac{q \cdot l^2}{8 \cdot h} = \frac{10{,}0 \cdot 15{,}0^2}{8 \cdot 6{,}0} = 46{,}9 \text{ kN}$$

$$\Rightarrow M_{Ecke} = -\frac{q \cdot l^2}{8 \cdot h} \cdot h_1 = -\frac{10{,}0 \cdot 15{,}0^2}{8 \cdot 6{,}0} \cdot 3{,}0 =$$

$$= -140{,}5 \text{ kNm}$$

$\Rightarrow M_{Riegel} << M_{Ecke}$

- Dreigelenkrahmen, mittiges Gelenk geneigter Riegel, $h_1/h \approx 0{,}17$

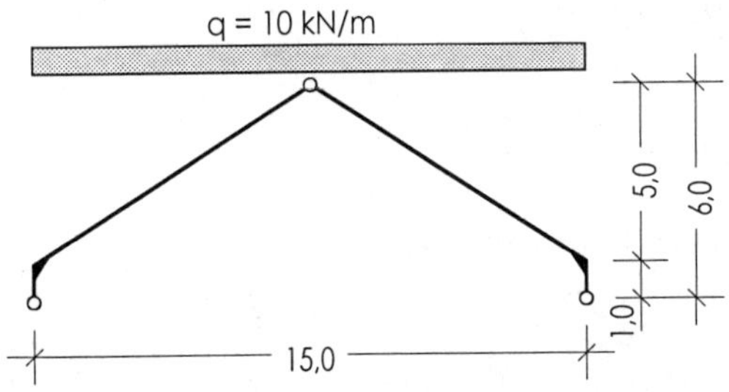

Querschnitt: b/d = 20/40 cm

$$\Rightarrow A = B = q \cdot \frac{l}{2} = 10{,}0 \cdot \frac{15{,}0}{2} = 75 \text{ kN}$$

$$\Rightarrow H_A = H_B = \frac{q \cdot l^2}{8 \cdot h} = \frac{10{,}0 \cdot 15{,}0^2}{8 \cdot 6{,}0} = 46{,}9 \text{ kN}$$

$$\Rightarrow M_{Ecke} = -\frac{q \cdot l^2}{8 \cdot h} \cdot h_1 = -\frac{10{,}0 \cdot 15{,}0^2}{8 \cdot 6{,}0} \cdot 1{,}0 =$$

$$= -46{,}9 \text{ kNm}$$

$\Rightarrow M_{Riegel} = -M_{Ecke} = 46{,}9$ kNm

Dreigelenkrahmen unter horizontalen Lasten

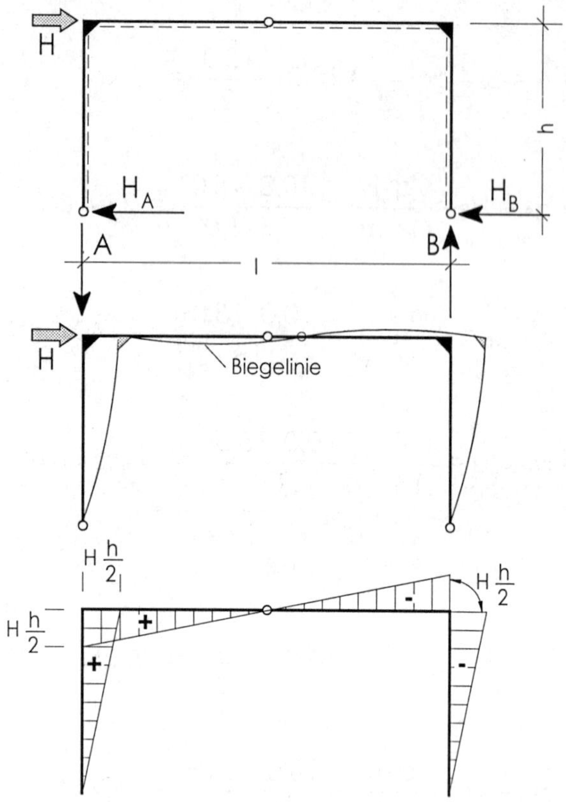

- horizontale Einzellast am Rahmeneck

Auflagerreaktionen:

$\Rightarrow A = B = H \cdot \dfrac{h}{l}$

$\Rightarrow H_A = H_B = \dfrac{H}{2}$

Biegemomente:

$\Rightarrow M_{Ecke} = \pm H \cdot \dfrac{h}{2}$

M - Verlauf

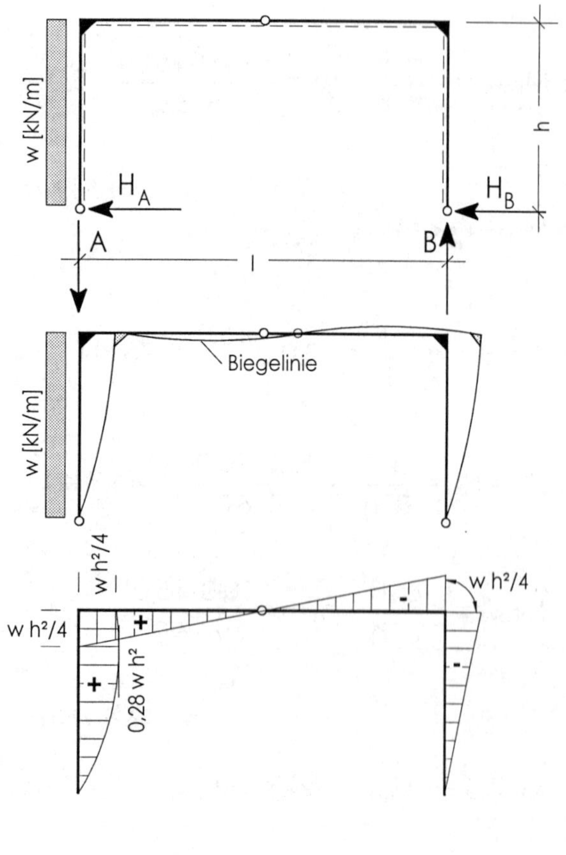

- horizontale Gleichlast am Rahmenstiel

Auflagerreaktionen:

$\Rightarrow A = B = w \cdot \dfrac{h^2}{2 \cdot l}$

$\Rightarrow H_A = w \cdot \dfrac{3 \cdot h}{4}$

$\Rightarrow H_B = w \cdot \dfrac{h}{4}$

Biegemomente:

$\Rightarrow M_{Ecke} = \pm w \cdot \dfrac{h^2}{4}$

$\Rightarrow M_{Stiel} = 0{,}28 \cdot w \cdot h^2$

M - Verlauf

5.5.3 Der Zweigelenkrahmen

Beim Zweigelenkrahmen wird auf das Gelenk im Rahmenriegel verzichtet, es sind nur noch die beiden Fußgelenke vorhanden. Montagestoß ist nicht wie beim Dreigelenkrahmen das Riegelgelenk, sondern der Bereich der Rahmenecken. Stiele und Riegel müssen dort biegesteif verbunden werden.

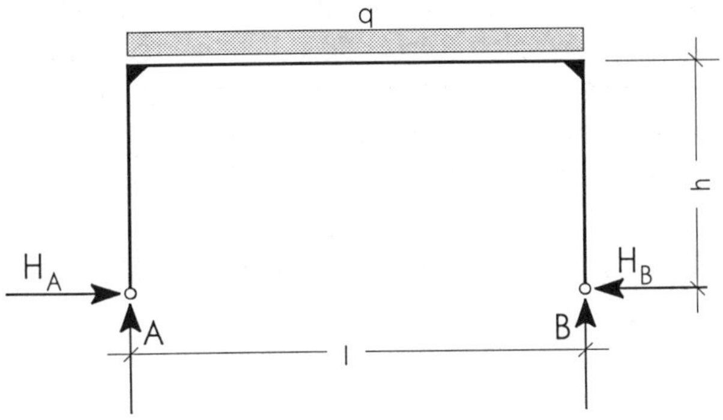

Den vier unbekannten Auflagerreaktionen A, B, H_A und H_B stehen die drei Gleichgewichtsbedingungen ΣV, ΣH und ΣM gegenüber. Da kein Riegelgelenk vorhanden ist, kann auch nicht wie beim Dreigelenkrahmen die Summe der Momente um dieses Gelenk eine vierte Lösungsgleichung bieten.

Der Zweigelenkrahmen ist also 1-fach statisch unbestimmt.

Der Zweigelenkrahmen lässt sich nicht mit den bisher bekannten Methoden, den drei Gleichgewichtsbedingungen in der Ebene lösen. Es geht wie bei allen statisch unbestimmten Systemen das Verformungsverhalten des Tragwerks in die Berechnung ein. Die Verformungen liefern die zusätzlich erforderlichen Bestimmungsgleichungen. Beim 1-fach statisch unbestimmten Zweigelenkrahmen ist also eine Verformungsgleichung nötig, um die vier unbekannten Auflagerreaktionen zu ermitteln.

Analog zum eingespannten Einfeldträger (Abschnitt 5.4.1) wird eine der vier unbekannten Auflagerreaktionen entfernt, zweckmäßigerweise eine horizontale Festhaltung: es entsteht ein statisch bestimmter geknickter Einfeldträger.

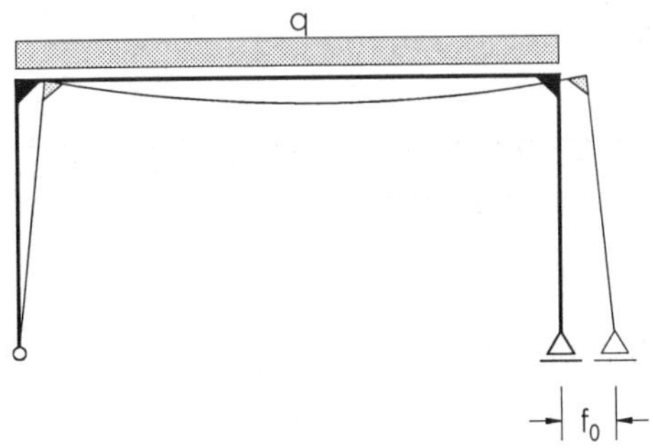

Statisch bestimmtes Grundsystem

Unter der Belastung q verschiebt sich das Auflager B um f_0 nach außen. Diese Horizontalverschiebung lässt sich berechnen.

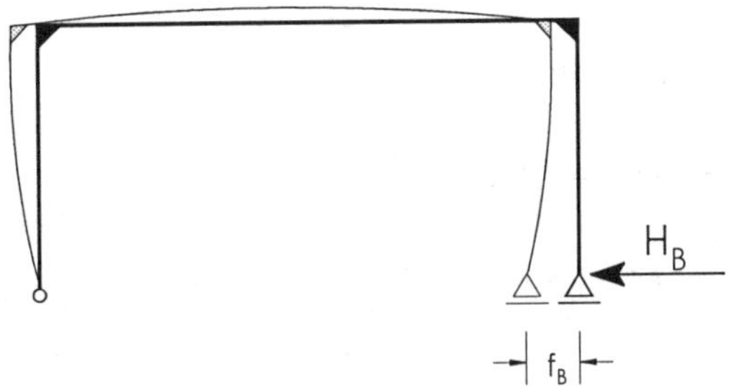

Als nächster Schritt wird auf das Grundsystem eine Horizontalkraft H_B angesetzt. Dies Horizontalkraft H_B erzeugt eine horizontale Verschiebung f_B des Auflagers B.

Das Ausgangssystem ist dann wieder hergestellt, wenn die Verschiebung f_B die Verschiebung f_0 wieder rückgängig macht: $\rightarrow f_0 = \leftarrow f_B$

Die dazu notwendige Kraft H_B ist dann die gesuchte horizontale Auflagerkraft H_B. Sie ist abhängig von der Rahmenhöhe h, der Spannweite l und der Steifigkeit des Riegels und der Stiele.

Die Steifigkeit eines Bauteils wird durch das Trägheitsmoment I definiert. Das Trägheitsmoment ist eine Querschnittsgröße wie die Fläche und das Widerstandsmoment. Wie das Widerstandsmoment eine Aussage über die Spannungen in einem Bauteil liefert, liefert das Trägheitsmoment eine Aussage über die Verformungen. Auf eine Herleitung des Trägheitsmomentes wird hier verzichtet.

Die Durchführung der oben skizzierten Rechenoperation führt bei Gleichlast q auf dem Riegel zu folgendem Ergebnis:

$$\Rightarrow H_A = H_B = \frac{q \cdot l^2}{4 \cdot h(2 \cdot k + 3)}$$

k ist ein Systemwert, der das Verhältnis der Steifigkeiten von Riegel und Stielen sowie die Rahmengeometrie berücksichtigt.

$$\Rightarrow k = \frac{I_R}{I_S} \cdot \frac{h}{l}$$

I_R: Trägheitsmoment des Riegels
I_S: Trägheitsmoment der Stiele

Für die Ermittlung des Systemwertes k müssen nicht die tatsächlichen Trägheitsmomente I [cm^4] von Riegel und Stielen eingegeben werden, es genügt, wenn ein Verhältnis von Riegel- zu Stielsteifigkeit gewählt wird.

Diese Formeln sind für verschiedene Lastfälle in den Bautabellen aufgeführt. Weiterhin werden folgende Angaben gemacht (für Riegelgleichlast):

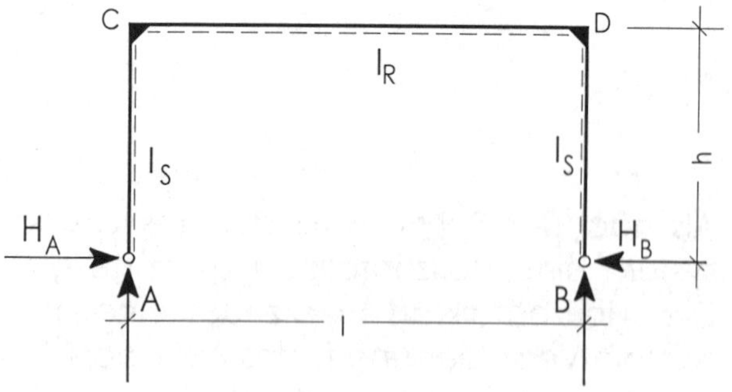

Vertikale Auflagerreaktionen:

$$\Rightarrow A = B = \frac{q \cdot l}{2}$$

Eckmomente:

$$\Rightarrow M_C = - H_A \cdot h$$

$$\Rightarrow M_D = - H_B \cdot h$$

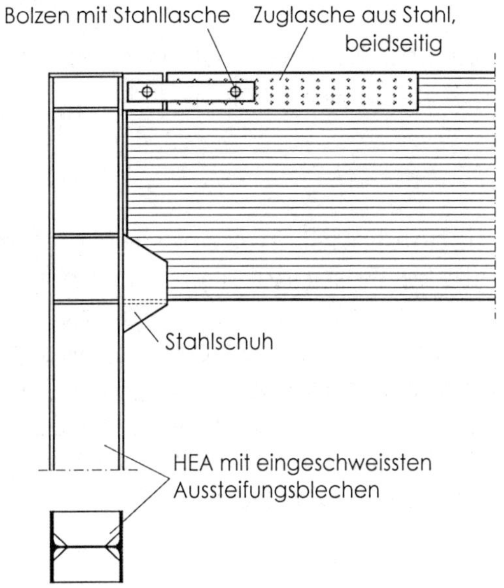

Voraussetzung für die Anwendung der in den Bautabellen enthaltenen Rahmenformeln ist, dass Riegel und Stiele aus dem gleichen Baustoff, z.B. Holz oder Stahl mit gleichem Verformungsverhalten sind. Bei Baustoffkombinationen, z.B. Stiele aus Stahl, Riegel aus Brettschichtholz sind diese Tabellen nicht gültig.

Rahmenecke mit Stahlstiel und Brettschichtholzriegel; Ausbildung eines "Zuggurtes" oben und eines "Druckgurtes" unten für die Aufnahme von negativen Eckmomenten.

Durch die Wahl des Verhältnisses der Riegelsteifigkeit zur Stielsteifigkeit wird die Verteilung der Biegemomente beeinflusst. Je größer die Riegelsteifigkeit bei gleicher Rahmengeometrie (Höhe h, Spannweite l) im Verhältnis zur Stielsteifigkeit ist, desto geringer sind die Eckmomente. Die durch die Spannweite l und die Belastung q gegebene $q \cdot l^2/8$ - Parabel wird nur wenig hochgehoben.

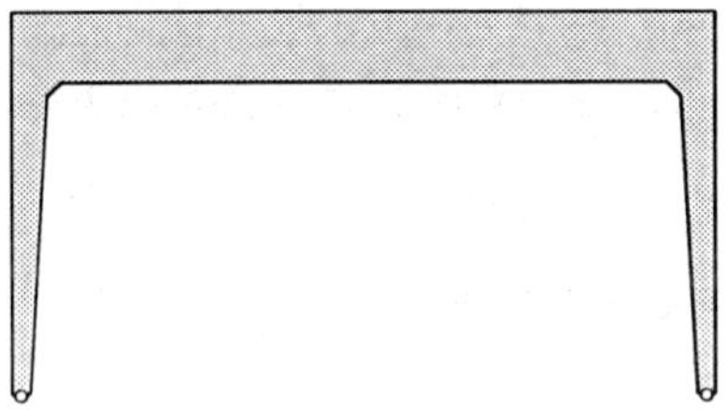

Bei diesem Rahmen ist der steife Riegel in schlanke Stiele eingespannt.

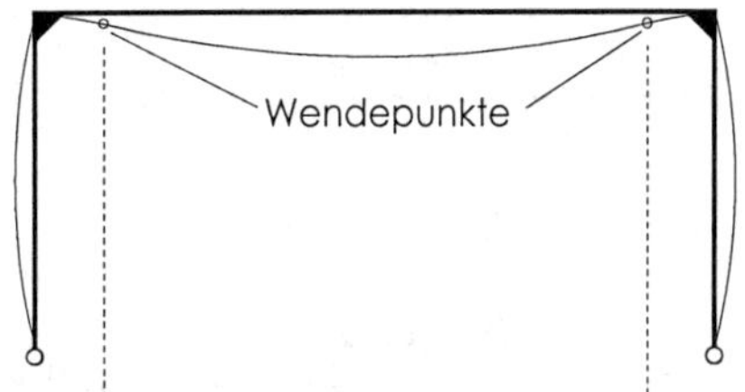

Der steife Riegel findet in den weichen Stielen nur eine geringe Einspannung und damit einen geringen Verdrehungswiderstand. Die Wendepunkte der Biegelinie liegen nahe an den Rahmenecken, die Eckmomente sind daher entsprechend klein. Die $q \cdot l^2/8$ - Parabel hängt durch und verursacht ein großes Riegelmoment.

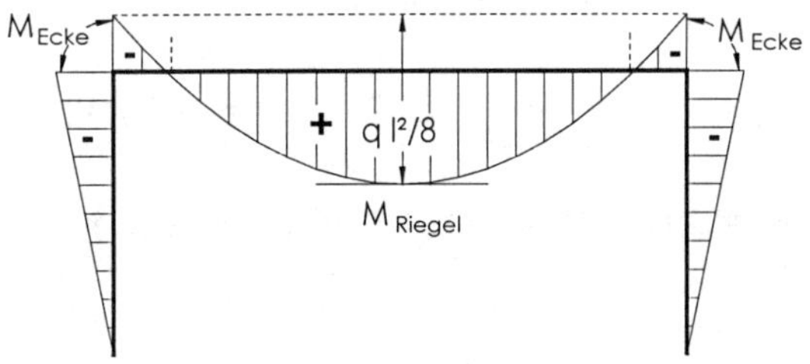

M - Verlauf (qualitativ)

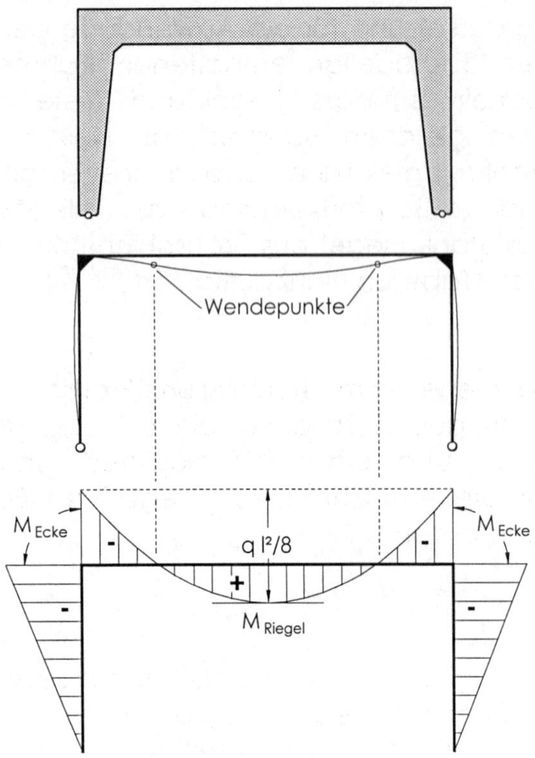

Bei diesem Rahmen ist der Riegel in gleich steife Stiele eingespannt.

Der Riegel findet in den steifen Stielen eine starke Einspannung, er kann sich in den Ecken nur wenig verdrehen. Die Wendepunkte der Biegelinie wandern von den Rahmenecken weg, die Eckmomente werden entsprechend größer. Die $q \cdot l^2/8$ - Parabel wird hoch gehoben, das Riegelmoment wird kleiner.

M - Verlauf (qualitativ)

Nachfolgend werden zum Vergleich mit dem im vorhergehenden Kapitel behandelten Dreigelenkrahmen mit horizontalem Riegel und mittigem Gelenk, einhüftigem Rahmen und Dreigelenkrahmen mit exzentrischem Gelenk die Biegemomente und Auflagerreaktionen für den konkreten Fall der Halle mit 15,0 m Stützweite und 6,0 m Höhe untersucht. Die Rahmen werden in ihrer Ebene jeweils wieder durch eine vertikale Gleichlast q = 10,0 kN/m belastet.

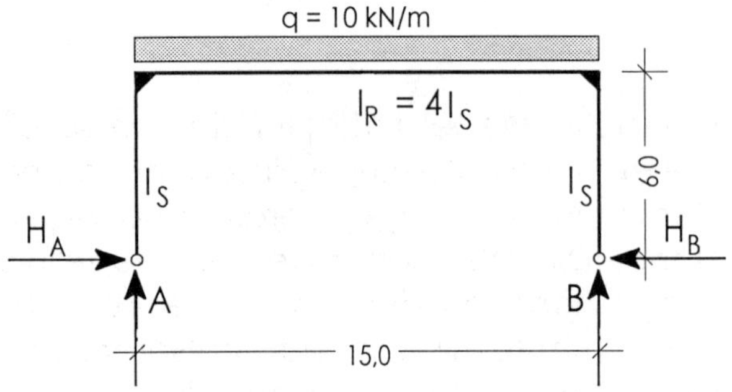

gewählte Steifigkeiten: $I_R = 4 \cdot I_S$

$$\Rightarrow k = \frac{I_R}{I_S} \cdot \frac{h}{l} = 4 \cdot \frac{6,0}{15,0} = 1,6$$

$$\Rightarrow A = B = \frac{q \cdot l}{2} = \frac{10 \cdot 15,0}{2} = 75 \text{ kN}$$

$$\Rightarrow H_A = H_B = \frac{q \cdot l^2}{4 \cdot h\,(2 \cdot k + 3)} =$$

$$= \frac{10 \cdot 15,0^2}{4 \cdot 6,0\,(2 \cdot 1,6 + 3)} = 15,12 \text{ kN}$$

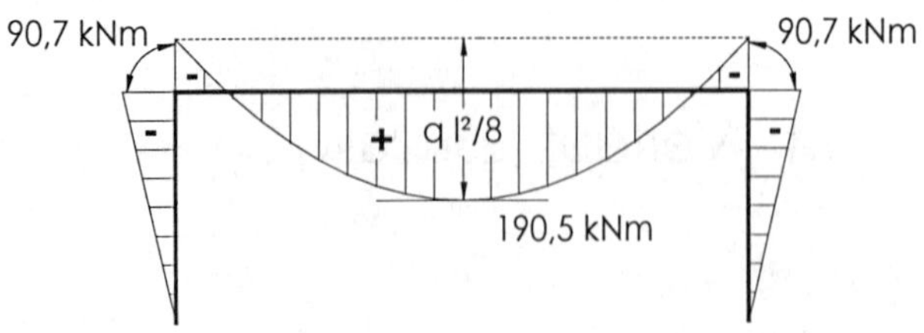

$$\Rightarrow M_C = -H_A \cdot h = -15,12 \cdot 6,0 = -90,7 \text{ kNm}$$

$$\Rightarrow M_D = -H_B \cdot h = -15,12 \cdot 6,0 = -90,7 \text{ kNm}$$

Das Riegelmoment ergibt sich zu:

$$M_{Riegel} = M_C + \frac{q \cdot l^2}{8}$$

$$\Rightarrow M_{Riegel} = -90,7 + \frac{10 \cdot 15,0^2}{8} = 190,5 \text{ kNm}$$

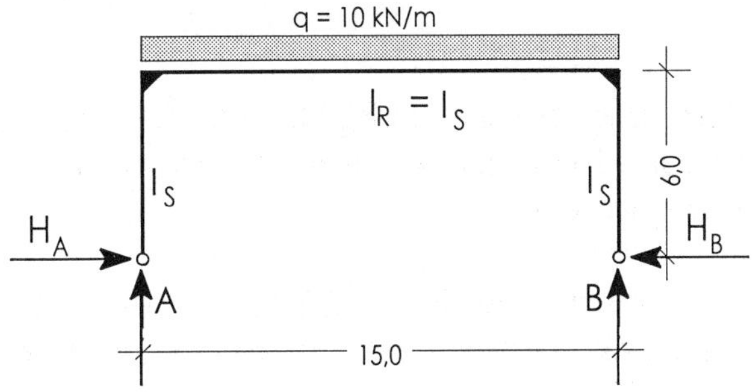

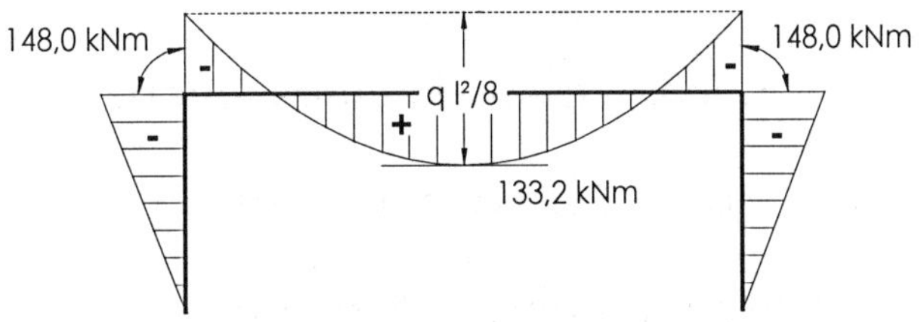

gewählte Steifigkeiten: $I_R = I_S$

$$\Rightarrow k = \frac{I_R}{I_S} \cdot \frac{h}{l} = 1 \cdot \frac{6{,}0}{15{,}0} = 0{,}4$$

$$\Rightarrow A = B = \frac{q \cdot l}{2} = \frac{10 \cdot 15{,}0}{2} = 75 \text{ kN}$$

$$\Rightarrow H_A = H_B = \frac{q \cdot l^2}{4 \cdot h(2 \cdot k + 3)} = \frac{10 \cdot 15{,}0^2}{4 \cdot 6{,}0(2 \cdot 0{,}4 + 3)} = 24{,}67 \text{ kN}$$

$$\Rightarrow M_C = - H_A \cdot h = - 24{,}67 \cdot 6{,}0 = - 148 \text{ kNm}$$

$$\Rightarrow M_D = - H_B \cdot h = - 24{,}67 \cdot 6{,}0 = - 148 \text{ kNm}$$

Das Riegelmoment ergibt sich zu:

$$M_{Riegel} = M_C + \frac{q \cdot l^2}{8}$$

$$\Rightarrow M_{Riegel} = - 148 + \frac{10 \cdot 15{,}0^2}{8} = 133{,}2 \text{ kNm}$$

Die Eckmomente und das Riegelmoment sind bei gleicher Riegel- und Stielsteifigkeit bei der vorliegenden Rahmengeometrie dem Betrag nach fast gleich groß. Bei gleicher Vertikallast und gleicher Spannweite sind die für die Bemessung maßgebenden Biegemomente wesentlich geringer.

Zum Vergleich wird der Dreigelenkrahmen mit exzentrischem Riegelgelenk in optimierter Lage untersucht. Das Verhältnis der Steifigkeiten spielt bei diesem statisch bestimmten Tragsystem keine Rolle. Der Momentennullpunkt wird durch das Gelenk erzwungen.

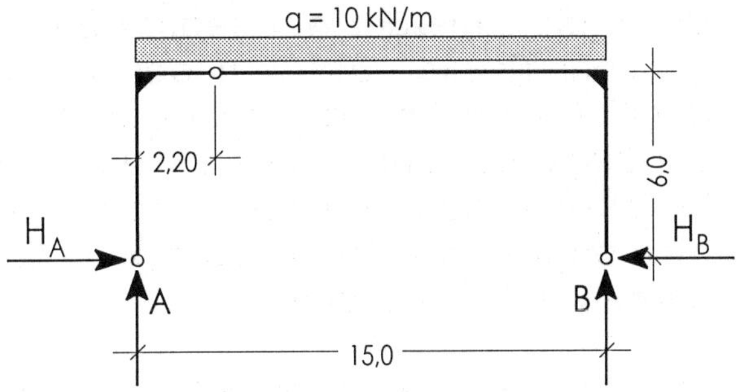

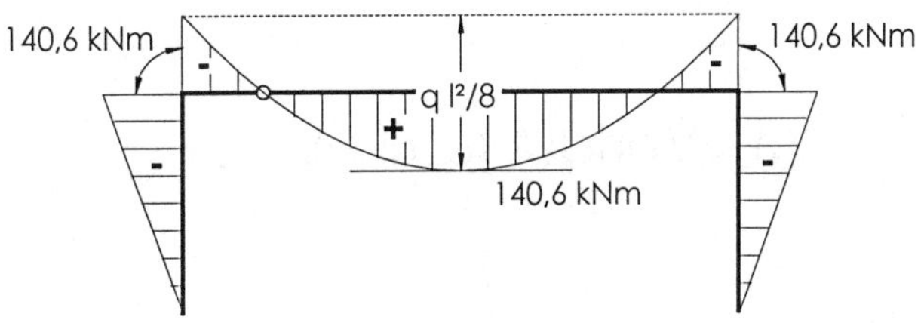

Gelenklage: $x = 0{,}146 \cdot 15{,}0 = 2{,}20$ m

$$\Rightarrow A = B = q \cdot \frac{l}{2} = 10 \cdot \frac{15{,}0}{2} = 75 \text{ kN}$$

$$\Rightarrow H_A = H_B = \frac{q \cdot l^2}{16 \cdot h} = \frac{10 \cdot 15{,}0^2}{16 \cdot 6{,}0} = 23{,}4 \text{ kN}$$

$$\Rightarrow M_C = - \frac{q \cdot l^2}{16} = - \frac{10 \cdot 15{,}0^2}{16} = - 140{,}6 \text{ kNm}$$

$$\Rightarrow M_{Riegel} = \frac{q \cdot l^2}{16} = \frac{10{,}0 \cdot 15{,}0^2}{16} = 140{,}6 \text{ kNm}$$

5.5.4 Der eingespannte Rahmen

Gegenüber dem Zweigelenkrahmen entfallen die beiden Fußgelenke. Durch die Fußeinspannung wird eine Erhöhung der Steifigkeit der Stiele bewirkt, wodurch die Verdrehung des Riegels an der Rahmenecke behindert wird.

Wenn die Stiele steifer werden, werden die horizontalen Auflagerkräfte größer als bei einem entsprechenden Zweigelenkrahmen, die Eckmomente wachsen an. Dadurch wird die $q \cdot l^2/8$ - Parabel hoch gehoben und der Riegel entlastet.

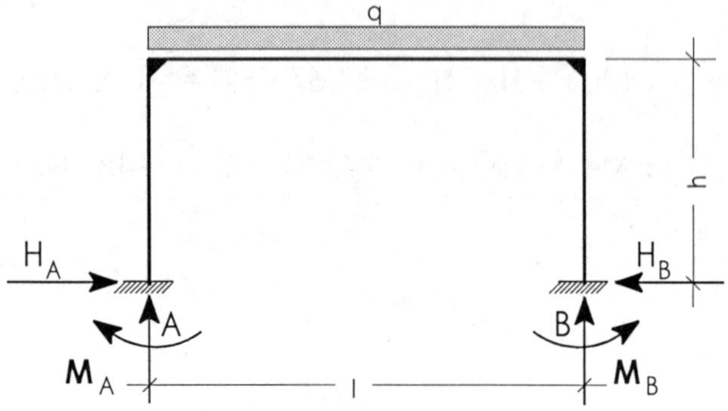

6 unbekannte Auflagerreaktionen:

A, B, H_A, H_B, Einspannmomente M_A, M_B

3 Gleichgewichtsbedingungen:

ΣV, ΣH und ΣM

⇒ Es sind drei zusätzliche Verformungsgleichungen erforderlich, der eingespannte Rahmen ist also 3-fach statisch unbestimmt.

Das Tragverhalten des eingespannten Rahmens kann auch über das Verformungsverhalten (Biegelinie) erkannt werden. Den Stielen wird infolge ihrer Einspannung am Fußpunkt eine vertikale Tangente aufgezwungen. In einem bestimmten Abstand von der Einspannstelle ändern die Stiele ihre Krümmung, die Biegelinie hat einen Wendepunkt. Ein Wendepunkt der Biegelinie bedeutet, dass das Biegemoment das Vorzeichen wechselt. Auch am Riegel sind zwei Wendepunkte der Biegelinie vorhanden.

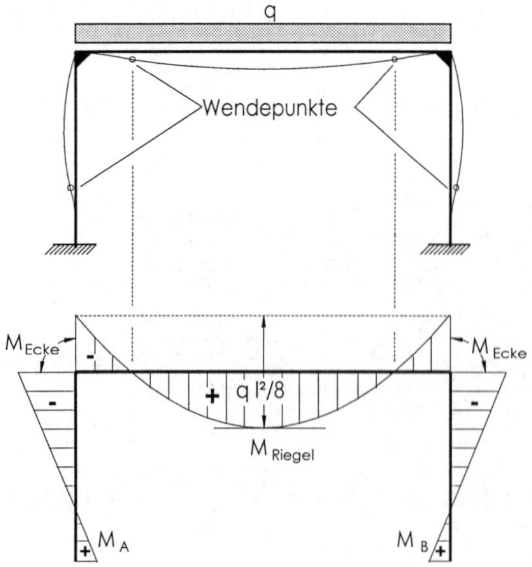

Durch die Lage der Wendepunkte (Momentennullstelle) lässt sich der Verlauf der Biegemomente qualitativ darstellen. Die Biegemomente an den Stielen verlaufen von den positiven Einspannmomenten M_A bzw. M_B geradlinig zu den negativen Eckmomenten.

Zwischen den negativen Eckmomenten hängt wieder die $q \cdot l^2/8$ - Parabel.

M - Verlauf (qualitativ)

Eingespannte Rahmen werden hauptsächlich aus den Baustoffen Stahl und Stahlbeton ausgeführt. Fast nie werden eingespannte Rahmen in Holz gebaut, da sich die hölzernen Stiele nur mit großem Aufwand über teure und arbeitsaufwändige Zwischenbauteile aus Stahl in das Fundament einspannen lassen.

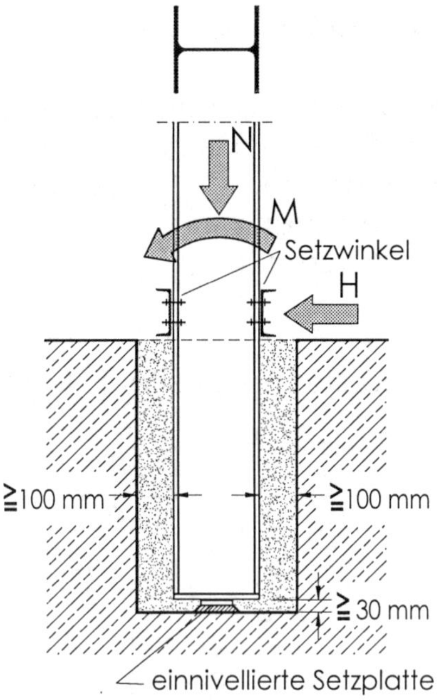

Stahlbau

Am einfachsten kann die Fußeinspannung durch Einsetzen der Stiele in ein sogenanntes Köcherfundament aus Stahlbeton erreicht werden. Nach dem genauen Ausrichten des Rahmenstiels mittels Setzplatte und Setzwinkel wird der Köcher ausbetoniert.

Die Einbindetiefe, d.h. die Köchertiefe liegt je nach Beanspruchung zwischen dem 2,5- und dem 6-fachen der Höhe des Stahlprofils.

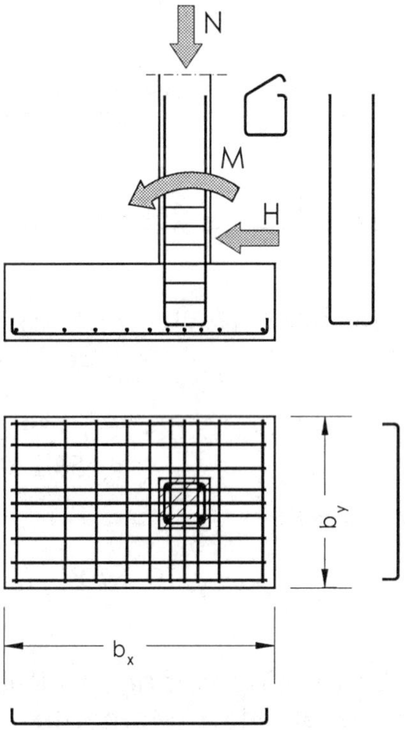

Stahlbetonbau

Einen geringen konstruktiven Aufwand erfordert auch die Einspannung eines Rahmenstiels aus Stahlbeton in ein Stahlbetonfundament.

Die Anschlussbewehrung des Rahmenstiels wird mit der eigentlichen Fundamentbewehrung verlegt und später mit der Bewehrung der Rahmenstiele gestoßen.

Eingespannte Rahmen sind nur möglich, wenn die Einspannmomente durch entsprechend ausgebildete Fundamente oder eine andere tragfähige Unterkonstruktion aufgenommen werden können.

Eingespannte Rahmen werden für die üblichen Lastfälle mit den in den Bautabellen enthaltenen Rahmenformeln berechnet. Diese Formeln beruhen auf dem Verformungsverhalten des statisch unbestimmten Systems.

Durch die Wahl des Verhältnisses der Steifigkeiten von Riegel und Stielen lässt sich wie beim Zweigelenkrahmen der Momentenverlauf beeinflussen.

Nachfolgend werden zum Vergleich mit dem im vorhergehenden Kapitel behandelten Zweigelenkrahmen die Biegemomente und Auflagerreaktionen für den konkreten Fall der Halle mit 15,0 m Stützweite und 6,0 m Höhe untersucht. Der Rahmen wird in seiner Ebene wieder durch eine vertikale Gleichlast q = 10,0 kN/m belastet. Die Riegel- und Stielsteifigkeit sollen gleich groß sein, also $I_R = I_S$.

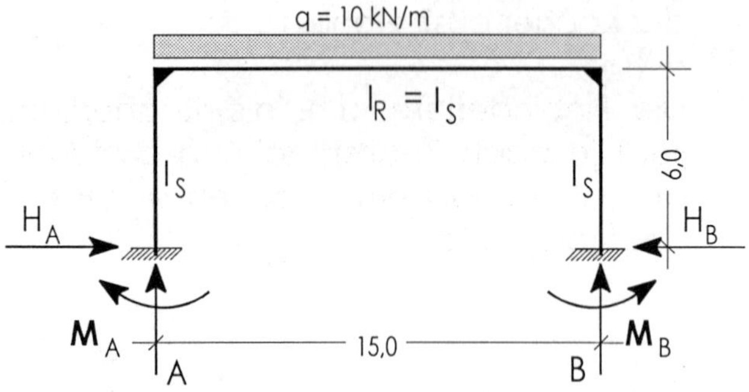

gewählte Steifigkeiten: $I_R = I_S$

$$\Rightarrow k = \frac{I_R}{I_S} \cdot \frac{h}{l} = 1 \cdot \frac{6{,}0}{15{,}0} = 0{,}4$$

$$\Rightarrow A = B = \frac{q \cdot l}{2} = \frac{10 \cdot 15{,}0}{2} = 75 \text{ kN}$$

$$\Rightarrow H_A = H_B = \frac{q \cdot l^2}{4 \cdot h\,(k+2)} =$$

$$= \frac{10 \cdot 15{,}0^2}{4 \cdot 6{,}0\,(0{,}4+2)} = 39{,}06 \text{ kN}$$

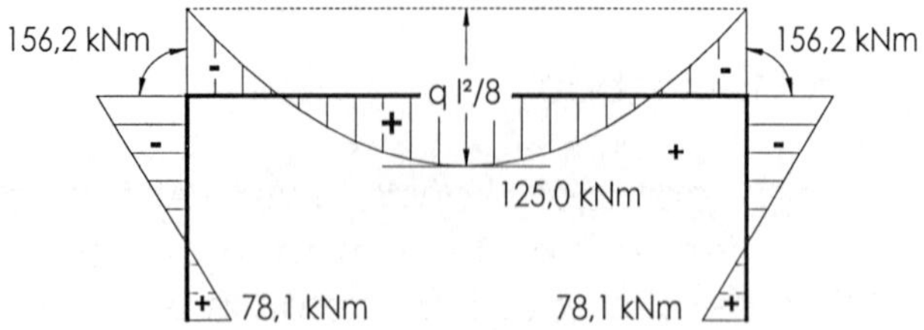

$$\Rightarrow M_A = \frac{H_A \cdot h}{3} = \frac{39{,}06 \cdot 6{,}0}{3} = 78{,}1 \text{ kNm}$$

$$\Rightarrow M_B = \frac{H_B \cdot h}{3} = \frac{39{,}06 \cdot 6{,}0}{3} = 78{,}1 \text{ kNm}$$

$$\Rightarrow M_C = M_A - H_A \cdot h = 78{,}1 - 39{,}06 \cdot 6{,}0 = = -156{,}2 \text{ kNm}$$

$$\Rightarrow M_D = M_B - H_B \cdot h = 78{,}1 - 39{,}06 \cdot 6{,}0 = = -156{,}2 \text{ kNm}$$

Das Riegelmoment ergibt sich zu:

$$M_{Riegel} = M_C + \frac{q \cdot l^2}{8}$$

$$\Rightarrow M_{Riegel} = -156{,}2 + \frac{10 \cdot 15{,}0^2}{8} = 125{,}0 \text{ kNm}$$

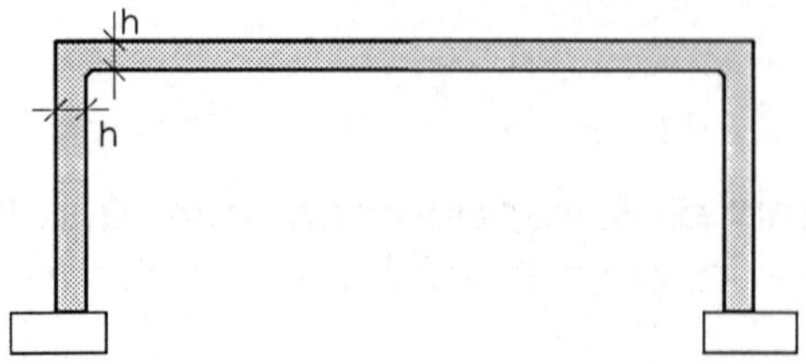

Da beim eingespannten Rahmen an den Fußpunkten Momente auftreten, werden die Stiele parallel ausgeführt. Da die Eckmomente im Stiel und Riegel gleich sind, erhält der Riegel den gleichen Querschnitt.

6 Seil und Bogen

6.1 Seile

6.1.1 Seilkräfte und Seilfigur

Ein Balken ist formstabil; er biegt sich zwar unter einer Last geringfügig durch, behält aber im wesentlichen seine Ausgangsform. Das Bild des elastisch verformten Balkens ist nur in geringem Maße - bei den üblichen Ausführungen für das Auge nicht zu unterscheiden - von der Lastfigur (Einzellast, Gleichlast) abhängig. Die Hauptbeanspruchung des Balkens, die Biegung bzw. das Biegemoment ist nur von der Last und der Stützweite abhängig.

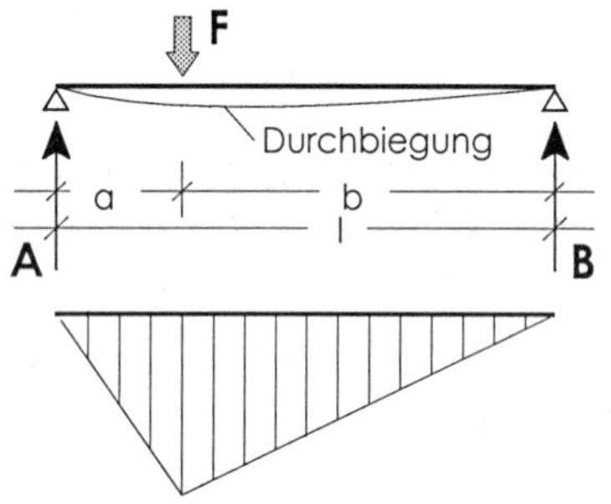

Biegebalken unter Einzellast F mit Verformungsfigur

M - Verlauf

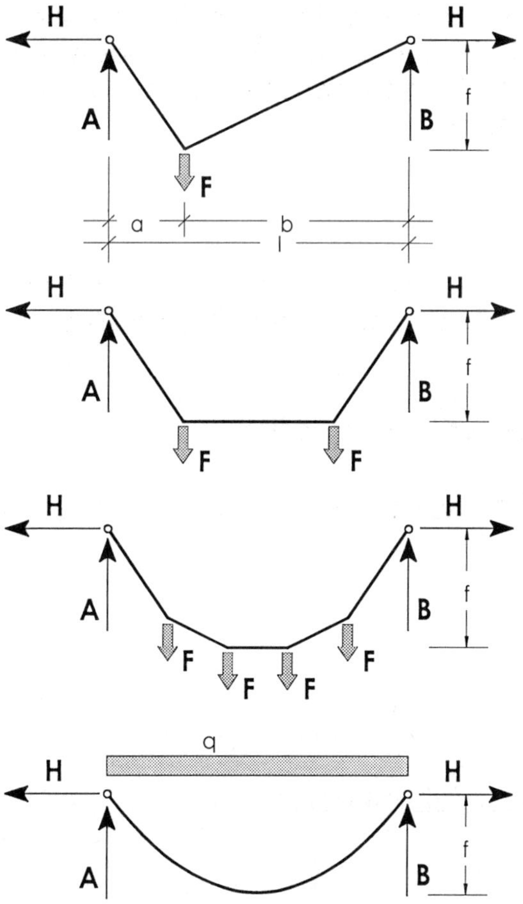

Ein an zwei Punkten aufgehängtes Seil ist nicht formstabil; neben der geringen elastischen Dehnung - wie die Balkendurchbiegung für das Auge kaum wahrnehmbar - hängt die Verformungsfigur des Seils von der Lastfigur und der Seillänge ab.

Da ein Seil praktisch absolut biegeweich ist, verändert es seine Form so lange, bis es die aufgebrachte Last allein mit inneren Zugkräften aufnehmen kann.

Der Grund dafür ist, dass ein Seil keine Biegemomente aufnehmen kann. Jeder Punkt des Seils ist als ein Gelenk vorstellbar (anstelle des Seils kann auch eine Kette betrachtet werden, die die gleichen Eigenschaften wie ein Seil hat).

Den größten vertikalen Abstand zwischen der Verbindungslinie der Auflager und der Seillinie nennt man Seildurchhang oder Stich, meist mit f bezeichnet.

Ein weiterer wesentlicher Unterscheidungspunkt zwischen Balken und Seil ist, dass bei einem Seil, auch wenn es nur durch vertikale Lasten beansprucht wird, neben den vertikalen Auflagerkräften auch horizontale Auflagerkräfte auftreten.

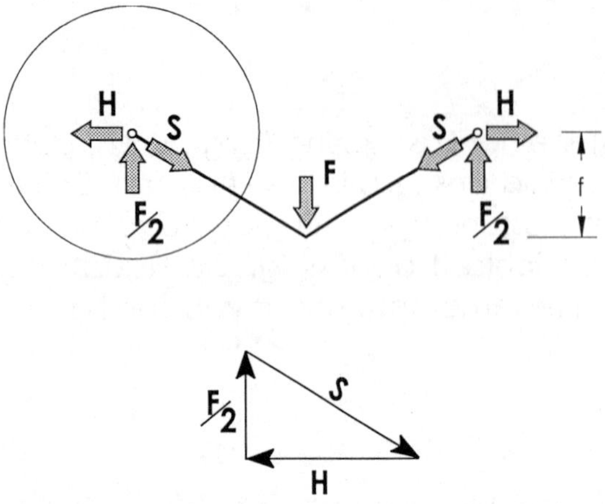

Dies zeigt das Kräftegleichgewicht z.B. am linken Auflager:

damit ein geschlossenes Krafteck der am Auflager angreifenden Kräfte entstehen kann, ist die horizontale Auflagerkraft H erforderlich.

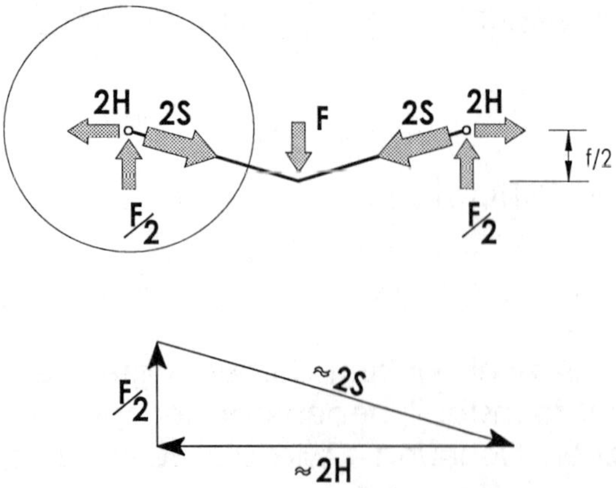

Diese horizontalen Auflagerkräfte H werden wie die Seilkräfte S umso größer, je kleiner die Seillänge bezogen auf die Stützweite, d.h. je kleiner der Seildurchhang oder Stich f ist.

Das Krafteck am linken Auflager zeigt, dass sich bei gleicher vertikaler Auflagerkraft F/2 bei halbem Stich f doppelte Seilkräfte S und doppelte Horizontalkräfte H ergeben.

Ermittlung der Auflager- und Seilkräfte

Die vertikalen Auflagerkräfte A und B errechnen sich unabhängig vom Stich und der Form der Seillinie wie bei einem Balken gleicher Stützweite, dem sogenannten Ersatzbalken.

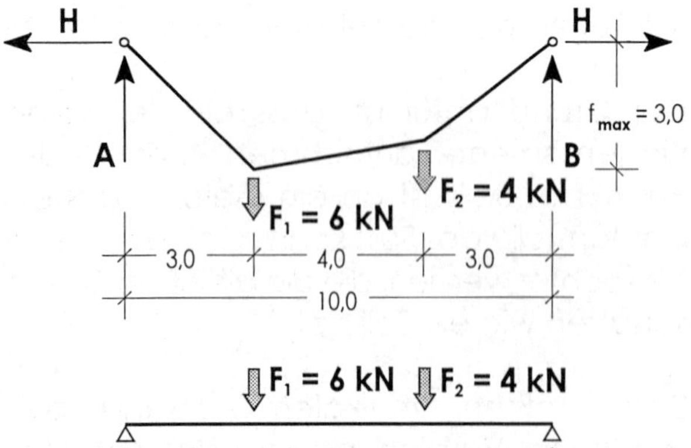

Seil unter Einzellasten

Seilsystem

Maße in [m]

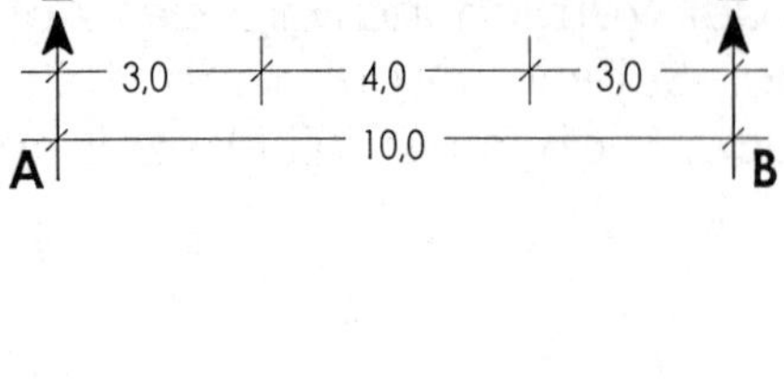

Ersatzbalken

$\Sigma V = 0$: $F_1 + F_2 - A - B = 0$

$A = 6{,}0 + 4{,}0 - B = 10{,}0 - B$

$\Sigma M_A = 0$: $F_1 \cdot 3{,}0 + F_2 \cdot 7{,}0 - B \cdot 10{,}0 = 0$

$$B = \frac{1}{10} \cdot (6{,}0 \cdot 3{,}0 + 4{,}0 \cdot 7{,}0)$$

$$\Rightarrow B = 4{,}6 \text{ kN}$$

aus ΣV: $A = 10{,}0 - B = 10{,}0 - 4{,}6$

$$\Rightarrow A = 5{,}4 \text{ kN}$$

Die horizontalen Auflagerkräfte sind in erster Linie vom Stich f der Seillinie abhängig. Sie können einfach berechnet werden, indem die Grundvoraussetzung genutzt wird, dass das Seil biegeweich ist, d.h. jeder Punkt des Seils kann als Gelenk betrachtet werden. Die Summe der Drehmomente aller links (oder rechts) vom gedachten Gelenk angreifenden Kräfte ist gleich Null, analog zum Riegelgelenk des Dreigelenkrahmens.

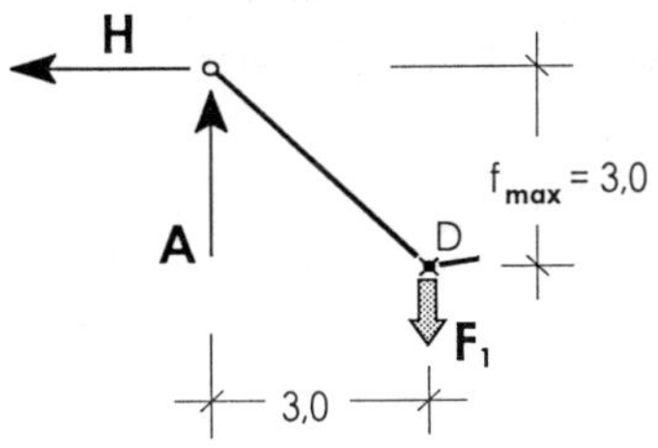

Als Drehpunkt wird der Lastangriffspunkt der Einzellast F_1 gewählt (Drehanteil von F_1 gleich Null) und das Gleichgewicht am linken Tragwerksteil betrachtet.

$\Sigma M_D = 0$: $A \cdot 3{,}0 - H \cdot 3{,}0 = 0$

$$\Rightarrow H = \frac{5{,}4 \cdot 3{,}0}{3{,}0} = 5{,}4 \text{ kN}$$

Die Seilzugkräfte lassen sich mit Hilfe des Kraftecks am linken bzw. rechten Auflager durch Anwendung des Satzes von Pythagoras oder der Winkelfunktionen ermitteln:

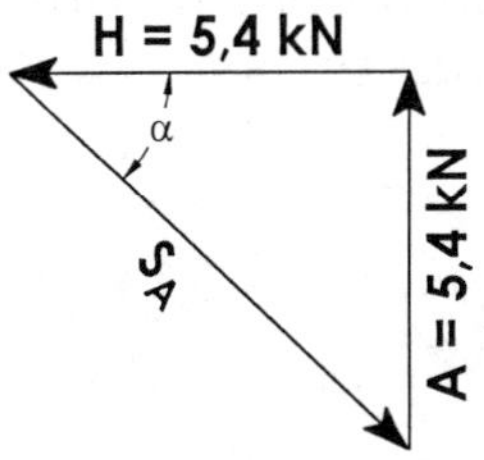

linkes Auflager A

$S_A = \sqrt{A^2 + H^2}$ oder

$S_A = \dfrac{H}{\cos\alpha}$ bzw. $S_A = \dfrac{A}{\sin\alpha}$

$$\Rightarrow S_A = \sqrt{5{,}4^2 + 5{,}4^2} = 7{,}64 \text{ kN}$$

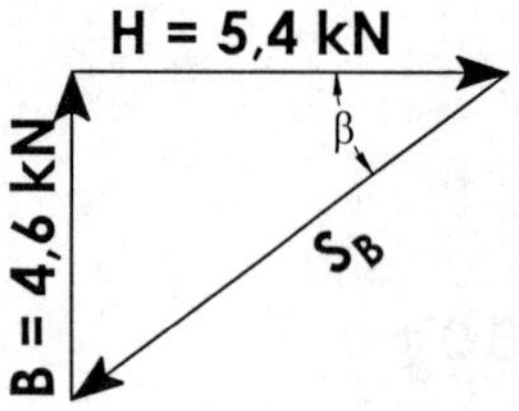

rechtes Auflager B

$$\Rightarrow S_B = \sqrt{B^2 + H^2} \quad \text{oder}$$

$$\Rightarrow S_B = \frac{H}{\cos\beta} \text{ bzw. } S_B = \frac{B}{\sin\beta}$$

$$\Rightarrow S_B = \sqrt{4{,}6^2 + 5{,}4^2} = 7{,}09 \text{ kN}$$

Macht man sich den Zusammenhang zwischen dem Biegemomentenverlauf des Ersatzbalkens und der Seillinie zunutze, kann man die Seillinie bestimmen.

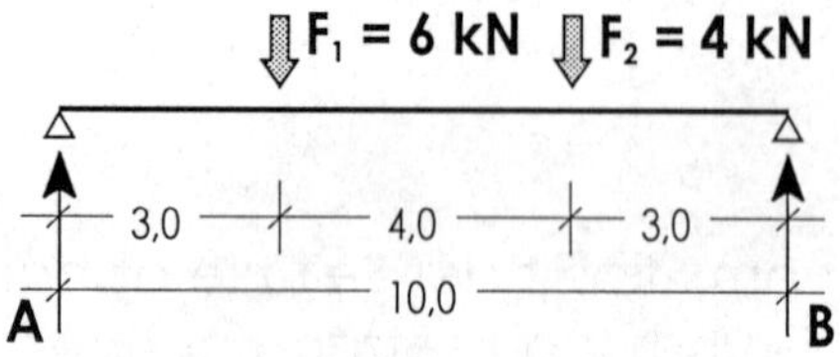

Ersatzbalken

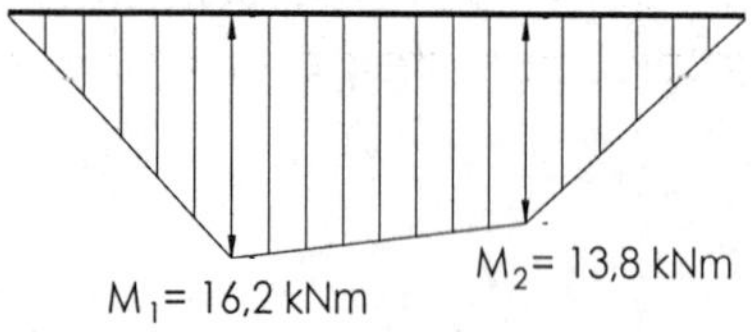

M-Verlauf

$M_1 = A \cdot 3{,}0 = 5{,}4 \cdot 3{,}0 = 16{,}2$ kNm
$M_2 = B \cdot 3{,}0 = 4{,}6 \cdot 3{,}0 = 13{,}8$ kNm

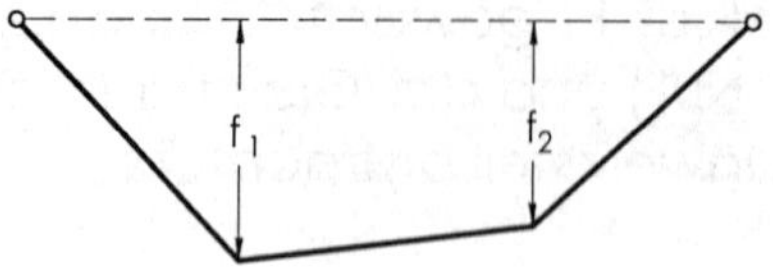

Seillinie

$f_1 = f_{max} = 3{,}0$ m

Die Seillinie entspricht dem Momentenverlauf am Ersatzbalken:

$$\frac{f_1}{M_1} = \frac{f_2}{M_2}$$

$$\Rightarrow f_2 = f_1 \cdot \frac{M_2}{M_1} = 3{,}0 \cdot \frac{13{,}8}{16{,}2} = 2{,}56 \text{ m}$$

Zwischen der horizontalen Auflagerkraft H, dem Biegemoment M am Ersatzbalken und dem Seildurchhang f besteht folgender Zusammenhang:

$$f = \frac{M}{H} \text{ bzw. } H = \frac{M}{f}$$

$$\text{z.B. } f_2 = \frac{M_2}{H} = \frac{13{,}8}{5{,}4} = 2{,}56 \text{ m}$$

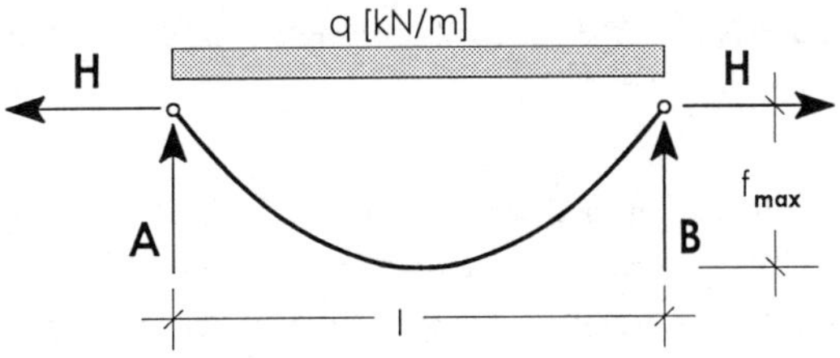

Seil unter Gleichlast

Seilsystem

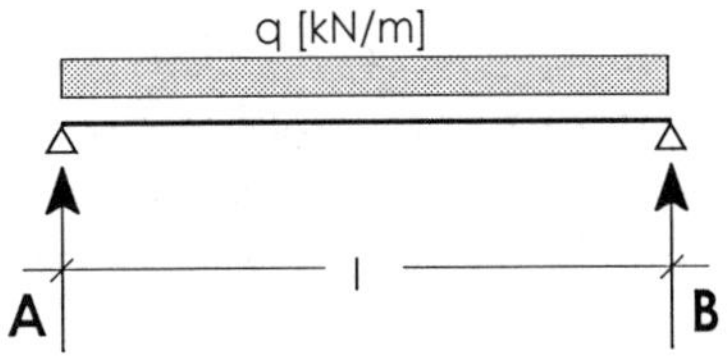

Ersatzbalken

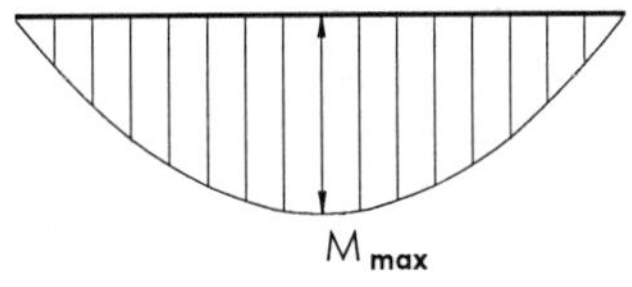

M-Verlauf

$$M_{max} = \frac{q \cdot l^2}{8}$$

Die vertikalen Auflagerkräfte ergeben sich aus Symmetriegründen zu:

$$\Rightarrow A = B = \frac{q \cdot l}{2}$$

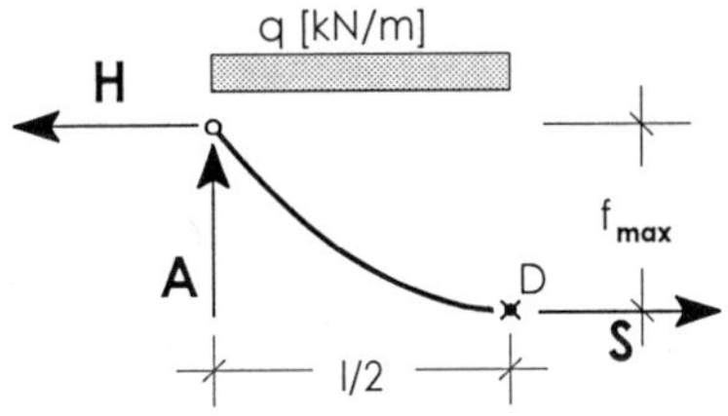

Die horizontale Auflagerkraft H ergibt sich aus der Summe der Drehmomente aller Kräfte um den Punkt D (Stelle des größten Durchhangs in Seilmitte).

$$\Sigma M_D = 0: \qquad A \cdot \frac{l}{2} - H \cdot f_{max} - q \cdot \frac{l}{2} \cdot \frac{l}{4} = 0$$

$$H \cdot f_{max} = \frac{q \cdot l^2}{4} - \frac{q \cdot l^2}{8}$$

$$\Rightarrow H = \frac{q \cdot l^2}{8 \cdot f_{max}} = \frac{M_{max}}{f_{max}}$$

Die Seilzugkraft am Auflager ergibt sich wieder zu:

$$\Rightarrow S_A = \sqrt{A^2 + H^2}$$

Die Seilzugkraft am Punkt D in Systemmitte ergibt sich aus dem horizontalen Gleichgewicht zu:

$$\Rightarrow S = H$$

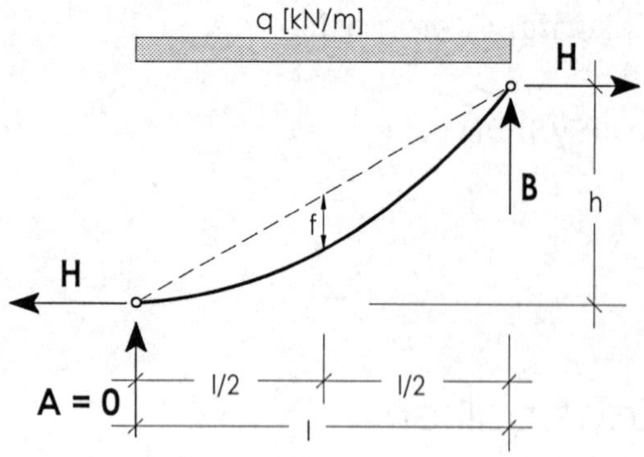

Sonderfall mit horizontaler Seiltangente am Auflager A

Ein Seil kann wegen der fehlenden Biegesteifigkeit ausschließlich Längskräfte in Richtung der Seilachse aufnehmen. Wenn die Seillinie wie nebenstehend dargestellt am Auflager A eine horizontale Tangente aufweist, muss die vertikale Auflagerkraft A gleich Null sein.

$$\Rightarrow A = 0$$

$\Sigma V = 0$: $$q \cdot l - B = 0$$

$$\Rightarrow B = q \cdot l$$

Das hochliegende Auflager B übernimmt sämtliche vertikal wirkenden Lasten.

Auch hier gilt: $$\Rightarrow H = \frac{q \cdot l^2}{8 \cdot f_{max}} = \frac{M_{max}}{f_{max}}$$

$\Sigma M_B = 0$: $$-q \cdot l \cdot \frac{l}{2} + H \cdot h = 0$$

$$H = \frac{q \cdot l^2}{2 \cdot h}$$

mit $$\frac{q \cdot l^2}{8 \cdot f_{max}} = \frac{q \cdot l^2}{2 \cdot h}$$

ergibt sich der Seildurchhang f in Systemmitte zu:

$$\Rightarrow f = \frac{h}{4}$$

Die Seilzugkraft am Auflager A ergibt sich zu:

$$\Rightarrow S_A = \sqrt{A^2 + H^2} = \sqrt{H^2} = H$$

Die Seilzugkraft am Auflager B ergibt sich zu:

$$\Rightarrow S_B = \sqrt{B^2 + H^2}$$

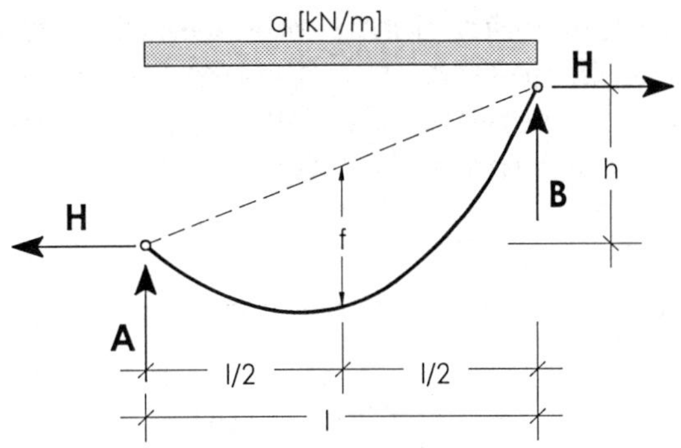

Sonderfall mit verschieden hohen Auflagern

Sind die Auflager verschieden hoch, sind die vertikalen Auflagerkräfte A und B ungleich. Aus dem horizontalen Gleichgewicht folgt wieder, dass H an beiden Auflagern gleich groß ist.

$\Sigma V = 0$: $\quad q \cdot l - A - B = 0$

$$\Rightarrow A = q \cdot l - B$$

$\Sigma M_A = 0$: $\quad q \cdot l \cdot \frac{l}{2} - B \cdot l + H \cdot h = 0$

$$B = \frac{q \cdot l}{2} + H \cdot \frac{h}{l}$$

$$A = q \cdot l - \frac{q \cdot l}{2} - H \cdot \frac{h}{l} = \frac{q \cdot l}{2} - H \cdot \frac{h}{l}$$

Das tiefliegende Auflager A wird gegenüber dem Seil mit gleich hoch liegenden Auflagern entlastet, das hochliegende Auflager B zusätzlich belastet.

Auch hier gilt: $\quad \Rightarrow H = \frac{q \cdot l^2}{8 \cdot f_{max}} = \frac{M_{max}}{f_{max}}$

dann wird: $\quad \Rightarrow A = \frac{q \cdot l}{2} - \frac{q \cdot l \cdot h}{8 \cdot f} = \frac{q \cdot l}{2} \cdot \left(1 - \frac{h}{4 \cdot f}\right)$

$$\Rightarrow B = \frac{q \cdot l}{2} + \frac{q \cdot l \cdot h}{8 \cdot f} = \frac{q \cdot l}{2} \cdot \left(1 + \frac{h}{4 \cdot f}\right)$$

Die Seilzugkraft am Auflager A ergibt sich zu:

$$\Rightarrow S_A = \sqrt{A^2 + H^2}$$

Die Seilzugkraft am Auflager B ergibt sich zu:

$$\Rightarrow S_B = \sqrt{B^2 + H^2}$$

Beispiel: Ein Seiltragwerk mit 20,0 m Spannweite wird durch eine Gleichlast aus Eigenlast der Dacheindeckung und Schnee q = 10,0 kN/m belastet. Es werden Varianten mit gleicher und verschiedener Auflagerhöhe untersucht. Der Durchhang des Seiles beträgt immer f = 2,0 m.

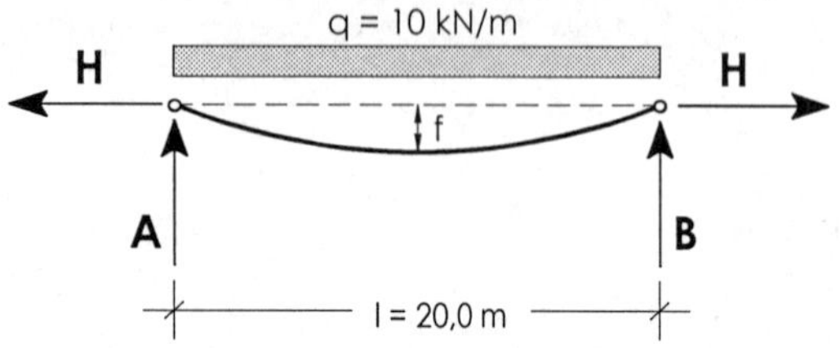

- gleiche Auflagerhöhe, h = 0

$$A = B = \frac{q \cdot l}{2} = \frac{10 \cdot 20}{2} = 100 \text{ kN}$$

$$H = \frac{q \cdot l^2}{8 \cdot f} = \frac{10 \cdot 20^2}{8 \cdot 2} = 250 \text{ kN}$$

$$S_A = \sqrt{A^2 + H^2} = \sqrt{100^2 + 250^2} = 269 \text{ kN}$$

$$S_B = S_A = 269 \text{ kN}$$

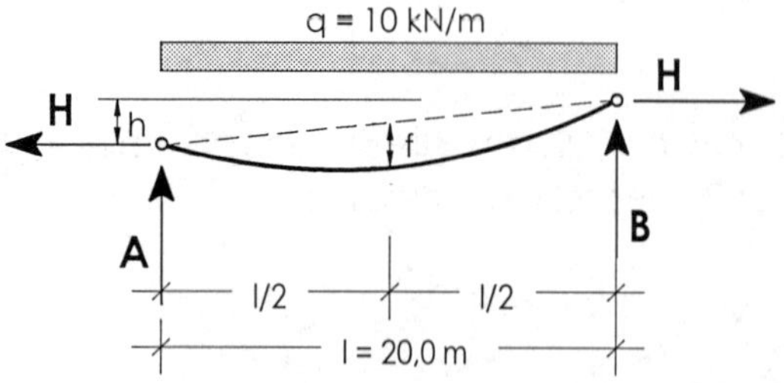

- verschiedene Auflagerhöhe, h = 2,0 m

$$A = \frac{q \cdot l}{2} \cdot \left(1 - \frac{h}{4 \cdot f}\right) = \frac{10 \cdot 20}{2} \cdot \left(1 - \frac{2}{4 \cdot 2}\right) =$$
$$= 100 \cdot 0{,}75 = 75 \text{ kN}$$

$$B = \frac{q \cdot l}{2} \cdot \left(1 + \frac{h}{4 \cdot f}\right) = \frac{10 \cdot 20}{2} \cdot \left(1 + \frac{2}{4 \cdot 2}\right) =$$
$$= 100 \cdot 1{,}25 = 125 \text{ kN}$$

$$H = \frac{q \cdot l^2}{8 \cdot f} = \frac{10 \cdot 20^2}{8 \cdot 2} = 250 \text{ kN}$$

$$S_A = \sqrt{A^2 + H^2} = \sqrt{75^2 + 250^2} = 261 \text{ kN}$$

$$S_B = \sqrt{B^2 + H^2} = \sqrt{125^2 + 250^2} = 280 \text{ kN}$$

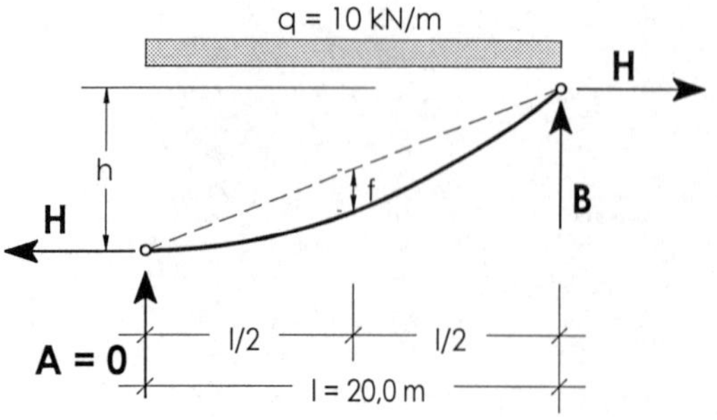

- verschiedene Auflagerhöhe, h = 8,0 m

$$A = 0$$

$$B = q \cdot l = 10 \cdot 20 = 200 \text{ kN}$$

$$H = \frac{q \cdot l^2}{8 \cdot f} = \frac{10 \cdot 20^2}{8 \cdot 2} = 250 \text{ kN}$$

$$S_A = H = 250 \text{ kN}$$

$$S_B = \sqrt{B^2 + H^2} = \sqrt{200^2 + 250^2} = 320 \text{ kN}$$

6.1.2 Stabilisierung von Seiltragwerken

Seile stellen in Abhängigkeit von der Lage, der Richtung und der Größe der auf sie wirkenden Lasten ihre Form so ein, dass im Seil nur Zugkräfte auftreten. Darüber hinaus können z.B. durch Windeinwirkungen Schwingungen entstehen, die infolge des geringen Eigengewichts von Seilkonstruktionen zu sehr großen Formänderungen führen.

Im Bauwesen sind zu große Verformungen nicht tolerierbar und müssen daher durch konstruktive Maßnahmen verhindert werden.

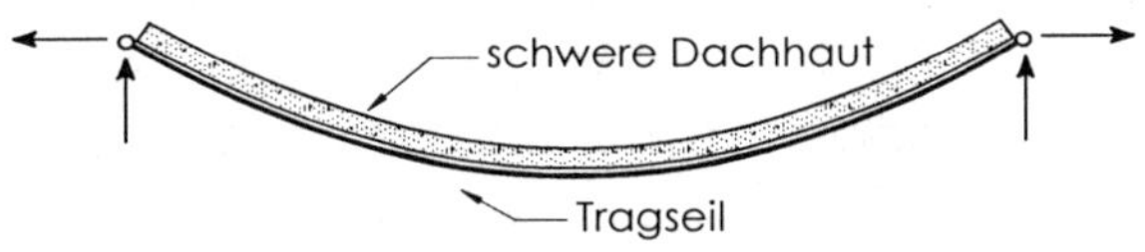

Die Dachhaut wird so schwer ausgebildet (Betonbauteile), dass durch Windsogkräfte oder durch Wind von unten keine Umkehrung der Kraftrichtung entsteht. D.h. die ständige Last muss gegenüber der veränderlichen Last groß sein. Dies vergrößert allerdings die Seilkräfte und widerspricht der Grundidee von leichten Seiltragwerken.

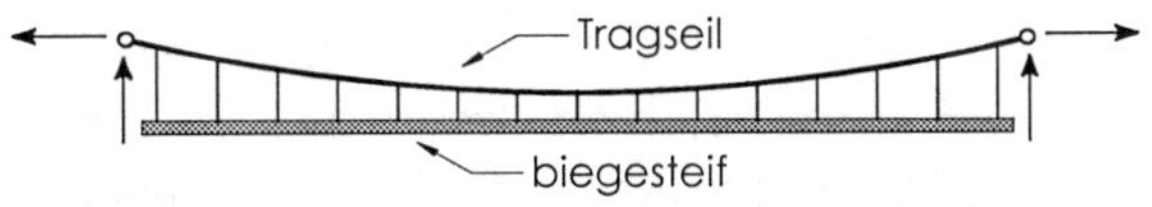

Die Seilkonstruktion wird über Zugstäbe mit einer biegesteifen Konstruktion verbunden (vgl. Hängebrücken). Dieser Versteifungsträger hält die Verformungen gering. Allerdings greifen in den Aufhängepunkten Einzellasten am Seil an, die bei zu großem Abstand das Seil zu einem Polygonzug verformen.

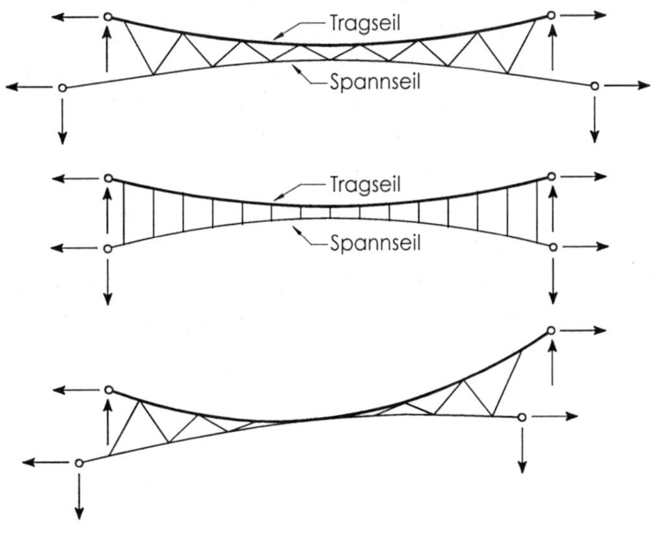

Das Tragseil kann auch dadurch stabilisiert werden, wenn man ein zweites Seil, das Spannseil unter dem Tragseil dagegenspannt. Tragseil und Spannseil sind durch dreiecksförmig oder parallel angeordnete Zugstäbe miteinander verbunden. Das gesamte System muss so vorgespannt sein, dass auch unter der größten Last und der damit verbundenen Dehnung des Tragseils nur Zugkräfte wirken. Bei Windsog oder Wind von unten wechseln Trag- und Spannseil ihre Funktion.

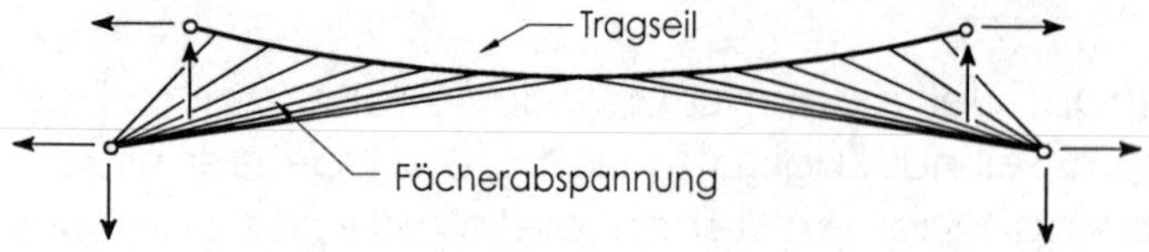

Durch eine fächerförmige Abspannung des Tragseils kann eine Stabilisierung des Systems erreicht werden. Auch hier müssen alle Seile so vorgespannt werden, dass unter keiner möglichen Belastung Druckkräfte entstehen.

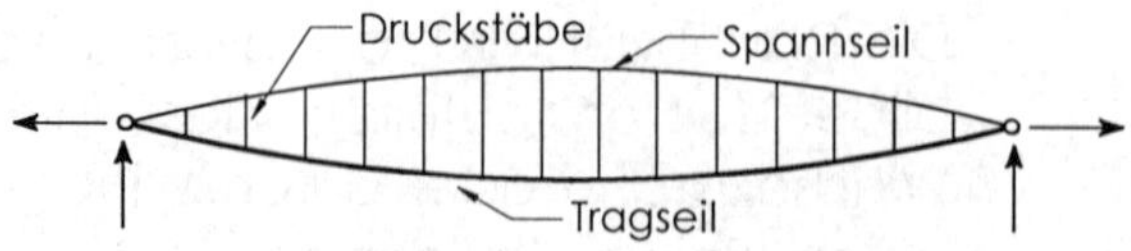

Wird das Spannseil über dem Tragseil angeordnet und durch Druckstäbe auf Abstand gehalten, entsteht ein fischbauchförmiger Träger. Die Druckstäbe sind stabilitätsgefährdet und müssen seitlich gehalten werden, weil sie sich um die Trägerachse drehen können. Dieses Tragsystem wird auch als Spreizbinder bezeichnet.

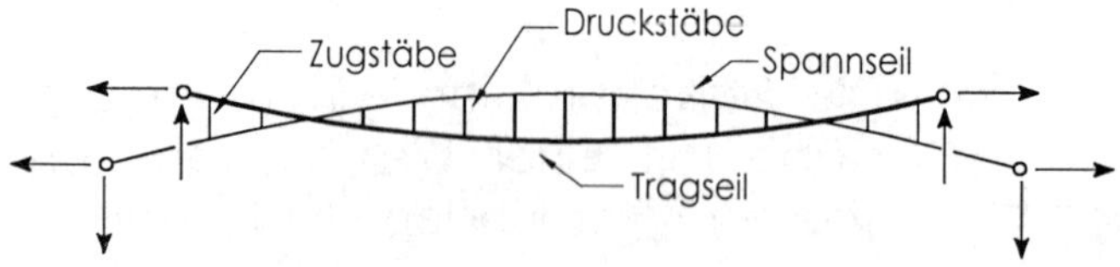

Auch bei diesem System, bei dem das Spannseil teils über, teils unter dem Tragseil verläuft, sind im Mittelbereich druckbeanspruchte Stäbe vorhanden. In den Randbereichen, in denen das Spannseil unter dem Tragseil verläuft, sind Zugstäbe angeordnet.

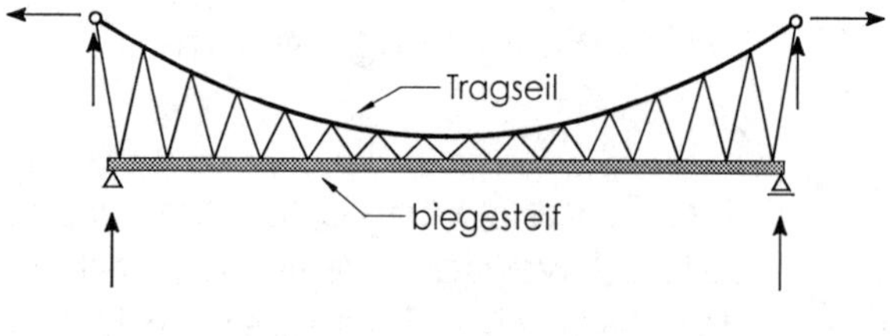

Die Möglichkeit der Stabilisierung von Seilkonstruktionen durch eine biegesteife Konstruktion kann beliebig mit anderen Möglichkeiten, z.B. dreiecksförmig angeordnete Zugseile, fächerförmige Abspannung oder zusätzlicher Unterspannung kombiniert werden.

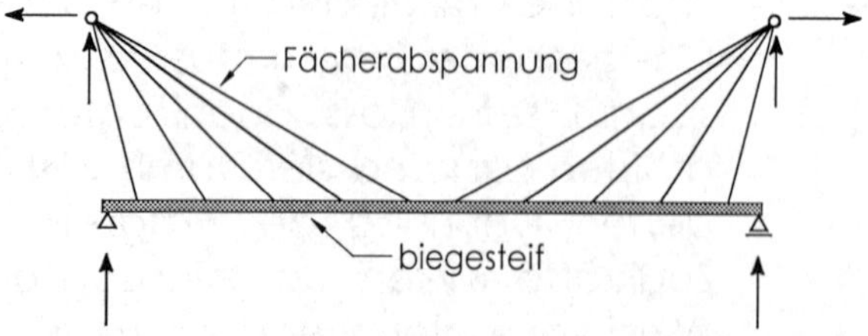

Diese Konstruktionen erlauben eine sehr große Vielfalt sowohl bei Dächern als auch bei Fußgänger- oder Radwegbrücken.

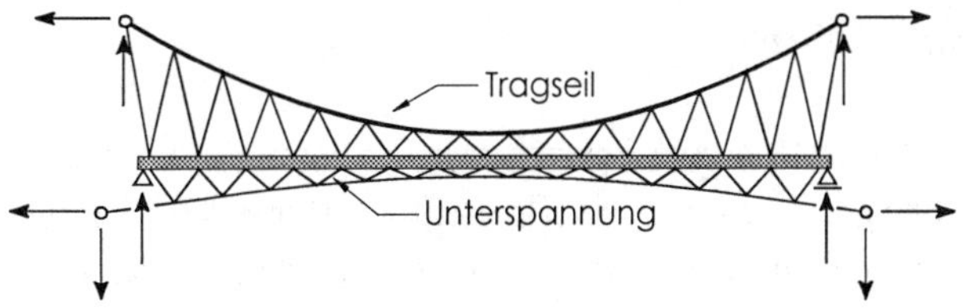

Biegesteifer Balken mit dreiecksförmig angeordneten Zugseilen und zusätzlicher Unterspannung.

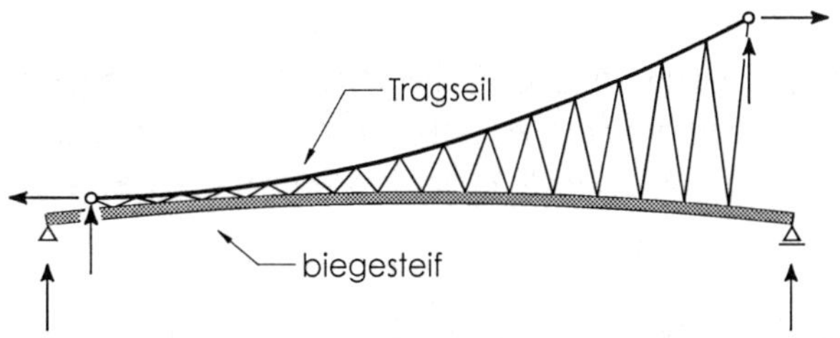

Gekrümmter biegesteifer Balken mit unsymmetrischer Seilanordnung.

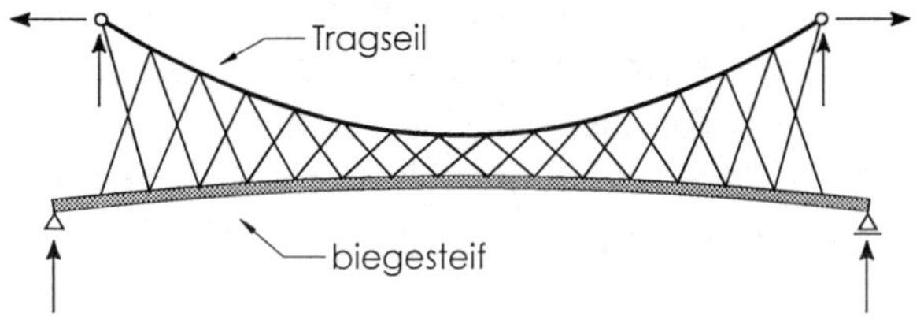

Die Zugstäbe zwischen Tragseil und Balken können auch gekreuzt angeordnet werden.

Das Spannband kann aus Stahlbeton, Spannbeton, Stahl oder Brettschichtholz sein und besitzt eine gewisse Biegesteifigkeit. Um die Verformungen und Schwingungen gering zu halten, ist unter Umständen eine zusätzliche Unterspannung nötig.

Mit einer fächerförmigen Unterspannung des Spannbandes wird eine größere Steifigkeit der Konstruktion erreicht.

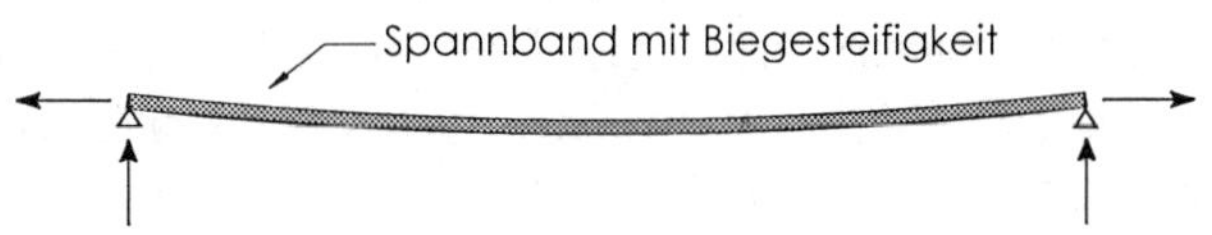

Die einfachste Form ist das Spannband ohne zusätzliche Maßnahmen. Je nach Steifigkeit des Spannbandes sind große oder kleinere Verformungen zu erwarten.

6.1.3 Weiterleitung und Verankerung der Seilkräfte

Während bei lotrechter Belastung am horizontalen Biegebalken nur vertikale Auflagerkräfte entstehen, erzeugt ein Seiltragwerk zwingend auch große horizontale Kräfte an den Auflagern. Diese erfordern entweder Abspannseile oder Abstützkonstruktionen. In jedem Fall sind große Fundamente oder andere aufwändige Verankerungsmaßnahmen im Baugrund notwendig.

Die sich aus dem Konstruktionsprinzip ergebenden hochliegenden Auflagerpunkte der Tragseile werden durch Stützen (auch Maste oder Pylone genannt) gebildet, die Horizontalkräfte aus dem Tragseil werden durch Abspannseile in den Baugrund abgeleitet.

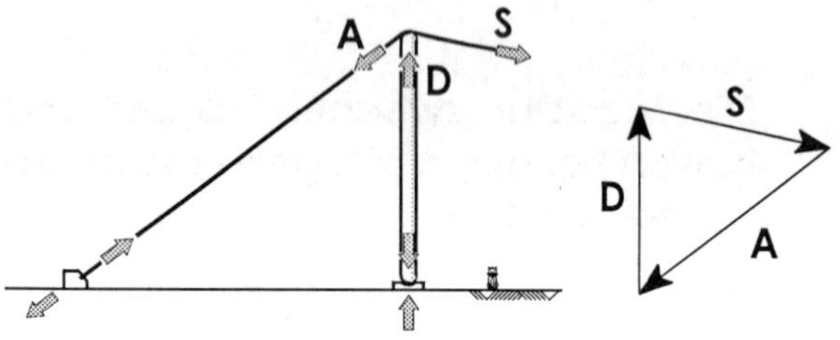

Die Kräfte aus Tragseil S, Stützenkraft D und aus Abspannseil A bilden ein in sich geschlossenes Krafteck. Bei gleicher Zugkraft S im Tragseil ergeben sich die Zugkraft A im Abspannseil und die Druckkraft D in der Stütze in Abhängigkeit von der Neigung von Abspannseil und Stütze.

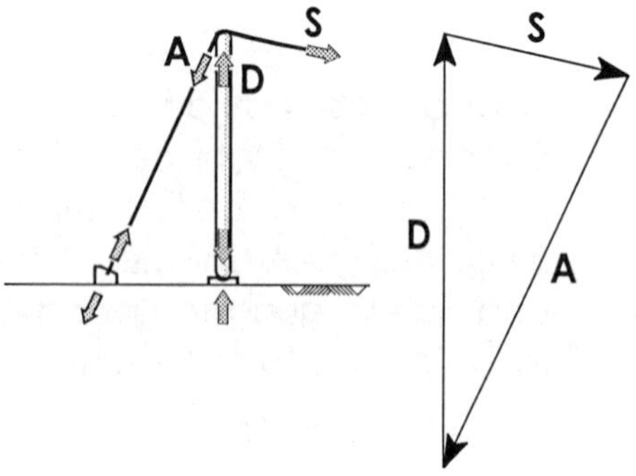

Bei steiler geneigtem Abspannseil und gleichbleibend vertikaler Stütze ist aus dem Krafteck ersichtlich, dass die Druckkraft D und die Zugkraft A wesentlich zunehmen. Diese Lösung erfordert einen größeren Querschnitt von Abspannseil und Stütze und führt zu größeren Fundamenten.

Bei einem (nur) theoretisch vertikalem Abspannseil gehen diese Kräfte D und A gegen Unendlich, da sie keinen Schnittpunkt besitzen.

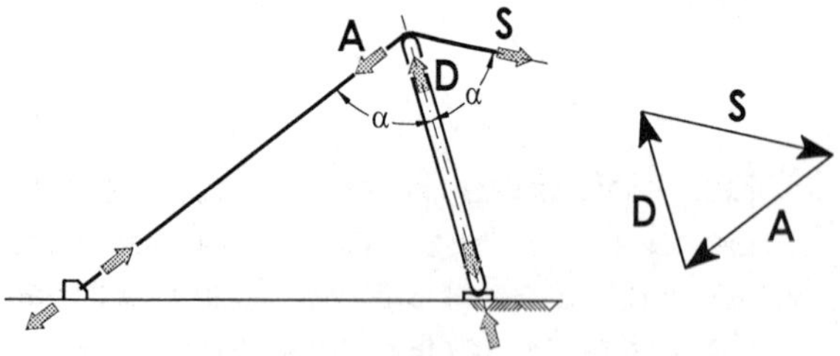

Günstig ist es, die Stütze so zu neigen, dass der Winkel α zwischen Abspannseil und Stütze bzw. zwischen Tragseil und Stütze gleich groß ist. Dies ergibt die geringsten Kräfte A im Abspannseil und D in der Stütze. Die Kräfte D und A sind dann etwa gleich groß.

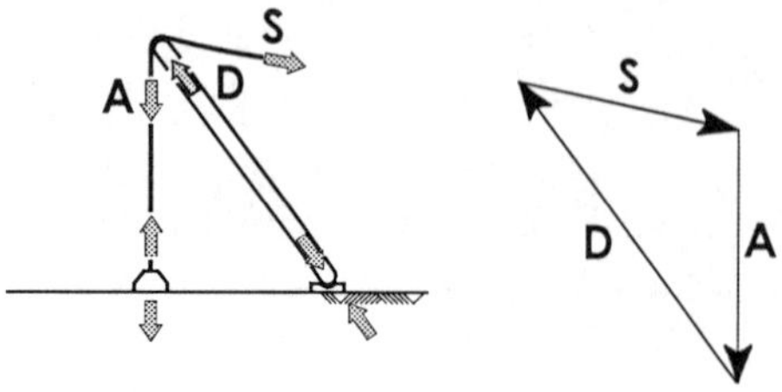

Wird die Stütze steiler geneigt, ist es auch möglich, das Abspannseil senkrecht zu führen. Die sich ergebenden Kräfte A und D sind jedoch größer als im vorhergehenden Fall.

Diese Lösung verringert den Platzbedarf des Bauwerks.

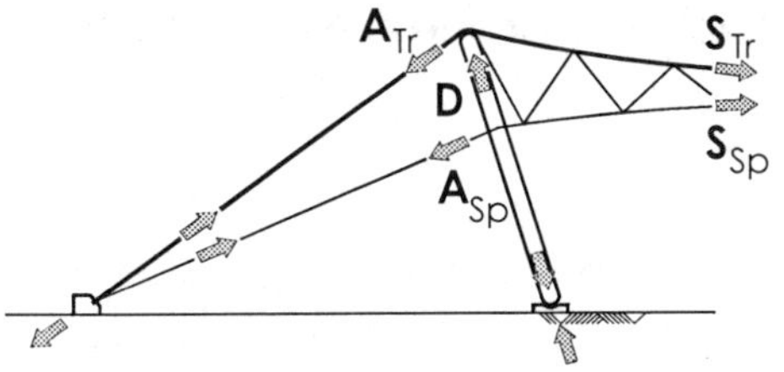

Auch die Zugkräfte S_{Sp} aus den Spannseilen müssen über eigene Abspannseile bis in den Baugrund geleitet werden. Üblicherweise werden sie zusammen mit den Zugkräften S_{Tr} aus den Tragseilen in einem Fundament verankert.

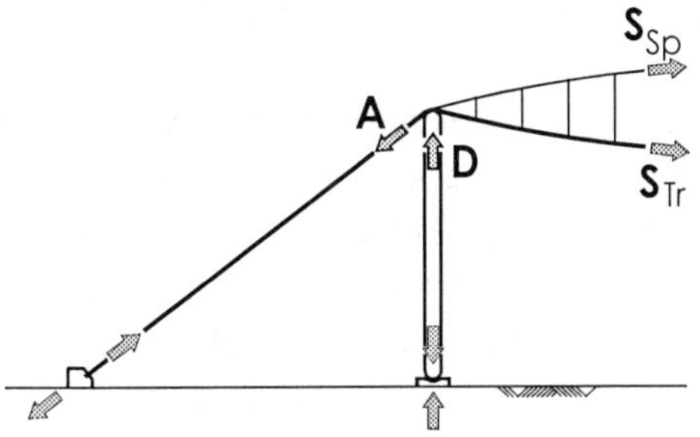

Bei Spreizbindern genügt ein Abspannseil, um die Zugkräfte S_{Sp} aus dem Spannseil und S_{Tr} aus dem Tragseil gemeinsam abzuleiten.

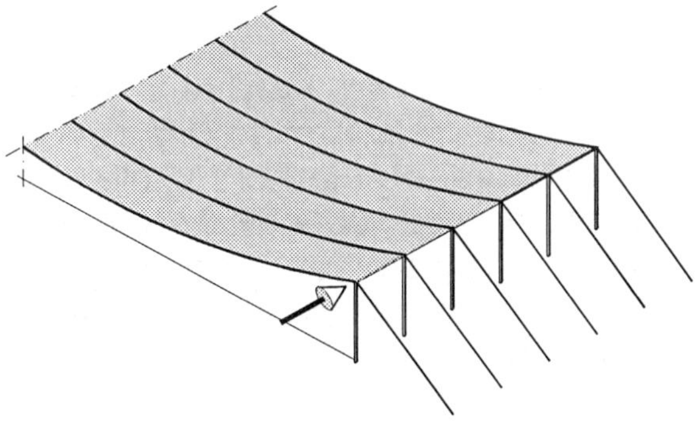

Werden die Abspannseile nur in Ebene der Tragseile weitergeführt, sind die Stützen seitlich nicht gehalten.

Für die Stabilisierung der Stützen in Querrichtung der Halle sind zusätzliche Maßnahmen erforderlich.

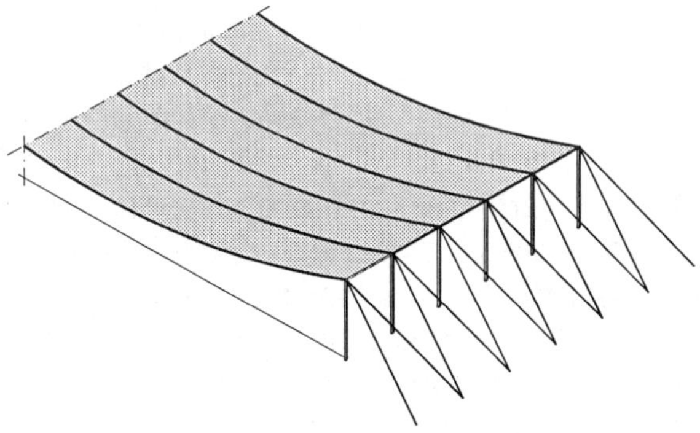

Werden zwei Abspannseile je Stütze angeordnet, ist die Stütze in jeder Richtung stabilisiert.

Darüber hinaus entfällt auf ein Abspannseil nur die Hälfte der Zugkraft, so dass es mit geringerem Querschnitt ausgeführt werden kann.

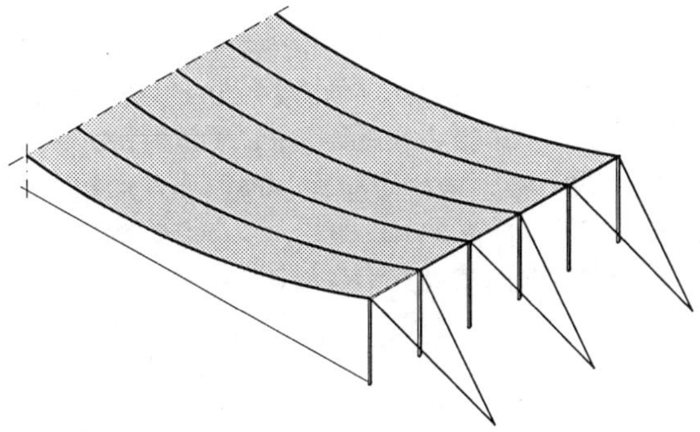

Werden die Abspannseile zweier Stützen in einem gemeinsamen Fundament konzentriert, sind die Stützen wieder durch zusätzliche Maßnahmen in Querrichtung zu stabilisieren.

Diese Lösung bringt Platzgewinn, ist aber von der Möglichkeit der Lastaufnahme des Fundaments abhängig.

Für die Verankerung der Abspannseile im Baugrund durch Fundamente sind mehrere Prinzipien möglich.

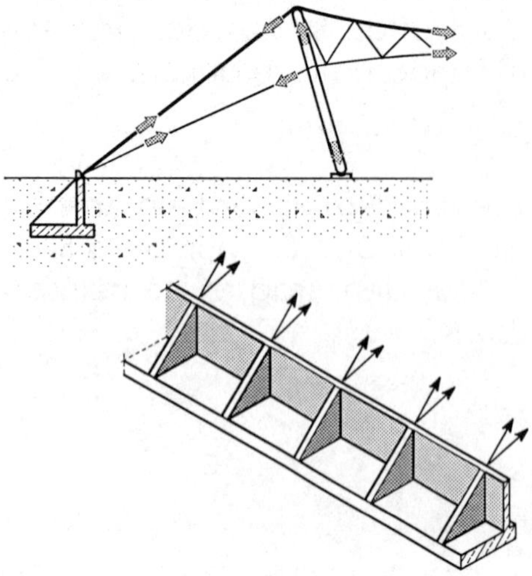

Die schräg angreifenden Zugkräfte aus den Abspannseilen werden über durch Querwände ausgesteifte winkelförmige Streifenfundamente abgeleitet.

Die horizontale Lastkomponente wird über Erddruck an der senkrechten Fundamentwand aufgenommen, die nach oben wirkende vertikale Lastkomponente steht mit der Erdauflast auf der waagrechten Fundamentplatte und der Eigenlast des Fundaments im Gleichgewicht.

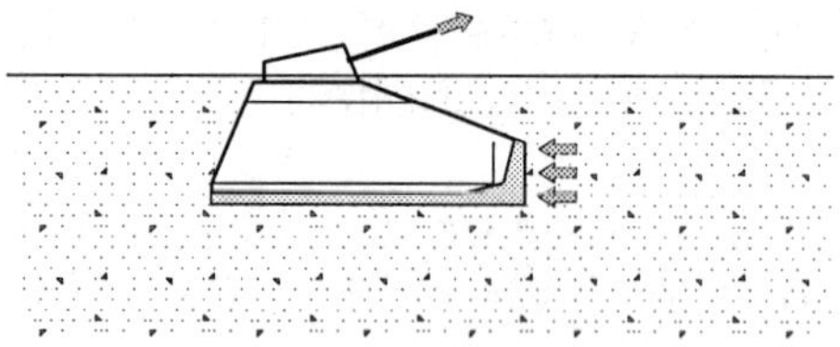

Für die Verankerung von sehr hohen Lasten werden stiefelförmige Einzelfundamente angeordnet. Die horizontale Lastkomponente wird über Erddruck und Reibung aufgenommen, die vertikale Komponente wieder aus Eigengewicht und Erdauflast.

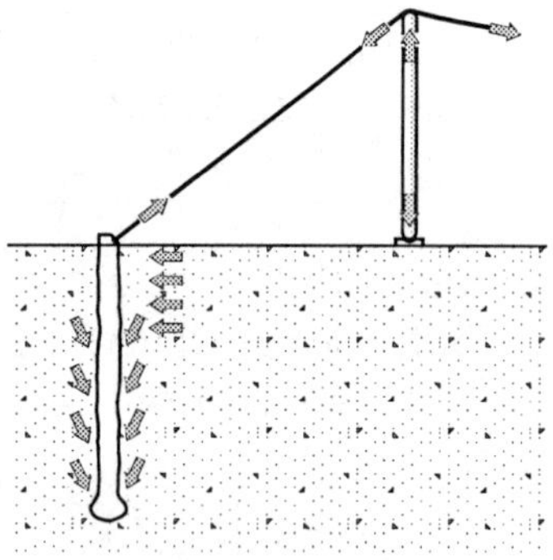

Statt mit Streifen- oder Einzelfundamenten können die Abspannseile auch mit Pfählen verankert werden. Sind die Pfähle senkrecht angeordnet, wird die nach oben wirkende vertikale Lastkomponente über Mantelreibung zwischen Erdreich und Pfahloberfläche, die horizontale Lastkomponente über Erddruck im oberen Pfahlbereich übertragen. Der Pfahl ist auf Zug und Biegung beansprucht.

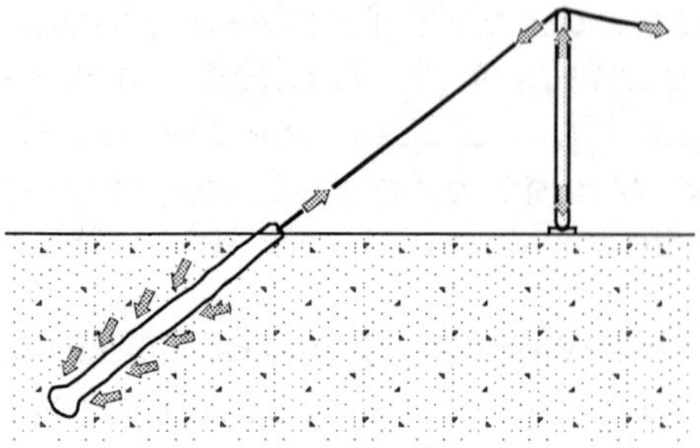

Werden die Pfähle in Richtung der Abspannseile geneigt, wird die Zugkraft allein über Mantelreibung übertragen. Diese Pfähle werden als Zugpfähle bezeichnet und sind nur in gutem tragfähigem Baugrund möglich.

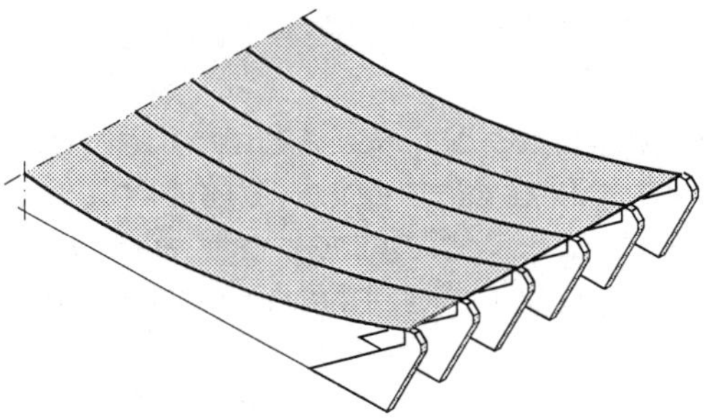

Die Horizontalkräfte aus den Tragseilen können auch, wenn außenliegende Abspannseile vermieden werden sollen oder nicht möglich sind, durch entsprechend ausgebildete schwere Wandscheiben aufgenommen werden. Diese Wandscheiben sind z.B. als Tribünenkonstruktion nutzbar.

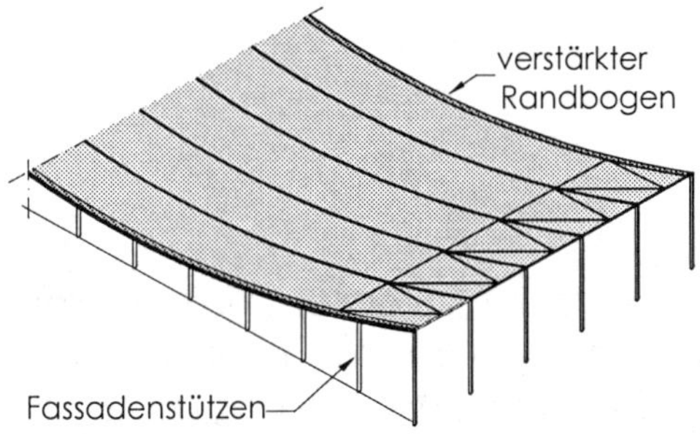

Die Aufnahme der Horizontalkräfte erfolgt hier durch ein Fachwerk in der Dachfläche, das die gesammelten Lasten zu verstärkten Randbögen trägt. Die Randbögen belasten die Stützen in der Längsfassade auf Druck. In Querrichtung der Halle sind zusätzliche Stabilisierungsmaßnahmen nötig.

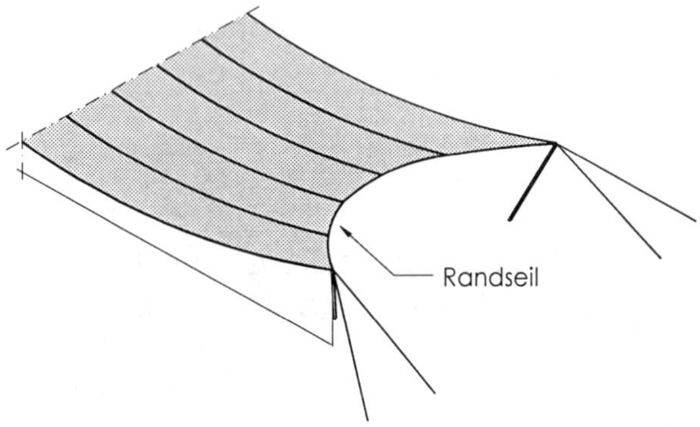

Soll die Hallenbreite weitgehend frei zugänglich sein, können die Tragseile auch an einem Randseil verankert werden. Die gesammelten Zugkräfte werden dann über nur zwei Eckstützen und Abspannungen in den Baugrund geleitet.

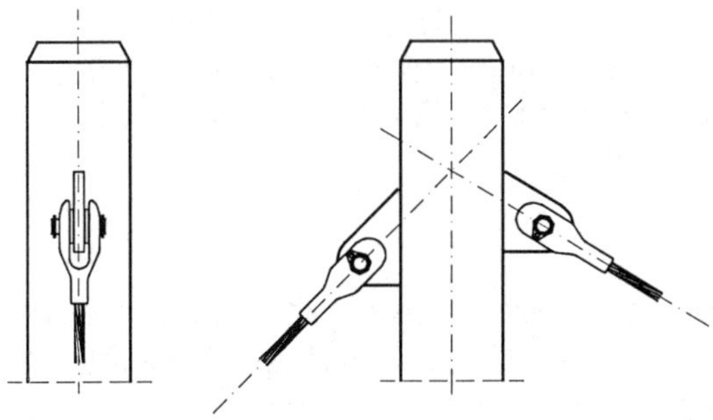

Anschlussdetail Abspannseil an Pylon aus einem Stahlhohlprofil mit kreisförmigem Querschnitt.

Die Systemachsen sollen einen gemeinsamen Schnittpunkt haben.

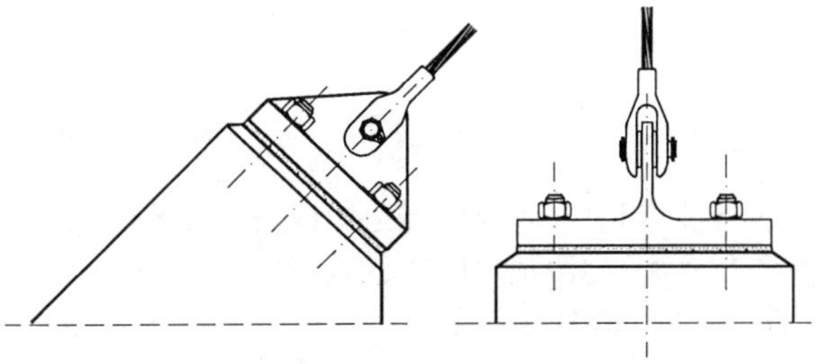

Anschlussdetail Abspannseil an Fundament.

6.1.4 Seil-Baustoffe

Nach DIN 18800 sind Seile als hochfeste Zugglieder einzustufen. Seile bestehen aus vielen Einzeldrähten, d.h. Einzelquerschnitten. Dadurch wird die Fehlerhäufigkeit pro Querschnitt gegenüber monofilen Einzelquerschnitten (z.B. Vollstäbe) auf ein Minimum reduziert. Die Durchmesser der Einzeldrähte liegen je nach Ausführung zwischen 0,4 mm und 4,0 mm.

Vorzugsweise werden folgende Seilarten eingesetzt:

- offene Spiralseile
- vollverschlossene Seile
- Rundlitzenseile

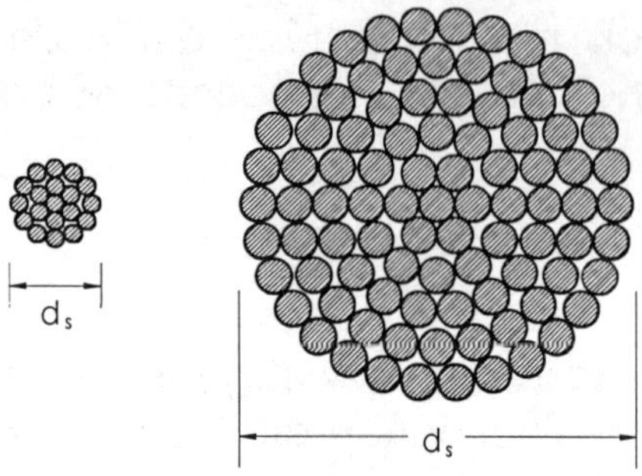

Offene Spiralseile werden im Durchmesserbereich d_s = 5 mm bis d_s = 40 mm gefertigt. Sie bestehen nur aus Runddrähten und bieten daher weniger Korrosionsschutz als vollverschlossene Seile. Offene Spiralseile werden auch als Litzen bezeichnet.

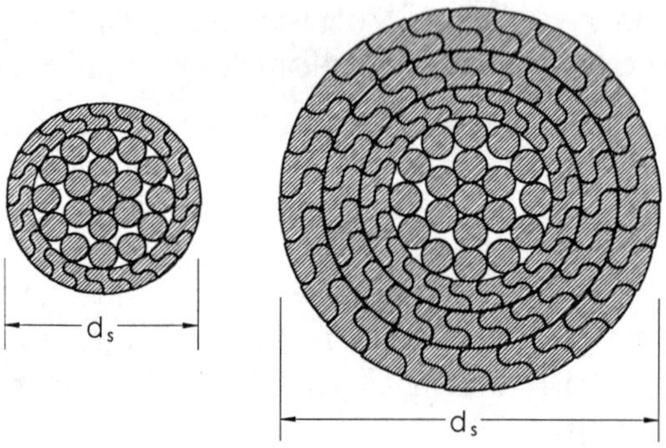

Bei vollverschlossenen Seilen besteht der Kern aus mehreren Lagen Runddrähten, die Außenlagen bestehen aus Z-Drähten. Diese ineinandergreifenden Drahtprofile bilden eine glatte, geschlossene Oberfläche, wodurch das Eindringen von unerwünschten Fremdstoffen in das Seilinnere verhindert wird. Sie werden im Durchmesserbereich d_s = 20 mm bis d_s = 150 mm gefertigt.

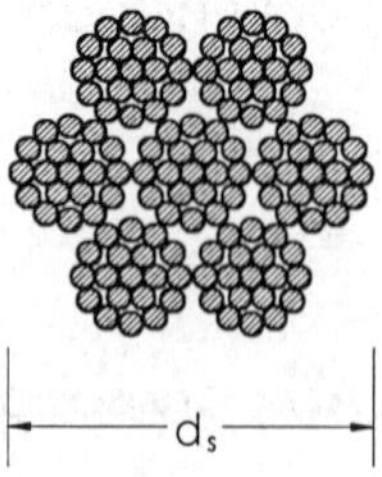

Rundlitzenseile bestehen aus mehreren Lagen von Litzen und sind daher sehr flexibel. Sie werden meist in Durchmessern d_s = 6 mm bis d_s = 40 mm hergestellt.

Seile sind in Edelstahl rostfrei und verzinkt im Handel. Die Zugfestigkeit $f_{u,k}$ ist sehr hoch. Sie liegt zwischen 145 kN/cm² und 167 kN/cm² (zum Vergleich hierzu Baustahl St 37: $f_{u,k}$ = 36 kN/cm²; St 52: $f_{u,k}$ = 51 kN/cm², vgl. auch Abschnitt 4.4.3).

Verschiedene Hersteller bieten Anschlusselemente, ebenfalls in Edelstahl rostfrei und verzinkter Ausführung an. Bei der Verwendung dieser Elemente ist darauf zu achten, dass sie eine gültige bauaufsichtliche Zulassung besitzen.

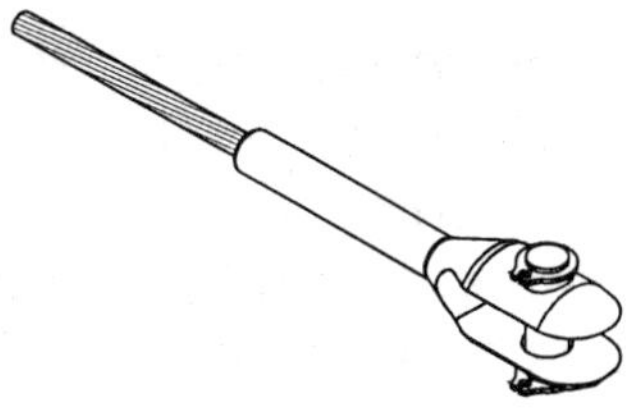

Gabelfitting mit Bolzen und Sicherungsring, zum Seilanschluss an ein Anschlussblech oder eine Verbindungslasche.

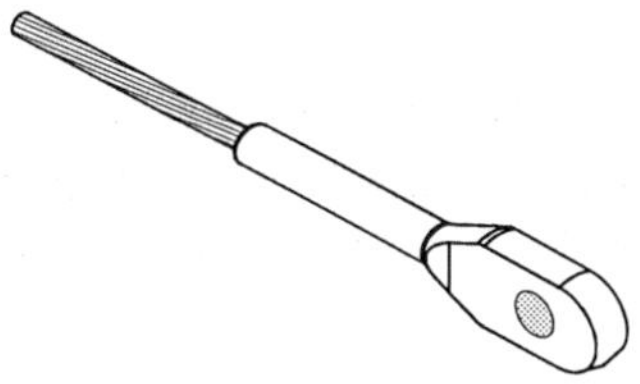

Ösenfitting zum Seilanschluss an Bleche, Stahlkonstruktionen oder zum Koppeln mit einem Gabelfitting.

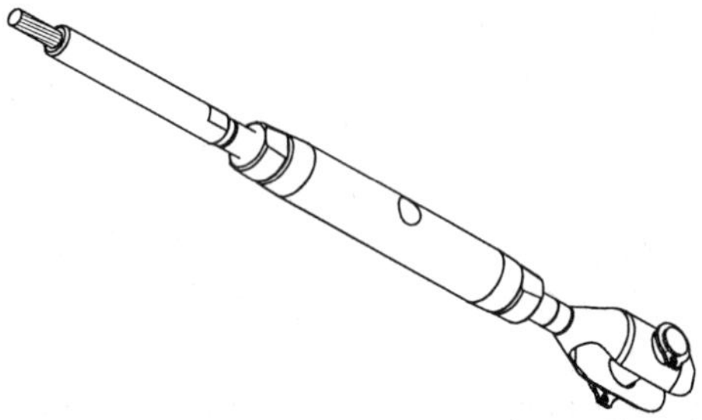

Gabelspannschloss zur Verwendung wie ein Gabelfitting, aber mit der Möglichkeit des An- bzw. Nachspannens.

Auch als Ösenspannschloss im Handel.

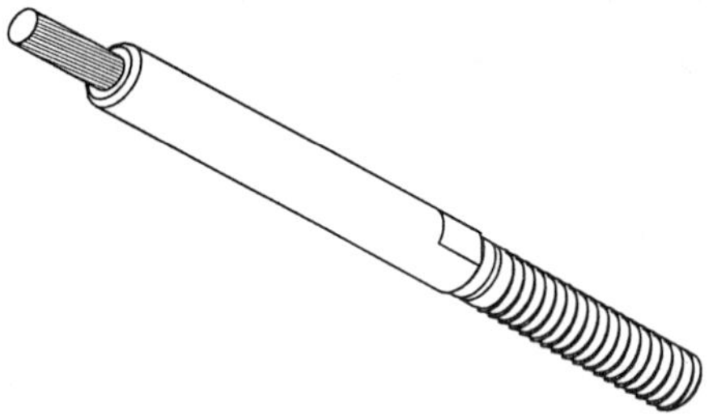

Gewindefitting zum Anschluss von Seilen an eine Stahlkonstruktion, auch als Gewindespannschloss im Handel.

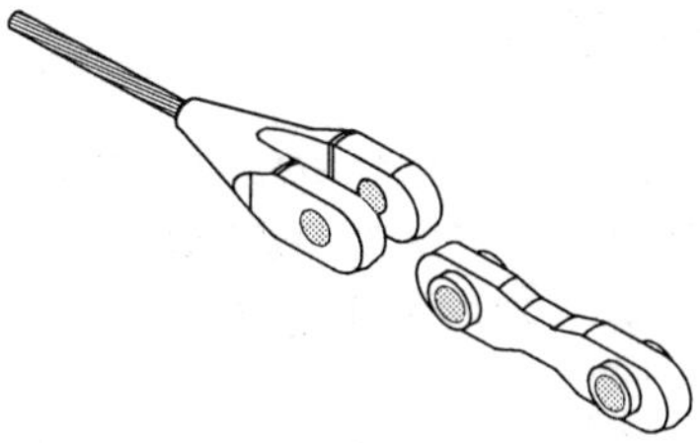

Verbindungslasche zum Koppeln von zwei Seilen mit Gabelfitting.

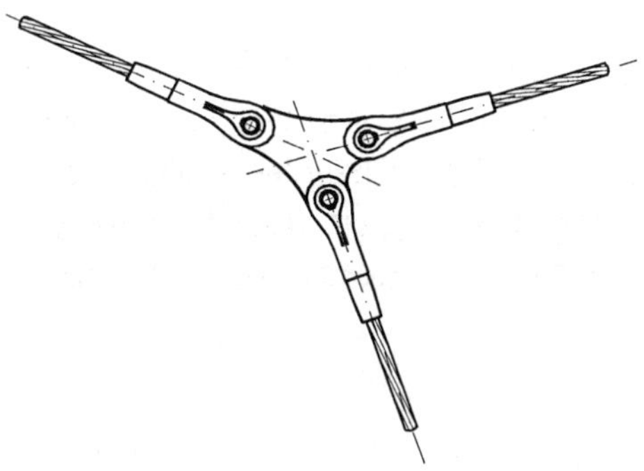

Seilverbindung mit Nierenplatte und drei Gabelfittings.

Die Systemachsen sollen einen gemeinsamen Schnittpunkt haben.

6.2 Bögen

6.2.1 Bogenbeanspruchung und Bogenform

Soll ein in zwei Punkten festgehaltenes System nur Zugbeanspruchung für einen bestimmten Lastfall aufweisen, muss sich das System als Seillinie formieren. Soll es nur Druck aufweisen, muss es nach einer Stützlinie geformt sein. Jede Seillinie wird durch Spiegelung um die Auflagerverbindungslinie oder eine Parallele dazu (bei gleich hohen Auflagern, sonst um eine Waagerechte durch eines der Auflager) zu einer Stützlinie.

Der Bogen ist also eine Umkehrung des Seils, d.h. die Zugkraft im Seil wird zur Druckkraft im Bogen. Deshalb sind Bögen ursprünglich typische Konstruktionsformen für Tragwerke aus natürlichen oder künstlichen Steinen, also Baumaterialien, die nur mit Druckkräften beansprucht werden können.

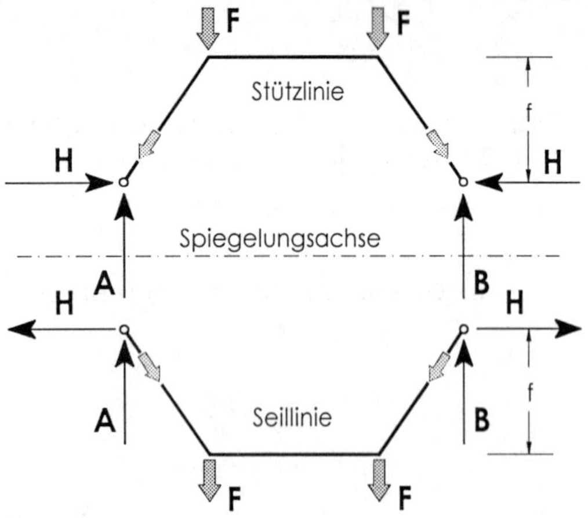

Bei Spiegelung wird:

Seillinie ⇒ Stützlinie
Seilzug ⇒ Bogendruck
Auflagerzug H ⇒ Bogenschub H
Seildurchhang f ⇒ Bogenstich f

Nur die vertikalen Auflagerreaktionen A und B bleiben gleichgerichtet.

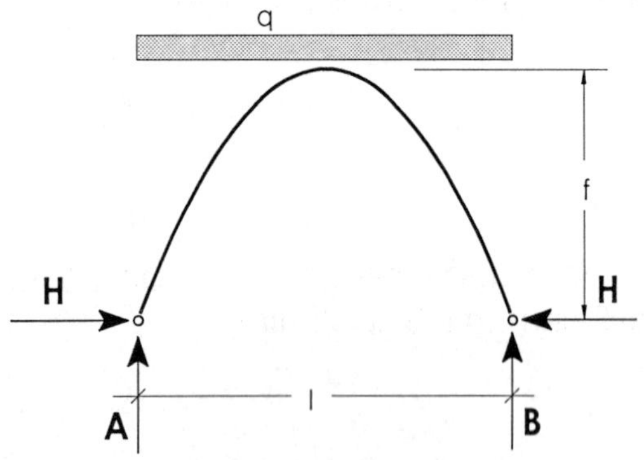

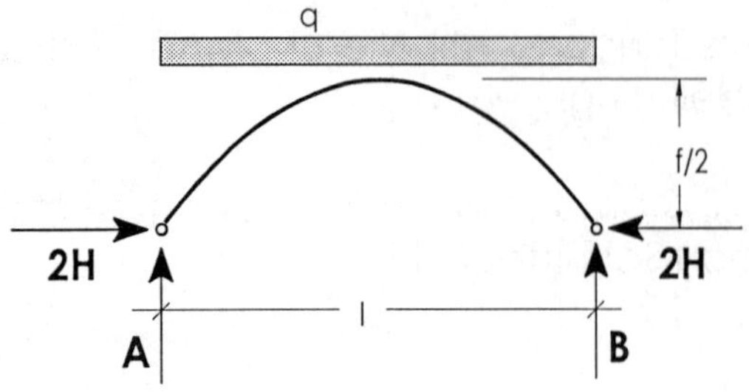

Wie beim Seil unter Gleichlast ergibt sich auch beim Bogen unter Gleichlast die Parabelform.

Es gilt auch hier: je flacher der Bogen (kleiner Stich f), umso größer ist der Bogenschub am Auflager.

halber Stich ⇒ doppelte Horizontalkraft

Auch die übrigen Erkenntnisse aus dem Abschnitt 6.1 (Seile) können übernommen werden: die Stützlinie wölbt sich der Belastung entgegen (nach oben), die Seillinie weicht der Belastung aus (nach unten).

Die Stützlinie entspricht wie die Seillinie immer dem Biegemomentenverlauf am Ersatzbalken. Unter Gleichlasten, auch in Teilbereichen, ist sie stetig gekrümmt. Für Einzellasten ist sie ein geknickter Stabzug. Unter Einzellasten weist sie stets einen Knick auf und ist in (theoretisch) unbelasteten Bereichen eine Gerade.

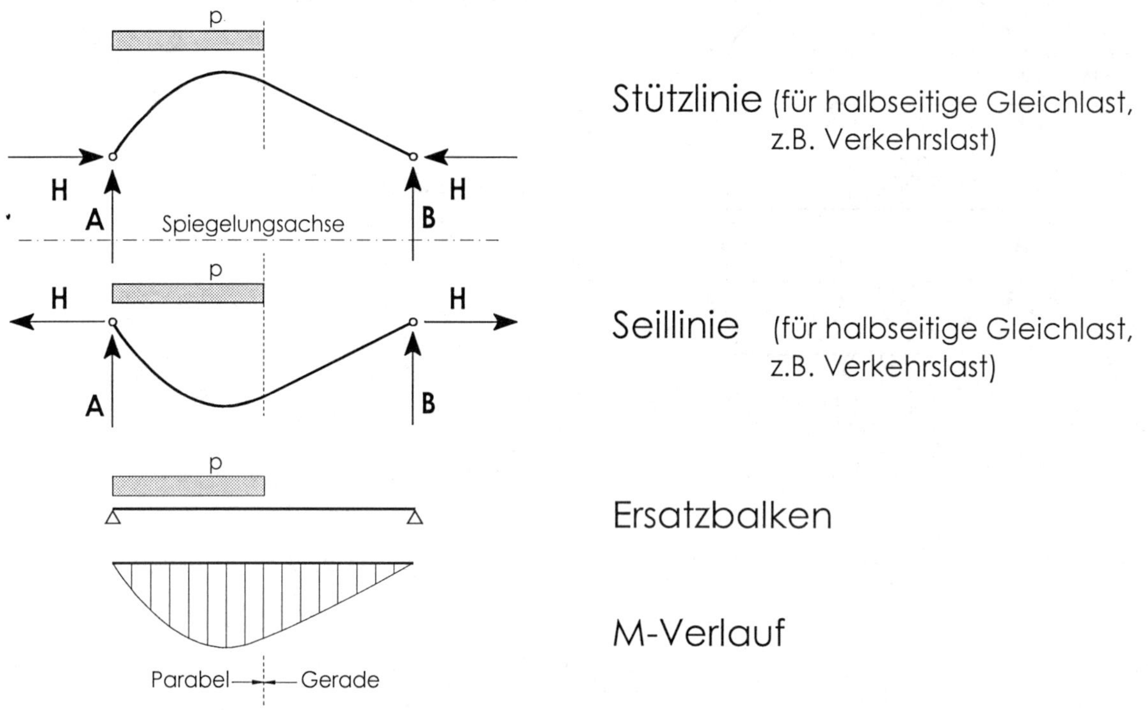

Aus den Zusammenhängen zwischen Biegemomentenverlauf am Ersatzbalken, Seillinie und Stützlinie lässt sich die Form des gotischen Spitzbogens erklären.

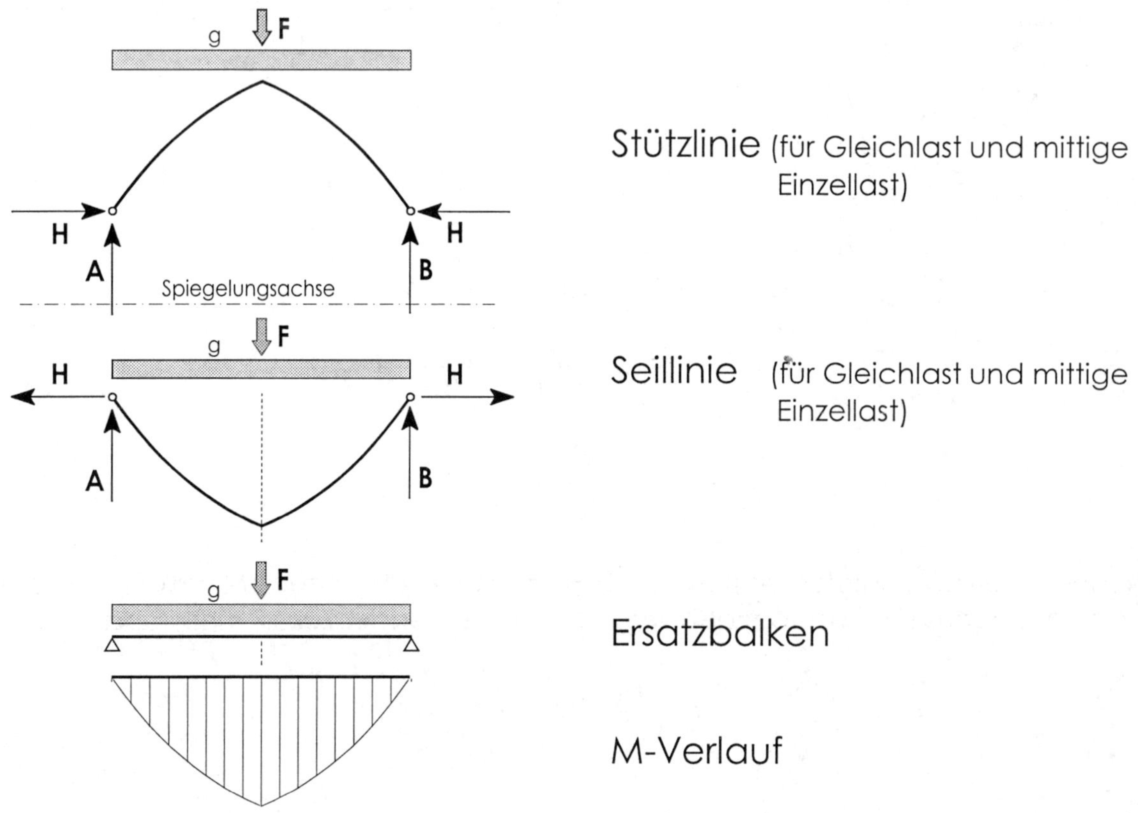

Ermittlung der Auflager- und Bogenkräfte

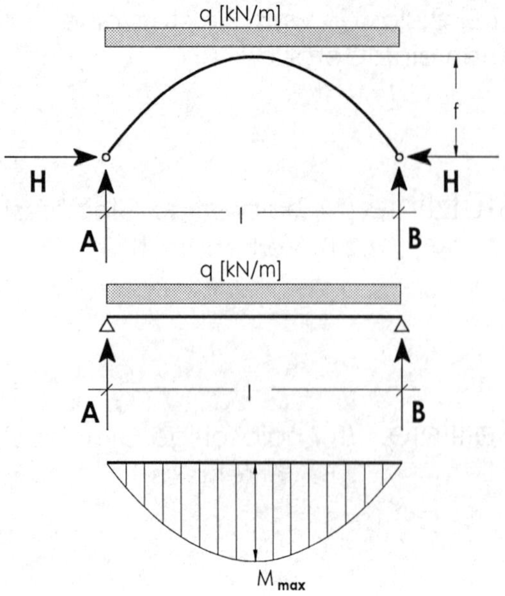

Bogen unter Gleichlast

Bogensystem

Ersatzbalken

M-Verlauf

$$M_{max} = \frac{q \cdot l^2}{8}$$

Die vertikalen Auflagerkräfte ergeben sich wie beim Seil aus Symmetriegründen zu

$$\Rightarrow A = B = \frac{q \cdot l}{2}$$

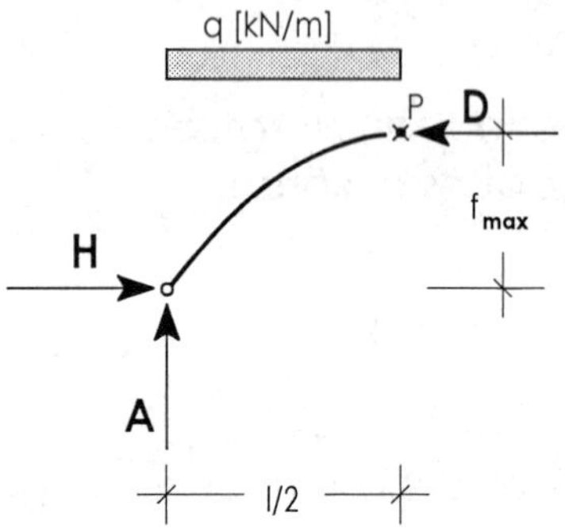

Die horizontale Auflagerkraft H ergibt sich aus der Summe der Drehmomente aller Kräfte um den Punkt P (Stelle des größten Stichs in Bogenmitte).

$$\Sigma M_P = 0: \qquad A \cdot \frac{l}{2} - H \cdot f_{max} - q \cdot \frac{l}{2} \cdot \frac{l}{4} = 0$$

$$H \cdot f_{max} = \frac{q \cdot l^2}{4} - \frac{q \cdot l^2}{8}$$

$$\Rightarrow H = \frac{q \cdot l^2}{8 \cdot f_{max}} = \frac{M_{max}}{f_{max}}$$

Zwischen der horizontalen Auflagerkraft H, dem Biegemoment M am Ersatzbalken und dem Bogenstich f besteht also wie beim Seil folgender Zusammenhang:

$$H = \frac{M}{f} \quad \text{bzw.} \quad f = \frac{M}{H}$$

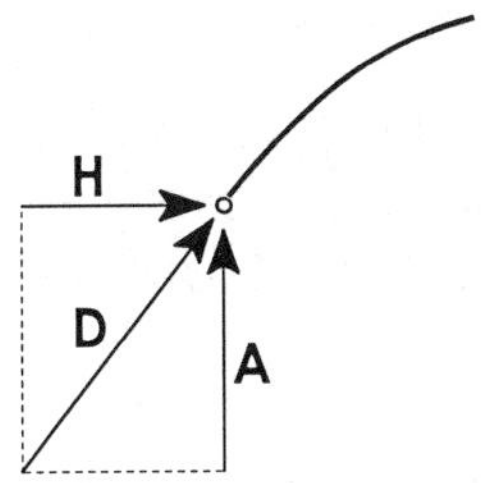

Die Bogendruckkraft am Auflager ergibt sich wieder zu:

$$\Rightarrow D = \sqrt{A^2 + H^2}$$

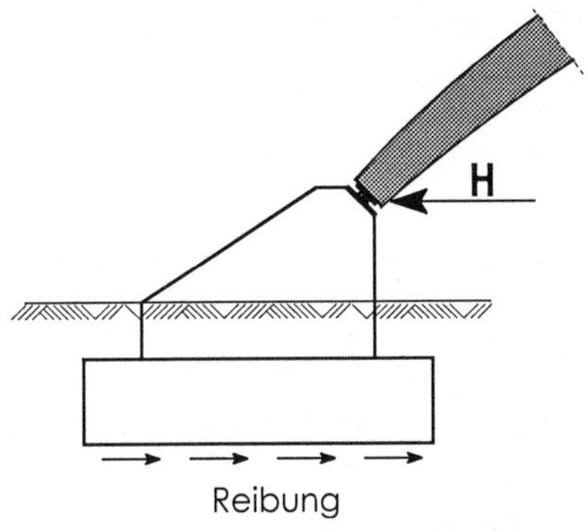

Der nach außen gerichtete Horizontalschub H muss durch schwere Fundamente über Bodenreibung aufgenommen werden.

Will man die schweren Fundamente vermeiden oder ist der Boden nicht in der Lage, die Horizontalkräfte aufzunehmen, kann man ein Zugband anordnen.

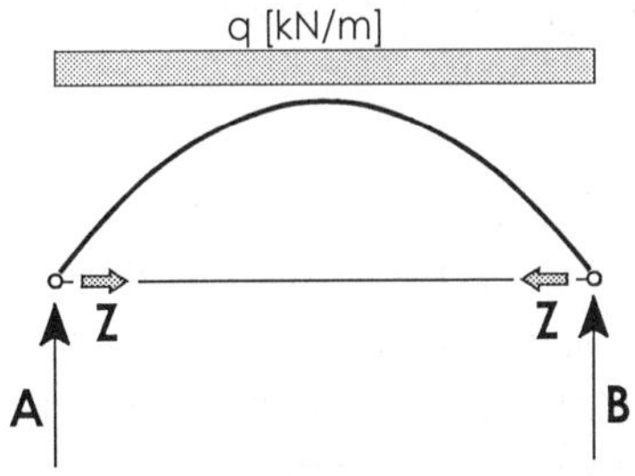

Ein in oder unterhalb der Bodenplatte verlegtes Zugband übernimmt die Horizontalkräfte, die Fundamente leiten bei vertikaler Belastung nur vertikale Auflagerkräfte in den Boden.

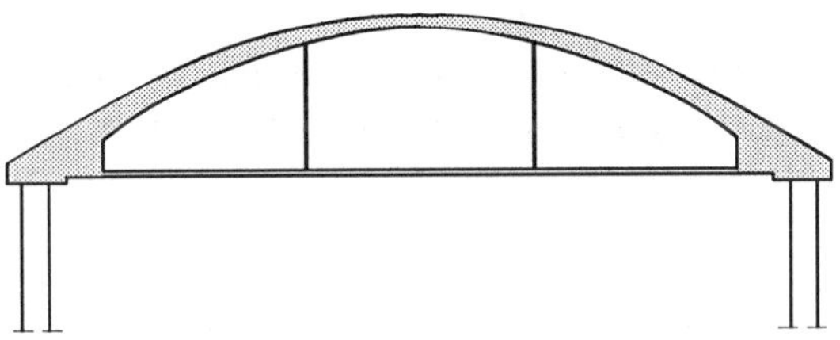

Bei hochgelagerten Bögen (z.B. auf Stützen) ist eine Zugbandlösung erforderlich, weil die Horizontalkraft am Stützenkopf ein großes Biegemoment in der Stütze verursachen würde. Um ein Durchhängen des Zugbands bei geringer Belastung zu vermeiden, ist eine Abhängung empfehlenswert.

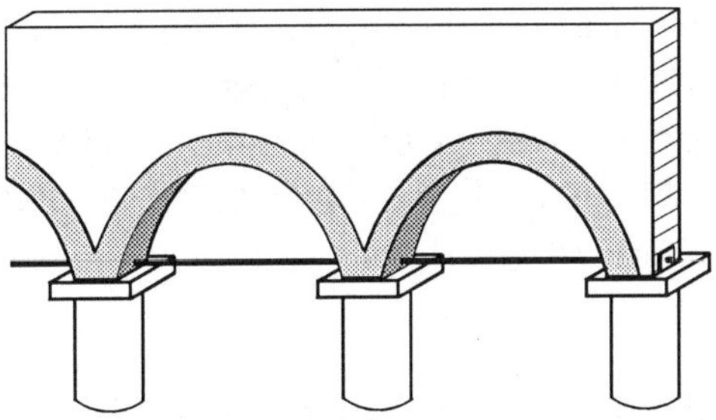

Die Horizontalkräfte dieser Bögen werden von Zugbändern aus Stahl aufgenommen. Obwohl sich bei gleichmäßiger Belastung auf allen Bögen die H-Kraft über den Innenstützen aufhebt, müssen die H-Kräfte über den Außenstützen durch ein durchgehendes Zugband ins Gleichgewicht gebracht werden.

Liegt das Zugband in oder unter dem Hallenboden, darf es während der gesamten Standzeit des Bauwerks nicht unterbrochen werden. Liegt das Zugband frei, ist auf den Brandschutz besonders zu achten.

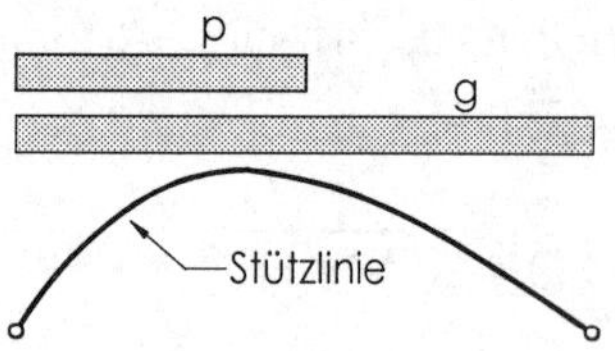

Wenn sich die Belastung eines Bogens ändert, z.B. durch halbseitige Verkehrslast, ändert sich auch die Stützlinie des Bogens.

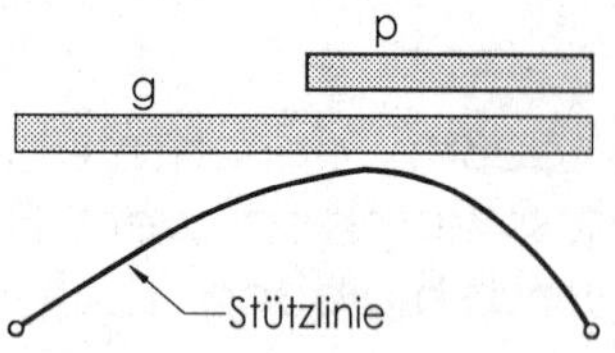

Ein Bogen kann jedoch nicht wie ein Seil die Seillinie entsprechend der Belastung, seine Form verändern.

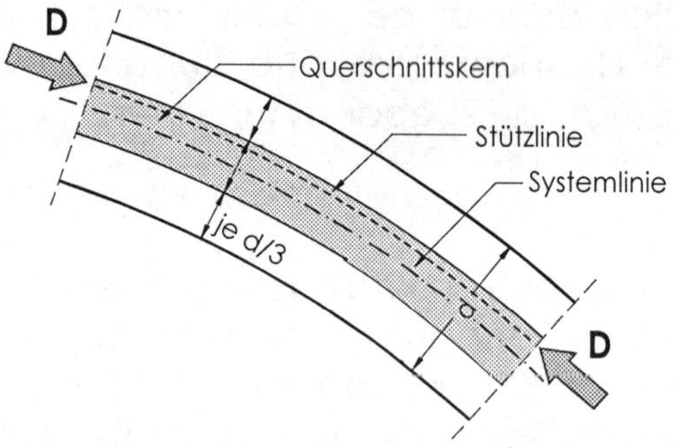

D.h. auch ein nach der Stützlinie für ständige Last geformter Bogen kann bei Verkehrsbelastungen, die eine andere Laststruktur haben, Biegemomente erhalten.

Zum Verständnis sind 2 Begriffe zu erläutern, der Querschnittskern und die Systemlinie:

Der Kern eines Querschnitts ist definiert als das mittlere Querschnittsdrittel, d.h. der Abstand einer Stützlinie von der Systemachse darf höchstens 1/6 der Querschnittsdicke d betragen.

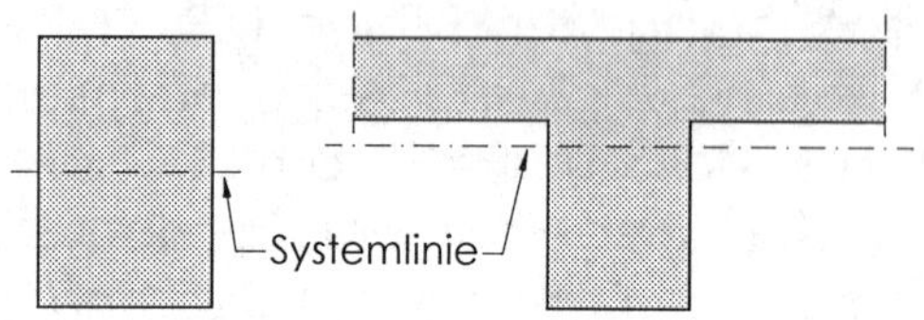

Die Systemlinie des Bogens ist die Verbindungslinie der Querschnittsschwerachsen.

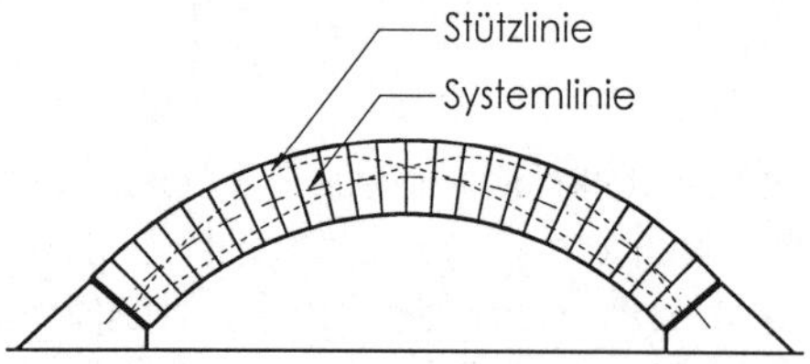

Wenn die Stützlinie aus veränderlicher Belastung im sogenannten Kern des Bogenquerschnitts verläuft, entstehen im Bogen nur Druckkräfte. Der Bogen kann aus Baustoffen hergestellt werden, die keine Biegesteifigkeit besitzen, z.B. Naturstein oder Ziegel.

Ist der Anteil der ständigen Last g groß im Verhältnis zur veränderlichen Last p, ist die Veränderung der Stützlinie klein. Die Querschnittshöhe d des Bogens muss so gewählt werden, dass für alle möglichen Lastfälle die Stützlinien innerhalb des Kerns, also im mittleren Querschnittsdrittel verlaufen.

Daher sind überschüttete Bögen gegen Einzel- und Blocklasten verhältnismäßig unempfindlich (Straßenbrücken).

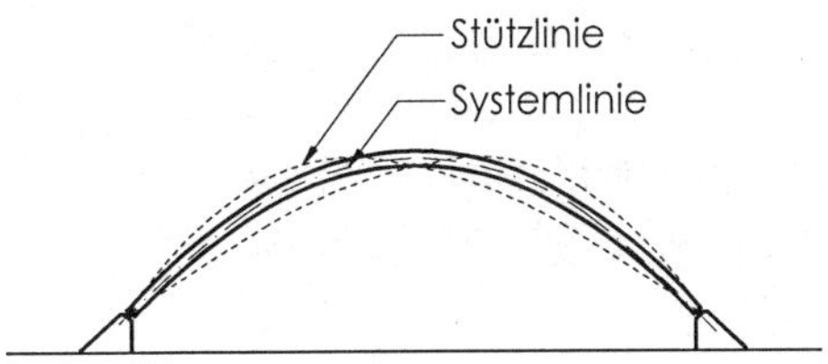

Bögen aus Stahl, Stahlbeton oder Brettschichtholz sind in der Regel schlank ausgebildet. Die Stützlinie verläuft nicht mehr im mittleren Querschnittsdrittel, sie kann auch außerhalb des Bogenquerschnitts liegen.

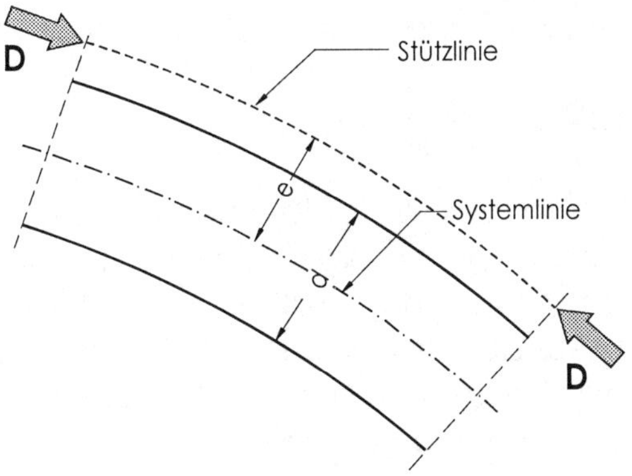

Der Bogen erhält zusätzlich zur Bogendruckkraft D Biegemomente M.

$$M = D \cdot e$$

Der Abstand der Systemlinie von der Stützlinie wird als Exzentrität e bezeichnet.

Voraussetzung für solche schlanke Bögen ist die Biegesteifigkeit des Baustoffs.

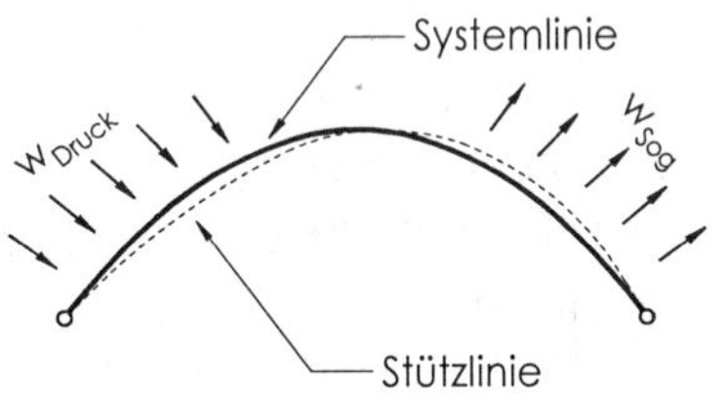

Auch durch Windbeanspruchung entstehen bei Bögen Biegemomente, weil die Stützlinie infolge der unsymmetrischen Belastung von der Systemlinie abweicht.

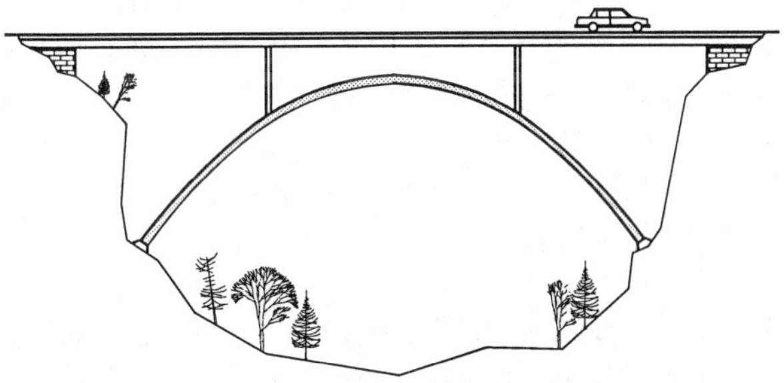

Die Bogenform dieser Straßenbrücke weicht ganz erheblich von der Stützlinie ab. Der Bogen dieser Brücke wird durch zwei große Einzellasten F belastet, die eine geknickte Stützlinie verursachen.

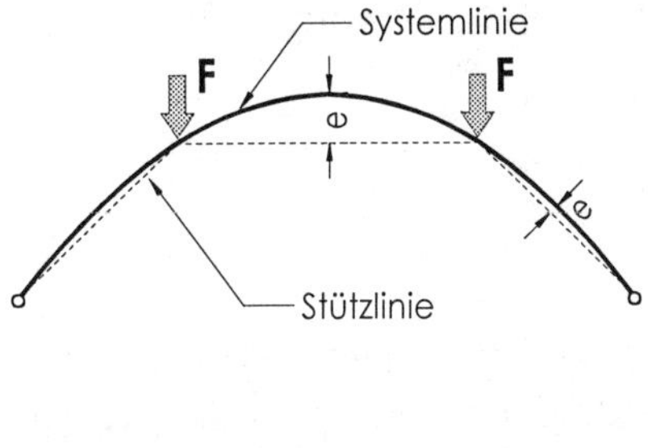

Dadurch entstehen unnötig große Biegemomente. Darüberhinaus ist der Gesamteindruck der Brücke unbefriedigend.

Die Biegemomente erzeugen im Bogen Druck auf der Seite, auf der die Stützlinie liegt und Zug auf der anderen Seite des Bogentragwerks.

6.2.2 Der Dreigelenkbogen

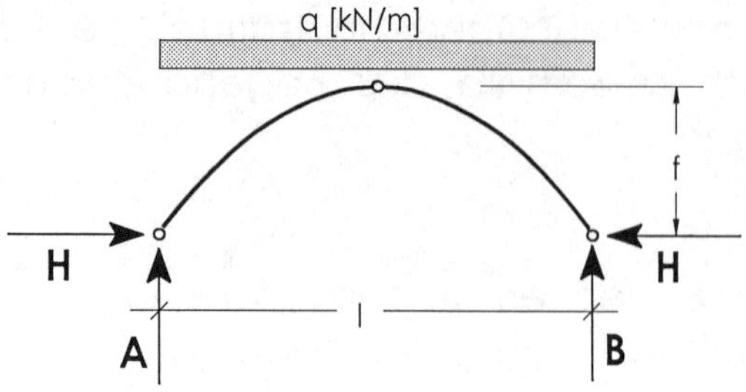

Der Dreigelenkbogen ist wie der Dreigelenkrahmen (vgl. Abschnitt 5.5.2) statisch bestimmt.

4 unbekannte Auflagerreaktionen
3 Gleichgewichtsbedingungen
1 Momentengleichung $\Sigma M_{Gelenk} = 0$

→ statisch bestimmt

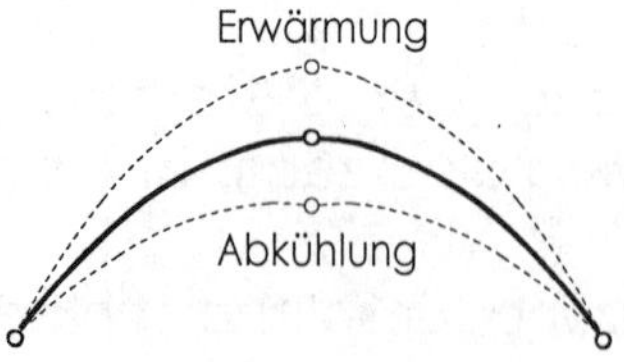

Ein Vorteil des Dreigelenkbogens liegt darin, dass ihm infolge Einwirkungen aus Temperatur und Auflagerverschiebung bzw. Auflagersetzung keine Zwängungen aufgezwungen werden, die zusätzliche Biegemomente verursachen.

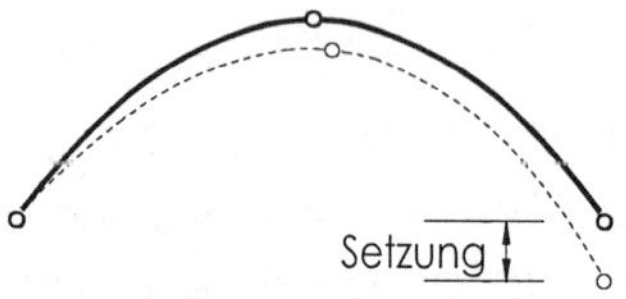

Deshalb ist es bei der Wahl des Tragwerks empfehlenswert, bei schlechtem Baugrund und daher zu erwartenden Setzungsdifferenzen (Baugrundgutachten!) einen statisch bestimmten Dreigelenkbogen zu wählen.

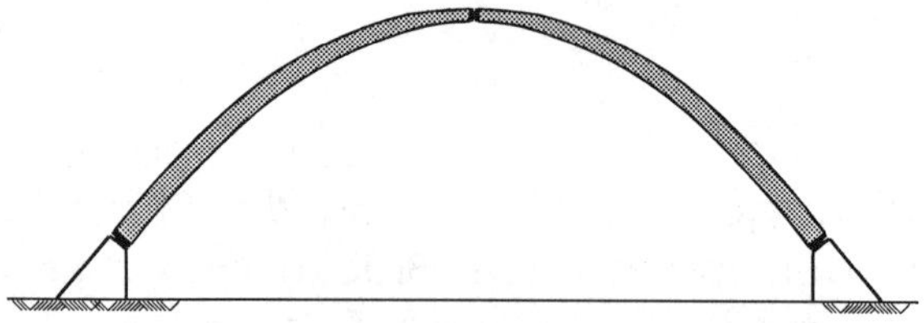

Soll ein im Werk vorgefertigter Bogen aus Holz, Stahl oder Stahlbeton auf die Baustelle transportiert werden, kommt nur ein Dreigelenkbogen wegen der relativ geringen Abmessungen der beiden Bogenhälften in Frage.

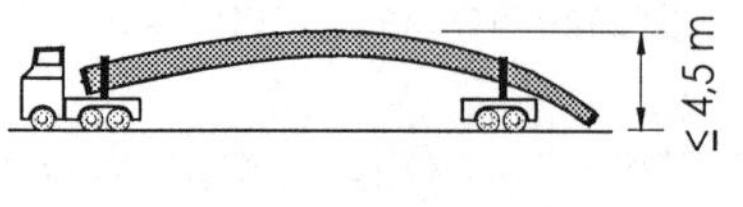

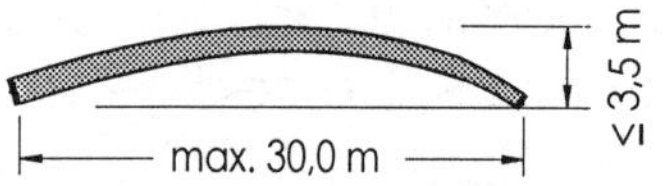

Die Länge der zu transportierenden Teile sollte 30,0 m, in Ausnahmefällen 50,0 m, das Stichmaß 3,5 m nicht überschreiten

Dreigelenkbögen können neben der Parallelanordnung auch radial angeordnet werden, z.B. über einem kreisförmigen Grundriss mit einem umlaufenden Zugband.

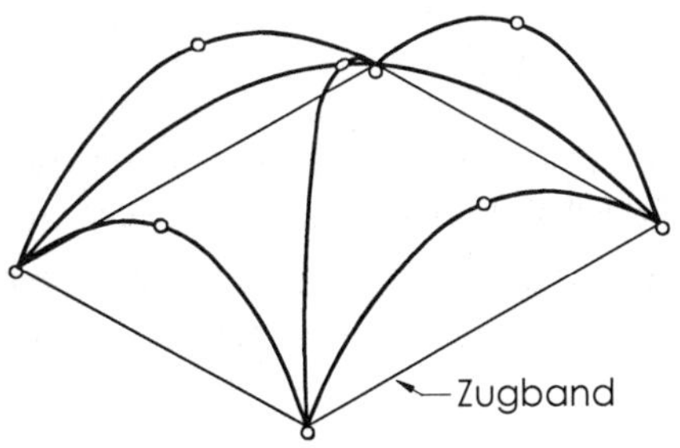

Über einem rechteckigen oder quadratischem Grundriss kann aus Dreigelenkbögen ein räumliches System gebildet werden. Die Auflagerpunkte können durch ein Zugband verbunden sein, wenn nicht, müssen die Fundamente den Bogenschub aufnehmen.

6.2.3 Der Zweigelenk- und der eingespannte Bogen

Zweigelenk- und eingespannte Bögen erhalten Zusatzmomente aus Temperaturänderungen (insbesonders Stahl- und Stahlbetonkonstruktionen, weniger Holzkonstruktionen) und aus ungleichen Auflagersetzungen.

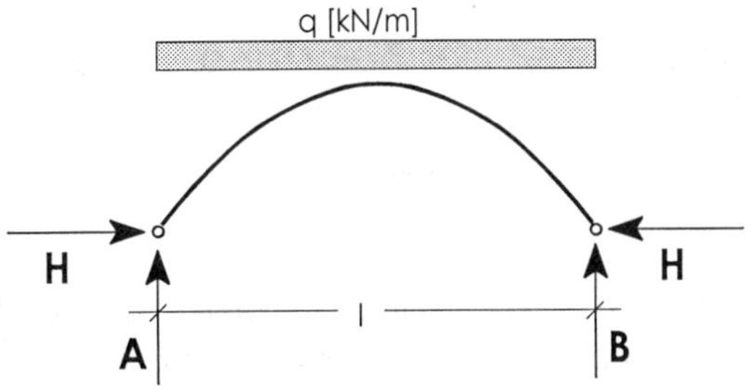

Der Zweigelenkbogen ist wie der Zweigelenkrahmen (vgl. Abschnitt 5.5.3) einfach statisch unbestimmt.

4 unbekannte Auflagerreaktionen
3 Gleichgewichtsbedingungen

→ 1-fach statisch unbestimmt

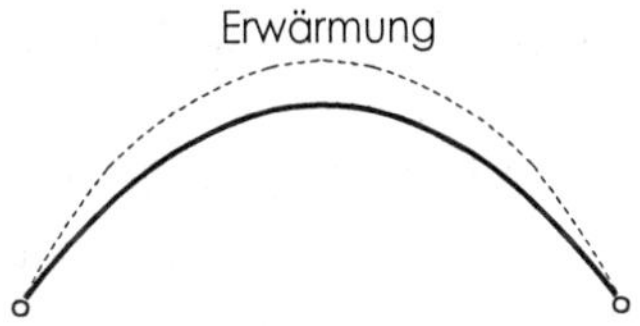

Bei Erwärmung dehnt sich der Bogen aus, dadurch entstehen Zwängungen und Biegemomente.

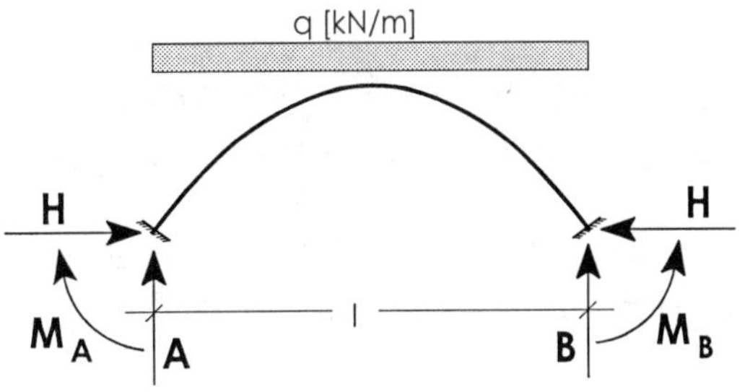

Der eingespannte Bogen ist entsprechend dem eingespannten Rahmen (vgl. Abschnitt 5.5.4) dreifach statisch unbestimmt.

6 unbekannte Auflagerreaktionen
3 Gleichgewichtsbedingungen

→ 3-fach statisch unbestimmt

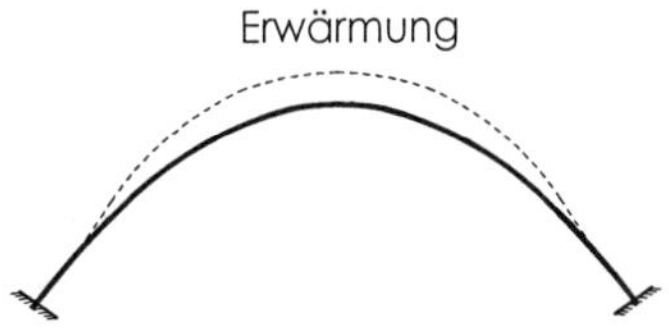

Auch an den Auflagern entstehen infolge der Zwängungen Biegemomente.

6.2.4 Verspannte Bögen

Auch Bogentragwerke können wie Seiltragwerke (vgl. Abschnitt 6.1.2) durch eine Verspannung aus zugbeanspruchten Seilen stabilisiert werden. Durch eine Verspannung können Formänderungen des Bogens infolge wechselnder Belastung minimiert und dadurch entstehende Biegemomente abgebaut werden, was zu einer Verringerung der Bogenquerschnitte führt.

Um einen Bogen durch eine Verspannung zu stabilisieren, stehen verschiedene Möglichkeiten zur Verfügung.

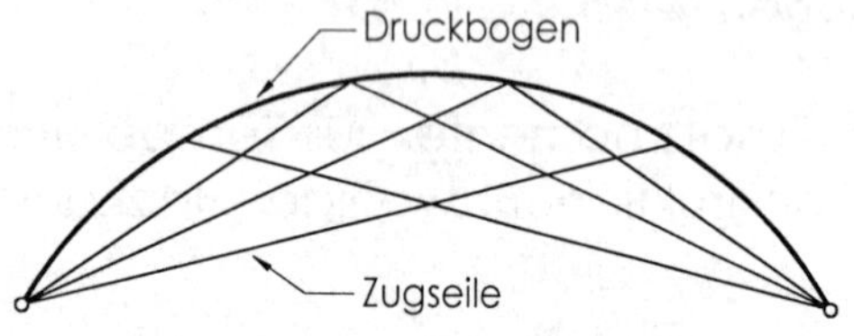

Nicht vorgespannte Zugstäbe fixieren in einem weit- oder engmaschigem Netz Bogenpunkte über Zugkräfte in Bezug zum jeweils gegenüberliegendem Auflager.

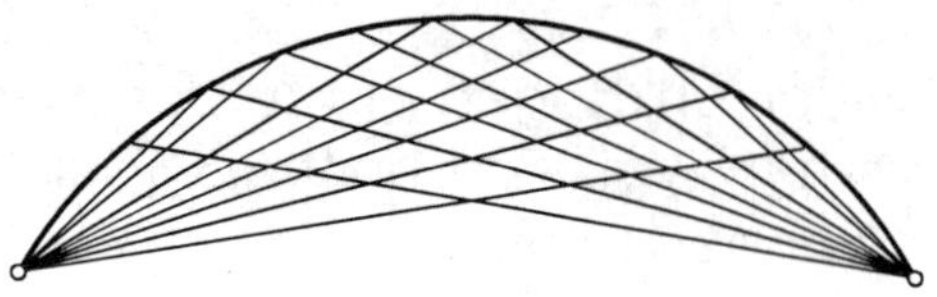

Bei einseitiger Belastung werden die Diagonalen unter der Belastung schlaff, die Diagonalen zur anderen Bogenhälfte werden auf Zug beansprucht.

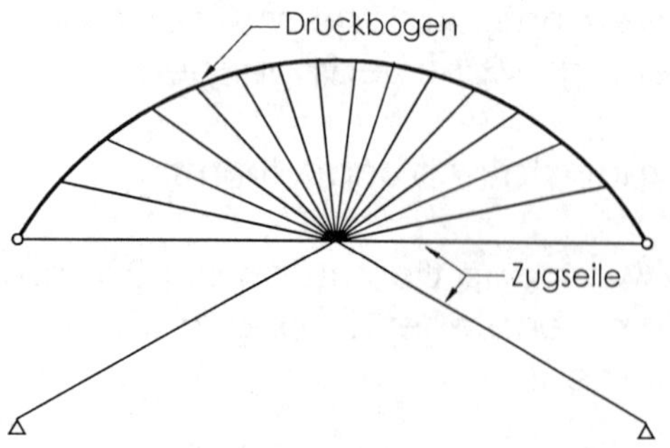

Speichenförmig angeordnete Zugstäbe werden am Mittelknoten über zwei gespreizte Seile nach unten abgespannt. Der Mittelknoten ist dadurch in seiner Lage fixiert, so dass bei einer Bogenverformung keine Speiche ausfallen kann. Das System soll so vorgespannt sein, dass in allen Seilen unter allen möglichen Lastfällen Zugkräfte wirken.

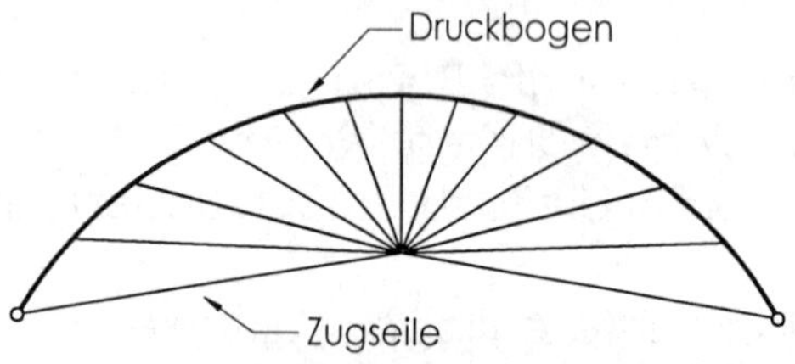

Weitere Möglichkeiten zur Stabilisierung von Bögen sind nebenstehend dargestellt.

Auch diese Systeme sollten mit Vorspannung ausgeführt werden.

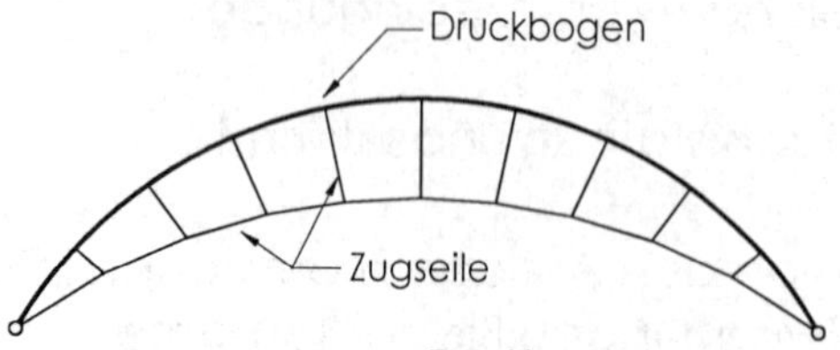

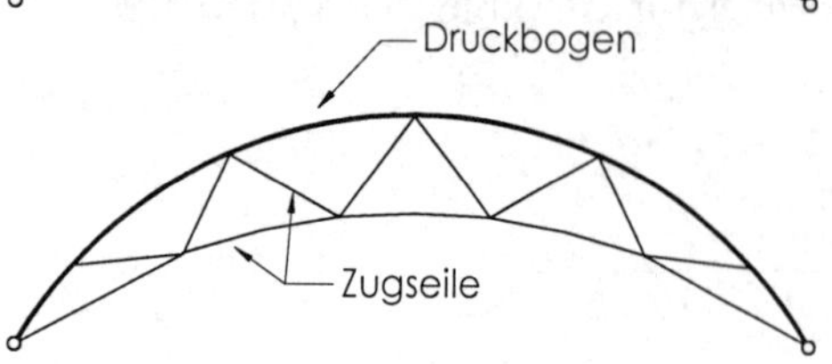

7 Das Fachwerk

7.1 Grundidee und Bildungsgesetz

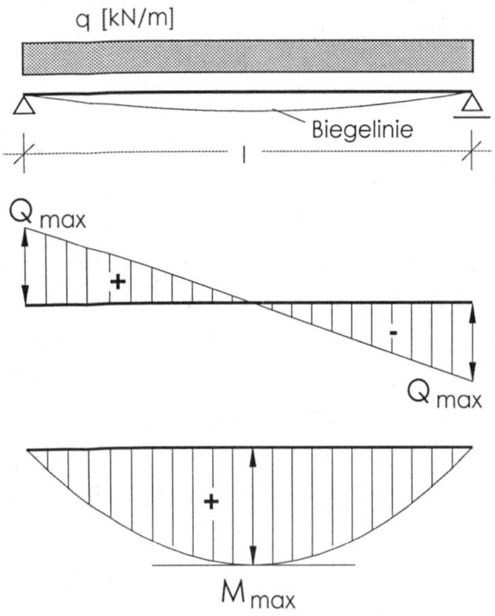

Wird ein Biegebalken durch eine Gleichlast q, die senkrecht zur Stabachse wirkt, belastet, erzeugt diese Belastung neben der Durchbiegung des Balkens auch die inneren Schnittgrößen Biegemoment und Querkraft.

Die größten Werte der Querkraft entstehen an den Auflagern, der größte Wert des Biegemoments unter dieser Belastung in Feldmitte.

An jeder anderen Stelle des Balkens sind die Werte der Querkraft bzw. die Werte des Biegemoments kleiner als diese Größtwerte.

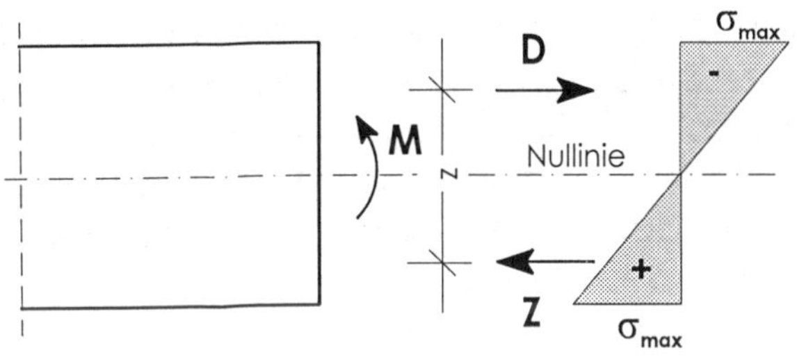

Durch das Biegemoment werden Biegespannungen σ erzeugt, die bei einem Rechteckquerschnitt am oberen und unteren Querschnittsrand die größten Werte σ_{max} erreichen. Dazwischen sind die vorhandenen Biegespannungen kleiner, in Höhe der Querschnittsachse nehmen sie den Wert Null an.

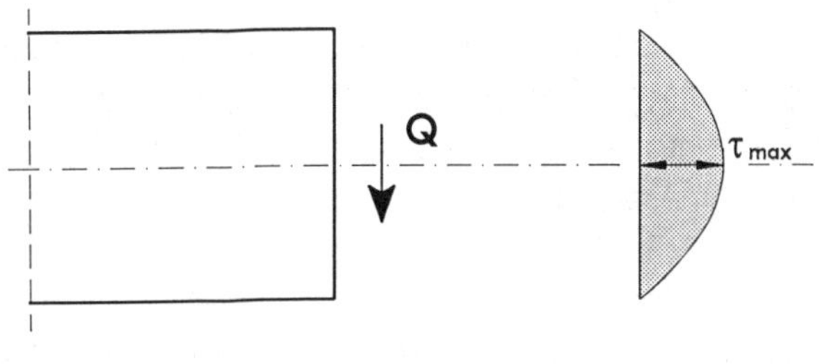

Durch die Querkraft werden Schubspannungen τ erzeugt. Die Schubspannungen sind über die Querschnittshöhe so verteilt, dass in Höhe der Querschnittsachse der Größtwert τ_{max} entsteht. Zu den Querschnittsrändern hin sind die vorhandenen Schubspannungen kleiner, am Querschnittsrand nehmen sie den Wert Null an.

Wenn die Grenzspannungen $\sigma_{R,d}$ bzw. $\tau_{R,d}$ voll ausgenutzt werden sollen, ist der Balken also nur an vier Stellen ausgelastet:

- maximale Biegespannungen in Feldmitte am oberen und unteren Querschnittsrand
- maximale Schubspannungen an den Auflagern in Höhe der Querschnittsachse.

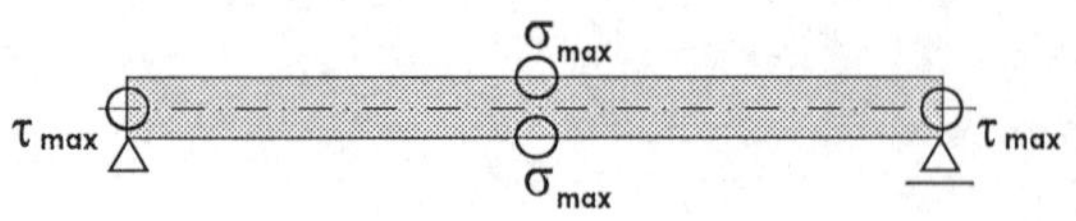

Stellen der maximalen Biegespannungen und der maximalen Schubspannungen bei einem Einfeldträger mit Rechteckquerschnitt.

Ein Rechteckquerschnitt ist also nur in bestimmten Bereichen sowohl auf Druck und Zug infolge Biegung und auf Schub infolge Querkraft ausgenutzt.

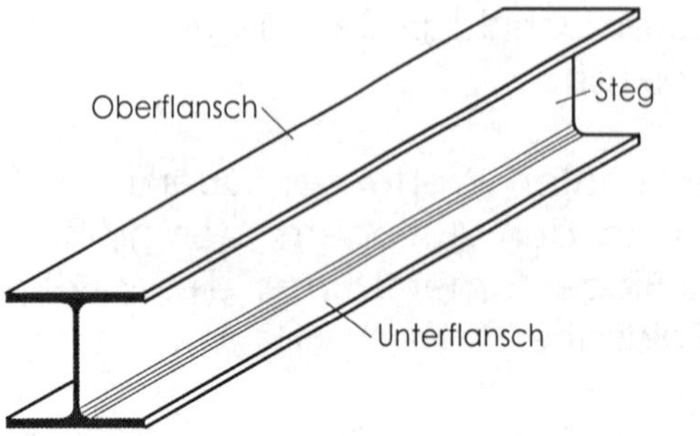

Weitaus günstiger als ein Rechteckquerschnitt ist der Doppel-T-Querschnitt, weil das Material im Bereich der am stärksten beanspruchten oberen und unteren Querschnittsränder konzentriert ist (Oberflansch und Unterflansch). Der dünne Steg hat die Aufgabe, eine Verdübelung und den Abstand zwischen Ober- und Unterflansch herzustellen und die Schubspannungen aus Querkraft aufzunehmen.

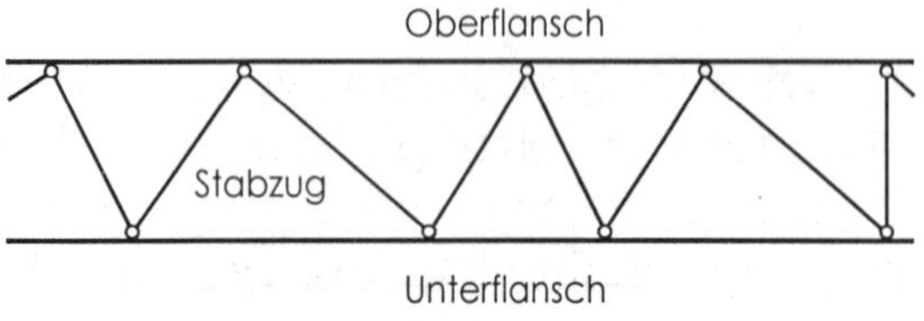

Der Materialaufwand für den Bereich zwischen Ober- und Unterflansch kann aber noch dadurch reduziert werden, indem man den dünnen, flächigen Steg durch einen Stabzug ersetzt. Anstelle des vollen Querschnitts über die gesamte Trägerlänge treten einzelne Stäbe, die entsprechend den tatsächlichen Kräften bemessen werden können.

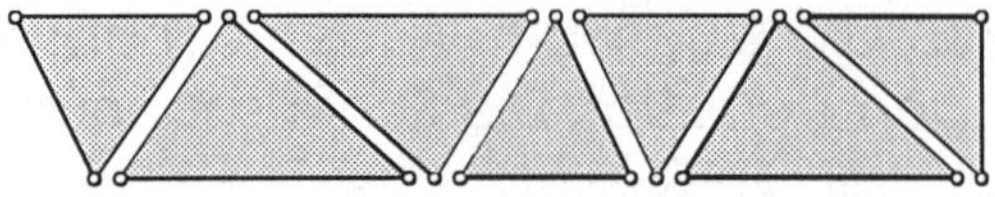

Diese Zick-Zack-Stabzüge erfüllen die selbe Aufgabe wie der flächige Steg, da je zwei Stäbe mit dem zugehörigen Flansch immer ein stabiles, in sich unverschiebliches Dreieck bilden.

Man kann also ein so entwickeltes Fachwerk als Biegebalken auffassen, bei dem die Druckzone durch den Obergurt, die Zugzone durch den Untergurt und der Mittelbereich durch einen Dreiecke bildenden, stabilen Stabzug ersetzt sind.

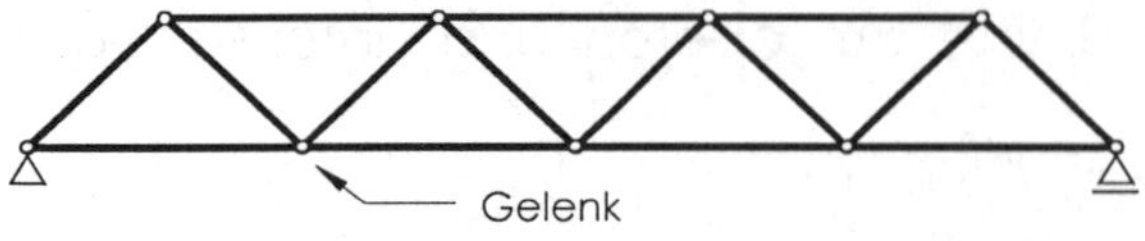

Weil drei gelenkig verbundene Stäbe immer stabile Dreiecke bilden, können auch die Gurte selbst in den Schnittpunkten mit den "Füllstäben" Gelenke aufweisen.

Bildungsgesetz für Fachwerke

Das einfachste Fachwerk besteht aus nur einem Dreieck. Es wird aus drei Stäben und drei Gelenken (Knoten) gebildet.

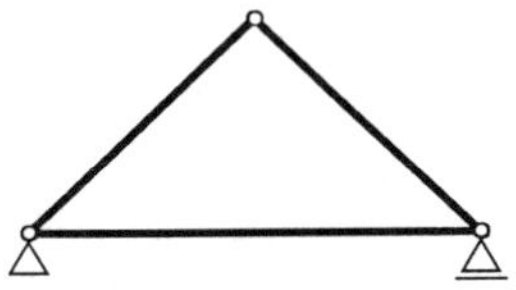

Grunddreieck

3 Stäbe
3 Knoten

Soll ein weiteres Dreieck hinzugefügt werden, sind zwei zusätzliche Stäbe und ein zusätzlicher Knoten erforderlich. Diese zwei zusätzlichen Stäbe bilden mit einem Stab des vorausgehenden Systems wieder ein stabiles Dreieck.

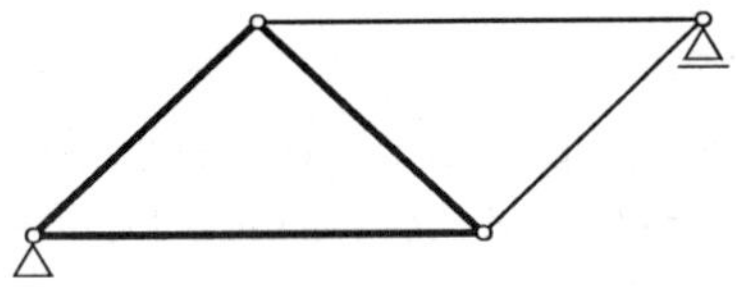

1. Erweiterung des Grunddreiecks

+ 2 Stäbe
+ 1 Knoten

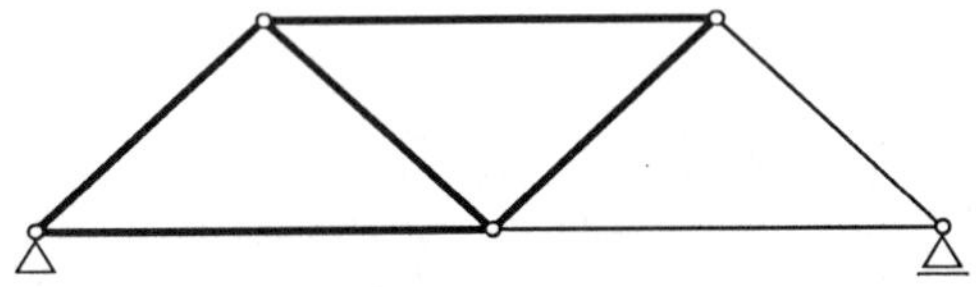

2. Erweiterung

+ 2 Stäbe
+ 1 Knoten

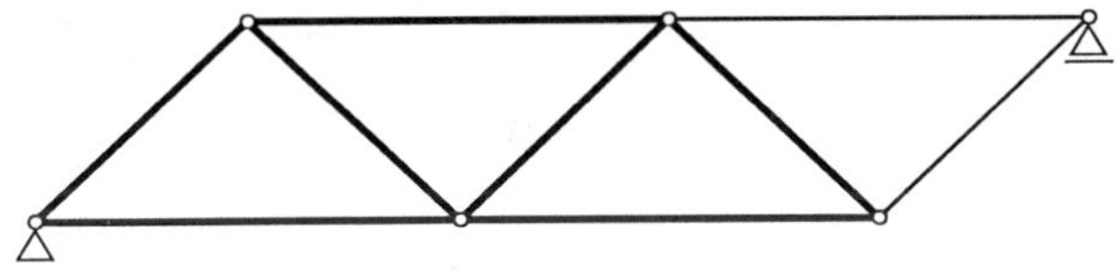

Fortsetzung dieses Verfahrens

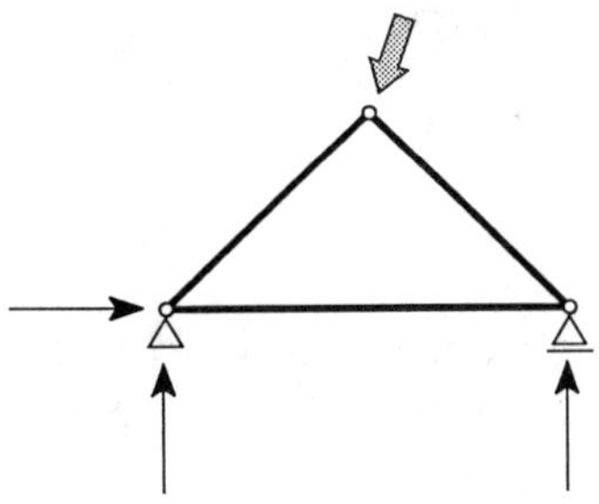

Ein so konstruiertes Fachwerk ist immer stabil gegen jede beliebig gerichtete Last. Beim Grunddreieck sind vorhanden:

- 3 Auflagerreaktionen
- 3 Stäbe
- 3 Knoten

Daraus kann das Bildungsgesetz für Fachwerke abgeleitet werden:

$$\Rightarrow s + a = 2 \cdot k$$

s Anzahl der Stäbe
a Anzahl der möglichen Auflagerreaktionen
k Anzahl der Knoten (Gelenke)

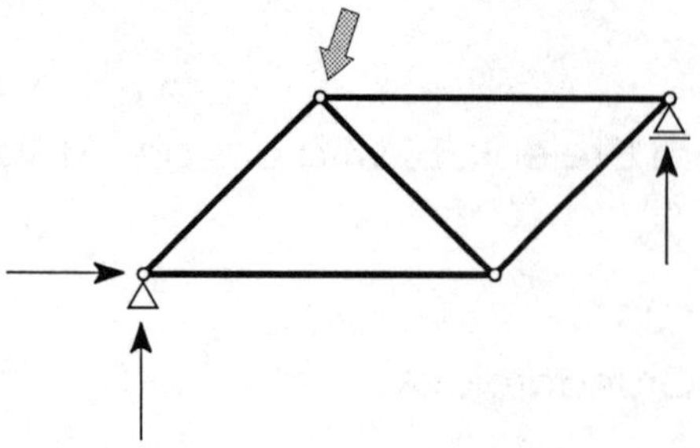

$s = 5$
$a = 3$
$k = 4$

$s + a = 2 \cdot k$
$5 + 3 = 2 \cdot 4$

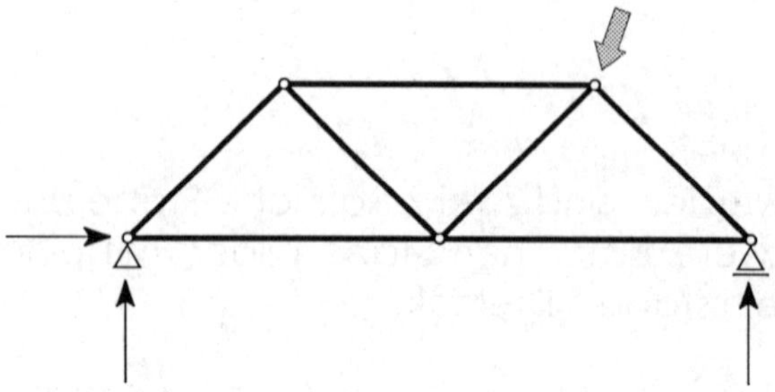

$s = 7$
$a = 3$
$k = 5$

$s + a = 2 \cdot k$
$7 + 3 = 2 \cdot 5$

Die Erfüllung des Gesetzes $s + a = 2 \cdot k$ ist eine notwendige Bedingung für ein stabiles Fachwerk. Lässt man einen oder mehrere Stäbe weg, also $s + a < 2 \cdot k$, ist das Fachwerk instabil.

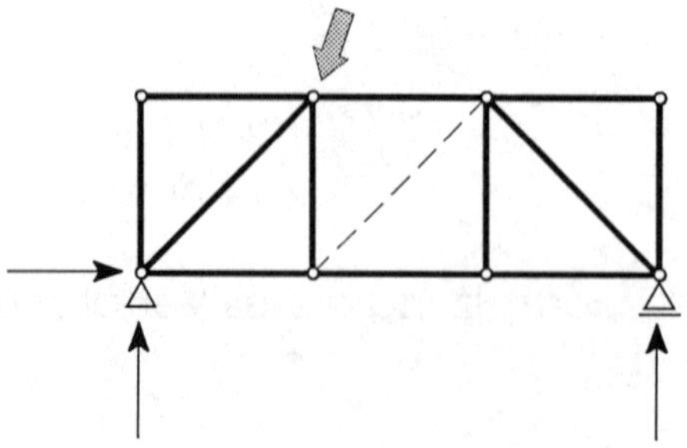

$s = 12$
$a = 3$
$k = 8$

$s + a = 2 \cdot k$
$12 + 3 < 2 \cdot 8$

⇒ Fachwerk instabil

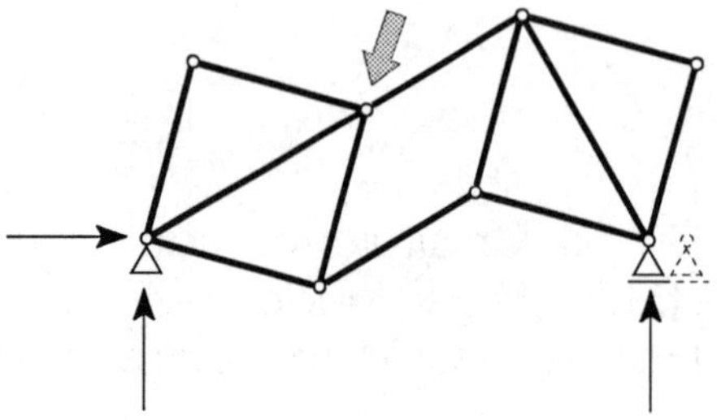

Verformungsfigur

Erst nach Einfügen eines weiteren Diagonalstabes ist das Fachwerk stabil und das Bildungsgesetz erfüllt.

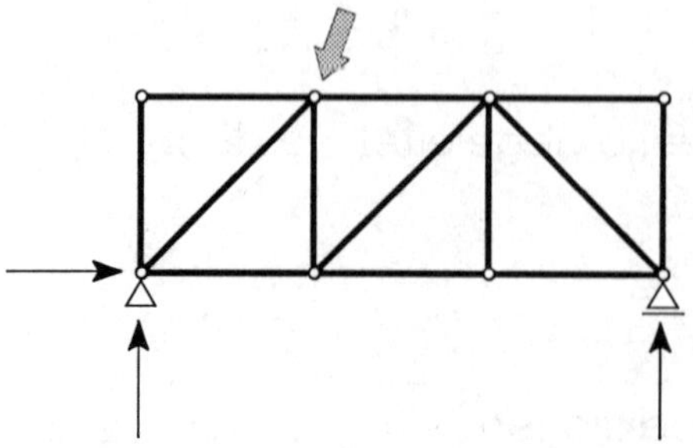

$s = 13$
$a = 3$
$k = 8$

$s + a = 2 \cdot k$
$13 + 3 = 2 \cdot 8$

⇒ Fachwerk stabil

Ordnet man zusätzliche Stäbe oder zusätzliche Auflager an, ohne die Knotenanzahl zu verändern, also s + a > 2 · k, bleibt das Fachwerk stabil, z.B.

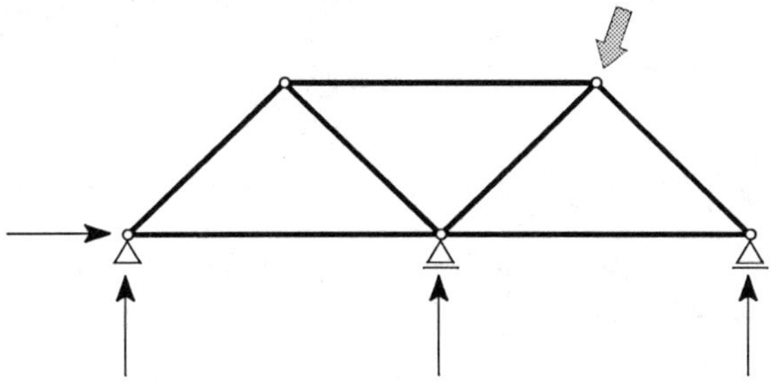

Zusätzliches Auflager

s = 7
a = 4
k = 5

7 + 4 > 2 · 5

⇒ Fachwerk stabil (äußerlich unbestimmt)

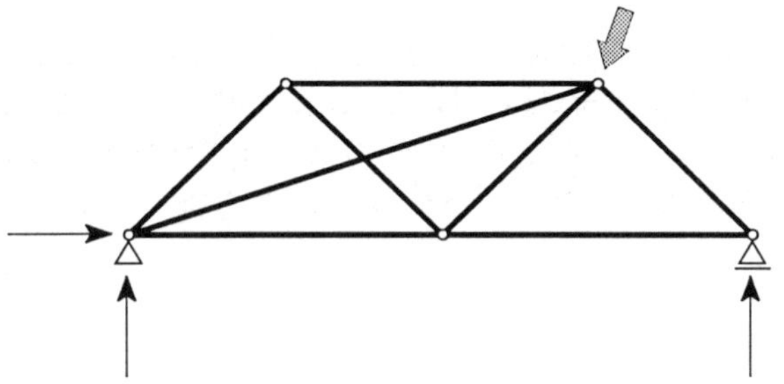

Zusätzlicher Stab

s = 8
a = 3
k = 5

8 + 3 > 2 · 5

⇒ Fachwerk stabil (innerlich unbestimmt)

Diese Fachwerke sind stabil, können aber nicht mehr allein mit den Gleichgewichtsbedingungen berechnet werden. Sie sind innerlich oder äußerlich statisch unbestimmt.

Bei dem Bildungsgesetz s + a = 2 · k handelt es sich um eine notwendige, aber keine hinreichende Bedingung, d.h. das Bildungsgesetz kann zwar erfüllt sein, trotzdem ist das Fachwerk instabil, z.B.

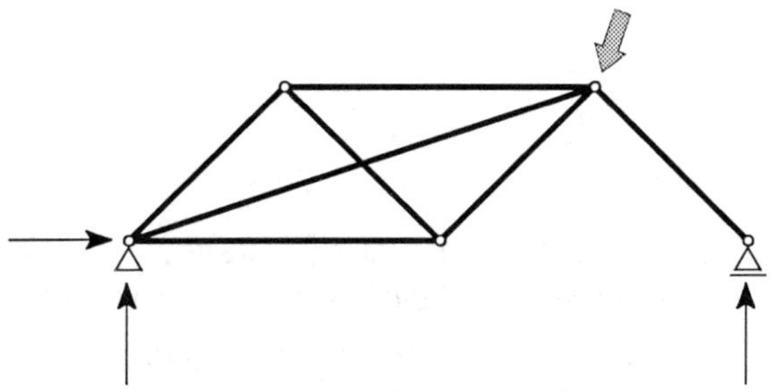

ein fehlender Untergurtstab

s = 7
a = 3
k = 5

7 + 3 = 2 · 5

Bildungsgesetz erfüllt,aber Fachwerk instabil

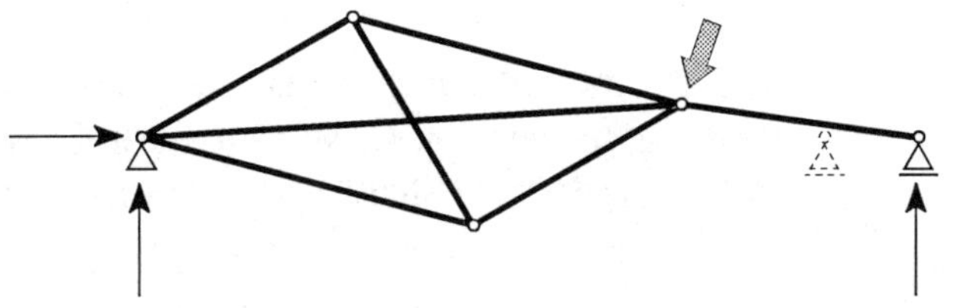

Verformungsfigur

Es ist also, auch wenn das Bildungsgesetz erfüllt ist, zusätzlich zu überprüfen, ob nur geschlossene, stabile Dreiecke vorhanden sind.

Die Bezeichnungen am Fachwerk

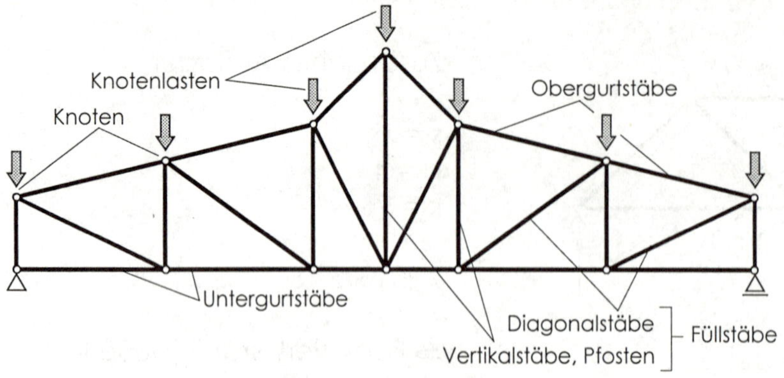

Bildungsgesetz

s = 25
a = 3
k = 14

$25 + 3 = 2 \cdot 14$

$\Rightarrow$ Fachwerk stabil

Da jeder Stab an beiden Enden gelenkig angeschlossen ist (Pendelstütze), kann der Stab nur auf Zug oder Druck beansprucht werden. Nur wenn die äußeren Lasten (z.B. Dacheindeckung, untergehängte Decke) nicht nur in den Knoten, sondern direkt an den Stäben quer zur Stabachse angreifen, erhalten diese Stäbe zusätzliche Biegemomente.

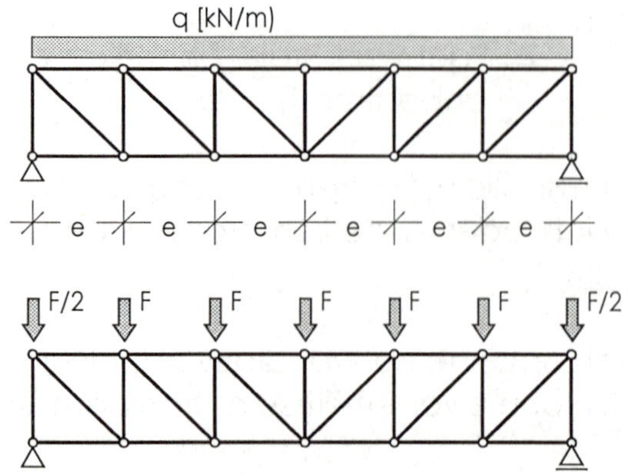

Die Belastung aus der Dacheindeckung und Schnee, die als Gleichlast [kN/m] wirkt, wird zu Knotenlasten [kN] zusammengefasst:

$$F = q \cdot e$$

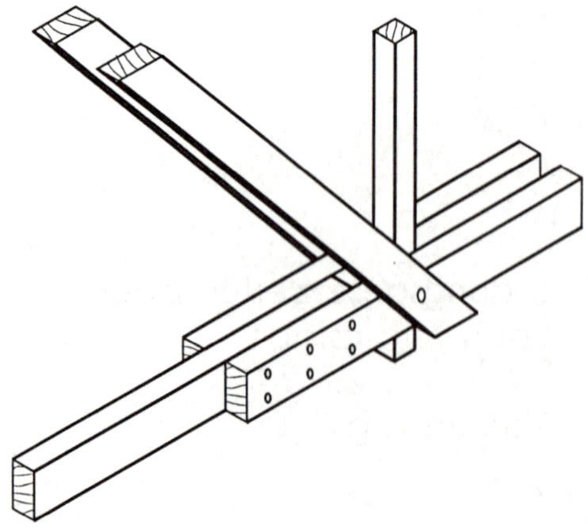

Die nachfolgende Darstellung der verschiedenen Fachwerkformen nach bestimmten Unterscheidungskriterien stellt nur eine Auswahl dar.

Jeder Knotenpunkt wird idealisiert als Gelenk angenommen, was in der Baupraxis, insbesonders im Stahlbau oft nicht erfüllt ist.

7.2 Fachwerkformen

7.2.1 Unterscheidung nach der Gurtform

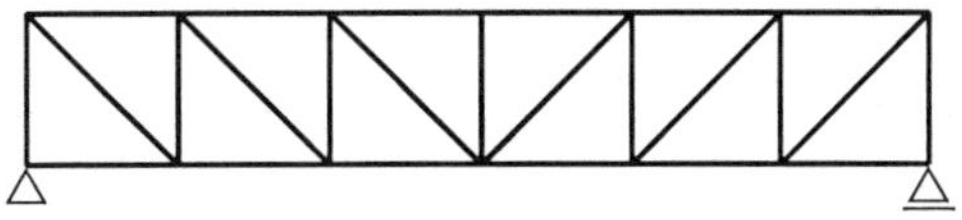

Parallelfachwerk mit Pfosten und Diagonalen

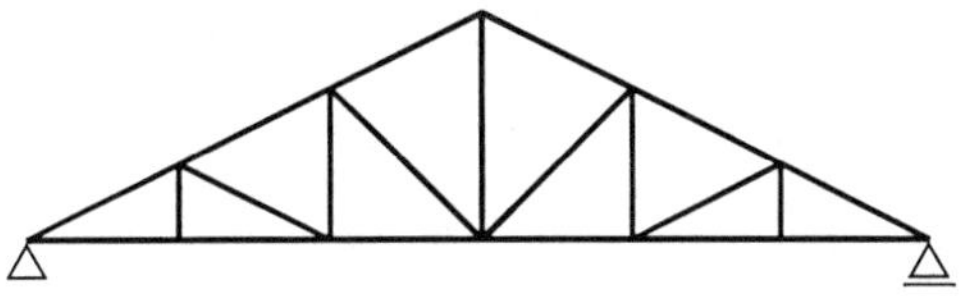

Dreieckfachwerk (Satteldachfachwerk) Dachneigung $\alpha \geq 15°$

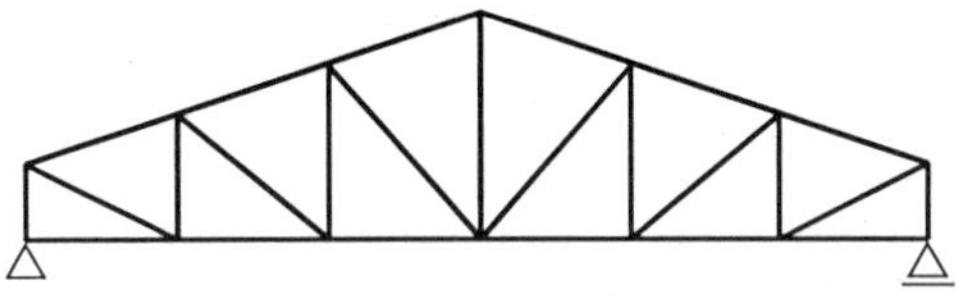

Satteldachfachwerk mit angehobener Traufe (Trapezträger)

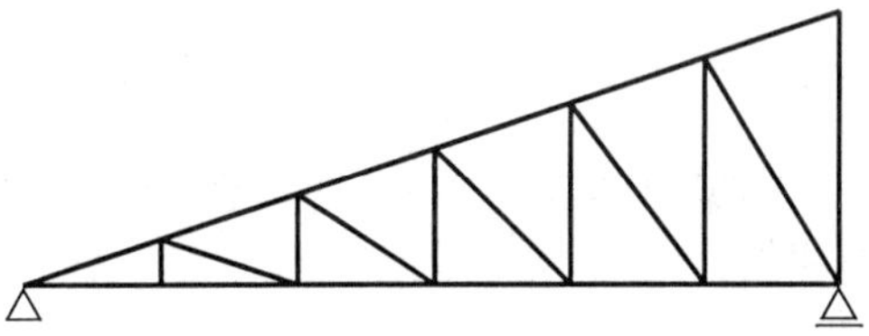

Pultfachwerk

Dachneigung $\alpha \geq 15°$

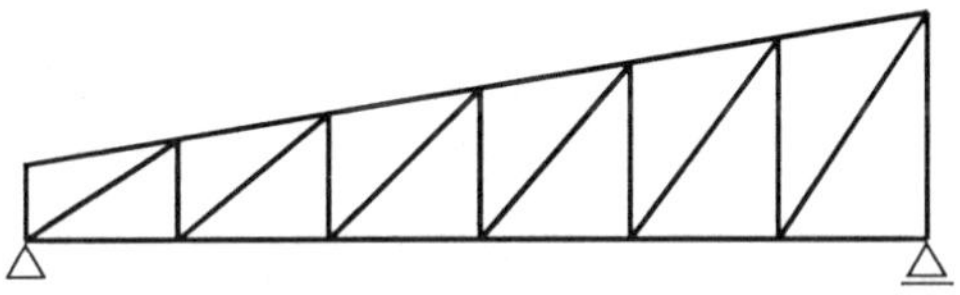

Pultfachwerk mit angehobener Traufe

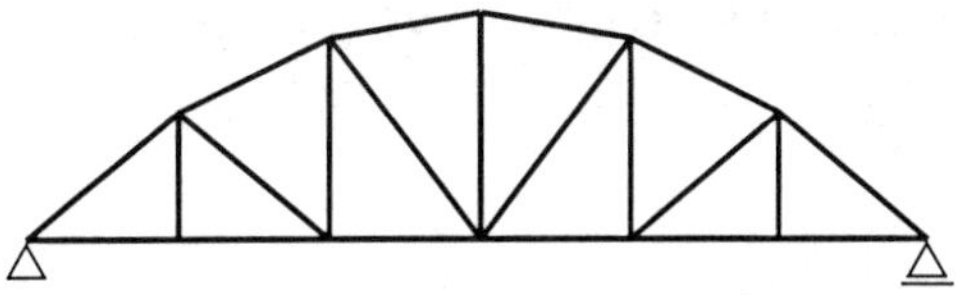

Bogenfachwerk mit gekrümmten Obergurt

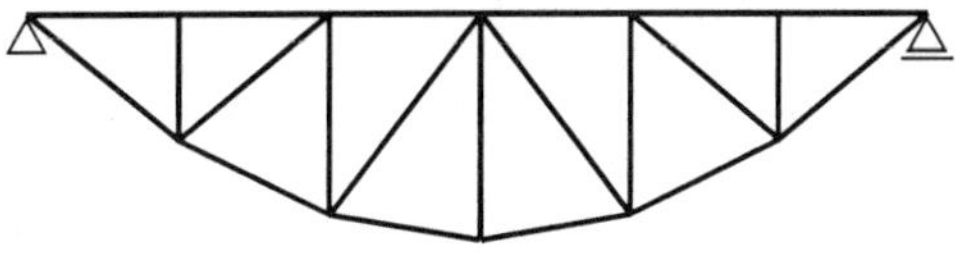

Bogenfachwerk mit gekrümmten Untergurt

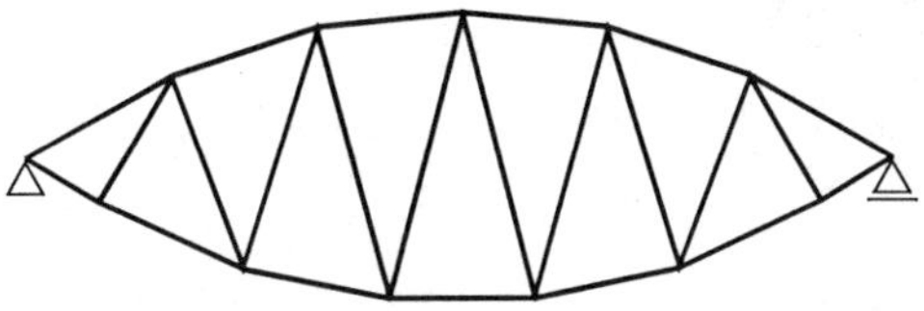

Fischbauchfachwerk

7.2.2 Unterscheidung nach der Anordnung der Füllstäbe

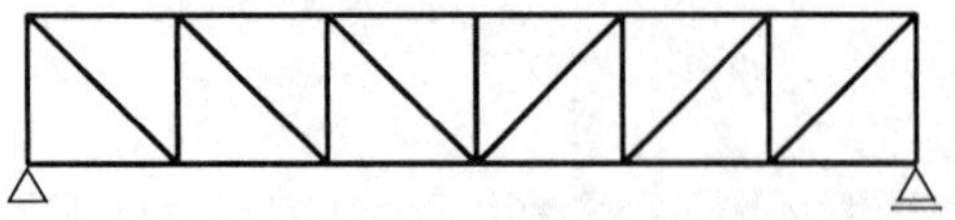

Parallelfachwerk mit fallenden Diagonalen (zur Mitte hin)

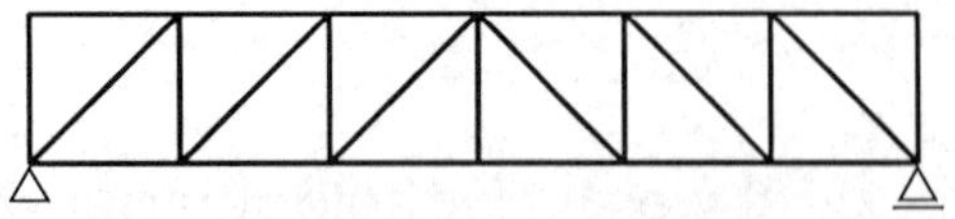

Parallelfachwerk mit steigenden Diagonalen (zur Mitte hin)

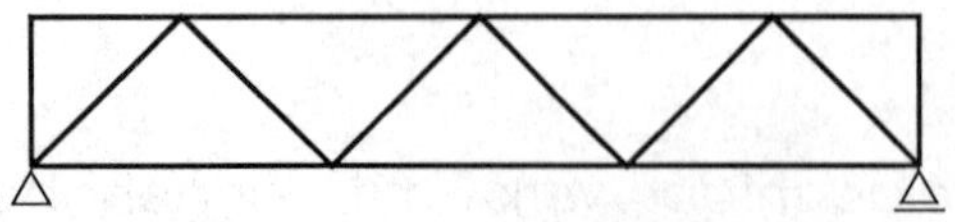

Strebenfachwerk (ohne Pfosten)

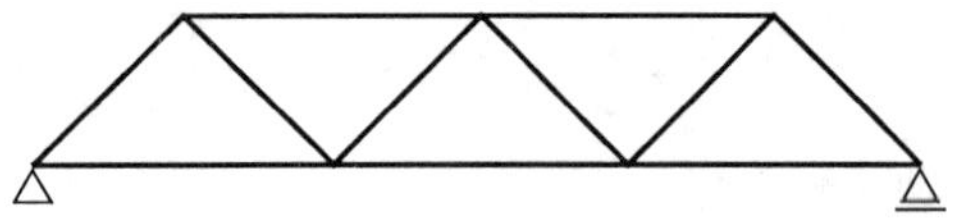

Strebenfachwerk

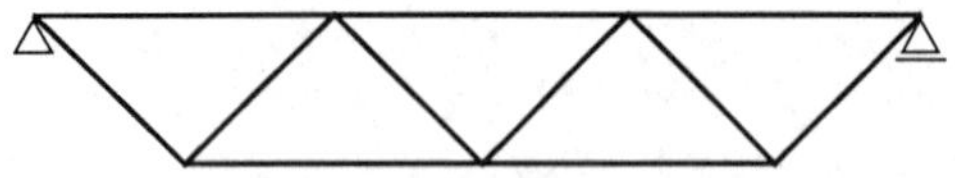

Strebenfachwerk mit hochgezogenem Untergurt

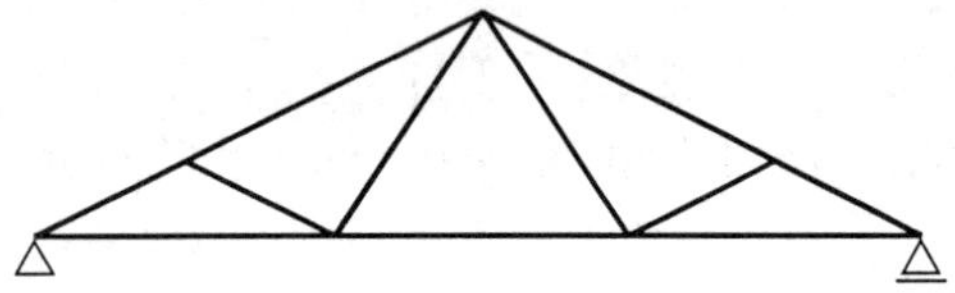

W - Fachwerk

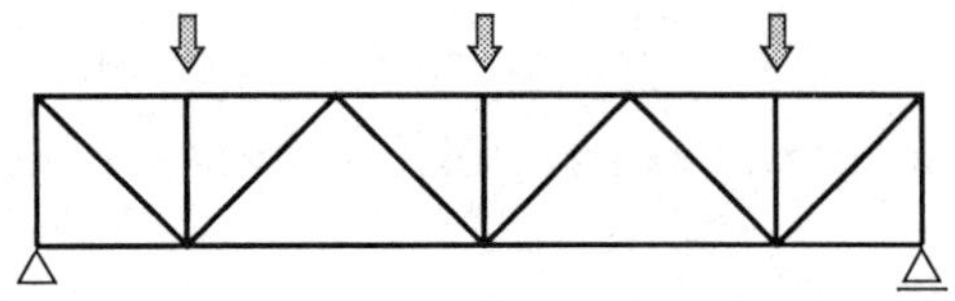

Strebenfachwerk mit Pfosten zur Verkürzung der Biegelänge von Obergurt bzw. Untergurt bei schweren Lasten

Die Fachwerke wären auch ohne Vertikalstäbe stabil.

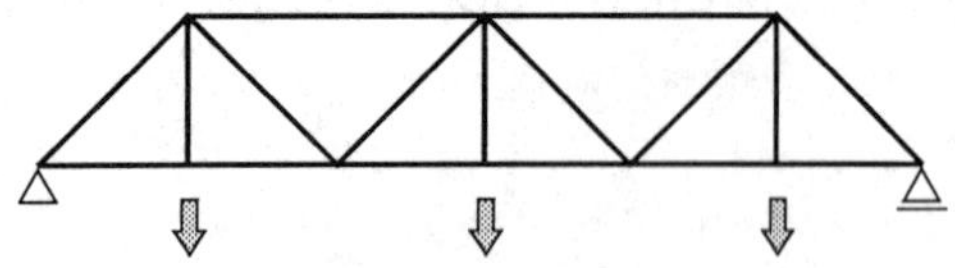

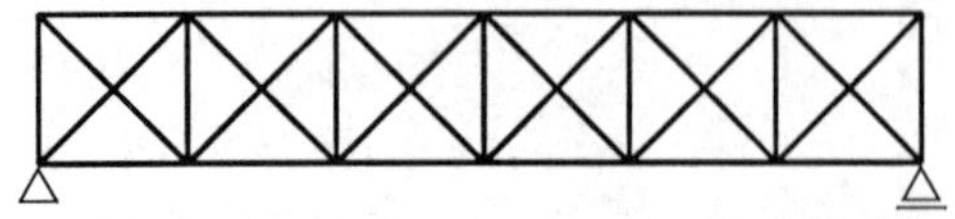

Parallelfachwerk mit Pfosten und gekreuzten Diagonalen

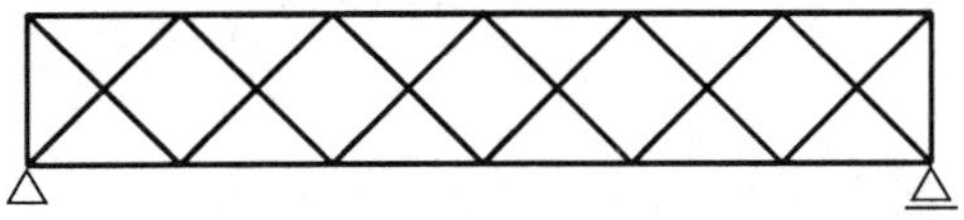

einfaches Rautenfachwerk (aus zwei Strebenfachwerken addiert)

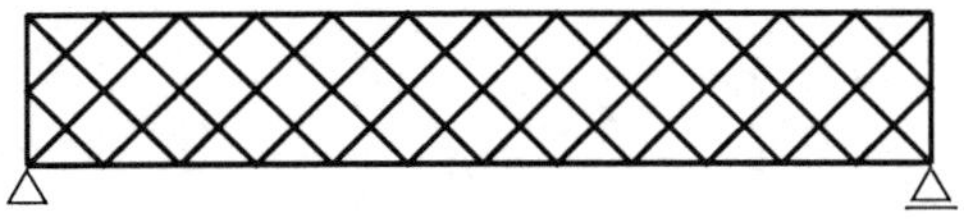

mehrteiliges Rautenfachwerk (aus vier Strebenfachwerken addiert)

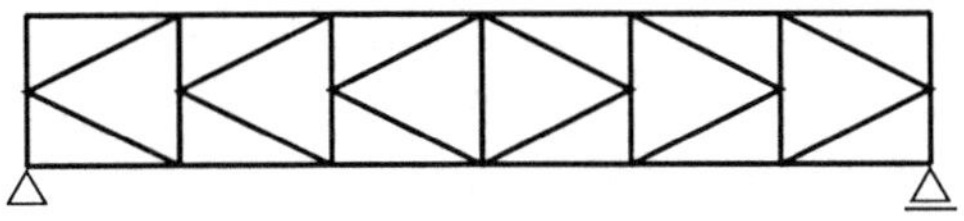

K - Fachwerk

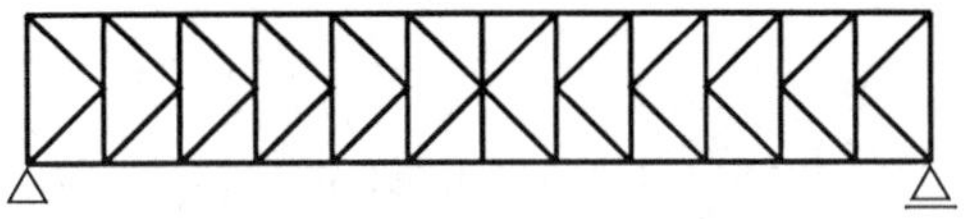

K - Fachwerk

7.2.3 Unterscheidung nach statischem System

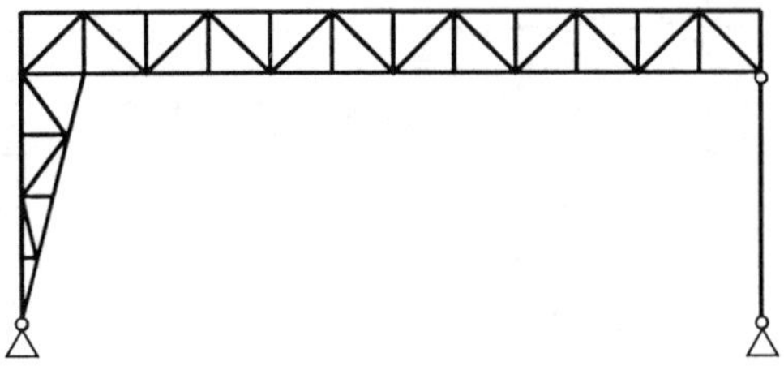

geknickter Träger mit Pendelstütze
einhüftiger Rahmen

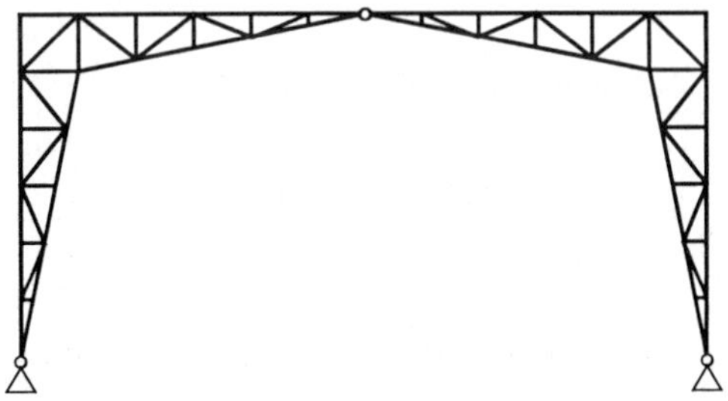

Dreigelenkrahmen

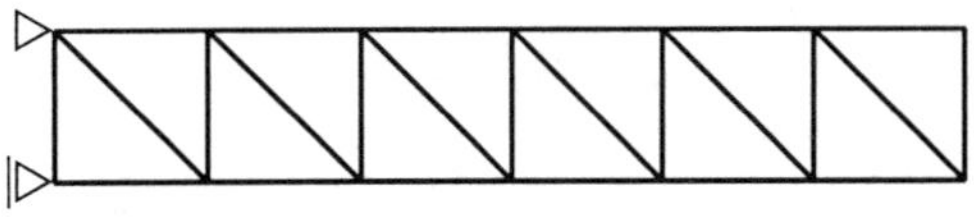

auskragendes Parallelfachwerk

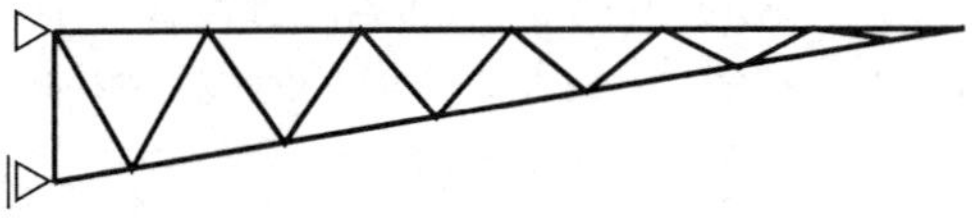

auskragendes Dreieckfachwerk

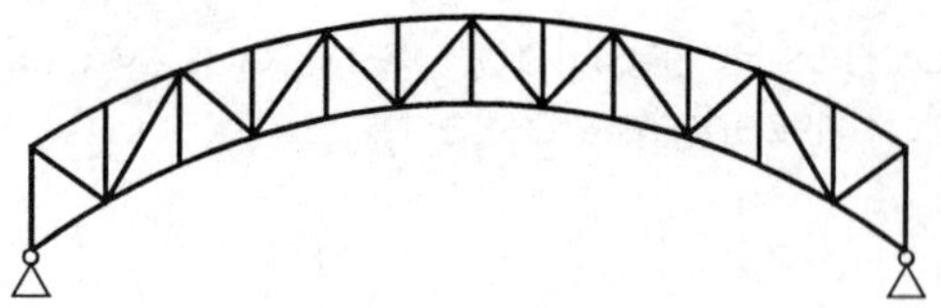

Zweigelenkbogen

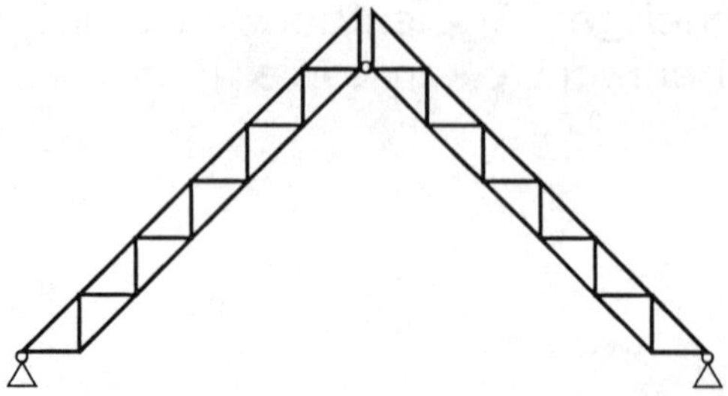

Dreigelenkstabzug aus Fachwerken

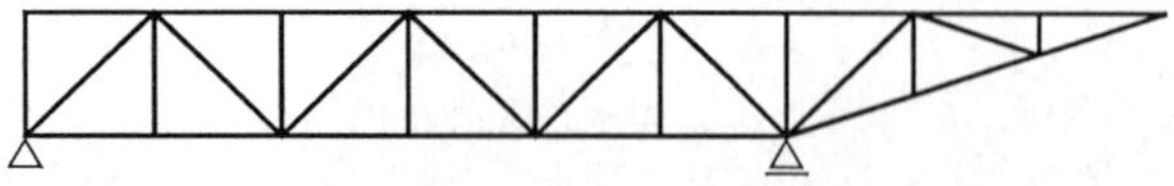

Einfeldträger mit Kragarm

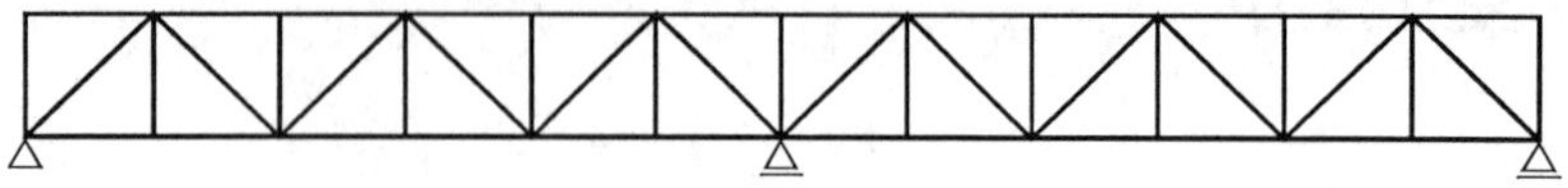

Durchlaufträger

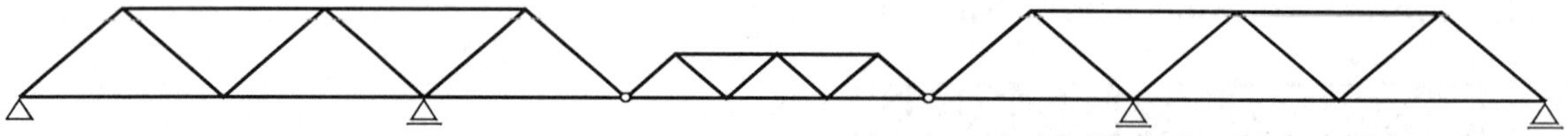

Gelenkträger

7.2.4 Sonderformen

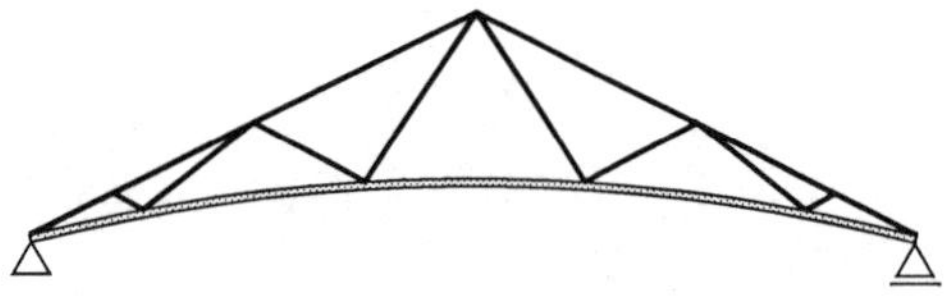

Dreieckfachwerk mit gekrümmtem Untergurt

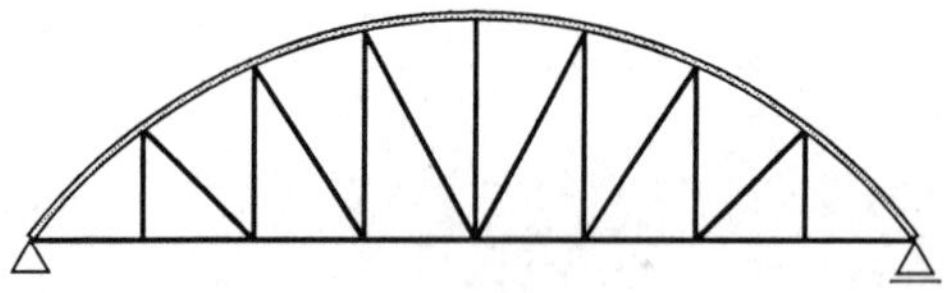

Bogenfachwerk mit gekrümmtem Obergurt

Brettschichtverleimte Fachwerkgurte können in beliebigen Formen gefertigt werden, so dass Fachwerke als Parabelbinder, Fischbauchbinder u.ä. leicht herstellbar sind. Für die Dimensionierung dieser Gurte sind neben den Stablängskräften die Biegemomente zu berücksichtigen, die sich aus der Ausmitte der Stabkraft infolge der Krümmung ergeben.

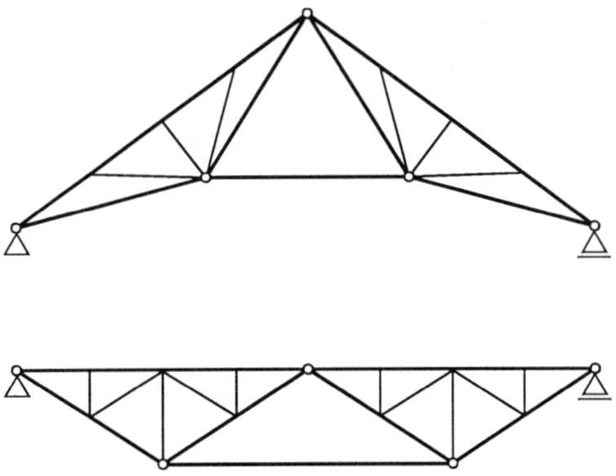

Fachwerke mit Zwischennetzen

Bei weitmaschigen Fachwerken empfiehlt es sich, die Knicklängen druckbeanspruchter Stäbe (vgl. Abschnitt 8.2.2) durch sogenannte Zwischenfachwerke zu verringern. Durch diese Maßnahme werden außerdem die Biegemomente in den querbelasteten Gurtstäben reduziert. Das Tragwerk besteht somit aus einem weitmaschigem Grundfachwerk und aus mehreren Zwischenfachwerken.

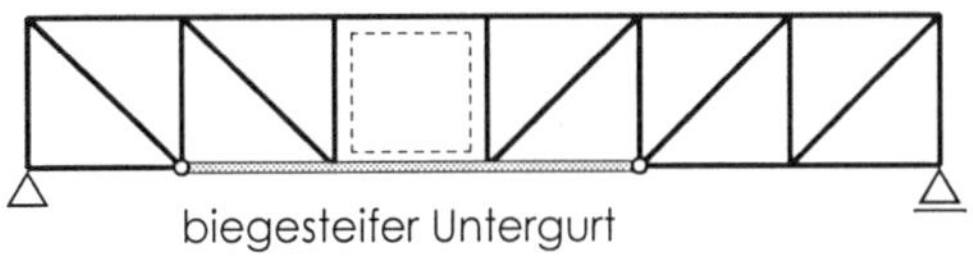

Fachwerk mit biegesteifem Einzelstab

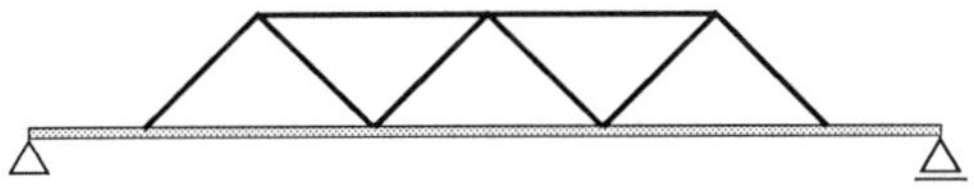

Biegeträger mit Fachwerküberspannung

Aus baulichen Gegebenheiten kann es erforderlich werden, dass einzelne Fachwerkstäbe durch biegesteife Stäbe ersetzt werden müssen. Dieser Fall tritt z.B. dann ein, wenn Fachwerkdiagonalen zur Erreichung eines freien Durchgangs entfallen müssen.

Weiterhin können die Biegemomente in Vollwandkonstruktionen durch eine Fachwerküber- oder -unterspannung im Einzelfall stark reduziert werden.

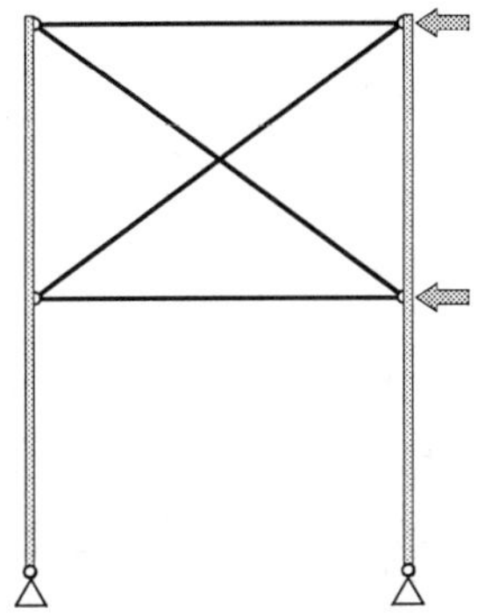

Portalrahmen mit biegesteifen Stielen
(vertikales Aussteifungselement)

7.3 Rechnerische Stabkraftermittlung

Dieses Verfahren ermöglicht es, die Stabkräfte einzelner ausgesuchter Stäbe eines Fachwerks zu bestimmen.

Voraussetzungen:

- Alle Knoten sind gelenkig
- Die Kräfte greifen nur in den Knoten an

Aus diesen Voraussetzungen ergibt sich, dass die Kräfte in den Stäben nur in Stabrichtung - also als Längskräfte wirken (Druck oder Zug). Die Stabachsen sind damit die Wirkungslinien der Stabkräfte.

Beispiel: unsymmetrisch belastetes Strebenfachwerk

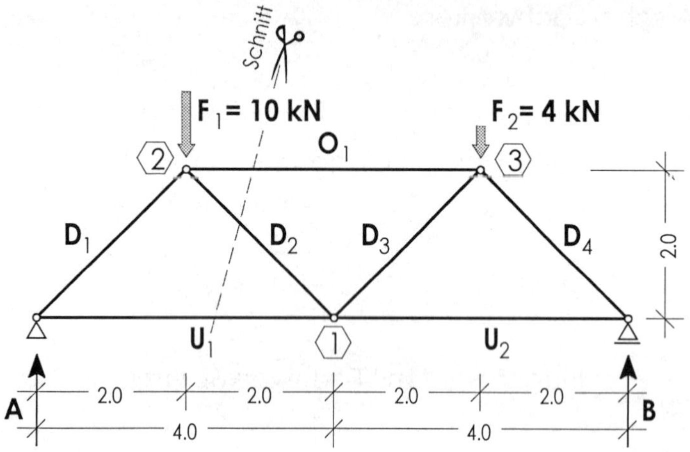

gesucht:

Stabkräfte O_1, U_1, D_2

Verfahren:

- Bestimmung der Auflagerreaktionen des Fachwerks wie beim Biegebalken mit Hilfe der Gleichgewichtsbedingungen

$$\Sigma V = 0: \quad F_1 + F_2 - A - B = 0$$

$$A = 10 + 4 - B = 14 - B$$

$$\Sigma M_A = 0: \quad F_1 \cdot 2{,}0 + F_2 \cdot 6{,}0 - B \cdot 8{,}0 = 0$$

$$B = \frac{1}{8{,}0} \cdot (10 \cdot 2{,}0 + 4 \cdot 6{,}0)$$

$$\Rightarrow B = \frac{44{,}0}{8{,}0} = 5{,}5 \text{ kN}$$

$$\text{aus } \Sigma V: \quad A = 14 - 5{,}5$$

$$\Rightarrow A = 8{,}5 \text{ kN}$$

- Legen eines Trennschnittes durch das Tragwerk wie beim Biegebalken. An die Stelle der unbekannten Schnittgrößen M, Q und N treten jetzt die unbekannten Stabkräfte O_1, U_1, D_2.

Der Schnitt soll den gesuchten oder die gesuchten Stäbe durchtrennen. Da nur drei Gleichgewichtsbedingungen ΣV, ΣH, ΣM zur Verfügung stehen, dürfen maximal nur drei unbekannte Stabkräfte geschnitten werden.

Die unbekannten Stabkräfte werden am abgeschnittenen Tragwerksteil in positiver Richtung angetragen, d.h. als Zugkräfte. Das Ergebnis der Gleichgewichtsuntersuchung zeigt dann, ob diese Annahme zutreffend war:

positives Vorzeichen (+) Zugstab
negatives Vorzeichen (-) Druckstab

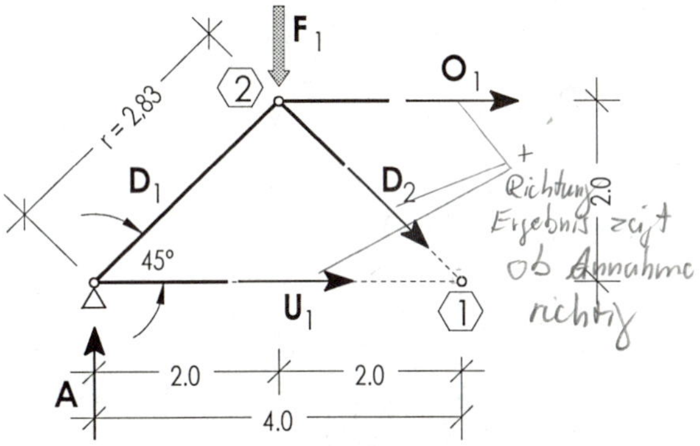

An diesem linken abgeschnittenen Tragwerksteil muss ein Gleichgewicht zwischen den äußeren bekannten Kräften (Auflagerreaktion A , Knotenlast F_1) und den inneren unbekannten Stabkräften (O_1, U_1, D_2) herrschen.

- Gleichgewicht am abgetrennten Tragwerkteil bilden. Der gewählte Schnitt schneidet die drei unbekannten Stäbe.

Es ist günstig, das Momentengleichgewicht um den Schnittpunkt der Wirkungslinien von zwei unbekannten Stabkräften zu bilden. Der Momentenanteil dieser beiden Stäbe ist Null, da der Hebelarm gleich Null ist.

Für die Ermittlung der Stabkraft O_1 ist dies der Knoten 1. Für die Ermittlung der Stabkraft U_1 der Knoten 2. Für den Diagonalstab D_2 ist dies nicht möglich, weil die Stäbe O_1 und U_1 wegen ihrer Parallelität keinen gemeinsamen Schnittpunkt haben.

Ermittlung der Stabkraft O_1 (Drehpunkt Knoten 1):

$$\Sigma M_1 = 0: \qquad A \cdot 4{,}0 - F_1 \cdot 2{,}0 + O_1 \cdot 2{,}0 = 0$$

$$8{,}5 \cdot 4{,}0 - 10 \cdot 2{,}0 + O_1 \cdot 2{,}0 = 0$$

$$\Rightarrow O_1 = -\frac{14{,}0}{2{,}0} = -7{,}0 \text{ kN (Druckstab)}$$

Ermittlung der Stabkraft U_1 (Drehpunkt Knoten 2):

$$\Sigma M_2 = 0: \quad A \cdot 2{,}0 - U_1 \cdot 2{,}0 = 0$$

$$8{,}5 \cdot 2{,}0 - U_1 \cdot 2{,}0 = 0$$

$$\Rightarrow U_1 = \frac{17{,}0}{2{,}0} = 8{,}5 \text{ kN (Zugstab)}$$

Ermittlung der Stabkraft D_2 (Drehpunkt Auflagerknoten A):

Um den Auflagerknoten A verursachen die Stabkräfte O_1 und D_2 Drehmomente. Die Stabkraft O_1 ist jedoch bereits bekannt (-7,0 kN).

Hebelarm r der Stabkraft D_2 bezogen auf den Drehpunkt A:

$$r = 2{,}0 \cdot \sqrt{2} = 2{,}83 \text{ m}$$

$$\Sigma M_A = 0: \quad F_1 \cdot 2{,}0 + O_1 \cdot 2{,}0 + D_2 \cdot 2{,}83 = 0$$

$$10 \cdot 2{,}0 + (-7) \cdot 2{,}0 + D_2 \cdot 2{,}83 = 0$$

$$\Rightarrow D_2 = -\frac{6{,}0}{2{,}83} = -2{,}12 \text{ kN (Druckstab)}$$

Wichtig: Die Vorzeichen bereits bekannter Stäbe sind unbedingt zu beachten. Entweder unter Beibehaltung der zu Beginn definierten Zugrichtung mit Vorzeichen oder unter tatsächlicher Kraftrichtung mit Umdrehung der Pfeilrichtung.

Mit Hilfe weiterer Schnitte können weitere Stabkräfte ermittelt werden, z.B.:

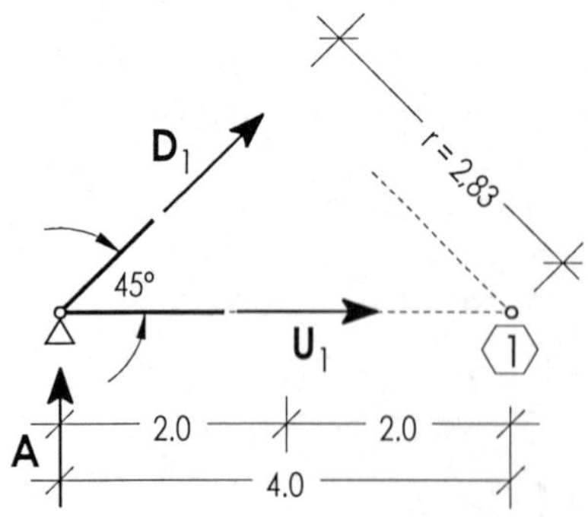

Ermittlung der Stabkraft D_1 (Drehpunkt Knoten 1):

$$\Sigma M_1 = 0: \quad A \cdot 4{,}0 + D_1 \cdot 2{,}83 = 0$$

$$8{,}5 \cdot 4{,}0 + D_1 \cdot 2{,}83 = 0$$

$$\Rightarrow D_1 = -\frac{34{,}0}{2{,}83} = -12{,}01 \text{ kN (Druckstab)}$$

Sonderfall: $F_1 = F_2 = F$

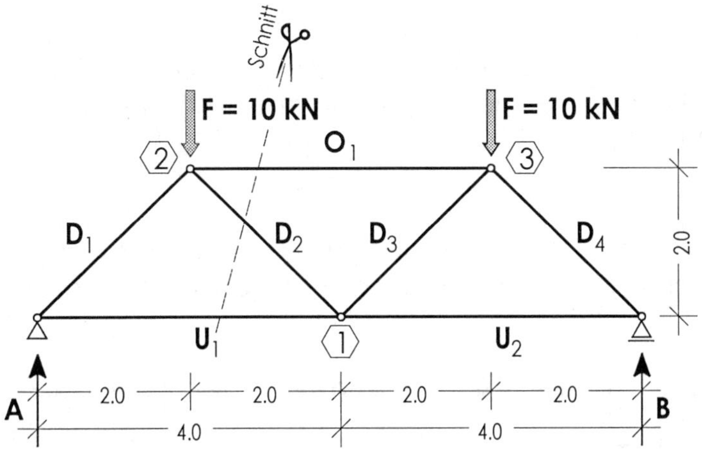

Auflagerreaktionen:

aus Symmetriegründen

$\Rightarrow A = B = F = 10$ kN

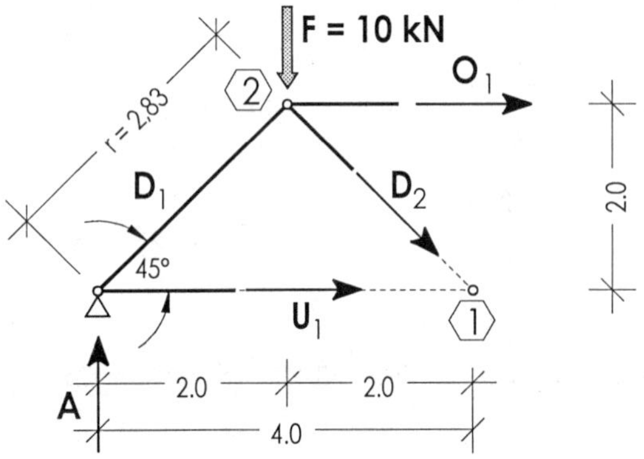

Ermittlung der Stabkraft O_1 (Drehpunkt Knoten 1):

$$\Sigma M_1 = 0: \quad A \cdot 4{,}0 - F \cdot 2{,}0 + O_1 \cdot 2{,}0 = 0$$

$$\Rightarrow O_1 = -\frac{20{,}0}{2{,}0} = -10{,}0 \text{ kN (Druckstab)}$$

Ermittlung der Stabkraft U_1 (Drehpunkt Knoten 2):

$$\Sigma M_2 = 0: \quad A \cdot 2{,}0 - U_1 \cdot 2{,}0 = 0$$

$$\Rightarrow U_1 = -\frac{20{,}0}{2{,}0} = 10 \text{ kN (Zugstab)}$$

Ermittlung der Stabkraft D_2 (Drehpunkt Auflagerknoten A):

$$\Sigma M_A = 0: \quad F \cdot 2{,}0 + O_1 \cdot 2{,}0 + D_2 \cdot 2{,}83 = 0$$

$$10 \cdot 2{,}0 + (-10) \cdot 2{,}0 + D_2 \cdot 2{,}83 = 0$$

$$\Rightarrow D_2 = -\frac{20{,}0 - 20{,}0}{2{,}83} = 0 \text{ (Nullstab)}$$

Es ist möglich, dass einzelne Stäbe in Fachwerken bei bestimmten Lastfällen unbeansprucht sind. Diese Stäbe werden als "Nullstäbe" bezeichnet, in diesem Beispiel die Diagonalstäbe D_2 und D_3. Für das Funktionieren des Fachwerks sind sie dennoch nötig, wie der Lastfall unsymmetrische Belastung gezeigt hat.

7.4 Diskussion verschiedener Fachwerktypen und Erkennen von Stabkräften

Wesentlich für den Entwurf eines Fachwerks ist die Kenntnis, welche Stäbe auf Druck, welche auf Zug beansprucht sind. Druckstäbe haben im allgemeinen wegen der Knickgefahr bei gleicher Längskraft N einen größeren Querschnitt, aber im Holzbau oft einfachere Anschlüsse als Zugstäbe.

Weiterhin ist es für den Entwurf wichtig, die am meisten beanspruchten Stäbe zu erkennen, um mit einer Vordimensionierung die erforderlichen Stabquerschnitte ermitteln zu können.

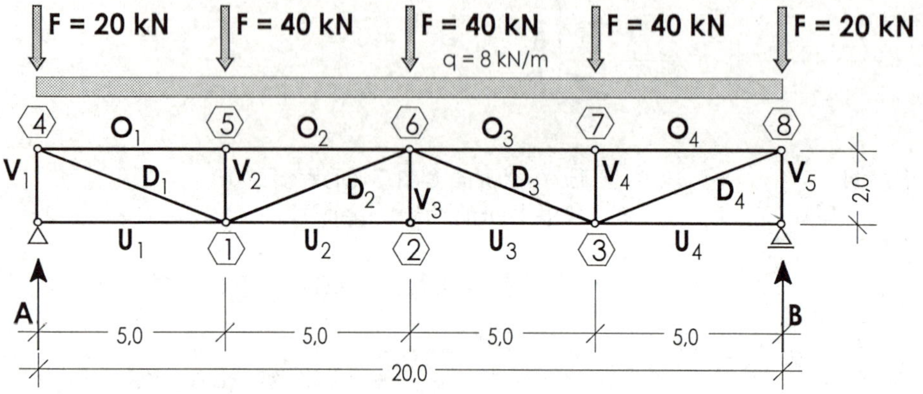

Parallelfachwerk mit wechselnder Diagonalenrichtung

Gleichlast am Obergurt:

q = 8,0 kN/m

Die Gleichlast am Obergurt q = 8,0 kN/m wird voraussetzungsgemäß zu Knotenlasten (Einflussbreite e = 5,0 m) zusammengefasst:

Innenknoten	$F = q \cdot e = 8{,}0 \cdot 5{,}0 = 40$ kN
Randknoten	$F = 40/2 = 20$ kN

Auflagerreaktionen: $A = B = \dfrac{3 \cdot 40 + 2 \cdot 20}{2} = 80$ kN

Es ist zu vermuten, dass die größten Gurtkräfte in der Mitte des Fachwerkträgers auftreten, analog zum Biegebalken, der in Feldmitte durch das maximale Biegemoment beansprucht wird.

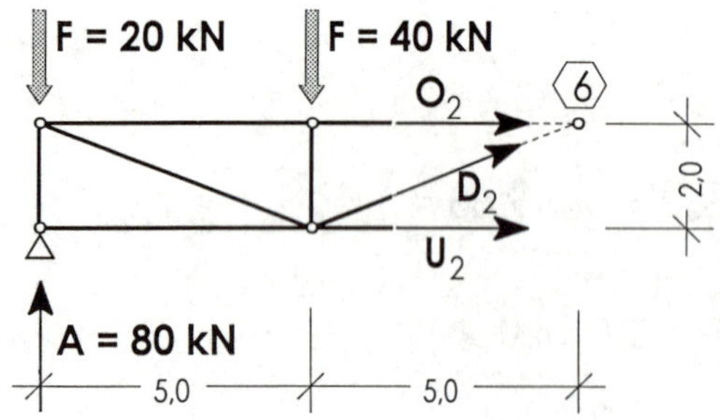

Daher gesucht: Stabkraft U_2

Drehpunkt Knoten 6

$$\Sigma M_6 = 0: \quad 80 \cdot 10{,}0 - 20 \cdot 10{,}0 - 40 \cdot 5{,}0 - U_2 \cdot 2{,}0 = 0$$

$$\Rightarrow U_2 = \frac{400}{2{,}0} = 200 \text{ kN (Zugstab)}$$

Die Kraft in den mittleren Obergurtstäben O_2 und O_3 ist geringer als die Kraft in den Untergurtstäben U_2 und U_3, weil ein Teil der Kraft, die im Gleichgewicht mit dem Untergurt stehen muss, durch die Diagonalen D_2 und D_3 abgeleitet wird.

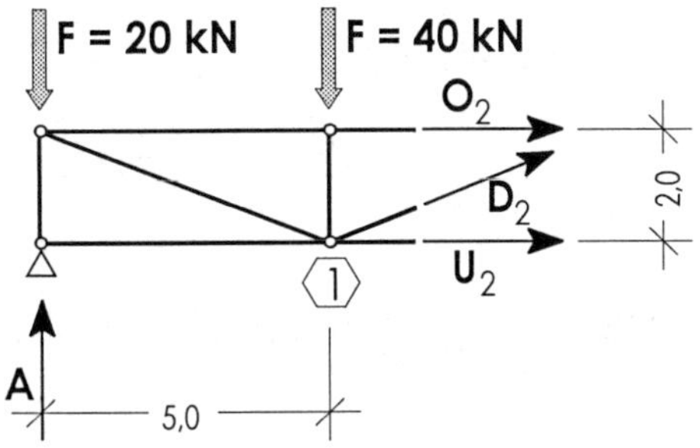

Gesucht: Stabkraft O_2

Drehpunkt Knoten 1

$$\Sigma M_1 = 0: \quad 80 \cdot 5{,}0 - 20 \cdot 5{,}0 + O_2 \cdot 2{,}0 = 0$$

$$\Rightarrow O_2 = -\frac{300}{2{,}0} = -150 \text{ kN (Druckstab)}$$

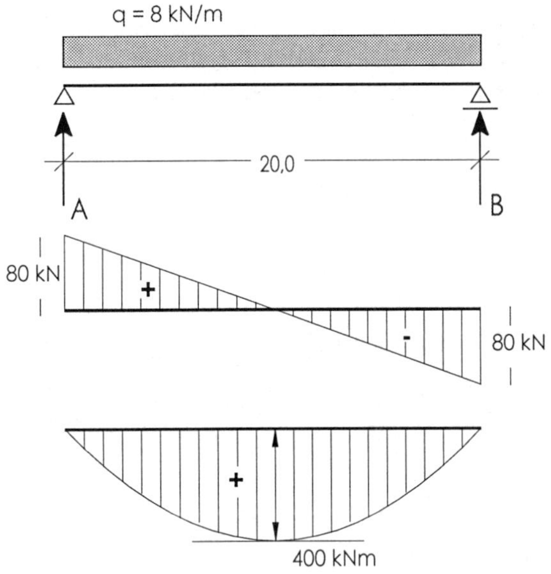

Zum Vergleich: Biegebalken mit 20,0 m Spannweite und gleicher Belastung

Auflagerreaktionen:

$$A = B = \frac{8 \cdot 20{,}0}{2} = 80 \text{ kN}$$

Biegemoment:

$$M_{max} = \frac{8 \cdot 20{,}0^2}{8} = 400 \text{ kNm}$$

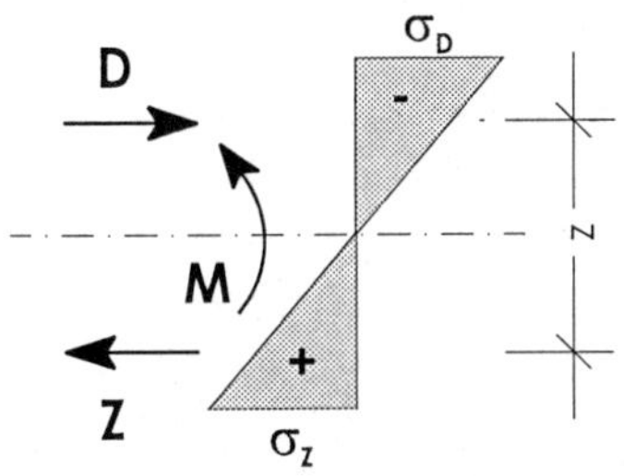

Beim Biegebalken erzeugt das Biegemoment M Biegespannungen σ. Die Resultierenden der Biegespannungen D bzw. Z ergeben sich zu:

$$D = Z = \frac{M}{z} \quad \text{(z: innerer Hebelarm)}$$

Dieser Satz, dass ein Moment in ein Kräftepaar aus entgegengesetzt gerichteten, gleich großen Kräften aufgeteilt werden kann, gilt auch bei Fachwerken. Anstelle des inneren Hebelarms z tritt der Achsabstand h von Ober- und Untergurt. Damit ergibt sich für parallelgurtige Fachwerke (für Überschlagszwecke unabhängig von der Diagonalenneigung):

$$U_{max} = -O_{max} = \frac{M}{h} = \frac{q \cdot l^2}{8 \cdot h}$$

In diesem Beispiel:

$$U_{max} = - O_{max} = \frac{8 \cdot 20{,}0^2}{8 \cdot 2{,}0} = 200 \text{ kN}$$

Der Untergurt wird auf Zug beansprucht, der Obergurt auf Druck.

Damit ist es möglich, die Querschnittsgrößen von Unter- und Obergurt zu ermitteln. Sie sind als Zug- bzw. Druckstab zu bemessen (vgl. Kapitel 8).

Aus dieser Beziehung ist die Abhängigkeit der Gurtkräfte von der Konstruktionshöhe des Fachwerkträgers zu erkennen:

doppelte Konstruktionshöhe h:	halbe Gurtkraft
halbe Konstruktionshöhe h:	doppelte Gurtkraft

Die größten Stabkräfte der Füllstäbe (Vertikal- und Diagonalstäbe) ergeben sich entsprechend dem Querkraftverlauf des Biegebalkens im Bereich der Auflager. Zuerst muss die Stabkraft des Obergurts O_1 ermittelt werden.

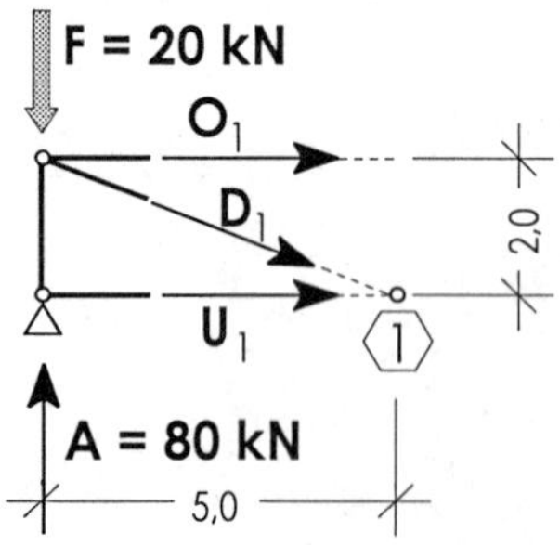

Gesucht: Stabkraft O_1

Drehpunkt Knoten 1

$\Sigma M_1 = 0$: $80 \cdot 5{,}0 - 20 \cdot 5{,}0 + O_1 \cdot 2{,}0 = 0$

$$\Rightarrow O_1 = - \frac{300}{2{,}0} = - 150 \text{ kN (Druckstab)}$$

Gesucht: Stabkraft D_1

Drehpunkt Knoten A

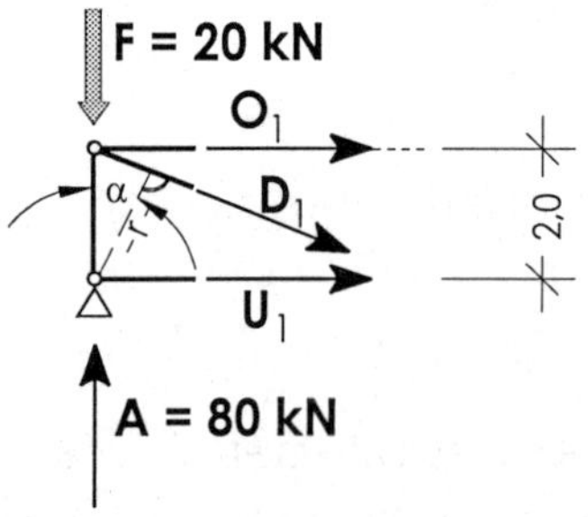

Hebelarm r: $\text{tg}\,\alpha = \frac{2{,}0}{5{,}0} = 0{,}4 \quad \rightarrow \alpha = 21{,}8°$

$\cos\alpha = 0{,}928$

$r = 2{,}0 \cdot \cos\alpha = 2{,}0 \cdot 0{,}928 = 1{,}86$ m

$\Sigma M_A = 0$: $O_1 \cdot 2{,}0 + D_1 \cdot 1{,}86 = 0$

$(-150) \cdot 2{,}0 + D_1 \cdot 1{,}86 = 0$

$$\Rightarrow D_1 = \frac{300}{1{,}86} = 161{,}6 \text{ kN (Zugstab)}$$

Wie an jedem abgetrennten Tragwerksteil muss auch an jedem Knoten ein Gleichgewicht in vertikaler und horizontaler Richtung herrschen.

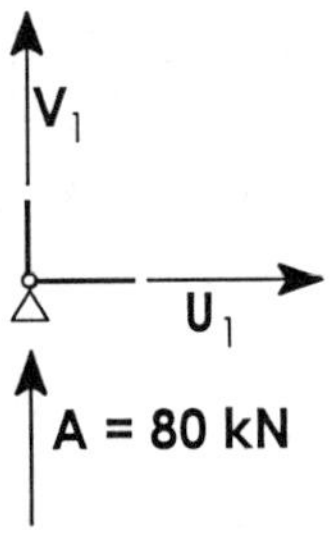

Gleichgewicht am Knoten A:

$\Sigma V = 0$: $-V_1 - A = 0$

$\Rightarrow V_1 = -A = -80$ kN (Druckstab)

$\Sigma H = 0$: $\Rightarrow U_1 = 0$ (Nullstab)

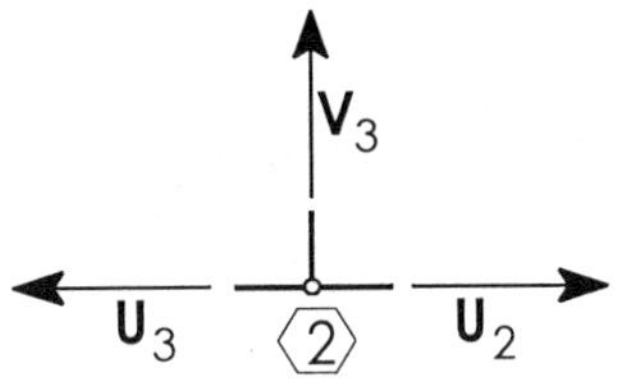

Gleichgewicht am Knoten 2:

$\Sigma V = 0$: $\Rightarrow V_3 = 0$ (Nullstab)

$\Sigma H = 0$: $\Rightarrow U_2 = U_3 = 200$ kN (Zugstab)

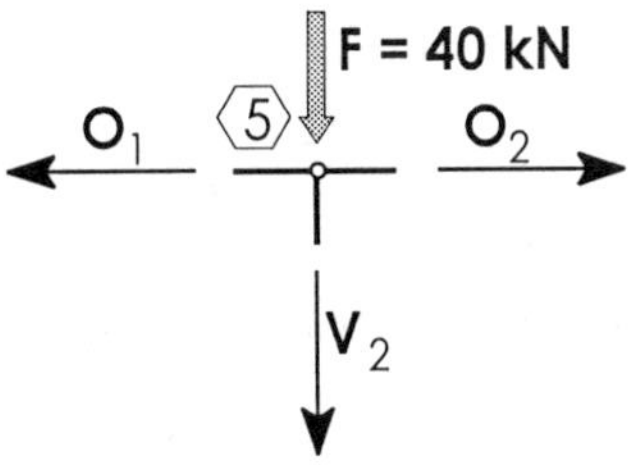

Gleichgewicht am Knoten 5:

$\Sigma V = 0$: $V_2 + F = 0$ (Nullstab)

$\Rightarrow V_2 = -F = -40$ kN (Druckstab)

$\Sigma H = 0$: $\Rightarrow O_1 = O_2 = -150$ kN (Druckstab)

Zusammenstellung:

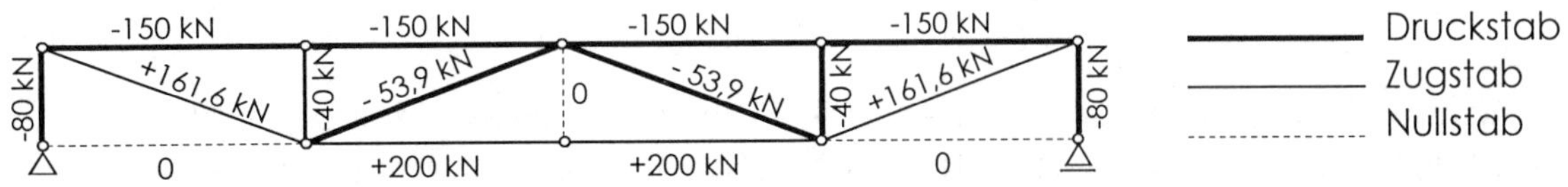

Der auf Druck beanspruchte Obergurt muss mit einem größeren Querschnitt ausgeführt werden als der auf Zug beanspruchte Untergurt, da er seitlich ausknicken kann (Stabilitätsproblem).

Die zugbeanspruchten Stäbe können, auch bei Fachwerken in Holz, mit einem Rundstahlquerschnitt ausgeführt werden.

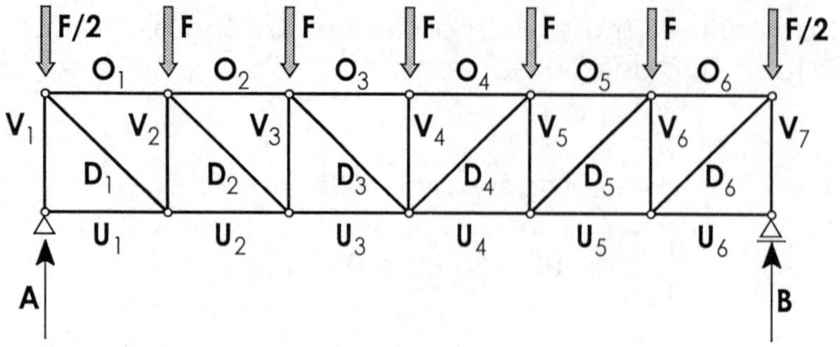

Durch Gleichgewichtsbetrachtungen an den Knoten lässt sich auch ohne Schnitte schnell erkennen, ob ein Stab auf Zug oder Druck beansprucht wird, oder ob er ein Nullstab ist.

Wie bereits im vorangegangenen dargestellt, ist der Obergurt eines Fachwerkträgers über ein Feld immer auf Druck, der Untergurt immer auf Zug beansprucht, analog zum Biegebalken mit seiner oberen Druckzone und seiner unteren Zugzone.

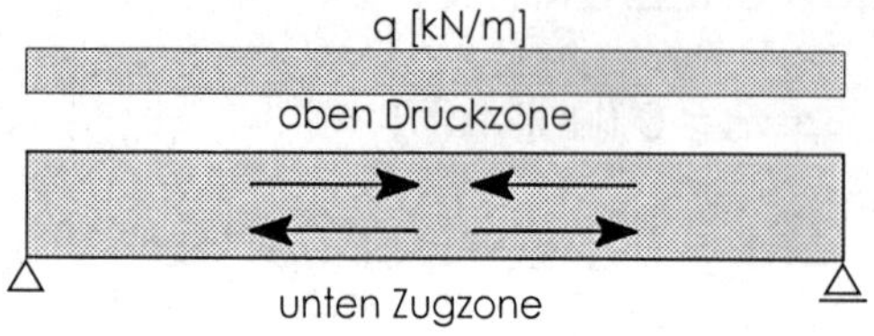

Zum Vergleich: Biegebalken mit Druck- und Zugzone

Eine Gleichgewichtsbetrachtung am Auflagerknoten B zeigt jedoch, dass nicht alle Untergurtstäbe auf Zug beansprucht sind:

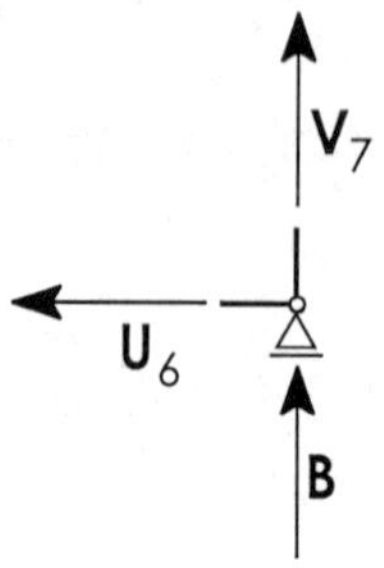

Gleichgewicht am Knoten B:

$\Sigma V = 0$: $-V_7 - B = 0$

$\Rightarrow V_7 = -B$ (Druckstab)

$\Sigma H = 0$: $\Rightarrow U_6 = 0$ (Nullstab)

Das Gleichgewicht am mittleren Obergurtknoten zeigt, dass der Vertikalstab V_4 mit der Knotenlast F im Gleichgewicht steht und ihr als Druckstab entgegenwirkt.

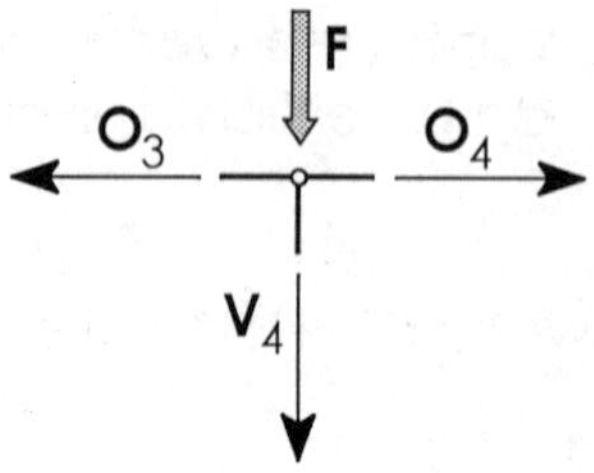

Gleichgewicht am mittleren Obergurtknoten:

$\Sigma V = 0$: $V_4 + F = 0$

$\Rightarrow V_4 = -F$ (Druckstab)

$\Sigma H = 0$: $\Rightarrow O_3 = O_4$ (Zugstab)

Am mittleren Untergurtknoten steht der drückende Vertikalstab V_4 im Gleichgewicht mit den vertikalen Komponenten der Diagonalstäbe D_3 und D_4. Die Untergurtstäbe U_3 bzw. U_4 können keine vertikale Kraftkomponente aufnehmen.

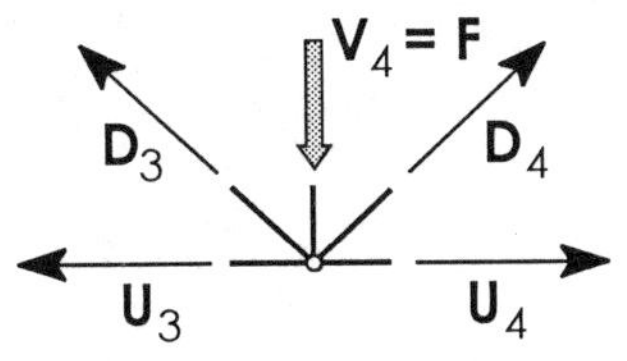

Der Vertikalstab V_4 gibt seine Kraft F an die Diagonalstäbe D_3 und D_4 ab. Er wird von den Diagonalstäben wie durch ein Seil gehalten. Die Diagonalen sind daher Zugstäbe.

Aus Symmetriegründen wird der Vertikalstab V_1 wie der Vertikalstab V_7 durch eine Druckkraft beansprucht (vgl. Gleichgewicht am Knoten B: $V_7 = - B$, also $V_1 = - A$).

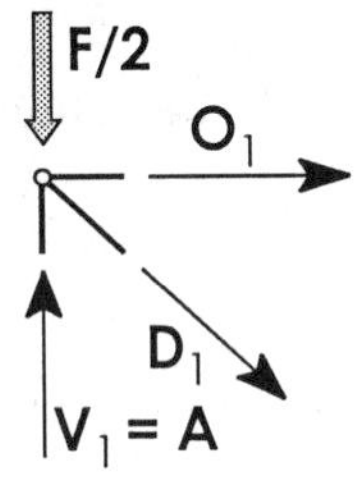

Gleichgewicht am linken Obergurtknoten

Die vertikale Komponente des Diagonalstabs D_1 steht im Gleichgewicht mit der Auflagerkraft A, vermindert um die Knotenlast F/2. Die Diagonale D_1 ist also ein Zugstab.

Allgemein:

In einem parallelgurtigen Fachwerkträger werden Diagonalstäbe, die zur Mitte hin fallen, auf Zug beansprucht, die Vertikalstäbe auf Druck.

Die Diagonalen sind in diesem Fall in Richtung eines gedachten zugbeanspruchten Seils geneigt.

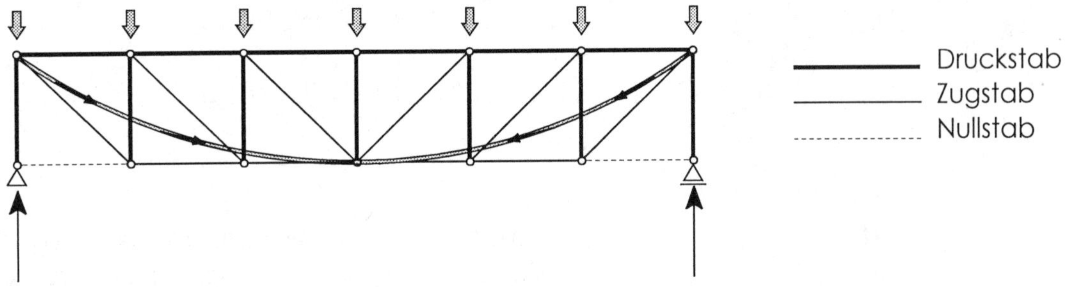

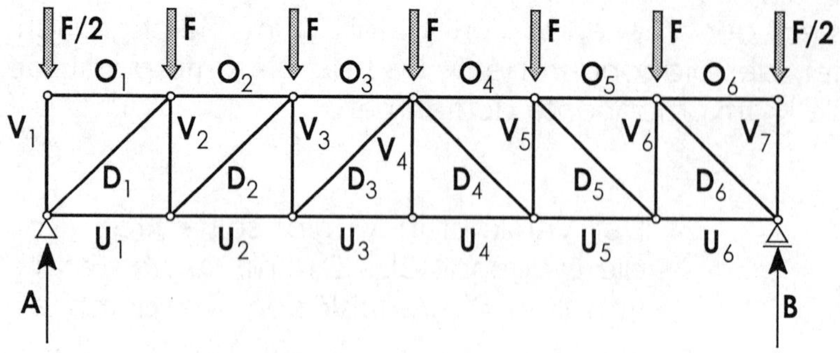

Auch bei geänderter Diagonalenneigung (zur Mitte hin steigend) ist der Obergurt druck-, der Untergurt zugbeansprucht.

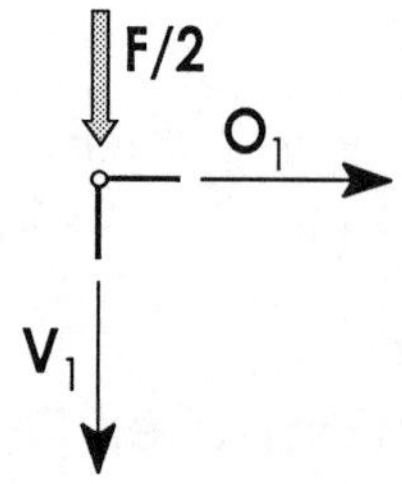

Gleichgewicht am linken Obergurtknoten

$\Sigma V = 0$: $V_1 + F/2 = 0$

$\Rightarrow V_1 = - F/2$ (Druckstab)

$\Sigma H = 0$: $\Rightarrow O_1 = 0$ (Nullstab)

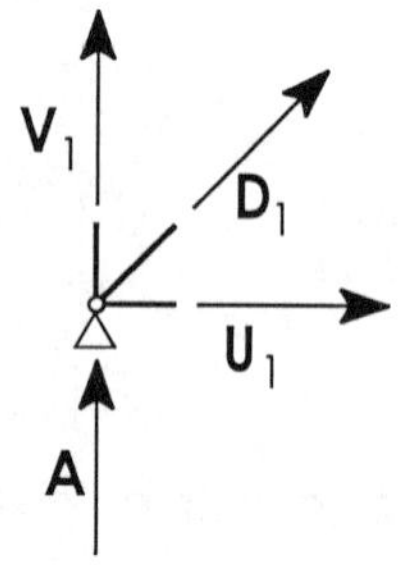

Gleichgewicht am Knoten B:

Der Untergurtstab U_1 ist bei dieser Diagonalenneigung ebenfalls ein Zugstab. Er steht im Gleichgewicht mit der horizontalen Komponente des Diagonalstabs D_1. D_1 ist ein Druckstab.

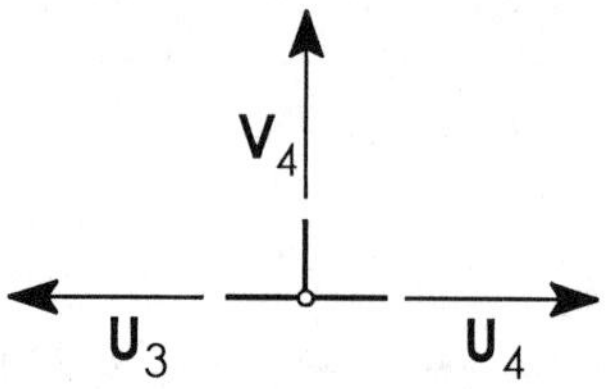

Gleichgewicht am mittleren Untergurtknoten:

$\Sigma V = 0$: $\Rightarrow V_4 = 0$ (Nullstab)

$\Sigma H = 0$: $\Rightarrow U_3 = U_4$ (Zugstab)

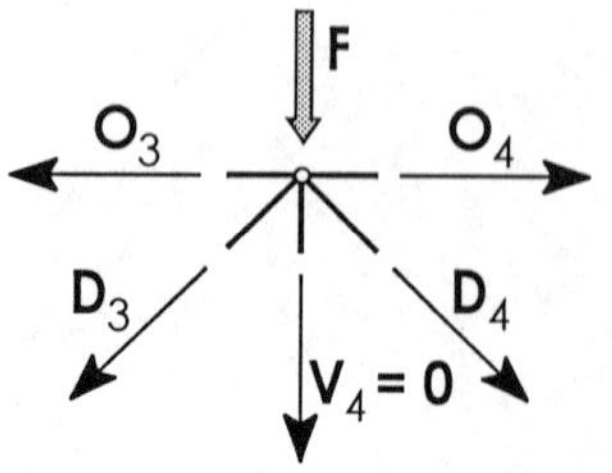

Analog zum mittleren Untergurtknoten bei fallender Diagonalenneigung ist am mittleren Obergurtknoten bei steigenden Diagonalen zu erkennen, dass die Diagonalstäbe D_3 bzw. D_4 auf Druck beansprucht sind. Ihre vertikalen Komponenten stehen mit der Knotenlast F im Gleichgewicht.

Allgemein:

In einem parallelgurtigen Fachwerkträger werden Diagonalstäbe, die zur Mitte hin steigen, auf Druck beansprucht, die Vertikalstäbe auf Zug.

Die Diagonalen sind in diesem Fall in Richtung eines gedachten druckbeanspruchten Bogens geneigt.

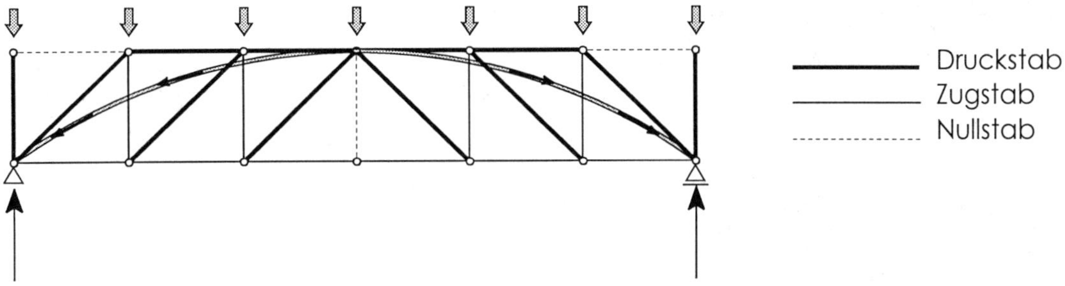

Zusammenfassung:

Weil aus herstellungstechnischen oder auch formalen Gründen oft alle Stäbe einer Gruppe (O, U, D, V) gleich ausgebildet werden, sollte man beim Entwurf eines Fachwerks wissen, welcher Stab jeder Gruppe auf Zug oder Druck, am stärksten beansprucht oder ein Nullstab ist.

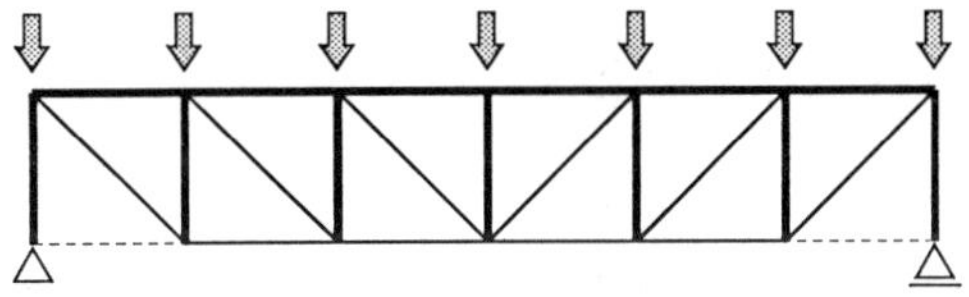

In jedem Obergurtknoten Belastung F

Parallelgurtige Fachwerkträger

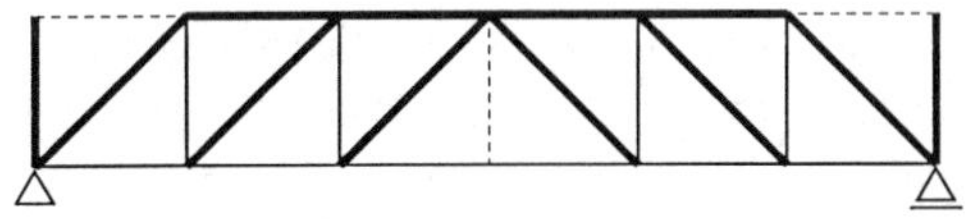

⇒ O_{max}, U_{max} in Trägermitte

⇒ V_{max}, D_{max} am Auflager

D, V: Druck oder Zug von Anordnung der Füllstäbe abhängig

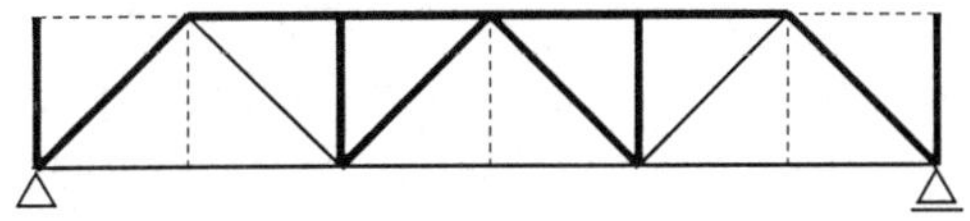

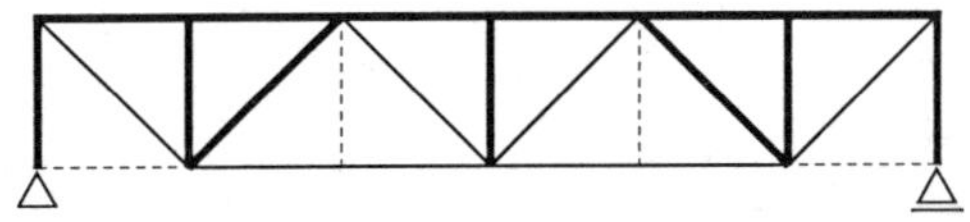

Druckstab
Zugstab
Nullstab

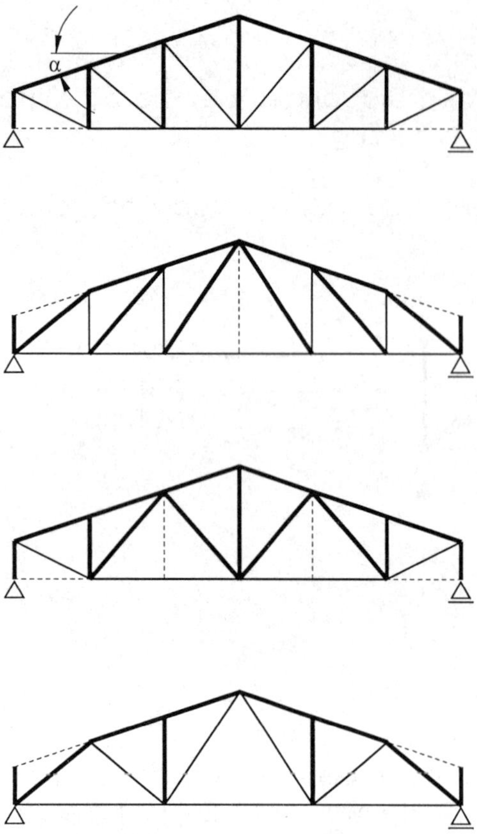

Satteldachfachwerk mit angehobener Traufe

⇒ O_{max}, U_{max} liegen nicht in Trägermitte, sondern sind abhängig von der Dachneigung α und vom Knotenpunktabstand

⇒ V_{max}, D_{max} nach Vorzeichen (Druck oder Zug) und Größe abhängig von der Dachneigung α und vom Knotenpunktabstand

Druckstab
Zugstab
Nullstab

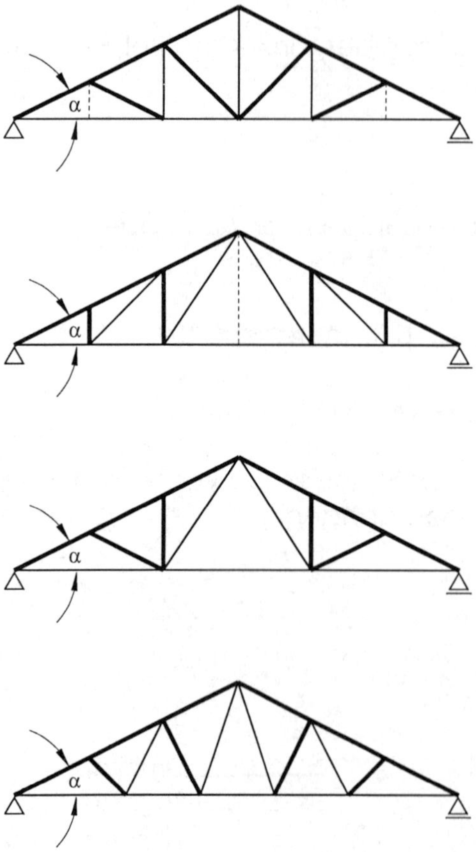

Dreieckfachwerk

⇒ O_{max}, U_{max} am Auflager. Die am stärksten beanspruchten Gurtstäbe sind O_1 und U_1

⇒ V_{max}, D_{max} nach Vorzeichen (Druck oder Zug)) und Größe abhängig von der Dachneigung α und vom Knotenpunktabstand

Die Dachneigung α soll 15° nicht unterschreiten. Je kleiner der Winkel ist, desto größer werden die Stabkräfte, außerdem wird der Anschluss von Obergurt zu Untergurt schwieriger.

7.5 Verbindungsmittel des Holzbaus

7.5.1 Versatz

Der Versatz ist eine sogenannte zimmermannsmäßige Verbindung, d.h. die Verbindung von Einzelhölzern zu einem Gesamttragwerk erfolgt ohne die Zwischenschaltung von stählernen Einbauteilen zur Lastübertragung. Wegen der Schwächung der Hölzer, dem hohen Arbeitsaufwand und der schwierigen Herstellung werden zimmermannsmäßige Verbindungen nur noch begrenzt angewendet.

Der Versatz ist als Anschlussmöglichkeit für schräge Druckanschlüsse die einzige zimmermannsmäßige Verbindung, deren Belastbarkeit rechnerisch einigermaßen zuverlässig erfasst werden kann.

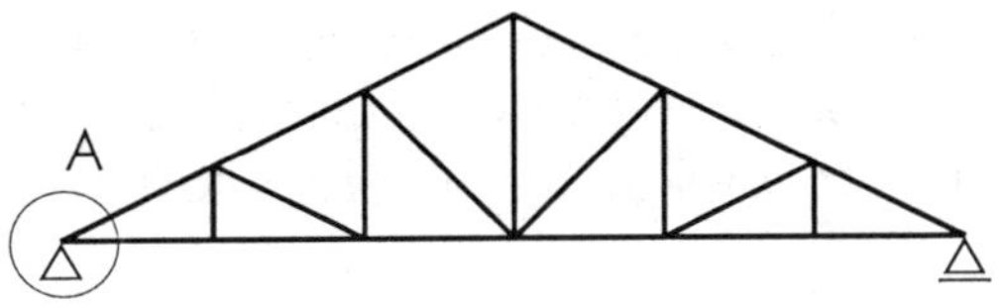

Detail A

Anschluss des druckbeanspruchten Obergurts an den zugbeanspruchten Untergurt.

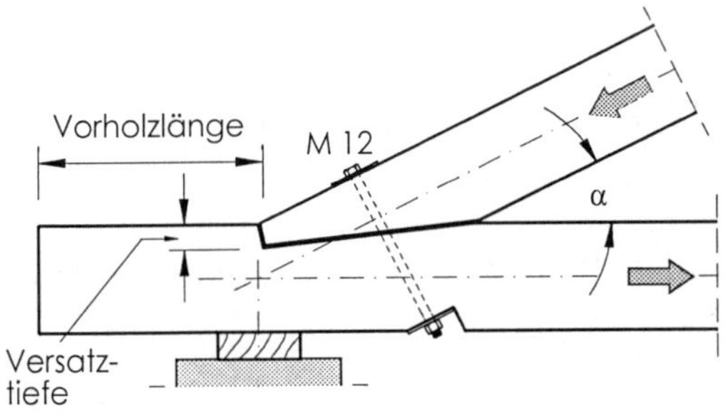

Stirnversatz

Die Versatztiefe t_v und die Vorholzlänge l_v sind abhängig von der Druckkraft im Obergurt, vom Neigungswinkel α, von der Breite des Holzes und von der Sortierklasse.

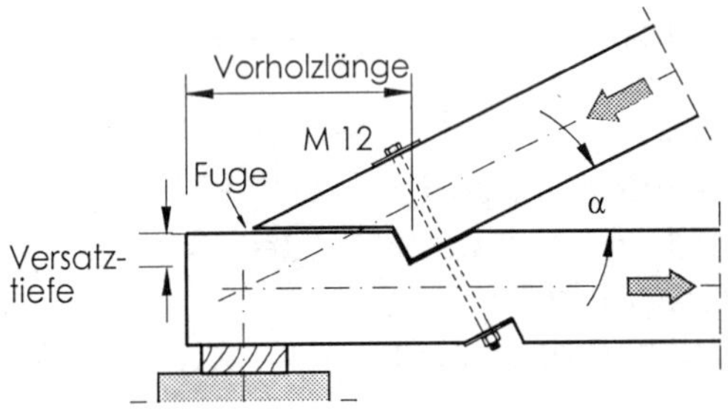

Rückversatz oder Fersenversatz

Bei erforderlicher knapper Vorholzlänge bietet der Rückversatz trotz schwierigerer Herstellung Vorteile.

Bevorzugt sollte der Stirnversatz ausgeführt werden, da der Rückversatz höhere Anforderungen an die Passgenauigkeit stellt. Bei schlecht passenden Schnittflächen kommt es oft zu einem Längsaufreißen des Obergurts. Jeder Versatz ist in der Regel durch einen Bolzen oder eine Schraube in seiner Lage zu sichern.

Die Versatztiefe t_v darf ein Maß von h/4 bis h/6, je nach Neigungswinkel α nicht überschreiten. Dies ergibt oft größere Querschnitte als für die Stabkraft statisch erforderlich.

Im Gegensatz zu den zimmermannsmäßigen Verbindungen werden im modernen Ingenieurholzbau sogenannte mechanische Verbindungsmittel eingesetzt, zu denen Nägel, Schrauben, Bolzen, Stabdübel, Dübel besonderer Bauart, Nagelplatten und andere Verbindungsmittel aus Stahl gehören. Mit diesen ingenieurmäßigen Verbindungen lassen sich sparsame Konstruktionen entwickeln, arbeitsmäßige Erleichterungen erzielen und eine einwandfreie und rechnerisch exakt nachweisbare Kraftübertragung in den Verbindungspunkten der Einzelhölzer erreichen.

7.5.2 Nägel

Üblicherweise werden runde Drahtnägel mit Senkkopf ohne Vorbohrung des Holzes von Hand oder pneumatisch eingeschlagen. Dabei werden die Holzfasern vorwiegend zur Seite gedrückt und nur im Bereich der Nagelspitze durchstanzt. Mit Rücksicht auf die Spaltgefahr des Holzes sind die Anforderungen bezüglich Mindestholzdicken, Nagelabständen und Einschlagtiefen in Abhängigkeit vom Nageldurchmesser d_n zu beachten (Bautabellen).

Nägel sind in den Abmessungen 10 x 15 bis 94 x 310 lieferbar. Hierbei bezeichnet die erste Zahl den Nageldurchmesser in 1/10 mm, die zweite Zahl die Länge in mm.

Für Bauteile, die ungeschützt der Witterung ausgesetzt sind, dürfen nur korrosionsgeschützte Nägel verwendet werden.

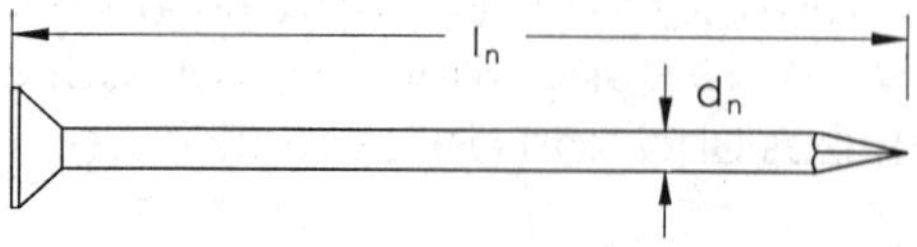

Runder Drahtnagel mit Senkkopf nach DIN 1151.
Beispiel: Na 38 x 100

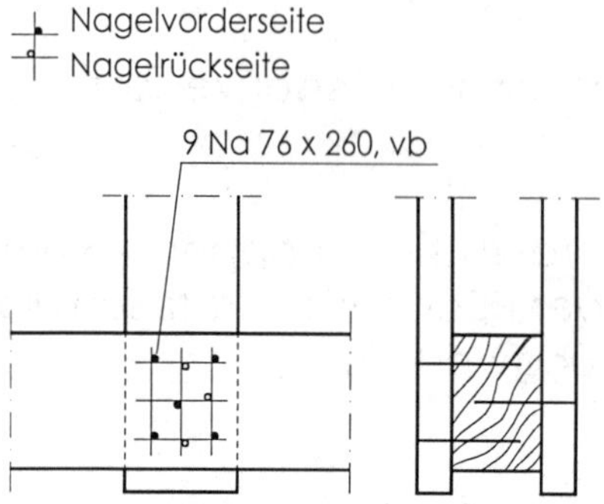

Darstellung einer Nagelverbindung

- Anzahl
- Kurzbezeichnung Na
- Nageldurchmesser x Länge
- Einschlagseite
- ggf. vb = vorgebohrt

Die Tragfähigkeit einer Nagelverbindung ist abhängig vom Durchmesser und der Länge des Nagels, von der Einschlagtiefe, von der Schnittigkeit der Verbindung und davon, ob das Nagelloch vorgebohrt wird.

Durch die Vorbohrung mit ca. 80% bis 90% des Nageldurchmessers d_n wird die Tragfähigkeit der Nagelverbindung um 25% erhöht, da sich die Spaltgefahr des Holzes verringert. Vorgebohrte Nagelverbindungen empfehlen sich bei Holzarten mit erhöhter Spaltgefahr, z.B. Lärche, bei größeren Nageldurchmessern, bei erschwerter Zugänglichkeit und überall dort, wo auf kleiner Fläche eine große Kraft angeschlossen werden soll. Eichen- und Buchenholz sind stets vorzubohren.

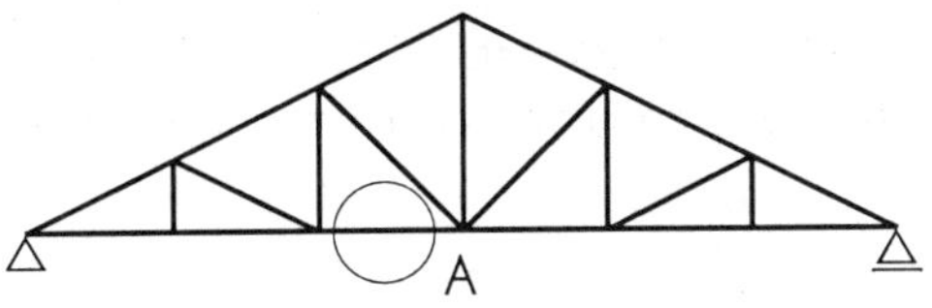

Detail A

Zugstoß des Untergurts

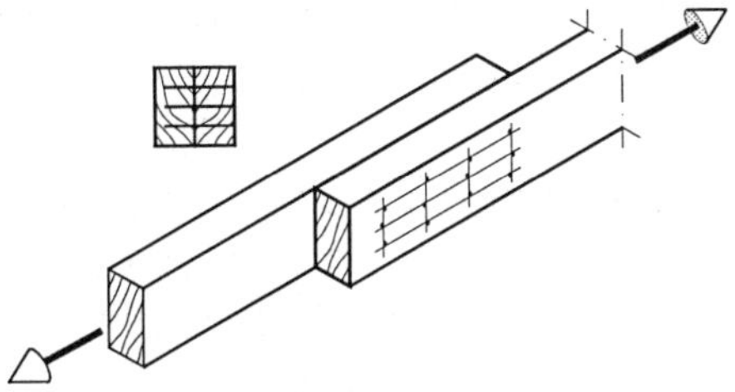

Einschnittige Verbindung

In den Bautabellen sind die Nagelbelastungen je Scherfläche angegeben.

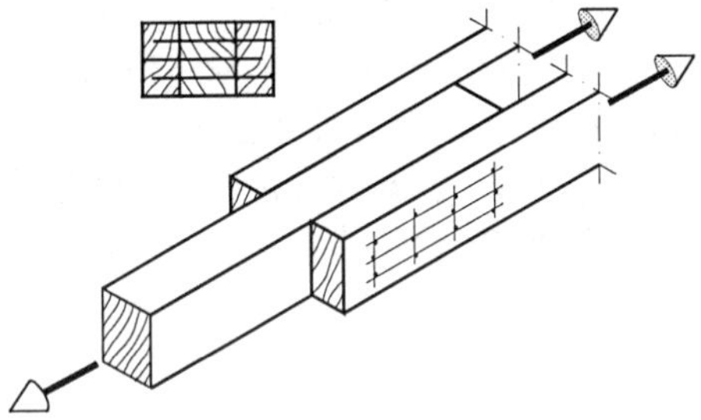

Zweischnittige Verbindung

Für eine zweischnittige Verbindung verdoppelt sich die in den Bautabellen angegebene Nagelbelastung.

7.5.3 Sondernägel (Rillennägel, Schraubnägel)

Als Sondernägel werden Nägel bezeichnet, die nach Schaftform und Nagelwerkstoff von den runden Drahtnägel abweichen. Da das Vorbohren und Eindrehen von Schrauben sehr arbeitsintensiv ist, wurden Nägel mit profiliertem Schaft entwickelt, die in das Holz eingeschlagen werden können und meist wesentlich höhere Ausziehwiderstände als glattschaftige Nägel erreichen. Die allgemeine Anwendung ist zur Zeit noch dadurch erschwert, dass bisher keine normenmäßig festgelegten Typen von Sondernägeln vorliegen. Für tragende Verbindungen ist man daher auf Fabrikate angewiesen, die bereits eine bauaufsichtliche Zulassung besitzen.

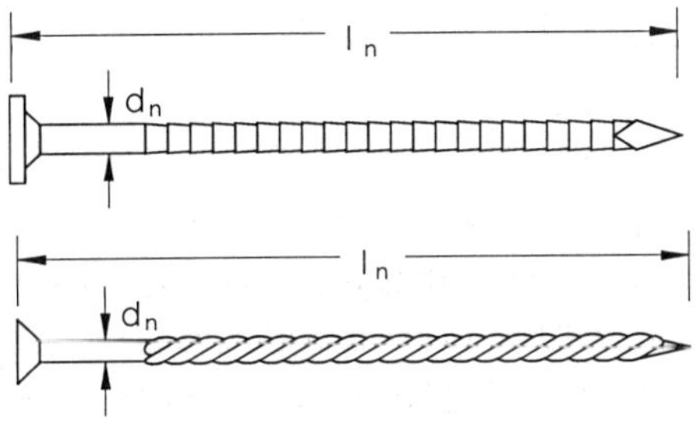

Rillennagel RNa

Bezeichnung: Durchmesser d_n x Länge l_n in mm, z.B. 6,0 x 150

Schraubnagel SNa

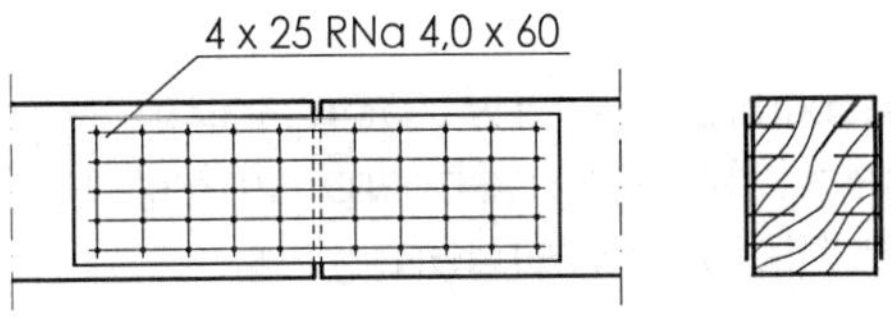

Darstellung einer Verbindung mit Sondernägeln

- Anzahl
- Kurzbezeichnung RNa = Rillennagel
  SNa = Schraubnagel
- Nageldurchmesser x Länge
- ggf. vb = vorgebohrt

Rillennägel werden für Holz-Holz-, Holz-Holzwerkstoff- und Holz-Stahlblech-Verbindungen verwendet. Üblich sind Durchmesser d_n = 4,0 mm und 6,0 mm sowie Längen von l_n = 35 mm bis 100 mm.

Schraubnägel kommen bei Holz-Holz- und Holz-Holzwerkstoff-Verbindungen zur Anwendung. Sie werden hauptsächlich in den Größen d_n = 4,2 mm mit l_n = 80 mm bis 230 mm und d_n = 5,1 mm mit l_n = 80 mm bis 320 mm hergestellt.

Nägel können außer auf Abscheren auch auf Herausziehen beansprucht werden. Da jedoch der Ausziehwiderstand bei Drahtnägeln mit zunehmendem Austrocknen des Holzes stark nachlässt, muss die Nagelbeanspruchung auf Herausziehen bei glattschaftigen Drahtnägeln auf die Sicherung von Bauteilen wie Schalungen, Pfetten und dergleichen gegen die nur kurzzeitig wirkenden abhebenden Sogkräfte des Windes beschränkt bleiben. Für ständig wirkende Ausziehkräfte, wie sie bei untergehängten Decken und ähnlichem vorkommen, sind glattschaftige Nägel nicht geeignet. Selbst nach mehrjähriger Haltbarkeit sind Schadensfälle durch Nachlassen der Haltekräfte im Holz infolge der Austrocknung aufgetreten. In solchen Fällen sind Sondernägel zu wählen. Die Haftkraft von Rillen- und Schraubnägeln lässt auch nach der Holzaustrocknung nicht nach.

7.5.4 Stahlblech-Holz-Nagelverbindungen, Nagelplatten

Stabanschlüsse von hoher Tragkraft können durch Stahlblech-Holz-Nagelungen hergestellt werden. Im allgemeinen Fall werden Stahlbleche von mindestens 2 mm Dicke auf oder zwischen den Hölzern angeordnet oder in gesägte Schlitze eingelegt und gemeinsam mit den Holzteilen auf die gesamte Nagellänge vorgebohrt. Es können um 25% höhere Nagelbelastungen als bei der normalen Vollholznagelung zugelassen werden.

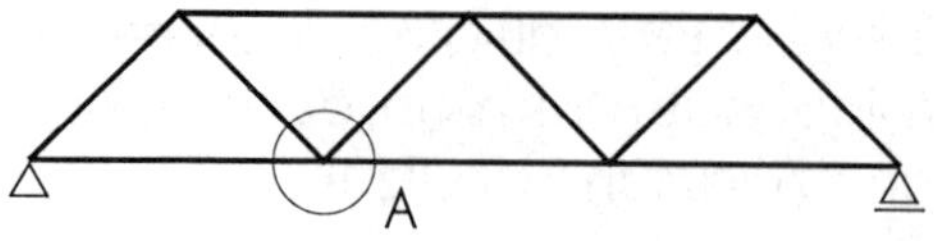

Detail A

Untergurtknoten mit Untergurtstoß

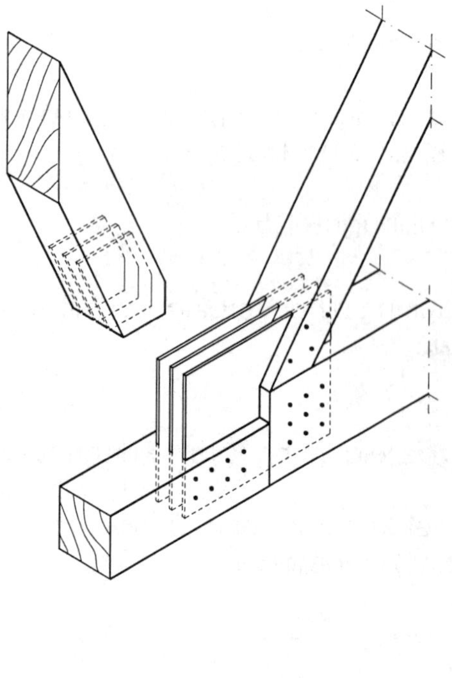

Damit die Nägel durch ein oder mehrere Bleche einwandfrei eingetrieben werden können, muss der Bohrlochdurchmesser gleich dem Nageldurchmesser gewählt werden.

An maximal sechs parallelen Knotenblechen können mehrere einteilige Stäbe angeschlossen werden.

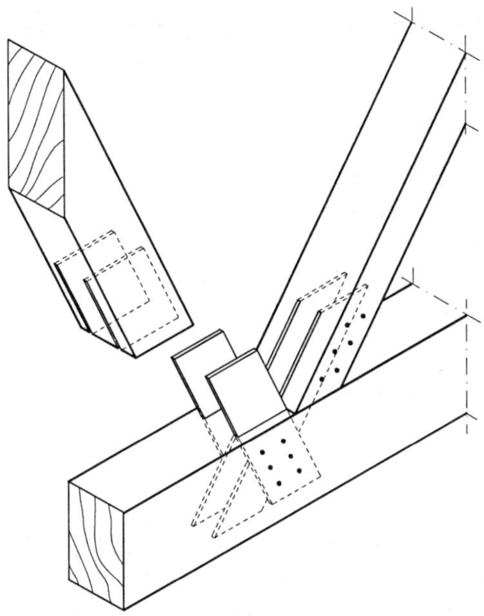

Stahlblech-Holz-Nagelverbindungen mit dünneren Blechen (1 mm), die ohne Vorbohrung durchgenagelt werden können, erfordern ein besonders sorgfältiges und plangerechtes Arbeiten. Derartige Bauweisen sind durch bauaufsichtliche Zulassungen geregelt.

Besondere Beachtung ist dem Korrosionsschutz der dünnen Bleche zu widmen. Sie sind in der Regel verzinkt, bei besonderer Korrosionsgefahr auch mit einem Kunststoffüberzug versehen.

Die gebräuchlichsten Bauarten sind das System "Greim" und die "VB-Bauweise".

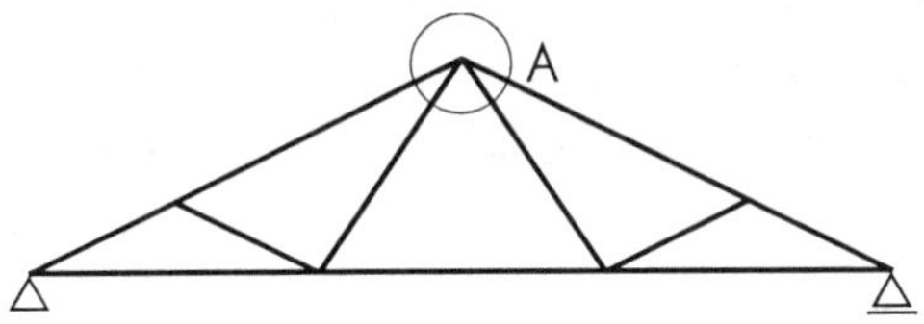

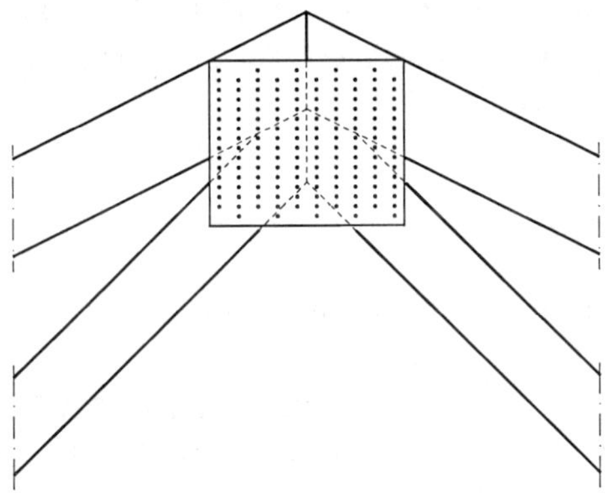

Detail A

Firstknoten

Lochplatten sind verzinkte Stahlbleche von meist 2 mm Dicke mit vorgebohrten oder gestanzten Nagellöchern. Sie können als außenliegende Knotenplatten für Stäbe, die in einer Ebene liegen, eingesetzt werden.

Draht-, Schraub- oder Rillennägel werden manuell oder mit Pressluftnagelgeräten eingetrieben.

Anschlüsse mit Lochplatten können bei der Vorfertigung im Werk oder auf der Baustelle bzw. bei der Montage von Bauteilen ausgeführt werden.

Nagelplatten bestehen aus 1 bis 2 mm dickem Stahlblech mit mit einseitigen nagel- oder krallenförmigen Ausstanzungen, die in die Holzoberfläche eingepresst werden. Sie werden als Knotenplatten oder Stoßlaschen verwendet.

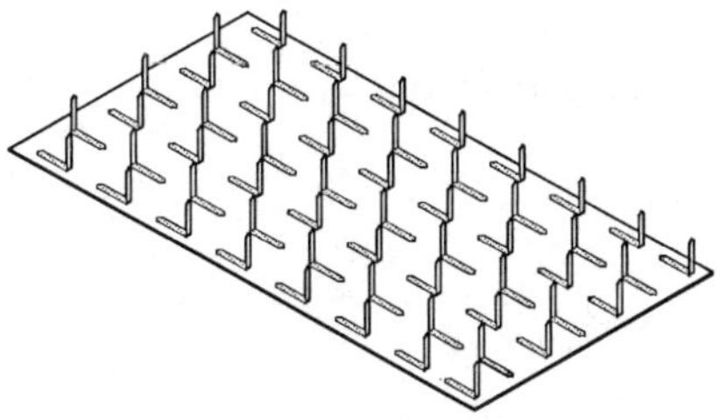

Nagelplatte

System "Gang-Nail"

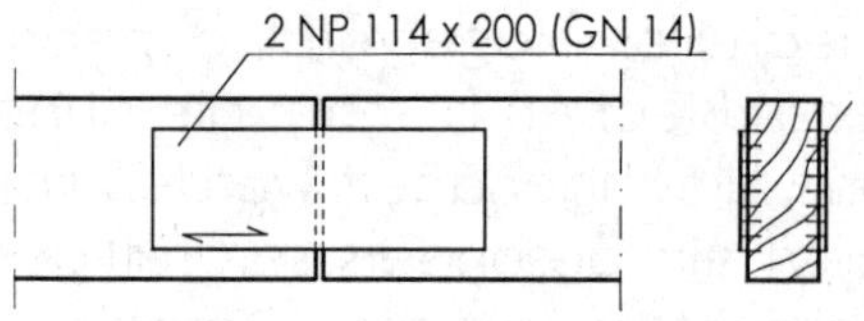

Darstellung einer Verbindung mit Nagelplatten

- Anzahl
- Kurzbezeichnung NP
- Abmessungen b x l in mm
- Fabrikat

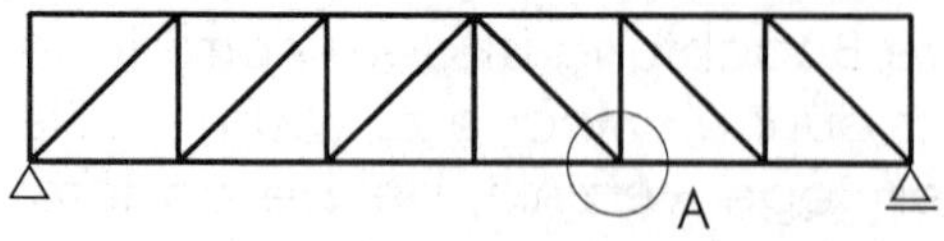

Detail A

Untergurtknoten

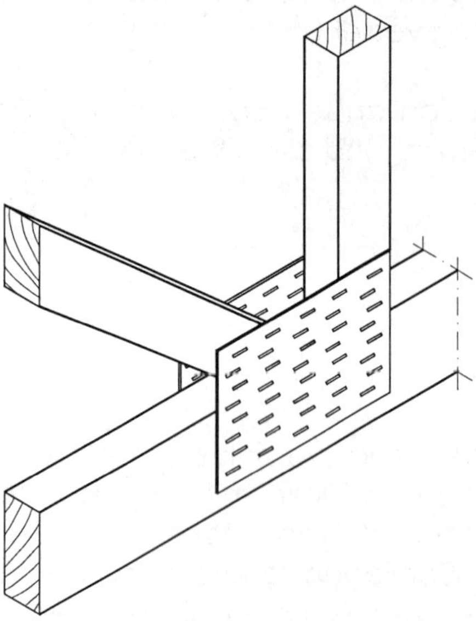

Bei Nagelplattenverbindungen werden Holzteile gleicher Dicke stumpf aneinandergelegt, gegenseitig auf guten Kontakt verspannt und die beidseitig außen angebrachten Nagelplatten in einem Arbeitsgang hydraulisch eingepresst. Es sind daher nur einteilige Stabquerschnitte möglich.

Nagelplatten müssen in Spezialbetrieben mit geeigneten Pressen hergestellt werden, ein Einschlagen mit dem Hammer ist nicht zulässig.

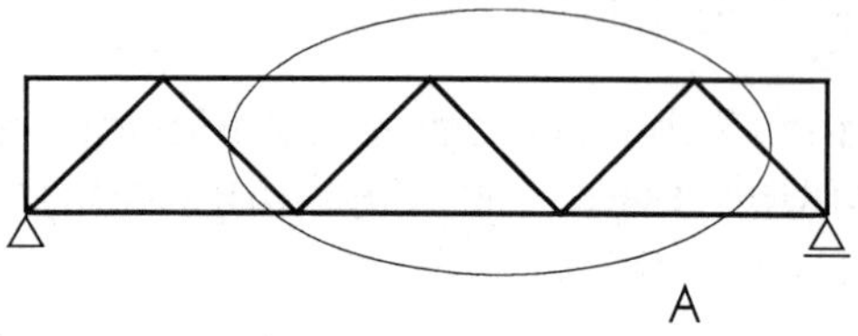

Detail A

Ausschnitt eines parallelgurtigen Fachwerks

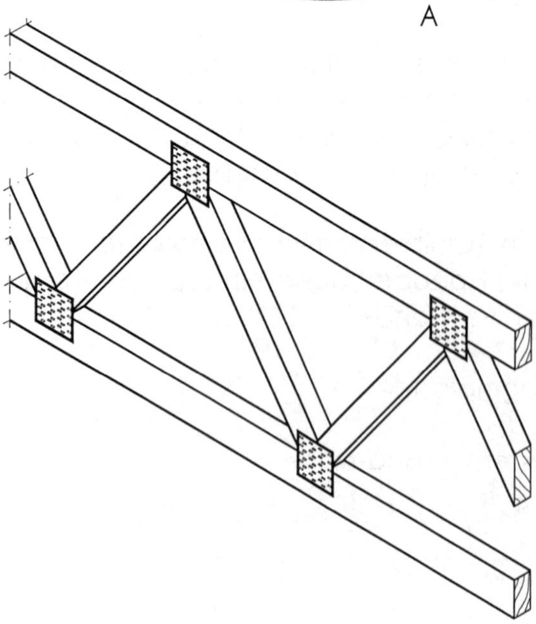

Die Belastbarkeit von Nagelplattenverbindungen ist in bauaufsichtlichen Zulassungen geregelt.

Die wichtigsten bauaufsichtlich zugelassenen Nagelplattensysteme sind:

BAT-Multinail
Bevplate
Gang-nail
Hydro-nail
TTS-Twinaplate

7.5.5 Holzschrauben

Der Anwendungsschwerpunkt von Holzschrauben liegt in der Befestigung von Platten, Tafeln, Tafelelementen und anderen vorgefertigten Wand-, Decken- oder Dachteilen auf Vollhölzern. Sie sind für die Herstellung von Fachwerkkonstruktionen von untergeordneter Bedeutung.

Hierbei kann neben der Belastung senkrecht zur Schaftrichtung (Abscheren) auch die Belastbarkeit in Schaftrichtung (Zugbeanspruchung) in Anspruch genommen werden. Eine Holzschraube besitzt mehr als die doppelte Haftkraft als ein Nagel gleichen Durchmessers, wenn die Schrauben ordnungsgemäß eingedreht werden.

Holzschrauben werden in verschiedenen Formen, Durchmessern und Längen hergestellt, z.B. Sr 12 x 140 - DIN 571. Hierbei bezeichnet die erste Zahl den Schraubendurchmesser in mm, die zweite Zahl die Länge in mm, DIN 571 steht für eine Schraube mit Sechskantkopf.

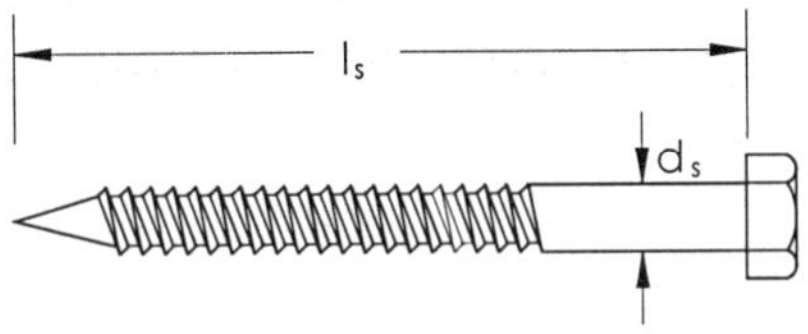

Holzschraube mit Sechskantkopf nach DIN 571

Durchmesser d_s = 6 mm bis 16 mm
Länge l_s = 20 mm bis 400 mm

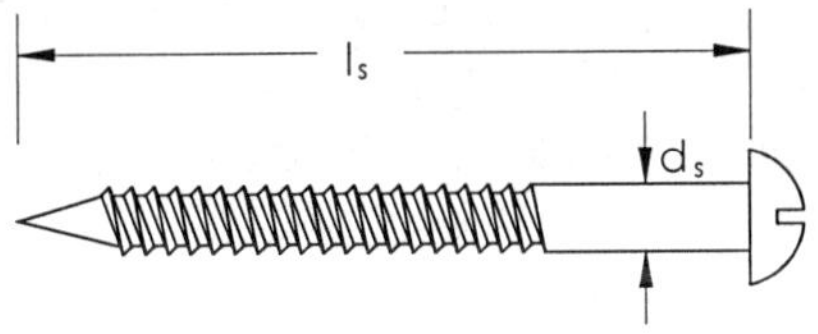

Holzschraube mit Halbrundkopf nach DIN 96

Durchmesser d_s = 2 mm bis 6 mm
Länge l_s = 10 mm bis 100 mm

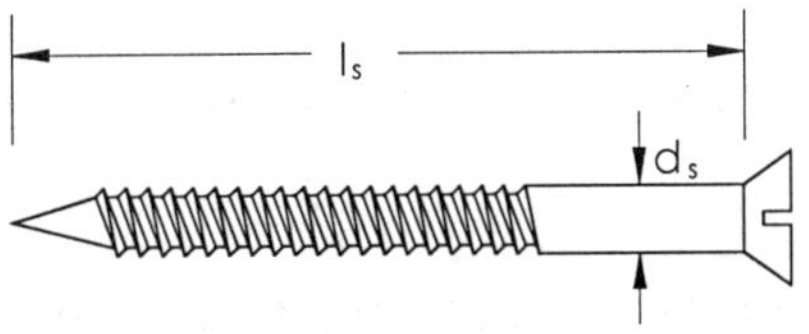

Holzschraube mit Senkkopf nach DIN 97

Durchmesser d_s = 2 mm bis 8 mm
Länge l_s = 8 mm bis 140 mm

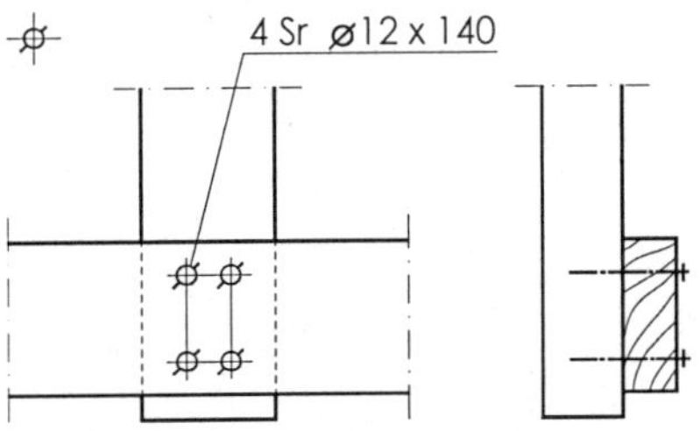

Darstellung einer Verbindung mit Sechskant-Holzschrauben

- Anzahl
- Kurzbezeichnung Sr
- Durchmesser x Länge in mm
- ggf. Scheibenabmessung

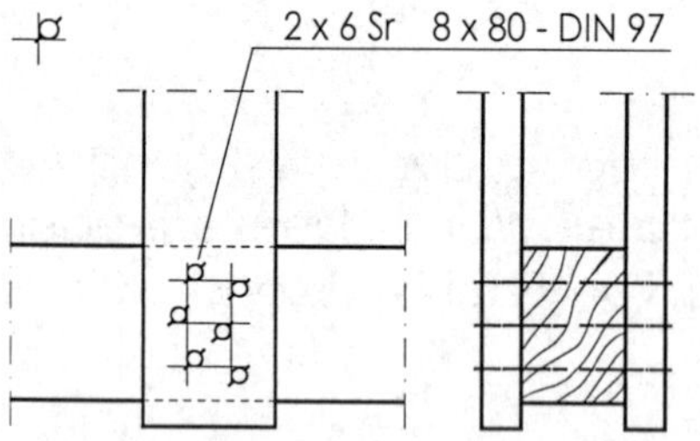

Darstellung einer Verbindung mit Holzschrauben

- Anzahl
- Kurzbezeichnung Sr
- Durchmesser x Länge in mm
- Schraubentyp oder
- Fabrikat z.B. Spax

Holzschrauben werden meist einschnittig verwendet, das Holz ist immer vorzubohren, und zwar auf die Länge des Gewindeteils mit $0{,}7 \cdot d_s$, und auf die Länge des glatten Schaftes mit $1{,}0 \cdot d_s$.

Holzschrauben mit Senkkopf sollten nicht auf Herausziehen beansprucht werden, solche mit Halbrundkopf nur dann, wenn das zu befestigende Bauteil mindestens eine dem Nadelholz gleichwertige Querdruckfestigkeit besitzt. Bei Material geringerer Festigkeit müssen ausreichend große Unterlegscheiben angeordnet werden. Ordnungsgemäß eingedrehte Schrauben sind sowohl für kurzzeitige Sogbelastung als auch für Dauerbelastung auf Herausziehen geeignet.

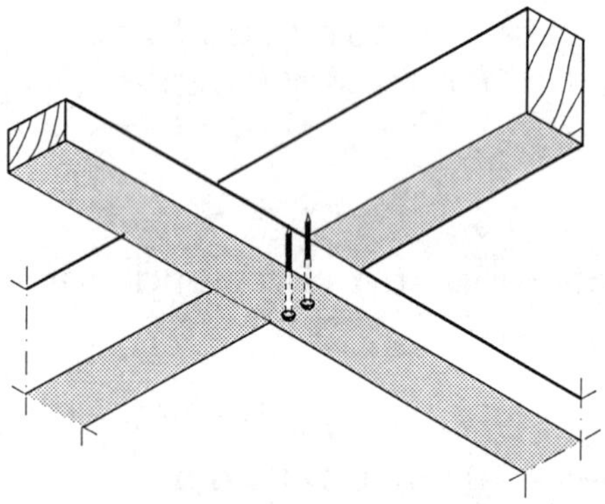

Befestigung der Tragkonstruktion für eine untergehängte Decke am Untergurt eines Fachwerkträgers mit Holzschrauben (Dauerbelastung auf Herausziehen).

Die zulässigen Belastungen auf Abscheren und Herausziehen von Holzschrauben sind in Bautabellen aufgeführt.

Die Abstände der Schrauben untereinander und vom Bauteilrand sind wie die Abstände bei vorgebohrten Nägeln.

Die Mindestanzahl von Schrauben in einer Schraubenverbindung beträgt bei Durchmesser $d_s < 10$ mm vier Schrauben, bei Durchmesser $d_s \geq 10$ mm zwei Schrauben.

7.5.6 Bolzen und Stabdübel

Bolzen und Stabdübel sind zylindrische Stifte aus Stahl, deren Tragfähigkeit durch die Festigkeit des Holzes und die Biegefestigkeit des Bolzens bzw. Stabdübels bestimmt wird.

Bolzen werden in Bohrungen eingezogen, deren Durchmesser um 1 mm größer als der Bolzendurchmesser d_B ist. Dies führt zu relativ großen Verformungen. Daher dürfen Bolzenverbindungen in Dauerbauten zur Kraftübertragung nicht verwendet werden, wenn nicht durch besondere Maßnahmen (mehrfaches Nachziehen) das Eintreten eines Schlupfes verhindert wird oder die zu verbindenden Hölzer beim Einbau bereits trocken sind (z.B. Brettschichtholz). Bei untergeordneten Bauten und bei Gerüsten ist die Verwendung tragender Bolzenverbindungen zulässig.

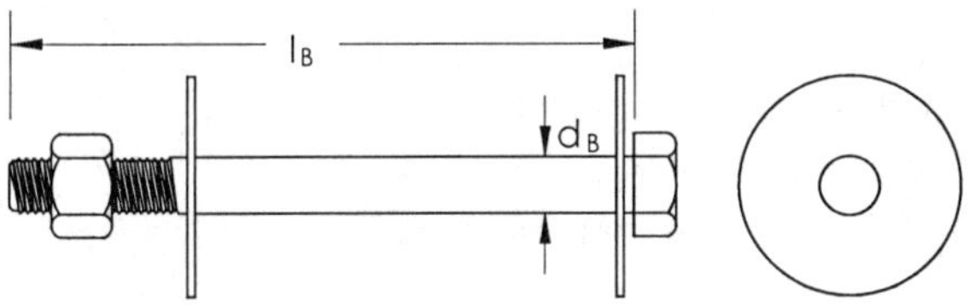

Schraubbolzen (Sechskantschraube) nach DIN 601 mit runder Unterlegscheibe

Durchmesser d_B = 12 mm bis 30 mm

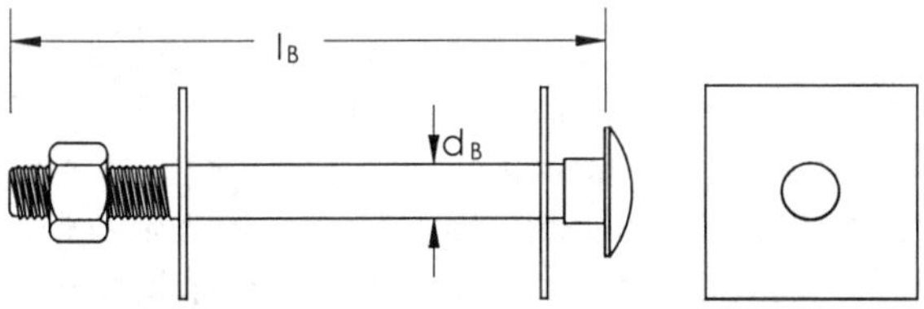

Schraubbolzen (Flachrundschraube) nach DIN 603 mit quadratischer Unterlegscheibe

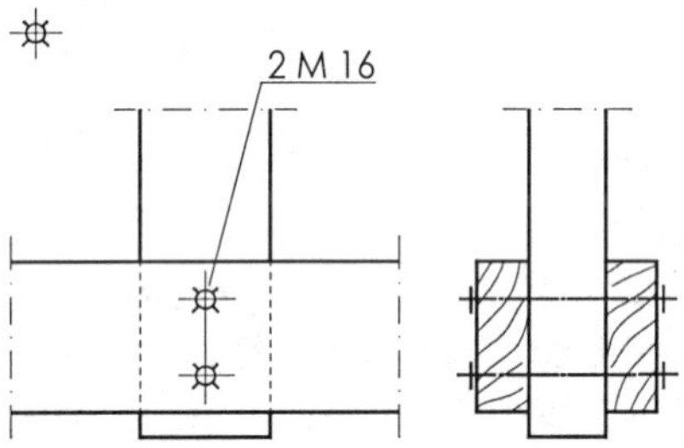

Darstellung einer Bolzenverbindung

- Anzahl
- Gewindekurzzeichen M
- Durchmesser in mm
- ggf. Scheibenabmessung

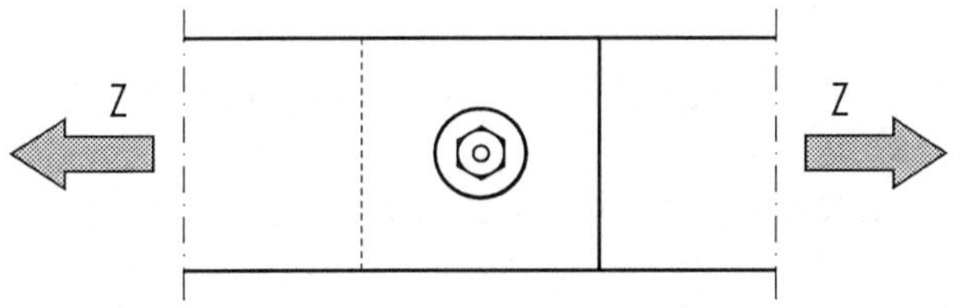

Wirkungsweise einer Bolzen bzw. Stabdübelverbindung.

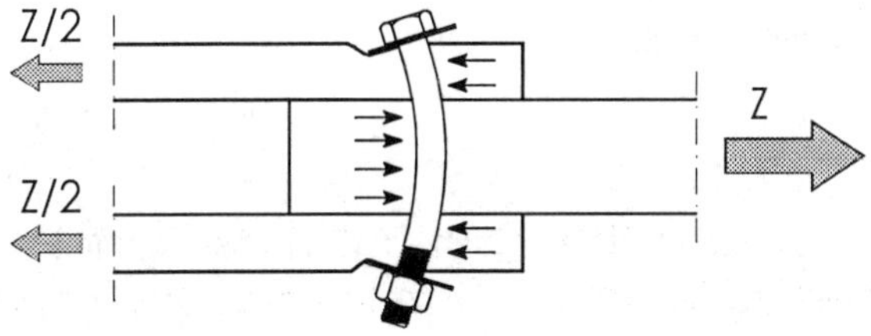

Das Holz wird auf Pressung (Lochleibung), der Bolzen bzw. Stabdübel auf Biegung beansprucht.

Werden die Bolzen in ein Bohrloch eingebaut, das dem Bolzendurchmesser entspricht, werden sie als Passbolzen bezeichnet. Im Gegensatz zur Bolzenverbindung sind sie ohne Einschränkung auch für Dauerbauten zulässig.

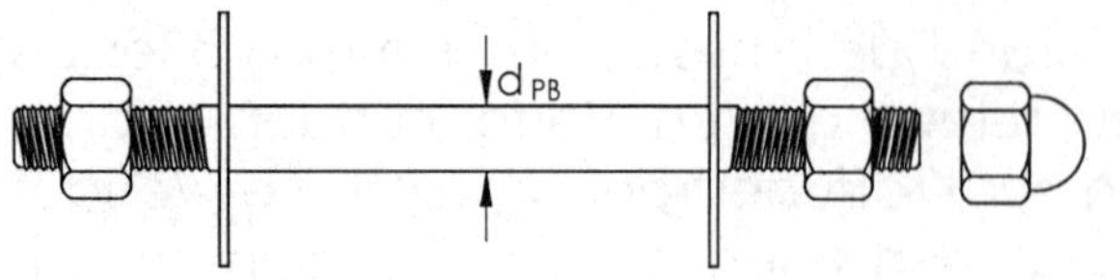

Passbolzen

Anstelle von Sechskantmuttern können auch Hutmuttern eingebaut werden.

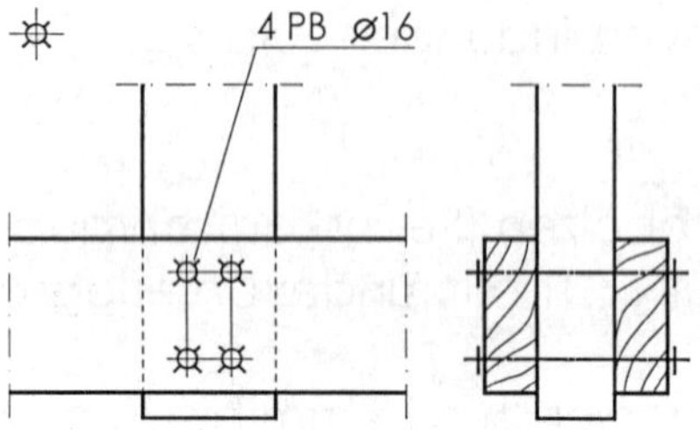

Darstellung einer Passbolzenverbindung

- Anzahl
- Kurzbezeichnung PB
- Durchmesser in mm
- ggf. Scheibenabmessung

Stabdübel werden in Bohrlöcher eingebaut, deren Durchmesser dem Stabdübeldurchmesser $d_{SDü}$ entspricht. Sie sind ebenfalls uneingeschränkt anwendbar. Mit Stabdübelverbindungen sind hohe Anschlusswerte zu erzielen, d.h bei kleiner Anschlussfläche sind hohe Anschlusskräfte übertragbar. Die Stabdübelbauweise kann sowohl direkt Holzteile verbinden als auch mit Stahlblechen zu Holzverbindungen kombiniert werden.

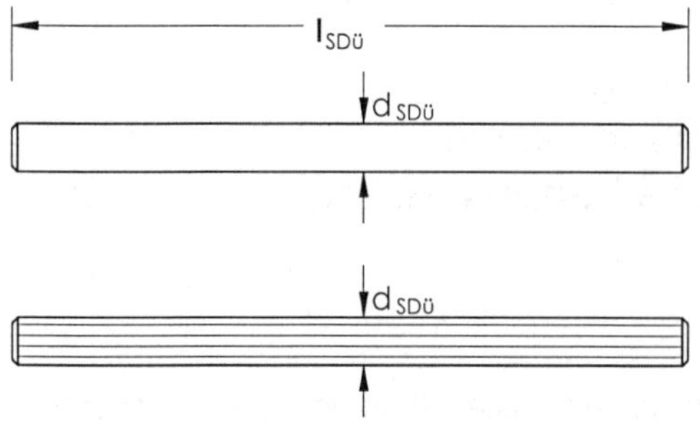

Stabdübel

Der Schaft kann glatt oder gerillt sein. Um das Eintreiben zu erleichtern und die Holzzerstörung am Austrittsende einzuschränken, sind die Dübel am Ende angefast.

Durchmesser $d_{SDü}$ = 6 mm bis 24 mm

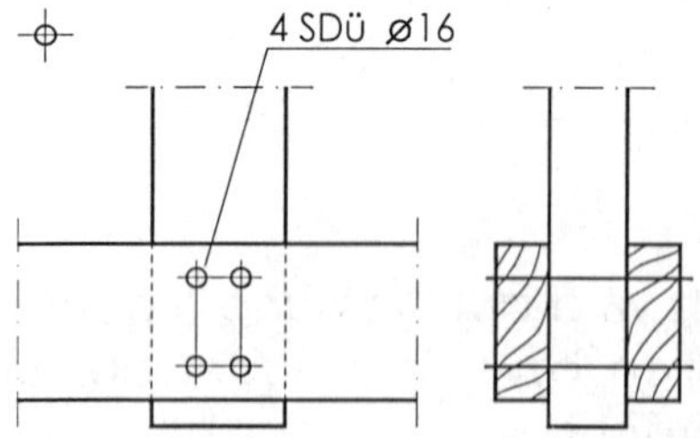

Darstellung einer Stabdübelverbindung

- Anzahl
- Kurzbezeichnung SDü
- Durchmesser in mm

Die Mindestanzahl von Bolzen, Passbolzen und Stabdübeln beträgt in der Regel zwei Verbindungselemente, Passbolzen und Bolzen dürfen auch einzeln angeordnet werden, wenn sie nur mit 50% der zulässigen Belastung ausgenutzt sind.

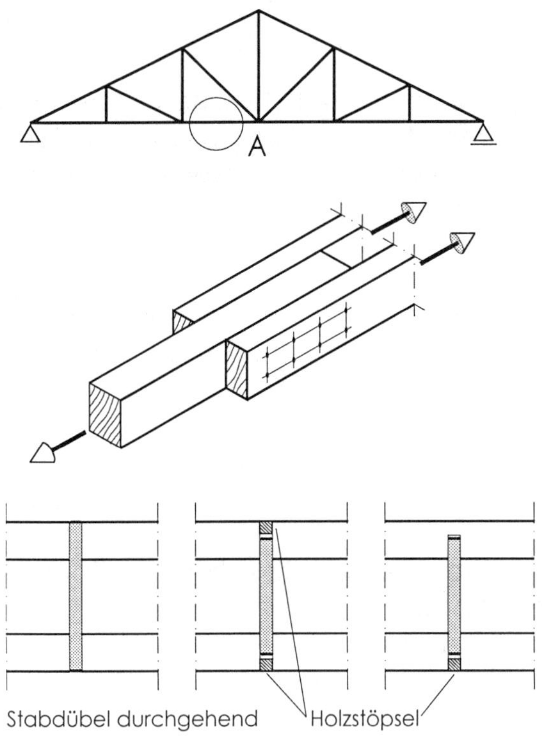

Detail A

Zugstoß des Untergurts

Zweischnittige Verbindung

Die Länge der Stabdübel entspricht in der Regel der Summe der Dicken der zu verbindenden Holzteile. Aus brandschutztechnischen Gründen kann aber die Stabdübellänge reduziert werden, um das Bohrloch nach dem Eintreiben des Stabdübels ein- oder beidseitig mit Holzstöpseln verschließen zu können.

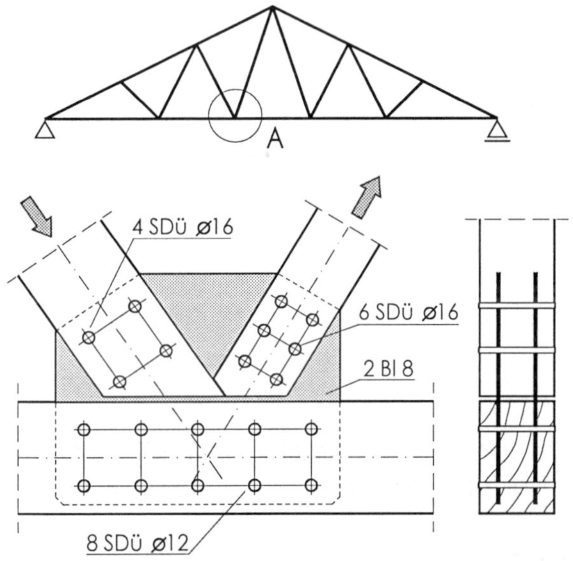

Detail A

Untergurtknoten

Der Druckstab (links) wird mit 4 Stabdübel ø 16 mm, der Zugstab (rechts) mit 6 Stabdübel ø 16 mm am Untergurt über zwei Knotenbleche t = 8 mm und 8 Stabdübel ø 12 mm angeschlossen. Es handelt sich hier um eine vierschnittige Verbindung.

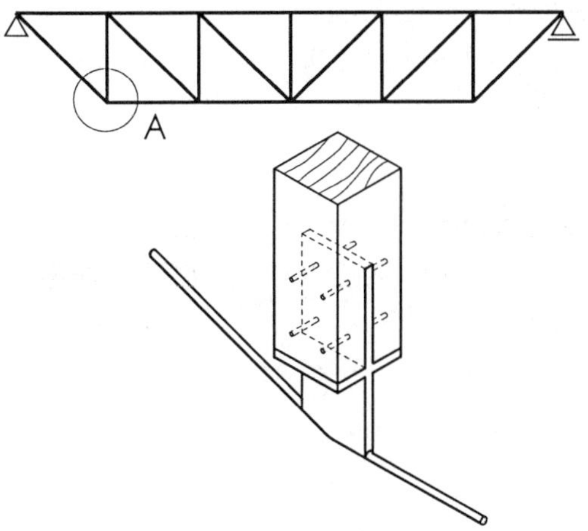

Detail A

Untergurtknoten

Der auf Zug beanspruchte Untergurt (Rundstahl) wird wird über ein geschweißtes Blechteil und Stabdübel mit dem druckbeanspruchten Vertikalstab verbunden.

7.5.7 Dübel besonderer Bauart

Dübel besonderer Bauart sind aus Stahl, Guss oder Leichtmetall. Es wird unterschieden in Einlassdübel, die in vorbereitete passende Vertiefungen des Holzes eingelegt werden, und in Einpressdübel, die ohne Benutzung von Bohr- oder Fräswerkzeugen in die zu verbindenden Hölzer eingepresst werden. Einpressdübel dürfen nur in Nadelholz verwendet werden.

Zunehmende Bedeutung kommt den einseitigen Dübeln zu, die es ermöglichen, Holzteile mit Stahlteilen kraftschlüssig zu verbinden. Für die Verbindung Holz-Holz sind immer zweiseitige Dübel zu verwenden.

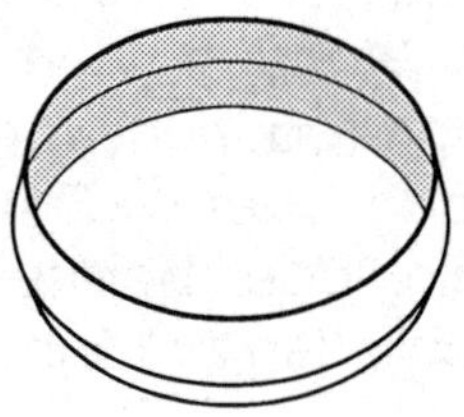

Zweiseitiger Ringkeildübel (Einlassdübel)
System Appel
Dübeltyp A

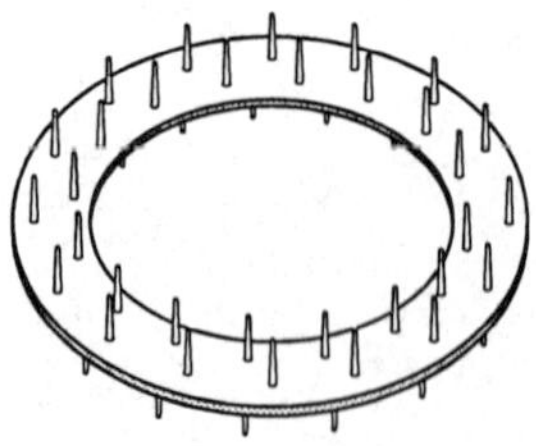

Zweiseitiger Einpressdübel
System GEKA
Dübeltyp D

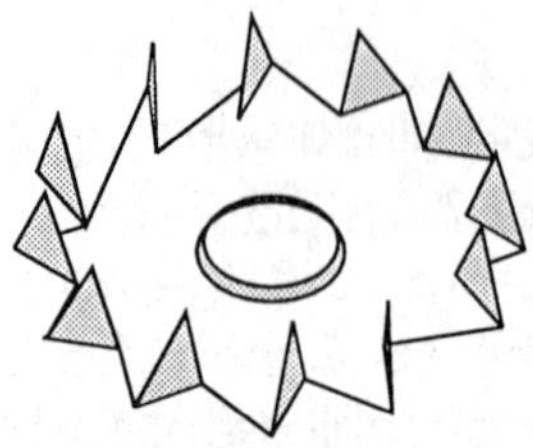

Einseitiger Einpressdübel
System Bulldog
Dübeltyp C

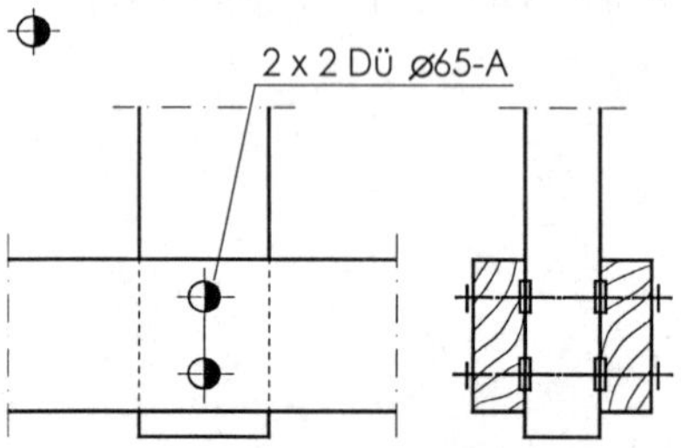

Darstellung einer Verbindung mit Dübeln besonderer Bauart

- Anzahl
- Kurzbezeichnung Dü
- Dübelnennmaß in mm
- Dübeltyp A - D

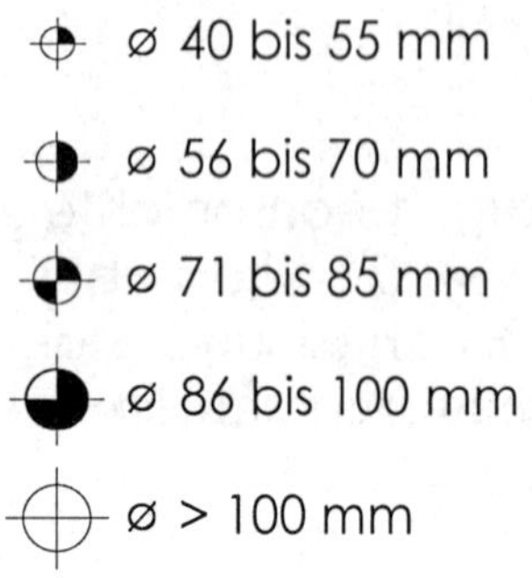

Planliche Darstellung von Dübeln besonderer Bauart, abhängig vom Durchmesser.

Die Belastbarkeit von Dübeln besonderer Bauart ist aufgrund von Belastungsversuchen in DIN 1052 angegeben (Bautabellen). Außerdem sind Mindestabstände, zugehörige Bolzen- und Scheibendurchmesser sowie die Mindestholzdicken für die einzelnen Fabrikate festgelegt. Bolzen sind für die Klemmwirkung und zur Aufnahme des Kippmomentes erforderlich.

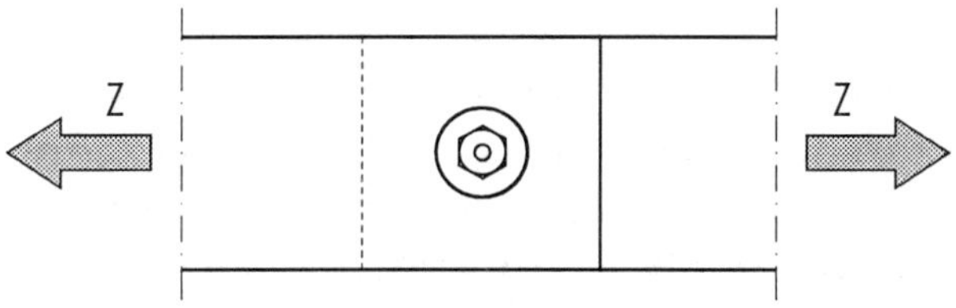

Wirkungsweise einer Verbindung mit Dübeln besonderer Bauart

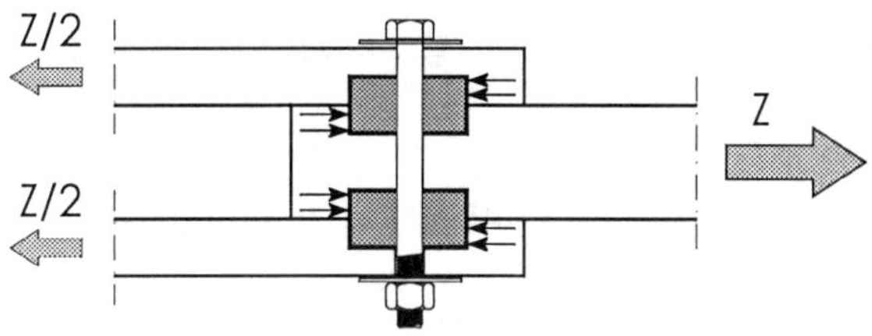

Die Kräfte werden ausschließlich von den Dübeln übertragen, der Bolzen wird nicht auf Biegung beansprucht, sondern verhindert durch seine Klemmwirkung ein Verdrehen der Dübel, das sich aus den versetzt angreifenden Kräften ergibt.

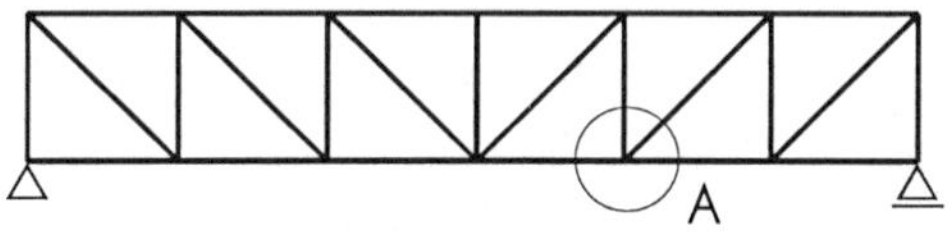

Detail A

Untergurtknoten mit Zugstoß des Untergurts

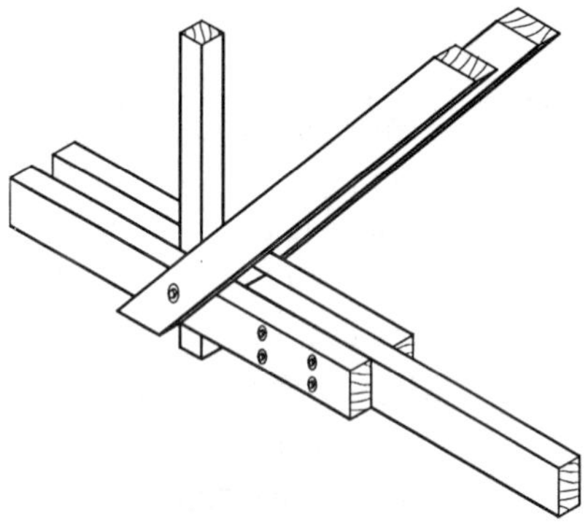

Bei parallelgurtigen Fachwerkträgern mit zur Mitte hin fallenden Diagonalen sind die Diagonalstäbe auf Zug, die vertikalen Pfosten auf Druck beansprucht.

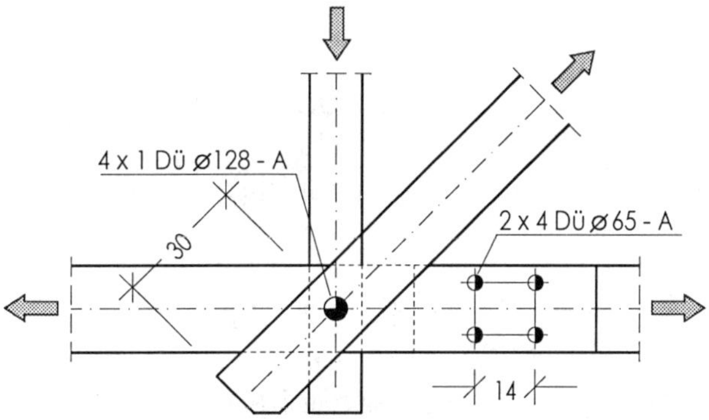

Der Pfosten und die Diagonalen werden mit je zwei Ringkeildübel ø 128 mm angeschlossen, der Zugstoß des Untergurts erfolgt mit insgesamt acht Ringkeildübel ø 65 mm.

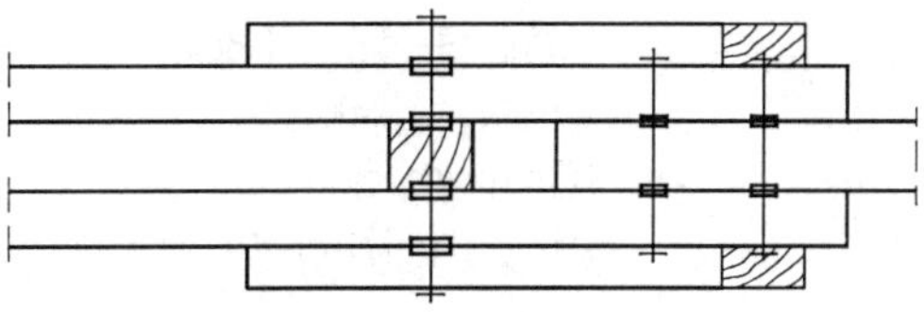

Der Dübelabstand e = 14 cm für die Dübel ø 65 mm ergibt sich aus DIN 1052, ebenso die sogenannte Vorholzlänge von 30 cm für die Dübel ø 128 mm. Die Einhaltung der Vorholzlänge bei der zugbeanspruchten Diagonale ist unbedingt erforderlich, da sonst die Gefahr des Aufreißens besteht.

7.5.8 Vergleich von Nägeln, Stabdübel und Dübel besonderer Bauart

Am Beispiel eines Zugstoßes des Untergurts eines Fachwerkträgers ist zu erkennen, dass die auf eine Fläche bezogene Anschlusskraft bei den verschiedenen Verbindungsmittel unterschiedlich ist. Im untersuchten Zugstoß soll eine Zugkraft von 110 kN übertragen werden.

Die erforderlichen Stoßlängen zwischen minimal 36,8 cm bei einschnittigen vorgebohrten Nägeln 46 x 130 und maximal 123,1 cm bei zweischnittigen, nicht vorgebohrten Nägeln 76 x 260 ergeben sich aus den vorgeschriebenen Mindestabständen der Verbindungsmittel untereinander und vom Bauteilrand (Bautabellen).

Auf eine Fläche bezogen, können mit vorgebohrten dünnen Nägeln die größten Kräfte übertragen werden, oder, für eine bestimmte zu übertragende Kraft ist die geringste Stoßlänge erforderlich.

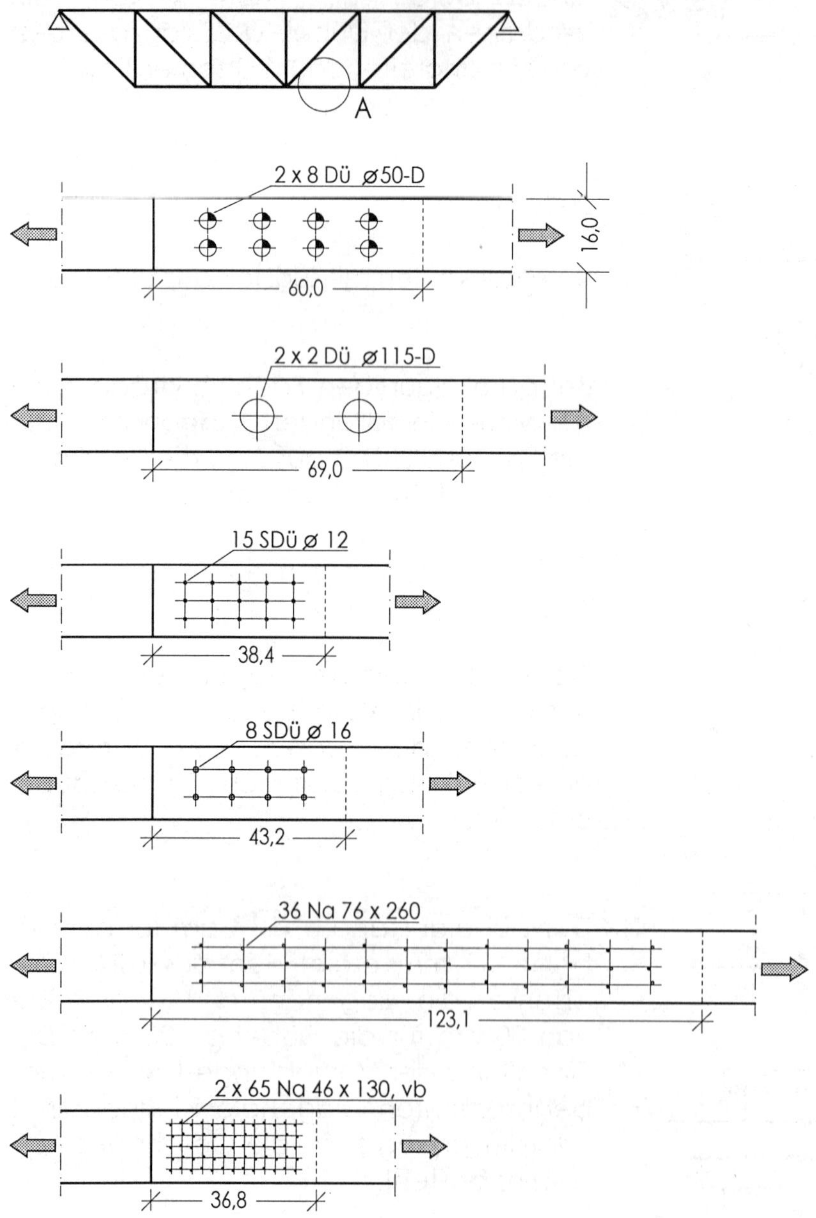

Detail A

Zugstoß des Untergurts

Einpressdübel ∅ 50 mm
Typ D
zweireihig

Einpressdübel ∅ 115 mm
Typ D
einreihig

Stabdübel ∅ 12 mm
dreireihig
zweischnittig

Stabdübel ∅ 16 mm
zweireihig
zweischnittig

Nägel 76 x 260
dreireihig
zweischnittig

Nägel 46 x 130
(vorgebohrt)
fünfreihig
einschnittig

7.6 Verbindungsmittel des Stahlbaus

Man unterscheidet lösbare und nicht lösbare Verbindungen. Zu den nicht lösbaren zählen das Schweißen und das Nieten, zu den lösbaren die Verbindung durch Schrauben. Während Schweißarbeiten vorwiegend - aber nicht nur - in der Werkstatt ausgeführt werden, dienen die Schraubverbindungen vor allem der Zusammenfügung von Einzelteilen auf der Baustelle.

Nietverbindungen sind im modernen Stahlbau nur noch in Ausnahmefällen anzutreffen. Hoher Arbeitsaufwand macht sie unwirtschaftlich und die große Lärmentwicklung bei der Ausführung kann nicht mehr hingenommen werden.

7.6.1 Schrauben

Die zu verwendenden Schrauben werden unterschieden in:

- Rohe Schrauben R (unbearbeitet, mit Lochspiel in den Bohrlöchern)
- Passschrauben P (nachbearbeitet, ohne Lochspiel)
- Hochfeste Schrauben HR (spezielle Materialqualität, für Vorspannung)
- Hochfeste Passschrauben HP (spezielle Materialqualität, für Vorspannung)

Bei den Verbindungsarten wird unterschieden in:

- SL-Verbindung (Scher-/Lochleibungsverbindung mit Lochspiel)
- SLP-Verbindung (Scher-/Lochleibungsverbindung ohne Lochspiel)
- GV-Verbindung (Gleitfeste, vorgespannte Verbindung mit Lochspiel)
- GVP-Verbindung (Gleitfeste, vorgespannte Verbindung ohne Lochspiel)

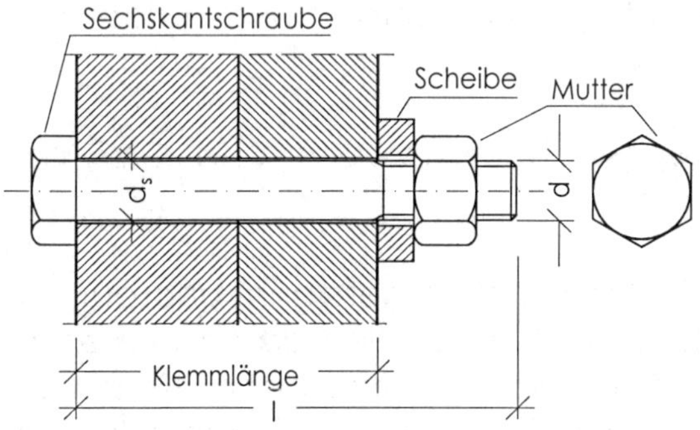

Bezeichnungen einer Schraubverbindung

d_s Schaftdurchmesser
d Gewindedurchmesser

Die Klemmlänge ergibt sich aus der Summe der zu verbindenden Bauteile. Schrauben für den Stahlbau werden von Durchmesser d = 12 mm bis d = 36 mm (M 12 bis M 36) hergestellt. M bedeutet metrisches Gewinde.

Bei SL-Verbindungen darf der Bohrlochdurchmesser bis zu 3 mm größer sein als der Schaftdurchmesser der Schraube. Die Differenz zwischen Bohrloch- und Schaftdurchmesser ist das Lochspiel. Je größer das Lochspiel, umso einfacher ist das Einziehen der Schraube auf der Baustelle, wodurch die Montagekosten erheblich gesenkt werden können. Zu beachten ist allerdings, dass die SL-Verbindung aufgrund des Lochspiels verformungsanfällig ist.

Bei SLP-Verbindungen darf das Lochspiel nur 0,3 mm betragen. Erst vor dem Einziehen der Schraube werden die Bohrlöcher der zu verbindenden Bauteile gemeinsam auf das Endmaß aufgerieben, was die Montagekosten erheblich erhöht. SLP-Verbindungen haben dann ihre Berechtigung, wenn Verformungen im Anschlussbereich möglichst klein gehalten werden sollen.

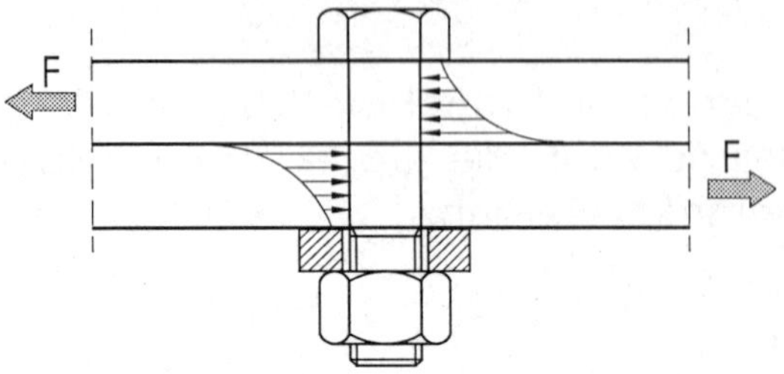

Bei SL- und SLP-Verbindungen wird die Schraube senkrecht zu ihrer Achse beansprucht. Der Schraubenschaft wird an die Wandung des Bohrlochs gedrückt, es entsteht der sogenannte Lochleibungsdruck. Die Schraube selbst will in der Fuge der anzuschließenden Bauteile abscheren. Je nach Anzahl der Verbindungsfugen spricht man von ein-, zwei- oder mehrschnittigen Verbindungen.

Wegen des geringen Lochspiels bei SLP-Verbindungen liegt der Schraubenschaft gut an der Leibung des Bohrlochs an, entsprechend höher ist der zulässige Lochleibungsdruck. Die Tragfähigkeit einer SLP-Verbindung liegt etwa 20% bis 30% höher als die einer SL-Verbindung (oder es werden für eine Verbindung 20% bis 30% weniger Schrauben benötigt).

Gleitfeste Verbindungen (GV- und GVP-Verbindung) unterscheiden sich in ihrer Wirkungsweise grundsätzlich von den Scher/Lochleibungsverbindungen. Die Anschlusskraft wird über Reibung in den Kontaktflächen der anzuschließenden Bauteile übertragen. Der Anpressdruck wird durch das Vorspannen der Schraube in Achsrichtung erzielt. Die definierte erforderliche Vorspannkraft wird von Hand mit einem Drehmomentschlüssel oder mit einem maschinellen Schlagschrauber, der auf die gewünschte Vorspannkraft eingestellt ist, aufgebracht. Die zu verbindenden Flächen müssen durch Sandstrahlen oder Flammstrahlen gesäubert und aufgerauht werden, was die Montage erheblich verteuert.

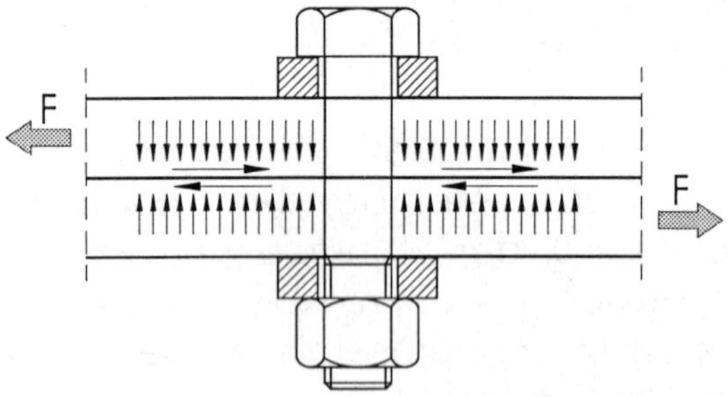

Wirkungsweise einer GV- und GVP-Verbindung

Die Schraube ist vorgespannt und auf Zug beansprucht, durch den dadurch erzeugten Anpressdruck entstehen Reibungskräfte zwischen den zu verbindenden Bauteilen.

Bei GV-Verbindungen beträgt das Lochspiel bis zu 3 mm, was die Montage erleichtert, wenn nicht sehr maßgenau gearbeitet werden kann. Bei GVP-Verbindungen ist nur ein Lochspiel von 0,3 mm zulässig, die Bohrlöcher müssen wie bei SLP-Verbindungen aufgerieben werden.

Die Tragfähigkeit einer GVP-Verbindung liegt etwa 20% über der einer SLP-Verbindung mit hochfesten Schrauben und etwa 70% über der einer GV-Verbindung. Gleitfeste Verbindungen dürfen nur mit hochfesten Schrauben hergestellt werden.

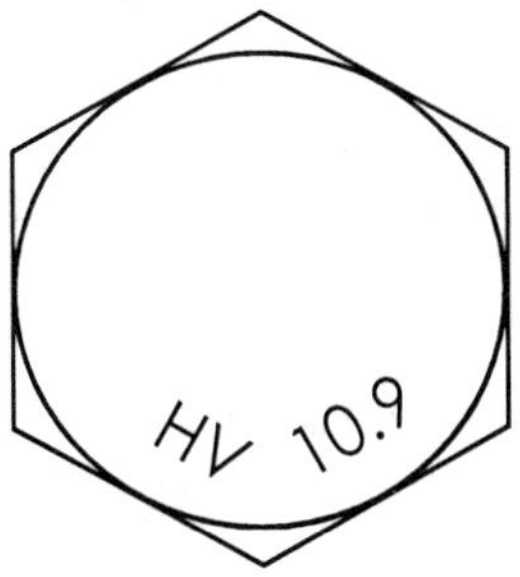

Kennzeichnung einer hochfesten Schraube (HR oder HP) mit dem Kürzel HV 10.9. HV bedeutet hochfest, für Vorspannung geeignet, die Ziffer 10.9 bezeichnet die Festigkeitsklasse.

Nachfolgend ist die Tragfähigkeit der verschiedenen Schraubverbindungen im Vergleich dargestellt, abhängig vom Schraubendurchmesser und von der Festigkeitsklasse:

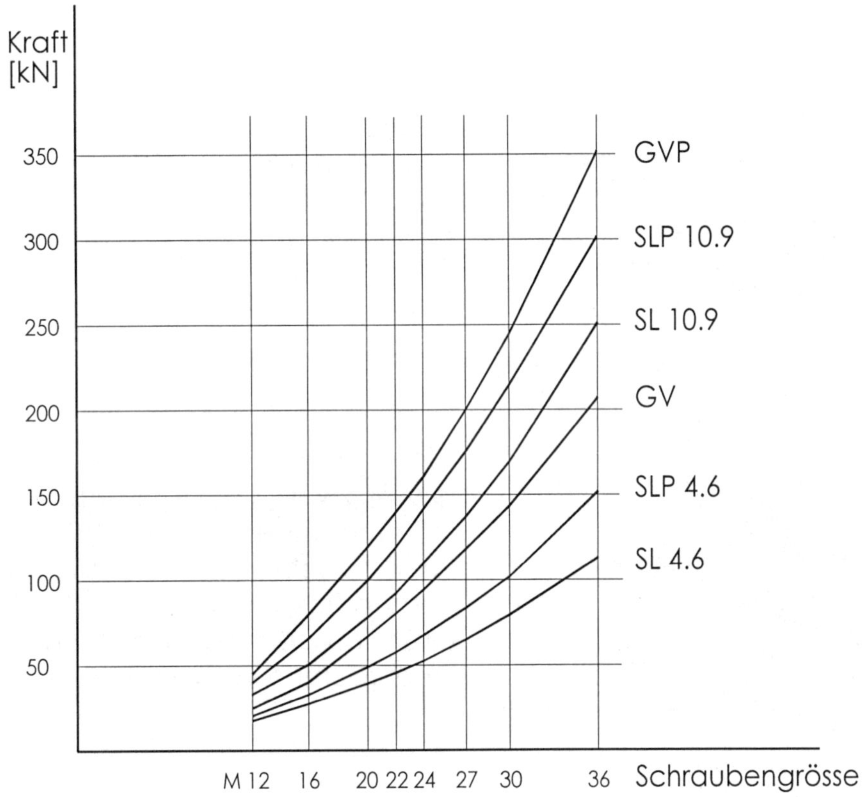

Für die Anordnung von Schrauben sind bestimmte minimale und maximale Werte der Abstände untereinander und zum Bauteilrand festgelegt. Weiterhin dürfen in Kraftrichtung höchstens sechs Schrauben hintereinander angeordnet werden. Für eine leichtere Montage sollen mindestens zwei Schrauben pro Verbindung gewählt werden.

In Stahlbauzeichnungen sind die folgenden Symbole für eingebaute Schrauben nach DIN ISO 5261 zu verwenden.

In der Werkstatt eingebaut	auf der Baustelle eingebaut	auf der Baustelle gebohrt und eingebaut	

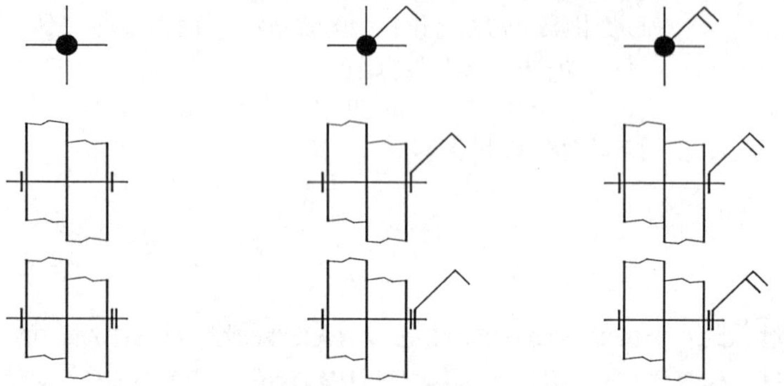

senkrecht zur Schraubenachse

parallel zur Schraubenachse, Mutterseite freigestellt

parallel zur Schraubenachse, Lageangabe der Mutter

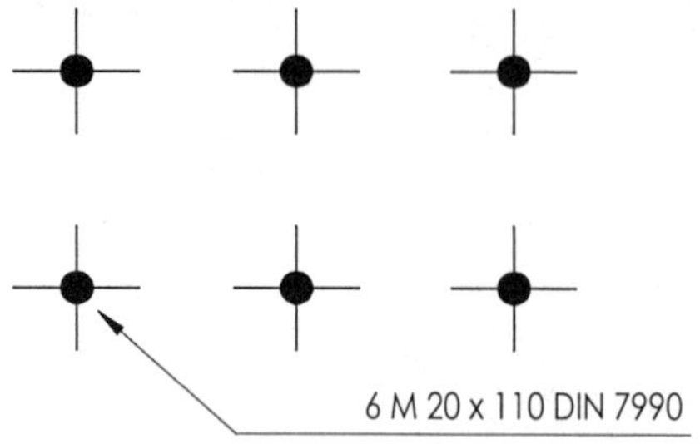

Bezeichnung einer Schraube bzw. einer Schraubengruppe

- Anzahl
- Durchmesser in mm
- Länge in mm
- DIN-Angabe

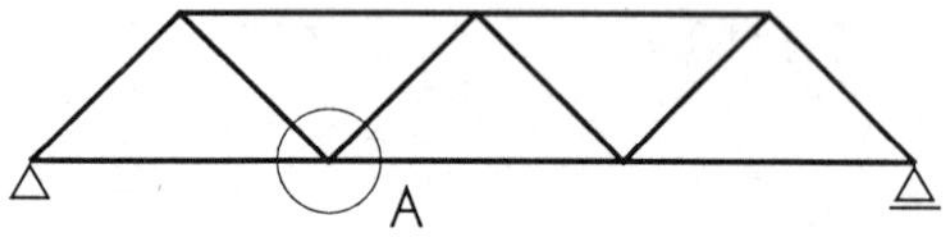

Detail A

Untergurtknoten

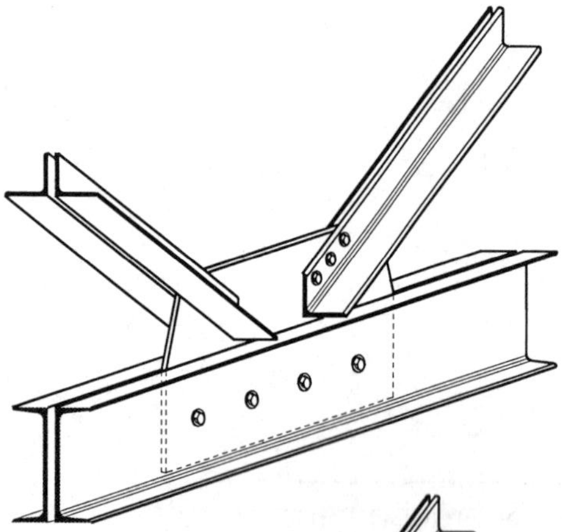

Die Diagonalen und der Untergurt sind jeweils zweiteilig. Der Knotenpunkt ist nur mit Schrauben ausgebildet. Wenn der Spalt zwischen den U-Profilen des Untergurts offen bleibt, sollte der Träger aus Gründen des Korrosionsschutzes nur in Innenräumen verwendet werden.

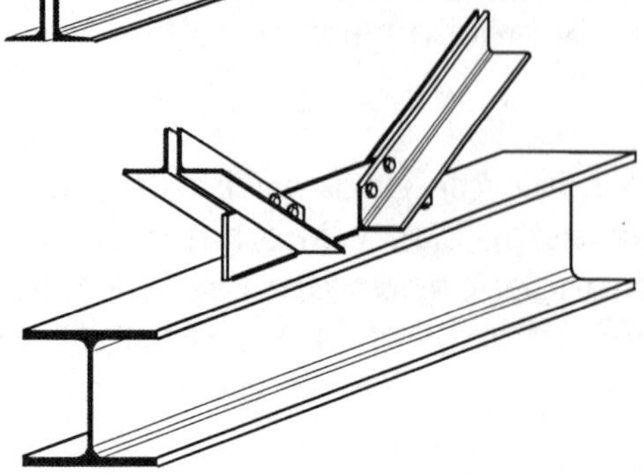

Zum Anschluss der zweiteiligen Füllstäbe ist auf den einteiligen Untergurt ein Knotenblech aufgeschweißt. Dies ist eine häufig verwendete wirtschaftliche Konstruktion für hochbeanspruchte Fachwerkträger.

7.6.2 Schweißen

Werkstattverbindungen im Hochbau werden heute im Regelfall geschweißt.

Die Verbindung erfolgt durch den an benachbarten Kanten zunächst aufgeschmolzenen und dann wieder erkalteten und erstarrten Stahl, mit oder ohne Zuführung eines gleichen oder gleichartigen Werkstoffes. Dazu dient eine Reihe von Verfahren, von denen im Stahlbau die Lichtbogenschweißung die wichtigste ist.

Die Ausführung jeder Schweißnaht ist wirtschaftlich mit Energie-, Arbeits- und Materialaufwand verbunden. Je kürzer und dünner die Schweißnähte sind, umso billiger wird die Schweißverbindung durch Einsparung an Nahtvorbereitung, Schweißstrom, Elektroden sowie Arbeitsaufwand. Weiter zeigt sich, dass geschweißte Werkstücke durch den Schweißvorgang umso mehr ihre Form ändern, als Wärmemengen beim Schweißen zugeführt werden. Die Nahtzone schrumpft, d.h. verkürzt sich bei der Abkühlung. Dies führt zu Verwerfungen im Werkstück, die durch kostenrelevante Maßnahmen in tolerierbaren Grenzen gehalten werden müssen.

Technische und wirtschaftliche Gründe zwingen also zur Sparsamkeit bei der Anordnung und Ausführung von Schweißnähten ihrem Volumen nach. Andererseits müssen die Schweißnähte stark genug ausgelegt werden, um den statischen Zweck der Kraftübertragung an einer Verbindungsstelle erfüllen zu können.

Die Schweißnähte lassen sich in zwei Hauptgruppen zusammenfassen: die eine Gruppe bilden die Stumpfnähte und die andere die Kehlnähte.

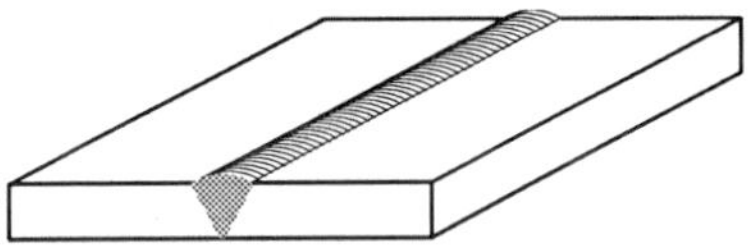

Stumpfnähte verbinden Werkstücke, die in einer Ebene liegen und an ihren Kanten (stumpf) aufeinanderstoßen.

Damit sich die Werkstückkanten mit dem flüssigen Schweißmaterial gut verbinden, müssen ihre Flanken der Materialdicke der Werkstücke entsprechend vorbereitet werden. Die Nahtvorbereitung geschieht durch Schleifen, Fräsen oder Brennschneiden. Typische Nahtformen für die Stumpfnähte sind die I-, V-, HV-, DV- und Y-Naht.

Bis zu 6 mm Blechdicke erfordern Stumpfnähte keine Vorbereitung der zu verbindenden Teile. Diese werden einfach mit einem Abstand von ihrer halben Dicke stumpf gestoßen und verschweißt (I-Naht).

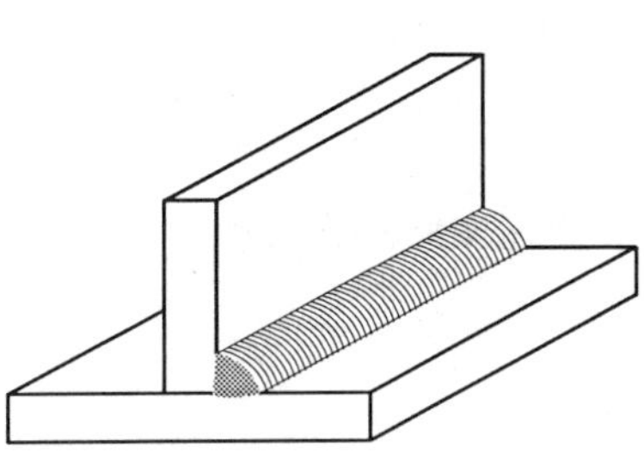

Kehlnähte werden angeordnet, wenn die Kanten zweier zu verbindender Teile senkrecht oder schiefwinklig aufeinanderstoßen. Kehlnähte können einseitig oder zweiseitig sein.

In den Zeichnungen geschweißter Bauteile bedient man sich zur Unterscheidung der einzelnen Nahtformen und -abmessungen vereinfachter Sinnbilder mit Maßangabe.

Benennung	Darstellung / Symbol	
Kehlnaht	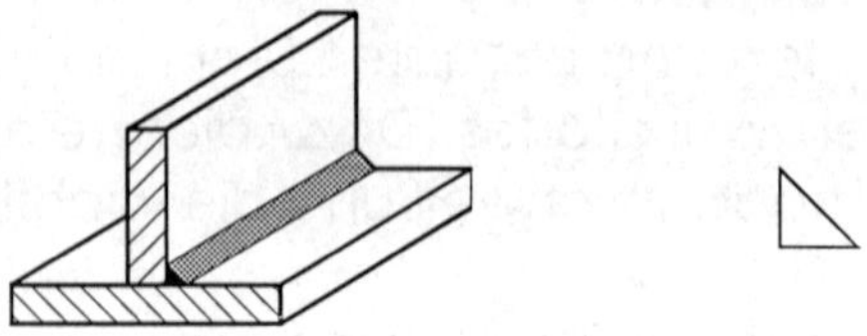	Blechstärken t = 6 bis 20 mm
Doppelkehlnaht	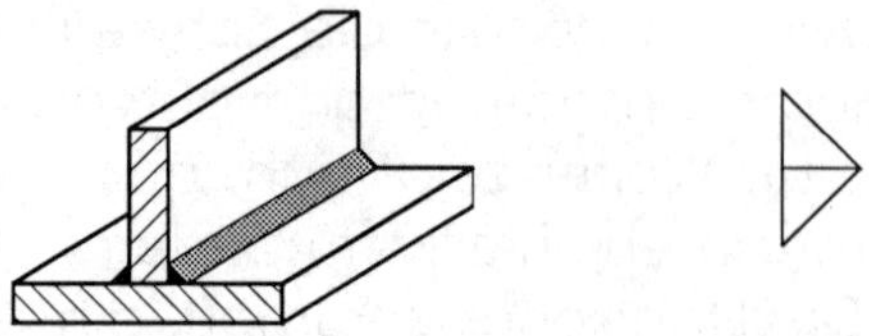	Blechstärken t = 6 bis 20 mm
V - Naht	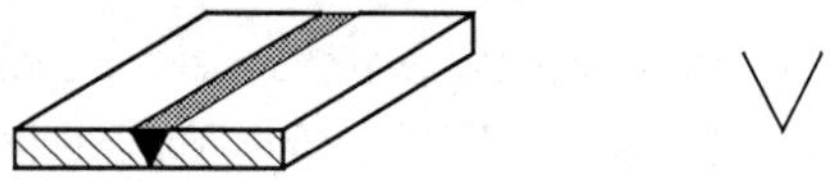	Blechstärken t = 3 bis 20 mm
HV - Naht	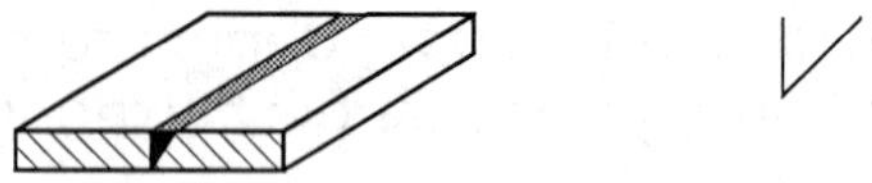	Blechstärken t = 3 bis 16 mm
DV - Naht	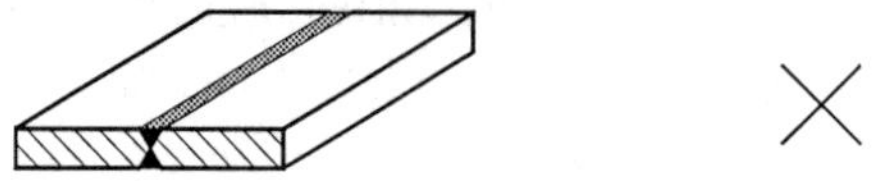	Blechstärken t = 16 bis 40 mm
I - Naht	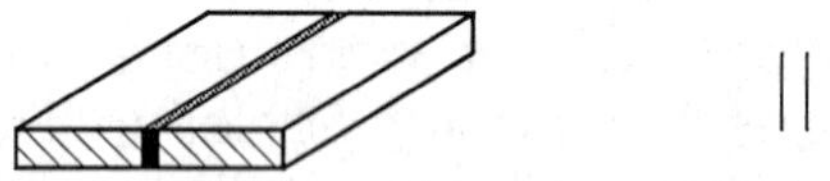	Blechstärken t ≤ 6 mm

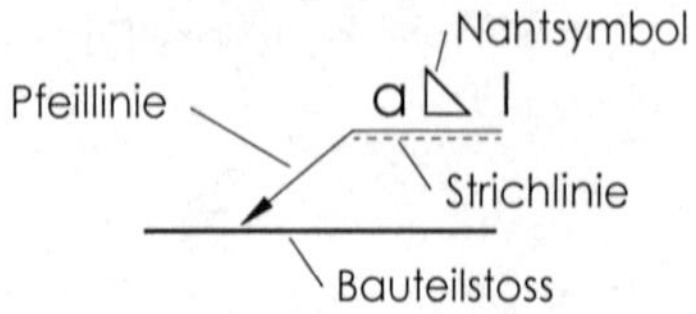

Darstellung einer Schweißnaht

a Schweißnahtdicke in mm
l Schweißnahtlänge in mm

ringsum verlaufende Naht

Baustellennaht

Zusatzsymbole

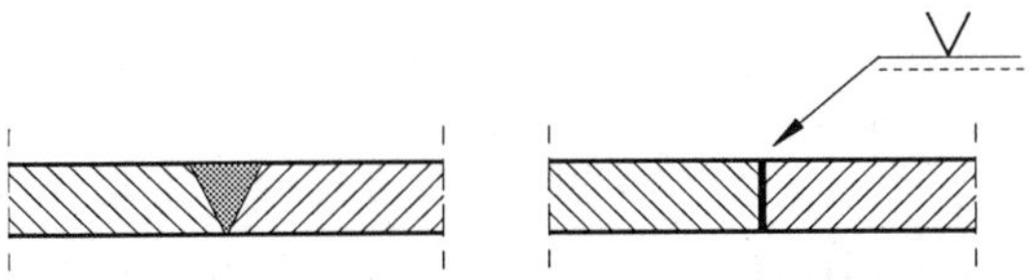

einseitige V-Naht, von oben geschweißt

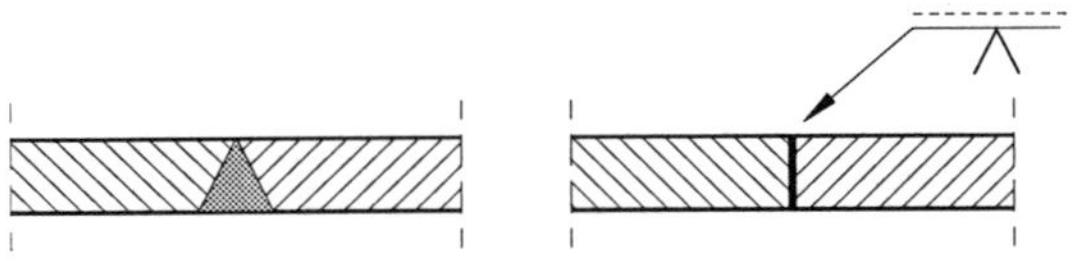

einseitige V-Naht, von unten geschweißt

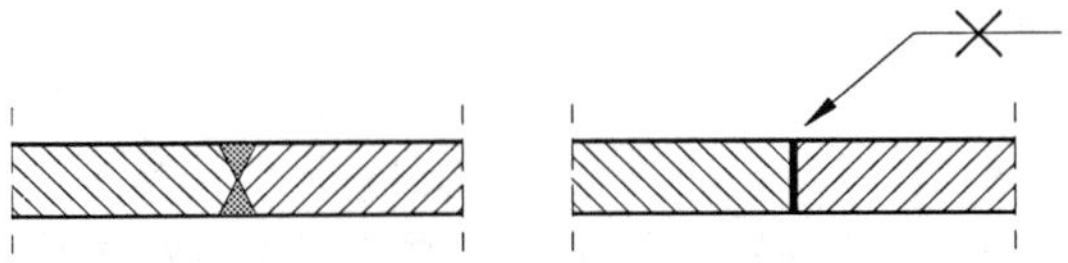

DV-Naht, beidseits geschweißt

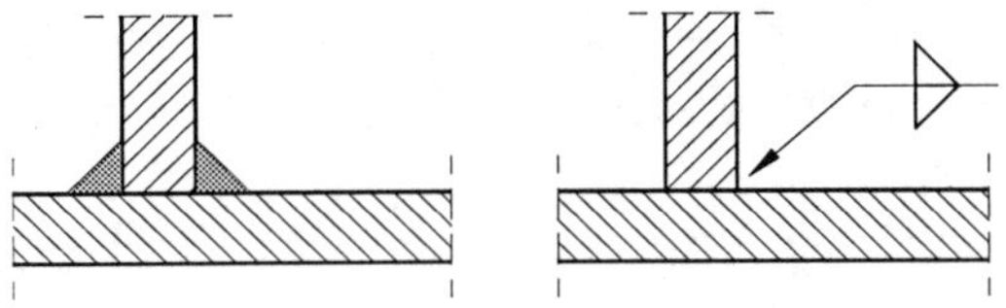

Doppelkehlnaht

Die Schweißnahtdicke a sollte nie größer als rechnerisch erforderlich gewählt werden. Sie darf für tragende Kehlnähte nicht größer sein als das 0,7-fache der geringsten angeschlossenen Materialdicke, muss jedoch mindestens 2 mm betragen.

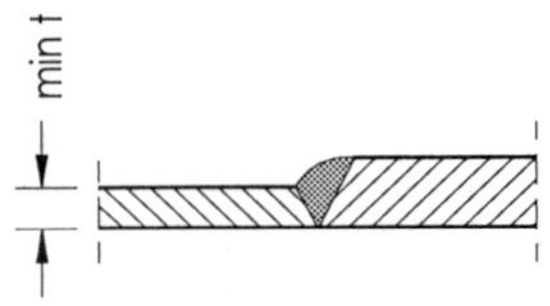

Die Nahtdicke ist bei Stumpfnähten gleich der Dicke der zu verbindenden Teile, wobei beim Stoß verschieden dicker Stähle die kleinere Dicke maßgebend ist.

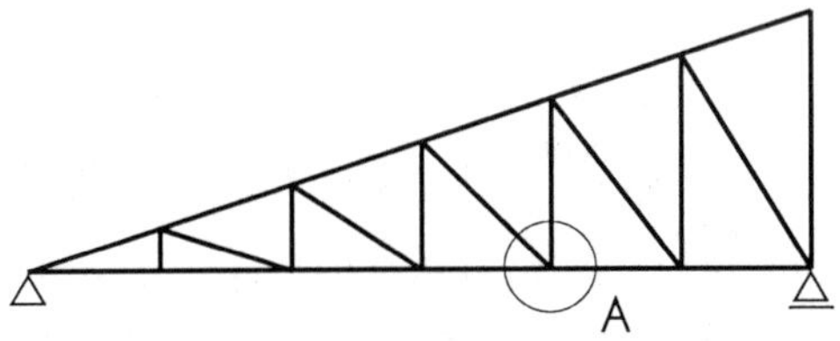

Detail A

Untergurtstoß eines Pultfachwerks aus quadratischen Stahl-Hohlprofilen

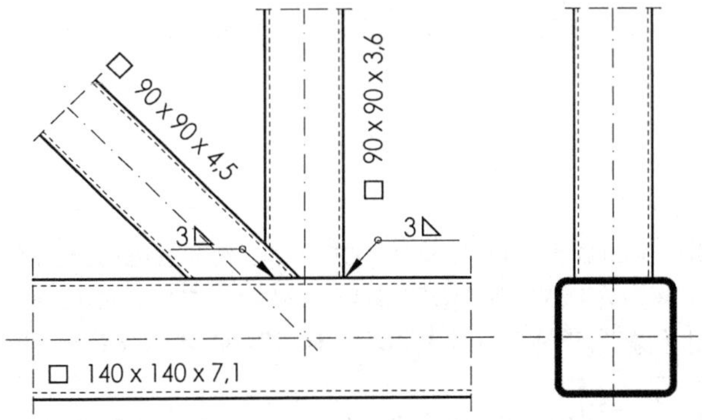

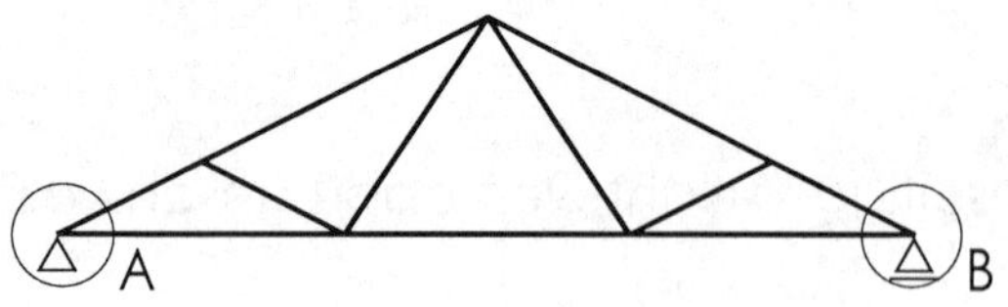

Detail A

Auflagerknoten eines Satteldachfachwerks

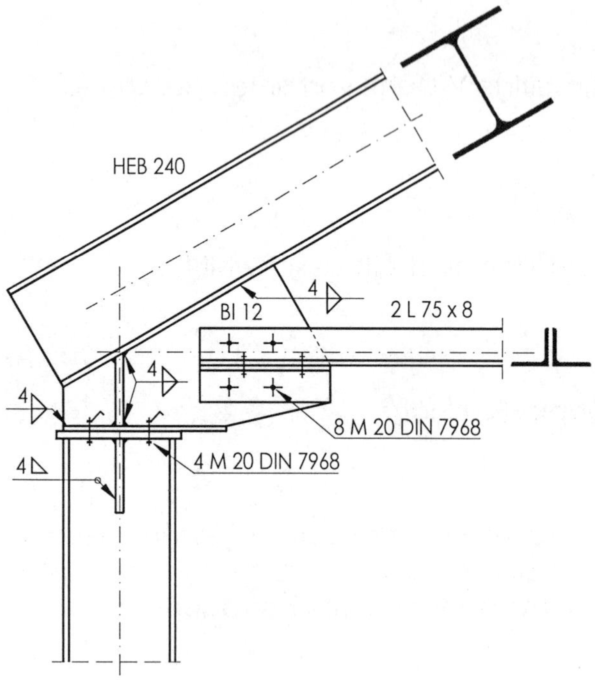

Der zugbeanspruchte Untergurt aus zwei Winkeln 75 x 8 wird über ein an den Obergurt HEB 240 angeschweißtes Knotenblech t = 12 mm mit insgesamt acht Passschrauben M 20 angeschlossen.

Detail B

Auflagerknoten eines Satteldachfachwerks, alternativ mit Rundstahl als Untergurt, geschweißte Ausführung, echt gelenkige Lagerung.

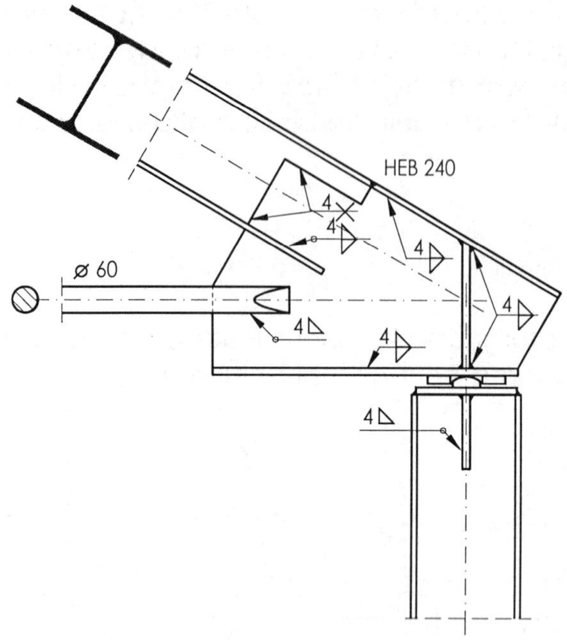

Der Obergurt HEB 240 und der Untergurt ⌀ 60 mm werden entsprechend ausgeschnitten bzw. geschlitzt und mit dem Knotenblech verschweißt.

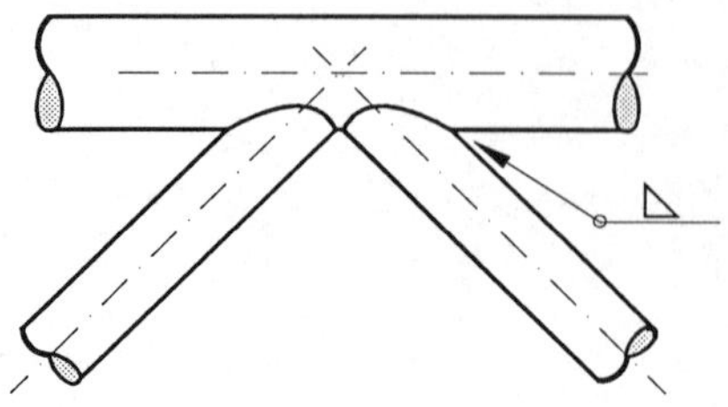

Rohrprofile mit kreisförmigem Querschnitt sind ein wirtschaftliches Ausgangsmaterial für geschweißte Fachwerkträger aller Art.

Die Rohre können direkt oder über ein Knotenblech verschweißt werden.

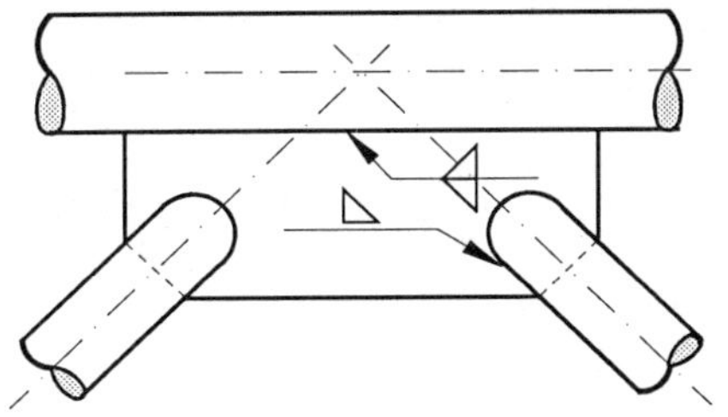

Knotenpunkt mit zwischengeschaltetem Knotenblech

Die Diagonalenenden sind gekümpelt und geschlitzt und mit dem Knotenblech verschweißt.

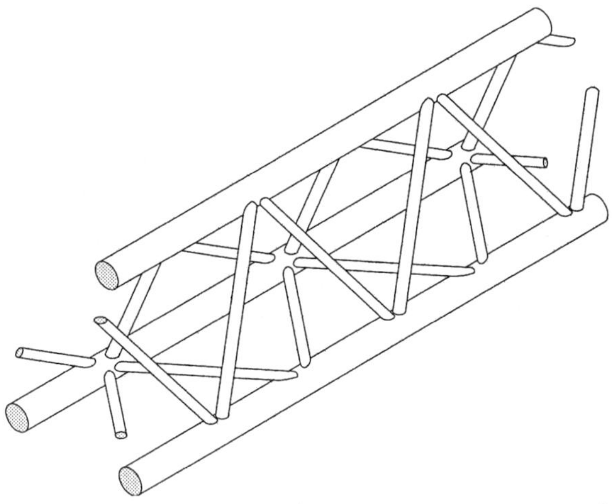

Mit Rohrquerschnitten lassen sich auf einfache Weise Dreigurtfachwerke herstellen.

Weil Stahlrohre bei gleichem Nenndurchmesser mit verschiedenen Wandstärken lieferbar sind, können die Stäbe den statischen Erfordernissen weitgehend angepasst werden. Die Diagonalen haben meist einen geringeren Durchmesser als die Gurte. An den Knotenpunkten werden die einander durchdringenden Rohre verschweißt.

Voraussetzungen zur Ausführung von geschweißten Stahlhochbauten:

Während Stahlbaubetriebe zur Ausführung von geschraubten Stahlbauten keinen zusätzlichen außer den üblichen gewerbeaufsichtlichen Anforderungen unterworfen sind, ist die Ausführung von geschweißten Stahlbauten in verschärfender Weise besonders geregelt. Es existieren zwei sogenannte Befähigungsnachweise:

- Großer Befähigungsnachweis für Stahlbaubetriebe, die praktisch uneingeschränkt alle Konstruktionen des Stahlhochbaus herstellen dürfen.

- Kleiner Befähigungsnachweis für beschränkt auf dem Sektor geschweißter Stahlbauten tätige Betriebe.

Die Einschränkungen eines Betriebes mit kleinem Nachweis sind:

Bei Konstruktionen aus St 37 sind die Ausführung von vollwandigen Stützen, von Trägern bis 15 m Stützweite und bis 5,0 kN/m² Belastung aus Verkehr, Fachwerkträger bis 16 m Stützweite, Geländer, Treppen (über 5 m Stützweite mit höchstens 3,5 kN/m² Verkehrslast) und vergleichbarer anderer Konstruktionen zulässig.

Bei St 52 sind nur ungestoßene einteilige Pendelstützen mit Kopf- und Fußplatte erlaubt.

Außerdem gilt noch eine Beschränkung auf 16 mm Blechdicke (bei Kopf- und Fußplatten 25 mm) für die Einzelteile.

8 Zug- und Druckstäbe

8.1 Zugstäbe

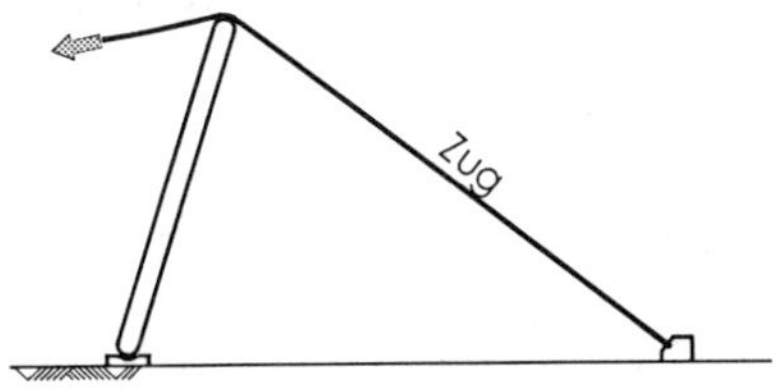

Bei Seilkonstruktionen müssen die Kräfte aus den Tragseilen und gegebenenfalls aus den Spannseilen (vgl. Abschnitt 6.1.2) durch ein auf Zug beanspruchtes Abspannseil im Baugrund verankert werden.

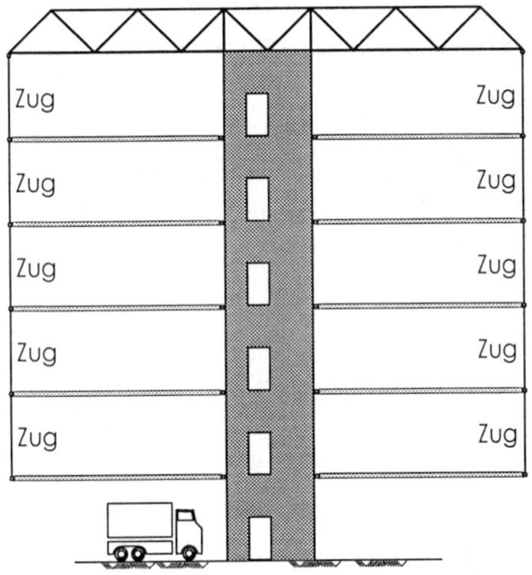

Zugbeanspruchte Elemente treten immer da auf, wo Lasten entgegen der Schwerkraftwirkung senkrecht oder schräg nach oben gehängt werden.

Bei einem Hängehaus werden die Deckenlasten außen durch Zugstangen zu einer Kragkonstruktion am Kopf des aussteifenden Erschließungskerns geleitet. Der Kern übernimmt sämtliche vertikalen und horizontalen Lasten.

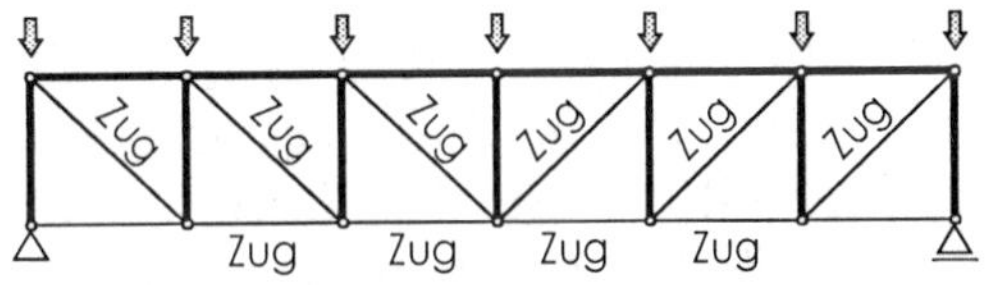

Bei Fachwerken werden immer einzelne Stabgruppen, z.B. Untergurt- und Diagonalstäbe auf Zug beansprucht.

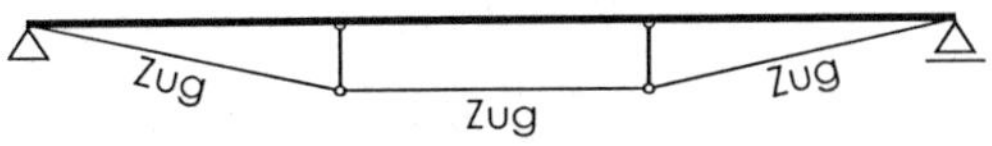

Der Untergurt eines unterspannten Trägers ist ebenfalls zugbeansprucht.

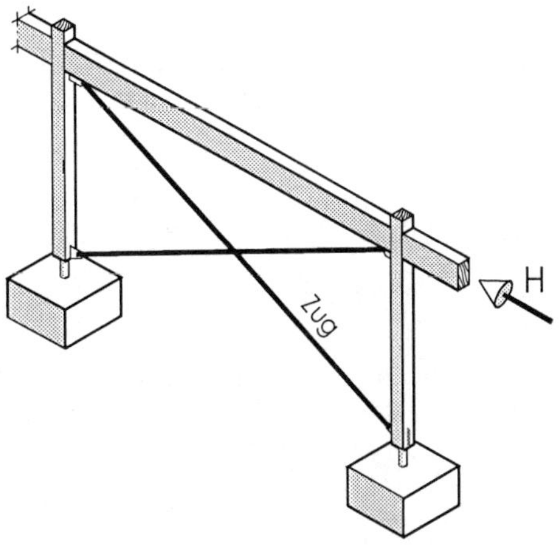

Dieser Kreuzverband dient zur Aussteifung eines Holzskelettbaues.

Eine der beiden Diagonalen wird abhängig von der Richtung der Horizontalkraft H (aus Wind) auf Zug beansprucht. Sie werden meist mit Rundstahlquerschnitten ausgeführt.

8.1.1 Die Beanspruchung

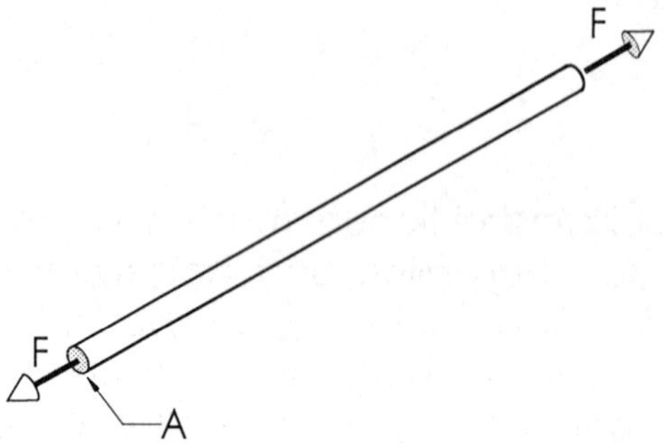

Greift die Zugkraft F im Schwerpunkt des Zugstabes an, ist die Spannung gleichmäßig über die Querschnittsfläche A verteilt. Es ergibt sich dann folgende Zugspannung:

Zugspannung $\sigma_Z = \frac{F}{A}$ [kN/cm²]

Die Spannung - nicht die Last - gibt die Beanspruchung des Stabes an; sie steigt bei konstanter Querschnittsfläche A mit zunehmender Last F oder bei konstanter Last F bei abnehmender Querschnittsfläche A.

Der Zugspannungsnachweis wird analog zum Biegespannungsnachweis wie folgt geführt: es wird nachgewiesen, dass die vorhandene Spannung kleiner oder gleich der Grenzspannung $\sigma_{R,d}$ ist:

$$\Rightarrow \sigma_Z = \frac{F_d}{A} \leq \sigma_{R,d}$$

mit: σ_Z vorhandene Zugspannung [kN/cm²]
$\sigma_{R,d}$ Grenzspannung [kN/cm²]
F_d Bemessungszugkraft $F_d = \gamma_F \cdot F = 1{,}4 \cdot F$ [kN]
A Querschnittsfläche [cm²]

Hierzu muss zuerst ein Querschnitt geschätzt und dann der Zugspannungsnachweis geführt werden. Ist die ermittelte Zugspannung sehr viel kleiner als die Grenzspannung, ist der Zugstab überdimensioniert und damit unwirtschaftlich. In diesem Fall ist ein neuer, kleinerer Querschnitt zu wählen und der Zugspannungsnachweis erneut zu führen.

Einfacher ist es daher, die Formel abzuändern und aus einer bekannten Bemessungszugkraft F_d und der für einen gewählten Baustoff bekannten Grenzspannung $\sigma_{R,d}$ eine erforderliche Querschnittsfläche zu ermitteln.

$$\Rightarrow A_{erf} = \frac{F_d}{\sigma_{R,d}} \text{ [cm}^2\text{]}$$

Es läßt sich auch die aufnehmbare Kraft eines Zugstabs ermitteln, wenn die Querschnittsfläche und der Baustoff bekannt sind:

$$\Rightarrow F_d = A \cdot \sigma_{R,d} \text{ [kN]}$$

Für die Grenzspannung $\sigma_{R,d}$ sind die bereits in Abschnitt 4.4.3 aufgeführten Werte für Zugbeanspruchung von Stahl-, bzw. Holzbauteilen einzusetzen:

Grenzspannung $\sigma_{R,d}$ (Zug) für Stahlbauteile [kN/cm²]

Baustahl St 37	Baustahl St 52
21,8	32,7

Grenzspannung $\sigma_{R,d}$ (Zug) für Holzbauteile [kN/cm²]

Vollholz Nadelholz					Brettschichtholz			
S7 MS7	S10 MS10	S13	MS13	MS17	BS11	BS14	BS16	BS18
0	0,9	1,1	1,3	1,5	1,0	1,3	1,4	1,5

Beispiel:

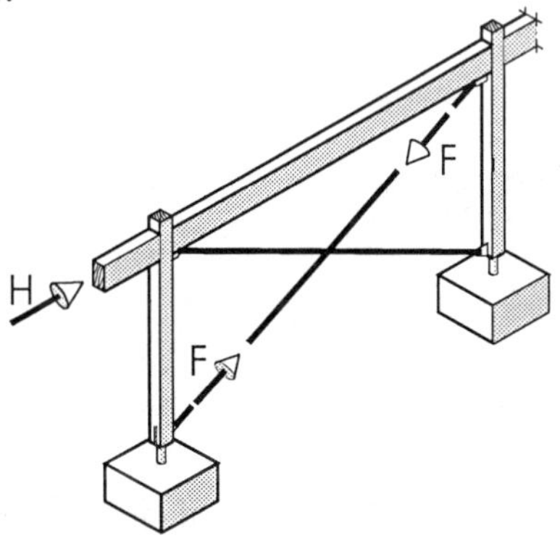

Die Diagonale des Kreuzverbandes eines Holzskelettbaues wird durch horizontale Windkräfte mit einer Zugkraft F = 40 kN beansprucht. Die Diagonale soll mit einem Rundstahlquerschnitt, alternativ mit einem quadratischen Vollholzquerschnitt ausgeführt werden.

Baustoff: Stahl St 52
NH Sortierklasse MS13

Bemessungszugkraft $\Rightarrow F_d = \gamma_F \cdot F = 1{,}4 \cdot F = 1{,}4 \cdot 40 = 56$ kN

1. Ausführung als Rundstahlquerschnitt St 52

$$\Rightarrow \sigma_{R,d} = 32{,}7 \text{ kN/cm}^2$$

Es wird ein Rundstahlquerschnitt ∅ 20 mm gewählt:

$$\Rightarrow A = \frac{d^2 \cdot \pi}{4} = \frac{2{,}0^2 \cdot \pi}{4} = 3{,}14 \text{ cm}^2$$

Zugspannungsnachweis $\sigma_Z = \frac{F_d}{A} \leq \sigma_{R,d}$

$$\Rightarrow \sigma_Z = \frac{56}{3{,}14} = 17{,}83 \text{ kN/cm}^2 < \sigma_{R,d} = 32{,}7 \text{ kN/cm}^2$$

D.h. der gewählte Rundstahlquerschnitt ∅ 20 mm ist bei weitem ausreichend.

Um einen ausreichend dimensionierten und gleichzeitig wirtschaftlichen Querschnitt zu erhalten, ist es besser, die erforderliche Querschnittsfläche zu ermitteln:

$$\Rightarrow A_{erf} = \frac{56}{32{,}7} = 1{,}71\ cm^2$$

Aus der Kreisfläche $A_{\varnothing} = \frac{d^2 \cdot \pi}{4}$ ergibt sich der Durchmesser:

$$\Rightarrow d_{erf} = \sqrt{\frac{A \cdot 4}{\pi}} = \sqrt{\frac{1{,}71 \cdot 4}{\pi}} = 1{,}48\ cm$$

<u>gewählt Rundstahl ∅ 16 mm St 52</u>

2. Ausführung als quadratischer Vollholzquerschnitt MS13

$$\Rightarrow \sigma_{R,d} = 1{,}3\ kN/cm^2$$

$$\Rightarrow A_{erf} = \frac{56}{1{,}3} = 43{,}1\ cm^2$$

Aus der Quadratfläche $A_{\square} = b \cdot h$ ergibt sich die Seitenlänge:

$$\Rightarrow b = h = \sqrt{A} = \sqrt{43{,}1} = 6{,}6\ cm$$

<u>gewählt Vollholz 8/8 cm MS13</u>

Es ist möglich, dass sich durch die Verbindungsmittel am Anschluss der Diagonale, z.B. Stabdübel (vgl. Abschnitt 7.5.6) oder Dübel besonderer Bauart (vgl. Abschnitt 7.5.7) wegen der erforderlichen Mindestabstände der Verbindungsmittel und der Mindestholzabmessungen ein größerer Querschnitt ergeben kann. Darüber hinaus wird der Querschnitt der zugbeanspruchten Diagonale durch die Bohrungen und Ausfräsungen für die Verbindungsmittel geschwächt. Für den Vorentwurf kann die Querschnittsschwächung abgeschätzt werden zu:

Stabdübel	$\Delta A = 0{,}15 \cdot A$
Dübel besonderer Bauart	$\Delta A = 0{,}25 \cdot A$

D.h. der Bruttoquerschnitt = ungeschwächter Querschnitt ist wegen der Verbindungsmittel größer zu wählen. Werden in diesem Beispiel als Verbindungsmittel Dübel besonderer Bauart gewählt, ist die erforderliche Querschnittsfläche um 25% zu vergrößern.

$$\Rightarrow A_{erf} = 1{,}25 \cdot 43{,}1 = 53{,}9\ cm^2$$

Der gewählte Querschnitt 8/8 cm mit 64 cm² Querschnittsfläche ist also auch im Anschlussbereich ausreichend.

8.1.2 Die Verformung (Dehnung)

Alle Baustoffe (Stahl, Beton, Holz, Mauerwerk, Baugrund) verformen sich unter Belastung. Solange sich das Bauteil im elastischen Bereich befindet, gilt für Stahl exakt, für Holz, Beton und Mauerwerk mit ausreichender Genauigkeit das bereits bekannte Hooke`sche Gesetz (vgl. Abschnitt 4.4.1).

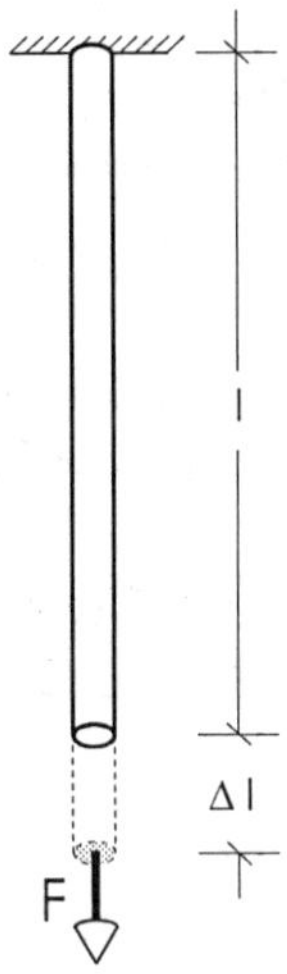

Die Verlängerung Δl (Dehnung) wächst proportional mit der Spannung, d.h.

zweifache Last bei gleichem Querschnitt

zweifache Spannung
→ zweifache Dehnung

gleiche Last bei zweifachem Querschnitt

halbe Spannung
→ halbe Dehnung

Verdoppelt man die Ausgangslänge l, dann verdoppelt sich bei gleicher Last F und gleichem Querschnitt A, also bei gleicher Zugspannung σ_Z auch die Längenänderung Δl. Das Verhältnis der Längenänderung Δl zur Ausgangslänge l ist also proportional zur Spannung σ.

$$\sigma \approx \frac{\Delta l}{l}$$

Das Verhältnis Δ l/l wird als Dehnungskoeffizient ε (epsilon) bezeichnet.

$$\varepsilon = \frac{\Delta l}{l} \text{ [dimensionslos]}$$

$$\sigma \approx \varepsilon = \frac{\Delta l}{l} \text{ (Hooke`sches Gesetz)}$$

Sobald die Spannung σ wieder zu Null wird, geht auch die Längenänderung Δl wieder auf Null zurück; das Bauteil verhält sich elastisch (Gegensatz: plastisch). Ein plastischer Körper wie z.B. Wachs, Blei und auch elastische Körper bei sehr hohen Beanspruchungen bleiben nach der Entlastung verformt.

Der Verhältniswert zwischen Spannung σ und Dehnungskoeffizient ε ist wegen der Proportionalität von Spannung und Dehnung konstant und wird als Elastizitätsmodul E bezeichnet.

$$E = \frac{\sigma}{\varepsilon} = \sigma \cdot \frac{l}{\Delta l} \text{ [kN/cm}^2\text{]}$$

Diese Formel umgewandelt ergibt die Längenänderung Δl [cm], abhängig von der Spannung σ [kN/cm²], der ursprünglichen Ausgangslänge l [cm] und dem Elastizitätsmodul E [kN/cm²].

$$\Delta l = \frac{\sigma}{E} \cdot l$$

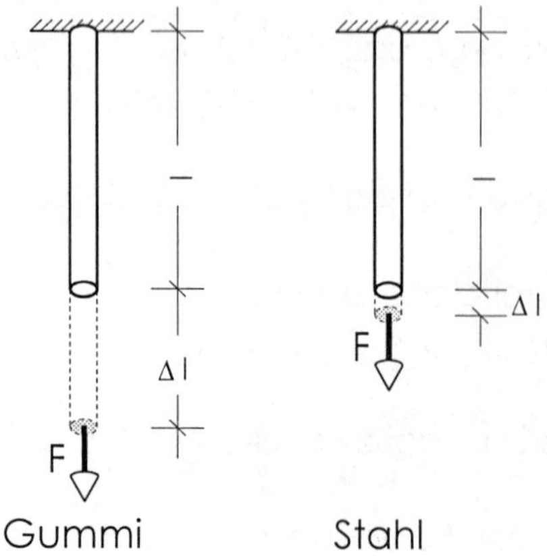

Die Dehnung ist bei gleicher Beanspruchung bei verschiedenen Baustoffen unterschiedlich. Trotz gleicher Spannung dehnt sich z.B. Gummi weitaus mehr als Stahl.

Dies ist aus der obigen Beziehung für die Längenänderung ersichtlich:

je kleiner der Elastizitätsmodul des Baustoffs, desto größer die Dehnungen.

Wird theoretisch ein Stab so weit gedehnt, dass die Längenänderung Δl gleich der Ausgangslänge l ist, ist die Spannung σ gleich dem Elastizitätsmodul E:

$$\Delta l = l \;\rightarrow\; \sigma = E$$

D.h. der Elastizitätsmodul ist die fiktive Spannung, die eine Verdoppelung der Ausgangslänge verursachen würde. Fiktiv deshalb, weil nur Gummi diese Spannung ohne zu reißen aufnehmen kann, Stahl und andere Baustoffe jedoch nicht.

Wichtige Elastizitätsmodule:

- Holz E = 1000 bis 1400 kN/cm²
- Beton E = 2600 bis 3700 kN/cm²
- Mauerwerk E = 200 bis 1000 kN/cm²
- Aluminium E = 7000 kN/cm²
- Stahl E = 21000 kN/cm²
- Gummi E = 0,09 - 0,4 kN/cm²

Aus diesen Werten ist zu erkennen, dass ein Stab aus Aluminium gegenüber einem Stab aus Stahl bei gleichem Querschnitt, Ausgangslänge und Belastung die dreifache Verlängerung erfährt, da der E-Modul von Aluminium (7000 kN/cm²) nur ein Drittel des E-Moduls von Stahl (21000 kN/cm²) beträgt.

Beispiele:

Ein Zugstab aus Nadelholz Sortierklasse S10 von 10,0 m Länge wird mit einer Spannung σ = 0,9 kN/cm² gezogen. Der Elastizitätsmodul beträgt 1000 kN/cm². Es ergibt sich dann die Längenänderung:

$$\Rightarrow \Delta l = \frac{\sigma}{E} \cdot l = \frac{0{,}9}{1000} \cdot 1000 = 0{,}9 \text{ cm}$$

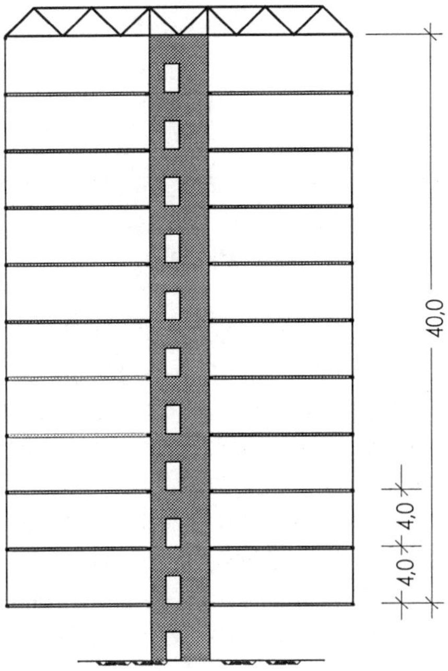

10 Geschosse mit je 4,0 m Geschosshöhe eines Hängehauses sind über Zugstützen aus Stahl an einer Kragkonstruktion aufgehängt. Die Zugstützen werden im untersten Geschoss durch eine Zugspannung σ = 16 kN/cm² beansprucht.

$$E = 21000 \text{ kN/cm}^2$$

$$\Rightarrow \Delta l = \frac{\sigma}{E} \cdot l = \frac{16}{21000} \cdot 4000 = 3{,}05 \text{ cm}$$

Wenn überschlägig ca. 1/3 der Gesamtlast durch wechselnde Verkehrslast verursacht wird, verbleiben ca. 1,0 cm Vertikalbewegung der untersten aufgehängten Geschossebene. Zu diesen Dehnungen aus Last addieren sich Dehnungen aus Temperaturänderung (vgl. Abschn. 2.6.2).

Querschnitte für Zugbeanspruchung

U-Profile Zangenquerschnitt — U-Profile Hohlquerschnitt — quadratisches Stahl-Hohlprofil

Querschnitte aus Stahlwalzprofilen

gleichschenkliger Winkelstahl kreuzförmig — gleichschenkliger Winkelstahl Hohlquerschnitt — Stahlrohr

Rundstahl — Flachstahl — Litzen

Querschnitte aus Rund- oder Flachstahl und Seilen

Vollholz Einzelquerschnitt — Vollholz Zangenquerschnitt — Brettschichtholz (Keilzinkung)

Querschnitte aus Holz

rechteckige und quadratische Spannbetonquerschnitte

Querschnitte aus Spannbeton

8.2 Druckstäbe

8.2.1 Druckstäbe ohne Knickgefahr

Sehr kurze, gedrungene Bauteile können Druckkräfte aufnehmen, ohne durch seitliches Ausknicken gefährdet zu sein. Beispiele hierfür sind kurze "dicke" Stützen, Lastverteilungsschwellen, Fundamente, im Baugrund eingebettete Pfähle.

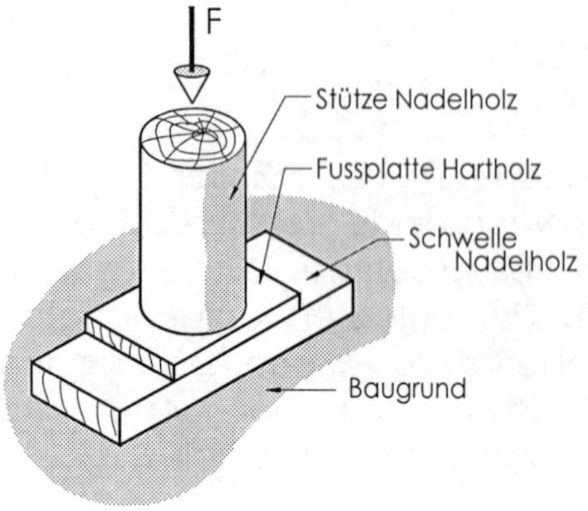

Die Last aus der Nadelholz-Rundstütze, die parallel zu ihrer Faserrichtung auf Druck beansprucht ist, wird über eine Fußplatte aus Hartholz auf eine Schwelle, wiederum aus Nadelholz verteilt. Die Hartholzplatte muss so groß sein, dass die aufnehmbaren Druckspannungen senkrecht zur Faserrichtung in der Schwelle nicht überschritten werden. Die Schwelle hat die Aufgabe, die Last soweit zu verteilen, dass der Baugrund nicht überlastet ist.

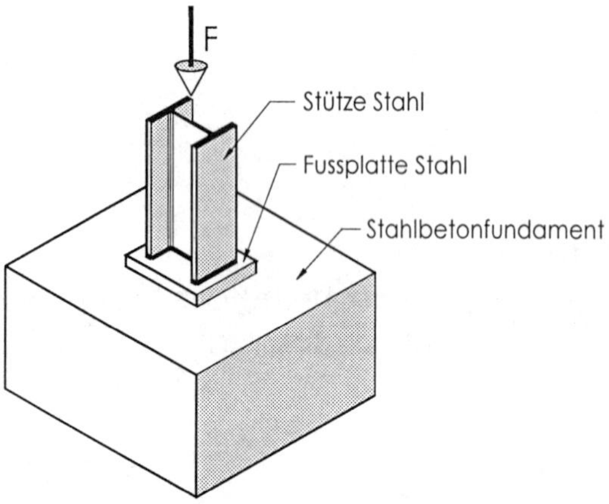

Die Fußplatte aus Stahl verteilt die konzentrierte Last aus der Stahlstütze auf das Stahlbetonfundament. Da die Druckfestigkeit des Betons gegenüber Stahl relativ gering ist, muss die Querschnittsfläche der Stütze so vergrößert werden, dass die aufnehmbaren Betondruckspannungen nicht überschritten werden. Das Fundament verteilt dann die Last auf den noch geringer belastbaren Baugrund. Weder Fußplatte noch Fundament sind wegen ihrer gedrungenen Form knickgefährdet.

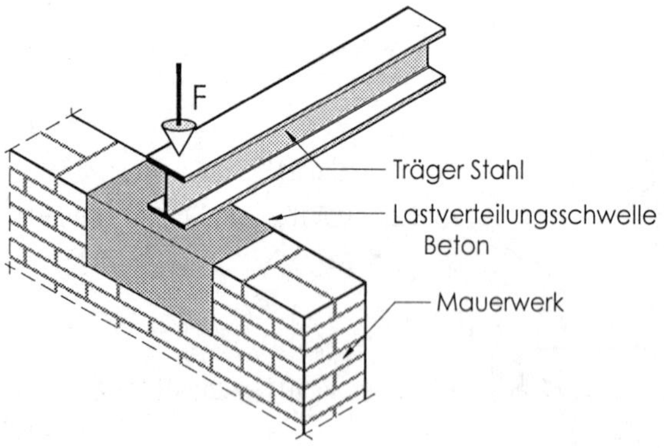

Die Auflagerkraft aus dem biegebeanspruchten Stahlträger kann durch die Mauerwerkswand nicht aufgenommen werden. Deshalb ist eine Lastverteilungsschwelle aus Beton oder hochbelastbarem Mauerwerk zwischen Stahlträger und normalem Mauerwerk einzuschalten. Die Breite der Lastverteilungsschwelle ergibt sich aus der aufnehmbaren Druckspannung des normalen Mauerwerks.

Die Fläche A eines lastverteilenden, druckbeanspruchten Bauteils muss also so groß sein, dass die aufnehmbaren Spannungen, d.h. die Grenzspannungen $\sigma_{R,d}$ (Druck) des darunterliegenden Bauteils nicht überschritten werden.

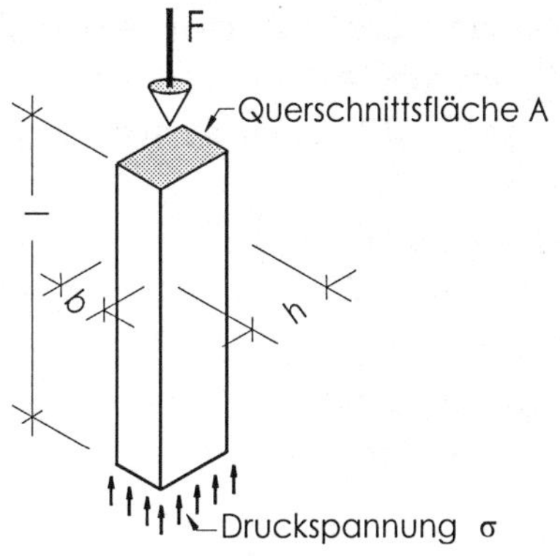

Unter der Voraussetzung, dass die Last F im Schwerpunkt der Querschnittsfläche A angreift, gilt analog zum Zugstab:

$$\text{Druckspannung} \quad \sigma_D = \frac{F}{A} \quad [\text{kN/cm}^2]$$

Es muss nachgewiesen werden, dass die vorhandene Druckspannung kleiner oder gleich der Grenzspannung $\sigma_{R,d}$ ist:

$$\Rightarrow \sigma_D = \frac{F_d}{A} \leq \sigma_{R,d}$$

Für die Grenzspannung $\sigma_{R,d}$ sind die bereits in Abschnitt 4.4.3 aufgeführten Werte für Druckbeanspruchung einzusetzen.

Grenzspannung $\sigma_{R,d}$ (Druck) für Holzbauteile [kN/cm²]

	Vollholz Nadelholz					Brettschichtholz			
	S7 MS7	S10 MS10	S13	MS13	MS17	BS11	BS14	BS16	BS18
Druck II $\sigma_{c\parallel}$	1,0	1,3	1,4	1,5	1,6	1,5	1,8	1,9	2,0
Druck ⊥ $\sigma_{c\perp}$	0,25	0,31	0,31	0,31	0,37	0,34	0,34	0,34	0,4

Bei Holzbauteilen wird in eine Grenzspannung parallel zur Faserrichtung $\sigma_{c\parallel}$ und senkrecht zur Faserrichtung $\sigma_{c\perp}$ unterschieden. Damit wird die Anisotropie des Baustoffes Holz berücksichtigt. Die Festigkeit senkrecht zur Faserrichtung ist relativ gering und beträgt nur ca. 18% bis 25% der Festigkeit parallel zur Faserrichtung.

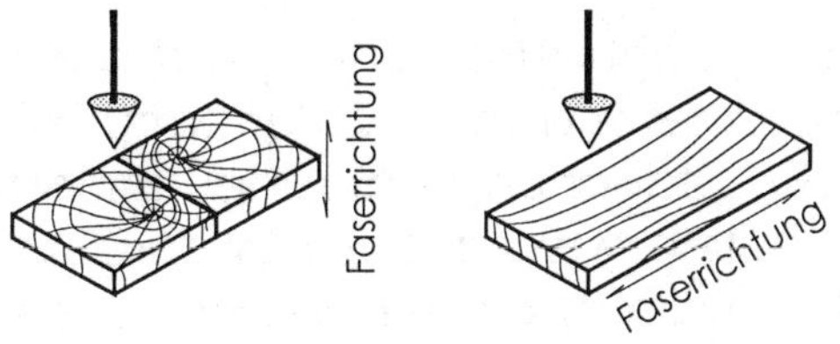

Hirnholzboden Dielenboden

Dies erklärt, warum ein Fußbodenbelag aus Hirnholz belastbarer ist als ein üblicher Dielenboden. Beim Hirnholzboden wirkt die Beanspruchung parallel zur Faserrichtung, beim Dielenboden senkrecht dazu.

Die Grenzspannungen $\sigma_{R,d}$ für Druck von Stahlbauteilen entsprechen denen für Zug. Eine Unterscheidung der Beanspruchungsrichtung ist nicht notwendig, da Stahl ein isotroper Baustoff ist.

Beispiel:

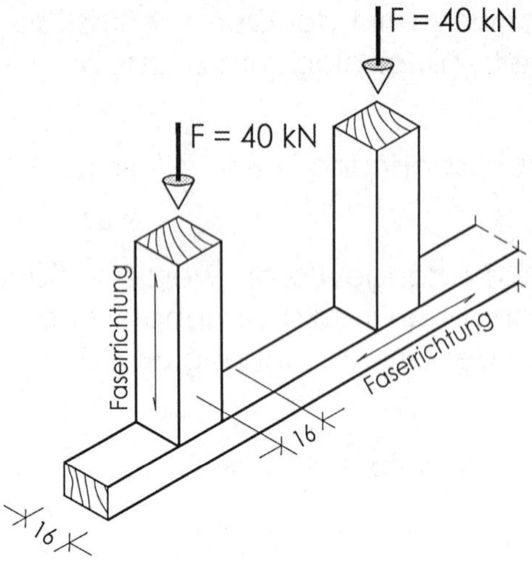

Baustoff: NH S10 → $\sigma_{R,d}$ = 0,31 kN/cm² (senkrecht zur Faser)

In einem Holzbau stehen auf einer Fußschwelle Wandpfosten 16/16 cm, die durch eine Last F = 40 kN belastet sind.

Bemessungsdruckkraft:
$F_d = \gamma_F \cdot F = 1,4 \cdot F = 1,4 \cdot 40 = 56$ kN

Aufstandstandsfläche:
$A = 16 \cdot 16 = 256$ cm²

Nachweis: $\sigma_\perp = \frac{F_d}{A} < \sigma_{R,d}$

$$\Rightarrow \sigma_\perp = \frac{56}{256} = 0,22 \text{ kN/cm}^2 < \sigma_{R,d}$$

Beispiel:

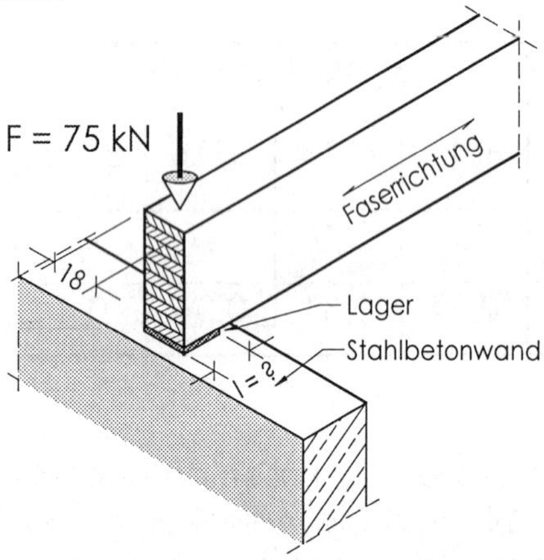

Baustoff: BS11 → $\sigma_{R,d}$ = 0,34 kN/cm² (senkrecht zur Faser)

Ein 18 cm breiter Brettschichtholzträger soll über ein Elastomer-Lager auf einer Stahlbetonwand aufgelagert werden. Wie groß muss die Auflagerlänge l sein?

Bemessungsdruckkraft:
$F_d = 1,4 \cdot F = 1,4 \cdot 75 = 105$ kN

erforderliche Auflagerfläche:
$$A_{erf} = \frac{F_d}{\sigma_{R,d}} = \frac{105}{0,34} = 309 \text{ cm}^2$$

erforderliche Auflagerlänge:
$$\Rightarrow l_{erf} = \frac{A_{erf}}{b} = \frac{309}{18} = 17,2 \text{ cm}$$

gewählt Auflagerlänge l = 18 cm

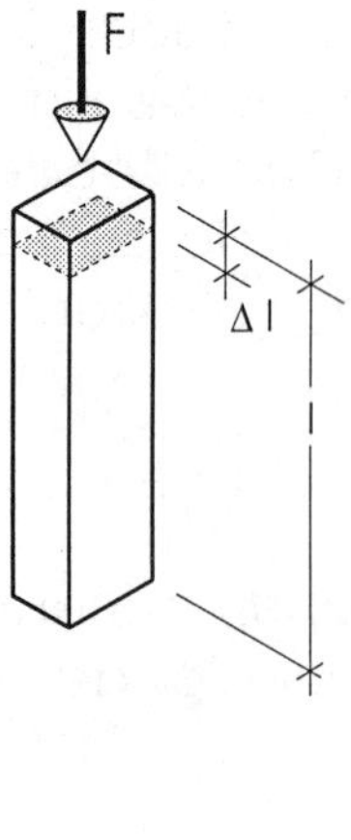

Wie bei Zugbeanspruchung tritt auch bei Druck eine elastische Verformung ein, diesmal Stauchung, die bei Entlastung des Bauteils wieder auf Null zurückgeht. Es gelten die analogen Beziehungen, mit Ausnahme von Beton sind die dort angegebenen Werte der E-Module für Druck und Zug zugleich gültig.

$$\Rightarrow \Delta l = \frac{\sigma}{E} \cdot l$$

8.2.2 Das Knickproblem

Bei einem Zugstab ist für jede beliebige Länge mit dem Spannungsnachweis sichergestellt, dass der Zugstab nicht versagt.

$$\sigma_Z = \frac{F_d}{A} \leq \sigma_{R,d}$$

Die Tragfähigkeit eines Zugstabes ist also nur abhängig von der

- Querschnittsfläche A
- Grenzspannung des Baustoffs $\sigma_{R,d}$

und unabhängig von der

- Querschnittsform (Quadrat, Rechteck, Kreis usw.)
- Stablänge (bei Vernachlässigung des Eigengewichts)

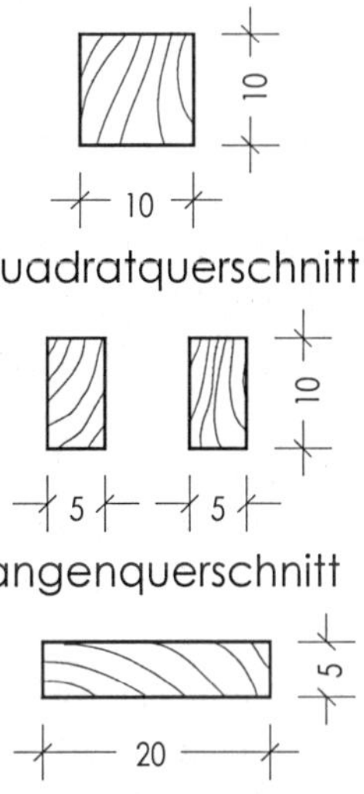

Quadratquerschnitt

Zangenquerschnitt

Rechteckquerschnitt

Alle drei Querschnitte aus NH Sortierklasse S10 besitzen die identische Querschnittsfläche A = 100 cm².

Mit $\sigma_{R,d}$ = 0,9 kN/cm² ergibt sich die aufnehmbare Bemessungszugkraft F_d für alle Querschnitte zu:

$$\Rightarrow F_d = A \cdot \sigma_{R,d} = 100 \cdot 0{,}9 = 90 \text{ kN}$$

und daraus die Zugkraft F

$$\Rightarrow F = \frac{F_d}{\gamma_F} = \frac{90}{1{,}4} = 64{,}2 \text{ kN}$$

Diese Zugkraft kann von allen drei Querschnitten aufgenommen werden, wobei die Stablänge keinen Einfluss auf die Tragfähigkeit hat, solange das Eigengewicht des Holzstabes vernachlässigt werden kann.

Für Druckstäbe ist diese Aussage, dass allein die Querschnittsfläche A und die Grenzspannung $\sigma_{R,d}$ eines Baustoffs die Tragfähigkeit bestimmen, nicht allgemein gültig. Die Tragfähigkeit eines Druckstabes ist von weiteren Einflüssen abhängig.

In den folgenden Überlegungen sollen die Stützen an ihrem oberen und unteren Ende durch eine Geschossdecke aus Stahlbeton horizontal unverschieblich gehalten sein.

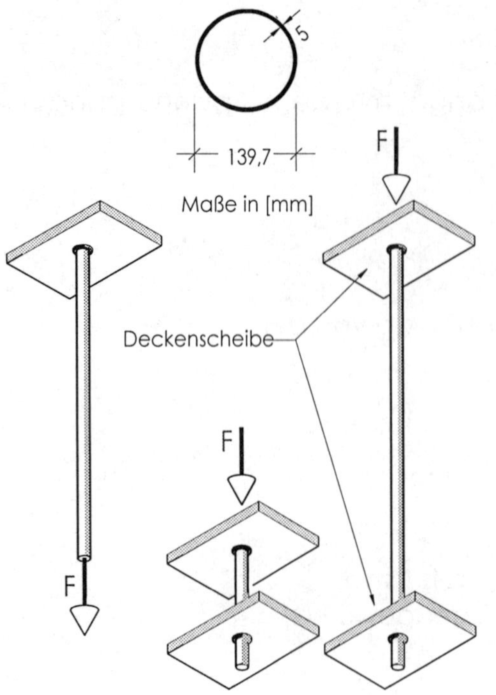

Mit einem Rohrquerschnitt 139,7 x 5 mm mit 21,2 cm² Querschnittsfläche aus Stahl St 37 kann eine Zugkraft von F = 330 kN aufgenommen werden, wobei die Rohrlänge keine Rolle spielt.

Ist das Rohr nur 1,0 m lang, kann es in etwa die gleiche Druckkraft aufnehmen.

Ist das Rohr jedoch 4,0 m lang (Geschossstütze), so kann es nur noch ca. 60% dieser Last aufnehmen, bedingt durch die Gefährdung aus Knicken.

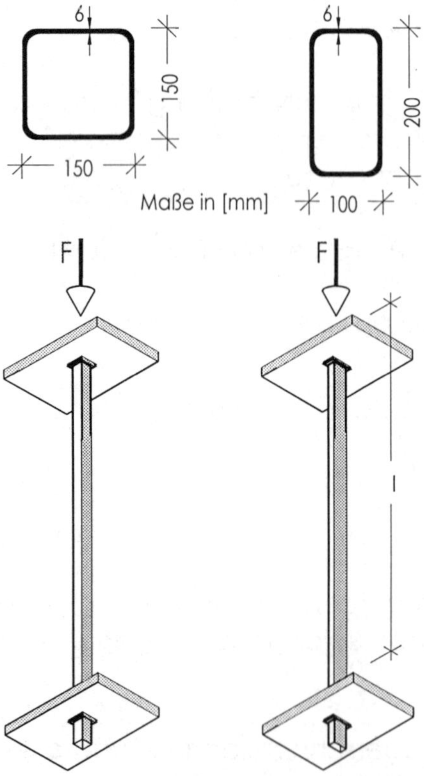

Ein Stahl-Hohlprofil mit Quadratquerschnitt 150 x 150 x 6 mm und mit Rechteckquerschnitt 200 x 100 x 6 mm (vgl. Bautabellen) besitzen eine identische Querschnittsfläche A = 33,6 cm².

Beide Querschnitte aus Stahl St 37 könnten, wenn sie auf Zug beansprucht werden, eine Last F = 525 kN aufnehmen.

Sind die Stützen jedoch 4,0 m lang und werden auf Druck beansprucht, kann der quadratische Querschnitt nur noch ca. 400 kN aufnehmen, der rechteckige Querschnitt sogar nur noch ca. 295 kN, d.h. die Tragfähigkeit wird gegenüber der Zugbeanspruchung auf 75% bzw. 55% abgemindert. Dies ist eine Folge der Knickgefährdung.

Die Stütze mit rechteckigem Querschnitt ist gegenüber der Stütze mit quadratischem Querschnitt trotz gleicher Querschnittsfläche und Stablänge weniger belastbar, weil die Querschnittsbreite nur 100 mm beträgt (gegenüber 150 mm beim quadratischem Querschnitt); die rechteckige Stütze ist schlanker als die quadratische.

Die Tragfähigkeit eines Druckstabes ist also nicht nur wie bei einem Zugstab allein abhängig von der Querschnittsfläche A und der Grenzspannung $\sigma_{R,d}$ des Baustoffs, sondern von weiteren Einflüssen. Die Tragfähigkeit ist also abhängig von:

- Grenzspannung des Baustoffs $\sigma_{R,d}$
- Querschnittsfläche A
- Querschnittsform (Quadrat, Rechteck, Kreis usw.)
- Stablänge l

Die obigen Beispiele zeigen, dass ein knickgefährdeter Druckstab wesentlich früher versagt als ein Zugstab mit gleichem Querschnitt, auch wenn wie beim Baustoff Stahl die Festigkeit auf Druck und Zug gleich ist. Bevor also die Druckfestigkeit des Materials erreicht wird, tritt schon der Bruch ein. Damit ist die Einhaltung der Grenzspannung kein ausreichendes Kriterium für die Bemessung eines Druckstabes.

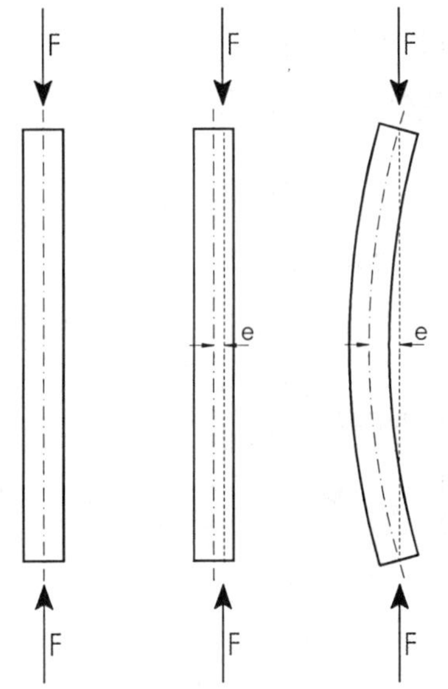

Eine auf Druck beanspruchte Stütze weist baupraktisch immer Abweichungen zwischen Stabachse und Druckkraft auf, bedingt durch eine unvermeidbare Abweichung der Last vom Querschnittsschwerpunkt oder durch eine Vorkrümmung der Stützenachse.

Jeder baupraktische Druckstab ist also neben der planmäßigen Druckspannung einer nicht planmäßigen, aber immer möglichen Biegebeanspruchung unterworfen. Die Last greift nicht in der Stabachse, sondern exzentrisch mit dem Hebelarm e an. Dadurch entsteht ein Biegemoment:

$$M = F \cdot e$$

Ein Zugstab streckt sich bei Belastung, eine unplanmäßige Exzentrizität der Zugkraft wird reduziert; am Druckstab vergrößert sich die Exzentrizität und damit die Biegebeanspruchung. Die vergrößerte Biegebeanspruchung führt wieder zu einer größeren Durchbiegung, diese wieder zu einer größeren Biegebeanspruchung und so fort. Innerhalb von Sekunden kann so der Druckstab auf Biegung versagen, obwohl die Bruchlast eines ideal geraden und zentrisch belasteten Stabes noch lange nicht erreicht ist.

Wenn ein Druckstab bei einer Belastung unterhalb seiner Bruchspannung plötzlich durch Ausknicken nachgibt, wird das als Stabilitätsproblem bezeichnet, während bei einem Biegeträger, der sich unter wachsender Last langsam durchbiegt, von einem Spannungsproblem gesprochen wird. Ein Versagen der Stabilität ist weit gefährlicher als ein Versagen der Biegetragfähigkeit, da es plötzlich und ohne Vorankündigung auftritt. Wenn ein Träger überlastet wird, biegt er sich stark durch. Dadurch auf die Gefahr des Versagens hingewiesen, kann man die Last verkleinern oder das Bauwerk räumen.

Beim Überschreiten der Stabilitätsgrenze einer Stütze tritt ohne Vorankündigung ein völliger Zusammenbruch ein, der immer schwere Folgen haben wird, da die Stützen Unterzüge und Decken tragen. Gegenüber solchen Gefährdungen ist ein besonderer Nachweis mit erhöhten Sicherheiten erforderlich.

Beispiele für druckbeanspruchte, knickgefährdete Bauteile

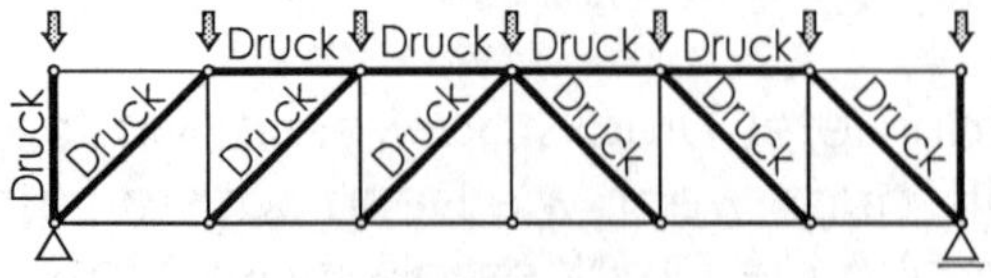

Fachwerk

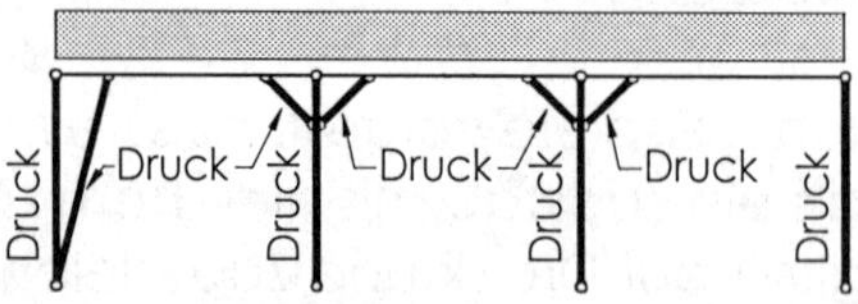

Stützen unter Kopfbandbalken

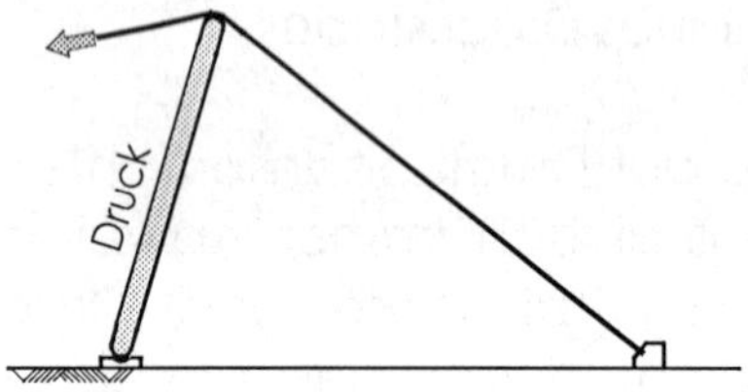

Mast einer Seilkonstruktion

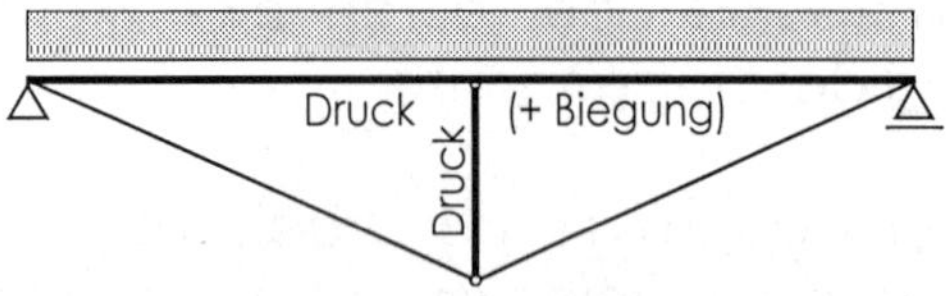

unterspannter Träger

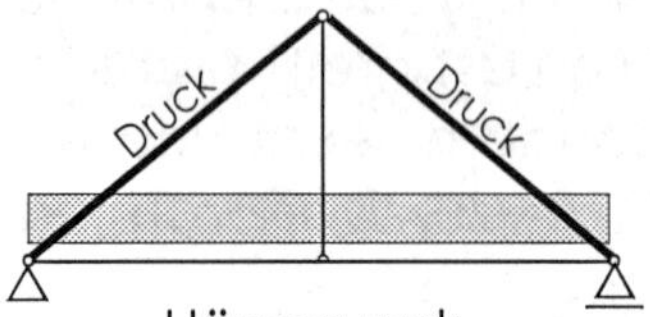

Hängewerk

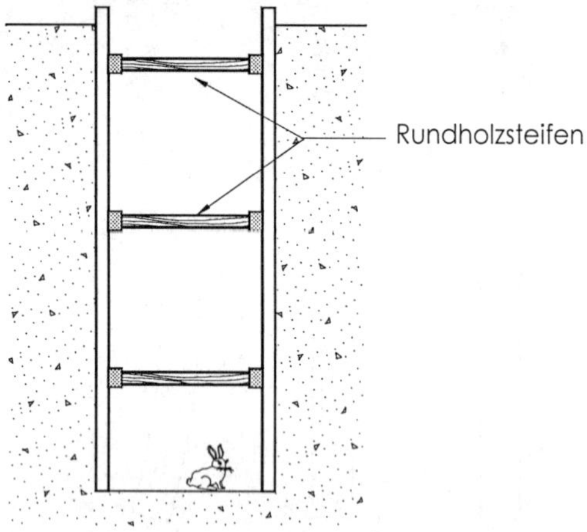

Baugrubenverbau

Als Erster formulierte der Schweizer Mathematiker Euler das Knickproblem. Er untersuchte den theoretischen Idealfall eines Stabes mit gerader Stabachse, zentrischem Lastangriff und für einen isotropen Werkstoff im elastischen Bereich.

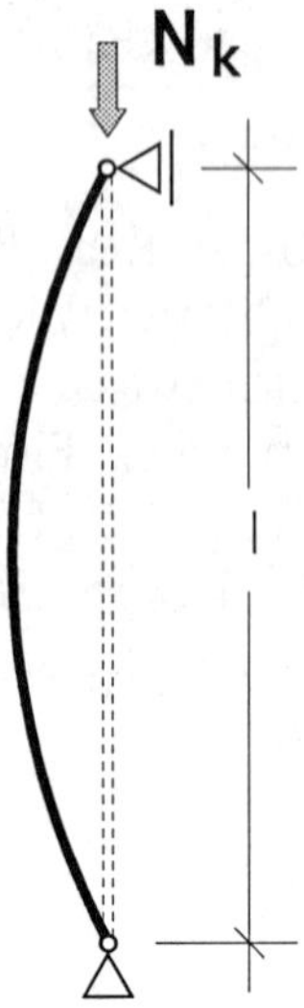

Ist der Stab oben und unten gelenkig gelagert, ergibt sich eine theoretische Druckkraft, unter der ein Stab unter den genannten idealen Voraussetzungen ausknickt. Auf eine genaue Herleitung wird hier verzichtet.

$$N_k = \frac{\pi^2 \cdot E \cdot I}{l^2} \quad [kN]$$

Diese Last wird auch als Euler-Last bezeichnet.

Die Euler-Last N_k [kN] ist also abhängig von

- Elastizitätsmodul E [kN/cm²]
- Trägheitsmoment I [cm⁴]
- Stablänge l [cm]

Der Elastizitätsmodul E ist eine Materialkonstante, die in Versuchen ermittelt wird. Er gibt Auskunft über die Verformbarkeit eines Baustoffs (vgl. Abschnitt 8.1.2). Die Steifigkeit eines Bauteils wird durch das Trägheitsmoment I definiert. Das Trägheitsmoment ist eine Querschnittsgröße wie die Fläche und das Widerstandsmoment. Wie das Widerstandsmoment eine Aussage über die Spannungen in einem Bauteil liefert, liefert das Trägheitsmoment eine Aussage über die Verformungen. Auf eine Herleitung des Trägheitsmomentes wird hier verzichtet. Die Werte der Trägheitsmomente I für die gebräuchlichen Holz- und Stahlquerschnitte sind in Bautabellen aufgeführt.

In der Formel zur Ermittlung der Euler-Last steht die Biegesteifigkeit E · I im Zähler, da bei größerer Biegesteifigkeit die Biegeverformung verringert und damit die aufnehmbare Knicklast vergrößert wird. Die Stablänge geht quadratisch in das Ergebnis ein und steht im Nenner, da ein längerer Stab biegeweicher ist und die Knicklast verringert. Durch die Biegesteifigkeit E · I wird sowohl das Materialverhalten (über den Elastizitätsmodul) als auch der Querschnitt (über das Trägheitsmoment) berücksichtigt.

Die Betrachtung des beidseits gelenkig gelagerten Stabes lässt sich auch auf andere Lagerungsarten erweitern, indem der Begriff der Knicklänge s_k eingeführt wird. Die Eulerformel geht dann in die allgemeine Form über:

$$N_k = \frac{\pi^2 \cdot E \cdot I}{{s_k}^2}$$

- Knicklänge s_k [cm]

Ein ausknickender Stab nimmt die Form einer Sinuskurve an. Der Abstand der Wendepunkte wird als Knicklänge s_k bezeichnet. Es wird grundsätzlich in vier sogenannte Eulerfälle unterschieden:

- Eulerfall 2

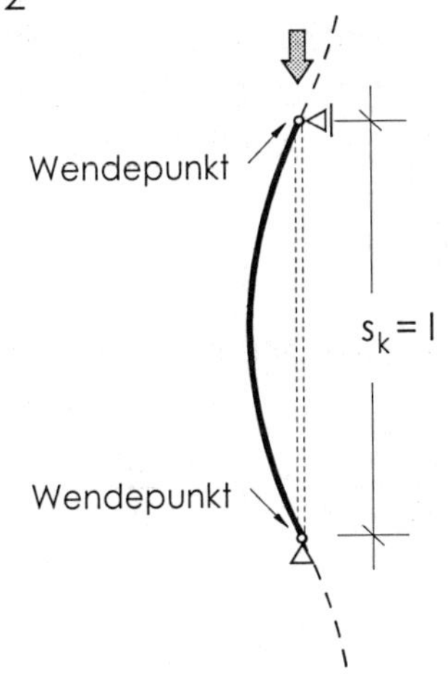

Bei einer oben und unten gelenkig gelagerten Stütze (Pendelstütze) liegen die Wendepunkte der Sinuskurve in den Gelenken. Die Knicklänge entspricht also der Stablänge.

$$s_k = l$$

Die Knicklast beträgt

$$N_k = \frac{\pi^2 \cdot E \cdot I}{l^2}$$

Diese beidseits gelenkige Lagerung ist der Normalfall und wird als Eulerfall 2 bezeichnet. Dieser Fall tritt immer dann auf, wenn bei einem Skelettbau (Stahl, Holz, Stahlbeton) die einzelnen Geschossdecken als horizontale Aussteifungen angesehen werden können, die sich gegen einen oder mehrere feste Kerne oder Verbände abstützen (vgl. Abschnitt 9).

- Eulerfall 1

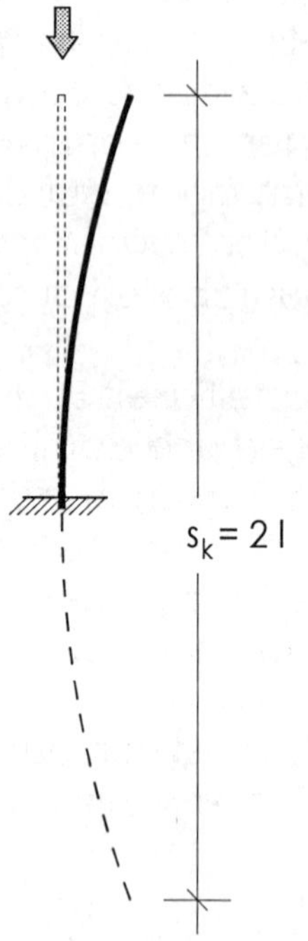

Der nach Eulerfall 1 gelagerte Stab ist unten fest eingespannt und oben frei beweglich. Ein solcher Fall taucht beispielsweise bei einem Flutlichtmast oder bei eingespannten Stützen von Hallenkonstruktionen auf. Der untere Wendepunkt der Sinuskurve liegt um die Stablänge l unterhalb der Einspannstelle, die Knicklänge ist also

$$s_k = 2 \cdot l$$

Die Knicklast beträgt nur ein Viertel

$$N_k = \frac{\pi^2 \cdot E \cdot I}{(2 \cdot l)^2} = 0{,}25 \cdot \frac{\pi^2 \cdot E \cdot I}{l^2}$$

Wird Eulerfall 1 (unten eingespannte Stütze) mit Eulerfall 2 (beidseits gelenkig gelagerte Stütze) verglichen, kann man erkennen, dass bei gleicher Belastung und gleichem Baustoff die eingespannte Stütze das 4-fache Trägheitsmoment gegenüber der Pendelstütze benötigt, um knicksicher zu sein.

- Eulerfall 3

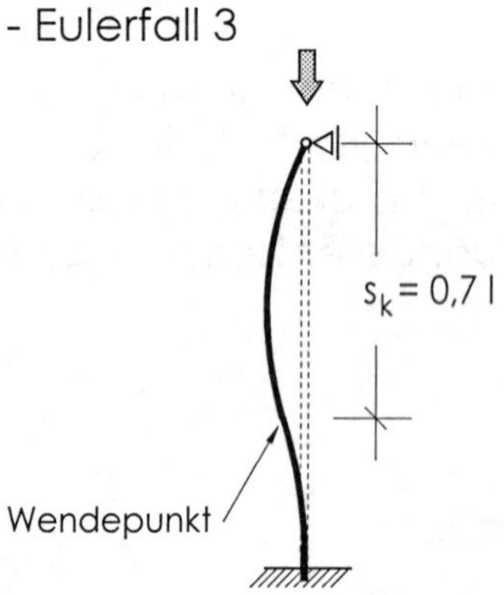

Eulerfall 3 kennzeichnet einen Stab, der unten fest eingespannt und oben gelenkig gelagert ist. Durch die untere Einspannung wandert der Wendepunkt nach oben und die Knicklänge verkürzt sich auf

$$s_k = 0{,}7 \cdot l$$

Die Knicklast beträgt das Doppelte

$$N_k = \frac{\pi^2 \cdot E \cdot I}{(0{,}7 \cdot l)^2} = 2 \cdot \frac{\pi^2 \cdot E \cdot I}{l^2}$$

- Eulerfall 4

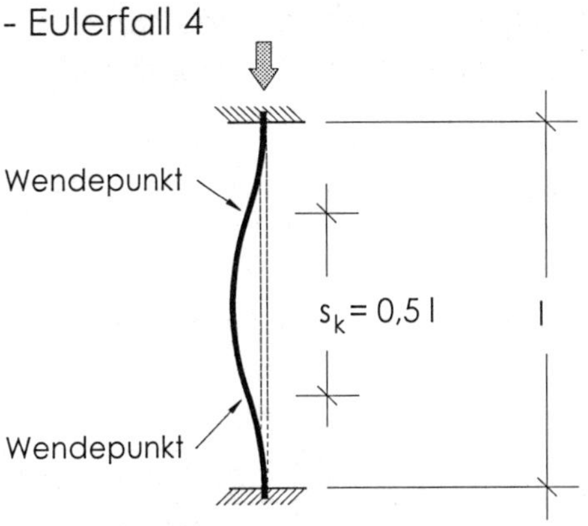

Ein beidseits fest eingespannter Stab wird als Eulerfall 4 bezeichnet. Die Knicklänge verkürzt sich weiter auf

$$s_k = 0{,}5 \cdot l$$

Die Knicklast beträgt das Vierfache

$$N_k = \frac{\pi^2 \cdot E \cdot I}{(0{,}5 \cdot l)^2} = 4 \cdot \frac{\pi^2 \cdot E \cdot I}{l^2}$$

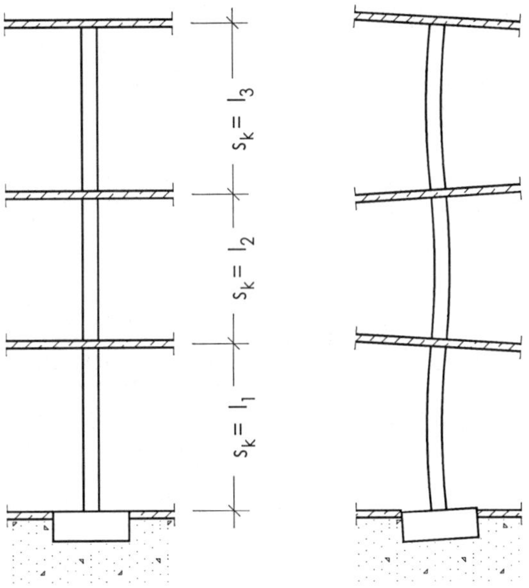

Wenn Stützen über mehrere Stockwerke durchlaufen und wenn sie in den Geschossebenen durch die Deckenscheiben horizontal unverrückbar festgehalten sind, darf die jeweilige Geschosshöhe als Knicklänge angenommen werden. Das Ausknicken der Stützen setzt sich wellenförmig durch die Geschosse fort.

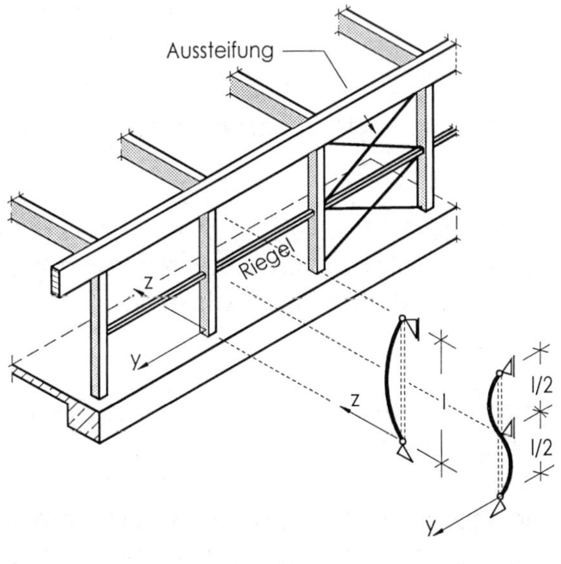

Ein Stab kann in verschiedenen Richtungen verschiedene Knicklängen haben.

In diesem Holzskelettbau hält in der Fassadenebene ein horizontaler Riegel in halber Höhe die Stützen in y-Richtung. In z-Richtung sind die Stützen nur unten (Bodenplatte) und oben (Dachscheibe) gehalten.

In z-Richtung (bzw. aus der y-Ebene) beträgt die Knicklänge $s_{ky} = l$, in y-Richtung (bzw. aus der z-Ebene) die Hälfte davon, d.h. $s_{kz} = l/2$.

Ermittelt man die Spannung in einem Querschnitt, die im Augenblick des Ausknickens herrscht , ergibt sich mit der Beziehung für die Euler-Last die Knickspannung σ_k:

$$\sigma_k = \frac{N_k}{A} = \frac{\pi^2 \cdot E \cdot I}{s_k{}^2 \cdot A} \quad [\text{kN/cm}^2]$$

Zur weiteren Behandlung des Knickproblems wird der Begriff des Trägheitsradius i eingeführt, der noch erläutert wird:

$$i = \sqrt{I/A} \quad [\text{cm}] \qquad \text{Trägheitsradius} = \sqrt{\frac{\text{Trägheitsmoment}}{\text{Querschnittsfläche}}}$$

Eingesetzt in obenstehende Formel der Knickspannung:

$$\sigma_k = \frac{\pi^2 \cdot E \cdot i^2}{s_k{}^2} \quad [\text{kN/cm}^2]$$

Die Einflussgrößen der Knicklänge s_k und des Trägheitsradius i werden zusammengefasst zur Stabschlankheit λ (lambda):

$$\lambda = \frac{s_k}{i} \quad [\text{dimensionslos}] \qquad \text{Schlankheit} = \frac{\text{Knicklänge}}{\text{Trägheitsradius}}$$

Damit ergibt sich für die Knickspannung:

$$\sigma_k = \frac{\pi^2 \cdot E}{\lambda^2} \quad [\text{kN/cm}^2]$$

Erreicht ein Druckstab mit dem Elastizitätsmodul E und der Schlankheit λ die Spannung σ_k , knickt er aus. Die zulässige Knickspannung muss mit ausreichendem Sicherheitsabstand unterhalb dieser Knickspannung liegen.

Aus der Beziehung $\sigma_k = \dfrac{\pi^2 \cdot E}{\lambda^2} = \dfrac{\pi^2 \cdot E \cdot I}{s_k{}^2 \cdot A}$ erkennt man folgende Zusammenhänge:

- Die Knicklast nimmt mit steigendem Elastizitätsmodul zu. E_{Stahl} = 21000 kN/cm² = 3xE_{Alu} = 7000 kN/cm². D.h. eine Aluminiumstütze gleichen Querschnitts und gleicher Knicklänge kann nur 1/3 der Knicklast einer Stahlstütze aufnehmen, wenn Knickgefahr besteht.

- Die Knicklast nimmt mit steigendem Trägheitsmoment zu. Für Druckstäbe sind Querschnittsformen mit großem Trägheitsradius i günstig.

- Die Knicklast eines Druckstabes mit gleicher Lagerung an den Stabenden nimmt mit dem Quadrat der Stablänge ab. D.h. bei doppelter Stablänge beträgt die Knicklast nur noch 25% des Ausgangswertes.

Nachfolgend werden die beiden Begriffe Trägheitsradius i und Schlankheit λ erläutert:

- Trägheitsradius i [cm]

Das Verhältnis $\sqrt{I/A}$ gibt an, wieviel Steifigkeit ein Querschnitt pro Flächeneinheit liefert. Der Trägheitsradius i ist also ein Qualitätsmerkmal oder Wirtschaftlichkeitsmaßstab für einen Stützenquerschnitt. Je größer das Trägheitsmoment I bei gegebener Querschnittsfläche A ist, desto größer ist auch der Trägheitsradius i. Das Trägheitsmoment I ist das Maß für die Querschnittssteifigkeit eines Stabes, der Trägheitsradius i das Maß für die Querschnittssteifigkeit bezogen auf 1 cm² Querschnittsfläche.

Ein Druckstab knickt immer über die Seite aus, in der die Knicksteifigkeit am kleinsten ist.

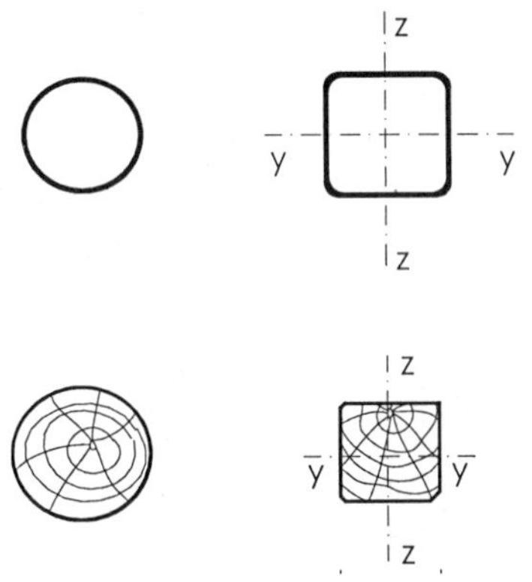

Für Querschnitte mit gleicher Steifigkeit rechtwinklig zur y-Achse und rechtwinklig zur z-Achse (quadratische Querschnitte) erhält man gleiche Trägheitsradien $i_y = i_z$.

Für Kreis- und Rohrquerschnitte ohne bevorzugte Querschnittsachsen erhält man nur einen Trägheitsradius i.

Beispiel:

Kantholz
b/h = 14/14 cm

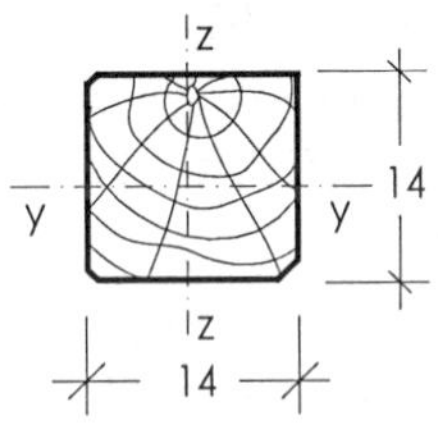

Aus Bautabellen: $\rightarrow I_y = I_z = 3201\ cm^4$
$\rightarrow A = 196\ cm^2$

$$\Rightarrow i_y = \sqrt{I_y/A} = \sqrt{3201/196} = 4{,}04\ cm$$

$$\Rightarrow i_z = i_y = 4{,}04\ cm$$

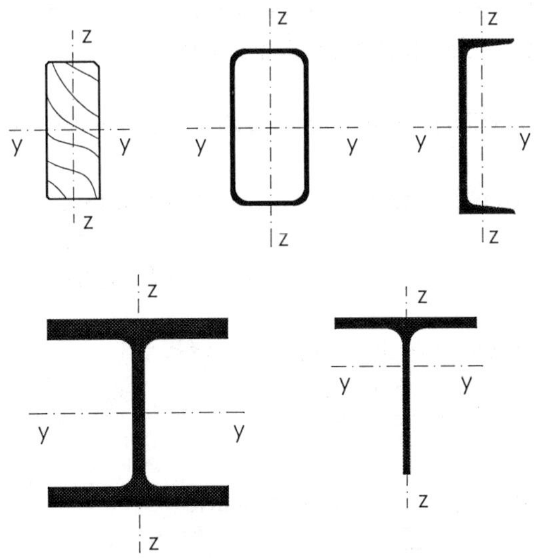

Für Querschnitte mit ungleicher Steifigkeit rechtwinklig zur y-Achse und rechtwinklig zur z-Achse erhält man ungleiche Trägheitsradien $i_y \neq i_z$.

Die Werte der Trägheitsmomente I_y und I_z sowie der Querschnittsflächen A für die gebräuchlichen Holz- und Stahlquerschnitte sind in Bautabellen aufgeführt.

Ebenso sind die Werte der Trägheitsradien i_y und i_z aufgeführt.

Beispiel:

Mittelbreiter-I-Träger
IPE 400

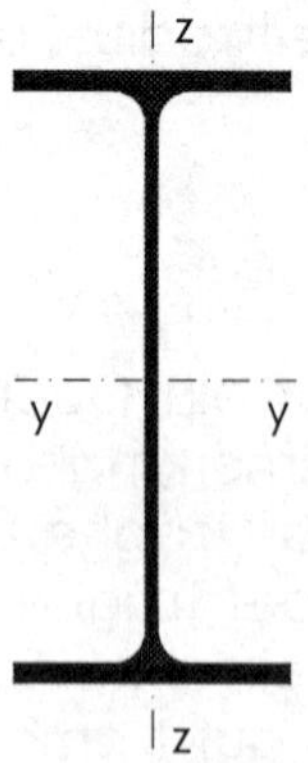

Aus Bautabellen: $\rightarrow I_y = 23130\ cm^4$
$\rightarrow I_z = 1320\ cm^4$
$\rightarrow A = 84{,}5\ cm^2$

$$\Rightarrow i_y = \sqrt{I_y/A} = \sqrt{23130/84{,}5} = 16{,}5\ cm$$

$$\Rightarrow i_z = \sqrt{I_z/A} = \sqrt{1320/84{,}5} = 3{,}95\ cm$$

Das Verhältnis der Trägheitsradien $i_z/i_y = 3{,}95/16{,}5 = 0{,}24$ ist sehr ungünstig. Dieses Verhältnis bedeutet, dass die Knicksicherheit einer Stütze IPE 400 aus der z-Achse (oder in y-Richtung) nur 24% der Knicksicherheit aus der y-Achse (oder in z-Richtung) beträgt. Die Stütze knickt also sehr früh aus der z-Achse.

Beispiel:

Breiter-I-Träger
HEM 220

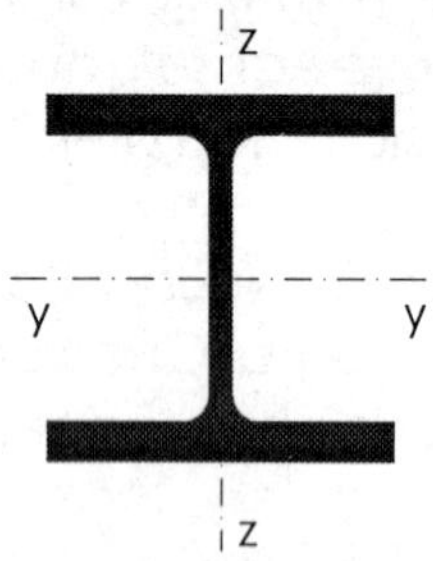

Aus Bautabellen: $\rightarrow I_y = 14600\ cm^4$
$\rightarrow I_z = 5010\ cm^4$
$\rightarrow A = 149\ cm^2$

$$\Rightarrow i_y = \sqrt{I_y/A} = \sqrt{14600/149} = 9{,}89\ cm$$

$$\Rightarrow i_z = \sqrt{I_z/A} = \sqrt{5010/149} = 5{,}79\ cm$$

Das Verhältnis der Trägheitsradien $i_z/i_y = 5{,}79/9{,}89 = 0{,}59$ der Stütze HEM 220 ist weitaus günstiger als das Verhältnis der Trägheitsradien des IPE-Profils. Die Knicksicherheit einer Stütze HEM 220 aus der z-Achse (oder in y-Richtung) beträgt immerhin 59% der Knicksicherheit aus der y-Achse (oder in z-Richtung).

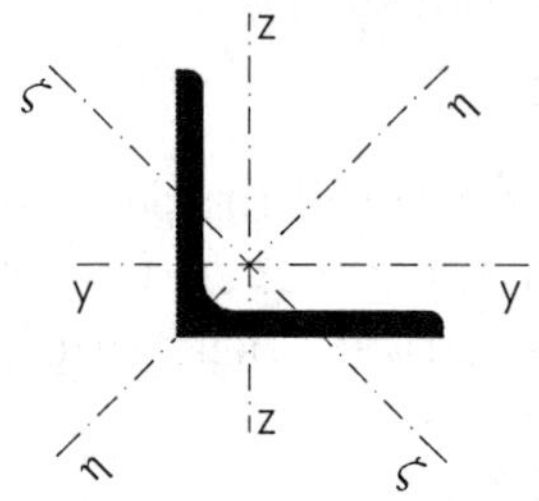

Bei Winkelprofilen gibt es vier ausgezeichnete Achsrichtungen. Der kleinste Trägheitsradius ist i_ζ, also wird der Stab über dieser Richtung ausknicken.

z.B. gleichschenkliger Winkelstahl 180 x 18

Aus Bautabellen: $\rightarrow i_y = i_z = 5{,}49\ cm$
$\rightarrow i_\eta = 6{,}92\ cm$
$\rightarrow i_\zeta = 3{,}52\ cm$

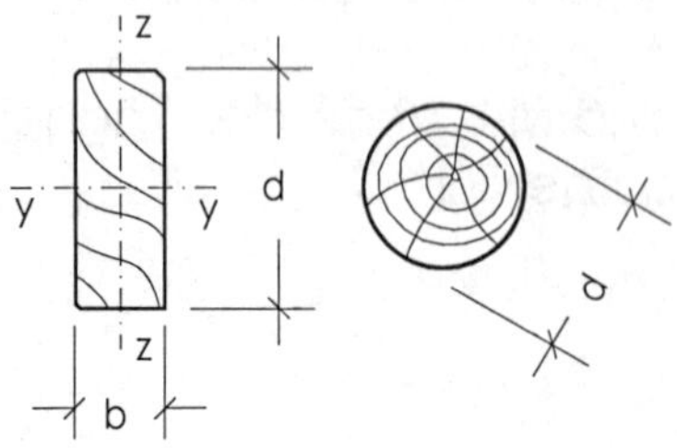

Sonderfall Rechteckquerschnitt:
$i_y = 0{,}289 \cdot d$
$i_z = 0{,}289 \cdot b$

Sonderfall Kreisquerschnitt:
$i = 0{,}25 \cdot d$

• Schlankheit λ [dimensionslos]

Das Verhältnis der Knicklänge s_k zum Trägheitsradius i ist die Schlankheit oder der Schlankheitsgrad λ.

$$\text{Schlankheit} = \frac{\text{Knicklänge}}{\text{Trägheitsradius}} \qquad \lambda = \frac{s_k}{i} \text{ [dimensionslos]}$$

Der Schlankheitsgrad gibt die Knickempfindlichkeit eines Druckstabes an in Abhängigkeit von der Stablänge, Lagerungsart, Querschnittsgröße und Querschnittsform.

Ein Druckstab, der in x- und y-Richtung die gleiche Lagerung aufweist, d.h. dem gleichen Eulerfall entspricht (z.B. Innenstütze in einem Holzskelettbau) wird stets rechtwinklig zur Achse des kleinsten Trägheitsmomentes ausknicken. Mit Ausnahme von quadratischen oder kreisförmigen Querschnitten ist dann der größere der beiden Schlankheitsgrade maßgebend.

$$\lambda_y = \frac{s_{ky}}{i_y} \qquad \lambda_z = \frac{s_{kz}}{i_z} \qquad \text{bzw. } \lambda_{max} = \frac{s_k}{i_{min}}$$

Beispiel:

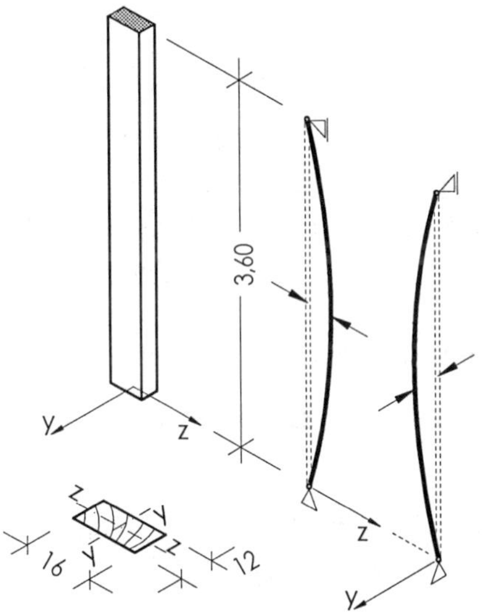

Eine Holzstütze b/h = 12/16 cm in einem Skelettbau ist nach Eulerfall 2 gelagert (Pendelstütze: oben und unten gelenkig, horizontal unverschieblich). Die Geschosshöhe beträgt l = 3,60 m.

Knicklängen:

$s_{ky} = s_{kz} = 3{,}60\ \text{m} = 360\ \text{cm}$

Trägheitsradien:

$i_y = 0{,}289 \cdot h = 0{,}289 \cdot 16 = 4{,}62\ \text{cm}$

$i_z = i_{min} = 0{,}289 \cdot b = 0{,}289 \cdot 12 = 3{,}46\ \text{cm}$

Schlankheitsgrade:

$$\Rightarrow \lambda_y = \frac{s_{ky}}{i_y} = \frac{360}{4{,}62} = 78$$

$$\Rightarrow \lambda_z = \lambda_{max} = \frac{s_{kz}}{i_z} = \frac{360}{3{,}46} = 104$$

Die Stütze wird also in y-Richtung bzw. aus der z-Ebene ausknicken, da die Schlankheit $\lambda_z = 104$ größer als $\lambda_y = 78$ ist.

Für Innenstützen, die nach Eulerfall 2 gelagert sind, sind daher quadratische Stützen mit $i_y = i_z$ und gleichem Knickverhalten in beiden Achsrichtungen bzw. kreisförmige Stützen ohne bevorzugte Knickrichtung besonders geeignet.

Ein Druckstab kann auch in verschiedenen Richtungen durch eventuelle horizontale Abstützungen verschiedene Knicklängen haben. Dann müssen beide Schlankheitsgrade gebildet werden.

$$\lambda_y = \frac{s_{ky}}{i_y} \qquad \lambda_z = \frac{s_{kz}}{i_z}$$

Der größere Schlankheitsgrad ist dann der maßgebende, er ist für die weitere Berechnung zugrunde zu legen.

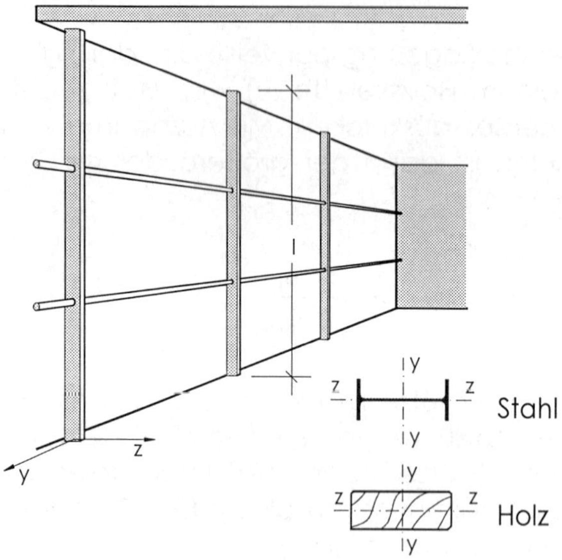

Beispiel:

Die Stützen werden durch horizontale Zwischenriegel in den Drittelspunkten in y-Richtung gehalten.

Die Stockwerkshöhe beträgt l = 3,60 m.

Zur Anwendung soll ein mittelbreiter I-Träger IPE 220 kommen.

Trägheitsradien:
aus Bautabellen: $\rightarrow i_y = 9{,}11$ cm
$\rightarrow i_z = 2{,}48$ cm

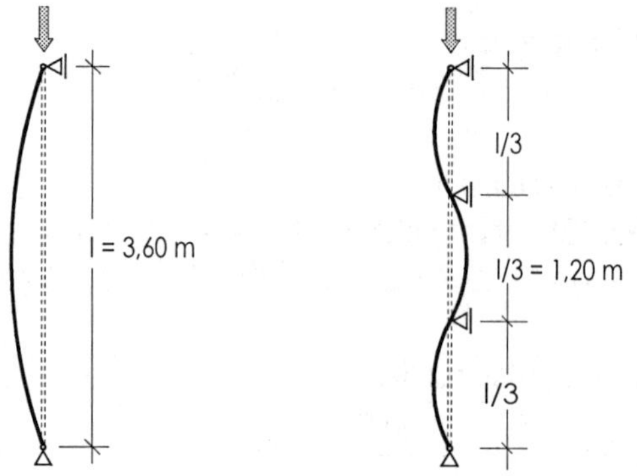

Knicken
in z-Richtung in y-Richtung

Knicklängen (Eulerfall 2):
$s_{ky} = l = 3{,}60 \text{ m} = 360 \text{ cm}$
$s_{kz} = l/3 = 1{,}20 \text{ m} = 120 \text{ cm}$

Schlankheitsgrade:

$$\Rightarrow \lambda_y = \frac{s_{ky}}{i_y} = \frac{360}{9{,}11} = 40$$

$$\Rightarrow \lambda_z = \lambda_{max} = \frac{s_{kz}}{i_z} = \frac{120}{2{,}48} = 48$$

Ein I-Profil aus Stahl oder einen rechteckigen Querschnitt aus Holz wird man in diesem Fall möglichst so einbauen, dass i_y der größeren Knicklänge und i_z der kleineren Knicklänge zugeordnet ist, so dass die Steifigkeiten in beiden Richtungen ähnlich werden.

Die Schlankheitsgrade dürfen bestimmte zulässige Grenzwerte nicht überschreiten:

einteilige Druckstäbe aus Holz	$\lambda_{max} \leq 150$
einteilige Druckstäbe aus Stahl	$\lambda_{max} \leq 250$

8.3 Bemessung von Stützen aus Holz und Stahl

Der Knicksicherheitsnachweis für Stützen aus Holz und Stahl ist ähnlich aufgebaut wie der Zugspannungsnachweis (vgl. Abschnitt 8.1.1).

Zugspannungsnachweis $$\sigma_Z = \frac{F_d}{A} \leq \sigma_{R,d}$$

Die Knickgefahr bei druckbeanspruchten Stützen wird dadurch berücksichtigt, dass die Grenzspannung $\sigma_{R,d}$ mit einem Knickbeiwert k ($k \leq 1$) multipliziert wird. Der Knickbeiwert k ist abhängig vom Schlankheitsgrad λ und vom gewählten Baustoff (Holz oder Stahl).

Die Knickzahlen k sind baustoffspezifischen Zahlentafeln, Bautabellen oder den beiden nachfolgenden Abschnitten zu entnehmen.

Der Knicksicherheitsnachweis lautet dann analog dem Zugspannungsnachweis:

Knicksicherheitsnachweis $$\sigma_D = \frac{F_d}{A} \leq k \cdot \sigma_{R,d}$$

Wird diese Formel umgewandelt, kann für einen bestimmten Querschnitt die aufnehmbare Bemessungsdruckkraft F_d ermittelt werden:

aufnehmbare Druckkraft $$F_d = A \cdot k \cdot \sigma_{R,d}$$

Es ist nicht möglich, wie beim Zugspannungsnachweis aus der Bemessungskraft und der Grenzspannung eine erforderliche Querschnittsfläche zu ermitteln. Es muss vielmehr zuerst ein Profil aus Stahl bzw. Holz geschätzt und hierfür die Trägheitsradien i_y und i_z sowie die Querschnittsfläche A ermittelt werden, meist aus Tabellen.

Ist das Ergebnis des Knicksicherheitsnachweises, dass die mit dem Beiwert k abgeminderte Grenzspannung überschritten ist, muss ein neues, größeres Profil gewählt werden und der Nachweis nochmals geführt werden.

Ergibt der Knicksicherheitsnachweis, dass die mit dem Beiwert k abgeminderte Grenzspannung weit unterschritten ist, ist das gewählte Profil zwar ausreichend tragfähig, aber überdimensioniert und damit unwirtschaftlich. Auch in diesem Fall ist eine Profilneuwahl zu empfehlen, hier jedoch ein kleineres Profil.

Der genaue Knicksicherheitsnachweis kann umgangen werden, wenn Tragfähigkeitstafeln, die für bestimmte Querschnitte aus Holz und Stahl zur Verfügung stehen, verwendet werden. Aus diesen Tragfähigkeitstafeln kann direkt die Bemessungslast F_d, abhängig von der Knicklänge s_k entnommen werden.

8.3.1 Stützen aus Holz

Knickbeiwerte k für Vollholz und Brettschichtholz

λ	Vollholz Nadelholz S10 MS10	Vollholz Nadelholz S13 MS13	Vollholz Nadelholz MS17	Brettschichtholz BS11	Brettschichtholz BS14	Brettschichtholz BS16	Brettschichtholz BS18
30	0,998	0,997	0,999	1,000	0,998	0,998	1,000
40	0,941	0,939	0,944	0,975	0,967	0,968	0,971
50	0,849	0,845	0,856	0,925	0,904	0,906	0,915
60	0,715	0,709	0,726	0,821	0,774	0,779	0,797
70	0,577	0,571	0,588	0,671	0,616	0,622	0,642
80	0,463	0,458	0,473	0,536	0,488	0,492	0,510
90	0,376	0,372	0,385	0,433	0,392	0,396	0,411
100	0,310	0,307	0,318	0,355	0,321	0,324	0,337
110	0,260	0,257	0,266	0,296	0,267	0,270	0,280
120	0,221	0,218	0,226	0,250	0,226	0,228	0,237
130	0,189	0,187	0,194	0,214	0,193	0,195	0,203
140	0,164	0,162	0,168	0,185	0,167	0,169	0,175
150	0,144	0,142	0,148	0,162	0,146	0,147	0,153

Zwischenwerte können interpoliert werden. Auf der sicheren Seite liegt der nächst kleinere Wert.

Aufnehmbare Bemessungslast F_d [kN] von quadratischen Stützen aus Vollholz

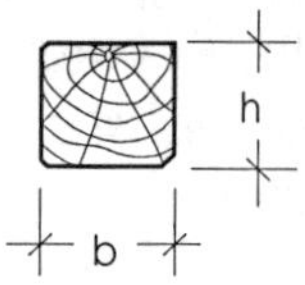

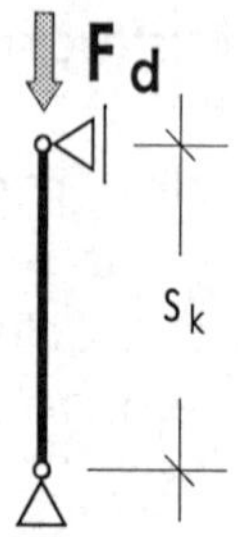

Sortierklasse S10
→ $\sigma_{R,d}$ = 1,3 kN/cm²

b/h [cm]	Knicklänge in [m] 2,00	3,00	4,00	5,00	6,00	7,00
10/10	76	38	22	14	10	7
12/12	140	75	44	29	20	15
14/14	218	134	81	53	37	28
16/16	305	215	134	89	63	47
18/18	400	315	209	141	100	75
20/20	507	429	304	209	150	112
22/22	623	553	423	299	216	163
24/24	742	660	554	411	300	196
26/26	890	827	711	547	408	310
28/28	1040	978	871	701	535	411
30/30	1200	1140	1040	875	686	532

Die grau angelegten Werte liegen überhalb der zulässigen Schlankheit λ_{max} = 150.

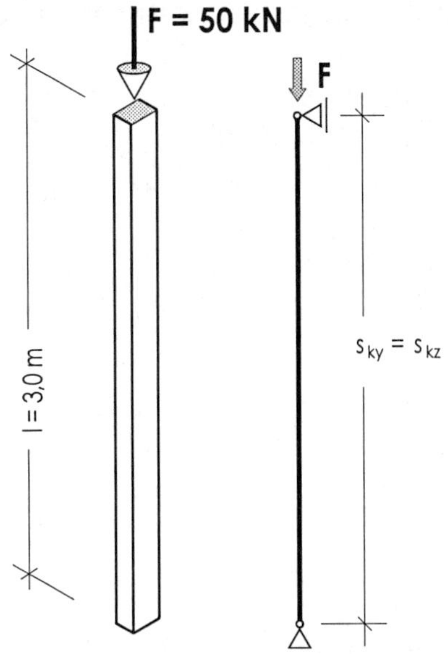

Beispiel:

Eine Stütze ist nach Eulerfall 2 (oben und unten gelenkig, horizontal unverschieblich) gelagert. Die Geschoßhöhe beträgt l = 3,0 m.

Bemessungsdruckkraft:
→ $F_d = \gamma_F \cdot F = 1{,}4 \cdot F = 1{,}4 \cdot 50 = 70$ kN

Baustoff:

Vollholz Sortierklasse S10
→ $\sigma_{R,d} = 1{,}3$ kN/cm²

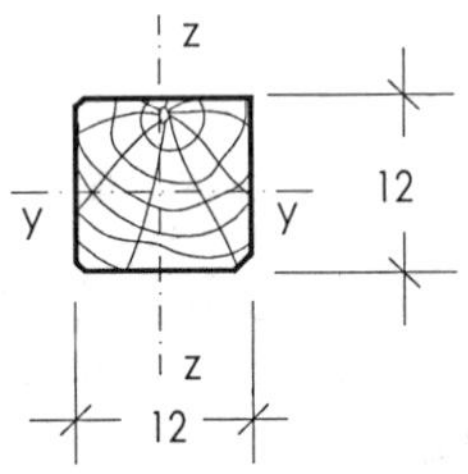

1. Geschätzter Querschnitt b/h = 12/12 cm

Trägheitsradien:
→ $i_y = i_z = 0{,}289 \cdot 12 = 3{,}46$ cm

Querschnittsfläche:
→ $A = 12 \cdot 12 = 144$ cm²

Knicklänge (Eulerfall 2):
→ $s_k = l = 3{,}0$ m = 300 cm

Schlankheitsgrad:

$$\rightarrow \lambda = \frac{s_k}{i} = \frac{300}{3{,}46} = 87$$

Der Knickbeiwert k wird vorstehender Tabelle entnommen:

→ k = 0,4 (interpolierter Wert)

Knicksicherheitsnachweis:

$$\sigma_D = \frac{F_d}{A} \leq k \cdot \sigma_{R,d}$$

$$\rightarrow \sigma_D = \frac{70}{144} = 0{,}49 \text{ kN/cm}^2$$

$$\rightarrow k \cdot \sigma_{R,d} = 0{,}4 \cdot 1{,}3 = 0{,}52 \text{ kN/cm}^2$$

$$\Rightarrow \sigma_D = 0{,}49 \text{ kN/cm}^2 < k \cdot \sigma_{R,d} = 0{,}52 \text{ kN/cm}^2$$

D.h. der gewählte Kantholzquerschnitt b/h = 12/12 cm ist ausreichend. Ein erneuter Nachweis für den nächst kleineren Querschnitt 10/10 cm brächte das Ergebnis, dass die Knicksicherheit nicht gegeben ist.

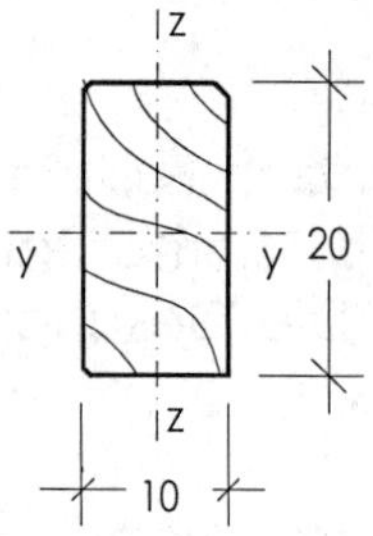

2. Geschätzter Querschnitt b/h = 10/20 cm

Trägheitsradien:
$\rightarrow i_y = 0{,}289 \cdot 20 = 5{,}78$ cm
$\rightarrow i_z = i_{min} = 0{,}289 \cdot 10 = 2{,}89$ cm

Querschnittsfläche:
$\rightarrow A = 10 \cdot 20 = 200$ cm²

Schlankheitsgrad:
$$\rightarrow \lambda_{max} = \frac{s_k}{i_{min}} = \frac{300}{2{,}89} = 104$$

Der Knickbeiwert k wird vorstehender Tabelle entnommen:

$\rightarrow k = 0{,}29$ (interpolierter Wert)

Knicksicherheitsnachweis:
$$\sigma_D = \frac{F_d}{A} \leq k \cdot \sigma_{R,d}$$
$$\rightarrow \sigma_D = \frac{70}{200} = 0{,}35 \text{ kN/cm}^2$$
$$\rightarrow k \cdot \sigma_{R,d} = 0{,}29 \cdot 1{,}3 = 0{,}38 \text{ kN/cm}^2$$

$$\Rightarrow \sigma_D = 0{,}34 \text{ kN/cm}^2 < k \cdot \sigma_{R,d} = 0{,}38 \text{ kN/cm}^2$$

D.h. auch der gewählte Kantholzquerschnitt b/h = 10/20 cm ist ausreichend knicksicher. Der Mehrbedarf an Material von fast 40% (200 cm² anstelle 144 cm²) ist durch den kleineren Trägheitsradius i_z begründet.

3. Querschnittswahl durch Verwendung der Tragfähigkeitstafel:

gegeben: Knicklänge $s_k = 300$ cm
Vollholz Sortierklasse S10
Bemessungsdruckkraft $F_d = 70$ kN

Aus der Tragfähigkeitstafel kann entnommen werden:

Bei einer Knicklänge $s_k = 3{,}0$ m kann eine quadratische Stütze aus Vollholz Sortierklasse S10 mit den Abmessungen 12/12 cm eine Bemessungslast $F_d = 75$ kN aufnehmen.

Nachweis:

$\Rightarrow$ aufnehmbare Bemessungslast $F_d = 75$ kN > vorhandene Bemessungslast $F_d = 70$ kN

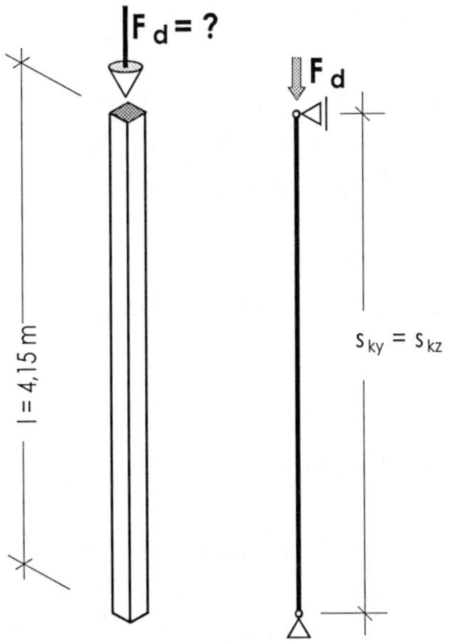

Beispiel:

Eine Stütze b/h = 16/16 cm ist nach Eulerfall 2 gelagert. Die Geschosshöhe beträgt l = 4,15 m.

Welche Bemessungsdruckkraft F_d in [kN] kann aufgenommen werden?

Baustoff:

Vollholz Sortierklasse S10
$\rightarrow \sigma_{R,d} = 1{,}3$ kN/cm²

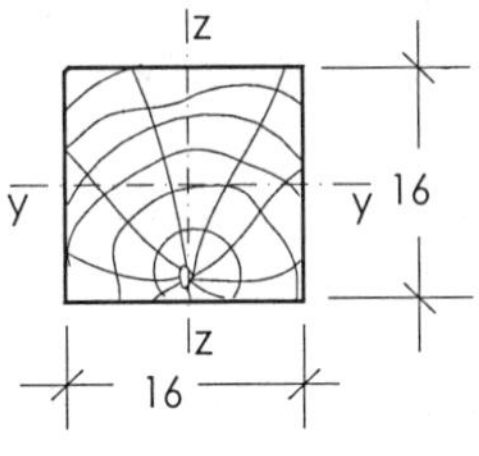

Querschnitt b/h = 16/16 cm

Trägheitsradien:
$\rightarrow i_y = i_z = 0{,}289 \cdot 16 = 4{,}62$ cm

Querschnittsfläche:
$\rightarrow A = 16 \cdot 16 = 256$ cm²

Knicklänge (Eulerfall 2):
$\rightarrow s_k = l = 4{,}15$ m $= 415$ cm

Schlankheitsgrad:

$$\rightarrow \lambda = \frac{s_k}{i} = \frac{415}{4{,}62} = 90$$

$\rightarrow k = 0{,}376$

aufnehmbare Druckkraft: $F_d = A \cdot k \cdot \sigma_{R,d}$

$\Rightarrow F_d = 256 \cdot 0{,}376 \cdot 1{,}3 = 125$ kN

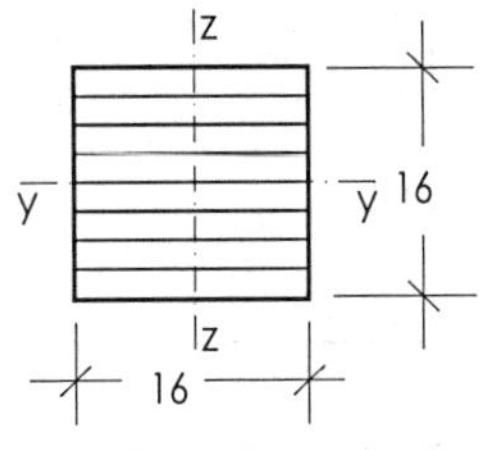

Welche Bemessungsdruckkraft F_d in [kN] kann aufgenommen werden, wenn die Stütze in Brettschichtholz ausgeführt wird?

Baustoff:

Brettschichtholz BS18
$\rightarrow \sigma_{R,d} = 2{,}0$ kN/cm²

für $\lambda = 90$ $\rightarrow k = 0{,}411$

$\Rightarrow F_d = 256 \cdot 0{,}411 \cdot 2{,}0 = 210$ kN (+ 68% gegenüber S10)

8.3.2 Stützen aus Stahl

Die Querschnitte werden nach Herstellungsart und Profilform in fünf Typen unterteilt, denen - je nach Knickrichtung - vier sogenannte Knickspannungslinien (KSL) zugeordnet sind. Innerhalb der Querschnittstypen sind weitere Unterscheidungsmerkmale zu beachten.

Nachfolgend sind die drei wichtigsten Profilformen mit der Zuordnung zu den Knickspannungslinien aufgeführt.

Zuordnung von Querschnitten aus Stahl zu den Knickspannungslinien a, b und c

Querschnitt		Knicken rechtwinklig zur Achse	Knickspannungslinie
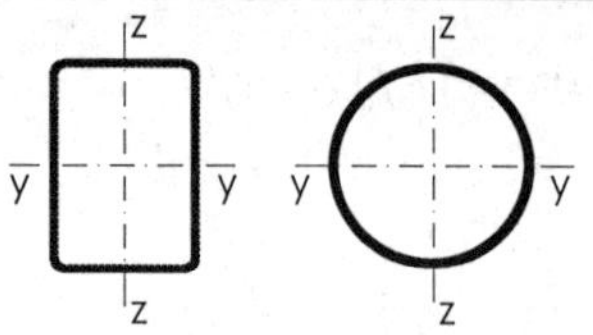 Hohlprofile mit rechteckigem, quadratischem und kreisförmigem Querschnitt	warm gefertigt	y und z	a
	kalt gefertigt	y und z	b
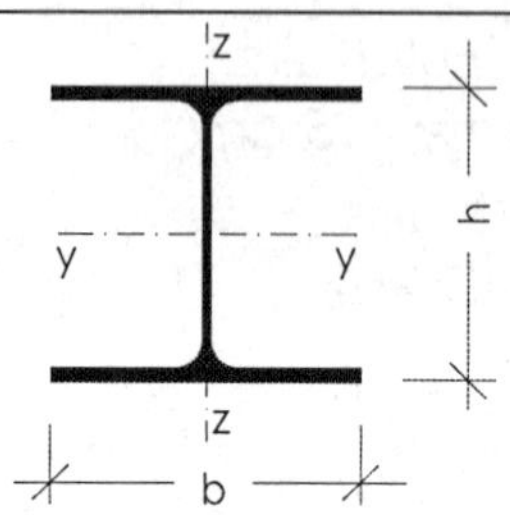 gewalzte Doppel-T-Profile	HEA 100 bis HEA 360 HEB 100 bis HEB 360 HEM 100 bis HEM 320	y - y z - z	b c
	IPE 80 bis IPE 600 HEA 400 bis HEA 1000 HEB 400 bis HEB 1000 HEM 340 bis HEM 1000	y - y z - z	a b
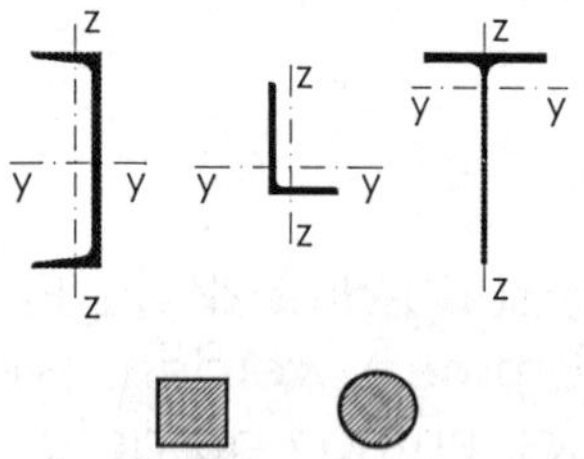 U-, L-, T- und Vollquerschnitte		y und z	c

Ist nach Wahl eines Querschnitts die Knickspannungslinie definiert, können der folgenden Tabelle die Knickbeiwerte k, abhängig vom Schlankheitsgrad λ, der Knickspannungslinie a, b oder c und der Baustahlsorte St 37 oder St 52 entnommen werden.

Der weitere Ablauf des Knickspannungsnachweises ist dann analog zum Holzbau.

Knickbeiwerte k für Stahlstützen

λ	Baustahl St 37 Knickspannungslinie			Baustahl St 52 Knickspannungslinie		
	a	b	c	a	b	c
20	0,997	0,995	0,992	0,986	0,977	0,968
30	0,972	0,956	0,937	0,954	0,928	0,900
40	0,945	0,914	0,881	0,916	0,872	0,828
50	0,912	0,867	0,821	0,866	0,806	0,750
60	0,872	0,813	0,758	0,801	0,730	0,668
70	0,821	0,753	0,691	0,719	0,647	0,586
80	0,759	0,686	0,624	0,628	0,563	0,509
90	0,687	0,617	0,558	0,539	0,486	0,441
100	0,612	0,549	0,497	0,461	0,419	0,382
110	0,540	0,487	0,441	0,395	0,362	0,332
120	0,475	0,431	0,392	0,340	0,314	0,290
130	0,418	0,382	0,330	0,276	0,257	0,239
140	0,370	0,340	0,312	0,259	0,242	0,225
150	0,328	0,303	0,280	0,228	0,214	0,200
160	0,293	0,272	0,252	0,202	0,191	0,179
170	0,262	0,245	0,228	0,181	0,171	0,161
180	0,236	0,222	0,207	0,162	0,154	0,146
190	0,214	0,201	0,189	0,146	0,139	0,132
200	0,194	0,184	0,173	0,133	0,127	0,120
210	0,177	0,168	0,158	0,121	0,116	0,110
220	0,163	0,154	0,146	0,111	0,106	0,097
230	0,149	0,142	0,135	0,102	0,098	0,093
240	0,138	0,131	0,125	0,094	0,090	0,086
250	0,128	0,122	0,116	0,087	0,083	0,080

Aus dieser Tabelle ist zu ersehen, dass bei gleicher Schlankheit die Knickbeiwerte k für Stahl St 52 kleinere Werte annehmen als für Stahl St 37. D.h. wenn der höherwertige und teurere Stahl St 52 für Stützen eingesetzt wird, ist die Steigerung der Tragfähigkeit nicht entsprechend dem Verhältnis der Grenzspannungen.

Stahl St 37 $\sigma_{R,d} = 21{,}8$ kN/cm²
Stahl St 52 $\sigma_{R,d} = 32{,}7$ kN/cm²

Verhältnis: $\frac{St\,52}{St\,37} = \frac{32{,}7}{21{,}8} = 1{,}5$

Für eine Schlankheit von z.B. $\lambda = 100$ ergibt sich dann für die abgeminderten Grenzspannungen für einen Rohrquerschnitt (Knickspannungslinie a):

Stahl St 37 $k = 0{,}612$ $\Rightarrow k \cdot \sigma_{R,d} = 0{,}612 \cdot 21{,}8 = 13{,}34$ kN/cm²
Stahl St 52 $k = 0{,}461$ $\Rightarrow k \cdot \sigma_{R,d} = 0{,}461 \cdot 32{,}7 = 15{,}07$ kN/cm²

Verhältnis: $\frac{St\,52}{St\,37} = \frac{15{,}07}{13{,}34} = 1{,}13$

Die Steigerung der Tragfähigkeit der Stütze in Stahl St 52 beträgt dann gegenüber einer Stütze in Stahl St 37 nur noch 13% und nicht wie aufgrund der Grenzspannungen zu erwarten 50%.

Mit steigender Schlankheit wird das Verhältnis noch ungünstiger. Ab Schlankheiten von $\lambda > 120$ ist der Einsatz des teureren Stahl St 52 nicht mehr sinnvoll.

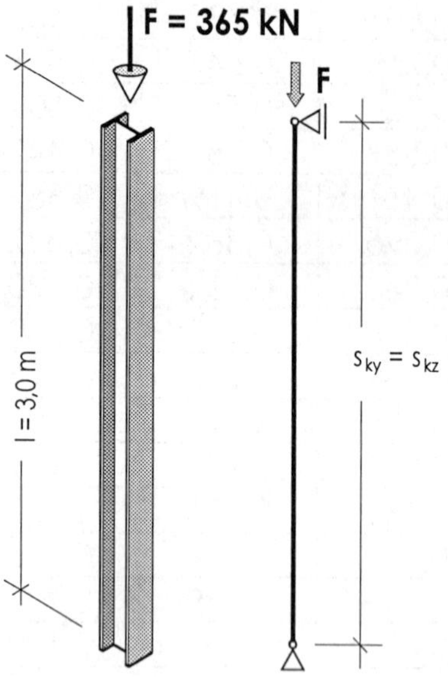

Beispiel:

Eine Stütze ist nach Eulerfall 2 (oben und unten gelenkig, horizontal unverschieblich) gelagert. Die Geschosshöhe beträgt l = 3,0 m.

Bemessungsdruckkraft:
→ $F_d = \gamma_F \cdot F = 1{,}4 \cdot F = 1{,}4 \cdot 365 = 511$ kN

Baustoff:

Stahl St 37
→ $\sigma_{R,d} = 21{,}8$ kN/cm²

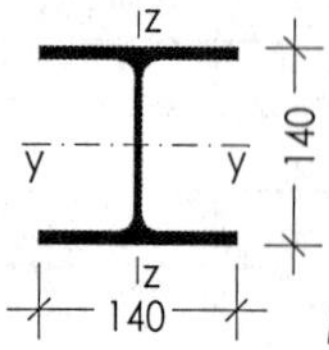

Maße in [mm]

1. Geschätztes Profil HEB 140

Querschnittswerte:
→ $i_{min} = i_z = 3{,}58$ cm
→ A = 43,0 cm²

Knicklänge (Eulerfall 2):
→ $s_{kx} = s_{ky} = l = 3{,}0$ m = 300 cm

Schlankheitsgrad:
$$\rightarrow \lambda = \frac{s_k}{i_{min}} = \frac{300}{3{,}58} = 84$$

Der Knickbeiwert k rechtwinklig zur z-Achse wird vorstehender Tabelle der Knickspannungslinie (KSL) c entnommen:

→ k = 0,6 (interpolierter Wert)

Knicksicherheitsnachweis:

$$\rightarrow \sigma_D = \frac{511}{43{,}0} = 11{,}88 \text{ kN/cm}^2$$
→ $k \cdot \sigma_{R,d} = 0{,}6 \cdot 21{,}8 = 13{,}08$ kN/cm²

$$\Rightarrow \sigma_D = 11{,}88 \text{ kN/cm}^2 < k \cdot \sigma_{R,d} = 13{,}08 \text{ kN/cm}^2$$

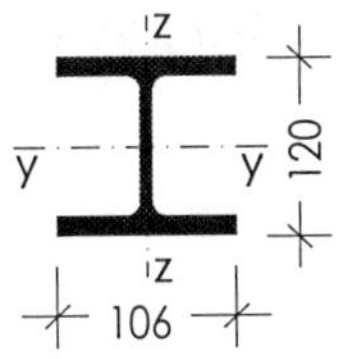

Maße in [mm]

2. Geschätztes Profil HEM 100

Querschnittswerte:

$\rightarrow i_{min} = i_z = 2{,}74$ cm

$\rightarrow A = 53{,}2$ cm²

Schlankheitsgrad:

$$\rightarrow \lambda = \frac{s_k}{i_{min}} = \frac{300}{2{,}74} = 110$$

Der Knickbeiwert k rechtwinklig zur z-Achse wird vorstehender Tabelle der KSL c entnommen:

$\rightarrow k = 0{,}441$

Knicksicherheitsnachweis:

$$\rightarrow \sigma_D = \frac{511}{53{,}2} = 9{,}60 \text{ kN/cm}^2$$

$\rightarrow k \cdot \sigma_{R,d} = 0{,}441 \cdot 21{,}8 = 9{,}61$ kN/cm²

$$\Rightarrow \sigma_D = 9{,}60 \text{ kN/cm}^2 < k \cdot \sigma_{R,d} = 9{,}61 \text{ kN/cm}^2$$

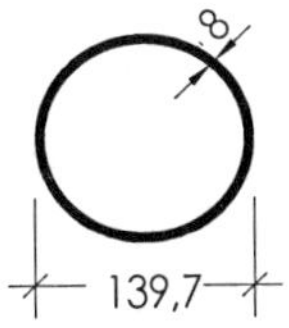

Maße in [mm]

3. Geschätztes Rohr 139,7x8

Querschnittswerte:

$\rightarrow i = 4{,}66$ cm

$\rightarrow A = 33{,}1$ cm²

Schlankheitsgrad:

$$\rightarrow \lambda = \frac{s_k}{i} = \frac{300}{4{,}66} = 64{,}4$$

Der Knickbeiwert k wird vorstehender Tabelle der KSL a entnommen:

$\rightarrow k = 0{,}85$ (interpolierter Wert)

Knicksicherheitsnachweis:

$$\rightarrow \sigma_D = \frac{511}{33{,}1} = 15{,}44 \text{ kN/cm}^2$$

$\rightarrow k \cdot \sigma_{R,d} = 0{,}85 \cdot 21{,}8 = 18{,}53$ kN/cm²

$$\Rightarrow \sigma_D = 15{,}44 \text{ kN/cm}^2 < k \cdot \sigma_{R,d} = 18{,}53 \text{ kN/cm}^2$$

Aus den drei untersuchten Varianten läßt sich folgendes ableiten:

Die kleinsten Querschnittsabmessungen von Stützen lassen sich mit der HEM-Reihe erreichen (106 x 120 mm). Allerdings muss ein größerer Materialaufwand in Kauf genommen werden (HEM 100 mit 53,2 cm² gegenüber HEB 140 mit 43,0 cm², das entspricht + 24%).

Der geringste Materialaufwand ist mit Rohrquerschnitten zu erzielen (Rohr 139,7 x 8 mit 33,1 cm² gegenüber HEB 140 mit 43,0 cm², das entspricht - 23%).

Zum Vergleich wird noch ein Stützenquerschnitt aus der IPE-Reihe untersucht.

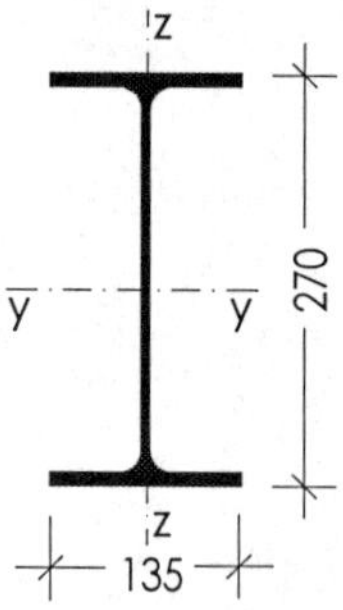

Maße in [mm]

4. Geschätztes Profil IPE 270

Querschnittswerte:

→ $i_{min} = i_z = 3{,}02$ cm

→ $A = 45{,}9$ cm²

Schlankheitsgrad:

$$\rightarrow \lambda = \frac{s_k}{i_{min}} = \frac{300}{3{,}02} = 99{,}3$$

Der Knickbeiwert k rechtwinklig zur z-Achse wird vorstehender Tabelle der KSL b entnommen:

→ k = 0,55 (interpolierter Wert)

Knicksicherheitsnachweis:

$$\rightarrow \sigma_D = \frac{511}{45{,}9} = 11{,}13 \text{ kN/cm}^2$$

$$\rightarrow k \cdot \sigma_{R,d} = 0{,}55 \cdot 21{,}8 = 11{,}99 \text{ kN/cm}^2$$

$$\Rightarrow \sigma_D = 11{,}13 \text{ kN/cm}^2 < k \cdot \sigma_{R,d} = 11{,}99 \text{ kN/cm}^2$$

Der schmale Querschnitt aus der IPE-Reihe erfordert wegen des ungünstigen Knickverhaltens um die schwache z-Achse sowohl die größten Abmessungen als auch einen höheren Materialbedarf als das HEB-Profil (IPE 270 mit 45,9 cm² gegenüber HEB 140 mit 43,0 cm², das entspricht + 7%).

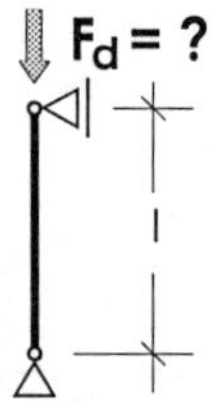

Eulerfall 2

$s_k = l = 4{,}2$ m

$$\lambda = \frac{420}{5{,}27} = 80$$

k = 0,624

$\Rightarrow F_d = 1782$ kN

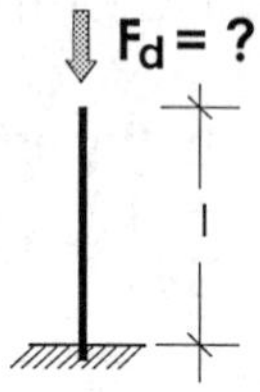

Eulerfall 1

$s_k = 2 \cdot l = 8{,}4$ m

$$\lambda = \frac{840}{5{,}27} = 160$$

k = 0,252

$\Rightarrow F_d = 720$ kN

Eine Stahlstütze mit l = 4,20 m aus einem Profil HEB 200 soll nach Eulerfall 2 und vergleichsweise nach Eulerfall 1 gelagert sein.

Welche Bemessungsdruckkraft F_d in [kN] kann jeweils aufgenommen werden?

Baustoff: Stahl St 37

Querschnittswerte:

→ $i_{min} = i_z = 5{,}27$ cm

→ $A = 131{,}0$ cm²

Die nach Eulerfall 1 gelagerte Stütze (unten eingespannt, oben frei beweglich) kann nur 40% der Bemessungsdruckkraft F_d einer nach Eulerfall 2 (oben und unten gelenkig) gelagerten Stütze aufnehmen!

Aufnehmbare Bemessungslast F_d [kN]
von Stützen aus der HEA-Reihe (St 37)

Profil	Knicklänge in [m]					
	3,00	4,00	5,00	6,00	7,00	8,00
HEA 100	183	118	81	58	44	34
HEA 120	277	188	132	96	73	58
HEA 140	404	290	209	156	120	94
HEA 160	555	418	311	235	183	145
HEA 180	707	561	433	334	263	210
HEA 200	888	730	581	458	365	294
HEA 220	1110	946	777	628	508	414
HEA 240	1380	1200	1010	834	684	564
HEA 260	1600	1420	1220	1030	859	717
HEA 280	1830	1650	1450	1240	1050	890
HEA 300	2160	1960	1750	1530	1320	1130
HEA 320	2390	2170	1940	1690	1460	1240
HEA 340	2560	2330	2070	1810	1560	1330
HEA 360	2740	2480	2210	1930	1660	1410
HEA 400	3160	2930	2650	2340	2010	1710
HEA 450	3530	3270	2960	2600	2240	1900
HEA 500	3910	3620	3270	2870	2460	2090

Aufnehmbare Bemessungslast F_d [kN]
von Stützen aus der HEB-Reihe (St 37)

Profil	Knicklänge in [m]					
	3,00	4,00	5,00	6,00	7,00	8,00
HEB 100	227	147	100	73	55	43
HEB 120	377	257	180	132	101	79
HEB 140	561	405	293	219	168	133
HEB 160	786	597	446	338	262	209
HEB 180	1030	817	633	490	386	309
HEB 200	1300	1070	860	681	543	439
HEB 220	1590	1350	1120	905	733	599
HEB 240	1910	1660	1410	1170	961	794
HEB 260	2190	1950	1680	1420	1190	996
HEB 280	2490	2240	1970	1700	1440	1220
HEB 300	2870	2620	2340	2050	1770	1510
HEB 320	3110	2830	2530	2210	1910	1630
HEB 340	3290	2990	2670	2330	2010	1720
HEB 360	3470	3150	2810	2460	2120	1810
HEB 400	3930	3650	3310	2930	2530	2150
HEB 450	4330	4010	3630	3200	2760	2340
HEB 500	4730	4380	3960	3480	2990	2540
HEB 550	5020	4640	4180	3660	3130	2650
HEB 600	5320	4910	4410	3850	3280	2760

Aufnehmbare Bemessungslast F_d [kN]
von Stützen aus der HEM-Reihe (St 37)

Profil	Knicklänge in [m]					
	3,00	4,00	5,00	6,00	7,00	8,00
HEM 100	515	339	235	171	129	101
HEM 120	788	549	390	288	220	173
HEM 140	1100	812	596	447	345	273
HEM 160	1460	1130	856	654	511	407
HEM 180	1830	1480	1160	907	717	577
HEM 200	2230	1870	1510	1210	970	788
HEM 220	2640	2270	1900	1550	1270	1040
HEM 240	3660	3230	2770	2320	1930	1610
HEM 260	4120	3690	3230	2770	2340	1970
HEM 280	4600	4170	3710	3230	2780	2370
HEM 300	5920	5430	4900	4350	3800	3290
HEM 320	6090	5580	5030	4450	3880	3360
HEM 340	6360	5950	5470	4920	4320	3730
HEM 360	6410	5990	5500	4930	4320	3722
HEM 400	6530	6090	5580	4980	4340	3731
HEM 450	6700	6240	5700	5070	4400	3770
HEM 500	6860	6370	5790	5130	4440	3780
HEM 550	7040	6530	5920	5220	4500	3820
HEM 600	7200	6660	6010	5280	4520	3830

Aufnehmbare Bemessungslast F_d [kN]
von Stützen aus Stahlrohren (St 37)

d x t	Knicklänge in [m]					
	3,00	4,00	5,00	6,00	7,00	8,00
88,9 x 4	143	94	63	45	34	26
88,9 x 6	202	133	88	63	48	36
114,3 x 4	236	180	130	95	72	56
114,3 x 8	444	331	236	172	130	100
139,7 x 4	321	275	217	166	129	101
139,7 x 8	613	519	404	310	238	188
168,3 x 4	404	373	321	265	211	171
168,3 x 10	975	878	747	606	488	390
219,1 x 6	828	788	740	666	584	499
219,1 x 12	1602	1515	1413	1277	1090	936
273,0 x 6	1058	1025	986	937	872	800
273,0 x 12	2070	2006	1920	1823	1695	1534
355,6 x 8	1877	1839	1791	1743	1686	1620
355,6 x 16	3672	3578	3504	3392	3280	3131

Die grau angelegten Werte liegen überhalb der zulässigen Schlankheit $\lambda_{max} = 250$.

8.4 Querschnittsformen von Stützen

8.4.1 Holzstützen

Querschnittsformen von Stützen aus Vollholz

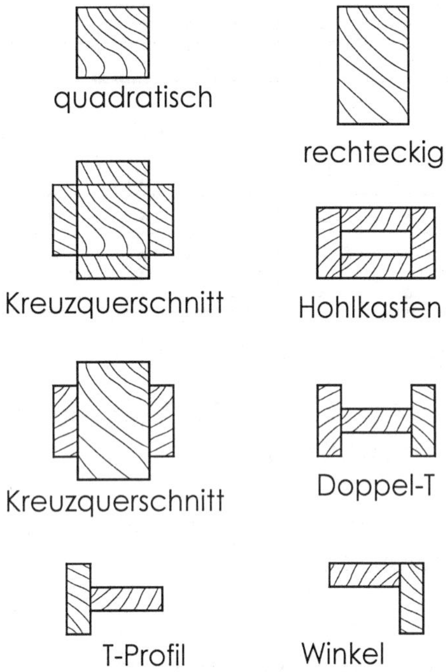

Der geläufigste Querschnitt im Holzbau ist der quadratische oder rechteckige Vollholz-Querschnitt.

Die Anwendung von Vollholzstützen ist wegen der lieferbaren Querschnittabmessungen und -längen jedoch eingeschränkt.

Werden Stützen aus Einzelquerschnitten zu Kreuz-, Hohlkasten-, Winkel-, T- oder Doppel-T-Profilen zusammengesetzt, können diese wie einteilige Stützen bemessen werden, wenn sie verleimt sind. Werden sie genagelt, geschraubt oder verdübelt, können sich die einzelnen Teile geringfügig gegeneinander verschieben. Die Tragfähigkeit wird dann je nach der Nachgiebigkeit der Verbindungsmittel geringer.

Nachteilig bei der Verwendung von Vollholzstützen ist die Rissbildung und Verdrehung durch das natürliche Schwinden. Neuerdings sind mit einer allgemeinen bauaufsichtlichen Zulassung sogenannte DUO- und TRIO-Balken im Handel, die hohen Anforderungen an die Formstabilität und gestalterischen Ansprüchen genügen.

Jeweils zwei oder drei Lamellen werden zu einem Gesamtquerschnitt verleimt. Dieser wird anschließend vierseitig gehobelt, gefast und in der gewünschten Lieferform abgelängt.

Wegen der niedrigen Holzfeuchte von 15% kann ein Befall von DUO- und TRIO-Balken durch holzzerstörende Pilze ausgeschlossen werden. Deshalb kann auf einen vorbeugenden chemischen Holzschutz verzichtet werden.

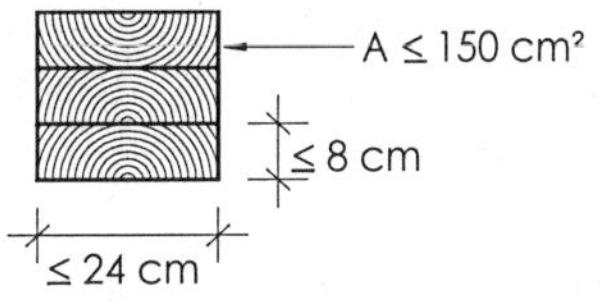

Die Lamellenbreite muss ≤ 24 cm, die Lamellenhöhe ≤ 8 cm sein. Die Querschnittsfläche der einzelnen Lamelle darf nicht größer als 150 cm² sein.

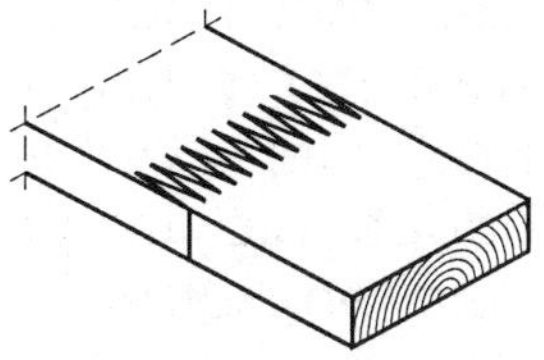

Die Herstellung der Balken entspricht der von Brettschichtholz. Nadelholzbohlen werden technisch getrocknet (15%), Fehlstellen wie größere Äste entfernt und einzelne Bohlenabschnitte in Längsrichtung durch Keilzinkung verbunden.

Die Balken werden wie Vollholz bemessen. Üblicherweise wird mit der Sortierklasse S10 produziert. Es ergeben sich dann folgende möglichen Querschnittsabmessungen:

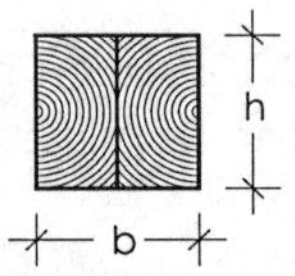

DUO-Balken

b/h	10	12	14	16	18	20	22	24
8	•	•	•	•	•	•	•	•
10	•	•	•	•	•	•	•	•
12	•	•	•	•	•	•	•	•
14	•	•	•	•	•	•	-	-
16	•	•	•	•	•	-	-	-

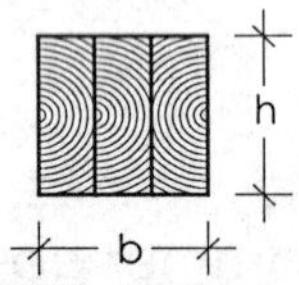

TRIO-Balken

b/h	10	12	14	16	18	20	22	24
18	•	•	•	•	•	•	•	•
20	•	•	•	•	•	•	•	-
24	•	•	•	•	•	-	-	-

Der größtmögliche quadratische Querschnitt mit DUO- bzw. TRIO-Balken ist also wegen der zulässigen Maße der Einzellamellen b/h = 20/20cm.

Sind größere Querschnittsabmessungen erforderlich, muss Brettschichtholz mit dünneren Einzellamellen (maximal 4,0 cm) verwendet werden.

Querschnittsformen von Stützen aus Brettschichtholz

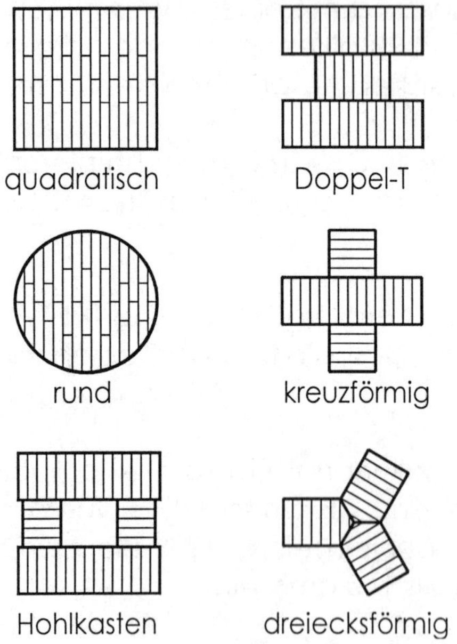

Mit der Herstellung großer Querschnitte aus Brettschichtholz haben einteilige Holzstützen auch bei großen Lasten an Verbreitung gewonnen.

Die einfachsten und geläufigsten Querschnittsformen aus Brettschichtholz sind quadratische, rechteckige und runde Querschnitte.

Profilierte Querschnitte wie kreuz- und dreiecksförmige Querschnitte, Hohlkasten- und Doppel-T-Profile können durch Zusammenleimen von Einzelquerschnitten hergestellt werden. Sie bedürfen jedoch besonderer Sorgfalt und Überwachung beim Verleimen.

Profilierte Querschnitte können auch als Verbundstützen mit mechanischen Verbindungsmitteln hergestellt werden. Die Nachgiebigkeit der Verbindungsmittel verringert jedoch die Tragfähigkeit gegenüber verleimten Stützen.

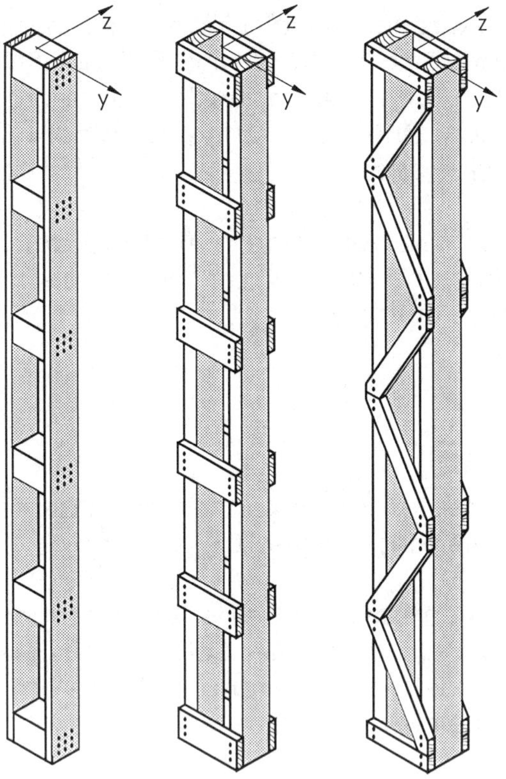

Holzstützen können auch aus mehreren Einzelquerschnitten mit Bindehölzern oder Zwischenhölzern ausgebildet werden. Man spricht dann von gespreizten Stützen.

Der wichtigste Typ ist die aus zwei Rechteckquerschnitten zusammengesetzte Stütze. Sind die Querschnitte durch Bindehölzer oder Zwischenhölzer verbunden, spricht man auch von Rahmenstäben, ist die Verbindung fachwerkartig, von Gitterstäben.

Gespreizte Stützen können geleimt, gedübelt, genagelt und geschraubt sein.

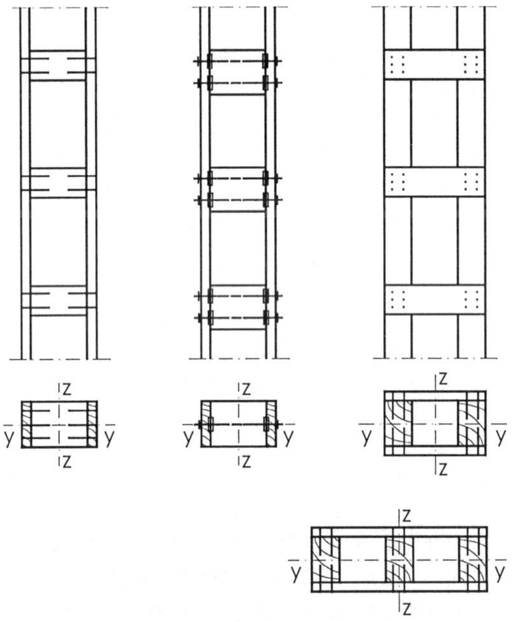

Zwischenhölzer genagelt gedübelt Bindehölzer genagelt

Für Knicken um die y-Achse kann wie bei einem einteiligen Querschnitt gerechnet werden. Für Knicken um die z-Achse hat der Abstand der Binde- bzw. Zwischenhölzer, die Nachgiebigkeit der Verbindungsmittel und die Größe der Spreizung einen wesentlichen Einfluss.

Auf jeden Fall ist um die z-Achse die rechnerische Schlankheit größer, als wenn die Einzelstäbe starr miteinander verbunden wären.

Durch eine geeignete Wahl des Abstands der Einzelquerschnitte lässt sich um die z-Achse die gleiche Knicksteifigkeit wie um die y-Achse erreichen,

Die Ermittlung der Schlankheit um die z-Achse ist relativ aufwändig. Hinweise hierzu sind in Bautabellen enthalten. Für die Verbindungsmittel, Bindehölzer, Zwischenhölzer und Streben bei Gitterstäben ist ein statischer Nachweis zu führen.

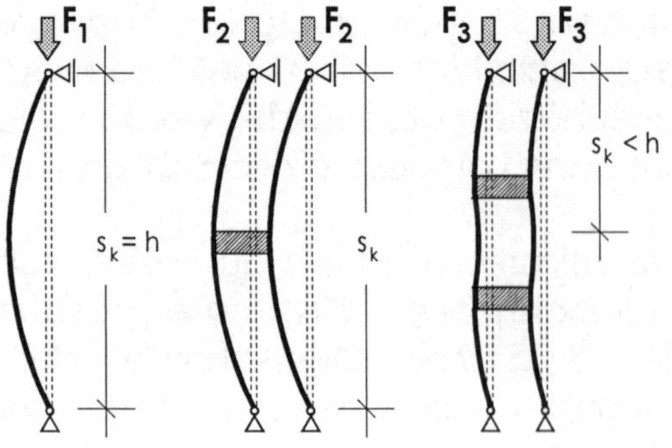

$F_2 = F_1$ $F_3 > F_2 > F_1$

Die Zwischen- und Bindehölzer müssen mindestens am Kopf und Fuß der Stütze und in den Drittelspunkten angeordnet werden. Eine Verbindung in halber Höhe ist wirkungslos.

Mit kleiner werdendem Abstand der Zwischen- und Bindehölzer nimmt die Traglast der Stütze zu.

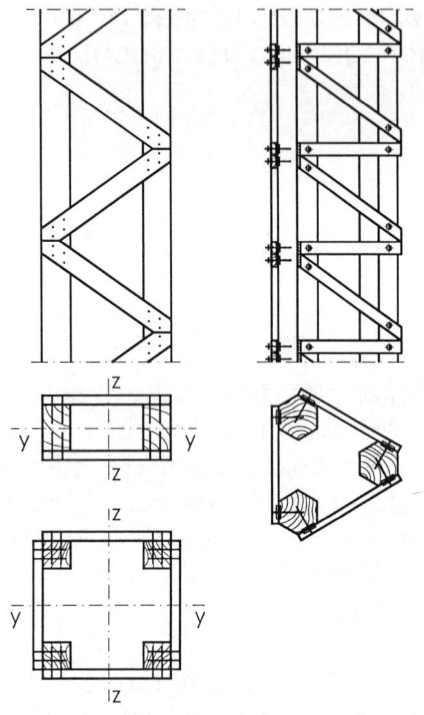

Gitterstab genagelt Gitterstab gedübelt

Gespreizte Stützen können auch dreiteilig und vierteilig ausgebildet werden.

Es gelten dann für beide Knickrichtungen für die Ermittlung der Schlankheit jeweils die Regeln der zweiteiligen Stütze um die "stofffreie" Achse z-z.

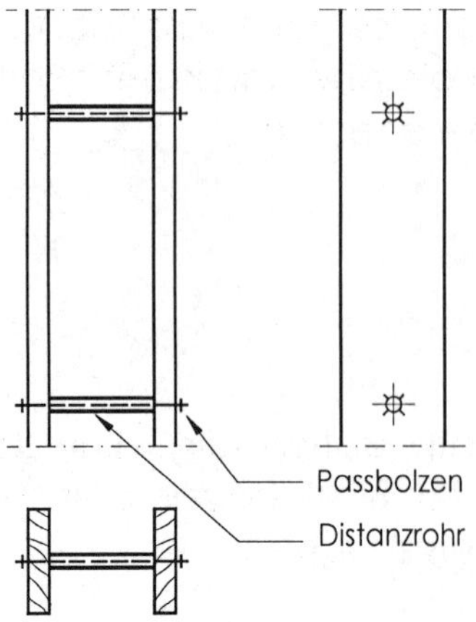

Die Bindehölzer können auch durch Distanzrohre aus Stahl ersetzt werden. Eine rahmenartige Wirkung wird durch das Zusammenspannen mit in den Distanzrohren verlaufenden Passbolzen erreicht.

Distanzrohr

8.4.2 Stahlstützen

Stahlstützen werden mit den verschiedensten Querschnittsformen ausgeführt. Durch Abstufen der Außenmaße und/oder der Materialstärken lässt sich die Tragkraft der Stützen den auftretenden Belastungen anpassen.

Im Stützenstrang eines Gebäudes wachsen die Lasten und damit die erforderlichen Stützenquerschnitte von oben nach unten. Es ist oft erwünscht, den Stützen in allen Geschossen gleiche Außenabmessungen zu geben, um den Einbau genormter Ausbauelemente wie Stützenverkleidungen, Trennwände und Unterdecken zu erleichtern.

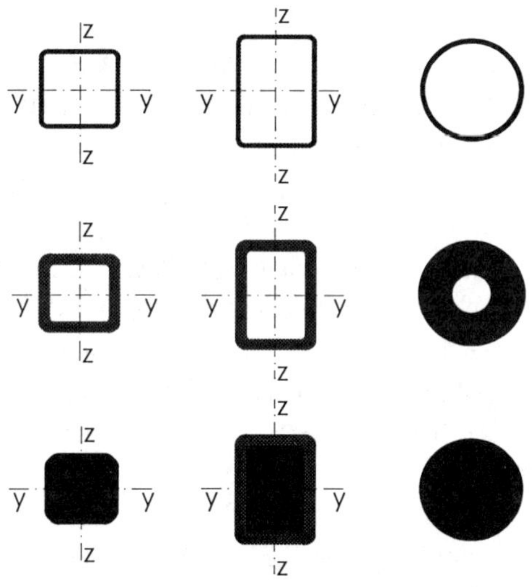

Bei Verwendung von quadratischen, rechteckigen oder kreisrunden Hohlprofilen ist dies durch Abstufen der Wandstärke und der Stahlqualitäten zu erreichen. Die Verwendung von Vollprofilen in den untersten Geschossen bestimmt das kleinstmögliche Außenmaß.

Rechteckige Hohlprofile und Vollquerschnitte sind nicht scharfkantig, sondern haben abgerundete Kanten. Vollquerschnitte sind durch ihre geringen Abmessungen sehr platzsparend und ermöglichen eine optimale Ausnutzung der Geschossfläche.

Runde Stützen werden gerne in Gebäuden ohne rechtwinkliges Raster angewandt. Statisch gesehen haben runde Rohrstützen für mittige und achsrechte Belastung einen sehr günstigen Querschnitt, da sie nach allen Richtungen das gleiche Knickverhalten haben. Der Trägheitsradius ist infolge der Anordnung des Baustoffs in dem vom Querschnittsmittelpunkt maximal größten Abstand ein Größtwert. Infolge der Krümmung der Rohrwandung ist die Beulgefahr verringert. Für die Aufnahme von Biegemomenten (z.B. infolge Wind auf Fassadenstützen) sind runde Rohre weniger geeignet.

Dünnwandige Rohrprofile sind genormt, auf Bestellung werden jedoch Rohre mit allen gewünschten Wandstärken gewalzt.

Auch das quadratische Hohlprofil bzw. der geschweißte Kastenquerschnitt hat einen günstigen Stützenquerschnitt. Der Trägheitsradius und damit die Knickgefahr ist in Bezug auf beide Achsen gleich. Die Anschlüsse an diese Stützen sind konstruktiv einfacher als an runde Stützen. Für die Aufnahme von Biegemomenten ist diese Stützenform besser geeignet als runde Stützen. Der Materialpreis von quadratischen oder rechteckigen Hohlprofilen ist vergleichsweise sehr hoch.

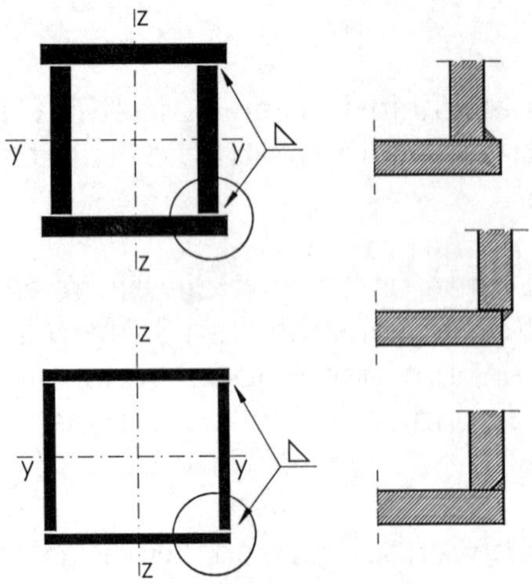

Aus Flachstählen zusammengeschweißte Kastenprofile sind als Hochbaustützen für die Abtragung großer Lasten sehr geeignet. Durch eine Änderung der Blechstärken ist eine erhebliche Querschnittsänderung bei gleichen Außenabmessungen möglich.

Für das Verschweißen der Kanten sind verschiedene Möglichkeiten gegeben. Die zum Schweißen minimale Blechstärke beträgt etwa 8 mm.

Um eine Innenkorrosion zu verhindern, müssen Hohlquerschnitte luftdicht verschweißt werden.

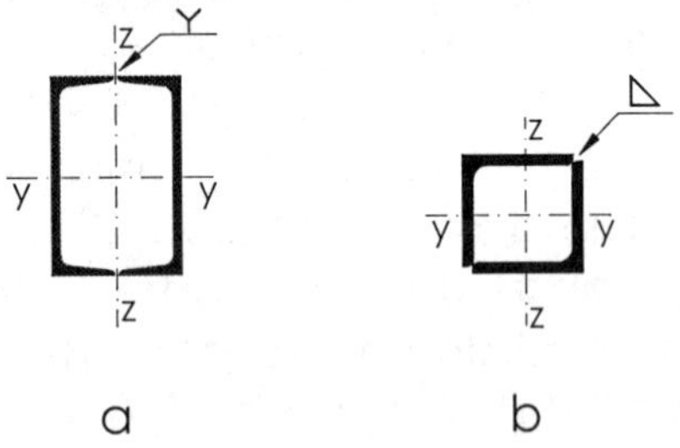

Man kann zwei Winkelstähle oder auch zwei U-Stähle zu einem quadratischen oder rechteckigem Hohlquerschnitt zusammenschweißen. Die damit erzielbaren Querschnitte halten sich aber in engen Grenzen.

Bei unverkleideten Stützen ist der Querschnitt a dem Querschnitt b vorzuziehen, weil alle vier Ecken scharfkantig sind. Die Schweißnähte des Profils a sind blecheben zu bearbeiten.

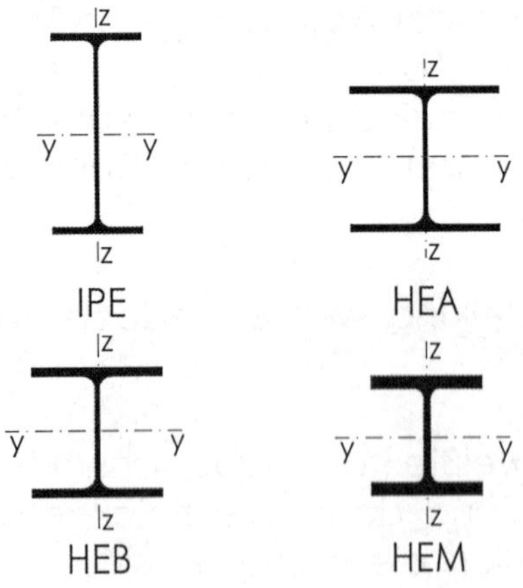

Stützen aus der IPE-Reihe sind nicht wirtschaftlich, weil durch die schmalen Flansche die Knicksicherheit um die z-Achse wesentlich geringer ist als die Knicksicherheit um die y-Achse. IPE-Profile werden nur verwendet, wenn aus gestalterischen Gründen eine schmale Stütze erwünscht ist.

Breitflanschträger aus der HEA-, HEB- und HEM-Reihe sind konstruktiv günstig und wirtschaftlich, weil auch bei gleichen Knicklängen s_{ky} und s_{kz} bei Profilen bis ca. 300 mm Höhe die Trägheitsradien i_y und i_z in einem brauchbaren Verhältnis von etwa 1 : 1,7 liegen.

Breitflanschträger haben bis zur Profilhöhe von ca. 300 mm einen kompakten quadratischen Querschnitt und sind deshalb für Geschossstützen besonders geeignet.

Bei mehrgeschossigen Stützen lassen sie sich den nach unten zunehmenden Druckkräften durch die Materialstärken von Flanschen und Stegen, d.h. Wechsel von der HEA- über HEB- zur HEM-Reihe, durch Verbesserung der Stahlsorte, d.h. von St 37 zu St 52, oder durch Aufschweißen von Flachstählen zwischen oder an die Flansche anpassen, ohne die Außenabmessungen wesentlich zu vergrößern.

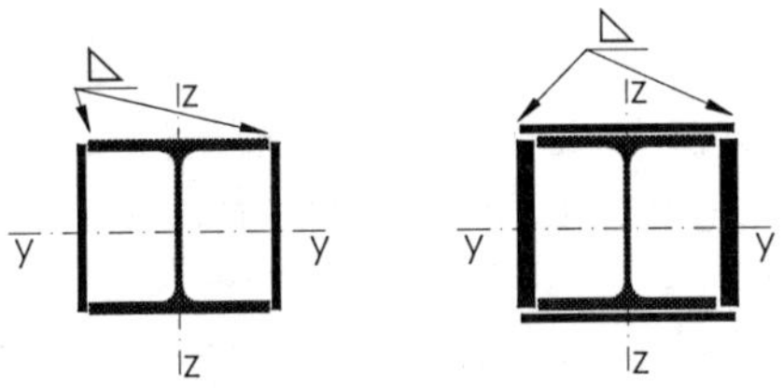

Verstärkung von Breitflanschträgern durch Aufschweißen von Flachstählen.

Diese Querschnitte sind für Stützen mit lotrecht mittiger Belastung günstig, da durch eine entsprechende Wahl der Blechstärken ein gleiches Knickverhalten in y- und z-Richtung erreicht werden kann.

Wählt man als Grundprofil ein HEB 300 und schweißt Flachstähle 280 x 16 mm auf, erhält man gleiche Trägheitsradien $i_y = i_z$. Bei höheren Profilen über 300 mm ist eine Gleichheit von i_y und i_z nicht mehr wirtschaftlich zu erzielen.

Durch nachträgliches Aufschweißen von Flachstählen an oder zwischen die Flansche von bestehenden Stützen ist es auch möglich, deren Knickverhalten zu verbessern und damit die Tragfähigkeit zu erhöhen, wenn dies infolge Umbaumaßnahmen (z.B. Aufstockung, Nutzungsänderung usw.) erforderlich wird.

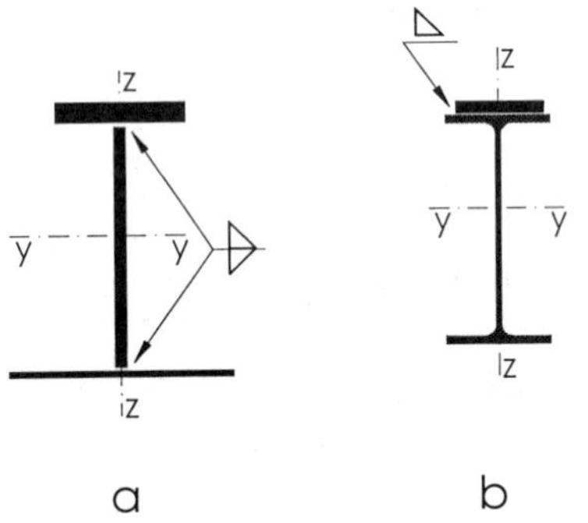

Wenn aus gestalterischen Gründen unsymmetrische Querschnitte gefordert oder wenn Biegemomente (z.B. aus Rahmenwirkung) aufzunehmen sind, können beliebige Querschnitte aus Flachstählen verschweißt (a) oder aus einseitig verstärkten genormten Trägern (b) hergestellt werden.

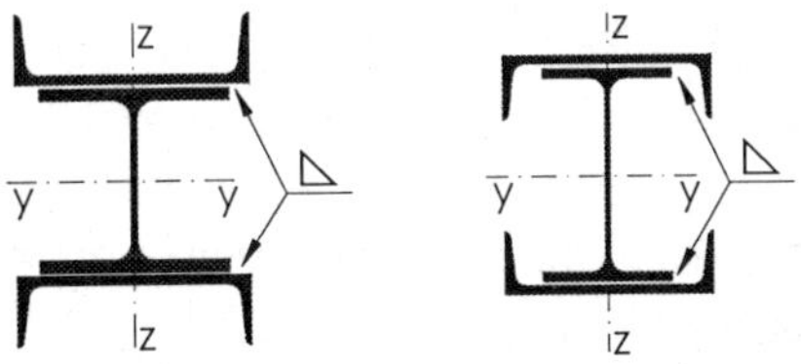

Werden an die Stützenflansche U-Stähle angeschweißt, wird besonders die Knicksteifigkeit um die z-Achse verbessert. Es dürfen nur Profilkombinationen ausgeführt werden, bei denen eine einwandfreie Zugänglichkeit der Schweißnähte möglich ist.

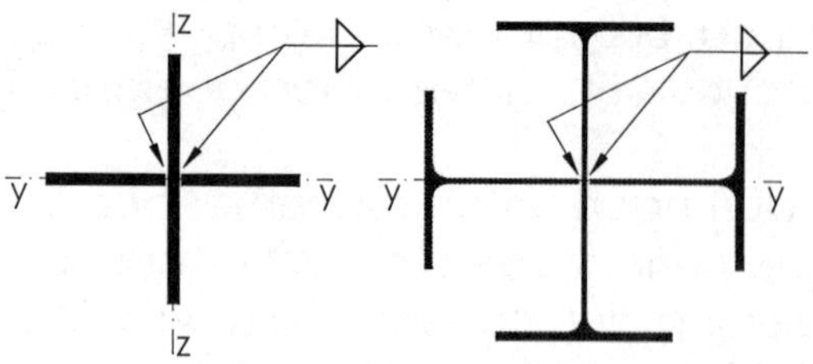

a b

Kreuzstützen haben in y- und z-Richtung das gleiche Knickverhalten. Sie werden aus Flachstählen oder zwei Breitflanschträgern verschweißt.

Querschnitt a ist wesentlich ungünstiger als Querschnitt b, da das Material zur Mitte hin konzentriert ist.

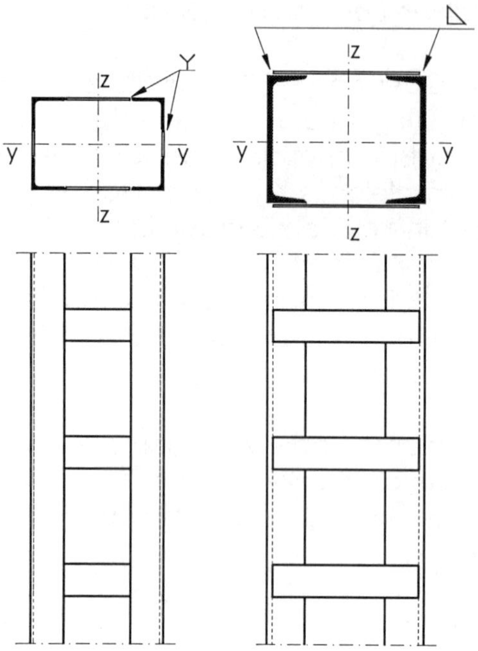

a b

Wie im Holzbau können auch im Stahlbau mehrteilige Stützen als Rahmen- oder Gitterstäbe ausgeführt werden, wobei Gitterstäbe wegen des hohen Arbeitsaufwandes nicht mehr gebräuchlich sind.

a) Rahmenstab aus vier Winkelstählen mit dazwischengeschweißten Bindeblechen. Durch die Wahl verschiedener Winkelquerschnitte ist die aufnehmbarc Last variabel.

b) Rahmenstab aus zwei U-Stählen mit aufgeschweißten Bindeblechen

Beide Stützenformen sind günstig, wenn in der Stütze vertikale Installationen zugänglich geführt werden.

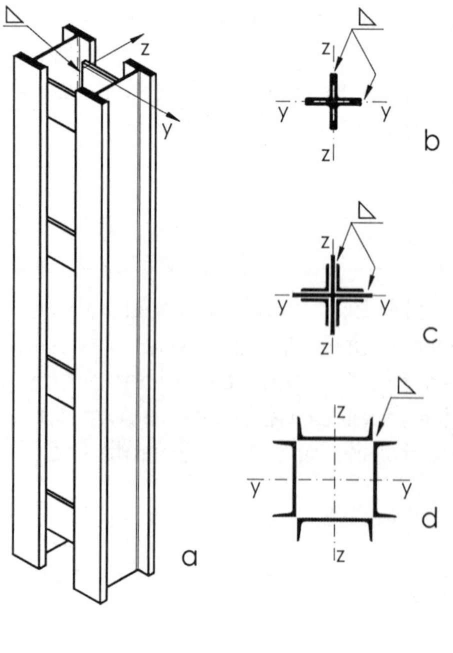

Weitere Stützenformen

a) Rahmenstütze aus zwei Breitflanschträgern mit eingeschweißten Bindeblechen

b) Kreuzstütze aus vier Winkelstählen

c) Durch Einschweißen von Flachstählen kann die Tragfähigkeit erhöht werden

d) Kastenprofil aus vier verschweißten U-Stählen

9 Gebäudeaussteifung

9.1 Grundlagen

Das Tragsystem jedes Bauwerks muss neben den vertikalen Lasten aus Eigengewicht, Nutzlasten und Schnee, die durch die Erdanziehung verursacht werden, auch horizontale Lasten und Kräfte sicher und ohne unzulässig große Verformungen in den Baugrund leiten.

Horizontale Lasten werden planmäßig durch Wind verursacht, durch einseitigen Erddruck, im Industriebau auch durch Brems- und Beschleunigungskräfte aus Kranbahnen und Anpralllasten aus Fahrzeugen. In bestimmten Gebieten können Horizontalkräfte auch durch Erdbeben entstehen.

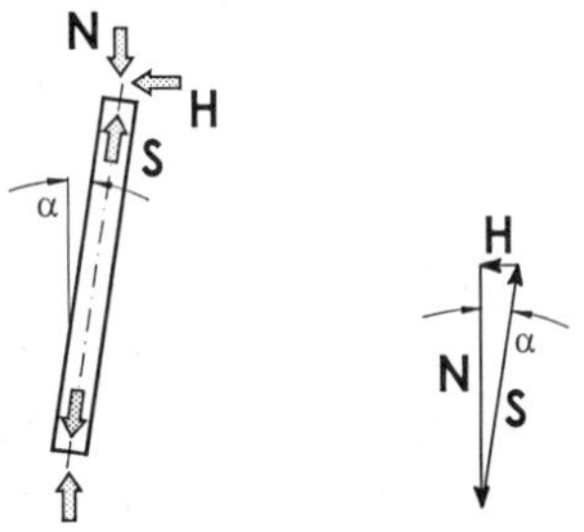

Unplanmäßige, aber nicht vermeidbare horizontale Kräfte werden durch unbeabsichtigte Schrägstellung von Stützen und Wänden ausgelöst.

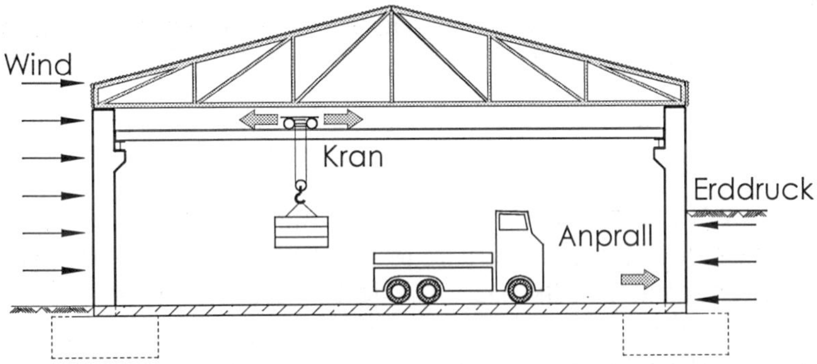

Horizontalkräfte infolge

- Wind
- Erddruck
- Schiefstellung von Stützen
- Anpralllasten
- Kräfte aus Kranbahnen
- Erdbeben

Gegen diese horizontalen Kraftwirkungen muss jedes Bauwerk stabilisiert oder ausgesteift werden. Ist das Bauwerk durch Fugen in mehrere Abschnitte unterteilt, muss jeder Fugenabschnitt für sich selbständig standsicher sein.

Diese Aussteifung kann durch eigene, zusätzliche Konstruktionselemente erfolgen, oder man weist den Konstruktionselementen, die bereits für die Abtragung der vertikalen Lasten erforderlich sind (Stützen, Wände, Rahmen), diese Aufgabe zu, was zur Vergrößerung ihrer Querschnitte führen kann.

9.2 Aussteifung von Gebäuden mit Deckenscheiben

Die planmäßigen und unplanmäßigen Horizontalkräfte versuchen, die einzelnen horizontalen Geschossebenen gegeneinander zu verschieben. Im Folgenden werden stellvertretend für alle möglichen Horizontallasten nur Lasten aus Wind betrachtet.

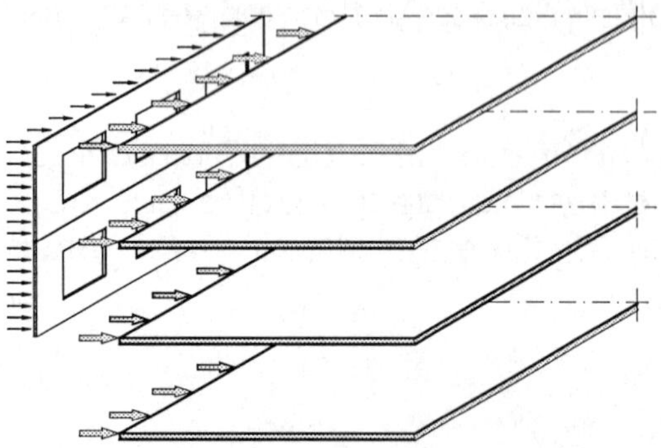

Die Windlast wirkt als horizontale Flächenlast [kN/m²] senkrecht auf die Fassade. Die Fassade verteilt diese Windlasten als senkrecht stehender Biegebalken jeweils auf die darüber- und darunterliegende Geschossdecke.

Die Geschossdecken werden dann aus der Fassade durch eine horizontal wirkende Gleichlast [kN/m] belastet.

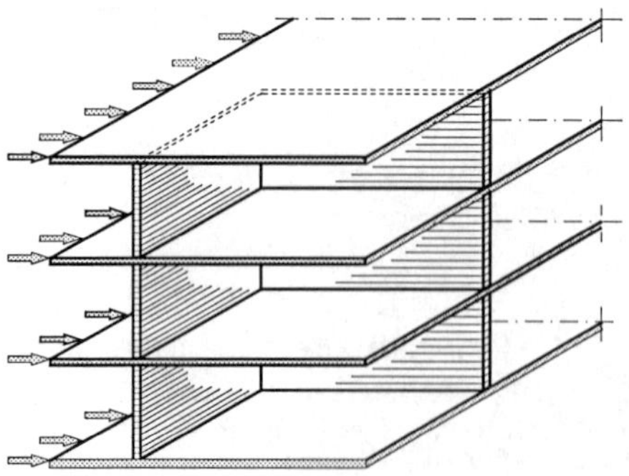

Damit das Gebäude in Ruhe bleibt, d.h. damit die gegenseitigen Verschiebungen der Geschossdecken verhindert werden, sind vertikale Aussteifungselemente wie z.B. Mauerwerkswände erforderlich, die die Lage der Geschossdecken gegeneinander und gegenüber dem Baugrund sichern.

Die Geschossdecken dienen dabei als horizontale Aussteifungselemente, sie verbinden sämtliche vertikalen Aussteifungselemente miteinander und verteilen die auf sie wirkenden Horizontallasten auf die einzelnen vertikalen Aussteifungselemente.

Voraussetzung hierfür ist, dass die Decken in ihrer Ebene als Scheiben wirken, d.h. in ihrer Mittelebene praktisch starr sind. Bei den im Hochbau üblichen Geschossdecken aus Stahlbeton ist diese Voraussetzung erfüllt. Aber auch Trägerdecken aus Holzbalken oder Stahlträgern können unter bestimmten Voraussetzungen als starre Scheiben ausgebildet werden (Schalung, Diagonalen, Holzwerkstoffplatten usw.).

9.2.1 Vertikale Aussteifungselemente

Für die Ausbildung der vertikalen Aussteifungselemente stehen verschiedene Möglichkeiten zur Verfügung.

Die Geschossdecken sollen als Stahlbetonplatten ausgeführt und damit in ihrer Mittelebene praktisch starr sein. Es werden jeweils zwei Geschossdecken (z.B. Decke über Erdgeschoss und Decke über 1.Obergeschoss) und das dazwischenliegende vertikale Aussteifungselement betrachtet.

- Eingespannte Stützen (Stahl, Stahlbeton, in Ausnahmefällen Holz)

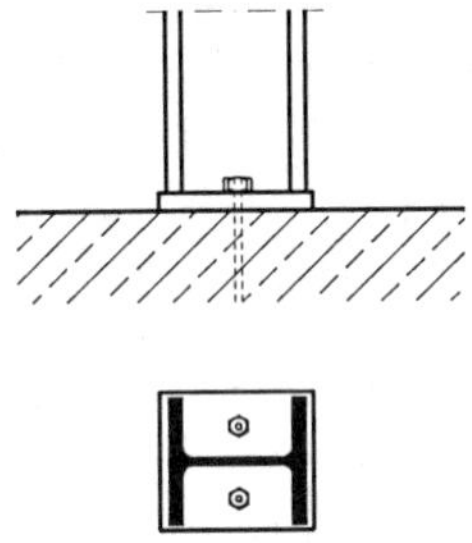

Handelt es sich bei den Stützen z.B. um Stahlstützen, die gelenkig an den Decken angeschlossen sind, d.h. sich mit einer Kopf- und Fußplatte ohne Zusatzmaßnahmen gegen die Decke abstützen, wäre dieses System nicht stabil.

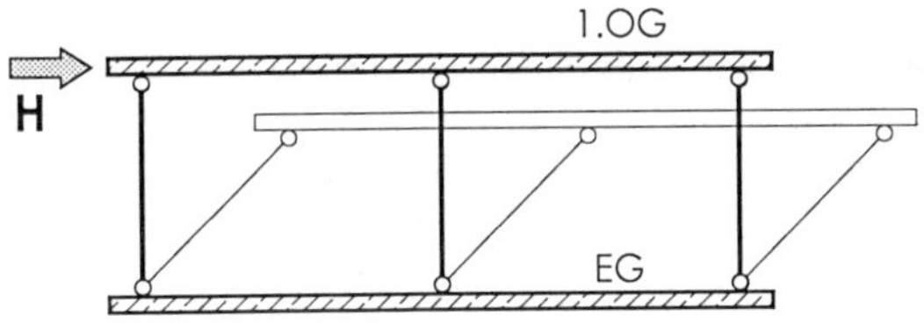

Infolge des gelenkigen Fuß- und Kopfanschlusses der Stützen verschieben sich die Geschossdecken bei Angriff einer Horizontallast. Mit Pendelstützen allein ist ein Gebäude nicht auszusteifen.

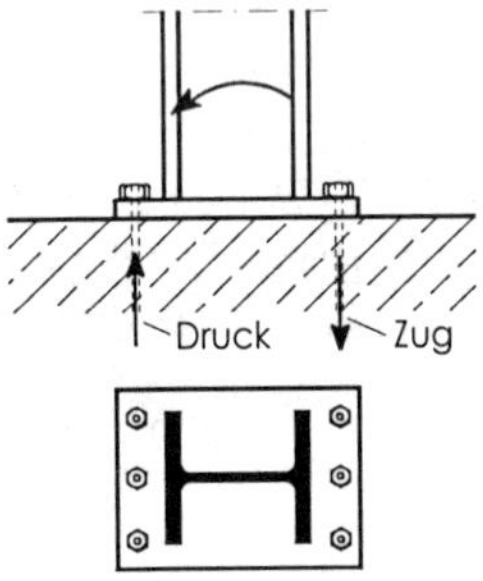

Spannt man dagegen eine Stütze am Fuß ein, wie es in der Regel bei Stahlbetonstützen der Fall ist oder auch bei Stahlstützen mit vergrößerter Fußplatte und entsprechenden Verankerungsmitteln, wirkt diese Stütze als Kragträger, der bei ausreichender Dimensionierung das System stabilisiert.

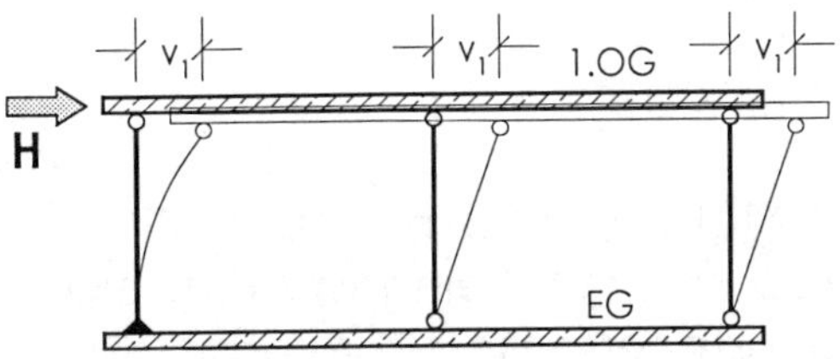

Die eingespannte Stütze wird verbogen, auf Biegung beansprucht.

Die Stützenkopfverschiebungen v_1 aller Stützen, auch der gelenkig angeschlossenen, sind gleich.

Die eingespannte Stütze muss am Fuß zusätzlich zur Normalkraft aus den vertikalen Gebäudelasten ein Biegemoment $M = H \cdot h$ aufnehmen und aufnehmen können.

Die Stützenkopfverschiebungen v_1 sind groß und nehmen mit der 3. Potenz der Stützenhöhe zu. Das bedeutet, dass bei doppelter Stützenhöhe die 8-fache Stützenkopfverschiebung auftritt.

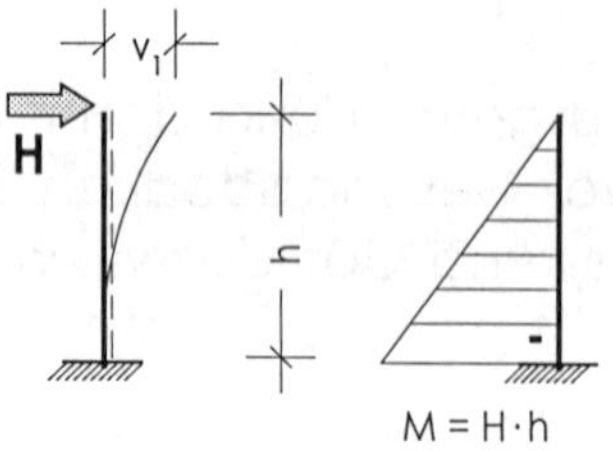

Stützenkopfverschiebung:

$$v_1 = \frac{1}{3} \cdot \frac{H \cdot h^3}{E \cdot I}$$

E: Elastizitätsmodul (Materialkonstante)
I: Trägheitsmoment (Querschnittswert)

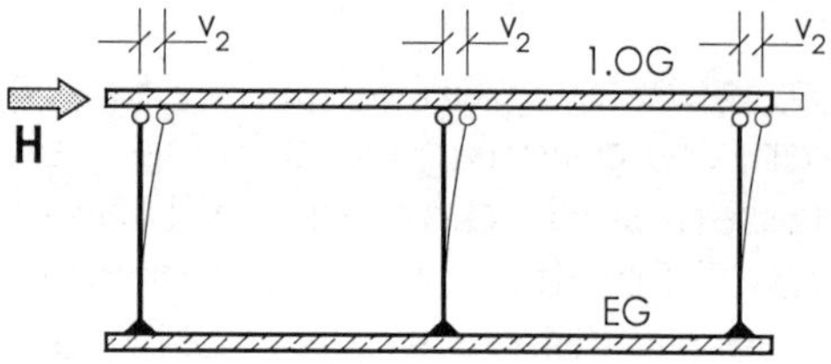

Soll ein Bauwerk mittels eingespannter Stützen ausgesteift werden, ist die gesamte Horizontalkraft H auf möglichst viele Stützen zu verteilen, d.h. viele oder alle Stützen einspannen.

Mit der Verteilung der Horizontalkraft auf viele Stützen wird die Biegebeanspruchung aus dem Gesamtmoment M = H · h und die Stützenkopfverschiebung geringer.

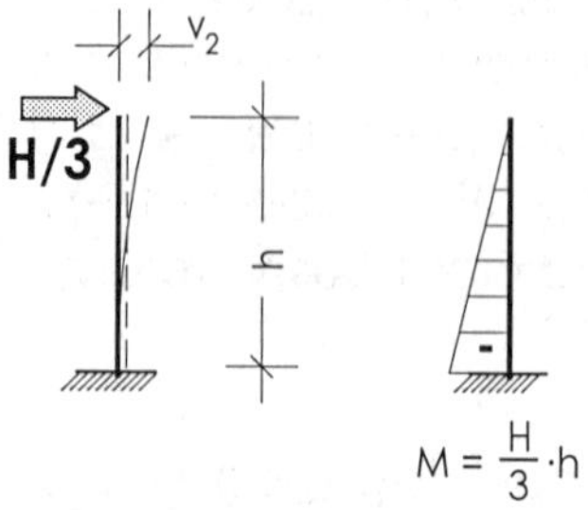

Verteilung auf drei Stützen:

$$M = \frac{H}{3} \cdot h$$

$$v_2 = \frac{1}{3} \cdot v_1$$

Da die Verschiebungen der Deckenebenen mit der 3. Potenz der Höhe zunehmen, kommt diese Lösung der Aussteifung mit eingespannten Stützen nur für ein-, höchstens zweigeschossige Bauwerke in Frage. Im Hallenbau ist es üblich, mit eingespannten Stützen auszusteifen. Allseits eingespannte Stützen können Horizontallasten sowohl in Gebäudelängs- als auch in Querrichtung aufnehmen.

- Biegesteife Rahmen (Stahl, Stahlbeton, Holz)

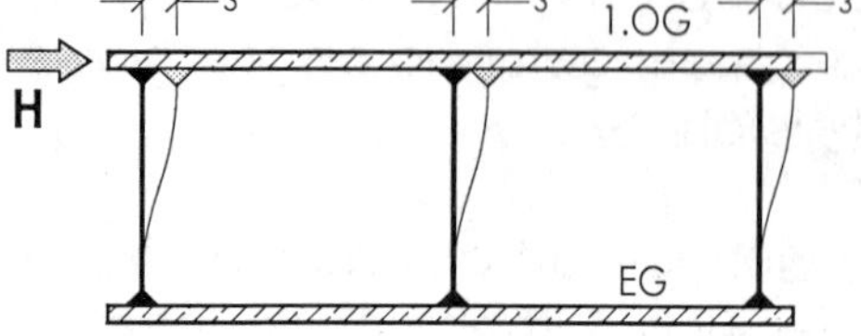

Sind die Stützen nicht nur am Fuß, sondern auch am Kopf eingespannt, ergibt sich nebenstehendes Verformungsbild.

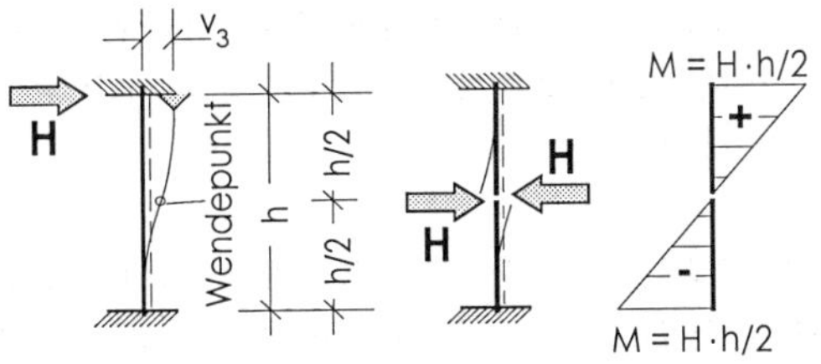

Aufnahme der Horizontallast H durch eine beidseits eingespannte Stütze:

$$v_3 = \frac{1}{3} \cdot \frac{H \cdot (h/2)^3}{E \cdot I} = \frac{1}{24} \cdot \frac{H \cdot h^3}{E \cdot I} = \frac{1}{8} \cdot v_1$$

Beim beidseits eingespannten Stab hat die Biegelinie in halber Höhe einen Wendepunkt, das Biegemoment ist an dieser Stelle Null. Außerdem ist an der Biegelinie erkennbar, dass der gezogene und der gedrückte Querschnittsrand die Seiten wechseln, das Biegemoment geht vom positiven in den negativen Bereich.

Man kann sich die Stütze am Momentennullpunkt aufgeschnitten denken und die innere Querkraft H als äussere Belastung an den neuen Kragarmenden ansetzen. Die Einspannmomente reduzieren sich dann mit dem Hebelarm h/2 auf die Hälfte, die Stützenkopfverschiebungen auf ein Achtel.

Durch eine Einspannung mit beidseits eingespannten Stützen treten wesentlich geringere Verformungen auf.

Der Riegel des aussteifenden Rahmens wird in der Regel von Unterzügen gebildet. Je nach Steifigkeit des Riegels verteilen sich die Biegemomente aus der Horizontallast H auf das Fuß- und Kopfmoment der Stützen.

Unendlich steifer Riegel (keine Verformung)

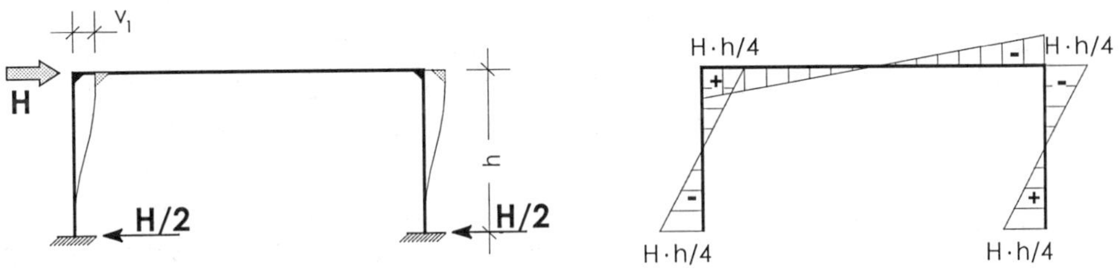

Normal steifer Riegel

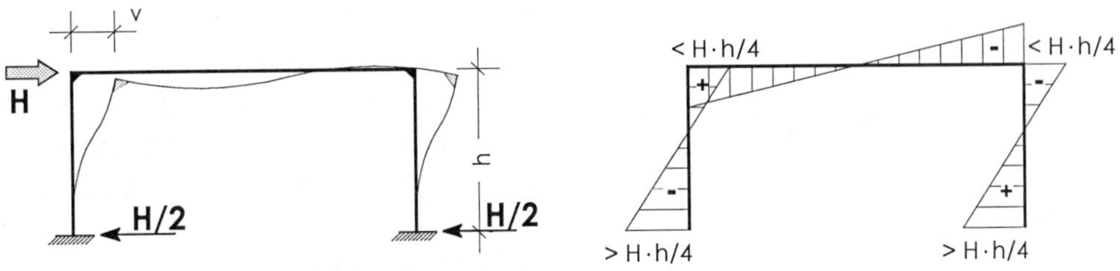

Unendlich weicher Riegel (kein Biegewiderstand)

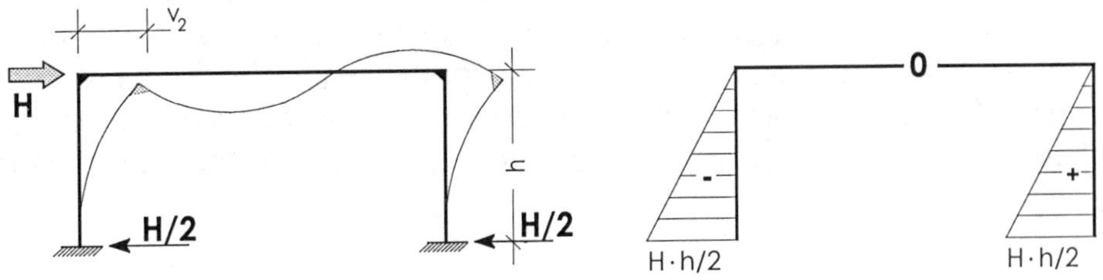

Der aus einem normal steifen Riegel und zwei Stielen bestehende eingespannte Rahmen ist also in der Momentenverteilung günstiger als zwei nur am Fuß eingespannte Stützen, auch seine Kopfverschiebung ist kleiner.

Je nach Anzahl der Rahmen können so drei- bis fünfgeschossige Gebäude ausgesteift werden. Allerdings muss dabei eine Vergrößerung der Stützen- und Riegelquerschnitte infolge der zusätzlichen Biegemomente aus Horizontallast in Kauf genommen werden. Die dabei auftretenden Horizontalbewegungen müssen aber von den Fassaden und Innenwänden schadenfrei aufgenommen werden können.

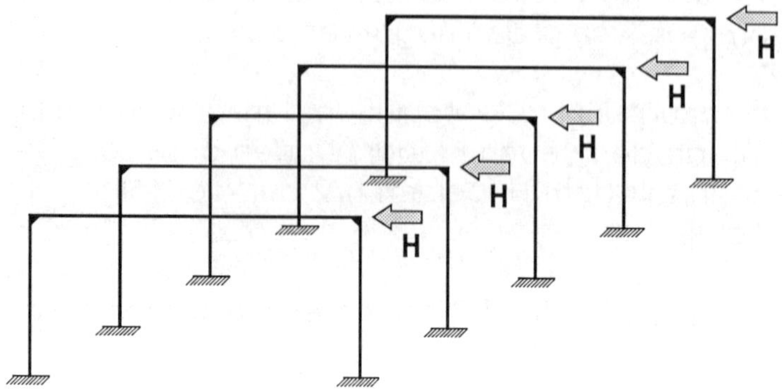

Ist ein Unterzug nur in einer Grundrissrichtung vorhanden, so ist die aussteifende Rahmenwirkung nur für Horizontalkräfte in der Rahmenebene gegeben.

Bei Horizontallasten quer zur Rahmenebene sind zusätzliche Maßnahmen erforderlich.

- Streben und Fachwerke, Verbände (Stahl, Holz)

Zwei Geschossdecken können trotz am Fuß und Kopf gelenkig angeschlossener Stützen (Pendelstützen) durch die Anordnung von Streben oder Diagonalen stabilisiert werden. Aus Geschossdecken, Stützen und Diagonalen entstehen dann Fachwerke.

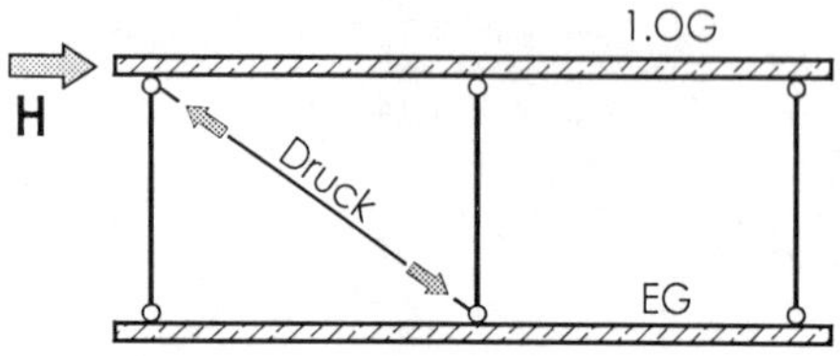

Die Horizontallast wird durch die diagonale Strebe über Druck weitergeleitet. Die Diagonale muss so dimensioniert sein, dass die auftretende Druckkraft aufgenommen werden kann.

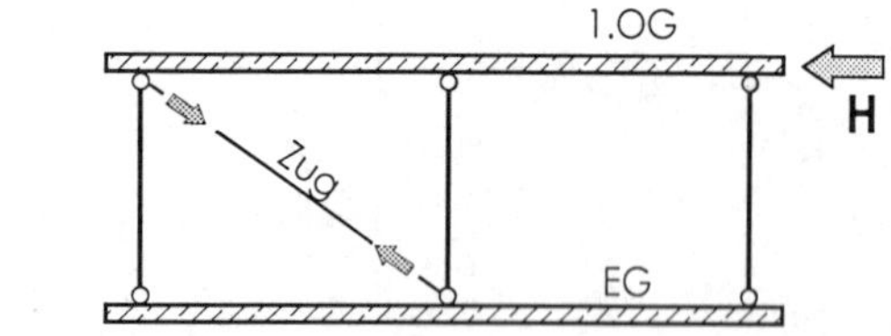

Bei geänderter Windrichtung wird die Diagonale auf Zug beansprucht. Die Horizontallast wird durch die obere Deckenscheibe über Druck zum Anschlusspunkt der Diagonale geleitet.

Wird eine Diagonale nur in einer Richtung angeordnet, erhält sie je nach Richtung der Horizontallast Druck oder Zug. Sie muss entsprechend knicksicher ausgebildet sein (quadratische oder rechteckige Holzquerschnitte, quadratische oder rechteckige Stahlhohlprofile, Stahlrohre, Doppel-T-Profile aus Stahl usw.), auch die Anschlüsse an den Knotenpunkten müssen Druck- und Zugkräfte aufnehmen können.

Wählt man für die Diagonalen nicht-druckfeste Elemente, z.B. Stahlseile oder Rundstahlquerschnitte, müssen die Diagonalen in beiden Richtungen angeordnet werden (Kreuzverband). Diagonalen, die nur auf Zug beansprucht werden, können sehr viel dünner ausgebildet werden als Diagonalen, die auf Druck und Zug beansprucht sind, da bei einem Zugstab die Gefahr des Ausknickens nicht besteht.

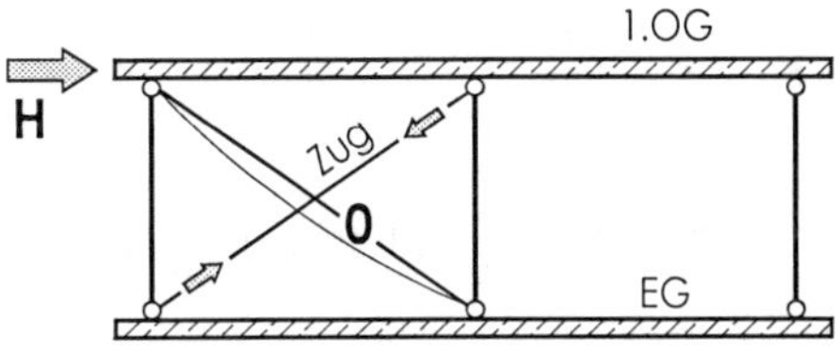

Die Diagonale, die Druck bekäme, weicht aus und ist dadurch unwirksam. Die äußere Horizontalkraft wird durch die Deckenscheibe über Druck bis zum Anschlusspunkt der Zugdiagonale geleitet.

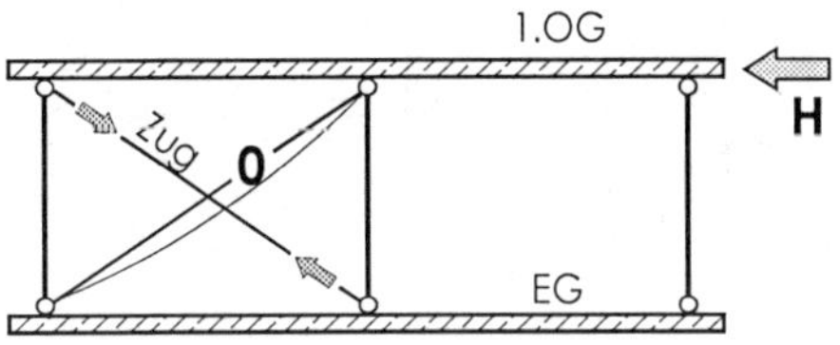

Bei geänderter Windrichtung wird die zweite Diagonale auf Zug beansprucht, die vorher auf Zug belastete Diagonale ist unwirksam.

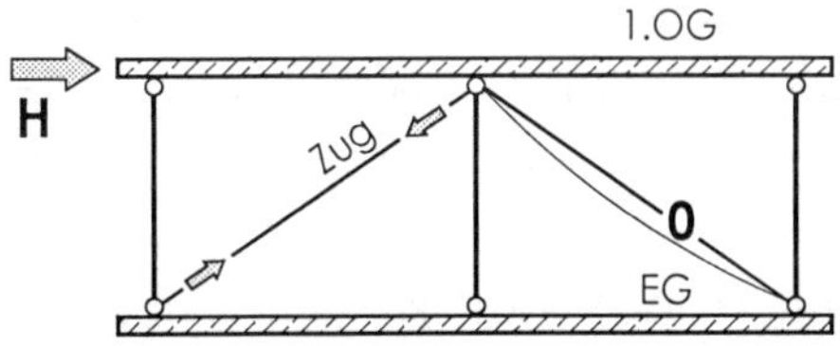

Ein Kreuzverband kann auch geteilt werden.

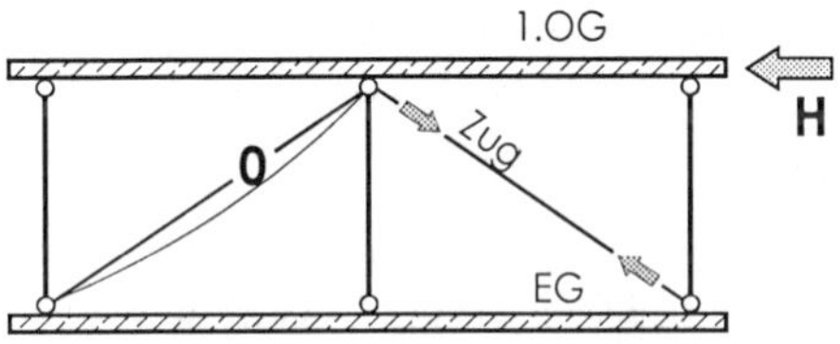

Auch in diesem Fall ist je nach Windrichtung eine Diagonale auf Zug beansprucht, die andere ist unwirksam.

Bei mehrgeschossigen Gebäuden entsteht aus den Diagonalen, Stützen und Unterzügen bzw. Decken ein senkrechtes Fachwerksystem.

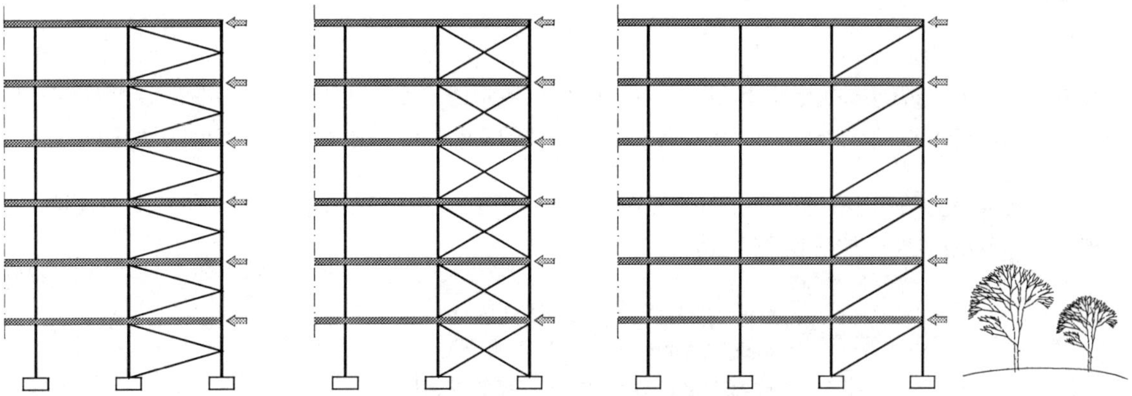

K-Verband Kreuzverband Strebenverband

Aussteifungen mit Verbänden oder Fachwerken sind baupraktisch fast unverschieblich, da sie im Gegensatz zu eingespannten Stützen und Rahmen, die auf Biegung, nur durch Längskräfte beansprucht werden. Es treten nur sehr geringe Verformungen auf; sie sind daher geeignet, auch hohe Gebäude zu stabilisieren.

Streben, Verbände und Fachwerke sind wie Rahmen nur in ihrer Ebene wirksam.

• Scheiben (Mauerwerk, Beton, Stahlbeton, ausgesteifte Stahlbleche, Holztafelelemente)

Wird eine eingespannte Stütze in eine Richtung ausgedehnt, wird sie zur Wand oder (Wand-) Scheibe. Auch Wände sind nur in ihrer Ebene wirksam, quer zu ihrer Ebene wirken sie wie eine oben und unten gelenkig angeschlossene Stütze und können keine Horizontallasten aufnehmen. Nur eine Stahlbetonscheibe wirkt bei entsprechender Bewehrung quer zu ihrer Ebene wie eine breite Stütze.

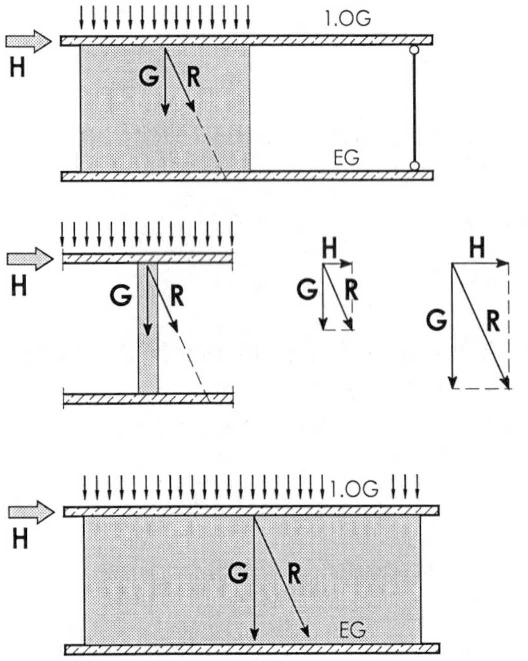

Scheiben wirken über Lastumlenkung. Die Wirkungslinie der Resultierenden R aus der äußeren Horizontalkraft H und der Vertikallast G verläuft umso steiler, je größer die vertikale Komponente G ist.

Scheiben mit hoher Auflast aus darüber liegenden Geschossen können größere Horizontallasten aufnehmen. Es sollten daher keine unbelasteten oder sehr gering belasteten Scheiben zur Aussteifung herangezogen werden.

Je größer die Länge der Scheibe ist, umso größer wird die vertikale Komponente G, die sich aus dem Eigengewicht der Scheibe und den Lasten aus der darüber liegenden Scheibe addiert.

Wandscheiben sind praktisch starr, es treten keine Bewegungen der Deckenebenen gegeneinander auf. Breite Scheiben sind also ideale Aussteifungselemente.

In der Reihenfolge zunehmender Steifigkeit der vertikalen aussteifenden Elemente ergibt sich folgende Reihenfolge:

- eingespannte Stützen
- Rahmen
- Verbände und Fachwerke
- Wandscheiben

9.2.2 Anordnung der aussteifenden Elemente im Grundriss

Da Fachwerke, Rahmen und Wandscheiben ihre aussteifende Wirkung nur in ihrer Ebene entwickeln und quer dazu günstigstenfalls als weiche, eingespannte Stützen wirken, sollen in folgenden Überlegungen alle angesprochenen Aussteifungselemente als (aussteifende) "Scheiben" bezeichnet werden.

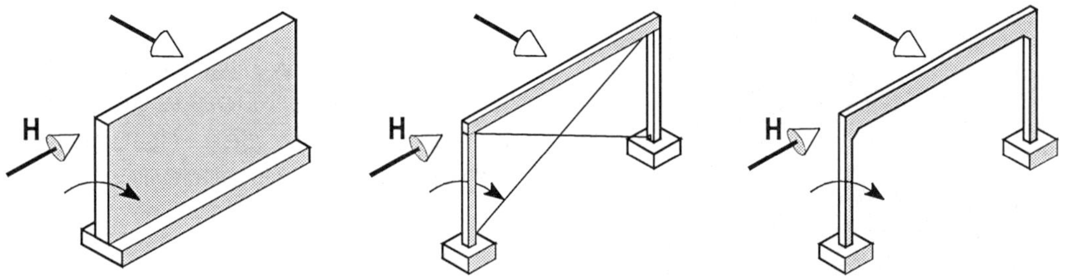

Die Annahme, dass die Horizontalkraft aus Wind immer in der Scheibenebene angreift, ist nur in Ausnahmefällen gegeben, wenn die aussteifenden Scheiben in den Symmetrieachsen des Gebäudes angeordnet sind. Aber auch dann ist nicht auszuschließen, dass die Windresultierende durch Nachbarbebauung oder Bepflanzung aus der Symmetrieachse verschoben wird.

Die Frage ist: wie viele Scheiben sind erforderlich, um ein Tragwerk ausreichend zu stabilisieren? Über diese Frage, wieviele Scheiben und wo diese Scheiben günstig anzuordnen sind, sollte man sich in einer möglichst frühen Phase des Entwurfsprozesses Klarheit verschaffen, weil sie z.B. auf die Raumaufteilung und Fassadengestaltung sowie auf die Ausbildung und Dimensionierung dieser aussteifenden Bauteile entscheidende Bedeutung hat.

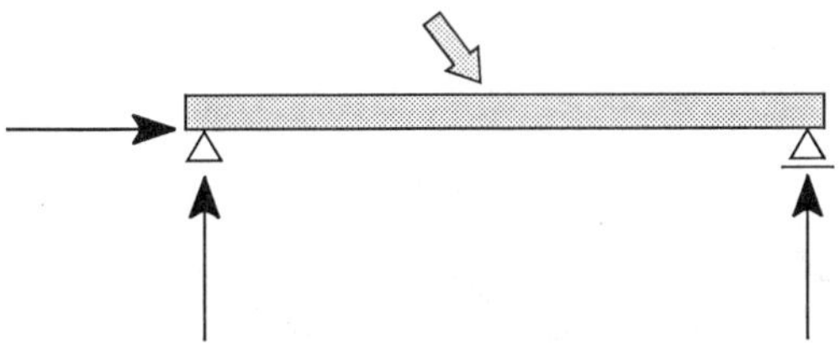

Um einen Einfeldträger unter beliebiger Last unverschieblich mit der Unterkonstruktion zu verbinden, sind, wie bekannt, drei Festhaltungen erforderlich: ein unverschiebliches und ein verschiebliches Lager.

Übertragen auf eine Geschossdecke: auch hier sind insgesamt drei Festhaltungen nötig, um die Decke mit der darunterliegenden unverschieblich zu verbinden. Da die "Scheiben" Kräfte nur in ihrer Ebene aufnehmen können, wirken sie wie einwertige (verschiebliche) Auflager (vgl. Abschnitt 4.1).

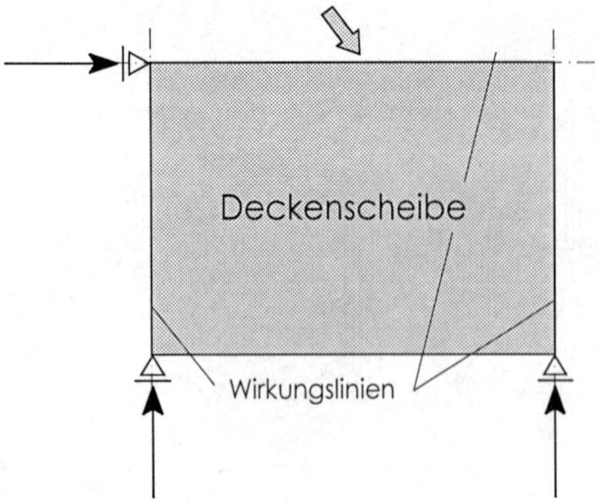

Es sind drei einwertige Auflager erforderlich, um eine Deckenscheibe unverschieblich mit der darunterliegenden Konstruktion zu verbinden.

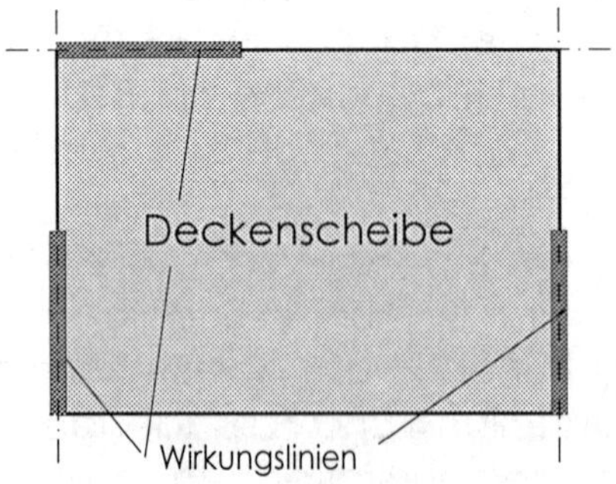

Diese drei einwertigen Auflager werden durch Fachwerke, Rahmen oder Wandscheiben gebildet, die nur in ihrer Ebene Lasten aufnehmen können.

Die Notwendigkeit der drei aussteifenden Scheiben im Grundriss ist auch aus folgender Überlegung ersichtlich:

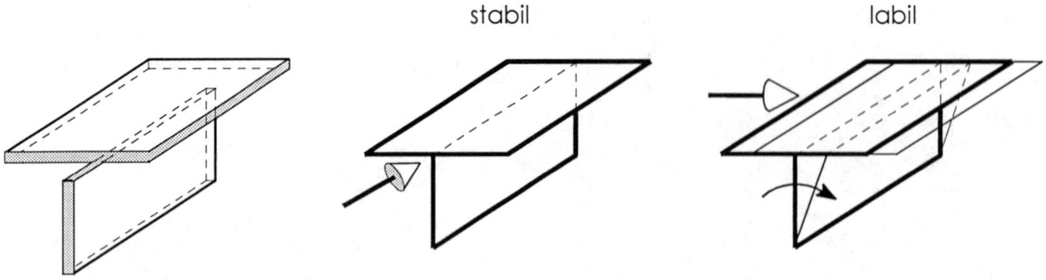

Stabilität ist nur gegeben, wenn die Horizontallast in der Scheibenebene angreift. Ist die Horizontallast seitlich versetzt oder greift sie quer zur Scheibenebene an, ist das Tragwerk nicht ausgesteift.

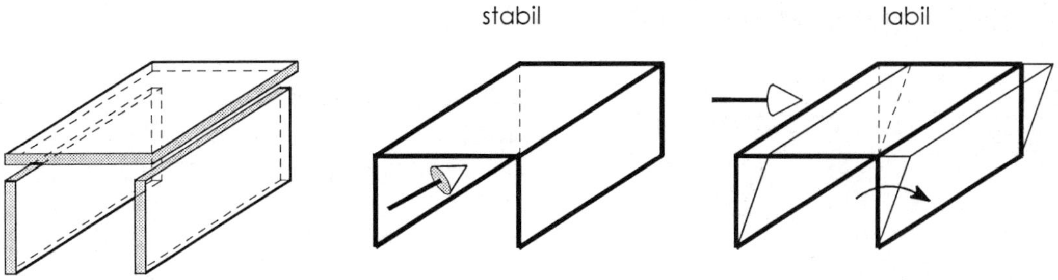

Die Stabilität ist bei beliebigem Lastangriff parallel zu den beiden Längsscheiben gegeben. Greift die Horizontallast quer zu den beiden Längsscheiben an, ist das System instabil.

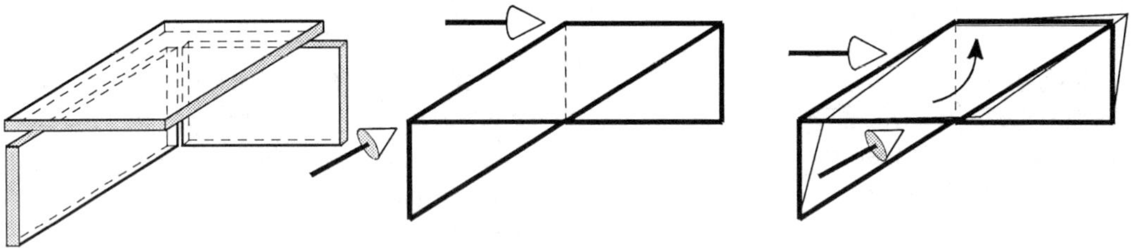

Das System mit zwei rechtwinklig angeordneten aussteifenden Scheiben ist nur stabil, wenn die Horizontallast jeweils in einer der Scheibenebenen angreift. Bei einem Lastangriff außerhalb der Scheibenebenen kann das entstehende Verdrehungsmoment nicht aufgenommen werden. Zur Aufnahme eines Momentes ist immer ein Kräftepaar aus zwei entgegengesetzt gerichteten Kräften erforderlich.

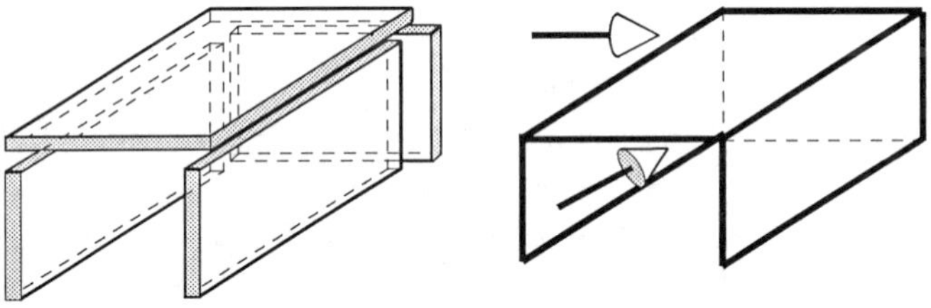

Mit drei aussteifenden Scheiben wird das System bei beliebig gerichteter Lasteinwirkung stabilisiert. Mit drei Scheiben kann jedes Verdrehungsmoment aufgenommen werden.

Zwei Bedingungen zur Anordnung der drei aussteifenden Scheiben im Grundriss sind immer zu beachten:

- die Wirkungslinien der aussteifenden Scheiben dürfen nicht parallel sein.
- die Wirkungslinien der drei aussteifenden Scheiben dürfen keinen gemeinsamen Schnittpunkt haben.

Beispiele für ungenügend ausgesteifte Gebäude:

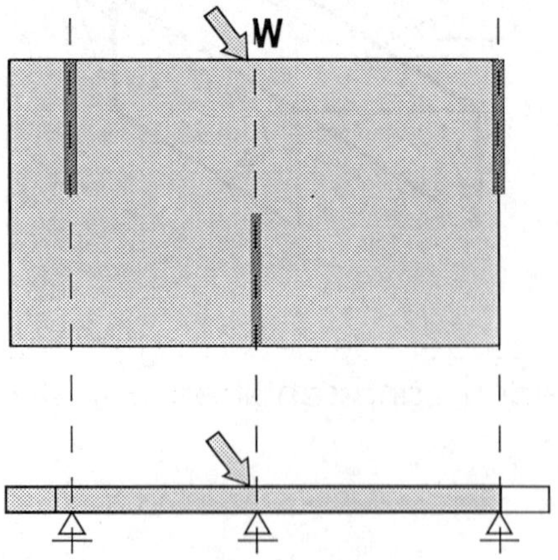

Das Gebäude ist nur ausreichend stabilisiert, wenn die Horizontalkraft parallel zu den aussteifenden Scheiben senkrecht auf die Längswand angreift. Bei schrägem Lastangriff oder Horizontallast auf die kurze Gebäudeseite können die aussteifenden Scheiben die quer zu ihrer Ebene wirkende Last nicht aufnehmen.

Die Deckenscheibe entspricht einem auf drei verschieblichen Auflagern gelagertem Balken.

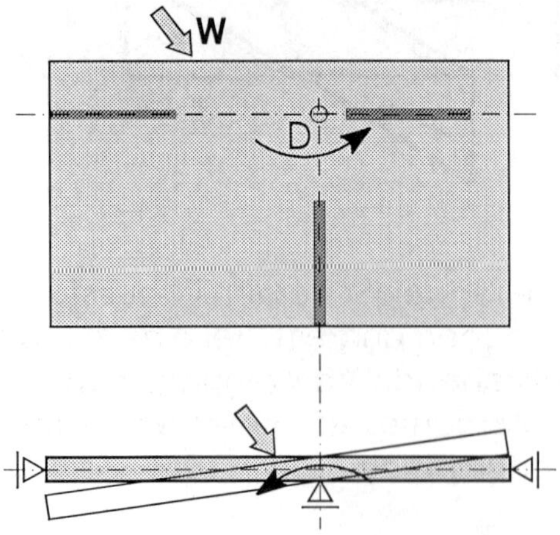

Es sind zwar drei aussteifende Scheiben, deren Wirkungslinien nicht parallel sind, vorhanden, aber die Wirkungslinien dieser drei Scheiben haben einen gemeinsamen Schnittpunkt. Ein Verdrehungsmoment aus der Horizontallast kann nicht aufgenommen werden.

Die Deckenscheibe entspricht wieder einem auf drei verschieblichen Auflagern gelagertem Balken.

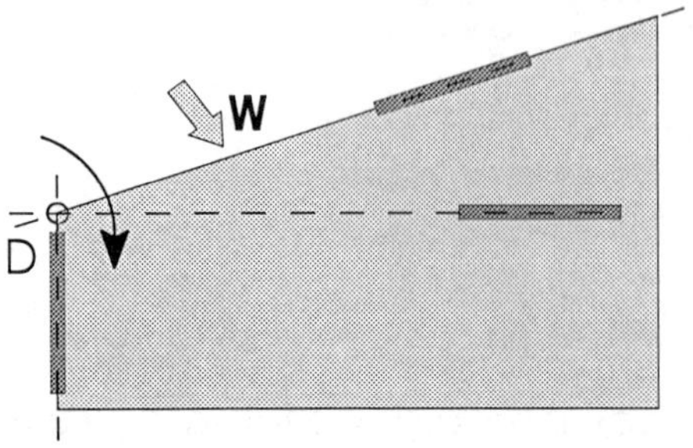

Das Gebäude dreht um den Punkt D, die Aussteifung ist nicht gewährleistet, obwohl zwei der drei Anforderungen an eine ausreichende Aussteifung erfüllt sind.

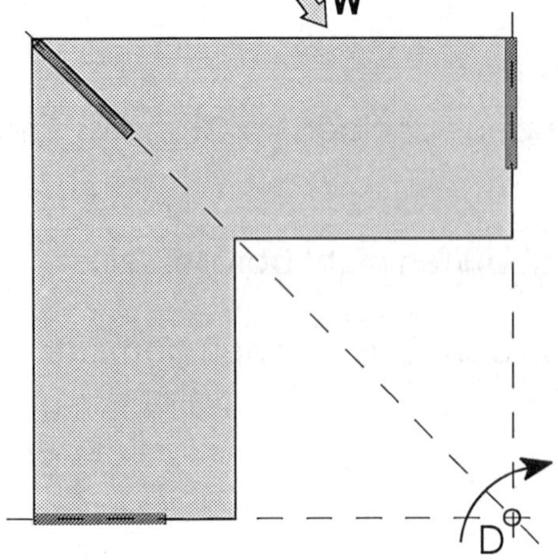

Auch für diesen winkelförmigen Grundriss ist die Aussteifung nicht ausreichend. Das Gebäude dreht sich um den außerhalb liegenden Punkt D.

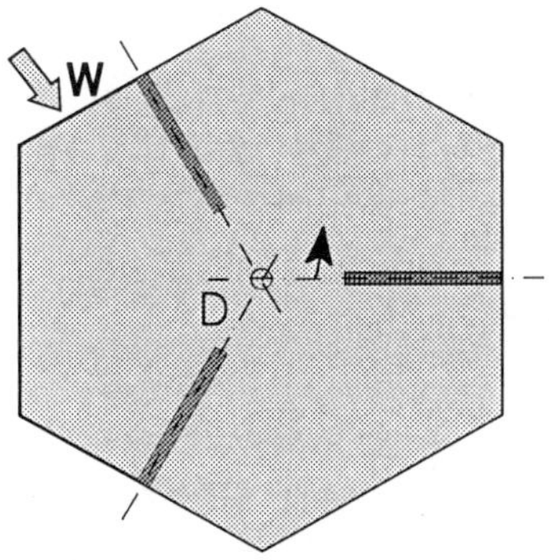

Der dargestellte sechseckige Pavillon ist wegen des gemeinsamen Schnittpunktes der Wirkungslinien der drei aussteifenden Scheiben nicht stabilisiert.

Der Pavillon verdreht sich um den gemeinsamen Schnittpunkt D.

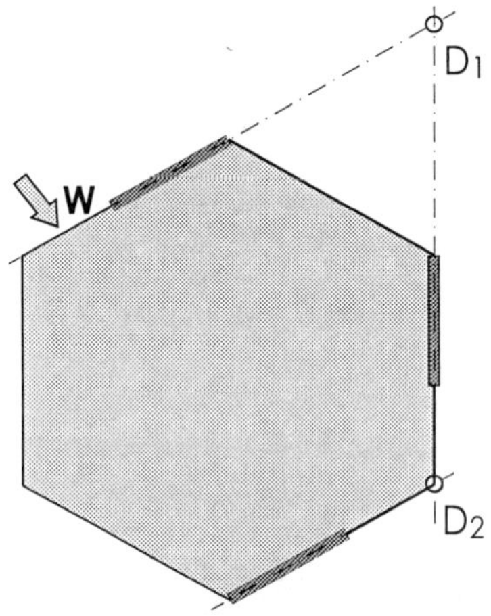

Bei einer Anordnung der aussteifenden Scheiben wie nebenstehend dargestellt ist das Gebäude stabil.

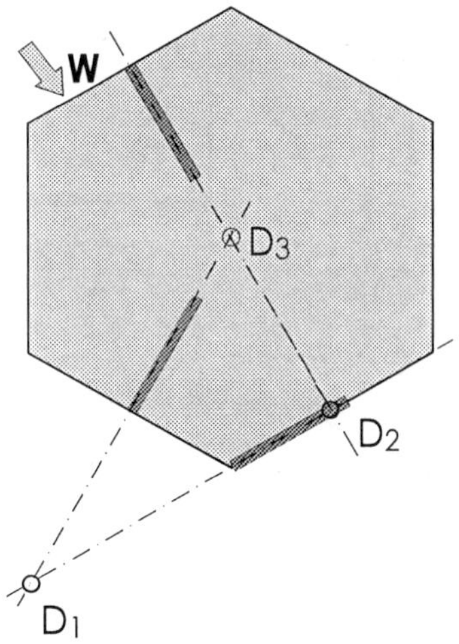

Auch bei dieser Anordnung der aussteifenden Scheiben ergibt sich kein gemeinsamer Schnittpunkt der Wirkungslinien, das Gebäude ist also ausgesteift.

Gegenüber der ersten, nicht ausreichenden Scheibenanordnung wurde nur die Lage einer Scheibe geändert.

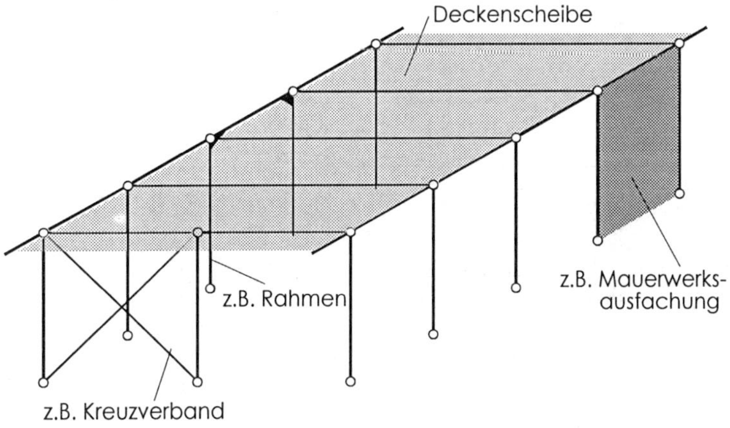

Die aussteifenden Scheiben müssen sich nicht über die gesamte Bauwerkslänge erstrecken, es genügt, wenn sie nur in bestimmten Bereichen vorhanden sind.

Eine Kombination der zur Verfügung stehenden Aussteifungsvarianten (Verband, Wandscheibe, Rahmen) ist möglich.

9.2.3 Ermittlung der Scheibenkräfte

Die Größe der Horizontalkräfte, die aus der äußeren horizontalen Windlast auf die einzelnen vertikalen aussteifenden Scheiben entstehen, lassen sich wieder mit den bekannten drei Gleichgewichtsbedingungen in der Ebene ermitteln. Die Größe der Scheibenkräfte ist entscheidend für die Dimensionierung der aussteifenden Scheiben, egal ob es sich um Rahmen, Verbände oder Wände handelt.

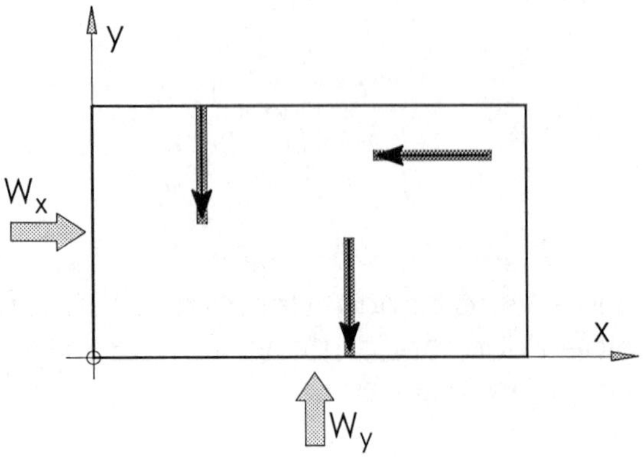

Den drei unbekannten Scheibenkräfte stehen drei Gleichgewichtsbedingungen gegenüber:

$$\overrightarrow{\Sigma H} = 0 \longrightarrow \overrightarrow{\Sigma X} = 0$$

$$\downarrow \Sigma V = 0 \longrightarrow \downarrow \Sigma Y = 0$$

$$\overset{\frown}{\Sigma M} = 0 \longrightarrow \overset{\frown}{\Sigma M} = 0$$

Beispiel: Holzskelettgebäude mit Flachdach

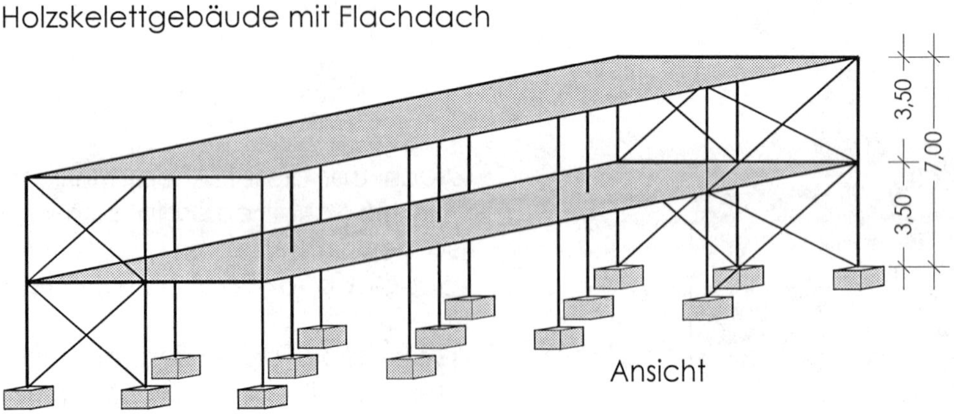

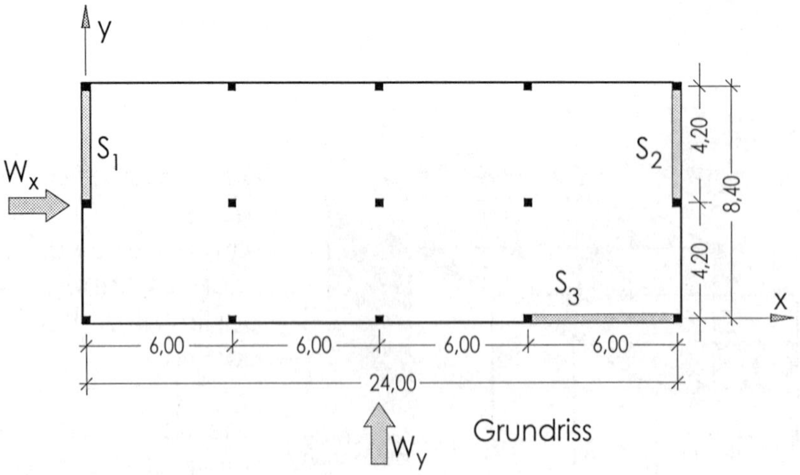

Es sind dann zwei Lastfälle getrennt zu untersuchen:

- Wind W_x auf Schmalseite des Gebäudes (Wind in x-Richtung)
- Wind W_y auf Längsseite des Gebäudes (Wind in y-Richtung)

Vereinfachend darf nach DIN 1055, Blatt 4 (Windlasten) angenommen werden, dass Wind nur in einer Richtung und immer senkrecht zur Fassade angreift. Die Resultierende der Windkraft wirkt immer in der Symmetrieachse der betroffenen Fassadenfläche (vgl. Abschnitt 2.5).

Die Größe der resultierenden Windlast für eine Richtung ergibt sich zu:

$\Rightarrow W = c_p \cdot q \cdot A$ mit

W	Windresultierende [kN]
c_p	Druckbeiwert (1,3 für Druck und Sog)
q	Staudruck [kN/m²] (0,5 kN/m² für h < 8,0 m)
A	Fassadenfläche [m²]

- Wind W_x auf Schmalseite des Gebäudes:

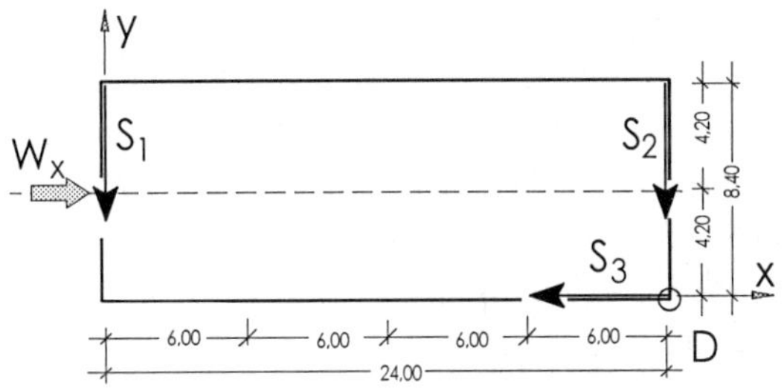

Fassadenfläche:

$A_{schmal} = 7{,}0 \cdot 8{,}4 = 58{,}8\ m^2$

Windresultierende:

$W_x = 1{,}3 \cdot 0{,}5 \cdot 58{,}8 = 38{,}2$ kN

Die Wirkungsrichtung der gesuchten Scheibenkräfte kann wie bei der Ermittlung der Auflagerreaktionen am Balken beliebig gewählt werden. Die getroffene Annahme wird im Ergebnis durch ein positives oder negatives Vorzeichen bestätigt oder korrigiert.

$\Sigma X = 0$: $W_x - S_3 = 0$

$\Rightarrow S_3 = W_x = 38{,}2$ kN

$\Sigma Y = 0$: $S_1 + S_2 = 0$

$S_1 = - S_2$

$\Sigma M_D = 0$: $W_x \cdot 4{,}2 - S_1 \cdot 24{,}0 = 0$

$$\Rightarrow S_1 = W_x \cdot \frac{4{,}2}{24{,}0} = 38{,}2 \cdot \frac{4{,}2}{24{,}0} = 6{,}7 \text{ kN}$$

$\Rightarrow S_2 = - S_1 = - 6{,}7$ kN

• Wind W_y auf Längsseite des Gebäudes:

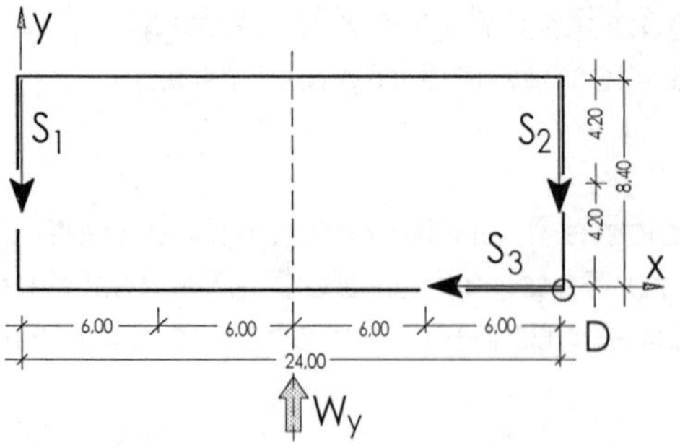

Fassadenfläche:

$A_{längs} = 7{,}0 \cdot 24{,}0 = 168{,}0\ m^2$

Windresultierende:

$W_y = 1{,}3 \cdot 0{,}5 \cdot 168{,}0 = 109{,}2\ kN$

Die Wahl des Drehpunktes ist beliebig, vorteilhaft ist jedoch ein Schnittpunkt der Wirkungslinien von zwei unbekannten Scheibenkräften, die dann kein Drehmoment verursachen.

$\Sigma X = 0$: $S_3 = 0$

$\Sigma Y = 0$: $-W_y + S_1 + S_2 = 0$

$S_2 = 109{,}2 - S_1$

$\Sigma M_D = 0$: $W_y \cdot 12{,}0 - S_1 \cdot 24{,}0 = 0$

$$\Rightarrow S_1 = W_y \cdot \frac{12{,}0}{24{,}0} = 109{,}2 \cdot \frac{12{,}0}{24{,}0} = 54{,}6\ kN$$

$$\Rightarrow S_2 = 109{,}2 - S_1 = 109{,}2 - 54{,}6 = 54{,}6\ kN$$

Zusammenstellung:

	S_1	S_2	S_3
W_x	6,7 kN	6,7 kN	38,2 kN
W_y	54,6 kN	54,6 kN	0

Die Größe der Scheibenkräfte ist sehr stark abhängig von der Anordnung der Scheiben im Grundriss. Es gibt günstige und ungünstige Anordnungen, was bei der Planung eines Gebäudes immer berücksichtigt werden sollte.

Bei gleichen Gebäudeabmessungen und damit gleicher Größe der Windkraftresultierenden können sich erhebliche Unterschiede der Scheibenkräfte ergeben. Die Größe einer auf eine Scheibe wirkenden Kraft ist dann bei der Dimensionierung von Bedeutung.

Das gleiche Gebäude mit identischen Grundrissabmessungen und identischer Höhe wird deshalb mit einer anderen Anordnung der Scheiben im Grundriss ausgesteift. Die drei aussteifenden Scheiben werden in einer U-förmigen Anordnung am Gebäuderand konzentriert. Die drei Grundforderungen sind erfüllt:

- mindestens drei Scheiben im Grundriss
- keine parallelen Wirkungslinien
- kein gemeinsamer Schnittpunkt der Wirkungslinien

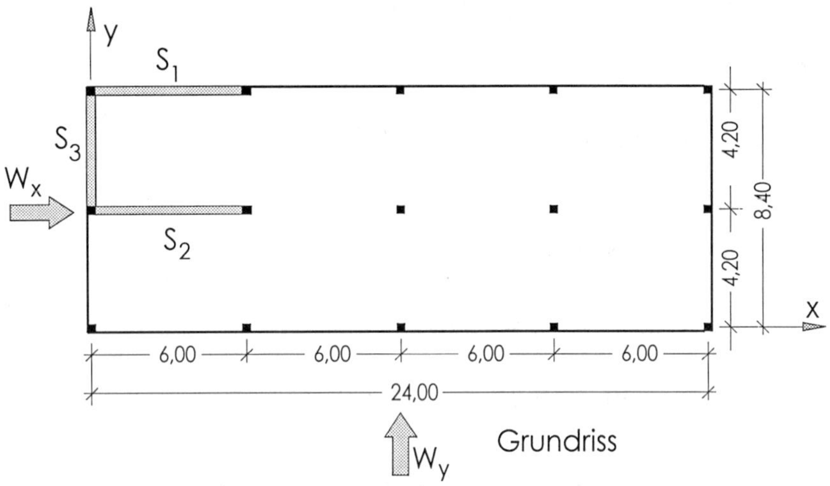

- Wind W_x auf Schmalseite des Gebäudes:

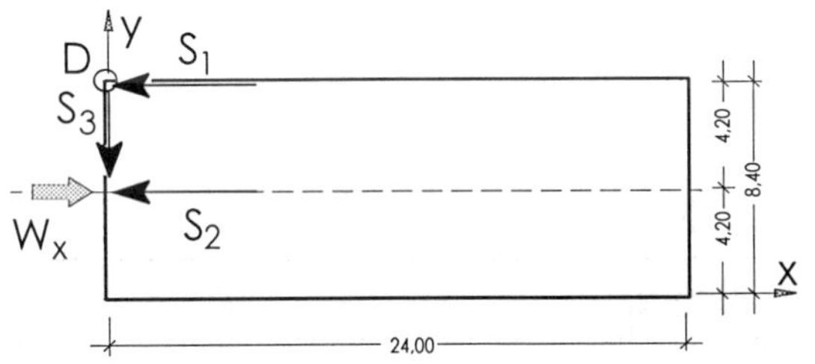

Fassadenfläche:

$A_{schmal} = 7{,}0 \cdot 8{,}4 = 58{,}8\ m^2$

Windresultierende:

$W_x = 1{,}3 \cdot 0{,}5 \cdot 58{,}8 = 38{,}2\ kN$

$\Sigma X = 0$: $\quad W_x - S_1 - S_2 = 0$

$S_1 = W_x - S_2$

$\Sigma Y = 0$: $\quad \Rightarrow S_3 = 0$

$\Sigma M_D = 0$: $\quad -W_x \cdot 4{,}2 + S_2 \cdot 4{,}2 = 0$

$$\Rightarrow S_2 = W_x \cdot \frac{4{,}2}{4{,}2} = 38{,}2\ kN$$

$$\Rightarrow S_1 = W_x - S_2 = 38{,}2 - 38{,}2 = 0$$

- Wind W_y auf Längsseite des Gebäudes:

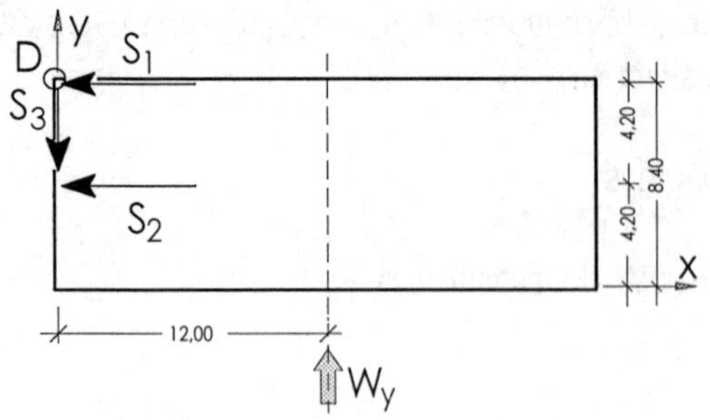

Fassadenfläche:

$A_{längs} = 7{,}0 \cdot 24{,}0 = 168{,}0\ m^2$

Windresultierende:

$W_y = 1{,}3 \cdot 0{,}5 \cdot 168{,}0 = 109{,}2\ kN$

$\Sigma X = 0$: $\quad -S_1 - S_2 = 0$

$S_1 = -S_2$

$\Sigma Y = 0$: $\quad -W_y + S_3 = 0$

$\Rightarrow S_3 = W_y = 109{,}2\ kN$

$\Sigma M_D = 0$: $\quad -W_y \cdot 12{,}0 + S_2 \cdot 4{,}2 = 0$

$$\Rightarrow S_2 = W_y \cdot \frac{12{,}0}{4{,}2} = 109{,}2 \cdot \frac{12{,}0}{4{,}2} = 312{,}0\ kN$$

$\Rightarrow S_1 = -S_2 = -312{,}0\ kN$

Zusammenstellung:

	S_1	S_2	S_3
W_x	0	38,2 kN	0
W_y	312,0 kN	312,0 kN	109,2 kN

Der größte Wert aller Scheibenkräfte beträgt im ersten Fall 54,6 kN, im zweiten Fall 312,0 kN, also der 312,0/54,6 = 5,7-fache Wert.

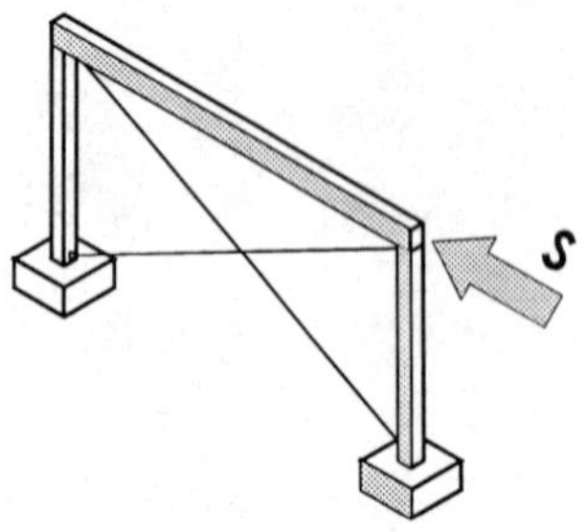

Entsprechend mit den Kräften wachsen auch die Dimensionen der aussteifenden Elemente an. Die auf Zug beanspruchte Diagonale des Kreuzverbandes wird also im zweiten Fall durch die 5,7-fachen Last beansprucht. Der erforderliche Querschnitt (z.B. Rundstahl) ist dann 5,7-fach gegenüber der ersten Aussteifungsvariante.

Auch die Anschlüsse der Diagonalen an den Knotenpunkten sind wegen der größeren Kräfte der zweiten Aussteifungsvariante wesentlich aufwändiger. Es ist also darauf zu achten, zu einem möglichst frühen Zeitpunkt der Planungsphase die Anordnung der erforderlichen aussteifenden Scheiben im Grundriss zu klären und in das gesamte Entwurfskonzept einzubeziehen.

Die im folgenden dargestellten sieben Aussteifungsvarianten des Gebäudes zeigen die Abhängigkeit der Scheibenbelastung von ihrer Anordnung im Grundriss.

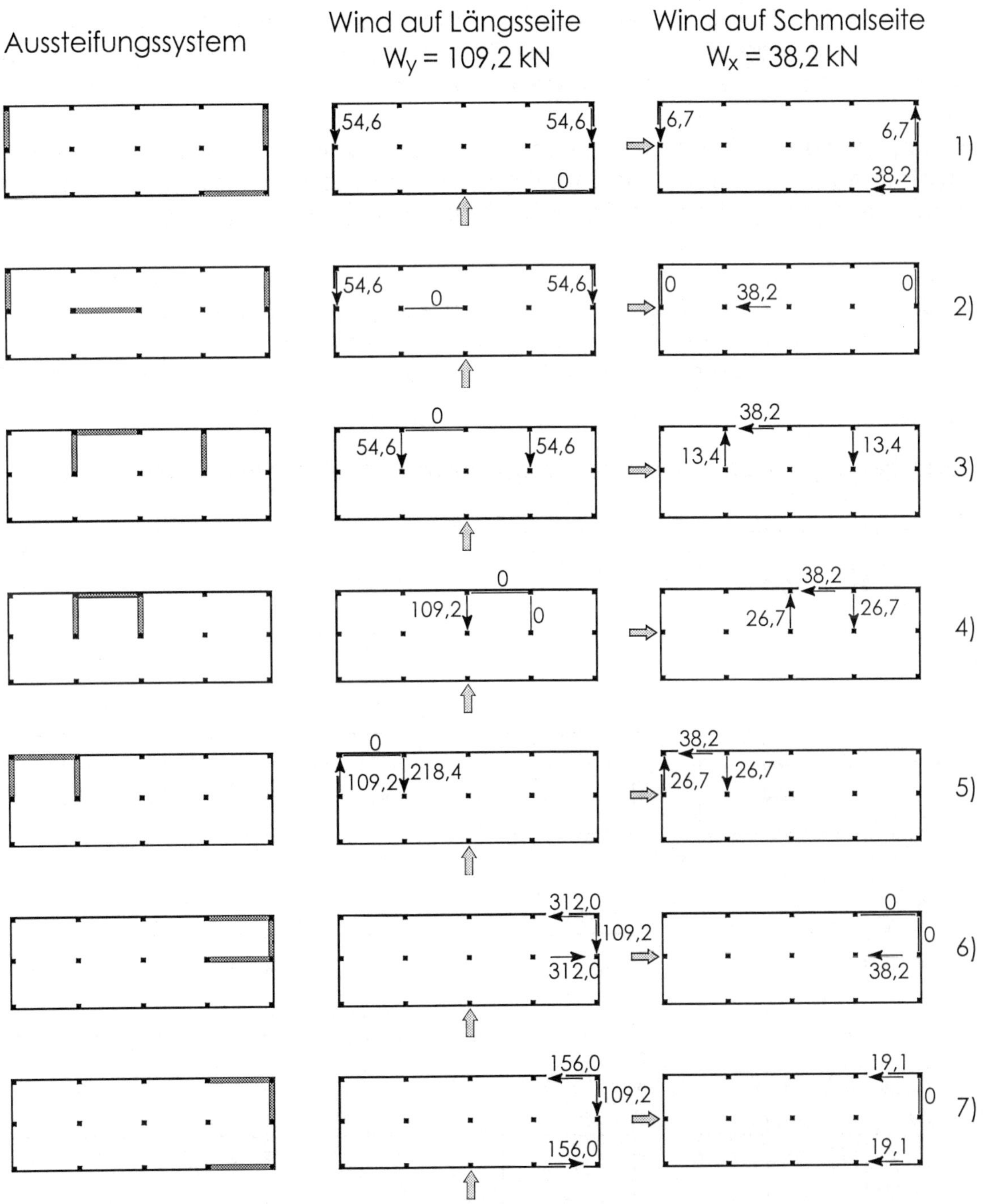

Daraus lassen sich konstruktive Grundregeln ableiten:

- Zwei der drei erforderlichen Scheiben senkrecht zur längeren Gebäudeseite anordnen, weil die Windangriffsfläche und damit die Windkraft größer ist.

- Große Exzentrizitäten sind wegen der damit verbundenen Gebäudeverdrehungen zu vermeiden. Am besten sind die Scheiben in den Symmetrieachsen des Gebäudes anzuordnen.

- Parallele Scheiben sind möglichst weit zu spreizen, am besten sind sie in der Fassade anzuordnen. Dadurch wird das durch ein Verdrehungsmoment entstehende Kräftepaar kleiner.

Eine optimale Aussteifung ist Variante 2 (alle drei Grundregeln erfüllt), die schlechteste Aussteifung Variante 6 (nur eine Scheibe senkrecht zur längeren Gebäudeseite, große Verdrehung durch große Exzentrizität und kleine Spreizung).

Andererseits gilt auch für Scheibenkräfte die Regel, dass Kräfte auf ihrer Wirkungslinie ohne Änderung der Beanspruchung beliebig verschoben werden können. Dadurch ergeben sich bei einem einmal gewählten Aussteifungssystem später Freiheiten im Entwurf.

Jede der folgenden Zeilen stellt ein gleichwertiges Aussteifungssystem dar:

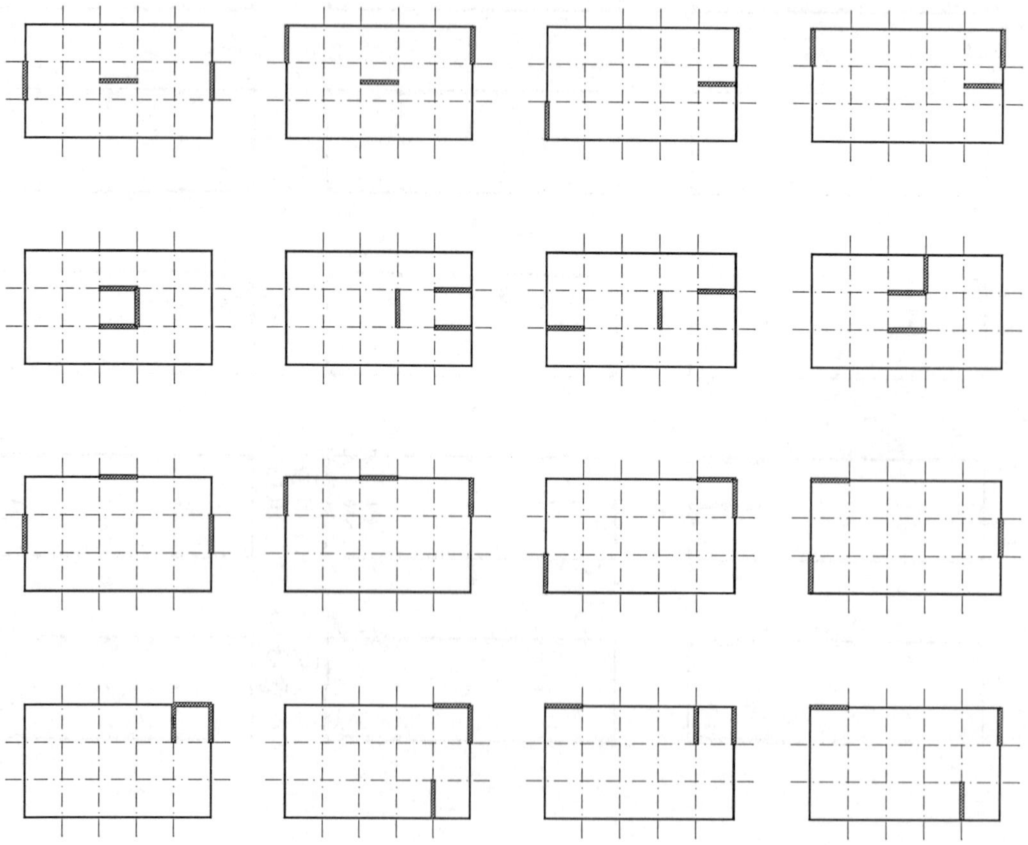

Nicht orthogonale Anordnung der Scheiben im Grundriss

Bei nicht orthogonaler Anordnung der Scheiben werden die Scheibenkräfte am günstigsten dadurch gefunden, indem jeweils um den Schnittpunkt der Wirkungslinien zweier Scheiben die Summe der Drehmomente gebildet wird. Nur die dritte Scheibe verursacht dann ein Drehmoment und kann so ermittelt werden.

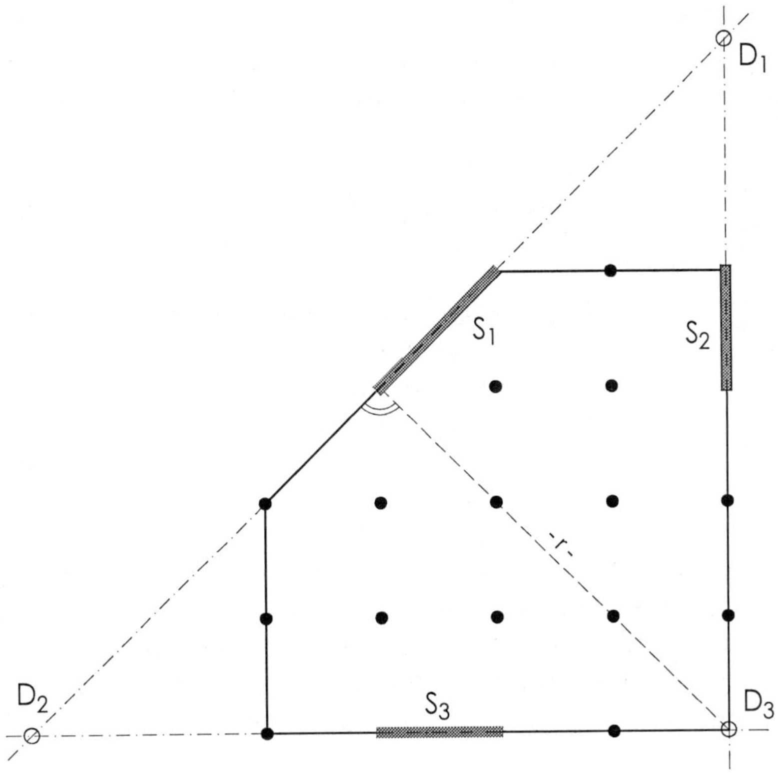

- Drehpunkt D_1:

  Scheiben S_1, $S_2 \Rightarrow M = 0$
  Ermittlung der Scheibe S_3

- Drehpunkt D_2:

  Scheiben S_1, $S_3 \Rightarrow M = 0$
  Ermittlung der Scheibe S_2

- Drehpunkt D_3:

  Scheiben S_2, $S_3 \Rightarrow M = 0$
  Ermittlung der Scheibe S_1
  mit Hebelarm r

Sind zwei der drei Scheiben parallel, ergibt sich für diese Scheiben kein Schnittpunkt ihrer Wirkungslinien.

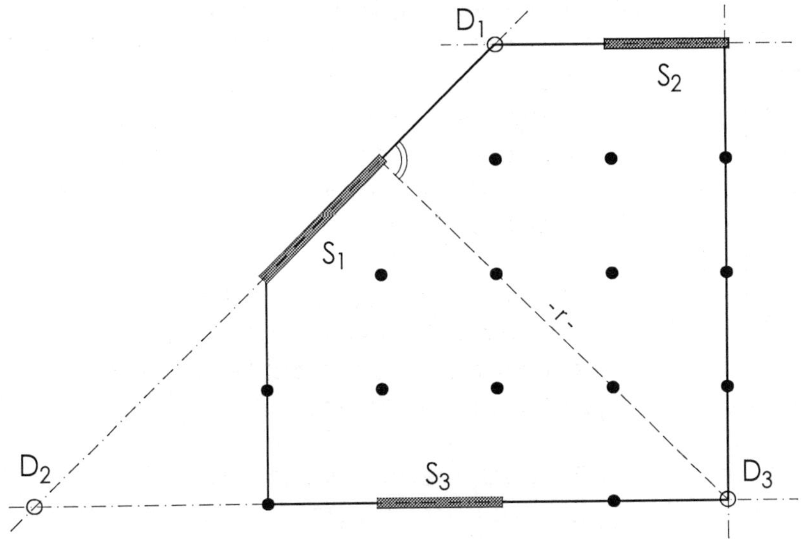

- Drehpunkt D_1:

  Ermittlung der Scheibe S_3

- Drehpunkt D_2:

  Ermittlung der Scheibe S_2

- Drehpunkt D_3:

  Scheibe $S_3 \Rightarrow M = 0$
  Scheibe S_2 schon bekannt
  Ermittlung der Scheibe S_1

9.2.4 Anordnung der aussteifenden Elemente im Aufriss

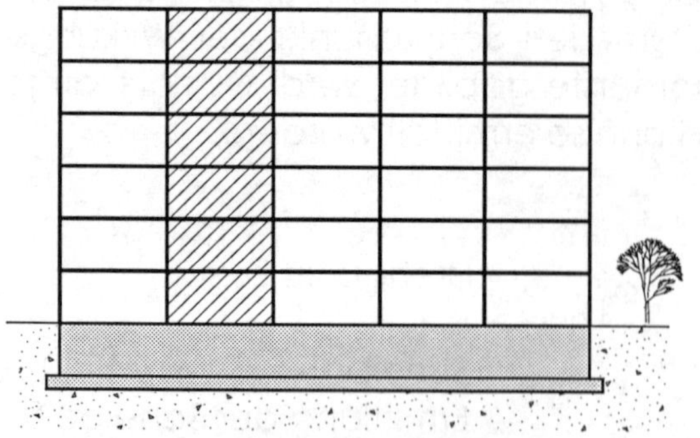

Im günstigsten Fall liegen die ausgesteiften Felder im Aufriss übereinander und reichen über die gesamte Gebäudehöhe bis zum Fundament oder bis zum steifen Untergeschoss.

Bei langen Gebäuden sind die ausgesteiften Felder möglichst mittig anzuordnen.

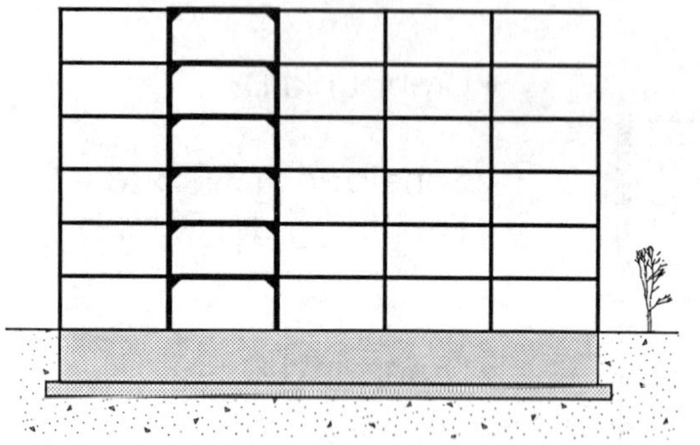

Diese Regel gilt für Aussteifungen mit Verbänden, Rahmen und Wandscheiben.

Durch diese Anordnung werden die horizontalen Lasten auf das Gebäude durch die vertikalen aussteifenden Elemente auf dem kürzesten Weg nach unten transportiert und verursachen die geringsten Verformungen.

Unter Umständen, wenn entwurfsbedingt vom Grundriss her nicht anders möglich, können die ausgesteiften Felder auch horizontal gegeneinander versetzt sein, wenn die Aussteifung mit Rahmen oder Verbänden erfolgt. Die Geschossdecken übertragen dann die Horizontalkräfte von einer Scheibe zur anderen. Die Verbände bzw. Rahmen müssen von Stütze zu Stütze reichen, damit die Deckenkonstruktion keine zusätzlichen Biegemomente erhält.

Eine Verfolgung der auf die oberste Geschossdecke angreifenden Horizontallast zeigt den Weg, den diese Last von oben bis unten zum Fundament zurücklegt.

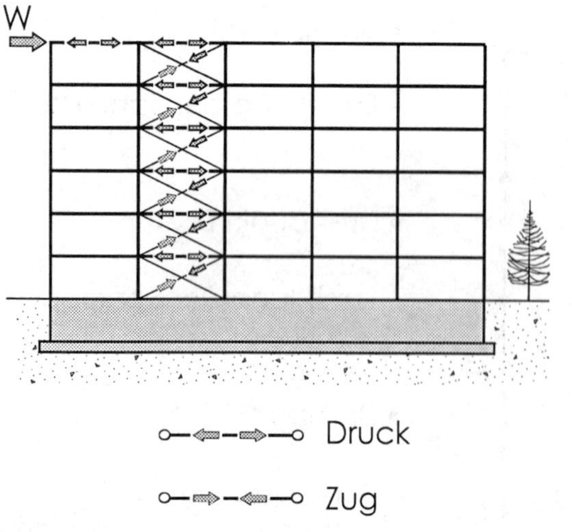

Die Horizontallast W auf die oberste Geschossdecke wird über Druck zum Knotenpunkt des obersten Kreuzverbandes geleitet und wird von dort über die Diagonale des Verbandes über Zug zur darunterliegenden Geschossebene geführt.

Von dort wird die horizontale Lastkomponente wieder über Druck durch die Geschossdecke zum nächsten Knotenpunkt des Kreuzverbandes transportiert.

So wird wechselweise über Druck und Zug auf dem kürzesten Weg die Last nach unten geleitet.

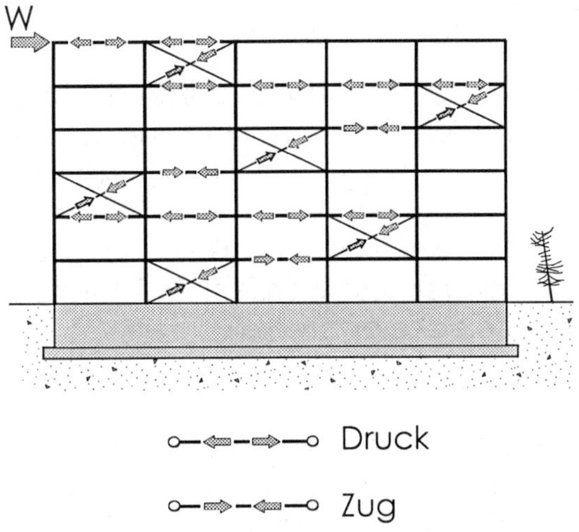

Sind die Verbände horizontal versetzt, muss die Horizontallast W aus dem obersten Geschoss über Druck- bzw. Zugkräfte in den Geschossdecken bis zum nächstmöglichen Weiterleitungspunkt der Diagonalverbände geführt werden.

Der Transportweg der Last von oben nach unten ist wesentlich länger und damit unwirtschaftlich. Auch die zu erwartenden Verformungen nehmen bei dieser Lösung zu.

Eine versetzte Anordnung von aussteifenden Wandscheiben aus Mauerwerk, Beton oder Stahlbeton ist unbedingt zu vermeiden, da dadurch zusätzliche Biegemomente für die Deckenkonstruktion entstehen.

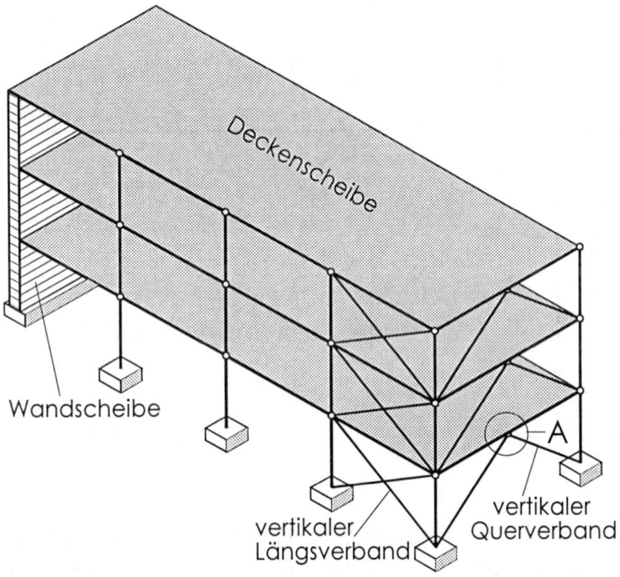

Beispiel aus dem Stahlbau:

Drei vertikale Aussteifungselemente (Wandscheibe aus Stahlbeton, Kreuzverband bzw. K-Verband), deren Wirkungslinien nicht parallel sind und keinen gemeinsamen Schnittpunkt haben, steifen das Gebäude im Zusammenhang mit den horizontalen Deckenscheiben (z.B. Stahlbeton) aus.

Die Gebäudestützen bleiben dadurch von jeglicher Horizontalbelastung frei und müssen nur auf Längskräfte dimensioniert werden.

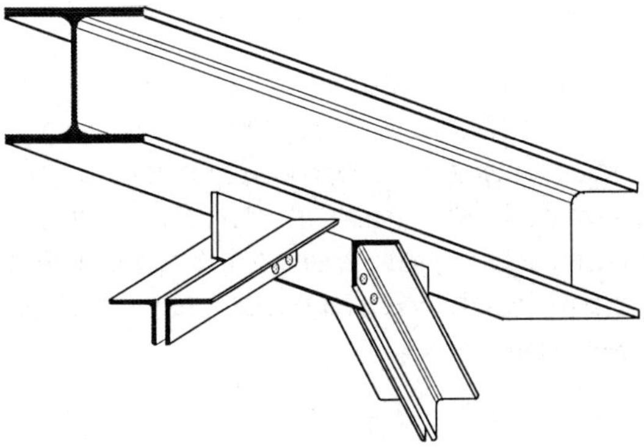

Stahlbau (Detail A)

Der Anschluss der Diagonalstäbe aus gleichschenkligem Winkelstahl erfolgt über ein Knotenblech, das an den Träger angeschweißt ist. Die Diagonalstäbe werden mit dem Knotenblech verschraubt.

9.2.5 Öffnungen in den aussteifenden Scheiben

In den vertikalen aussteifenden Scheiben sind natürlich Öffnungen für durch den Entwurf bedingte Fenster und Türen sowie für die Durchführung von Ver- und Entsorgungsleitungen möglich.

Bestehen die aussteifenden Scheiben aus Verbänden oder Fachwerken, kann die Diagonalenführung den erforderlichen Öffnungen angepasst werden. Es ist immer darauf zu achten, dass unverschiebbare Fachwerkdreiecke entstehen.

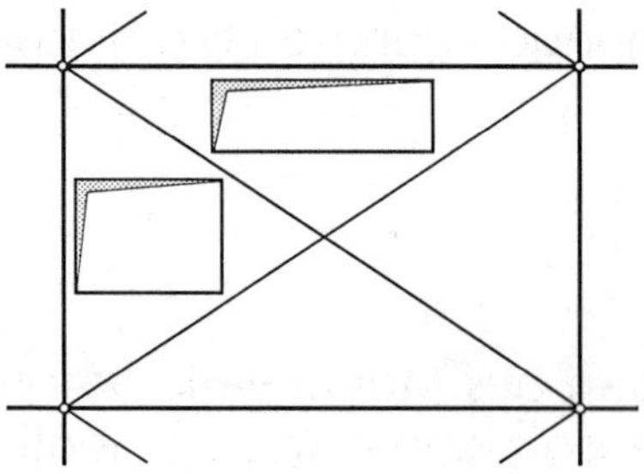

Beim üblichen Kreuzverband aus Zugdiagonalen sind bei üblichen Geschosshöhen keine Türöffnungen und nur beschränkte Fenstergrößen möglich.

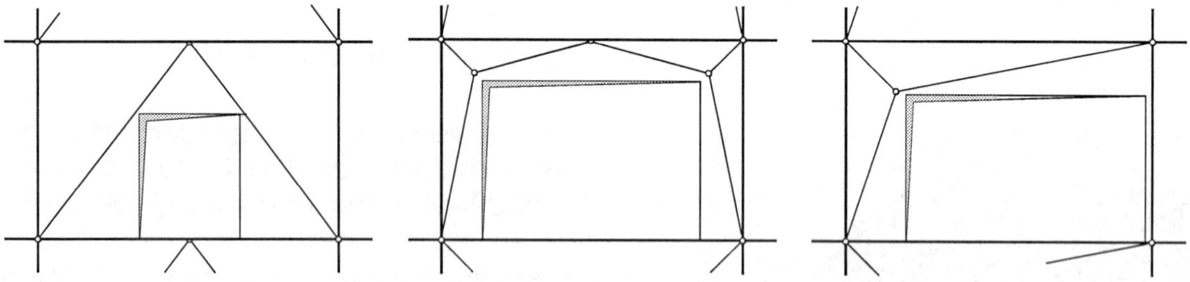

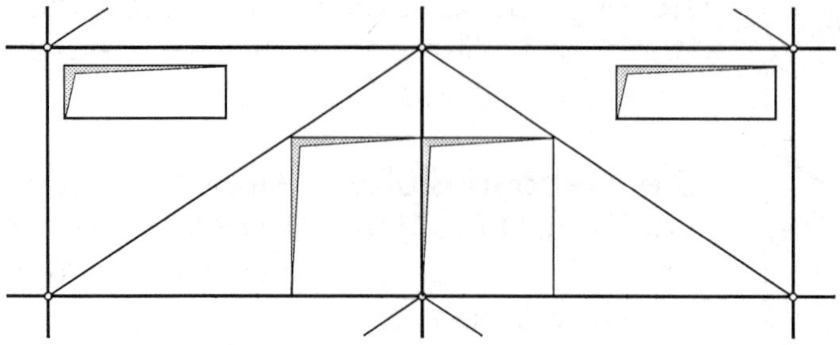

Eine Aufteilung des Kreuzverbandes auf zwei Felder ermöglicht die Anordnung von Türen.

In Massivwänden aus Stahlbeton, Beton und Mauerwerk müssen die verbleibenden Teile zwischen den Öffnungen noch ausreichend steif sein. Die Öffnungen sollen möglichst regelmäßig verteilt sein (vgl. auch Abschnitt 9.3.2).

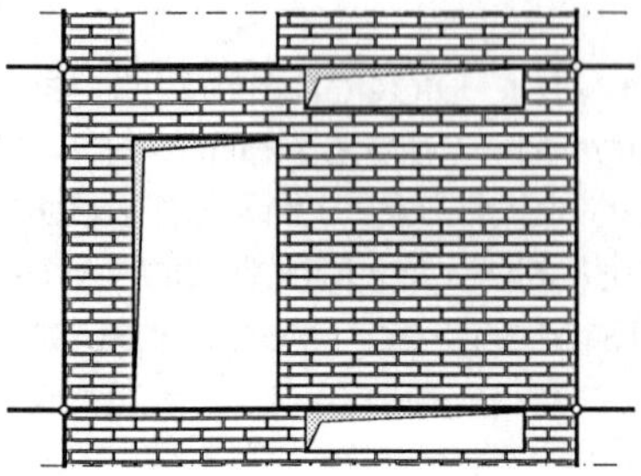

Eine Mauerwerkswand, die durch eine große Türöffnung und einen daneben liegenden horizontalen Installationsschlitz geschwächt ist, kann nicht zur Aussteifung herangezogen werden. Eine andere ungeschwächte Wand muss diese Aufgabe übernehmen.

9.2.6 Aussteifende Kerne

Die Forderung nach drei im Grundriss angeordneten Scheiben, deren Wirkungslinien nicht parallel sein und keinen gemeinsamen Schnittpunkt haben dürfen, ist eine Mindestforderung. Sind im Grundriss mehr als die Mindestanzahl von drei Scheiben vorhanden, können und sollten diese auch zur Gebäudeaussteifung genutzt werden. Das Aussteifungssystem ist dann jedoch nicht mehr statisch bestimmt, d.h. die Scheibenkräfte können nicht mehr allein durch die drei Gleichgewichtsbedingungen bestimmt werden, sondern nur über eine statisch unbestimmte Berechnung.

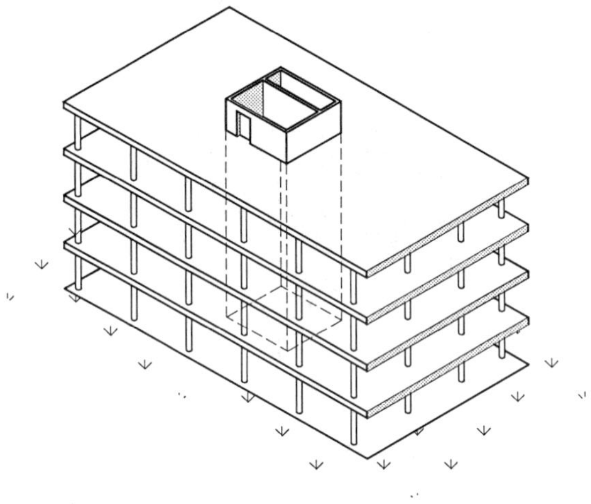

Im Geschossbau werden häufig mehrere aussteifende Scheiben zu einem sogenannten Kern zusammengefasst, dem dann alleine die Stabilisierung des Gebäudes zugewiesen wird. Hierzu werden oft Treppenhaus- und Aufzugsschachtwände herangezogen. Sämtliche anderen Elemente können dann als gelenkige Träger-Stützensysteme ausgeführt werden. Die Stützen tragen nur Vertikallasten ab und können schlank ausgebildet werden.

Der aussteifende Kern hat die Aufgabe, die Horizontalkräfte, im wesentlichen aus Wind aufzunehmen. Dabei ist nicht nur darauf zu achten, ob diese Aufgabe in x- und y-Richtung erfüllt ist. Bei asymmetrischer Belastung aus Wind, wie sie z.B. aus Nachbarbebauung oder bei exzentrisch angeordnetem Kern entsteht, wird ein Verdrehungsmoment des gesamten Gebäudes verursacht.

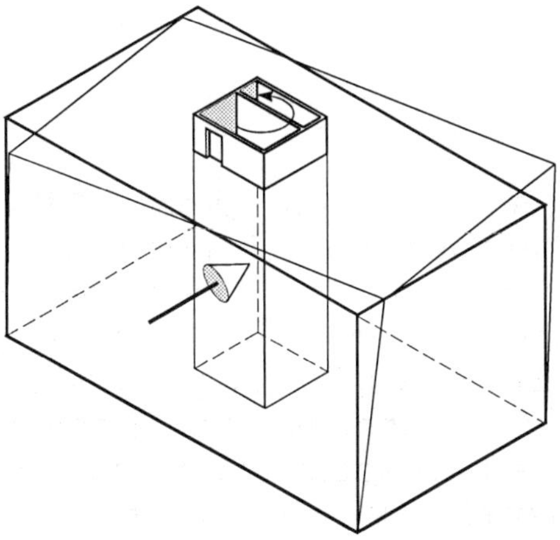

Der Kern wird durch die Verdrehung auf Torsion beansprucht.

Daraus ergibt sich die Notwendigkeit, Kernprofile so auszubilden, dass diese Verdrehungs- oder Torsionsmomente aufgenommen werden können.

Geschlossene Profile, z.B. Kasten- oder Kreisquerschnitt sind weitaus torsionssteifer als als offene Profile wie z.B. U- oder T-Profile.

Offene Kernquerschnitte

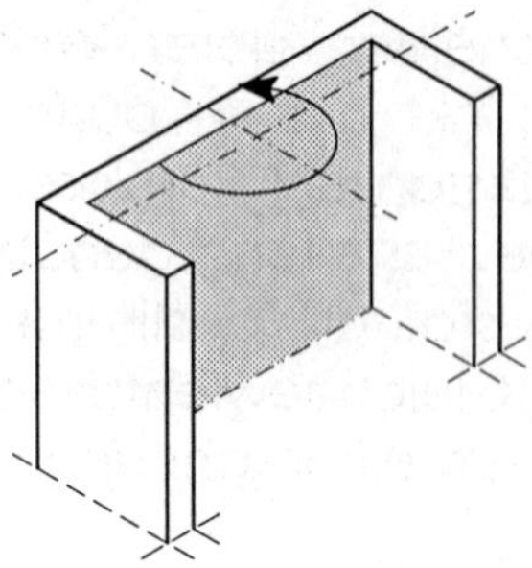

U-Form aus drei Wänden

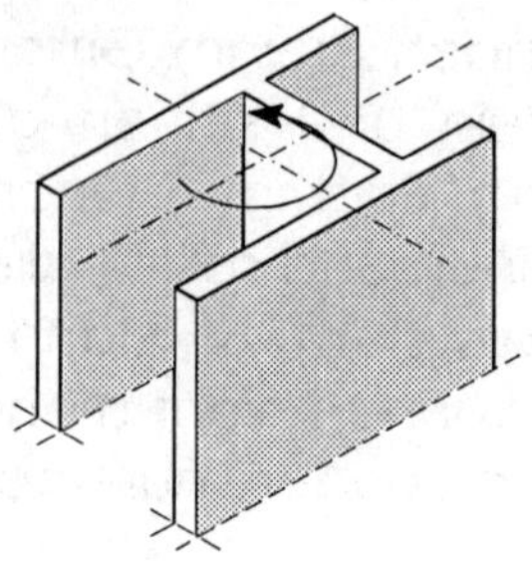

T-Form aus drei Wänden

Geschlossene Kernquerschnitte

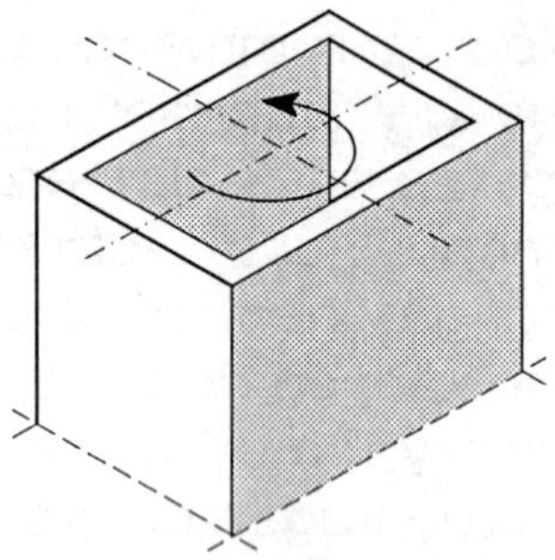

Kastenform aus vier Wänden

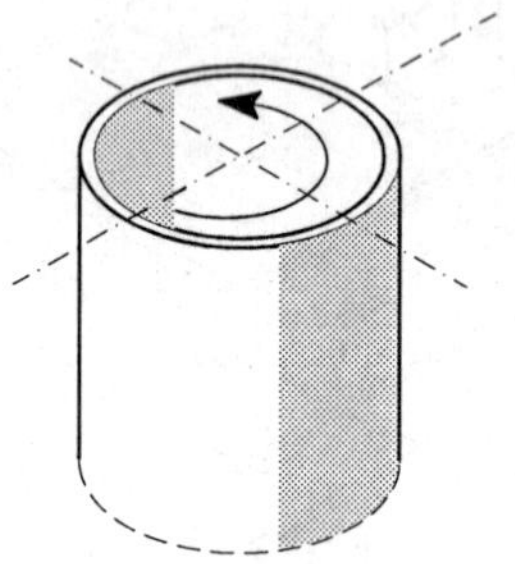

Kreisform

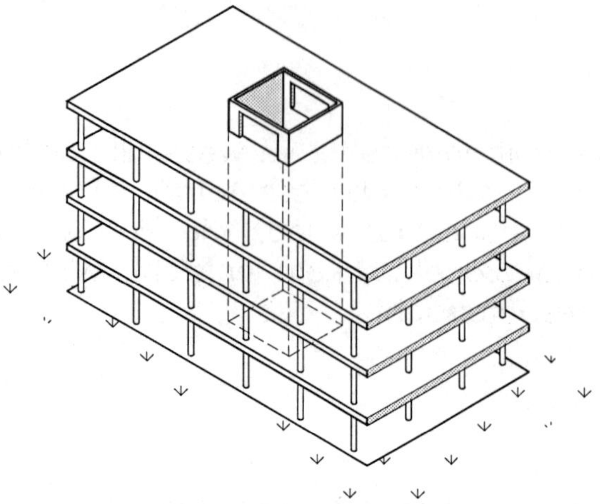

Auch für Kernwände gilt:

die notwendigen Öffnungen für Türen und Installationsdurchführungen sollen möglichst klein gehalten werden, da Öffnungen die Leistungsfähigkeit des aussteifenden Kerns erheblich beeinträchtigen.

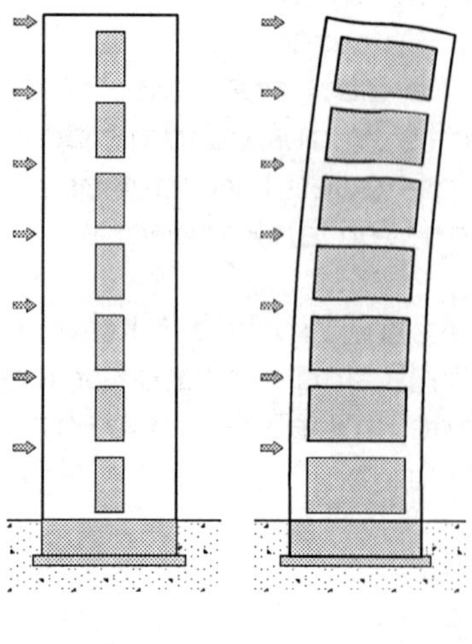

Bei einer durch große Öffnungen aufgelösten aussteifenden Kernwand, die wie ein im Fundament eingespannter Kragarm wirkt, wird nicht nur die Biegesteifigkeit abgemindert, indem sich ein rahmenartiges Tragverhalten einstellt, sondern auch die Torsionssteifigkeit zur Verhinderung der Verdrehung des Gebäudes wird wesentlich kleiner. Der geschlossene Kern nähert sich dann dem Tragverhalten von zwei offenen U-Profilen.

Anordnung der Kerne

Die Lage des aussteifenden Kerns oder gegebenenfalls mehrerer aussteifender Kerne wird in Zusammenhang mit dem vertikalen Erschließungssystem konzipiert. Treppenhäuser und Aufzugsschächte eignen sich wegen ihrer ohnehin massiven Bauteile (Feuerwiderstand) gut für die Ausbildung eines aussteifenden Gebäudekerns.

Grundsätzlich können Kerne innenliegend oder außenliegend angeordnet werden.

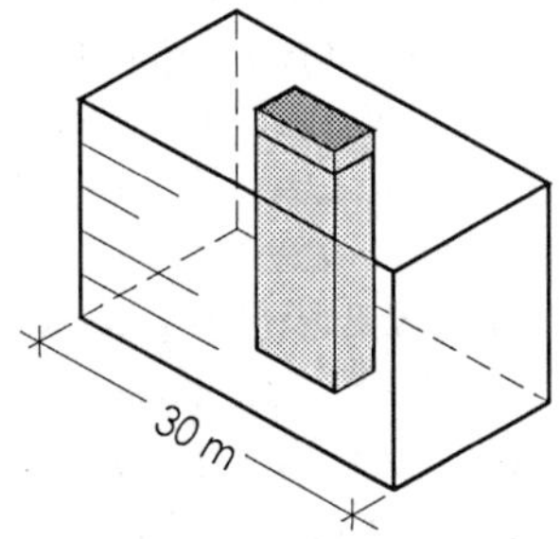

Ein zentral angeordneter Kern ist die Kernanordnung, die die geringsten Gebäudeverformungen mit sich bringt. Sowohl bei Wind auf die längere als auch auf die schmälere Gebäudeseite sind die Verdrehungen klein. Die Dehnwege der Geschossdecken betragen nur die halbe Gebäudelänge (15 m).

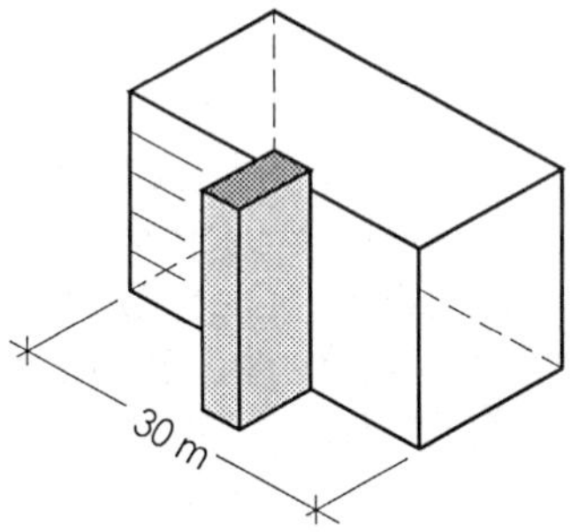

Ein an der Längsseite des Gebäudes mittig angeordneter Kern erlaubt zwar eine freie Grundrissgestaltung, führt aber bei Windangriff auf die Schmalseite zu einer Verdrehung und Torsionsbeanspruchung des Kerns. Der Kern muss daher torsionssteif ausgebildet sein, d.h. nur geringe Öffnungen.

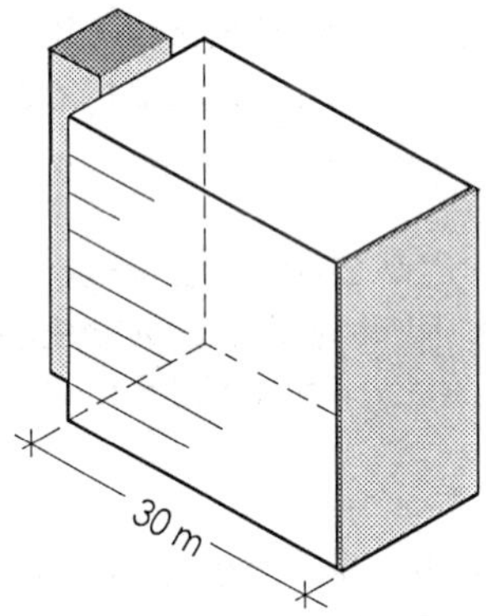

Die Anordnung des Kerns an der Schmalseite des Gebäudes ist ungünstiger. Zur Verhinderung einer Gebäudeverdrehung durch die Windkraft auf die Längsseite mit dem entsprechenden größerem Hebelarm (halbe Gebäudelänge) ist am Giebel eine aussteifende Scheibe erforderlich. Der Dehnweg der Geschossdecken entspricht der Gebäudelänge (30 m) und ist damit doppelt so groß wie in den beiden oberen Anordnungen.

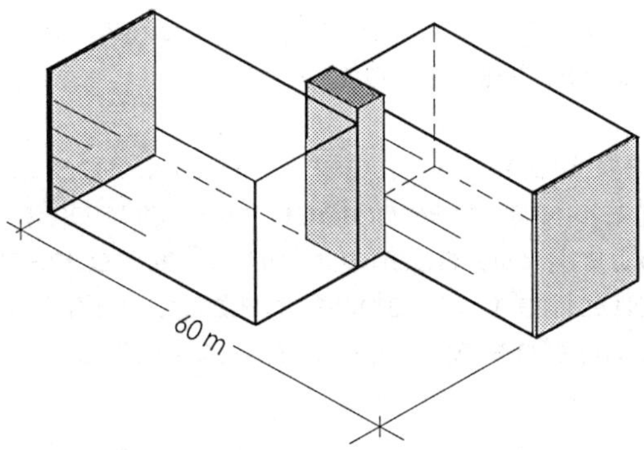

Durch die zentrale Anordnung eines Kerns mit jeweils einer Giebelscheibe zwischen zwei Bauabschnitten ist die Stabilität gesichert und die Verdrehung minimiert.

Die Gebäudelänge kann dadurch verdoppelt werden, der Dehnweg der Geschossdecken entspricht der Gebäudelänge eines Bauabschnitts (30 m).

Werden die Längen der Gebäudekanten zu groß, werden aus Gründen der Stabilität unter Berücksichtigung erforderlicher Dehnfugen und der notwendigen Fluchtweglängen mehrere Kerne oder Kombinationen aus Kernen und Scheiben erforderlich. Sie sind so anzuordnen, dass aus einer Längenänderung infolge Temperatureinfluss keine Zwangskräfte entstehen.

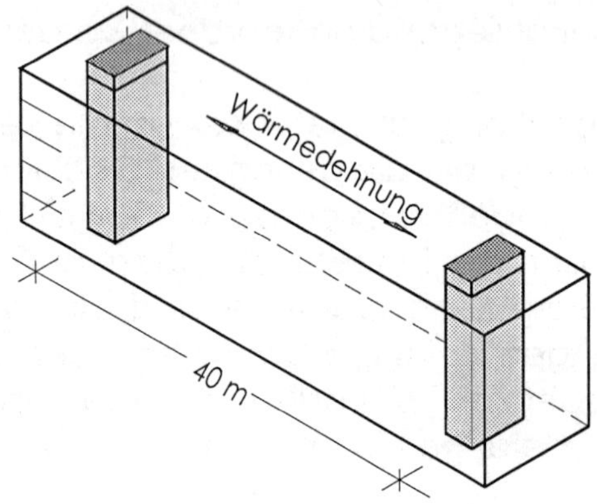

Werden zwei Kerne an den Gebäudeenden angeordnet, verhindern die steifen Kerne die Dehnungsmöglichkeit der Geschossdecken aus Temperatureinfluss und Schwinden. Der Dehnweg der Geschossdecken beträgt hier 40 m. Die durch die Behinderung der Dehnung entstehenden Spannungen in den Geschossdecken führen zu Rissen, die bei einer geeigneten Konstruktion vermeidbar wären.

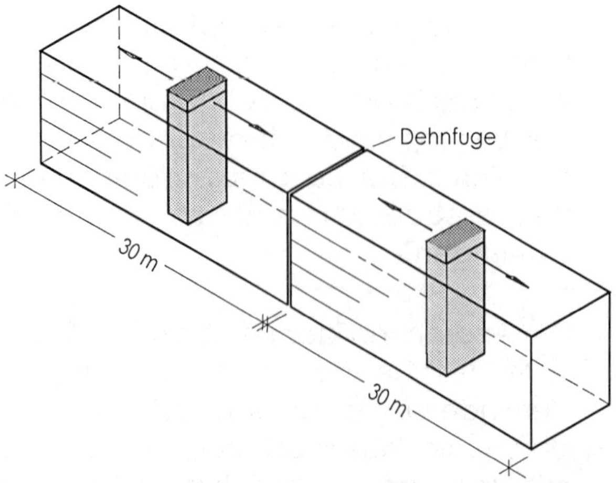

Große Gebäude sind durch Dehnfugen in einzelne für sich ausgesteifte Abschnitte zu unterteilen. Der Dehnfugenabstand beträgt je nach System und Baustoff 20 m bis 50 m.

Eine mittige Anordnung der aussteifenden Kerne je Dehnfugenabschnitt ist am günstigsten und entspricht dem Einzelgebäude des ersten Beispiels.

Die Dehnwege der Geschossdecken betragen nur die halbe Gebäudelänge der einzelnen Abschnitte (15 m).

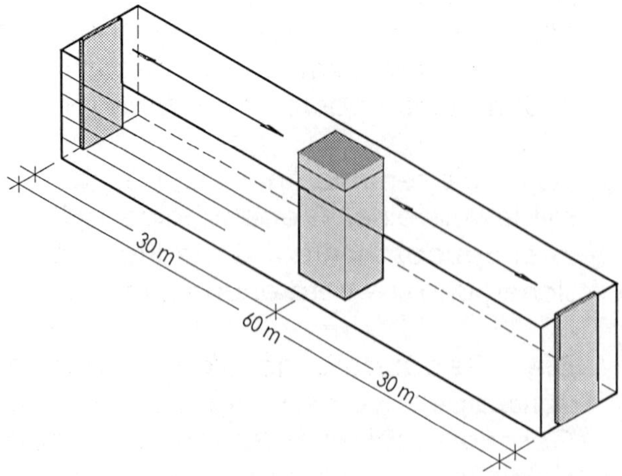

Durch die zentrale Anordnung des Kerns und zwei Scheiben in den Giebelwänden ist sowohl die Stabilität als auch die Verdrehungsteifigkeit des Gebäudes gewährleistet.

Der Dehnweg der Geschossdecken entspricht der halben Gebäudelänge (30 m), die quer zur ihrer Ebene beanspruchten Giebelscheiben ermöglichen eine zwängungsfreie Dehnung.

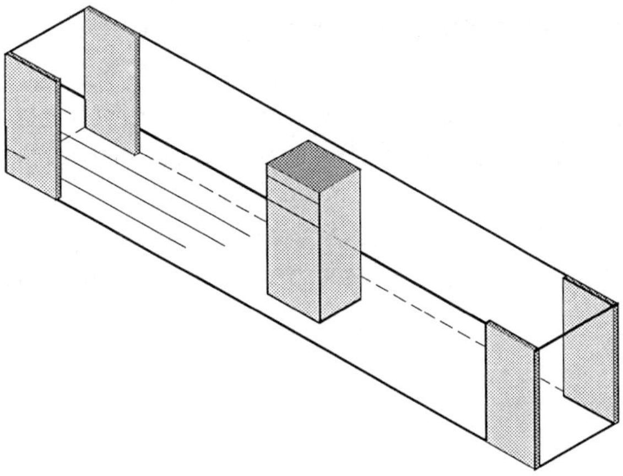

Sind die erforderlichen Wandscheiben wie nebenstehend angeordnet, können sich die Geschossdecken infolge der großen Wandsteifigkeit nicht zwängungsfrei dehnen.

Die durch die Dehnungsbehinderung entstehenden Spannungen in den Geschossdecken führen zu Rissen.

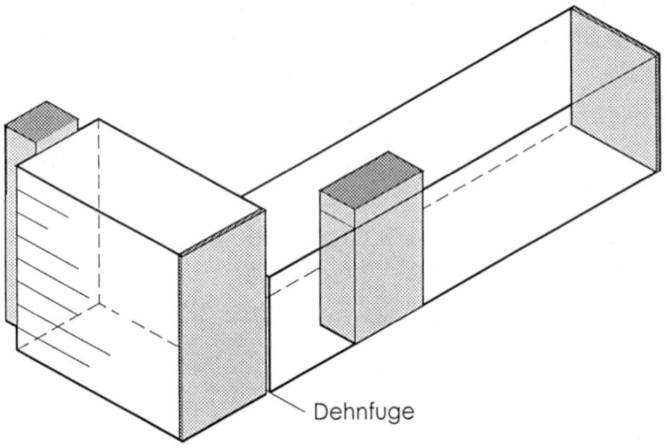

Wird ein Bauwerk durch Fugen unterteilt, muss jeder Fugenabschnitt für sich ausgesteift werden.

Es sollten daher so wenig Fugen wie unbedingt notwendig angeordnet, d.h. die Fugenabstände so groß wie möglich gewählt werden.

Dehnfugen sind Raumfugen, die einen horizontalen Bewegungsspielraum der Bauteile ermöglichen, um so Zwangsbeanspruchungen in den Tragwerkselementen klein zu halten. Die Breite der Fuge muss sicherstellen, dass die Fuge auch bei Maximaltemperatur (Brandfall) nicht "überdrückt" wird und zum Schieben gegen die Nachbarbauteile führt.

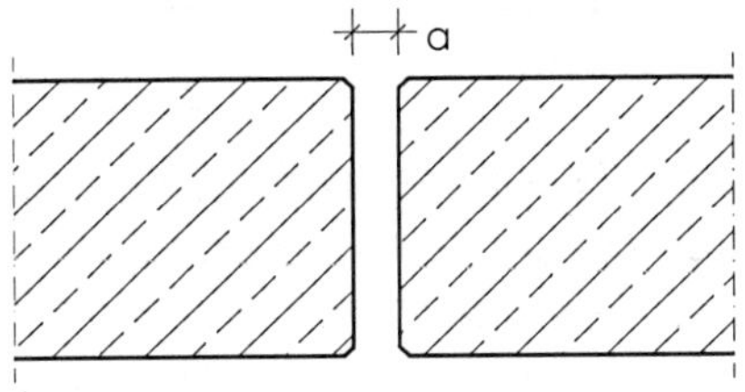

$$\text{Fugenbreite } a = \frac{\text{Dehnlänge}}{1200}$$

z.B. Dehnlänge 30 m

$$\Rightarrow a = \frac{3000}{1200} = 2{,}5 \text{ cm}$$

9.3 Aussteifung von Gebäuden ohne Deckenscheiben

Bei den bisherigen Überlegungen wurde immer von der Voraussetzung ausgegangen, dass die Geschossebenen von steifen Scheiben (Stahlbeton) gebildet werden.

Werden die Horizontalebenen von Balkensystemen ohne Scheibenwirkung (Holzbalkendecken, Stahlträgerdecken u.ä.) gebildet, sind zusätzliche Maßnahmen zur Gebäudeaussteifung notwendig.

9.3.1 Holzskelettbauten

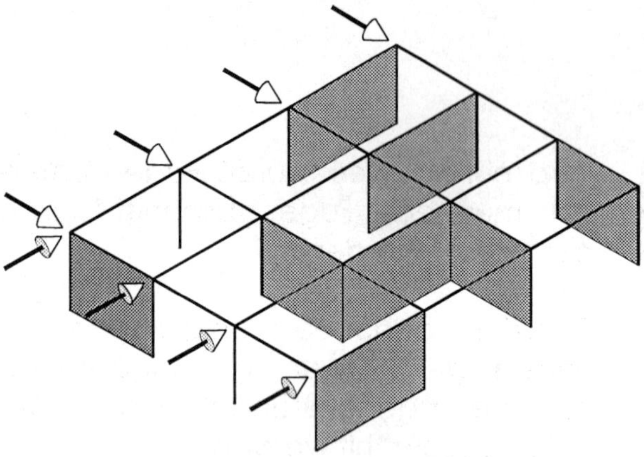

Ist keine Deckenscheibe vorhanden, müssen die vertikalen Aussteifungselemente allein die Gebäudestabilisierung übernehmen. Hierzu muss jede Rasterachse sowohl längs als auch quer ausgesteift sein. Horizontale Außenwandriegel müssen die Windkräfte auf die Rasterachsen übertragen. Diese Aussteifungsart, die schon bei den alten Fachwerkhäusern angewendet wurde, erschwert jedoch eine offene und flexible Grundrissgestaltung.

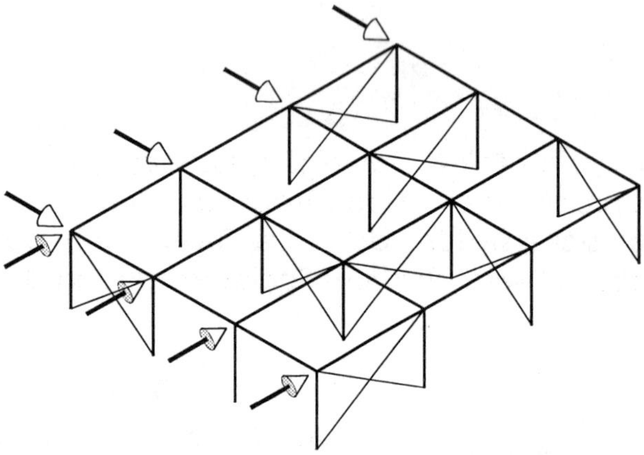

Diese vertikalen Aussteifungselemente können als Scheiben ausgebildet sein, z.B. Brettstapelwände, mit Holzwerkstoffplatten beplankte Holztafelelemente oder Mauerwerk. Kreuzverbände stellen eine sehr einfache und wirtschaftliche Lösung dar. Bei einer Aussteifung nur durch eingespannte Stützen wären für die Grundrissgestaltung mehr Möglichkeiten gegeben. Eingespannte Stützen sind im Holzbau aber nur aufwändig herzustellen.

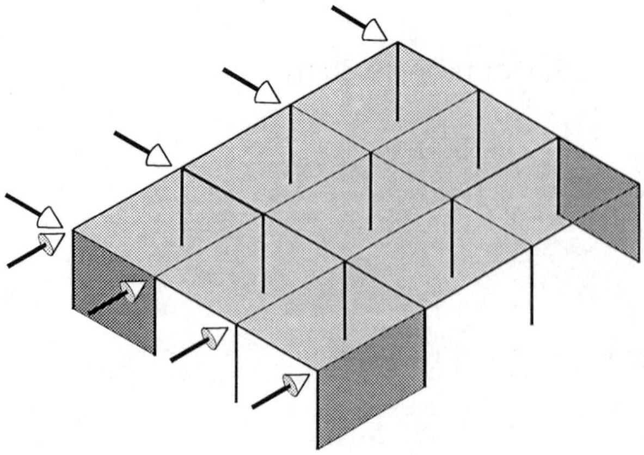

Wird die Geschossdecke als horizontale Scheibe ausgebildet, genügen theoretisch drei vertikale Aussteifungselemente, deren Wirkungslinien nicht parallel sein und keinen gemeinsamen Schnittpunkt haben dürfen.

Selbstverständlich können auch mehr als die drei unbedingt erforderlichen vertikalen Aussteifungselemente angeordnet werden, das System ist dann statisch unbestimmt.

Eine Scheibenwirkung der Geschossdecken kann z.B. mit Windrispenbändern, diagonalen Massivholzschalungen, Platten aus Holzwerkstoffen, Flach- und Rundstahldiagonalen oder Vollholzdiagonalen erreicht werden.

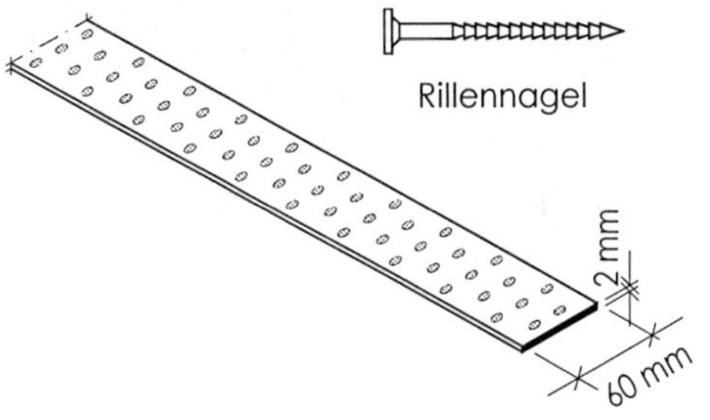

Eine der geläufigsten Lösungen stellt das Aufnageln von Diagonalen aus verzinkten Windrispenbändern dar.

Rispenbänder sind in 40, 60 und 80 mm Breite lieferbar. Sie sind mit Rillen- oder Kammnägeln zu befestigen.

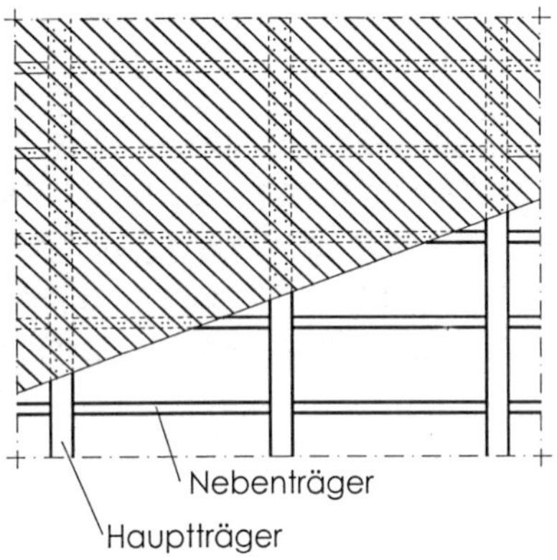

Eine einlagige Parallelschalung, wie sie in der Regel als Fußboden- oder Dachschalung vorkommt, reicht als steife Deckenscheibe nicht aus.

Mit einer einlagigen oder zweilagigen Diagonalschalung aus Brettern und Bohlen kann bei ausreichender Vernagelung mit der Unterkonstruktion eine Deckenscheibe ausgebildet werden.

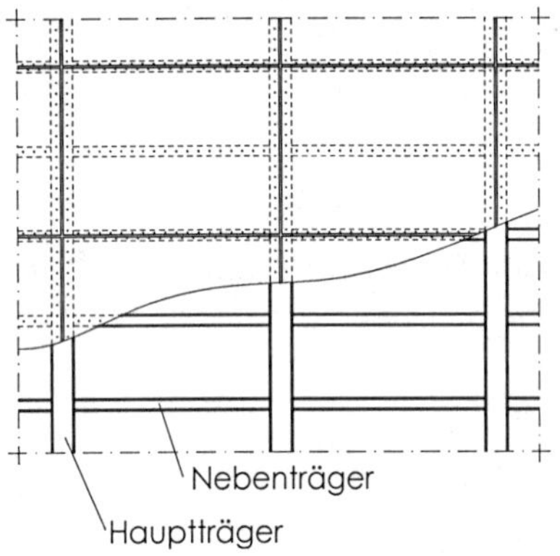

Deckenscheiben aus Holzwerkstoffplatten sind immer statisch nachzuweisen. Auf eine konstruktiv richtige Ausbildung der Fugen und der Vernagelung ist unbedingt zu achten.

Zur Anwendung kommen z.B. Bau-Furniersperrholz-, Furnierschichtholz, Flachpress- und Faserplatten.

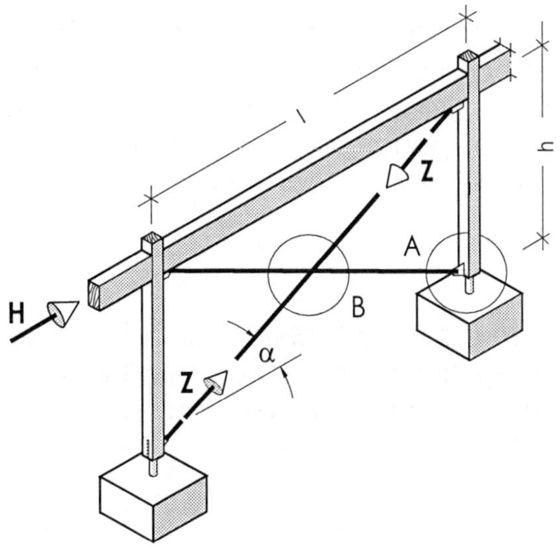

Bemessung der Diagonalen

mit $\text{tg}\,\alpha = \frac{h}{l}$ ergibt sich:

$$\Rightarrow Z = \frac{H}{\cos\alpha}$$

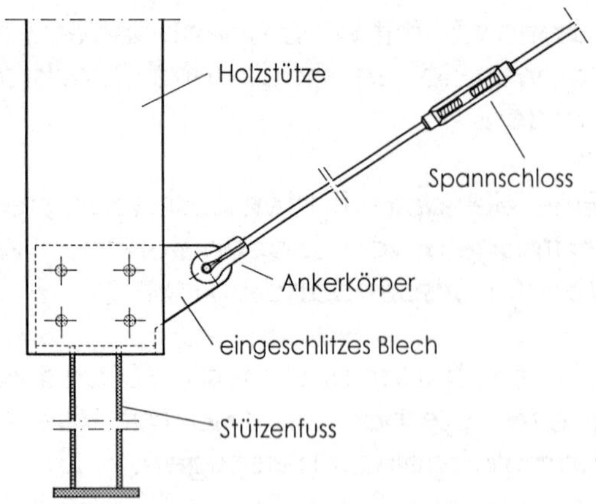

Detail A

Werden die vertikalen Aussteifungselemente als Kreuz- oder Diagonalverbände aus Stahl ausgeführt, sind bei Holzbauten immer Spannschlösser vorzusehen.

Die Spannschlösser sind nach einiger Zeit nachzuspannen.

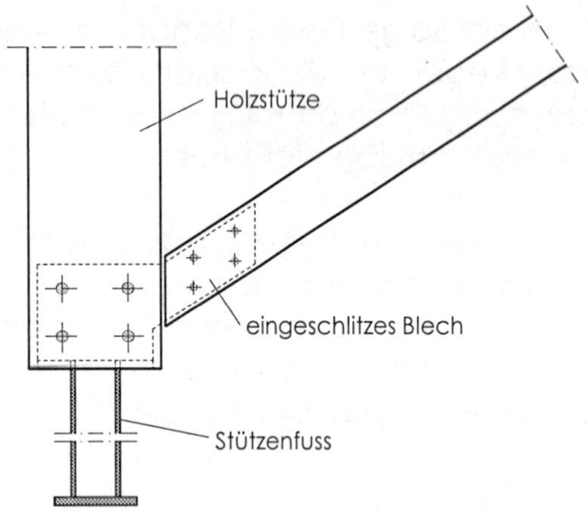

Detail A

Auch wenn die Diagonalen aus Vollholz oder Brettschichtholz ausgeführt werden, kann die Last aus der Diagonalen über Stabdübel und ein eingeschlitztes Blech in den Stützenfuß eingeleitet werden.

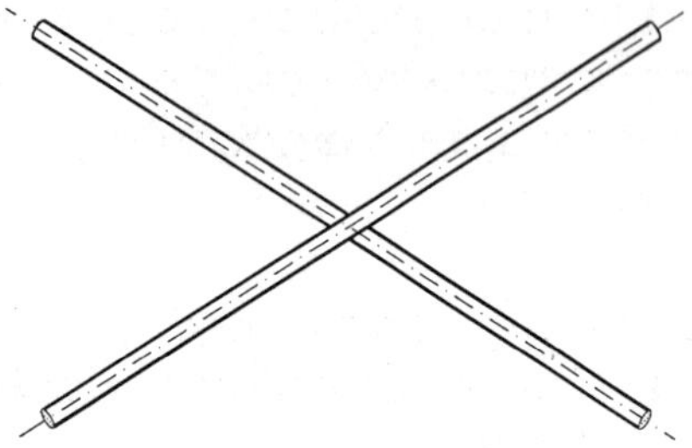

Detail B

Die einfachste Lösung ist, die Diagonalen in zwei Ebenen zu kreuzen. Spannschlösser sind dann unverzichtbar.

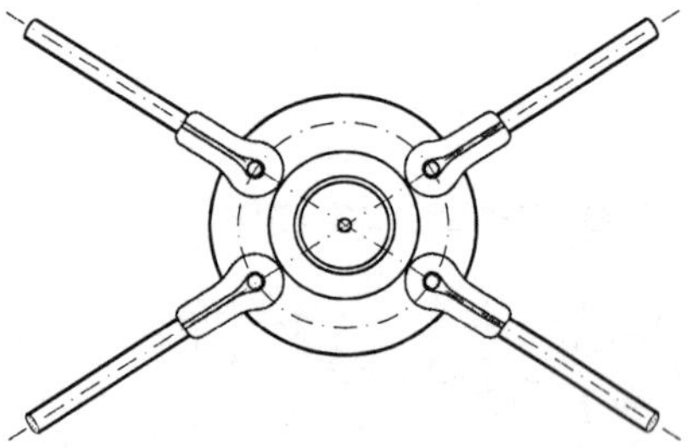

Detail B

Bei Zugstab-Systemen sind auch Ankerscheiben aus Guss im Handel. Auf Spannschlösser kann verzichtet werden, da durch das gegenläufige Gewinde an den Stabenden nur der Stab gedreht wird.

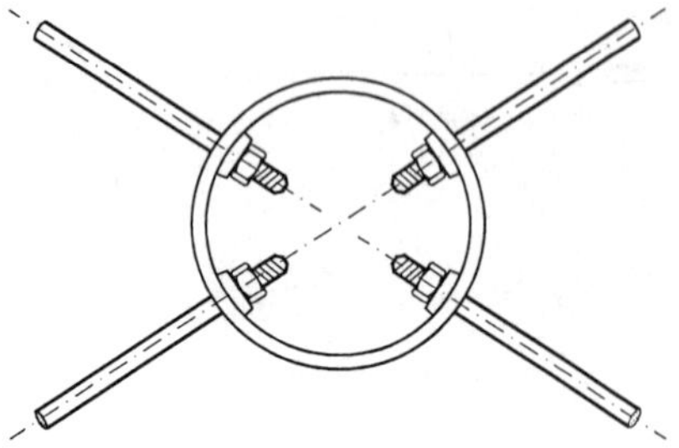

Detail B

Werden die Diagonalen in einem stählernen Ring gekreuzt, können die Stäbe an dieser Stelle gespannt werden.

9.3.2 Mauerwerksbauten

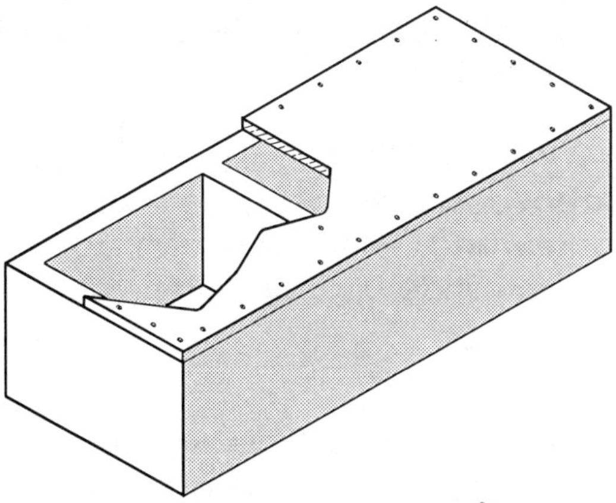

Mauerwerksbauten üblicher Abmessungen weisen in der Regel wesentlich mehr als die drei mindestens notwendigen Wandscheiben auf. Zusammen mit den üblichen Deckenscheiben aus Stahlbeton bilden die Wände, die sich gegenseitig stützen, eine "Schachtelstruktur", die als Ganzes betrachtet formstabil ist gegen jede beliebig gerichtete Horizontallast. Die Geschossdecke ist über Reibung und Verzahnung mit den Wänden verbunden.

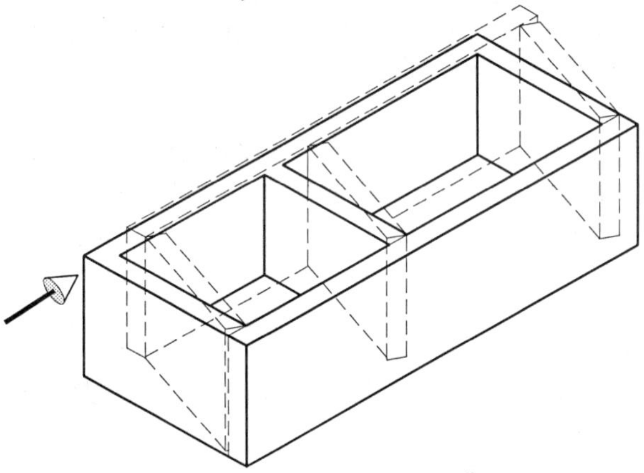

Fehlt die Scheibenwirkung der Geschossdecke (z.B. bei Holzbalkendecken oder nicht verbundenen Fertigteildecken), funktioniert die "Schachtelstruktur" nicht mehr, die Wände verschieben sich bei Horizontallastangriff in der Wandebene.

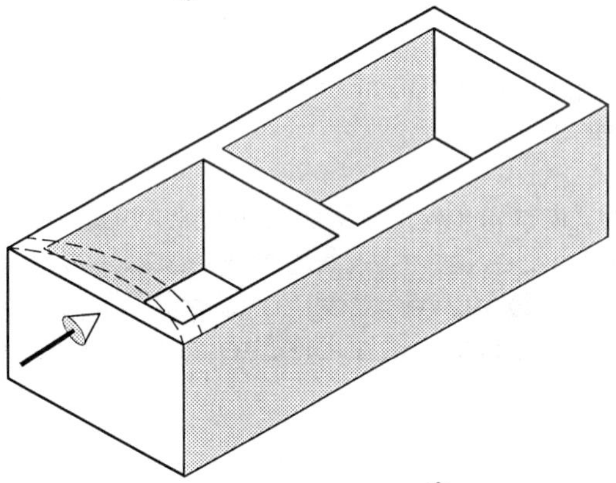

Auch bei einem Horizontallastangriff senkrecht zur Wandebene verformt sich die betroffene Wand, die horizontalen Lasten können durch die fehlende Deckenscheibe nicht mehr auf die senkrecht dazu stehenden Wände geleitet werden.

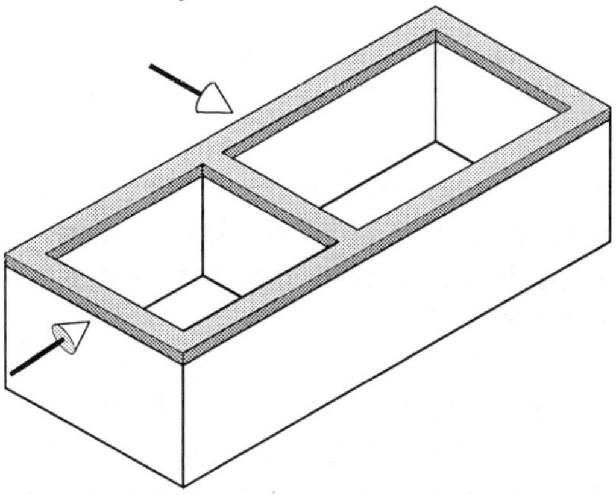

Die fehlende horizontale Deckenscheibe kann durch einen Ringbalken ersetzt werden.

In der Regel werden Ringbalken aus Stahlbeton ausgeführt, Ausführungen in Holz, Stahl oder bewehrtem Mauerwerk sind möglich.

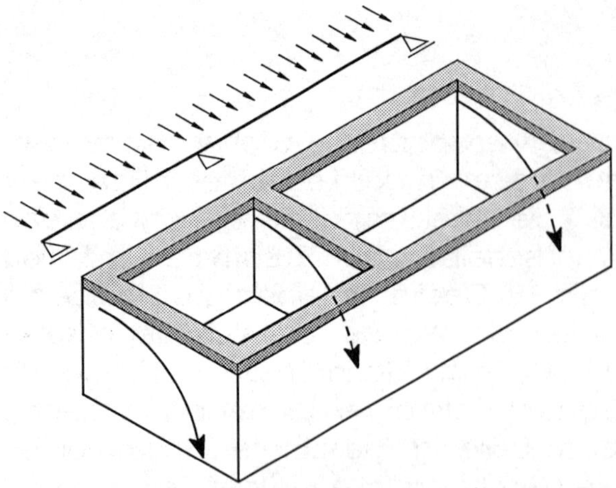

Der Ringbalken wird auf Biegung beansprucht und leitet die auf ihn angreifende horizontale Last an quer dazu angeordnete Wände weiter, die als Ringbalkenauflager dienen.

Bei Windangriff auf die Längsseite des Gebäudes wirkt der Ringanker auf der Längswand als Zweifeldträger, die Giebelwände und die Mittelwand bilden die Auflager.

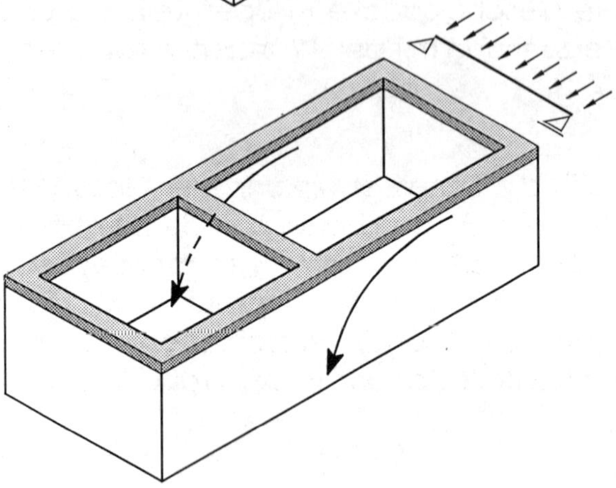

Bei Windangriff auf die Schmalseite des Gebäudes wirkt der Ringbalken auf der Giebelwand als Einfeldträger, die Längswände bilden die Auflager.

Von den Längswänden werden dann die Horizontalkräfte zusammen mit den vertikalen Wandlasten bis in den Baugrund abgeleitet.

Ringbalken müssen sowohl Winddruck- als auch Windsogkräfte aufnehmen können.

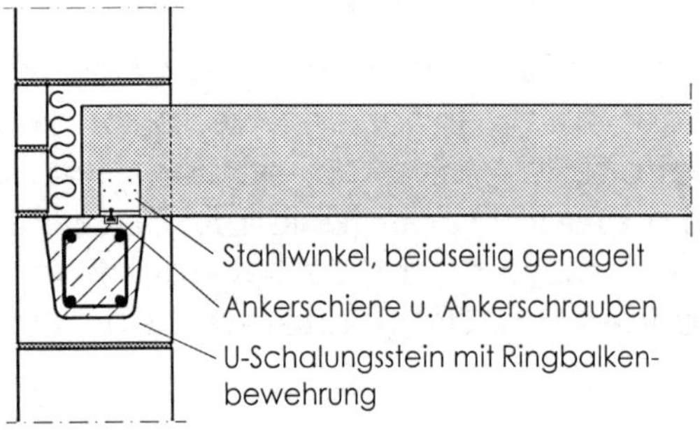

Ringbalken aus Stahlbeton unter Holzbalkendecke

Ringbalken aus Stahlbeton müssen beidseitig bewehrt werden (Biegung aus Winddruck bzw. Windsog) und mit Bügeln versehen werden (Schubkräfte aus Querkraft).

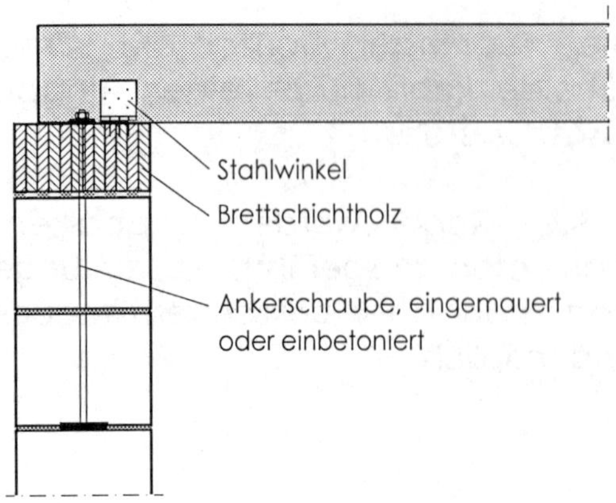

Ringbalken aus Brettschichtholz unter Holzbalkenflachdach

Der liegend eingebaute Ringbalken aus Brettschichtholz wird über eine eingemauerte oder einbetonierte Ankerschraube befestigt.

Er kann gleichzeitig die Funktion eines Fenstersturzes übernehmen. Er wird dann über beide Querschnittsachsen gebogen.

Ein Ringbalken ist auch unter Flachdächern aus Stahlbeton erforderlich, wenn die Decke auf den Außenwänden gleitend aufgelagert wird, um Schäden infolge des verschiedenen Dehnnungsverhaltens von Stahlbeton und Mauerwerk zu vermeiden.

Bei größeren Flachdachabmessungen kann auf eine Dehnungsfuge verzichtet werden, wenn die vom Festpunkt weiter entfernten Deckenbereiche durch eine Gleitschicht vom Wandkopf getrennt werden. Die Decke muss jedoch gegen Wandern in einem kleinen, möglichst zentralen Bereich gesichert werden, d.h. sie ist dort schubfest mit dem Mauerwerk zu verbinden (Reibung und Verzahnung). Im Festhaltebereich sind mindestens drei Aussteifungswände erforderlich.

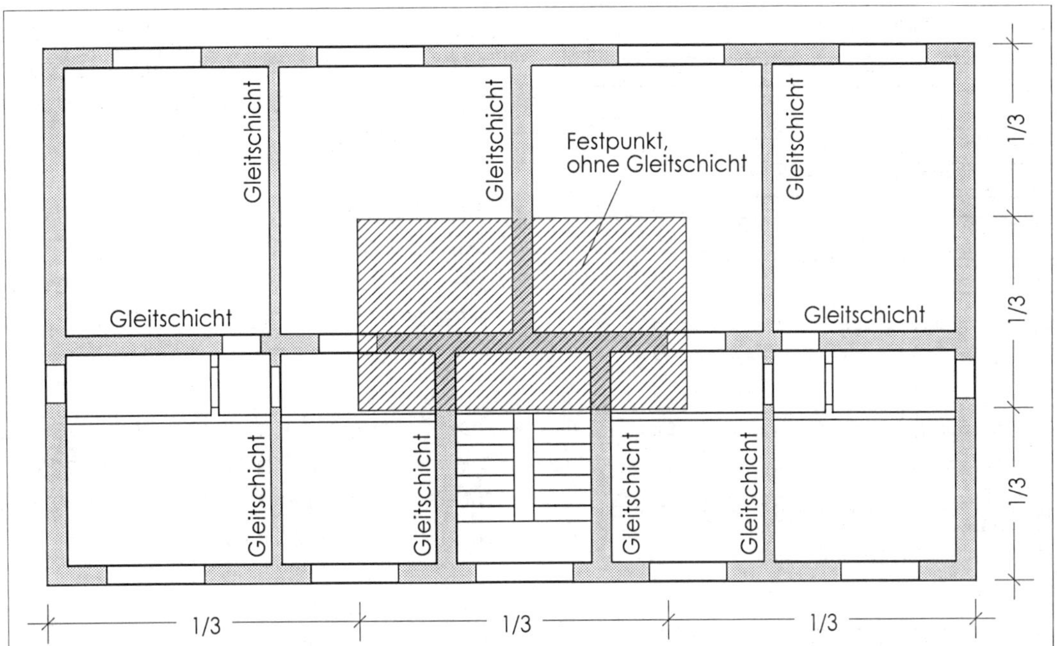

Gleitschicht zwischen Dachdecke und Wänden

Ist die Decke durch eine Gleitschicht von der Wand getrennt, kann die Decke nicht die Funktion der horizontalen aussteifenden Scheibe übernehmen, weil zwischen der Decke und den Wänden durch die Anordnung der Gleitschicht bewusst auf eine Schubübertragung verzichtet wird.

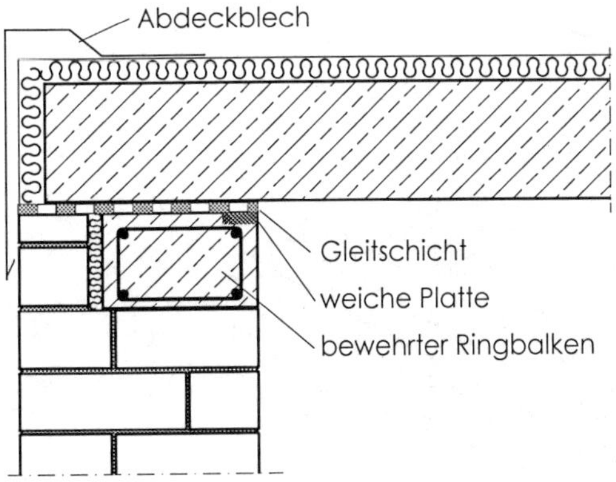

Ringbalken unter gleitend gelagertem Stahlbetonflachdach

Mit zwei Lagen Pappe als Gleitschicht wird die erwünschte Gleitwirkung nicht erzielt. Mit kaschierten Gleitfolien (ein- oder beidseitig mit Hartschaum oder Elastomer beschichtet), lassen sich die unvermeidbaren Unebenheiten zwischen Ringbalken und Decke überbrücken.

Zur Erreichung der räumlichen Steifigkeit müssen alle tragenden und aussteifenden Wände mit den Decken kraftschlüssig verbunden werden. In DIN 1053 - Mauerwerk - werden konstruktive Regeln für die Verbindung von Decken und Wänden angegeben. Danach müssen Umfassungswände entweder durch Zuganker (Holzbalkendecken) oder durch Reibung (Stahlbetondecken) angeschlossen werden.

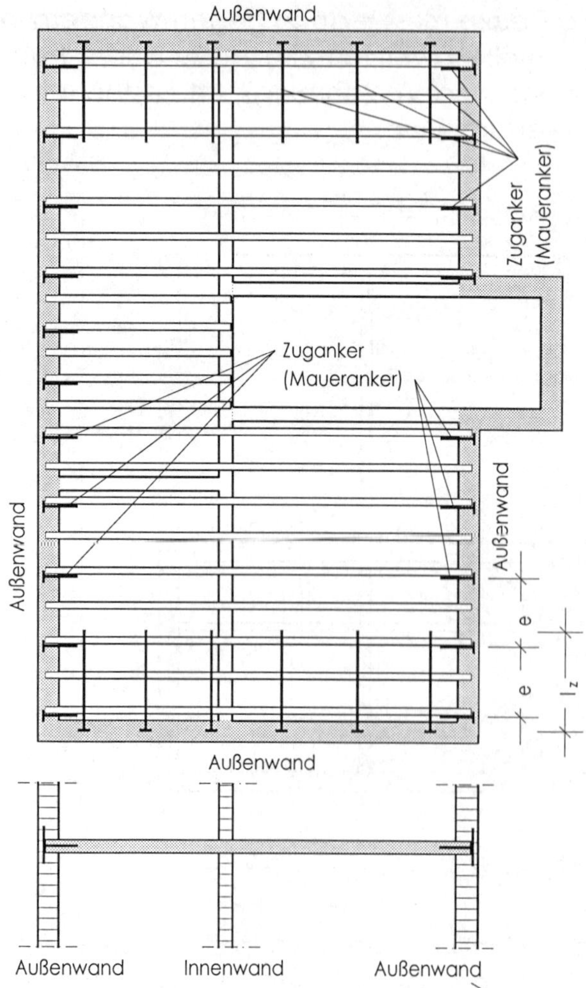

Anschluss von Außenwänden (Umfassungswänden) an Holzbalkendecken

- Der Abstand e der Zuganker soll im allgemeinen 2,0 m nicht überschreiten. In besonderen Fällen darf er höchstens 4,0 m betragen.
- Bei Wänden, die parallel zu den tragenden Deckenbalken verlaufen, müssen die Zuganker mindestens drei Balken erfassen, bzw. die Länge des Zugankers l_z muss ≥ 1,0 m sein.
- Über Innenwänden gestoßene Balken, die mit den Umfassungswänden verankert sind, sind am Stoß miteinander zugfest zu verbinden.
- Bei Massivdecken (Stahlbeton) erfolgt der Anschluss durch Haftung und Reibung. Es sind keine Zuganker erforderlich, wenn die Auflagertiefe der Decke mindestens 10 cm beträgt.

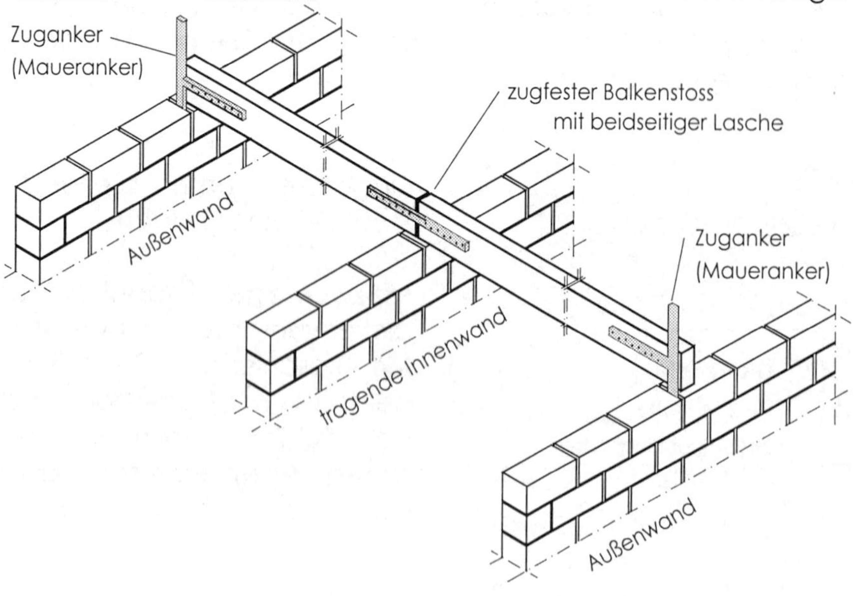

Im Gegensatz zu den auf Biegung beanspruchten Ringbalken sind die sogenannten Ringanker auf Zug beanspruchte stabförmige Tragwerkselemente.

Nach DIN 1053 müssen alle Außenwände und diejenigen Querwände, die als vertikale Scheiben zur Abtragung von horizontalen Lasten dienen, in den folgenden Fällen Ringanker erhalten:

- Bei Bauten, die mehr als zwei Vollgeschosse haben oder länger als 18,0 m sind.
- Bei Wänden mit vielen oder großen Öffnungen, wenn die Summe der Öffnungsbreiten 60% der Wandlänge oder bei Fensterbreiten von mehr als 2/3 der Geschosshöhe 40% der Wandlänge übersteigt.
- Wenn die Baugrundverhältnisse es erfordern.

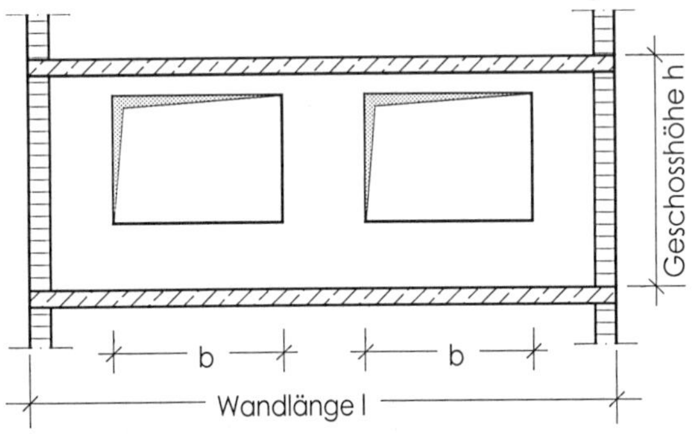

Geschosshöhe h = 2,80 m
Wandlänge l = 7,00 m
Fensterbreite b = 2,00 m

$$b > \frac{2}{3} \cdot h = \frac{2}{3} \cdot 2{,}80 = 1{,}87 \text{ m}$$

$$\Sigma b = 2 \cdot 2{,}00 = 4{,}00 \text{ m}$$

$$\Sigma b > 0{,}4 \cdot l = 0{,}4 \cdot 7{,}00 = 2{,}80 \text{ m}$$

$\Rightarrow$ Ringanker erforderlich

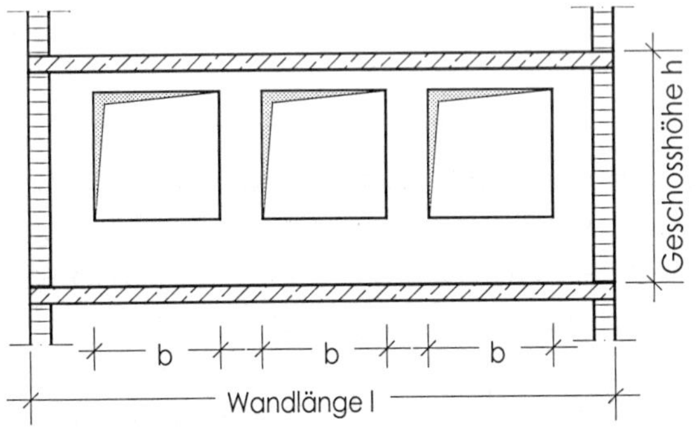

Geschosshöhe h = 2,80 m
Wandlänge l = 7,00 m
Fensterbreite b = 1,50 m

$$b < \frac{2}{3} \cdot h = \frac{2}{3} \cdot 2{,}80 = 1{,}87 \text{ m}$$

$$\Sigma b = 3 \cdot 1{,}50 = 4{,}50 \text{ m}$$

$$\Sigma b > 0{,}6 \cdot l = 0{,}6 \cdot 7{,}00 = 4{,}20 \text{ m}$$

$\Rightarrow$ Ringanker erforderlich

Die Ringanker halten die tragenden Wände eines Gebäudes zusammen. Sie sind in jeder Deckenlage oder unmittelbar darunter anzubringen. Sie müssen eine Zugkraft von 30 kN aufnehmen können und dürfen aus folgenden Baustoffen bestehen:

- Stahlbeton
- Bewehrtes Mauerwerk
- Stahl oder Holz

Wenn der Ringanker nicht durchgehend ausgebildet werden kann, muss die Übertragung der Zugkräfte auf andere Weise sichergestellt werden.

Bei Ringankern aus Stahlbeton sind mindestens zwei durchlaufende Bewehrungsstäbe einzubauen (z.B. zwei Stäbe mit 10 mm Durchmesser). Es dürfen auch mehrere Stäbe mit kleinerem Durchmesser verwendet werden, wenn eine Zugkraft von 30 kN aufnehmbar ist.

Auf Ringanker darf eine parallel zu ihnen liegende durchlaufende Bewehrung angerechnet werden, wenn sie nicht weiter als 0,5 m von der Mittelebene der Wand oder der Decke entfernt liegt.

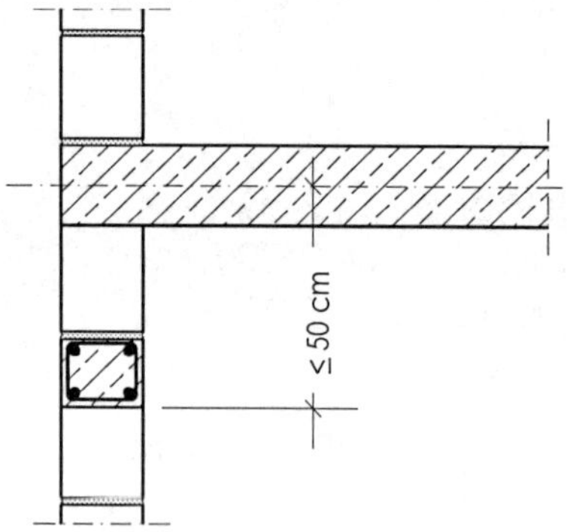

Anordnung von Ringankern unterhalb einer Decke

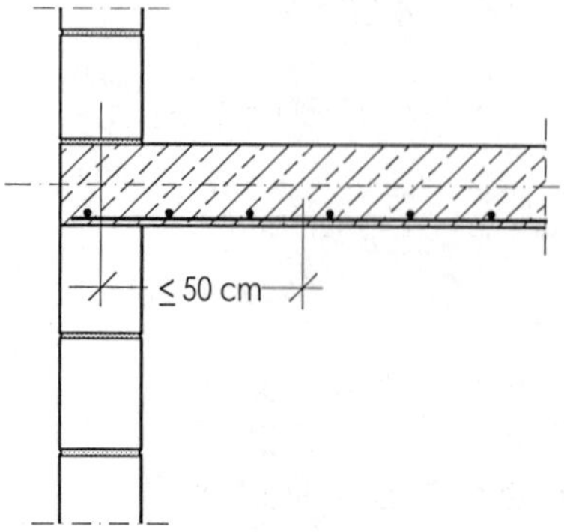

Anordnung von Ringankern innerhalb einer Massivdecke

In tragenden und aussteifenden Wänden sind Schlitze und Aussparungen für Installationen nur dann zulässig, wenn dadurch die Standfestigkeit der Wand nicht beeinträchtigt wird. Schlitze und Aussparungen müssen entweder im Verband gemauert oder nachträglich gefräst werden. Das nachträgliche Stemmen ist nicht zulässig.

Ohne besonderen statischen Nachweis dürfen Schlitze und Aussparungen nur entsprechend den auf der folgenden Seite aufgeführten Abmessungen ausgeführt werden.

Das bedeutet, dass sämtliche größeren Schlitze und Aussparungen von vornherein bei der Planung festgelegt werden müssen.

Schlitze und Aussparungen schwächen Wände nicht nur in ihrem Tragverhalten, sie sind auch immer Schwachstellen hinsichtlich des Schall- und Wärmeschutzes.

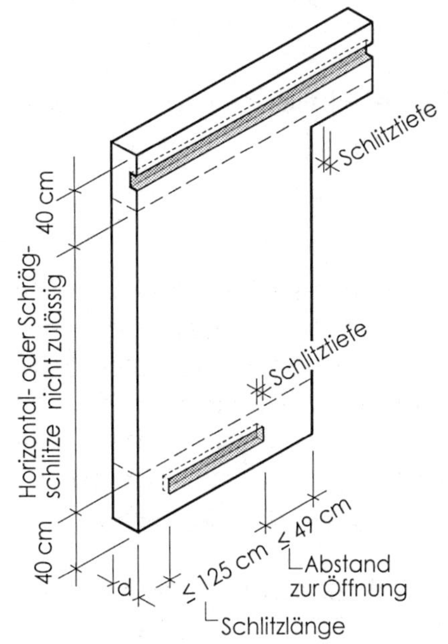

Nachträglich hergestellte horizontale und schräge Schlitze

- Der Mindestabstand des Schlitzendes von Öffnungen (Türen) darf 49 cm nicht unterschreiten, der Mindestabstand vom nächsten Horizontalschlitz muss die zweifache Schlitzlänge betragen.
- Horizontale und schräge Schlitze sind nur zulässig in einem Bereich < 0,4 m ober- und unterhalb der Rohdecke sowie jeweils nur an einer Wandseite.

Wanddicke d	Schlitzlänge	
	unbeschränkt	≤ 1,25 m lang
	Schlitztiefe	Schlitztiefe
≥ 11,5 cm	-	-
≥ 17,5 cm	0	≤ 25 mm
≥ 24,0 cm	≤ 15 mm	≤ 25 mm
≥ 30,0 cm	≤ 20 mm	≤ 30 mm
≥ 36,5 cm	≤ 20 mm	≤ 30 mm

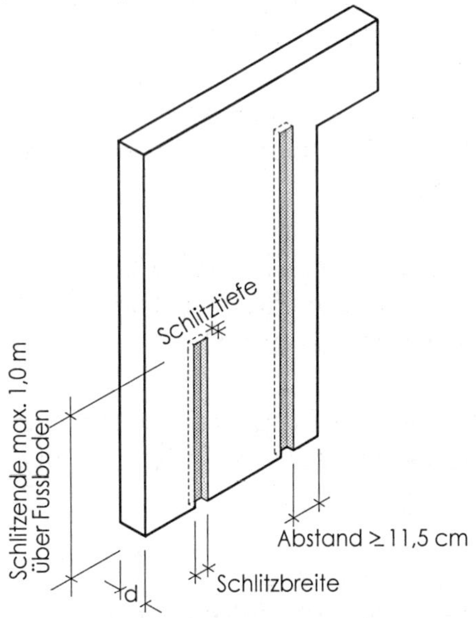

Nachträglich hergestellte vertikale Schlitze und Aussparungen

- Der Abstand der Schlitze von Aussparungen und Öffnungen muss mindestens 11,5 cm betragen.
- Schlitze, die maximal 1,0 m über den Fußboden reichen, dürfen bei Wanddicken d ≥ 24 cm bis 80 mm Tiefe und 120 mm Breite ausgeführt werden.

Wanddicke d	Schlitztiefe	Schlitzbreite
≥ 11,5 cm	≤ 10 mm	≤ 100 mm
≥ 17,5 cm	≤ 30 mm	≤ 100 mm
≥ 24,0 cm	≤ 30 mm	≤ 150 mm
≥ 30,0 cm	≤ 30 mm	≤ 200 mm
≥ 36,5 cm	≤ 30 mm	≤ 200 mm

9.3.3 Hallen

Keine horizontalen Deckenscheiben besitzen in aller Regel Hallenbauten, so dass hierfür besondere Überlegungen nötig sind.

Aussteifung in Querrichtung

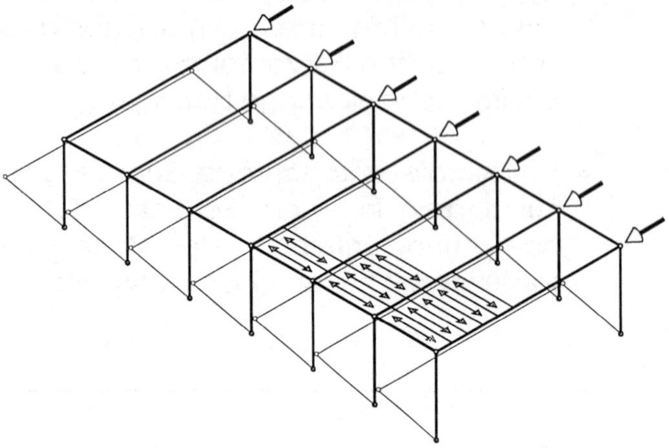

Die nebenstehende Skizze zeigt das noch nicht ausgesteifte Tragwerk einer kleinen Halle. Die vertikalen Lasten aus Eigengewicht und Schnee werden über die Dachelemente an die Träger in Hallenquerrichtung abgeleitet.

Da die Träger auf Pendelstützen lagern, ist das Tragwerk unter vertikalen Lasten labil. Auch unter horizontalen Lasten, z.B. Windkräfte auf die Längsseite, ist das System instabil, da die Pendelstützen keine Kräfte quer zur Stabachse aufnehmen können.

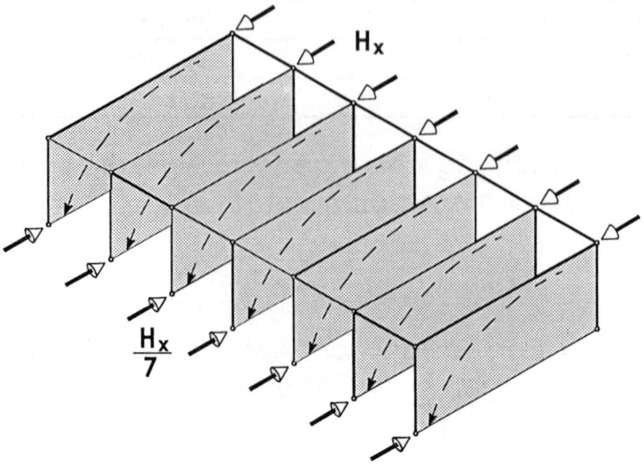

Das Tragwerk kann in Querrichtung stabilisiert werden, indem jede Träger-Stützenebene für sich in Querrichtung ausgesteift wird (nebenstehend als Scheibe dargestellt).

Jede Träger-Stützenebene erhält damit nur 1/7 der gesamten Horizontalkraft H_x.

Die Dachkonstruktion wird zur Ableitung der Horizontalkräfte H_x in Querrichtung nicht benötigt.

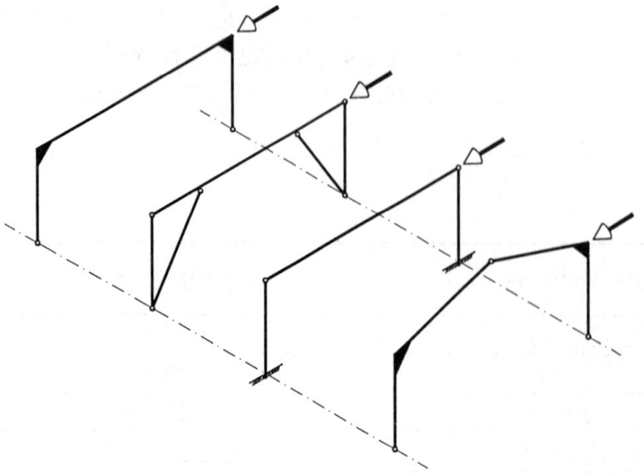

Für die Ausbildung der "Scheiben" stehen verschiedene Möglichkeiten zur Verfügung, z.B.:

- Zweigelenkrahmen
- aufgelöster Zweigelenkrahmen
- eingespannte Stützen (in Querrichtung)
- Dreigelenkrahmen

Alle Systeme sind in ihrer Ebene stabil.

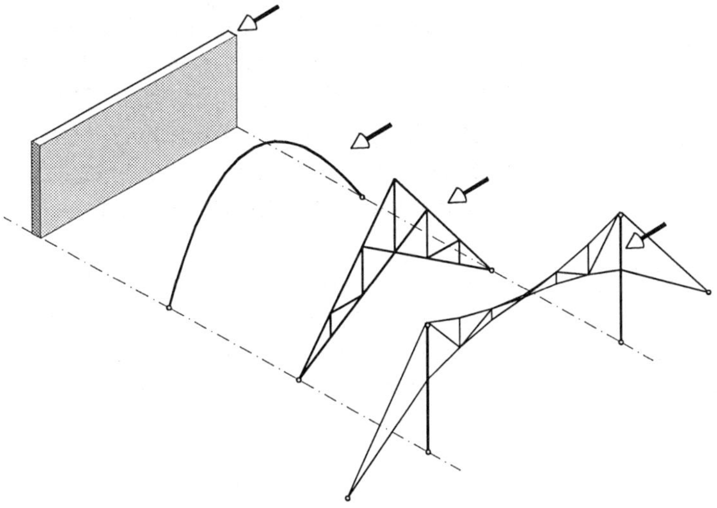

Weitere Möglichkeiten:

- Wandscheibe
- Bogen
- geknickter Träger
- vorgespannter Seilbinder

Auch diese Systeme sind in ihrer Ebene stabil. Senkrecht zu ihrer Ebene sind alle dargestellten Systeme instabil, eine zusätzliche Aussteifung in Längsrichtung ist erforderlich.

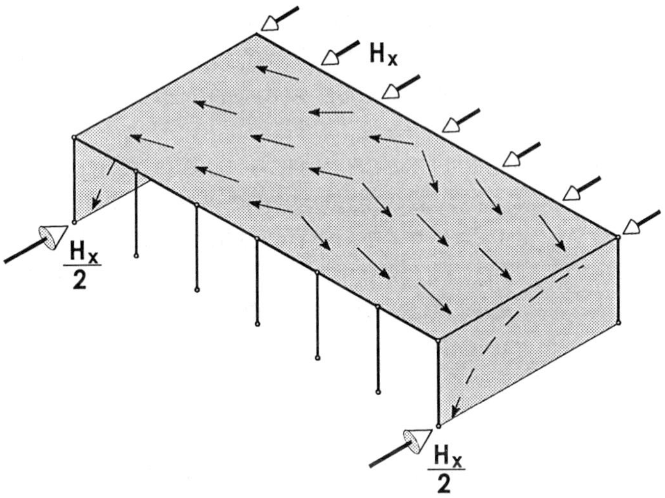

Soll nicht jede Träger-Stützenebene für sich einzeln ausgesteift werden, ist es erforderlich, dass die Dachkonstruktion die Funktion einer horizontalen Scheibe übernimmt. Im Gegensatz zur ersten Lösung übernehmen nur noch die Giebelfelder der Halle die Ableitung der Horizontalkräfte H_x in den Baugrund. Dies führt zu einer Konzentration der Horizontalkräfte in den Endscheiben, die jetzt jeweils mit 1/2 der gesamten Horizontalkraft H_x belastet werden.

Die einzelnen Dachelemente müssen zu einer Dachscheibe kraftschlüssig, d.h. zug-, druck- und schubfest verbunden werden. Dachscheiben können aus Stahlbeton- bzw. Spannbeton-Fertigteilen oder aus Stahl-Trapezblechen mit Betonaufschicht hergestellt werden.

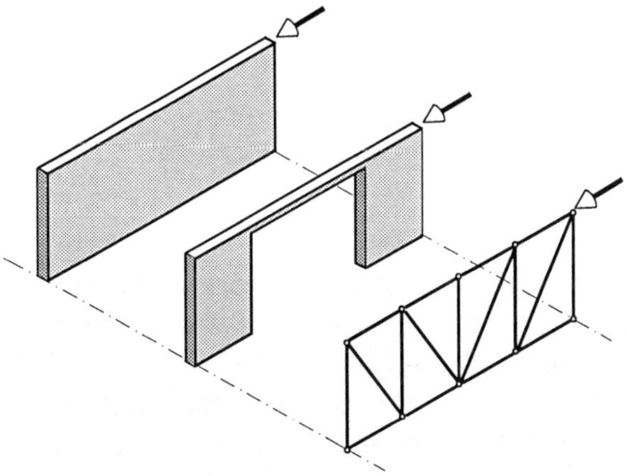

Die Endscheiben können z.B. als

- durchgehende Giebelwand
- geteilte Giebelwand
- Fachwerkverband

ausgebildet werden.

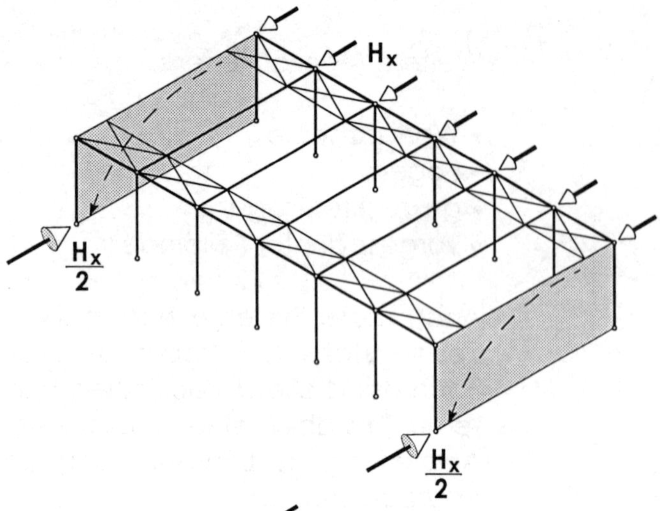

Statt einer schweren Dachscheibe werden insbesonders bei Stahl- und Holzhallen horizontal in der Dachebene liegende Fachwerkverbände angeordnet, welche die Horizontallasten zu den Giebeln ableiten.

Fachwerkträger verfügen bei geringem Eigengewicht über eine hohe Steifigkeit und sind zur Lastabtragung über große Spannweiten gut geeignet.

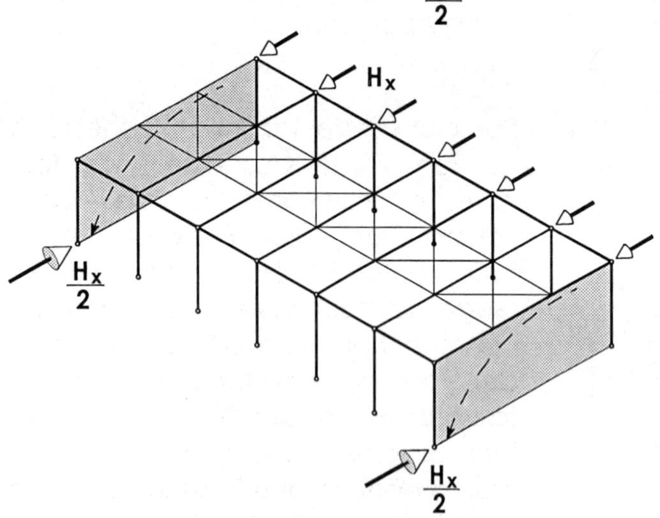

Es kann entweder an den beiden Längsseiten je ein Verband angeordnet werden, die je nach Windrichtung die Winddruck- bzw. die Windsogkräfte aufnehmen.

Auch durch einen mittig angeordneten Dachverband kann die Halle in Querrichtung ausgesteift werden. Die Horizontalkräfte werden dann über die Dachbinder zum Verband geleitet.

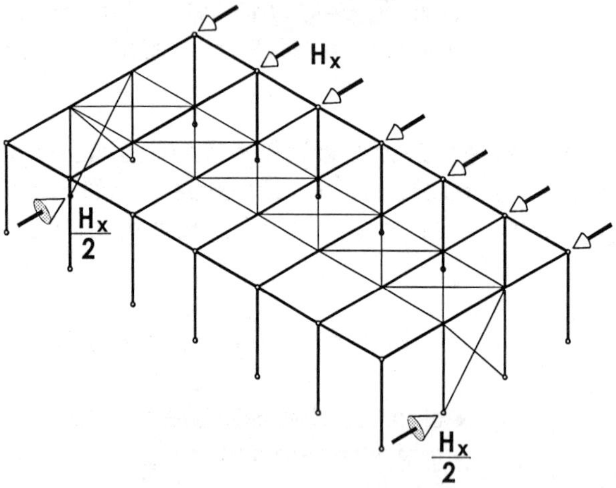

Anstelle einer massiven Giebelwandscheibe oder einem über die gesamte Giebelwandlänge reichenden Fachwerkverband (s. oben) ist auch ein Kreuzverband im Bereich des horizontalen Dachverbands an beiden Giebelseiten ausreichend.

Zusammenfassung:

In Querrichtung kann die Halle in jeder Achse durch ein stabiles Träger-Stützensystem ausgesteift werden, eine Mitwirkung der Dachscheibe ist dann nicht erforderlich. Soll nicht jede Träger-Stützenebene für sich ausgesteift werden, ist für die Stabilität der Halle in Querrichtung eine Dachscheibe erforderlich, die durch horizontal liegende Fachwerkverbände ersetzt werden kann. An den Giebelseiten sind zwei vertikale Aussteifungselemente notwendig.

Aussteifung in Längsrichtung

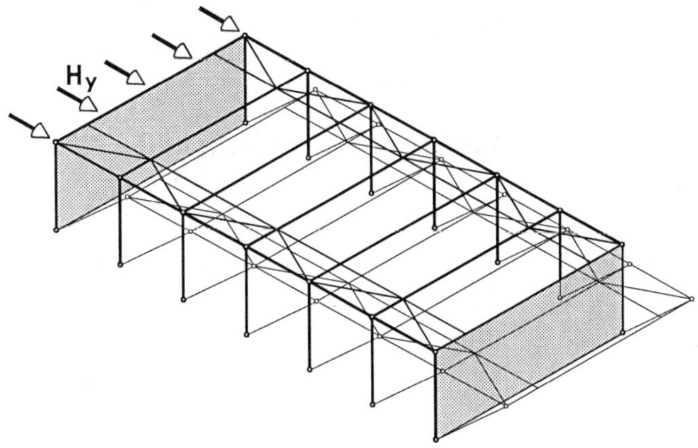

Die betrachtete Halle ist jetzt in Querrichtung gegen die Horizontalkräfte H_x ausgesteift.

Greift der Wind dagegen in Hallenlängsrichtung an und verursacht Horizontalkräfte H_y, ist das Tragwerk nicht stabil, d.h. nicht ausreichend ausgesteift.

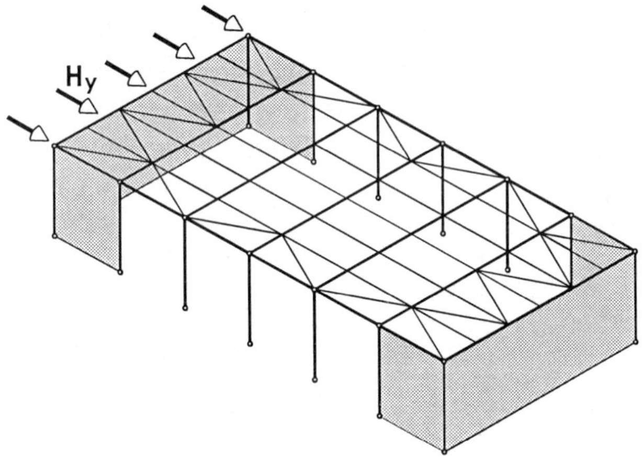

Es ist daher auch zur Aussteifung der Halle in Längsrichtung ein in der Dachebene liegender Fachwerkverband erforderlich, der die auf die Giebelwand wirkenden Horizontalkräfte H_y auf die aussteifenden Längswände leitet.

Bei kürzeren Hallen genügt ein (möglichst mittiger) Dachverband, bei längeren Hallen wird in den Endfeldern jeweils ein Verband angeordnet.

Auch im Bereich dieser in der Dachebene liegenden Fachwerkverbände sind wieder in den Längswänden aussteifende Elemente erforderlich. Nachstehend einige Möglichkeiten:

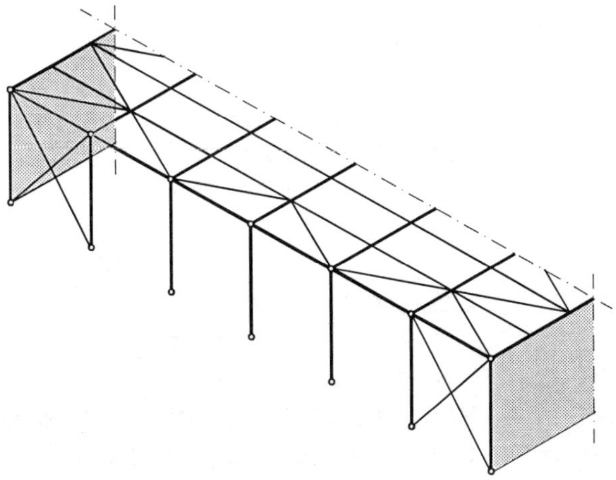

Längsaussteifung mit Kreuzverbänden (nur zugfest)

Baustoffe: Stahl (Rundstahl, Seil)
Holz

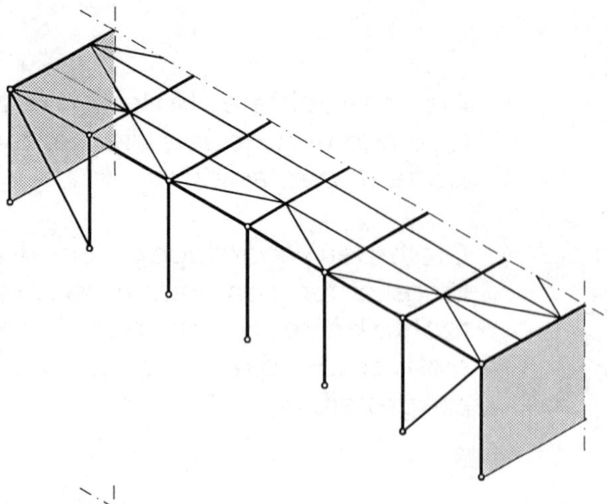

Längsaussteifung mit Streben (zug- und druckfest)

Baustoffe: Stahl (Doppel-T-Profil, U-Profil, Rohr usw.)
Holz

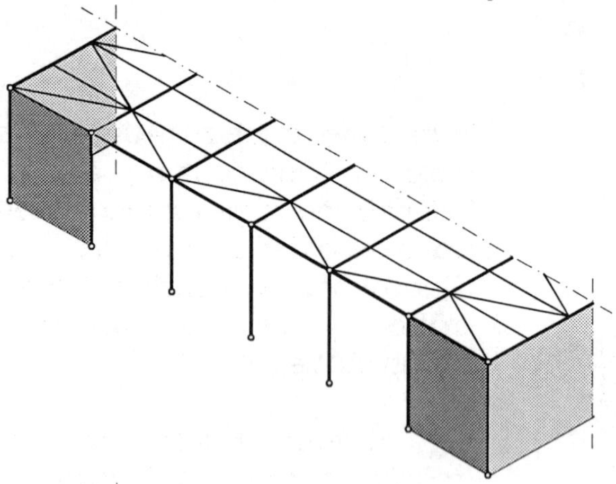

Längsaussteifung mit Wandscheiben

Baustoffe: Stahlbeton, Beton
Mauerwerk
Holzelemente

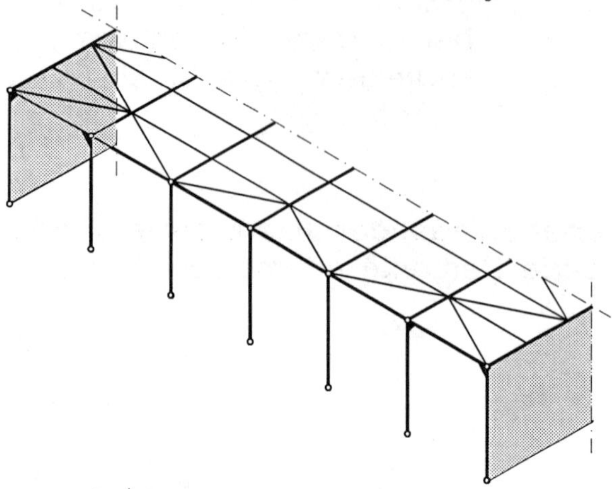

Längsaussteifung mit Rahmen

Baustoffe: Stahl
Stahlbeton
Holz

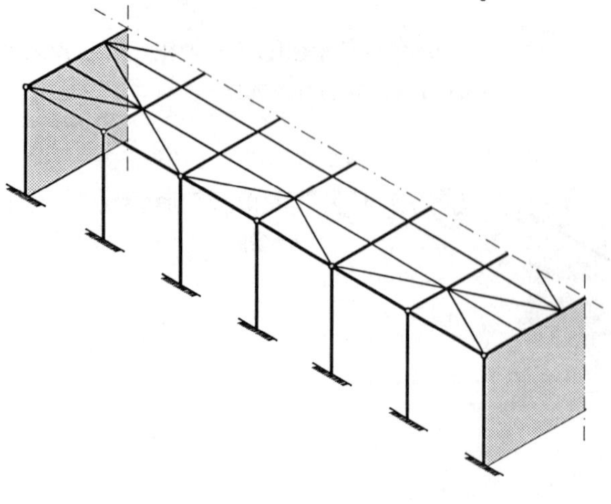

Längsaussteifung mit eingespannten Stützen (in Längsrichtung)

Baustoffe: Stahl
Stahlbeton

Wird die Halle durch eingespannte Stützen ausgesteift, ist es wegen der großen Verformung sinnvoll, die Ableitung der Horizontalkräfte auf möglichst viele Stützen zu verteilen.

Zusammenfassung:

Auch in Längsrichtung muss die Halle, wenn keine aussteifende Deckenscheibe vorhanden ist, durch mindestens einen in der Dachebene liegenden Fachwerkverband ausgesteift werden, der die Horizontalkräfte in zwei vertikale Aussteifungselemente in den Längswänden einleitet.

Zusammen mit dem Dachverband aus der Stabilisierung in Querrichtung mit den zwei zugehörigen notwendigen Aussteifungselementen in den Giebelwänden ergibt sich also folgende Minimalaussteifung für eine Halle ohne Dachscheibe.

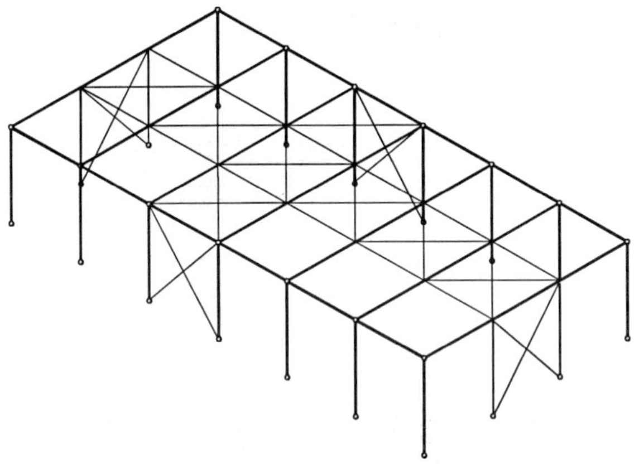

Minimalaussteifung:

- Zwei sich kreuzende horizontale Verbände in der Dachebene
- Je zwei vertikale Verbände in den Giebel- und Längswänden

Alle Stützen sind oben und unten gelenkig angeschlossen und sind nur durch Vertikallasten beansprucht.

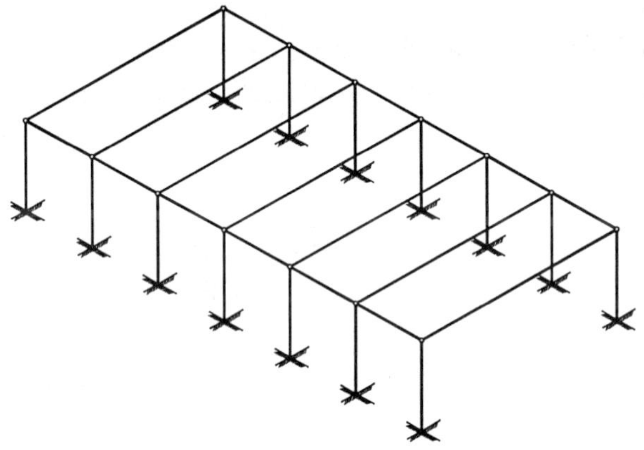

Während die Aussteifung im Stahl- und Holzbau hauptsächlich mit Verbänden erfolgt, werden Hallen im Stahlbetonfertigteilbau vorwiegend mit in beiden Richtungen eingespannten Stützen ausgesteift.

Vorteil: wie bei der Aussteifung mit Rahmen können hindernde Verbände oder Wandscheiben entfallen.

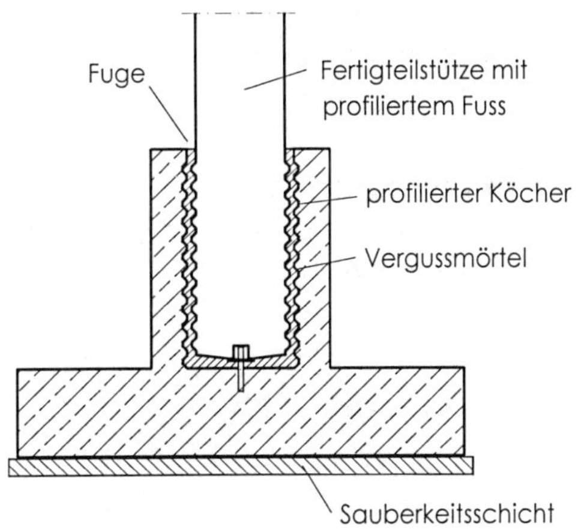

In Köcherfundament eingespannte Fertigteilstütze

Eingespannte Stützen werden durch die Horizontallasten auf Biegung beansprucht. Die Fundamente unter eingespannten Stützen müssen größer dimensioniert werden als unter gleich belasteten Pendelstützen, damit die erforderliche Standsicherheit gewährleistet ist.

Nachfolgend drei Beispiele von Hallen, die in Querrichtung durch in ihrer Ebene stabile Systeme und in Längsrichtung durch Verbände ausgesteift sind:

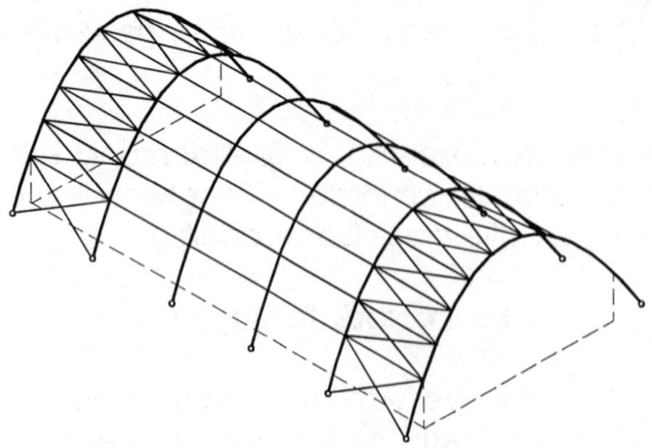

- Querrichtung:
  Zweigelenkbogen
- Längsrichtung:
  Fachwerkverbände in den Randfeldern

Baustoffe: Holz
Stahl
Stahlbeton

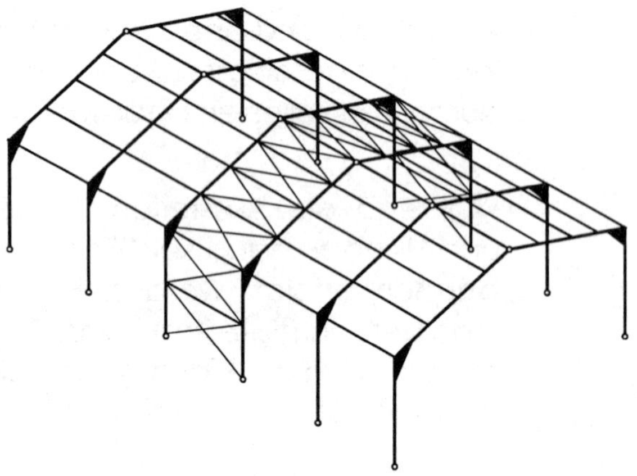

- Querrichtung:
  Dreigelenkrahmen
- Längsrichtung:
  mittiger Dach- und Wandverband

Baustoffe: Holz
Stahl

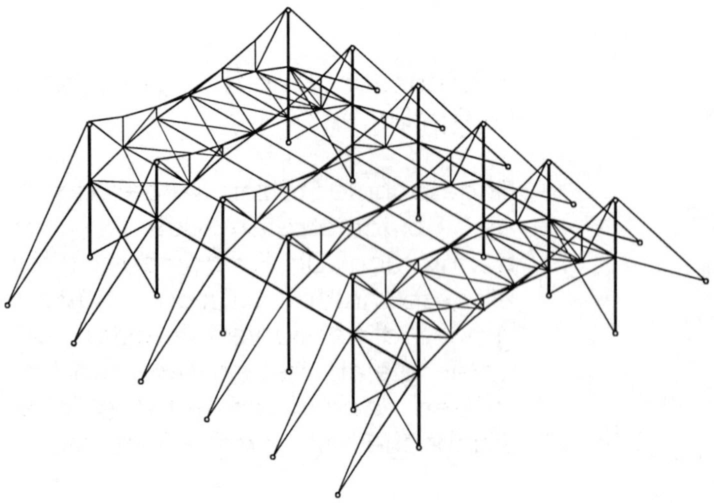

- Querrichtung:
  Seilbinder
- Längsrichtung:
  Fachwerkverbände in den Randfeldern

Baustoff: Stahl

Alle bisher betrachteten Hallentragwerke entstehen aus einer einachsigen Addition (in Längsrichtung) von ebenen Träger-Stützensystemen. Eine zusätzliche Aussteifung in Längsrichtung ist jeweils erforderlich.

Die gleichen Systeme (Rahmen, Bogen, Seilbinder) sind auch in radialer Anordnung möglich. Durch diese radiale Anordnung ergibt sich ein räumlich steifes System, das gegenüber symmetrischen Horizontalkräften stabil ist. Gegenüber asymmetrischen Horizontalkräften müssen die Systeme jedoch zusätzlich ausgesteift werden, da aus asymmetrischen Lasten eine Torsionsbeanspruchung (Verdrehung) des Gesamtsystems entsteht.

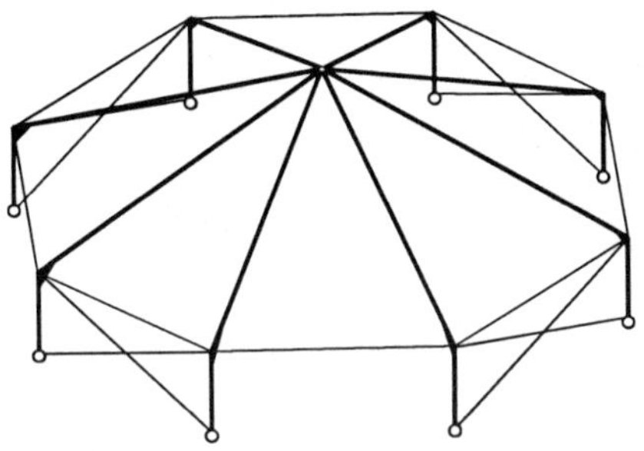

Gesamtsystem

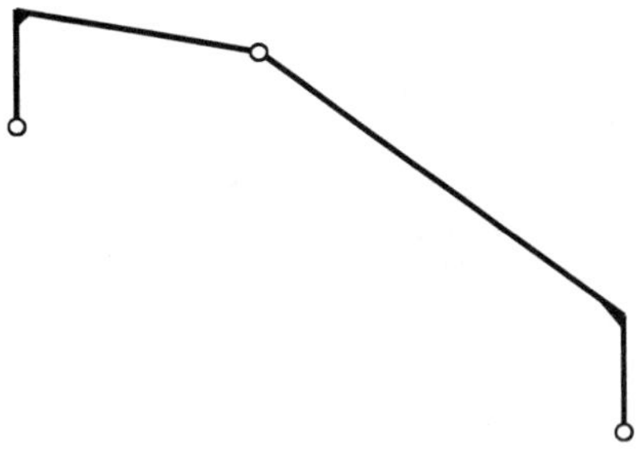

Einzelsystem: Dreigelenkrahmen

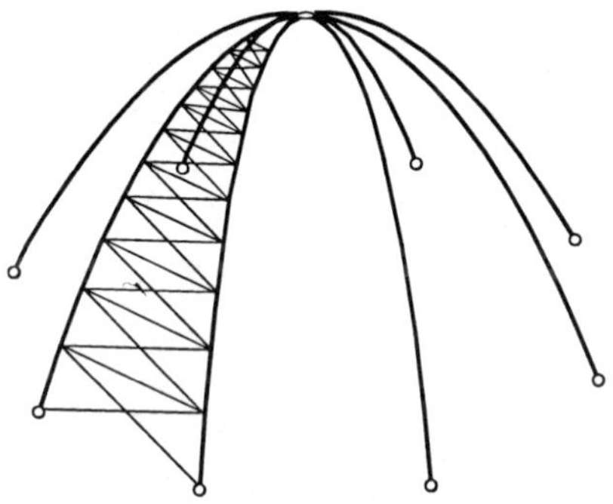

Gesamtsystem

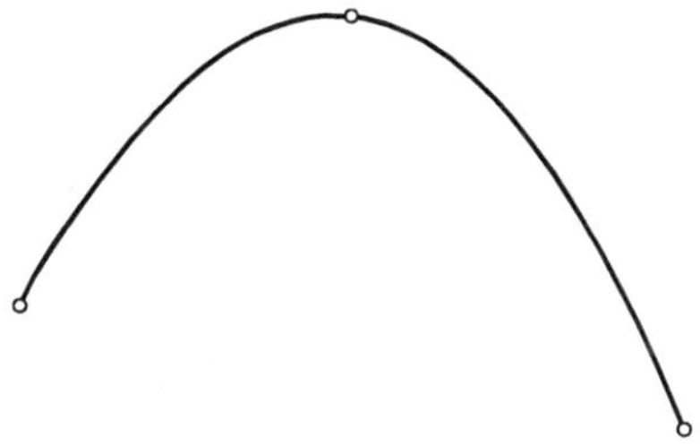

Einzelsystem: Dreigelenkbogen

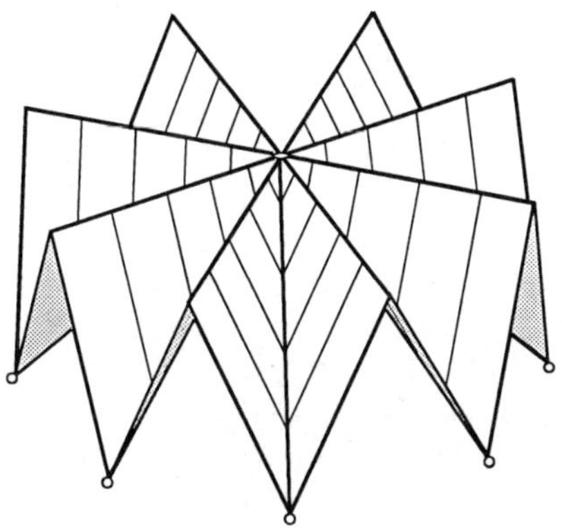

Gesamtsystem

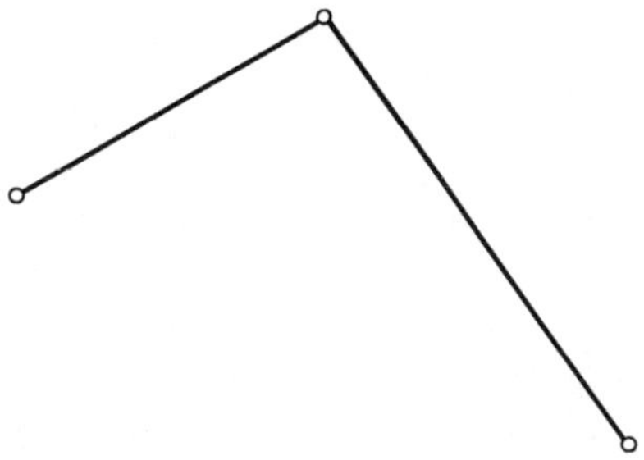

Einzelsystem: Dreigelenkstabzug

10 Stahlbeton

Gültig ist DIN 1045-1, - Tragwerke aus Beton, Stahlbeton und Spannbeton, Bemessung und Konstruktion - , Fassung Juli 2001.

10.1 Grundlagen

Stahlbeton ist ein Verbundbaustoff aus Beton und Stahl für Bauteile, bei denen das Zusammenwirken dieser Komponenten für die Aufnahme von Kräften notwendig ist.

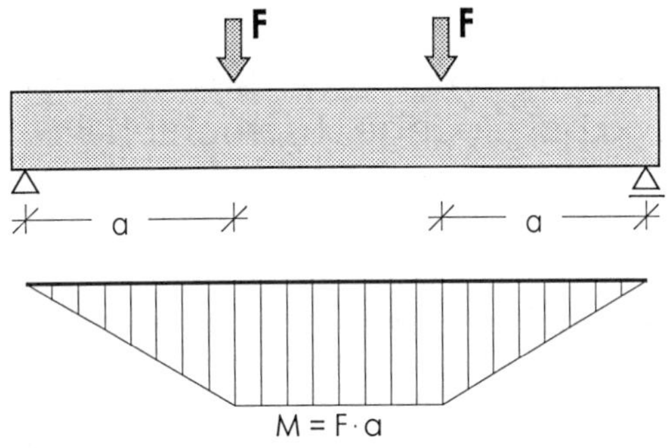

Beton kann große Druckspannungen, jedoch nur geringe Zugspannungen aufnehmen.

Wird ein Balken mit zwei Einzellasten F belastet, entsteht ein Biegemoment mit dem Maximalwert M = F · a.

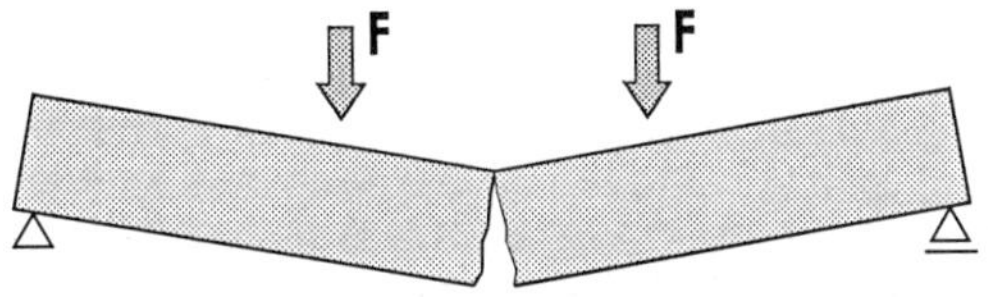

Ein unbewehrter Betonbalken würde beim Auftreten eines ersten Risses infolge Überschreitung der geringen Zugfestigkeit des Betons versagen, ohne dass die wesentlich höhere Druckfestigkeit des Betons ausgenutzt wäre.

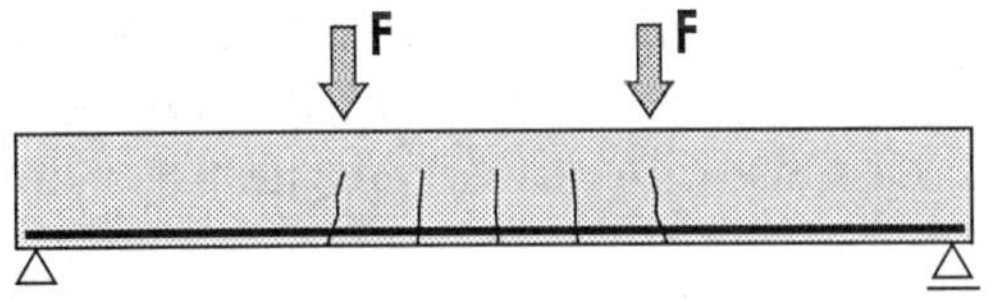

Deshalb werden in den Beton Bewehrungsstäbe eingelegt, welche die Aufgabe haben, die im Querschnitt auftretenden Zugkräfte aufzunehmen, beim Einfeldbalken an der Unterseite.

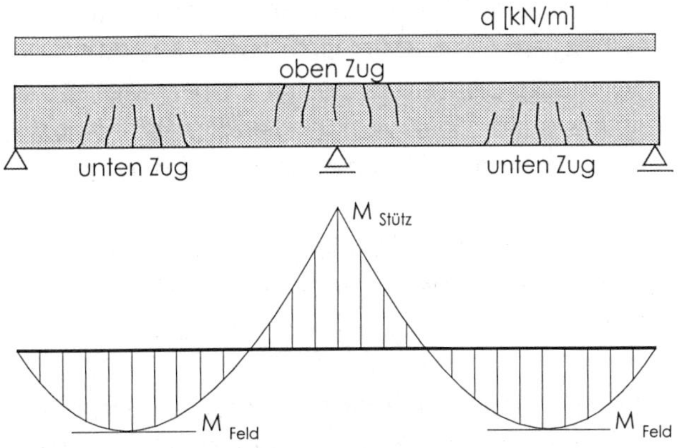

Beim Zweifeldträger entstehen im Bereich der positiven Feldmomente an der Querschnittsunterseite und im Bereich des negativen Stützmoments an der Querschnittsoberseite Zugspannungen, die bei Überschreiten der Betonzugfestigkeit zu Rissen führen.

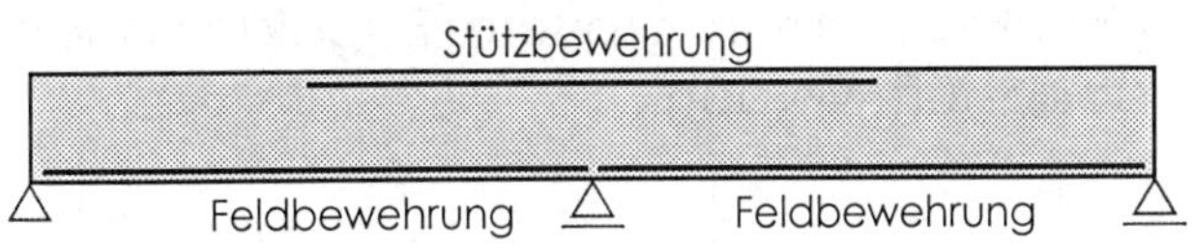

Auch hier werden die Bewehrungsstäbe an den Stellen angeordnet, an denen im Querschnitt Zugkräfte auftreten. Dies führt zu einer untenliegenden Feldbewehrung und einer obenliegenden Stützbewehrung.

Für die Abtragung von Druckkräften ist Beton der wirtschaftlichste Baustoff, Zugkräfte können am wirtschaftlichsten mit Stahl aufgenommen werden. Im Verbundbaustoff Stahlbeton sind also die Vorzüge von Beton und Stahl vereint.

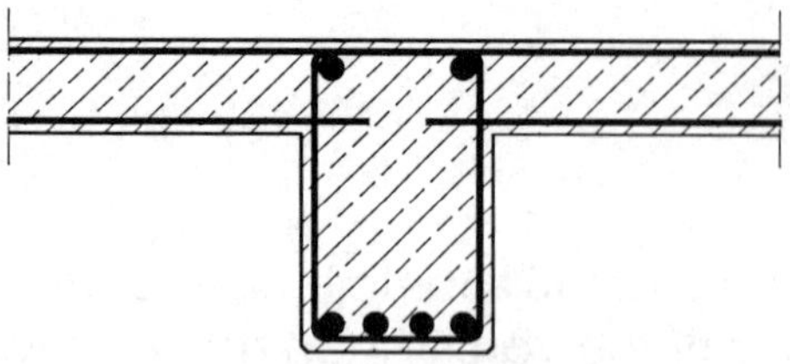

Querschnitt eines biegebeanspruchten Bauteils (Plattenbalken)

Neben der untenliegenden Biegebewehrung sind auch Bügel zur Aufnahme der Querkräfte erforderlich.

Bei nur auf Druck beanspruchten Bauteilen (Stützen) erhöhen die Bewehrungseinlagen die Tragfähigkeit auf Druck, sie sind nicht wie bei biegebeanspruchten Bauteilen auf Zug beansprucht.

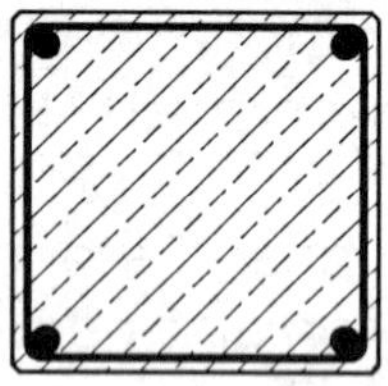

Querschnitt eines druckbeanspruchten Bauteils (Stütze)

Vorteile des Stahlbetons:

- Stahlbeton ist beliebig formbar. Frischbeton ist flüssig und passt sich jeder Schalungsform an. Es können stabförmige oder flächenförmige Bauteile, eben oder gekrümmt hergestellt werden. Grenzen sind durch die Schalungskosten gesetzt, auch gewisse Mindestabmessungen müssen eingehalten werden. Die Bewehrung kann entsprechend dem Verlauf der Schnittgrößen abgestuft werden.

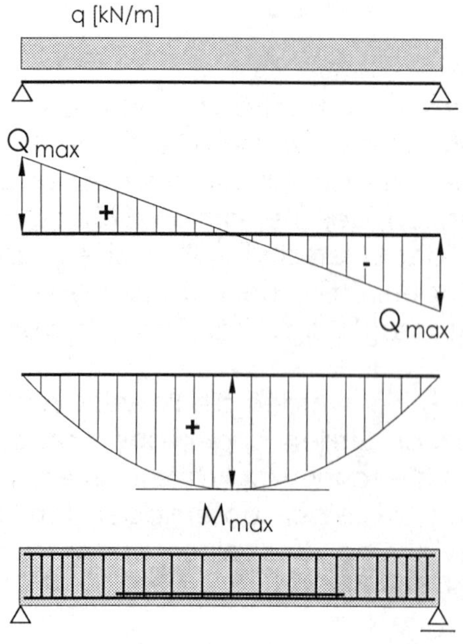

Der Einfeldträger wird in Feldmitte durch das größte Biegemoment M und an den Auflagern mit der größten Querkraft Q beansprucht. An jeder anderen Stelle des Balkens sind die Werte der Querkraft bzw. die Werte des Biegemoments kleiner.

Die untenliegende Biegebewehrung kann zu den Auflagern hin mit abnehmendem Biegemoment M gestaffelt werden.

Die für die Aufnahme der Querkräfte erforderliche Bügelbewehrung kann zur Feldmitte hin mit abnehmender Querkraft durch größere Bügelabstände abgestuft werden.

- Stahlbeton ist beständig gegen Feuer, Witterungseinflüsse und mechanische Abnutzung. Voraussetzung hierfür ist eine konstruktiv einwandfreie Ausführung. Für die Dauerhaftigkeit von Stahlbetonbauteilen ist die Überdeckung c der Bewehrung von großer Bedeutung.

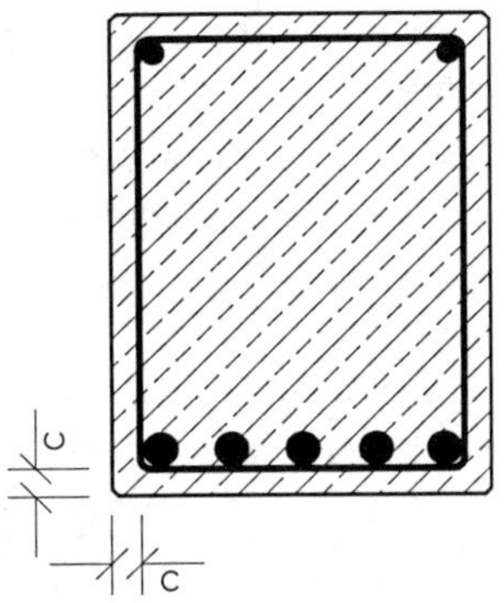

Die erforderliche Überdeckung c der Bewehrung ist abhängig von

- Stabdurchmesser
- Umweltbedingungen
- Brandschutzanforderungen

- Wegen des monolithischen Zusammenhangs ergeben sich oft statisch vielfach unbestimmte Tragwerke mit hohen Tragreserven und Sicherheiten. Durchlaufträger und Rahmen sind typische Tragwerke aus Stahlbeton. Statisch unbestimmte Konstruktionen bieten zusätzliche Sicherheit bei Katastrophenfällen wie Erdbeben, Explosionen oder Fahrzeuganprall. Es sind aber auch statisch bestimmte Konstruktionen aus Stahlbeton möglich (Fertigteilbau).

- Wegen des hohen Eigengewichts besitzen Decken und Wände aus Stahlbeton eine gute Luftschalldämmung und sind gegenüber gelegentlichen Lastüberschreitungen aus Verkehrslast unempfindlich. Der Verkehrslastanteil einer 20 cm dicken Stahlbetondecke im Wohnungsbau beträgt nur etwa 20% der Gesamtlast, bei einer vergleichbaren Holzbalkendecke dagegen ca. 50% bis 60%.

- Stahlbeton ist wirtschaftlich (billige Rohstoffe wie Sand, Kies und Wasser) und bedarf bei ordnungsgemäßer Ausführung in der Regel keiner Unterhaltung.

Nachteile des Stahlbetons:

- Stahlbetonkonstruktionen besitzen im Vergleich zur eigentlichen Nutzlast ein sehr hohes Eigengewicht. Dies führt im Vergleich zu Stahl- oder Holzkonstruktionen zu hohen Stützenlasten und großen Fundamenten. Bei schlechtem Baugrund kann dies unter Umständen den Entwurf beeinflussen (engeres Stützenraster, Wahl eines anderen Baustoffs anstelle von Stahlbeton).

- Ohne Zusatzmaßnahmen besitzen Stahlbetonwände und -decken einen schlechten Wärmeschutz und eine schlechte Körperschalldämmung. Es ist deshalb oft vorzuziehen, anstelle einer Stahlbetonwand mit Thermohaut oder Vorsatzschale auf eine Mauerwerkswand umzustellen, wenn es die Belastung zulässt.

- Durch verschmutzte Luft, insbesonders durch CO_2 und SO_2, sowie durch streusalzhaltiges Wasser oder Sprühnebel ist eine Schädigung von Stahlbetonbauteilen möglich.

- Nachträgliche bauliche Änderungen sind bei Stahlbetonbauteilen sehr aufwändig und teuer. Ein nachträgliches Anschrauben (oder Anschweißen) wie im Stahlbau ist nur bedingt möglich. Auch eine nachträgliche Verstärkung von Biegeträgern und Stützen, z.B. infolge einer Nutzungsänderung, ist nur mit erheblichem Aufwand durchführbar (Bewehrungsverstärkung durch geklebte Stahl- oder kohlefaserverstärkte Kunststofflamellen).

- Holz- und Stahlkonstruktionen sind leicht demontierbar und auch wiederverwertbar. Stahlbetonkonstruktionen können in den allermeisten Fällen nur durch Zerstörung beseitigt werden, sie sind nicht recycelbar. Da heute oft nur für einen kalkulierten Zeitraum gebaut wird, sind in die Gesamtkalkulation auch die Abbruchkosten miteinzubeziehen.

- Stahlbetonkonstruktionen in Ortbeton werden im Gegensatz zu Konstruktionen aus den anderen Baustoffen Stahl und Holz erst auf der Baustelle hergestellt. Dadurch leidet oft die erforderliche Sorgfalt und Genauigkeit der Ausführung im Gegensatz zu werksmäßig hergestellten Bauteilen.

10.2 Die Baustoffkomponente Beton

Die Herstellung von Beton erfolgt durch Mischen von Zuschlagstoffen wie Sand und Kies mit Zement und Wasser. Die Erhärtung des Betons beginnt nach wenigen Stunden und ist je nach Zementart nach 28 Tagen zu ca. 60% bis 90% abgeschlossen.

10.2.1 Bestandteile des Betons

- Zement

Zement ist ein feingemahlenes hydraulisches Bindemittel. Mit Wasser angemacht, erhärtet der Zement an der Luft, aber auch unter Wasser. Für tragende Bauteile aus Beton und Stahlbeton muß Zement nach DIN 1164 verwendet werden. Die wichtigsten Zementarten sind:

CEM I	Portlandzement (bisher Portlandzement PZ)
CEM II	Portlandhüttenzement (bisher Eisenportlandzement EPZ)
	Portlandpuzzolanzement (bisher Trasszement TrZ)
CEM III	Hochofenzement (bisher Hochofenzement HOZ)

Diese Normzemente werden in drei Festigkeitsklassen 32,5 N/mm², 42,5 N/mm² und 52,5 N/mm² hergestellt, jeweils normalerhärtend ohne Kennbuchstaben und schnellerhärtend mit Kennbuchstaben R = rapid (z.B. 42,5 und 42,5 R). Je höher die Festigkeitsklasse des Zements, desto schneller ist die Erhärtung und desto kürzer sind die Ausschalfristen. Die Festigkeitsklasse bezeichnet die Mindestdruckfestigkeit nach 28 Tagen.

• Betonzuschlag

Die Zuschlagstoffe bestehen aus einem Gemenge von Körnern aus künstlichen oder natürlichen mineralischen Stoffen. Die Körner können gebrochen oder ungebrochen sein und ein dichtes oder poriges Gefüge haben. Die Zuschlagstoffe müssen frei von Verunreinigungen sein (Lehm, Humus, Ton).

natürliche Zuschlagstoffe	künstliche Zuschlagstoffe
Sand, Kies	Hochofenschlacke
Lavaschlacke	Blähton, Blähschiefer
Bims, Tuff	Ziegelsplitt
Quarzit	Steinkohlenschlacke

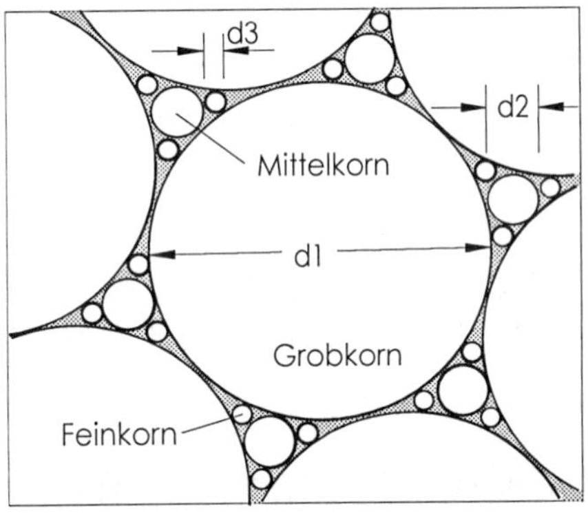

Das Zuschlaggemisch soll so zusammengesetzt sein, dass es einerseits möglichst grobkörnig, andererseits aber hohlraumarm ist. Die kleineren Zuschlagskörner sollen die Hohlräume zwischen den größeren ausfüllen. Das Größtkorn muss ein einwandfreies Einbringen und Verarbeiten des Betons (besonders bei engliegender Bewehrung) zulassen. Seine Größe darf 1/3 der kleinsten Bauteilabmessungen nicht überschreiten.

Die Kornzusammensetzung des Betonzuschlags wird in sogenannten Sieblinien geregelt, aus denen die einzelnen Korndurchmesser in Gewichts-% zu entnehmen sind.

Maßgebend für den Betonzuschlag ist DIN 4226. Nach der Art der Zuschlagstoffe wird unterschieden in:

- Leichtbeton Rohdichte ≤ 2 t/m³
- Normalbeton Rohdichte > 2 t/m³ $< 2{,}8$ t/m³
- Schwerbeton Rohdichte $\geq 2{,}8$ t/m³

• Anmachwasser

Wasser hat einerseits die Aufgabe, den frischen Beton verarbeitbar zu machen, andererseits ist das Wasser zum Erhärten des Zements nötig, da erst bei Zugabe von Wasser die chemische Reaktion und damit der Erhärtungsvorgang beginnt.

Fast alle natürlichen Wässer sind geeignet. Moorwasser, stark verunreinigtes Wasser und Meerwasser sind nicht brauchbar. Im Zweifelsfall ist eine Untersuchung über die Eignung zur Betonherstellung nötig. Bei sehr kalkarmen Wasser ist eventuell ein erhöhter Zementanteil nötig.

• Betonzusätze

Betonzusätze verändern durch chemische oder physikalische Wirkung bestimmte Eigenschaften des Frisch- oder Festbetons wie z.B. die Verarbeitbarkeit, das Erstarren, die Dichtigkeit oder die Frostfestigkeit. Sie müssen amtlich zugelassen sein.

Die größte zulässige und die empfohlene Zusatzmenge werden im jeweiligen Prüfbescheid angegeben. Die Gebrauchsanweisungen sind unbedingt zu beachten.

In Anwendung sind:

- Betonverflüssiger BV
- Fließmittel FM
- Luftporenbildner LP
- Betondichtungsmittel DM
- Erstarrungsverzögerer VZ
- Erstarrungsbeschleuniger BE
- Stabilisierer ST

Betonverflüssiger (BV) dienen der leichteren Verarbeitbarkeit des Frischbetons und ermöglichen eine Einsparung an Anmachwasser. Damit kann eine Erhöhung der Druckfestigkeit erreicht werden.

Fließmittel (FM) geben dem Frischbeton eine sehr weiche bis flüssige Konsistenz, ohne dass der Beton zur Entmischung neigt. Sie werden bei sehr feingliedrigen Schalungen und bei Pumpbeton angewendet.

Luftporenbildner (LP) erhöhen die Frostbeständigkeit des Betons. Sie werden bei der Witterung ausgesetzten Außenbauteilen eingesetzt.

Betondichtungsmittel (DM) verbessern die Wasserundurchlässigkeit des Betons. Ihr Anwendungsgebiet liegt bei Bauteilen, bei denen erhöhte Anforderungen an die Dichtigkeit gestellt sind, z.B. Grundwasserwannen, Becken und Ähnliches.

Erstarrungsverzögerer (VZ) können das Erhärten des Frischbetons um drei bis acht Stunden verzögern, was beim Betonieren großer Bauteile vorteilhaft sein kann (Bodenplatten, Decken).

Erstarrungsbeschleuniger (BE) werden im Fertigteilwerk verwendet, aber auch für Spritzbeton und zur Abdämmung von Wassereinbrüchen. Sie erhöhen zwar die Frühfestigkeit des Betons, vermindern aber die Endfestigkeit.

Stabilisierer (ST) werden dem Beton zugegeben, um der Entmischung beim Einbringen und Verdichten entgegenzuwirken.

Bei Verwendung mehrerer Zusatzmittel gleichzeitig ist darauf zu achten, dass sich ihre jeweilige Wirkung nicht aufhebt oder zu nicht vorgesehenen Auswirkungen auf die Festigkeit und Eigenschaften des Betons führt.

10.2.2 Festigkeiten des erhärteten Betons

Von allen Herstellern von Frischbeton muss eine Produktionskontrolle durchgeführt werden, die alle Maßnahmen umfassen muss, die für die Erzielung der Konformität (Übereinstimmung) des Betons mit den festgelegten Anforderungen erforderlich sind.

Hierzu gehören neben der Überwachung und Prüfung der Ausgangsstoffe, der Vorrichtungen für die Lagerung, der Wäge- und Messeinrichtungen, des Mischers und der Steuerungsgeräte insbesonders die Kontrolle der Betoneigenschaften, im wesentlichen der Druckfestigkeit.

- Druckfestigkeit

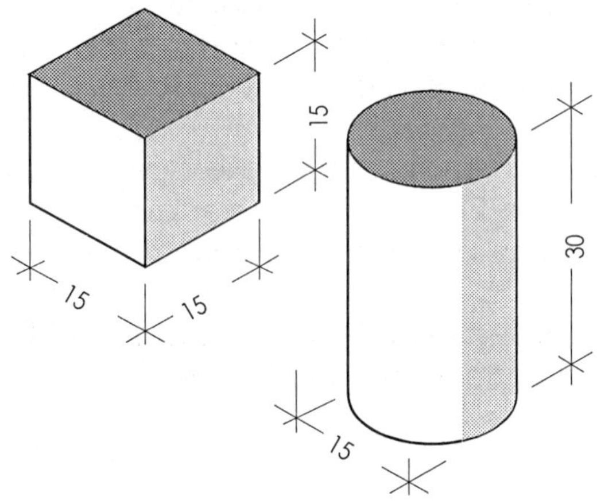

Die Druckfestigkeit wird üblicherweise an 28 Tage alten Probewürfeln mit 15 cm Kantenlänge ermittelt, die einen Tag in der Form bleiben, sechs Tage wassergelagert und bis zum Prüftermin luftgelagert werden. Hieraus ergibt sich die Druckfestigkeit $f_{ck,cube}$.

Zur Klassifizierung der Druckfestigkeit werden weiterhin Festigkeitsmessungen an zylindrischen Probekörpern mit 15 cm Durchmesser und 30 cm Höhe durchgeführt. Die sich daraus ergebenden Festigkeiten werden mit $f_{ck,cyl}$ bezeichnet.

f Festigkeit eines Materials
c Beton (concrete)
k charakteristischer Wert

Die Qualität eines Betons wird in Festigkeitsklassen angegeben. Nach DIN 1045-1 wird unterschieden in C12/15, C16/20, C20/25, C25/30, C30/37, C35/45, C40/50, C45/55 und C50/60. Weiterhin sind die Festigkeitsklassen C55/67, C60/75, C70/85, C80/95, C90/105 und C100/115 möglich. Der erste Zahlenwert bedeutet die Zylinderdruckfestigkeit $f_{ck,cyl}$, der zweite Wert die Würfeldruckfestigkeit $f_{ck,cube}$. Für den üblichen Hochbau werden die Festigkeitsklassen C12/15 bis C50/60 verwendet.

Bei der Bemessung von Stahlbetonbauteilen wird nicht von den charakteristischen Festigkeiten ausgegangen, sondern wie bei Holz und Stahl von zulässigen Grenzspannungen $\sigma_{R,d}$. Hierzu muss die charakteristische Festigkeit mit dem Teilsicherheitsbeiwert γ_M = 1,5 für Beton und einem Faktor α = 0,85 für Dauerlasten (gegenüber den im Kurzzeitversuch ermittelten Festigkeitswerten) abgemindert werden.

$$\sigma_{R,d} = f_{ck,cyl} \cdot \frac{\alpha}{\gamma_M} = f_{ck,cyl} \cdot \frac{0{,}85}{1{,}5} = 0{,}565 \cdot f_{ck,cyl}$$

Grenzwerte $\sigma_{R,d}$ [kN/cm²] der Druckspannungen von Beton

Festigkeits-klasse	**C12/15**	**C16/20**	**C20/25**	**C25/30**	**C30/37**	**C35/45**	**C40/50**	**C45/55**	**C50/60**
$f_{ck,cyl}$ [kN/cm²]	1,2	1,6	2,0	2,5	3,0	3,5	4,0	4,5	5,0
$\sigma_{R,d}$ [kN/cm²]	0,68	0,90	1,13	1,41	1,70	1,98	2,26	2,54	2,83

• Zugfestigkeit

Die Zugfestigkeit des Betons ist wesentlich geringer als die Druckfestigkeit. Sie beträgt nur ca. 5% bis 10% der Druckfestigkeit. Außerdem streut sie je nach Zuschlägen, Beanspruchungsart und Festigkeitsklasse des Betons wesentlich stärker als die Druckfestigkeit. Sie ist daher kein Parameter, mit dem sich Beton beschreiben lässt.

Der Nachweis der Zugfestigkeit wird in DIN 1045-1 nicht verlangt, allerdings wird bei Bauteilen, die möglichst rissefrei bleiben sollen, eine Beschränkung der auftretenden Betonzugspannungen gefordert (z.B. Tanks, Schwimmbecken, Grundwasserwannen).

Als genügend genauer Näherungswert für die Zugfestigkeit f_{ct} (t = tension) in Abhängigkeit von der Druckfestigkeit $f_{ck,cyl}$ gilt folgende Beziehung:

$$f_{ct} = 0{,}14 \cdot \sqrt[3]{f_{ck,cyl}}^{\,2}$$

Beispiel: Beton C25/30
$f_{ck,cyl} = 2{,}5$ kN/cm²

$$\Rightarrow f_{ct} = 0{,}14 \cdot \sqrt[3]{2{,}5^2} = 0{,}26 \text{ kN/cm}^2$$

Weitere Anforderungen neben der Festigkeit

• Wasserundurchlässigkeit

Als wasserundurchlässig gilt ein Beton, wenn die Wassereindringtiefe ≤ 50 mm ist. Der Beton muss ein sehr dichtes Gefüge besitzen. Die Mindestdicke von Bauteilen aus wasserundurchlässigem Beton sollte 30 cm betragen. DIN 1045-1 nennt die Begriffe "wasserdichter Beton" und "Sperrbeton" nicht.

• Ölundurchlässigkeit

Wasserundurchlässiger Beton kann leichtflüssiges Öl durchlassen. Daher sind meist Schutzanstriche erforderlich.

- Hoher Frostwiderstand

Er ist erforderlich, wenn Beton im feuchten Zustand häufigem Frost-Tau-Wechsel ausgesetzt ist. Dies sind Bauteile und Bauwerke, die voll bewittert sind. Die Zuschlagstoffe müssen frostbeständig sein.

- Hoher Abnutzwiderstand

Bei besonders starker mechanischer Beanspruchung. Es sollte Beton der Festigkeitsklassen ≥ C35/45 verwendet werden.

10.2.3 Formänderungen des Betons

Beim erhärteten Beton ist in elastische und plastische Formänderungen zu unterscheiden. Elastische Formänderungen entstehen durch Belastung und Temperaturbeanspruchung und gehen nach der Entlastung vollständig zurück. Plastische Formänderungen führen dagegen zu bleibenden Verformungen eines Bauteils. Sie sind zum Teil belastungsunabhängig (Schwinden), zum Teil belastungsabhängig (Kriechen).

- Elastische Formänderungen

Temperaturschwankungen können zu erheblichen Dehnungen (Verkürzung bzw. Verlängerung) eines Bauteils führen (vgl. Abschnitt 2.6.2). Sind diese Dehnungen behindert, entstehen Spannungen, die zu Schäden führen.

Die Längenänderung Δl eines Bauteils aus Temperatur ergibt sich zu:

$$\Rightarrow \Delta l = \pm \alpha_t \cdot l \cdot \Delta t$$

Wird das Bauteil an der Längenänderung behindert, entstehen Spannungen σ_t:

$$\Rightarrow \sigma_t = \pm \alpha_t \cdot \Delta t \cdot E$$

Es bedeutet:	Δl	Längenänderung [cm]
	α_t	Wärmedehnzahl von Beton [1/°C]
	Δt	Temperaturänderung [°C]
	σ_t	Temperaturspannung [kN/cm²]
	l	Bauteillänge [cm]
	E	Elastizitätsmodul [kN/cm²]

Die Wärmedehnzahl von Beton ist in DIN 1045-1 angegeben mit:

$$\alpha_t = 1{,}0 \cdot 10^{-5}\ [1/°C]$$

Die Werte der Elastizitätsmodule zur Berechnung der Formänderung gibt DIN 1045-1 abhängig von der Festigkeitsklasse an:

Festigkeits-klasse	**C12/15**	**C16/20**	**C20/25**	**C25/30**	**C30/37**	**C35/45**	**C40/50**	**C45/55**	**C50/60**
E-Modul [kN/cm²]	2580	2740	2880	3050	3190	3330	3450	3570	3680

Beispiel: eine 40 m lange Stahlbetondecke aus Beton C25/30 erfährt eine Temperaturänderung Δt von 30°C (Abkühlung).

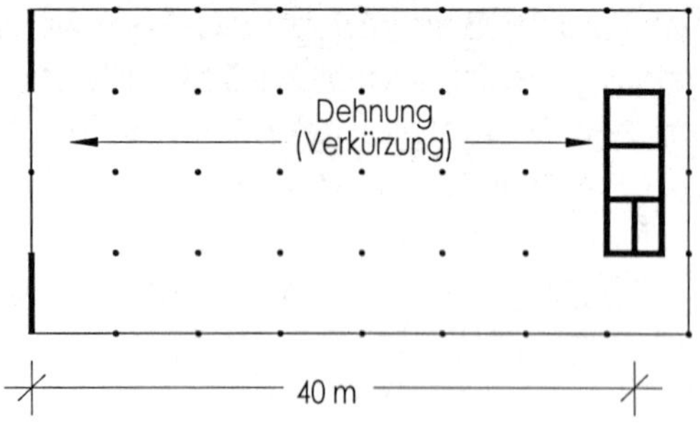

Das Gebäude ist durch einen Kern und zwei Wände ausgesteift. Die Decke kann sich ungehindert dehnen, da die Wände in der Giebelwand senkrecht zu ihrer Ebene keine Steifigkeit besitzen.

$$\Delta l = \alpha_t \cdot l \cdot \Delta t$$

$$\Rightarrow \Delta l = 1{,}0 \cdot 10^{-5} \cdot 4000 \cdot 30 = 1{,}2 \text{ cm}$$

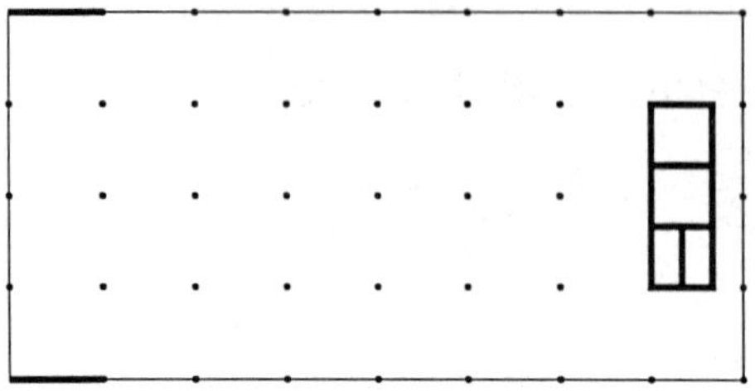

Die Längenänderung der Decke ist bei dieser Aussteifung behindert. Bei Abkühlung der Decke entstehen Zugspannungen σ_t.

$$\sigma_t = \pm\, \alpha_t \cdot \Delta t \cdot E$$

$$\Rightarrow \sigma_t = 1{,}0 \cdot 10^{-5} \cdot 30 \cdot 3050 = 0{,}92 \text{ kN/cm}^2$$

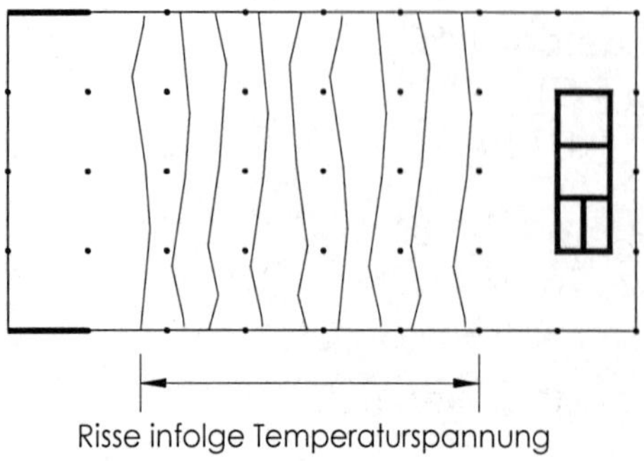

Risse infolge Temperaturspannung

Da Beton der Festigkeitsklasse C25/30 nur eine Zugfestigkeit f_{ct} = 0,26 kN/cm² besitzt, wird die Decke infolge einer Abkühlung um 30°C reißen.

Die Aufgabe der Bewehrung ist es daher, neben der Aufnahme von Biegemomenten aus Last die Risse infolge Temperatur möglichst fein zu verteilen.

Im Brandfall treten wesentlich höhere Temperaturen bis zu 800°C auf, die zu Schäden am Tragwerk führen.

Beispiel: ein 8,0 m weit gespannter Stahlbetonbalken mit den Querschnittsabmessungen b/h = 40 cm/60 cm aus Beton der Festigkeitsklasse C25/30 erfährt infolge Brand eine Erwärmung um 400°C.

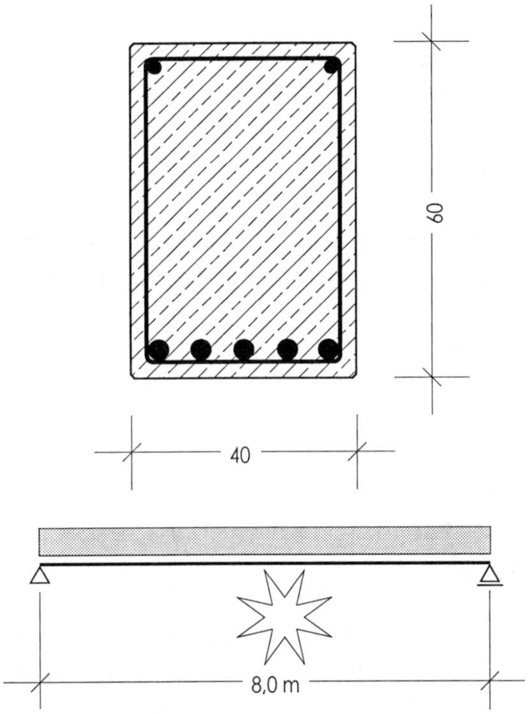

Längenänderung (Ausdehnung)

$$\Delta l = \alpha_t \cdot l \cdot \Delta t$$

$$\Rightarrow \Delta l = 1{,}0 \cdot 10^{-5} \cdot 800 \cdot 400 = 3{,}2 \text{ cm}$$

Spannung bei Dehnungsbehinderung

$$\sigma_t = \pm\, \alpha_t \cdot \Delta t \cdot E$$

$$\Rightarrow \sigma_t = 1{,}0 \cdot 10^{-5} \cdot 400 \cdot 3050 = 12{,}2 \text{ kN/cm}^2$$

Längskraft im Querschnitt 40/60 cm

$$\Rightarrow N = \sigma_t \cdot A = 12{,}2 \cdot 40 \cdot 60 = 29280 \text{ kN}$$

Diese Längskraft im Balken von 29280 kN oder 2930 to verdeutlicht die Notwendigkeit, Bauteile so zu lagern, dass Längenänderungen möglich und damit Zwangsspannungen ausgeschlossen sind.

- Plastische Formänderungen

Zeit- und klimaabhängige bleibende Formänderungen entstehen durch Veränderung des Zementsteins im Beton, wobei unterschieden wird in:

- Schwinden als lastunabhängige Formänderung durch Feuchtigkeitsänderung im Zementstein und

- Kriechen als lastabhängige Formänderung durch Volumenänderung des Zementsteins bei Belastung.

Beim Schwinden verringert sich das Volumens eines Bauteils infolge Abgabe von Feuchtigkeit an die umgebende Luft. Besonders das Schwinden von großflächigen Stahlbetonbauteilen (Geschossdecken, Bodenplatten, Wände) führt zu erheblichen Verkürzungen dieser Bauteile, die zu den Verkürzungen aus Abkühlung zu addieren sind.

Das Schwindmaß hängt ab von der Feuchtigkeit der umgebenden Luft, der Zusammensetzung des Betons (Wassergehalt) und den Bauteilabmessungen. Der Vorgang des Schwindens von Beton erstreckt sich über mehrere Jahre, verläuft jedoch in den ersten Wochen am schnellsten und nimmt dann ab.

Das Schwinden ist in trockener Luft am größten, in sehr feuchter Luft am geringsten. Näherungsweise können für das Schwindmaß folgende Werte angenommen werden:

Beton im Freien	0,25 mm/m Bauteillänge
Beton in geschlossenen Räumen	0,40 mm/m Bauteillänge

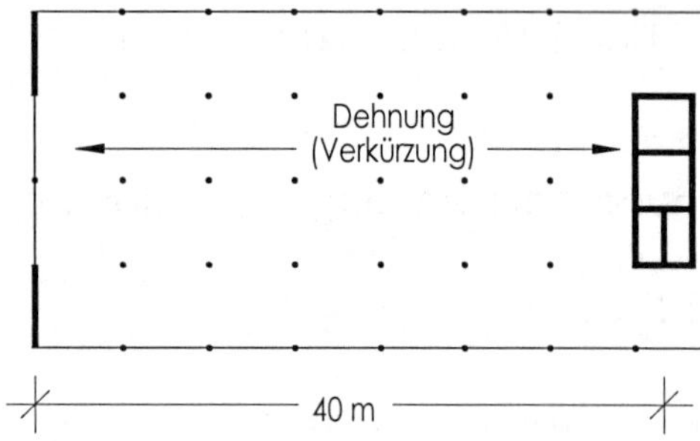

Beispiel:

Eine 40,0 m lange Stahlbeton-Geschossdecke verkürzt sich infolge Schwinden um

$\Rightarrow \Delta l = 40{,}0 \cdot 0{,}4 = 16$ mm

Diese Verkürzung von $\Delta l = 1{,}6$ cm der Decke infolge Schwinden ist zu der Verkürzung infolge Abkühlung um 30°C von $\Delta l = 1{,}2$ cm zu addieren, so dass sich insgesamt eine Längenänderung der Decke von $\Delta l = 2{,}8$ cm ergibt.

Bei großen Baukörpern ist es daher erforderlich, durch die Anordnung von Fugen kleinere Bauwerksabschnitte mit nicht zu großen Schwindverformungen auszubilden. Die Anordnung der notwendigen Fugen sollte möglichst frühzeitig im Entwurfsprozess berücksichtigt werden.

Wird ein Stahlbetonbalken belastet, biegt er sich durch. Bleibt die Belastung über einen langen Zeitraum bestehen, wird die Durchbiegung größer. Diese allmähliche Verformung unter langandauernder Belastung wird als Kriechen bezeichnet. Beim Kriechen des Betons werden kleinste Wasserteilchen im Beton unter Belastung verlagert und verformt, wodurch ebenfalls eine bleibende Volumenverringerung entsteht.

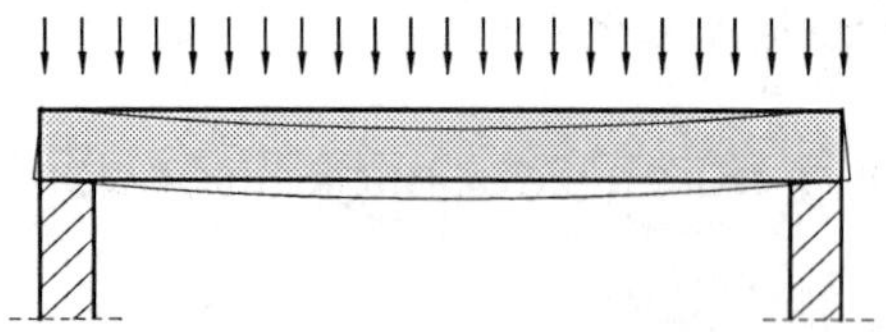

Auch nach Entlastung des Balkens bleibt ein Teil der Durchbiegung bestehen.

Wie das Schwinden ist auch das Kriechen des Betons abhängig von der Feuchtigkeit der umgebenden Luft, der Zusammensetzung des Betons und von den äußeren Abmessungen des Bauteils. Das Kriechen ist umso geringer, je später die Lasten auf ein Bauteil wirken, je höher also die Betonfestigkeit bei Belastungsbeginn ist. Es sind daher unbedingt die vorgeschriebenen Ausschalfristen der verschiedenen Bauteile zu beachten und auf alle Fälle zu vermeiden, Geschossdecken zu früh z.B. durch Baustoffe zu belasten.

10.3 Die Baustoffkomponente Stahl

Der zur Bewehrung von Stahlbetonbauteilen verwendete Stahl wird Betonstahl bezeichnet. Betonstahl wird ausschließlich in Form von runden Stäben hergestellt. Formen, Festigkeitseigenschaften, Durchmesser und Kennzeichnungen von Betonstahl müssen DIN 488 - Betonstahl - entsprechen.

10.3.1 Lieferformen von Betonstahl

Betonstahl wird als Betonstabstahl für stabförmige Bauteile wie Stützen, Balken und als Betonstahlmatten für flächige Bauteile wie Decken, Wände, Bodenplatten usw. geliefert. Betonstähle sind zur Verbesserung der Verbundeigenschaften zwischen Beton und Stahl gerippt. Die Rippen verlaufen rechtwinklig oder schräg zur Stabachse.

Betonstabstahl ist in geraden Stäben oder bei kleineren Durchmessern bis d_s = 12 mm auch auf Rollen gelieferter Stahl zum Flechten der Bewehrung aus einzelnen Stäben.

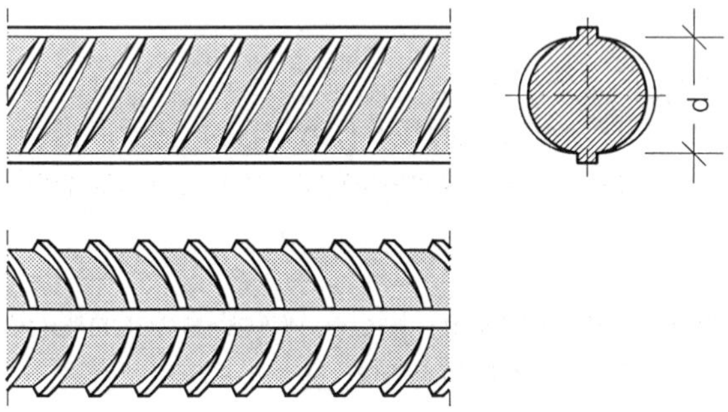

Betonstabstahl
Kennzeichen S

Nenndurchmesser d_s = 6 mm bis 28 mm

In der nachfolgenden Tabelle sind die Bewehrungsquerschnitte von Stabstahlbewehrung A_s in [cm²], abhängig vom Stabdurchmesser d_s und der Stabanzahl, aufgeführt. Mit dieser Tabelle kann nach der Bemessung eines Stahlbetonquerschnittes eine Bewehrungswahl getroffen werden.

Querschnitte von Stabstahlbewehrung A_s [cm²]

Stabdurchmesser d_s in [mm]	Anzahl der Stäbe									
	1	**2**	**3**	**4**	**5**	**6**	**7**	**8**	**9**	**10**
6	0,28	0,57	0,85	1,13	1,41	1,70	1,98	2,26	2,54	2,83
8	0,50	1,01	1,51	2,01	2,51	3,02	3,52	4,02	4,52	5,03
10	0,79	1,57	2,36	3,14	3,93	4,71	5,50	6,28	7,07	7,85
12	1,13	2,26	3,39	4,52	5,65	6,79	7,92	9,05	10,18	11,31
14	1,54	3,08	4,62	6,16	7,70	9,24	10,78	12,32	13,85	15,39
16	2,01	4,02	6,03	8,04	10,05	12,06	14,07	16,09	18,10	20,11
20	3,14	6,28	9,42	12,57	15,71	18,85	21,99	25,13	28,27	31,42
25	4,91	9,82	14,73	19,64	24,54	29,45	34,36	39,27	44,18	49,09
28	6,16	12,32	18,47	24,63	30,79	36,95	43,10	49,26	55,42	61,58

Betonstahlmatten sind im Werk vorgefertigte netzartige Matten aus sich kreuzenden Stäben. Die Stäbe werden mit Hilfe von Schweißautomaten an den Kreuzungspunkten durch Widerstands-Punktschweißung scherfest miteinander verbunden.

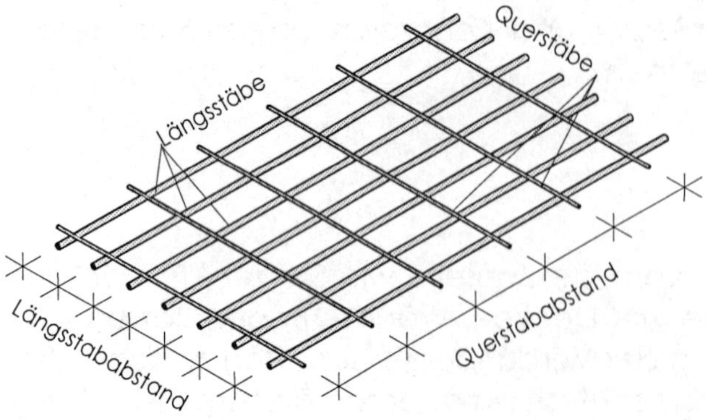

Betonstahlmatte
Kennzeichen M

hergestellt aus
Nenndurchmesser d_s = 4 mm bis 12 mm

Betonstahlmatten sind in zwei verschiedenen Lieferformen gebräuchlich:

- Lagermatten
- Listenmatten

Lagermatten sind typisiert mit festgelegten Stahlquerschnitten und Abmessungen. Sie sind in einer einheitlichen Breite von 2,15 m und in Längen von 5,0 m, bei Stahlquerschnitten $a_s \geq$ 3,78 cm²/m von 6,0 m im Handel. Das Lieferprogramm von Lagermatten unterscheidet wiederum zwei Mattentypen:

- Q-Matten mit einem Bewehrungsnetz, das in jeder Mattenrichtung den gleichen Bewehrungsquerschnitt aufweist und

- R- und K-Matten mit einem rechteckigen Bewehrungsnetz, wobei die schwächere Bewehrungsrichtung mindestens 20% des Bewehrungsquerschnitts der Hauptbewehrungsrichtung aufweist.

Q-Matten, Aufbau und Querschnitte a_s [cm²/m] der Matten

Mattenlänge x Mattenbreite [m]	Matten-bezeichnung	Stababstand längs/quer [mm]	Stabdurchmesser längs/quer [mm]	Stahlquerschnitt längs/quer [cm²/m]
5,00 x 2,15	**Q 131**	150/150	5,0/5,0	1,31/1,31
	Q 188	150/150	6,0/6,0	1,88/1,88
	Q 221	150/150	6,5/6,5	2,21/2,21
	Q 295	150/150	7,5/7,5	2,95/2,95
6,00 x 2,15	**Q 378**	150/150	8,5/8,5	3,78/3,78
	Q 443	150/100	6,5d/7,5	4,43/4,42
	Q 513	150/100	7,0d/8,0	5,13/5,03
	Q 670	150/100	8,0d/9,0	6,70/6,36

d bedeutet Doppelstab

R- und K-Matten, Aufbau und Querschnitte a_s [cm²/m] der Matten

Mattenlänge x Mattenbreite [m]	Matten-bezeichnung	Stababstand längs/quer [mm]	Stabdurch-messer längs/quer [mm]	Stahlquerschnitt längs/quer [cm²/m]
5,00 x 2,15	**R 188**	150/250	6,0/5,0	1,88/0,78
	R 221	150/250	6,5/5,0	2,21/0,78
	R 295	150/250	7,5/5,0	2,95/0,78
6,00 x 2,15	**R 378**	150/250	8,5/5,0	3,78/0,78
	R 443	150/250	6,5d/5,5	4,43/0,95
	R 513	150/250	7,0d/6,0	5,13/1,13
	R 589	150/250	7,5d/6,5	5,89/1,33
	K 664	100/250	6,5d/6,5	6,64/1,33
	K 770	100/250	7,0d/7,0	7,70/1,54
	K 884	100/250	7,5d/7,5	8,84/1,77

Der Bewehrungsquerschnitt a_s der Betonstahlmatten ist in [cm²/m] angegeben, d.h. der Bewehrungsquerschnitt eines 1,0 m breiten Mattenstreifens.

Listenmatten sind auf die statische Berechnung abstimmbar. Stababstände und Stabdurchmesser in Längs- und Querrichtung sind frei wählbar. Es sind Matten bis zu einem Bewehrungsquerschnitt a_s = 22,62 cm²/m möglich. Die Mattenbreite beträgt 3,0 m, die Mattenlänge bis zu 12,0 m.

10.3.2 Festigkeits- und Verformungseigenschaften des Betonstahls

Im wesentlichen wird im Stahlbetonbau nur Betonstahl einer Festigkeitsklasse verwendet, Betonstahl BSt 500, und zwar als

- BSt 500S (Stabstahl)
- BSt 500M (Mattenstahl)

Die Zahl 500 gibt die Streckgrenze $f_{y,k}$ in [N/mm²] an ($f_{y,k}$ = 500 N/mm² = 50 kN/cm²). An der Streckgrenze kommen Stähle beim Zugversuch in den Fließbereich (vgl. Abschnitt 4.4.3). Die Streckgrenze, dividiert durch den Teilsicherheitsbeiwert für Betonstahl γ_M = 1,15 ergibt den Grenzwert der Stahlspannungen zu

$$\sigma_{R,d} = \frac{f_{y,k}}{\gamma_M} = \frac{50}{1{,}15} = 43{,}5 \text{ kN/cm}^2.$$

Der Elastizitätsmodul von Betonstahl beträgt E = 20000 kN/cm², die Wärmedehnzahl ist gleich der des Betons $\alpha_t = 1{,}0 \cdot 10^{-5}$ [1/°C].

10.4 Charakteristische Tragsysteme des Stahlbetonbaues

Bei den Tragwerken wird entsprechend der Tragwirkung grundsätzlich in Stabtragwerke und Flächentragwerke unterschieden.

10.4.1 Stabtragwerke

- Balken

Balken sind horizontale Bauglieder mit Rechteck- oder gegliedertem Querschnitt. Sie sind auf reine Biegung oder Biegung mit Längskraft beansprucht.

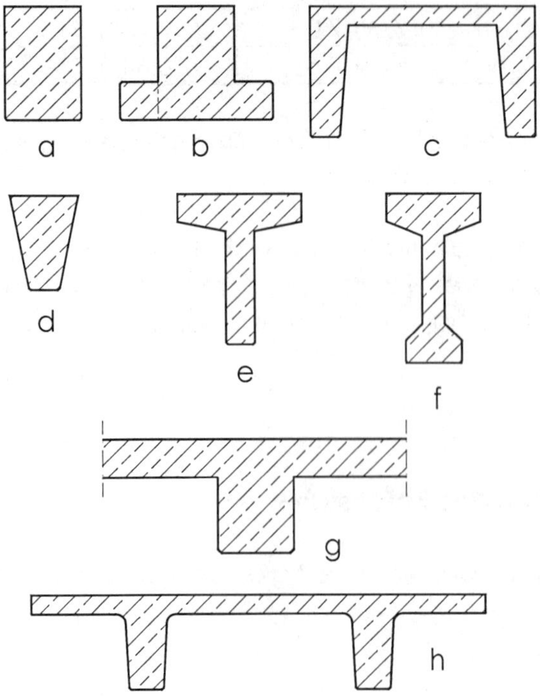

Balkenquerschnitte:

a) Unterzug mit Rechteckquerschnitt
b) Unterzug mit L- oder T-Profil zur Auflagerung von Deckenplatten auf dem Konsolband
c) Unterzug mit U-Profil (Trogträger)
d) trapezförmiger Pfettenquerschnitt
e) Binder mit T-Querschnitt (Fertigteilhallenbau)
f) Binder mit I-Querschnitt (Fertigteilhallenbau)
g) Plattenbalkenquerschnitt (Ortbeton) entsteht durch Zusammenwirken von Unterzug und darüberlaufender Decke
h) zweistegige Deckenplatte (Fertigteil), sogenannte π-Platte

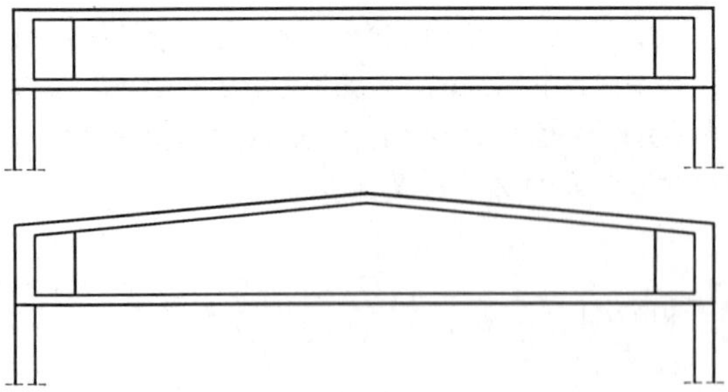

Der Querschnitt kann in Balkenlängsrichtung in der Höhe gleichbleibend oder veränderlich sein (parallelgurtiger Binder oder Satteldachbinder).

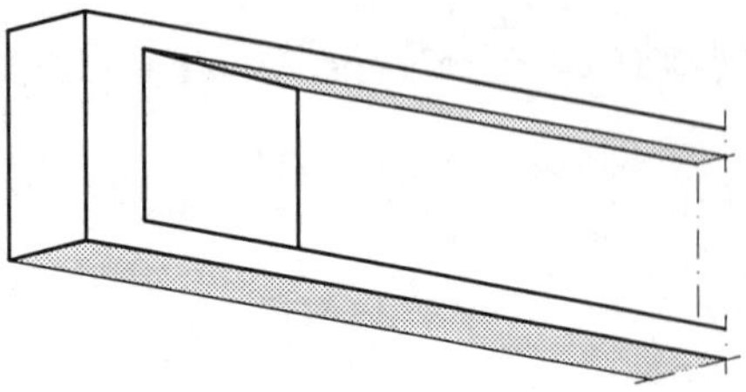

Auch in der Breite kann der Querschnitt längs der Balkenachse variieren. Im Bereich großer Querkräfte am Auflager kann bei gegliederten Querschnitten der schmale Steg zur Aufnahme der Querkräfte verbreitert werden.

• Stützen

Stützen sind vertikale Bauglieder mit beliebigem Querschnitt. Sie sind vorwiegend auf Druck, bei nicht zentrischer Belastung oder bei Horizontalbelastung zusätzlich auf Biegung beansprucht. Auch Zugstützen sind möglich, der Beton dient dann nur als Ummantelung (Korrosions- und Brandschutz).

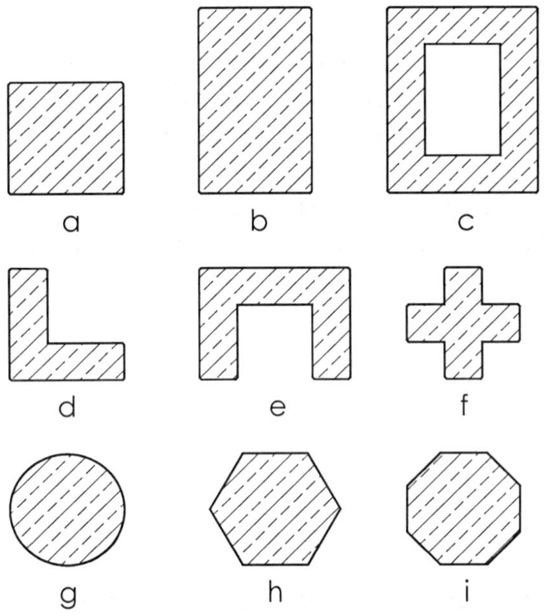

Stützenquerschnitte:

a) Quadratstütze
b) Rechteckstütze
c) Hohlstütze mit Rechteckquerschnitt, der Hohlraum kann zur Leitungsführung genutzt werden
d) Stütze mit L-Querschnitt
e) Stütze mit U-Querschnitt
f) Stütze mit kreuzförmigem Querschnitt
g) Stütze mit Kreisquerschnitt
h) sechseckige Stütze
i) achteckige Stütze

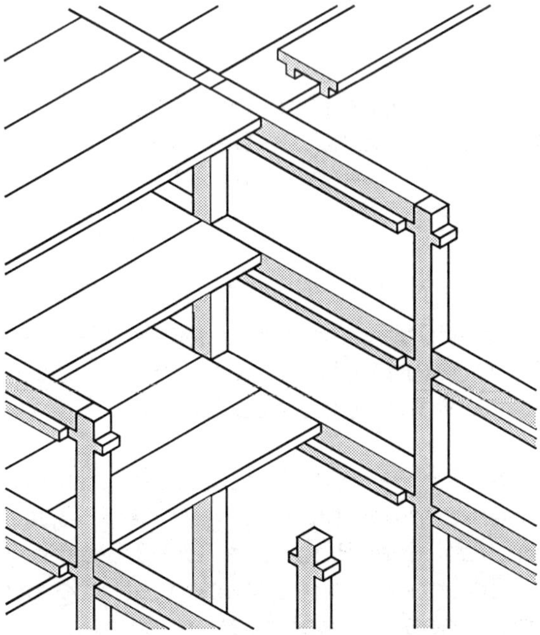

Aus den Tragwerkselementen Balken und Stütze lassen sich Gesamttragwerke zusammenfügen, hier aus drei Elementen:

quadratischen Fertigteilstützen über mehrere Stockwerke mit Konsolen, auf denen einfeldrige Fertigteilunterzüge mit beidseitigem Konsolband auflagern. Auf den Konsolbändern der Unterzüge liegen wiederum vorgefertigte π -Platten auf. Auch die π -Platten sind Einfeldträger.

• Rahmen

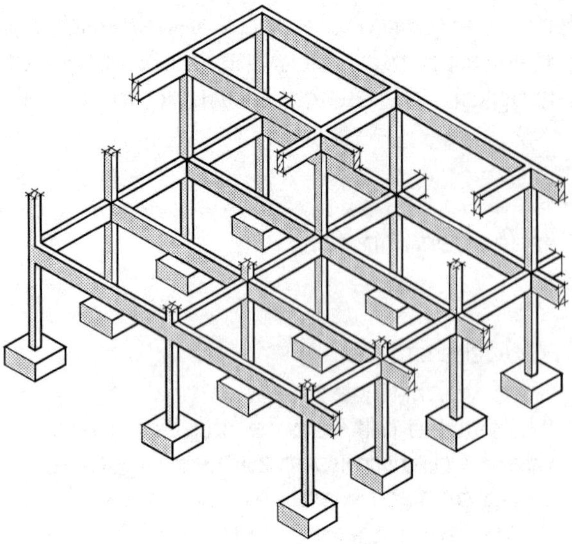

Rahmen erfüllen nur durch die biegesteife Verbindung von Rahmenstiel und Rahmenriegel ihre Funktion. Diese biegesteifen Rahmenecken sind in der Stahlbeton-Ortbetonbauweise einfach und wirtschaftlich herzustellen.

Stahlbetonrahmen können als ebene Tragwerke oder wie nebenstehend dargestellt auch als räumliche Tragwerke hergestellt werden. Mit einer räumlichen Anordnung von Rahmen lassen sich Gebäude in beiden Richtungen aussteifen.

10.4.2 Flächentragwerke

• Platten

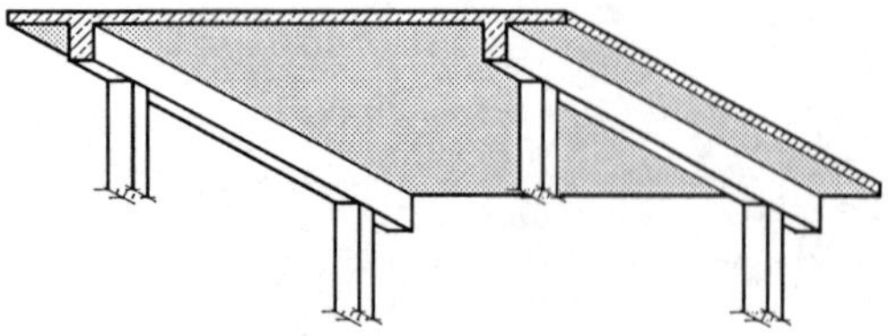

Platten sind Flächentragwerke, bei denen die Belastung senkrecht zur Plattenebene wirkt. Platten können linienförmig durch Unterzüge oder Wände oder punktförmig durch Stützen unterstützt sein.

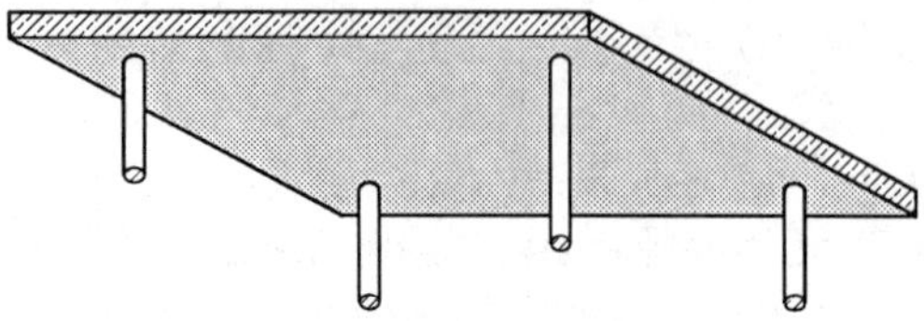

oben: liniengestützte Deckenplatte
unten: punktgestützte Deckenplatte

Im Verwaltungs- und Industriebau ist die punktgestützte Geschossdecke (Flachdecke) gewünscht, weil die Nutzung und die Führung von Installationen am wenigsten eingeschränkt wird. Die Flachdecke ist auch am einfachsten einzuschalen.

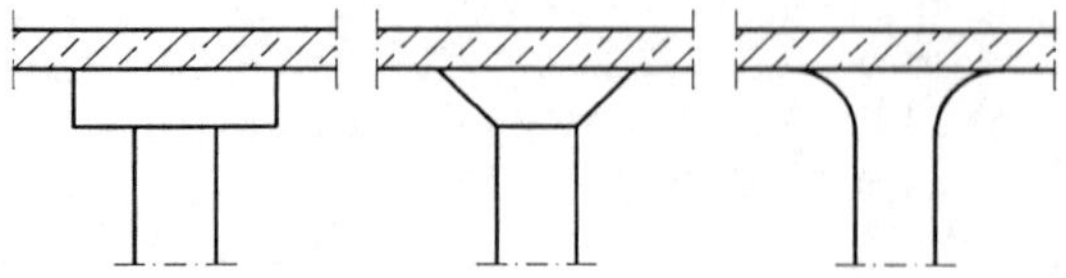

Ist die Platte auf Einzelstützen mit einer Stützenkopfverstärkung gelagert, spricht man von einer Pilzdecke. Die Stützenkopfverstärkung kann rechteckig, schräg oder ausgerundet ausgebildet werden.

Die Belastung der Decke aus Eigengewicht und Verkehrslast kann in einer Richtung (einachsig gespannt) oder in zwei Richtungen (zweiachsig gespannt) abgetragen werden.

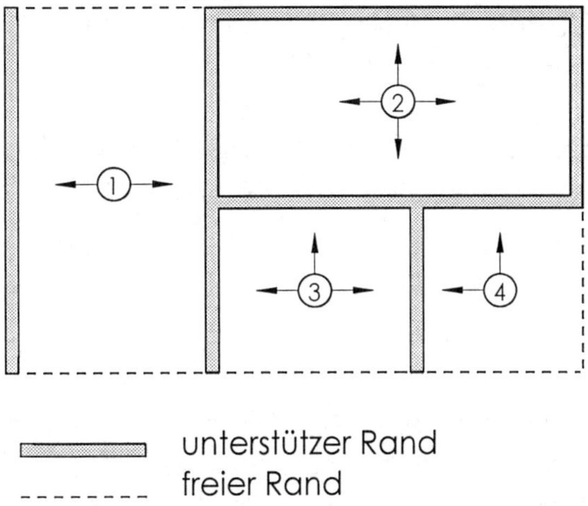

Grundriss eines Deckensystems mit vier Plattenfeldern. Innerhalb eines Deckensystems können einachsig und zweiachsig gespannte Platten kombiniert sein.

Je nach Anzahl der unterstützten Ränder einer Platte wird die Platte als zwei-, drei- oder vierseitig gestützt bezeichnet. Eine Unterstützung kann durch eine Wand oder einen Unterzug erfolgen.

Feld 1:	einachsig gespannt, zweiseitig gestützt
Feld 2:	zweiachsig gespannt, vierseitig gestützt
Feld 3:	zweiachsig gespannt, dreiseitig gestützt
Feld 4:	zweiachsig gespannt, zweiseitig gestützt, auskragend

- Wandartige Träger (Scheiben)

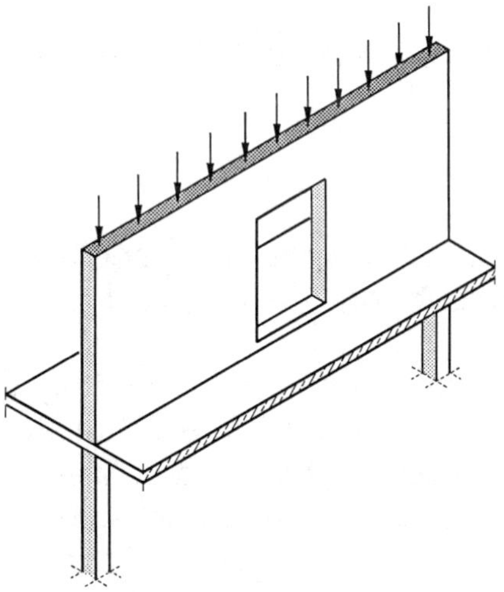

Scheiben sind Flächentragwerke, die in Richtung ihrer Mittelebene belastet werden. Vertikal stehende Scheiben werden als wandartige Träger bezeichnet.

Wandartige Träger wirken nicht wie Balken auf Biegung, die Last wird über einen Druckbogen (Beton) und ein Zugband (Betonstahl) abgetragen.

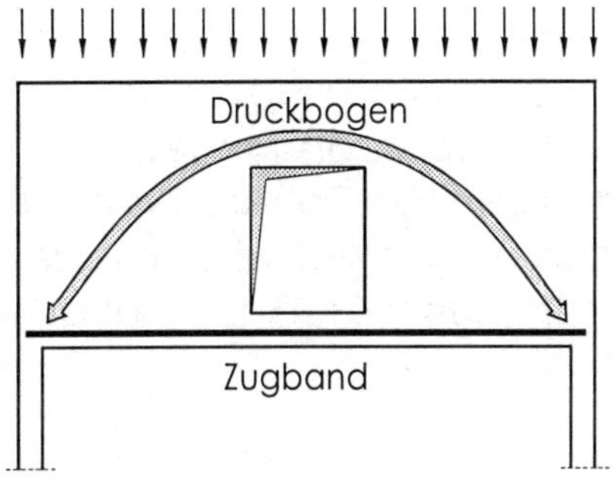

Öffnungen in wandartigen Trägern dürfen weder das Zugband noch den Druckbogen durchschneiden.

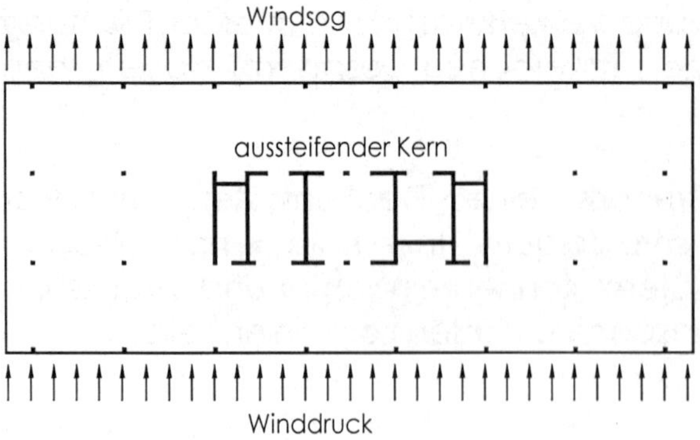

Scheiben finden auch als horizontale Tragglieder, z.B. als Deckenscheiben Anwendung. Dabei überlagert sich die Scheibentragwirkung mit der Plattentragwirkung.

Die Deckenscheibe leitet die horizontalen Windkräfte in den aussteifenden Kern.

- Faltwerke und Schalen

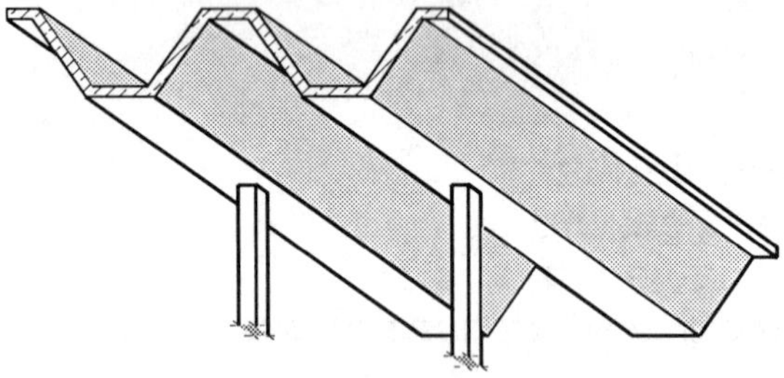

Faltwerke sind eine Kombination von Platten, die an ihren Rändern schub- und biegefest verbunden sind. Faltwerke wirken quer zu den Kanten als Platten auf Biegung und in Richtung der Kanten als Scheiben. In den Kanten stützen sich die Platten gegenseitig ab und sind dadurch ausgesteift.

Schalen sind gekrümmte Flächentragwerke, sie können einfach oder zweifach gekrümmt sein.

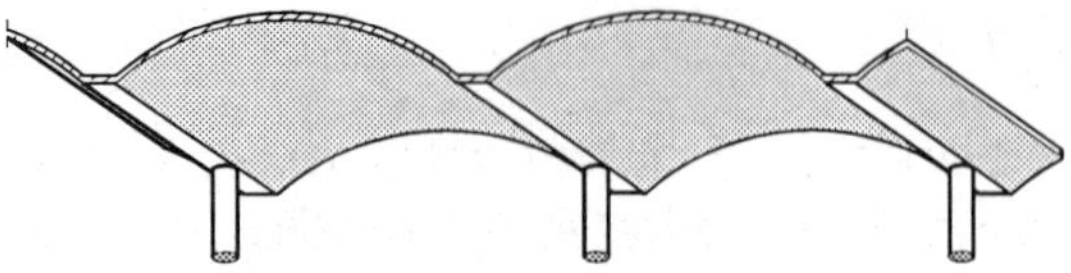

Tonnenschale (einfach gekrümmt)

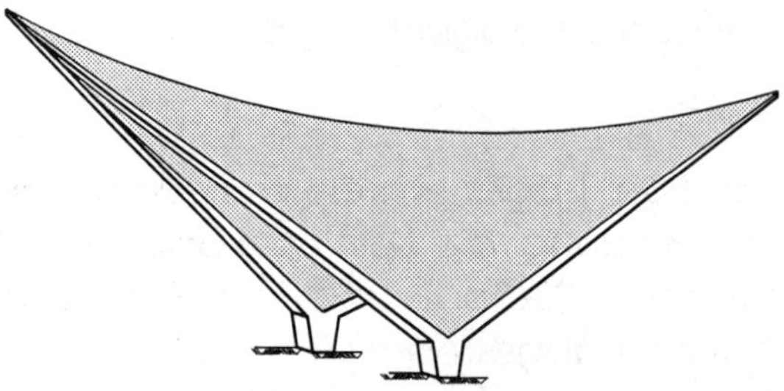

Hyperbolische Paraboloidschale (zweifach gekrümmt)

Schalen erlangen ihre Tragfähigkeit nur, wenn sie an den Rändern auf Randbalken steif gelagert sind, d.h. die Schalenränder müssen so gelagert sein, dass sie ihre Form nicht verändern können.

Eine Schale kann für bestimmte Belastungen so geformt sein, dass sie nur in der Schalenfläche wirkende Druckkräfte erhält. Diese für Schalen optimale Tragwirkung wird Membranwirkung genannt. Die auftretenden Druckspannungen dürfen nicht zu groß werden, weil sonst die Gefahr des Ausbeulens der Schale besteht. Weicht die Schalenform von der Membranform ab oder verändert sich die Last gegenüber der zur Membranform gehörenden Last, entstehen außer den Druckkräften auch Biegemomente.

10.5 Konstruktive Grundlagen

10.5.1 Betondeckung c und statische Nutzhöhe d

Eine ausreichende Betondeckung der Bewehrungsstäbe ist für den Korrosionsschutz des Stahls, die Feuerwiderstandsdauer des Bauteils und für die sichere Übertragung der Verbundspannungen zwischen Betonstahl und Beton erforderlich. In DIN 1045-1 sind die Mindestwerte der Betondeckung in Abhängigkeit vom Stabdurchmesser und den Umweltbedingungen angegeben. Diese Werte sind unbedingt einzuhalten, da ein großer Teil der Schäden an Stahlbetonbauteilen seine Ursache in einer ungenügenden Betondeckung der Bewehrung hat.

Erforderliche Betondeckung c in Abhängigkeit von den Umweltbedingungen

Umweltbedingungen	Betondeckung c [cm]
Bauteile in Innenräumen mit normaler Luftfeuchte	2,0
Bauteile, zu denen die Außenluft häufig oder ständig Zugang hat, z.B. offene Hallen, Garagen und Innenräume mit hoher Luftfeuchte Gründungsbauteile	3,5
Außenbauteile mit direkter Beregnung, Bauteile in Wasserwechselzonen	4,0
Bauteile im Sprühnebelbereich von Verkehrsflächen Parkdecks Schwimmbecken Außenbauteile in Küstennähe	5,5

Das Maß der Betondeckung darf jedoch nie kleiner sein als der Stabdurchmesser:

$$c \geq d_s$$

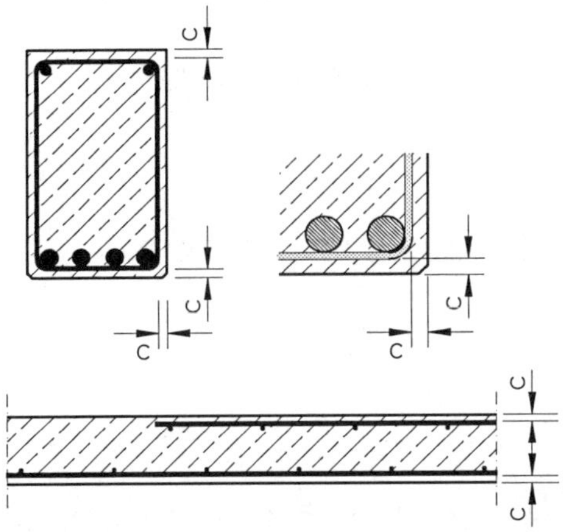

Die geforderte Betondeckung c gilt für die Bewehrungsstäbe, die der Betonoberfläche am nächsten liegen, bei Balken bis zur Außenkante der Bügel, bei mit Betonstahlmatten bewehrten Platten bis zur Außenkante der Tragbewehrung.

Die erforderliche Betondeckung ist an allen Bauteilseiten einzuhalten, kann aber an den Bauteilseiten verschiedene Werte haben (z.B. Kelleraußenwand).

Bei Betonieren von Fundamenten gegen das Erdreich ist die Betondeckung um mindestens 5,0 cm zu vergrößern.

Zur Gewährleistung der erforderlichen Betondeckung sind zwischen Schalung und Bewehrung Abstandhalter aus Beton, Kunststoff oder Stahl einzubauen. Die Bewehrung darf keinesfalls auf die Schalung gelegt oder beim Betonieren angehoben werden. Abstandhalter dürfen den Korrosionsschutz der Bewehrung nicht beeinträchtigen und müssen die Lage der Bewehrungsstäbe beim Betonieren und Verdichten gewährleisten.

Die Anzahl der Abstandhalter ist, wenn nicht auf den Bewehrungsplänen angegeben, so ausreichend zu wählen, dass die Bewehrung keine Durchbiegungen erleidet.

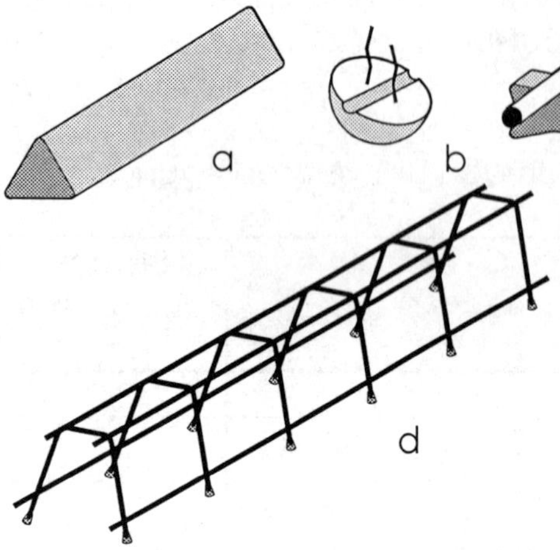

Abstandhalter (Beispiele)

a) Dreikantstab aus Faserzement für untere Plattenbewehrung

b) Halbkugel aus Faserzement oder Kunststoff für untenliegende Stäbe in Trägern und Platten mit Anbindedraht

c) Faserzementklotz, Verwendung wie b

d) punktgeschweißter Unterstützungskorb mit Kunststofffüßchen für obere Lage von Deckenbewehrung

Abhängig von der Betondeckung c ist die statische Nutzhöhe d eines Stahlbetonbauteils, die für die Biegebemessung und Ermittlung der erforderlichen Bewehrung von wesentlicher Bedeutung ist.

Die statische Nutzhöhe d ist der Abstand zwischen dem Betondruckrand und der Schwerachse der Bewehrung.

$$d = h - d_1 \quad \text{mit}$$

d_1 = Betondeckung c + Bügeldurchmesser $d_{sBü}$ + halber Längsstabdurchmesser d_s

Vereinfachend werden für die Bemessung gemittelte Werte zugrundegelegt:

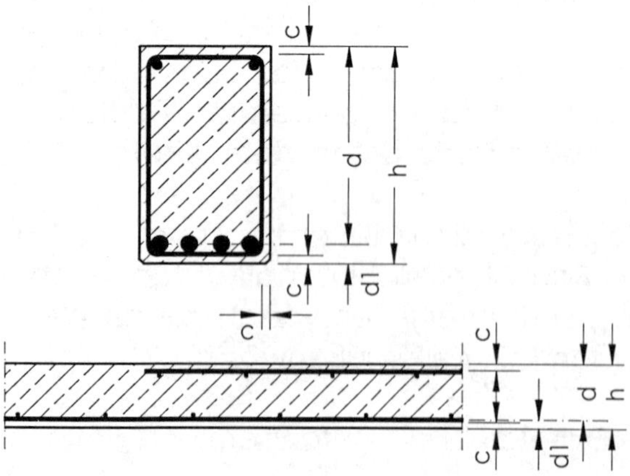

Balken:

$d_1 = 3{,}5 + 0{,}8 + 2{,}0/2 = 5{,}3\ \text{cm} \approx 5{,}0\ \text{cm}$

$\Rightarrow d = h - 5\ \text{cm}$

Platte:

$d_1 = 2{,}0 + 0 + 1{,}2/2 = 2{,}6\ \text{cm} \approx 3{,}0\ \text{cm}$

$\Rightarrow d = h - 3\ \text{cm}$

10.5.2 Stababstände und Stabdurchmesser

Grundsätzlich werden die Rissabstände und die Rissbreiten umso geringer, je kleiner die Stababstände und die Stabdurchmesser sind. Eine Zugkraft von bestimmter Größe lässt sich über viele Bewehrungsstäbe mit kleinem Durchmesser besser in den Beton einleiten als über wenige Stäbe mit großem Durchmesser. Dies ist dadurch begründet, weil sich die Oberfläche eines runden Stabes proportional zum Durchmesser verhält, während zwischen Querschnittsfläche und Durchmesser ein quadratischer Zusammenhang besteht.

Bedingt durch die Größe der Zugkräfte im Bewehrungsstahl und aus Kostengründen (Lohnkosten der Verlegearbeiten) ist es oft nicht durchführbar, kleine Stabdurchmesser zu verwenden, es muss also ein Kompromiss für geeignete Stabdurchmesser gefunden werden.

In DIN 1045-1 sind die lichten Abstände s paralleler Bewehrungsstäbe untereinander auf ein Mindestmaß von 2,0 cm, mindestens aber dem Stabdurchmesser d_s begrenzt. Weiterhin soll der lichte Stababstand s mindestens um 5 mm größer sein als der Durchmesser des Größtkorns der Zuschlagstoffe.

$$s \geq 2{,}0 \text{ cm}$$
$$s \geq d_s$$

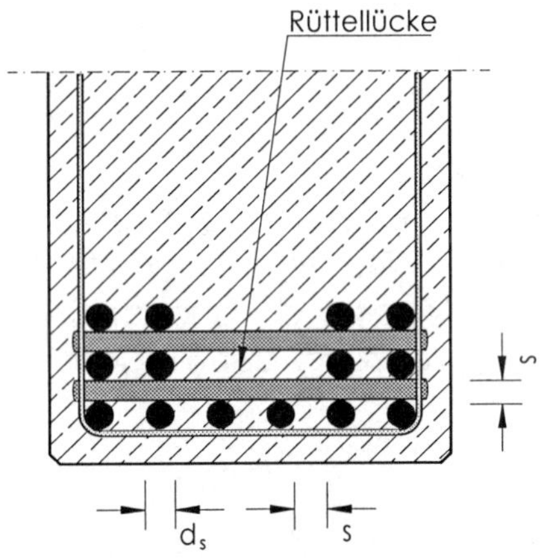

Beispiel:

$d_s = 14$ mm

$\Rightarrow \; s \geq 20$ mm

aber:

$d_s = 25$ mm

$\Rightarrow \; s \geq 25$ mm

Die in DIN 1045-1 geforderten Stababstände sind ebenso wie die geforderte Betondeckung vom verantwortlichen Bauleiter vor (!) dem Betonieren zu kontrollieren.

Auch für die größten Stababstände, insbesonders für Platten und Stützen, sind in DIN 1045-1 Grenzwerte angegeben (vgl. entsprechende Abschnitte).

Bei mehrlagiger Anordnung (maximal drei Lagen bei Balken) der Bewehrungsstäbe muss eine Lücke frei bleiben, durch die beim Betonieren ein Rüttler zum Verdichten auch des unteren Bauteilbereichs geführt werden kann.

In folgender Tabelle ist die größtmögliche Anzahl von Bewehrungsstäben aufgeführt, die in einer Lage in einem Balken unter Berücksichtigung der geforderten Stababstände eingebaut werden dürfen:

Balkenbreite b [cm]	Durchmesser d_s [mm]						
	10	**12**	**14**	**16**	**20**	**25**	**28**
10	1	1	1	1	1	1	-
15	3	3	3	3	2	2	1
20	5	4	4	4	3	3	2
25	6	6	6	5	5	4	3
30	8	8	7	7	6	5	4
35	10	9	9	8	7	6	5
40	11	11	10	9	8	7	6
45	13	12	12	11	10	8	7
50	15	14	13	12	11	9	8
55	16	15	14	14	12	10	8
60	18	17	16	15	13	11	9

Die Begrenzung der Stababstände soll eine einwandfreie Herstellung von Stahlbetonbauteilen gewährleisten. Eine zu eng verlegte Bewehrung wirkt wie ein Sieb und hat eine Entmischung des Frischbetons zur Folge. Im ungünstigsten Fall bilden sich unter der untersten Bewehrungslage Hohlräume, sogenannte Kiesnester, die unbedingt zu vermeiden sind.

10.5.3 Beschränkung der Durchbiegung

Wenn durch eine zu große Durchbiegung Schäden an Bauteilen entstehen können oder die Gebrauchsfähigkeit beeinträchtigt wird, ist die Durchbiegung der Stahlbetonbauteile nach DIN 1045-1 zu beschränken. Vereinfachend kann der Nachweis der Beschränkung der Durchbiegung über eine Begrenzung der Biegeschlankheit geführt werden.

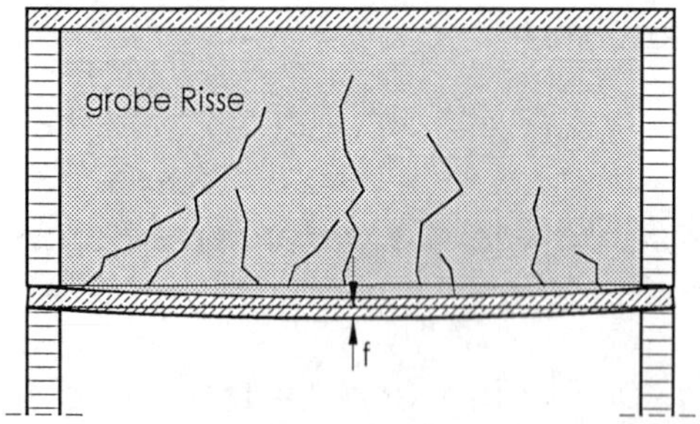

Stehen leichte Trennwände auf einer schlanken Stahlbetondecke, können infolge der Deckendurchbiegung f in diesen Wänden Risse entstehen, welche die Gebrauchstauglichkeit beeinträchtigen.

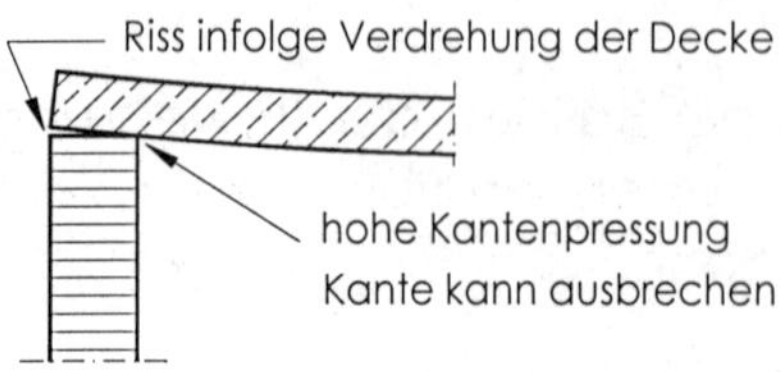

Durch die Deckenverdrehung entsteht an der Wandaußenseite ein Riss, in den Feuchtigkeit eindringen kann. Durch die hohe Kantenpressung an der Wandinnenseite kann die Wandkante ausbrechen.

Die Biegeschlankheit von biegebeanspruchten Bauteilen errechnet sich aus dem Verhältnis der Stützweite l zur statischen Nutzhöhe d. Bei eingespannten, durchlaufenden oder auskragenden Bauteilen wird mit der Ersatzstützweite $l_i = \alpha \cdot l$ gerechnet. Nachfolgend sind die Beiwerte α für übliche Tragsysteme angegeben:

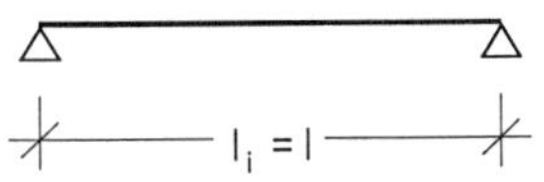

Einfeldträger

$\alpha = 1{,}0$

$l_i = l$

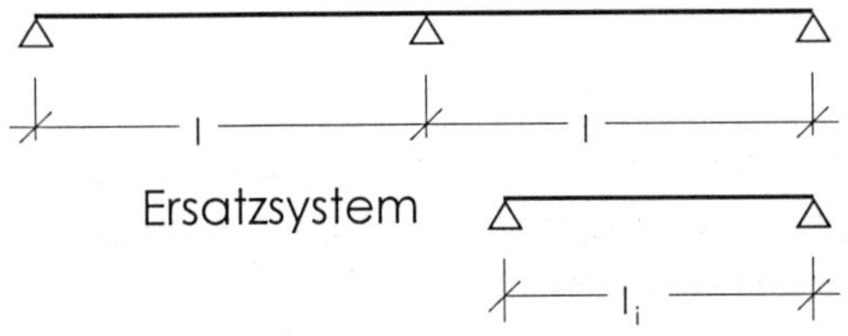

Endfeld Durchlaufträger

$\alpha = 0{,}8$

$l_i = 0{,}8 \cdot l$

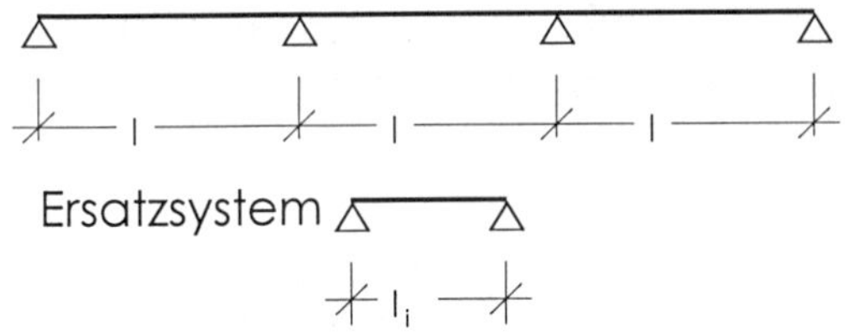

Innenfeld Durchlaufträger

$\alpha = 0{,}6$

$l_i = 0{,}6 \cdot l$

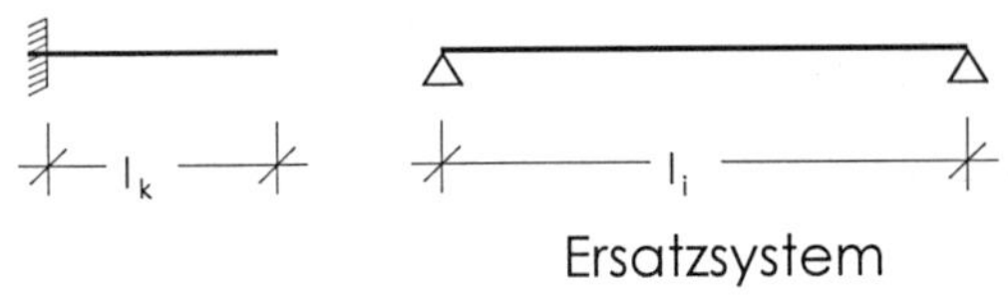

Kragträger

$\alpha = 2{,}4$

$l_i = 2{,}4 \cdot l_k$

Mit den Werten l_i sind folgende Nachweise zu führen (d und l_i in m):

1. Nachweis $\frac{l_i}{d} \leq 35$ für alle Bauteile

2. Nachweis $\frac{l_i}{d} \leq \frac{150}{l_i}$ für Bauteile, die durch leichte, rissgefährdete Trennwände belastet sind

Werden diese Beziehungen umgewandelt, lässt sich die erforderliche statische Nutzhöhe d_{erf} von Stahlbetondecken in Abhängigkeit von der Ersatzstützweite l_i ermitteln:

1. Nachweis $d_{erf} \geq \frac{l_i}{35}$

2. Nachweis $d_{erf} \geq \frac{l_i^2}{150}$

Der Nachweis der Beschränkung der Durchbiegung muss für Balken und Platten erfüllt sein. Da Balken jedoch im Gegensatz zu Platten im allgemeinen durch hohe Linienlasten beansprucht werden, ergibt hier in der Regel aus der Biegebemessung eine größere Querschnittshöhe h als die sich durch die Beschränkung der Durchbiegung ergebende.

Die erforderliche Querschnittshöhe h_{erf} der Decke ergibt sich dann aus der statischen Nutzhöhe d zuzüglich dem Maß d_1 (vgl. Abschnitt 10.5.1).

$$h_{erf} = d + 3\ \text{cm}$$

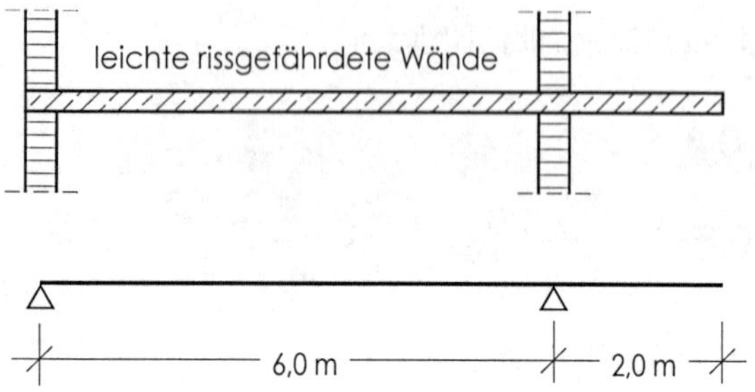

Beispiel:

Die erforderliche Deckenstärke h einer Stahlbeton-Deckenplatte ist zu bestimmen. Das statische System ist ein Einfeldträger mit 6,0 m Stützweite mit einem 2,0 m langem Kragarm. Das Feld ist mit leichten rissgefährdeten Trennwänden belastet.

- Feld: Einfeldträger, mit Trennwänden

Ersatzstützweite $l_i = l = 6{,}0$ m

1. Nachweis $d_{erf} \geq \frac{l_i}{35} = \frac{6{,}0}{35} = 0{,}17\ \text{m} = 17\ \text{cm}$

2. Nachweis $d_{erf} \geq \frac{l_i^{\,2}}{150} = \frac{6{,}0^2}{150} = 0{,}24\ \text{m} = 24\ \text{cm}$ (maßgebend)

Deckenstärke $\Rightarrow h_{erf} = d + 3\ \text{cm} = 24 + 3 = 27\ \text{cm}$

- Kragarm: ohne Trennwände

Ersatzstützweite $l_i = 2{,}4 \cdot l_k = 2{,}4 \cdot 2{,}0 = 4{,}8$ m

1. Nachweis $d_{erf} \geq \frac{l_i}{35} = \frac{4{,}8}{35} = 0{,}14\ \text{m} = 14\ \text{cm}$

Der zweite Nachweis kann bei der auskragenden Platte entfallen, da sie nicht durch leichte Trennwände belastet ist, also

Deckenstärke $\Rightarrow h_{erf} = d + 3\ \text{cm} = 14 + 3 = 17\ \text{cm}$

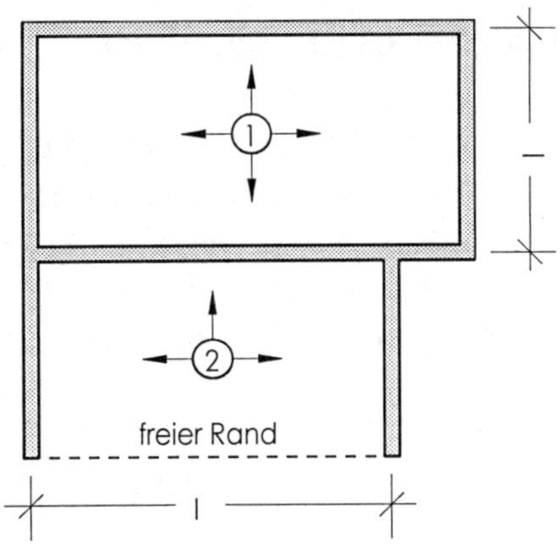

Bei vierseitig gestützten Platten (Feld 1) ist die kleinere Stützweite maßgebend, bei dreiseitig gestützten Platten (Feld 2) die Stützweite parallel zum freien Rand.

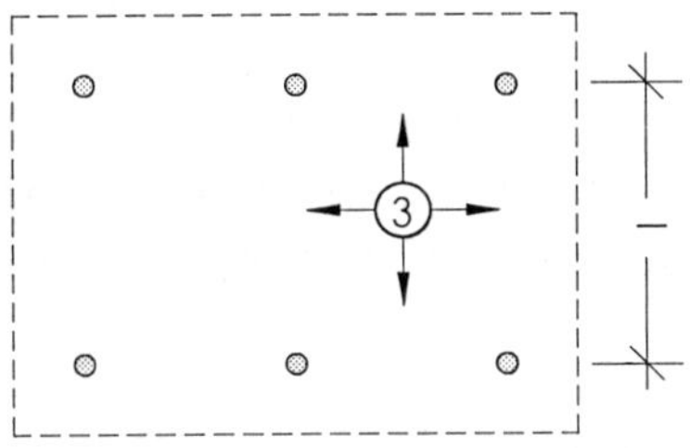

Bei Flachdecken (Feld 3) ist die größere Stützweite maßgebend.

Die Beiwerte α zur Ermittlung der Ersatzstützweite l_i betragen:

Innenfeld $\alpha = 0{,}7$
Randfeld $\alpha = 0{,}9$

10.5.4 Ermittlung der Stützweiten

Im Stahlbetonbau werden nur selten wie im Stahlbau besondere Lagerkörper eingebaut, deshalb ist die in der statischen Berechnung einzusetzende Stützweite meist nicht genau definiert. Bekannt ist aus dem Entwurf die lichte Weite, die Stützweite ist jedoch der Abstand zwischen den Auflagerpunkten.

In DIN 1045-1 sind Angaben zur Lage des rechnerischen Auflagerpunktes angegeben (vgl. Bautabellen). Vereinfachend und immer auf der sicheren Seite liegend genügt es jedoch, die lichte Weite um jeweils die Hälfte der Auflagertiefe t zu vergrößern.

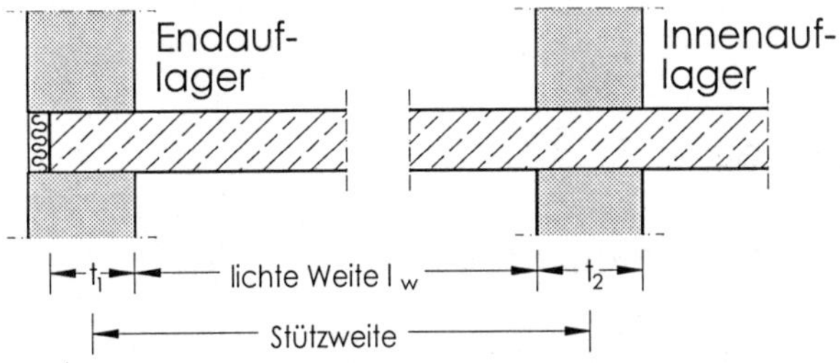

Stützweite $l = l_w + \frac{1}{2} \cdot (t_1 + t_2)$

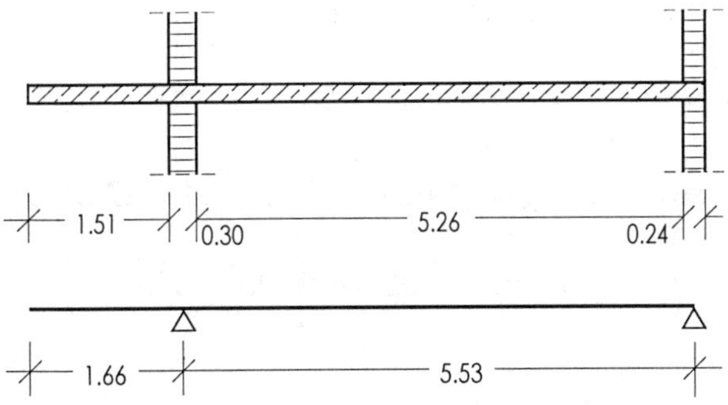

Beispiel:

Feld: $l = 5{,}26 + \frac{1}{2} \cdot (0{,}3 + 0{,}24) = 5{,}53$ m

Kragarm: $l_k = 1{,}51 + \frac{0{,}3}{2} = 1{,}66$ m

statisches System

10.6 Biegebemessung von Stahlbetonbalken und -platten

Die Bemessung von biegebeanspruchten Bauteilen aus Stahlbeton ist relativ aufwändig. Es wird nicht wie bei Holz- oder Stahlbauteilen ein erforderliches Widerstandsmoment W_{erf} ermittelt und dann aus einer Tabelle ein Querschnitt gewählt bzw. für einen gewählten Querschnitt der Nachweis geführt, dass die vorhandenen Biegespannungen σ kleiner oder gleich den zulässigen Grenzspannungen $\sigma_{R,d}$ sind.

Bei der Biegebemessung von Stahlbetonquerschnitten wird für einen gewählten Balkenquerschnitt b/h oder für eine gewählte Deckendicke h die sich daraus ergebende erforderliche Bewehrung ermittelt.

Stahlbeton ist im Gegensatz zu Holz und Stahl ein Verbundbaustoff aus zwei Baustoffkomponenten mit verschiedenen Teilsicherheitsbeiwerten γ_M. Beton folgt nicht dem Hooke'schen Gesetz, d.h. zwischen Spannungen und Dehnungen besteht kein linearer Zusammenhang. Weiterhin ist die Nulllinie des Querschnitts mit wachsender Belastung eines Biegeträgers veränderlich.

Um den Aufwand der Biegebemessung von Stahlbetonbauteilen in Grenzen zu halten, stehen für die Praxis Tabellen zur Verfügung, in die all diese Einflüsse eingearbeitet sind. Dieses Bemessungsverfahren wird als k_d-Verfahren bezeichnet, der Index d steht dabei für die statische Nutzhöhe d.

10.6.1 Das k_d-Verfahren

Die Biegebemessung von Balken und Platte verläuft nach dem gleichen Schema. Die Platte wird wie ein 1,0 m breiter Balken behandelt. Bekannt sind also als Grundlage für die Bemessung die Querschnittsabmessungen Breite b und Höhe h. Weiterhin muss das Bemessungsmoment $M_d = \gamma_F \cdot M$ aus der Schnittgrößenermittlung bekannt sein. Nach der Wahl einer Betonfestigkeitsklasse kann dann die Biegebemessung durchgeführt werden.

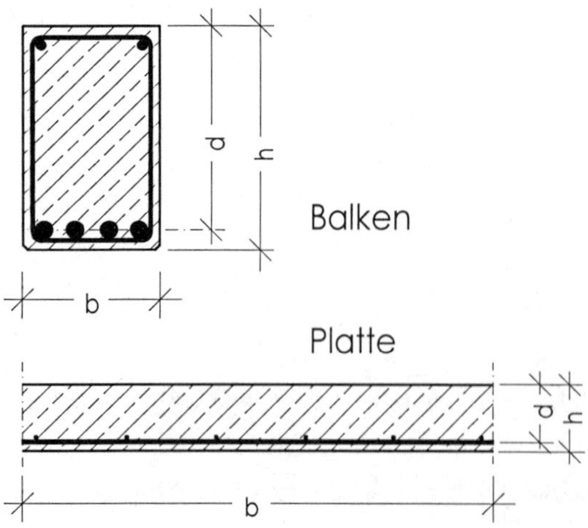

Gegeben:

- Querschnittsabmessungen b/h

statische Nutzhöhe d
$d = h - 5$ cm (Balken)
$d = h - 3$ cm (Platte)

- Bemessungsmoment $M_d = \gamma_F \cdot M$
- Betonfestigkeitsklasse C12/15 bis C50/60
- Betonstahl BSt 500S oder BSt 500M

Mit diesen Ausgangswerten wird der k_d-Wert ermittelt:

$$k_d = \frac{d\,[cm]}{\sqrt{M_d\,[kNm] / b\,[m]}}$$

Der k_d-Wert ist dimensionslos. Es ist wichtig, die Werte für d, M_d und b in den angegebenen Dimensionen einzugeben!

Mit dem ermittelten k_d-Wert wird dann aus der folgenden Tabelle für die gewählte Betonfestigkeitsklasse der Bemessungswert k_s entnommen.

Bemessungstafel (k_d-Verfahren) für Rechteckquerschnitte

k_d für Betonfestigkeitsklasse C									k_s
12/15	**16/20**	**20/25**	**25/30**	**30/37**	**35/45**	**40/50**	**45/55**	**50/60**	
14,37	12,44	11,13	9,95	9,09	8,41	7,87	7,42	7,04	2,32
7,90	6,84	6,12	5,47	5,00	4,63	4,33	4,08	3,87	2,34
5,87	5,08	4,55	4,07	3,71	3,44	3,22	3,03	2,88	2,36
4,94	4,27	3,82	3,42	3,12	2,89	2,70	2,55	2,42	2,38
4,38	3,80	3,40	3,04	2,77	2,57	2,40	2,26	2,15	2,40
4,00	3,47	3,10	2,78	2,53	2,35	2,20	2,07	1,96	2,42
3,63	3,14	2,81	2,51	2,29	2,12	1,99	1,87	1,78	2,45
3,35	2,90	2,60	2,32	2,12	1,96	1,84	1,73	1,64	2,48
3,14	2,72	2,43	2,18	1,99	1,84	1,72	1,62	1,54	2,51
2,97	2,57	2,30	2,06	1,88	1,74	1,63	1,53	1,46	2,54
2,85	2,47	2,21	1,97	1,80	1,67	1,56	1,47	1,40	2,57
2,72	2,36	2,11	1,89	1,72	1,59	1,49	1,41	1,33	2,60
2,62	2,27	2,03	1,82	1,66	1,54	1,44	1,36	1,29	2,63
2,54	2,20	1,97	1,76	1,61	1,49	1,39	1,31	1,24	2,66
2,47	2,14	1,91	1,71	1,56	1,44	1,35	1,27	1,21	2,69
2,41	2,08	1,86	1,67	1,52	1,41	1,32	1,24	1,18	2,72
2,35	2,03	1,82	1,63	1,49	1,38	1,29	1,21	1,15	2,75
2,28	1,98	1,77	1,58	1,44	1,34	1,25	1,18	1,12	2,79
2,23	1,93	1,73	1,54	1,41	1,30	1,23	1,15	1,09	2,83
2,18	1,89	1,69	1,51	1,38	1,28	1,19	1,13	1,07	2,87
2,14	1,85	1,65	1,48	1,35	1,25	1,17	1,10	1,05	2,91
2,10	1,82	1,62	1,45	1,33	1,23	1,15	1,04	1,03	2,95
2,06	1,79	1,60	1,43	1,30	1,21	1,13	1,07	1,01	2,99
2,03	1,75	1,57	1,40	1,28	1,19	1,11	1,05	0,99	3,04
1,99	1,72	1,54	1,38	1,26	1,17	1,09	1,03	0,98	3,09

Mit diesem k_s-Wert lässt sich dann die erforderliche Bewehrung A_s in [cm²] ermitteln:

$$A_{s,erf}\,[cm^2] = k_s \cdot \frac{M_d\,[kNm]}{d\,[cm]}$$

Aus dieser Beziehung ist ersichtlich, dass die erforderliche Bewehrung mit steigendem Bemessungsmoment bei gleicher Querschnittshöhe anwächst, bzw. die erforderliche Bewehrung bei gleichem Bemessungsmoment mit zunehmender Querschnittshöhe abnimmt.

Jetzt muss eine Bewehrungswahl getroffen werden. Für Balken wird die Tabelle für Querschnitte von Stabstahlbewehrung, für Platten die Tabellen für Querschnitte von Betonstahlmatten (vgl. Abschnitt 10.3.1) verwendet. Die gewählte Bewehrung muss größer oder gleich der erforderlichen Bewehrung sein:

$$A_s \geq A_{s,erf}$$

Beispiel:

Ein Stahlbetonbalken mit Rechteckquerschnitt b/h = 30/50 cm spannt über eine lichte Weite l_w = 5,74 m. Die Auflagertiefen t beidseits betragen 0,24 m. Die Gesamtlast q aus ständiger Last g und Verkehrslast p ergibt sich zu 30 kN/m.

Baustoffe: Betonfestigkeitsklasse C20/25
Betonstahl BSt 500S

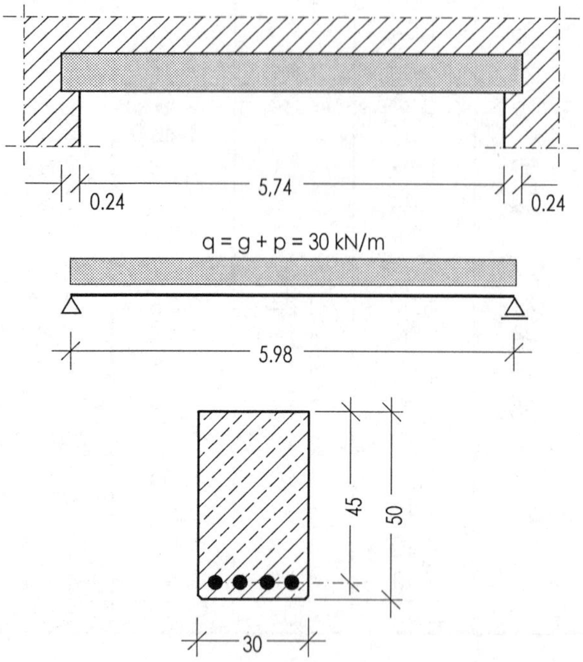

Stützweite:

$$l = l_w + 2 \cdot \frac{t}{2} = 5{,}74 + 2 \cdot \frac{0{,}24}{2} = 5{,}98 \text{ m}$$

statisches System

$$M_{max} = q \cdot \frac{l^2}{8} = 30 \cdot \frac{5{,}98^2}{8} = 134{,}1 \text{ kNm}$$

Querschnitt:

b/h = 30/50 cm

statische Nutzhöhe d = 50 - 5 = 45 cm

Bemessungsmoment: $M_d = \gamma_F \cdot M = 1{,}4 \cdot 134{,}1 = 187{,}7$ kNm

k_d-Wert: $$k_d = \frac{d\,[\text{cm}]}{\sqrt{M_d\,[\text{kNm}] / b\,[\text{m}]}} = \frac{45}{\sqrt{187{,}7 / 0{,}3}} = 1{,}80$$

k_s-Wert für Betonfestigkeitsklasse C20/25: $k_s = 2{,}79$

erforderliche Bewehrung: $\Rightarrow A_{s,erf}\,[cm^2] = k_s \cdot \dfrac{M_d\,[kNm]}{d\,[cm]} = 2{,}79 \cdot \dfrac{187{,}7}{45} = 11{,}64\ cm^2$

Bewehrungswahl: gewählt 4 ∅ 20 mm $A_s = 12{,}57\ cm^2 > A_{s,erf}$

In den 30 cm breiten Balken können maximal 6 ∅ 20 mm in einer Lage eingelegt werden, d.h. die vorgeschriebenen Stababstände sind eingehalten.

Alternativen:

2 ∅ 28 mm $A_s = 12{,}32\ cm^2 > A_{s,erf}$
3 ∅ 25 mm $A_s = 14{,}73\ cm^2 > A_{s,erf}$
6 ∅ 16 mm $A_s = 12{,}06\ cm^2 > A_{s,erf}$

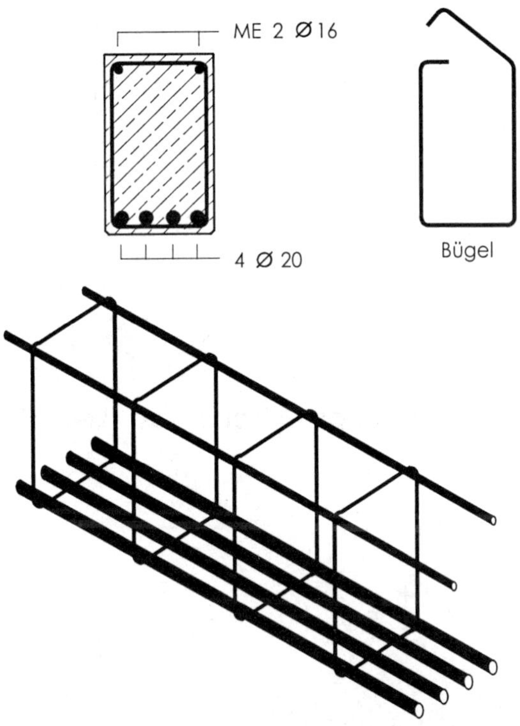

Neben der ermittelten erforderlichen Biegebewehrung von 11,64 cm² sind in einem Stahlbetonbalken auch Bügel sowie an den oberen Querschnittsecken eine konstruktive Bewehrung aus zwei Montagestäben (ME) einzubauen.

Die Bügel sind erforderlich, um die im Stahlbetonbalken wirkenden Querkräfte aufzunehmen. Aus dem Schubnachweis ergibt sich der Durchmesser der Bügel (z.B. ∅ 10 mm) und der Abstand der Bügel in Balkenlängsrichtung (z.B. 20 cm).

Aus Biegebewehrung, Montagestäben und Bügeln wird ein stabiler Bewehrungskorb zusammengefügt, der an den Kreuzungspunkten mit Rödeldraht verbunden wird.

Ergibt die Überprüfung, dass die erforderliche Bewehrung nicht in einer Lage in der Querschnittsbreite möglich ist, kann die Bewehrung auch in bis zu maximal drei Lagen übereinander verlegt werden. Allerdings muss dann die Bemessung mit einer verringerten statischen Nutzhöhe d neu durchgeführt werden.

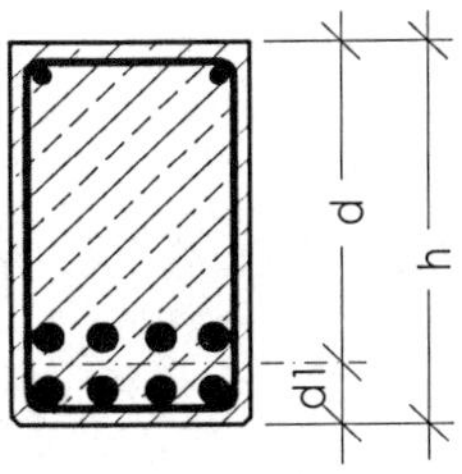

zweilagige Bewehrung

$d_1 \approx 8\ cm$

statische Nutzhöhe $d = h - 8\ cm$

Beispiel: eine 22 cm dicke einachsig gespannte Stahlbetondecke liegt beidseits auf 24 cm starkem Außenmauerwerk auf. Die Gesamtlast q aus ständiger Last g und Verkehrslast p beträgt 8,0 kN/m².

Baustoffe: Betonfestigkeitsklasse C20/25
Betonstahl BSt 500M

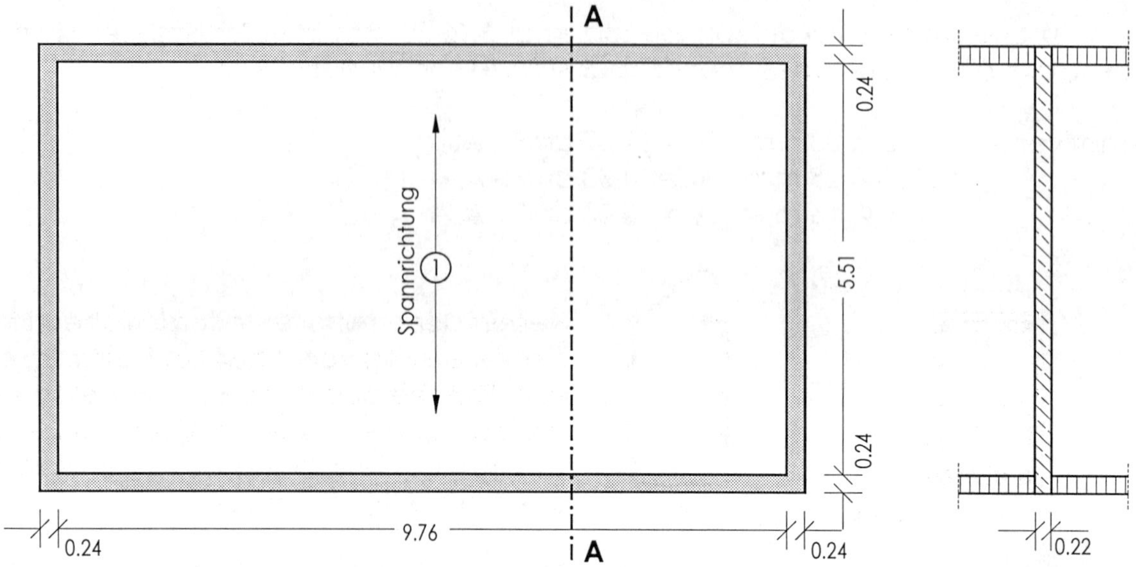

Grundriss Schnitt A-A

Da ein 1,0 m breiter Deckenstreifen untersucht wird, wird die Flächenlast [kN/m²] zur Linienlast [kN/m).

Stützweite:

$$l = l_w + 2 \cdot \frac{t}{2} = 5{,}51 + 2 \cdot \frac{0{,}24}{2} = 5{,}75 \text{ m}$$

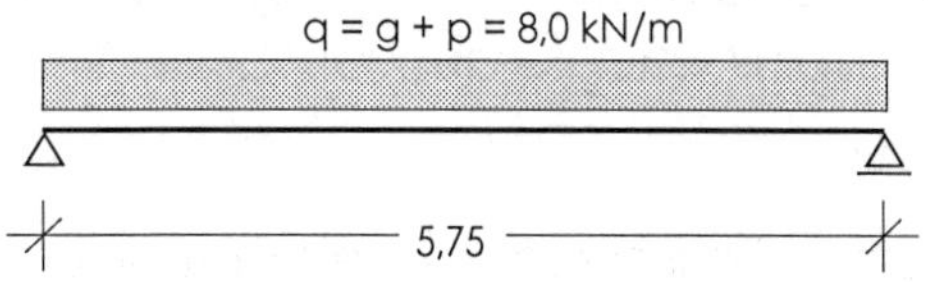

statisches System

$$M_{max} = q \cdot \frac{l^2}{8} = 8{,}0 \cdot \frac{5{,}75^2}{8} = 33{,}1 \text{ kNm}$$

statische Nutzhöhe: $d = 22 - 3 = 19$ cm

Bemessungsmoment: $M_d = \gamma_F \cdot M = 1{,}4 \cdot 33{,}1 = 46{,}3$ kNm

k_d-Wert: $$k_d = \frac{d\,[\text{cm}]}{\sqrt{M_d\,[\text{kNm}] / b\,[\text{m}]}} = \frac{19}{\sqrt{46{,}3/1{,}0}} = 2{,}79$$

k_s-Wert für Betonfestigkeitsklasse C20/25: $k_s = 2{,}48$

Für den 1,0 m breiten Deckenstreifen wird die erforderliche Bewehrung in [cm²/m] ermittelt:

erforderliche Bewehrung: $\Rightarrow a_{s,erf}\,[\text{cm}^2/\text{m}] = k_s \cdot \dfrac{M_d\,[\text{kNm}]}{d\,[\text{cm}]} = 2{,}48 \cdot \dfrac{46{,}3}{19} = 6{,}04\ \text{cm}^2/\text{m}$

Einachsig gespannte Platten werden mit R- oder K-Matten bewehrt, die eine Querbewehrung von 20% der Hauptbewehrung aufweisen. Dieser Wert ist in DIN 1045-1 gefordert, um eine Querverteilung von Einzellasten zu gewährleisten.

Bewehrungswahl: gewählt Lagermatte K 664 $a_s = 6{,}64\ \text{cm}^2/\text{m} > a_{s,erf}$

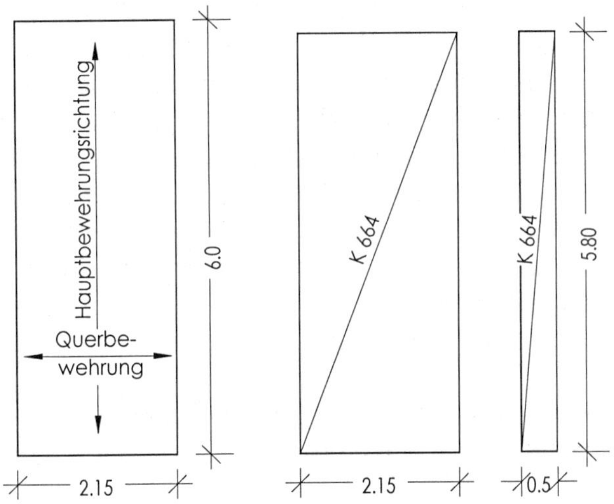

Die Matten K 664 sind 2,15 m breit und 6,0 m lang. Die Hauptbewehrung der Matte (6,64 cm²/m) verläuft parallel zur längeren Seite.

Die Matten werden auf 5,8 m Länge gekürzt und nebeneinander untenliegend auf Abstandhalter in der Deckenschalung verlegt.

Am Ende der Deckenplatte wird ein 0,5 m breiter Mattenstreifen verlegt.

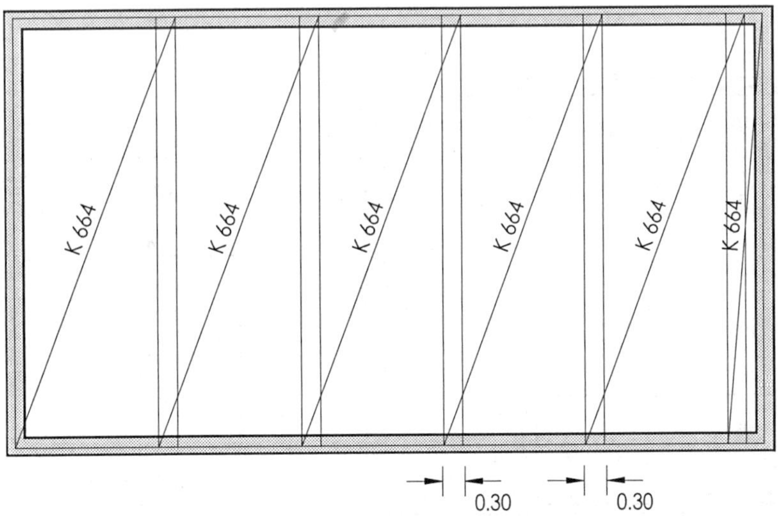

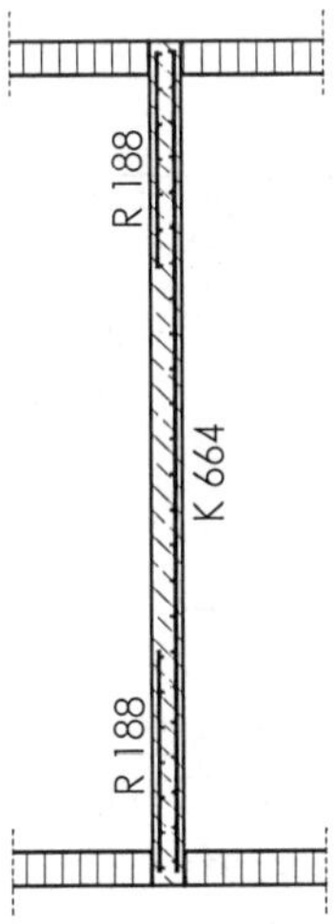

untere Bewehrungslage

Die Matten müssen seitlich für die Übergreifung der Querbewehrung überlappt werden. Bei Lagermatten ist ein Maß von 30 cm ausreichend. Die Matten sind so einzulegen, dass die Hauptbewehrung unten liegt.

Neben der statisch erforderlichen untenliegenden Biegebewehrung ist auch eine obere konstruktive Bewehrung nötig. Zur Aufnahme einer rechnerisch nicht erfassten Einspannung am Endauflager ist eine konstruktive Einspannbewehrung anzuordnen, die mindestens 25% der erforderlichen Feldbewehrung entspricht.

$$a_{s,erf,oben} \geq 0{,}25 \cdot a_{s,erf,Feld}$$

Diese Bewehrung muss mindestens 25% der Feldlänge lang sein.

$$l_{erf} \geq 0{,}25 \cdot l_{Feld}$$

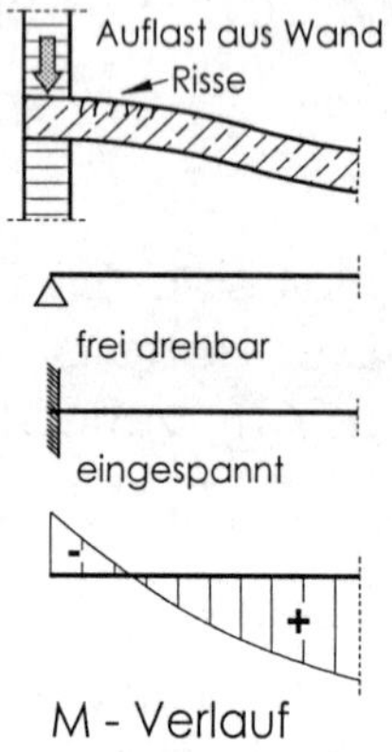

Die Decke wurde als frei aufliegender, an den Endauflagern unbehindert frei drehbarer Einfeldträger berechnet. In Wirklichkeit wird jedoch durch die Wandauflast aus den oberen Geschossen die Verdrehbarkeit eingeschränkt. Es entsteht im Auflagerbereich ein negatives Biegemoment, das zu Rissen an der Plattenoberseite parallel zur unterstützenden Wand führen kann. Dieses negative Biegemoment muss konstruktiv abgedeckt werden.

erforderliche Bewehrung: $\Rightarrow a_{s,erf,oben} \geq 0{,}25 \cdot a_{s,erf,Feld} = 0{,}25 \cdot 6{,}04 = 1{,}51$ cm²/m

$l_{erf} \geq 0{,}25 \cdot l_{Feld} = 0{,}25 \cdot 5{,}75 = 1{,}44$ m

Bewehrungswahl: gewählt Lagermatte R 188 $a_s = 1{,}88$ cm²/m $> a_{s,erf}$

$l = 1{,}50$ m

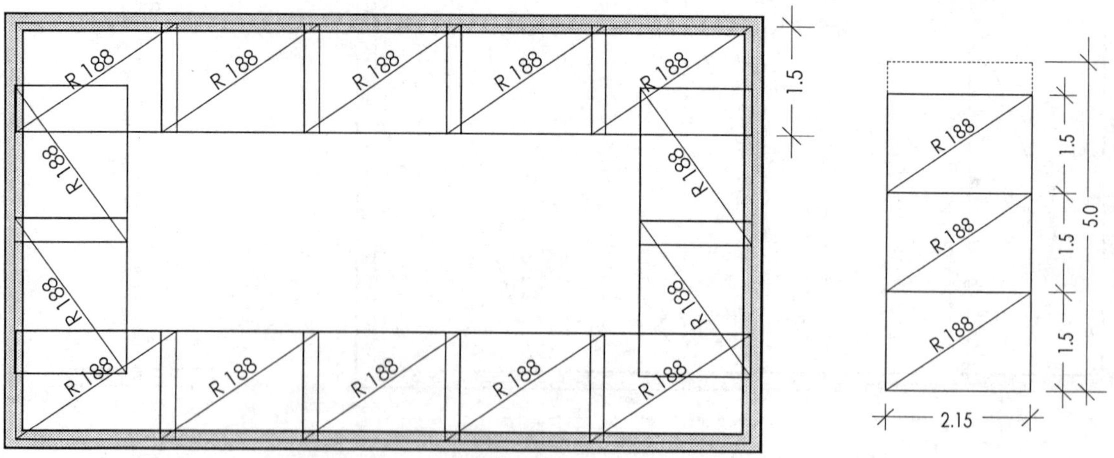

obere Bewehrungslage

Auch die obere konstruktive Einspannbewehrung muss auf geeignete Abstandhalter verlegt werden.

Die Biegebewehrung ist immer in der Biegezugzone anzuordnen, d.h. im Bereich positiver Biegemomente an der Balkenunterseite, im Bereich negativer Biegemomente an der Balkenoberseite.

Beispiel: Ein Stahlbetonbalken mit Rechteckquerschnitt b/h = 40/70 cm überspannt als Einfeldträger eine lichte Weite l_w = 9,70 m. Der Träger kragt einseitig 3,0 m aus.

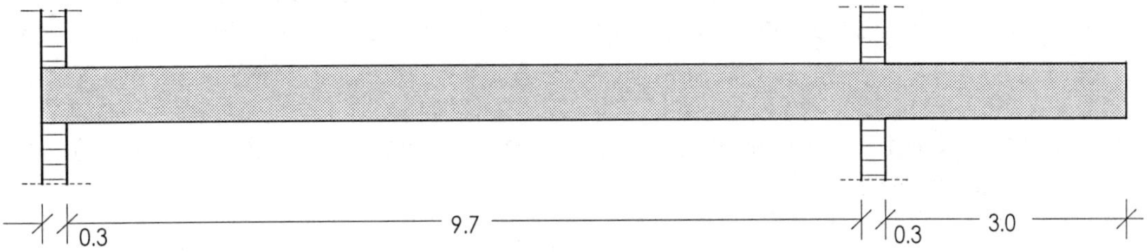

Ansicht M = 1:100

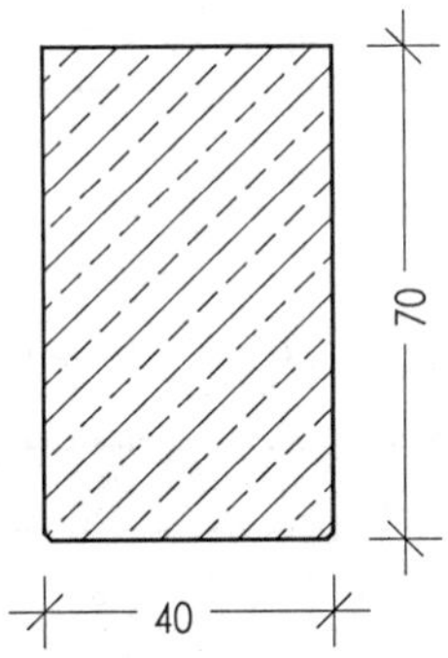

Querschnitt M = 1:20

Baustoffe: Betonfestigkeitsklasse C20/25
Betonstahl BSt 500S

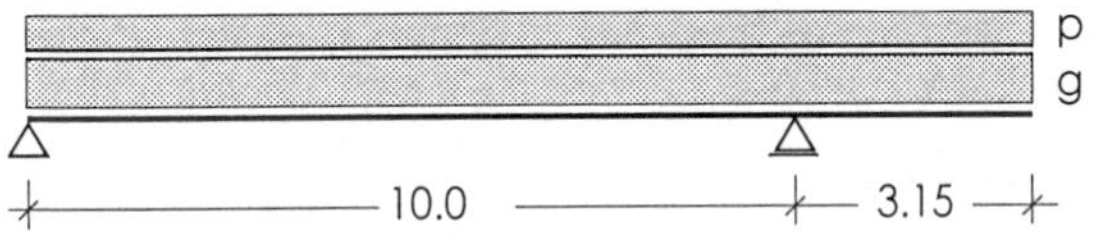

statisches System
M = 1:200

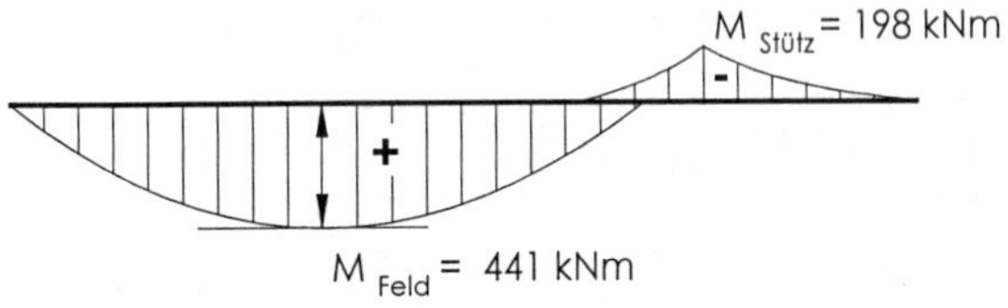

M - Verlauf (Grenzlinie)

Die Biegebemessung wird getrennt für das Feldmoment M_{Feld} = 441 kNm und für das Stützmoment $M_{Stütz}$ = - 198 kNm mit dem k_d-Verfahren mit folgendem Ergebnis durchgeführt:

- Feld: $M_d = 1{,}4 \cdot 441 = 617{,}4$ kNm
  $\Rightarrow A_{s,erf} = 27{,}64\ cm^2$ (untenliegend)

  <u>gewählt 6 ∅ 25 mm</u> $A_s = 29{,}45\ cm^2 > A_{s,erf}$

In den 40 cm breiten Balken können maximal 7 ∅ 25 mm in einer Lage eingelegt werden, d.h. die vorgeschriebenen Stababstände sind eingehalten.

• Stütze: $M_d = 1{,}4 \cdot 198 = 277{,}2$ kNm
$\Rightarrow A_{s,erf} = 10{,}70$ cm² (obenliegend)

gewählt 4 Ø 20 mm $A_s = 12{,}57$ cm² > $A_{s,erf}$

Die Ermittlung der Schubbewehrung zur Bestimmung der Bügeldurchmesser und -abstände wird in diesem Rahmen nicht durchgeführt. Die sich tatsächlich ergebende Schubbewehrung ist in folgendem Bewehrungsplan der Vollständigkeit halber mit aufgeführt.

Jede Bewehrungsform wird mit einer Positionsnummer versehen und in einem Stahlauszug maßstäblich dargestellt.

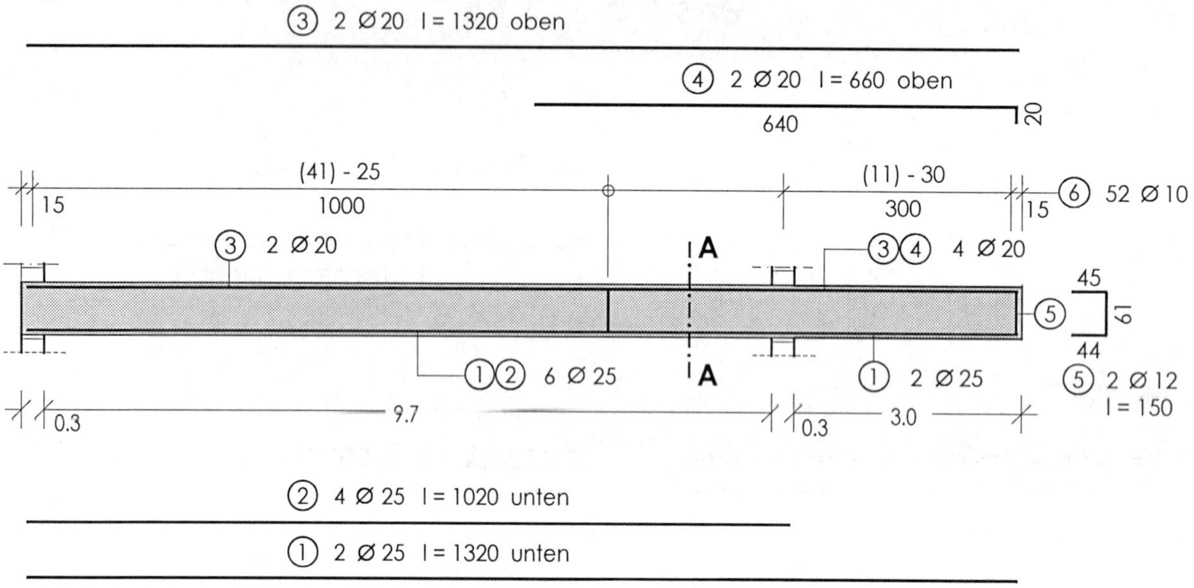

Bewehrungsplan M = 1:100

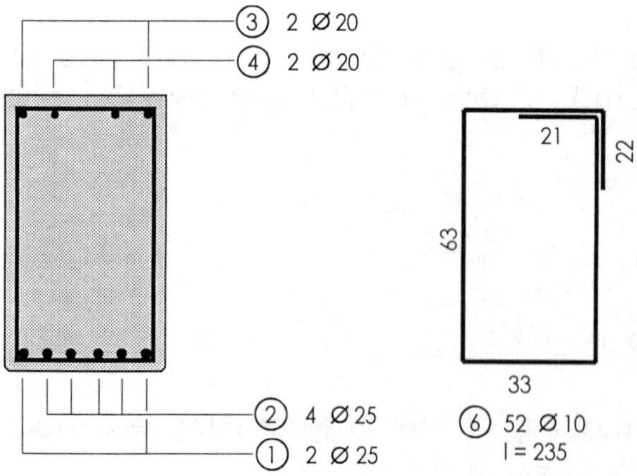

Schnitt A - A M = 1:20

Die Bewehrungsposition ① (unten) dient im Kragarmbereich als Montagebewehrung, ebenso die Bewehrungsposition ③ (oben) im Feldbereich.

Beispiel: eine einachsig gespannte Stahlbetondecke mit h = 22 cm überspannt zwei Felder mit den lichten Weiten l_{w1} = 4,13 m und l_{w2} = 5,01 m. Die Auflagerbreiten betragen 24 cm.

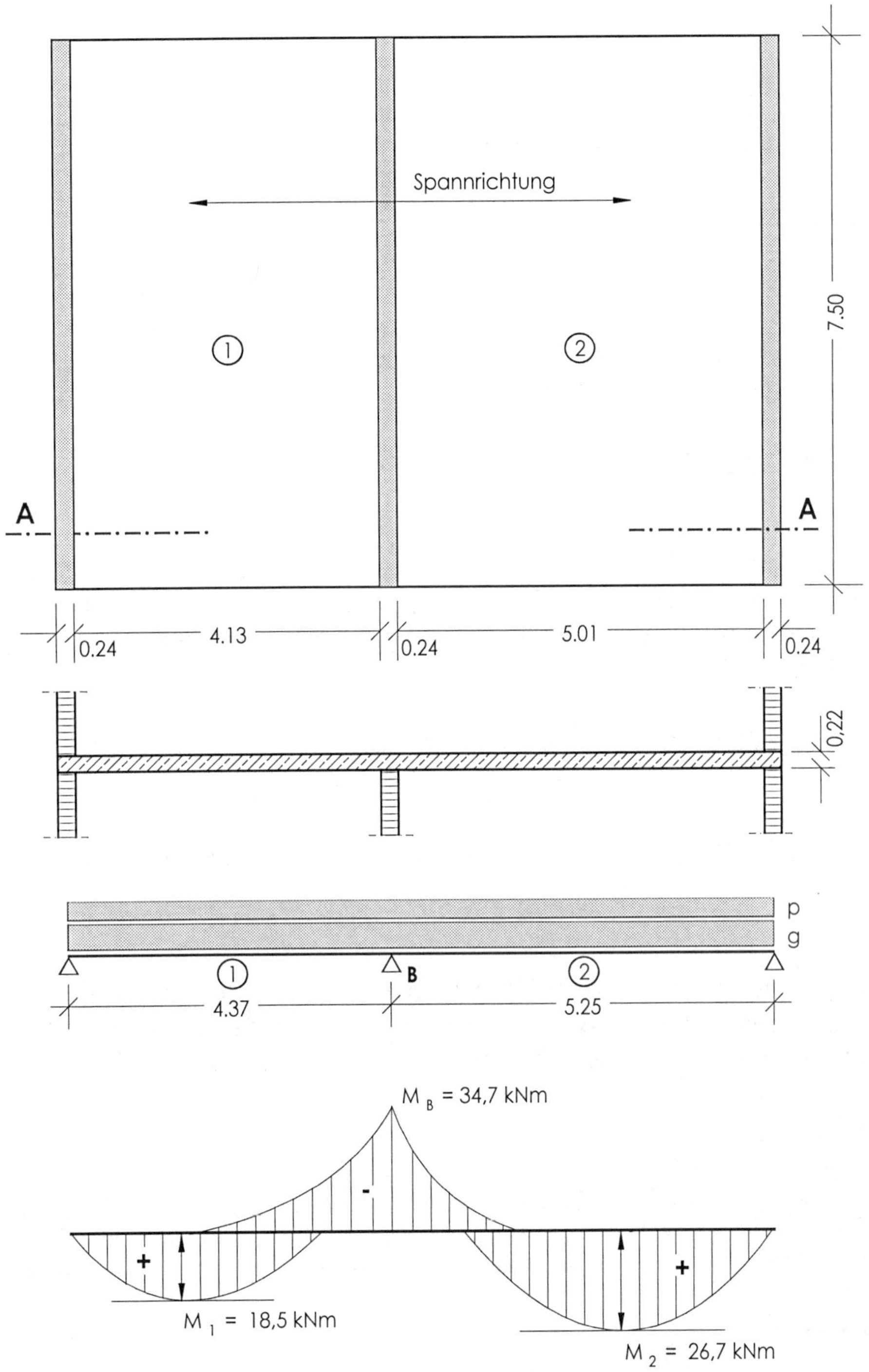

Baustoffe:

Betonfestigkeitsklasse C20/25
Betonstahl BSt 500M

Grundriss
M = 1:100

Schnitt A - A
M = 1:100

stat. System
M = 1:100

M - Verlauf
(Grenzlinie)

Die Biegebemessung wird wieder getrennt für die Feldmomente M_1 = 18,5 kNm/m, M_2 = 26,7 kNm/m und für das Stützmoment M_B = - 34,7 kNm/m mit dem k_d-Verfahren mit folgendem Ergebnis durchgeführt:

- Feld 1: $M_{d,1} = 1{,}4 \cdot 18{,}5 = 25{,}9$ kNm/m
  $\Rightarrow a_{s,erf} = 3{,}27\ cm^2/m$ (untenliegend)

  <u>gewählt R 378</u> $a_s = 3{,}78\ cm^2/m > a_{s,erf}$
  (Mattenform 1)

- Feld 2: $M_{d,2} = 1{,}4 \cdot 26{,}7 = 37{,}4$ kNm/m
  $\Rightarrow a_{s,erf} = 4{,}76\ cm^2/m$ (untenliegend)

  <u>gewählt R 513</u> $a_s = 5{,}13\ cm^2/m > a_{s,erf}$
  (Mattenform 2)

- Stützung B: $M_{d,B} = 1{,}4 \cdot 34{,}7 = 48{,}6$ kNm/m
  $\Rightarrow a_{s,erf} = 6{,}34\ cm^2/m$ (obenliegend)

  <u>gewählt K 664</u> $a_s = 6{,}64\ cm^2/m > a_{s,erf}$
  (Mattenform 3)

Neben der Biegebewehrung in den Feldern und über der Innenstützung ist über den Endauflagern eine konstruktive Einspannbewehrung anzuordnen. Um die Anzahl der Mattenpositionen gering zu halten, wird an beiden Auflagern die gleiche Bewehrung eingelegt (maßgebend Feld 2):

$$\Rightarrow a_{s,erf,oben} \geq 0{,}25 \cdot a_{s,erf,Feld} = 0{,}25 \cdot 4{,}76 = 1{,}19\ cm^2/m$$
$$l_{erf} \geq 0{,}25 \cdot l_{Feld} = 0{,}25 \cdot 5{,}25 = 1{,}30\ m$$

<u>gewählt R 188</u> $a_s = 1{,}88\ cm^2/m > a_{s,erf}$ mit $l = 1{,}25$ m
(Mattenform 4)

Die freien ungestützten Ränder der Deckenplatte sind konstruktiv mit Steckbügeln und einer Längsbewehrung einzufassen. Alternativ kann die Randeinfassung auch mit einer Betonstahlmatte erfolgen, in diesem Beispiel mit R 188 (Mattenform 5).

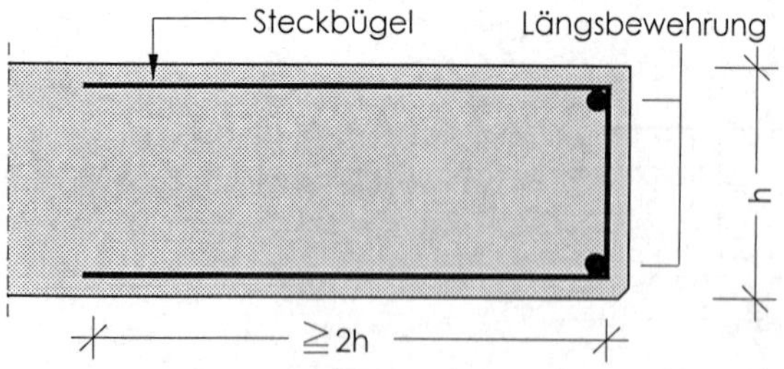

Einfassbewehrung von freien ungestützten Plattenrändern, z.B. mit Steckbügeln Ø 6 mm, e = 15 cm und 2 Ø 12 mm längs.

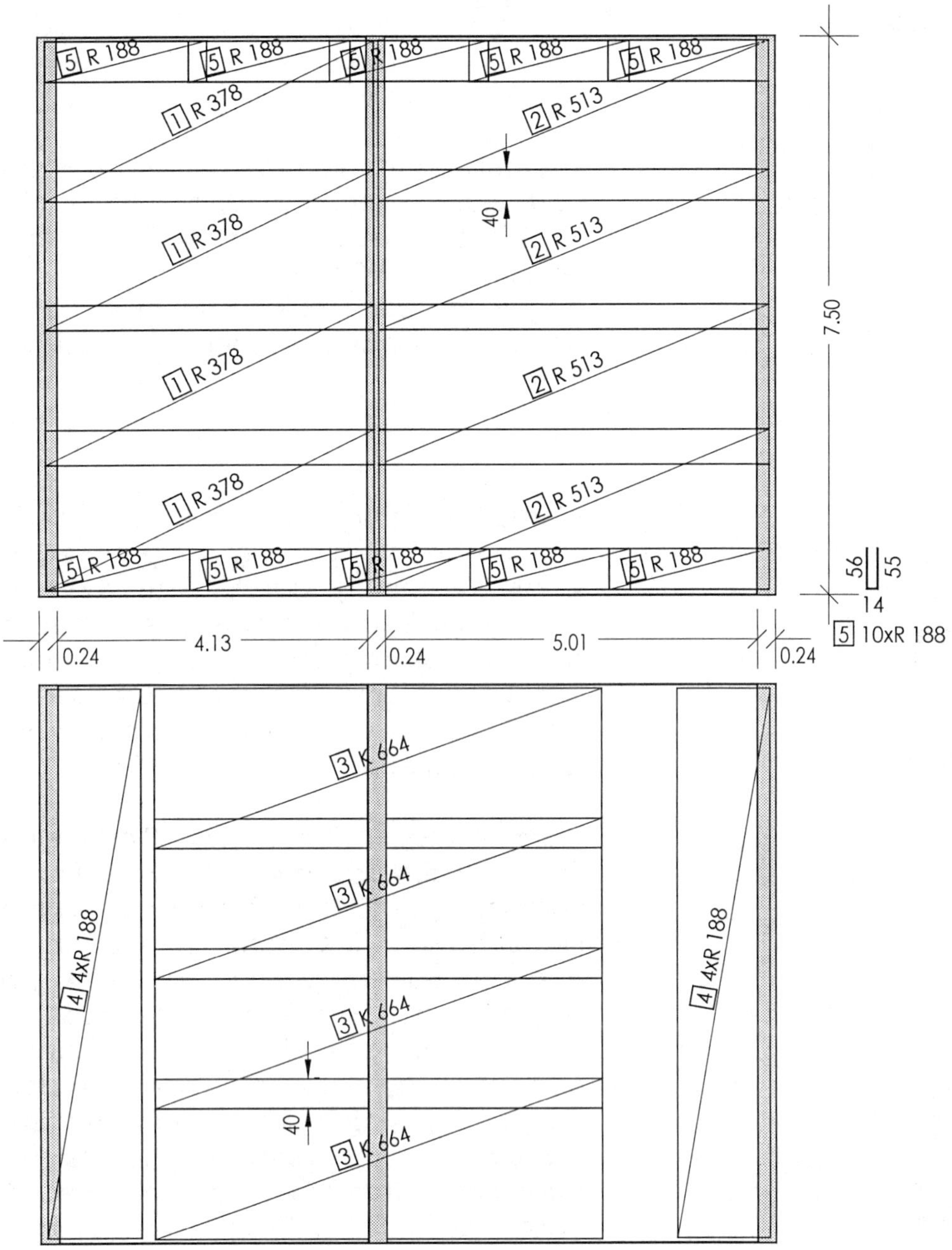

untere
Bewehrung
M = 1:100

obere
Bewehrung
M = 1:100

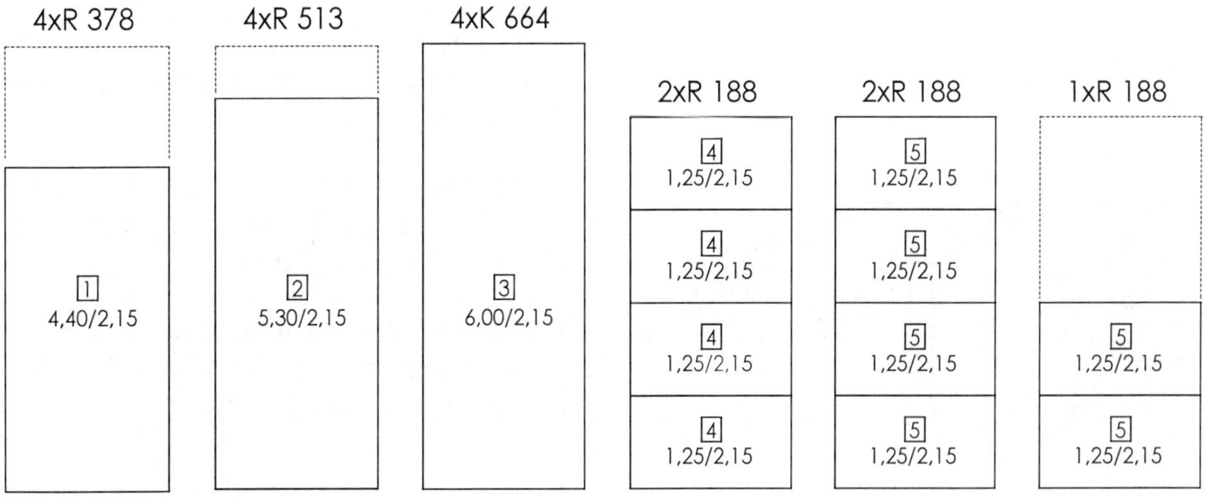

10.6.2 Der Plattenbalken

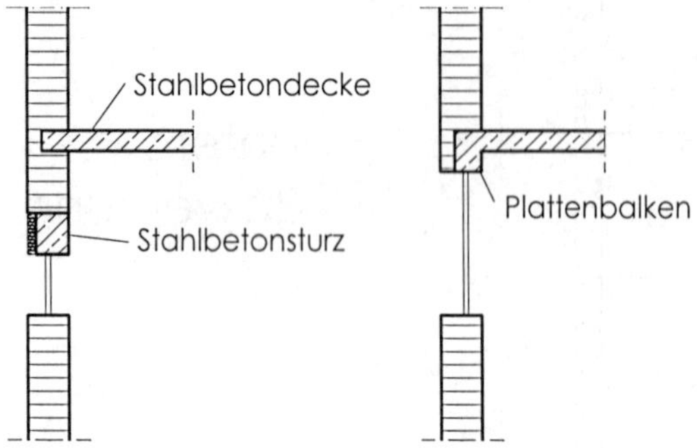

Rechteckbalken kommen im Stahlbetonbau relativ selten vor, z.B. als Fenstersturz im Mauerwerksbau oder im Stahlbeton-Fertigteilbau. Wird der Fenstersturz dagegen mit der Stahlbetondecke monolithisch verbunden, entsteht ein Plattenbalken.

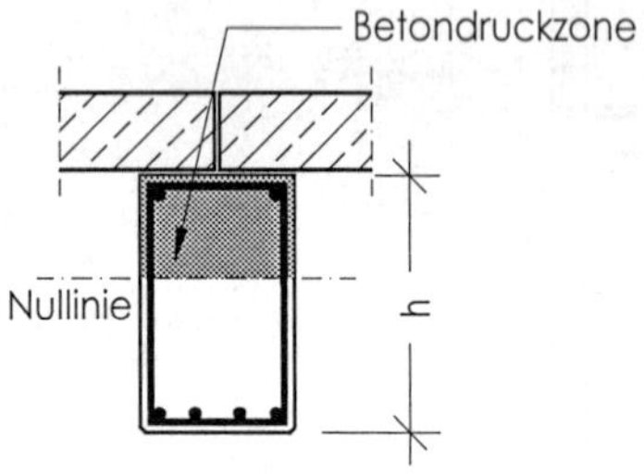

Werden im Fertigteilbau die Deckenelemente ohne Verbindung auf den Rechteckunterzügen gelagert, steht zur Aufnahme der Biegemomente des Unterzugs die Konstruktionshöhe h zur Verfügung. Die Gesamtkonstruktionshöhe der Decke ergibt sich aus der Balkenhöhe h und der Deckendicke.

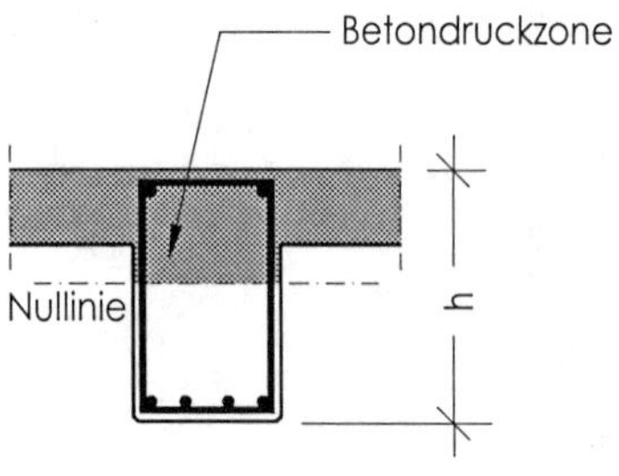

Wenn dagegen Balken und Platte eine Einheit bilden und durch die Bewehrung verbunden sind, spricht man von einem Plattenbalken. Die Betondruckspannungen des Balkens breiten sich über die angrenzenden Plattenbereiche aus, sie verteilen sich auf eine größere Fläche und werden dadurch kleiner. Anders ausgedrückt kann bei einem Plattenbalken eine größere Betondruckkraft aufgenommen werden als beim Rechteckquerschnitt. Die Gesamtkonstruktionshöhe der Decke ergibt sich aus der Höhe h des Plattenbalkens, in der die Deckendicke bereits enthalten ist. Sie ist somit geringer als die der gestapelten Fertigteilkonstruktion.

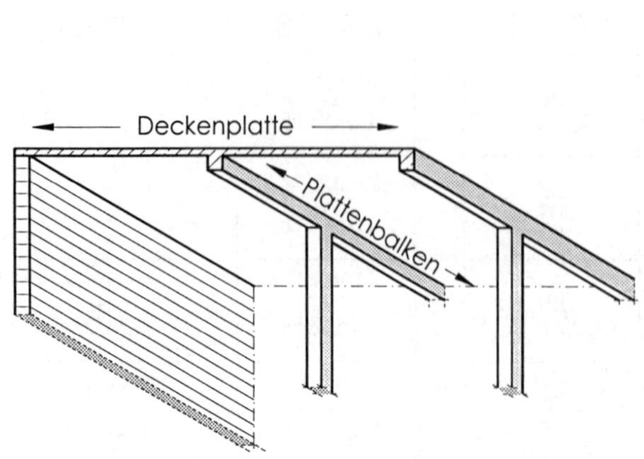

Die Deckenplatte ist quer zu den Balken gespannt und trägt ihre Lasten über Biegung von Balken zu Balken.

Die Plattenbalken wirken zusammen mit der Deckenplatte ebenfalls auf Biegung quer zur Deckenspannrichtung.

Der Bereich der Platte, der bei der Aufnahme der Betondruckkräfte mitwirkt, wird als mitwirkende Plattenbreite b_m bezeichnet. Die Betondruckspannungen verteilen sich in Längsrichtung des Plattenbalkens über die Platte.

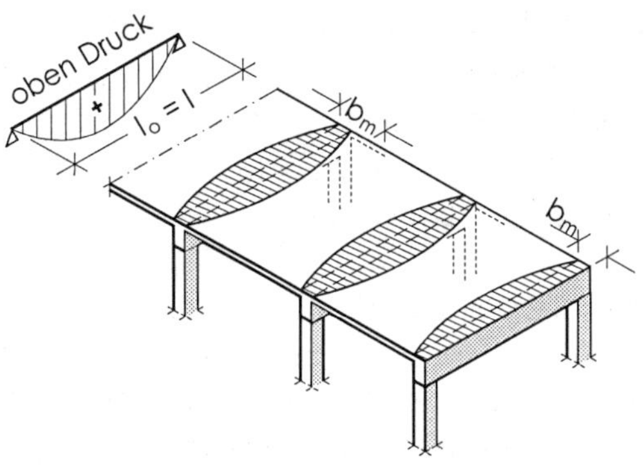

Am Auflager ist die mitwirkende Plattenbreite b_m nicht größer als die Balkenbreite b, in der Mitte des Feldes ist sie am größten. Je weiter der Balken gespannt ist, umso mehr kann sich die Druckspannung in der Platte verteilen und umso größer wird dadurch die mitwirkende Plattenbreite b_m. Beim Einfeldträger wird für die Ermittlung der mitwirkenden Plattenbreite die Stützweite $l_0 = l$ angesetzt.

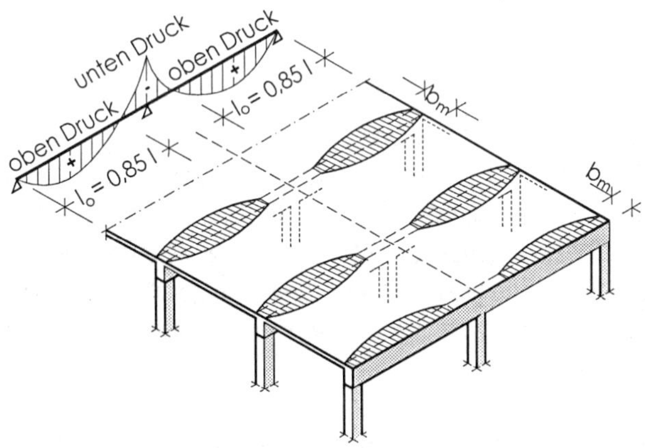

Die Betondruckspannungen können sich natürlich nur dann in der Platte ausbreiten, wenn die Platte in der Druckzone liegt, d.h. im Bereich positiver Biegemomente.

Bei einem durchlaufendem Plattenbalken, hier ein Zweifeldträger, darf für die Ermittlung der mitwirkenden Plattenbreite nur der Abstand der Momentennullpunkte $l_0 = 0{,}85 \cdot l$ angesetzt werden.

Je nachdem, ob sich die Betondruckspannungen nach einer oder zwei Seiten ausbreiten können, spricht man von:

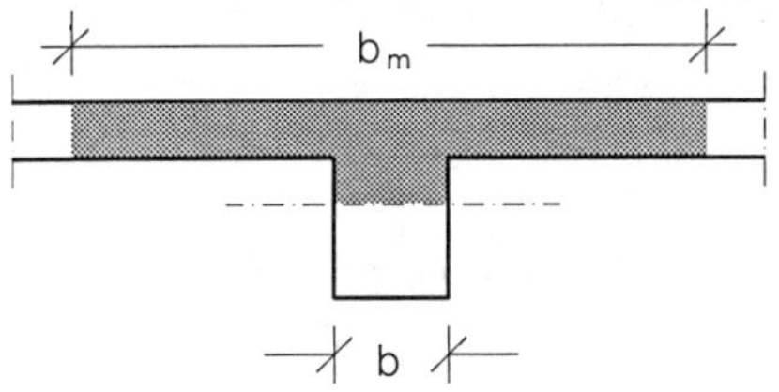

zweiseitigem Plattenbalken bzw.

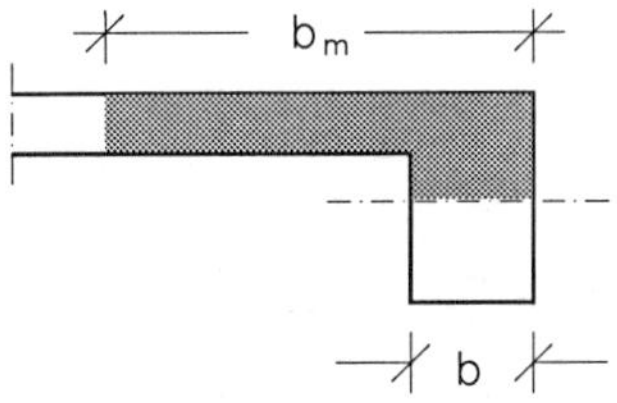

einseitigem Plattenbalken

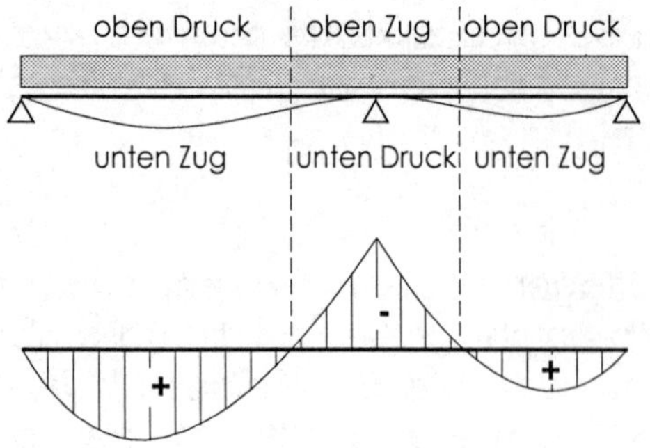

Es ist zu beachten, dass die günstige Wirkung des Plattenbalkens nur dann genutzt werden kann, wenn die Platte in der Druckzone liegt.

Beim Zweifeldträger wird in den Feldern unten Zug, oben Druck erzeugt. Im Bereich der negativen Stützmomente dagegen oben Zug und unten Druck, wie aus der Biegelinie zu ersehen ist.

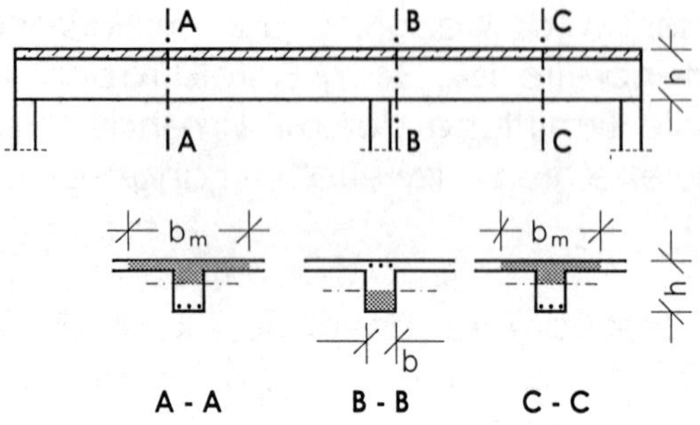

Bei obenliegender Platte (Unterzug) ist der Querschnitt in den Feldern als Plattenbalken mit der Breite b_m, über der Innenstütze als Rechteckquerschnitt mit der Breite b zu bemessen.

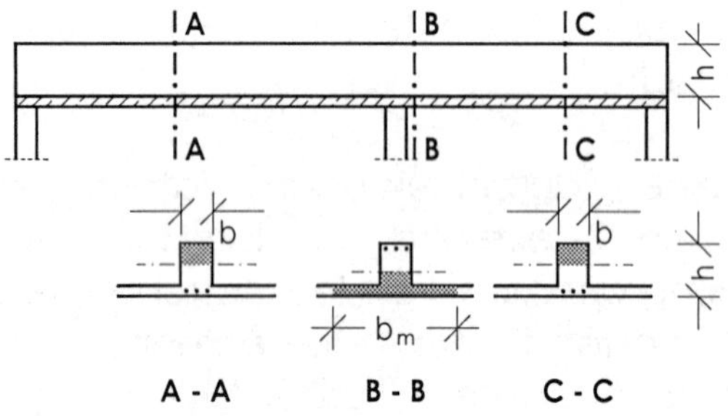

Bei untenliegender Platte (Überzug) liegt die Platte im Bereich der Felder dagegen in der Zugzone, für die Bemessung ist ein Rechteckquerschnitt mit der Breite b zugrundezulegen. Über der Innenstütze wirkt der Querschnitt als Plattenbalken mit der Breite b_m.

Für die Ermittlung der mitwirkenden Plattenbreite b_m sind die genäherten Abstände der Momentennullpunkte l_0 zu verwenden:

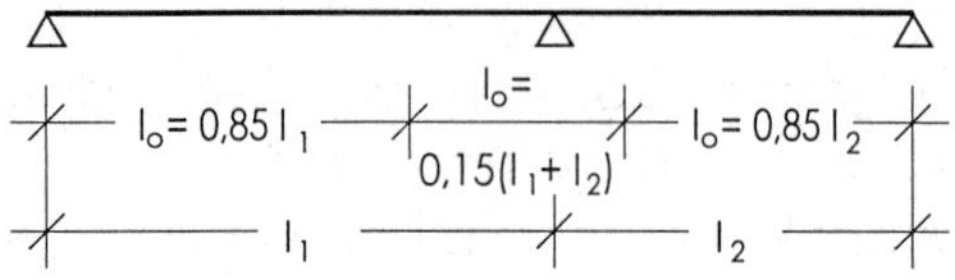

Einfeldträger	$l_0 = l$
Durchlaufträger, Endfeld	$l_0 = 0{,}85 \cdot l$
DLTr, Innenstütze	$l_0 = 0{,}15 \cdot (l_1 + l_2)$,

sofern die Platte unten liegt

Die mitwirkende Breite b_m kann dann überschlägig ermittelt werden zu:

- zweiseitiger Plattenbalken $b_m = b + \frac{l_0}{5}$
- einseitiger Plattenbalken $b_m = b + \frac{l_0}{10}$

Auf keinen Fall darf die mitwirkende Plattenbreite b_m größer angesetzt werden als die tatsächlich zur Verfügung stehende Breite, d.h. bei mehreren Balken der Achsabstand der Balken.

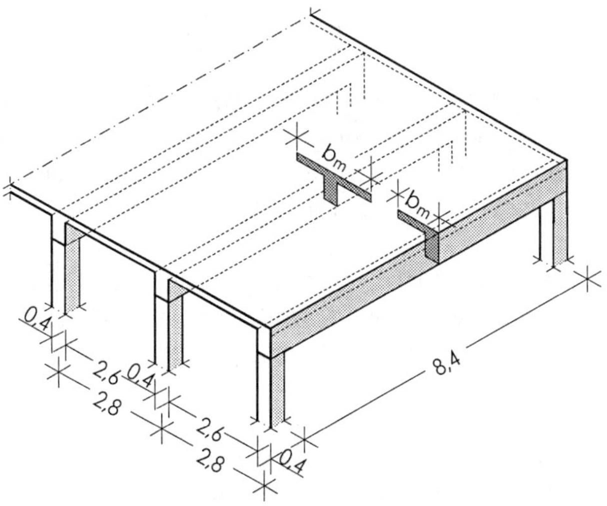

Beispiel (Plattenbalkendecke):

Einfeldträger: $l_0 = l = 8{,}4$ m

Innerer Plattenbalken (zweiseitig)

$$\Rightarrow b_m = 0{,}4 + \frac{8{,}4}{5} = 2{,}08 \text{ m} \approx 2{,}1 \text{ m}$$

Randbalken (einseitig)

$$\Rightarrow b_m = 0{,}4 + \frac{8{,}4}{10} = 1{,}24 \text{ m} \approx 1{,}25 \text{ m}$$

Die ermittelte mitwirkende Plattenbreite ist jeweils kleiner als der Achsabstand der Balken (2,8 m bzw. 1,4 m).

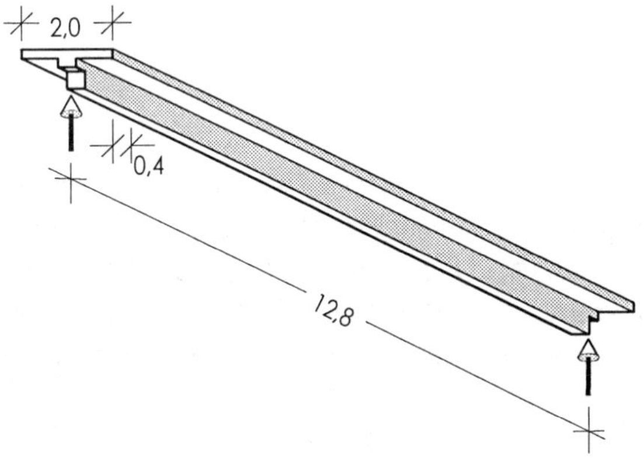

Beispiel (Fertigteil):

Einfeldträger: $l_0 = l = 12{,}8$ m

zweiseitiger Plattenbalken

$$\Rightarrow b_m = 0{,}4 + \frac{12{,}8}{5} = 2{,}96 \text{ m} \approx 3{,}0 \text{ m}$$

Die ermittelte mitwirkende Plattenbreite ist größer als die tatsächlich vorhandene Breite des Fertigteils. Als mitwirkende Breite darf nur $b_m = 2{,}0$ m angesetzt werden.

Die Biegebemessung eines Plattenbalkens erfolgt dann wie beim Rechteckquerschnitt, wobei bei der Ermittlung des k_d-Wertes anstelle der Balkenbreite b die mitwirkende Plattenbreite b_m einzusetzen ist.

$$k_d = \frac{d[\text{cm}]}{\sqrt{M_d[\text{kNm}] / b_m[\text{m}]}}$$

Liegt die Platte in der Zugzone (obenliegende Platte im Bereich negativer Momente bzw. untenliegende Platte im Bereich positiver Momente), darf bei der Ermittlung des k_d-Wertes nur die Balkenbreite b verwendet werden.

$$k_d = \frac{d[\text{cm}]}{\sqrt{M_d[\text{kNm}] / b[\text{m}]}}$$

Balken mit Durchbrüchen

Aussparungen für Leitungen (Elektro, Wasser, Heizung, Entwässerung) und Lüftungskanäle führen oft zu notwendigen Öffnungen in den Stegen von Balken und Plattenbalken. Grundsätzlich dürfen die Öffnungen nur so angeordnet werden, dass wichtige Druckstreben bzw. genügend steife geschlossene Rahmen verbleiben.

Bei der Planung sollte darauf geachtet werden, dass nicht mehr und keine größeren Öffnungen als unbedingt erforderlich vorgesehen werden. Öffnungen vermindern die Steifigkeit des Balkens und führen zu größeren Durchbiegungen.

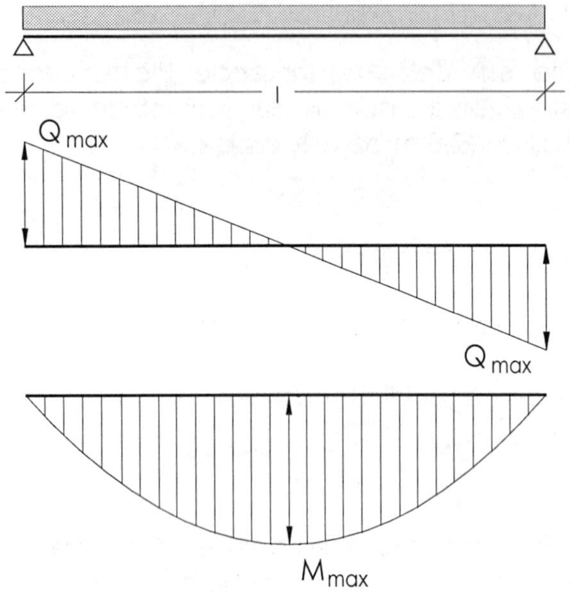

Im Auflagerbereich erreichen die Querkräfte ihren Größtwert und nehmen zur Feldmitte hin auf Null ab. Die Biegemomente sind in Feldmitte am größten.

Im Bereich kleiner Querkräfte, in der Regel also in Feldmitte, sind auch größere Öffnungen für Lüftungskanäle ohne zu großen konstruktiven Aufwand möglich. Der unter der Öffnung verbleibende Trägerbereich muss jedoch genügend hoch sein, um die erforderliche Biegebewehrung durchführen zu können. Der Frischbeton muss hier besonders sorgfältig eingebracht und verdichtet werden, damit keine Hohlräume entstehen.

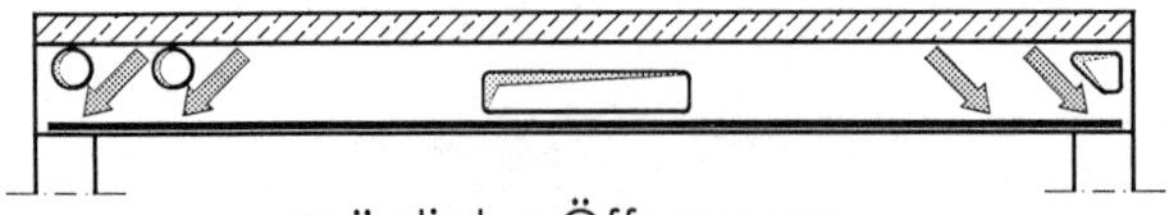

mögliche Öffnungen

Im Auflagerbereich sind wegen der großen Querkräfte und der sich daraus ergebenden engliegenden Bügelbewehrung nur beschränkt Öffnungen möglich.

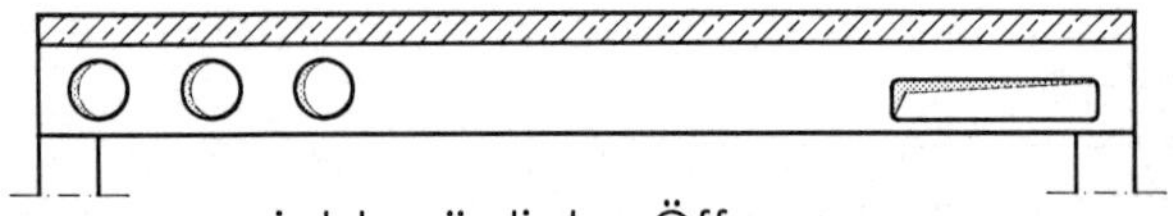

nicht mögliche Öffnungen

Runde oder zumindest ausgerundete Öffnungen sind für das Tragverhalten günstiger als eckige.

Für die Leitungsführung werden folgende Öffnungsweiten benötigt:

Elektro	5 - 7 cm
Wasser	7,5 cm
Heizung	15 cm
Entwässerung	25 - 50 cm
Lüftungskanäle	0,5 - 1,5 m² (Höhe 40 bis 60 cm)

10.7 Die Stahlbetondecke

10.7.1 Einachsig gespannte Platten

In statischer Hinsicht wirkt eine einachsig gespannte Stahlbetonmassivplatte wie ein breiter Balken. Die Bemessung erfolgt mit dem k_d-Verfahren an einem 1,0 m breiten Plattenstreifen.

Die Stahlbetondecke dient nicht nur dem horizontalen Raumabschluss und muss die Gesamtlast aus Eigengewicht, Ausbau und Verkehr zu den unterstützenden Auflagern abtragen. Sie kann zusätzlich Aufgaben der Aussteifung sowie des Wärme-, Schall- und Brandschutzes übernehmen. Unter Umständen bestimmen diese Forderungen die Deckendicke.

Die Mindestdicke nach DIN 1045-1 von Massivplatten, die von Wänden oder Unterzügen unterstützt werden, beträgt im allgemeinen h = 7 cm.

Aus Gründen des Schall- und Brandschutzes ergeben sich größere erforderliche Mindestdicken:

Schallschutz (DIN 4109)	h = 14 cm
Brandschutz (DIN 4102)	h = 10 cm

Es ist jedoch immer die Konstruktionsvorschrift zur Beschränkung der Durchbiegung (vgl. Abschnitt 10.5.3) zu beachten:

$$\frac{l_i}{d} \leq 35 \qquad \text{bzw.} \qquad \frac{l_i}{d} \leq \frac{150}{l_i}$$

umgewandelt $\quad l_i = 35 \cdot d \quad$ bzw. $\quad l_i = \sqrt{150 \cdot d}$

Mit der Mindestdicke h = 14 cm, die sich aus Gründen des Schallschutzes ergibt, lassen sich dann folgende Stützweiten überspannen:

mit $\quad d = 14 - 3 = 11 \text{ cm} = 0{,}11 \text{ m}$

$$l_i = 35 \cdot 0{,}11 = 3{,}85 \text{ m}$$

bzw. $\quad l_i = \sqrt{150 \cdot 0{,}11} = 4{,}06 \text{ m}$ (nicht maßgebend)

Dieser Wert gilt für Einfeldträger mit $l_i = l$, für durchlaufende Decken mit $l_i = 0{,}8 \cdot l$ ergibt sich:

$$l = \frac{l_i}{0{,}8} = \frac{3{,}85}{0{,}8} = 4{,}80 \text{ m}$$

Mit der Mindestdicke h = 14 cm lassen sich also maximale Stützweiten von l = 3,85 m für Einfeldplatten und l = 4,80 m für durchlaufende Platten überspannen. Bei größeren Stützweiten bzw. höheren Anforderungen an den Schall- und Brandschutz ergeben sich größere Deckendicken.

Massivplatten sind in der Regel nur sinnvoll bis zu einer Dicke h = 24 cm, da sonst der hohe Eigengewichtsanteil der Decke gegenüber der Nutzlast zu groß wird. Mit der Dicke h = 24 cm sind folgende Stützweiten möglich:

mit $d = 24 - 3 = 21\ \text{cm} = 0{,}21\ \text{m}$

$l_i = 35 \cdot 0{,}21 = 7{,}35\ \text{m}$ (Einfeldplatte, ohne Trennwände)

bzw. $l_i = \sqrt{150 \cdot 0{,}21} = 5{,}60\ \text{m}$ (Einfeldplatte, mit Trennwänden)

Der Wert $l_i = 7{,}35$ m gilt für Decken, die nicht durch leichte rissgefährdete Trennwände, der Wert $l_i = 5{,}6$ m für Decken, die durch solche Wände belastet sind. Für Durchlaufsysteme erhöhen sich die möglichen Stützweiten auf:

$l = \frac{7{,}35}{0{,}8} = 9{,}2\ \text{m}$ (Durchlaufplatte, ohne Trennwände)

$l = \frac{5{,}60}{0{,}8} = 7{,}0\ \text{m}$ (Durchlaufplatte, mit Trennwänden)

Damit sind die im Geschosswohnungs- und Verwaltungsbau üblichen Stützweiten abgedeckt. Bei größeren Stützweiten sind dann Rippendecken oder Hohlkörperdecken vorzusehen.

Bewehrung von einachsig gespannten Platten

- Größtabstände s_l der Hauptbewehrung

  Plattendicke $h \leq 15$ cm $s_l \leq 15$ cm
  Plattendicke $h \geq 25$ cm $s_l \leq 25$ cm

  Zwischenwerte sind linear zu interpolieren

- Querbewehrung

  mindestens 20% der Hauptbewehrung

- Größtabstände der Querbewehrung

  $s_q \leq 25$ cm

Diese Forderungen sind bei der Bewehrung mit Betonstahlmatten automatisch erfüllt. Nur bei Plattenbewehrungen mit Stabstahl (z.B. geknickte Treppenläufe) sind diese Konstruktionsregeln zu beachten.

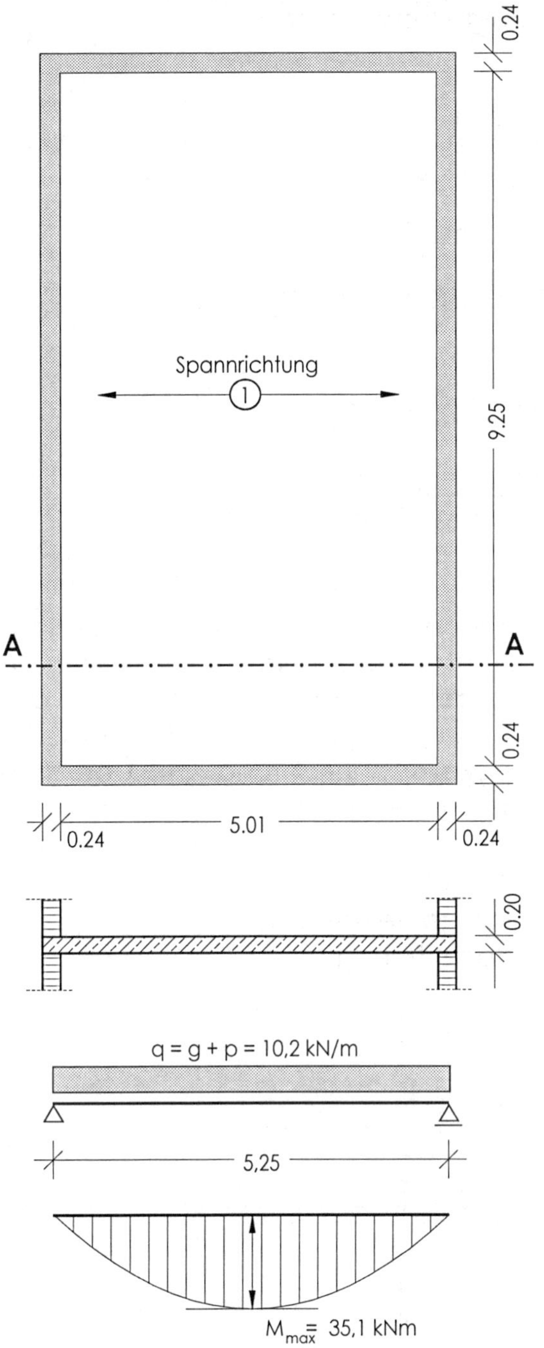

Beispiel:

Einachsig gespannte Platte, h = 20 cm

Baustoffe:

Betonfestigkeitsklasse C20/25
Betonstahl BSt 500M

Grundriss
M = 1:100

Schnitt A - A
M = 1:100

stat. System
M = 1:100

M - Verlauf

Ermittlung der erforderlichen Bewehrung:

$$M_d = 1{,}4 \cdot 35{,}1 = 49{,}1 \text{ kNm/m}$$
$$\Rightarrow a_{s,erf} = 7{,}25 \text{ cm}^2/\text{m} \quad \text{(untenliegend)}$$

Die erforderliche Bewehrung kann als einlagige Bewehrung oder als zweilagige Bewehrung, jeweils aus Betonstahlmatten, oder aus Stabstahl ausgeführt werden. Bei zweilagiger Mattenbewehrung wird unterschieden in Zulagestaffelung oder verschränkte Staffelung. Mit einer gestaffelten Bewehrung kann eine Anpassung an den Biegemomentenverlauf erfolgen.

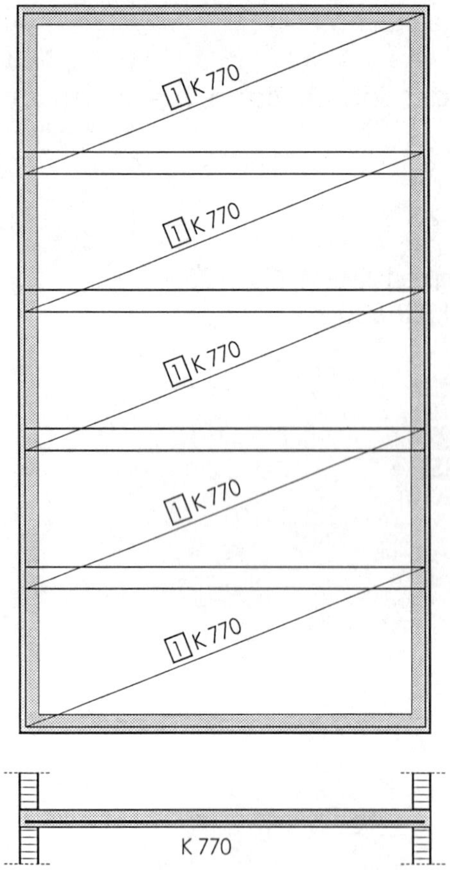

• Einlagige Bewehrung

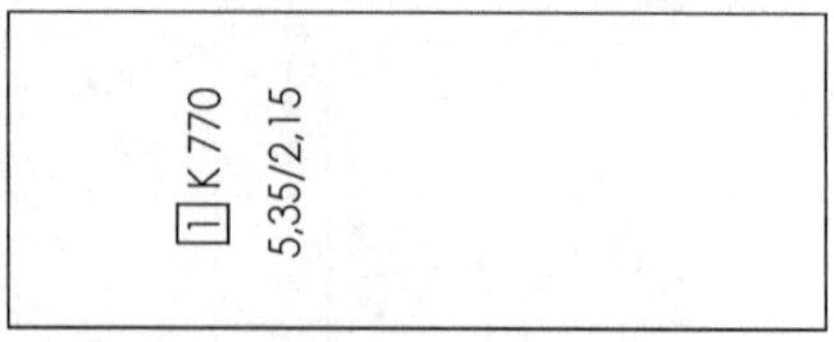

untere Bewehrung M = 1:100

$a_{s,erf}$ = 7,25 cm²/m

gewählt K 770

a_s = 7,70 cm²/m > $a_{s,erf}$

Die einzelnen Matten müssen in Querrichtung durch Überdeckung (30 cm) gestoßen werden. Ist diese Übergreifung der Matten zu gering, können Risse parallel zur Deckenspannrichtung im Übergreifungsbereich entstehen.

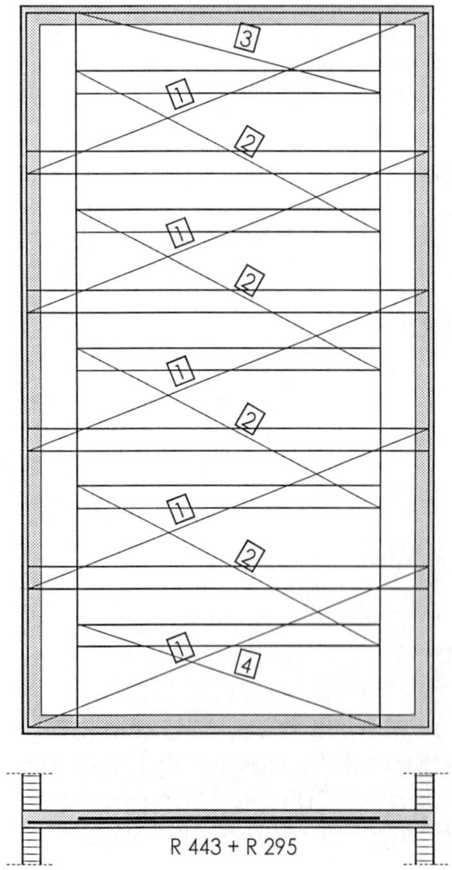

• Zweilagige Bewehrung
Zulagestaffelung

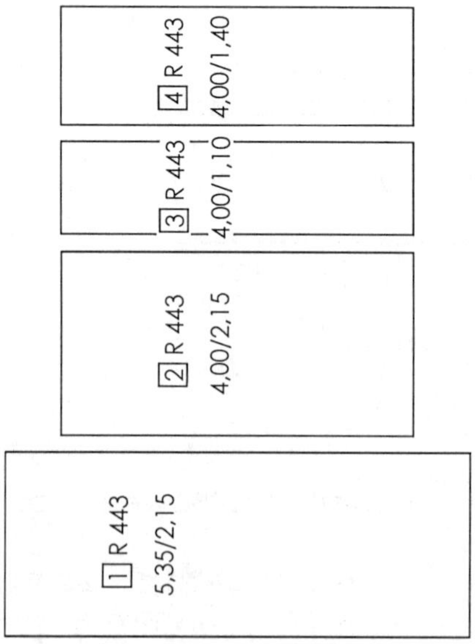

untere Bewehrung M = 1:100

gewählt R 443 + R 295

a_s = 4,43 + 2,95 =7,38 cm²/m > $a_{s,erf}$

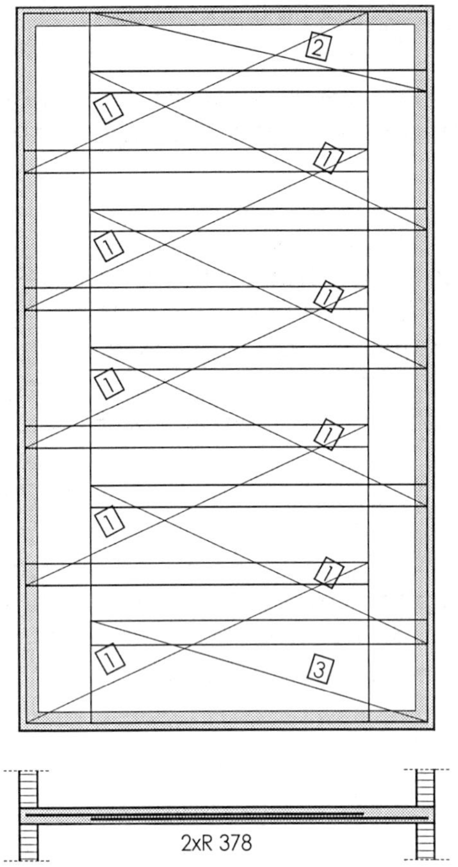

- Zweilagige Bewehrung
  Verschränkte Staffelung

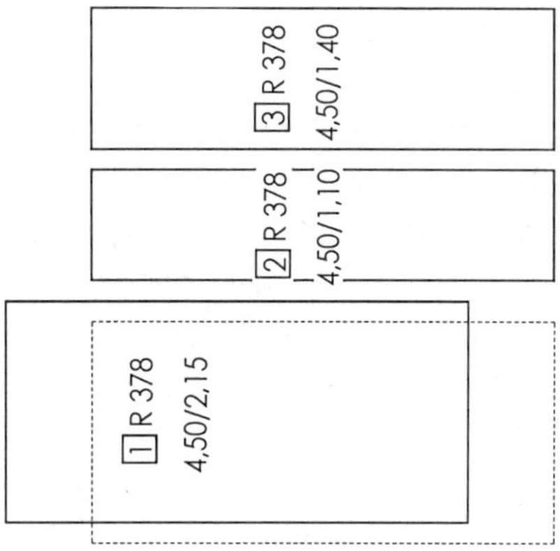

untere Bewehrung M = 1:100

gewählt 2xR 378

$a_s = 2 \cdot 3{,}78 = 7{,}56\ cm^2/m > a_{s,erf}$

Die erste und zweite Mattenlage werden versetzt angeordnet, damit in den Übergreifungsbereichen nicht vier Matten übereinanderliegen.

- Stabstahlbewehrung

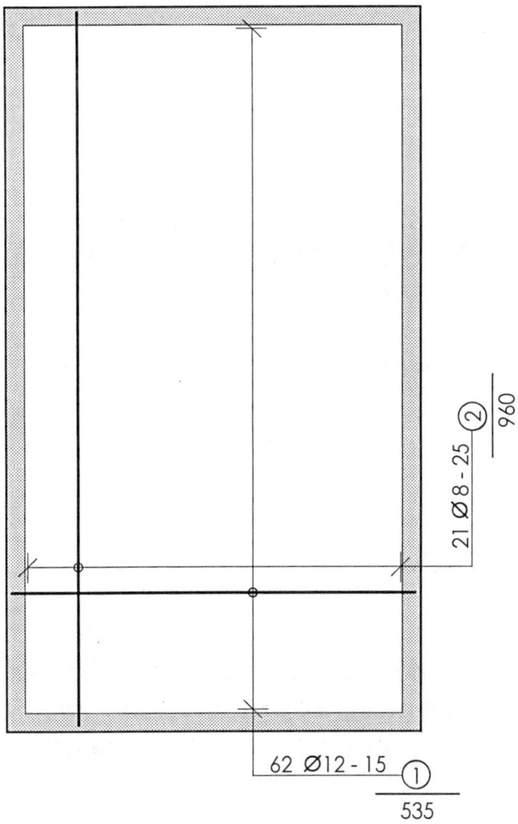

untere Bewehrung M = 1:100

$a_{s,erf} = 7{,}25\ cm^2/m$

In den Bautabellen sind die Querschnitte von Flächenbewehrungen aus Stabstahl in [cm²/m] angegeben.

gewählt ∅ 12 mm, e = 15 cm (Form 1)

$a_s = 7{,}54\ cm^2/m > a_{s,erf}$

Als Querbewehrung sind mindestens 20% der Hauptbewehrung erforderlich

$a_{s,quer\ erf} = 0{,}2 \cdot 7{,}25 = 1{,}45\ cm^2/m$

gewählt ∅ 8 mm, e = 25 cm (Form 2)

$a_{s,quer} = 2{,}01\ cm^2/m > a_{s,quer\ erf}$

Die zulässigen Größtabstände der Haupt- und Querbewehrung sind erfüllt.

Bei allen vier Bewehrungsmöglichkeiten ist nur die untere Bewehrungslage dargestellt. Darüberhinaus ist bei allen Varianten eine obenliegende konstruktive Einspannbewehrung erforderlich.

Werden durchlaufende Platten im Zusammenhang mit Stahlträgern, Stahlbeton- oder Spannbetonfertigteilen hergestellt, muss zwischen Oberkante Platte und Oberkante Träger mindestens 4 cm Beton vorhanden sein. Ist diese Betonüberdeckung nicht vorhanden, gilt die Platte nicht als durchlaufend und die günstige Wirkung eines Durchlaufträgers bezüglich des Biegemomentenverlaufs und der Durchbiegung kann nicht genutzt werden. Die Deckenplatte muss dann als eine Reihe von Einfeldträgern betrachtet werden.

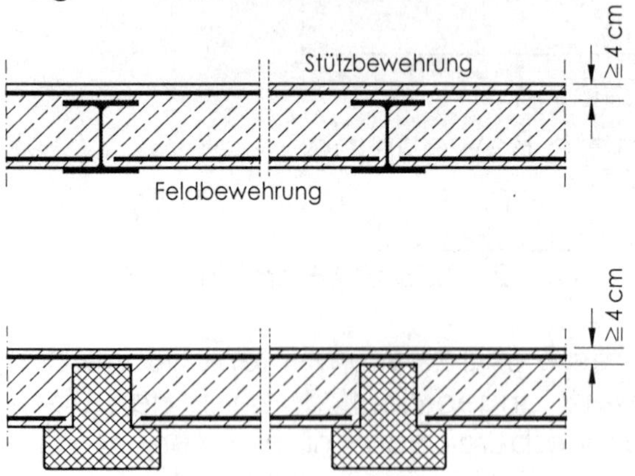

Durchlaufplatten mit durchgehendem Zugbereich ≥ 4 cm über Oberkante Fertigteil bzw. Oberkante Stahlträger.

Treppenläufe sind ebenfalls einachsig gespannte Platten, jedoch geknickt am Übergang Podest -Treppenlauf; sie verlaufen im Steigungsbereich geneigt. Die Forderungen bezüglich Beschränkung der Durchbiegung, der Abstände der Haupt- und Querbewehrung sind auch bei Treppenplatten einzuhalten.

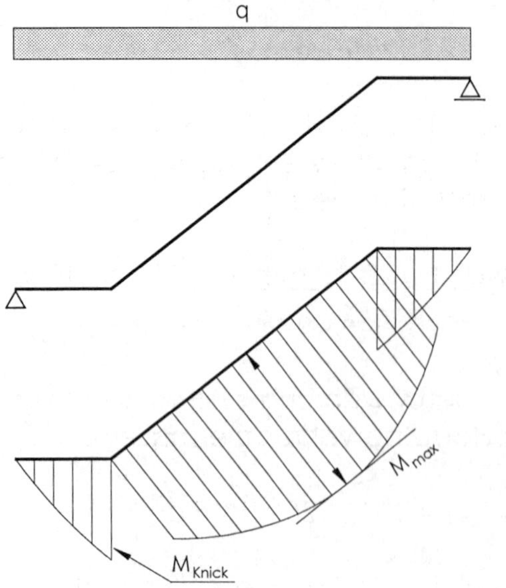

Statisch gesehen ist ein Treppenlauf ein geknickter Einfeldträger, belastet aus Eigengewicht und Verkehrslast.

stat. System

M - Verlauf

Das Biegemoment am Übergang Podest-Treppenlauf muss durch eine besondere Bewehrungsführung aufgenommen werden.

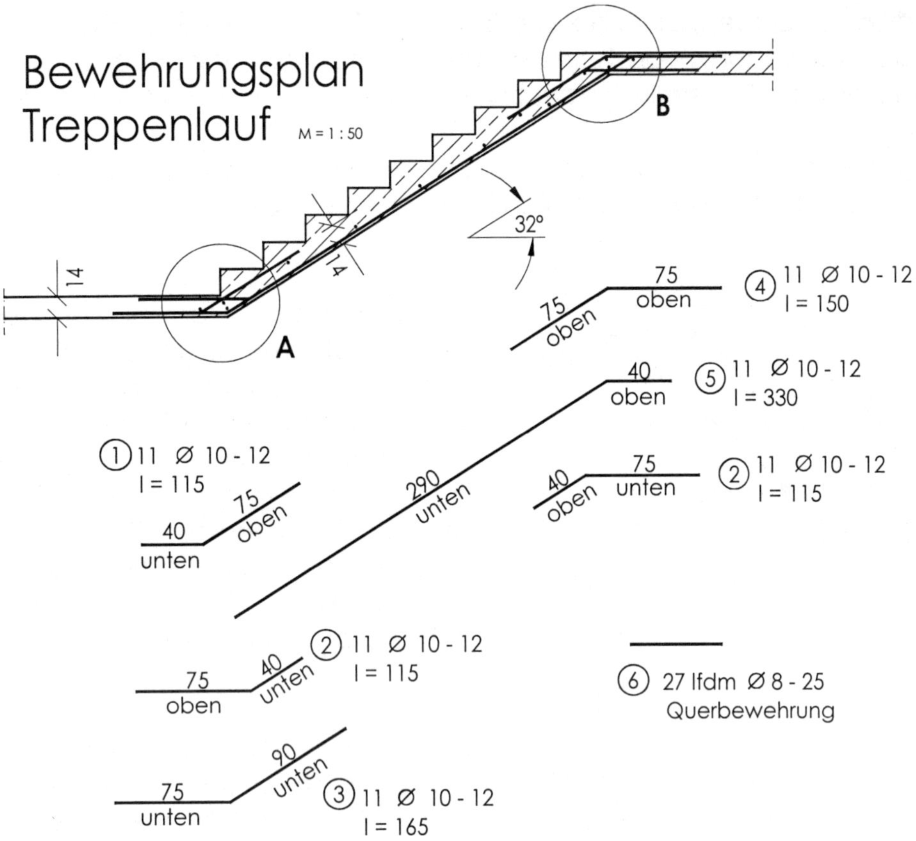

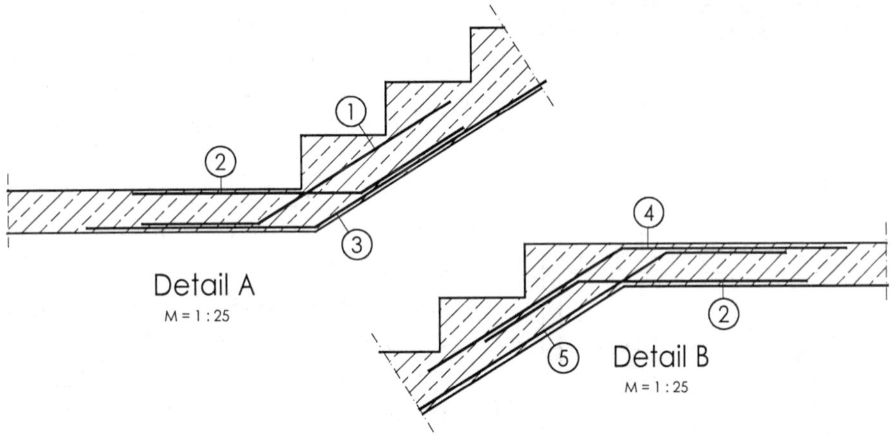

Zu jedem Bewehrungsplan gehört eine Stahlliste mit Ermittlung der Gesamtlängen und des Gesamtgewichts.

Pos.	Anzahl	d_s [mm]	Länge [m]	ges. Länge [m]	ges. Gew. [kg]
1	11	10	1,15	12,65	7,81
2	22	10	1,15	25,30	15,61
3	11	10	1,65	18,15	11,20
4	11	10	1,50	16,50	10,18
5	11	10	3,30	36,30	22,40
6	1	8	1,15	27,00	5,99
				Gesamtgewicht	73,19

Um wirtschaftlich zu bauen, ist es Ziel der Bauindustrie, Systeme zu entwickeln, bei denen durch die Vorfertigung von Teilelementen im Betonwerk der Schal- und Bewehrungsaufwand auf der Baustelle eingeschränkt oder ganz vermieden werden kann.

Immer häufiger werden daher Deckenelemente verwendet, die auf der Baustelle mit einer Ortbetonschicht zu einer Massivplatte ergänzt werden.

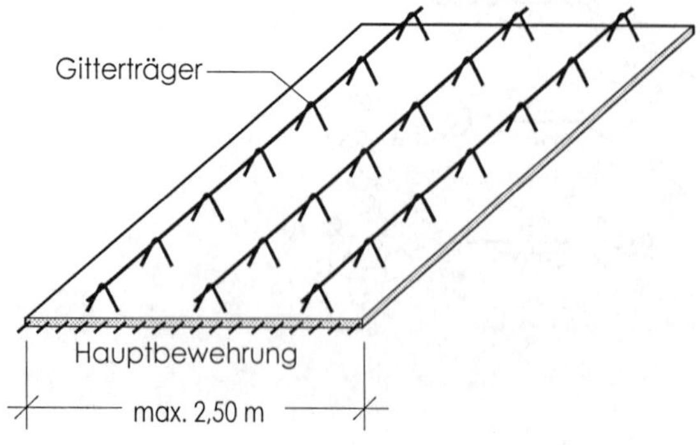

In den 4 cm bis 6 cm dicken Deckenelementen ist die erforderliche Bewehrung in Längs- und Querrichtung enthalten. Die Elemente werden in Breiten bis zu 2,50 m (Transport) und in Raumlänge hergestellt. Zur Verbindung der Platten mit dem später aufzubringenden Ortbeton, zur Aufnahme der Schubkräfte und zur Versteifung der Platten im Montagezustand sind Gitterträger miteinbetoniert.

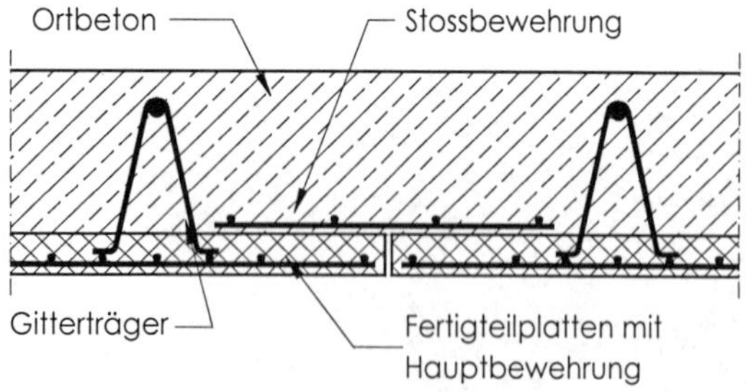

Nach Verlegen der Deckenelemente sind die Stöße der Platten, weil hier die nach DIN 1045-1 erforderliche Querbewehrung unterbrochen ist, mit Streifen aus Betonstahlmatten oder Einzelstäben abzudecken. Bei durchlaufenden Platten muss noch die obere Bewehrung im Bereich negativer Biegemomente verlegt werden.

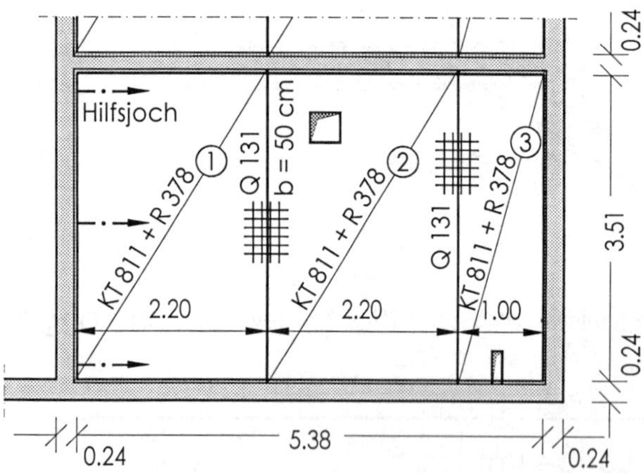

Für jede Decke wird ein Verlegeplan erstellt. Er enthält alle für die Verlegung der Deckenelemente wichtigen Angaben, insbesonders die Lage der Elemente im Grundriss, die Positionsnummern der einzelnen Elemente, Anordnung der Montageunterstützungen und Bewehrung der Stoßfugen.

Für die obere Bewehrungslage bei durchlaufenden Decken ist ein gesonderter Plan erforderlich.

Die vorgefertigten Deckenelemente dienen als untere Schalung für den Ortbeton und müssen nur je nach Dicke der Frischbetonschicht in bestimmten Abständen unterstützt werden. Die Deckenuntersicht hat eine gleichmäßige Betonstruktur und kann nach Verstreichen der Fugen verputzt, gestrichen oder tapeziert werden.

10.7.2 Rippen- und Hohlkörperdecken, Plattenbalkendecken

Massivplatten sind in der Regel nur bis etwa 24 cm wirtschaftlich. Um größere Stützweiten zu überspannen, aber auch zur Gewichtsersparnis oder zur Verminderung des Schalungsaufwandes, können andere Deckenbauarten wie z.B. Rippendecken oder Hohlkörperdecken angewendet werden.

Rippen- und Hohlkörperdecken sind sinnvoll und wirtschaftlich für Konstruktionshöhen bis h = 50 cm. Mit der Konstruktionshöhe h = 50 cm sind folgende Stützweiten möglich (zur Ermittlung der statischen Nutzhöhe d werden 5 cm Abzug angesetzt, da die Rippen balkenförmige Elemente mit Bügelbewehrung sind):

mit $d = 50 - 5 = 45\ \text{cm} = 0{,}45\ \text{m}$

$l_i = 35 \cdot 0{,}45 = 15{,}75\ \text{m}$ (Einfeldträger, ohne Trennwände)

bzw. $l_i = \sqrt{150 \cdot 0{,}45} = 8{,}20\ \text{m}$ (Einfeldträger, mit Trennwänden)

Der Wert l_i = 15,75 m gilt für Decken, die nicht durch leichte rissgefährdete Trennwände, der Wert l_i = 8,2 m für Decken, die durch solche Wände belastet sind. Für Durchlaufsysteme erhöhen sich die möglichen Stützweiten auf

$l = \dfrac{15{,}75}{0{,}8} = 19{,}70\ \text{m}$ (Durchlaufträger, ohne Trennwände)

$l = \dfrac{8{,}20}{0{,}8} = 10{,}25\ \text{m}$ (Durchlaufträger, mit Trennwänden)

Bei Rippendecken ist in der Biegedruckzone die Platte vorhanden, während die Biegezugzone zur Gewichtsverminderung bis auf einzelne Rippen für die Aufnahme der konzentrierten Biegezugbewehrung ausgespart wird. Auch Hohlkörperdecken liegt die Idee zugrunde, durch Schaffung von Hohlräumen das Eigengewicht zu vermindern.

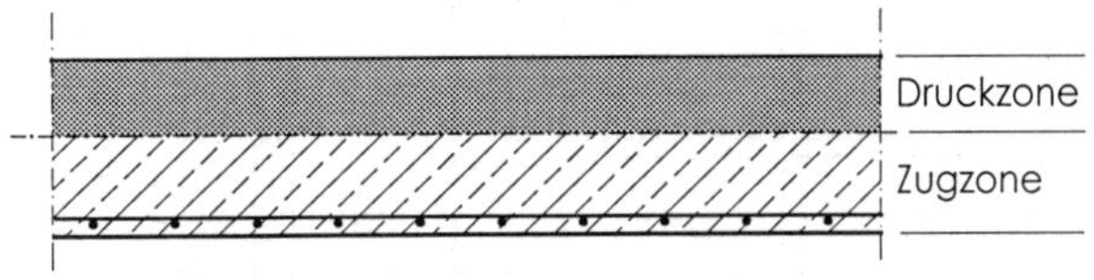

Massivplatte

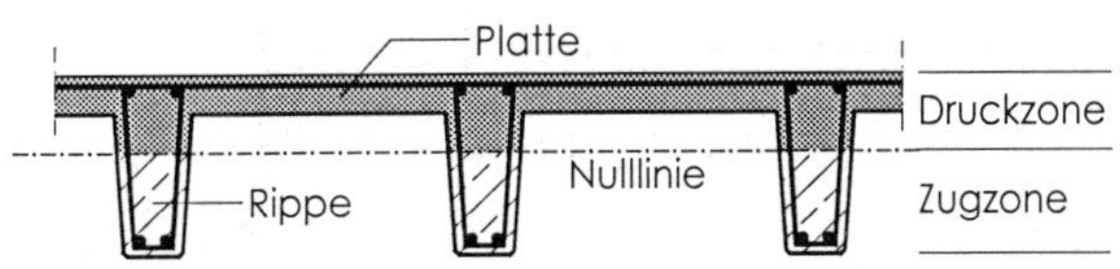

Rippendecke

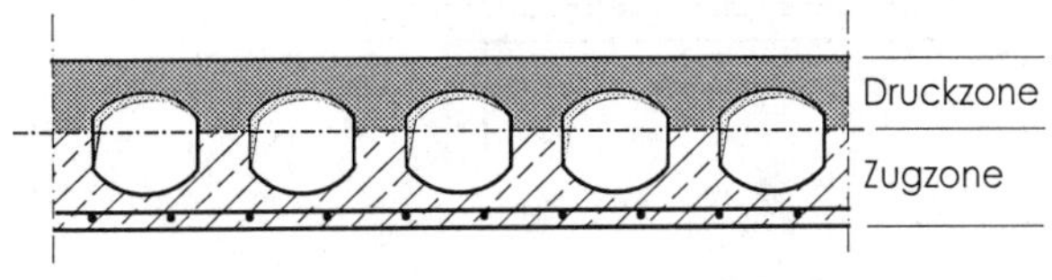

Hohlkörperdecke

Rippendecken und Hohlkörperdecken bieten damit den Vorteil eines geringeren Eigengewichts bei gleicher Konstruktionshöhe und gleicher Tragfähigkeit einer Massivplatte.

Rippendecken wirken im Bereich positiver Momente wie ein Plattenbalken, die mitwirkende Plattenbreite entspricht maximal dem Achsabstand s der Rippen. Der Achsabstand darf bis 150 cm betragen, die Dicke der Platte h_{Pl} muss mindestens 1/10 des lichten Rippenabstandes s_w, bzw. 5 cm sein. Die Platte kann konstruktiv bewehrt werden.

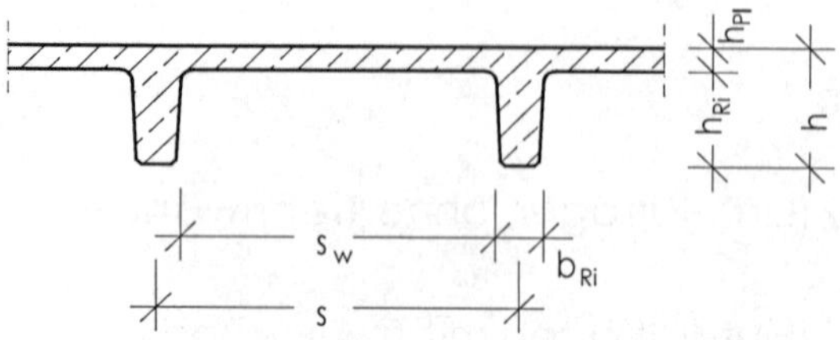

$s \leq 150$ cm

$h_{Pl} \geq s_w/10$
$h_{Pl} \geq 5$ cm

$h_{Ri} \leq 4 \cdot b_{Ri}$

Zur Querverteilung von Einzellasten sind analog zur Querbewehrung bei einachsig gespannten Massivplatten Querrippen in einem Abstand von maximal der 10-fachen Konstruktionshöhe h der Rippendecke erforderlich. Die Querrippen sind mit den gleichen Abmessungen und mit der gleichen Bewehrung wie die Hauptrippen auszuführen.

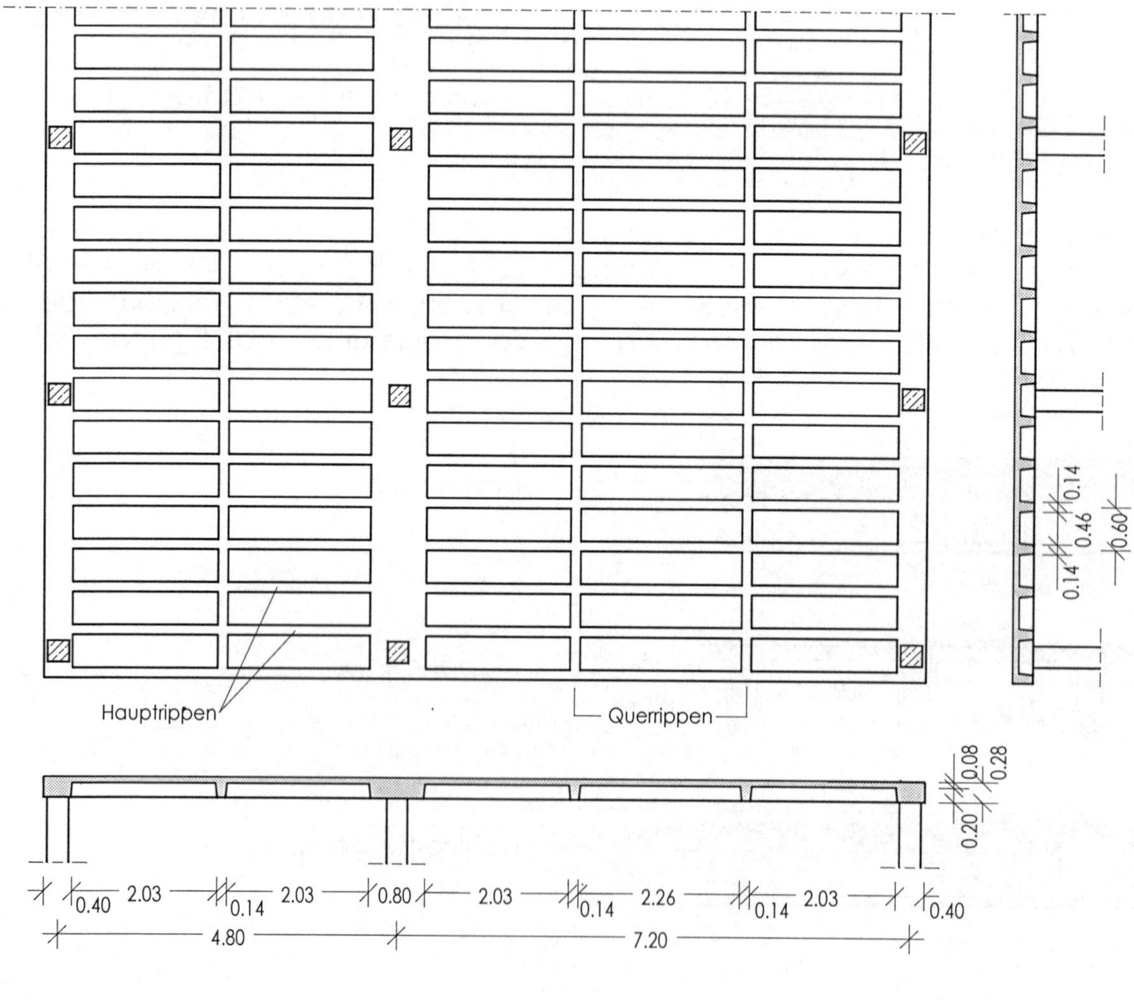

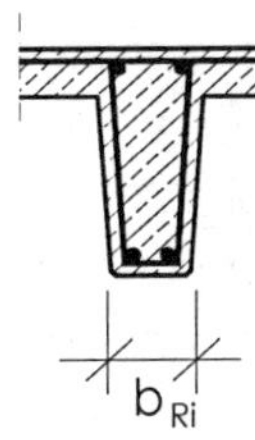

Die Breite der Rippen b_{Ri} ergibt sich aus der Notwendigkeit, zwei Längstäbe, eine Bügelbewehrung und die erforderliche Betonüberdeckung unterzubringen. Die Rippenbreite beträgt daher mindestens 12 cm bis 14 cm. Für die Feuerwiderstandsklasse F 90 müssen die Rippen mindestens 12 cm breit sein und mit mindestens zwei Stäben bewehrt sein.

Rippendecken gibt es einer Fülle von Varianten. Sie können mit Schalungskörpern hergestellt werden, die wiedergewonnen werden können oder in der Decke verbleiben. Die Schalungskörper sind aus Stahl oder Kunststoff. Die Bewehrung besteht oft aus vorgefertigten Elementen, die als Gitterträger bezeichnet werden. Die Rippen sind dann sichtbar.

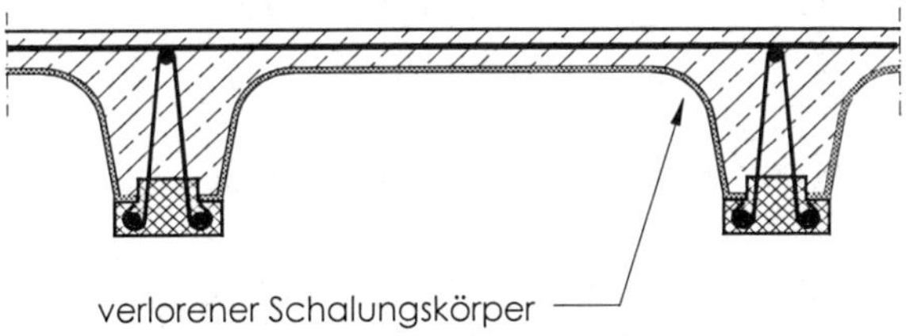

Rippendecke mit vorgefertigten Gitterträgern und Schalungskörpern, die in der Decke verbleiben. Auf der Baustelle muss nur die Bewehrung der Platte verlegt und die Platte betoniert werden.

Ist eine glatte Deckenuntersicht gewünscht, führt man Rippendecken mit Zwischenbauteilen aus Betonsteinen oder Ziegeln aus. Die Zwischenbauteile können nicht mittragend oder statisch mittragend sein. Diese Deckenbauarten erfüllen gleichzeitig die Anforderungen des Wärme- und Schallschutzes, was bei Rippendecken ohne Füllkörper durch die dünne Platte allein ohne weitere Zusatzmaßnahmen nicht gegeben ist.

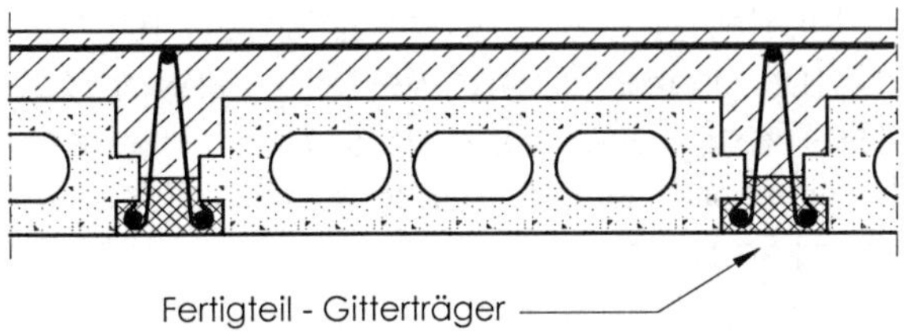

Rippendecke mit nichttragenden Zwischenbauteilen und Gitterträgern. Auf der Baustelle muss ebenfalls nur die Bewehrung der Platte verlegt und die Platte betoniert werden.

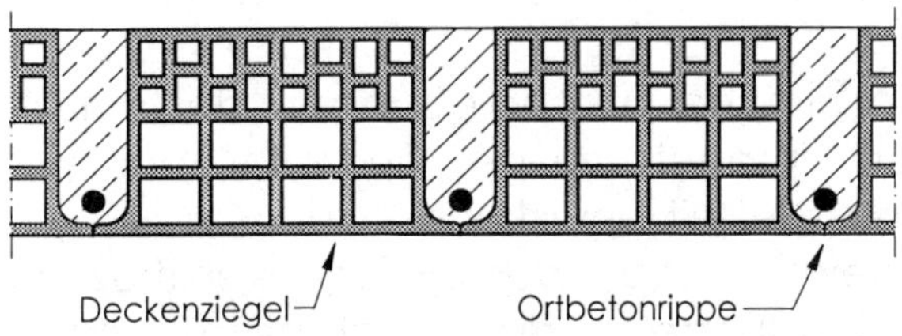

Rippendecke mit statisch mitwirkenden Deckenziegeln nach DIN 4159. Wird die Decke unten verputzt, erfüllt sie auch die Anforderungen der Feuerwiderstandsklasse F 90.

Diese letztgenannte Decken werden meist als großflächige Elemente im Werk hergestellt und sind nach der Montage sofort voll tragfähig. Sie sind für Verkehrslasten bis $p = 5{,}0\ kN/m^2$ zulässig.

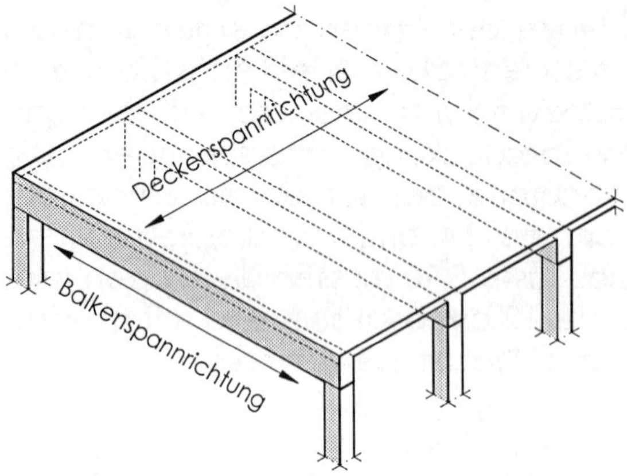

Sind die Achsabstände der Rippen größer als 150 cm, spricht man von einer Plattenbalkendecke. Die Abstände der Balken sind beliebig wählbar, die Deckenplatte wirkt senkrecht zur Balkenlängsachse als Durchlaufplatte. Eine enge Balkenteilung ergibt dünne Platten und niedrige Balkenhöhen. Wirtschaftlich sind Balkenabstände von ≈ 1/4 der Stützweite.

Plattenbalkendecken können in Ortbeton hergestellt werden, erfordern aber einen hohen Schalungsaufwand. Wirtschaftlicher ist es, zumindest einen Teil der Schalungs- und Bewehrungsarbeiten in das Fertigteilwerk zu verlegen. Dies führt zu Plattenbalkendecken-Systemen, die aus mehreren einzelnen Fertigteilelementen zusammengesetzt sind. Bei diesen Systemen ist zu berücksichtigen, dass nicht unerhebliche Transport- und Montagekosten zu kalkulieren sind.

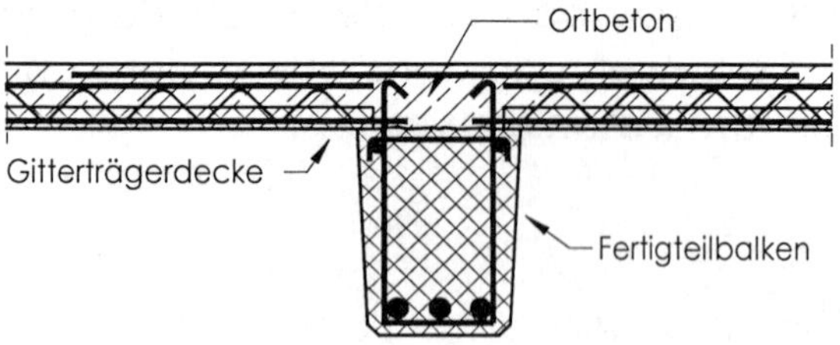

Teilvorgefertigte Plattenbalkendecke

Die vorgefertigten Stahlbetonbalken mit oben herausstehender Schubbewehrung bilden in Verbindung mit den dazwischen aufgelegten Gitterträgerdecken und einer Ortbetonschicht ein monolithisches Deckensystem.

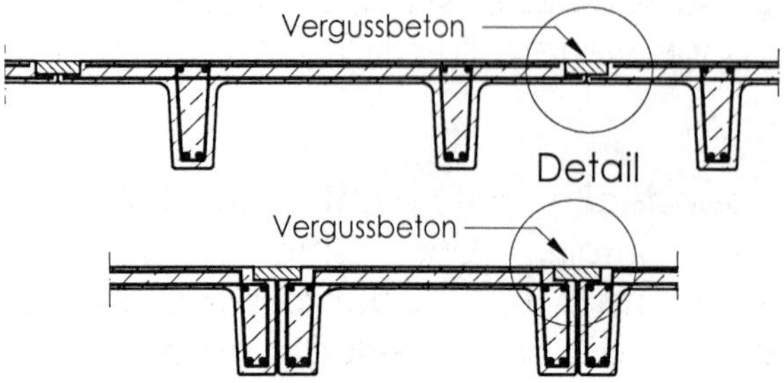

Vollständig vorgefertigte Plattenbalkendecken werden als Doppelstegplatten (π -Platten) oder als Trogplatten (U-Platten) für große Spannweiten verwendet. Diese Fertigteile können schlaff bewehrt (Stahlbeton) oder vorgespannt (Spannbeton) sein.

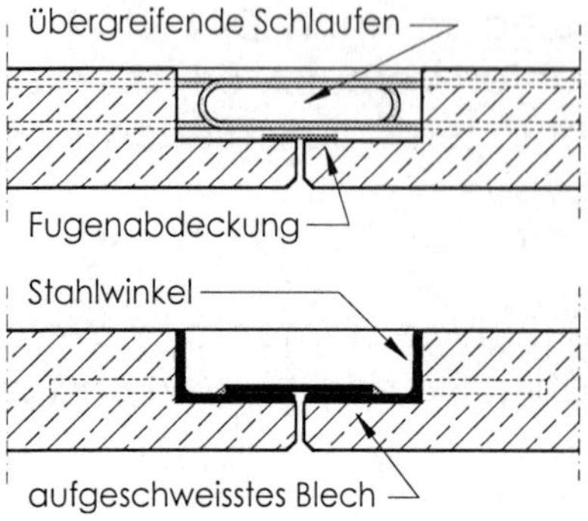

Um gleiche Durchbiegungen der einzelnen Elemente zu gewährleisten und um eine Scheibenwirkung der Decke zu erzielen, sind besondere konstruktive Verbindungen der Fertigteile untereinander erforderlich. Alternativ ist auch eine bewehrte Ortbetonschicht auf den Fertigteilen möglich.

Hohlkörperdecken sind eines der wirtschaftlichsten Deckensysteme, sofern sie in genügender Stückzahl produziert werden, da sie voll maschinell hergestellt werden. Die runden, ovalen oder eckigen Öffnungen bringen eine Material- bzw. Gewichtsersparnis bis zu 40% gegenüber Massivplatten.

Ein Vorteil der Hohlkörperdecken liegt darin, dass sie sofort nach der Montage mit der vollen rechnerischen Last belastbar sind und keine Schalung und Montageunterstützung benötigen. Als Nachteil ist anzusehen, dass nur Einfeldträger-Systeme und keine Durchlaufträger-Systeme ausgebildet werden können.

Bei den Hohlplatten ist grundsätzlich zwischen schlaff bewehrten (Stahlbeton) und vorgespannten (Spannbeton) Platten zu unterscheiden.

Bei der Spannbetonhohlplatte besteht die Bewehrung ausschließlich aus vorgespannten Litzen. Die Herstellung erfolgt in über 100 m langen Spannbahnen mit Gleitfertigern, die zugleich die Aufgabe der Schalung, der Betonverteilung und der Verdichtung übernehmen. Die einzelnen Platten werden nach dem Erhärten aus dem langen Strang je nach erforderlicher Länge maschinell gesägt. Spannbetonhohlplatten werden von verschiedenen Herstellern angeboten, sie sind nur mit einer bauaufsichtlichen Zulassung des Instituts für Bautechnik einsetzbar.

Aufgrund der Vorspannung kann bei Spannbetonhohlplatten auf eine Bügelbewehrung (Schubkräfte) und auf die Querbewehrung (Lastverteilung) verzichtet werden.

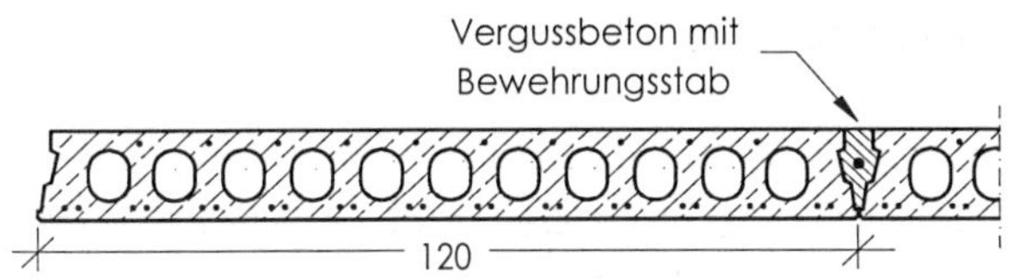

Spannbetonhohlplatte

Deckendicken 15 cm bis 40 cm
Regelbreiten 50 cm bis 120 cm
Lieferlängen bis 18,0 m

Schlaff bewehrte Stahlbetonhohlplatten werden in Breiten bis maximal 2,50 m auf Stahlpaletten in der gewünschten Länge maschinell hergestellt. In den Platten ist die Längs-, Quer- und Schubbewehrung eingebaut. Stahlbetonhohlplatten benötigen keine besondere bauaufsichtliche Zulassung und werden nach DIN 1045-1 bemessen.

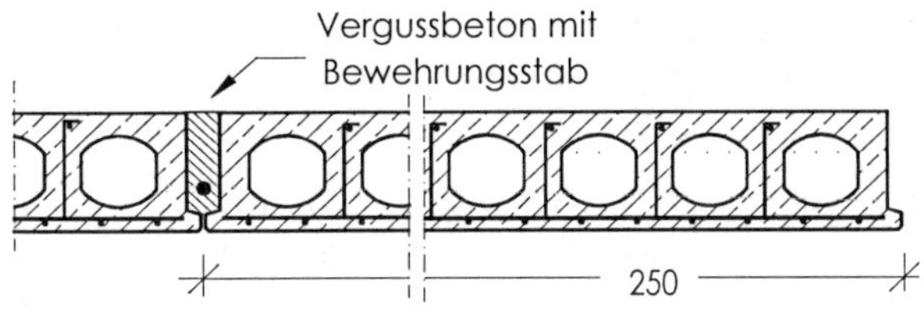

Stahlbetonhohlplatte

Deckendicken 15 cm bis 30 cm
Regelbreiten bis 250 cm
Lieferlängen bis 10,0 m

Für sehr große Spannweiten bzw. sehr hohe Lasten werden Hohlplattendecken aus Stahlbeton oder Spannbeton mit Hilfe von Füllkörpern aus Metall oder Kunststoff bis zu 75 cm Dicke auch in Ortbeton hergestellt.

10.7.3 Zweiachsig gespannte Platten

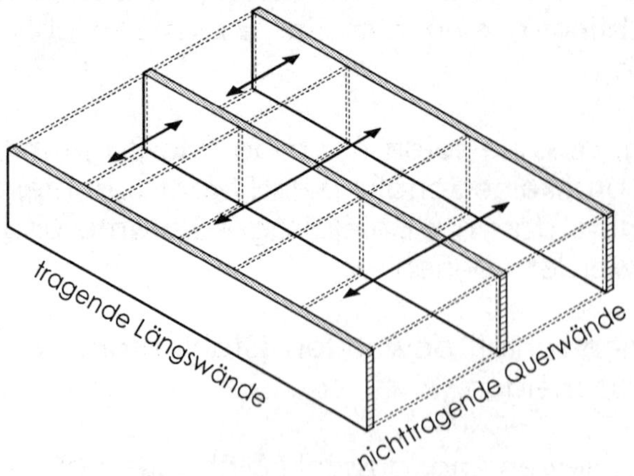

In nebenstehendem Grundriss sind die Längswände tragend, die Querwände sind nichttragende Trennwände. Letztere werden aber zur Aussteifung der tragenden Längswände benötigt.

Die Decken sind quer von tragender Wand zu tragender Wand einachsig gespannt, als Einfeldplatten oder als durchlaufende Platten.

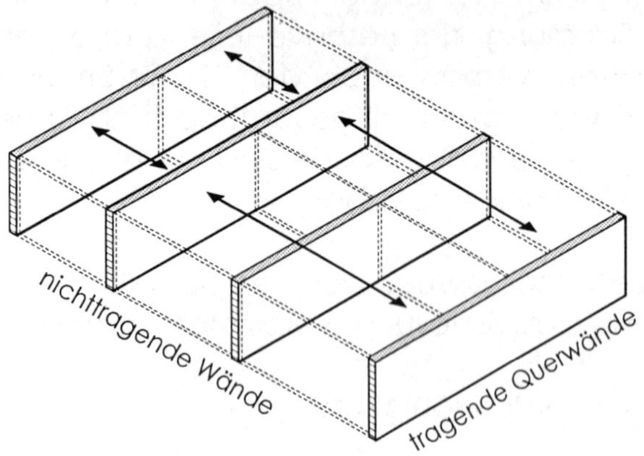

Bei diesem Grundriss sind die Querwände tragend (Schotten), die Längswände dagegen nichttragend. Diese dienen aber wieder zur Aussteifung der tragenden Querwände.

Die Decken laufen hier längs, wieder als Einfeld- oder Durchlaufplatten (je nach Ausführungsart) von tragender Wand zu tragender Wand.

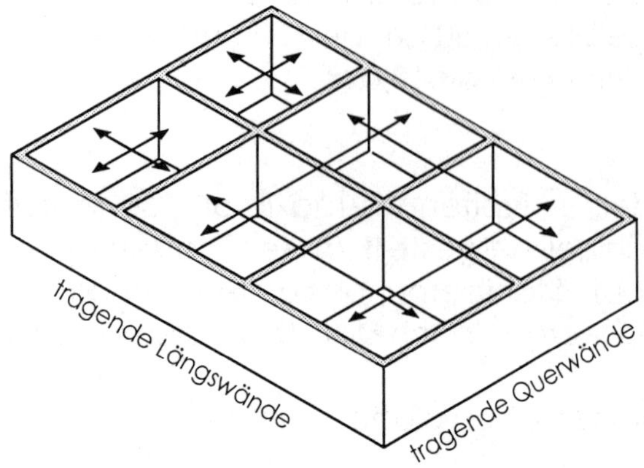

Da tragende Wände und quer dazu verlaufende aussteifende Wände notwendig sind, bietet es sich an, alle Wände, soweit von der Nutzung her möglich, als tragende Wände auszubilden, die sich gegenseitig aussteifen.

Die Decken geben ihre Lasten dann auf alle unterstützenden Wände ab, sie sind zweiachsig gespannt, entweder als Einfeld- oder Durchlaufplatten.

Mit zweiachsig oder kreuzweise gespannten Platten können Biegemomente verringert und damit eine Bewehrungsersparnis erzielt werden. Es sollte daher immer die Möglichkeit einer zweiachsigen Spannrichtung genutzt werden, wenn sie vom Grundriss her vertretbar ist. D.h. möglichst viele Wände als tragende Wände ausbilden und gegebenenfalls an Stelle einer Wand einen Unterzug vorsehen.

Zweiachsig gespannte Platten sind nur bis zu einem Verhältnis der längeren Seite zur kürzeren Seite 2 : 1 sinnvoll, bei größeren Seitenverhältnissen wirkt die Platte wieder wie eine einachsig gespannte Platte.

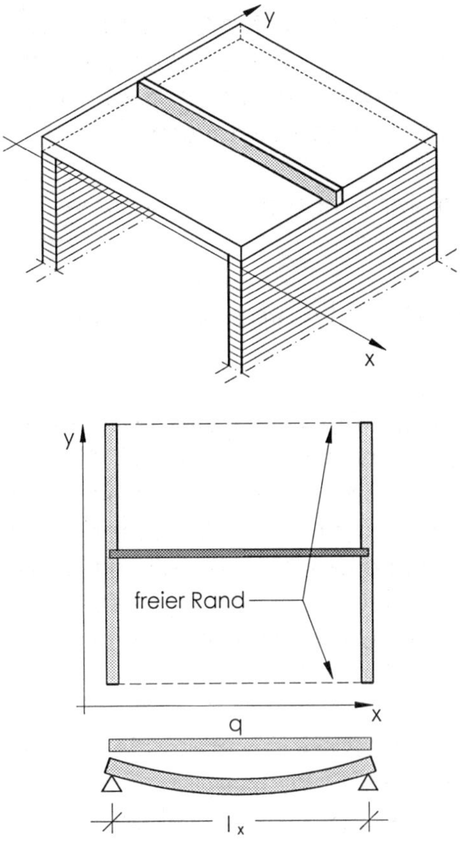

Eine zweiseitig gestützte, einachsig gespannte Deckenplatte trägt ihre Last q im Prinzip wie eine Holzbalkendecke ab. Man kann sie in einzelne Streifen (Balken) schneiden, ohne dass sich ihr Tragverhalten grundsätzlich ändert.

Da an den freien, nicht unterstützten Deckenrändern keine Last abgegeben werden kann, trägt die Decke ihre gesamte Belastung aus Eigengewicht und Nutzlast wie ein Balken auf zwei Stützungen über die Stützweite l_x auf die Wände ab.

Die einachsig gespannte Decke wird durch ein Biegemoment

$$M_x = q \cdot \frac{l_x^2}{8}$$

beansprucht. Für dieses Biegemoment ist die erforderliche Bewehrung in x-Richtung $a_{s,x}$ zu ermitteln.

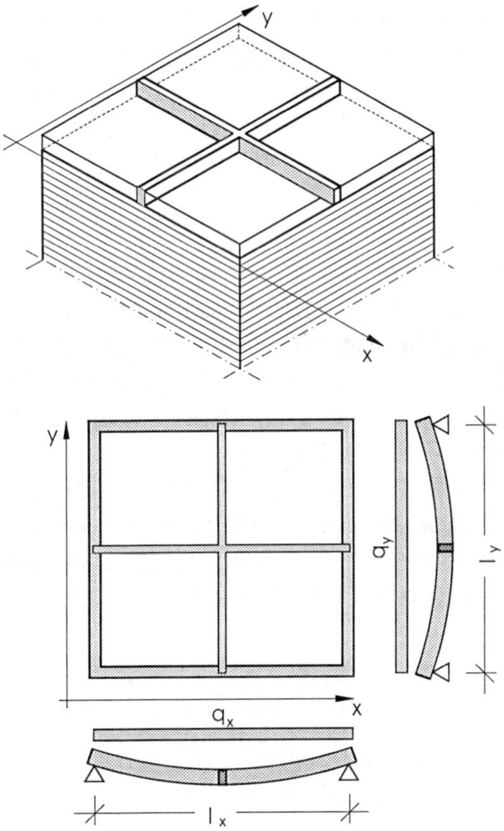

Eine vierseitig gestützte, zweiachsig gespannte Platte trägt ihre Lasten nach zwei Richtungen ab. Betrachtet man zwei sich kreuzende, in der Mitte liegende Deckenstreifen, wird bei einem quadratischen Deckengrundriss die Last q je zur Hälfte in die x-Richtung und y-Richtung abgetragen. Der x-Streifen und der y-Streifen biegen sich in der Plattenmitte gleich durch.

Es ergibt sich: $q_x = q_y = \frac{q}{2}$

Die zweiachsig gespannte Platte wird in beiden Richtungen durch ein Biegemoment

$$M_x = q_x \cdot \frac{l_x^2}{8} = q \cdot \frac{l_x^2}{16}$$

$$M_y = q_y \cdot \frac{l_y^2}{8} = q \cdot \frac{l_y^2}{16}$$

beansprucht. Diese Biegemomente sind nur noch halb so groß gegenüber der einachsig gespannten Platte.

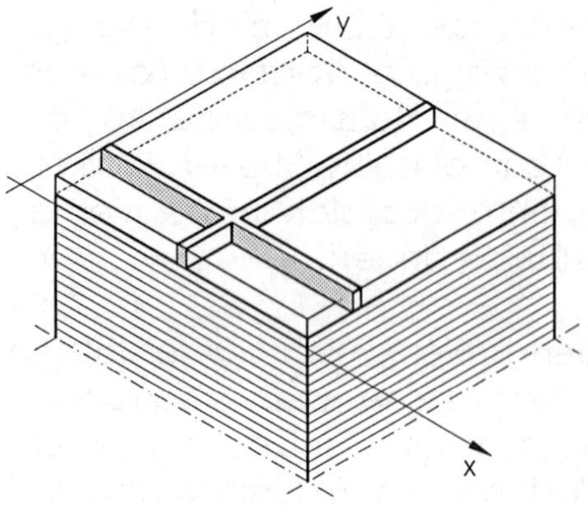

Betrachtet man zwei sich kreuzende Streifen, von denen der x-Streifen aus der Plattenmitte verschoben ist, kann gedanklich in zwei Fälle unterschieden werden:

- der x- und der y-Streifen sind nicht verbunden
- der x- und der y- Streifen sind verbunden.

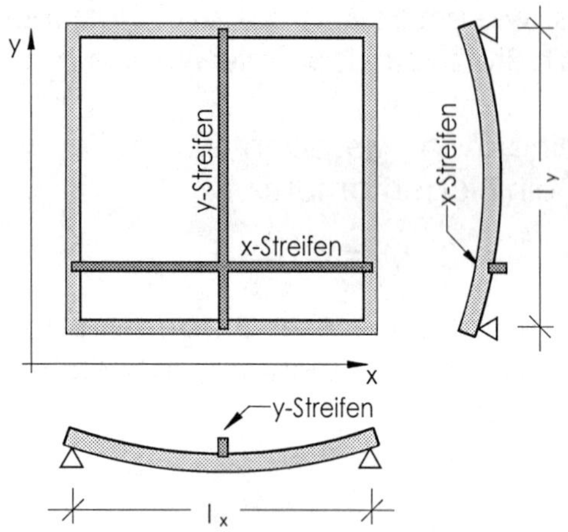

Sind die beiden Deckenstreifen nicht miteinander verbunden, trägt jeder Streifen einen Teil der Belastung und biegt sich unabhängig vom anderen Deckenstreifen durch. Der x-Streifen hat in Feldmitte die größte Durchbiegung, der y-Streifen dagegen am Kreuzungspunkt eine kleinere.

Sind die Deckenstreifen verbunden, muss sich die gleiche Durchbiegung in jeder Richtung einstellen. Der x-Streifen im Bereich seiner maximalen Durchbiegung und damit seines maximalen Biegemoments wird vom y-Streifen entlastet, d.h. der y-Streifen übernimmt Last vom x-Streifen. Die Durchbiegung des y-Streifens wird größer, die des x-Streifens kleiner.

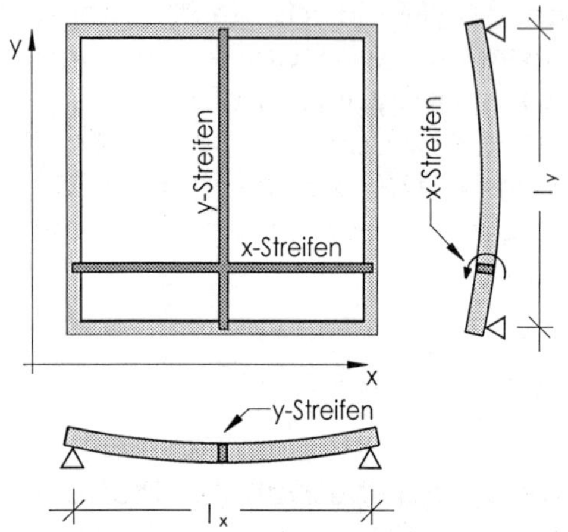

Die gedachten Deckenstreifen entlasten sich darüberhinaus gegenseitig durch ihre Verdrehungssteifigkeit. Die Verdrehungssteifigkeit des x-Streifens setzt der Durchbiegung des y-Streifens einen Widerstand entgegen, der y-Streifen wird dadurch entlastet. Der gleiche Effekt geschieht auch umgekehrt, er führt zu einer weiteren Verminderung des Biegemoments. Bei einem quadratischen Grundriss ist dann:

$$M_x = q \cdot \frac{l_x^2}{20}$$

$$M_y = q \cdot \frac{l_y^2}{20}$$

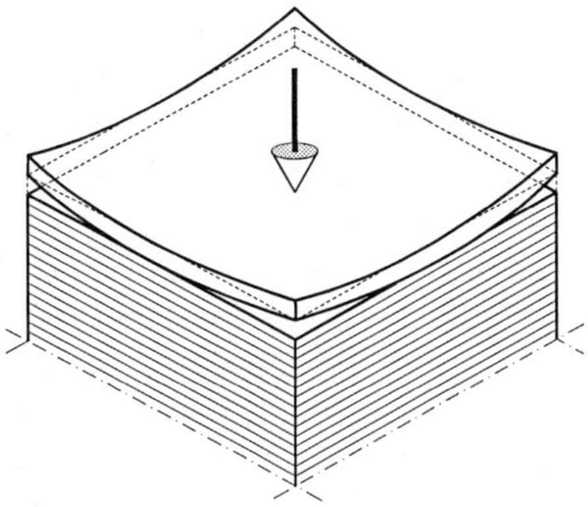

Die Platte kann man sich als aus vielen sich kreuzenden und miteinander verbundenen Streifen vorstellen. Jeder Streifen beeinflusst den kreuzenden Streifen. Durch die Verdrehung (Verdrillung) der Plattenstreifen heben die Eckbereiche der Platte von der Unterstützung ab. Wird die Platte auf Mauerwerk aufgelagert, sind Risse in den Eckbereichen nicht zu vermeiden.

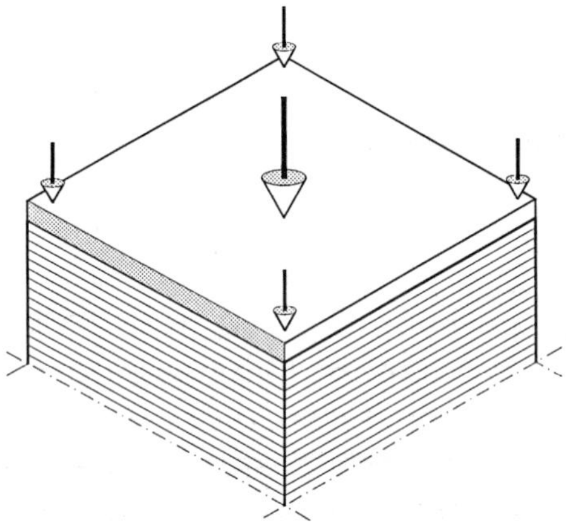

Wird das Abheben der Plattenecken durch eine von oben wirkende Auflast oder durch eine Verankerung der Plattenecken nach unten verhindert, ergibt sich ein zusätzlicher Trageffekt, der die Biegemomente weiter abmindert.

Es entstehen in den Eckbereichen sogenannte Drillmomente, die durch eine zusätzliche konstruktive Bewehrung abgedeckt werden müssen.

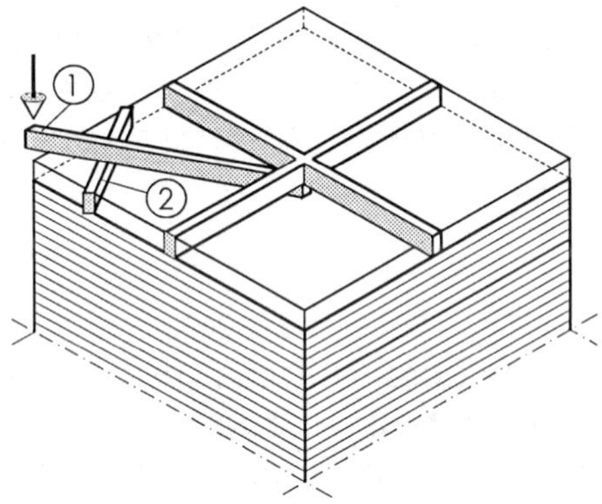

Die gedachten Balken 1 und 2 kennzeichnen diesen entlastenden Effekt. Wird Balken 1 am Ende belastet, werden die sich kreuzenden Deckenstreifen entlastet. Balken 1 erhält oben Zugspannungen, der diagonal liegende Balken 2 unten. Es treten also zusätzliche Biegemomente in der Größenordnung der Feldmomente mit Zug unten in Richtung des Balkens 2 und Zug oben in Richtung des Balkens 1.

Bei einem quadratischen Grundriss ergeben sich dann die Biegemomente zu:

$$M_x = q \cdot \frac{l_x^2}{27}$$

$$M_y = q \cdot \frac{l_y^2}{27}$$

Die zweiachsig gespannte quadratische Platte wird also nur durch Feldmomente $M_x = M_y = q \cdot l^2/27$, verglichen mit der einachsig gespannten Platte mit $M_x = q \cdot l^2/8$, beansprucht, für welche die erforderliche Bewehrung $a_{s,x}$ und $a_{s,y}$ getrennt mit dem k_d-Verfahren zu ermitteln ist.

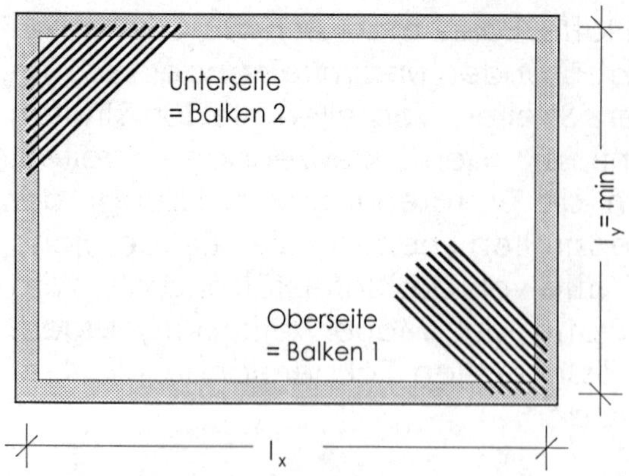

Neben der Hauptbewehrung in x- und y-Richtung ergibt sich bei zweiachsig gespannten Platten noch folgende zusätzliche Bewehrung in den Ecken:

eine diagonale Eckbewehrung auf der Unterseite für die Zugzone des Balkens 2 und eine diagonal in die Ecke verlaufende Bewehrung auf der Plattenoberseite für die Zugzone des Balkens 1. Diese Bewehrung wird Drillbewehrung genannt.

Die diagonale Eckbewehrung, die theoretisch richtig ist, kann auch durch eine orthogonale Netzbewehrung aus Betonstahlmatten ersetzt werden, was herstellungstechnisch wesentlich günstiger ist.

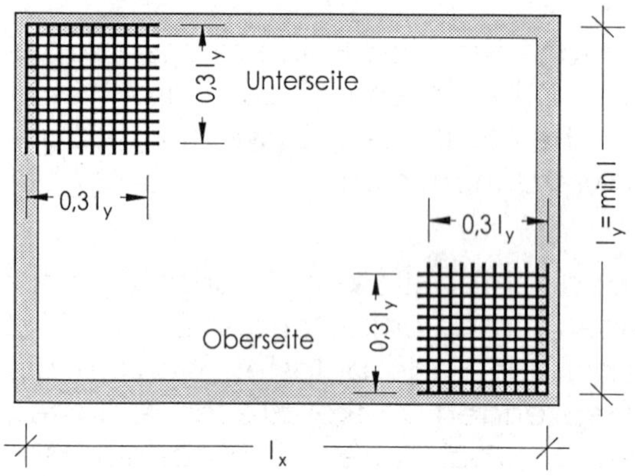

Der Querschnitt dieser Matten (Q-Matten mit quadratischem Bewehrungsnetz) soll dem Querschnitt der Feldbewehrung der kürzeren Plattenseite entsprechen, in nebenstehendem Fall $a_{s,y}$ = maximal $a_{s,Feld}$.

Die Seitenlänge dieser Matten sollte mindestens das 0,3-fache der kürzeren Plattenseite betragen, in nebenstehendem Fall $0{,}3 \cdot l_y$.

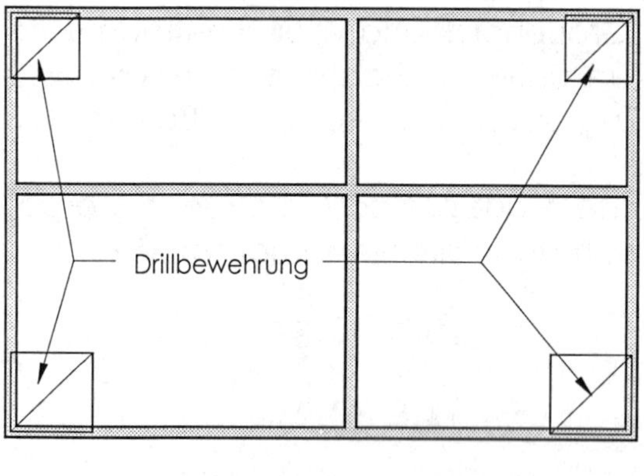

Die Drillbewehrung muss nur an freien Ecken angeordnet werden. Sind die Plattenfelder durchlaufend, kann sich der abhebende Effekt nicht einstellen.

In der Regel kann auf die untenliegende Drillbewehrung verzichtet werden, da die für das maximale Feldmoment ermittelten Matten an den Plattenecken nicht ausgenützt sind.

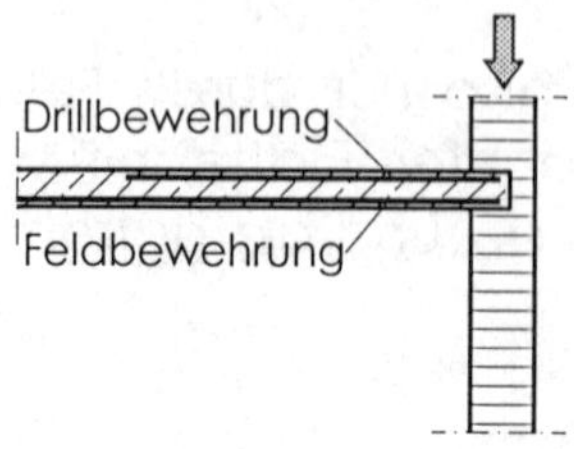

Eine Drillbewehrung ist nur sinnvoll, wenn das Abheben der Plattenecken durch Auflast aus oberen Wänden verhindert werden kann.

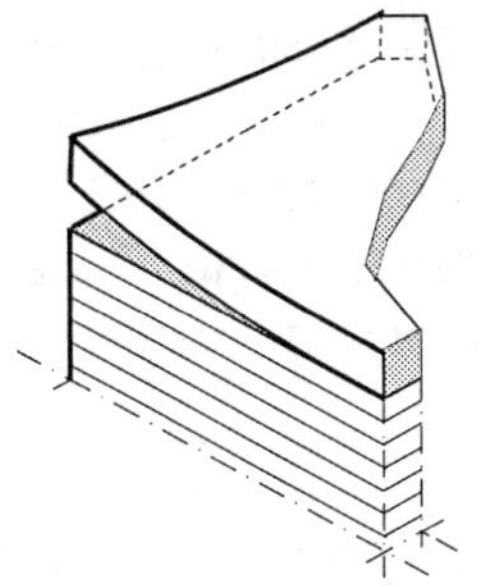

Ist keine Auflast von oben vorhanden und werden keine weiteren Maßnahmen getroffen, müssen Risse an den Plattenecken in Kauf genommen werden.

Bei fehlender oder nicht ausreichender Auflast (Flachdächer) gibt es zwei Möglichkeiten, den entlastenden Effekt einer Drillbehinderung zu nutzen:

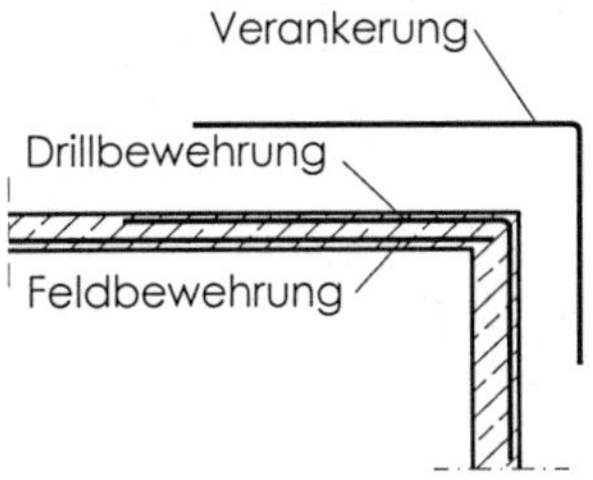

Ist die unterstützende Konstruktion aus Stahlbeton, werden Eckstäbe in die Wand abgebogen und verankert. Der Nachteil ist, dass eine Gleitfuge bei größeren Dachflächen nicht möglich ist. Die Temperaturspannungen können aber auch durch eine entsprechende Bewehrung aufgenommen werden.

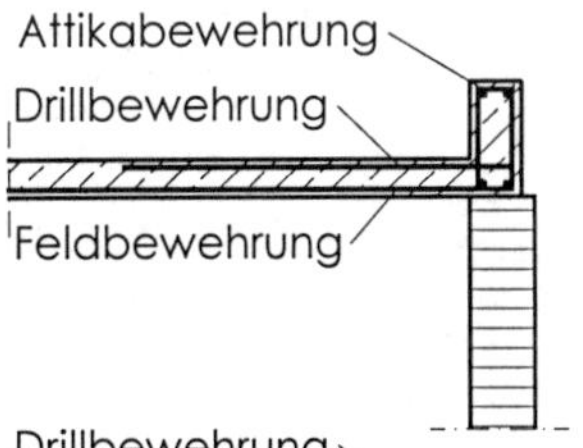

Ist die unterstützende Konstruktion aus Mauerwerk, kann eine versteifend wirkende Attika oder ein versteifender Sturz angeordnet werden, wodurch das Abheben der Ecken verhindert wird.

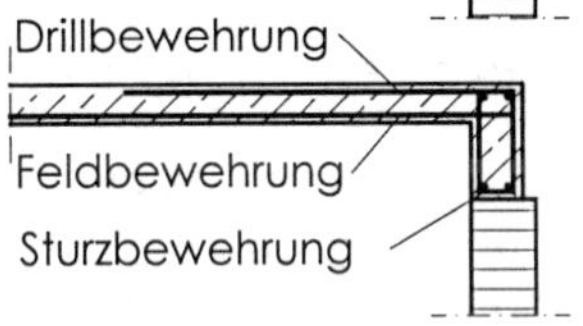

Bei diesen Konstruktionen können Gleitfugen zwischen Mauerwerk und Stahlbeton angeordnet werden

Die Berechnung von zweiachsig gespannten, vierseitig gestützten Platten ist relativ aufwändig und wird durch Tafeln in Bautabellen oder durch Bausoftware erheblich erleichtert. Ein gebräuchliches Verfahren zur Schnittgrößenermittlung ist das Verfahren von Pieper/Martens. Dort sind Momentenwerte f_x und f_y für frei drehbar aufliegende und teilweise oder ganz eingespannte Platten für verschiedene Seitenverhältnisse $l_y : l_x$ angegeben. Die Feldmomente ergeben sich dann zu:

$$M_x = q \cdot \frac{l_x^2}{f_x}$$

$$M_y = q \cdot \frac{l_x^2}{f_y}$$

q	Gesamtlast aus ständiger Last und Verkehrslast [kN/m²]
l_x	kleinere Seitenlänge [m]
f_x, f_y	Momentenwerte aus Bautabelle
M_x, M_y	Feldmomente in x- und y-Richtung [kNm/m]

Bei der quadratischen Platte sind die Momentenwerte für beide Richtungen gleich groß, $f_x = f_y = 27{,}2$. D.h., die Lastabtragung erfolgt in beiden Richtungen zu gleichen Teilen. Weicht das Seitenverhältnis vom Quadrat ab, wird über die kürzere Spannweite ein größerer Anteil der Last zu den Auflagern abgetragen. Deshalb ist das Biegemoment über die kürzere Spannweite größer als über die längere.

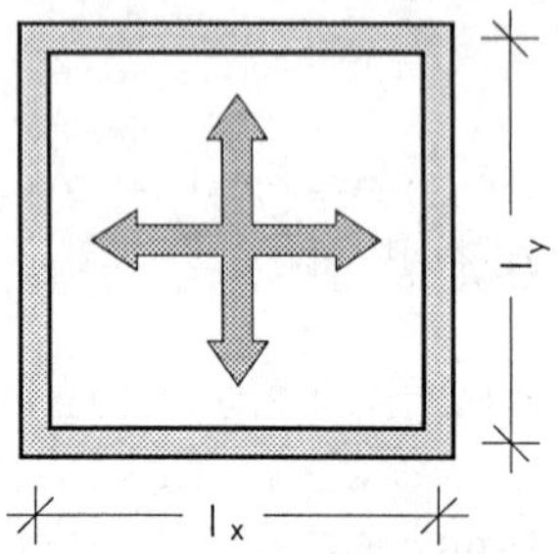

quadratische Platte $l_y : l_x = 1 : 1$

$$M_x = q \cdot \frac{l_x^2}{27{,}2}$$

$$M_y = q \cdot \frac{l_x^2}{27{,}2}$$

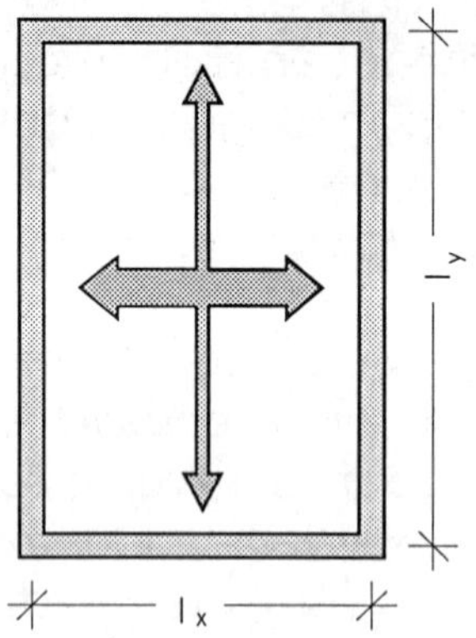

rechteckige Platte $l_y : l_x = 1{,}5 : 1$

$$M_x = q \cdot \frac{l_x^2}{13{,}7}$$

$$M_y = q \cdot \frac{l_x^2}{34{,}7}$$

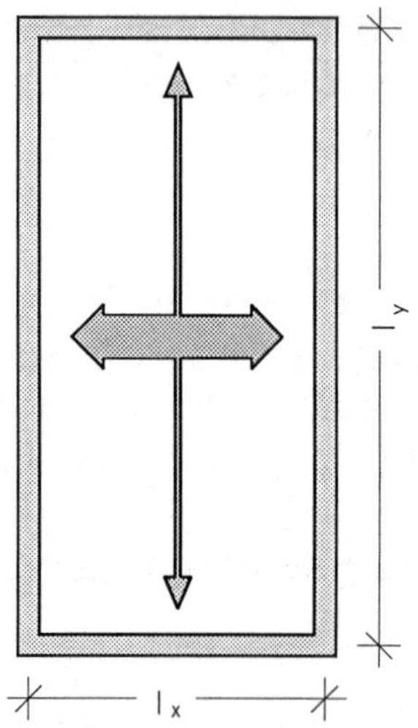

rechteckige Platte $l_y : l_x = 2 : 1$

$$M_x = q \cdot \frac{l_x^2}{10{,}4}$$

$$M_y = q \cdot \frac{l_x^2}{40{,}3}$$

Der Anteil der Lastabtragung über die längere Seite nimmt also mit größer werdendem Seitenverhältnis ab. Deshalb ist es nicht mehr sinnvoll, Platten mit einem Seitenverhältnis $l_y : l_x > 2 : 1$ als zweiachsig gespannte Platten zu betrachten. Die Platte trägt dann ihre Last fast nur noch über die kürzere Spannweite ab (mit Ausnahme der Randbereiche) und verhält sich wie eine einachsig gespannte Platte.

Beispiel: eine zweiachsig gespannte Stahlbetondecke über ein Feld mit der Dicke h = 20 cm wird durch die Gesamtlast q = 9,5 kN/m² belastet.

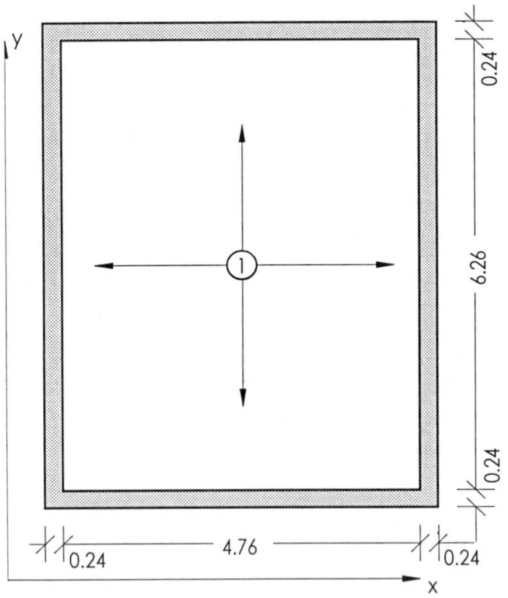

Baustoffe:

Betonfestigkeitsklasse C20/25
Betonstahl BSt 500M

Grundriss
M = 1:100

Stützweiten: $l_x = 4{,}76 + 2 \cdot \frac{0{,}24}{2} = 5{,}0$ m

$l_y = 6{,}26 + 2 \cdot \frac{0{,}24}{2} = 6{,}5$ m

Für das Seitenverhältnis $l_y : l_x = 6{,}5 : 5{,}0 = 1{,}3$ ergeben sich aus den Bautabellen folgende Momentenbeiwerte:

$$f_x = 16{,}8$$
$$f_y = 30{,}9$$

Damit können die Feldmomente in x- und y- Richtung ermittelt werden:

$$M_x = q \cdot \frac{l_x^2}{f_x} = 9{,}5 \cdot \frac{5{,}0^2}{16{,}8} = 14{,}14 \text{ kNm/m}$$

$$M_y = q \cdot \frac{l_x^2}{f_y} = 9{,}5 \cdot \frac{5{,}0^2}{30{,}9} = 7{,}69 \text{ kNm/m}$$

Die Biegebemessung wird für beide Richtungen getrennt mit dem k_d-Verfahren durchgeführt, wobei vereinfachend für beide Richtungen die statische Nutzhöhe mit h = d - 3 cm = 17 cm angenommen werden kann. Die Bemessung ergibt dann:

x-Richtung $\Rightarrow a_{s,x,erf} = 2{,}77$ cm²/m
y-Richtung $\Rightarrow a_{s,y,erf} = 1{,}50$ cm²/m

In der Praxis werden zweiachsig gespannte Platten meist mit Q-Matten bewehrt, die in beiden Richtungen den gleichen Bewehrungsquerschnitt aufweisen.

<u>gewählt Q 295</u> $a_{s,x} = a_{s,y} = 2{,}95$ cm²/m $> a_{s,erf}$

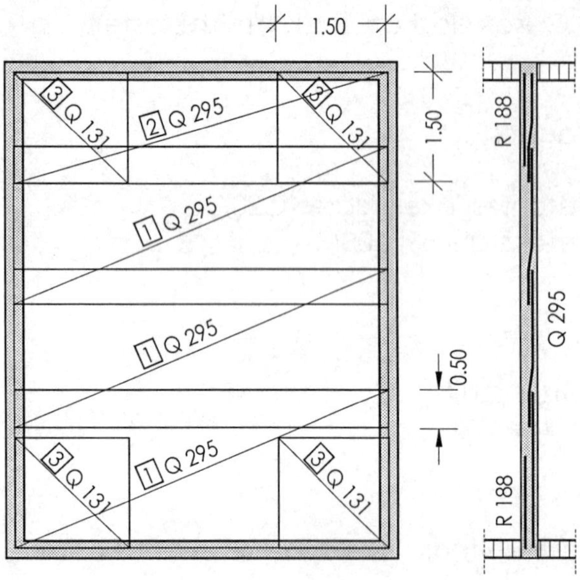

untere Bewehrung

M = 1:100

Die Matten Q 295 müssen sich seitlich um ca. 50 cm übergreifen, anders als bei einachsig gespannten Platten, bei denen meist eine Übergreifung von 30 cm genügt. Hier ist die Bewehrung in y-Richtung eine tragende Bewehrung, bei einachsig gespannten Platten nur eine konstruktive Querbewehrung.

Als untere Drillbewehrung wird konstruktiv eine Zulagematte Q 131 mit 1,5 m Seitenlänge eingelegt.

Dies entspricht:
$0{,}3 \cdot l_x = 0{,}3 \cdot 5{,}0 = 1{,}5$ m

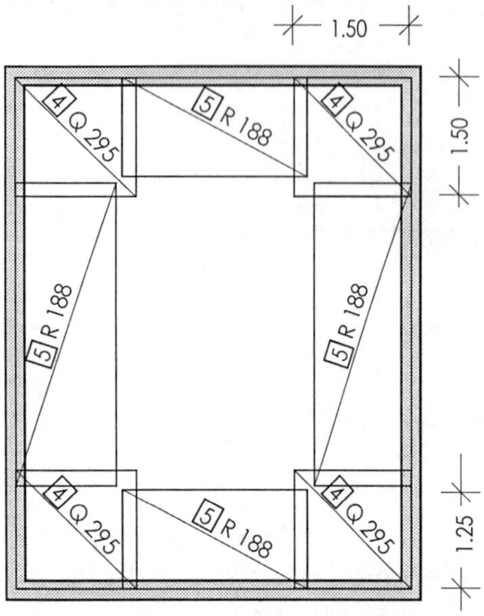

obere Bewehrung

M = 1:100

Die obere Drillbewehrung soll der Feldbewehrung entsprechen, also Matten Q 295 mit 1,5 m Seitenlänge.

Als konstruktive Einspannbewehrung werden 1,25 m breite Mattenstreifen (entspricht $0{,}25 \cdot l_x$) R 188 oder Mattenreste eingelegt.

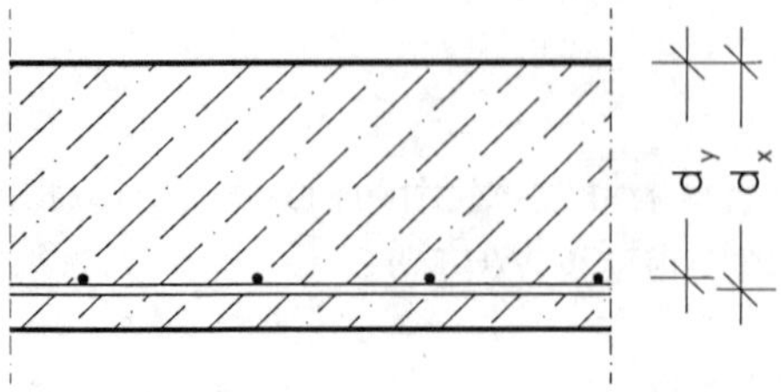

Beim Verlegen der Matten ist darauf zu achten, dass der Haupttragrichtung mit dem größeren Moment die größere statische Nutzhöhe zugeordnet wird. In diesem Beispiel sollte also die untere Lage der Stäbe in x-Richtung (kürzere Spannweite) liegen.

Zweiachsig gespannte Platten können auch als durchlaufende Plattensysteme ausgebildet werden. Grundsätzlich sollte immer die Möglichkeit, wenn vom Grundriss her gegeben, genutzt werden, drei- oder vierseitig gestützte, zweiachsig gespannte und durchlaufende Platten anzuordnen. Sie bieten gegenüber den freiaufliegenden Platten über ein Feld die gleichen Vorteile des Durchlaufträgers gegenüber dem Einfeldträger: es werden nicht nur die Biegemomente, sondern auch die Durchbiegungen verringert. Bei durchlaufenden Plattensystemen kann darüberhinaus die Deckenstärke geringer sein als bei Einfeldsystemen, da für den Nachweis der Beschränkung der Durchbiegung nur die Ersatzstützweite $l_i = 0{,}8 \cdot l$ im Randfeld maßgebend ist.

Nachstehend ist ein System von zweiachsig gespannten durchlaufenden Platten, die z.T. vierseitig gestützt (Platten Nr. 1 bis 7), z.T. dreiseitig gestützt sind (Platten Nr. 8 bis 10). Platte Nr. 11 kragt über Eck aus (zweiachsig gespannt, zweiseitig gestützt), Platte Nr.12 ist eine in Platte Nr. 7 eingespannte einachsig gespannte Kragplatte.

Die Berechnung solcher Plattensysteme kann mit dem Verfahren von Pieper/Martens durchgeführt werden, üblich ist jedoch eine elektronische Berechnung mit Hilfe von Bausoftware.

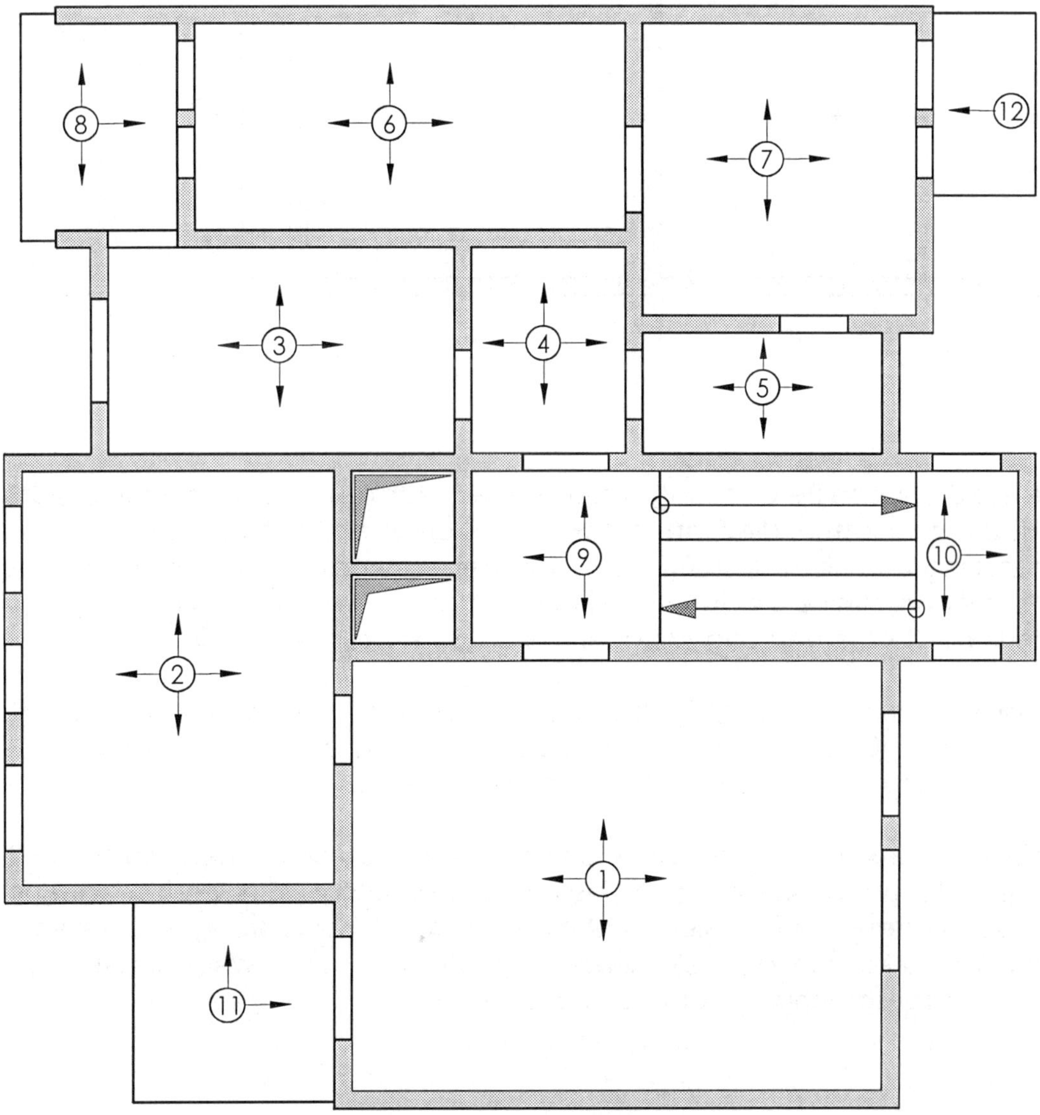

Beispiel: ein durchlaufendes dreifeldriges Plattensystem mit der Dicke h = 18 cm wird durch eine Gesamtlast q = 9,5 kN/m² belastet.

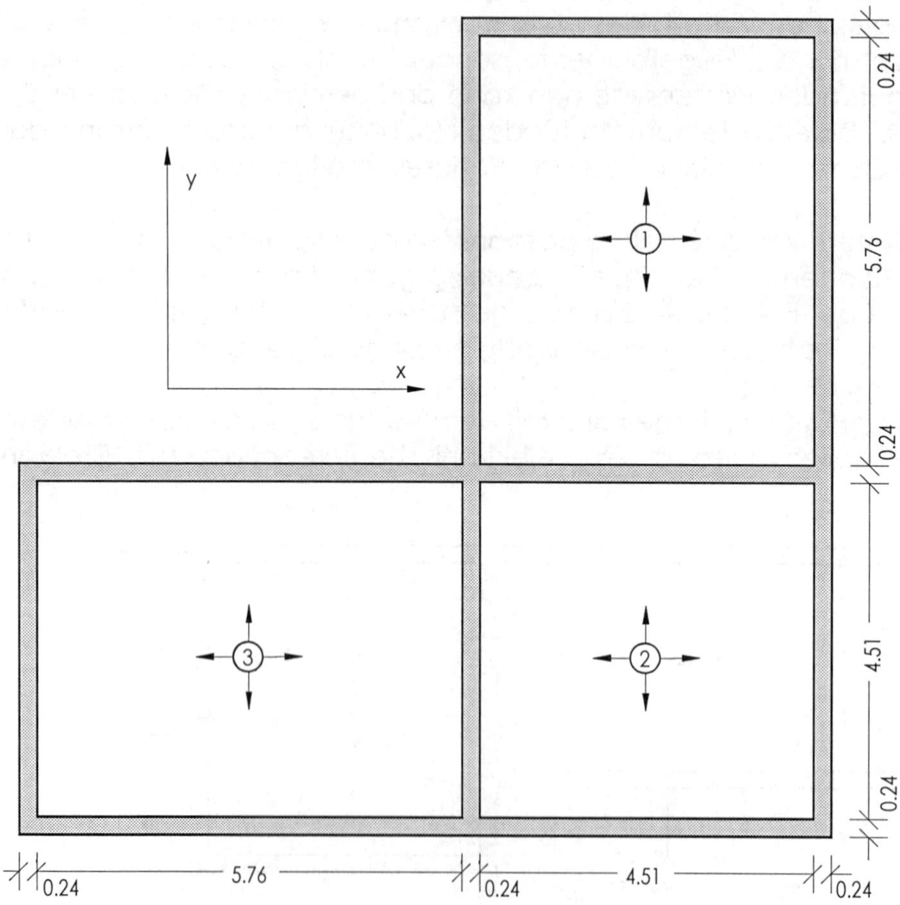

Baustoffe:

Betonfestigkeitsklasse C20/25
Betonstahl BSt 500M

Grundriss
M = 1:100

Für die elektronische Berechnung dieses kleinen Deckensystems müssen die Stützweiten l_x und l_y der Platten, die Plattendicke h, die geometrische Zuordnung der Platten, die Belastung und die Baustoffgüten eingegeben werden. Das Programm ermittelt dann die erforderliche Feldbewehrung der Platten in x- und y-Richtung sowie die erforderliche Stützbewehrung zwischen den durchlaufenden Feldern.

Die Feldbewehrung wird mit Q-Matten, die Stützbewehrung mit R-Matten ausgeführt. Die Q-Matten müssen mit einer Übergreifung von 50 cm verlegt werden, bei den R-Matten der Stützbewehrung sind 30 cm ausreichend.

Als obere Drillbewehrung an den freien Ecken der Platten werden Matten Q 295 mit 1,5 m Seitenlänge, als konstruktive Einspannbewehrung 1,25 m breite Mattenstreifen R 188 oder Mattenreste eingelegt. Auf eine untere Drillbewehrung wird verzichtet, da die gewählten Matten der Feldbewehrung an den Ecken wegen der geringeren Momentenbeanspruchung nicht ausgenützt sind.

Pos. B200 - Plattensystem

Feld	l_x [m]	l_y [m]	d [cm]	Lagerung
1	4.75	6.00	18.0	vierseitig
2	4.75	4.75	18.0	vierseitig
3	6.00	4.75	18.0	vierseitig

Feld	Anschlußfeld				Versatz/Auflagerbreiten[m]			
	Li	Ob	Re	Un	Li	Ob	Re	Un
1	0	0	0	2	0.00	0.00	0.00	0.00
					0.24	0.24	0.24	0.24
2	3	1	0	0	0.00	0.00	0.00	0.00
					0.24	0.24	0.24	0.24
3	0	0	2	0	0.00	0.00	0.00	0.00
					0.24	0.24	0.24	0.24

Gleichlasten

Feld	g [kN/m²]	q [kN/m²]
1	6.00	9.50
2	6.00	9.50
3	6.00	9.50

Schnittgrößen

infolge Gleichlasten
Beton C 20/25 Betonstahl allgemein BSt 500 M/S
Drillsteif Mindestfeldmomente nach DIN 1045
Ausgerundete Stützmomente für biegeweiche Lagerung

Feldmomente

Feld	R	d' [cm]	M Bem. [kNm/m]	a_s [cm²/m]	gewählt
1	X	2.5	10.06	2.38	Q 295
	Y	3.0	7.35	1.79	
2	X	2.5	5.42	1.27	Q188
	Y	3.0	5.42	1.31	
3	X	3.0	7.35	1.79	Q 295
	Y	2.5	10.06	2.38	

Stützmomente

Feld	d' [cm]	M Bem. [kNm/m]	a_s [cm²/m]	gewählt
1- 2	2.5	-16.51	3.97	R443
2- 3	2.5	-16.51	3.97	R443

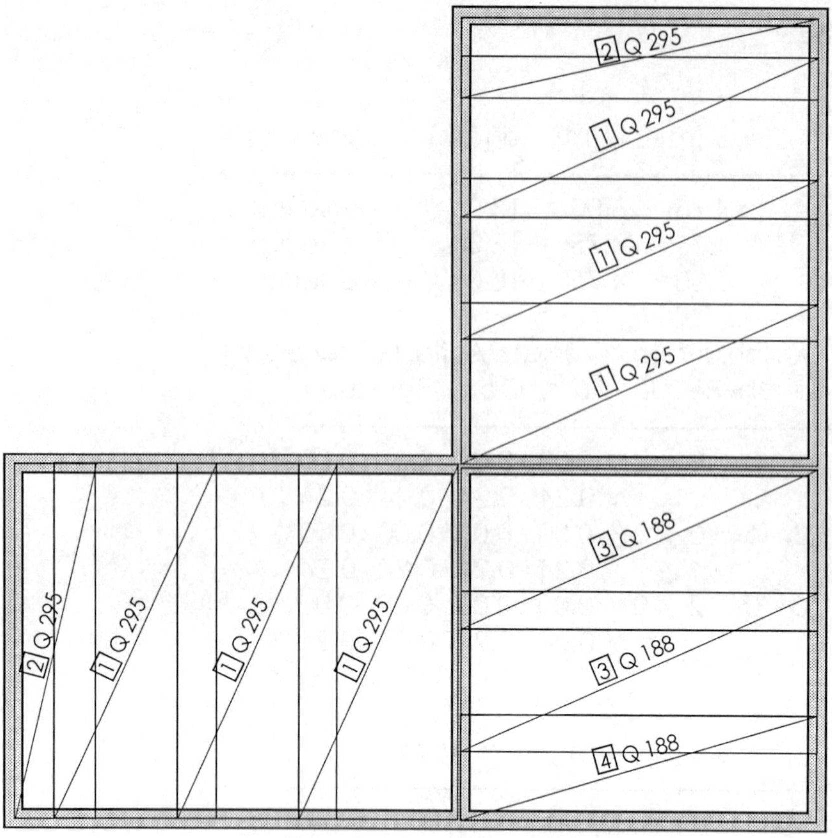

untere
Bewehrung

M = 1:100

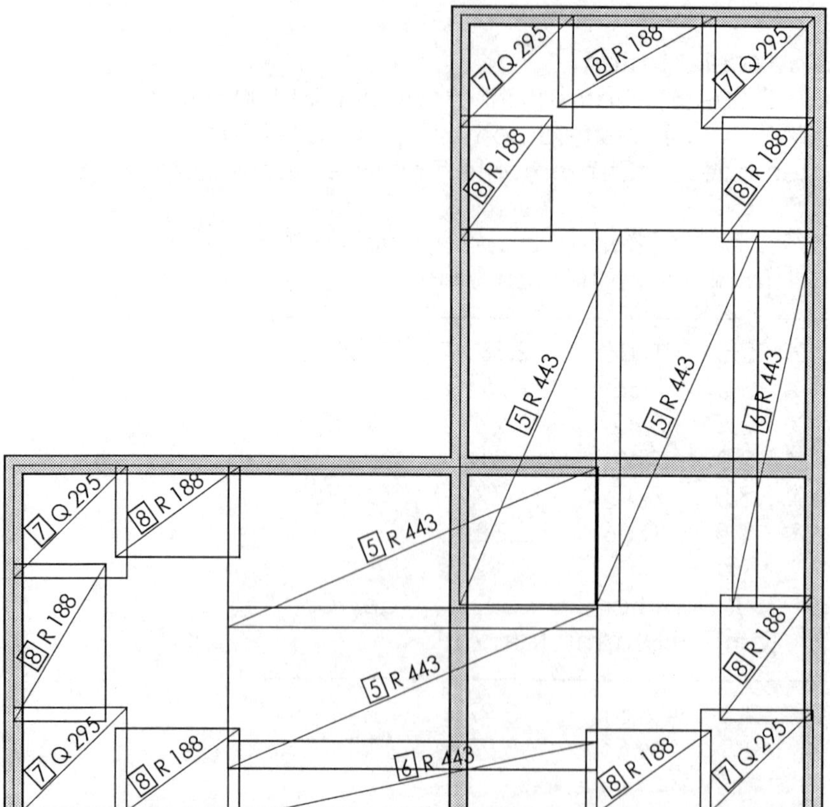

obere
Bewehrung

M = 1:100

Um bei zweiachsig gespannten Platten Gewicht zu sparen, wenn bei großen Spannweiten die Plattendicken zu groß werden, bietet sich analog zur einachsig gespannten Rippendecke oder Plattenbalkendecke eine Kassettendecke oder ein Plattenbalkenrost an.

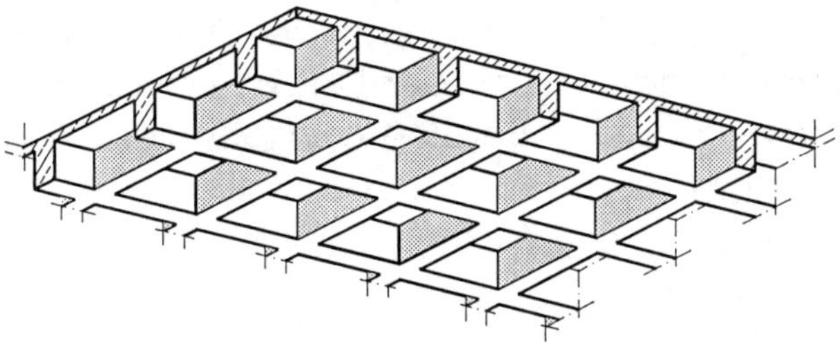

Kassettendecken werden wie Rippendecken mit vorgefertigten Schalungselementen hergestellt, die entweder im Bauwerk als verlorene Schalung bleiben oder ausgebaut und mehrfach verwendet werden können.

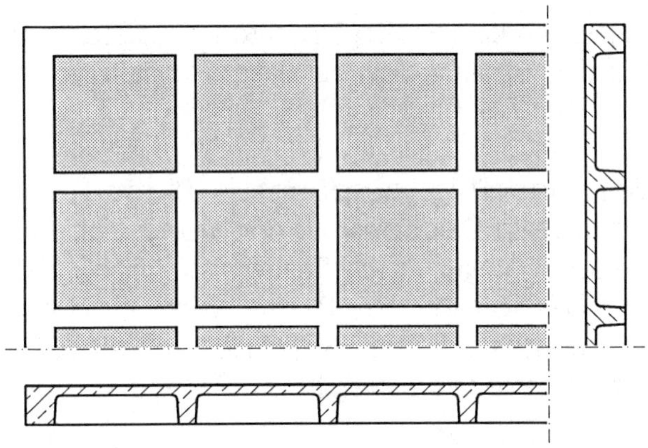

Kassettendecke mit orthogonaler Rippenanordnung.

Die Dimensionierung von Kassettendecken erfolgt wie bei Massivplatten über die Beschränkung der Durchbiegung.

1. Nachweis $d_{erf} \geq \frac{l_i}{35}$

2. Nachweis $d_{erf} \geq \frac{l_i^2}{150}$

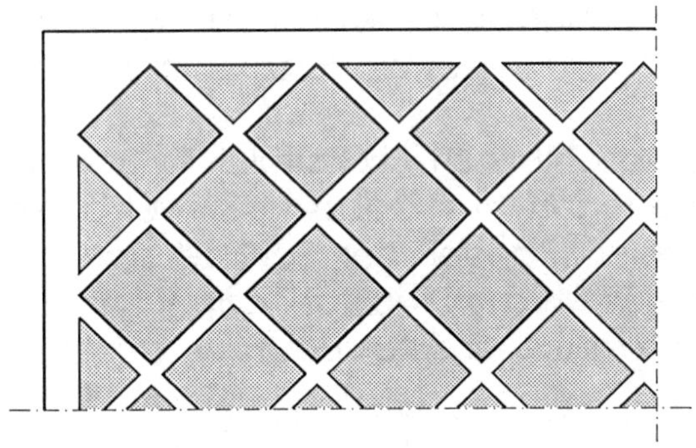

Zweiläufige, orthogonale Rippenanordnung

Die Rippen müssen nicht parallel zu den Deckenkanten verlaufen. Sie können unter einem beliebigen Winkel zum Deckengrundriss angeordnet werden. Auch der Winkel zwischen den Rippen ist beliebig.

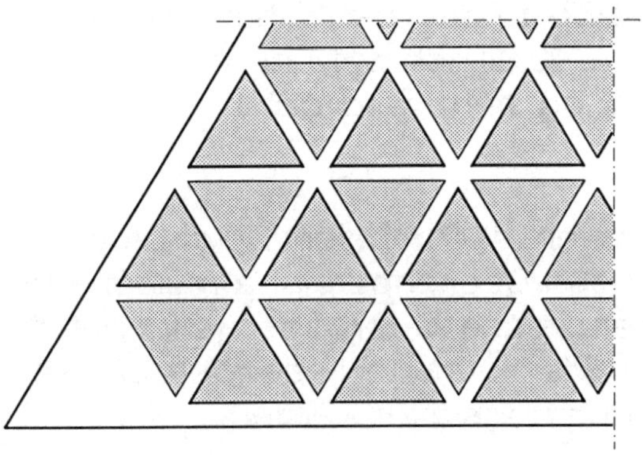

Dreiläufige, nicht orthogonale Rippenanordnung.

Die Herstellungskosten nicht orthogonaler Kassettendecken können wegen der erforderlichen Sonderanfertigung der Schalungselemente sehr hoch sein. Nur bei großen Deckenflächen sind solche Lösungen vertretbar.

10.7.4 Mögliche Durchbrüche in Massivplatten

Zur Führung von Leitungen und Kanälen oder z.B. für Lichtkuppeln ist es erforderlich, in Massivdecken Durchbrüche vorzusehen. Ob diese Durchbrüche ohne von außen sichtbare Verstärkungen in den nebenliegenden Bereichen möglich sind, hängt davon ab, wo der Deckendurchbruch liegt, welche Größe und Form der Durchbruch haben soll und ob im Bereich des Durchbruchs Tragreserven der Decke vorhanden sind, d.h. wie der ungeschwächte Querschnitt in diesem Bereich ausgenutzt ist. Die Möglichkeit von Durchbrüchen ist also abhängig von:

- Lage im Konstruktionselement
- Größe und Form des Durchbruchs
- vorhandene Tragreserven

In Absprache mit dem Tragwerksplaner ist in jedem konkreten Einzelfall eine statisch-konstruktive Untersuchung erforderlich, die unter Umständen zu einer Änderung im Entwurf zwingen kann.

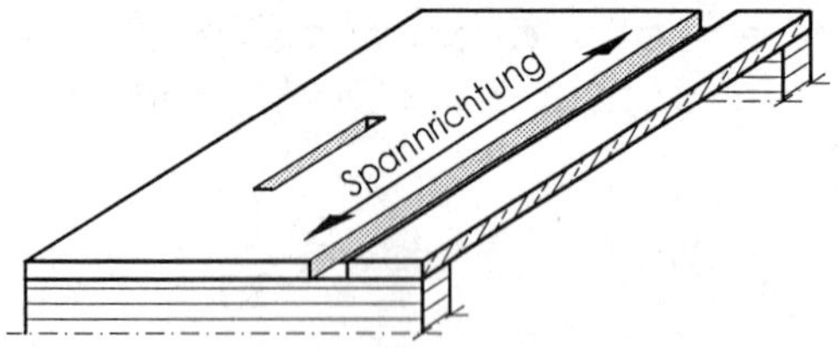

Bei einachsig gespannten Platten sind Schlitze in Deckenspannrichtung in beliebiger Länge und Breite möglich. Das Tragverhalten der Platte wird dadurch nicht gestört, sie wird nur in einzelne Plattenstreifen zerlegt.

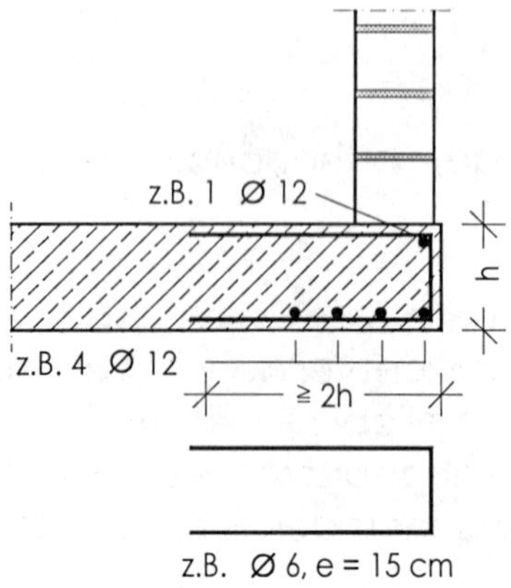

Stehen leichte Trennwände unmittelbar am Rand des Schlitzes, ist wegen der hier unterbrochenen Querbewehrung keine Querverteilung der Wandlasten möglich.

Es empfiehlt sich, konstruktive Bewehrungszulagen aus Stabstahl einzubauen. Die freien Ränder der Schlitze sind mit Steckbügeln aus Stabstahl oder einer Betonstahlmatte einzufassen.

Werden quer zur Deckenspannrichtung verlaufende Schlitze vorgesehen, dann muss, wenn der Durchbruch im Feld liegt, die Restbreite der Decke in der Lage sein, das auf die Schlitzbreite anfallende Biegemoment zusätzlich aufzunehmen. Da der Querschnitt im Öffnungsbereich nicht zur Verfügung steht, wird das Biegemoment auf die benachbarten Teile umgelagert.

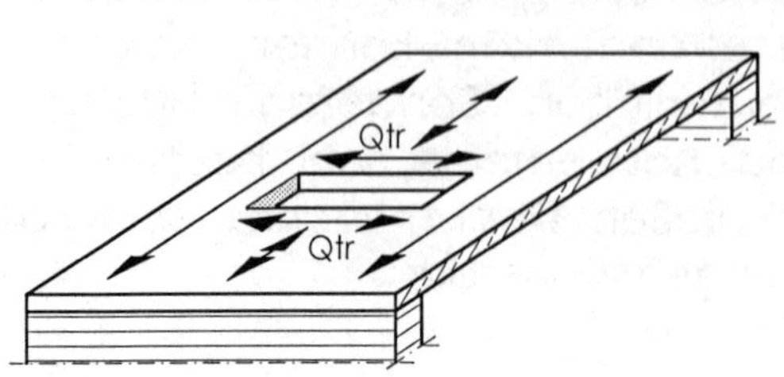

Die Lasten der auf den Durchbruch zulaufenden Deckenbereiche müssen über deckengleiche Querträger (Qtr) auf die neben der Öffnung liegenden Deckenbereiche abgeleitet werden.

In der Praxis wird die auf die Öffnungsbreite entfallende Bewehrung beidseits des Durchbruchs mit Stabstahl zusätzlich zur normalen Deckenbewehrung verlegt. Die deckengleichen Querträger werden konstruktiv durch Stabstahlzulagen gebildet. Die Ränder des Deckendurchbruchs sind wieder mit Steckbügeln einzufassen.

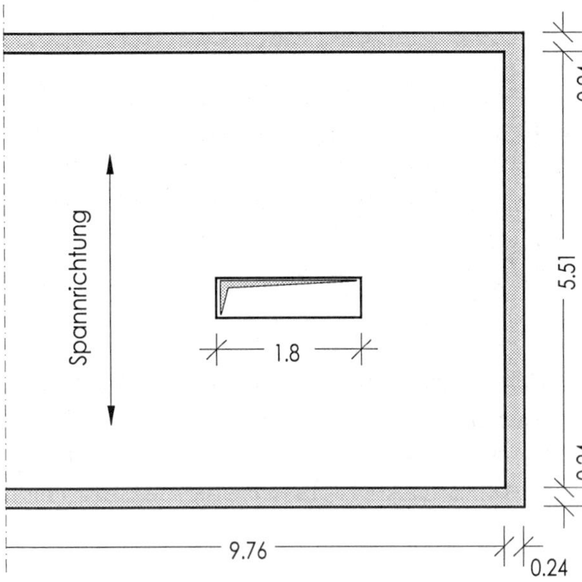

Beispiel:

Bei der in Abschnitt 10.6.1 behandelten einachsig gespannten Decke ist im Feld ein 1,80 m breiter Deckendurchbruch geplant.

In Abschnitt 10.6.1 wurde folgende erforderliche Bewehrung ermittelt:

$$\Rightarrow a_{s,erf} = 6{,}04 \text{ cm}^2/\text{m}$$

entfallende Bewehrung:

$$\Rightarrow \Delta A_s = 1{,}8 \cdot 6{,}04 = 10{,}87 \text{ cm}^2$$

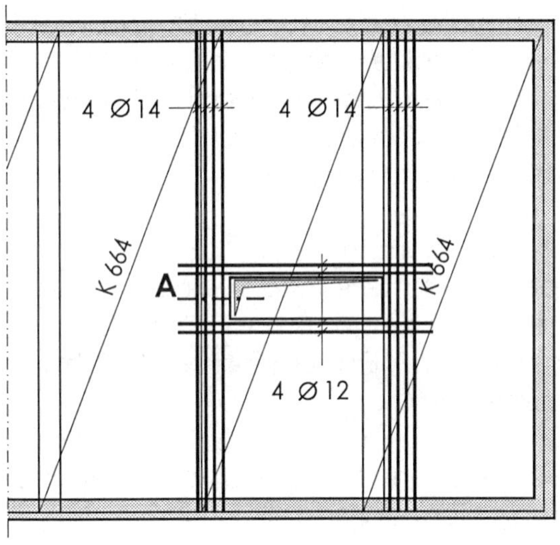

<u>gewählt 8 Ø 14</u> mit $A_s = 12{,}32 \text{ cm}^2$

Diese Zusatzbewehrung wird je zur Hälfte neben dem Deckendurchbruch eingelegt. Sie muss bis über die Auflager geführt werden.

untere Bewehrungslage

Die Matten K 664 werden im Bereich des Durchbruchs nach dem Verlegen ausgeschnitten.

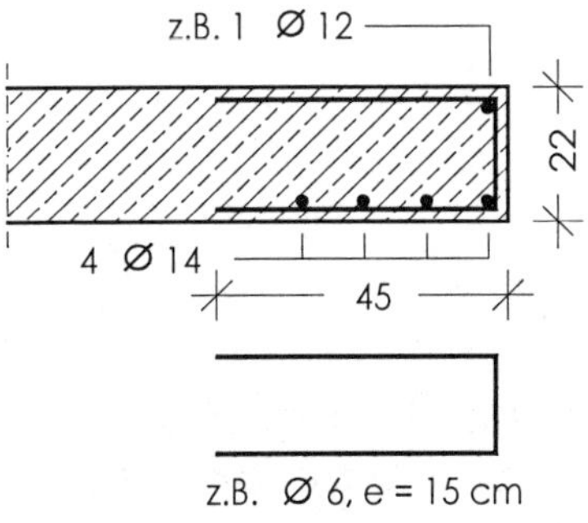

Schnitt A

Der Deckendurchbruch ist rundum mit Saumbügeln und einem oberen Eckstab einzufassen.

Befindet sich der querlaufende Schlitz in der Nähe des Auflagers, müssen die verbleibenden Deckenbereiche die zusätzliche Querkraft aufnehmen können. Da Platten in der Regel auf Schub nicht voll ausgenutzt sind, ist dies nur in Ausnahmefällen problematisch, wenn hohe Wand- oder Dachlasten im Bereich des geplanten Durchbruchs auf der Decke stehen. Im allgemeinen kann in etwa gelten, dass Schlitzlängen am Auflager bis etwa 1/4 der Deckenspannweite möglich sind.

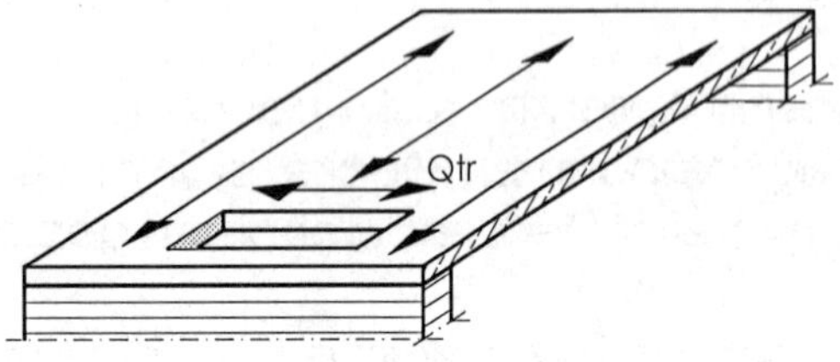

Vor dem Schlitz muss ein Quertragstreifen (Qtr) die ins Leere laufenden Auflagerkräfte aus dem unterbrochenen Deckenstreifen aufnehmen können, d.h. es ist eine untenliegende Zusatzbewehrung in Querrichtung erforderlich.

Bei Innenstützen von durchlaufenden Platten muss, wenn der Durchbruch in Auflagernähe ist, der Restquerschnitt wie bei den Feldmomenten die zusätzlichen negativen Stützmomente aufnehmen können. Es muss also die obenliegende Stützbewehrung, die durch den Durchbruch entfällt, zusätzlich mit Stabstahl beidseits neben dem Durchbruch ergänzt werden.

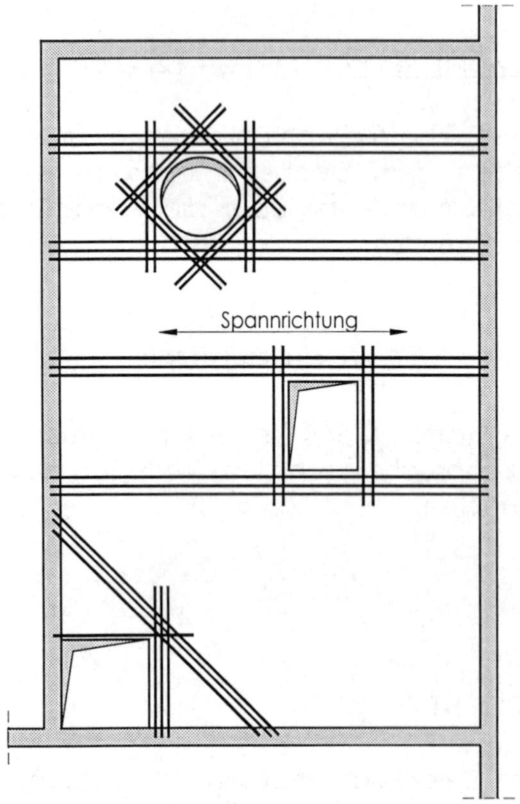

Quadratische oder runde Durchbrüche sind wie Schlitze bezüglich ihrer Abmessung quer zur Deckenspannrichtung zu betrachten. Runde Durchbrüche sind konstruktiv vorzuziehen.

Durchbruchdurchmesser bis etwa zur doppelten Plattendicke h sind im allgemeinen unbedenklich und nur konstruktiv zu bewehren. Ein statischer Nachweis kann entfallen.

In nebenstehender Skizze ist die Grundbewehrung nicht dargestellt.

Notwendig werdende Schlitze und Öffnungen in zweiachsig gespannten Deckenplatten sind bezüglich der geschädigten Spannrichtung wie bei einachsig gespannten Platten zu behandeln.

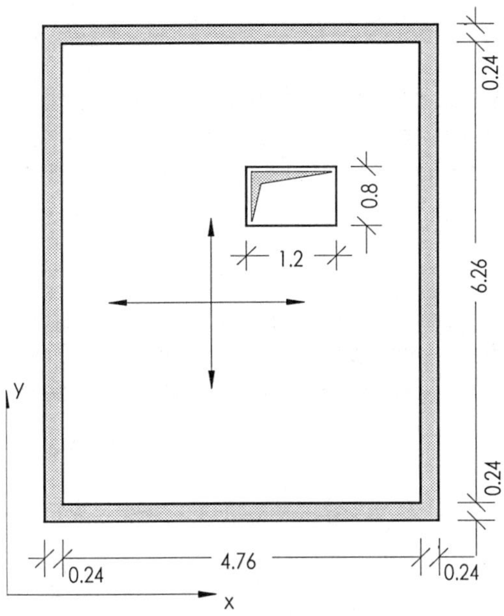

Beispiel:

Bei der in Abschnitt 10.7.3 behandelten zweiachsig gespannten Decke ist im Feld ein 1,20 x 0,8 m breiter Deckendurchbruch geplant.

In Abschnitt 10.7.3 wurde folgende erforderliche Bewehrung ermittelt:

x-Richtung $\Rightarrow a_{s,xerf} = 2{,}77\ cm^2/m$
y-Richtung $\Rightarrow a_{s,yerf} = 1{,}50\ cm^2/m$

entfallende Bewehrung:

$$\Rightarrow \Delta A_{sx} = 0{,}8 \cdot 2{,}77 = 2{,}22\ cm^2$$

$$\Rightarrow \Delta A_{sy} = 1{,}2 \cdot 1{,}50 = 1{,}80\ cm^2$$

<u>gewählt 4 Ø 10</u> mit $A_s = 3{,}14\ cm^2$

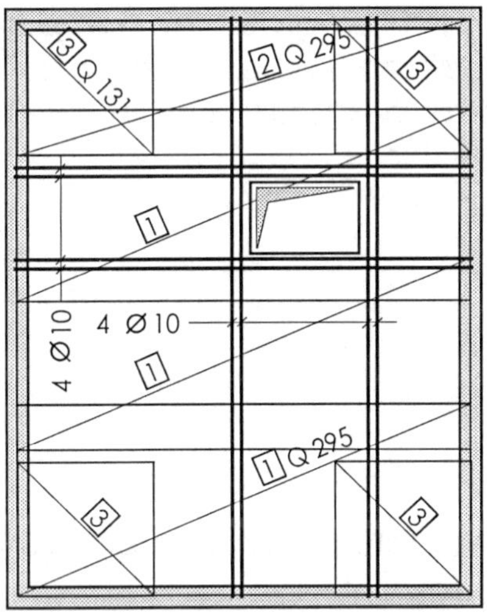

Um wenig verschiedene Durchmesser zu verwenden, werden in x- und y-Richtung beidseits des Durchbruchs je 2 Ø 10 eingebaut.

untere Bewehrung

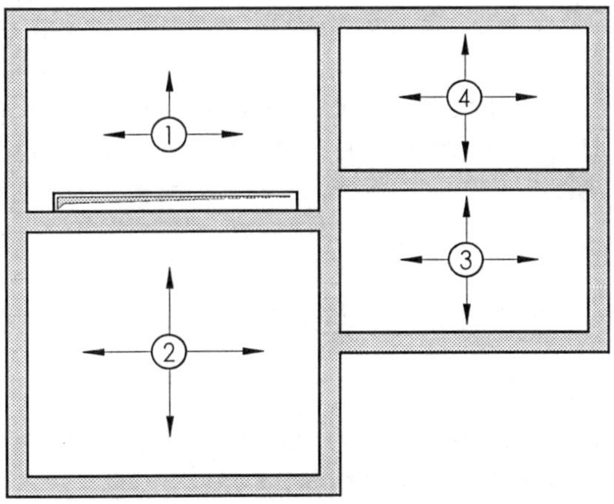

Wird bei durchlaufenden zweiachsig gespannten und vierseitig gestützten Plattensystemen eine Auflagerung durch einen langen Schlitz unterbrochen, kann auf eine dreiseitige Lagerung oder einachsige Spannrichtung umgestellt werden. Für Platte 1 wird der untere Rand zu einem freien Rand, für Platte 2 der obere Rand zu einer frei drehbaren Lagerung. Unter Umständen kann sich wegen der fehlenden Durchlaufwirkung eine größere Deckenstärke h ergeben.

10.7.5 Punktgestützte Platten

Alle bisher behandelten Platten waren an ihren Rändern linienförmig durch Unterzüge oder Wände unterstützt. Stahlbetonplatten können aber auch punktförmig unmittelbar auf den Stützen aufgelagert sein. Man unterscheidet punktgestützte Platten in:

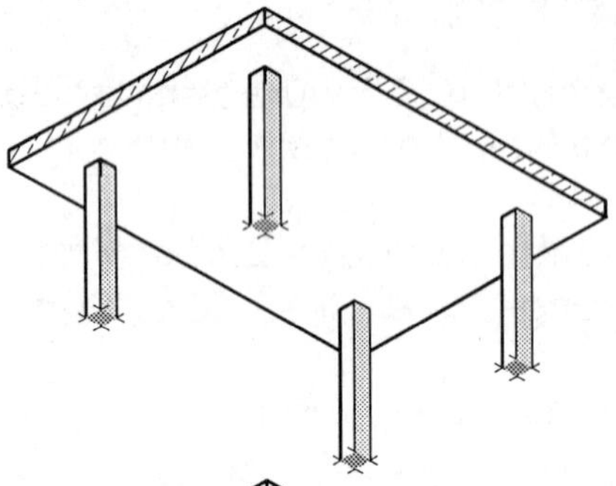

Flachdecken, die durch runde, quadratische oder rechteckige Stützen mit konstanten Abmessungen unterstützt werden.

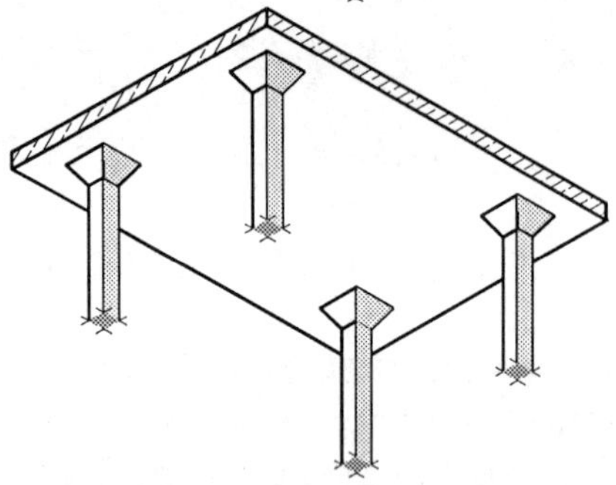

Pilzdecken oder Pilzkopfdecken, die durch verbreiterte Stützenköpfe, die schräg, rechteckig oder ausgerundet sein können, unterstützt werden.

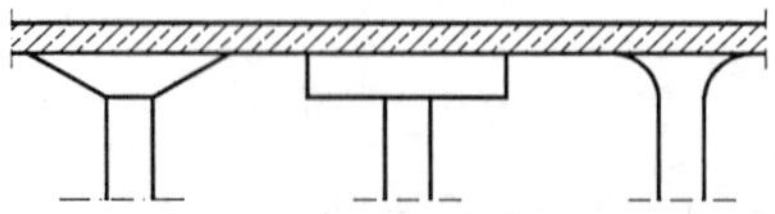

Die punktgestützte Platte bietet gegenüber ein- und zweiachsig gespannten Platten folgende Vorteile:

- ebene Betonunterflächen vereinfachen die Schalung und beschleunigen den Bauablauf.

- die Installationsführung der Ausbaugewerke wird nicht durch störende Unterzüge behindert. Zum Zeitpunkt der Tragwerksplanung braucht die Planung der Leitungsführung noch nicht abgeschlossen zu sein. Dies führt zu einer kürzeren Planungsphase.

- die ebene Deckenuntersicht lässt spätere Änderungen in der Nutzung und Raumaufteilung zu.

- durch eine im Vergleich zur Platte mit Unterzug geringere Konstruktionshöhe ist unter Umständen bei gleicher Traufhöhe ein Geschoss mehr möglich.

Der Nachteil von punktgestützten Platten ist ein höherer Baustoffbedarf, der aber im Rahmen aller Gesichtspunkte eine untergeordnete Rolle spielt. Für Geschäfts- und Verwaltungsbauten, Tiefgaragen usw. mit Stützenrastern über 6 m kann die Flachdecke trotzdem wirtschaftlicher als eine Unterzugsdecke sein.

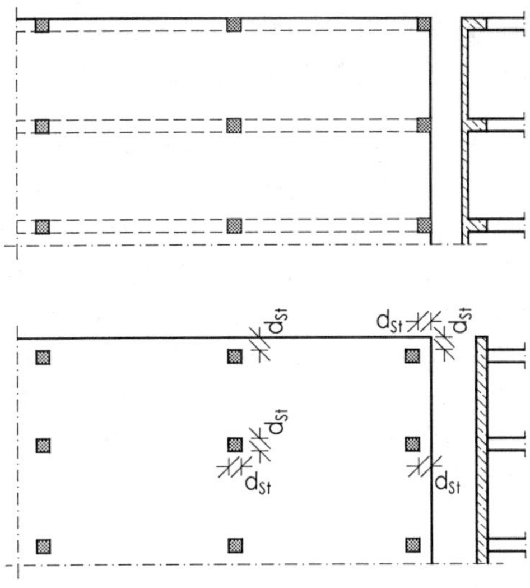

Da bei punktgestützten Platten die Deckenlasten direkt in die Stützen ohne die Zwischenschaltung von Unterzügen eingeleitet werden, sollten die Rand- und Eckstützen um mindestens den Stützendurchmesser d_{St} nach innen gerückt werden, um eine einwandfreie Lasteinleitung zu ermöglichen.

Bei punktgestützten Platten ist also immer anders als bei unterzugsgestützen Platten die erste Stützenreihe hinter der Fassade.

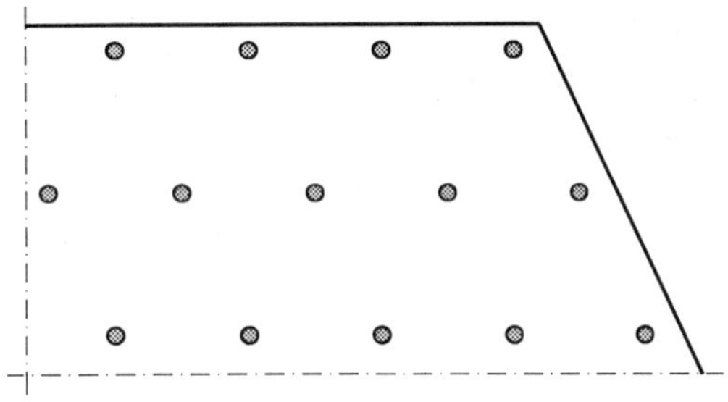

Neben quadratischen oder rechteckigen Stützenrastern sind bei punktgestützten Platten auch dreieckige, sechseckige oder achteckige Stützenraster möglich. Theoretisch sind auch freie Stützenstellungen und Kombinationen von Punktstützung und Linienstützung durch Wände oder Unterzüge möglich und auch üblich.

Je komplizierter der Grundriss einer Flachdecke ist, desto größer wird der Berechnungsaufwand. Flachdecken werden aber heute in der Regel nicht mehr mit zulässigen Näherungsverfahren oder mit Tabellenwerten berechnet, sondern mit Hilfe der Finite-Element-Methode (FEM), die beliebige Plattengeometrien und Belastungen berechenbar macht (aber nicht unbedingt sinnvoll und wirtschaftlich).

Der Verlauf der Biegemomente von punktgestützten Platten ist kompliziert. Die Feldmomente zwischen den Stützen sind positiv und verlaufen in einem breiten Bereich. Im Stützenbereich sind die Momente negativ und sehr konzentriert, sie verlaufen radial auf die Stütze zu und kreisförmig um die Stütze herum.

Nebenstehend sind die Hauptmomentenrichtungen einer Flachdecke unter einer Gleichlast dargestellt.

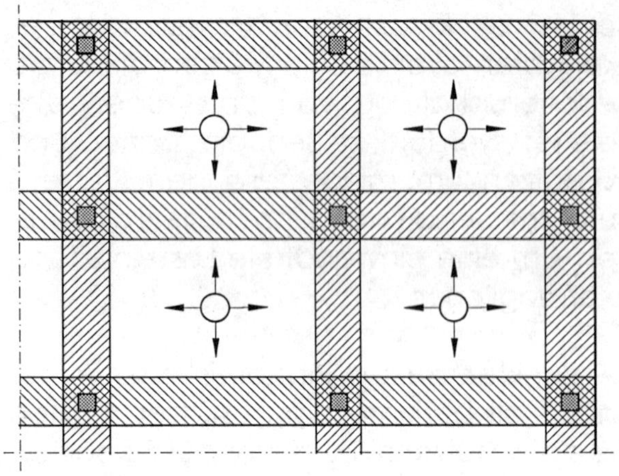

Das Tragverhalten lässt sich auch vereinfacht folgendermaßen darstellen:

Die Platte besitzt die größte Steifigkeit zwischen den Stützen. Daher bilden sich zwischen den Stützen in beiden Richtungen "Unterzüge" aus. Der kreuzweise gespannte innere Deckenteil liegt auf diesen Tragstreifen elastisch und nachgiebig auf. Die Hauptbewehrung einer punktgestützten Platte verläuft daher konzentriert in den Streifen zwischen den Stützen.

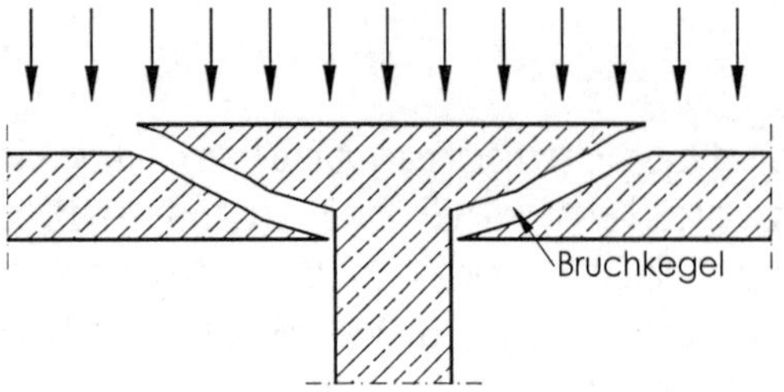

Bei Flachdecken besteht wegen der direkten Eintragung der Deckenlasten in die Stützen die Gefahr des "Durchstanzens". Im Versagensfall einer Flachdecke würde die Stütze wegen der hohen Schubspannungen einen kegelförmigen Bereich aus der Platte herausdrücken.

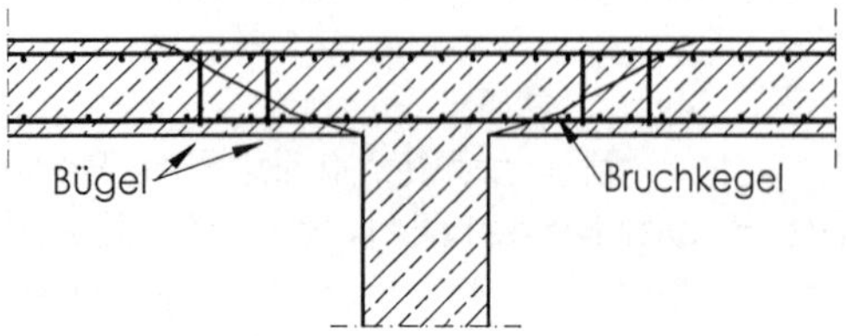

Bei punktgestützten Platten sind daher immer neben der Ermittlung der Biegebewehrung auch Schubnachweise im Bereich der konzentrierten Querkräfte um die Stützen zu führen und entsprechende Zusatzmaßnahmen zu treffen.

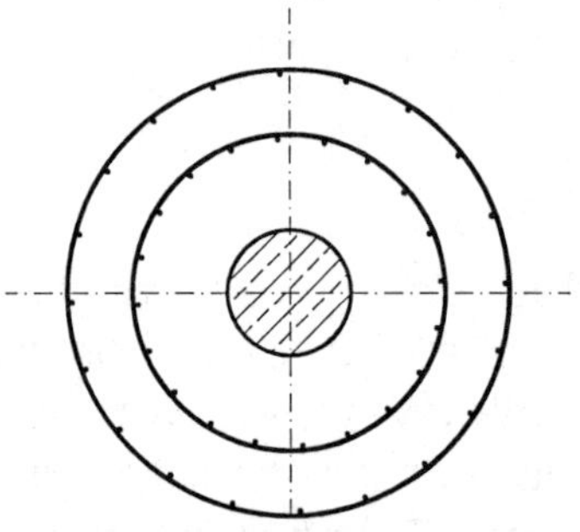

Eine Möglichkeit, die Durchstanzgefahr zu verringern, ist eine ringförmige oder rechteckige Anordnung von Bügeln um die Stütze. Der Bügeldurchmesser und die Anzahl müssen rechnerisch ermittelt werden.

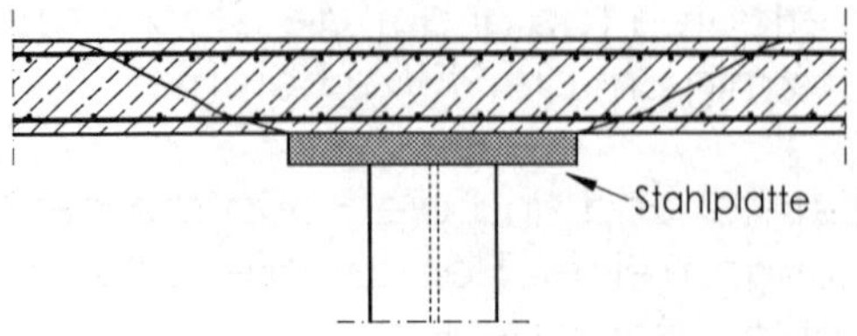

Wird die Flachdecke durch eine steife Stahlplatte in Verbindung mit einer Stahlstütze unterstützt, wird der Durchstanzkegel vergrößert und damit die Durchstanzgefahr verringert.

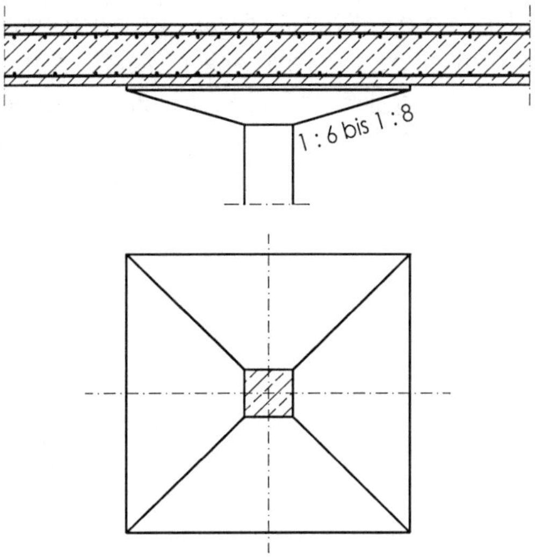

Durch eine Verstärkung der Platte im Bereich der Stützen mit einem geneigten oder rechtwinkligen Pilzkopf wird die hohe Schubspannung im Stützenbereich abgemindert.

Die Neigung des Pilzkopfes soll ein Verhältnis 1:6 bis 1:8 nicht überschreiten.

Durch die Anordnung einer Stahlplatte oder eines Pilzkopfes kann entweder die Deckenstärke oder die Stützenabmessung verringert werden.

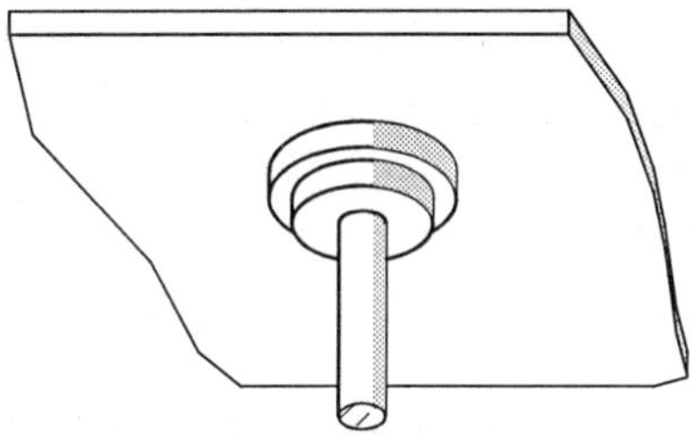

Zweifach abgestufter kreisförmiger Pilzkopf.

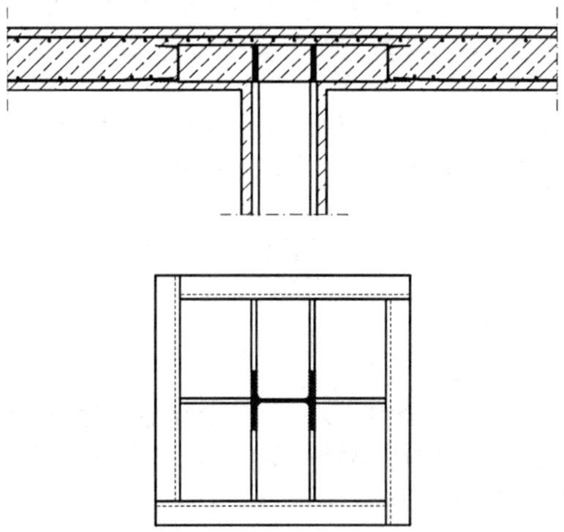

Auch durch Stahlkonstruktionen aus verschweißten Stahlprofilen und Blechen kann der Durchmesser des Durchstanzkegels vergrößert werden. Diese Stahlkrägen können mit Stahlstützen, aber auch mit Stahlbeton- oder Verbundstützen (Zusammenwirken von Stahlprofil und Stahlbeton) kombiniert werden.

Die untenliegende Bewehrung wird an den Stahlkrägen angeschweißt (teuer!).

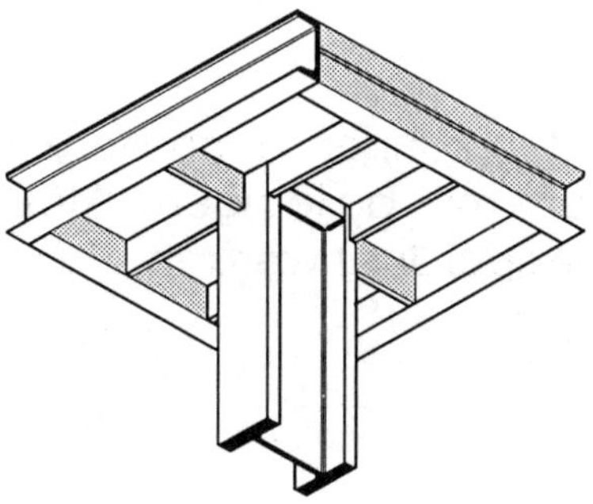

Stahlkragen aus U-Profilen und Blechen in Verbindung mit einer Stahlstütze aus einem HEB-Profil.

Stahlkrägen bieten den Vorteil, dass auch in unmittelbarer Nähe der Stützen Deckendurchbrüche zur vertikalen Leitungsführung möglich sind.

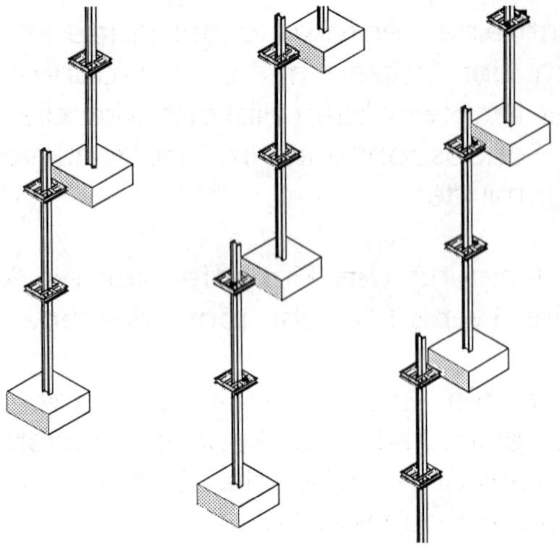

Die Stützen mit Stahlkrägen können stockwerksweise gestoßen oder über mehrere Stockwerke geliefert und montiert werden.

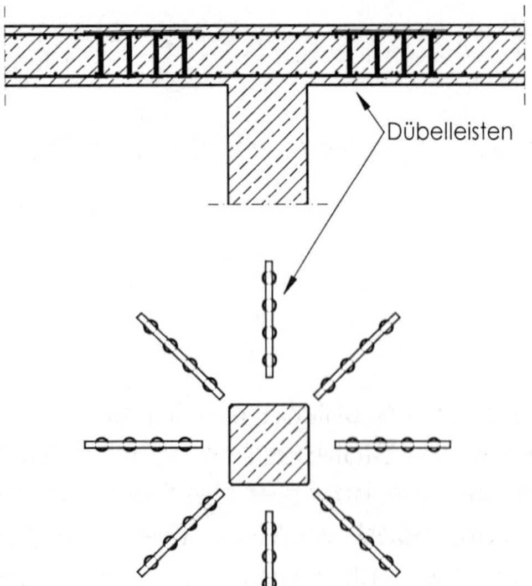

Die einfachste und heute übliche Methode zur Verhinderung des Durchstanzens ist die Verwendung von Dübelleisten. Die Dübelleisten werden nach Verlegen der unteren und oberen Bewehrungslage der Flachdecke von oben eingesetzt.

Die Dübelleisten bestehen aus Betonstahl BSt 500 mit warm aufgestauchten Ankerköpfen. Sie benötigen eine bauaufsichtliche Zulassung.

Die Anzahl und der Durchmesser der Anker der einzelnen Dübelleiste sowie die Gesamtanzahl der Dübelleisten und deren Anordnung müssen statisch nachgewiesen werden.

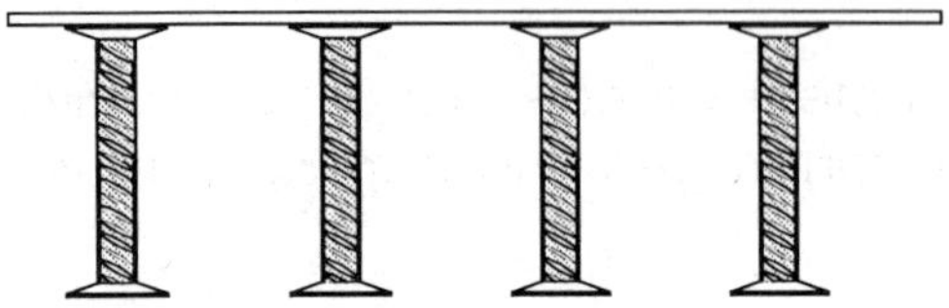

Dübelleiste mit vier Doppelkopfankern aus Betonstahl BSt 500 und einer oberen Montageleiste.

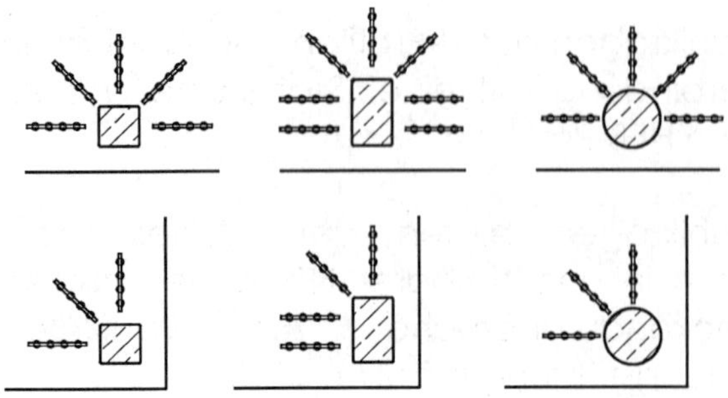

Dübelleisten können auch bei Rand- und Eckstützen mit beliebigem Stützenquerschnitt angeordnet werden.

Vordimensionierung von Flachdecken

Für die Dimensionierung von Flachdecken ist nicht nur die Durchbiegung im Feld wie bei unterzugsgestützen Platten, sondern auch die Größe des konzentrierten Stützmoments und der Querkräfte im Stützenbereich maßgebend. Die Dicke h von punktgestützten Platten ist daher immer größer als die von liniengestützten Platten.

DIN 1045-1 schreibt für punktgestützte Platten mit Durchstanzbewehrung eine Mindestdicke von 20 cm vor, wesentlich mehr als bei ein- oder zweiachsig gespannten Platten auf Unterzügen mit 7 cm.

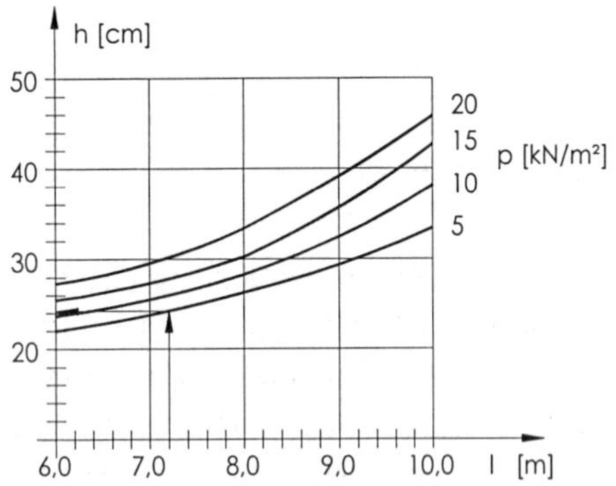

Bei Verwendung von den heute üblichen Dübelleisten kann nebenstehendes Diagramm für die Ermittlung der Deckenstärke h in Abhängigkeit von der Verkehrslast p verwendet werden.

h Deckenstärke [cm]
p Verkehrslast [kN/m²]
l größere Stützweite [m]

Darüberhinaus ist noch der Nachweis der Beschränkung der Durchbiegung zu führen (vgl. Abschnitt 10.5.3).

Die Seitenlänge von quadratischen Stützen soll ca. das 1,1 bis 1,2-fache der Deckenstärke betragen, der Durchmesser einer Rundstütze kann über die Flächengleichheit ermittelt werden.

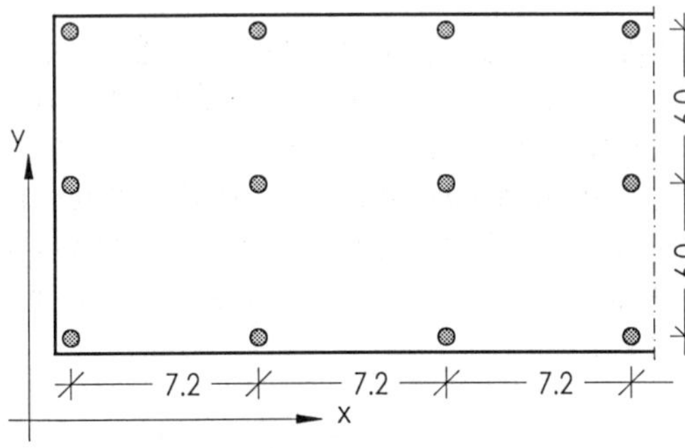

Beispiel:

Flachdecke mit Stützenraster 7,2 x 6,0 m

Verkehrslast (Büronutzung): p = 5,0 kN/m²

Maßgebend für die Vordimensionierung ist die größere Spannweite $l_x = 7{,}2$ m

Aus dem Diagramm für p = 5,0 kN/m²: $\Rightarrow$ Deckenstärke h = 24 cm

Quadratischer Stützenquerschnitt: $\Rightarrow d = 1{,}1 \text{ bis } 1{,}2 \cdot 24 \approx 28$ cm

Rundstütze: $A_\varnothing = \dfrac{d^2 \cdot \pi}{4} \rightarrow d = \sqrt{\dfrac{4 \cdot A_{qu}}{\pi}}$

$$\Rightarrow d = \sqrt{\frac{4 \cdot 28 \cdot 28}{3{,}14}} = 32 \text{ cm}$$

Der Nachweis der Beschränkung der Durchbiegung (vgl. Abschnitt 10.5.3) ergibt nur dann eine größere Deckenstärke, wenn leichte rissgefährdete Trennwände auf der Flachdecke stehen.

Ersatzstützweite (Randfeld): $\Rightarrow l_i = 0{,}9 \cdot 7{,}2 = 6{,}48$ m

1. Nachweis $d_{erf} \geq \frac{l_i}{35} = \frac{6{,}48}{35} = 0{,}19 \text{ m} = 19 \text{ cm}$

Deckenstärke $\Rightarrow h = d + 3 \text{ cm} = 19 + 3 = 22 \text{ cm}$

2. Nachweis $d_{erf} \geq \frac{l_i^2}{150} = \frac{6{,}48^2}{150} = 0{,}28 \text{ m} = 28 \text{ cm}$

Deckenstärke $\Rightarrow h = d + 3 \text{ cm} = 28 + 3 = 31 \text{ cm}$

Da bei punktgestützten Platten die Durchbiegungen um ca. 30% größer sind als bei unterzugsgestützten Platten mit gleichen Stützweiten, sollte unbedingt vermieden werden, rissgefährdete Trennwände auf Flachdecken zu planen. Für den Nachweis der Beschränkung der Durchbiegung ist dann nur der erste Nachweis maßgebend. Alternativ sind die Trennwände so zu planen, dass die Durchbiegung der Decke zu keinen Rissen führen kann.

Hinweis: bei punktgestützten Platten ist auch die Verkehrslast für die Dimensionierung (d.h. Ermittlung der Deckenstärke h) ausschlaggebend, bei unterzugsgestützten Decken dagegen nur die Stützweiten.

Mögliche Durchbrüche in punktgestützten Platten

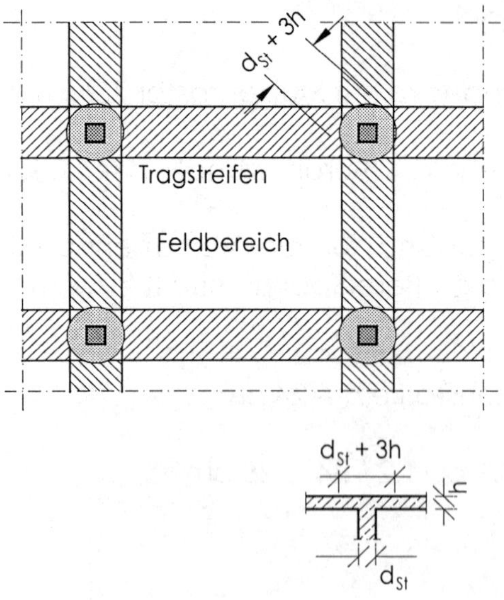

Bei punktgestützten Platten sind im Stützenbereich wegen der großen Querkräfte Deckendurchbrüche möglichst zu vermeiden. Der Bereich, der ohne Durchbrüche sein soll, umfasst einen Kreis mit dem Durchmesser $d_{St} + 3 \cdot h$ um den Stützenmittelpunkt.

d_{St} Stützendurchmesser oder Seitenlänge
h Plattendicke

Beispiel:

$d_{St} = 28$ cm
$h = 24$ cm

$\Rightarrow$ keine Durchbrüche innerhalb $28 + 3 \cdot 24 = 100$ cm um Stütze

Sind Deckendurchbrüche in diesem Bereich nicht zu vermeiden, sind die Größe, Anzahl und Anordnung der Durchbrüche stark eingeschränkt:

- Die Größe des Durchbruchs (Seitenlänge oder Durchmesser) darf nicht größer sein als ein Drittel der Seitenlänge bzw. Durchmesser der Stütze.

- Die Summe der Querschnittsflächen der Durchbrüche darf nicht größer als ein Viertel des Stützenquerschnitts sein.

Beispiel: Rechteckstütze mit Seitenlänge 30 cm
$A_{St} = 30 \cdot 30 = 900\ cm^2$

Zulässige Seitenlänge des Durchbruchs:

$$a = \frac{\text{Stützenseite}}{3} = \frac{30}{3} = 10\ cm$$

Der größtmögliche Durchbruch ist also 10/10 cm mit $A_{DBr} = 100\ cm^2$.

Zulässige Summe der Querschnittsflächen der Durchbrüche:

$$\Sigma = \frac{A_{St}}{4} = \frac{900}{4} = 225\ cm^2$$

Es sind also nur maximal zwei Durchbrüche 10/10 cm mit insgesamt $2 \cdot 100 = 200\ cm^2$ möglich!

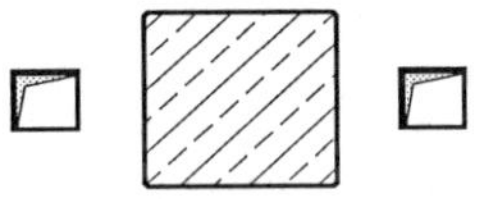

- Bei rechteckigen Stützen dürfen Durchbrüche nur im mittleren Drittel der Seitenlänge und an höchstens zwei gegenüberliegenden Seiten angeordnet werden.

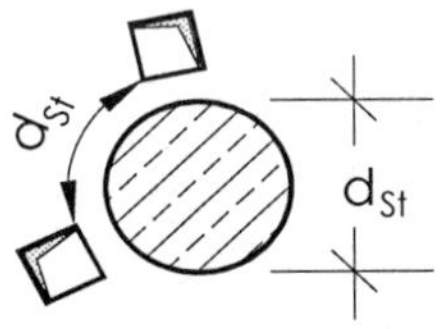

- Der lichte Abstand zweier Durchbrüche bei Rundstützen muss mindestens dem Stützendurchmesser entsprechen.

Die Anordnung von Stahlkrägen erlaubt größere und mehrere Durchbrüche im Stützenbereich, da die Decke hier unterbrochen ist und die Zugkräfte aus der Bewehrung über die Stahlprofile weitergeleitet werden.

Auch im Bereich der Tragstreifen (Verbindungslinien zwischen den Stützen) sind Deckendurchbrüche wegen der hohen Bewehrungskonzentration nur bedingt möglich.

Keine Probleme entstehen bei Anordnung von Durchbrüchen im Feldbereich von Flachdecken. Hier gilt das zu den einachsig und zweiachsig gespannten Decken aufgeführte.

10.8 Stützen und Wände aus Stahlbeton

Stabförmige Druckglieder werden ganz allgemein als Stützen bezeichnet. Sie sind überwiegend nur durch Längskräfte beansprucht.

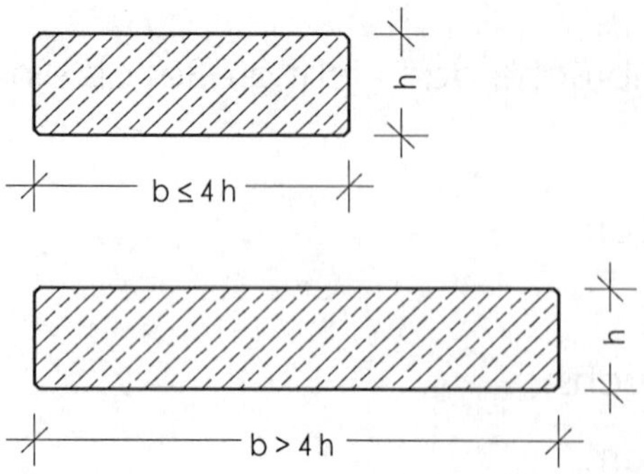

DIN 1045-1 unterscheidet abhängig vom Verhältnis der Querschnittsseiten in

- Stützen mit b ≤ 4h
- Wände mit b > 4h

z.B. Querschnitt 20/60 cm ⇒ Stütze
Querschnitt 20/90 cm ⇒ Wand

Für Stützen und Wände gelten verschiedene Regeln bezüglich der Mindestabmessungen, der Bewehrung und des Brandschutzes.

Stützen können als unbewehrte, bügelbewehrte oder umschnürte Stützen in verschiedenen Querschnittsformen ausgeführt werden.

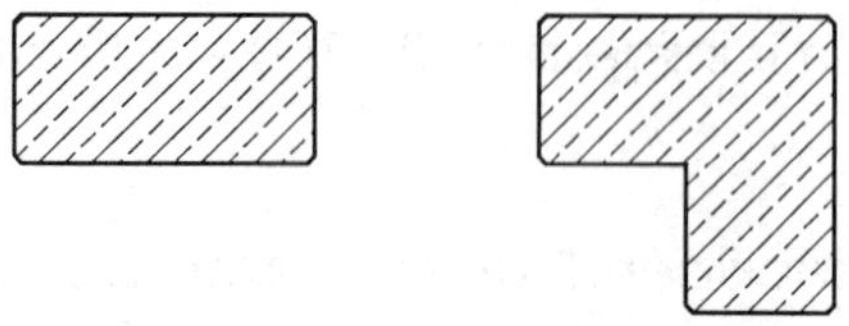

unbewehrte Betonstütze mit Rechteck- bzw. L-Querschnitt

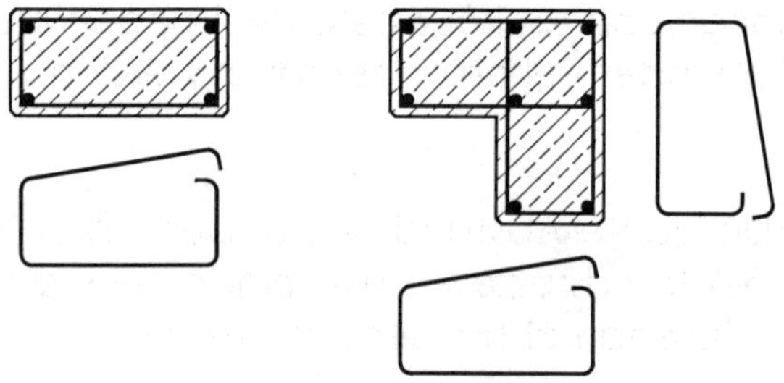

bügelbewehrte Stahlbetonstütze mit Längs- und Bügelbewehrung

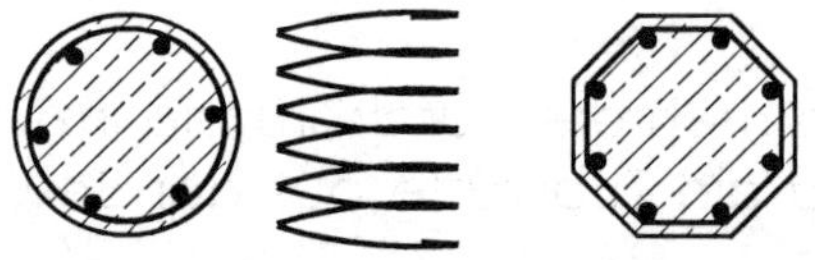

umschnürte Stahlbetonstütze mit Längs- und Wendelbewehrung mit Kreis- oder vieleckigem Querschnitt

Unbewehrte Betonstützen entsprechen in ihrem Tragverhalten Pfeilern aus Mauerwerk (keine rechnerisch ansetzbare Zugfestigkeit, relativ geringe Druckfestigkeit). Sie sind in jeder Betonfestigkeitsklasse herstellbar, es darf jedoch keine höhere Betonfestigkeitsklasse als C35/45 ausgenutzt werden. Unbewehrte Betonstützen bieten also nur eine geringe Erhöhung der Tragfähigkeit gegenüber Pfeilern aus hochwertigem Mauerwerk.

Bei höheren Beanspruchungen und/oder gleichzeitigem Biegemoment kommen in der Regel daher nur bügelbewehrte oder umschnürte Stahlbetonstützen zur Ausführung.

10.8.1 Stützen aus Stahlbeton

Bei Innenstützen darf bei Hochbauten eine Rahmenwirkung vernachlässigt werden, auch wenn die Stützen biegesteif mit den Unterzügen verbunden sind. Voraussetzung hierfür ist, dass sämtliche Horizontalkräfte aus Wind, Schiefstellung usw. von Aussteifungselementen wie Wandscheiben, Treppenhäusern und Fahrstuhlschächten aufgenommen werden.

Die Innenstützen dürfen also als oben und unten gelenkig gelagerte Pendelstützen betrachtet werden, die keine Biegemomente aufzunehmen haben und nur durch Druckkräfte beansprucht sind.

Bei Randstützen sind jedoch stets die Eckmomente aus Rahmenwirkung zu bestimmen. Hierbei sind die unterschiedlichen Steifigkeiten von Stütze und Unterzug zu berücksichtigen. Randstützen sind also anders als Innenstützen durch Biegemomente und Druckkräfte beansprucht.

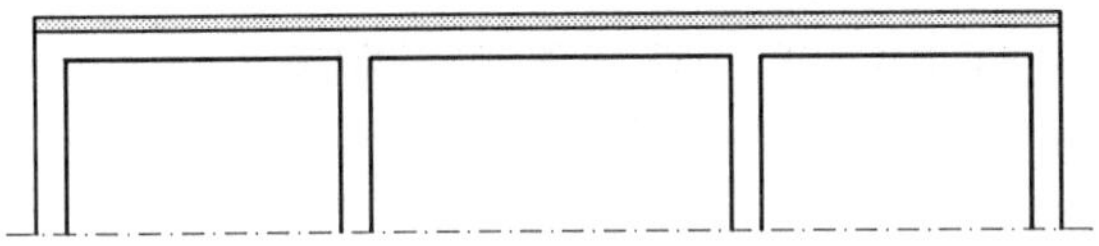

Rahmensystem aus Stützen und Unterzug

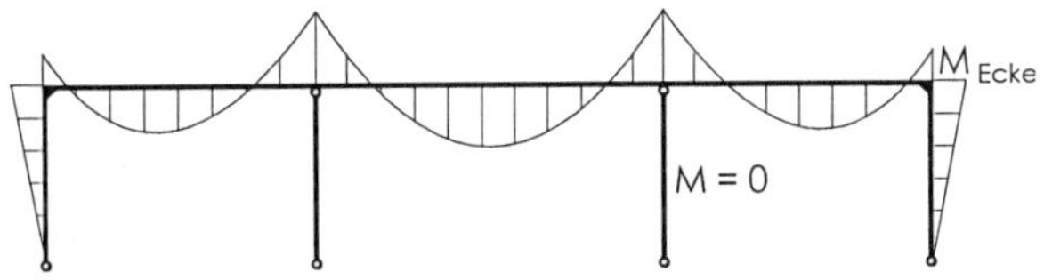

Momentenverlauf, qualitativ

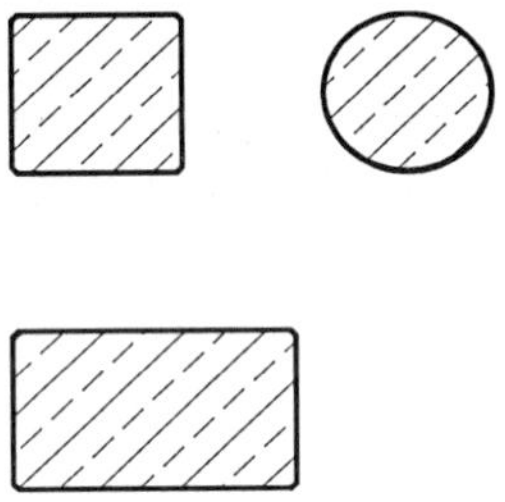

Folgerung für den Entwurf:

⇒ Innenstützen quadratisch oder rund
⇒ Randstützen rechteckig

DIN 1045-1 schreibt folgende Mindestabmessungen von Stahlbetonstützen vor:

- stehend hergestellte Ortbetonstützen h_{min} = 20 cm
- liegend hergestellte Fertigteilstützen h_{min} = 12 cm

Diese Mindestabmessungen sind unabhängig von der Belastung der Stütze, d.h. aus statischen Gründen (hohe Belastung) sind oft größere Stützenabmessungen erforderlich.

Auch aus Gründen des Brandschutzes (DIN 4102) ergeben sich oft größere Stützenquerschnitte; für eine voll ausgenutzte unbekleidete Stahlbetonstütze der Feuerwiderstandsklasse F 90 beträgt die Mindestdicke h_{min} = 24 cm.

Die Tragfähigkeit von Stahlbetonstützen setzt sich zusammen aus dem Lastanteil, den der Betonquerschnitt A_c (c: concrete) aufnimmt und dem Lastanteil, den der Querschnitt der Längsbewehrung A_s aufnimmt.

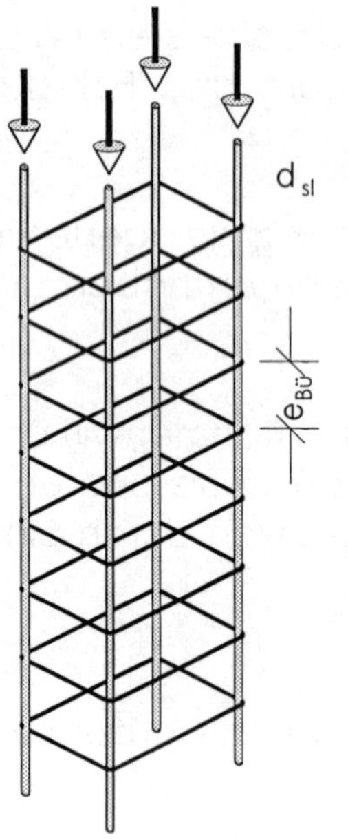

Die Längsbewehrung der Stütze wird auf Druck beansprucht und möchte daher seitlich ausknicken. Um das Ausknicken der Längsbewehrung zu verhindern, ist sie über die gesamte Länge durch Bügel zu sichern. Der zulässige Abstand der Bügel beträgt:

$e_{Bü} \leq 12 \cdot d_{sl}$
$e_{Bü} \leq h_{min}$
$e_{Bü} \leq 30$ cm

Der kleinste Wert ist maßgebend.

Beispiel: $d_{sl} = 16$ mm
$h_{min} = 24$ cm

$$\Rightarrow e_{Bü} = 12 \cdot 1{,}6 = 19{,}2 \text{ cm} < 24 \text{ cm} < 30 \text{ cm}$$

Auch bezüglich der Mindestbewehrung und Höchstbewehrung, der Mindestdurchmesser der Längs- und Bügelbewehrung sowie der Mindestanzahl der Längsstäbe von Stahlbetonstützen gibt DIN 1045-1 Werte vor.

- Mindestlängsstabdurchmesser: $d_{sl} \geq 12$ mm
- Mindestlängsstabanzahl: polygonaler Querschnitt 1 Stab je Ecke; Kreisquerschnitt 6 Stäbe

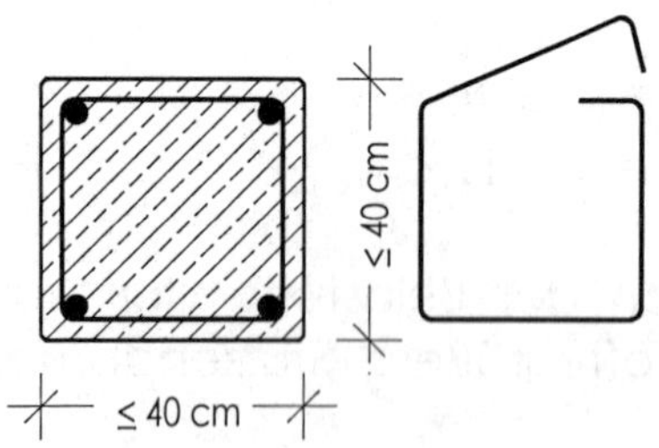

Der Abstand der Stäbe darf nicht größer als 30 cm sein, aber für Querschnitte mit h ≤ 40 cm genügt ein Längsstab je Ecke.

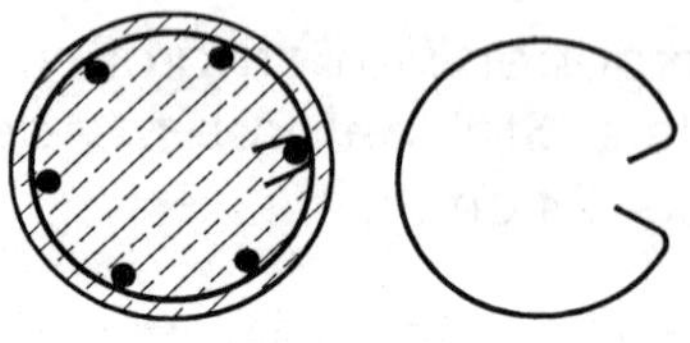

Die Mindestbewehrung von Kreisquerschnitten sind 6 gleichmäßig verteilte Längsstäbe. Die Bügel müssen immer die Längsbewehrung umfassen.

Durch Bügel können maximal 5 Stäbe in oder in der Nähe der Ecke gegen Ausknicken gesichert werden. Für weitere Stäbe sind Zwischenbügel erforderlich.

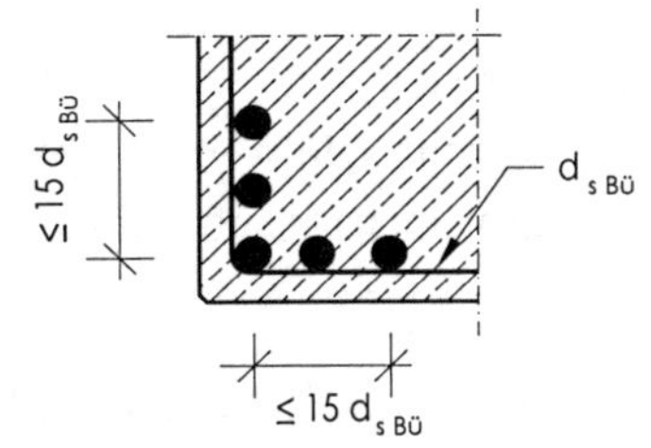

Die Nähe der Ecke ist in DIN 1045-1 mit dem 15-fachen Bügeldurchmesser $d_{sBÜ}$ definiert.

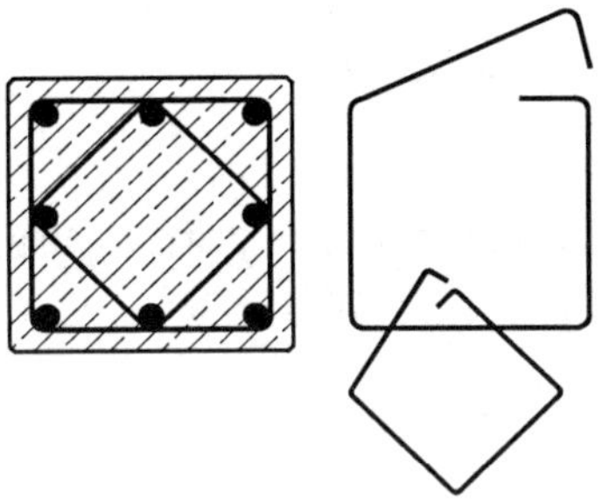

Liegen Längsstäbe nicht im definierten Eckbereich, sind sie durch Zwischenbügel gegen Ausknicken zu sichern.

Die Zwischenbügel dürfen im doppelten Abstand der Hauptbügel liegen.

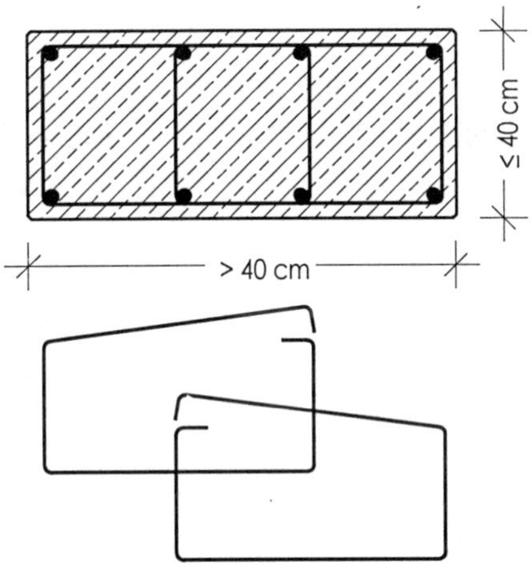

Sicherung der nicht im Eckbereich liegenden Längsstäbe durch zwei sich übergreifende Bügel.

Beide Bügel müssen im zulässigen Abstand $e_{BÜ} \leq 12 \cdot d_{sl}$ verlegt werden

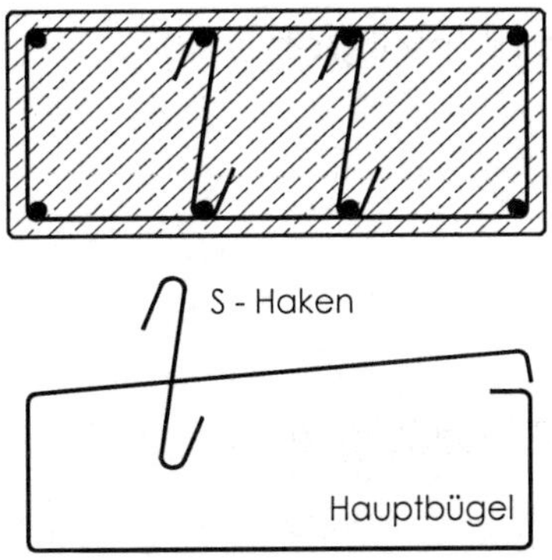

Sicherung der nicht im Eckbereich liegenden Längsstäbe durch sogenannte S-Haken.

Die S-Haken können wieder im doppelten Abstand angeordnet werden.

- Mindestbewehrung: $A_{s,min} \geq 0{,}003 \cdot A_c$ (0,3% des Betonquerschnitts)

$$A_{s,min} \geq 0{,}15 \cdot \frac{N_d}{\sigma_{R,d(Stahl)}}$$

hierbei bedeutet:

A_c Betonquerschnitt [cm²]
N_d Bemessungsdruckkraft $N_d = \gamma_F \cdot N$ [kN]
$\sigma_{R,d}$ Grenzwert der Stahlspannung [kN/cm²]

Mit $\sigma_{R,d} = \frac{f_{y,k}}{\gamma_M} = \frac{50}{1{,}15} = 43{,}5$ kN/cm² für BSt 500 (vgl. Abschnitt 10.3.2) ergibt sich:

$$A_{s,min} \geq 0{,}15 \cdot \frac{N_d}{43{,}5} = 0{,}0035 \cdot N_d$$

Der größere Wert ist jeweils maßgebend. Die Vorschriften zum Mindestlängsstabdurchmesser und zur Mindestlängsstabanzahl sind zu beachten.

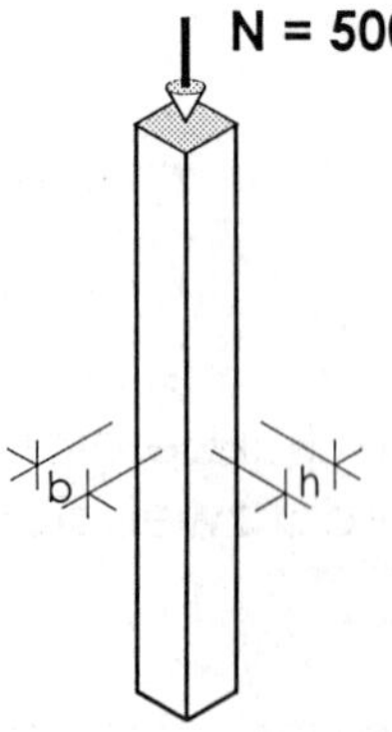

Beispiel:

Stützenlast: N = 500 kN
Bemessungslast: $N_d = \gamma_F \cdot N = 1{,}4 \cdot 500 = 700$ kN

- Stützenquerschnitt b/h = 20/20 cm

$A_c = 20 \cdot 20 = 400$ cm²

$A_{s,min} \geq 0{,}003 \cdot A_c = 0{,}003 \cdot 400 = 1{,}2$ cm²

$A_{s,min} \geq 0{,}0035 \cdot N_d = 0{,}0035 \cdot 700 = 2{,}45$ cm² (maßgebend)

- Stützenquerschnitt b/h = 40/40 cm

$A_c = 40 \cdot 40 = 1600$ cm²

$A_{s,min} \geq 0{,}003 \cdot A_c = 0{,}003 \cdot 1600 = 4{,}8$ cm² (maßgebend)

$A_{s,min} \geq 0{,}0035 \cdot N_d = 0{,}0035 \cdot 700 = 2{,}45$ cm²

Unter Berücksichtigung der Mindestlängsstabdurchmesser (Ø 12 mm) und der Mindestlängsstabanzahl (4 Eckstäbe) ergibt sich folgende Mindestbewehrung:

4 Ø 12 mm A_s = 4,52 cm² (vgl. Abschnitt 10.3.1)

- Stützenquerschnitt b/h = 20/20 cm

4 Ø 12 mm A_s = 4,52 cm² > 1,2 cm² > 2,45 cm²

- Stützenquerschnitt b/h = 40/40 cm

4 Ø 14 mm A_s = 6,16 cm² > 4,8 cm² > 2,45 cm²

- Höchstbewehrung: $A_{s,max} \leq 0{,}09\ A_c$ (9% des Betonquerschnitts)

Um ein einwandfreies Einbringen und Verdichten des Frischbetons in der Schalung zu gewährleisten, darf der Bewehrungsquerschnitt nicht größer als 9% des Betonquerschnitts sein.

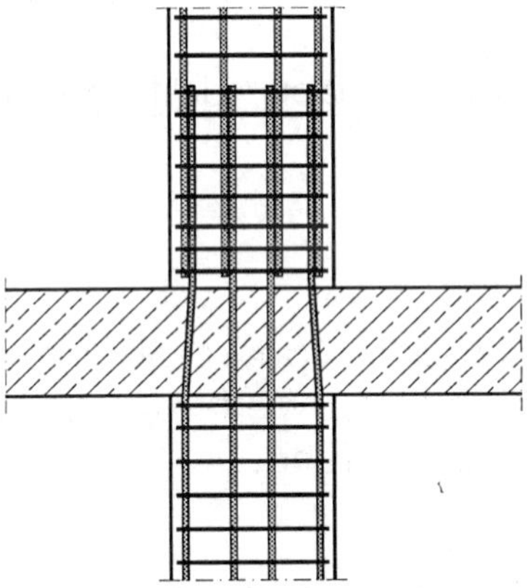

Dieser Bewehrungsprozentsatz von 9% darf auch im Bereich von Stößen der Längsbewehrung nicht überschritten werden. Da sich die Stützenbewehrung aus dem darunterliegendem mit der des darüberliegenden Geschosses über eine gewisse Länge übergreifen muss, ist im Stoßbereich der doppelte Bewehrungsquerschnitt vorhanden. Der Bewehrungsprozentsatz einer Stütze sollte daher nie über 4,5% des Betonquerschnitts liegen.

Wird dieser zulässige Bewehrungsprozentsatz von 9% im Stoßbereich überschritten, sind die Bewehrungsstäbe der Stützen über mehrere Geschosse ohne Stoß aufzustellen, was sehr aufwändig ist und den Bauablauf erheblich behindert.

Alternativ können die Bewehrungsstäbe mit Muffen verbunden werden oder verschweißt werden. Auch diese Lösungen sind teuer und aufwändig.

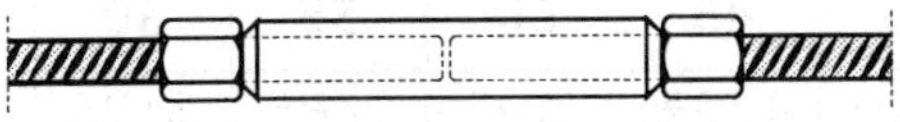

Gewindemuffenstoß

Stumpfstoß mit Abbrennstumpfschweißung

- Bügel: $d_{sBü} \geq 6$ mm (Stabstahl)
  $d_{sBü} \geq 5$ mm (Mattenstahl)
  $d_{sBü} \geq d_{sl}/4$

Die folgende Tabelle gibt für mögliche Längsstabdurchmesser empfohlene Bügeldurchmesser und die zulässigen Bügelabstände an. Es ist aber zu beachten, dass der Bügelabstand nicht größer als die kleinste Querschnittsseite der Stütze sein darf.

Längsstabdurchmesser d_{sl} [mm]	**12**	**14**	**16**	**20**	**25**	**28**
Bügeldurchmesser $d_{sBü}$ [mm]	6	6	6	8	8	10
Bügelabstand $e_{Bü}$ [cm]	12,5	15	20	24	30	30

Bemessung von Stahlbetonstützen

Die im folgenden aufgeführten Beziehungen gelten nur für im Geschosswohnungs- und Verwaltungsbau übliche Stockwerkshöhen und damit für nicht knickgefährdete und mittig belastete Stützen.

Das Gebäude muss gegen Horizontallasten durch vertikale aussteifende Elemente ausreichend ausgesteift sein, die Stützen sind nur durch Längskraft belastet.

Die Tragfähigkeit N_d einer Stahlbetonstütze ergibt sich aus der Addition der Traganteile des Betons $F_{c,d}$ und des Betonstahls $F_{s,d}$.

$$N_d = F_{c,d} + F_{s,d}$$

Der Traganteil $F_{c,d}$ des Betons ergibt sich aus dem Produkt von Betonquerschnitt A_c und dem Grenzwert der Betondruckspannung $\sigma_{R,d}$. Die Grenzwerte $\sigma_{R,d}$ der verschiedenen Betonfestigkeitsklassen sind in Abschnitt 10.2.2 aufgeführt.

- Rundstütze: $F_{c,d} = A_c \cdot \sigma_{R,d(Beton)} = \dfrac{d^2 \cdot \pi}{4} \cdot \sigma_{R,d(Beton)}$
- Rechteckstütze $F_{c,d} = A_c \cdot \sigma_{R,d(Beton)} = b \cdot h \cdot \sigma_{R,d(Beton)}$

Die Traganteile $F_{c,d}$ für kreisförmige und rechteckige Stützenquerschnitte in Beton der Festigkeitsklasse C20/25 können folgenden Tabellen entnommen werden.

Traganteil $F_{c,d}$ [kN] von Rundstützen in Betonfestigkeitsklasse C20/25

d [cm]	**20**	**25**	**30**	**35**	**40**	**45**	**50**	**55**	**60**
	355	555	800	1085	1420	1795	2220	2685	3195

Traganteil $F_{c,d}$ [kN] von Rechteckstützen in Betonfestigkeitsklasse C20/25

b/h [cm]	**20**	**25**	**30**	**35**	**40**	**45**	**50**	**55**	**60**
20	452	565	678	790	904	1017	1130	1243	1356
25		706	848	990	1130	1270	1412	1555	1695
30			1020	1187	1360	1525	1695	1865	2035
35				1385	1580	1780	1975	2175	2370
40					1810	2035	2260	2485	2710
45						2290	2540	2795	3050
50							2825	3110	3390
55								3420	3730
60									4070

Beispiel: Rechteckstütze b/h = 30/40 cm
Betonfestigkeitsklasse C20/25

$\Rightarrow F_{c,d} = 1360$ kN

Festigkeits-klasse	Faktor k
C12/15	0,60
C16/20	0,80
C20/25	1,00
C25/30	1,25
C30/37	1,50
C35/45	1,75
C40/50	2,00
C45/55	2,25
C50/60	2,50

Wird die Stütze in einer anderen Betonfestigkeitsklasse als C20/25 hergestellt, sind die für Beton C20/25 gefundenen Werte $F_{c,d}$ mit nebenstehendem Faktor k zu multiplizieren.

Beispiel: Rundstütze d = 50 cm
Betonfestigkeitsklasse C40/50

$\Rightarrow F_{c,d} = 2220 \cdot 2{,}0 = 4440$ kN

Der Traganteil des Betonstahls $F_{s,d}$ des Betonstahls ergibt sich aus dem Produkt von Stahlquerschnitt A_s und dem Grenzwert der Stahlspannung $\sigma_{R,d}$. Der Grenzwert $\sigma_{R,d}$ der Stahlspannung von BSt 500 beträgt 43,5 kN/cm² (vgl. Abschnitt 10.3.2).

$$F_{s,d} = A_s \cdot \sigma_{R,d(Stahl)}$$

Der Traganteil $F_{s,d}$ des Betonstahls BSt 500 kann nachfolgender Tabelle in Abhängigkeit von der Stabanzahl und dem Stabdurchmesser entnommen werden.

Beispiel: 8 ∅ 25 mm

$\Rightarrow F_{s,d} = 1708$ kN

Traganteil $F_{s,d}$ [kN] von Stabstahl BSt 500

Staban-zahl n	Stabdurchmesser d_{sl} [mm]					
	12	**14**	**16**	**20**	**25**	**28**
4	197	268	350	547	854	1071
6	295	402	525	820	1281	1607
8	394	535	700	1093	1708	2143
10	492	670	875	1367	2135	2680
12	590	804	1050	1640	2562	3214
14	689	937	1225	1913	2990	3750
16	787	1070	1400	2187	3416	4286
18	886	1205	1575	2460	3844	4821
20	984	1340	1750	2733	4270	5355

Die Bemessung von mittig belasteten und nicht knickgefährdeten Stahlbetonstützen verläuft nach folgendem Schema:

gegeben: Stützenlast N [kN]
Bemessungslast $N_d = \gamma_F \cdot N = 1{,}4 \cdot N$ [kN]

gewählt: Stützenabmessungen b/h oder d [cm]
Betonfestigkeitsklasse C12/15 bis C50/60

⇒ Ermittlung des Traganteils des Betons $F_{c,d}$ [kN]
⇒ Ermittlung des erforderlichen Traganteils des Betonstahls $F_{s,d}$ [kN]

$$F_{s,d\,erf} = N_d - F_{c,d} \text{ [kN]}$$

⇒ Wahl der Stützenlängsbewehrung (Anzahl und Durchmesser)

Nach der Wahl der Stützenbewehrung ist mit nachfolgender Tabelle noch zu überprüfen, ob die geforderte Mindestbewehrung nicht unterschritten und die zulässige Höchstbewehrung nicht überschritten ist.

Querschnitte von Stabstahlbewehrung A_s [cm²]

Staban-zahl n	Stabdurchmesser d_{sl} [mm]					
	12	**14**	**16**	**20**	**25**	**28**
2	2,26	3,08	4,02	6,28	9,82	12,32
4	4,52	6,16	8,04	12,57	19,64	24,63
6	6,79	9,24	12,06	18,85	29,45	36,95
8	9,05	12,32	16,09	25,13	39,27	49,26
10	11,31	15,39	20,11	31,42	49,09	61,58

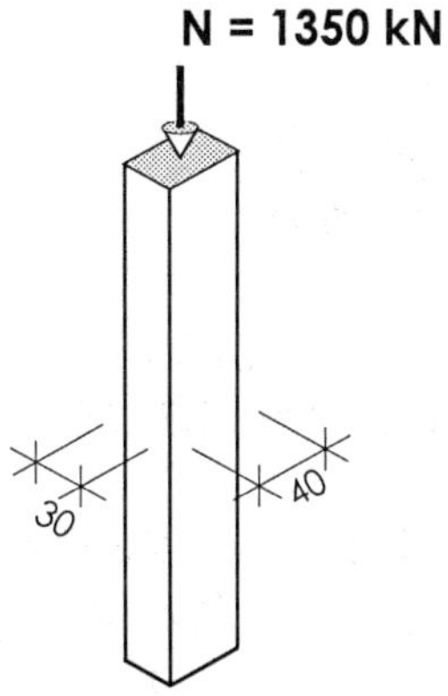

Beispiel:

Rechteckstütze b/h = 30/40 cm
Stützenlast N = 1350 kN

Baustoffe: Beton C20/25
Betonstahl BSt 500S

Bemessungslast $N_d = 1{,}4 \cdot 1350 = 1890$ kN

- Ermittlung des Traganteils des Betons $F_{c,d}$ aus Tabelle

$F_{c,d} = 1360$ kN

- Ermittlung des erforderlichen Traganteils des Betonstahls $F_{s,d}$

$F_{s,d\,erf} = N_d - F_{c,d} = 1890 - 1360 = 530$ kN

- Wahl der Stützenlängsbewehrung (Anzahl und Durchmesser) aus Tabelle

<u>gewählt 4 ∅ 20 mm</u> $F_{s,d} = 547$ kN $> F_{s,d\,erf} = 530$ kN

- Überprüfung von Mindest- und Höchstbewehrung

aus Tabelle 4 ∅ 20 mm $A_s = 12{,}57$ cm²

Mindestbewehrung

$A_{s,min} \geq 0{,}003 \cdot A_c = 0{,}003 \cdot 30 \cdot 40 = 3{,}6 \text{ cm}^2 < 12{,}57 \text{ cm}^2$
$A_{s,min} \geq 0{,}0035 \cdot N_d = 0{,}0035 \cdot 1890 = 6{,}62 \text{ cm}^2 < 12{,}57 \text{ cm}^2$

Höchstbewehrung

$A_{s,max} \leq 0{,}09 \cdot A_c = 0{,}09 \cdot 30 \cdot 40 = 108{,}0 \text{ cm}^2 > 12{,}57 \text{ cm}^2$

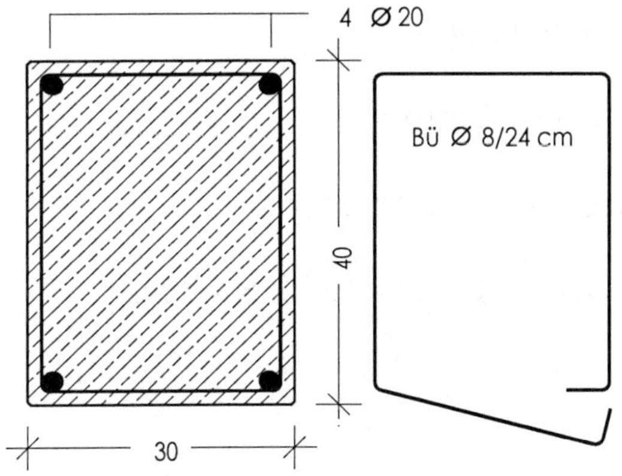

Wahl der Bügel

$d_{sBü} = 8$ mm

zulässiger Bügelabstand

$e_{Bü} \leq 12 \cdot d_{sl} = 12 \cdot 2{,}0 = 24$ cm
$e_{Bü} \leq h_{min} = 30$ cm
$e_{Bü} \leq 30$ cm

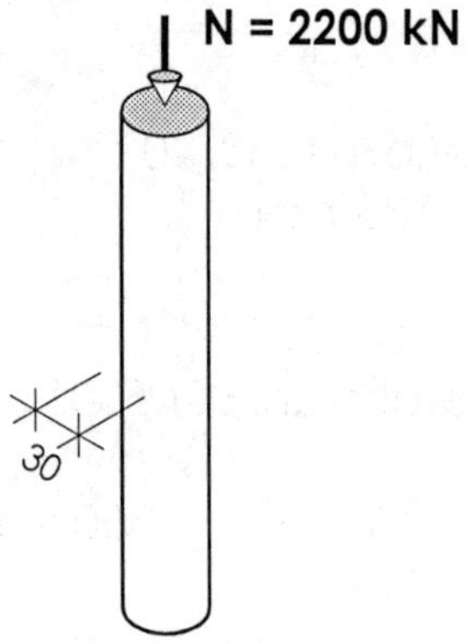

Beispiel:

Rundstütze d = 30 cm
Stützenlast N = 2200 kN

Baustoffe: Beton C40/50
Betonstahl BSt 500S

Bemessungslast $N_d = 1{,}4 \cdot 2200 = 3080$ kN

Betonquerschnitt $A_c = \dfrac{30^2 \cdot \pi}{4} = 707\ \text{cm}^2$

- Ermittlung des Traganteils des Betons $F_{c,d}$ aus Tabelle

$$F_{c,d} = 800 \cdot 2{,}0 = 1600\ \text{kN (Erhöhung für C40/50)}$$

- Ermittlung des erforderlichen Traganteils des Betonstahls $F_{s,d}$

$$F_{s,d\ erf} = N_d - F_{c,d} = 3080 - 1600 = 1480\ \text{kN}$$

- Wahl der Stützenlängsbewehrung (Anzahl und Durchmesser) aus Tabelle

<u>gewählt 8 ∅ 25 mm</u> $F_{s,d} = 1708\ \text{kN} > F_{s,d\ erf} = 1480\ \text{kN}$

- Überprüfung von Mindest- und Höchstbewehrung

aus Tabelle 8 ∅ 25 mm $A_s = 39{,}27\ \text{cm}^2$

Mindestbewehrung

$$A_{s,min} \geq 0{,}003 \cdot A_c = 0{,}003 \cdot 707 = 2{,}12\ \text{cm}^2 < 39{,}27\ \text{cm}^2$$
$$A_{s,min} \geq 0{,}0035 \cdot N_d = 0{,}0035 \cdot 3080 = 10{,}78\ \text{cm}^2 < 39{,}27\ \text{cm}^2$$

Höchstbewehrung

$$A_{s,max} \leq 0{,}09\ A_c = 0{,}09 \cdot 707 = 63{,}63\ \text{cm}^2 > 39{,}27\ \text{cm}^2$$

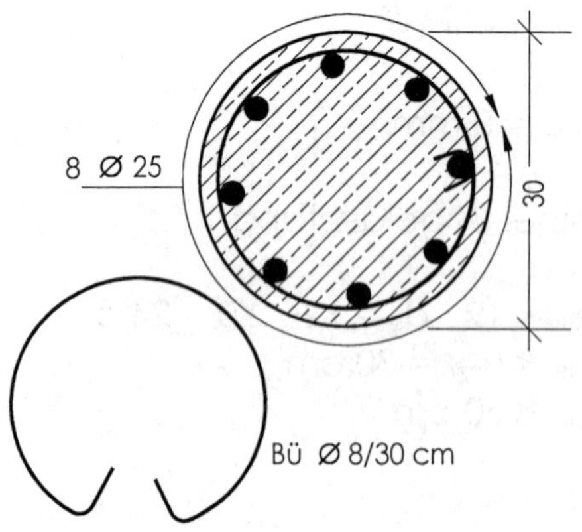

Wahl der Bügel

$d_{sBü} = 8$ mm

zulässiger Bügelabstand

$$e_{Bü} \leq 12 \cdot d_{sl} = 12 \cdot 2{,}5 = 30\ \text{cm}$$

Umschnürte Stützen

Die umschnürten Stützen sind anstelle von Einzelbügel durch eine endlose Wendel verbügelt. Durch die Umschnürung wird eine Traglaststeigerung der Stütze erzielt, weil der vertikal gedrückte Beton durch die Umschnürung am seitlichen Ausweichen gehindert wird (Fassreifeneffekt).

Sinnvoll ist die Ausführung einer umschnürten Stütze bei Rundstützen, aber auch polygonale Querschnitte wie Sechseck und Achteck sind möglich.

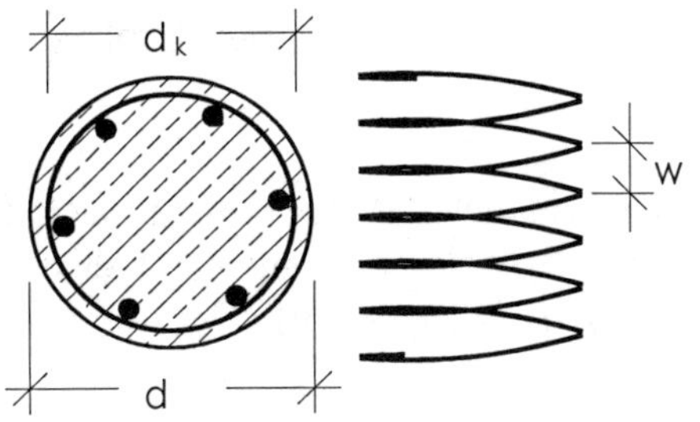

Als tragend darf nur der sogenannte Kernquerschnitt A_k berücksichtigt werden, der sich aus dem Kerndurchmesser d_k ergibt (Achse der Wendel).

Ganghöhe der Wendel $w \leq d_k/5$
$w \leq 8$ cm

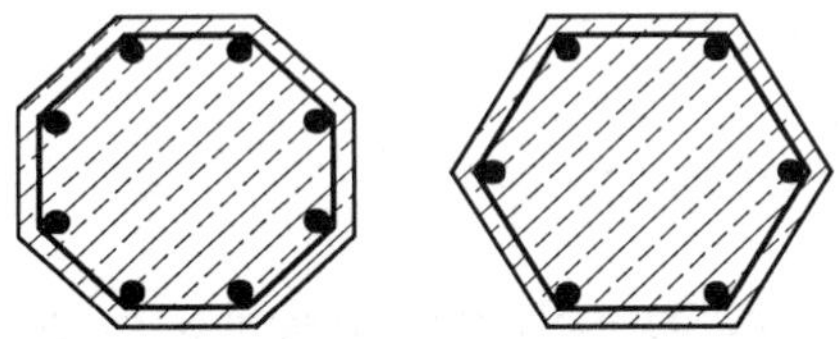

Umschnürte Stützen in achteckiger und sechseckiger Form

Bedingungen für umschnürte Stützen:

- Betonfestigkeitsklasse $\geq$ C20/25
- Kerndurchmesser $d_k \geq 20$ cm
- Mindestbewehrung $A_{s,min} \geq 0{,}02 \cdot A_k$ (2% des Kernquerschnitts)
- Höchstbewehrung $A_{s,max} \leq 0{,}09\ A_k$ (9% des Kernquerschnitts)
- mindestens 6 gleichmäßig verteilte Längsstäbe
- das Verhältnis Geschosshöhe/Kerndurchmesser darf nicht größer als 12,5 sein

Werden diese Bedingungen nicht eingehalten, darf der traglaststeigernde Einfluss der Umschnürung gegenüber einer verbügelten Stütze nicht in Rechnung gestellt werden. Umschnürte Stützen mit großen Schlankheiten sind also nicht möglich.

Aus der Bedingung für den Kerndurchmesser $d_k \geq 20$ cm ergibt sich bei einem Durchmesser der Wendel $d_{sw} = 10$ mm und einer Betonüberdeckung von 3,5 cm ein kleinstmöglicher Durchmesser einer umschnürten Stütze von d = 28 cm.

Die Traglaststeigerung einer umschnürten Stütze gegenüber der bügelbewehrten Stütze beträgt etwa 25% bis 30%.

10.8.2 Verbundstützen und Sonderlösungen

Mit Stahlbetonstützen kann auch bei Anwendung der höchsten Betonfestigkeitsklasse und unter Ausnutzung der maximal zulässigen Höchstbewehrung von 9% des Betonquerschnitts die Traglast einen bestimmten Höchstwert nicht überschreiten. Anderseits sollen die Stützenabmessungen oft aus gestalterischen Gründen oder auch aus Gründen der Wirtschaftlichkeit minimiert werden (kleinere Stützenabmessungen bedeuten mehr Geschossfläche).

Um sehr hohe Stützenlasten aufnehmen zu können oder um möglichst geringe Stützenabmessungen zu erhalten, sind Verbundstützen aus Stahlbauprofilen und Beton oder Sonderlösungen möglich, die allerdings teurer als konventionelle Stahlbetonstützen sind.

Werden Stahlstützen mit Beton ummantelt oder gefüllt, entstehen Verbundstützen, bei denen sowohl das Stahlprofil als auch der Betonquerschnitt einen Teil der Last übernimmt. Verbundstützen sind schlank und besitzen eine große Steifigkeit. Gebräuchliche Querschnitte sind:

- einbetonierte (ummantelte Stahlprofile)
- ausbetonierte Hohlprofile
- zusammengesetzte Walzprofile mit Betonkern

Die Tragfähigkeit eines einbetonierten Stahlprofils wird durch die mitwirkende Betonummantelung gesteigert. Der Gewinn ist bei großer Betonüberdeckung und hoher Betonfestigkeit besonders groß. Er rührt nicht nur aus dem Mittragen des Betons, sondern auch aus der Verbesserung der Knicksteifigkeit des reinen Stahlprofils her (Tragfähigkeitsgewinn bis zu 600%).

Der Beton muss grundsätzlich mit Längsstäben und Bügeln bewehrt werden. Werden die Mindestbetondeckungen nach DIN 4102 - Brandverhalten von Baustoffen und Bauteilen - eingehalten, sind keine weiteren Brandschutzmaßnahmen erforderlich, weil der Beton das Stahlprofil vor zu schneller Erwärmung schützt. Für eine Feuerwiderstandsdauer von 90 Minuten (F 90) betragen die Mindestüberdeckungen für das Stahlprofil 50 mm, für die Längsbewehrung 35 mm.

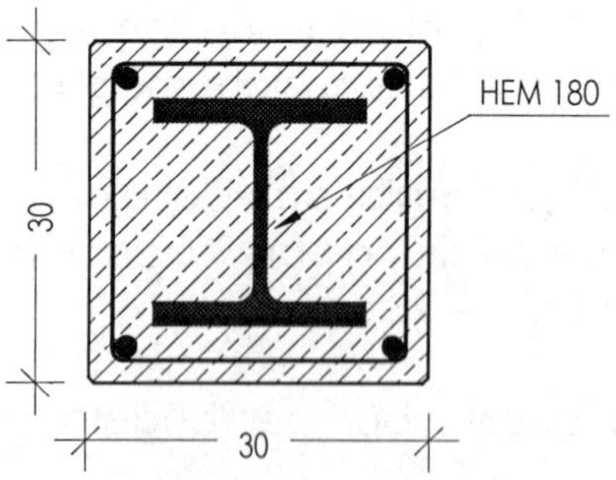

Einbetoniertes Stahlprofil

Durch eine entsprechende Wahl von Profilart, Stahlsorte, Betonfestigkeitsklasse und Bewehrungsgrad können die Außenabmessungen der Stützen trotz der von Geschoss zu Geschoss wachsenden Lasten konstant gehalten werden.

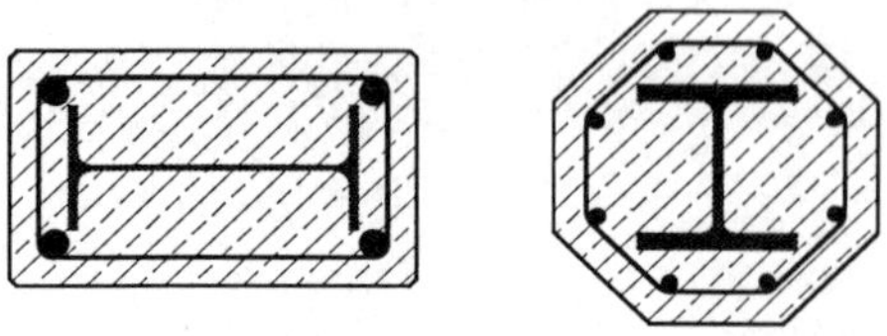

Verbundstützen mit einbetonierten Stahlprofilen sind auch mit rechteckigem oder polygonalem Querschnitt möglich.

Wenn das Stahlprofil nicht allseitig mit Beton ummantelt wird, spricht man von einer Verbundstütze mit ausbetonierten Kammern. Der bewehrte Kammerbeton trägt mit und schützt im Brandfall den Steg des Profils vor schneller Erwärmung. Die Flansche sind von außen ungeschützt, trotzdem kann die Feuerwiderstandsklasse F 90 oder F 120 erreicht werden.

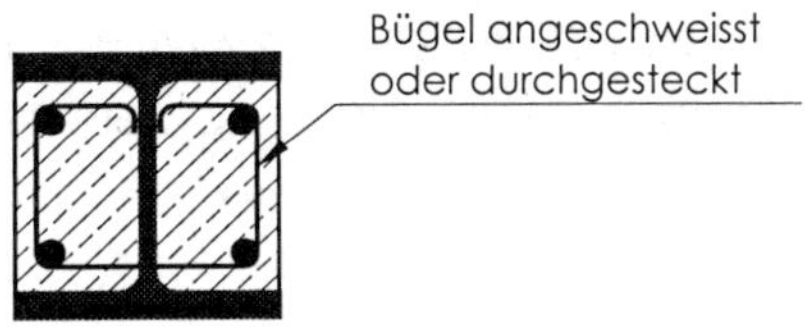

Verbundstütze mit ausbetonierten Kammern

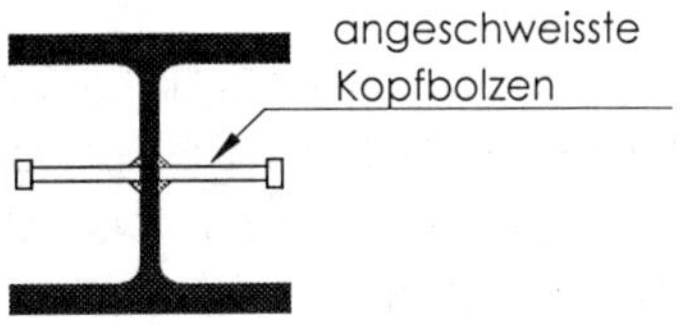

Bei sehr hochbelasteten Stützen kann es erforderlich werden, durch an den Steg angeschweißte Kopfbolzen den Verbund zwischen Stahlprofil und Beton zu sichern.

Der Tragfähigkeitsgewinn von ausbetonierten Hohlprofilen gegenüber leeren Hohlprofilstützen ist nicht so hoch wie bei einbetonierten Stahlstützen (bis ca. 60%). Der Betonkern braucht prinzipiell nicht bewehrt werden. Durch eine zusätzliche Längsbewehrung und eine reduzierte Querschnittsausnutzung kann jedoch die geforderte Feuerwiderstandsdauer ohne eine zusätzliche äußere Bekleidung erreicht werden. Einen noch wirksameren Brandschutz erreicht man durch eine dämmschichtbildende Beschichtung.

Bei konstanten Außenabmessungen kann die Abstufung von Geschoss zu Geschoss durch eine Änderung der Wandstärke, Stahlsorte und Betonfestigkeitsklasse erfolgen.

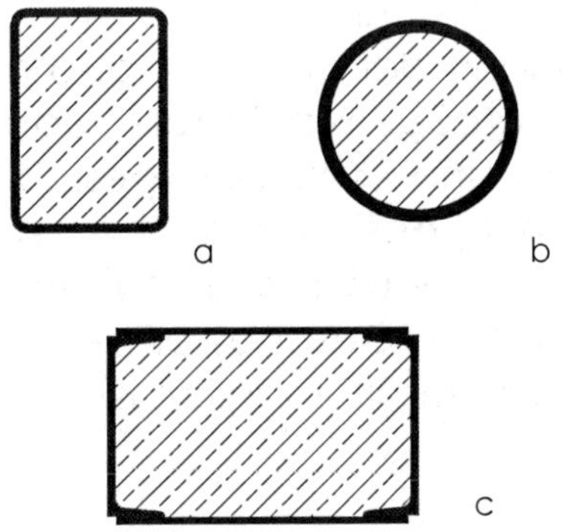

Ausbetonierte Hohlprofile

a) Hohlprofil mit rechteckigem Querschnitt
b) Hohlprofil mit kreisförmigem Querschnitt
c) Hohlprofil aus 2 U-Profilen und 2 Blechen

Das Ausbetonieren der Hohlprofile kann vor der Montage im Werk oder auf der Baustelle nach Aufstellen des Hohlprofils erfolgen.

Um im Brandfall bei der Erwärmung der Stütze ein explosionsartiges Platzen des äußeren Hohlprofils zu vermeiden, muss der Dampfaustritt aus dem Füllbeton gewährleistet sein. Dazu sind im Kopf- und Fußbereich jeder Stütze je zwei Bohrungen mit ∅ 20 mm im Hohlprofil anzubringen.

Eine andere Lösung für hochbelastete Stützen mit geringen Außenabmessungen sind die sogenannten Kernstützen. Bei ihnen wirken ein Vollstahlkern, Füllbeton und ein Stahlmantel zusammen. Auch ohne zusätzliche äußere Verkleidung oder eine dämmschichtbildende Beschichtung kann durch eine Reduzierung der Traglast die Feuerwiderstandsklasse F 90 erzielt werden.

Auch bei Kernstützen sind im Kopf- und Fußbereich jeder Stütze je zwei Bohrungen mit ∅ 20 mm im Mantelrohr anzubringen, um im Brandfall ein explosionsartiges Platzen des äußeren Stahlmantels zu vermeiden,

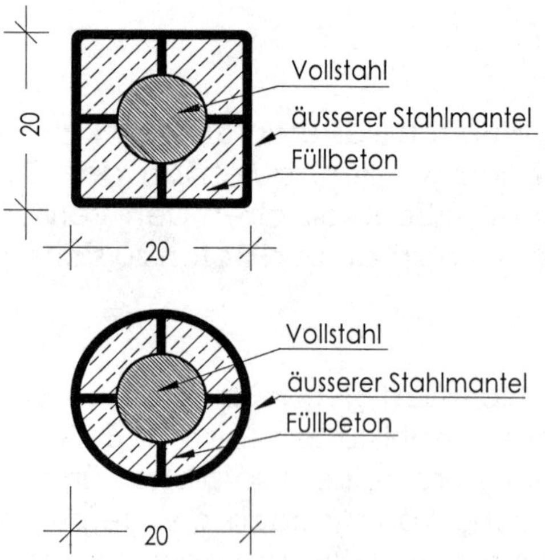

Quadratische und runde Kernstütze

Die Stützen sind in quadratischer Form von 150 mm bis 400 mm Seitenlänge, in runder Form von 159 mm bis 406 mm Durchmesser lieferbar.

Kernstützen werden meist in Verbindung mit Stahlkrägen aus U-Profilen und Blechen verwendet (vgl. Abschnitt 10.7.5).

Sonderlösungen sind Stahlkernstützen und Stützen mit hochfestem Stahl.

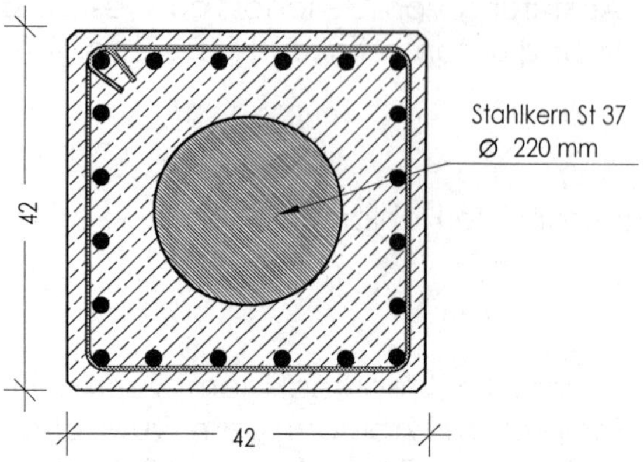

Stahlkernstütze

Ein massiver Stahlkern aus St 37 oder St 52 wird mittig in der Stütze angeordnet und mit eng verbügeltem Beton gegen Feuer, Korrosion und Knicken gesichert. Der Querschnitt des Stahlkerns kann entsprechend der Last abgestuft werden, so dass in allen Geschossen ein gleicher Stützenquerschnitt möglich ist.

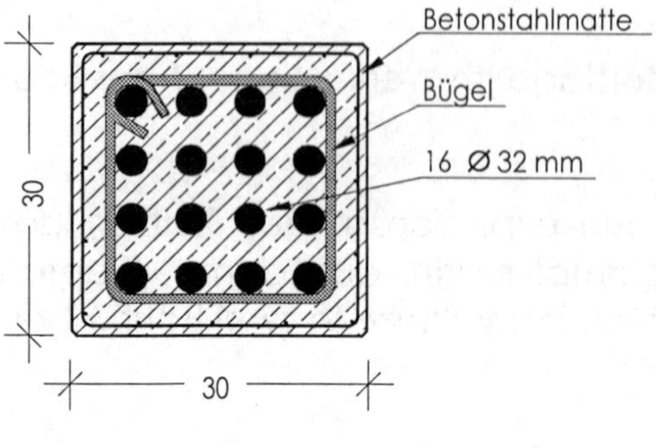

Stütze mit hochfestem Stahl

Unter Ausnutzung einer hohen Stahlfestigkeit (z.B. St 90) können schlanke Stützen mit hoher Tragfähigkeit hergestellt werden. Die Stützen werden wie Stahlstützen gerechnet, der Beton dient nur zur schubfesten Verbindung der Stäbe und zum Korrosions- und Brandschutz.

10.8.3 Wände aus Stahlbeton

DIN 1045-1 regelt die Mindestdicken von Stahlbetonwänden und macht Angaben zur Mindest- und Höchstbewehrung in lotrechter und waagrechter Richtung.

- Mindestwanddicken

Mindestwanddicken h [cm] für tragende Stahlbetonwände

Betonfestigkeitsklasse	Herstellung	Decken über den Wänden nicht durchlaufend	Decken über den Wänden durchlaufend
≥ C16/20	Ortbeton	12	10
	Fertigteil	10	8

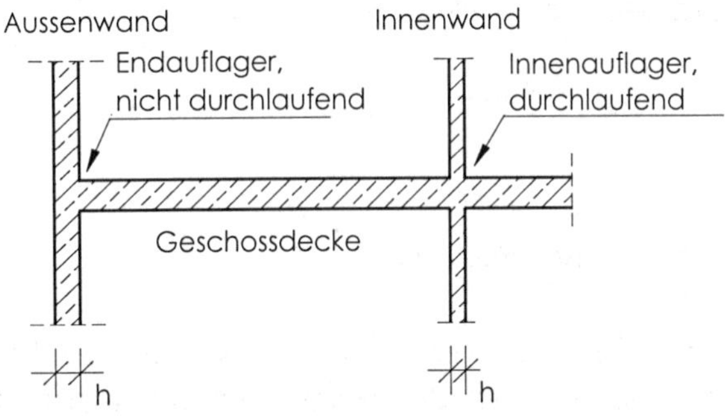

Aus statischen Gründen (hohe Belastung) und aus Gründen des Schall- und Brandschutzes ergeben sich in der Regel jedoch größere Wanddicken.

Die Mindestdicke einer tragenden Stahlbetonwand z.B. der Feuerwiderstandsklasse F 90 beträgt 14 cm bei einseitiger und 17 cm bei beidseitiger Brandbeanspruchung.

Stahlbetonwände sind immer beidseits zu bewehren, wobei der Bewehrungsgehalt an beiden Wandseiten etwa gleich groß sein soll.

Die Bewehrung besteht aus der lotrechten Bewehrung, die analog zu Stahlbetonstützen an der Aufnahme der Druckkräfte beteiligt ist und einer waagrechten Bewehrung, die zur Lastverteilung und zur Rissesicherung dient.

Die Bewehrung von Stahlbetonwänden erfolgt in der Regel mit Betonstahlmatten, nur besonders hoch belastete Wände werden mit Stabstahl bewehrt.

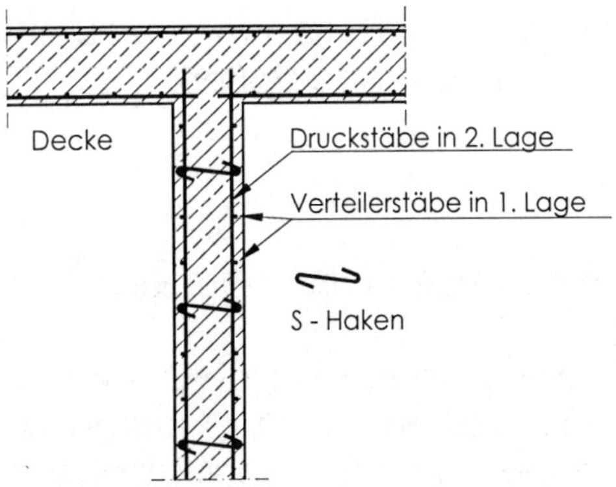

Die tragenden lotrechten Stäbe (Druckstäbe) werden in 2. Lage, die waagrechten Stäbe (Verteilerstäbe) in 1. Lage an der Außenseite verlegt.

Die außenliegenden waagrechten Bewehrungsstäbe sind mit mindestens vier S-Haken (z.B. ∅ 6 mm) je m² Wandfläche zu sichern.

- lotrechte Mindestbewehrung: $A_{s,min} \geq 0{,}0015 \cdot A_c$ (0,15% des Betonquerschnitts)
- waagrechte Mindestbewehrung: 20% der lotrechten Bewehrung
- lotrechte Höchstbewehrung: $A_{s,max} \leq 0{,}04 \cdot A_c$ (4% des Betonquerschnitts)

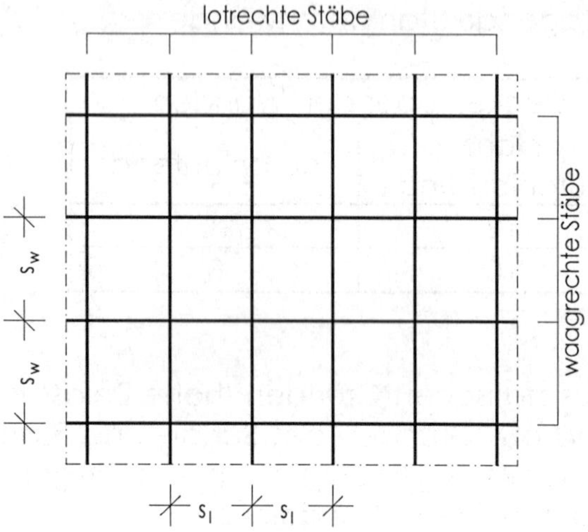

- zulässige Abstände der lotrechten Stäbe:

  $s_l \leq 2 \cdot h$
  $s_l \leq 30$ cm

  (h: Wanddicke)

- zulässige Abstände der waagrechten Stäbe:

  $s_w \leq 35$ cm

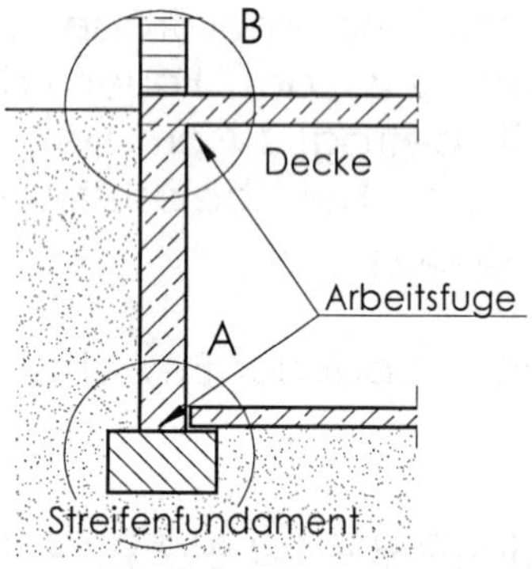

Konstruktive Details

Eine Kelleraußenwand aus Stahlbeton wird auf einem unbewehrten Streifenfundament gegründet. Um an den Arbeitsfugen zwischen Fundament und Wand sowie Wand und Stahlbetondecke Risse und damit Feuchtigkeitsschäden zu vermeiden, ist eine konstruktive Anschlussbewehrung nötig.

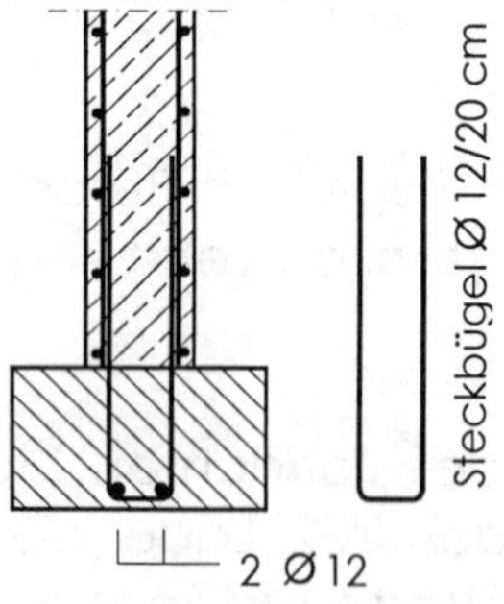

Detail A

Anschluss Fundament - Außenwand

Zum Anschluss der Außenwand an das unbewehrte Streifenfundament sind Steckbügel (z.B. ∅ 12 mm, e = 20 cm) mit den Wandmatten zu stoßen.

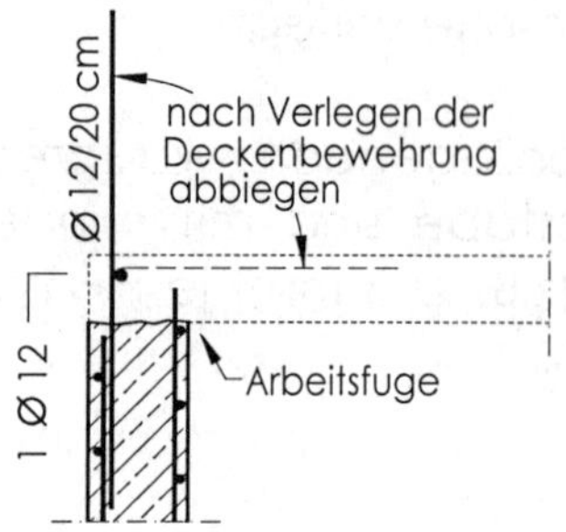

Detail B

Anschluss Außenwand - Decke

Zur Rissvermeidung infolge Deckendurchbiegung sollten nach Verlegung der Deckenbewehrung Anschlussstäbe abgebogen werden (z.B. ∅ 12 mm, e = 20 cm).

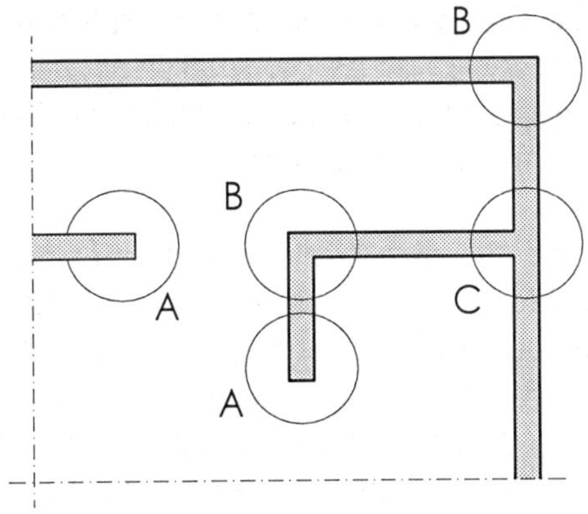

Lotrechte freie Wandränder, Eckverbindungen und Wandverzweigungen sind mit Steckbügeln (z.B. ∅ 6 mm, e = 15 cm) und zusätzlichen Längsstäben (z.B. 2 oder 4 ∅ 12 mm) zu bewehren. Die Schenkellänge der Steckbügel soll das Doppelte der Wanddicke h betragen.

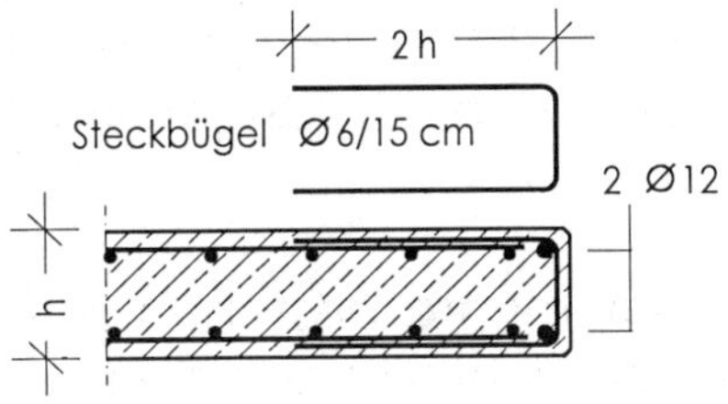

Detail A

lotrechter freier Wandrand

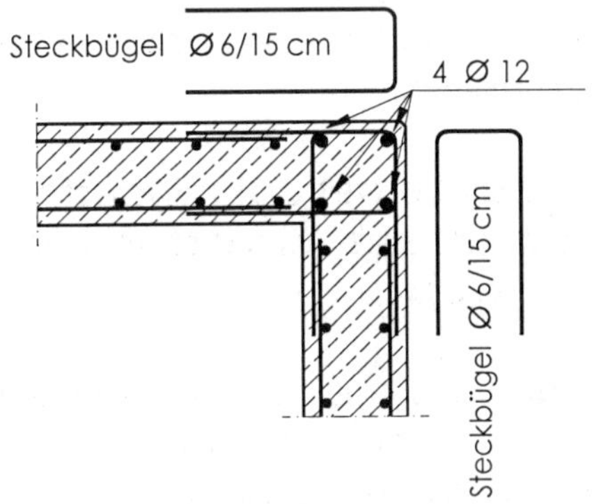

Detail B

Anschluss Innenwand-Innenwand bzw. Außenwand-Außenwand

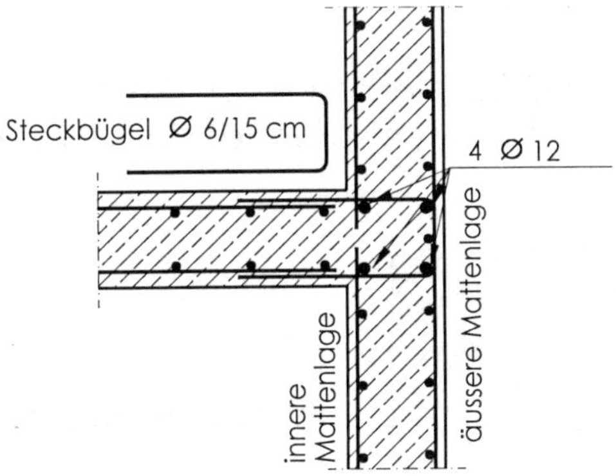

Detail C

Anschluss Außenwand-Innenwand

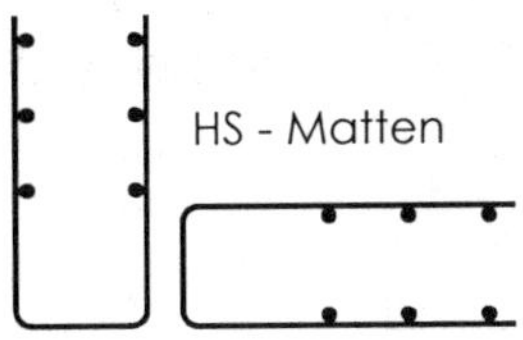

Wandanschlüsse mit einzelnen Steckbügeln sind relativ arbeitsaufwändig. Wirtschaftlicher ist es, den Anschluss mit Matten auszuführen. Hierzu sind spezielle Matten, die HS-Matten im Handel.

Zwei normale Matten können sich aufgrund der Querstäbe nicht durchdringen. Bei HS-Matten fehlen diese im mittleren Bereich. So können Durchdringungen in Ecken und Knotenpunkten einfach und wirtschaftlich ausgebildet werden.

Bei Wänden von mehr als 5,0 m Länge besteht die Gefahr von sichtbaren lotrechten Rissen aus Schwind- und Temperaturspannung. Deshalb ist es empfehlenswert, eine stärkere horizontale Bewehrung als die vorgeschriebenen 20% der lotrechten Bewehrung vorzusehen; optimal ist eine beidseitige Bewehrung mit Q-Matten.

Stahlbetonwände können als Ortbetonwände auf der Baustelle geschalt, bewehrt und betoniert werden. Die Forderung nach schnellem Baufortschritt und Witterungsunabhängigkeit hat dazu geführt, auch Wände als Fertigteile auszubilden. Wegen des hohen Eigengewichts von kompletten Wänden bei Transport und Montage werden heute meist geschosshohe Wandtafeln aus gegeneinander betonierten Gitterträgerelementen eingesetzt. Die Gitterträgerelemente dienen als verlorene Schalung und werden nach dem Versetzen auf der Baustelle mit Ortbeton vergossen. Der Vorteil dieser Elemente liegt im geringen Gewicht von ca. 200 kg/m² (gegenüber ca. 500 kg/m² einer 20 cm dicken Fertigteilwand); sie lassen sich mit fast jedem Baukran montieren.

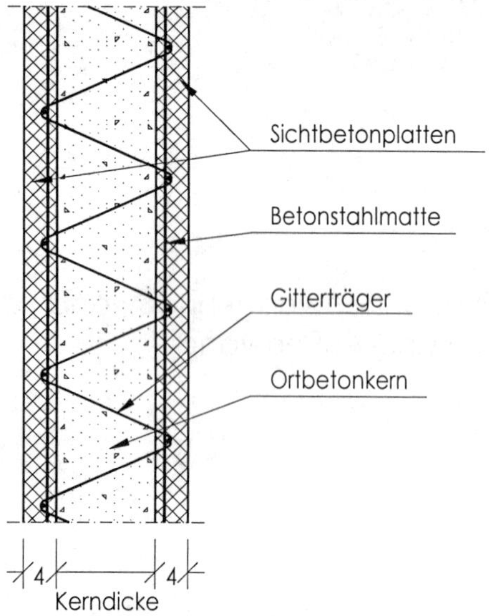

Die Wandelemente bestehen aus zwei je 4 cm dicken Sichtbetonplatten, die durch Gitterträger unverschiebbar miteinander verbunden sind. In den Sichtbetonplatten ist die erforderliche Wandbewehrung bereits enthalten.

Die Kerndicke beträgt mindestens 10 cm, so dass sich eine Mindestwandstärke von 18 cm ergibt.

Auf der Baustelle fällt an Bewehrungsarbeiten nur noch der Einbau von Zusatzbewehrung an den Stoßstellen, Ecken und Wandanschlüssen, ähnlich den Ortbetonwänden an.

Die Hersteller bieten Außenwand-, Innenwand- und Eckelemente an, jeweils mit Tür- oder Fensteröffnungen. Sonderanfertigungen sind mit entsprechenden Planungs- und Herstellungszeiträumen möglich.

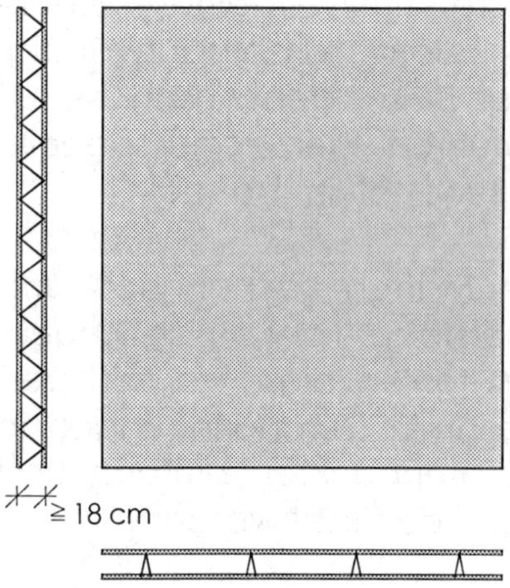

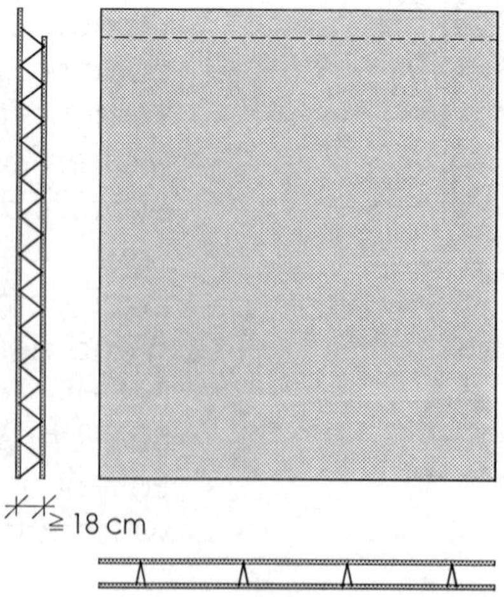

links: Innenwandelement

rechts: Außenwandelement

10.9 Vordimensionierung von Decken, Unterzügen und Stützen

10.9.1 Voraussetzungen

Die folgenden Beziehungen zur Vordimensionierung von Decken, Unterzügen und Stützen sind nur für den üblichen Stahlbetongeschossbau anwendbar. Sie sollen dazu dienen, während der Entwurfsphase zutreffende Dimensionen der wesentlichen Tragwerkselemente zu finden, die später auch realisierbar sind.

Voraussetzung für die Anwendung sind:

- ausreichende Aussteifung, d.h. das Gebäude ist durch Kerne wie Treppenhäuser oder Liftschächte und Wände ausgesteift. Den Stützen werden keine horizontalen Lasten zugewiesen, sie sind nur vertikal belastet.
- Wohn- oder Büronutzung, d.h. die Verkehrslast darf nicht größer als $p = 3{,}5\ kN/m^2$ sein. Als Zuschlag für leichte rissgefährdete Trennwände wird $\Delta p = 1{,}25\ kN/m^2$ für Wände mit $g \leq 150\ kg/m^2$ bei der Herleitung der Beziehungen berücksichtigt.
- übliche Spannweiten und Geschosshöhen, d.h. Deckenspannweiten bis maximal 8,0 m, Unterzugsspannweiten bis maximal 10,0 m, Geschosshöhen bis zu 4,0 m.

10.9.2 Decken

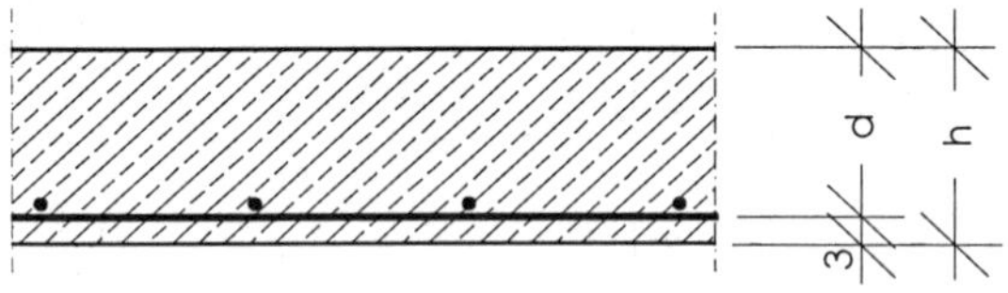

Zum Nachweis der Gebrauchsfähigkeit wird nach DIN 1045-1 die Biegeschlankheit l_i/d begrenzt (vgl. Abschnitt 10.5.3).

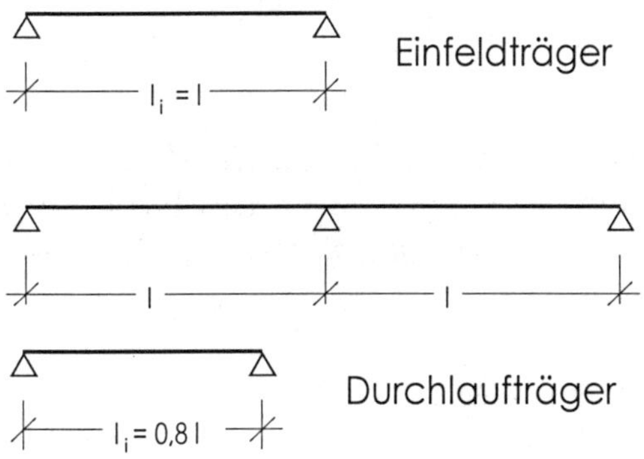

Die Forderungen nach DIN 1045-1 sind:

$$d_{erf} \geq \frac{l_i}{35} \quad \text{im allgemeinen}$$

$$d_{erf} \geq \frac{l_i^2}{150} \quad \text{mit leichten Trennwänden}$$

Die Schlankheitsforderungen treffen sich bei: $\dfrac{l_i}{35} = \dfrac{l_i^2}{150}$

$$\Rightarrow l_i = \frac{150}{35} = 4{,}28\ m \approx 4{,}30\ m$$

D.h. dass erst ab Ersatzstützweiten l_i > 4,30 m die zweite, strengere Bestimmung der DIN 1045-1 maßgebend wird. Bei Einfelddecken entspricht die Ersatzstützweite l_i der tatsächlichen Stützweite l, bei durchlaufenden Deckensystemen 80% der tatsächlichen Stützweite.

Stahlbetondecken können über die Begrenzung der Biegeschlankheit mit folgenden Beziehungen oder folgendem Diagramm dimensioniert werden:

$l_i \leq 4{,}30\text{ m} \Rightarrow d \geq \frac{l_i}{35}$ $l_i \geq 4{,}30\text{ m} \Rightarrow d \geq \frac{l_i^2}{150}$	$\Rightarrow h = d + 3\text{ cm}$

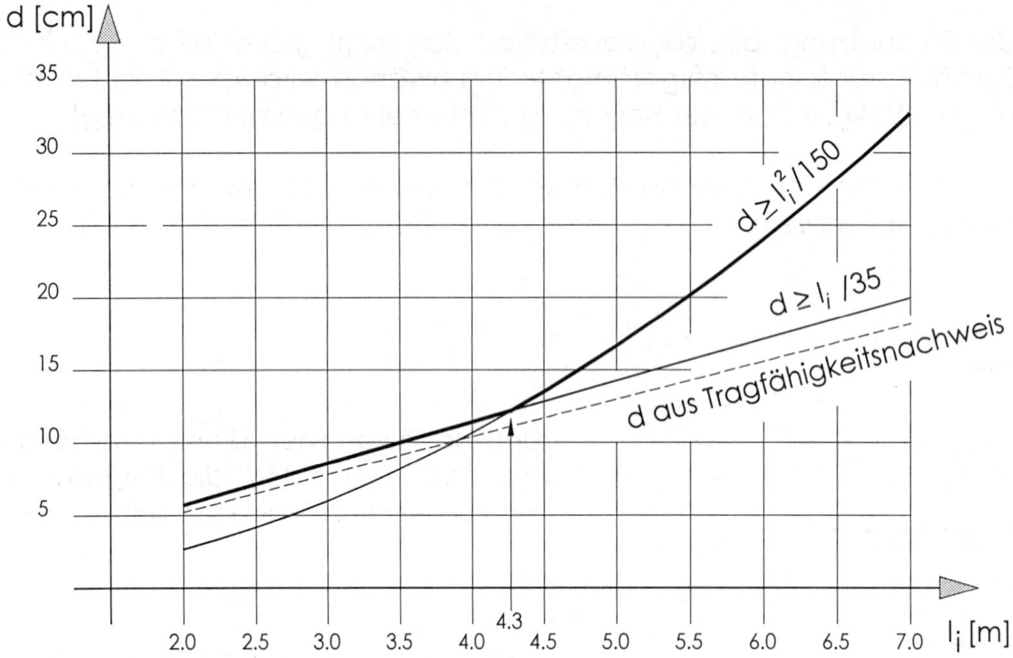

Frage: kann eine Stahlbetondecke in jedem Fall allein über die Begrenzung der Biegeschlankheit (Gebrauchsfähigkeit) dimensioniert werden, ohne dass die Ermittlung der erforderlichen Bewehrung mit dem k_d-Verfahren (Tragfähigkeit) eine größere erforderliche Deckenstärke ergibt?

Betonfestigkeitsklasse C20/25 → wirtschaftlicher k_d-Wert: $k_d = 1{,}8$

$$k_d = \frac{d}{\sqrt{M_d/b}} \quad \rightarrow \quad d_{erf} = k_d \cdot \sqrt{M_d/b}$$

Bemessungsmoment: $M_d = \gamma_F \cdot M = 1{,}4 \cdot \frac{q \cdot l^2}{8} = \frac{q \cdot l^2}{5{,}71}$

mit: $k_d = 1{,}8$

$M_d = \dfrac{q \cdot l^2}{5{,}71}$ $\quad\rightarrow\quad d_{erf} = 1{,}8 \cdot \sqrt{q \cdot l^2 / 5{,}71}$

$b = 1{,}0$ m

ergibt sich: $\Rightarrow d_{erf} = 0{,}75 \cdot \sqrt{q} \cdot l$

mit
q [kN/m]
l [m]
d [cm]

Beispiel: Einfelddecke mit $l_i = l = 5{,}50$ m

$$l_i \geq 4{,}30 \text{ m} \Rightarrow d_{erf} \geq \frac{l_i^2}{150} = \frac{5{,}5^2}{150} = 0{,}202 \text{ m} \approx 20 \text{ cm}$$

$$\Rightarrow h = d + 3 \text{ cm} = 20 + 3 = 23 \text{ cm}$$

Lastaufstellung:

23 cm Stb-Decke	$g = 0{,}23 \cdot 25 =$	5,75 kN/m²
Putz und Belag	$g' =$	1,50 kN/m²
Verkehrslast (Büro)	$p =$	3,50 kN/m²
Trennwandzuschlag	$\Delta p =$	1,25 kN/m²
Gesamtlast	$q =$	12,00 kN/m²

$$\Rightarrow d_{erf} = 0{,}75 \cdot \sqrt{q} \cdot l_i = 0{,}75 \cdot \sqrt{12{,}00} \cdot 5{,}5 = 14{,}3 \text{ cm} < 20 \text{ cm}$$

Diese lineare Beziehung zwischen statischer Nutzhöhe d, Belastung q und Ersatzstützweite l_i ist in obenstehendem Diagramm gestrichelt dargestellt; die Linie liegt immer unterhalb der sich aus der Beschränkung der Durchbiegung ergebenden Grenzlinien.

Daraus ist zu erkennen:

Der Tragfähigkeitsnachweis mit Hilfe des k_d-Verfahrens ist für die Dimensionierung einer Stahlbetondecke nie maßgebend, sondern nur für die Ermittlung der erforderlichen Bewehrung. Stahlbetondecken können allein über die Begrenzung der Biegeschlankheit (Gebrauchsfähigkeitsnachweis) dimensioniert werden.

10.9.3 Unterzüge

Die im folgenden hergeleiteten Beziehungen zur Vordimensionierung von Unterzügen gelten für Rechteckquerschnitte, Plattenbalken und Überzüge.

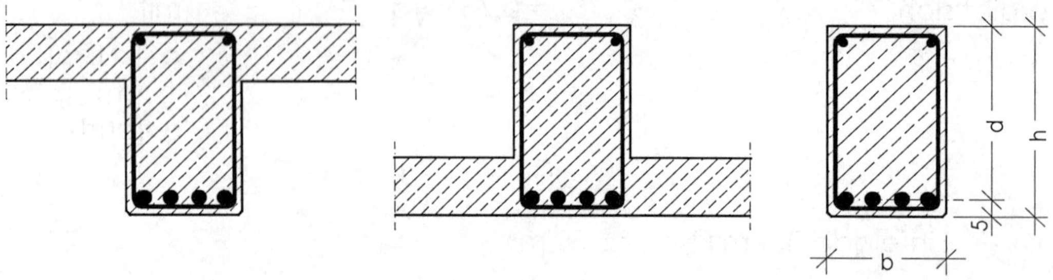

Plattenbalken Überzug Rechteckquerschnitt

Lastaufstellung:	20 cm Stb-Decke	g = 0,20 · 25 =	5,00 kN/m²
	Putz und Belag	g'=	1,50 kN/m²
	Verkehrslast (Büro)	p =	3,50 kN/m²
	Trennwandzuschlag	Δp =	1,25 kN/m²
	Eigengewicht (umgelegt)	g`=	0,50 kN/m²
	Gesamtlast	q =	11,75 kN/m²

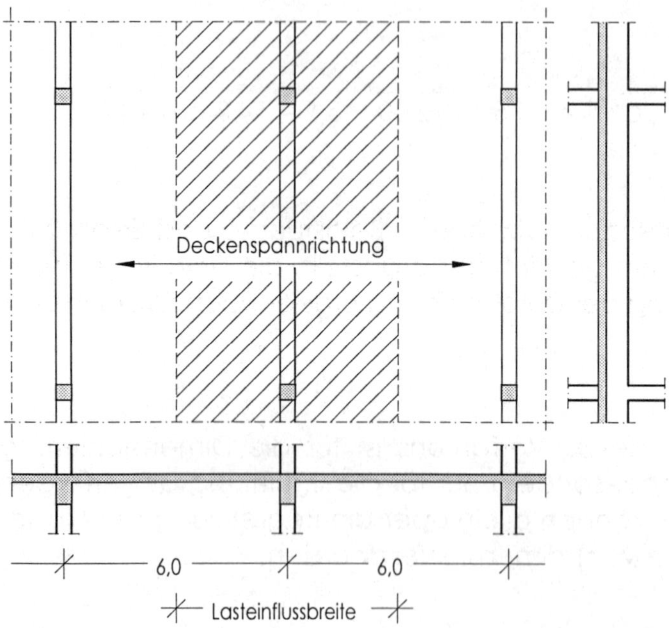

Es wird von einem Abstand der Unterzüge e = 6,0 m ausgegangen. Damit ergibt sich eine Lasteinflussbreite von 6,0 m und daraus eine Linienlast je laufendem Meter Balkenlänge von:

$$q = 11{,}75 \cdot 6{,}0 = 70{,}5 \text{ kN/m} \approx$$
$$\approx 70{,}0 \text{ kN/m.}$$

Betonfestigkeitsklasse C20/25 → kleinster k_d-Wert: $k_d = 1{,}54$ (vgl. Abschnitt 10.6.1)

$$d_{erf} = k_d \cdot \sqrt{M_d / b} \quad \text{(analog Decke)}$$

Bemessungsmoment: $M_d = \gamma_F \cdot M = 1{,}4 \cdot \frac{q \cdot l^2}{8} = \frac{q \cdot l^2}{5{,}71}$

mit: $k_d = 1{,}54$

$M_d = \frac{q \cdot l^2}{5{,}71}$

$q = 70$ kN/m

$\rightarrow \quad d_{erf} = 1{,}54 \cdot \sqrt{\frac{70 \cdot l^2}{5{,}71 \cdot b}} = 5{,}4 \cdot \sqrt{\frac{l^2}{b}}$

Als konstruktiv vernünftiges Seitenverhältnis wird b/h ≈ b/d = 1 : 2 eingesetzt.

mit: $b = d/2$

d, l, b in [cm]

$\rightarrow \quad d_{erf} = 0{,}54 \cdot \sqrt{\frac{2}{d_{erf}}} \cdot l = 0{,}76 \cdot \sqrt{\frac{1}{d_{erf}}} \cdot l$

$\Rightarrow \quad d_{erf} = 0{,}83 \cdot \sqrt[3]{l^2}$

l [cm]	250	500	750	1000
d[cm]	33	52	68	83

Die Auswertung dieser Formel ergibt dann die in folgendem Diagramm aufgezeichnete Kurve.

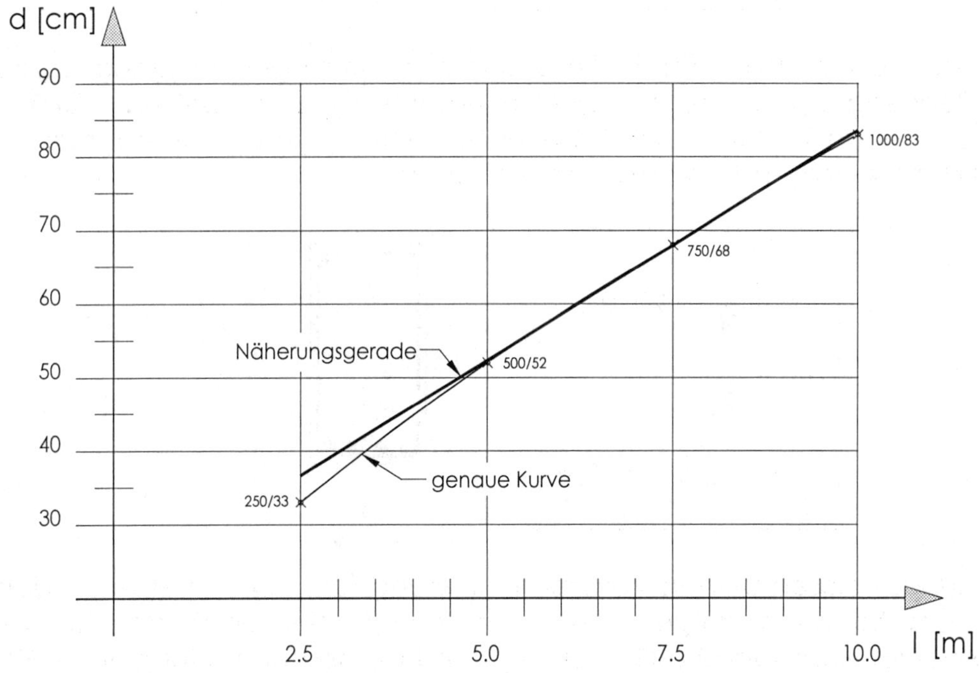

An die sich ergebende Kurve kann eine Näherungsgerade angelegt werden, die dann eine Faustformel zur Vordimensionierung von Unterzügen liefert.

Geradengleichung:
$$\frac{d-68}{l-750}=\frac{68-52}{750-500}=\frac{16}{250}=\frac{1}{15{,}63}$$

$$d=\frac{l}{15{,}63}+68-\frac{750}{15{,}63}=\frac{l}{15{,}63}+20$$

$$d\approx\frac{l}{16}+20$$

Für die Stützweite l von Durchlaufträgern darf die auf 80% abgeminderte Stützweite angesetzt werden (vgl. Abschnitt 10.5.3).

Werden zur statischen Nutzhöhe d noch 5 cm für Betondeckung, Bügeldurchmesser und halbem Längsstabdurchmesser hinzugezählt, ergibt sich für die Konstruktionshöhe h folgende Faustformel:

$$h=\frac{l}{16}+25\ \text{cm}$$
$$b=\frac{h}{2}$$
mit l, h, b in [cm]

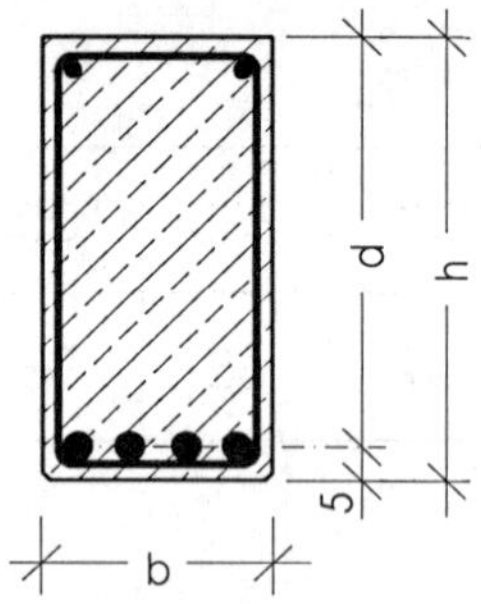

Ist eine besonders niedrige Konstruktionshöhe des Unterzugs unumgänglich, kann der gleiche Rechengang mit einer höheren Betonfestigkeitsklasse (z.B. C40/50) und einem niedrigerem k_d -Wert (d.h. höherer Bewehrungsgrad) durchgeführt werden. Dies führt dann zu folgender Vordimensionierungsformel:

$$h=\frac{l}{20}+20\ \text{cm}$$
$$b=\frac{h}{2}$$
mit l, h, b in [cm]

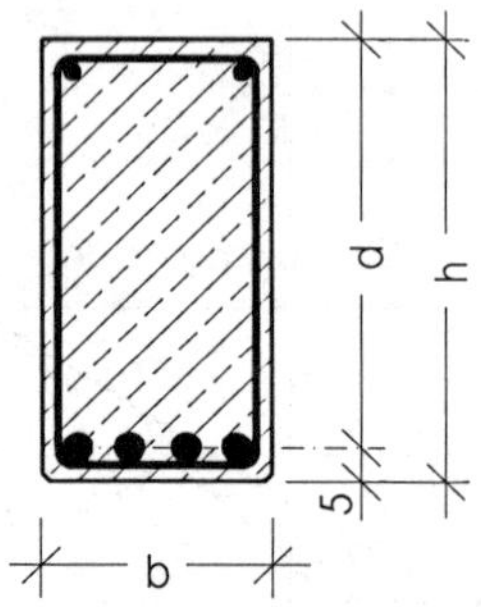

Werden die aus diesen beiden Vordimensionierungsformeln sich ergebenden Geraden in einem Diagramm aufgetragen, ergibt sich für eine bestimmte Stützweite immer eine obere wirtschaftliche Grenze der Konstruktionshöhe h für eine im Hochbau übliche Betonfestigkeitsklasse C20/25 mit günstigem Bewehrungsgrad und eine untere Grenze der Konstruktionshöhe h für hochfesten Beton C40/50 mit hohem Bewehrungsgrad. Dieser zweite Wert ist natürlich die teurere Lösung.

Innerhalb des im folgenden Diagramm grau angelegten Bereiches kann die Konstruktionshöhe frei gewählt werden, die Breite b des Querschnitts sollte ungefähr bei h/2 liegen.

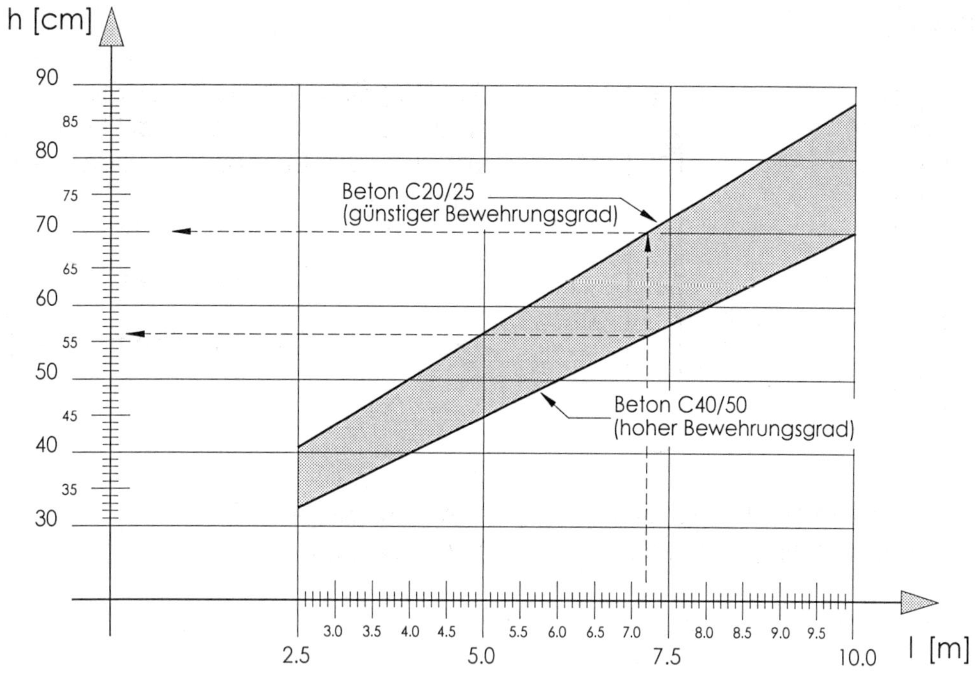

Beispiel: Stützweite l = 7,20 m (Einfeldträger)
Büronutzung

- wirtschaftliche Lösung: $h = \frac{l}{16} + 25\text{ cm} = \frac{720}{16} + 25 = 45 + 25 = 70\text{ cm}$

$b = \frac{h}{2} = \frac{70}{2} = 35\text{ cm}$

$\Rightarrow$ <u>gewählt Querschnitt b/h = 35/70 cm</u>

- untere Grenze: $h = \frac{l}{20} + 20\text{ cm} = \frac{720}{20} + 20 = 36 + 20 = 56\text{ cm}$

$b = \frac{h}{2} = \frac{56}{2} = 28\text{ cm}$

$\Rightarrow$ <u>gewählt Querschnitt b/h = 30/55 cm</u>

Oder aus Diagramm abgelesen:

für l = 7,2 m
$\Rightarrow$ h = 70 cm
bzw. $\Rightarrow$ h = 56 cm

Durch die Verwendung der höheren Betonfestigkeitsklasse und Inkaufnahme des höheren Bewehrungsgrades kann etwa 20% an Konstruktionshöhe eingespart werden, der Stahlbedarf (teuer!) ist jedoch um ca. 50% höher.

10.9.4 Stützen

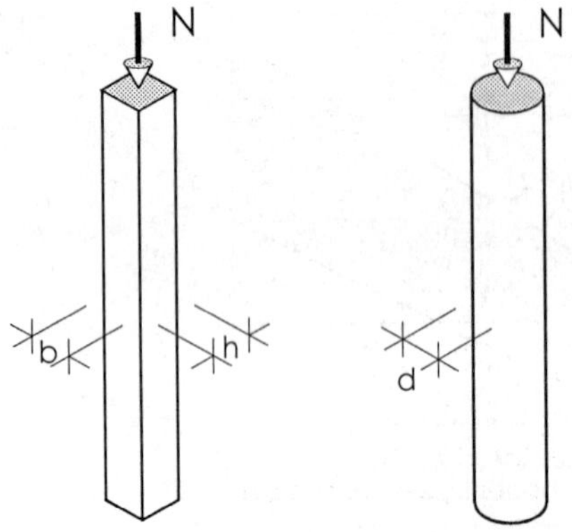

Die Tragfähigkeit N_d einer Stahlbetonstütze ergibt sich aus der Addition der Traganteile des Betons $F_{c,d}$ und des Betonstahls $F_{s,d}$.

$$N_d = F_{c,d} + F_{s,d}$$

(vgl. Abschnitt 10.8.1)

Traganteil des Betons: $F_{c,d} = A_c \cdot \sigma_{R,d(Beton)}$

Traganteil des Stahls: $F_{s,d} = A_s \cdot \sigma_{R,d(Stahl)}$

$$\rightarrow N_d = F_{c,d} + F_{s,d} = A_c \cdot \sigma_{R,d(Beton)} + A_s \cdot \sigma_{R,d(Stahl)}$$

mit

	A_c	Betonquerschnitt [cm²]
	A_s	Stahlquerschnitt [cm²]
	$\sigma_{R,d(Beton)}$	Grenzwert der Betonspannung [kN/m²]
	$\sigma_{R,d(Stahl)}$	Grenzwert der Stahlspannung [kN/m²]

Der Bewehrungsgehalt von Stahlbetonstützen muss nach DIN 1045-1 zwischen der Mindestbewehrung von 0,4% des Betonquerschnitts und der Höchstbewehrung von 9% des Betonquerschnitts liegen. Die Höchstbewehrung von 9% darf auch im Bereich von Bewehrungsstößen nicht überschritten werden, daraus ergibt sich ein Bewehrungsprozentsatz von 4,5%, wenn keine geschweißten oder geschraubten Stöße zur Anwendung kommen sollen (vgl. Abschnitt 10.8.1).

Für die Betonfestigkeitsklasse C20/25 und einen gewählten Bewehrungsprozentsatz von 1,2% ergibt sich dann mit: $\sigma_{R,d(Beton)} = 1{,}13$ kN/cm² (vgl. Abschnitt 10.2.2)
$\sigma_{R,d(Stahl)} = 43{,}5$ kN/cm² (vgl. Abschnitt 10.3.2)

$$N_d = A_c \cdot 1{,}13 + 0{,}012 \cdot A_c \cdot 43{,}5$$

$$N_d = 1{,}652 \cdot A_c \rightarrow A_c = \frac{N_d}{1{,}652}$$

Die Bemessungslängskraft N_d ergibt sich aus der mit dem Sicherheitsbeiwert γ_F multiplizierten Stützenlast N:

$$N_d = \gamma_F \cdot N = 1{,}4 \cdot N$$

$$A_c = \frac{1{,}4 \cdot N}{1{,}652} = 0{,}85 \cdot N$$

Die Stützenlast N ergibt sich aus der Deckenlast (Eigengewicht und Verkehrslast) multipliziert mit der gesamten Lasteinzugsfläche der Stütze.

$$\text{Stützenlast } N\ [kN] = \text{Deckenlast } [kN/m^2] \cdot \text{Lasteinzugsfläche } [m^2]$$

$$N\ [kN] = q\ [kN/m^2] \cdot A_{Last}\ [m^2]$$

$$A_c\ [cm^2] = 0{,}85 \cdot q\ [kN/m^2] \cdot A_{Last}\ [m^2]$$

Die Gesamtlast q einer Geschossdecke mit Büronutzung beträgt 11,75 kN/m².

Lastaufstellung:	20 cm Stb-Decke	$g = 0{,}20 \cdot 25 =$	5,00 kN/m²
	Putz und Belag	$g' =$	1,50 kN/m²
	Verkehrslast (Büro)	$p =$	3,50 kN/m²
	Trennwandzuschlag	$\Delta p =$	1,25 kN/m²
	Eigengewicht (umgelegt)	$g` =$	0,50 kN/m²
	Gesamtlast	$q =$	11,75 kN/m²

$$A_c = 0{,}85 \cdot 11{,}75 \cdot A_{Last} = 9{,}99 \cdot A_{Last} \approx 10 \cdot A_{Last}$$

Daraus ergibt sich die einfache Beziehung zur Vordimensionierung von Stahlbetonstützen der Betonfestigkeitsklasse C20/25 mit 1,2% Bewehrung:

> je m² Lasteinzugsfläche einer Stütze ⇒ 10 cm² Stützenquerschnitt

Wird der gleiche Rechengang für die höhere Betonfestigkeitsklasse C40/50 und einem Bewehrungsprozentsatz von 4,5% durchgeführt, ergibt sich:

$$A_c\ [cm^2] = 0{,}332 \cdot q\ [kN/m^2] \cdot A_{Last}\ [m^2]$$

$$A_c = 0{,}332 \cdot 11{,}75 \cdot A_{Last} = 3{,}90 \cdot A_{Last} \approx 4 \cdot A_{Last}$$

Daraus ergibt sich die einfache Beziehung zur Vordimensionierung von Stahlbetonstützen der Betonfestigkeitsklasse C40/50 mit 4,5% Bewehrung:

> je m² Lasteinzugsfläche einer Stütze ⇒ 4 cm² Stützenquerschnitt

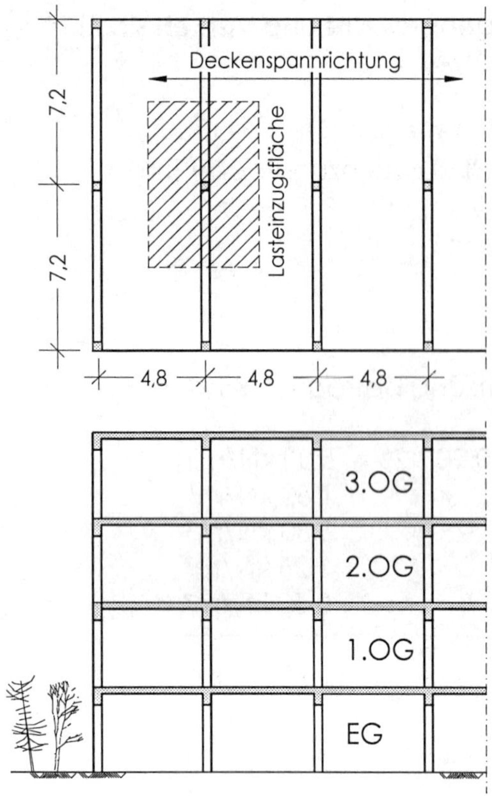

Beispiel:

Die Lasteinzugsfläche A_{Last} einer Innenstütze ergibt sich aus dem Rastermaß:

$$\Rightarrow A_{Last} = 7{,}2 \cdot 4{,}8 = 34{,}6 \text{ m}^2$$

Die Stützen im 3.OG tragen 1 Geschossdecke $\rightarrow A_{Last} = 34{,}6 \text{ m}^2$

Die Stützen im 2.OG tragen 2 Geschossdecken $\rightarrow A_{Last} = 2 \cdot 34{,}6 \text{ m}^2 = 69{,}2 \text{ m}^2$

Die Stützen im 1.OG tragen 3 Geschossdecken $\rightarrow A_{Last} = 3 \cdot 34{,}6 \text{ m}^2 = 103{,}8 \text{ m}^2$

Die Stützen im EG tragen 4 Geschossdecken $\rightarrow A_{Last} = 4 \cdot 34{,}6 \text{ m}^2 = 138{,}2 \text{ m}^2$

Ausführung in Beton C20/25 mit 1,2% Bewehrung (quadratischer Stützenquerschnitt):

- 3.OG
  $A_{Last} = 34{,}6 \text{ m}^2$
  $A_c = 34{,}6 \cdot 10 = 346 \text{ cm}^2$
  Seitenlänge $b/h = \sqrt{346} = 18{,}6$ cm
  Mindestabmessung b/h = 20/20 cm maßgebend!
  $\Rightarrow$ gewählt b/h = 20/20 cm

- 2.OG
  $A_{Last} = 69{,}2 \text{ m}^2$
  $A_c = 692 \text{ cm}^2$
  Seitenlänge $b/h = \sqrt{692} = 26{,}3$ cm
  $\Rightarrow$ gewählt b/h = 26/26 cm

- 1.OG
  $A_{Last} = 103{,}8 \text{ m}^2$
  $A_c = 1038 \text{ cm}^2$
  Seitenlänge $b/h = \sqrt{1038} = 32{,}2$ cm
  $\Rightarrow$ gewählt b/h = 32/32 cm

- EG
  $A_{Last} = 138{,}4 \text{ m}^2$
  $A_c = 1384 \text{ cm}^2$
  Seitenlänge $b/h = \sqrt{1384} = 37{,}2$ cm
  $\Rightarrow$ gewählt b/h = 38/38 cm

Ausführung in Beton C40/50 mit 4,5% Bewehrung (quadratischer Stützenquerschnitt):

- 3.OG
  $A_{Last} = 34{,}6\ m^2$
  $A_c = 34{,}6 \cdot 4 = 139\ cm^2$
  Seitenlänge $b/h = \sqrt{139} = 11{,}8$ cm
  Mindestabmessung b/h = 20/20 cm maßgebend!
  ⇒ gewählt b/h = 24/24 cm

- 2.OG
  $A_{Last} = 69{,}2\ m^2$
  $A_c = 69{,}2 \cdot 4 = 277 cm^2$
  Seitenlänge $b/h = \sqrt{692} = 16{,}6$ cm
  Mindestabmessung b/h = 20/20 cm maßgebend!
  ⇒ gewählt b/h = 24/24 cm

- 1.OG
  $A_{Last} = 103{,}8\ m^2$
  $A_c = 103{,}8 \cdot 4 = 415\ cm^2$
  Seitenlänge $b/h = \sqrt{415} = 20{,}4$ cm
  ⇒ gewählt b/h = 20/20 cm

- EG
  $A_{Last} = 138{,}4\ m^2$
  $A_c = 138{,}4 \cdot 4 = 554\ cm^2$
  Seitenlänge $b/h = \sqrt{554} = 23{,}5$ cm
  ⇒ gewählt b/h = 24/24 cm

Zwischen diesen Grenzen kann ein Stützenquerschnitt gewählt werden, z.B. im EG zwischen 24 cm und 38 cm. Vernünftige Querschnittsabmessungen sind in diesem Fall b/h = 30/30 cm oder 32/32 cm.

Es kann entweder der Stützenquerschnitt von unten nach oben abgestuft werden oder man wählt den größten sich ergebenden Stützenquerschnitt im EG für alle Geschosse (mit nach oben abnehmender Bewehrung).

In der Regel werden die Unterzugsbreiten in allen Geschossen gleich gewählt, d.h. auch die Stützenquerschnitte, die auf die Unterzugsbreiten abzustimmen sind, werden in allen Geschossen mit gleichen Außenabmessungen ausgeführt.

Über die erforderliche Querschnittsfläche kann auch der Durchmesser d von kreisförmigen Stützen bestimmt werden.

mit $d = \sqrt{\frac{4 \cdot A_c}{\pi}}$ ergibt sich z.B.

- EG $d = \sqrt{\frac{4 \cdot 1384}{\pi}} = 42$ cm (für Beton C20/25, 1,2% Bewehrung)
  ⇒ gewählt d = 40 cm

Die Beziehungen zwischen Lasteinzugsfläche und Stützenquerschnitt können auch in einem Diagramm für quadratische und kreisförmige Stahlbetonstützen dargestellt werden. Für eine bestimmte Lasteinzugsfläche in [m²] können zwischen oberer Grenze (Beton C20/25, 1,2% Bewehrung) und unterer Grenze (Beton C40/50, 4,5% Bewehrung) die Stützenabmessungen in [cm] gewählt werden.

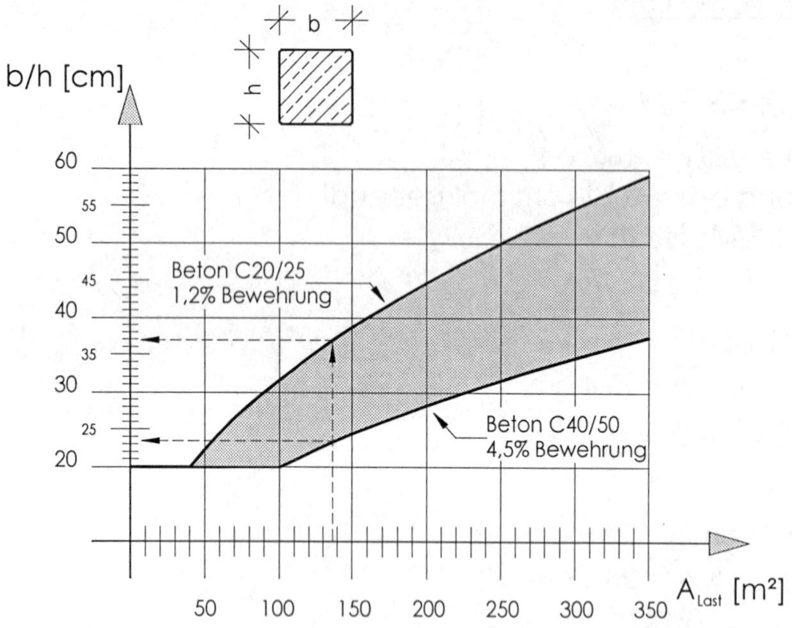

Vordimensionierung von quadratischen Stahlbetonstützen

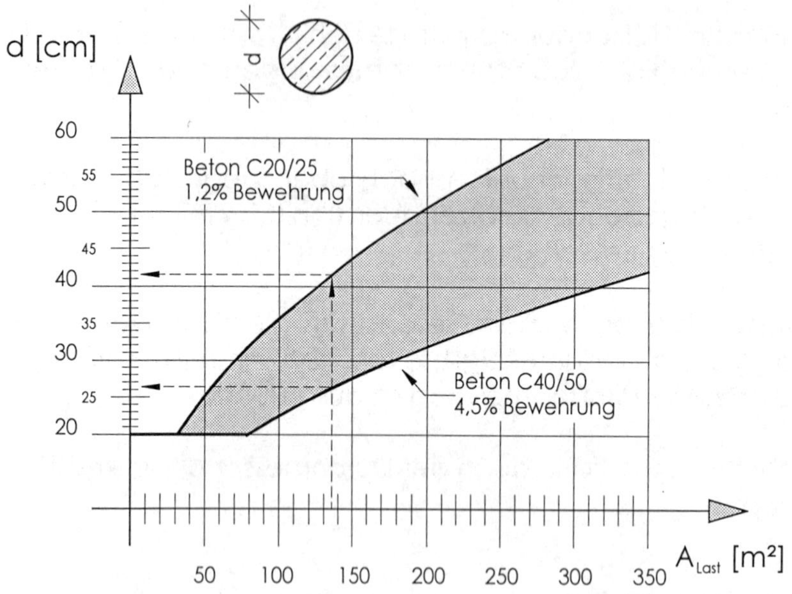

Vordimensionierung von kreisförmigen Stahlbetonstützen

z.B. • EG $A_{Last} = 138{,}4\ m^2$

Rundstütze → d = 26 cm bzw. 42 cm

⇒ <u>gewählt d = 40 cm</u>

11 Gründungen

11.1 Baugrund und Bauwerk

11.1.1 Der Baugrund als Teil des Bauwerks

Der Baugrund mit seinen Reaktionen auf das Bauwerk ist für die Herstellung des Gleichgewichts aller am Bauwerk auftretenden Last- und Krafteinwirkungen notwendig. Er ist Bestandteil des gesamten Konstruktionssystems und insoweit Bestandteil des Bauwerks. Da der Baugrund keine starre Unterlage ist, sondern durch die Bauwerksbelastung Verformungen erfährt, die wiederum das Kräftespiel im Bauwerk beeinflussen, genügt es nicht, dass der Baugrund gegebene Lasten aufnehmen kann. Es ist notwendig, für das unter technischen und wirtschaftlichen Gesichtspunkten zu wählende Gründungssystem auch die zugehörigen Verformungen des Baugrunds nach Größe und zeitlichem Verlauf zu kennen. Dadurch können eventuelle zusätzliche Beanspruchungen des Tragwerks berücksichtigt werden, bzw. kann das Tragwerk darauf abgestimmt werden. Das hierfür erforderliche Rüstzeug liefert die Bodenmechanik, die sich mit dem Baustoff befasst, der die niedrigsten Festigkeiten und die geringste Steifigkeit aufweist.

Der Baugrund verformt sich durch die von der Last des Bauwerks hervorgerufenen Kräfte entsprechend seiner Zusammendrückbarkeit. Lotrechte Fundamentlasten verursachen vor allem lotrechte Verschiebungen. Infolge der Lasten entstehen also Setzungen durch Zusammendrücken der Bodenschichten. Die Werte der Setzungen erreichen im allgemeinen mehrere Zentimeter.

Gleichmäßige Setzungen gefährden die Standsicherheit und Nutzung eines Bauwerks im allgemeinen nicht und führen zu keinen Setzungsschäden. Bei ungleichmäßigen Setzungen von Bauwerksteilen können jedoch Setzungsschäden auftreten. Ursache hierfür können sein:

- Spannungsüberlagerungen
- ungleichmäßige Bodenzusammensetzung
- ungleichmäßige Schichtenausbildung
- unterschiedliche Gründungstiefen
- unterschiedliche Belastung

Je nach Bodenart treten die Setzungen sofort nach Belastung auf oder sie erreichen ihren End- und Größtwert nach Tagen, Monaten oder Jahren.

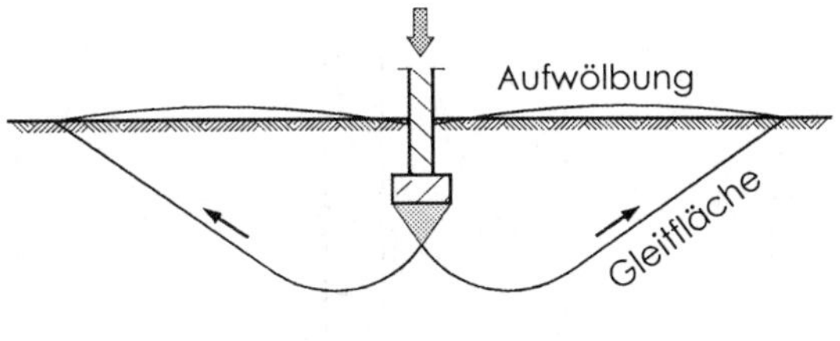

Werden die Bodenpressungen zu hoch, tritt neben der lotrechten Zusammendrückung auch ein seitliches Ausweichen des Bodens auf, das Bauwerk versinkt. Dieser Vorgang wird als Grundbruch bezeichnet.

Auch das im Boden vorhandene Wasser beeinflusst die Baugrundeigenschaften und gefährdet unter Umständen auch das Bauwerk selbst.

Die Gründung hat die Aufgabe, die Bauwerkslasten und die auf das Bauwerk einwirkenden Kräfte in den Baugrund zu übertragen. Ihre Ausbildung muss so geschehen, dass die Standsicherheit und die Gebrauchsfähigkeit des Bauwerks gewährleistet sind.

Um eine richtige Entscheidung bei der Wahl der Gründung treffen zu können, sind die vielfältigen Einflussfaktoren auf Sicherheit und Wirtschaftlichkeit der gewählten Gründung zu untersuchen.

Folgende Fragen sind möglichst frühzeitig zu beantworten:

- welche Bodenarten sind vorhanden und in welcher Tiefe liegen sie?
- in welcher Tiefe befindet sich der tragfähige Boden und wie groß ist seine Mächtigkeit?
- wo liegt der höchste Grundwasserstand?
- ist mit großen Setzungen zu rechnen?
- besteht Frost- oder Ausspülgefahr des Bodens?
- enthält der Boden betonschädliche Stoffe?

11.1.2 Bodenerkundung

Eine ausreichende Baugrunderkundung ist die Voraussetzung jeder Gründungsbeurteilung. Um das Baugrundrisiko für den Bauherrn und für die Öffentlichkeit in Grenzen zu halten, werden an die Baugrunderkundung Mindestanforderungen gestellt.

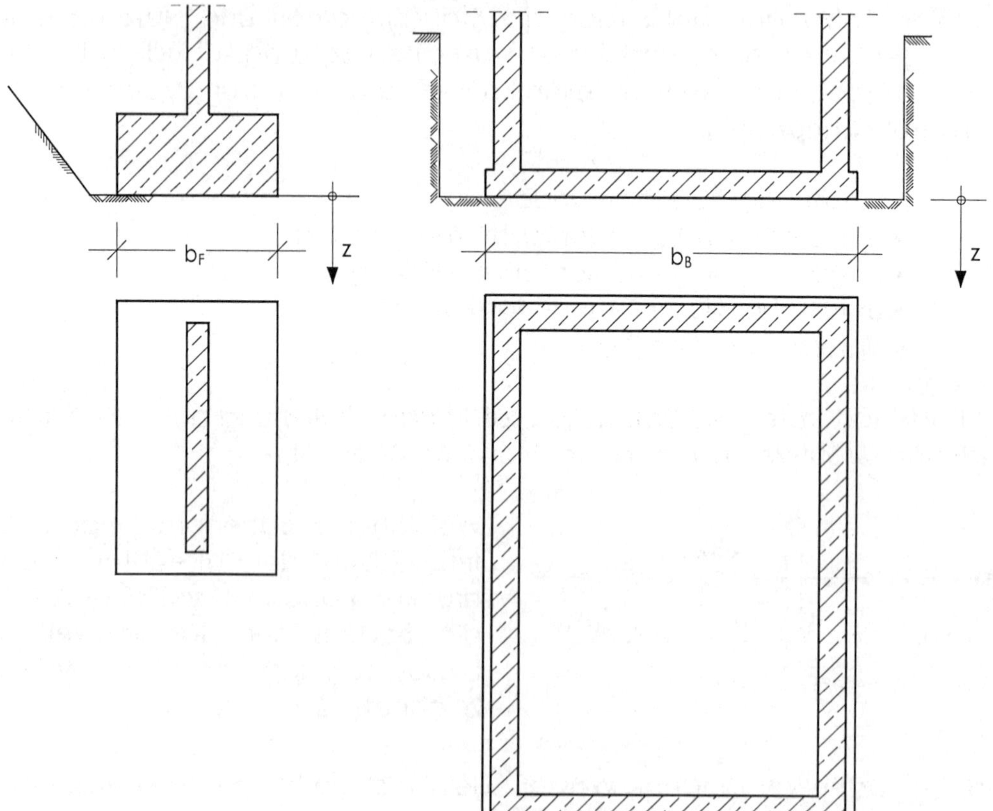

Die Erkundung des Baugrundes ist bis zu einer Tiefe z vorzunehmen, in der alle Schichten erfasst werden, von denen die Setzungen des Bauwerks beeinflusst werden können. DIN 4020 - Geotechnische Untersuchungen für bautechnische Zwecke - schreibt folgende Aufschlusstiefen z ab Bauwerkunterkante oder Aushubsohle vor:

- Hoch- und Ingenieurbauten $z \geq 3{,}0\ b_F$ oder
  $z \geq 6{,}0$ m

  b_F kleinere Fundamentabmessung

- Plattengründungen $z \geq 1{,}5\ b_B$

  b_B kleinere Bauwerksabmessung

Der Abstand der Aufschlüsse soll bei Hoch- und Ingenieurbauten 20 m bis 40 m, bei großflächigen Bauwerken 60 m nicht überschreiten. Bei einfachen und kleinen Bauwerken kann ein einziger Aufschluss ausreichend sein.

Die Untersuchung des Baugrunds soll die Grundlagen für die Vorausbestimmung der Setzungen und ihres zeitlichen Verlaufs liefern und die Wahl der zweckmäßigsten und wirtschaftlichsten Art und Tiefe der Gründung ermöglichen. Der Zeitpunkt der Bodenuntersuchung soll möglichst vor Erstellung der Baupläne liegen. Für die Untersuchung des Bodens hat der Bauherr oder sein Beauftragter (Architekt) zu sorgen.

Liegen vor Durchführung der Bohr- oder Schürfarbeiten eindeutige Angaben über den geologischen Aufbau des Bodens vor (Verlauf und Eigenschaften der einzelnen Schichten), kann die Anzahl der Bohrungen oder Schürfe verringert werden.

Hauptbohrungen, die eine erste Übersicht über die Baugrund- und Grundwasserverhältnisse des Baugeländes geben, sind bei Großbaustellen zu empfehlen. Diese Hauptbohrungen in großen Abständen (100 bis 200 m) werden durch Zusatzbohrungen oder Sondierungen in engerem Abstand ergänzt.

Im Rahmen der Bodenerkundung sind auch unbedingt die Grundwasserverhältnisse zu klären (augenblicklicher Stand und möglicher Höchststand). Hieraus ergibt sich:

- die Entscheidung, ob während der Bauzeit eine Wasserhaltung notwendig ist, wie sie durchzuführen und welche Wassermenge zu fördern ist.

- die zweckmäßige Höhenlage der Bauwerke und eventuell ihre Sicherung gegen Durchfeuchtung.

- die Wirkung des Wasserdrucks auf die Bauwerke und die Auftriebswirkung bei Bauwerken im Grundwasser, der Einfluss einer eventuellen Grundwasserabsenkung auf die Nachbarbebauung und die Umwelt.

11.1.3 Methoden der Erkundung

• Schürfe

Schürfe können als Gruben oder Schlitze angelegt werden. Sie sind nach Beendigung der Erkundung wieder zu verfüllen. Begehbare Schürfe ermöglichen ein sicheres Erkennung der Schichtung und der Bodenarten, ihrer Zusammensetzung sowie eventueller Wasseraustritte.

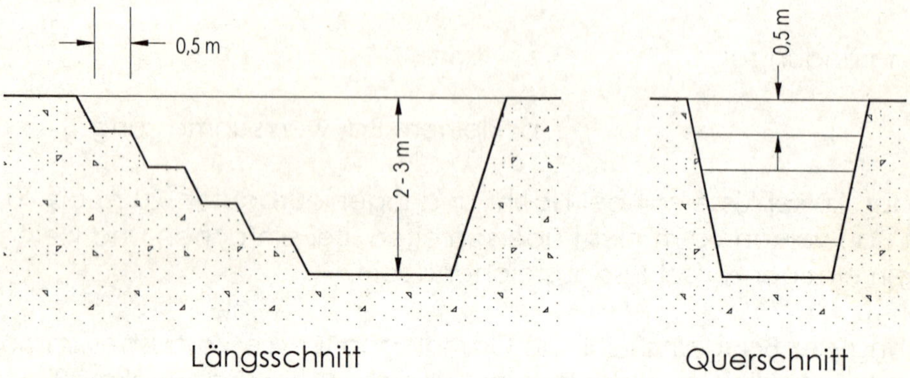

Sie ermöglichen auch eine leichte und zuverlässige Entnahme von Bodenproben und eine unmittelbare Prüfung des Bodens an den Wandungen und auf der Sohle. Schürfe erfordern aber bei größeren Tiefen einen höheren Zeitaufwand und höhere Kosten als Bohrungen. Sie können unterhalb des Grundwasserspiegels und bei stärkerem Schichtwasserzutritt nur unter Wasserhaltung ausgeführt werden. Schürfe sind dann geeignet, wenn eine geringe Untersuchungstiefe ausreicht. Sie können besonders in Bodenarten, in denen sich Bohrarbeiten schwieriger ausführen lassen, auch im Übergangsbereich zu festem Fels, zweckmäßig sein.

• Bohrungen

Zur Erkundung des Baugrunds dienen am häufigsten Bohrungen, weil sie sich schnell, sicher und auf große Tiefen ohne Behinderung durch Wasserandrang niederbringen lassen. Die Güte der Bodenproben ist von der angewandten Bohrmethode abhängig. Mit Bohrungen sind in allen Bodenarten, auch im Fels, Aufschlüsse möglich. Schichten, die mit Blöcken oder Findlingen durchsetzt sind, erschweren das Bohren. Die für den Aufschluss des Baugrunds zur Zeit verwendeten Bohrverfahren sind in DIN 4021 - Baugrund; Erkundung durch Schürfe, Bohrungen sowie Entnahme von Proben - hinsichtlich ihrer Eignung für die verschiedenen Bodenarten zusammengestellt. Die üblichen Bohrlochdurchmesser liegen bei 3,7 cm bis 15 cm.

Nach Abschluss aller Messungen und Beobachtungen sind die Bohrlöcher gleichzeitig mit dem Ziehen der Verrohrung sorgfältig zu verfüllen. Wenn Grundwasserstockwerke oder gespanntes Grundwasser vorhanden ist, ist unbedingt die Wirkung der ursprünglichen Sperrschichten wieder herzustellen. Soll der Grundwasserstand weiter beobachtet werden, sind in das Bohrloch Grundwasserbeobachtungsrohre einzusetzen. Sind schädliche chemische Einwirkungen des Grundwassers nicht mit Sicherheit auszuschließen, ist das Wasser chemisch zu untersuchen.

• Entnahme von Bodenproben

Bodenproben aus Schürfen werden aus der Sohle, der Abtreppung oder aus der Wandung entweder in gestörter Form herausgelöst oder als Sonderproben mit Hilfe von Ausstechzylindern ausgestochen und ausgegraben.

Bei Bodenproben aus Bohrlöchern wird zwischen gestörten Bohrproben und den weitgehend ungestörten Sonderproben unterschieden.

• Sondierungen

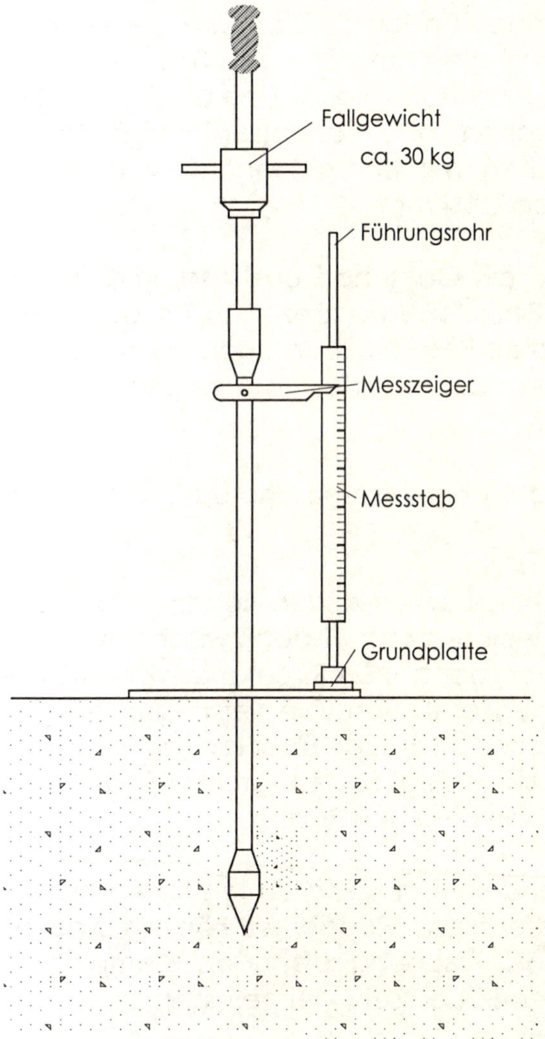

Sonden sind Stäbe, die man in den Boden eindrückt oder eintreibt. Sondierungen sind ein weiteres Hilfsmittel, um die Bodenverhältnisse zu überprüfen. Sonden sind besonders geeignet, um Schichtgrenzen, Oberflächen von Fels oder tragfähigen Schichten und Hohlräume zu ermitteln. Auch kann die Gleichmäßigkeit des Bodens zwischen vorhandenen Aufschlüssen, z.B. Bohrungen, mit Sonden schnell nachgeprüft werden. Nach der Art der Eintreibvorrichtung sind Ramm- und Drucksondierungen zu unterscheiden. Bei Kenntnis der allgemeinen Bodenverhältnisse ist es oft günstig, zunächst Sondierungen und erst dann die erforderlichen Bohrungen sowie etwa nötige Entnahmestellen für ungestörte Bodenproben aufgrund der Sondierergebnisse festzulegen. Aus dem Eindringwiderstand können Schlüsse über den Bodenaufbau und Bodenqualität gezogen werden.

Neben den Punktaufschlüsse liefernden Schürfen, Bohrungen und Sondierungen gibt es flächige Aufschlüsse liefernde geophysikalische Untersuchungen zur Festlegung von Schichtmächtigkeiten und Felsoberflächen.

11.1.4 Bodenarten

Der Baugrund wird wegen seines unterschiedlichen Verhaltens bei der Belastung durch Bauwerke in gewachsenen Boden (Lockergestein), in Fels (Felsgestein) und in geschütteten Boden unterteilt. Lockergesteine sind Verwitterungsprodukte der Felsgesteine.

Das Hauptmerkmal für die Einteilung der Böden nach bodenmechanischen und bautechnischen Gesichtspunkten ist ihre Korngröße und Kornform. Danach unterscheidet man in nichtbindige (Kies, Sand) und bindige (Ton, Schluff) Böden.

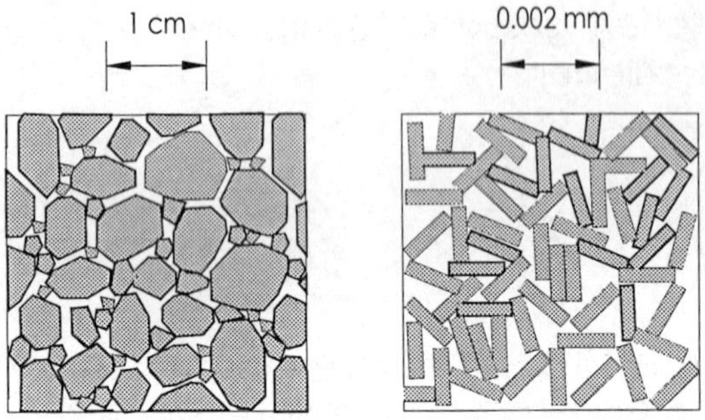

nichtbindiger Boden
Einzelkornstruktur

bindiger Boden
Wabenstruktur

Die Korngrößenverteilung spielt für die Verdichtungsfähigkeit, Wasserdurchlässigkeit und Frostempfindlichkeit eine Rolle.

Da Böden immer in Mischformen vorkommen, werden sie in gleichartige Gruppen zusammengefasst. Während bei nichtbindigen Böden die Kornform gedrungen ist und die Korngröße von 0,06 mm nicht unterschritten wird, haben bindige Böden stäbchen- oder schuppenförmige Einzelteilchen mit Korngrößen bis von bis zu unter 0,002 mm.

Nichtbindige Böden sind in trockenem Zustand ein Gemenge aus zusammenhanglosen, sich nur in kleinen Flächen berührenden Einzelteilchen (Einzelkornstruktur) ohne gegenseitige Anziehungskräfte (Kohäsion). Bindige Böden bilden auch in trockenem Zustand eine zusammenhaftende Masse mit Kohäsionskräften und zeigen ein wabenartiges Gefüge (Wabenstruktur).

Nichtbindige Böden lassen sich bei Belastung wenig zusammendrücken. Die Setzungen treten in kürzester Zeit auf.

Bei bindigen Böden sind die Hohlräume zwischen den einzelnen Körnern dagegen um vieles größer als diese selbst; das Wasser, welches sich in den Zwischenräumen befindet, kann bei Belastung des Bodens wegen der hohen Strömungswiderstände in den engen Porengängen nicht schnell genug abfließen. Die Setzungen solcher Böden sind nicht nur viel größer, sondern erstrecken sich auch über lange Zeiträume: Monate, Jahre, Jahrzehnte. Ein weiterer Unterschied liegt in dem großen Einfluss des Wassers auf den Zustand und die Tragfähigkeit von bindigen Böden.

Durch Kohäsionskräfte können bei bindigen und steifen Böden auch lotrechte Böschungen hergestellt werden. Tritt jedoch Wasser hinzu (Regen), so können bindige Böden in einen weichen Zustand übergehen, die Böschung rutscht ab. Demgegenüber ist der Einfluss des Wassers bei nichtbindigen Böden sehr viel geringer.

Ton, Schluff und Sand mit Beimengungen von Eisenverbindungen liefern den Lehm, Tonböden mit Sand und Kalk, der sie teilweise verfestigt, heißen Mergel.

11.2 Flachgründungen

11.2.1 Zentrisch belastete Fundamente

Durch die Fundamente werden die Lasten des Bauwerks auf den tragfähigen Baugrund übertragen. Je nach Lage des tragfähigen Baugrunds zur Gebäudesohle ist eine Flach- oder Tiefgründung auszuführen. Die wichtigsten Arten von Flachgründungen sind

- Einzelfundamente
- Streifenfundamente
- Plattenfundamente

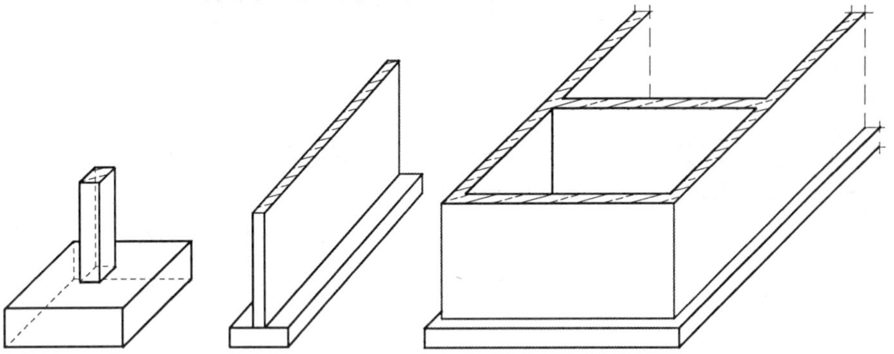

Allgemeine Kriterien

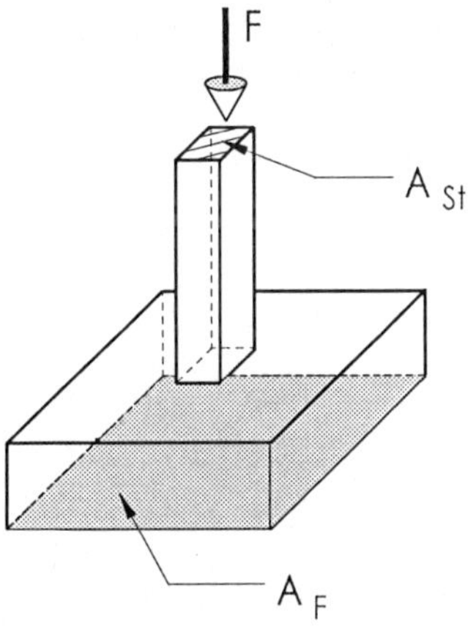

Eine Stahlbetonstütze mit den Abmessungen 30/30 cm (A_{St} = 900 cm²) aus Beton C 20/25 mit einem Bewehrungsprozentsatz μ = 3% kann eine Stützenlast F_{zul} = 1500 kN aufnehmen. Geht man von einem Mittelwert der zulässigen Bodenpressung von 300 kN/m² aus, ergibt sich für die behandelte Stütze eine notwendige Fundamentfläche A_F:

$$A_F = \frac{F_{vorh}}{\sigma_{zul}} = \frac{1500}{300} = 5{,}0\ m^2$$

das sind ca. 2,20/2,20 m.

Die Fundamente haben also die Aufgabe, die in den Stützen oder Wänden konzentrierten hohen Spannungen durch Flächenvergrößerung zu reduzieren.

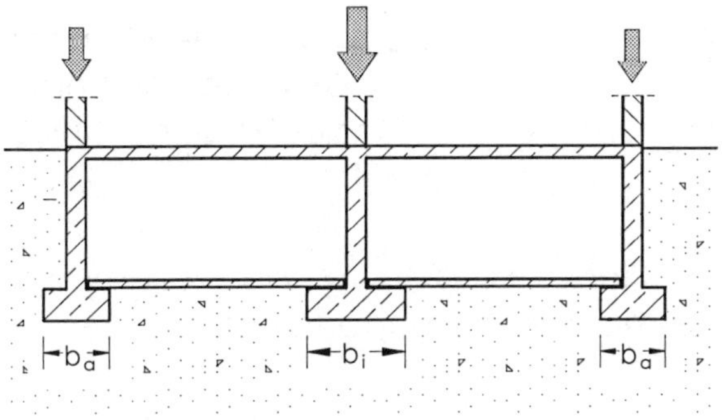

Daher: je höher die Last, umso größer das Fundament.

Die Fundamente unter Mittelstützen oder -wänden sind deshalb immer größer als unter den Außenstützen oder Außenwänden ($b_i > b_a$)!

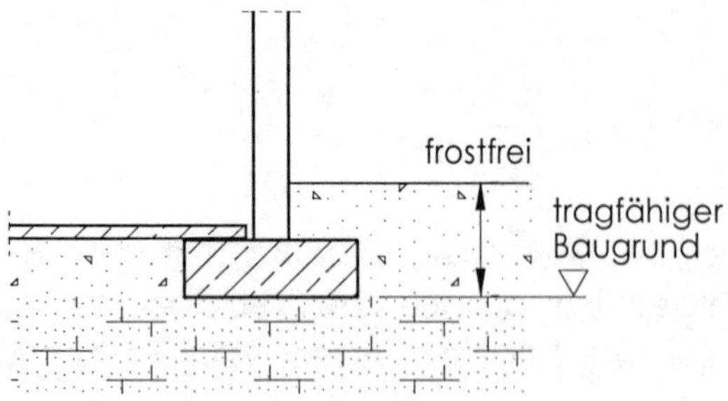

Steht ein Gebäude unmittelbar auf tragfähigem Boden , ist eine Flachgründung mit Beton- oder Stahlbetonfundamenten als wirtschaftlichste Gründungsmaßnahme möglich. Die Gründungssohle muss frostfrei liegen, d.h. mindestens 80 cm, besser 130 cm unter Gelände.

Steht tragfähiger Boden erst in größerer Tiefe an, kann die Höhendifferenz durch einen Magerbetonsockel oder eine Brunnengründung (Stahlbetonringe mit Magerbetonfüllung oder verdichtetem Boden) überwunden werden.

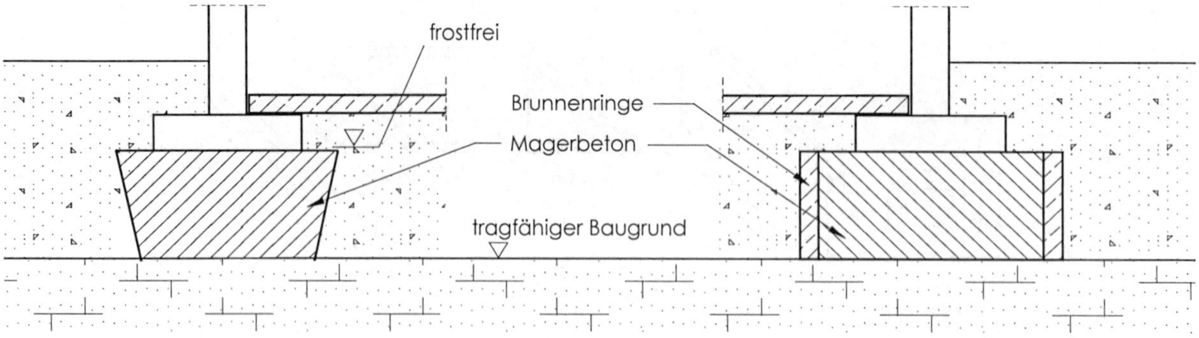

Eventuell ist auch eine Verbesserung des wenig tragfähigen Bodens möglich. Diese Maßnahmen sind bis zu einer Höhendifferenz von etwa 3,0 m wirtschaftlich. Wenn tragfähiger Boden durch diese Maßnahmen nicht erreichbar ist, bleibt als letzte und teuerste Möglichkeit eine Pfahlgründung.

Lastwirkungen im Boden

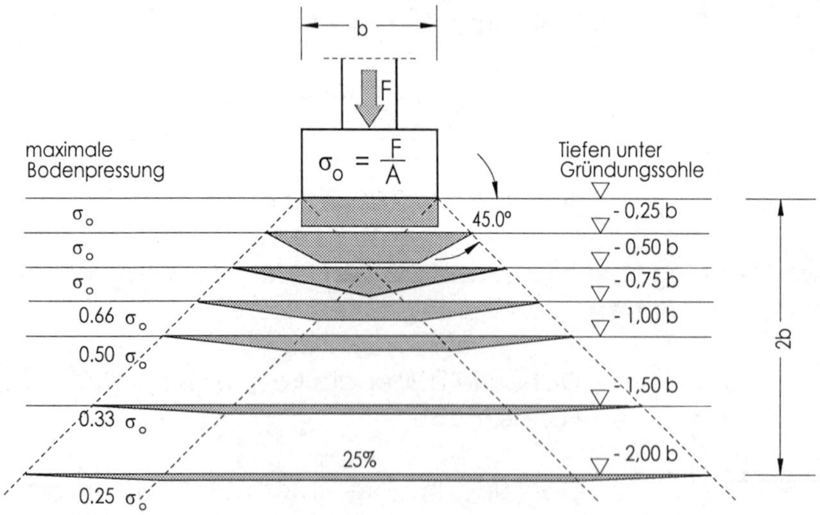

Die Druckspannungen breiten sich im Boden mit zunehmender Tiefe aus und nehmen damit ab. Unter einem Streifenfundament betragen in einer Tiefe gleich der doppelten Fundamentbreite die Spannungen bei einem Ausbreitwinkel von 45° noch 25% des Wertes unmittelbar unter dem Fundament.

Analog nimmt die Zusammendrückung des Bodens ab. Die von der Zusammendrückung erfasste Bodendicke ist also der Fundamentbreite proportional.

Das heißt aber, dass bei gleicher Pressung unter einem Fundament ein breiteres Fundament zu größeren Setzungen führt.

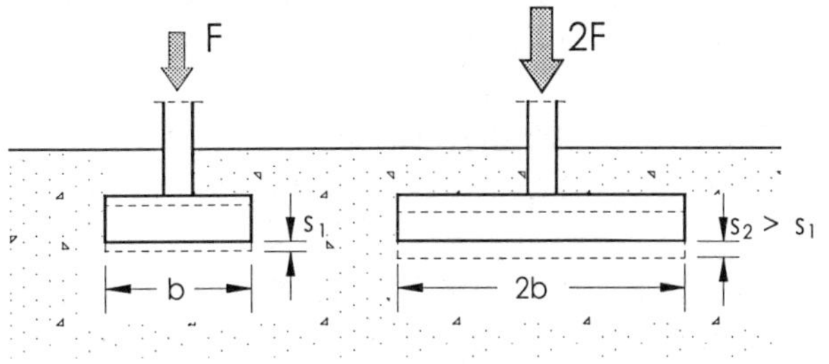

Will man also gleiche Setzungen erreichen, muss das stärker belastete Fundament eine kleinere Ausgangspressung aufweisen, d.h. überproportional vergrößert werden oder: je breiter ein Fundament, umso kleiner die zulässigen Pressungen, wenn gleiche Setzungen angestrebt werden.

Unter einem Einzelfundament (Quadrat, Rechteck, Kreis) breiten sich die Spannungen nach zwei Richtungen aus. Sie nehmen mit der Tiefe schneller ab als unter einem Streifenfundament. Sie betragen in einer Tiefe von der doppelten Fundamentbreite $t = 2 \cdot b$ nur noch 10% des Ausgangswertes. Damit setzt sich - bei gleicher Ausgangspressung - ein Einzelfundament weniger als ein Streifenfundament, oder: für ein Einzelfundament darf zur Erzielung gleicher Setzungen eine höhere zulässige Pressung angesetzt werden.

Schließlich spielt das Grundwasser für die zulässigen Pressungen des Bodens eine Rolle: Grundwasser erzeugt Auftrieb, die einzelnen Bodenkörner werden leichter, das Gewicht des seitlich verdrängten Bodens nimmt ab und damit die Grundbruchgefahr zu, d.h. Grundwasser führt zu niedrigeren zulässigen Pressungen.

11.2.2 Zulässige Bodenpressungen

Der Nachweis der Tragfähigkeit von Fundamenten wird vorläufig noch mit den Basiswerten oder charakteristischen Werten der Lasten und mit zulässigen Werten der Bodenpressung geführt, d.h. die Fundamentlasten werden nicht mit dem Teilsicherheitsbeiwert $\gamma_F = 1{,}4$ multipliziert (vgl. Abschnitt 4.4.4).

Es ist also nachzuweisen, dass die vorhandene Bodenpressung kleiner oder gleich der zulässigen Bodenpressung bleibt:

$$\sigma_{vorh} \leq \sigma_{zul}$$

Für Regelfälle und damit ausreichend für den Vorentwurf gibt DIN 1054 - Baugrund; zulässige Belastung des Baugrundes - zulässige Bodenpressungen σ_{zul} an.

DIN 1054 unterscheidet hierbei im wesentlichen nach nichtbindigem Baugrund wie Sand, Kies, Steine und Mischungen davon und bindigem Baugrund wie Tone, tonige Schluffe, Schluffe und Mischungen davon mit nichtbindigen Anteilen wie z.B. sandiger Ton, sandiger Schluff, Lehm, Mergel. Weiterhin wird noch in Fels und geschütteten Boden, d.h. wenn der Baugrund durch Aufschütten oder Aufspülen entstanden ist, unterschieden.

• nichtbindiger Baugrund

Es wird zwischen setzungsempfindlichen und setzungsunempfindlichen Bauwerken unterschieden.

Zulässige mittlere Bodenpressungen σ_{zul} [kN/m²] für Streifenfundamente bei nichtbindigen Baugrund und setzungsempfindlichen Bauwerken

Einbindetiefe des Fundaments [m]	zulässige Bodenpressung [kN/m²] bei einer Breite [m] von				
	0,5	1,0	1,5	2,0	2,5
0,5	200	300	330	280	250
1,0	270	370	360	310	270
1,5	340	440	390	340	290
2,0	400	500	420	360	310
bei kleinen Bauwerken	150 mit Breite b ≥ 0,3 m und Gründungstiefe t ≥ 0,3 m				

Als setzungsempfindlich gelten alle Bauwerke, deren Fundamente sich nicht unabhängig voneinander setzen können, sondern die in ihrem Setzungsverhalten durch den Überbau gegenseitig beeinflusst werden. Dazu gehören alle üblichen Hochbauten (statisch unbestimmt gelagerte Konstruktionen) und Bauwerke, bei denen ungleichmäßige Setzungen schädlich sind oder die Nutzung beeinträchtigen.

Zulässige mittlere Bodenpressungen σ_{zul} [kN/m²] für Streifenfundamente bei nichtbindigen Baugrund und setzungsunempfindlichen Bauwerken

Einbindetiefe des Fundaments [m]	zulässige Bodenpressung [kN/m²] bei einer Breite [m] von			
	0,5	1,0	1,5	2,0
0,5	200	300	400	500
1,0	270	370	470	570
1,5	340	440	540	640
2,0	400	500	600	700
bei kleinen Bauwerken	150 mit Breite b ≥ 0,3 m und Gründungstiefe t ≥ 0,3 m			

Als setzungsunempfindlich sind nur statisch bestimmte (häufig Fertigteilkonstruktionen) Bauwerke anzusehen oder solche, bei denen ungleichmäßige Setzungen unschädlich sind oder die Nutzung nicht beeinträchtigen.

Die zulässigen Werte nehmen bei setzungsempfindlichen und setzungsunempfindlichen Bauwerken mit der Einbindetiefe zu, bei setzungsunempfindlichen Bauwerken auch mit der Fundamentbreite. Bei setzungsempfindlichen Bauwerken nehmen die Werte mit der Breite zunächst zu und dann wieder ab.

Spannungserhöhungen um 50% sind bei nachgewiesener dichter Lagerung des Bodens möglich, um 20% bei gedrungenen Rechteckfundamenten (a/b < 2) und bei Kreisfundamenten. Liegt der Grundwasserspiegel in Höhe der Gründungssohle, sind die angegebenen Werte um 40% zu vermindern. Zu beachten ist, dass bei Einhaltung dieser Spannungen Setzungen bis 2 cm zu erwarten sind.

• bindiger Baugrund

Einbindetiefe des Fundaments [m]	zulässige Bodenpressung [kN/m²] bei steifer bis halbfester Konsistenz
0,5	130
1,0	180
1,5	220
2,0	250

Zulässige mittlere Bodenpressungen σ_{zul} [kN/m²] für Streifenfundamente bei:

reinem Schluff

Einbindetiefe des Fundaments [m]	zulässige Bodenpressung [kN/m²] bei einer Konsistenz		
	steif	halbfest	fest
0,5	150	220	330
1,0	180	280	380
1,5	220	330	440
2,0	250	370	500

Zulässige mittlere Bodenpressungen σ_{zul} [kN/m²] für Streifenfundamente bei:

gemischtkörnigem Boden

mit Körngrößen vom Ton- bis in den Sand-, Kies- oder Steinbereich

Einbindetiefe des Fundaments [m]	zulässige Bodenpressung [kN/m²] bei einer Konsistenz		
	steif	halbfest	fest
0,5	120	170	280
1,0	140	210	320
1,5	160	250	360
2,0	180	280	400

Zulässige mittlere Bodenpressungen σ_{zul} [kN/m²] für Streifenfundamente bei:

tonig schluffigem Boden

Einbindetiefe des Fundaments [m]	zulässige Bodenpressung [kN/m²] bei einer Konsistenz		
	steif	halbfest	fest
0,5	90	140	200
1,0	110	180	240
1,5	130	210	270
2,0	150	230	300

Zulässige mittlere Bodenpressungen σ_{zul} [kN/m²] für Streifenfundamente bei:

fettem Ton

Es wird nicht zwischen setzungsempfindlichen und -unempfindlichen Bauwerken unterschieden. Es ist mit Setzungen von 2 cm bis 4 cm zu rechnen. Die zulässigen Bodenpressungen nehmen mit der Einbindetiefe zu, bei Fundamentbreiten über 2 m sind die Werte um 10% je Meter zusätzlicher Fundamentbreite zu reduzieren. Die Werte sind von der Konsistenz steif, halbfest und fest abhängig, d.h. vom Wassergehalt des Bodens. Eine Erhöhung der Werte um 20% bei gedrungenen Einzel- und bei Kreisfundamenten ist zulässig. Bei hochstehendem Grundwasser ist keine Abminderung der Werte erforderlich.

In DIN 1054 sind noch zulässige Bodenpressungen für Flächengründungen auf Fels angegeben. Die Werte betragen je nach Zustand des Gesteins zwischen 1000 kN/m² und 4000 kN/m².

11.2.3 Fundamentabmessungen

- Streifenfundamente (unter Wänden)

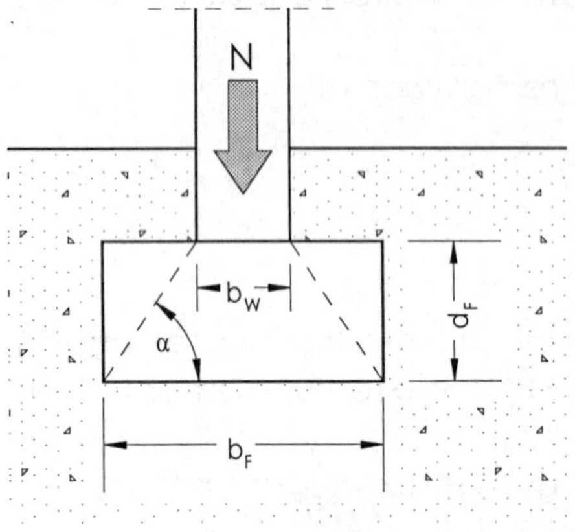

Die in der Bodenfuge aufzunehmende Last beträgt:

$$V = N + G_{Fundament} \ [kN/m]$$

Die erforderliche Fundamentbreite ergibt sich zu:

$$b_{F,erf} = \frac{V}{\sigma_{zul}}$$

Ist b_F nicht zu groß, kann ein unbewehrtes Betonfundament geplant werden. Die notwendige Dicke d_F des Fundaments ist vom zulässigen Winkel α abhängig: je höher die Betonqualität, umso kleiner darf α bzw. d_F sein. Je höher die Bodenpressung, umso größer muss α bzw. d_F sein, damit kein Abscheren des unbewehrten Fundaments erfolgt.

Die Werte n = tan α sind der folgenden Tabelle zu entnehmen. Sie liegen zwischen 0,47 (α = 25°) und 1,85 (α = 62°) und sind abhängig von der Betonfestigkeitsklasse.

n-Werte für die Lastausbreitung (n = tan α)							
Boden-pressung [kN/m²]	100	200	300	400	500	600	700
C 12/15	0,70	0,99	1,21	1,40	1,57	1,71	1,85
C 20/25	0,60	0,84	1,04	1,20	1,34	1,47	1,58
C 30/35	0,52	0,74	0,90	1,04	1,16	1,27	1,37
C 40/45	0,47	0,65	0,80	0,93	1,04	1,14	1,23

mit $$b_{F,erf} = b_W + 2 \cdot \frac{d_F}{n}$$

ergibt sich die Fundamentdicke zu

$$d_F \geq (b_{F,erf} - b_W) \cdot \frac{n}{2}$$

Für kleinere Hochbauten ist das unbewehrte Streifenfundament unter Wänden der Regelfall.

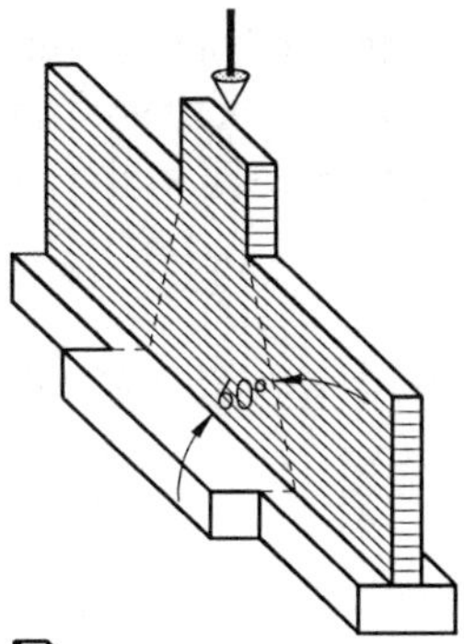

Einzellasten auf Mauerwerkswänden werden in einem Winkel von ca. 60° verteilt und können von einem verbreiterten Streifenfundament aufgenommen werden.

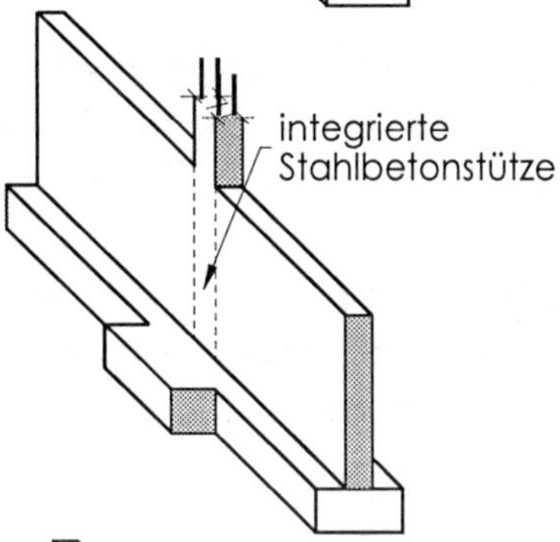

Einzellasten auf Stahlbetonwänden werden durch eine in die Wand integrierte Stahlbetonstütze nach unten geleitet und auf einem Einzelfundament gegründet. Die Stützenbewehrung wird bis in das Fundament geführt.

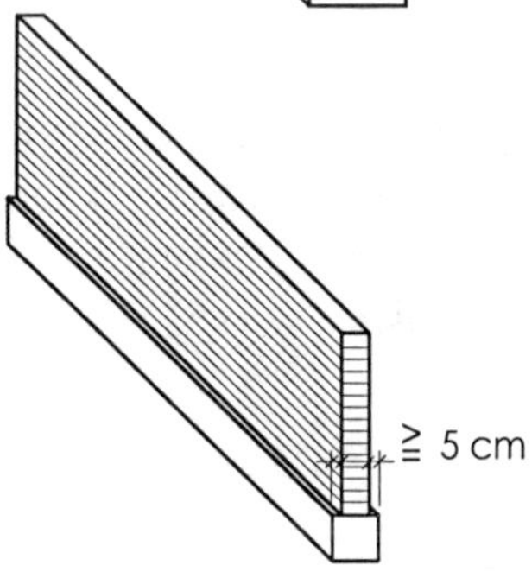

Wenig belastete Streifenfundamente kön-nen rechnerisch sehr schmal werden, manchmal schmaler als die Wand. Aus baupraktischen Gründen sollte jedoch das Fundament auf jeder Seite mindestens 5 cm über die Wand überstehen. Es muss also manchmal breiter ausgeführt werden als rechnerisch nötig.

Wird bei großen Lasten (großes $b_{F,erf}$) die Fundamentdicke zu groß, wählt man ein bewehrtes Streifenfundament aus Stahlbeton.

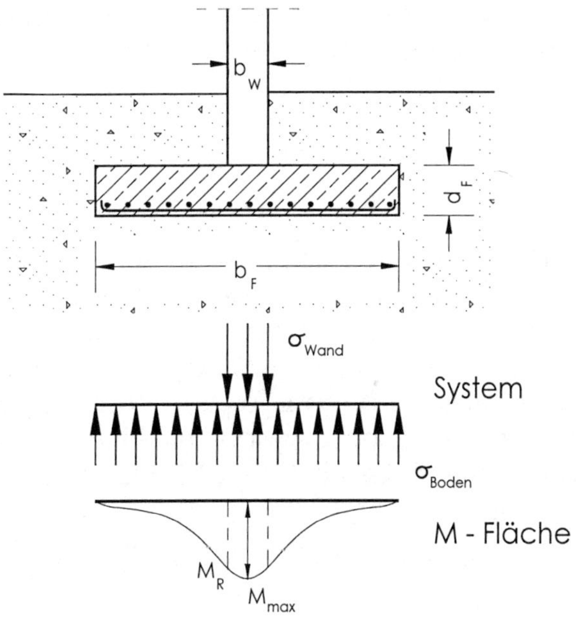

Wieder muss sein:

$$b_{F,erf} \geq \frac{V}{\sigma_{zul}}$$

Das Fundament wird in Querrichtung auf Biegung beansprucht. Bei einer Stahlbetonwand ist das Moment am Rand M_R maßgebend:

$$M_R = \sigma_{Boden} \cdot \frac{b_F^{\,2}}{8} \cdot \left(1 - \frac{b_W}{b_F}\right)^2$$

Bei einer Mauerwerkswand ist auf M_{max} zu bemessen:

$$M_{max} = \sigma_{Boden} \cdot \frac{b_F^{\,2}}{8} \cdot \left(1 - \frac{b_W}{b_F}\right)$$

Für das Moment M_R bzw. M_{max} ist dann das Streifenfundament in Querrichtung wie eine Platte (vgl. Abschnitt 10.6.1) zu bemessen. Wirtschaftlich kann mit Betonstahlmatten bewehrt werden, bei großen Fundamentabmessungen kann eine Bewehrung aus Stabstahl erforderlich werden.

In Fundamentlängsrichtung ist eine konstruktive Längsbewehrung von 20% der Querbewehrung erforderlich:

$$A_{S,längs} = 0{,}2 \cdot A_{S,quer}$$

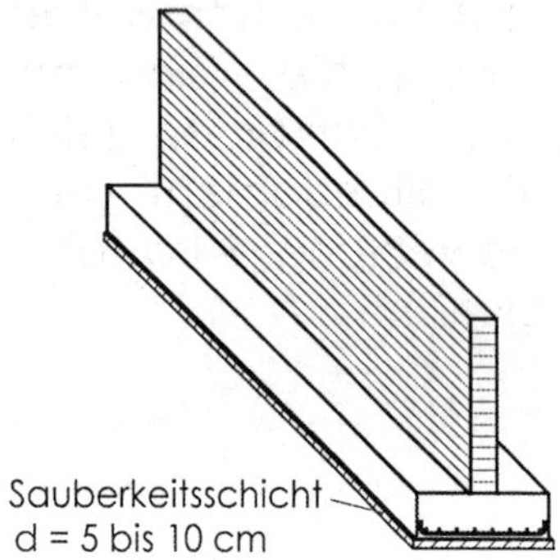

Unter bewehrten Fundamenten ist nach DIN 1045-1 immer eine Sauberkeitsschicht aus Beton von 5 bis 10 cm Dicke erforderlich.

Die Tragbewehrung ist an den Enden aufzubiegen, um die Verankerung eines "Druckgewölbes" sicherzustellen.

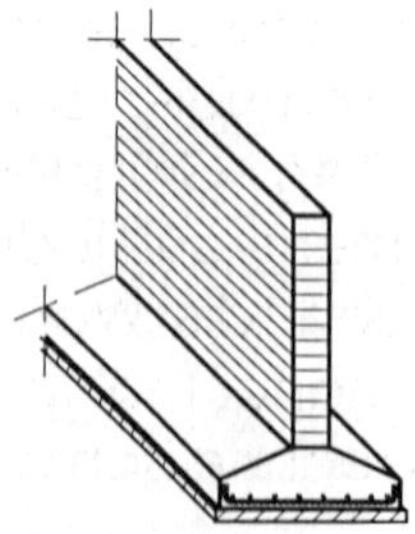

Abschrägungen der Oberfläche sparen zwar Beton, sind aber so arbeitsaufwändig, dass sie nicht wirtschaftlich und daher zu vermeiden sind.

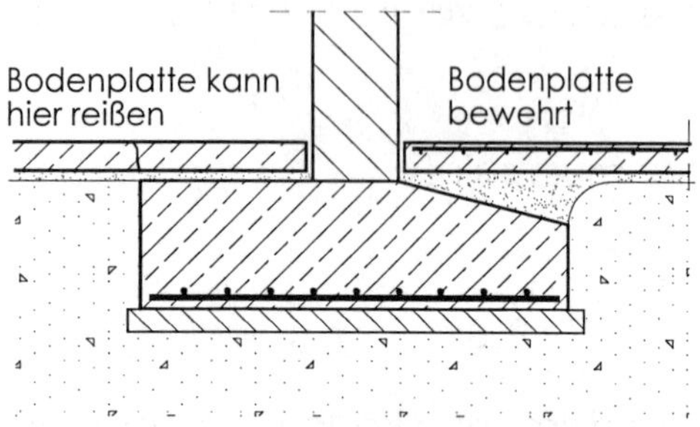

Unter Umständen kann eine Abschrägung der Fundamentoberseite die Lagerung der Bodenplatte verbessern und damit die Rissgefahr vermindern.

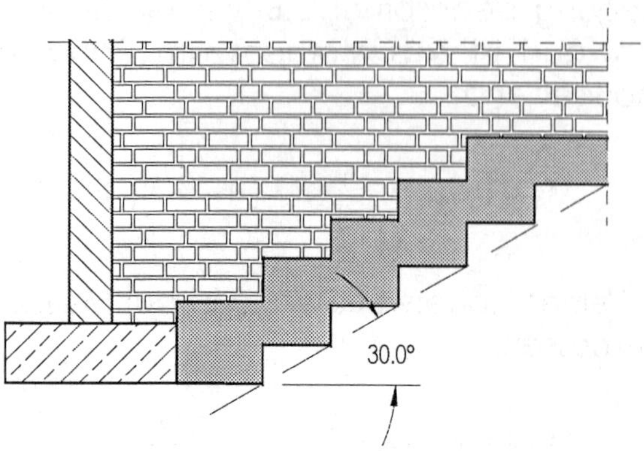

Ergibt sich durch eine Teilunterkellerung, Aufzugsunterfahrten oder andere Ursachen die Notwendigkeit, die Streifenfundamente eines Bauwerks in unterschiedlicher Höhenlage anzuordnen, so ist der Übergangsbereich mit einem Abtreppungswinkel $\alpha \leq 30°$ abzustufen.

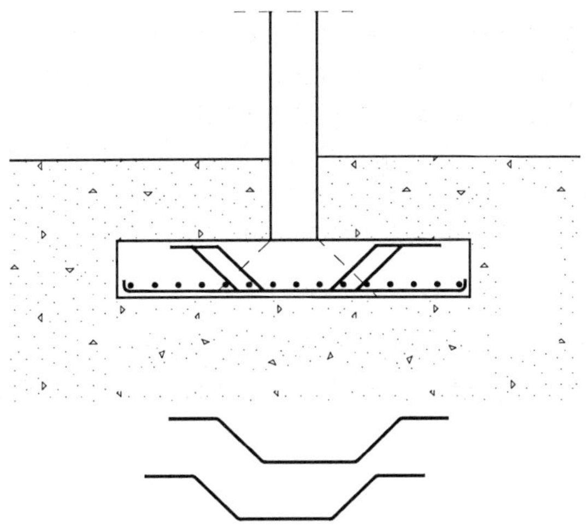

Bewehrungsform der Schubbewehrung

Bei sehr hoch beanspruchten und flachen Streifenfundamenten kann eine Schubbewehrung aus unter 45° aufgebogenen Bewehrungsstäben erforderlich werden.

Die wirtschaftlichere Lösung ist, die Fundamentdicke d_F zu vergrößern.

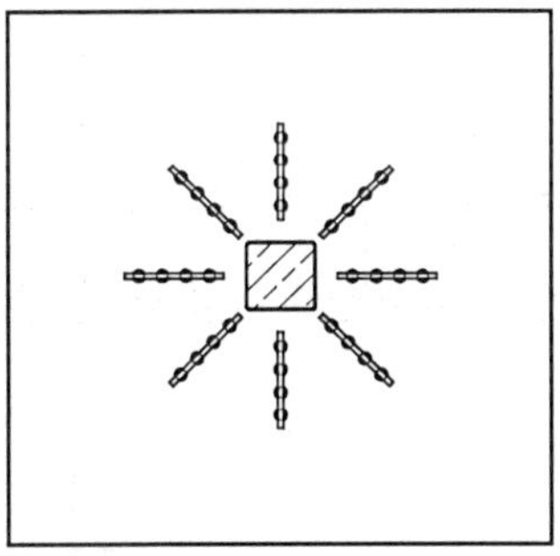

Eine andere Möglichkeit der Schubbewehrung sind Dübelleisten, wie sie auch bei Flachdecken zur Anwendung kommen (vgl. Abschnitt 10.7.5).

In nebenstehender Fundamentdraufsicht ist die Fundamentbewehrung nicht dargestellt.

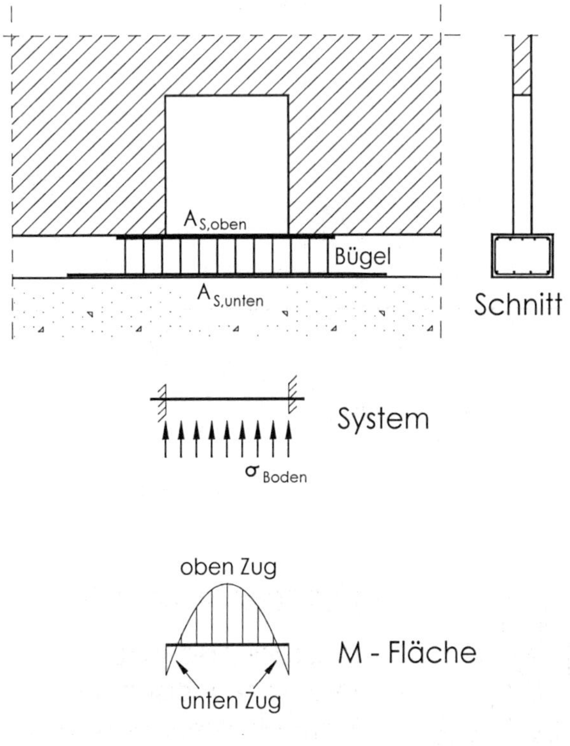

Bei einer unterbrochenen Belastung der Streifenfundamente, z.B. durch Türöffnungen, ist eine konstruktive obere und untere Bewehrung aus Stabstahl in Fundamentlängsrichtung anzuordnen. Die Querkräfte werden durch Bügel aufgenommen.

Diese Zusatzbewehrung ist auch bei sonst unbewehrten Streifenfundamenten erforderlich.

Das Fundament unter der Öffnung verhält sich wie ein beidseits eingespannter Balken, der durch die von unten wirkende Bodenpressung belastet wird. Das Feldmoment erzeugt oben Zug, die Einspannmomente unten. Entsprechend ist eine obere und untere Bewehrung erforderlich.

Bewehrte Streifenfundamente kommen auch unter engen Stützenreihen vor. Die Längsbewehrung muss dann rechnerisch nachgewiesen werden. Auch wenn der Baugrund ungleichmäßig ist oder wenn das Bauwerk gegen ungleiche Stützensenkungen empfindlich ist, sind die Fundamente von mehreren Stützen in Form von Fundamentbalken zusammenzufassen. Der Balken wirkt in Längsrichtung wie ein Biegeträger und ist wie ein Rechteckquerschnitt oder Plattenbalken auf Biegung und Schub zu bemessen.

Die Verteilung der Bodenpressung und damit der Verteilung der Biegemomente ist von der Nachgiebigkeit des Baugrunds abhängig, die durch die sogenannte Bettungsziffer ausgedrückt wird.

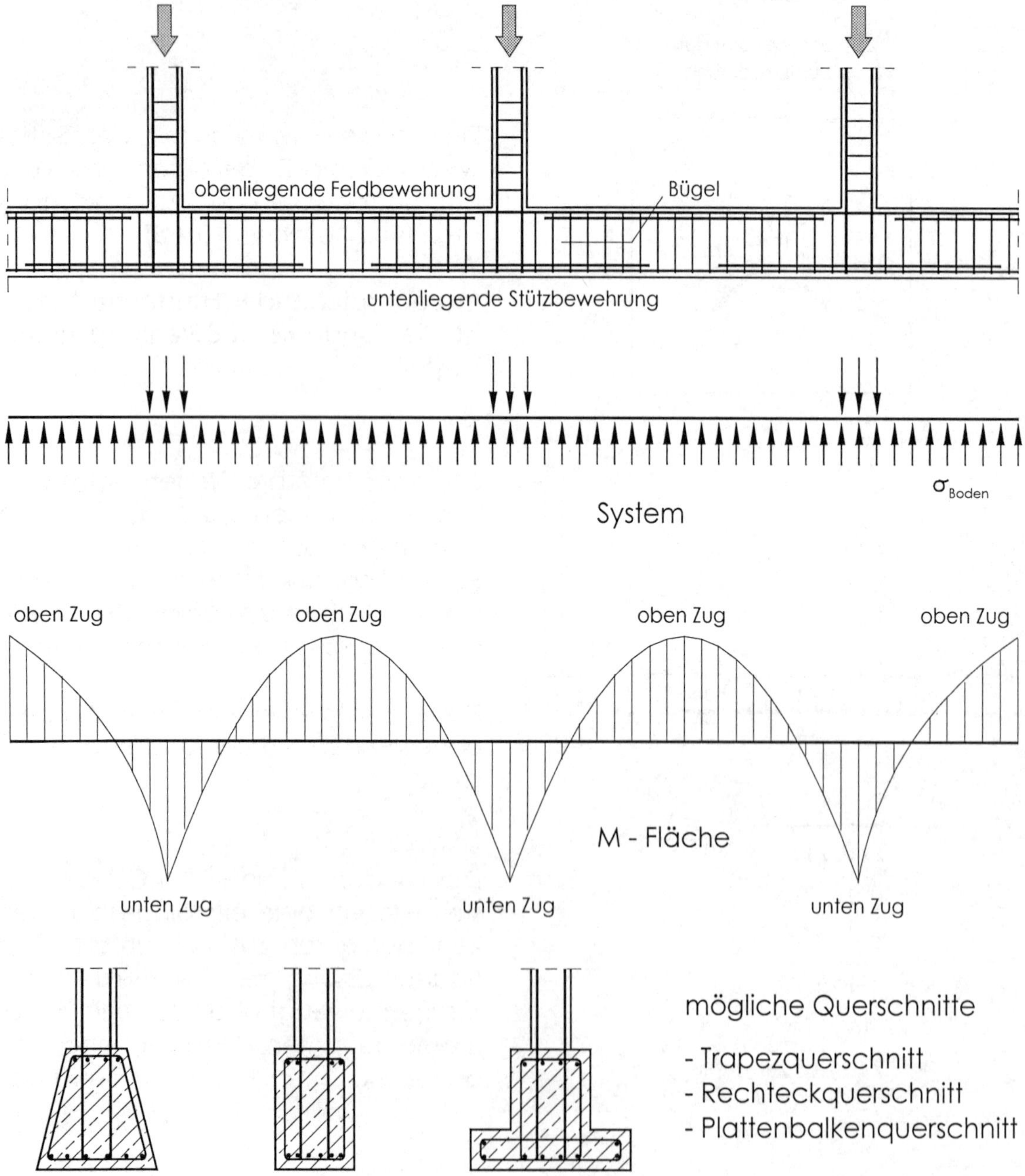

• Einzelfundamente (unter Stützen)

Einzellasten aus Stützen können am besten durch Einzelfundamente aufgenommen werden. Wenn genügend Höhe ohne zu große Aushubkosten zur Verfügung steht, kann das Fundament unbewehrt aus Beton C 12/15 bis C 30/37 ausgeführt werden. Wird das Fundament mittig und nur vertikal belastet, ist die erforderliche Fläche der Fundamentsohle gleich der Last geteilt durch zulässige Bodenpressung. Das Eigengewicht G des Fundaments ist relativ groß und darf nicht vernachlässigt werden.

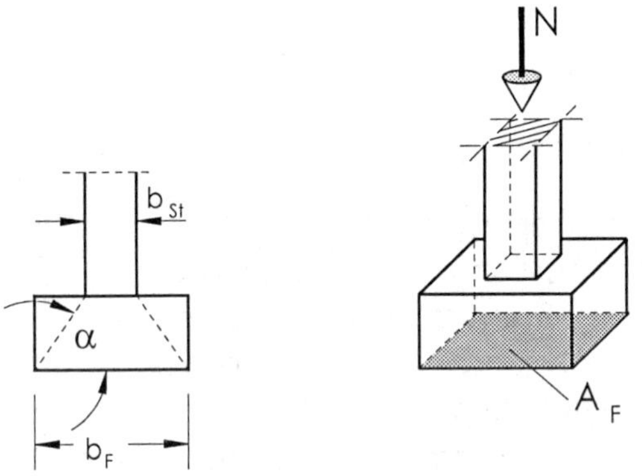

$$V = N + G_{Fundament}$$

$$A_{F,erf} = \frac{V}{\sigma_{zul}}$$

$$b = \sqrt{A_{F,erf}}$$

Für die Ermittlung der Fundamentdicke gelten die gleichen Regeln wie bei unbewehrten Streifenfundamenten:

$$d_F \geq (b_{F,erf} - b_{St}) \cdot \frac{n}{2}$$

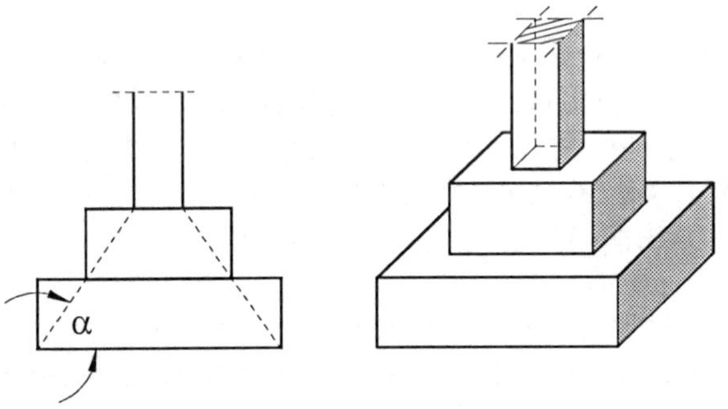

Bei großen Abmessungen kann das Fundament mit 1 bis 2 Stufen abgetreppt werden. Der Verteilungskegel muss dabei immer innerhalb des Betons liegen. Auf diese Weise kann zwar Beton gespart werden, ist aber wirtschaftlich nicht sinnvoll.

Ist die Stützenpressung gering, kann die Stütze, falls sie aus Stahlbeton ist, ohne Anschlussbewehrung aufgesetzt werden.

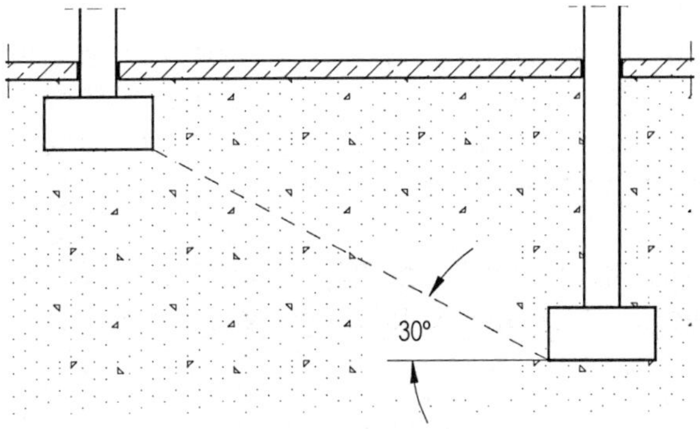

Auch bei in verschiedener Höhe liegenden Einzelfundamenten, ob bewehrt oder unbewehrt,soll ein Winkel von 30° eingehalten sein, um zusätzliche horizontale Drücke aus dem obenliegenden Fundament zu vermeiden.

Unter Umständen muss das obere Fundament tiefergeführt werden.

Flache Fundamentplatten mit etwa $d_F < 1/3\ (b_F - b_{St})$ müssen für Biegung bemessen und bewehrt werden. Hierbei ist:

b_F Fundamentbreite
b_{St} Stützenbreite

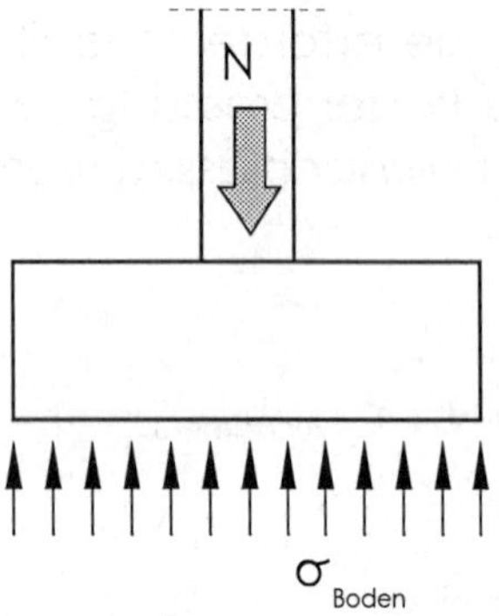

Für mittig belastete Stützen sind quadratische Fundamente günstig. Die erforderliche Fundamentfläche wird unter der Annahme einer gleichmäßigen Bodenpressung ermittelt.

$$A_{F,erf} = \frac{V}{\sigma_{Boden}}$$

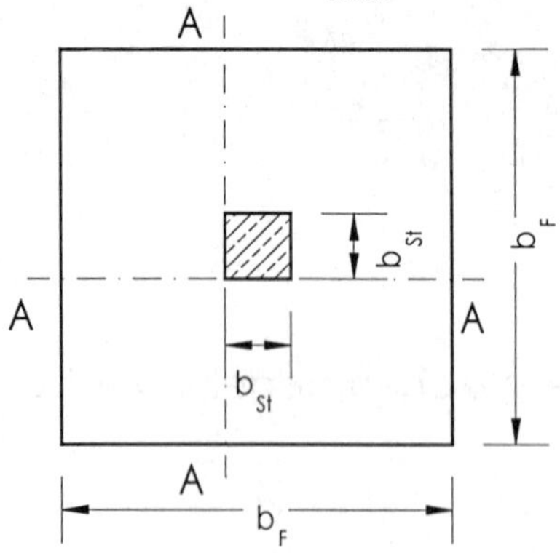

Da das Fundament allseitig über den Stützenrand auskragt, ist die genaue Ermittlung der Schnittgrößen schwierig. Die Biegebemessung wird vereinfachend für zwei rechtwinklig zueinander verlaufende Richtungen durchgeführt. Bei quadratischen Fundamenten ergibt sich dabei in jeder Richtung ein gleich großes Biegemoment (maßgebend jeweils im Schnitt A - A).

$$M_{max} = \frac{N}{8} \cdot (b_F - b_{St})$$

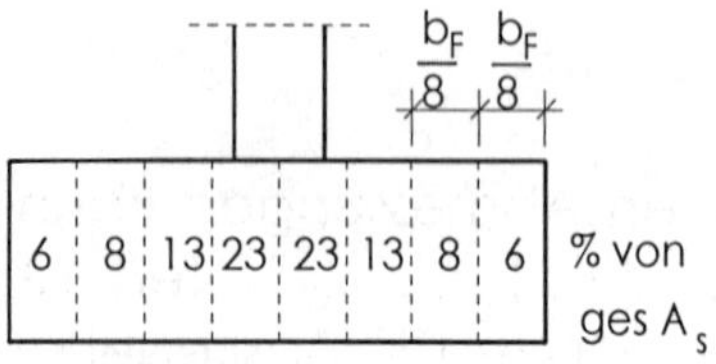

Die hiermit ermittelte Bewehrung ist die Gesamtbewehrung je Richtung. Sie ist als Netzbewehrung einzulegen und nach den nebenstehenden Prozentsätzen aufzuteilen.

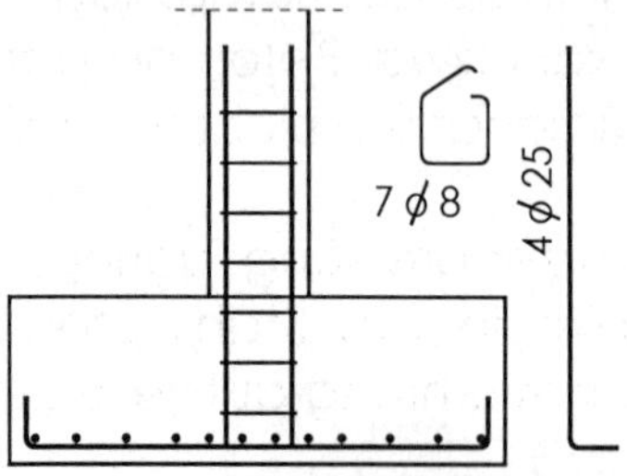

Die Stäbe sind an den Enden mit Aufbiegungen zu versehen. Eine obere Bewehrung ist in der Regel nicht nötig und für das Betonieren nur hinderlich.

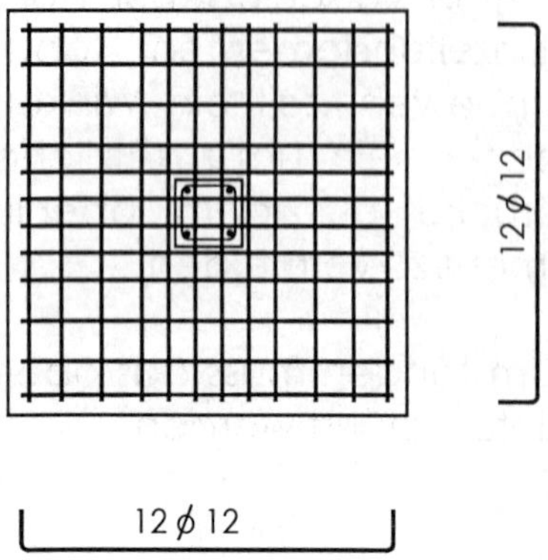

Die Anschlussstäbe der Stütze werden üblicherweise mit abgebogenen Winkelhaken auf die Bewehrung der Fundamentplatte gestellt.

Eine Sauberkeitsschicht von 5 bis 10 cm Dicke ist in DIN 1045 vorgeschrieben.

Sonderfall: Köcher- und Blockfundamente

Zur Einspannung vorgefertigter Stahlbetonstützen werden hauptsächlich Köcherfundamente verwendet. Die Lasteintragung aus der Stütze in das Fundament ist vom Zusammenwirken von Köcherwand und Stütze abhängig. Um die Einspannung der Stütze sicherzustellen, müssen neben einer zweckmäßigen Bewehrungsführung gewisse geometrische Verhältnisse eingehalten werden:

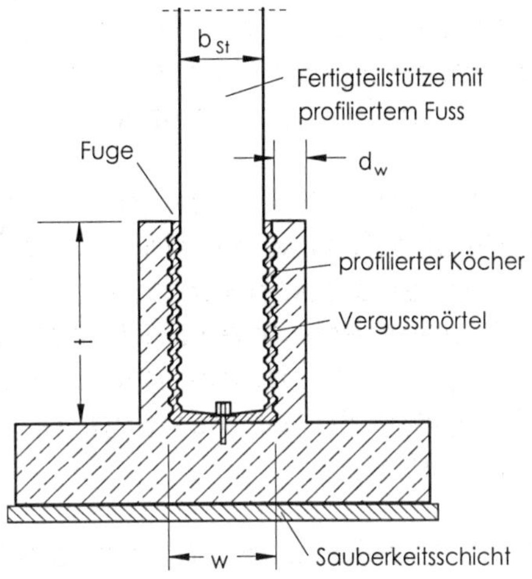

Köcherfundament
(ohne Bewehrung)

- Die Seitenflächen des Stützenfußes und der Köcherinnenseite müssen rauh oder gerippt sein, damit sich die Stützenlast auf die Köcherwände ausbreiten kann. Dies lässt sich durch eine gewellte oder gezahnte Schalung erreichen.
- Der Vergussmörtel muss die gleiche Güte wie Stütze oder Köcher haben. Die Fugenbreite beträgt 5 bis 7 cm.
- Die Wanddicke d_W sollte 1/3 der lichten Köcherweite w, mindestens 10 cm sein.
- Die Einbindetiefe t der Stütze sollte mindestens das 1,2 fache des Stützenquerschnitts b_{St} sein.

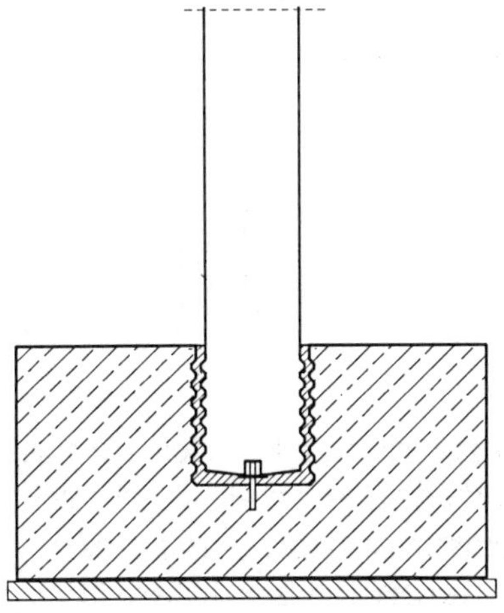

Blockfundament
(ohne Bewehrung)

In neuerer Zeit werden wegen ihrer Wirtschaftlichkeit häufig sogenannte Blockfundamente im Fertigteilbau verwendet. Bei einer entsprechenden Verzahnung des Stützenfußes und der Fundamentaussparung wirken Blockfundamente wie ein monolithisch mit der Stütze hergestelltes Fundament. Die Einbindetiefe der Stütze in das Fundament sollte dem Stützenquerschnitt b_{St} entsprechen.

Das Blockfundament ermöglicht gegenüber dem Köcherfundament neben einer einfacheren Bewehrung auch geringere Schalungskosten.

Die erforderliche Bewehrung bei den beiden Fundamenttypen ist nicht dargestellt. Sie ist insbesonders beim Köcherfundament relativ aufwändig. Die Fundamentfläche ergibt sich wie bei anderen Fundamenten aus der Gesamtlast geteilt durch die zulässige Bodenpressung.

In letzter Zeit hat es sich als besonders wirtschaftlich erwiesen, die Stütze komplett mit Fundament im Fertigteilwerk herzustellen.

11.2.4 Exzentrisch belastete Fundamente

Einzelfundamente werden, wenn sie exzentrisch belastetet werden, als Stahlbetonfundamente ausgeführt.

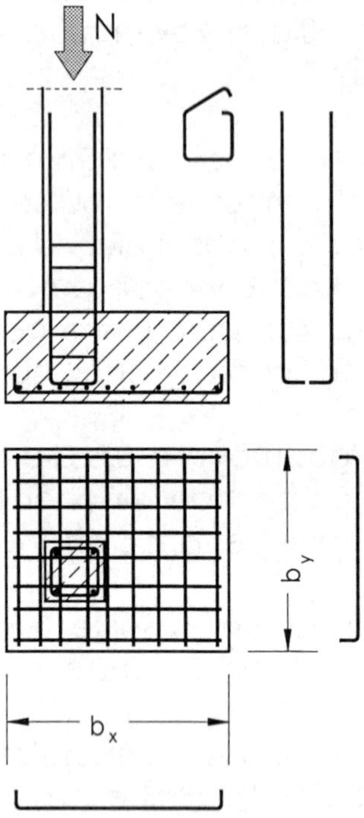

• Fall 1: ausmittig stehende Stütze

Durch Grundstücksgrenzen oder durch andere Bauteile kann es notwendig sein, das Fundament nicht mittig unter der Stütze, sondern ausmittig anzuordnen.

Es ergeben sich dann, auch wenn nur eine Vertikalkraft N wirkt, ungleichmäßig verteilte Bodenpressungen in der Sohlfuge. Die Bodenpressungen sind unter dem Lastschwerpunkt konzentriert und dürfen die zulässigen Bodenpressungen nicht überschreiten.

Ein ausmittig belastetes Fundament wird bei gleicher Vertikalkraft N daher in jedem Fall größer als ein mittig belastetes.

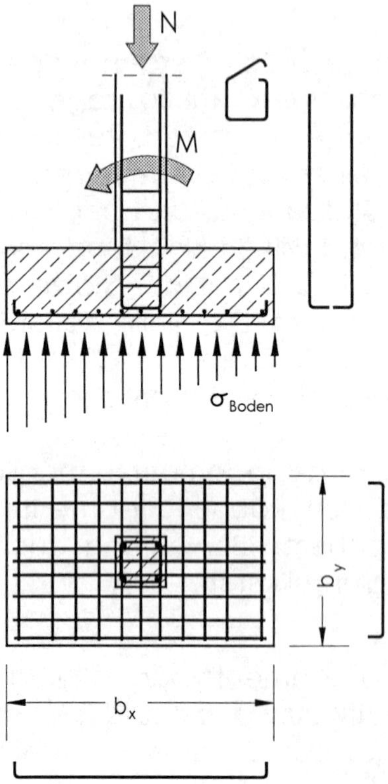

• Fall 2: Halle mit eingespannten Stützen

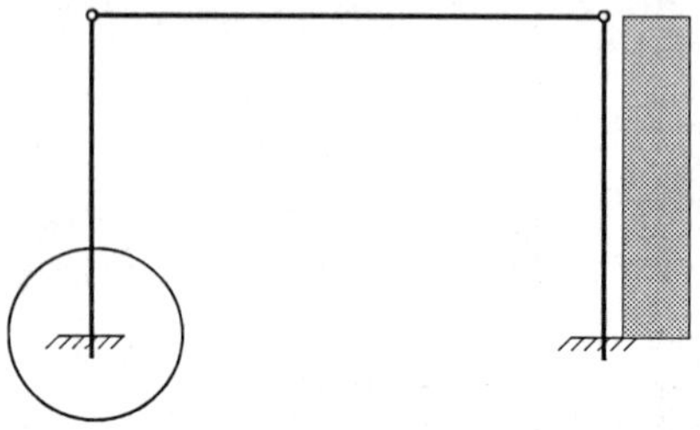

Ist eine Stütze in das Fundament eingespannt, wirkt neben der Vertikalkraft N auch ein Einspannmoment M aus Windlast und anderen horizontalen Einwirkungen auf die Halle (z.B. Last aus Kranbahn, Schiefstellung von Stützen).

Das Fundament ist in der Drehrichtung des Moments länger als breit zu wählen, d.h. $b_x > b_y$. Das Fundament ist jedoch mittig unter der Stütze anzuordnen, da die horizontalen Einwirkungen auf das Tragwerk die Richtung wechseln und sich damit auch die Drehrichtung des Moments ändert.

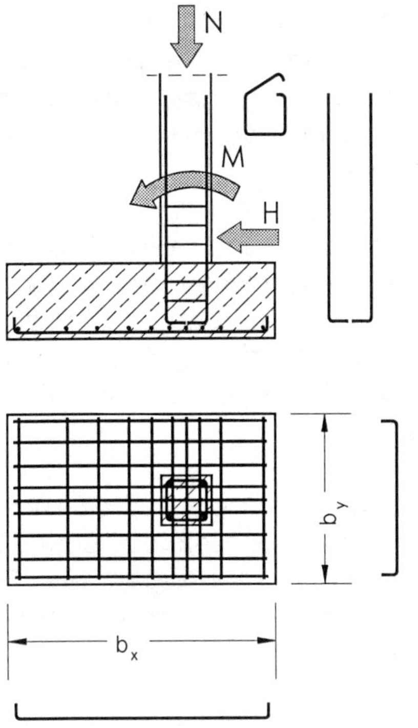

• Fall 3: Rahmentragwerk

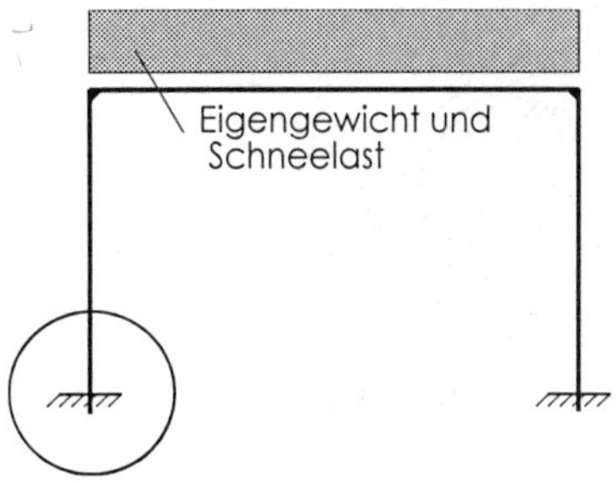

Bei einem Rahmentragwerk entstehen neben vertikalen Auflagerkräften V auch bei nur vertikaler Belastung (Eigengewicht der Dachkonstruktion und Schneelast) horizontale Auflagerkräfte H, bei eingespannten Rahmenstielen auch Einspannmomente M (vgl. Abschnitt 5.5).

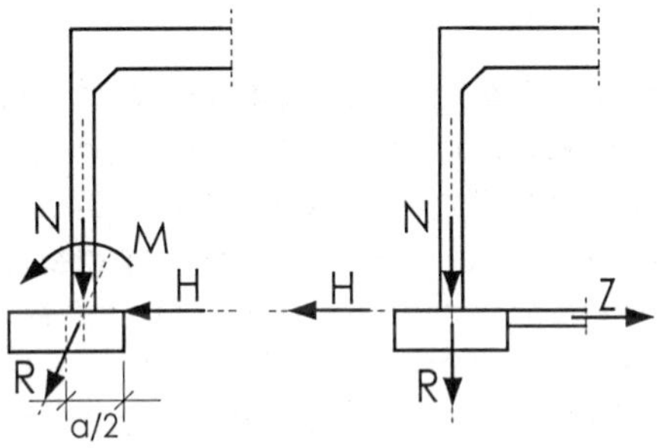

Die horizontale Auflagerkraft H in den Fußpunkten führt zu einer schräg nach außen verlaufenden Resultierenden R. Einspannmomente von eingespannten Rahmen verschieben die Kraft noch weiter nach außen. Deshalb sind Rahmen-Fundamente exzentrisch nach außen angeordnet.

Am günstigsten liegen die Fundamente, wenn die Resultierende R in den verschiedenen Lastfällen möglichst nahe der Fundamentmitte bei a/2 durch die Fundamentsohle läuft, d.h. die Exzentrizität möglichst gering bleibt.

Wenn Grundstücksgrenzen oder andere Bauteile der statisch richtigen Lage der Rahmenfundamente im Wege stehen, kann durch ein Zugband, das innerhalb oder unterhalb der Bodenplatte liegt und die beiden Fußpunkte des Rahmens verbindet, erreicht werden, dass sich die horizontalen Auflagerkräfte gegenseitig aufheben. Bei gelenkigen Rahmenfußpunkten ist dann die mittige Lage der Fundamente richtig, da nur Vertikalkräfte in das Fundament eingeleitet werden.

Bei eingespannten Rahmen führt das Einspannmoment M weiterhin zu einer Exzentrizität, die aber geringer ist als bei einem Rahmen ohne Zugband. Am besten sind eingespannte Rahmen bei einer Grenzbebauung zu vermeiden.

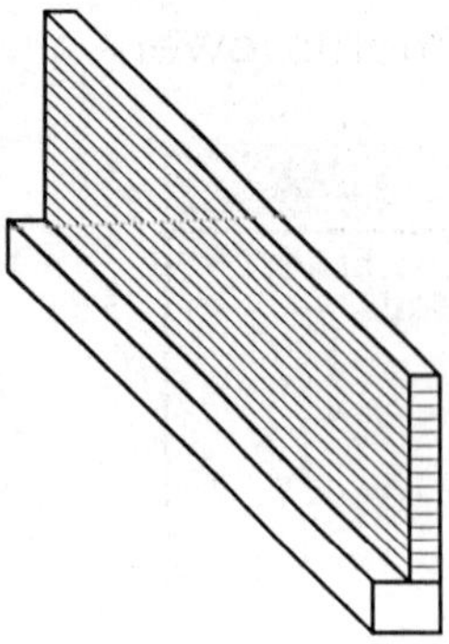

Ein häufiger Fall von ausmittiger Belastung kommt bei Streifenfundamenten an Grundstücksgrenzen vor, auch wenn die belastende Wand nur vertikale Lasten abgibt.

Auch hier sind die Bodenpressungen nicht gleichmäßig verteilt, sondern unter der darüberstehenden Wand konzentriert. Dies führt zu größeren Fundamenten gegenüber einer mittigen Fundamentanordnung.

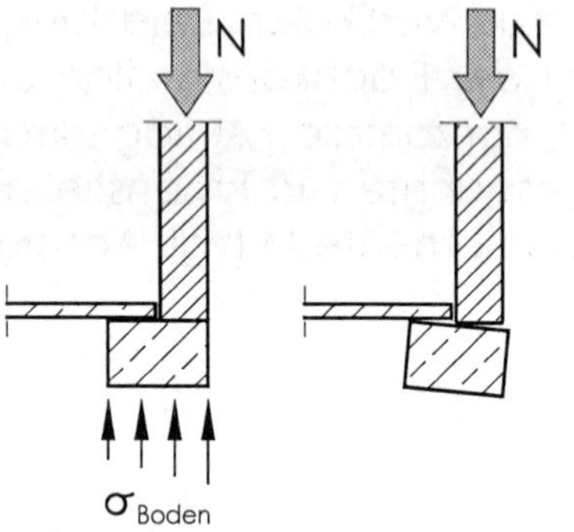

Bei aufgehenden Mauerwerkswänden führt die ungleichmäßige Bodenpressung zu Verdrehungen des Fundaments, wenn keine Gegenmaßnahmen getroffen werden.

Es kann sinnvoll sein, das kritische Grenzfundament zu entlasten, z.B. die Decken parallel zur Grenzwand zu spannen.

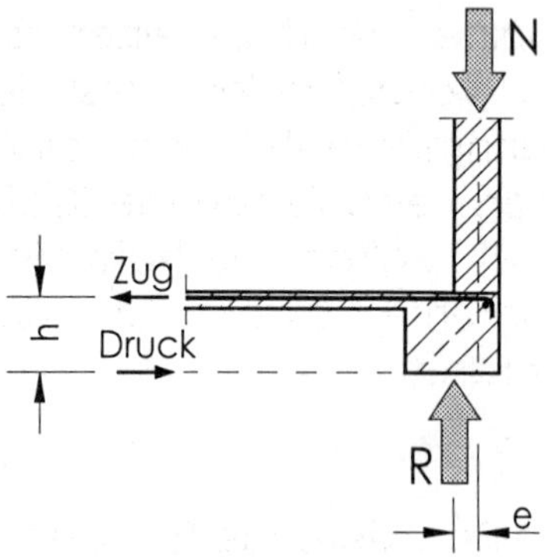

Das Verdrehungsmoment aus exzentrischer Last lässt sich durch ein Reaktionsmoment aus horizontalen Kräften ausgleichen. Die Zugkraft der in der Bodenplatte liegenden Bewehrungsstäbe und die in der Sohlfuge wirkende Reibungskraft wirken dem Verdrehungsmoment R · e entgegen. Die Fundamenthöhe h darf allerdings nicht zu klein sein.

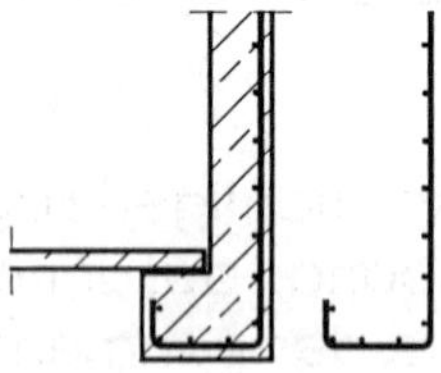

Eine andere Lösung ist eine biegesteife Verbindung von Streifenfundament und aufgehender Wand, die dann jedoch in Stahlbeton ausgeführt werden muss. Die Anschlussbewehrung aus Betonstahlmatten oder Stabstahl wird aus dem Fundament in die Wand geführt.

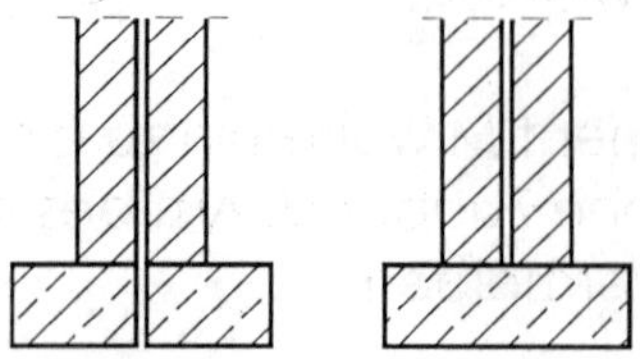

falsch richtig

Bei Doppelwänden oder -stützen an Dehnungsfugen sollte das Fundament nicht aufgeschnitten werden. Um ein Verkanten zu verhindern, ist ein gemeinsames Fundament zu wählen.

Achtung: Schallbrücke!

11.2.5 Plattenfundamente

Sind die Lasten aus dem Bauwerk im Verhältnis zur Tragfähigkeit des Baugrundes so groß, dass die Sohlflächen der erforderlichen Einzel- und Streifenfundamente mehr als die Hälfte der Grundfläche des Bauwerks einnehmen müssten, ist es in der Regel günstiger, eine Fundamentplatte als gemeinsame Gründung anzuordnen.

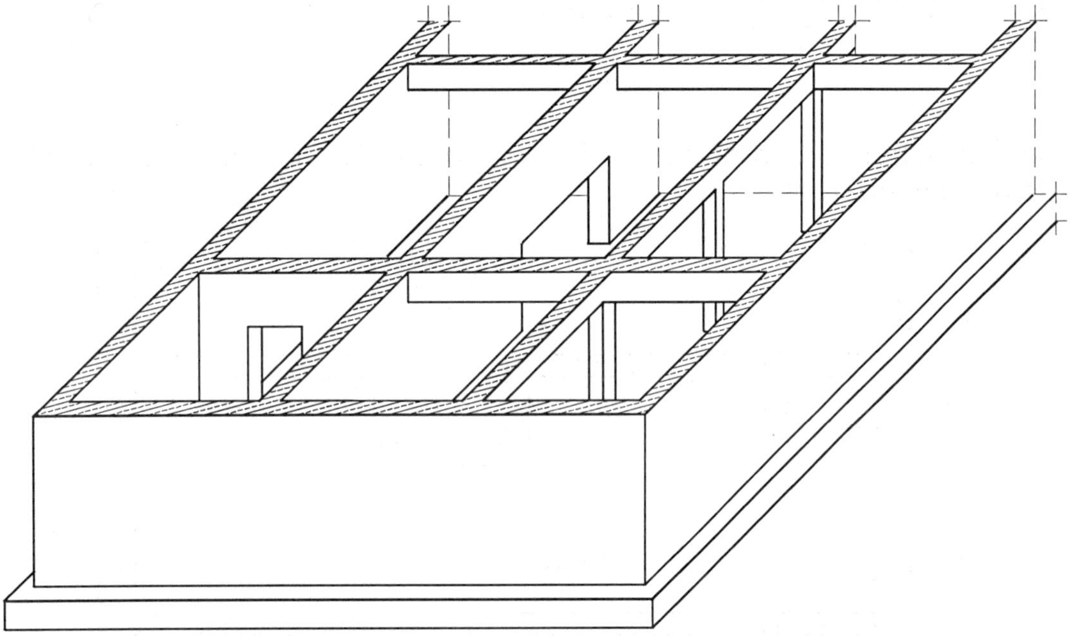

Daneben können auch statisch konstruktive Überlegungen oder die vorgesehene Nutzung des Bauwerks bei der Entscheidung für eine Fundamentplatte ausschlaggebend sein. So werden Plattengründungen oft bei Bauwerken angeordnet, bei denen die Belastung relativ gleichmäßig verteilt ist und am günstigsten direkt ohne Umweg über zusätzliche auf Biegung beanspruchte Bauteile in den Baugrund eingeleitet wird. In manchen Fällen muss auch die lastverteilende Wirkung von Platten auf unregelmäßigem Untergrund zur Vermeidung größerer Setzungsunterschiede ausgenutzt werden.

Plattengründungen bieten sich auch bei unterhalb des Grundwasserspiegels gegründeten Bauten an. Die Fundamentplatten sind dann neben den Kellerwänden Bestandteil von "Wannen" zur Abdichtung gegen drückendes Wasser, entweder als wasserundurchlässiges Bauteil (Sperrbetonwanne oder "weiße Wanne") oder als ebene Abdichtungsbasis für geklebte Abdichtungen ("schwarze Wanne").

Sperrbetonwannen sind im allgemeinen kostengünstiger als bahnenisolierte Ausführungen. Treten Risse oder undichte Stellen auf, sind diese, im Gegensatz zu Schäden bei Bahnenisolierungen, lokalisierbar und durch Verpressen nachträglich abzudichten. Die Wanne ist mindestens 30 cm dick auszuführen und so zu bewehren, dass durch Biegung und Längskräften infolge Schwinden des Betons nur Haarrisse auftreten, die noch vor der außenliegenden Bewehrungslage enden. Durch die Betonzusammensetzung, -verarbeitung und -nachbehandlung ist ein sehr geringes Wassereindringmaß sicherzustellen.

Konstruktive Hinweise:

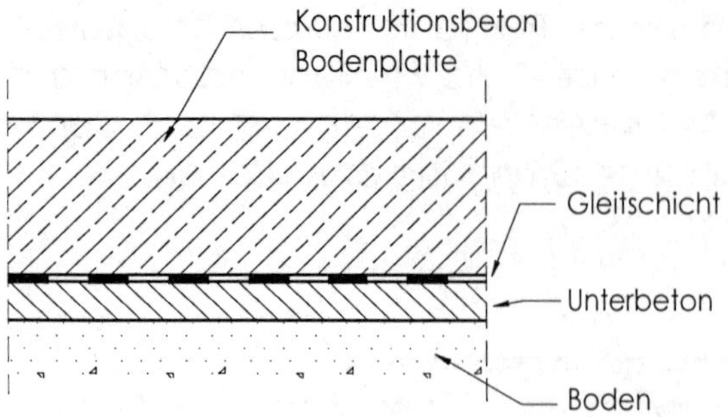

Die Bodenplatte ist gleitend aufzulegen, dass keine Risse aus Schwindbehinderung auftreten.

Aus dem gleichen Grund sind Ausbuchtungen der Bodenplatte für Schächte und Kanäle zu vermeiden.

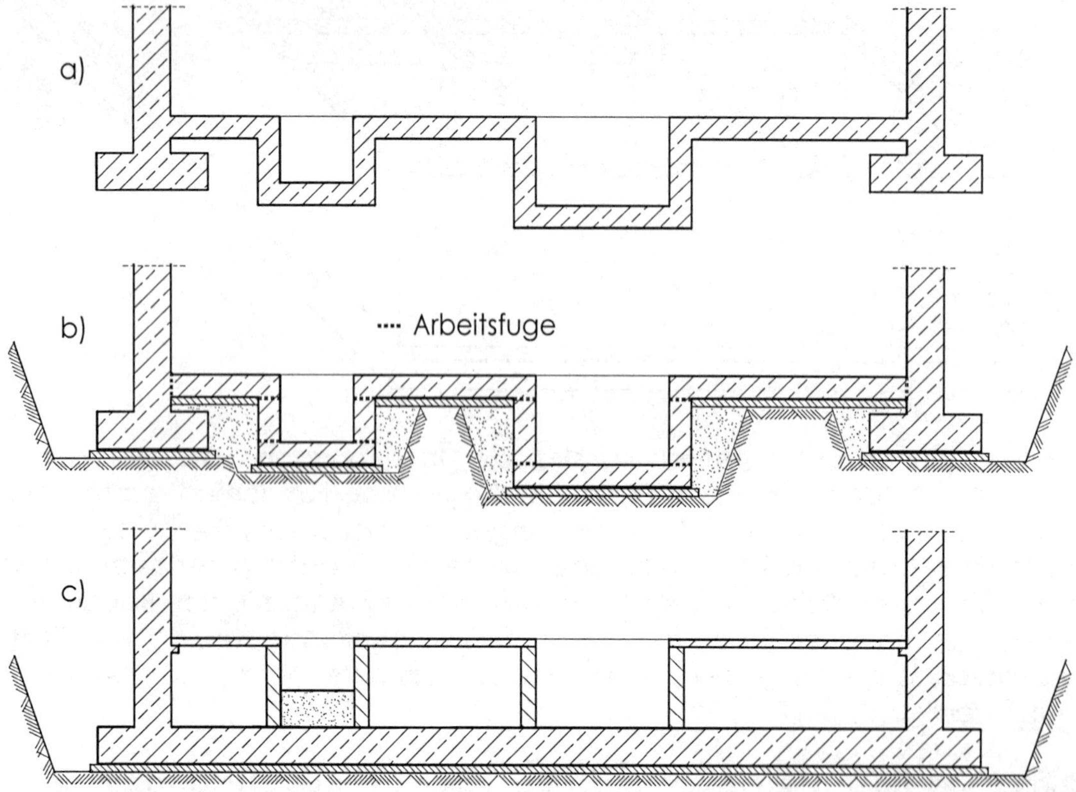

a) Geplante Bauwerkssohle mit verschiedenen Höhenlagen für Schächte, Kanäle und Bodenplatte.

b) Bei dieser Ausführung sind viele Betonierabschnitte notwendig, wodurch viele Arbeitsfugen entstehen.

c) Einfachere und sichere Ausführung durch Herunterziehen der Bauwerkssohle auf die unterste Ebene mit Einbauten für Kanäle und Schächte. Die Bodenplatte kann in einem Arbeitsgang fugenlos hergestellt werden.

Alle Fugen sind zu dichten, Arbeitsfugen mit Blechen oder Dichtungsbändern, Bewegungsfugen (Dehnungs- oder Setzungsfugen) mit entsprechend leistungsfähigen und verformbaren Fugenbändern.

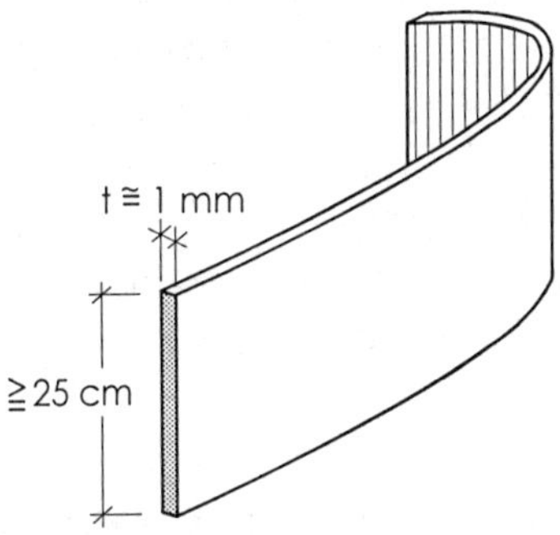

Dichtungsblech
(normale Lieferform)

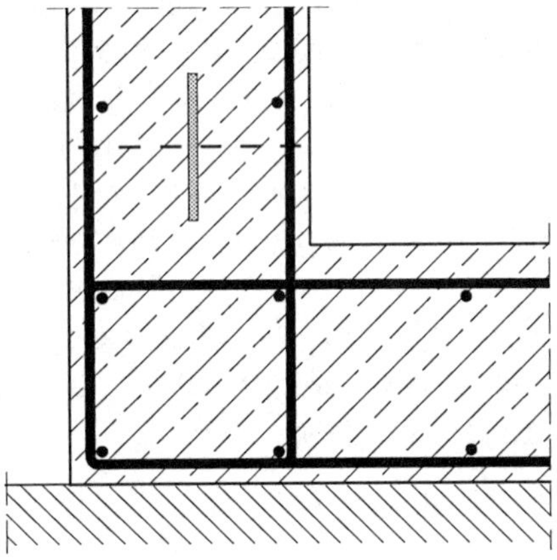

Arbeitsfuge am Übergang Bodenplatte-Außenwand mit Dichtungsblech.

Die Bodenplatte ist aufgekantet, um eine einfache Bewehrungsführung durch ineinandergreifende Schlaufen zu ermöglichen.

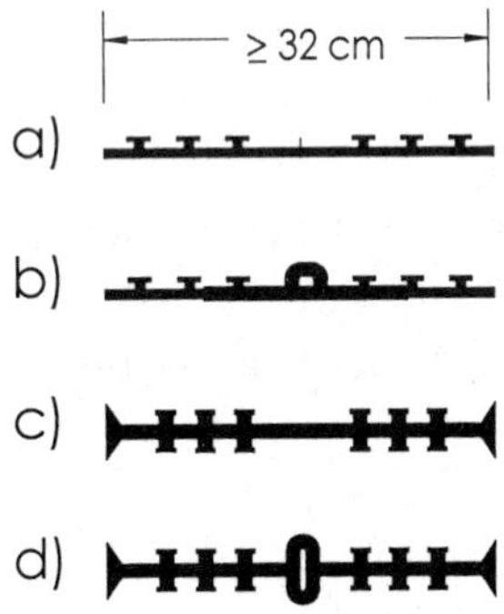

Fugenbänder

a) Arbeitsfugenband (außenliegend)
b) Dehnfugenband (außenliegend)
c) Arbeitsfugenband (innenliegend)
d) Dehnfugenband (innenliegend)

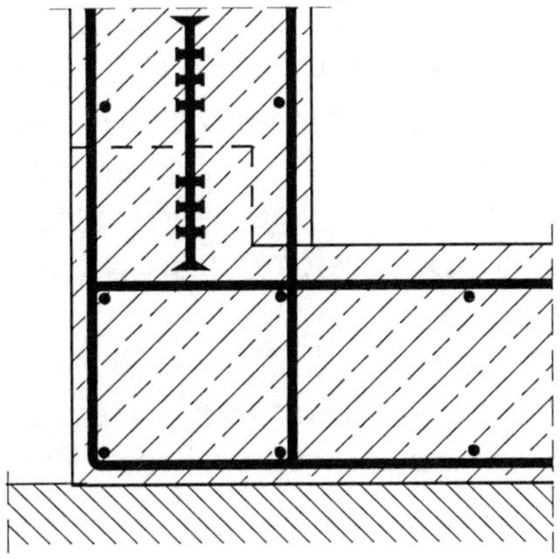

Arbeitsfuge am Übergang Bodenplatte-Außenwand mit Aufkantung der Bodenplatte und innenliegendem Fugenband. Innenliegende Fugenbänder bieten wegen des längeren Sickerweges des Wassers besseren Schutz als außenliegende Bänder, vorausgesetzt, dass der Einbau korrekt erfolgt. Bei senkrechten Fugenbändern besteht die Gefahr, dass sie beim Betonieren der Wände umgeknickt werden.

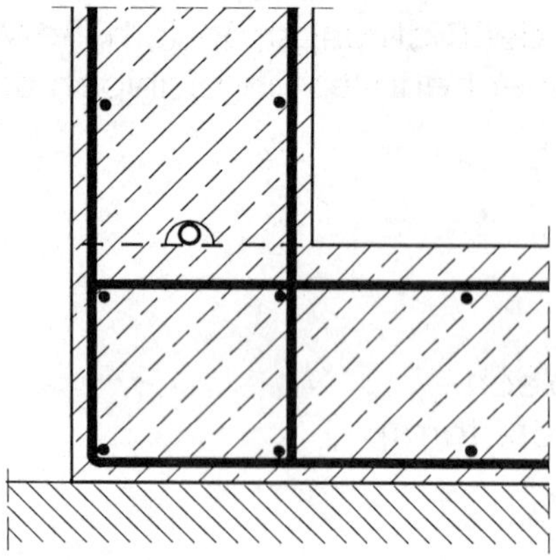

Arbeitsfuge am Übergang Bodenplatte-Außenwand mit Injektionsschlauchdichtung. Der Schlauch wird mit Kunstharz verpresst. Bei der Arbeitsfugendichtung mit Injektionsschlauch entfällt die Aufkantung, die teure Schweißverbindung der Fugenbänder und die kosten- und zeitintensive Verbügelung der Fugenbänder. Der Betoniervorgang im Bereich der Arbeitsfuge ist erheblich einfacher gegenüber einer Fugenbanddichtung.

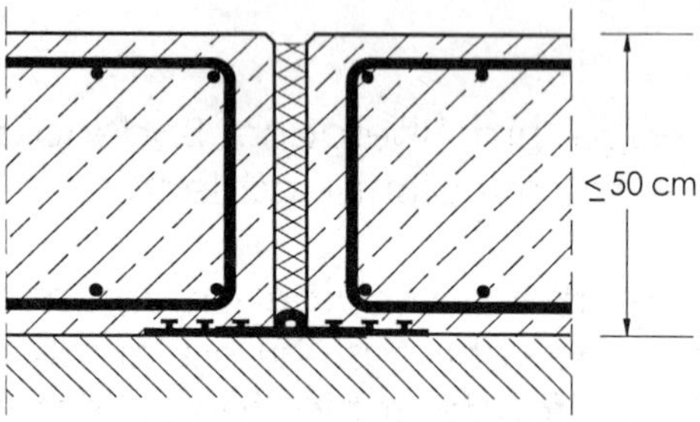

Dehnungsfuge in der Bodenplatte mit außenliegendem Fugenband. Außenliegende Fugenbänder werden auf die Sauberkeitsschicht bzw. Außenseite der Wandschalung aufgelegt und mit Klammern in der geplanten Lage fixiert. Ein Vorteil außenliegender Fugenbänder ist neben dem einfachen Einbau auch die Möglichkeit, bei Wänden nach dem Ausschalen Ausführungsfehler zu erkennen und zu beseitigen.

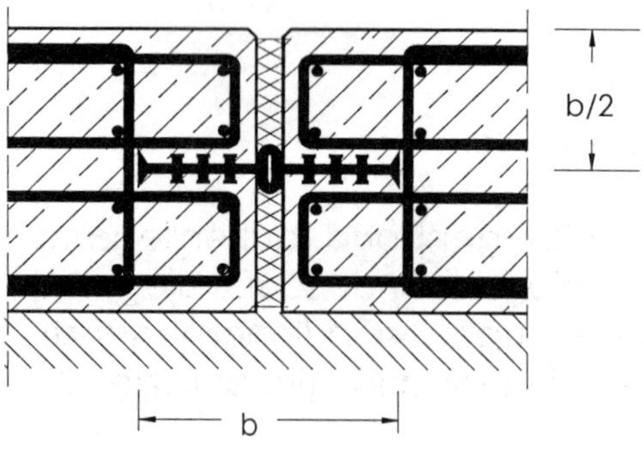

Dehnungsfuge in der Bodenplatte mit innenliegendem Fugenband. Das Fugenband muss beim Betonieren abschnittsweise sorgfältig mit Beton unterfüllt und in seiner Lage kontrolliert werden. Spezielle Fugenbandtypen mit integrierten Stahlstäben verhindern weitgehend ein Umknicken.

Neben Arbeitsfugen, Dehnungs- und Setzungsfugen sind bei ausgedehnten Bauwerken unter Umständen auch Schwindfugen erforderlich. Der Rissbildung infolge Schwindvorgängen beim Erhärten des Betons muss durch eine Unterteilung in Betonierabschnitte begegnet werden. Dabei werden die einzelnen Betonierabschnitte zeitlich überlappend so festgelegt, dass die unvermeidlichen Schwindvorgänge in den bereits betonierten Abschnitten schon weitgehend abgeschlossen sind. Je nach Witterungsverhältnissen ist ein zeitlicher Abstand von 6 bis 8 Arbeitstagen meistens ausreichend.

Die Schwindverkürzungen des Betons können durch geeignete Betonzusammensetzung und sorgfältige Nachbehandlung reduziert, aber nicht vollständig verhindert werden.

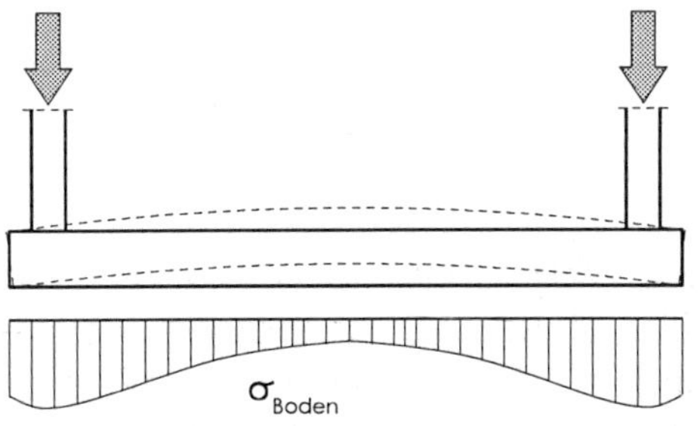

Eine Fundamentplatte wirkt wie eine umgekehrte Decke. Die Wände und Stützen bilden die Auflager, die Bodenpressung ist die Belastung. Die Belastung ist im Gegensatz zur Decke jedoch nicht gleichmäßig verteilt, sondern unter den Wänden bzw. Stützen konzentriert. Die Platte verformt sich, sie weicht stellenweise vor der Bodenpressung zurück.

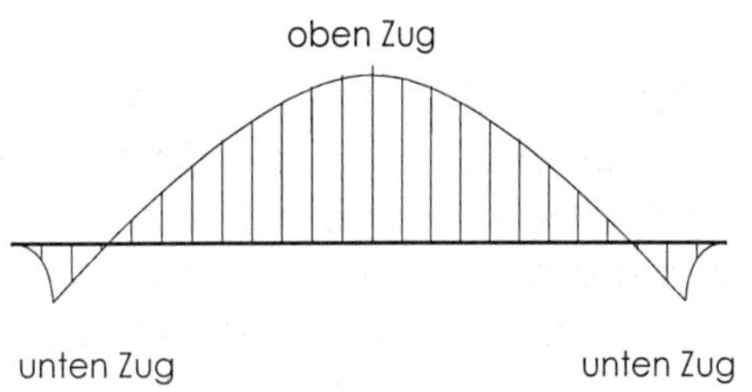

M - Verlauf

Durch die von unten wirkende Bodenpressung werden also an der Plattenoberseite Zugkräfte verursachende Feldmomente und an der Plattenunterseite Zugkräfte verursachende Stützmomente erzeugt.

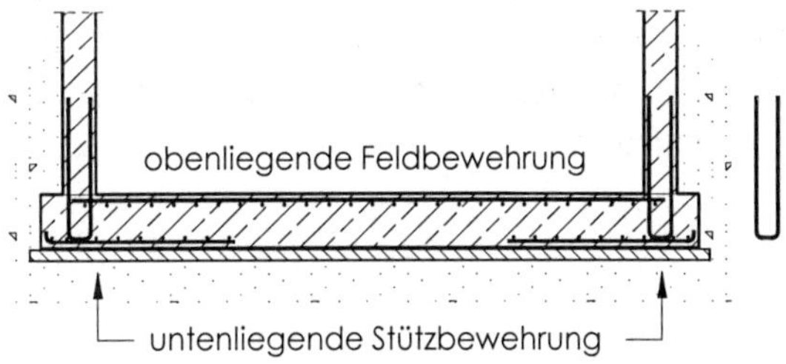

Anders als bei Deckenplatten liegt die Feldbewehrung also oben, die Stützbewehrung unten.

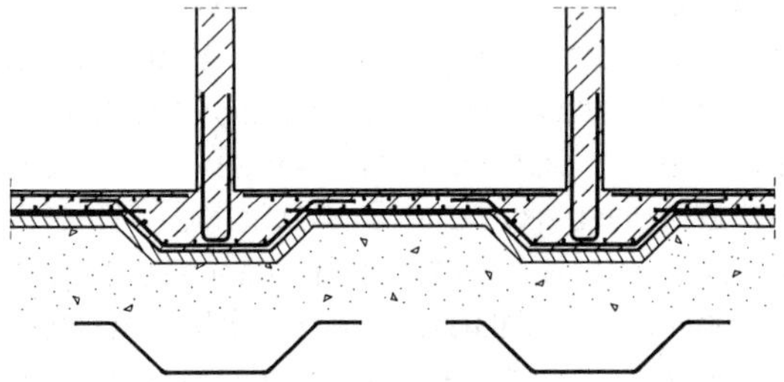

Um zu dicke Fundamentplatten zu vermeiden, können unter den Wänden und Stützen abgeschrägte Fundamentverdickungen ausgeführt werden und die Bodenplatte relativ dünn ausgeführt werden. Eine wasserundurchlässige Ausführung als "weiße Wanne" ist auch mit dieser Konstruktion möglich.

11.3 Pfahlgründungen

11.3.1 Überblick

Ist guter Baugrund erst in größerer Tiefe vorhanden, wird in der Regel durch eine Pfahlgründung diese tragfähige Schicht erreicht. Bei einer Pfahlgründung werden die Bauwerkslasten also zunächst in Pfähle eingeleitet und von diesen an die tragfähigen Schichten des Baugrundes abgegeben. Man unterscheidet zwischen stehender Gründung und schwimmender Gründung (schwebende Gründung).

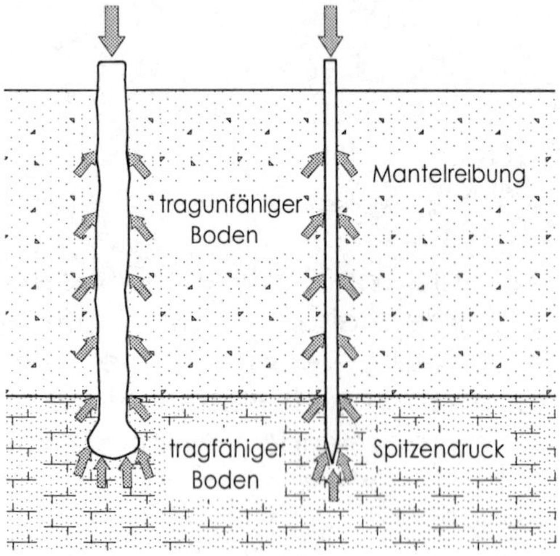

Stehende Gründung

Bei der stehenden Gründung stecken die Pfahlspitzen oder der verbreiterte Fuß in einer tragfähigen Bodenschicht, unter der keine weiteren nachgiebigen Schichten mehr folgen. Diese Art der Gründung ist von allen Pfahlgründungen die beste und sicherste. Die von oben wirkenden Kräfte werden hauptsächlich durch den Spitzendruck (Spitzendruckpfähle), weniger durch die sogenannte Mantelreibung aufgenommen.

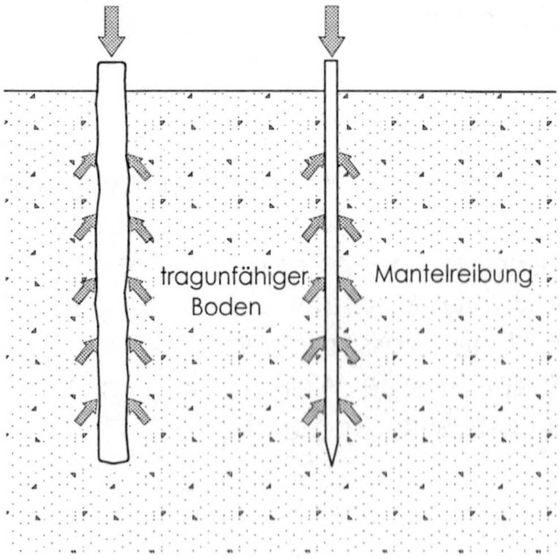

Schwebende Gründung

Von einer schwimmenden (schwebenden) Pfahlgründung spricht man, wenn die Pfähle keinen tragfähigen Baugrund erreichen, sondern in stark zusammendrückbaren Schichten allein durch Mantelreibung tragen. Bei solchen Pfahlgründungen ist stets mit langzeitigen Setzungen zu rechnen. Die Pfähle müssen darum möglichst tief in den nachgiebigen Baugrund eingreifen. Pfahllängen kürzer als die Bauwerksbreite genügen erfahrungsgemäß nicht.

Schwebende Pfahlgründungen sind nach Möglichkeit zu vermeiden. Sie werden nur angewendet, wenn die nachgiebigen Schichten mit zunehmender Tiefe fester und tragfähiger werden, so dass geringere Setzungen zu erwarten sind als bei einer Flächengründung.

Pfähle können nach verschiedenen Kriterien unterschieden werden:

- nach Herstellungstechnik: Fertigpfähle, Ortpfähle
- nach Lastübertragung: Spitzendruck- und Reibungspfähle
- nach Baustoff: Beton-, Stahlbeton-, Spannbeton-, Stahl- und Holzpfähle

- Fertigpfähle:

Sie werden in ihrer ganzen Länge oder in Teillängen vorgefertigt bzw. geliefert und in den Untergrund gerammt, gespült, gerüttelt, gepresst oder in vorbereitete Bohrlöcher gestellt.

- Ortpfähle:

Sie werden an Ort und Stelle in einem im Untergrund vorbereiteten Hohlraum hergestellt.

- Spitzendruckpfähle:

Sie übertragen die Pfahllast vorwiegend durch den Druck der Pfahlspitze auf den Baugrund, während die Mantelreibung keine wesentliche Rolle spielt.

- Reibungspfähle:

Sie übertragen die Pfahllast vorwiegend durch die Mantelreibung am Pfahlumfang.

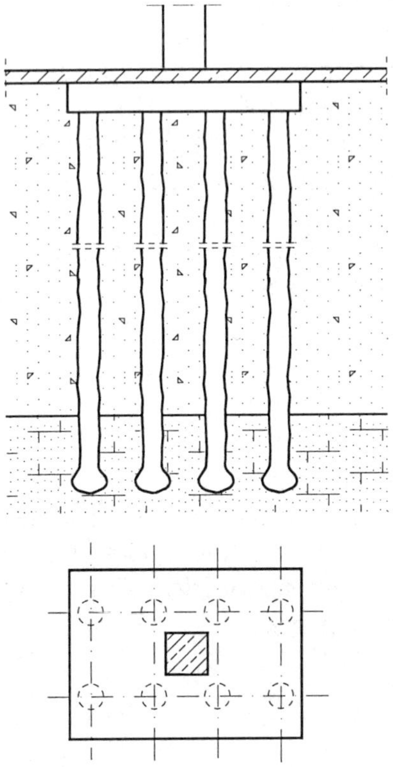

Allgemeines zum Entwurf:

Bei allen Pfahlgründungen werden die Pfahlköpfe durch einen Pfahlkopfbalken (Streifenfundament) oder durch eine Pfahlkopfplatte (Fundamentplatte) verbunden. Diese Konstruktionsteile dienen der Verteilung der Wand- und Stützenlasten auf die Pfähle. Im übrigen muss man beim Bohren und erst recht beim Rammen mit gewissen Abweichungen von der planmäßigen Lage rechnen, so dass ein ausgleichendes Bauteil zwischen der aufgehenden Konstruktion und den Pfahlköpfen einzuschalten ist.

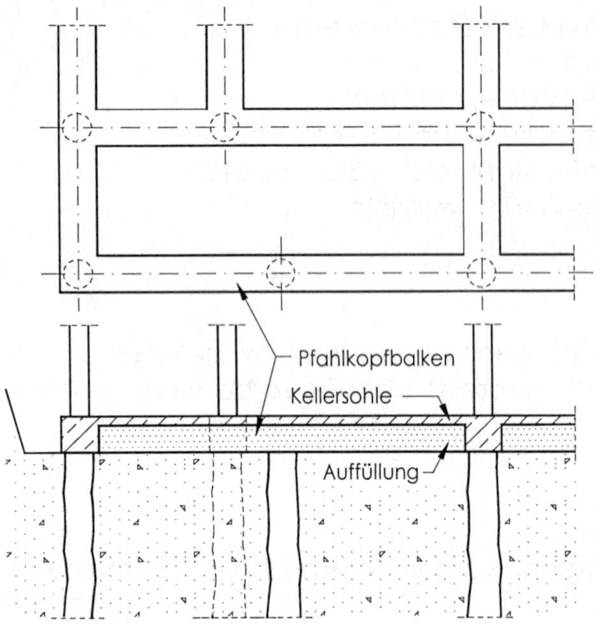

Pfahlgründungen sind so zu bemessen, dass die Kräfte aus dem Bauwerk allein durch die Pfähle auf den Baugrund übertragen werden. Bei kurzzeitig wirkenden Kräften wird auch die Pfahlkopfplatte bzw. der Pfahlkopfbalken einen Anteil der vom Bauwerk übertragenen Last unmittelbar auf den Baugrund abgeben können. Ein zuverlässiger Nachweis, um welchen Anteil es sich dabei im Einzelfall handelt, ist nach dem gegenwärtigen Stand der technischen Kenntnis nicht möglich.

Die Bodenplatte zwischen den Pfahlkopfbalken wird als freitragende Decke bewehrt oder auf die verdichtete Auffüllung gelegt.

Das Verhältnis von Länge zu Durchmesser eines Pfahls ist so groß, dass der Pfahl statisch als Gelenkstab angesehen werden kann. Frei stehende Pfähle sind auf Knicksicherheit zu untersuchen. Selbst sehr weiche, breiige Böden verhindern ein Ausknicken. Die Pfähle müssen ausreichend tief im tragfähigem Boden stehen, z.B. in Kies- und Sandböden im allgemeinen etwa 3 m.

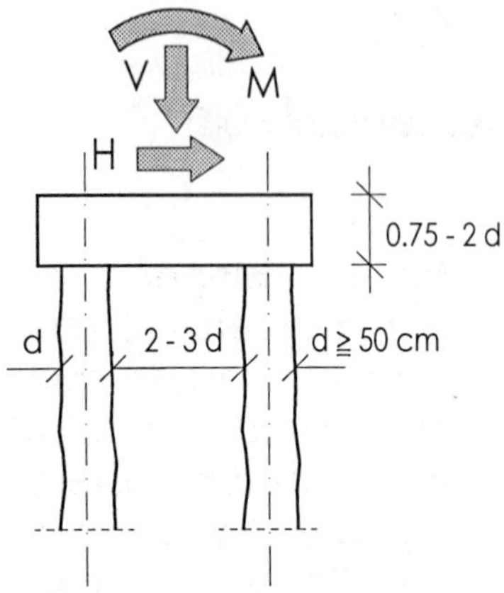

Pfähle mit Durchmesser d ≥ 50 cm können auch planmäßig Biegung aufnehmen, können also bei nicht zu großen Horizontalkräften, bei üblichen Hochbauten ohne erheblichem einseiten Erddruck, alle lotrecht angeordnet werden.

Nebenstehend sind konstruktive Empfehlungen angegeben.

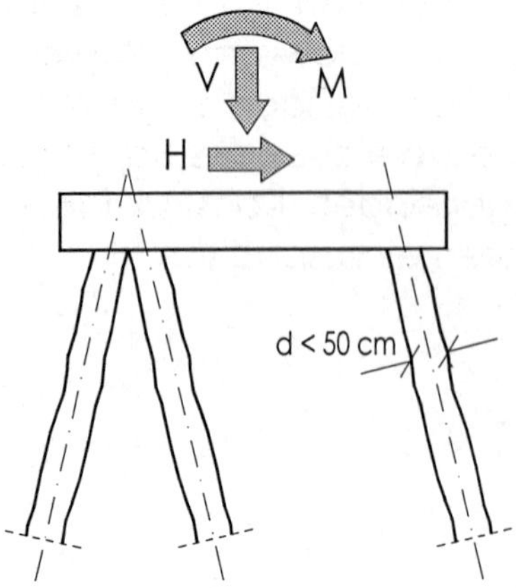

Bei Pfählen mit d < 50 cm, die Biegung nicht aufnehmen können, müssen Pfahlböcke mit mindestens drei sich nicht in einem Punkt schneidenden Achsen ausgebildet werden.

Für Pfahlgründungen, bei welchen die Pfähle Wechselbeanspruchungen aufzunehmen haben, werden als Zugpfähle meistens die gleichen Pfähle verwendet wie zur Druckübertragung. Über den Zugwiderstand von Pfählen kann aufgrund von erdstatischen Berechnungen wenig ausgesagt werden. Es sind meist sehr aufwändige Zugversuche im Maßstab 1 : 1 erforderlich, d.h. am Bauort.

11.3.2 Bohrpfähle nach DIN 4014, Teil 1

DIN 4014, Teil 1 behandelt Bohrpfähle und Pressbetonbohrpfähle bis höchstens 50 cm Durchmesser. Sie dürfen planmäßig nur axial (ohne Biegung) beansprucht werden.

Geschüttete Bohrpfähle sind Bohrpfähle, bei denen der Beton eingeschüttet und das Bohrrohr wieder gezogen wird. Pressbetonbohrpfähle sind Bohrpfähle, bei denen auf den eingefüllten Beton ein Druck mittels Pressluft ausgeübt wird, während das Bohrrohr wieder gewonnen wird.

Zur Herstellung eines Bohrpfahls wird ein Vortreibrohr aus Stahl in die tragende Bodenschicht eingebracht, in dem der Boden innerhalb des Rohres bei gleichzeitigem Drehen und Belasten des Rohres entfernt wird. Erschütterungen des Baugrundes werden vermieden, so dass Bohrpfähle auch in unmittelbarer Umgebung von Gebäuden eingesetzt werden können.

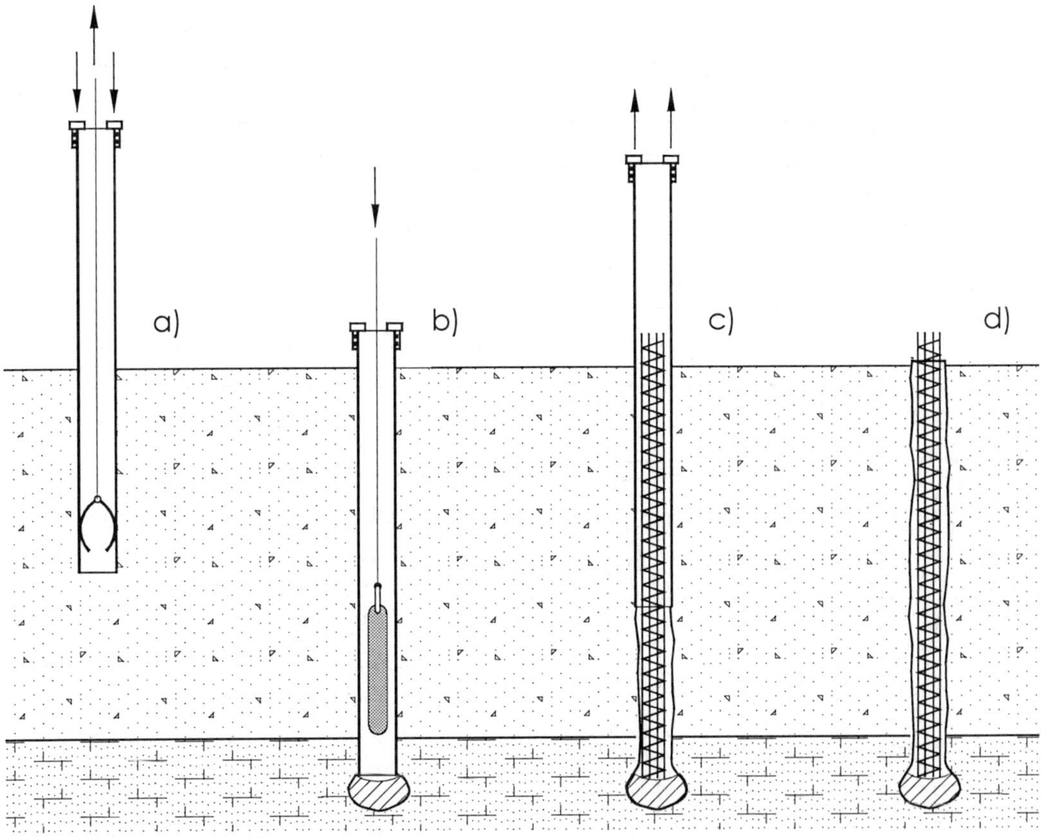

a) Bohren bzw. Eintreiben des Mantelrohres, Ausbaggern
b) Einstampfen des Pfahlfußes
c) Einbringen der Bewehrung, Betonieren, Ziehen des Mantelrohres
d) fertiger Pfahl

Grundwasser soll vor dem Betonieren entfernt werden. Dabei darf es bei nichtbindigen Böden nur in den Boden hinein, z.B. durch Druckluft verdrängt werden. Ein Herausfördern durch Abpumpen ist nicht zulässig (Ausschwemmen von Feinkorn).

Die nachstehenden zulässigen Belastungen von Bohrpfählen ohne und mit Fußverbreiterung auf Druck können als Richtwerte für den Entwurf von Pfahlgründungen verwendet werden. Sie gelten für mindestens 5 m lange Pfähle, die mindestens 3 m, bei Pfählen mit Fußverbreiterung mindestens 2,5 m in den tragfähigen Boden einbinden. Als tragfähiger Boden wird ausreichend dicht gelagerter nicht bindiger oder annähernd halbfester bindiger Boden vorausgesetzt. Die tragfähige Bodenschicht muss in ausreichender Mächtigkeit anstehen.

Zulässige Druckbelastung [kN] von Bohrpfählen ohne Fußverbreiterung

Pfahllänge [m]	Mindestpfahldurchmesser [cm]	zul. Belastung ohne Fußverbreiterung [kN]
über 20 bis 30	50	400
über 15 bis 20	40	300
über 10 bis 15	35	250
bis 10	30	200

Zulässige Druckbelastung [kN] von Bohrpfählen mit Fußverbreiterung

Fußdurchmesser [cm]	zul. Belastung [kN]
60	300
70	380
80	470
90	550
100	650

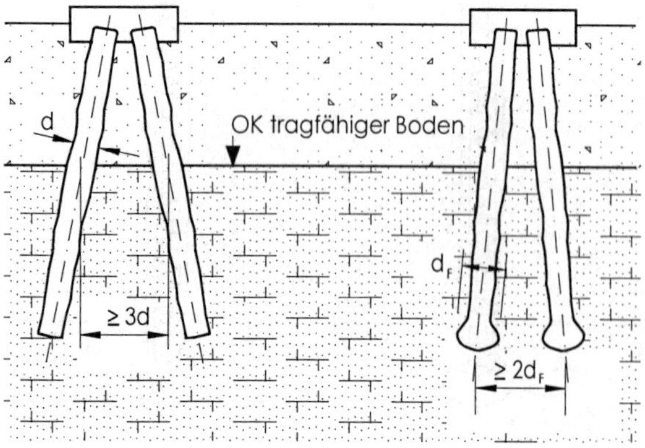

Nach DIN 4014 müssen Bohrpfähle ohne Fußverbreiterung einen Achsabstand von $3 \cdot d$ (d = Pfahldurchmesser) in Höhe der Oberkante des tragfähigen Bodens haben, Pfähle mit Fußverbreiterung einen Fußabstand, der mindestens das Doppelte des Fußdurchmessers d_F beträgt.

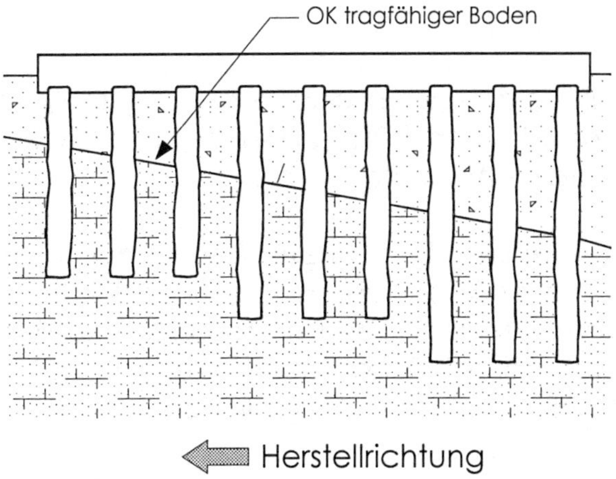

Ist die Oberkante des tragfähigen Bodens geneigt, wird mit den längsten Pfählen begonnen und bergan gearbeitet. In solchen Fällen kann die Länge der Pfähle gestaffelt werden, solange beachtet wird, dass Pfähle in der Regel mindestens 3,0 m in die tragfähige Schicht einbinden sollen.

11.3.3 Großbohrpfähle nach DIN 4014, Teil 2

Großbohrpfähle sind Bohrpfähle mit einem Durchmesser 50 cm ≤ d ≤ 250 cm. Der Einsatz von Großbohrpfählen hat in den letzten Jahren stark zugenommen. Grund dafür sind in erster Linie wirtschaftliche Gesichtspunkte. Mit modernen Maschinen ist das Herstellen eines Bohrloches von z.B. 120 cm Durchmesser mit dem gleichen Personalaufwand möglich wie eines Bohrloches von 40 cm.

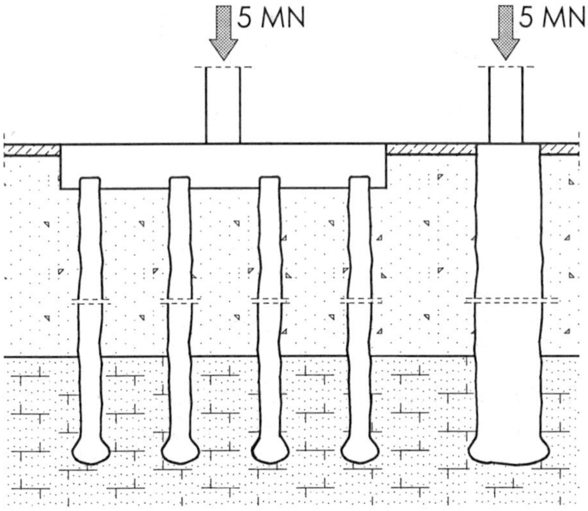

Bei großen konzentrierten Lasten können durch die Ausführung von Großbohrpfählen die Kosten für eine lastverteilende Pfahlkopfplatte und für die erforderliche Anzahl von Bohrungen für eine Gruppe kleinerer Pfähle vermieden werden.

Bei Lasten über 3 MN sind Großbohrpfähle wirtschaftlicher als eine entsprechende Anzahl von kleineren Bohrpfählen.

Die Möglichkeit, die Pfahlaufstandsfläche durch Einfahren in das Bohrloch zu besichtigen sowie in Zweifelsfällen von der Bohrlochsohle aus Kernbohrungen oder Sondierungen durchzuführen, ist als weitere Vorteil der Großbohrpfähle zu werten. Sie bilden insoweit ein neues Konstruktionselement, welches nicht nur als Gründungspfahl, sondern in Form von Pfahlwänden auch zur Aufnahme des Erddrucks Anwendung findet, weil Großbohrpfähle planmäßig auf Biegung beansprucht werden dürfen.

Die Herstellung von Grossbohrpfählen unterscheidet sich im Prinzip nicht von der normaler Bohrpfähle.

11.3.4 Rammpfähle (DIN 4026)

Rammpfähle sind Pfähle aus Holz, Stahlbeton, Spannbeton oder Stahl, die in ihrer ganzen Länge oder Teillängen vorgefertigt und in den Untergrund gerammt werden. Das Rammen kann durch Spülen oder Rütteln unterstützt werden.

Die beim Einbringen von Rammpfählen auftretenden Erschütterungen können an benachbarten Gebäuden zu Setzungs- und Rissschäden führen. Rammpfähle sind daher in bebautem Gebiet praktisch nicht anzuwenden. Den Rammungen müssen eingehende Probebohrungen vorausgehen, da größere Felsbrocken oder sehr harte Schichten geringer Mächtigkeit eine Rammpfahlanwendung ausschließen können.

Rammpfähle aus Holz werden heute nur noch selten verwendet. Sie haben den Nachteil, dass sie immer unter Wasser stehen müssen, um gegen Fäulnis geschützt zu sein. Dass sie jedoch unter diesen Bedingungen eine große Dauerhaftigkeit besitzen, ist an jahrhundertealten Bauwerken, die auf Holzpfählen gegründet sind, zu sehen. Erst in den letzten Jahrzehnten entstanden durch Senkung des Grundwasserspiegels Schäden an diesen Pfahlrosten.

Üblicherweise werden heute Rammpfähle aus Stahlbeton, Spannbeton oder Stahl ausgeführt.

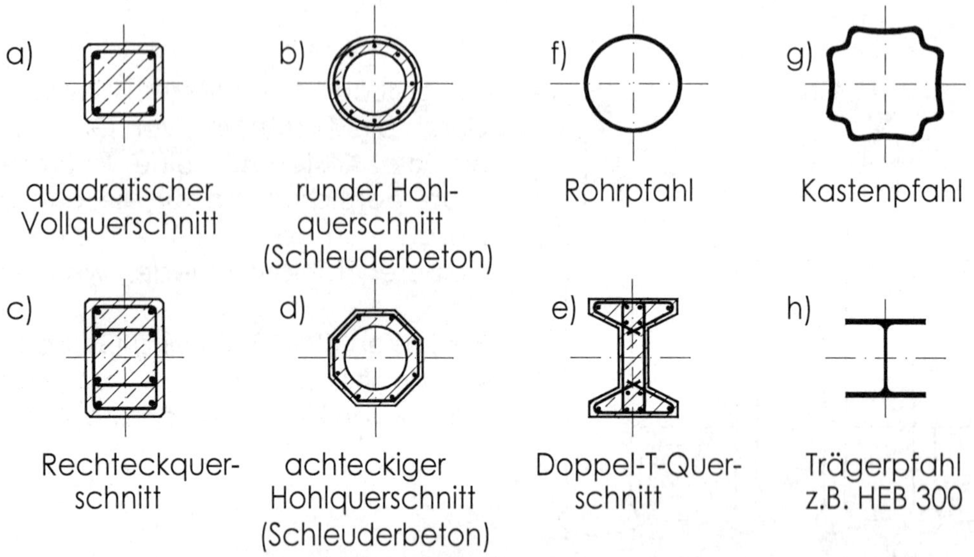

Rammpfahlquerschnitte: a) bis e) Stahlbeton oder Spannbeton
f) bis h) Formstahl

Stahlbetonrammpfähle werden als Massivpfähle oder Hohlpfähle mit quadratischem, rechteckigem, vieleckigem, kreisförmigem oder gegliedertem Querschnitt, mit schlaffer Bewehrung oder mit Vorspannung hergestellt.

Die Pfähle können sowohl in Betonwerken als auch auf der Baustelle hergestellt werden.

Stahlrammpfähle sind entweder in ihrer ursprünglichen Walzform gelieferte Walzwerkerzeugnisse oder aus solchen zusammengesetzt. Man unterscheidet Trägerpfähle sowie Kasten- und Rohrpfähle ohne oder mit geschlossener Spitze, sowie Pfähle mit Verstärkungen am Schaft oder an der Spitze.

Bei der Auswahl der Pfähle sind die Eigenschaften der zu durchfahrenden Schichten zu berücksichtigen. So sollen z.B. bei locker gelagerten rolligen Böden Pfähle mit größerem Verdrängungsvolumen (z.B. Kastenpfähle), bei wenig verdichtungsfähigen, rolligen und bei festen bindigen Böden solche mit kleinem Verdrängungsvolumen (z.B. Trägerpfähle) verwendet werden.

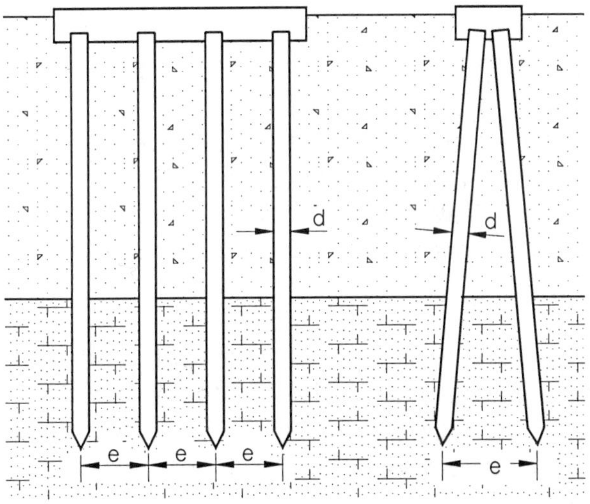

Die Rammpfähle müssen nach DIN 4026 im allgemeinen mindestens 3 m tief in den tragfähigen Baugrund mit geeigneten Rammgeräten eingeschlagen werden.

Die Pfahlabstände müssen sowohl bei gleichgerichteten Pfählen als auch zwischen den Spitzen geneigter Pfähle mindestens betragen:

$$e \geq 3d$$

bzw. $$e \geq 1\,m + d$$

Die nachstehenden zulässigen Belastungen von Rammpfählen auf Druck können als Richtwerte für den Entwurf von Pfahlgründungen verwendet werden.

Einbindetiefe in den tragfähigen Boden	Zulässige Belastung [kN] bei einer mittleren Seitenlänge des Pfahlquerschnitts [cm] von				
[m]	20	25	30	35	40
3	200	250	350	450	550
4	250	350	450	600	700
5	-	400	550	700	850
6	-	-	650	800	1000

Abschließende Hinweise:

Die Pfähle werden möglichst so angeordnet, dass angreifende Kräfte möglichst direkt aufgenommen werden und die Pfähle gleichmäßig belastet werden. Der Abstand der Pfahlachsen ergibt sich aus der Belastung durch das Bauwerk, der Tragfähigkeit des Baugrunds und der zulässigen Belastung der Pfähle. Hierbei sind die erforderlichen Mindestabstände einzuhalten.

11.4 Baugrundverbesserung

11.4.1 Grundlagen

Oft ist es nötig, die Festigkeit des anstehenden Baugrundes zu erhöhen oder dessen Durchlässigkeit herabzusetzen. In manchen Fällen müssen beide Ziele gleichzeitig erreicht werden.

Ob eine Verbesserung des Baugrundes im Einzelfall wirtschaftlich möglich ist, hängt von der Art des Baugrundes, den Möglichkeiten, diesen Baugrund zu verbessern und der vorgesehenen Belastung ab. Eine Baugrundverbesserung kann auch vorteilhaft und wirtschaftlich sein, um eine teure Tiefgründung zu vermeiden.

11.4.2 Bodenaustausch

Die wirtschaftliche Grenze für die Anwendbarkeit des Bodenaustausches liegt im allgemeinen bei Schichtdicken von etwa 4 bis 5 m. Ob eine Flachgründung mit vorangegangenem Bodenaustausch oder eine Tiefgründung zu bevorzugen ist, hängt neben den örtlichen Gegebenheiten von verschiedenen anderen Faktoren ab wie z.B. Kosten, Zeitdauer, Ausrüstung mit Gerät.

Beim Bodenaustausch (Bodenersatzverfahren) wird der nicht tragfähige Boden gegen tragfähigen (nichtbindigen) Boden ausgetauscht. Dieses Verfahren kann wirtschaftlich angewendet werden, wenn eine tragfähige Schicht von einer nichttragfähigen Schicht geringer Mächtigkeit überlagert wird und wenn geeigneter Ersatzboden preisgünstig zur Verfügung steht. Der nicht tragfähige Boden wird ausgehoben, der Ersatzboden eingebaut und verdichtet.

Der Einbau und die Verdichtung erfolgen oberhalb des Grundwasserspiegels im allgemeinen lagenweise, die Dicke der einzelnen Lagen ist abhängig vom eingesetzten Verdichtungsgerät und der geforderten Verdichtung.

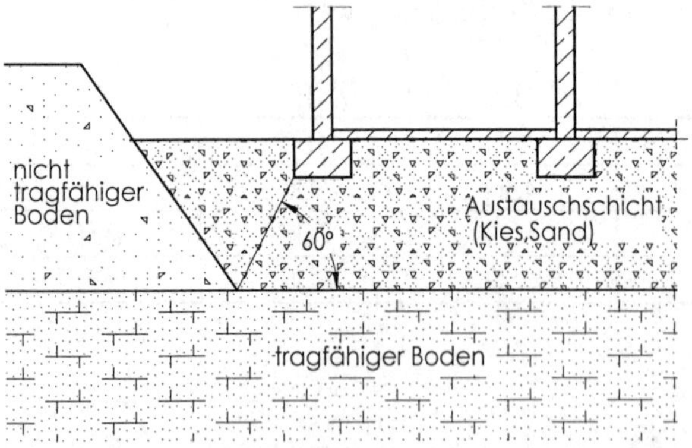

Der Bodenaustausch muss in einer Breite erfolgen, dass eine Spannungsausbreitung unter den Fundamenten unter einem Winkel von 60° berücksichtigt ist.

Die Böschungsneigung der Baugrube ist abhängig von der Bodenart, der Baugrubentiefe und der Standdauer der Baugrube. Sie beträgt zwischen 45° und 60°.

Unterhalb des Grundwasserspiegels ist eine lagenweise Verdichtung nicht möglich. Hier kann der eingebrachte Boden nach Abschluss der Verfüllung mit Tiefenverdichtung verdichtet werden. Bei kleineren Austauschmassen ist es wirtschaftlicher, den nicht tragfähigen Baugrund durch Magerbeton zu ersetzen.

In vielen Fällen ist es nicht nötig oder nicht möglich, die nicht tragfähige Schicht in ihrer ganzen Dicke auszuwechseln, sondern es genügt, die oberste Schicht von etwa 1 m bis 3 m Mächtigkeit auszutauschen. Dieses Verfahren wird als Polstergründung bezeichnet. Das Polster wirkt als druckverteilende Schicht, so dass die Druckspannungen unter der Polsterfläche wesentlich kleiner sind als die Sohlpressungen unter der Fundamentfläche, Das Polster muss eine der Druckausbreitung entsprechende Breite haben.

11.4.3 Mechanische Verdichtung

- Mechanische Verdichtung nichtbindiger Böden:

Besitzen nichtbindige Böden keine ausreichende Lagerungsdichte, können sie mechanisch verdichtet werden. Zu unterscheiden ist zwischen Oberflächen- und Tiefenverdichtung. Als Verdichtungsgeräte für die Oberflächenverdichtung werden Flächenrüttler, Vibrationswalzen, Vibrationsstampfer, Explosionsstampfer und Fallplatten verwendet. Ihre Tiefenwirkung ist relativ gering. Die Oberflächenverdichtung eignet sich daher für die Verdichtung lagenweise eingebauter Schüttungen. Die Tiefenverdichtung kann durch Vibration (z.B. nach dem Rütteldruckverfahren) oder durch Verdrängen (Bodenverdichtungspfähle) bewirkt werden.

Rütteldruckverfahren:

Bei nichtbindigem Boden wird die Reibung der Körner untereinander unter dem Einfluss von Schwingungen zeitweise aufgehoben. Dabei ordnen sich die Körner in die dichteste Lagerung um. Dazu wird durch eine rotierende Unwucht in Kombination mit einer Vertikallast und Spülhilfe der umgebende Boden (ca. 0,3 bis 0,5 m um den Rüttler) in Schwingungen versetzt und verflüssigt. Nach Erreichen der Sohle der zu verdichtenden Schicht wird die Wasserzugabe an der Spitze abgestellt.

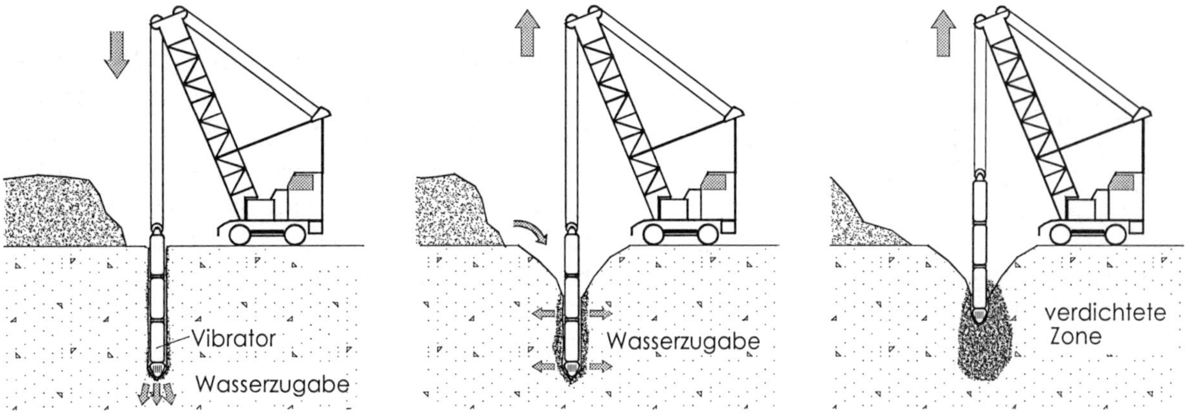

Als Verdichtungsgerät wird ein röhrenförmiger Stahlkörper von 35 bis 40 cm Durchmesser verwendet. Die Verdichtung des Bodens erfolgt beim Aufwärtsgang des Verdichtungsgerätes.

Bei der Einrüttelung bildet sich an der Erdoberfläche ein Trichter, in den ständig Boden nachgefüllt wird. Die zugegebene Materialmenge (7,5 bis 20 % des zu verdichtenden Erdkörpers) ist ein Maßstab für die erzielte Verdichtung. Die Tragfähigkeit kann durch Rütteln bis zum Doppelten der ursprünglich zulässigen Sohlnormalspannung gesteigert werden. Sie ist abhängig von der Körnung und der anfänglichen Lagerungsdichte des Bodens.

Rüttelstopfverfahren:

Im Gegensatz zum Rütteldruckverfahren wird beim Rüttelstopfverfahren der umgebende Boden nicht verdichtet, sondern seitlich verdrängt, so dass ein Hohlraum entsteht, in den Kies eingefüllt und in den weichen Boden eingeschlagen wird. Dazu wird der Rüttler angehoben, etwa 1 m hoch Kies eingefüllt und mit dem wieder eingefahrenen Rüttler gestopft. Es sind auch sog. Schleusenrüttler in Anwendung, bei denen durch die Rüttlerspitze kontinuierlich Füllmaterial zugeführt wird. Damit entfällt das Ein- und Ausfahren des Rüttlers und die Gefahr, dass der Hohlraum einstürzt.

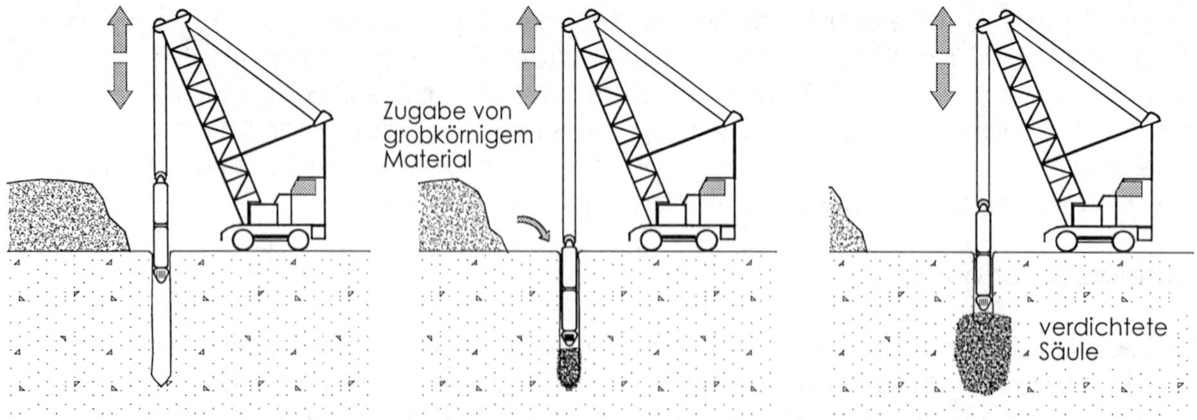

Sowohl beim Rütteldruckverfahren als auch beim Rüttelstopfverfahren entstehen Bodenverdichtungspfähle, die entsprechend der Belastung aus dem Bauwerk und der Anordnung der Streifen- und Einzelfundamente auszuführen sind.

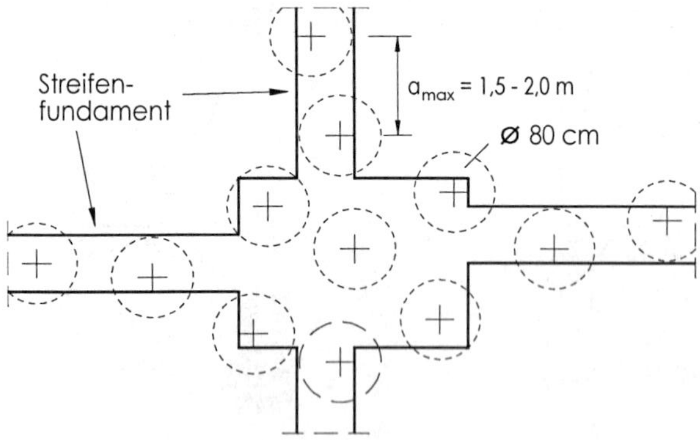

Während sich bei Flächenlasten (Lagerplätze) eine gleichmäßige Rasteranordnung der Verdichtungspfähle anbietet, werden die Pfähle bei Streifen und Einzelfundamenten auf deren Einwirkungsbereiche beschränkt. Um Verkantungen der Fundamente zu vermeiden, ordnet man die Pfähle vor allem unter den Rändern der Fundamente an.

• Mechanische Verdichtung bindiger Böden:

Die Verdichtungsfähigkeit bindiger Böden ist sehr stark vom Wassergehalt abhängig. Zur Oberflächenverdichtung verwendet man Glattmantelwalzen, Schaffußwalzen und Gummiradwalzen, Fallplatten und Explosionsstampfer, Flächenrüttler und Vibrationsgeräte. Sie erzielen bei Schluffen und Tonen allerdings keine gute Verdichtung.

Eine Tiefenverdichtung mittels Rütteldruckverfahren durch Umlagerung der Bodenkörner ist bei bindigen Böden nicht möglich. Zur Verbesserung solcher Böden werden auf ähnlichem Weg wie bei nichtbindigen Böden Kiessäulen im Baugrund hergestellt, die auf tragfähigen Schichten auflagern.

Das Verfahren mit Bodenverdichtungspfählen ist eine geeignete Methode zur Bodenverbesserung, wenn man es auf solche Fälle beschränkt, bei denen Bauwerke mit wenigen Geschossen, leichte Hallenbauten und auch gleichmäßig verteilte Lasten auf einem setzungsempfindlichen Boden flach gegründet werden sollen, weil eine Tiefgründung mit Pfählen zu aufwändig wäre oder auch gar nicht voll ausgenutzt werden könnte. Stark gegliederte Baumassen mit unterschiedlichen Lasten oder vielgeschossige Bauwerke sind nicht auf Bodenverdichtungspfählen zu gründen. Es sei denn, die möglichen Setzungsunterschiede werden durch zusätzliche Injektionen der Pfähle verringert oder das Setzungsrisiko wird bewusst berücksichtigt. Eine Gefährdung der Pfähle besteht auch bei Erdbeben nicht, sie sind daher auch in Erdbebengebieten geeignet.

11.4.4 Injektionen

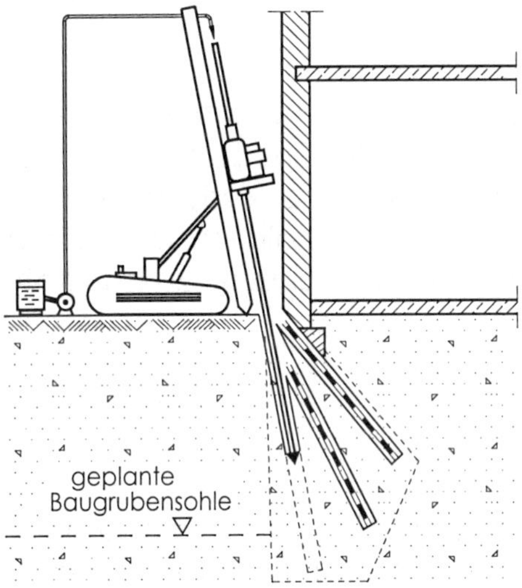

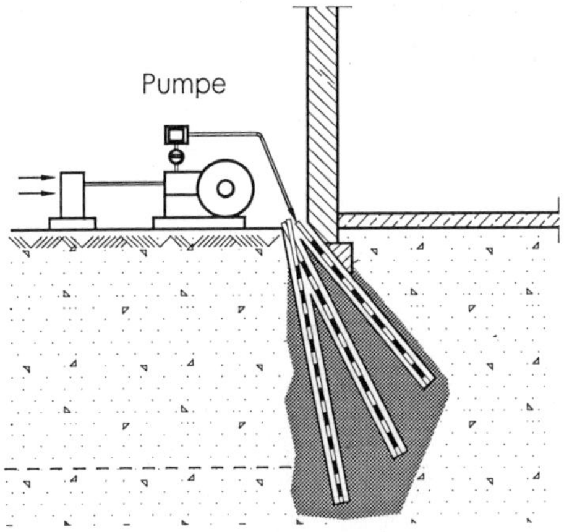

Unter Injektionen versteht man das Einpressen von fließfähigen Mitteln in den Baugrund. Das Einpressgut muss eine so kleine Korngröße haben, dass es in die Hohlräume im Boden eindringen und sie füllen kann, ohne abgefiltert zu werden. Dadurch wird die Festigkeit des Bodens erhöht und seine Durchlässigkeit vermindert. Damit injiziert werden kann, sind Einpressrohre (Injektionslanzen) in den Boden einzubringen. Diese können eingerammt oder in vorgebohrte Löcher eingesetzt werden. Der Spalt zwischen Rohr- und Bohrlochwandung wird mit einer Gummimanschette abgedichtet, damit das Injektionsgut nicht nach oben entweichen kann.

Um eine wirksame und gleichmäßige Injektion zu erreichen, müssen die Abstände der Injektionslanzen so eng gewählt werden, dass sich die Einflussbereiche überschneiden.

Nebenstehend ein Anwendungsbeispiel von Injektionen zur Sicherung von Bauwerken bei seitlicher Freischachtung und Ausbildung standfester Baugrubenwände.

Das älteste und gebräuchlichste Injektionsmittel ist eine Suspension aus Wasser und Zement. Damit werden Druckfestigkeiten bis 8000 kN/m² erreicht. Bei bindigen Böden und bei betonschädlichen Bestandteilen des Untergrundes kann das Verfahren nicht angewendet werden.

Chemische Injektionsmittel sind echte Lösungen. Ihre Eindringfähigkeit ist sehr groß. Nach der Art der chemischen Substanz unterscheidet man Injektionsmittel auf Wasserglas- und solche auf Kunststoffbasis.

Bitumen ist wegen der außerordentlich kleinen Durchmesser der Bitumenteilchen auch bei feinsten Hohlräumen und sehr feinem Untergrund anwendbar. Injiziert werden Bitumenemulsionen und heißflüssiges Bitumen. Mit Bitumeneinpressungen können auch Spalten mit stärkerer Wasserführung geschlossen werden, um dann nach Abdämmen des Wasserflusses mit Zementeinpressungen weiterzuarbeiten, da der Zement vor fließendem Wasser geschützt werden muss.

Wegen der vielfältigen Einflüsse, die sich auf das Gelingen einer Injektion auswirken, sind immer sehr gründliche Voruntersuchungen des Baugrundes im Gelände und im Labor notwendig, damit entschieden werden kann, ob und wenn ja, welches Verfahren angewendet werden kann. Bei größeren Bauvorhaben empfiehlt es sich, Einpressversuche durchzuführen.

Die Ausführung von Injektionsarbeiten erfordert erfahrenes und zuverlässiges Personal und eine Ausstattung mit entsprechenden Maschinen und Geräten. Sie bleibt daher Spezialfirmen vorbehalten. Wenn Injektionen bei einem Bauvorhaben in Betracht kommen, ist schon in der Entwurfsphase rechtzeitig ein Spezialbetrieb heranzuziehen. Unbedingt sind die Anforderungen des Umwelt- und Wasserschutzes zu beachten.

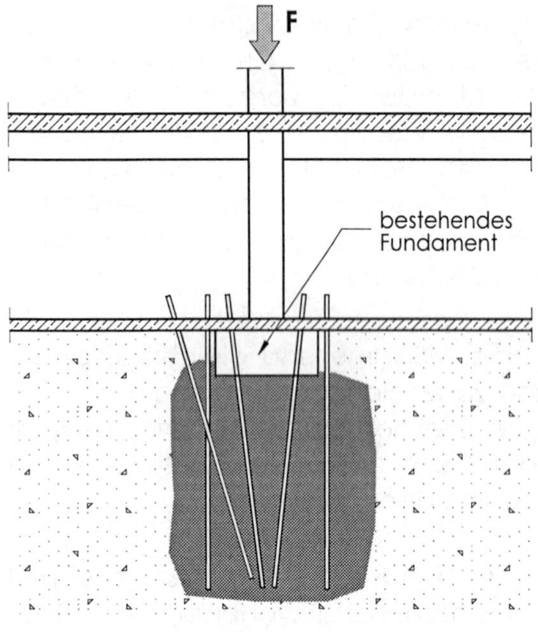

Wenn sich die Last F z.B. infolge einer Nutzungsänderung oder einer Umbaumaßnahme ändert, kann durch eine Injektion das Fundament verbreitert und vertieft werden.

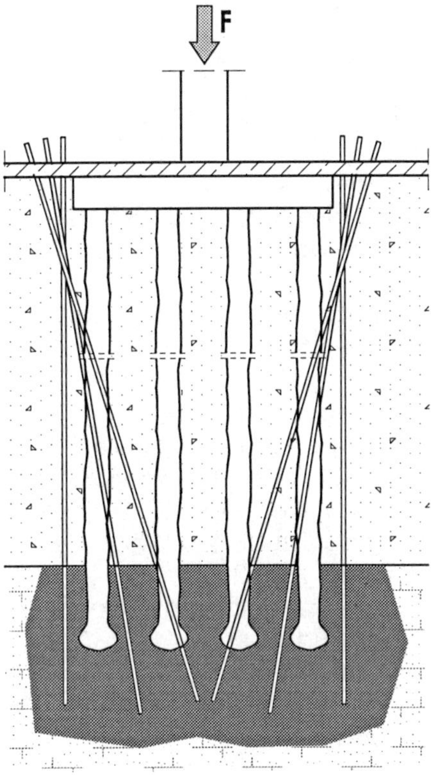

Im Fußbereich einer Pfahlgründung kann durch Injektionen die Tragfähigkeit des Baugrundes erhöht werden.

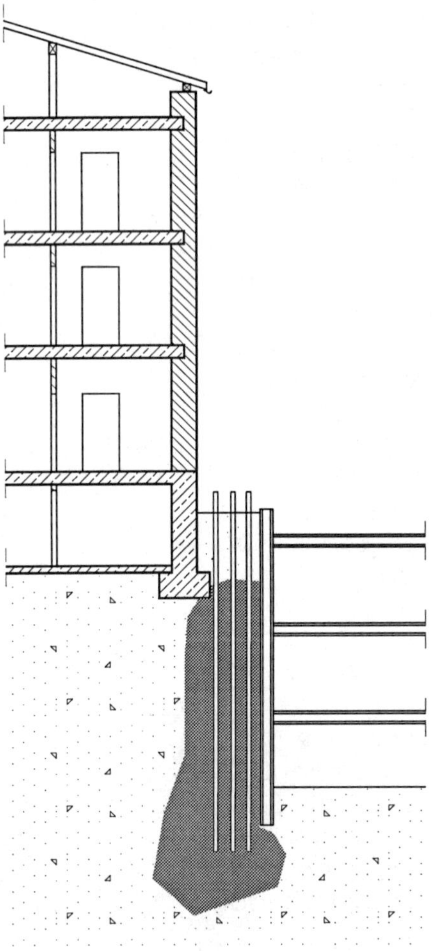

Mit einer Injektion hinter einer Baugrubenwand kann der horizontale Erddruck auf den Verbau vermindert werden. Darüberhinaus kann bei einer nahe der Baugrubenwand bestehenden Bebauung das Risiko von Schäden infolge Setzungen des Bodens hinter dem Verbau verringert werden.

Bei Andrang von Grundwasser kann mit einer Injektion die Dichtigkeit der Baugrubenwand erzielt werden.

Stichwortverzeichnis